ENCICLOPEDIA DE LA PSICOLOGÍA

ENCICLOPEDIA DE LA PSICOLOGÍA

OCEANO

EQUIPO EDITORIAL

Dirección:
Carlos Gispert

**Subdirección
y Dirección de Producción:**
José Gay

Dirección de Edición:
José A. Vidal

* * *

Dirección de la obra:
Graciela d'Angelo

Ilustración:
Victoria Grasa

Diagramación:
Marta Masdeu
Manuel Esteban Cano

Colaboradores:
Xavier Caseras
Aurora Chiaramonte
Antonio Tello

Diseño de sobrecubiertas:
Andreu Gustá

Producción:
Antonio Aguirre
Antonio Corpas
Alex Llimona
Ramón Reñé
Antonio Surís

Sistemas de cómputo:
Mª Teresa Jané
Gonzalo Ruiz

© MMI OCEANO GRUPO EDITORIAL, S.A.
Milanesat, 21-23
EDIFICIO OCEANO
08017 Barcelona (España)
Teléfono: 932 802 020*
Fax: 932 041 073
www.oceano.com

Reservados todos los derechos. Quedan rigurosamente prohibidas, sin la autorización escrita de los titulares del copyright, bajo las sanciones establecidas en las leyes, la reproducción total o parcial de esta obra por cualquier medio o procedimiento, comprendidos la reprografía y el tratamiento informático, y la distribución de ejemplares de ella mediante alquiler o préstamo públicos.

IMPRESO EN ESPAÑA - PRINTED IN SPAIN

ISBN: 84-494-0864-4 (Obra completa)
ISBN: 84-494-0865-2 (Volumen 1)
Depósito legal: B-33936-XLI
9025600090701

EQUIPO DE REDACCIÓN

Dirección
JOSEP Mª FARRÉ MARTÍ
Jefe del Servicio de Psiquiatría y Medicina Psicosomática. Instituto Universitario Dexeus.
Past-Presidente de la Sociedad Española de Medicina Psicosomática.
Profesor de Psicología Médica. Departamento de Psiquiatría. Facultad de Medicina. Universidad de Barcelona.
Miembro Titular de la Association for the Advancement in Behavior Therapy de EE UU.

Secretaría Científica
JUAN MIGUEL CASAS HILARI

Colaboradores

Mercè Adalid Fuentes
Psicopedagoga

Arturo Bados
Profesor Titular de Psicología

Milagros Bárez Villoria
Psicóloga Clínica

Ramón Bayes Sopena
Catedrático de Psicología Básica

Blanca Brigos Hermida
Psicóloga

Juan Miguel Casas Hilari
Psicólogo

Xavier Caseras
Psicólogo

Manel Dionís Comas Mongay
Psicólogo. Profesor de Psicología

María Jesús Creus
Psicóloga

Eduard Estivill
Médico-Neurofisiólogo

Josep Mª Farré Martí
*Médico Psiquiatra.
Profesor de Psicología Médica*

Facund Fora
Psiquiatra

José Antonio García Rodríguez
*Psicólogo. Catedrático
de Psicología Social*

María Antonia Güell Roviralta
Psicóloga Clínica

Diana Guerra Díaz
Doctora en Psicología Clínica

Fernando Gutiérrez Ponce de León
Psicólogo

María Teresa Gutiérrez Rosado
Psicóloga

Carme Junqué Plaja
Profesora de Psicobiología

José Joaquín Mira Solves
*Psicólogo. Profesor Titular
de Psicología Social*

Marisol Mora Giralt
Psicóloga

F. Xavier Pellicer
Doctor en Psicología

Rosa María Raich
*Doctora en Psicología.
Profesora Titular de Terapia y
Modificación de la Conducta*

Joan Riera Riera
Psicólogo del Deporte

María José del Río
*Doctora en Psicología.
Profesora Titular de Psicología
del Lenguaje*

Cristina Romero
*Licenciada en Ciencias de la Educación
(Psicología)*

Francisco Sabanés
Médico Psiquiatra

Luis Salvador Carulla
*Médico Psiquiatra.
Profesor Titular
de Psicología Médica*

Rosa Sender Romeo
*Médico Psiquiatra. Profesora
de Psicología Médica*

Bárbara Sureda Caldentey
Psicóloga

Conrad Surribas Figuls
Médico Psiquiatra

Josep Toro
*Médico Psiquiatra.
Profesor Titular de Psiquiatría*

Rafael Torrubia Beltri
*Profesor Titular
de Psicología Médica*

Xavier Pellicer
Psicólogo

Conchita Puig
Médico Psicóloga

Prólogo

Esta obra colectiva –escrita por un equipo de estudiosos de gran relevancia– ofrece una perspectiva general de los grandes temas que aborda la psicología contemporánea y de los progresos realizados en este ámbito. No es un tratado para especialistas sino un ensayo de divulgación de conocimientos destinado a un público vasto. De ahí que su objetivo sea aunar un enfoque riguroso y actual de la psicología con una amplia y cálida perspectiva humana. Por ello, la ENCICLOPEDIA DE LA PSICOLOGÍA expone los procesos humanos mediante un lenguaje accesible y popular, ayudando al lector a conocerse a sí mismo y a los demás, a desentrañar y entender los fenómenos importantes de la vida cotidiana. Así y todo, estamos seguros que será también una obra útil para los estudiantes de psicología y medicina, por la amplitud de su temática y el rigor científico con que es tratada.

En el Volumen 1, a partir de una visión de la Psicología como ciencia destinada a la comprensión de la conducta humana, se analizan las raíces biológicas del comportamiento: el sistema nervioso y el cerebro, y el modo en que ambos rigen la conducta. Partiendo de los motivos que alientan nuestra conducta, se examina atentamente el funcionamiento de las motivaciones básicas, como el hambre y el sexo. Con respecto a la primera, se exponen también los problemas que pueden surgir a su alrededor: la bulimia, la anorexia, la obesidad... El sexo es analizado como algo indisolublemente unido a la naturaleza humana, tan primitivo como ella, pero al mismo tiempo adaptado a la compleja realidad de la condición humana, con todo su entramado biológico, psicológico, emocional y social. El paso siguiente de la obra es la comprensión del fenómeno del amor y sus requisitos —el porqué, el cómo y el cuándo del enamoramiento; los distintos tipos de amor, sus éxitos y fracasos— para abordar luego la urdimbre de todos esos sentimientos como el miedo, la cólera y la felicidad, en suma, las emociones que dan sabor a nuestras vidas.

El Volumen 2 aborda uno de los núcleos de máximo interés de la psicología: el estudio de cómo aprendemos, conservamos y almacenamos la información. Así, comienza con el estudio del aprendizaje como proceso fundamental del comportamiento humano, que influye prácticamente en todos nuestros actos, sentimientos y pensamientos. De ahí pasa a examinar el funcionamiento de la memoria humana —especie de computadora por su capacidad de codificar o descodificar información–, y los mecanismos que a veces llevan al olvido. El capítulo dedicado al lenguaje subraya no tanto el estudio de la estructura del lenguaje sino su génesis, su significado y sus cambios, además de sus usos individuales y sociales. En el apartado sobre la inteligencia se incluyen una serie de perspectivas abiertas a la polémica, como qué papel juegan la herencia y el ambiente. El sueño y sus trastornos, habitual fuente de sufrimientos para muchas personas, son estudiados con claridad, así como las posibilidades de intervención. Las diferencias individuales marcadas por la personalidad son establecidas con una metodología adecuada para entender los difíciles términos en los que se mueven las teorías que explican por qué nos comportamos de formas diferentes según nuestras dimensiones personales. Las fases que siguen las diferentes etapas evolutivas del ser humano y las influencias sociales sobre la conducta cierran este tomo.

En el Volumen 3 el lector podrá desentrañar los grandes cuadros que provocan el sufrimiento psicológico: el proceso de adaptación que presupone el estrés, las formas de afrontarlo y las consecuencias malsanas que pueden derivarse. Las somatizaciones son unas extrañas, y en ocasiones incomprensibles, reacciones del organismo como consecuencia de diversos conflictos, tanto del propio cuerpo, como de la patología psiquiátrica producto de inhibiciones emocionales, de alteraciones de la personalidad o de comportamientos aprendidos; la ENCICLOPEDIA DE LA PSICOLOGÍA se atreve con ellos y desenmaraña un complejo embrollo, nada fácil de explicar. Completan el tema unas líneas dedicadas a una de las más lancinantes obsesiones: la hipocondría o el sufrir para nada. La medicina psicosomática, los trastornos mentales, las reacciones ante el dolor y la enfermedad se complementan con el capítulo que cierra la obra, dedicado a las posibilidades terapéuticas, tanto del ámbito farmacológico como del psicoterapéutico, en el cual se ha procurado clarificar al máximo las estrategias que presentan una solidez científica y una eficacia probada, distinguiéndolas de las procedentes de un puro pensamiento especulativo y que han confundido sobradamente a los sufridos pacientes o a las personas simplemente interesadas en el tema. Finalmente, para complementar la obra, el Volumen 4 ofrece un amplio y exhaustivo DICCIONARIO DE PSICOLOGÍA.

Estamos seguros de que el esfuerzo de los editores y autores de la obra se verá compensado si se convierte en fuente de consulta permanente para conocer los entresijos del comportamiento humano, de la interacción con su entorno y de la mente que lo conforma e intenta controlarlo.

JOSEP Mª FARRÉ MARTÍ
DIRECTOR CIENTÍFICO

Rena en la ventana (detalle). René Magritte.

Plan general de la obra

Volumen 1

Capítulo 1. Psicología: comprensión de la conducta	1
Capítulo 2. Construcción del comportamiento	39
Capítulo 3. El hambre: algo tan viejo y tan nuevo	69
Capítulo 4. La sexualidad	89
Capítulo 5. El amor y los amores	121
Capítulo 6. La motivación	141
Capítulo 7. Las emociones	157
Capítulo 8. El aprendizaje	173
Capítulo 9. Los estilos de aprendizaje	199

Volumen 2

Capítulo 10. La memoria	217
Capítulo 11. El lenguaje	241
Capítulo 12. La inteligencia	273
Capítulo 13. Sueño y ensueño	305
Capítulo 14. La personalidad	337
Capítulo 15. Desarrollarse y crecer	369
Capítulo 16. La evolución de la psicología humana	395
Capítulo 17. Conducta y sociedad	415
Capítulo 18. La influencia del grupo	433

Volumen 3

Capítulo 19. Las relaciones sociales	449
Capítulo 20. Comprender y controlar el estrés	473
Capítulo 21. El dolor	505
Capítulo 22. Las somatizaciones	537
Capítulo 23. Estar y ser enfermo	557
Capítulo 24. La medicina psicosomática	581
Capítulo 25. Los trastornos mentales	609
Capítulo 26. La modificación terapéutica de la conducta	629

Volumen 4

DICCIONARIO DE PSICOLOGÍA

Sumario VOLUMEN 1

Capítulo 1. Psicología: comprensión de la conducta 1

Psicología: comprensión de la conducta
Raíces e historia 2
El estructuralismo 4
El funcionalismo 5
Los funcionalistas 6
El conductismo 6
La psicología de la Gestalt 7
Freud y el psicoanálisis 8
Cognitivismo y psicología humanista 9
La psicología hoy 9
Comprensión de la conducta 9
La psicología es científica 10
Curiosidad y pragmatismo 11
Pluralidad de la psicología 12
Las metas básicas 12
La psicología comunitaria 13
La prevención 14
La intervención en crisis 15
La intervención ambiental 16
La educación sanitaria 17
Experimentos, fisiología, evolución, ambiente y clínica 17
El cambio en el concepto de enfermedad mental 18
Las diferencias individuales 18
¿Qué son los psicólogos, qué hacen, dónde trabajan? 20
Tratamientos y escuelas 21
Otros enfoques 22
La medicina conductual 23
Psicología escolar 25
La aplicación al mundo del trabajo 26
Los nuevos ámbitos 27
Métodos de la psicología 27
El estudio del caso individual 28
La observación en el ambiente natural 30
La experimentación 31
Las variables 32
El mundo real como laboratorio 33
De lo animal a lo humano 34
De los artificios a la ética 35
Psicólogos y psiquiatras 36

Capítulo 2. Construcción del comportamiento 39

Construcción del comportamiento
Los fundamentos biológicos 40
El entramado de la mente y el cuerpo 40
Las neuronas: ahí se inicia todo 43
La química que nos seduce, nos deprime y nos motiva 46
Familias de neurotransmisores 47
Otros neurotransmisores 50
El poder de la mente: el cerebro 51
Regiones inferiores y superiores 52
La música límbica 54
El sistema hormonal 56
La corteza cerebral o cómo dirigir una orquesta 58
Los lóbulos 60
Cuando se trabaja en silencio: las áreas de asociación 63
El cerebro dividido: ¿dos mentes en un cuerpo? 65
La división del trabajo 67

Capítulo 3. El hambre: algo tan viejo y tan nuevo 69

El hambre: algo tan viejo y tan nuevo
Cuando comer se convierte en un problema 70
Los trastornos alimentarios 71
El niño y la alimentación 73
La obesidad 74
Recomendaciones útiles para combatir la obesidad 76
¿Por qué estoy obeso? 77
Rebajar y luego mantener el peso 78
Anorexia y bulimia: males de nuestro tiempo 79
¿Cuáles son las causas de este trastorno? 81
La alimentación en las personas casadas 81
Mi alimentación es un caos 82
El tratamiento 83
Los hombres y los trastornos de la alimentación 84
Prevenir a los adolescentes 88

SUMARIO

Capítulo 4. La sexualidad — 89

La sexualidad
El vínculo del placer — 90
Los cimientos del sexo: bases biológicas — 92
    Las hormonas en acción — 93
La arquitectura sexual — 94
    Anatomía sexual del hombre — 94
    Anatomía sexual de la mujer — 96
Respondo luego existo — 96
Acercamientos y algo más: la conducta sexual — 99
    El sexo a través de los sentidos — 99
    Cuando alguien «me gusta» — 100
    El juego sexual — 101
    El coito y las posturas — 102
    El placer solitario: la masturbación — 103
En la variación está el gusto — 105
    La homosexualidad — 107
    El cambio de sexo — 108
    El sexo insólito: las parafilias — 109
    El marqués de Sade y SacherMasoch — 110
Cuando algo no funciona:
las disfunciones sexuales — 111
    El deseo sexual inhibido — 111
    La fobia sexual — 112
    Problemas de erección — 113
    Pruebas y tratamiento — 114
    Eyaculación precoz y retardada — 115
    Cuando el orgasmo no llega — 116
    El punto G y la eyaculación femenina — 118
    Miedo a la penetración — 118
    El dolor en el coito — 119
    Los mitos sexuales — 120

Capítulo 5. El amor y los amores — 121

El amor y los amores
Los estados afectivos — 122
El enamoramiento: entusiasmos y desencantos — 124
    Esa especie de «enfermedad» deseada — 125
    La subjetividad del enamoramiento — 126
    De qué, cómo y cuándo nos enamoramos — 126
    Las consecuencias del enamoramiento — 128
    ¿Cuánto dura la idealización? — 128
    El paso del noviazgo a la convivencia — 129

¿Qué es el amor? — 130
    Una conceptualización del amor:
    tres requisitos — 130
    Los tipos de amor — 131
    *Ante un problema de comunicación
    en la pareja* — 132
    El amor y la personalidad — 132
El invento de la convivencia — 132
    Algo que aprender para convivir mejor — 133
    Buscar la falla — 134
    La reciprocidad: el gran secreto — 135
    Cómo solucionar problemas — 135
    Así nos controlamos unos a otros — 135
    No hablar o hablar mal — 136
Las crisis típicas del matrimonio — 137
    Saber hacer pactos — 137
    Hacia el ocaso — 138
La separación — 139
Los celos — 139
La infidelidad — 140

Capítulo 6. La motivación — 141

La motivación
Conseguir un logro — 142
Las causas de la conducta — 142
    Conceptos de motivación — 144
    Impulso básico — 146
    De los impulsos internos a las presiones
    externas — 147
    De lo prioritario a lo sofisticado — 149
Aprender lo que debe quererse — 149
La necesidad de logro — 151
    Fuentes de la motivación para el logro — 152
    Afiliación y poder — 153
    ¿Cómo motivar a la gente? — 153
    Preparación psicológica del deportista — 154
    El estilo de liderazgo adecuado — 156

Capítulo 7. Las emociones — 157

Las emociones
El principio de los tiempos — 158
    Experiencia consciente — 158
    Respuesta fisiológica — 160

La expresión de las emociones	161
El feminismo de las emociones	162
El origen de las emociones	163
El peso de los procesos periféricos	163
El equilibrio entre lo periférico y lo central	164
La emoción como proceso central	164
El centro del placer	166
Miedo y ansiedad	167
Un miedo superlativo: las fobias	168
El miedo inesperado: la angustia	169
La afectividad, un segundo lenguaje	170
¿Verdad o mentira? El polígrafo	172

Capítulo 8. El aprendizaje — 173

El aprendizaje	
Responder para adaptarse	174
¿Qué es el aprendizaje?	174
Condicionamiento clásico: las asociaciones que marcan nuestras vidas	176
Adquisición: curso del condicionamiento clásico	178
Generalización de estímulos: lo similar también condiciona	179
Advertir las diferencias: la discriminación	180
Eliminación de lo superfluo: la extinción	181
Condicionamiento operante	182
Proceso del condicionamiento operante	183
Aproximaciones sucesivas: el inicio de un proceso	183
Críticas a Skinner	183
Motivar para proseguir: el reforzamiento	184
Programar es progresar	186
Aversión: aprendizaje basado en las consecuencias negativas	188
El control personal	189
Castigo: ¿realmente da resultado?	190
Aprendizaje mediante la imitación	193
Efectos positivos	194
El lenguaje interno	195
Aprendizaje en familia	196

Capítulo 9. Los estilos de aprendizaje — 199

Los estilos de aprendizaje	
Aprender a aprender	200
Factores que influyen en el aprendizaje	200
Distintos estilos de aprendizaje	201
Oportunidades y experiencias de aprendizaje	203
El estilo activo	204
El estilo reflexivo	204
El estilo teórico	204
El estilo pragmático	205
Aprender a aprender	206
Actividades que facilitan el aprendizaje	208
Actividades que dificultan el aprendizaje	210
Preguntas clave	211
Orientación académica y profesional	213
Estilos y profesiones	214

Capítulo 1

PSICOLOGÍA: COMPRENSIÓN DE LA CONDUCTA

PSICOLOGÍA: COMPRENSIÓN DE LA CONDUCTA

Raíces e historia

En 1879 Wilhelm Wundt creó en Leipzig (Alemania) el primer laboratorio de psicología experimental y selló con ello el nacimiento de la psicología científica. Es ésta una de las ciencias más jóvenes, ya que su historia no se remonta más allá de finales del siglo XIX. Sin embargo, el conocimiento del ser humano ha preocupado desde siempre a la humanidad y especialmente a los filósofos. Los escritos de Platón, Aristóteles, Santo Tomás, Descartes y Nietzsche, por ejemplo, contienen profundas reflexiones sobre la naturaleza del hombre. También las obras de numerosos literatos e incluso el saber popular, o psicología del sentido común, reflejado en los proverbios y refranes, reúnen ciertamente gran parte de las leyes que regulan nuestro comportamiento. A todo este legado se le ha llamado prehistoria de la psicología.

No obstante, la mera preocupación por los problemas psicológicos, que constituyen el objeto de estudio de la psicología, no le confiere a ésta el carácter de ciencia. Es la utilización de los métodos científicos, basados en el experimento controlado y en los datos empíricos bien verificados, lo que determinó el nacimiento de la psicología científica y le fue independizando paulatinamente de la filosofía y otras ciencias positivas, especialmente de la fisiología, en las que encontró sus raíces.

No se sabe por qué la psicología retrasó tanto su aparición como ciencia, aunque quizás fuese debido a que las ciencias progresan de forma escalonada, que dicho progreso se inicia con las disciplinas más alejadas del hombre (física, astronomía, etc.) y que se dirige hacia las más próximas a sus problemas específicos (ciencias humanas, en general, y psicología, en particular). En efecto, parece que el hombre no se hubiera decidido a estudiar sus problemas psicológicos hasta haber adquirido un cierto dominio sobre el cosmos, la materia inorgánica, los seres biológicos y su propio cuerpo.

Se suelen dar dos razones para explicar este desarrollo tardío de la psicología. En primer lugar, el carácter espiritual y sagrado atribuido al alma desde la Antigüedad clásica hasta el siglo XVIII, lo cual impidió toda experimentación material; en este sentido cabe recordar que «psicología» significa literalmente estudio del alma. En segundo término, la complejidad del ser humano que requería un perfeccionamiento de los métodos científicos y de los instrumentos de observación.

A finales del siglo XIX en Europa Central nació la psicología como resultado de un híbrido complejo entre la filosofía y fisiología. De la filosofía heredó dos cuestiones básicas. La primera, el problema cuerpo-mente o, más específicamente, las respuestas que daban los filósofos de dicha centuria acerca de la relación existente entre al alma y el cuerpo. La segunda cuestión, el asociacionismo inglés o movimiento filosófi-

La reflexión sobre la condición humana ha ocupado a los filósofos de todos los tiempos, entre ellos René Descartes, quien por su **Tratado de las pasiones** *es considerado uno de los pioneros de la psicología. En el cuadro de la página siguiente, pintado por Dumesnil el filósofo francés aparece a la derecha de la reina Cristina de Suecia, quien lo llamó a su corte como maestro del pensamiento. Descartes es la figura más destacada de la historia de la psicología clásica.*

co que pretende explicar todas las complejidades de nuestra vida mental por simples asociaciones mecánicas de sus elementos básicos (sensaciones y percepciones sensoriales). Por su parte, la fisiología aportó a la psicología los métodos experimentales, ya que ambas disciplinas tienen campos limítrofes y superpuestos en muchos aspectos.

A principios de siglo, la psicología entró en una etapa de gran originalidad creadora, pero también de división, de tensiones y dogmatismos, lo cual dio lugar a la aparición de diversas escuelas, entre las que se encuentran el estructuralismo, el funcionalismo, la psicología de la Gestalt, el conductismo y el psicoanálisis. En la actualidad, puede decirse que la psicología se halla en el comienzo de su vida madura. Ha salido del reconfortante laboratorio, ha empezado a enfrentarse con la realidad, ha superado los sectarismos y está inmersa en un período de unificación un poco ecléctico, de aceptación de los resultados científicos, sea cual fuera su procedencia, y de colaboración con otras disciplinas en un plano de igualdad.

PREGUNTAS Y RESPUESTAS

¿Cuál es la diferencia entre psicología y filosofía?

La filosofía y la psicología comparten su preocupación por el hombre. Pero, mientras que los filósofos se cuestionan el devenir y la existencia, los psicólogos se centran en un componente más objetivable: el comportamiento del hombre.

Wilhelm Wundt es el padre de la psicología científica. Este profesor alemán de las universidades de Heidelberg y Leipzig fundó en esta última ciudad el primer laboratorio de psicología experimental, que supuso la concreción de la psicología como ciencia independiente.

El estructuralismo

Poseedor de una amplia formación médica, Wilhelm Wundt (1832-1920) impartió fisiología durante largos años en la Universidad de Heidelberg, Alemania. Al iniciar su carrera se interesó mucho por la conducta, a pesar de que en aquella época el estudio de la misma no tenía un campo propio y formaba parte de la filosofía. Wundt pensaba que la psicología debía convertirse en una ciencia independiente y quizás por ello, en 1875, aceptó el puesto de jefe del departamento de filosofía en la Universidad de Leipzig. Cuatro años después creó el primer laboratorio de psicología experimental, con lo que la psicología se convirtió en ciencia de laboratorio. A Edward Titchener (1867-1927), de origen inglés y discípulo de Wundt, se le atribuye el mérito de haber introducido la psicología científica en Estados Unidos. Allí dio a conocer las ideas de Wundt y se convirtió en el líder del movimiento conocido como estructuralismo. Este hecho tuvo una gran importancia ya que fue en aquel país, y justamente como oposición al estructuralismo, donde más tarde se desarrollaron el funcionalismo y el conductismo, corrientes básicas en la historia de la psicología.

Los estructuralistas creían que los psicólogos debían estudiar la mente humana y, concretamente, descifrar los elementos que componen nuestra experiencia consciente mediante el estudio de la experiencia sensorial. Realizaban sus trabajos en el laboratorio, en condiciones perfectamente controladas y utilizaban la introspección como método de trabajo. Esta técnica de observación consistía en entrenar a los sujetos para que comunicaran con detalles precisos sus experiencias subjetivas cuando se les presentaba algún estímulo, por ejemplo, un color o un sonido. La psicología experimental de Wundt y Titchener tiene el mérito histórico de haber dado el paso definitivo hacia la creación de la psicología como ciencia autónoma.

Sin embargo, se le atribuyen varias limitaciones: en primer lugar, reducir la psicología al estudio de la conciencia y al laboratorio, es decir, no contemplar los temas más complejos del comportamiento humano y más relacionados con la vida real, como el pensamiento, el lenguaje o la conducta anormal; en segundo lugar, el hecho de que su método de trabajo, la introspección, no dejaba de ser subjetivo, lo cual entraba en contradicción con la objetividad de la ciencia. Además, excluía a los niños y animales como sujetos de estudio, ya que éstos no podían ser entrenados para la introspección. Estas limitaciones llevarían a las nuevas corrientes a ampliar el campo de la psicología y a intentar un método más objetivo.

RAÍCES E HISTORIA

El estructuralismo, promovido por Edward Titchener en Estados Unidos a partir de la psicología experimental de Wundt, desarrolló el estudio de la mente humana y de la experiencia sensorial como vía de conocimiento de la experiencia consciente. Para ello se valió de la introspección, método por el cual el sujeto entra en su interior como el caracol en su caparazón. En la imagen, parte de la fachada del templo de la Sagrada Familia realizada por Antonio Gaudí.

El funcionalismo

A John Dewey (1859-1952), profesor de filosofía en la Universidad de Chicago, se le considera el fundador de la primera escuela de psicología típicamente estadounidense, la corriente funcionalista. Sin embargo, otras voces se habían alzado antes en la crítica al estructuralismo, entre ellas la de William James (1842-1910), del que Dewey recibió una fuerte influencia. Para entender bien la alternativa funcionalista no hay que olvidar la influencia que recibió del evolucionismo y del pragmatismo. El enfoque biológico de las teorías evolucionistas, con Darwin a la cabeza, abrió nuevos campos de investigación psicológica: la psicología diferencial, o estudio de las diferencias entre individuos y grupos; la controversia herencia-medio; el estudio del aprendizaje y la psicología animal, entendida como una psicología al servicio de la psicología humana. Por otra parte, del pragmatismo, la escuela filosófica más típicamente americana, se recogió el interés por los aspectos utilitarios y prácticos de la vida.

Para el funcionalismo, los psicólogos deben estudiar el funcionamiento de los procesos mentales y una amplia gama de otros temas, que incluyen la conducta de los niños y animales, los problemas de anormalidad y las diferencias indivi-

¿Qué hace que la psicología sea una ciencia y la filosofía no?

Entendemos por ciencia toda disciplina que se vale del método científico para ampliar sus conocimientos. Este método de estudio va encaminado a minimizar la influencia de la subjetividad del investigador en los resultados y a permitir la «replicabilidad» de los mismos, es decir, que otras personas, en distintos lugares, puedan llegar a las mismas conclusiones siguiendo el procedimiento original. La psicología usa este método y la filosofía no.

PSICOLOGÍA: COMPRENSIÓN DE LA CONDUCTA

El conductismo, nacido en el seno del funcionalismo, amplió el campo de acción de la psicología al incorporar el estudio de la conducta humana, la influencia del medio sobre ésta y el aprendizaje. El conductismo, con Pavlov (izquierda) como pionero, fue impulsado por Watson (centro) y tuvo continuidad en el neoconductismo de Skinner (derecha).

duales entre las personas. Deben disponer de libertad para utilizar los métodos de observación, tanto el introspectivo como el objetivo. Por último, deben aplicar la psicología a actividades prácticas, como la educación, la legislación y el comercio. Es decir, se defiende la psicología aplicada a los problemas de la vida real, en contraposición a la psicología experimental, típica de laboratorio. Precisamente es su gran apertura y flexibilidad lo que abrió caminos divergentes, dando paso al conductismo, enfoque psicológico dominante en la psicología contemporánea, aunque es innegable que el funcionalismo también sigue vivo y vigente en nuestros días.

Los funcionalistas

Los funcionalistas siempre se negaron a que se hablase de ellos como escuela, pues si algo les caracterizaba era precisamente la ausencia de tabúes académicos y doctrinarios. Por el contrario, el psicólogo funcionalista se rige siempre por el sentido común, por la apertura a los hechos y los experimentos, por el desconocimiento de los dogmáticos. El funcionalista es tolerante, pero con una tolerancia que pasa por la crítica situada en la experimentación.

El conductismo

Diferentes autores contribuyeron a fundar el conductismo, incluyendo el brillante fisiólogo ruso Ivan Pavlov (1849-1936), cuyo clásico trabajo sobre el condicionamiento con perros es una de las piedras angulares de la moderna teoría del aprendizaje. También Edward Thorndike (1874-1949) es considerado un precursor del conductismo por su teoría del aprendizaje, la famosa «ley del efecto», según la cual la práctica pura no conduce al aprendizaje: sin efectos satisfactorios no es posible aprender. Sin embargo, fue John B. Watson (1878-1958) quien hizo del conductismo el punto de confluencia de todos los psicólogos estadounidenses durante los primeros treinta años del siglo XX.

Watson se había formado en la Universidad de Chicago bajo la tutela de profesores funcionalistas, pero desde muy joven se mostró muy crítico con las prácticas dominantes en la psicología estadounidense, tanto el estructuralismo como el funcionalismo. Estaba decidido a hacer de la psicología una ciencia respetable, al mismo nivel que las demás ciencias físicas, y realmente lo consiguió. Pocos hombres han influido tanto como Watson en la formulación precisa de los objetivos y de los métodos de una ciencia.

En términos generales, los primeros conductistas pensaban que la tarea de la psicología era estudiar la conducta manifiesta, siendo el medio ambiente el principal factor determinante de la conducta simple y compleja, de las aptitudes y de los rasgos de personalidad. De ahí que el aprendizaje se convirtiera en el tema de estudio más importante. Los métodos introspectivos fueron abandonados a favor de métodos objetivos como la experimentación, la observación, y los tests. Los psicólogos se propusieron la descripción, la explicación, la predicción y el control de la conducta, fijándose también metas prácticas, como el asesoramiento a los padres, legisladores, educadores y hombres de negocios.

Alrededor de los años treinta, el conductismo radical con Watson a la cabeza fue abandonado por casi todos los psicólogos americanos. No obstante, conservaron el punto de vista metodológico, la visión mecanicista de la conducta, el ambientalismo y el aprendizaje. Ello fue obra de un nuevo movimiento conocido como neoconductismo. A la psicología cultivada por estos psicólogos se le ha puesto muchas veces la etiqueta de «psicología del estímulo-respuesta» (S-R o E-R), en contraposición a la psicología mentalista y en razón de su visión asociacionista de la conducta. Entre los psicólogos neoconductistas sobresale Skinner, uno de los más influyentes psicólogos del mundo. Para él, la tarea de la psicología consiste en describir lo que se ve y en buscar las relaciones funcionales entre un comportamiento observado y los fenómenos que ocurren inmediatamente antes y después del mismo. De hecho, su nombre va indisolublemente unido al condicionamiento operante, una de las teorías básicas del aprendizaje junto al condicionamiento clásico pavloviano. Es enorme la importancia alcanzada por este tipo de condicionamiento en la educación, la terapia, la doma de animales, etcétera. No cabe duda de que uno de los motivos de la popularidad de la obra de Skinner es su interés manifiesto por que la aplicación de la psicología contribuya a aliviar los problemas humanos, tanto sociales como individuales.

La psicología de la Gestalt

Mientras que en Estados Unidos florecía el conductismo, la psicología de la Gestalt (en alemán, forma o estructura) se desarrollaba en Alemania. Al igual que el conductismo, surgió como protesta contra el estructuralismo, concretamente contra la meta de analizar los procesos mentales en sus elementos simples. El movimiento encabezado por Wertheimer (1880-1941) defendía el estudio de los fenómenos psicológicos en su totalidad. Para ellos, cualquier intento de analizar la conducta en partes estaba condenado al fracaso, porque se perdía la característica más importante y distintiva de la experiencia: su totalidad, organización y estructura. Así por ejemplo, el agua tibia se siente caliente cuando se han sumergido las manos en agua

La teoría de la Gestalt empleó la percepción, sobre todo la visual, para conocer los procesos del pensamiento, el razonamiento y la resolución de problemas. Los objetos se destacan por sí solos y constituyen una «figura» sobre el «fondo» indiferenciado del campo perceptivo. En el dibujo podemos ver, o bien dos figuras danzando y separadas por un espacio, o bien una cara, depende de lo que se vea como figura y de lo que se vea como fondo.

PERCEPCIÓN DE LA FORMA

El beso, *de Constantin Brancusi, permite ilustrar la teoría de la Gestalt. Para percibir el significado esencial de esta moderna escultura basta un vistazo, pues sólo es necesaria una síntesis de la totalidad, una intuición y no un análisis fragmentario. La psicología de la forma nos dice que el conocimiento es total, o no existe.*

helada, pero se siente fría cuando las manos han estado en agua caliente. Una persona de estatura normal parece baja cuando juega al baloncesto con un equipo de primera división, pero parece un gigante si está entre pigmeos.

Al igual que el estructuralismo, los gestaltistas se centraron en el estudio de la experiencia subjetiva y en la exploración de la conciencia, pero se interesaron más por los informes hechos por observadores no entrenados sobre experiencias que ocurrían fuera del laboratorio. Esta información desestructurada, conocida como el método fenomenológico, llevó el interés de la Gestalt hacia los procesos del pensamiento, el razonamiento y la resolución de problemas. Otra área en la que la psicología de la Gestalt ha causado impacto ha sido la percepción, especialmente la percepción visual.

Hoy en día hay pocos psicólogos que se identifiquen como gestaltistas, pero todas las ramas de la psicología reconocen la importancia del contexto y la estructura. De hecho, la psicología de la Gestalt ejerció una importante influencia sobre dos corrientes estadounidenses contemporáneas, la psicología humanista y la psicología cognitiva, así como sobre la psicología social.

Freud y el psicoanálisis

Las teorías de Sigmund Freud (1856-1939), médico vienés que se especializó en el tratamiento de los trastornos neuróticos (como las reacciones de angustia excesiva y la histeria), son ampliamente aceptadas por el público; tan ampliamente, que muchas personas consideran que psicología y teoría psicoanalítica (el nombre general de las teorías de Freud sobre la personalidad, la anormalidad y su tratamiento) son una sola cosa. La teoría psicoanalítica, no obstante, es sólo una de las teorías psicológicas, si bien una teoría a partir de la cual el hombre occidental se comprende y define de un modo distinto a como lo había hecho tradicionalmente.

En 1897 inició Freud el autoanálisis y en 1900 publicó su célebre libro *Interpretación de los sueños*. Por entonces aparecieron los primeros discípulos, entre ellos Adler, Jung, Rank y Ferenczi. En general, los seguidores de Freud tenían las siguientes convicciones: los psicólogos deben estudiar la personalidad humana, las leyes que la gobiernan y las experiencias que le dan forma; las motivaciones, los conflictos, los miedos y frustraciones inconscientes son los principales factores determinantes de la personalidad; la niñez temprana constituye el período crítico durante el cual se forma la personalidad.

A diferencia de otras escuelas, el psicoanálisis no tiene sus orígenes en el laboratorio experimental sino en el tratamiento de pacientes, es decir, en la experiencia clínica. En sus variadas formas, ha llegado a dominar la psiquiatría americana y europea, ejerciendo una penetrante influencia sobre la psicología, en particular sobre la teoría de la personalidad y sobre las prácticas de la psicología clínica.

RAÍCES E HISTORIA

Cognitivismo y psicología humanista

La terapia cognitivo conductual o terapia cognitiva se puede definir como un enfoque de tratamiento que intenta modificar la conducta manifiesta, influyendo sobre los procesos del pensamiento del hombre. El psicólogo humanista hace hincapié en las características positivas y en la capacidad de desarrollo del ser humano. Considera su posición como un antídoto saludable a la visión, estimada negativa y mecanicista, del hombre expuesta por Freud y los conductistas.

Sigmund Freud desarrolló el psicoanálisis a partir de la experiencia clínica como método para el conocimiento y comprensión de los estratos profundos de la personalidad y el tratamiento de los estados neuróticos. El psicoanálisis es una teoría psicológica que considera al ser humano un animal biológico capaz de convertirse en persona social a raíz de su capacidad para asimilar y transmitir valores culturales.

La psicología hoy

En la actualidad, la mayoría de los psicólogos se identifican, en mayor o menor grado, con uno de los cuatro puntos de vista principales: el psicoanalítico, el neoconductista, el cognoscitivo o el humanista, estos dos últimos desarrollados más recientemente. Otros muchos tienden a un enfoque ecléctico, es decir, a una combinación de los diversos puntos de vista. Por otra parte, en los últimos años ha aparecido una nueva tendencia que se define contra las teorías generales de la conducta humana, y se decanta hacia microteorías centradas en áreas específicas de la conducta tales como la percepción, la memoria, el aprendizaje automatizado, el estrés psicológico o la toma de decisiones. Como es natural, estas teorías no solucionan el problema de la persona en su totalidad, pero al parecer en la fase actual los psicólogos prefieren trabajar de común acuerdo con los conocimientos disponibles en áreas limitadas o especializadas de la conducta, antes que volver otra vez a la labor de desarrollar teorías amplias o generalizadas de la conducta humana.

Comprensión de la conducta

En sus comienzos, la psicología se definió como la ciencia de la vida mental. Su estudio se dirigía principalmente a las experiencias internas de la conciencia: las sensaciones, los sentimientos y los pensamientos. Más tarde, desde cerca de 1920 hasta 1960, los psicólogos estadounidenses redefinieron la psicología como la ciencia de la conducta. Dicha definición ha permanecido hasta hoy. Sin embargo, actualmente muchos psicólogos estudian cómo nuestra mente procesa y retiene información y ha retornado el interés por los procesos mentales internos. Con ánimo de abarcar tanto los factores internos como externos de la conducta, se define a la psicología como la ciencia de la conducta, entendiendo por ésta tanto las conductas

PSICOLOGÍA: COMPRENSIÓN DE LA CONDUCTA

El carácter científico de la psicología se desprende de la utilización por parte de los psicólogos del método científico, válido para la investigación en otras disciplinas. A partir de una teoría provisional el psicólogo formula hipótesis que se comprueban mediante datos objetivos recogidos a través de técnicas estadísticas.

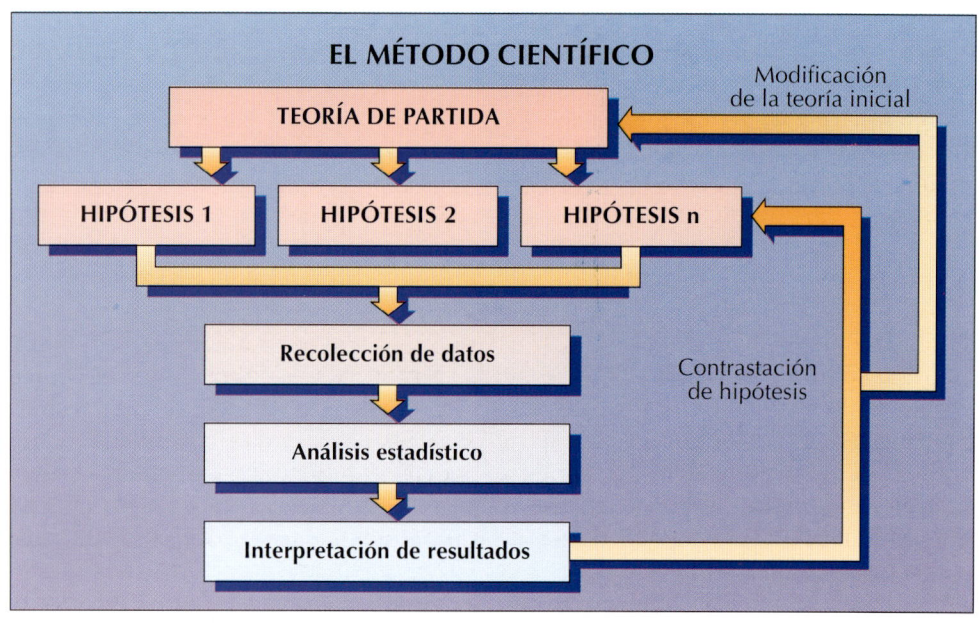

¿Si hay psicólogos conductistas, psicoanalistas, humanistas y cognitivistas, ¿cuántas psicologías hay?

▶ Psicología no hay más que una. Las diversas corrientes dentro de esta disciplina se diferencian en el acercamiento mediante el cual el psicólogo estudia el comportamiento. Así por ejemplo, un conductista explicará la conducta final de las personas en función de los estímulos previos que éstas hallan recibido, mientras que un cognitivista lo hará basándose en los procesos internos (pensamientos) de las mismas.

externamente observables, como las conductas encubiertas (internas o no directamente observables). Por tanto, la palabra conducta debe entenderse en un sentido amplio: cualquier proceso o actividad humana o animal que pueda observarse y medirse objetivamente y con neutralidad (sin la influencia de los juicios de valor, preferencias personales o prejuicios, y con el acuerdo de diferentes observadores). Las manifestaciones más externas de la conducta (comer, bailar, correr, hablar, reír, etc.) pueden observarse de manera directa. Las respuestas fisiológicas (la sudoración, la respiración, los latidos del corazón y las ondas cerebrales) pueden registrarse y medirse con aparatos especiales. Pero a los psicólogos también les interesan funciones como el pensamiento, las sensaciones, las emociones o las motivaciones y las características de personalidad, que no pueden observarse ni medirse directamente. Estas funciones, características o procesos son denominados constructos hipotéticos y se abordan de forma especial: se infieren (deducen) de las conductas con ellos relacionadas. Por ejemplo, la inteligencia no puede verse ni se sabe qué es en sí misma; pero la resolución de un problema difícil, o una calificación alta en una prueba de inteligencia, reflejan el funcionamiento de una función interior del ser humano a la que podría denominarse inteligencia.

La psicología es científica

Los psicólogos descubren conocimientos sobre la conducta a través del método científico que rige la investigación en el resto de disciplinas científicas. Esto supone que el psicólogo investigador se adhiere a una teoría tentativa (provisional) para explicar un comportamiento concreto que desea estudiar. Basándose en esta teoría formula una hipótesis, una conjetura sobre los resultados que obtendrá en su estudio. El paso siguiente consiste en comprobar esa hipótesis realizando una investigación que supone recopilar datos de forma sistemática y objetiva. Posteriormente el investigador interpreta los datos obtenidos a través de diversas técnicas estadísticas. Muchas veces esto implica modificar sustancialmente la teoría de partida, si los datos obtenidos discrepan de forma importante con ella. En síntesis, se procura que los hallazgos se adquieran de la forma lo más objetiva posible, organizando los datos de forma sistemática y ordenada.

Todo aquello que, dentro de la experiencia de cada sujeto, es estrictamente único queda fuera de los dominios de la psicología. Incluso una psicología centrada en el estudio profundo de casos únicos (psicología clínica) emplea categorías descriptivas y modelos explicativos que son válidos para muchos de los casos que se estudian. La conducta humana se explica a través de un conjunto de leyes y éstas son válidas para un gran número de individuos. No se niega la existencia de los factores subjetivos que gobiernan la conducta humana, pero se pretende someter éstos a estudio y examen racional.

Curiosidad y pragmatismo

En los manuales introductorios de psicología se hace continuo énfasis en la aplicación práctica de los conocimientos obtenidos en la investigación, para solucionar problemas concretos. Pero también se llevan a cabo investigaciones básicas con el propósito de satisfacer la curiosidad intelectual y el tipo de preguntas que los psicólogos se formulan mientras exploran el universo de la mente. Atendiendo a esta doble vertiente de sus investigaciones, puede decirse que la psicología es curiosa y pragmática. Encontramos muchas veces profesionales que procuran traducir los resultados de estos conocimientos en aplicaciones para mejorar la condición humana. Por ejemplo, mientras que un psicólogo puede estar interesado en cómo aprende la gente, otro quizá quiera saber cómo puede ayudar a que los niños retrasados aprendan a valerse por sí mismos. Es posible que, mientras que el primero desee saber cuáles son las causas de la agresividad, el segundo se pregunte cómo disminuir los enfrentamientos callejeros de las pandillas adolescentes de la ciudad. Las preguntas del primer psicólogo le mueven a la investigación básica o pura que satisface las curiosidades científicas del investigador. Las preguntas del segundo están relacionadas con la investigación aplicada y tienen fines más pragmáticos, puesto que intentan solucionar problemas concretos. Ambas orientaciones se complementan: los psicólogos que se dedican a la investigación básica buscan respuestas a preguntas que aumentan el caudal total del conocimiento humano. Aunque ellos no se centran en un problema práctico inmediato, los resultados de su trabajo se utilizan para dar respuesta a cuestiones prácticas. El investigador básico se pregunta qué es lo que atrae la atención de los bebés, el investigador aplicado utiliza esos resultados para idear juguetes que atraigan y desarrollen la atención de los mismos.

Para muchas personas la psicología es una profesión dedicada a la salud mental, para solucionar problemas como la infelicidad conyugal, la superación de una depresión o para orientar en la educación de los hijos. Sin embargo, sólo la mitad de los psicólogos estadounidenses trabajan en el ámbito de la salud mental, y ¿qué hace el resto? Muchos se dedican a la investigación básica, que sienta los fundamentos del conocimien-

> **¿La psicología es potencialmente peligrosa? ¿Puede utilizarse para manipular a las personas?**
>
> Como todo conocimiento, la psicología puede usarse para bien o para mal. La psicología posee el poder de persuadir y éste puede ser utilizado para educar a la gente y también para engañarla. Pero hasta ahora, casi todas las aplicaciones de los principios de la psicología han tenido un carácter positivo...

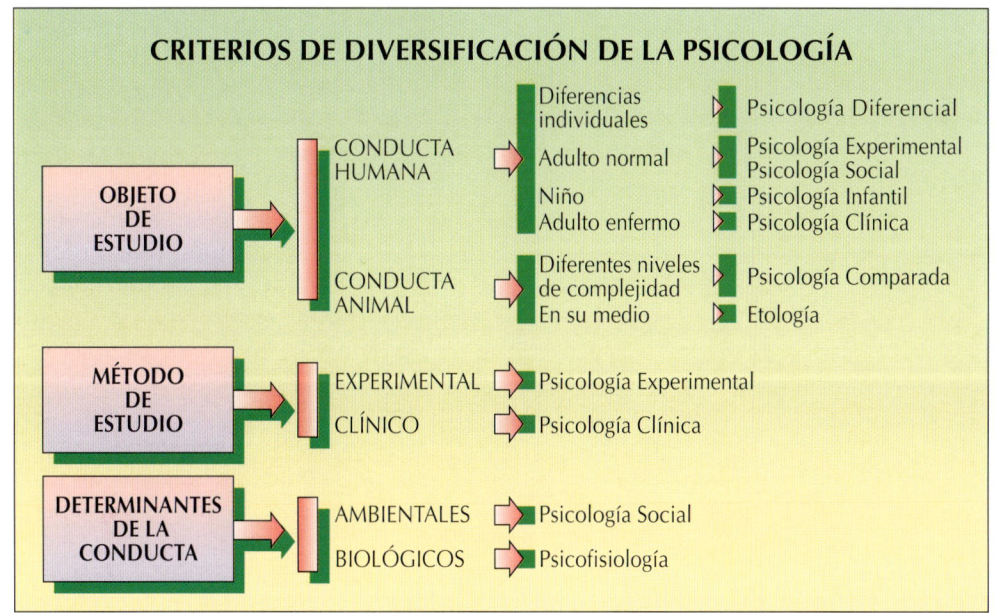

En el gráfico pueden verse los criterios de diversificación de la psicología según cuál sea su objeto o su método de estudio, y los determinantes de la conducta que considere. Así, junto a la psicología diferencial encontramos la psicología experimental, social, infantil y clínica, todas ellas dedicadas al estudio de la conducta humana.

PSICOLOGÍA: COMPRENSIÓN DE LA CONDUCTA

Pluralidad de la psicología

Hay autores que han intentado sistematizar esta pluralidad. Existe una primera subdivisión cuando se distingue entre el estudio de la conducta humana y el estudio de la conducta animal. Pero los psicólogos que estudian la conducta animal pueden trabajar en muy diferentes niveles dentro de la escala evolutiva: pueden estudiar cierto tipo muy elemental de crustáceos o pueden estudiar la conducta de los chimpancés; a su vez pueden estudiar la conducta de estos animales en su medio natural (etología) o bien estudiar las diferencias en complejidad entre diferentes especies animales (psicología comparada). Los que adoptan al hombre como objeto de estudio pueden estudiar al adulto normal (psicología experimental y psicología social), al niño (psicología infantil) o al adulto enfermo (psicología clínica), o bien pueden estudiar las diferencias observadas entre grupos de individuos (psicología diferencial). La actividad del psicólogo se pluraliza también según el método que emplea: método experimental o método clínico. Otro criterio de diversificación es el estudio de los determinantes ambientales de la conducta o de los determinantes biológicos.

El objetivo de los psicólogos es describir, explicar y predecir la conducta. La agresividad, en especial la agresividad de los jóvenes, es una forma de comportamiento que ha centrado la atención de los psicólogos.

to psicológico: la personalidad, su desarrollo y sus trastornos, la conducta social, la adolescencia, la edad avanzada, las bases fisiológicas de la conducta, la conducta animal, la adaptación, las pruebas psicológicas, etc. Otros psicólogos se dedican a la investigación aplicada: la psicología aplicada a la industria, psicología aplicada a la educación, psicología aplicada al consumo, psicología aplicada a la ecología, o bien trabajan en problemas prácticos concretos.

Las metas básicas

Los psicólogos pretenden lograr cuatro metas fundamentales: describir la conducta, explicarla, predecirla y, en ciertas circunstancias, modificarla o controlarla. El científico intenta resumir los datos sobre un fenómeno con el objetivo de construir una imagen precisa de éste. Los psicólogos en particular persiguen describir, construir imágenes de la conducta en sus diferentes manifestaciones. Cuando es posible, observan y miden un fenómeno directamente. Cuando no es posible la observación directa, recurren a métodos indirectos como los tests, las entrevistas o los cuestionarios. Por ejemplo, si un psicólogo quiere describir la agresividad de un grupo de niños de equis años en el recreo escolar, escogerá varios observadores y los entrenará para que registren (anoten) todas las manifestaciones de agresividad de ese grupo durante los recreos de una semana. Cada observador atiende a un subgrupo de niños y anota el número de veces que un niño golpea, empuja, da patadas, muerde o abofetea a otro niño. Finalmente, se hace el recuento de veces en que acontecen estas conductas en el grupo.

Descrito un fenómeno, los psicólogos están interesados en explicarlo. La explicación consiste en establecer relacio-

nes de causa-efecto entre los factores que se sospecha que intervienen en el fenómeno estudiado. Usualmente, los psicólogos proponen una explicación provisional (hipótesis) y prueban si ésta se verifica en la realidad mediante experimentos controlados. Siguiendo con el ejemplo anterior, los psicólogos intentarán buscar una explicación tentativa de por qué se producen estos comportamientos agresivos. Para obtener pistas, los psicólogos pueden entrevistar a los padres averiguando si los niños que manifiestan conductas agresivas son aquellos que ven más programas violentos de televisión. La hipótesis formulada podría ser que ver programas de televisión violentos aumenta los comportamientos agresivos de los niños con una edad determinada. Para probar esta hipótesis podría llevarse a cabo un experimento: se trata de observar la conducta agresiva de cada niño durante una semana. De esta manera se tendrá una indicación de la agresividad promedio de cada uno. Para ello se divide el grupo en dos subgrupos al azar. Uno de los grupos de niños verá programas violentos diez horas semanales durante dos meses y otro grupo verá diez horas semanales de programas neutros. Los psicólogos seguirán observando la conducta agresiva diariamente durante el recreo. Al cabo de dos meses, si los niños expuestos a la programación violenta incrementan su agresividad diaria y los otros no, los psicólogos concluirán que su hipótesis es válida en este grupo de niños: la violencia en la televisión tiene una influencia causal en el comportamiento agresivo de los niños de determinada edad. Los psicólogos intentarán probar esta hipótesis de nuevo en un grupo de niños de la misma edad procedentes de escuelas de diferentes estratos sociales y diferente procedencia geográfica, para comprobar que los resultados son generalizables a otros niños de características sociales y demográficas algo diferentes.

Otra de las metas de la psicología científica es predecir la conducta. Habiendo hallado la explicación de ésta, debe ser posible predecirla en otras situaciones similares. En el ejemplo que

hemos tomado, los psicólogos pueden predecir que ver programas violentos de televisión aumenta la agresividad en varias situaciones. Para ello se podría comprobar si la conducta agresiva, como consecuencia de la violencia televisiva, se produce también en la plaza, en casa, jugando con otros niños o en vacaciones. Debería repetirse el experimento en estas otras situaciones.

Algunas veces no es suficiente con describir, explicar y predecir, sino que también puede existir el interés de modificar o controlar la conducta. Por ejemplo, podríamos pedir a los padres de ciertos niños muy agresivos, que limiten la visión de programas de televisión violentos a sus hijos. Los psicólogos observarán la conducta agresiva de estos niños antes y después de la restricción y si se produce un descenso en la conducta agresiva, podrán predecir que aquellos niños expuestos a un número igual o superior de horas semanales de programación violenta manifestarán conductas agresivas.

La psicología comunitaria

El papel de la comunidad en el tratamiento y prevención de la enfermedad no es reciente, pero sólo en los últimos 25 años se ha sistematizado en un ámbito de aplicación: la psicología comu-

Los ambientes pobres y degradados pueden jugar un papel nefasto en la determinación de la conducta. La psicología comunitaria atiende a las interacciones entre la conducta humana y su medio ambiente, poniendo mayor énfasis en crear nuevas alternativas sociales y en desarrollar los recursos personales que en eliminar los problemas de las personas y de sus comunidades.

PSICOLOGÍA: COMPRENSIÓN DE LA CONDUCTA

La prevención constituye una de las características esenciales de la psicología comunitaria. Dentro de la labor preventiva se inserta cierto tipo de asistencia social orientada hacia el entrenamiento de voluntarios para la atención de deficientes, ancianos y personas desvalidas.

¿ Los psicólogos tratan a personas con problemas, pero, ¿qué otras utilidades puede tener la psicología?

➡ Si partimos de la base de que la psicología trabaja sobre el comportamiento humano, podremos encontrar aplicaciones en todas las áreas en las que éste se encuentre implicado. Es cierto que la psicología clínica es una de las aplicaciones más conocidas, pero los psicólogos también intervienen en el urbanismo de las ciudades, en las empresas, en publicidad, en la enseñanza...

nitaria. Se trata de un movimiento que intenta aplicar los principios de la psicología a los problemas sociales a fin de crear un cambio social significativo. Una creencia latente en este movimiento es que la conducta humana depende de las interacciones que las personas tienen con su medio ambiente, lo que implica intentar una modificación tanto del ambiente como de los recursos conductuales del sujeto. La psicología comunitaria tiene en cuenta las aportaciones de varias disciplinas para la promoción de la salud, prevención de la enfermedad y mejora de la calidad de vida. Existen una serie de principios conceptuales que caracterizan a esta tendencia: la visión ecológica, la búsqueda del cambio en el sistema social, el énfasis en la prevención, la intervención en crisis y la promoción de una conciencia psicológica de comunidad. La visión ecológica presupone que la conducta no se explica solamente por factores propios del individuo, sino que los factores sociales, ambientales y políticos son determinantes del comportamiento. Por lo tanto, persigue el cambio en el sistema social antes que el cambio en las personas; de esta manera, es posible que las instituciones respondan de forma más activa en el crecimiento de los individuos.

La prevención

La labor preventiva es quizás lo que caracteriza a la verdadera naturaleza de la psicología comunitaria. Existen tres modalidades de prevención: la prevención primaria consiste en crear unas condiciones de vida óptimas para impedir el desarrollo de cualquier trastorno en el comportamiento; la prevención secundaria pretende un rápido diagnóstico del trastorno y una pronta intervención terapéutica; la prevención terciaria va dirigida a las personas que presentan trastornos, con el objeto de mejorar los servicios institucionales.

La prevención primaria es la más ambiciosa, ya que pretende construir la salud del ciudadano antes que poner remedio a una enfermedad ya declarada. El objetivo es reducir y al final eliminar los trastornos mentales modificando los factores patogénicos del ambiente, así como aumentar los recursos personales de los individuos. Muestras de este tipo de intervención son la renovación urbana, la capacitación para el trabajo y ciertos tipos de asistencia social. La prevención secundaria se dirige a la reducción de la frecuencia de la enfermedad mediante una detección precoz y una intervención inmediata. Así por ejemplo,

en niños de escolaridad primaria se previenen futuras desadaptaciones escolares. La prevención terciaria se dirige a la minimización de la gravedad de la enfermedad así como a la reducción de sus consecuencias a largo y a corto plazo.

La intervención en crisis

Existen crisis propias del desarrollo que hay que superar para el óptimo enriquecimiento de la personalidad: aprender a caminar, iniciar la escuela o encontrar trabajo. Sin embargo, hay crisis que son imprevisibles y que generan una tensión considerable: el abandono de la escuela, el matrimonio, la separación o el divorcio, una enfermedad prolongada, la jubilación, la muerte de un ser querido o la victimización por desastres naturales. La mayoría de nosotros toleramos y finalmente nos adaptamos a las exigencias de la situación. Sin embargo, hay personas que bien por falta de recursos propios o porque la situación es muy estresante, no superan la crisis, lo cual puede dar origen a serias perturbaciones de personalidad. La intervención en crisis ayuda a las personas a que manejen de forma efectiva los problemas percibidos como abrumadores. Puede consistir en escuchar a la persona de una manera comprensiva y darle apoyo o bien en técnicas más específicas. La creación de una sensación psicológica de comunidad implica fomentar la capacidad para planear y crear el propio cambio. A ello contribuye el énfasis en potenciar los aspectos positivos de las personas en lugar de eliminar los negativos. Esto crea un sentido de eficiencia en la comunidad y la sensación de un fin común. Se trata de ayudar a las personas a crear varias alternativas efectivas a las instituciones sociales manejando correctamente sus preferencias y diferencias culturales.

Dentro de la psicología comunitaria un campo interesante de aplicación es la «inmunogénesis conductual». Trata de reducir los factores de riesgo de enfermedad que pueden atribuirse a comportamientos patológicos del sujeto. Múltiples factores de riesgo (abuso de tabaco, alcohol, accidentes de tráfico, falta de condiciones higiénicas adecuadas) se deben al comportamiento del sujeto. La modificación de esa conducta a nivel comunitario podría ayudar a alcanzar la salud y mejorar la calidad de vida individual y colectiva. Una de las tareas de la psicología conductual comunitaria es concienciar a las personas de los riesgos de sus propios comportamientos.

La mendicidad y otras formas de marginación social suelen estar causadas por crisis imprevisibles e insoportables para ciertos sujetos que, ya sea por falta de recursos personales o por problemas percibidos como abrumadores, son incapaces de superarlas. La intervención en crisis procura potenciar los elementos positivos de tales personas y ayudarlas a afrontar de forma eficaz los retos de la vida.

PSICOLOGÍA: COMPRENSIÓN DE LA CONDUCTA

La masificación urbana y el deterioro del medio ambiente inciden negativamente en la conducta humana y pueden causar perturbaciones. En este sentido la psicología contemporánea, que considera el ambiente como uno de los factores determinantes del comportamiento, se propone la intervención ambiental para paliar el deterioro de las condiciones de vida.

La intervención ambiental

El ambiente empieza a ser objeto de preocupación e investigación en la psicología contemporánea. Una faceta relativamente novedosa es la intervención ambiental. Ésta es importante para evitar el deterioro de la calidad de vida. La degradación paulatina de nuestro hábitat reclama la atención sobre el mismo. La contaminación del ambiente, la desaparición de grandes masas forestales, la desertización del terreno o la perforación de la capa de ozono, son algunos de los temas ambientales que preocupan. La masificación de las grandes ciudades, el tráfico, el ruido, el tipo de vivienda, la clase de trabajo, todo ello influye sobre la conducta humana y puede dar origen a una conducta perturbada. Quizás ésta sea una adaptación normal a un entorno anormal. Al considerar el ambiente como un factor de determinación de la conducta, se plantea así mismo la posibilidad de modificar el comportamiento de las personas. Por ejemplo, un psicólogo puede aconsejar a un ejecutivo hipertenso y estresado que pase una semana en el campo. En personas propensas a la depresión, un ambiente estresante o sucesos ambientales estresantes pueden precipitarla. A pesar de la importancia de los factores ambientales, los tratamientos para la depresión se han centrado en los factores psicológicos y biológicos del trastorno. Es posible que modificando aspectos de la conducta de la persona deprimida (mejorando sus habilidades sociales) se produzca una modificación ambiental (las reacciones de los demás hacia él). Otro tipo de intervención ambiental es el aumento de los períodos de ocio y la planificación de actividades gratificantes. También otros trastornos, como la esquizofrenia, reciben considerable impacto del ambiente.

Un aspecto ambiental importante que incide en los problemas de conducta es el apoyo social. Por ejemplo, los adolescentes que tienen amigos delincuentes es más probable que cometan alguna fechoría. Del mismo modo, la posibilidad de encontrar trabajo está en relación con el número de personas diferentes con las que se tienen contactos. El apoyo social se ha relacionado con menores niveles de coresterol, menor tasa de depresión, de angina de pecho, menos problemas psicológicos y físicos y menor uso de drogas para reducir el estrés. Es posible intervenir en las redes de apoyo social: en el caso de los compañeros delincuentes que pueden influir negativamente sobre el adolescente sería necesario romper la red social que le rodea; en el segundo caso se podría crear una asociación para encontrar empleo.

La educación sanitaria

El psicólogo puede dedicar sus esfuerzos a promocionar la salud, favorecer el cambio de actitudes de la gente hacia la enfermedad, buscar remedios si ésta ya se ha instaurado, y mentalizar a los ciudadanos a velar, ellos mismos, por su salud mejorando su calidad de vida. Éste es el propósito de la educación sanitaria. El psicólogo aporta contenidos sobre los distintos aspectos psicológicos de la salud y la enfermedad. Debe formar e informar a aquellas personas que, por su vinculación directa o por su responsabilidad con la comunidad, pueden colaborar como agentes de salud (escuelas de padres, seminarios, asociaciones de vecinos, medios de comunicación, etc.). El psicólogo puede organizar programas y campañas de prevención y también intervenir en instituciones de la comunidad (enseñanza, ocio y tiempo libre), para elevar el nivel de salud de los ciudadanos. En esta línea se inscriben los programas de prevención de toxicomanías, del SIDA o de los trastornos alimentarios.

Experimentos, fisiología, evolución, ambiente y clínica

La psicología científica que comienza a dar sus pasos en el laboratorio es una psicología puramente experimental. Recordemos que el movimiento estructu-

ralista iniciado por Wundt tenía especial interés en descifrar objetivamente los elementos y estructuras de la conciencia, utilizando la introspección. Así por ejemplo, se intentaba describir y analizar las experiencias sensoriales según su modalidad (visual, táctil, olfatoria...), medir el tiempo de reacción ante diversos estímulos, o descubrir y explicar ilusiones ópticas, todo ello en condiciones de laboratorio perfectamente controladas. Más adelante, la aparición de otras escuelas intentaría corregir algunas de las deficiencias atribuidas a esta forma de entender la psicología. Así, la Gestalt se opuso a la práctica de dividir las experiencias mentales en elementos, el conductismo rechazó que fuese posible estudiar la conciencia objetivamente y el psicoanálisis no aceptó que la mente estuviese formada sólo por la conciencia.

Los gestaltistas, que señalaban la importancia de la totalidad por encima de los elementos componentes, se sintieron mucho menos atraídos por la experimentación que los estructuralistas. Su méto-

Los programas de educación sanitaria, dentro de los cuales se inscriben las campañas de prevención frente a las drogas, el SIDA y los trastornos alimentarios, están destinados a mejorar la salud y la calidad de vida de los ciudadanos. El papel de los psicólogos en este capítulo es informar a la población y promover un cambio de actitud ante las patologías sociales.

do dependía de los informes de observadores no entrenados y estaban más interesados en las experiencias que sucedían fueran del laboratorio, destacando sus trabajos sobre la percepción visual.

La escuela conductista recogió el afán estructuralista por dividir en elementos más fundamentales no la conciencia sino la conducta, y lo hizo no a través de la introspección sino de la observación objetiva. En definitiva, el trabajo de los conductistas se define fundamentalmente por el carácter objetivo que imprimieron a la psicología, lo que les llevaría a aplicar los métodos y los principios de la psicología animal a los seres humanos. Por esto, el psicólogo conductista ha trabajado siempre en el laboratorio con ratas, cobayas, gatos o palomas. También se definen por su rechazo absoluto a cualquier concepto o explicación mentalista: los procesos mentales o de la conciencia, si existen, no pueden estudiarse científicamente. Los trabajos en el laboratorio con animales ayudaron a los conductistas a establecer las teorías del aprendizaje. Una de ellas, el condicionamiento clásico formulado por Pavlov, surgió del estudio de la fisiología animal, concretamente de sus investigaciones sobre la digestión.

La escuela psicoanalítica tuvo su origen en el tratamiento de pacientes con trastornos mentales, es decir, se originó en un ambiente clínico. Freud, el fundador de la psicoterapia tal como hoy la conocemos, basó su método en la comunicación verbal entre dos personas para estudiar y ayudar a la gente. La búsqueda sistemática de las relaciones entre la historia personal del paciente y sus problemas actuales, la importancia que otorgó a los pensamientos y emociones, y su enfoque con respecto a las relaciones entre el paciente y terapeuta, persisten en casi todas las modalidades modernas del tratamiento clínico, independientemente de sus fundamentos teóricos.

Las diferencias individuales

La aparición de las teorías evolucionistas con Darwin a la cabeza contribuyó a propulsar nuevas tendencias, entre ellas el estudio de la psicología animal que tuvo gran importancia en el estudio del aprendizaje. Por otra parte, el concepto de adaptación de los organismos a su ambiente dio pie a las controversias entre herencia y medio y al desarrollo de la psicología diferencial. En este caso la psicología se interesa por el estudio de las diferencias individuales y su explicación, alejándose una vez más del laboratorio. Galton, la primera persona interesada en estas cuestiones, creó los primeros tests para detectar dichas diferencias y utilizó los métodos estadísticos para ordenar y analizar los datos. Considerado «el padre» de las pruebas psicológicas, fundó un centro donde las personas podían acudir a evaluar sus capacidades mentales y recibir un informe

---

El cambio en el concepto de enfermedad mental

La aparición de la psicología clínica se debe a otro factor importante: el cambio en la concepción de la enfermedad mental. Tuvo que pasar algún tiempo antes de que se desmitificase el origen demoníaco de los trastornos mentales y se reconociesen sus posibles causas orgánicas. Esto supuso que los médicos dedicasen su atención al tratamiento e investigación de las causas. En el curso de dicha investigación se descubrieron diversos fenómenos como el magnetismo animal y la hipnosis, la cual dejó libre el paso para plantearse el origen psíquico de la enfermedad mental. Sigmund Freud acabó de constatar esta posibilidad al afirmar que los trastornos mentales son el resultado de la pugna entre los deseos instintivos (en su mayoría sexuales) y las reglas sociales que tienden a reprimirlos. Al apuntar las posibles causas psicológicas de la enfermedad mental, se facilitó la intervención de los psicólogos en el área clínica y se sentaron las bases para que la psicología clínica iniciara la terapia. En 1896 Lightner Witmer, alumno de Cattell y Wundt, abrió la primera clínica psicológica del mundo, dedicada al área infantil y los problemas escolares. A partir de aquí el desarrollo fue creciente, en especial a partir de la Primera Guerra Mundial, en que proliferaron las pruebas psicológicas para el diagnóstico y se requirió la atención psicológica para los soldados damnificados por las secuelas de la contienda. A finales de los años treinta algunos psicólogos no sólo se dedicaron a realizar pruebas y diagnósticos, sino que llevaron a cabo tratamientos y, por otra parte, comenzaron a desarrollarse programas de formación de psicólogos contemplando tanto las funciones de investigador como de psicoterapeuta.

La situación actual de la psicología clínica es muy compleja, ya que conviven una multiplicidad de escuelas y de enfoques. El predominio de unos enfoques sobre otros depende del país. En Estados Unidos, por ejemplo, domina el eclecticismo, es decir, no hay un compromiso explícito con una tendencia o escuela, sino que dependiendo del trastorno, del sujeto y de las circunstancias se adoptan las técnicas más convenientes.

RAÍCES E HISTORIA

de resultados. Dentro de esta tradición, Cattell llevó la aplicación de los tests a la selección de personal y al diagnóstico de trastornos mentales, creando una batería de pruebas para medir básicamente el funcionamiento perceptivo y motor. Posteriormente, Alfred Binet creó pruebas para medir funciones psicológicas más complejas como la comprensión, la atención, y la valoración moral.

¿Hasta qué punto el descubrimiento del magnetismo animal y la hipnosis influyeron en el nuevo concepto de la enfermedad mental?

Estos fenómenos abrieron el campo de la investigación de las enfermedades mentales y orientaron a muchos estudiosos hacia el origen psíquico de las mismas. Este hecho supuso a finales del siglo XIX un cambio radical en el tratamiento y curación de las enfermedades nerviosas, aunque aún debieron pasar varias décadas antes de que se tuvieran conocimientos más amplios de las patologías mentales.

El cuadro Extracción de la piedra de la locura, *de El Bosco, da idea del oscurantismo que rodeaba en el pasado a los trastornos mentales, considerados una emanación del demonio, antes de que los médicos se centraran en sus posibles causas orgánicas primero y psíquicas después.*

PSICOLOGÍA: COMPRENSIÓN DE LA CONDUCTA

Una de las áreas de trabajo de la psicología clínica está dedicada al diagnóstico. Para su formulación el psicólogo necesita recabar una serie de datos que informen de diversos aspectos de la personalidad como los hábitos, la inteligencia, las habilidades sociales, la capacidad de adaptación al medio, etc., y lo hace a través de los tests.

¿Qué son los psicólogos, qué hacen, dónde trabajan?

Una definición muy simplista caracterizaría al psicólogo como un profesional involucrado en cualquiera de los campos de la psicología. Resulta difícil empero definir qué es un psicólogo de acuerdo con esta caracterización, ya que sus quehaceres han variado paralelamente al desarrollo de la psicología como ciencia, la cual en un comienzo tenía un restringido campo de aplicación, pero posteriormente ha hecho incursión en multitud de contextos. Su labor comenzó con la experimentación en el laboratorio con objeto de analizar la conciencia, la percepción y otros tópicos. Más adelante continuaron las tareas de investigación en animales con el fin de descubrir las leyes del comportamiento animal y humano, hasta que emergió, por influjo de Darwin, el interés por las diferencias individuales y la dedicación del psicólogo a la elaboración de pruebas para medir las capacidades mentales y los aspectos de la personalidad. Durante cierto tiempo, los psicólogos se dedicaron a realizar diagnósticos a través de las pruebas construidas con estos propósitos. Finalmente surgieron psicólogos que no se limitaron a evaluar sino también a aplicar los primeros tratamientos en el campo infantil y especialmente en las dificultades de aprendizaje. Con el advenimiento de la Segunda Guerra Mundial creció la demanda de psicólogos, no únicamente con propósitos de diagnóstico sino también de tratamiento y rehabilitación de las víctimas de la violencia bélica.

Las competencias del psicólogo en la actualidad se han diversificado mucho, a medida que la psicología se ha expandido a otros dominios de aplicación. Hoy existen tres grandes categorías de actividad del psicólogo: aquellos entregados a la enseñanza de materias de psicología, los dedicados a la investigación y los psicólogos aplicados. En realidad, esta distinción es artificial porque algunas veces un mismo psicólogo desempeña todas estas actividades. Por lo general, los psicólogos que se dedican a la enseñanza de materias de psicología se dedican también a la investigación, pudiendo desarrollar la misma en centros de investigación, hospitales, en la industria y en el mundo de los negocios. Las áreas de investigación y docencia que tradicionalmente trabajan los psicólogos abarcan la psicología del desarrollo, la psicología experimental humana, la psicología experimental animal, la psicología fisiológica, la psicología matemática, la psicometría, la psicología de la personalidad, la psicología social y la psicología educativa.

La psicología aplicada lleva a la práctica, a los problemas de individuos o grupos que lo precisan, los conocimientos obtenidos en estas áreas de investigación. En la psicología clínica, la zona de investigación más popular, además de investigación y docencia, se realizan diagnósticos y tratamientos. La fase de diagnóstico, que a veces puede ser la única labor del psicólogo, persigue recabar información del paciente de todo aquello que pueda ser relevante para formular un diagnóstico correcto de su problema. La información recogida llega a cubrir muchos aspectos: hábitos, personalidad, inteligencia, habilidades sociales, estilo de vida, funcionamiento laboral, adaptación familiar, etcétera. Esta información resulta útil no sólo para formular un diagnóstico, sino también para seleccionar el tratamiento más adecuado para el paciente.

Los instrumentos que se utilizan para obtener esta información son las pruebas (o tests), la entrevista y la observación directa. En las pruebas se le pide a la persona que responda a una serie de estímulos, como preguntas escritas o fotografías. Las entrevistas son conversaciones en las que el psicólogo formula preguntas con diferentes grados de apertura (muy específicas o muy abiertas). La observación consiste en percibir cómo se conduce el paciente en una situación provocada o en su vida normal. La conducta visible puede ser objeto de un observador externo o bien el propio sujeto puede observar sus respuestas fisiológicas, sus pensamientos y sentimientos. Los tratamientos no consisten en administrar psicofármacos sino que se utilizan prioritariamente otros medios psicológicos.

La mayoría de los pacientes acuden en busca de terapia porque experimentan algún tipo de malestar, dificultad o trastorno lo suficientemente importante como para ser conscientes de la necesidad de un cambio y porque no han podido producir ese cambio por sí mismos ni recurriendo a las fuentes naturales de ayuda (amigos, familiares).

Tratamientos y escuelas

Según la escuela a la que se adscriba el psicólogo, el tratamiento revestirá diferentes características. Desde una perspectiva psicoanalítica se tratará de ir destapando todos los aspectos del problema y la meta será explorar y hacer conscientes los sentimientos, fantasías e impulsos conflictivos que están causando los síntomas. A veces se adopta una intervención terapéutica de apoyo más activa y abreviada en la que se da consejo, aliento y posible medicación para que el paciente se recupere lo más pronto posible. El proceso psicoanalítico se inicia a través de las verbalizaciones espontáneas, pensamientos y sentimientos del paciente sin importar su coherencia lógica o temática. A este procedimiento se le denomina asociación libre.

A medida que el paciente va descubriendo que el terapeuta no critica sus expresiones, revela con mayor libertad las ideas y sentimientos que se relacionan más directamente con sus conflictos internos. El medio principal de intervención desde esta óptica es la interpretación. Ésta consiste en explicaciones que proporciona el terapeuta acerca del significado de la conducta, fantasías o sentimientos que el paciente comunica libremente. La intención de estas explicaciones es proporcionar al paciente *insight* o una comprensión clara de sus conflictos internos y la relación que guardan con su experiencia actual y pasada, para poder luchar activamente y dirimir el conflicto. A medida que se profundiza en el proceso analítico, el terapeuta se convertirá en el foco de los conflictos inconscientes. Ello proporciona datos de primera mano de los conflictos centrales de la vida interna del paciente.

El test de Rorschach o de las manchas de tinta es uno de los más conocidos y afamados, aunque no siempre proporciona un diagnóstico definido o una descripción amplia de la adaptación o inadaptación del sujeto. A través del área de la mancha de tinta, del nivel formal, del contenido, etc., el examinador puede analizar otros tantos aspectos de la respuesta y personalidad del sujeto.

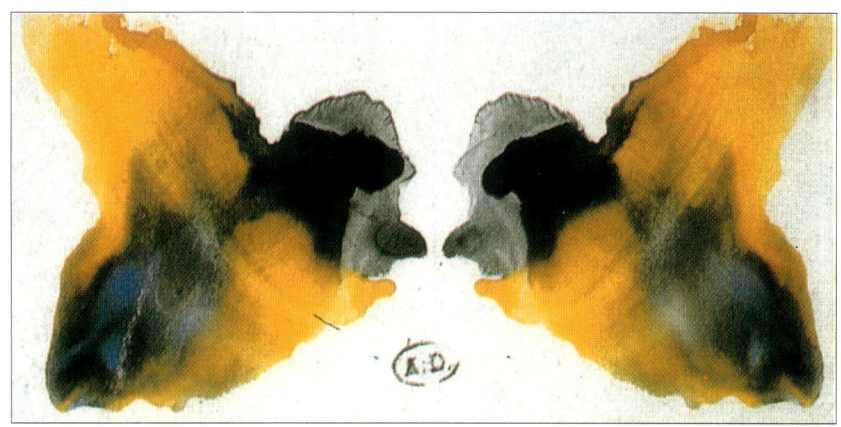

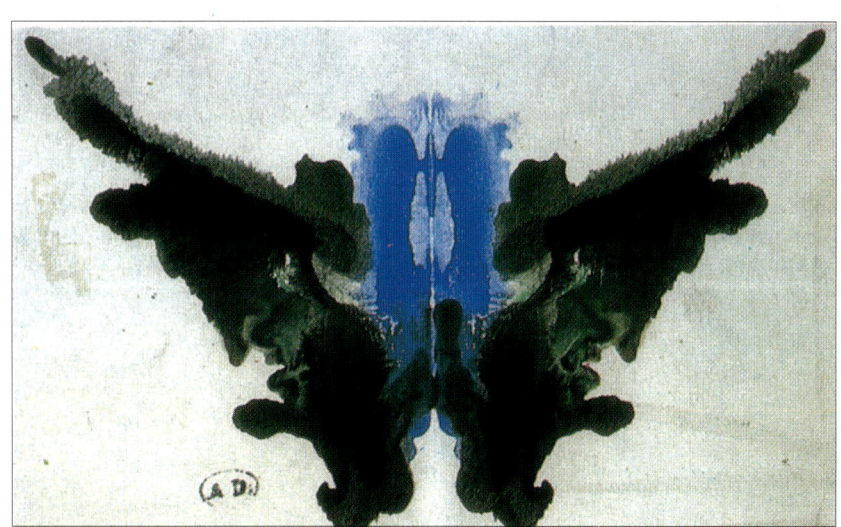

PSICOLOGÍA: COMPRENSIÓN DE LA CONDUCTA

La entrevista estructurada es para los psicólogos conductistas uno de los recursos más importantes del tratamiento. A través de ella se identifica la conducta del paciente y se evalúa el problema a fin de establecer, con el apoyo de la observación y de cuestionarios específicos, la terapia más idónea.

Desde una perspectiva conductista el tratamiento consiste en identificar, juntamente con el paciente, sus conductas problemáticas definidas en términos muy concretos y precisos. Para llegar a esta identificación los psicólogos conductistas pueden servirse de la entrevista (generalmente muy estructurada), la observación (puede ser externa o por medio de autorregistros en los que el paciente debe anotar durante todo el proceso de evaluación y tratamiento, la frecuencia, intensidad o duración de su conducta-problema) y los cuestionarios que evalúan específicamente las conductas perturbadas. Después de la identificación y evaluación del problema, se establecen los objetivos de la terapia, también en conjunción con el paciente, que suelen definirse también en términos muy concretos. Por ejemplo, frente a un problema de tabaquismo la meta terapéutica puede consistir en la abstinencia completa de tabaco o en el consumo moderado. Posteriormente, se proponen hipótesis sobre el origen de la conducta-problema y su mantenimiento. Para ello es necesario identificar los antecedentes de la misma y sus consecuencias (ambos pueden ser tanto ambientales como internas al sujeto). Finalmente se procede a la aplicación de las técnicas específicas que contribuyan a solucionar el problema. Éstas proceden de los principios del conductismo, por ejemplo, en el caso de una fobia a volar en avión, la técnica que se seleccionará será la que permita enfrentarse progresivamente, y en un estado de relajación, al miedo.

Otros enfoques

Desde un enfoque fenomenológico no preocupa la obtención de datos del paciente previos al encuentro con él, ni tampoco llegar a un diagnóstico tentativo o definición del problema. Esto podría predisponer y perjudicar el primer contacto con el paciente, asignando a la persona a una categoría preconcebida. Las primeras sesiones no persiguen la obtención de datos o la elaboración de una historia clínica; no se administran pruebas psicológicas ni entrevistas estructuradas, simplemente se brinda una oportunidad al paciente de que se presente a sí mismo, de acuerdo con su manera de ser y a su ritmo. El interés recae en sus actitudes, sentimientos, emociones y conductas específicas. Tampoco se formula ninguna hipótesis sobre la etiología o causa del problema, pues no interesa su desarrollo histórico sino sus

manifestaciones actuales. Existen aspectos comunes en el pasado y en el presente, que es la falta de aceptación, comprensión, respeto, honestidad y amor en sus relaciones con otras personas. El tratamiento consiste en proporcionar todas estas carencias, que al principio las suministra el terapeuta en las sesiones. El paciente se despoja de sus defensas y resistencias y se sincera. En este clima de apertura, se dedica a la autoexploración, comprensión, aceptación y respeto hacia sí mismo. Esto da la base para la exploración de sus problemas con las demás personas con las que se relaciona y para el desarrollo de relaciones más satisfactorias y mutuamente gratificantes.

En cualquiera de sus modalidades, el tratamiento no persigue lograr un cambio desde fuera del paciente, realizado por el terapeuta, sino ayudar al paciente a que cambie por sí mismo, guiándolo o dándole las herramientas adecuadas para ello. La actitud que adopte el psicólogo hacia el paciente dependerá del enfoque teórico del mismo: desde el enfoque dinámico la actitud es neutral y de reserva; desde el humanista se pone énfasis en la empatía, autenticidad y aceptación incondicional del paciente; desde el conductual el terapeuta actúa de modelo y recompensa la conducta positiva del paciente; desde el cognitivo el terapeuta actúa de guía orientador. Tradicionalmente el tratamiento se realiza de forma individualizada, pero en la actualidad son comunes los grupos de pacientes con el mismo problema. En casos de una problemática de pareja suele tratarse a ambos en la consulta.

El objetivo del tratamiento puede ser resolver un problema de conducta ya declarado o prevenir la aparición de éste antes de que suceda, modificando de forma adecuada aspectos de una institución, ambiente o situación. El tratamiento puede aplicarse en consulta o en los servicios que ofrece una institución. Puede durar desde una sesión hasta varios años. Las metas del psicólogo pueden ser muy ambiciosas (reconstrucción completa de la personalidad y cambio del estilo de vida del paciente) o muy limitadas (ayudar a resolver un problema muy puntual provocado por una situación, por ejemplo, el descontrol alimentario al dejar de fumar).

La medicina conductual

En la resolución de dichos problemas el psicólogo puede recurrir a diferentes técnicas según a la escuela teórica a la que se adhiera. Uno de los desarrollos más recientes y fructíferos de la psicología clínica emergente en los últimos años,

El ámbito de aplicación de la medicina conductual comprende los trastornos de la salud, como el SIDA, los problemas cardiovasculares, el dolor crónico, la obesidad, etc. Esta disciplina se ocupa de la promoción de la salud y la prevención de enfermedades.

PSICOLOGÍA: COMPRENSIÓN DE LA CONDUCTA

Merced a la relación entre medicina conductual y psicología de la salud el tratamiento de ciertos trastornos se basa en estrategias que responden a los enfoques conductista y cognitivo, los cuales permiten informar al sujeto acerca de sus propios procesos internos a fin de dotarlo de los medios para superar las perturbaciones de su conducta.

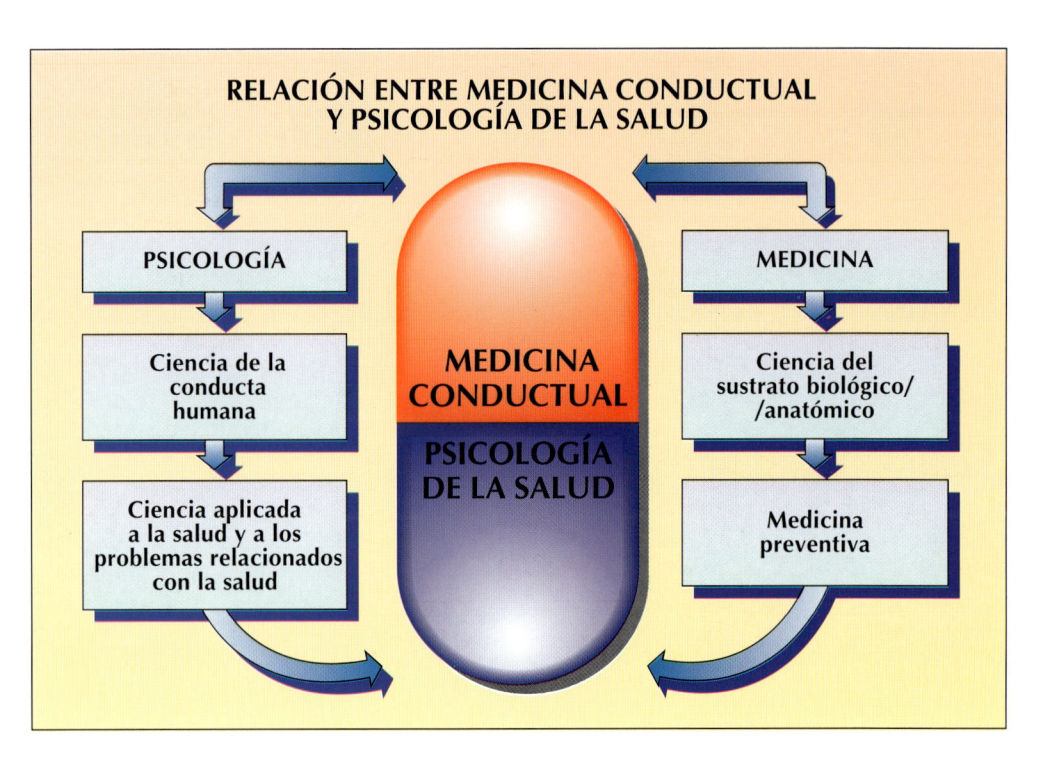

RELACIÓN ENTRE MEDICINA CONDUCTUAL Y PSICOLOGÍA DE LA SALUD

- PSICOLOGÍA
  - Ciencia de la conducta humana
  - Ciencia aplicada a la salud y a los problemas relacionados con la salud
- MEDICINA CONDUCTUAL / PSICOLOGÍA DE LA SALUD
- MEDICINA
  - Ciencia del sustrato biológico/ /anatómico
  - Medicina preventiva

¿Cuando los psicólogos que trabajan en investigación hablan de relaciones causa-efecto, ¿a qué se están refiriendo?

➤ Una relación causa-efecto es aquella en la que una variable (por ejemplo, la administración de una descarga eléctrica) predice o determina la aparición de otra (por ejemplo, la ansiedad, medible mediante la aceleración del ritmo cardíaco). Para poder llegar a establecer relaciones de este tipo es necesario controlar al máximo la posible interferencia de factores no conocidos y manipular la variable «causa» a voluntad del investigador (por ejemplo, aumentar o disminuir la intensidad de la descarga eléctrica). Debido a ello, este tipo de relaciones sólo pueden determinarse en el laboratorio.

es la medicina conductual. Esta subdisciplina integra conocimientos de muy diferentes áreas: por un lado de la biología y la medicina (anatomía, fisiología, endocrinología, epidemiología, neurología, psiquiatría) y por otro de la psicología y sociología (aprendizaje, terapia y modificación de conducta, psicología comunitaria, sociología, antropología). Representa el canal de comunicación entre un conjunto de disciplinas no conectadas previamente. Dichos conocimientos se dirigen a la promoción y mantenimiento de la salud y a la prevención, diagnóstico, tratamiento y rehabilitación de la enfermedad. Se han propuesto múltiples definiciones para caracterizar esta disciplina. En todas ellas se destaca como rasgo distintivo la aplicación de la terapia de conducta (enfoque conductista aplicado a la clínica) a la evaluación, prevención y tratamiento de la enfermedad física, así como la investigación de los factores conductuales que contribuyen a la promoción general de la salud y al desarrollo, prevención y tratamiento de la enfermedad.

Las diversas aplicaciones de esta disciplina pueden agruparse en tres áreas: trastornos de la salud, potenciación de la actividad de otros profesionales de la salud y promoción general de la salud y prevención de la enfermedad. En el primer ámbito de aplicación se incluyen los problemas cardiovasculares, los trastornos del sistema nervioso central, los trastornos neuromusculares, gastrointestinales, excretores, respiratorios, sexuales, dermatológicos, oftalmológicos, dentales y del habla, las cefaleas, el dolor crónico, la artritis, las alergias, la obesidad, las adicciones, la diabetes, el cáncer y el SIDA. En cuanto al tratamiento, la medicina conductual incorpora a los enfoques médicos convencionales las estrategias cognitivo-conductuales (enfoque conductista que incorpora además los principios teóricos y de intervención del enfoque cognitivo): procedimientos que permiten dar información a la persona sobre los propios procesos internos posibilitando su control (biorretroalimentación); procedimientos para inducir estados de relajación (entrenamiento en relajación y respiración); procedimientos para modificar pensamientos erróneos que producen malestar (técnicas de reestructuración cognitiva); procedimientos para enfrentarse, tolerar y reducir el malestar en situaciones estresantes (técnicas de afrontamiento del estrés); procedimientos para mejorar la capacidad para relacionarse con otras personas (entrenamiento en habilidades sociales) y procedimientos para aprender a encontrar soluciones de una forma sistemática a problemas diversos de la vida diaria (técnicas de resolución de problemas).

La segunda área de aplicación de la medicina conductual está destinada a potenciar la actividad de los demás profesionales de la salud (médicos, enfermeros, etc.), mejorando las relaciones paciente-profesional que repercuten de forma importante en la respuesta del paciente al tratamiento. También se trabaja en la preparación del paciente para los tratamientos médicos que resultan intrusivos o aversivos, y en la elaboración de programas destinados al incremento de la adherencia a los tratamientos médicos. El tercer ámbito de aplicación consiste en la promoción general de la salud mediante programas que estimulen a la gente a mejorarla y mantenerla, fomentando un estilo de vida saludable. La prevención de la enfermedad es otra línea de actuación: evitar la aparición del trastorno actuando sobre aquellos factores (ambientales o psicológicos) o conductas de riesgo que contribuyen a su gestación, e instaurar hábitos y estilos de vida saludables. Los programas preventivos van dirigidos a los comportamientos de riesgo de trastornos crónicos, como el hábito de fumar, el alcoholismo y demás conductas adictivas, los estilos alimentarios incorrectos, el sedentarismo y la falta de higiene, de descanso y ocio.

Psicología escolar

La actuación del psicólogo escolar se centra en el ámbito educativo. Sus actividades suelen consistir en administrar pruebas de inteligencia o de aptitudes, cuestionarios de orientación vocacional y pruebas de personalidad. Cuando el psicólogo detecta dificultades de aprendizaje, elabora y aplica programas de reeducación para aquel caso concreto; también asesora y entrevista a los padres cuando un alumno presenta problemas; colabora en la formación de los profesores para optimizar sus relaciones con los alumnos y con los compañeros; y trabaja en la solución de problemas prácticos para que la escuela funcione mejor. Además, suele intervenir en la investigación de métodos más eficaces de enseñanza, así como en la realización de seminarios para enseñar a los alumnos métodos eficaces de estudio y mejora del rendimiento. No importan únicamente los logros escolares sino que también se vela por la salud mental y la adaptación social del niño.

Recientemente se está potenciando la intervención del psicólogo escolar en la elaboración de programas preventivos de diversos problemas, principalmente referidos al consumo de drogas.

En cuanto a la psicología orientativa, los profesionales suelen ubicarse en gabinetes universitarios o en institutos y escuelas. A dichos centros pueden pedir ayuda los estudiantes para resolver problemas relacionados con el trabajo académico, para afrontar las dificultades en la elección de carrera o vocación, los problemas en la convivencia con compañeros de estudios u otros aspectos de adaptación. En estos casos se suelen administrar e interpretar pruebas psicológicas, también se utilizan entrevistas y observación de las personas que acuden a pedir ayuda, dando consejos prácticos para resolver el problema en cuestión.

La psicología escolar tiene como finalidad detectar las dificultades que puedan presentarse en el aprendizaje, elaborar y aplicar terapias de reeducación y desarrollar programas de apoyo a los alumnos, a sus padres y profesores, a partir de pruebas de inteligencia, de aptitud y de personalidad.

El mundo del trabajo entra también en el área de la psicología. El campo de acción de la psicología aplicada al ámbito laboral es muy amplio y comprende desde la selección de personal para determinados puestos de trabajo hasta la organización de cursos o seminarios de formación técnica, de comunicación, motivación o reciclaje.

La aplicación al mundo del trabajo

Los psicólogos industriales pueden trabajar en una empresa determinada o ser consultores de varias empresas. Estos últimos suelen dedicarse a la selección de personal para un puesto de trabajo que solicita una empresa, o a impartir seminarios de formación para los trabajadores y directivos, sobre aspectos de interés para la empresa: seminarios de comunicación para mejorar las relaciones de los trabajadores entre sí y entre trabajadores y directivos; seminarios de formación técnica para los primeros; seminarios de motivación para estimularles a un mejor rendimiento; seminarios sobre el estrés para reducir la tensión que el trabajo pueda ocasionar. Estas mismas actividades suele llevarlas a cabo el psicólogo (no consultor) que trabaja en una empresa: se encarga de asignar a los trabajadores a diferentes puestos de trabajo según sus aptitudes, previamente evaluadas; organiza cursos de formación o seminarios; diseña técnicas para adaptar el trabajo al trabajador; evalúa la organización interna de la empresa; indaga métodos de supervisión efectiva; y propone cambios para elevar la productividad, el estado de ánimo y la motivación de los empleados. Sus instrumentos de trabajo son los tests y las entrevistas. Dentro del marco de la psicología del trabajo, los psicólogos del consumo se dedican a la publicidad y al *marketing,* es decir, estudian los factores psicológicos que determinan las preferencias por ciertos productos o marcas y el consumo. Sus herramientas de trabajo son las encuestas y los cuestionarios, de esta manera estudian las elecciones que hacen los consumidores de determinados productos. Otra de sus competencias es informar al público sobre cómo hacer una elección acertada al comprar un artículo. Una subdisciplina de la psicología del trabajo es la ergonomía, que investiga las consideraciones que deben tenerse en cuenta en el diseño y adaptación de las máquinas a las necesidades humanas. Estos psicólogos diseñan, evalúan y adaptan los instrumentos del trabajo para que se empleen de modo eficaz y eficiente.

Los nuevos ámbitos

El área de cobertura de la psicología está en plena expansión y día a día surgen nuevos ámbitos en los que el quehacer del psicólogo puede ser relevante. En las últimas décadas, los psicólogos han incorporado su labor a diversos tipos de instituciones. Por ejemplo, en las instituciones penitenciarias el objetivo es rehabilitar a los presos antes de su reintegración a la sociedad; en los centros de paralíticos cerebrales o de deficientes mentales, también los propósitos son reeducativos; en los servicios de atención a minusválidos el objetivo es valorar la minusvalía y prevenir que se sobreañadan dificultades psíquicas; en las instituciones psiquiátricas y hospitales de día la finalidad es rehabilitar y evitar el deterioro en pacientes psiquiátricos crónicos; en las comunidades terapéuticas de toxicómanos la meta es rehabilitar al toxicómano y dotarle de los recursos y del estilo de vida que le impedirán recaer de nuevo; en los centros de niños desadaptados o predelincuentes se trata de dar una orientación terapéutica y con fines preventivos. También se trabaja en el área deportiva, con diversos propósitos: incidir en aquellos factores psicológicos que puedan interferir en el máximo rendimiento en una competición; generar mayores recursos para la práctica eficiente del deporte; analizar y generalizar todos los aspectos positivos de la práctica deportiva y acrecentar su utilización entre poblaciones poco acostumbradas.

Métodos de la psicología

La psicología no se define por el empleo de un método único, aplicable a todos los campos de estudio de esta disciplina. Si bien hay unas reglas metodológicas generales, dichas reglas sirven de orientación y en cada campo el psicólogo emplea unas técnicas particulares, adaptadas al tipo de problemas que enfrenta. Clásicamente se ha distinguido

La psicología moderna tiende a ampliar cada vez más su radio de acción. Entre sus nuevos ámbitos figuran la atención a los minusválidos, con el propósito de preservar su salud psíquica ante los problemas que surgen de sus impedimentos físicos, y el apoyo a la reeducación a deficientes mentales y paralíticos cerebrales en los centros específicos.

PSICOLOGÍA: COMPRENSIÓN DE LA CONDUCTA

El análisis a fondo del caso individual, por ejemplo, la conducta de una joven que por su timidez permanece aislada del grupo escolar, constituye la base del método clínico. Además de la observación prolongada de lo individual, la clínica intenta una comprensión psicológica de las conductas pasadas y presentes.

entre el método experimental y los métodos no experimentales. El primero se caracteriza por el completo control sobre los factores que afectan al comportamiento de un individuo. Aunque el método experimental sigue siendo el ideal para manejar a voluntad las variables que causan un comportamiento, existen ciertos ámbitos de la psicología en los que se ha de renunciar a ellos por razones éticas o prácticas.

El estudio del caso individual

El método clínico o estudio de casos consiste en el análisis a fondo de individuos particulares, cuya singularidad es reconocida y respetada, y a quienes se considera en su situación actual y en función de su evolución. El término clínico hace referencia por una parte a una observación prolongada y profunda de lo individual y por otra, a una comprensión psicológica de las maneras de ser pasadas y presentes del sujeto. Por ejemplo, un psicólogo se propuso estudiar el lenguaje de una niña que a los trece años no sabía hablar y que había sido confinada a una habitación sin salir de ella, durante toda su vida. A lo largo de nueve años estudió este caso y escribió un informe detallado de los progresos que hizo en el aprendizaje del lenguaje. Éste es un ejemplo del estudio de casos: en dicho procedimiento se reúne una extensa información sobre una o algunas personas. El clínico emplea varias estrategias para estudiar los comportamientos específicos del individuo con el fin de comprender, explicar su estado, su funcionamiento psicológico, aconsejarle y procurar su mejora.

La primera de estas herramientas es la entrevista, primera toma de contacto con el paciente, a través de la cual el psicólogo obtiene una aproximación al problema. A partir de aquí, la entrevista puede ser más estructurada; el psicólogo ya conoce el motivo de consulta y baraja una serie de preguntas que van a procurar la información que le interesa y que suelen corresponder con aquellas que ya ha utilizado en problemas similares. Tampoco es rígida ni idéntica para todos los individuos, pues el psicólogo sabe acomodarse a las particularidades de cada caso. El fin de la entrevista clínica es conocer tan exhaustivamente como sea posible las circunstancias de la vida pasada y presente del paciente que han conducido al desarrollo de su problema actual, así como de toda aquella información que sea relevante para la valoración exacta del mismo y para la aplicación del tratamiento más eficaz.

La observación de casos consiste en un análisis completo del estado de una persona considerada individualmente, con respecto a diferentes aspectos de su personalidad o conducta. Se reconstruye su historia pasada a partir de los recuerdos del paciente, de su familia o de sus amigos. Es posible que el estudio del caso no se concentre en el pasado sino que el interés sea analizar los factores actuales que influyen sobre su conducta. Una observación de este tipo suele ofrecer una descripción anecdótica del individuo, con problemas como los defectos de memoria del sujeto, la veracidad de sus informes y la coloración afectiva de éstos. El observador no tiene garantía de que las regularidades observadas (aquellos aspectos que se repiten) sean las importantes. Fijarse en ciertos aspectos puede distraer la atención de otros más centrales. El observador puede asumir cierta posición teórica, interpretando posteriormente las observaciones desde ese marco teórico. La observación clínica es un procedimiento en gran parte intuitivo e impresionista y la interpretación depende de los as-

La entrevista con el paciente no es rígida ni igual para todos los individuos pues el psicólogo sabe acomodarse a las circunstancias de cada caso en especial. Cualquiera sea su modalidad, el tratamiento no intenta un cambio realizado por el terapeuta, desde fuera del paciente, sino darle los medios y ayudarle para que cambie por sí mismo.

Los escenarios naturales, como la escuela, la plaza o el parque, son muy apropiados para observar el comportamiento de los individuos en situaciones normales o ante imprevistos. Este tipo de observación permite la recolección de datos valiosos acerca de las pautas de conducta de la gente y el análisis de los cambios experimentados en relación a otras épocas.

pectos que causan mayor impacto al observador y que se ajustan a sus concepciones, ignorando aquellos que discrepan con éstas. Este tipo de observación atiende a los síntomas (mímica, lenguaje, alucinaciones, delirios, estereotipias, compulsiones, etc.). Esto da lugar a un mosaico de síntomas que conviene conocer para identificar los cuadros clínicos correctamente. La observación clínica es la interacción de la observación objetiva y de las impresiones o intuiciones personales del observador. Son accesibles a la observación la apariencia externa del sujeto, su estado y reactividad emocional, la forma y el contenido del lenguaje y su motricidad. Fuera del marco clínico, el estudio de casos resulta útil cuando el investigador trabaja en un área desconocida y no tiene conocimiento de las hipótesis y de los factores clave a investigar. La observación puede ser útil para formular hipótesis que luego se comprobarán a través del método experimental. Por ejemplo, Freud derivó sus teorías del psicoanálisis a través de las observaciones de sus pacientes.

El método clínico puede servirse de tests (pruebas psicológicas estandarizadas), pero ésta no es una condición *sine qua non*. El psicólogo los utiliza para fundar sus valoraciones en medidas más o menos precisas de ciertos comportamientos, aunque no son imprescindibles. El test tiene valor si ha sido correctamente seleccionado, si se aplica correctamente, si el psicólogo observa las conductas del sujeto cuando se está administrando y si interpreta los resultados en función de todo lo que sabe del paciente.

La observación en el ambiente natural

La observación naturalista consiste en observar el comportamiento de los organismos en su medio natural (jardín de infantes, parque, bar, etc.) dedicando buen tiempo a anotar y observar lo que allí sucede y a veces a interactuar con las personas que se estudia. Por ejemplo, podemos observar las pautas de comunicación entre madre y bebé, el comportamiento de los usuarios de un ascensor ante un incidente preparado de antemano o la atención de los niños en clase. Los escenarios naturales en los que ocurre el comportamiento son considerados como los lugares de recolección de datos. Se describen los eventos conductuales tal y como han ocurrido; en décadas anteriores mediante descripciones verbales y recientemente mediante cinta magnetofónica y filmación. Estos registros nos suministran información valiosa sobre la actuación de la gente en situaciones de la vida real. En la medida de lo posible, deben ser re-

RAÍCES E HISTORIA

producciones exactas de la conducta, con el mínimo de interpretación. Los datos recogidos pueden consistir en simples descripciones verbales que luego son organizadas y clasificadas, hasta datos cuantitativos en los que el observador registra el número de veces en que sucede una conducta determinada o la duración de ésta e incluso su intensidad, a través de complejos aparatos. Una de las desventajas de este tipo de observación es que la presencia del observador puede influir en el comportamiento de las personas observadas. Al saberse observadas, éstas se comportan de modo diferente. En principio el observador en situaciones naturales no manipula variables y, por tanto, no puede establecer relaciones de causa-efecto.

La experimentación

La observación nos permite describir la conducta, que es una de las metas de la psicología. El objetivo del método experimental es descubrir las causas que explican la ocurrencia de la misma. Es más riguroso que cualquier otro método, ya que ofrece el mejor medio para realizar observaciones objetivas. Cuando se emplea la observación, el investigador tiene que esperar a que ocurra la conducta que quiere estudiar en el ambiente natural, pero cuando se utiliza el método experimental, es el investigador quien decide cuándo y dónde se realizan las observaciones. Dado que sus experimentos se realizan en condiciones muy precisas, otros investigadores o él mismo puede repetirlos para eliminar la posibilidad de que los resultados obtenidos sean fruto del azar o de los intereses del investigador.

Los dos elementos claves en un experimento son la manipulación y el control. El investigador manipula, o modifica, un factor determinado que piensa que influirá en una conducta. El factor que se manipula se denomina variable independiente, y la conducta en la que se espera que se produzcan cambios como consecuencia de la manipulación se denomina variable dependiente, ya que depende de la anterior. Un psicólogo experimental que estudie la memoria de un sujeto, o de varios, puede manipular la cantidad de recompensa (variable independiente) que dará si el sujeto es capaz de recordar con éxito un texto memorizado (variable dependiente), con respecto a si no dará recompensa o la dará sólo algunas de las veces que responda con éxito. El objetivo del experimentador será examinar la magnitud del efecto de los cambios producidos por la variable independiente (recompensa), sobre la variable dependiente (precisión de memoria). Los experimentos suelen repetirse tantas veces como sea necesario hasta que el experimentador esté satisfecho de la estabilidad del resultado.

En un experimento clásico, se le dieron a un monito dos madres ficticias: una constaba de una rejilla con un biberón y en la otra el biberón fue sustituido por una tela suave. El monito sólo se acercaba al biberón cuando tenía hambre; cuando estaba saciado prefería la figura cubierta por la tela.

Las variables

De todas formas, la manipulación de una variable para observar los cambios producidos en otra no es suficiente para asegurar que un resultado determinado sea científico y fiable. No es suficiente verificar que al modificar una variable se obtienen cambios en otra y que, por tanto, la primera es causa de la segunda. Para realizar esta generalización, el investigador debe estar informado de otras posibles variables (variables contaminadoras) que podrían influir en los cambios de la variable dependiente. Así, en el caso anterior, si la recompensa es un incentivo alimenticio, el investigador deberá controlar el hambre de los sujetos, ya que los sujetos que no estén hambrientos no estarán tan motivados para memorizar el texto como los que sí. Una solución es hacer diferentes grupos de sujetos: unos hambrientos (que llevan equis número de horas sin comer) y sujetos no hambrientos. De esta manera, el experimentador podría no sólo cuantificar la influencia de la recompensa en el rendimiento de la tarea sino también los efectos aditivos del hambre más la recompensa. Otra solución es tomar sujetos con el mismo nivel de hambre. Cuanto mayor sea el control de las variables contaminadoras y de la situación de investigación, más definitivas serán las conclusiones. Si al acabar el experimento se hallan diferencias en la variable observada, podremos concluir que estas diferencias se han producido por los cambios que se han aplicado a la variable independiente y se puede establecer una relación de causalidad entre ambas. Los experimentos se llevan a cabo para probar una teoría y obtener datos que sirvan de base a sus explicaciones de la conducta.

El método experimental fue empleado por los psicólogos que estudiaban en las áreas tradicionales de la psicología experimental: percepción, atención, memoria, aprendizaje, etcétera, pero se utiliza también en psicología social y en psicología de la personalidad, donde son más difíciles de realizar y donde suele haber un control inferior de las variables importantes. En psicología social se realiza el clásico experimento de laboratorio que permite al investigador controlar las condiciones con más cuidado y tomar medidas más precisas de lo que es posible en el mundo real. Elliot, Aronson y sus colegas formularon la hipótesis de que los sujetos que debían ser sometidos a una dura prueba de iniciación para ser admitidos en un debate de grupo encontrarían dicho debate más atractivo que si eran admitidos sin ninguna prueba inicial. Se tomaron tres grupos de mujeres. El primero pudo entrar al grupo sin problemas, el segundo fue sometido a una prueba leve y el tercero a una prueba severa. El investigador dijo a estos dos últimos grupos, tras ser sometidos a la prueba, que habían sido admitidos en el grupo de debate. El debate se realizaba entre mujeres univer-

La calle, el llamado «mundo real», también puede ser el laboratorio en el que experimentan los psicólogos sociales. El trabajo de campo se lleva a cabo en ámbitos naturales de la vida real, fuera del gabinete psicológico, utilizando como herramienta el método experimental.

RAÍCES E HISTORIA

¿Qué quiere decir que un test tenga fiabilidad y validez?

Antes de que un test sea aceptado por la comunidad de psicólogos, debe superar una serie de trabajos de investigación estadística que permitan afirmar que los resultados obtenidos por cualquier persona en esta prueba se mantendrán en el tiempo, mientras sus circunstancias personales no hayan cambiado (fiabilidad), y que dicho test realmente mide, de forma exclusiva, lo que se pretende medir (validez). Por ejemplo, un test que pretenda valorar la depresión, debe reflejar la misma puntuación para un paciente mientras el estado de ánimo de éste no haya cambiado, y debe dar seguridad de que realmente mide el grado de depresión y no la ansiedad, la actividad diaria u otras cosas.

sitarias que hablaban sin interés y con pausas constantes sobre la conducta sexual de los animales, contradiciéndose constantemente, tosiendo, mascullando y tartamudeando. Tras finalizar el debate, el experimentador pidió a los tres grupos que calificaran el interés del debate. Tal como predecía la hipótesis, las mujeres que habían pasado la prueba severa encontraron el debate mucho más interesante que las que no habían pasado la prueba inicial o las que no habían pasado ninguna. La variable independiente fue la severidad de la prueba inicial y la variable dependiente la calificación del interés del debate. En los experimentos de laboratorio la gran incógnita es si esta relación de causa-efecto hallada en laboratorio es generalizable fuera del contexto de éste.

El mundo real como laboratorio

Otras veces, los psicólogos realizan experimentos de campo, en los que el laboratorio es el «mundo real» y en los que se introduce la variable independiente en el medio natural a fin de determinar sus efectos sobre la conducta. Por ejemplo, en 1971 Heussenstamm propuso a quince estudiantes, que en los doce meses anteriores no habían recibido multas de tráfico, colocar en el parachoques de su automóvil una calcomonía de los «panteras negras». Su hipótesis fue que la presencia en el automóvil de un emblema de los «panteras negras» provocaría más citaciones de la policía por violación de las leyes de tráfico. Al cabo de 17 días, los suje-

PSICOLOGÍA: COMPRENSIÓN DE LA CONDUCTA

La oposición a la experimentación animal ha planteado la cuestión de si puede justificarse el sufrimiento de los animales en la investigación, aunque éste lleve al alivio del sufrimiento humano.

tos recibieron 33 citaciones policiales. Dichos experimentos ofrecen ciertas ventajas sobre los experimentos de laboratorio: las personas que participan son más representativas del tipo de gente que se quiere estudiar, que las que suelen participar en los experimentos de laboratorio (generalmente estudiantes). Además, se dan en las condiciones propias de la vida real y se reducen dos problemas de los experimentos de laboratorio: los efectos de las características de la demanda del experimento y la influencia del experimentador.

El primer efecto consiste en que los sujetos que participan saben que están colaborando en un experimento, que están siendo observados y que se espera ciertas cosas de ellos. En consecuencia, tratan de conjeturar los objetivos del estudio y luego intentan ayudar al experimentador a que se confirme su hipótesis. Evidentemente, esta actitud contamina los resultados. Con respecto al segundo efecto, se ha comprobado que sutiles movimientos corporales del investigador, el tono de la voz e indicadores faciales (cambios de postura, cambio de entonación al dar las instrucciones, miradas en momentos críticos) pueden influir en la conducta del sujeto. Así mismo la edad, el sexo, la raza y el status social también pueden afectar.

Sin embargo, los experimentos de campo presentan otro inconveniente y es que, por razones éticas y por problemas prácticos, no se controlan todos los factores importantes capaces de afectar a los resultados. El método experimental presenta dos ventajas importantes: permite establecer relaciones de causa-efecto y, dado que los procedimientos son estandarizados, otros investigadores pueden repetir los resultados para comprobar la generalidad de los mismos.

De lo animal a lo humano

Los psicólogos utilizan animales como sujetos de investigación por varias razones. A veces están realmente interesados en estudiar la conducta de los monos, las palomas o las ratas y esto es legítimo, puesto que la definición de la psicología como ciencia de la conducta entraña el estudio de la conducta humana y animal. Pero muchos psicólogos que estudian animales están interesados en la conducta humana y estudian la conducta animal por varias razones, entre ellas los principios éticos. Hay algunas investigaciones que no pueden llevarse a término con personas sin quebrantar estos principios. Para estudiar el cerebro, por ejemplo, y descubrir cómo afecta a la conducta, los psicólogos suelen extirpar partes de este órgano a animales a fin de observar su comportamiento posterior. Para analizar los efectos de la herencia sobre la conducta, los psicólogos intervienen en la modificación del material genético por medio de programas de reproducción animal. También estudian los efectos de experiencias destructivas como el aislamiento, la aglomeración excesiva, el castigo, la alimentación deficiente o la sobrealimentación y el exceso de estrés. Por razones obvias, esto no puede practicarse en personas. En cambio, con los animales es factible realizar tales estudios ya que son fáciles de conseguir, no se les ha de pagar para que colaboren y son relativamente fáciles de mantener. Algunos animales ofrecen ventajas para determinados tipos de investigación, como por ejemplo la mosca de la fruta, que es un excelente sujeto de investigación para los estudios de genética pues se reproduce muy rápidamente. Se ha afirmado que algunos procesos básicos de la conducta son más fáciles de estudiar en animales de organización sencilla que en los seres humanos, más complejos.

De los artificios a la ética

Cuando se trabaja con seres humanos, el investigador puede presionar al sujeto o engañarlo. Si el investigador revelara los objetivos auténticos de la investigación al sujeto experimental, antes de llevar a cabo el experimento, el procedimiento sería ineficaz y el deseo de cooperar de los participantes podría favorecer que se confirmaran las hipótesis. Hay autores que estiman que la investigación que implica engaño es moralmente incorrecta y que, aunque después se notifique a los sujetos el objetivo real del experimento, ello no impide que se sientan ingenuos y crédulos, lo cual devalúa su autoestima; además, muchos de estos experimentos hacen que los sujetos se sientan avergonzados, culpables o ansiosos sobre sus actos.

El planteamiento de los principios éticos no sólo tiene cabida en el contexto de la experimentación. Los cuestionarios de personalidad pueden pedir al individuo que revele cosas sobre sí mismo que quizás el sujeto no desearía dar a conocer; por ello, debe estar seguro de que sus respuestas son confidenciales. Las entrevistas que se realizan después de experiencias traumáticas podrían reanimar algunas emociones experimentadas durante la misma. En todos estos casos el investigador debe establecer un adecuado equilibrio entre la necesidad de la ciencia de contar con información fiable y la integridad psicológica y física

La observación de la conducta de los animales en la naturaleza, en su propio hábitat, y no solamente en el laboratorio amplió el campo de estudio del psiquismo animal.

PSICÓLOGOS Y PSIQUIATRAS

¿Cuál es la relación entre mente y cerebro? ¿Son enfermedades médicas los trastornos mentales? ¿Tienen un origen biológico y deben tratarse con fármacos, o son, por el contrario, la consecuencia de un problema social o un trauma infantil? Estas preguntas nos persiguen desde comienzos del siglo y, cuando parece que ya se han aclarado de una vez por todas, vuelven a aparecer, incólumes e indiferentes al paso de los años, a la razón y al conocimiento adquirido. Vamos a tratar de aclarar algunos de estos interrogantes.

En cuanto a la relación entre mente y cerebro, es necesario aclarar que la actividad mental es superior, cualitativa y cuantitativamente, a la suma de las partes del cerebro humano. Sin embargo, esa actividad superior es el resultado innegable de la conjunción de una serie de funciones y estructuras cerebrales, cuyos secretos se han ido desvelando progresivamente gracias a los avances de las neurociencias, desde la neuroquímica o la neuroimagen hasta la física cuántica y la matemática no lineal o del caos. De hecho, la vida psíquica no está separada del resto de funciones cerebrales; muy al contrario, está en estrecho contacto con ellas. La muerte de un ser querido, el enamoramiento o la sensación de muerte pueden activar o inhibir vías cerebrales, provocando reacciones en cascada en los transmisores químicos del cerebro. Existen ansiolíticos y excitantes producidos por el propio cerebro en función del estrés, de la activación, etc. Por tanto, el estrés ambiental y los cambios en la neuroquímica cerebral no son dos mundos aparte, sino «vasos comunicantes».

Frente a la pregunta acerca de si los trastornos mentales son enfermedades médicas, la respuesta es sí. Son enfermedades no localizadas (antes llamadas «funcionales») del cerebro humano. A lo largo del siglo XX, el descubrimiento de una causa orgánica fue desgajando del árbol de las «enfermedades mentales» a la neurosífilis, la pelagra o la enfermedad de Alzheimer. Hoy se acepta que la mayoría de las enfermedades mentales tienen una base orgánica, a la par que un componente psicosocial.

Con respecto a si las enfermedades mentales deben tratarse con fármacos o con psicoterapia, desde los años cincuenta, se ha constatado en numerosos ensayos clínicos controlados el tratamiento de la esquizofrenia con antipsicóticos, de la depresión y algunos trastornos de ansiedad con antidepresivos y de la ansiedad aguda con ansiolíticos. En muchos casos, estos fármacos no curan el trastorno sino que eliminan sus síntomas, por lo que resulta necesario tomar el medicamento durante períodos prolongados, al igual que ocurre con la hipertensión o la diabetes. Decir que no se cree en los psicofármacos es como decir que no se cree en la aspirina como analgésico. Por otro lado, la utilidad de la psicoterapia es evidente en muchos trastornos. Cada vez existen técnicas más específicas para los distintos problemas psiquiátricos, y en muchos casos el tratamiento más efectivo es el que combina medicamentos y psicoterapia. Si existen dos técnicas absolutamente diferentes para un mismo problema, ¿por qué no combinarlas? ¿Acaso alguien piensa que un médico rehabilitador y un traumatólogo pueden pelearse por cuál de sus técnicas es mejor para tratar una fractura? Pues algo así ha ocurrido con los trastornos mentales.

En cuanto a las preguntas sobre cuál es el papel de los psiquiatras y cuál el de los psicólogos y si deben los psiquiatras tratar exclusivamente los cuadros graves como la esquizofrenia, y los psicólogos los leves como la ansiedad, hay que tener en cuenta que las enfermedades mentales son muy complejas y, en muchos casos, de difícil tratamiento. Además, en los casos graves se asocian trastornos múltiples, y es frecuente la persona que acude a consulta por un problema de alcoholismo y depresión, y después refiere a una problemática sexual, de pareja y en el trabajo. Ello hace necesario el abordaje por equipos multidisciplinarios, compuestos por psiquiatras expertos en psicofarmacología, terapeutas cognitivo-conductuales, sexólogos, terapeutas dinámicos, etc. Por todo ello, el mejor consejo que se le puede dar a alguien que, por ejemplo, está deprimido es que no busque al mejor psicólogo o al mejor psiquiatra, sino que busque un buen equipo de profesionales.

Luis Salvador Carulla
Profesor Titular de Psicología Médica

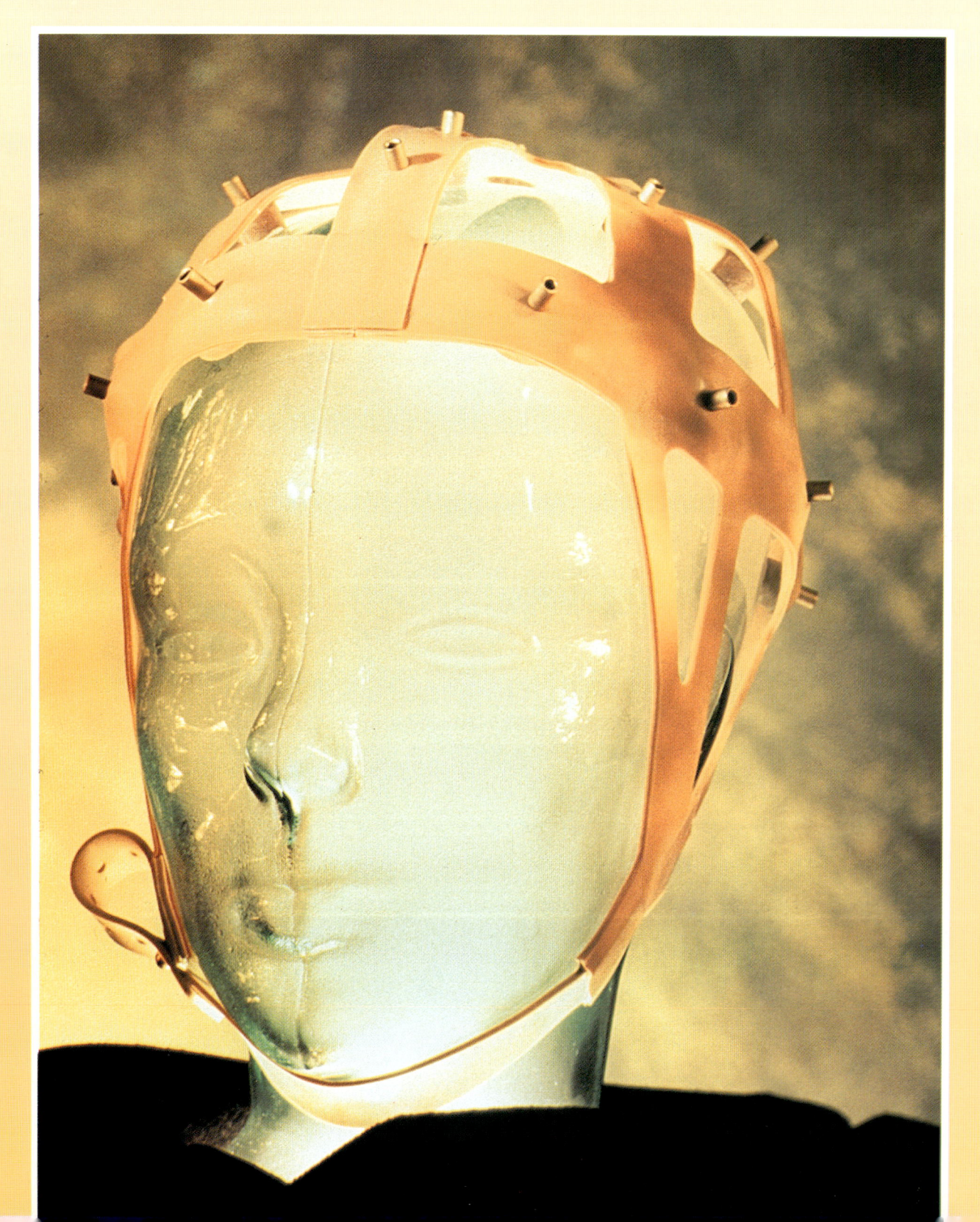

PSICOLOGÍA: COMPRENSIÓN DE LA CONDUCTA

Las personas que toman parte en experimentos psicológicos sobre el comportamiento humano deben estar protegidas de cualquier daño físico o mental y han de dar su consentimiento para participar en la investigación. Las asociaciones psiquiátricas han establecido normas éticas que regulan la actividad de los investigadores y protegen a quienes se someten o son sometidos a experimentos.

ca de los participantes. En las universidades y otras instituciones en las que se investiga existen comités institucionales que revisan las propuestas de investigación que implican la participación de sujetos humanos. Su difícil función es la de decidir entre los efectos potencialmente adversos en los sujetos y la utilidad del estudio propuesto. Si el estudio presiona a los individuos, ¿el estrés está dentro de los límites de lo tolerable?, ¿se pueden identificar previamente a los sujetos que podrían salir perjudicados del experimento para excluirlos del mismo? Y lo que es más importante, ¿los fines del experimento son lo suficientemente importantes como para que valga la pena el sufrimiento de los participantes?

Por todo ello, los aspectos éticos de la investigación psicológica son complejos y se discuten constantemente. En 1982, la Sociedad Americana de Psiquiatría (APA) desarrolló una serie de normas sobre los aspectos éticos: los sujetos experimentales deben ser protegidos de cualquier daño físico o mental; todas las personas que colaboren en un experimento deben dar su consentimiento para tomar parte en el estudio; antes de diseñar un experimento que implica engaño, se debe intentar encontrar procedimientos alternativos que sean igualmente efectivos y plantearse si el experimento es realmente necesario; el investigador jefe de un proyecto es el responsable, no sólo de su comportamiento ético, sino también del de sus colaboradores, ayudantes o empleados; si algún sujeto sufre daños, el investigador está obligado a detectar, eliminar o corregir cualquier consecuencia indeseable; toda información obtenida de los participantes debe ser confidencial, a menos que las personas implicadas estén de acuerdo en divulgarla.

Capítulo 2

CONSTRUCCIÓN DEL COMPORTAMIENTO

CONSTRUCCIÓN DEL COMPORTAMIENTO

Los fundamentos biológicos

El cerebro es el motor de nuestro comportamiento y de nuestra vida; gracias a su trabajo se estimula la respiración, se mueve la sangre, se dirige el tránsito de nuestras proteínas, etc. Todo en él es química y electricidad, es un verdadero motor de motores. Dada su importancia en el comportamiento del ser humano, los constantes avances tecnológicos se han abocado especialmente a desvelar sus misterios.

Esta masa de tejido, de unos 1 300 g, contiene todos los recuerdos acumulados a lo largo de la vida, tanto visuales como olfativos o auditivos; en ella están todos los refranes, todos los chistes, todas las historias que conocemos. Ahí están las recetas de cocina casera, el recuerdo del olor de los establos de mi pueblo de la infancia, todas mis alegrías y pesares, las habilidades de carpintería y todas las demás; la casa de nuestros padres, la fórmula del agua, los remedios caseros, los sueños y las fantasías, los éxitos y las decepciones, la imagen de la torre inclinada de Pisa, el primer beso, el último paseo que hicimos este verano, todo y mucho más está en el cerebro.

Vamos a iniciar un viaje apasionante por esta materia tan delicada, tan refinada pero también tan potente. En ella están las raíces biológicas de nuestras emociones y de nuestras conductas. Allí, y en todo el sistema nervioso. Por eso, vale la pena asomarse a este panorama y asombrarse con él.

El entramado de la mente y el cuerpo

Al comenzar el estudio del sistema nervioso es inevitable comparar a éste con una central de comunicaciones, tanto eléctrica como química. Hay unos ingredientes básicos, las neuronas, que conforman los armazones (los «postes de electricidad») a través de los cuales se estructura esta comunicación, y las ramificaciones («cables»), por donde se traslada la información y se comunican unas neuronas con otras. Y esto es tan válido para el que denominamos sistema nervioso central (básicamente el cerebro y la médula espinal), verdadero «centro de emisiones», como para el sistema nervioso periférico, que es el conjunto de zonas («edificios») que se benefician o se perjudican por estas emisiones.

El sistema nervioso central incluye todas las neuronas del cerebro y la médula espinal (sustancia englobada en la columna vertebral). El sistema nervioso periférico une el sistema nervioso central con los receptores sensoriales (por ejemplo, tacto, gusto, dolor), los músculos y las glándulas del cuerpo humano.

El sistema nervioso periférico tiene dos componentes: el somático y el autónomo. El somático transmite la entrada sensorial desde el mundo exterior al sistema nervioso central y dirige la salida motora, los movimientos voluntarios de nuestros músculos esqueléticos. (Alguien recibe una caricia y sonríe. La sen-

El estudio científico del cerebro fue hasta hace pocos años prácticamente imposible. En el siglo XIX una falsa ciencia llamada frenología proclamó que era factible deducir las localizaciones de las facultades mentales a partir de la medida y la forma exterior del cráneo. La división del cráneo en zonas, como muestra el busto de la página siguiente, permitía deducir las funciones intelectuales.

PREGUNTAS Y RESPUESTAS

Si el cerebro es el que controla todo nuestro cuerpo, ¿cómo se realiza, por ejemplo, la operación de agarrar un objeto?

Cuando decidimos agarrar un objeto, el cerebro envía los impulsos necesarios a través de los nervios motores situados en la médula espinal a los músculos del antebrazo y la mano. Casi al instante los músculos implicados se contraen o relajan para ejecutar la orden de agarrar el objeto.

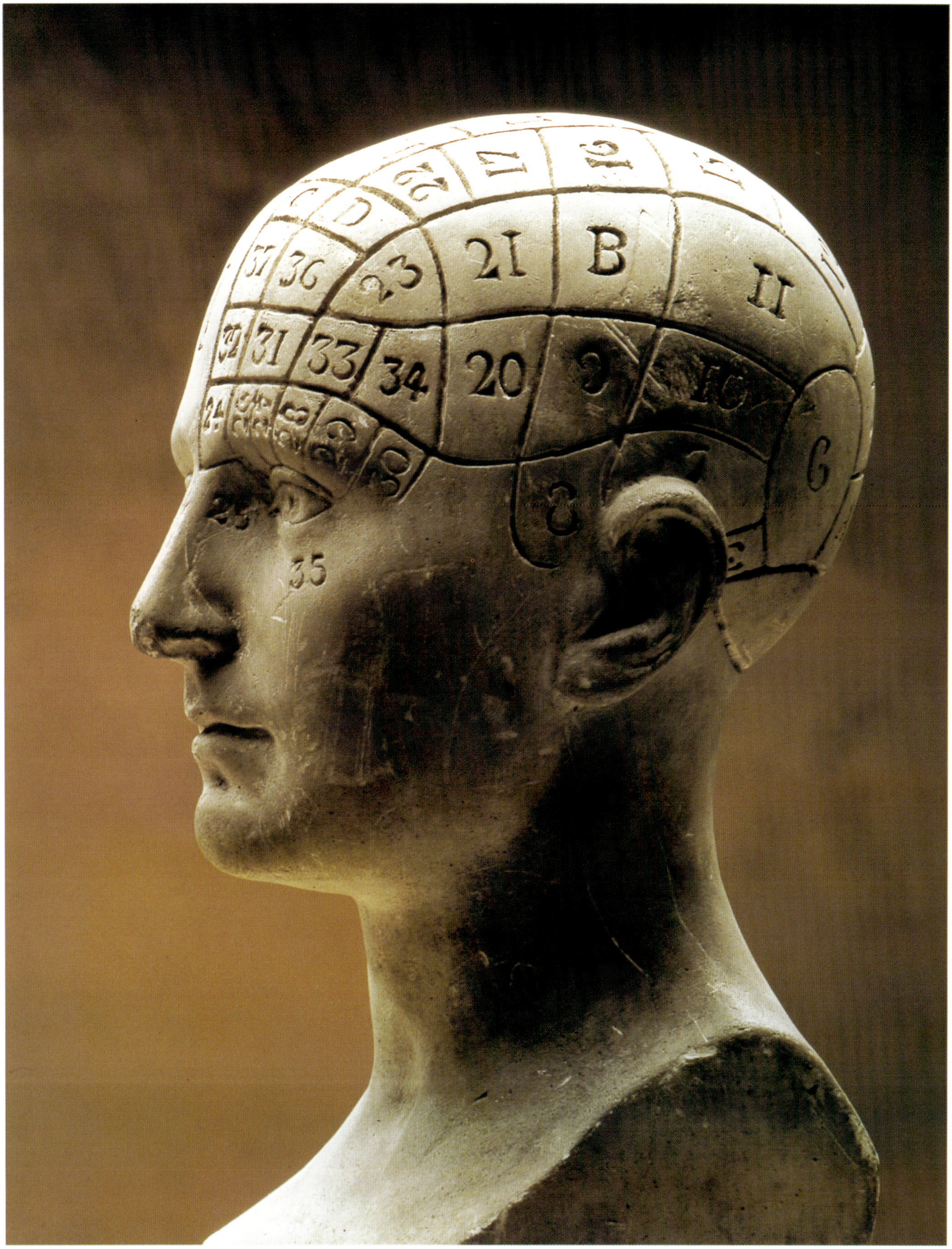
37
36
23
21
B
11
32
31
33
34
20
9
10
6
8
35

El sistema nervioso autónomo controla las funciones internas del cuerpo a través de sus ramas simpáticas y parasimpáticas. Las primeras excitan y las segundas relajan a fin de mantener la actividad de los órganos inervados por ellas. Así, por ejemplo, la estimulación parasimpática prepara al individuo para la tranquilidad y la calma.

¿Por qué realizamos determinados gestos, como sonreír, cuando sentimos que nos acarician?

Todas las sensaciones, entre ellas la del placer, son captadas por el sistema nervioso somático y enviadas al sistema nervioso central, integrado por el cerebro y la médula espinal, donde se analiza y elabora la respuesta, cuyas señales son recogidas por los nervios motores y transmitidas a los músculos que reaccionan de acuerdo con ellas.

sación agradable de la caricia ha sido transmitida por el sistema nervioso somático, los movimientos motores de los labios al sonreír son el resultado de la información enviada al cerebro por este mismo sistema, que le ha «enterado» del estado actual de estos músculos y, por tanto, de su capacidad para sonreír).

El sistema nervioso autónomo es quizás el más conocido y «popular», por ser el que influye sobre las glándulas, vísceras y músculos del interior del organismo. Si bien, en parte, es posible dominarlo, debe su nombre a la capacidad autónoma para operar por su cuenta, organizando el funcionamiento interno del cuerpo: los latidos cardíacos, la frecuencia respiratoria, los cambios digestivos, e incluso los hormonales. El sistema nervioso autónomo se configura en una dualidad funcional: el sistema nervioso autónomo simpático y el parasimpático. El primero está marcado por la acción de la adrenalina y prepara al individuo para la alarma, la excitación y la defensa; el parasimpático, en cambio, para la tranquilidad y la calma. Imaginémonos irritados: el sistema nervioso autónomo simpático se encargará de acelerar nuestros latidos cardíacos, de incrementar la frecuencia de las respiraciones, hará la digestión más lenta (que devendrá

LOS FUNDAMENTOS BIOLÓGICOS

plúmbea), elevará el nivel de azúcar en la sangre, dilatará las arterias y nos provocará sudor frío. Estamos preparados para la lucha, la acción o simplemente nos moriremos de miedo. Cuando todo haya pasado (si es que pasa, lo cual no siempre ocurre, sobre todo en los sujetos con tensión crónica), el sistema nervioso autónomo parasimpático nos volverá a la calma y nos relajaremos. En la vida cotidiana, ambos sistemas se compensan continuamente, para mantener un equilibrio que siempre es dinámico.

Las neuronas: ahí se inicia todo

Las células nerviosas o neuronas son las unidades elementales y básicas del sistema nervioso. Solamente el cerebro humano contiene más de cincuenta billones de ellas. Estas sorprendentes células reciben diferentes nombres según el lugar en que se orientan y su especialización. Las neuronas sensoriales, llamadas también aferentes («hacia adentro»), envían información desde los tejidos y órganos sensoriales del cuerpo hacia la médula espinal y el cerebro; las motoras hacen el camino al revés, envían instrucciones a los tejidos y órganos, de ahí que reciben también el nombre de eferentes («hacia afuera»).

A su vez, las neuronas motoras y las sensoriales se comunican entre sí por las llamadas interneuronas. Consideremos el ejemplo de los actos más sencillos, los reflejos, que no son más que respuestas automáticas a los estímulos; la vía refleja está conformada por una sola neurona sensorial y una sola neurona motora, comunicadas por la interneurona correspondiente. Si nos pinchamos con una aguja en la mano, la actividad nerviosa que genera el pinchazo viaja por las neuronas sensoriales y llega a las interneuronas de la médula espinal.

Una neurona es una estructura tridimensional, especializada en recibir y transmitir impulsos nerviosos. Por una

El sistema nervioso simpático basa su funcionamiento en la acción estimulante de la adrenalina que, ante determinadas situaciones, prepara al sujeto para la excitación, la alarma o la defensa, reacciones cuyas manifestaciones físicas más comunes son, entre otras, el incremento de los ritmos cardíacos y respiratorios, y la sudoración.

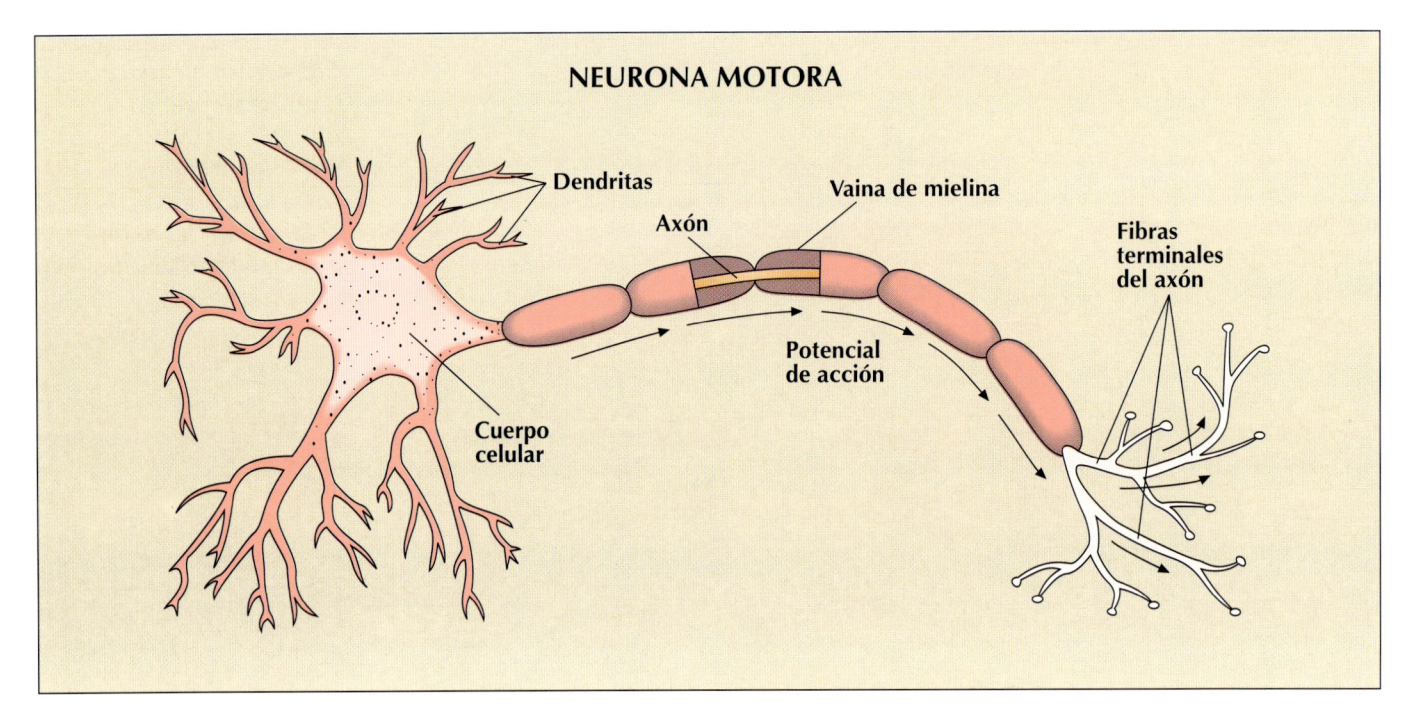

CONSTRUCCIÓN DEL COMPORTAMIENTO

NEURONA MOTORA

Dendritas · Axón · Vaina de mielina · Fibras terminales del axón · Potencial de acción · Cuerpo celular

---

Cada neurona, elemento básico del sistema nervioso, está formada por un cuerpo celular y una o más extensiones ramificadas, las dendritas, que reciben información de otras neuronas o receptores sensoriales.

parte está el cuerpo de la célula, del cual se desprenden múltiples ramificaciones o dendritas (nombre derivado del griego *dendron* que significa árbol), prolongaciones cortas y de forma cónica, que reciben información de los sentidos (concretamente de los receptores sensoriales de otras neuronas). De este cuerpo también surge una única fibra denominada axón, que transmite información desde la neurona a otras neuronas situadas a lo largo de todo el sistema nervioso. A diferencia de las dendritas, siempre cortas, los axones pueden proyectarse a lo largo del cuerpo hasta alcanzar longitudes muy apreciables, de varios centímetros; un ejemplo son los axones de las neuronas musculares («motoras») que se proyectan desde la médula espinal hacia músculos muy alejados, por ejemplo los de los pies. Una vaina grasa aísla algunos axones y se denomina vaina de mielina. Esta «mielinización» permite un gran refinamien-

Si la información procedente de los receptores sensoriales y recibida por las dendritas supera un determinado umbral, la neurona envía un impulso eléctrico a través del axón, cuyas fibras terminales lo transmiten a otras neuronas, a los músculos o a las glándulas del cuerpo.

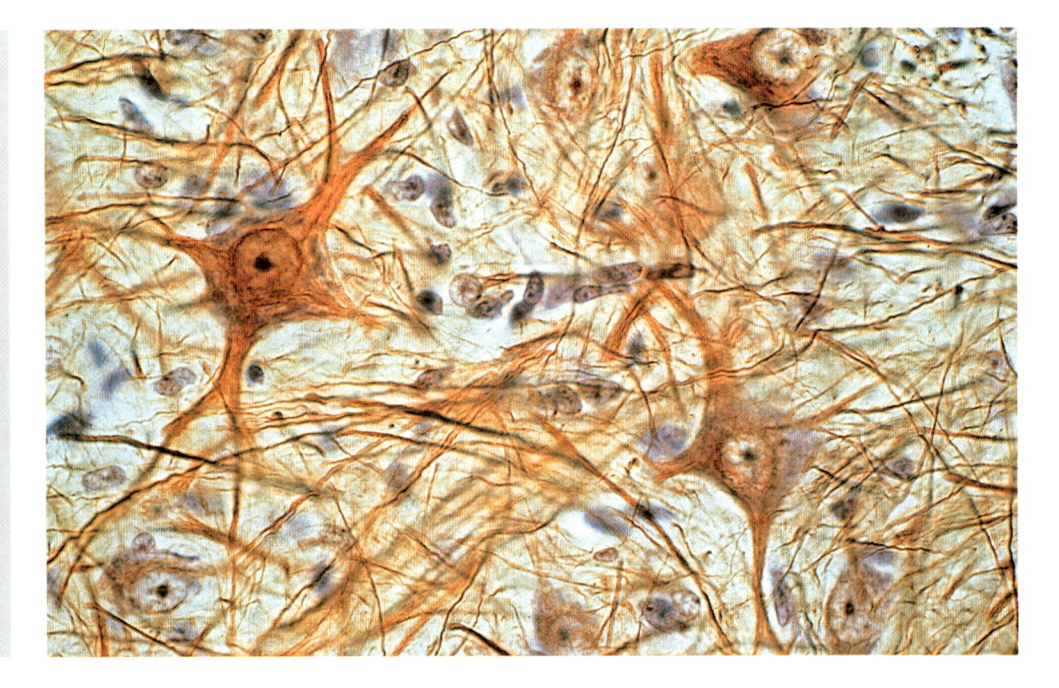

LOS FUNDAMENTOS BIOLÓGICOS

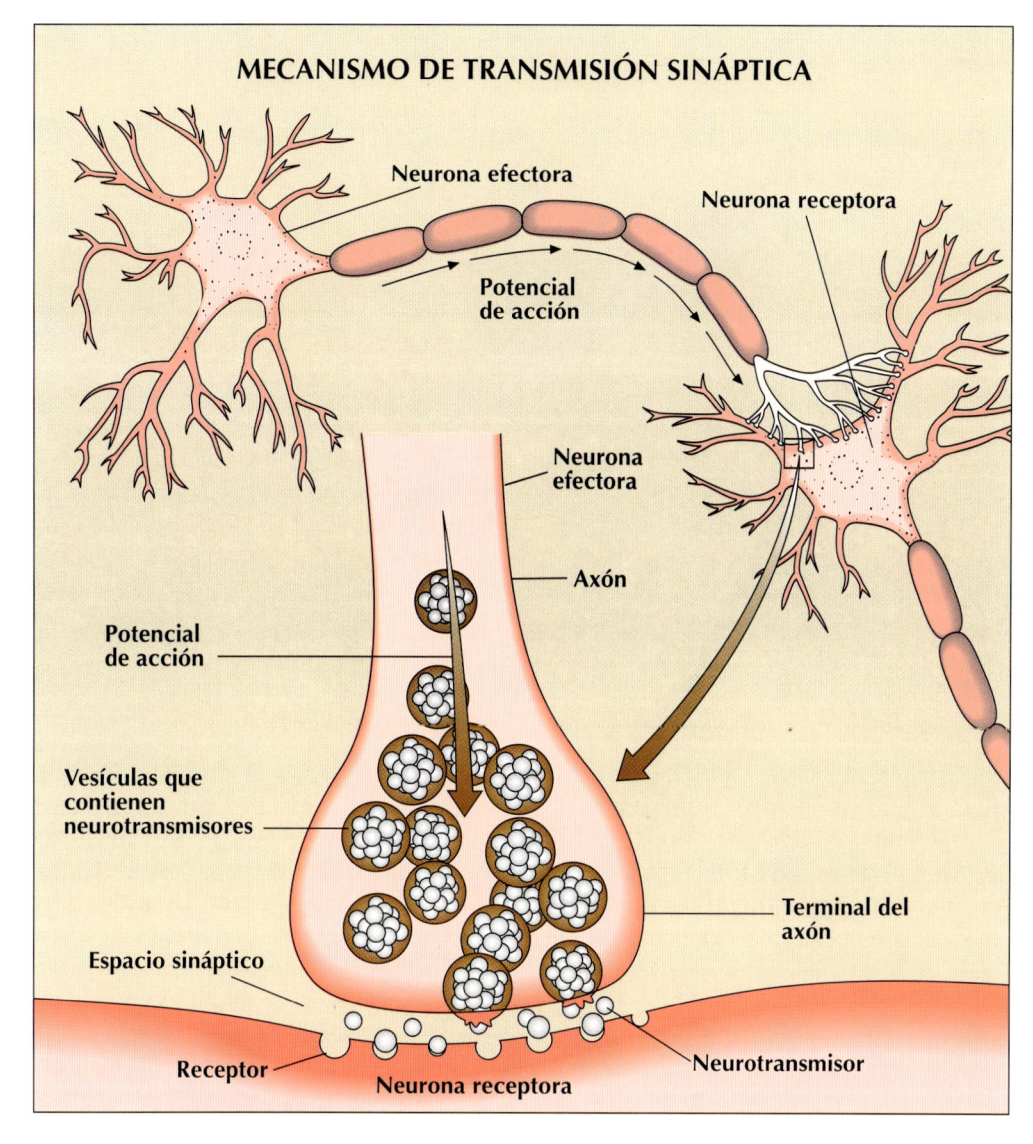

MECANISMO DE TRANSMISIÓN SINÁPTICA

El impulso eléctrico o potencial de acción generado por la neurona, cuando alcanza el terminal del axón, provoca la liberación de moléculas neurotransmisoras de los sacos o vesículas que las contienen. A través de un hueco denominado espacio sináptico, dichas moléculas alcanzan los receptores de la neurona destinataria.

to en el transporte del impulso, con lo cual se acelerará la transmisión. Los axones delgados y sin mielina son, en cambio, muy lentos. ¿Cómo se desencadena esta transmisión, este impulso nervioso? La presión, el calor, la luz, el tacto o los mensajes químicos provenientes de centenares o millares de neuronas vecinas estimulan la neurona gracias a las dendritas, que reciben las diversas señales y que desencadenarán el impulso denominado también potencial de acción, consistente en un breve cambio eléctrico que avanza a través del cuerpo neuronal, como si de un rayo se tratara, recorriendo el axón, el cual actúa como un empalme eléctrico que vehicula el impulso hacia otras neuronas situadas en las diversas partes del cuerpo (glándulas, músculos, vísceras...).

Este impulso viaja a diversas velocidades que oscilan entre 3 y 4 Km/hora hasta unos vertiginosos 300 Km/hora. Por eso necesitamos unos segundos, o unas décimas de segundo, para reaccionar ante un estímulo súbito (por ejemplo, el peligro de un coche que se abalanza hacia nosotros).

Todo este mundo intrincado de neuronas interconectadas conforma una complicadísima red que se intercomunica neurona a neurona desde el axón hasta la siguiente célula; entre este axón y la membrana del cuerpo neuronal hay un espacio que se denomina hueco sináptico y la unión («el beso neuronal», como lo llamaba el Nobel español Ramón y Cajal), mediante la cual «hablan» unas neuronas con otras, se denomina sinapsis.

■ **Las neuronas, células nerviosas encargadas de pasar la información a través de impulsos eléctricos, ¿son todas iguales?**

➡ Hay tres tipos de neuronas. Las llamadas neuronas sensoriales, que son las encargadas de enviar señales inducidas por percepciones al sistema nervioso central; las neuronas motoras, que se ocupan de trasladar las señales del sistema nervioso central al músculo para su contracción o relajación, y las interneuronas, que son aquellas que transmiten las señales entre neuronas.

CONSTRUCCIÓN DEL COMPORTAMIENTO

El gráfico muestra cómo funciona un reflejo simple. La información procedente de los receptores de la piel alcanza, a través de una neurona sensorial, una interneurona situada en la médula espinal y ésta remite a su vez la señal, a través de una neurona motora, a los músculos. Dado que, en este caso, la señal sólo ha llegado hasta la médula espinal, la reacción del brazo tiene lugar antes de que el cerebro responda a la información que determinó que se sintiera dolor.

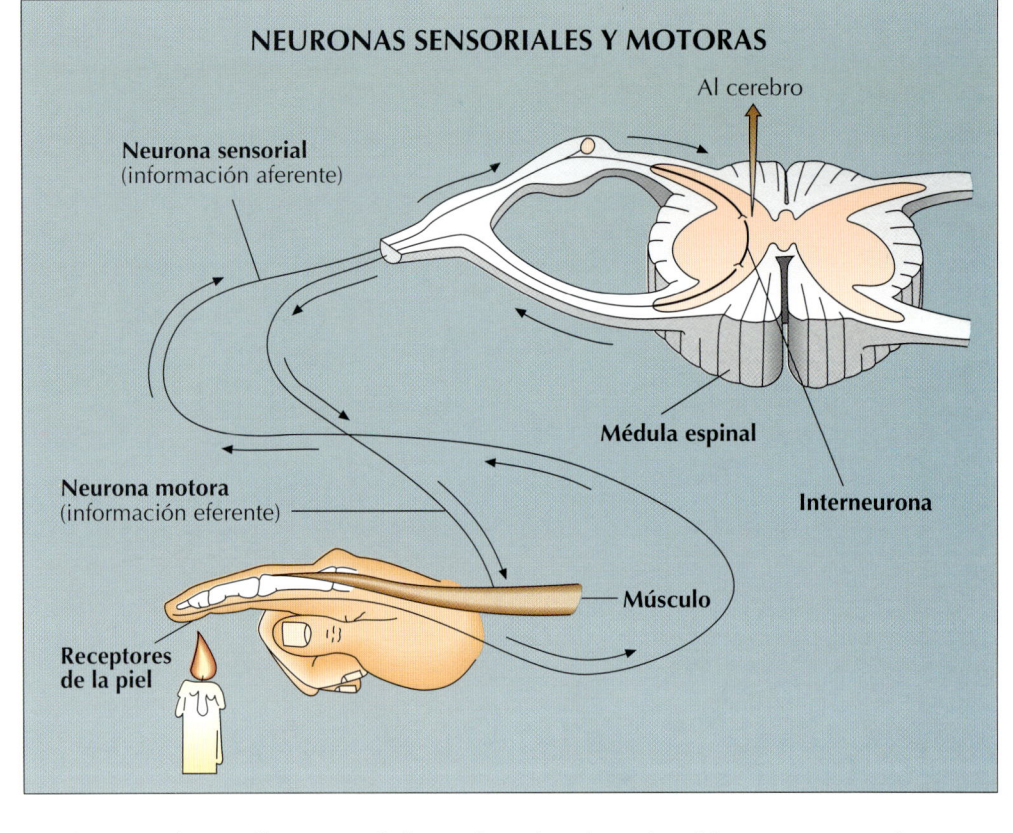

NEURONAS SENSORIALES Y MOTORAS

- Al cerebro
- Neurona sensorial (información aferente)
- Médula espinal
- Interneurona
- Neurona motora (información eferente)
- Músculo
- Receptores de la piel

¿Cuál es la parte más sensible del cuerpo humano?

Sin duda la punta del dedo índice es una de las partes más sensibles del cuerpo humano, pues en ella se concentran varios miles de receptores sensoriales de distintos tipos destinados a captar las sensaciones táctiles, de presión, de frío, de calor y de dolor.

¿Cómo se desarrolla este sutil «beso»?, ¿cómo «hablan» entre sí las neuronas? Por la química, por un delicado mecanismo llamado neurotransmisión sináptica.

La química que nos seduce, nos deprime y nos motiva

Las terminales del axón liberan unas sustancias químicas llamadas neurotransmisores en el hueco sináptico; en una diez milésima de segundo, las moléculas químicas cruzan el espacio y van a la busca de los receptores de la siguiente neurona, a las que se unen con pasión y relativo entusiasmo, encajando en estas «cerraduras» y abriendo las «puertas» de la neurona, las cuales activan o inhiben el impulso, gracias a unos iones o átomos cargados eléctricamente que se disparan por la «gasolina» química de los neurotransmisores. Estos neurotransmisores se almacenan en unas vesículas situadas en el axón, las cuales literalmente se rompen en cuanto se recibe la orden de transmisión, dada por un aumento de calcio en el cuerpo de la neurona estimuladora. El proceso es así: cuerpo de neurona estimuladora => orden de activación => apertura de «canales» de calcio en el interior (iones) de esta neurona => acumulación y rotura de vesículas en el axón que => «sueltan» los neurotransmisores químicos al hueco sináptico => receptores («cerraduras») de las siguientes neuronas («beso sináptico») => «puertas» por las cuales discurren iones que transmiten la señal prevista (se activa o se inhibe la neurona gracias al impulso). Una vez que ha actuado, el neurotransmisor es eliminado por fermentos (enzimas) específicos (el más conocido es el denominado monoamino oxidasa, que destruye las llamadas catecolominas) o vuelve (en un ejercicio de ahorro sorprendente) al axón, siendo así recaptado en nuevas vesículas que lo almacenan para volver a actuar. Todo un ejercicio de «economía biológica».

Docenas de neurotransmisores han sido descubiertos en los últimos años, y probablemente sólo sean una mínima parte de los que existen. En una labor imparable de investigación, los neurocientíficos han identificado toda una serie de mensajeros cuyos efectos contribuyen de forma decisiva en el comportamiento, las emociones, la memoria y la inteligencia.

LOS FUNDAMENTOS BIOLÓGICOS

Todas las sensaciones que experimentamos, desde las placenteras hasta las dolorosas, son producto de los neurotransmisores.

*La **viuda negra** es una araña cuyo veneno da lugar a convulsiones y violentas contracciones musculares al provocar una excesiva descarga de acetilcolina, una de las aminas biógenas que constituyen los neurotransmisores de las neuronas y que actúan tanto sobre el sistema nervioso central como sobre el periférico.*

Familias de neurotransmisores

La primera, y más importante, familia de neurotransmisores comprende una serie de componentes que actúan tanto a nivel del sistema nervioso central como del sistema nervioso periférico y se denominan *aminas biógenas*. Una de las más conocidas es la acetilcolina (ACo), que actúa como mensajera de todas las uniones entre una neurona motora y el músculo correspondiente, al que contrae. La acetilcolina tiene afinidad con unos receptores específicos que se denominan *muscarínicos*, de los cuales hay cinco subtipos.

Si se bloquea la transmisión de acetilcolina los músculos no pueden contraerse. El terrible curare, un veneno que ciertas tribus indias sudamericanas aplicaban a la punta de sus dardos, ocupa y bloquea a los receptores muscarínicos, de tal modo que la acetilcolina no puede actuar; la víctima de las flechas indias quedaba paralizada y a merced del cazador. La toxina botulínica, un veneno que puede formarse en los alimentos mal envasados, provoca también parálisis por un efecto semejante. En cam-

CONSTRUCCIÓN DEL COMPORTAMIENTO

Las emociones, como la alegría o la tristeza, son básicamente un fenómeno biológico, al igual que los pensamientos y las formas de conducta.

bio, el veneno de la peligrosísima araña llamada *viuda negra* provoca un exceso espectacular y descontrolado de descarga de acetilcolina: violentas contracciones musculares seguidas de convulsiones e incluso la muerte pueden ser el malsano resultado de la picadura de esta araña.

La segunda familia de aminas biógenas está conformada por un conjunto de sustancias de importancia nuclear: son las llamadas *catecolaminas*, una verdadera «saga» cuya bisabuela es la llamada L-dopa y el resultado final es una popularísima e inquieta nieta llamada adrenalina. Todos estos neurotransmisores están ampliamente distribuidos en el cerebro y su acción es esencial en numerosísimas funciones de nuestro comportamiento. Desencadenan emociones tanto positivas como negativas, ponen en marcha la motivación, y su falta (o bloqueo de sus numerosos receptores) provoca, entre otros efectos malsanos, la depresión en todas sus formas. Su exceso, en cambio, puede dar lugar a ansiedad o a euforia excesiva, entre otras muchas respuestas. De ahí que actuar sobre ellas sea labor principal de los psicofármacos. A su vez, la dopamina (neurotransmisor esencial en la actividad positiva y por lo tanto en la motivación) es absolutamente necesaria para el equilibrio nervioso y muscular, a tal extremo que su destrucción o inactivación es la causa de la enfermedad de Parkinson, caracterizada entre otros síntomas por intensos temblores musculares.

La *histamina* es el tercer pariente de la familia numerosa de aminas biógenas. Distribuida también por los sistemas nerviosos, estimula la secreción gástrica (el bloqueo de los receptores histómicos es una de las estrategias farmacológicas para luchar contra la úlcera gastroduodenal) e interviene en las reacciones alérgicas (recordemos los famosos antihistamínicos) y en el control de la tensión arterial disminuyéndola.

El último componente de la familia es la *serotonina*, quizás uno de los neurotransmisores de más rabiosa actualidad, ya que se le ha implicado en el control del dolor, del sueño (que provoca), del tono postural, de la inhibición del hambre y del sexo, de frenar la impulsividad, amén de modular el estado del ánimo; por lo cual, las sustancias que incrementan su acción (impidiendo la recaptación hacia el axón y aumentando la oferta en la sinapsis), se han utilizado no solamente como potentes antidepresivos sino también para controlar

LOS FUNDAMENTOS BIOLÓGICOS

los impulsos excesivos o las compulsiones (repetición hasta la saciedad de un acto, lo cual se da en una enfermedad llamada trastorno obsesivo), regular el dolor, el sueño e incluso moderar las conductas adictivas. Entre estas sustancias, denominadas inhibidores de la recaptación de la serotonina, se encuentra la famosa fluoxetina (el Prozac) pero también muchas otras como la paroxetina, la sertralina, el citalopram, la fluvoxamina, etc.

La serotonina, esta dama de actualidad, proviene fundamentalmente, ¡oh paradoja!, de la dieta habitual (cereales y leche sobre todo) y en concreto de un aminoácido presente en estos alimentos (el triptófano). Posee hasta diez receptores distintos y se encuentra localizada sobre todo en el tronco cerebral, desde el cual se distribuye a todo el cerebro. La costumbre tan extendida en el mundo occidental de tomar leche (con o sin cereales) antes de acostarse quizá provenga del acervo popular que sostiene que la acción de este alimento (rico en triptófano) ayuda a iniciar un sueño reparador. Sin embargo, una pequeña parte de la serotonina no proviene de los alimentos, sino de una glándula situada en el propio cerebro denominada epífisis o glándula pineal. Es curioso que uno de los productos de la degradación de la serotonina sea la melatonina, sustancia que ha sido relacionada sin que se haya demostrado claramente con el buen funcionamiento nervioso, y sus posibles efectos positivos que han disparado una venta incontrolada de la misma, sobre todo en Estados Unidos.

Algunos investigadores sostienen que la falta de catecolaminas en determinadas regiones cerebrales es una de las causas bioquímicas de la depresión. De acuerdo con esta hipótesis, algunas catecolaminas, como la dopamina o la serotonina, son administradas para restituir el equilibrio nervioso y muscular, o como antidepresivos.

CONSTRUCCIÓN DEL COMPORTAMIENTO

La creencia popular de que tomar leche con cereales antes de acostarse ayuda al sueño tiene su explicación. La leche es rica en triptófano, un aminoácido que produce la serotonina, sustancia que provoca o favorece el sueño.

Otros neurotransmisores

En 1973, dos investigadores americanos, Pert y Snyder, hicieron un descubrimiento realmente sorprendente: la morfina, un derivado del opio o adormidera que alivia el dolor, era atraída por receptores específicos situados en áreas del cerebro vinculadas con el estado de ánimo y las sensaciones dolorosas. Esta paradoja solamente tenía una explicación razonable: que el cerebro tuviera sus propios opiáceos que elaboraba de forma natural. Y así es. Pronto se confirmó que la masa cerebral contiene varios tipos de moléculas *neurotransmisoras*, a las que se denominó *péptidos* entre las que se incluyen las «morfinas opiáceas endógenas», también llamadas *endorfinas*, las cuales se liberan de forma muy semejante a las otras familias de neurotransmisores. Analicémoslas una por una:

Las endorfinas. También denominadas encefalinas, se distribuyen ampliamente no sólo en el cerebro sino en todo el sistema nervioso, incluida la médula espinal. Son potentes analgésicos y se liberan como respuesta al dolor y el ejercicio intenso, lo que explica toda clase de sensaciones agradables como el «buen ánimo» del corredor, del escalador o de cualquier deportista una vez finalizada su actividad, o el bienestar después de un placer intenso como la sexualidad, como así también los efectos anestésicos de la acupuntura y la indiferencia al dolor de algunas personas que sufren heridas importantes. Es casi seguro que crean adicción, lo que explicaría que «reincidamos» en algunas de estas actividades placenteras.

La somatostatina. Este péptido, localizado fundamentalmente en el hipotálamo, es un factor muy importante en la generación de la hormona del crecimiento que secreta la vecina glándula hipófisis. Además, facilita la transmisión de dopamina entre las neuronas cerebrales. En la enfermedad de Alzheimer se ha descrito una importante disminución de somatostatina en el cerebro, por lo que se ha deducido que podría tener efectos positivos en la memoria y los conocimientos adquiridos.

Otros péptidos. La *sustancia P*, que desempeña un importante papel en la percepción del dolor; la *colecistoquinina*, que interviene en la contracción de la vesícula biliar y regula la ingesta, inhibiendo la necesidad de hambre; y la *neurotensina*, que regula el exceso de dopamina en el cerebro, son otros tantos péptidos de interés en la neurotransmisión del sistema nervioso.

LOS FUNDAMENTOS BIOLÓGICOS

*Entre los diferentes tipos de neurotransmisores se encuentran los péptidos, a los cuales pertenecen las endorfinas o encefalinas.
Éstas, que se hallan distribuidas por todo el sistema nervioso y constituyen potentes analgésicos, se liberan como respuesta al dolor o al ejercicio intenso, dando lugar al buen ánimo y a las sensaciones agradables. Ello explica el estado placentero que experimentan los deportistas una vez finalizada su actividad.*

¿Las neuronas tienen algo que ver con que las personas sean más altas o más bajas?

En efecto, las neuronas están relacionadas con el crecimiento. Una de las moléculas neurotransmisoras que contiene la masa cerebral es la somatostatina, un péptido situado principalmente en el hipotálamo a cuya acción se debe la producción de la hormona del crecimiento que secreta la glándula hipófisis.

El poder de la mente: el cerebro

Cuando Sherlock Holmes le decía a su eterno biógrafo, el Dr. Watson: «Watson, soy un cerebro. El resto de mi persona es un mero apéndice», quizá podríamos pensar que exageraba, pero no se equivocaba mucho. En el cerebro están concentradas todas las funciones cognoscitivas, todas las emociones, todos los aprendizajes, toda la bondad y maldad del ser humano, pero también el control de todas las funciones del cuerpo humano, al que regula como si de una perfecta computadora se tratara.

Vamos a continuar el viaje por el sistema nervioso y a invadir su organización y su funcionamiento. En este viaje imaginario partimos de la médula espinal, nos introducimos en el centro del encéfalo y llegamos luego de adentro

CONSTRUCCIÓN DEL COMPORTAMIENTO

EL CEREBRO VISTO DESDE ABAJO

El gráfico nos muestra el cerebro visto desde abajo. Primero puede apreciarse la médula espinal, que al ensancharse forma el bulbo raquídeo. Sobre éste se sitúa el tálamo y detrás descansa el cerebelo. Por ejemplo, la información sensorial que procede de la mano derecha asciende por la médula espinal, cruza al costado izquierdo del bulbo y, a través del tálamo, se dirige a las zonas cerebrales superiores.

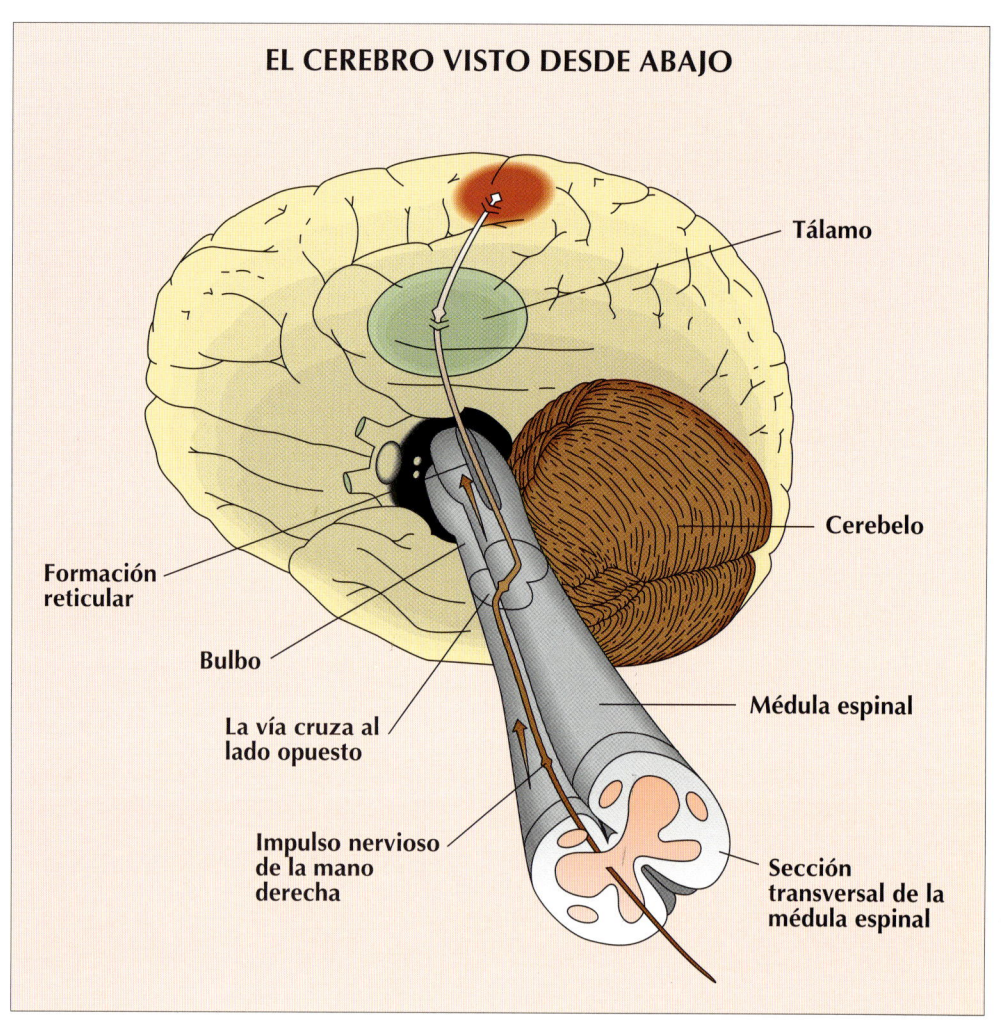

Tálamo
Cerebelo
Formación reticular
Bulbo
Médula espinal
La vía cruza al lado opuesto
Impulso nervioso de la mano derecha
Sección transversal de la médula espinal

■ **¿Por qué cuando nos sentimos muy cansados, si no queremos dormirnos, tensamos los músculos?**

➤ El tronco y el bulbo raquídeo cuentan con una red de neuronas, el sistema reticular ascendente, que se ocupa de la activación general de nuestra mente y de controlar la atención y la excitación recogiendo información del cerebro y de los músculos. El hecho de tensar los músculos cuando estamos muy cansados obliga al sistema reticular ascendente a mantener su función de activación.

hacia afuera hasta su envoltura externa. ¿Por qué seguimos esta aparentemente caprichosa trayectoria y no otra? Porque aquí se hallan las estructuras más elementales de la vida, que compartimos con muchos animales, y que aparecieron en los inicios seculares de la evolución, para llegar luego a elementos exclusivos del ser humano, aparecidos en épocas más recientes.

Regiones inferiores y superiores

Inmediatamente por encima del sitio donde la médula espinal penetra en el cerebro se hallan las regiones más arcaicas y profundas del encéfalo: el *tronco cerebral*, que comienza donde la médula «termina» y se ensancha levemente, formando el *bulbo raquídeo*. Ambos se asemejan mucho en su función y estructura a la médula y cabe considerarlos como prolongaciones de ésta. En el bulbo radica el centro del control de los latidos del corazón y de la frecuencia de nuestra respiración (de ahí la muerte instantánea que presupone la fractura o destrucción de estas zonas). Allí se encuentra también el *punto de cruce* donde la mayoría de los nervios de cada lado del cerebro se conecta con el lado opuesto del cuerpo. Además, estas dos estructuras tienen una red de neuronas que se extiende como una malla por parte del cerebro (desde la médula hasta el tálamo) denominada *sistema reticular ascendente,* que desempeña un papel decisivo en el despertar y la activación general de nuestra mente. Este sistema recoge información tanto del cuerpo (fundamentalmente de los músculos) como del propio cerebro, controlando la excitación pero también la atención. Mientras leemos, el sistema reticular ascendente se encarga de seleccionar este estímulo, así no nos distraemos excesivamente con otros, como por ejemplo, los sonidos de la habitación. El esfuerzo que hace este sistema para mantener en guardia y vigilar no sólo el cuerpo, sino también el cerebro, le permite a éste funciones superiores como pensar, hablar o memorizar. A veces, sobre todo cuando estamos muy cansados, es preciso intensificar la excitación hacia el sistema reticular ascendente, para que éste mantenga su función de activación; por ejemplo, presionamos fuerte contra el volante del automóvil (provocando mayor tono muscular) cuando nos entra la modorra en la carretera.

En la parte posterior del bulbo y del tronco se asienta el *cerebelo*, cuyas arrugas impecables regulan las funciones motoras, coordinando los movimientos

En los últimos años se ha empezado a considerar que el cerebro es más dinámico que estático, que no posee circuitos fijos y que se está reorganizando constantemente a lo largo de la vida de la persona. Se espera que en un futuro próximo la ciencia proporcione una comprensión fundamental de funciones superiores, como el aprendizaje y la memoria.

CONSTRUCCIÓN DEL COMPORTAMIENTO

EVOLUCIÓN DEL CEREBRO

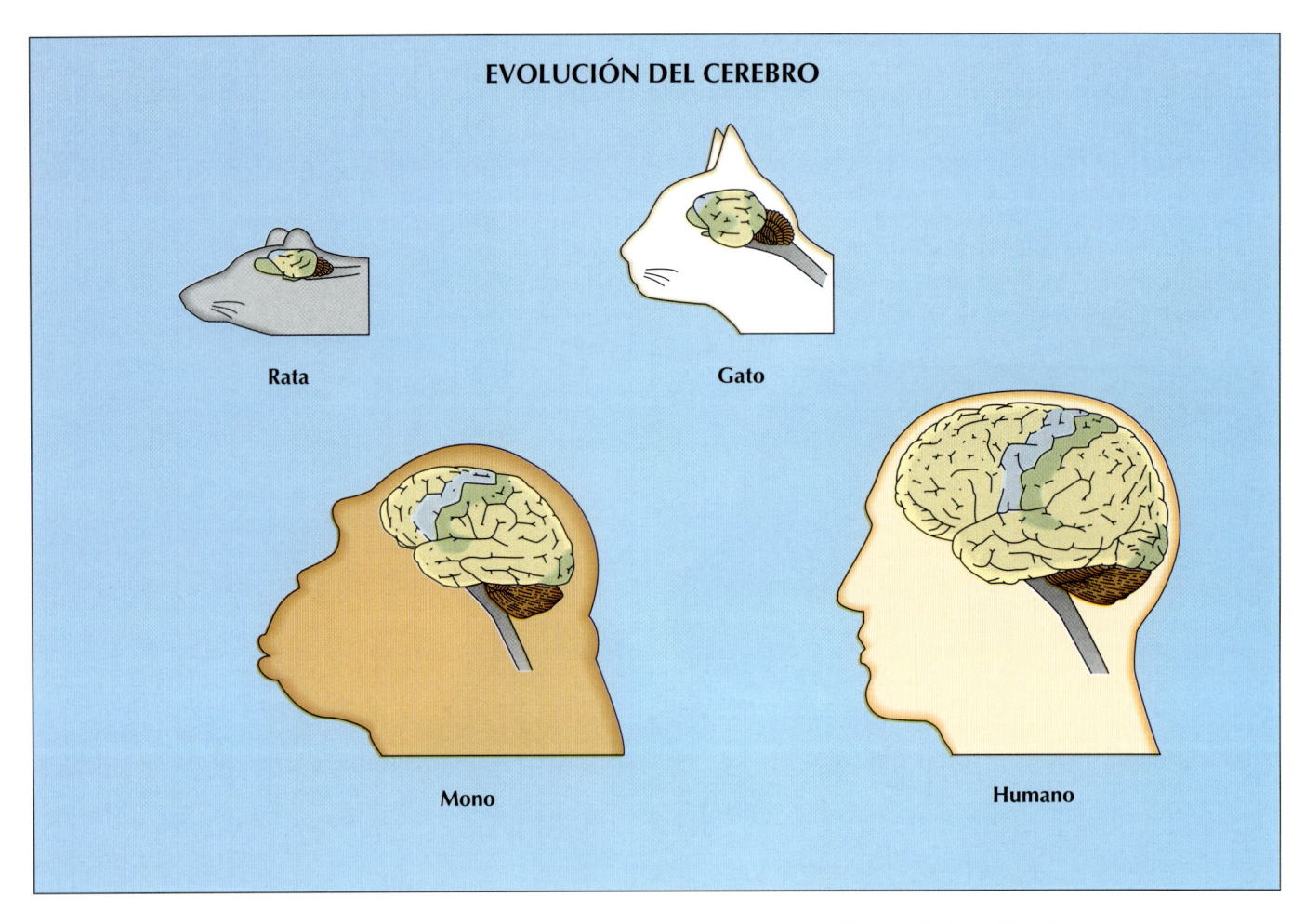

Rata

Gato

Mono

Humano

El cerebro humano ocupa el punto más alto de la escala evolutiva. No es un artefacto diseñado para cumplir una lista de propósitos específicos, como por ejemplo razonar, sino que es el producto de la evolución: los principios de su organización aparecieron debido a los requerimientos de supervivencia combinados con las propiedades físicas de sus componentes.

voluntarios, pero también intervienen en el aprendizaje y la memoria. Cuando el cerebelo sufre algún daño por lesión o enfermedad se producen síntomas como la pérdida del tono muscular, constantes caídas, un andar vacilante y movimientos bruscos y exagerados.

Sobre el tronco cerebral, y casi en el centro del encéfalo, se asientan un par de estructuras unidas en forma de huevo, denominadas *tálamo*.

Muchas veces se ha dicho que el tálamo es como la «gran estación de relevo». Ello se debe a que recibe una enorme cantidad de información sensorial de las regiones inferiores del encéfalo y la transmite hacia las zonas superiores del cerebro, fundamentalmente las que se relacionan con la visión, el gusto y el tacto. En este sentido, el tálamo sería realmente como una enorme (a pesar de su pequeñez) estación central de ferrocarril de la capital de un país, desde donde parten vías hacia los diferentes destinos.

La música límbica

En el límite o «limbo» del tronco cerebral y los hemisferios cerebrales, hay un sistema nervioso de forma circular llamado *sistema límbico*. Es como una gran orquesta que emite la música de nuestra mente: las emociones y las motivaciones básicas (por ejemplo, el sexo) están ahí en sinfonía más o menos conseguida; la letra la pone el cerebro superior, el más humano, el más moderno evolutivamente hablando. Sistema límbico y tálamo conforman lo que se ha denominado *diencéfalo*. Una de las más fascinantes estructuras del sistema límbico es el *hipotálamo*, llamado así porque se encuentra inmediatamente debajo del tálamo. No hay quizás un elemento del cerebro con más cantidad y primordiales funciones. El hipotálamo regula las reacciones emocionales, inicia y controla parte de la conducta y respuesta sexuales, algo semejante hace con el hambre y la sed, y controla la temperatura.

LOS FUNDAMENTOS BIOLÓGICOS

Además es responsable de las reacciones de excitación general del organismo: estimulando algunos de sus núcleos posteriores se ha comprobado que promueve respuestas como la taquicardia, la mayor frecuencia respiratoria y los índices de actividad somática de tipo simpático, todas ellas mediatizadas por la adrenalina.

También es responsable de las reacciones de relajación, puesto que, activando sus núcleos anteriores, el organismo entra en relajación muscular, o sea en tono parasimpático. Pero no sólo esto: es también el centro cerebral de la recompensa (si se estimulan con electrodos ciertas zonas, el animal se muestra feliz y desea más estimulación), pero también del asco y la aversión. Volviendo a la recompensa, se ha denominado a estos núcleos hipotalámicos «centros del placer», ya que desencadenan la liberación del neurotransmisor dopamina cuando experimentamos placeres ligados a las motivaciones primarias, como el hambre y la sed saciados o el sexo complaciente. Es esto muy útil para la supervivencia del animal, que gracias al hipotálamo inicia la búsqueda del placer y además lo «siente» en el mismo elemento cerebral. Los humanos revestimos este placer con otras sofisticaciones procedentes de nuestra más refinada organización cerebral y las funciones superiores que de ella se derivan (el lenguaje, los aprendizajes, las creencias, etc.).

Llevado por una avara concentración de poder, el hipotálamo se permite cambiar aun otra función primordial, el control del sistema hormonal o endocrino; lo hace de dos modos: por vía electroquímica, desencadena actividad general en el sistema nervioso autónomo (recordemos lo dicho sobre la capacidad de provocar reacciones simpáticas y parasimpáticas) y químicamente regula la secreción de todo el sistema hormonal, gracias a sus relaciones íntimas con la glándula rectora, la hipófisis.

> *El hipotálamo es uno de los motores de la supervivencia de los animales, dado que incita a la satisfacción de las necesidades primarias, como el sexo, el hambre y la sed. Gracias al hipotálamo el animal incia la búsqueda del placer. Cuando dicha satisfacción se alcanza, estos núcleos hipotalámicos liberan dopamina, neurotransmisor asociado al bienestar y la saciedad.*

El sistema hormonal

Las hormonas son mensajeros químicos segregados por una serie de glándulas, situadas estratégicamente en nuestro cuerpo, que se desplazan por el torrente sanguíneo e influyen sobre casi todos los tejidos corporales, incluyendo el cerebro. Estas secreciones son relativamente lentas, a diferencia del veloz sistema nervioso; a cambio, los efectos hormonales son más duraderos. Las hormonas del sistema endocrino influyen sobre muchos aspectos vitales, desde el crecimiento hasta la reproducción, desde el metabolismo al estado de ánimo, interviniendo en nuestras respuestas o incluso en nuestros pensamientos y creencias.

Como ya hemos dicho, la hipófisis es la glándula central de todo el sistema endocrino. Del tamaño de un guisante, se sitúa en la base del cerebro. Segrega varias hormomas complejas que viajan a través del torrente sanguíneo hasta llegar a otras glándulas como la tiroides, las gónadas sexuales y las suprarrenales; en estos lugares, las hormonas hipofisarias estimulan la secreción en la sangre de hormonas tiroideas, sexuales y varias de las suprarrenales como la cortisona. Pero la hipófisis también tiene sus propias hormonas, que controlan la secreción de leche de las glándulas mamarias en la lactancia (la prolactina) o influyen sobre las contracciones del útero durante el parto (la oxitocina) o

En el gráfico pueden verse las principales glándulas endocrinas del cuerpo. La glándula hipófisis, subordinada al hipotálamo, libera hormonas que, a su vez, regulan las secreciones hormonales de otras glándulas, como la tiroides, la paratiroides, las suprarrenales y las genitales (ovario y testículo).

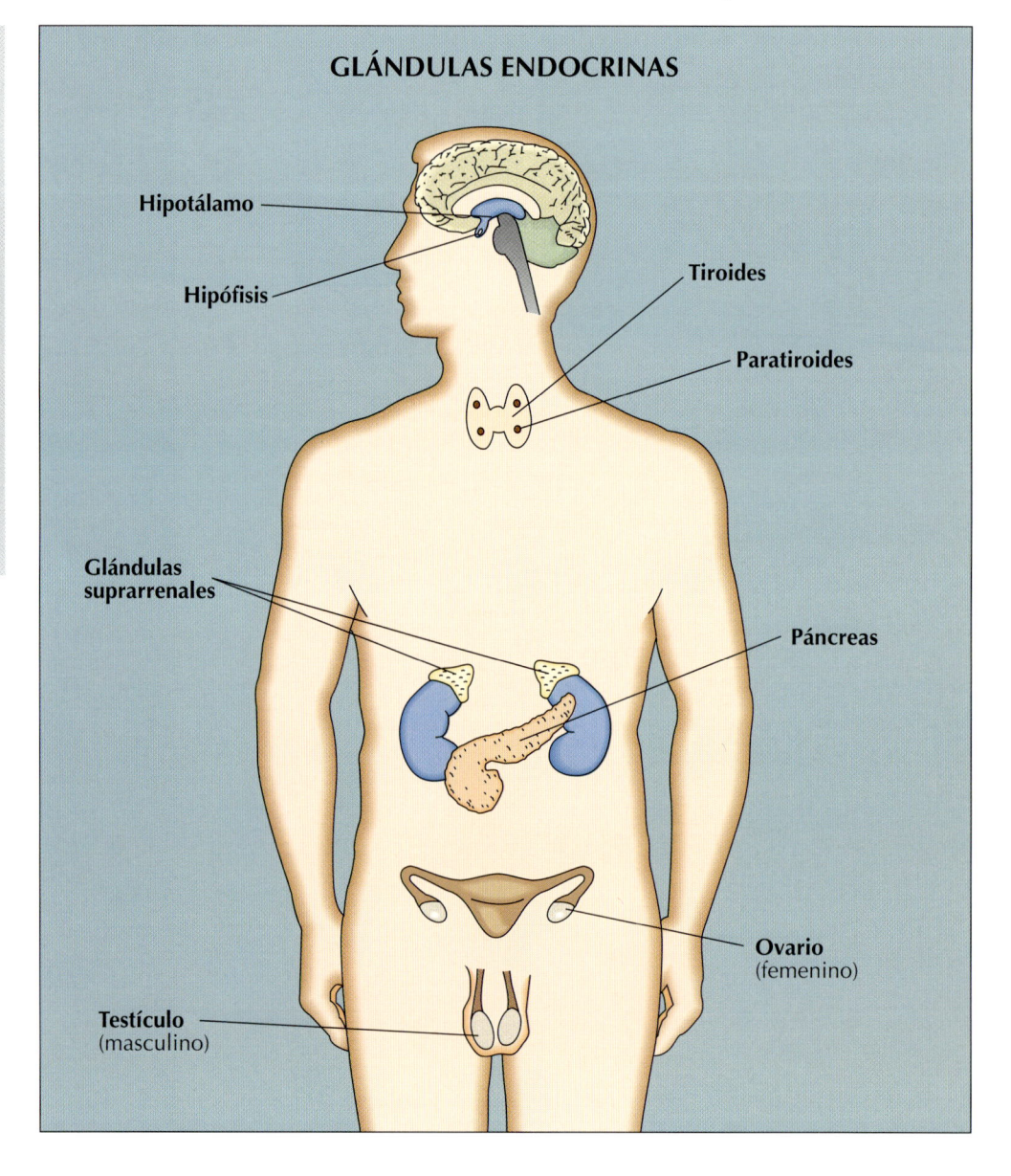

GLÁNDULAS ENDOCRINAS

- Hipotálamo
- Hipófisis
- Tiroides
- Paratiroides
- Glándulas suprarrenales
- Páncreas
- Ovario (femenino)
- Testículo (masculino)

LOS FUNDAMENTOS BIOLÓGICOS

regulan la reabsorción de agua desde el riñón a la corriente sanguínea (hormona antidiurética o vasopresina).

Pero el proceso hormonal no es solamente el conjunto de las dos etapas (hipofisiaria y tirodea u otras glándulas de la periferia del cuerpo) sino que aun existe otro paso previo que se inicia en una estructura claramente nerviosa, el ya conocido hipotálamo, el cual conecta con la hipófisis mediante un tallo común. El hipotálamo está exactamente encima de la hipófisis, como si la naturaleza quisiera recordarnos que el verdadero maestro de ceremonias es el cerebro, gracias al armazón hipotalámico. La liberación de las hormonas hipofisiarias requiere la dispensa previa de otra clase de hormonas, fabricadas en el hipotálamo. Así, por ejemplo, existe una hormona liberadora del factor estimulante del tiroides que a su vez provoca secreciones de la glándula tiroides. El proceso, en este caso, sería así: hormona liberadora del factor estimulante del tiroides (HLT, más conocida, por las siglas inglesas TRF), generada por el hipotálamo, factor estimulante del tiroides (FLT, o TSH en inglés) y hormonas tiroideas (TH) propiamente dichas (TRF-TSH-HT). La RF en inglés significa *releasing factor* o factor liberador en castellano, y la S, *stimulating* o estimulante.

Para que no quepa duda sobre quién es el dueño de la cuestión, el hipotálamo recibe órdenes del cerebro. Ima-

> **¿Por qué se dice que las hormonas influyen en nuestros estados de ánimo?**
>
> ➤ Tomemos el caso de la mujer, por ejemplo, y el mal estado anímico que suele acompañar al climaterio. En este caso, el nivel de estrógenos es mucho más bajo en esta edad que durante el período fértil de la mujer. No puede descartarse que los cuadros depresivos que suelen presentarse durante la menopausia están relacionados con el proceso hormonal correspondiente a la situación especial que atraviesa la mujer en esos años.

Las hormonas influyen en nuestras creencias, nuestras ideas y en nuestro estado de ánimo, así como en muchos procesos vitales, desde el crecimiento hasta la reproducción. Los estrógenos, hormonas elaboradas por los ovarios, son los responsables de la madurez sexual y de los cambios corporales que se producen en la mujer.

CONSTRUCCIÓN DEL COMPORTAMIENTO

La actividad y la conducta sexuales dependen en gran parte de la influencia que el sistema nervioso ejerce sobre el sistema endocrino. A partir de una fantasía sexual, por ejemplo, el cerebro estimula el hipotálamo y éste hace lo propio con la hipófisis, la cual activa las glándulas sexuales y las induce a liberar más hormonas sexuales, que pueden a su vez influir sobre el cerebro y la conducta.

ginemos que pensamos en clave sexual; esta fantasía estimula el hipotálamo y éste, a su vez, a la hipófisis, la cual activa las glándulas sexuales y las induce a liberar hormonas sexuales, las cuales pueden influir sobre el cerebro y la conducta.

Este sistema de retroalimentación (cerebro-hipófisis-otras glándulas-cerebro) demuestra la clara influencia que ejerce el sistema nervioso sobre el sistema endocrino que, a su vez, afecta al sistema nervioso.

La corteza cerebral o cómo dirigir una orquesta

Si abriéramos un cráneo humano, lo primero que observaríamos es una estructura rugosa que reviste todo lo que observamos: estamos ante la corteza cerebral (a la que a partir de ahora llamaremos también indistintamente córtex), que domina todo el resto del armazón cerebral y controla la mayoría de sus funciones. Millones de líneas de comunicación conectan entre sí las diversas regiones del córtex y a su vez a éstas con el resto del encéfalo y con órganos distantes del cuerpo. Por este medio, el cerebro está en comunicación con los pulmones, el corazón y otros órganos, con las células especializadas que viven como receptoras del tacto, el sabor, el olor, la visión, el oído y otras sensaciones, y con los músculos que producen el movimiento. Para tener una idea de la complejidad de estas interconexiones consideremos que estamos ante casi 103 millones de combinaciones posibles de diez neuronas con diez contactos para cada una de ellas, que dan de sí cien bi-

LOS FUNDAMENTOS BIOLÓGICOS

llones de conexiones sinápticas corticales. Esto es totalmente baladí si lo comparamos con el número de combinaciones de todo el sistema nervioso, que darían una cifra tan fantástica que si la escribiéramos con computadora se necesitarían más de 350 páginas de esta enciclopedia para imprimirla.

La vida ha creado innumerables modelos en su largo recorrido desde el lejano Paleozoico, pero ninguno puede compararse, por el intrincado diseño y el virtuosismo de su funcionamiento, con el gran «nudo desenredado», como lo denominó el famoso fisiólogo inglés Sir Charles Sherrington, mediante el cual sentimos, pensamos, vemos, oímos y decidimos. Si el objeto propio de estudio de la psicología es la conducta humana, se puede afirmar que el interés supremo biológico es este córtex, de color grisáceo, de dos billones de células

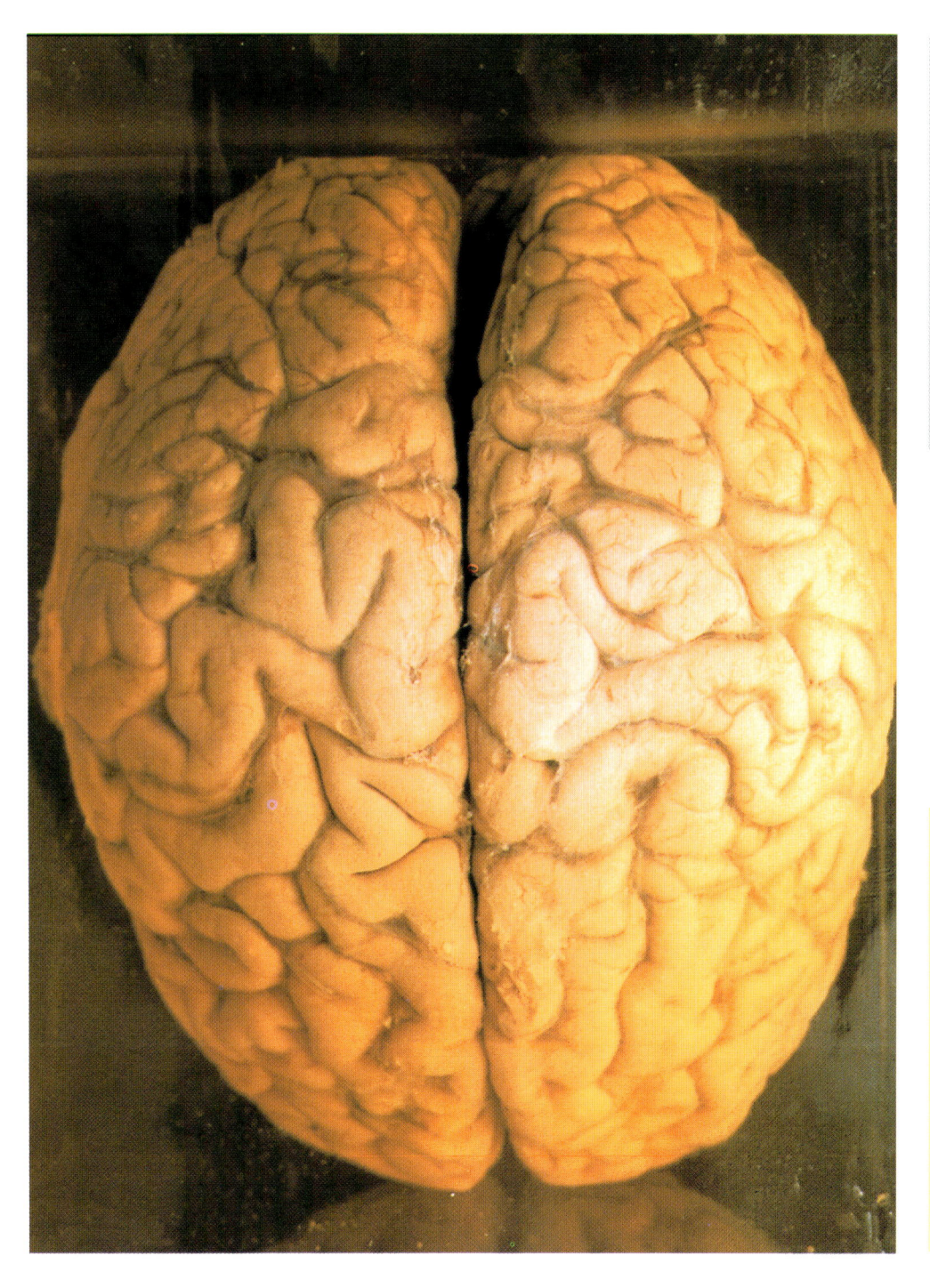

Lo que nos convierte en seres humanos peculiares es la corteza cerebral, una estructura rugosa que reviste todo el cerebro. Cuando la corteza deja de funcionar, desaparece la conciencia, la persona deja de tener movimientos voluntarios y se limita a vegetar, sin visión, tacto ni oído.

¿Todos los seres humanos tenemos un cerebro semejante?

Estructuralmente todos tenemos un cerebro igual; sin embargo ninguna corteza cerebral es idéntica a otra, ni en su tamaño ni en sus circunvoluciones, de modo que puede decirse que, al igual que las huellas digitales, todos tenemos una corteza cerebral particular.

CONSTRUCCIÓN DEL COMPORTAMIENTO

Si escuchamos los sonidos es porque la información auditiva, después de recorrer un complicado camino, es sometida al procesamiento de las áreas auditivas de los lóbulos temporales.

sin el concurso de las cuales no puede haber pensamiento, ni poesía, ni alegría, ni tristeza.

Ningún córtex es un duplicado exacto de otro, ni siquiera en el número o tamaño de estas rugosidades llamadas circunvoluciones. De hecho, parece que cada cerebro es tan personal para su poseedor como su rostro, pero hay ciertas características comunes a todos.

Lo más notorio es la división longitudinal en dos hemisferios aproximadamente iguales, el izquierdo y el derecho. Los hemisferios, que representan el 80 por ciento del peso del cerebro, contienen los axones que interconectan las neuronas de la corteza con las otras regiones del cerebro. También es común la gran *cisura central* que atraviesa lateralmente cada hemisferio y baja hacia un lado del cerebro, de forma que si continuase llegaría al lado opuesto del oído. Es conocida también como *cisura rolándica*. Otro aspecto típico es la *cisura silviana*, que perpetúa el nombre del anatomista francés del siglo XVII Franciscus de la Bel Sylvius. Es el Gran Cañón cerebral, una profunda garganta que emerge del fondo de cada hemisferio y se curva hacia arriba y atrás sobre el lateral.

Los lóbulos

Estas dos depresiones prominentes suponen fronteras naturales que permiten subdividir los hemisferios en cuatro regiones, o lóbulos.

El *lóbulo frontal* situado detrás de la frente, por delante de la fisura central y la silviana, se encarga de controlar el movimiento de varias partes del cuerpo gracias al área motora primaria, una región en forma de arco que se encuentra en la parte posterior del lóbulo frontal. Cuando en su momento los investigadores estimularon determinadas partes de esta área, tanto en el hemisferio izquierdo como en el derecho, vieron que provocaban movimientos en zonas corporales correspondientes al lado contrario del cuerpo. Más tarde se marcó la corteza motora de acuerdo con la movilidad que provocaba. Un hecho interesante es que los sectores del cuerpo que exigen un riguroso control, por ejemplo los dedos o la boca, ocupan una porción mayor del espacio cortical.

Cuando se lesiona el área motora no se ocasiona, como cabría esperar, una parálisis total; sólo se pierde el control sobre los movimientos finos, especialmente en los dedos. En lo anterior se aprecia un hecho importantísimo acerca del funcionamiento de los hemisferios cerebrales: aunque un área particular participe normalmente en la regulación

LOS FUNDAMENTOS BIOLÓGICOS

de alguna función, las regiones adyacentes e incluso las más distantes, a veces pueden suplirse en caso de que haya sido dañada. El cerebro posee una gran plasticidad.

El *lóbulo parietal,* situado en el extremo superior, se encuentra inmediatamente detrás de la fisura central. En él se halla el área de proyección somática o corteza sensorial, donde se reciben las sensaciones de tacto, temperatura y presión de todas las partes del cuerpo. Si se lesiona esta área se produce un embotamiento de todos los sentidos cutáneos. Si se estimula un punto en el extremo superior de este faja de tejido, el sujeto puede informar que le tocan el hombro; si se le estimula un punto lateral, siente algo en la cara.

Cuanto más sensible es una zona corporal, más amplia es el área de la corteza sensorial dedicada a la misma; los labios, extremadamente sensibles, se proyectan sobre un espacio cerebral más amplio que los dedos de los pies. Si un

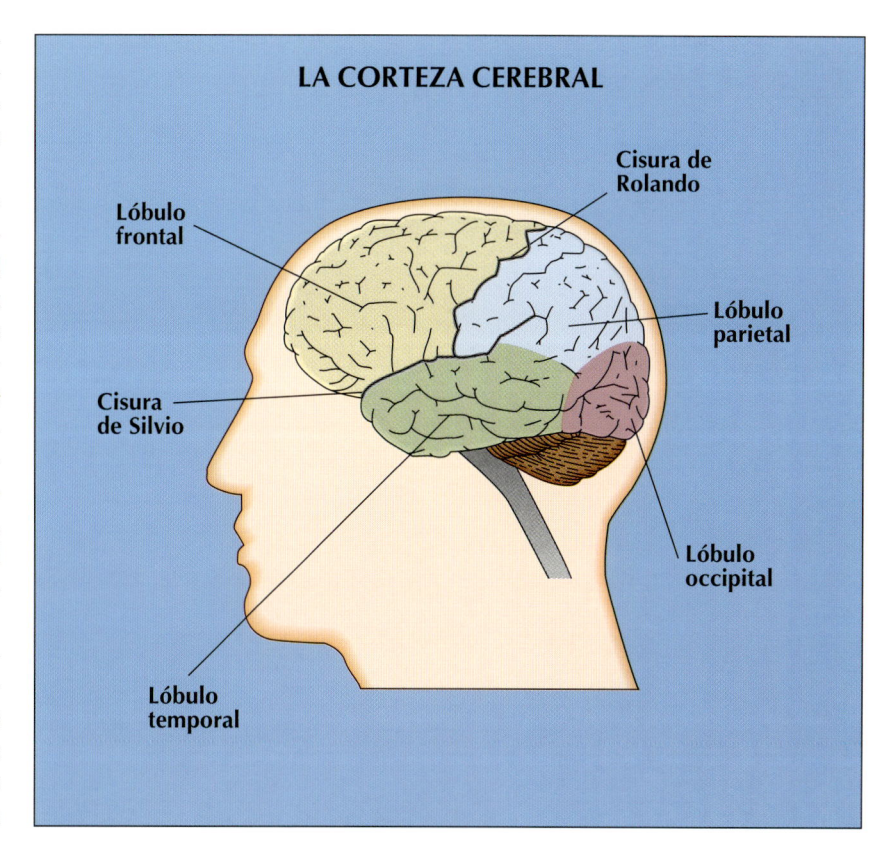

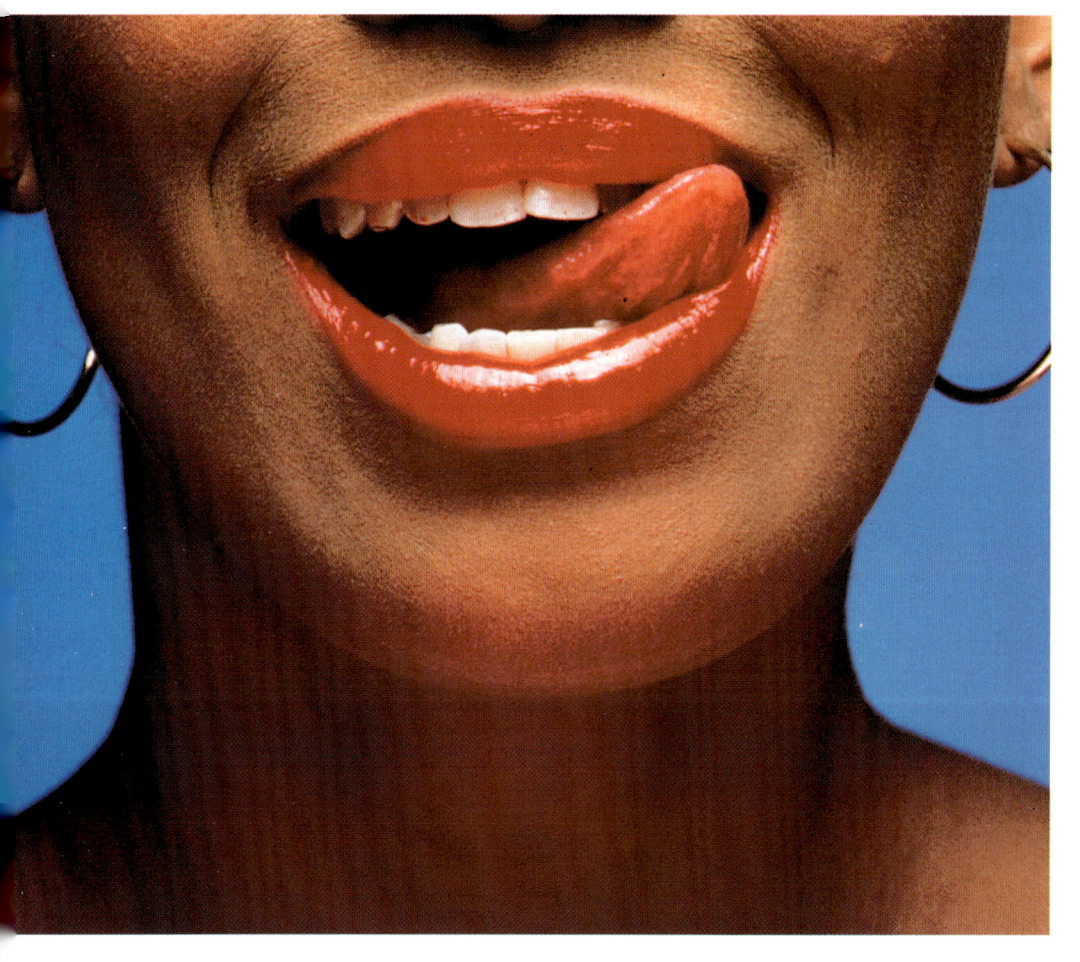

LA CORTEZA CEREBRAL

En cada hemisferio la corteza cerebral se subdivide en cuatro lóbulos: frontal, occipital, temporal y parietal, separados por cisuras o surcos.

Los labios son una de las zonas más sensibles del cuerpo y requieren por tanto un área más amplia de proyección sensible en el lóbulo parietal, que es adonde llegan todas las sensaciones de tacto, presión y temperatura del cuerpo.

CONSTRUCCIÓN DEL COMPORTAMIENTO

Las cualidades humanas complejas, como el habla, son consecuencia de la coordinación de muchas áreas cerebrales. Esta actividad propia de los seres humanos está relacionada con zonas de los lóbulos frontal (función motora), parietal (función sensorial) y temporal (función auditiva).

ser humano pierde un dedo, la región de la corteza sensorial encargada de recibir la entrada procedente de este dedo se ramifica para acoger la estimulación sensorial procedente de los dedos vecinos, que ahora llegan a ser más sensibles. Como lo demuestra este hecho, el cerebro está determinado no solamente por la genética, sino también por nuestra experiencia.

El *lóbulo occipital,* situado en la parte posterior de la cabeza, bajo el hueso occipital contiene una mancha blanquecina conocida como área de proyección visual. En este momento usted está recibiendo información visual de esta área, desde donde esta información va a otras zonas cerebrales que se especializan en temas como la identificación de palabras.

Los *lóbulos temporales,* situados exactamente encima de las orejas, contienen el área de proyección auditiva. La mayor parte de la información auditiva recorre un camino complicado, desde el oído hasta el área receptora de la audición.

Hay otra área que debe mencionarse; abarca parte de los lóbulos frontal, parietal y temporal y está relacionada con uno de los procesos más específicamente humanos: el habla. En el caso de personas diestras, esta zona se centra en el hemisferio izquierdo. En cambio, en los zurdos puede estar en el hemisferio derecho o en el izquierdo, o bien distribuido en los dos. Cuando esta área es lesionada por tumores o traumatismos se producen perturbaciones conocidas con el nombre de *afasias.* Por ejemplo, cuando hay algún daño en ciertas partes del área del habla se produce un trastorno que impide reconocer las palabras escritas, o del lenguaje hablado, o de

LOS FUNDAMENTOS BIOLÓGICOS

ambos. De manera semejante, cuando están dañadas otras partes de dicho centro, se provoca una anomalía por la cual los afectados pueden escribir sus pensamientos en un papel pero les es imposible expresarlos verbalmente.

Cuando se trabaja en silencio: las áreas de asociación

Las señales visuales, sonoras, táctiles y otras que reciben las áreas de proyección son fuentes de información recogidas al azar en las que cada dato puede ser enteramente nuevo, desconcertante e inútil para el funcionamiento global del sujeto. El niño que se quema evita el fuego, pero no por la repentina señal dolorosa recibida del área sensorial somática. Es la *asociación* la que le enseña la lección; la asociación del dolor con la vista del fuego, quizá también con el sonido de un grito de aviso o con la acción muscular de apartarse.

El cerebro debe poseer una memoria, cuya función es relacionar la información del momento con la del pasado y

He leído que generalmente sólo usamos el 10 por ciento de nuestro cerebro. ¿Es eso cierto?

No. Éste es uno de los mitos más difundidos de la psicología popular, y supone que si pudiéramos activar todo nuestro cerebro seríamos mucho más sagaces de lo normal. Esta falacia se desencadenó a raíz de que la exploración eléctrica de las áreas de asociación no promueve ninguna respuesta, a diferencia de lo que sucede con las áreas sensoriales y motoras. Pero las áreas asociativas no están dormidas; simplemente trabajan en silencio interpretando e integrando la información procesada por las áreas sensoriales y motoras.

Las áreas de asociación constituyen el dispositivo del cerebro para memorizar, relacionar la información presente con la almacenada, analizarla y reconocer su significado de manera casi inmediata. Esto supone que continuamente se activan infinidad de interconexiones entre los distintos centros de actividad cerebral.

CONSTRUCCIÓN DEL COMPORTAMIENTO

El aprendizaje, la memoria y el pensamiento conforman procesos de gran complejidad, cuya operatividad depende de la permanente comunicación entre áreas motoras y sensoriales y otros centros neurálgicos del cerebro. En esta comunicación las áreas asociativas desempeñan un importante papel.

reconocer su significado. Esto implica millones de correlaciones funcionales, innumerables interconexiones entre centros sensoriales y motores, repetidos intercambios de datos para análisis, comparación y síntomas. Estas funciones de elaboración del córtex son llevados a cabo por las *áreas de asociación*.

La exploración eléctrica de estas áreas no desencadena ninguna respuesta. De modo que, a diferencia de lo que sucede con las áreas sensoriales y motoras, no podemos especificar tan claramente las funciones de las áreas asociativas. Comunicadas entre sí las áreas motoras y sensoriales, así como con otras partes del cerebro (tálamo, hipotálamo, siste-

ma límbico), a menudo en forma muy difusa, esta disposición incide en que probablemente tengan un papel muy importante en procesos complejos como el aprendizaje, la memoria, la solución de problemas o el pensamiento.

La *zona prefrontal*, la proa del cerebro que sobresale por encima de los ojos como un dosel gris, es el asiento principal de estas áreas mudas: las de asociación. Hace cien años, un cantero de Vermont, Estados Unidos, sufrió un grave accidente: había perforado un agujero en la roca y se encontraba colocando una carga explosiva cubriéndose con una barra, cuando de pronto la carga estalló. La barra salió disparada y se introdujo en su

LOS FUNDAMENTOS BIOLÓGICOS

mejilla, le atravesó el cráneo, y le produjo una terrible herida en ambos lóbulos frontales. Alguien corrió en su auxilio, sacó la barra y milagrosamente la herida llegó a sanar y se cerró. Meses más tarde el hombre regresó al trabajo. Aunque no pudo reincorporarse a su antiguo puesto de capataz, demostró estar completamente capacitado para trabajar. Su memoria era buena, su habilidad como cantero parecía ser la misma que antes del accidente, pero todo el mundo que le trataba observó un cambio en su comportamiento. Era muy grosero en su lenguaje, indiferente a los intereses de los otros, estaba irritable y caprichoso, y acabó perdiendo su trabajo.

Así pues, las áreas de asociación prefrontales no solamente nos permiten juzgar y planificar, sino que también intervienen en ciertos aspectos de nuestra forma de reaccionar emocional y socialmente. Quizá por esta razón, entre ellas y las demás ocupan tres cuartas partes del córtex; y quizá también por lo mismo, el ser humano es el que tiene las áreas asociativas más complejos, numerosas y desarrolladas.

En la cara inferior del lóbulo temporal, un área de asociación nos permite reconocer las cosas. Pero una de las muestras más diáfanas de la complejidad de la actuación del cerebro, y sobre todo de las áreas de asociación, es el *lenguaje*. Intente leer ahora en voz alta y se lo explicamos: primero, las palabras se han registrado en el *área visual occipital*; luego se retrasmiten a la llamada *circunvolución angular* que transforma las palabras en un código auditivo que es recibido y descifrado en la cercana *área de Wernicke* (situada en el lóbulo temporal izquierdo) y posteriormente enviado al *área de Broca* (situada en el lóbulo frontal izquierdo), la cual controla la corteza motora, creando las palabras anunciadas.

Si se provocaran lesiones en las diferentes partes del eslabón de la cadena se producirían diversas afasias. Así, si es en la circunvolución angular, nos dejará en condiciones de hablar y comprender pero no podremos leer. Si fuera en el área de Wernicke, pronunciaremos palabras pero no las comprenderemos y carecerán de significado. Y si es en la de Broca, no sabremos formar palabras y se desorganizará nuestro habla, a pesar de que entenderemos lo que nos dicen.

El cerebro dividido: ¿dos mentes en un cuerpo?

Antes de finalizar la explicación de la estructura y funcionamiento del cerebro, conviene señalar que se trata de un órgano doble, como los pulmones y los riñones. Esto quiere decir que la mayoría de las descripciones anteriores corresponden a dos estructuras semejantes, una del hemisferio derecho y otra del izquierdo.

La lectura en voz alta es el resultado de un complejísimo proceso en el que intervienen el área visual, situada en el lóbulo occipital, el área de circunvolución angular, el área de Wernicke, en el lóbulo temporal izquierdo, y el área de Broca, en el lóbulo frontal izquierdo, donde la corteza motora crea las palabras.

CONSTRUCCIÓN DEL COMPORTAMIENTO

¿Tiene algo que ver el cerebro en el hecho de que algunas personas se inclinen más por las ciencias y otras por la literatura o la música?

El cerebro está dividido en dos hemisferios unidos por un cuerpo calloso. El hemisferio izquierdo controla el lenguaje y el pensamiento y es el responsable de las actividades lógicas, como las matemáticas, y el derecho controla la imaginación y es el responsable de las actividades artísticas, como la literatura, la música o la pintura. Esto quiere decir que las personas sentirán atracción por unas u otras actividades según qué hemisferio sea el dominante.

Por eso es preciso que las dos mitades se comuniquen fácilmente entre sí; y esto se logra mediante el *cuerpo calloso* que es una amplia banda de fibras nerviosas que conecta los dos hemisferios. De esta manera, en circunstancias normales el hemisferio izquierdo y el derecho están en comunicación constante y directa. ¿Pero qué sucede cuando este vínculo se rompe? ¿Puede suceder que un organismo tenga realmente dos cerebros separados? Como los centros reguladores del lenguaje y de otras habilidades verbales se localizan por completo en un hemisferio (al menos en el caso de personas diestras), cabe preguntarse: ¿tendrá uno de esos «cerebros» habilidades verbales muy desarrolladas mientras que el otro muestra una gran carencia al respecto?

Recientemente se han realizado experimentos con sujetos cuyo cuerpo calloso fue extirpado por razones médicas (para impedir que las crisis epilépticas se extendiesen al otro hemisferio) y los resultados indican que tal vez la respuesta a las preguntas anteriores sea afirmativa. Por ejemplo, en una serie de estudios se proyectaron sobre una pantalla las fotografías de objetos comunes o sus nombres, de manera que la información referente a estos estímulos llegase sólo a un hemisferio del cerebro del sujeto. Los resultados fueron que, cuando esa información llegaba únicamente al hemisferio izquierdo, los sujetos podían leer las palabras o identificar los objetos con facilidad. En cambio, si llegaba nada más que al hemisferio derecho les era imposible hacerlo; en estas circunstancias, a veces decían que no habían visto en absoluto nada. (No debe olvidarse que en estos trabajos sólo intervinieron personas diestras; tal vez los resultados habrían sido diferentes si hubiesen participado zurdos.)

Este tipo de descubrimientos da lugar a dos conclusiones generales. La primera es que cuando se extirpa el cuerpo calloso los dos «cerebros» quedan separados en el mismo cráneo. La segunda es que uno de estos cerebros (el hemisferio izquierdo) tiene la capacidad de regular el habla y actividades afines, no así el otro (el hemisferio derecho). Existe la tendencia a concluir que el hemisferio izquierdo es un poco más brillante o inteligente que el derecho, pero otros datos señalan que no es así.

Los efectos de la división cerebral han sido estudiados en individuos a quienes se había extirpado el cuerpo calloso: cuando se les mostraba los nombres de objetos comunes de modo que esa información les llegase sólo al hemisferio derecho, no podían reconocerlos ni nombrarlos, sólo podían seleccionarlos mediante el tacto.

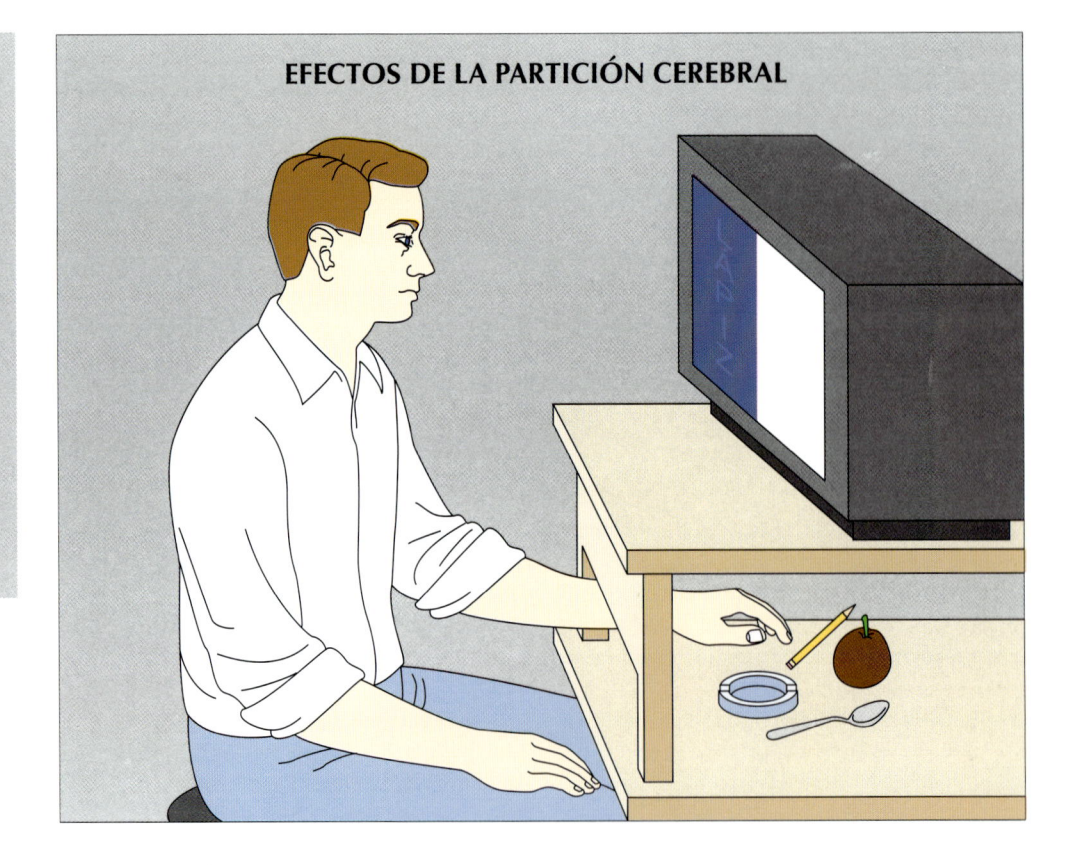

EFECTOS DE LA PARTICIÓN CEREBRAL

LOS FUNDAMENTOS BIOLÓGICOS

La división del trabajo

En primer lugar, si bien los sujetos de los experimentos referidos no pudieron identificar verbalmente los objetos que se mostraron a sus hemisferios derechos, lograron seleccionarlos entre un conjunto de diversos objetos por medio del tacto. Esto significa que sus hemisferios derechos sabían perfectamente bien lo que habían visto, sólo que eran incapaces de comunicarlo al experimentador en una forma verbal directa. En segundo lugar, según los datos preliminares, los sujetos cuyo hemisferio izquierdo había sido destruido por accidente o enfermedad lograban dominar habilidades lingüísticas complejas si recibían adiestramiento especial. La edad no parece ser una gran desventaja en tales casos pues un paciente de 84 años avanzó rápidamente mediante la práctica diaria. Éstos y otros descubrimientos al respecto indican que el hemisferio derecho tiene muchas capacidades verbales a las que se puede recurrir en caso de necesidad. Por último, se sabe que el hemisferio derecho aunque inferior al izquierdo en cuanto a las habilidades verbales probablemente sea superior en otros aspectos. Por ejemplo, hay ciertas tareas espaciales (entre ellas la de señalar entre varias figuras en zig-zag las dos que estén orientadas hacia la misma dirección) que ejecuta con mayor rapidez el hemisferio derecho que el izquierdo. De hecho, se ha comprobado que cuando una información de este tipo se da primero al hemisferio izquierdo, éste suele enviarla al derecho para que la procese y luego la devuelva al izquierdo, que entonces emite la respuesta. Así mismo, otros descubrimientos indican que el hemisferio derecho es superior en la regulación de varias actividades motoras y en el tratamiento de las relaciones de las partes con el todo.

En síntesis, los datos actuales, aunque incompletos, revelan que existe una división parcial de trabajos entre los dos he-

Los dos principios del funcionamiento cerebral son la especialización y la integración. El movimiento de la mano e incluso la percepción del color dependen de centros específicos. Pero las funciones complejas, como el aprendizaje y la escritura implican la coordinación de muchas áreas cerebrales.

CONSTRUCCIÓN DEL COMPORTAMIENTO

Si bien existe una especialización funcional de los dos hemisferios cerebrales, las actividades complejas como la práctica de la pintura, la literatura y demás actividades artísticas basadas en la imaginación demandan la intervención conjunta de ambos hemisferios.

misferios cerebrales: uno realiza con mayor eficacia las tareas verbales y el otro las habilidades motoras o espaciales. En términos generales, ninguno es mejor ni peor que el otro, tan sólo son distintos.

Las actividades complejas como la práctica de la ingeniería, el estudio de la medicina o la creación literaria o artística se originan de la actividad integrada de ambos hemisferios. Incluso cuando leemos un cuento, funcionan los dos hemisferios: el izquierdo entiende las palabras y les encuentra significado, el derecho aprecia el humor, la imaginación y la sensibilidad del relato.

¿Cuál es el resumen de esta complicada cuestión? Todos los testimonios indican que la separación de los hemisferios crea dos esferas de conciencia independientes dentro de un solo cráneo, es decir, dentro de un solo organismo.

Esta conclusión es perturbadora para algunas personas que consideran la conciencia como una propiedad indivisible del cerebro humano. Parece prematura para otros, que insisten en que las capacidades que así se revelan para el hemisferio derecho se encuentran en el nivel del autómata. A buen seguro que hay desigualdad hemisférica en los casos precedentes, pero bien pudiera ser ello una característica de los individuos que hemos estudiado. Es posible que si se dividiera el cerebro de una persona muy joven, ambos hemisferios pudiesen desarrollar, separada e independientemente, funciones mentales de orden superior al nivel alcanzado sólo en el hemisferio izquierdo de los individuos normales.

Capítulo 3

EL HAMBRE: ALGO TAN VIEJO Y TAN NUEVO

EL HAMBRE: ALGO TAN VIEJO Y TAN NUEVO

Cuando comer se convierte en un problema

Que el hambre y las conductas relacionadas con el hecho de comer sean objeto de estudio puede parecer extraño, ya que, en principio, la alimentación es algo básico e inherente a la naturaleza humana, algo que tendría que ser muy sencillo. Ante la pregunta ¿qué es lo que nos hace sentir hambrientos o saciados?, la respuesta parecería del todo evidente: tenemos hambre cuando hace bastante tiempo que no ingerimos ningún alimento y nos sentimos saciados cuando comemos.

Sin embargo, esta sencillez es tan sólo aparente. Tanto para los niños como para los adultos, el hecho de comer puede constituir, en muchas ocasiones, un motivo importante de preocupación e incluso de sufrimiento, ya sea porque se come poco, se come mucho o se come mal.

La conducta de comer es el prototipo de un proceso motivacional. Se entiende por proceso motivacional aquello que pone en marcha nuestra conducta, que nos activa a fin de que busquemos y consigamos lo que nuestro organismo necesita. En el hombre existen motivaciones básicas, necesarias para la supervivencia, como el hambre, la sed y la conducta sexual. Éstas incluyen multitud de factores, tanto biológicos como psíquicos, y su función es mantener el equilibrio, la «homeostasis» del organismo.

En el caso del hambre, los cambios que se producen en nuestro cuerpo activan un cierto tipo de señales que ponen en marcha los mecanismos reguladores existentes para producirnos sensación de hambre. Por ejemplo, la concentración de glucosa (azúcar) en la sangre es una señal química que puede poner en marcha el funcionamiento de dichos mecanismos reguladores. Así, la persona con una concentración baja de azúcar tendrá sensación de hambre y la persona con una concentración alta tendrá sensación de saciedad. Otro tipo de señales provienen de las propiedades sensoriales de la comida, como el gusto, el sabor, el color, etcétera; los factores emocionales, como la ansiedad o la tristeza, o los ritmos de actividad y los horarios de comida establecidos. Lo más frecuente es que se den varios tipos de señales conjuntamente o relacionadas entre sí.

Se han barajado diferentes teorías sobre la actuación de los mecanismos reguladores del hambre, las cuales han ido evolucionando a lo largo del tiempo. En principio, se hablaba de la existencia de receptores de señales, situados en la periferia del cuerpo, en lugares estratégicos como la boca o las paredes del estómago y que, al activarse, producirían la sensación de hambre. Sin embargo, esta teoría presentaba algunas incógnitas, como por ejemplo el hecho de que personas que, por diversas circunstancias, tenían muy dañadas las paredes del estómago, el esófago, o las papilas gus-

La cocina ha sido definida como «el paisaje en la cazuela». El aspecto, el color y el aroma de los alimentos impulsan nuestra ansia de comer, activando las señales del hambre.

tativas, continuaban manteniendo sensaciones de hambre y saciedad. Como única explicación se supuso que debían intervenir estructuras de nivel superior y no sólo periférico. Ello fue corroborado cuando se descubrió que estas estructuras se localizan en el cerebro, concretamente en la zona hipotalámica. En dicha zona existen dos centros básicos, aunque no únicos, en la regulación de la conducta de comer. Estos centros son el «hipotálamo ventro-medial», al que se le llama «centro de la saciedad» y cuya lesión produce un gran aumento de la necesidad de comer, y el «hipotálamo lateral» también llamado «centro del hambre», cuya lesión comporta la pérdida de apetito. Las señales más frecuentes que activan el circuito hambre-saciedad son la disminución de la concentración de glucosa en la sangre, la disminución de la temperatura del cuerpo, la disminución de la tensión de las paredes del estómago, y los procesos emocionales y afectivos, tales como la ansiedad, la tristeza o la preocupación. Es por esta complejidad del circuito hambre-saciedad que la conducta de comer se puede transformar en algo complicado y fácilmente alterable.

Los trastornos alimentarios

Normalmente, cada individuo presenta unas características en cuanto a su nivel de hambre y saciedad que le son propias y que mantiene sin cambios a lo largo del tiempo. Sin embargo, cuando se al-

PREGUNTAS Y RESPUESTAS

¿Por qué cuando me siento triste o deprimido deseo comer hidratos de carbono?

Los cambios que sobrevienen en la química corporal influyen directamente sobre el hambre y también sobre las preferencias del gusto. Estudios realizados sobre el tema han demostrado que los hidratos de carbono ayudan a elevar el nivel del neurotransmisor que produce efectos sedantes.

EL HAMBRE: ALGO TAN VIEJO Y TAN NUEVO

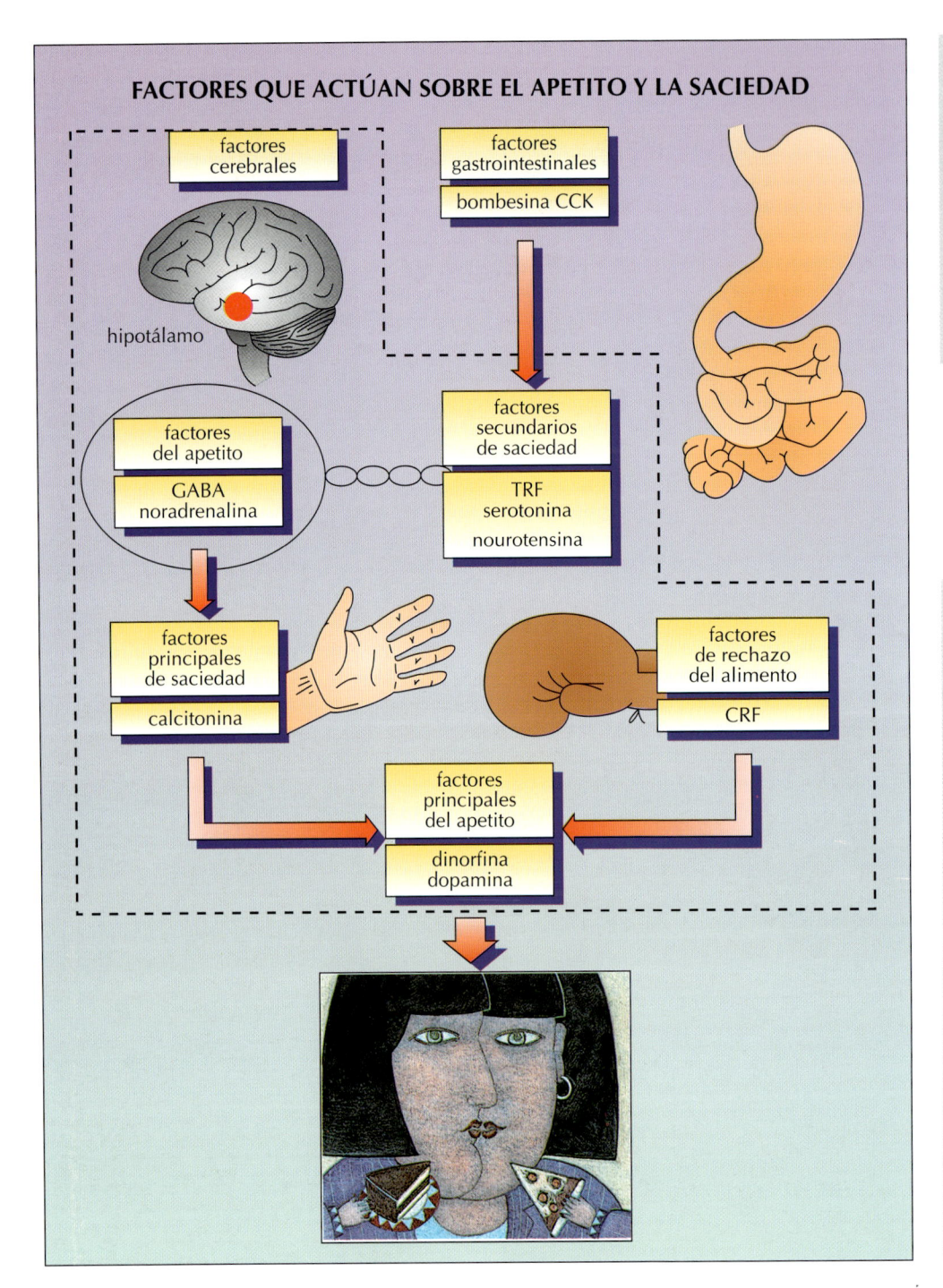

FACTORES QUE ACTÚAN SOBRE EL APETITO Y LA SACIEDAD

- factores cerebrales
- factores gastrointestinales: bombesina CCK
- hipotálamo
- factores del apetito: GABA, noradrenalina
- factores secundarios de saciedad: TRF, serotonina, nourotensina
- factores principales de saciedad: calcitonina
- factores de rechazo del alimento: CRF
- factores principales del apetito: dinorfina, dopamina

La absorción de los alimentos provoca la secreción de factores gastrointestinales, que desencadenan en el cerebro una serie de secreciones simultáneas o alternas de factores del apetito o de la saciedad.

El ámbito familiar es el medio donde se pautan las normas que siguen las comidas. Estas costumbres varían con el tiempo, y así, los numerosos cambios que ha impuesto la vida moderna han llevado, en muchos casos, a un deterioro de los hábitos alimentarios. La comida tradicional alrededor de la mesa se ha ido sustituyendo por el refrigerio informal frente al televisor.

teran las condiciones cotidianas de la vida (cambio de horarios, trabajo, sueño, etc.) resultan alterados los hábitos de ingesta. Estas alteraciones pueden ser importantes, pero al cabo de poco tiempo el organismo vuelve a recuperar su equilibrio, su homeostasis, adaptándose a las nuevas circunstancias. Un buen ejemplo de ello sería la adaptación a un horario nocturno de trabajo: en principio se sufrirá un importante desorden alimentario, pero finalmente se recuperará su propio equilibrio hambre-saciedad.

Aun así, existen situaciones en las que determinadas personas, por sí solas, no pueden establecer un equilibrio y control adecuado sobre lo que comen, y ello les produce una gran preocupación y sufrimiento. En estos casos, el comer se convierte en un verdadero problema y puede hablarse entonces de trastornos del comportamiento alimentario.

El niño y la alimentación

En cualquier conversación entre padres, sobre todo de niños muy pequeños, es casi imposible que no surjan comentarios y preocupaciones sobre la buena o mala alimentación del bebé. El recién nacido posee una dotación neurofisiológica especialmente bien desarrollada en cuanto a la conducta de succión: el reflejo de orientación acompañado de la rotación de la cabeza y los reflejos de succión y de deglución funcionan perfectamente sincronizados. La alimentación en el bebé no constituye tan sólo un proceso biológico necesario para la supervivencia, sino que lo dota de los contactos corporales, las palabras, las miradas y las caricias que necesita para poder desarrollarse plenamente.

Y, justamente, es en el proceso alimentario donde se establecen las primeras comunicaciones entre la madre y el hijo que acaba de nacer. Que se establezca una relación positiva es el resultado de que haya tenido lugar una adaptación recíproca, en la que la madre adquiere conciencia de su bebé como tal y experimenta la sensación de poder ser capaz de ocuparse de él. Tal hecho suele ocurrir hacia el cuarto día del nacimiento.

Si esta adaptación recíproca no se ha producido, en el hijo pueden aparecer durante la infancia diversas alteraciones de la alimentación. Una de ellas es

> **? Últimamente mi niño bebe grandes cantidades de líquido a todas horas. ¿Qué debo hacer?**
>
> ➡ Si las cantidades están muy por encima del nivel normal debe acudirse al médico para descartar que este hecho pueda estar provocado por una causa orgánica. Eliminada ésta, convendría consultar a un psicólogo, ya que puede tratarse de un trastorno de personalidad o de un problema afectivo.

EL HAMBRE: ALGO TAN VIEJO Y TAN NUEVO

Otra alteración frecuente es la potomanía. Se trata de la necesidad imperiosa de beber grandes cantidades de agua o, en su defecto, cualquier otro líquido. Hay que eliminar la posibilidad de que exista cualquier causa orgánica antes de diagnosticar el problema como potomanía. Aunque, en algunos casos, los niños que la sufren pueden tener trastornos de personalidad, en muchas ocasiones el problema proviene de un enfoque psicopedagógico equivocado por parte de los padres.

Una alteración importante de la alimentación infantil es la pica. Consiste en que el niño come de forma persistente sustancias no nutritivas, como por ejemplo pintura, yeso, cuerdas, cabello o ropa. La edad de comienzo se sitúa entre los 12 y los 24 meses. En algunas alteraciones psicóticas se dan síntomas de pica, sin embargo en niños sin alteraciones mentales está asociada a carencias afectivas y a abandono.

El trastorno por rumiación en la infancia consiste en una masticación repetida de la comida, que aparece tras un período de vida normal, acompañada por pérdida de peso o incapacidad para ganar el peso esperado. La comida, parcialmente digerida, es devuelta a la boca sin que aparezcan náuseas, arcadas, repugnancia o trastornos gastrointestinales asociados. En estos casos la comida es rumiada, dando la impresión de que esta actividad es muy agradable para el niño. Aparece entre los tres y los doce meses. Es un trastorno muy poco frecuente, pero provoca una tasa de mortalidad por malnutrición que se sitúa alrededor del 25 por ciento.

La obesidad

La obesidad o el exceso de peso es un problema de salud que atañe a una gran parte de la población mundial. Así por ejemplo, a mediados de 1970 afectaba a setenta millones de estadounidenses. Por lo que respecta a Occidente, el problema alcanza cifras considerables y en los últimos años, en lugar de disminuir, es cada vez más acusado.

Definir la obesidad parece una cuestión fácil a primera vista. Se podría con-

El rechazo de los niños a los alimentos, en múltiples ocasiones, no es más que una forma de provocar la atención de los padres. Se ha comprobado que los trastornos en la alimentación infantil obedecen, en la mayoría de los casos, a causas psicológicas.

la llamada anorexia del segundo trimestre, que suele darse entre los cinco y los ocho meses. Consiste en un rechazo total o parcial del alimento (por ejemplo, aceptar únicamente líquidos) que puede hacer aparición de manera progresiva o repentina. Suele ser consecuencia de cambios tales como el destete, la introducción de alimentos sólidos o la modificación de horarios, entre otros. En la mayoría de las ocasiones, el problema se soluciona mediante asesoramiento a los padres sobre cómo deben tratar al bebé.

CUANDO COMER SE CONVIERTE EN UN PROBLEMA

La gordura está condenada por las modas de la sociedad contemporánea, que ha elevado la delgadez a la categoría de valor moral. En oposición a estos cánones, el pintor Fernando Botero propone un nuevo modelo de belleza a través de formas rotundas y opulentas, como puede verse en su cuadro **El baño**.

¿Existen métodos para calcular el exceso de grasa corporal? ¿En qué consisten?

Los métodos para calcular el exceso de grasa utilizan la medida del grosor de los pliegues de la piel en distintas partes del cuerpo y la medida de los diámetros corporales de cuello, tórax, cintura, etcétera. Estos sistemas, aunque más fiables que las tablas estandarizadas de peso, son incómodos y costosos de realizar en la práctica cotidiana, sin que el resultado compense sus inconvenientes.

siderar que tiene exceso de peso toda persona que así lo parezca. Sin embargo, este criterio es muy subjetivo, ya que cada uno de nosotros puede tener una opinión diferente con respecto a cuándo una persona nos parece obesa. Tampoco existe unanimidad entre los diferentes autores cuando se trata de elegir el sistema más adecuado para definir y cuantificar la obesidad. Los métodos más usados por lo general hacen referencia al exceso de peso corporal. Sin embargo, sería preciso definir la obesidad más como exceso de grasa corporal que como exceso de peso, ya que, por ejemplo, en el caso de personas con constitución atlética el peso corporal puede ser elevado, pero no presentan un exceso de grasa.

Los métodos para calcular el exceso de peso corporal se pueden dividir en dos grandes categorías: reglas simples (también llamadas métodos caseros) y tablas estandarizadas de peso. Las reglas simples en realidad son muy aproximativas y no permiten valorar realmente el peso. Algunas de las más utilizadas, entre otras, son las sustracciones altura-peso, el test de la regla y el test del cinturón.

Bastantes más fiables que los métodos anteriores son las llamadas tablas estandarizadas, las cuales cuantifican el peso según la estatura, el sexo, la edad

Recomendaciones útiles para combatir la obesidad

- Comer despacio. Un buen método para conseguirlo es dejar los cubiertos sobre la mesa mientras se mastica.
- Comer sólo un tipo de comida a la vez. Evitar los platos combinados.
- Servirse la comida en la cocina, no llevar la fuente a la mesa.
- Usar platos y cubiertos pequeños, por ejemplo de postre.
- Cortar la comida en trozos pequeños.
- No comer nunca de pie o caminando.
- Evitar comprar comida preparada.
- Preparar la comida después del desayuno y la cena después de la comida. El objetivo es no cocinar con hambre.
- Hacer la compra después de comer, así resulta más fácil resistir la tentación de comprar alimentos calóricos.
- Ir a comprar habiendo hecho con antelación la lista de las cosas que se necesitan.
- Comer algo de pocas calorías antes de salir a una cena o a una fiesta.
- Evitar el alcohol en las comidas ya que, además de ser calórico, disminuye el autocontrol.

La obesidad depende de muchos factores y no sólo de la cantidad de comida ingerida. Es el resultado de la diferencia entre las calorías aportadas y el gasto de energías. Algunos obesos lo son más por falta de ejercicio físico que por el exceso de alimentos.

Muchos jóvenes obesos poseen células adiposas de tamaño normal, pero en mayor cantidad que en una persona no obesa de la misma edad. Estos datos han servido de base a los investigadores que sostienen la teoría de la celularidad adiposa.

¿Por qué estoy obeso?

Ya no se considera que la obesidad esté causada únicamente por malos hábitos alimentarios, sino que se tiene en cuenta la influencia de los factores genéticos y biológicos en su origen y mantenimiento. En cuanto a los primeros, se ha demostrado que la obesidad es un fenómeno hereditario en los animales. En los seres humanos no existe una evidencia definitiva, ya que se trabaja mediante la observación y no con la manipulación genética.

Las últimas investigaciones han establecido que un niño tiene un 40 por ciento de probabilidades de ser obeso si alguno de sus padres lo es. Esta cifra asciende hasta un 80 por ciento si lo son los dos progenitores. En este aspecto se plantean algunas dudas sobre si este hecho se debe a razones hereditarias o al aprendizaje de hábitos alimentarios inadecuados.

En relación con los factores biológicos, los conceptos más importantes provienen de la teoría del punto fijo y la teoría de la celularidad adiposa. Según la teoría del punto fijo, el organismo dispone de un punto o nivel biológico ideal que actúa como regulador para mantener siempre el peso dentro de unos límites. Este punto ideal está determinado por factores genéticos, prenatales, y experiencias alimentarias tempranas. El organismo siempre se intenta ajustar a este punto fijo, que en muchas ocasiones puede corresponder a un peso por encima del que la persona quiere aceptar. En estos casos se establece una lucha continua entre los intentos de la persona por bajar de su punto fijo y la tendencia de su organismo a situarse en dicho punto.

La teoría de la celularidad adiposa distingue entre obesos con células adiposas de tamaño normal, aunque en mayor número que un no obeso, y aquellos que tienen el mismo número de células adiposas que una persona de peso normal, pero de mayor tamaño. El primer caso suele corresponder a la obesidad que se da antes de la edad adulta y el segundo caso a la obesidad propia del adulto. Las terapias destinadas a

y la constitución física (pequeña, mediana y grande). Estas tablas han sido concebidas en su mayor parte por compañías de seguros, siendo la más conocida la divulgada por la Metropolitan Life Insurance. Este método también presenta algunos problemas como, por ejemplo, que la determinación del tipo de constitución física (pequeña, mediana y grande) se suele realizar a simple vista; que las tablas tendrían que actualizarse de generación en generación; y que los rangos de pesos ideales son demasiado amplios, así para una mujer que mida 1,60 metros de estatura se ofrece un rango de peso ideal entre 53 y 58 kilos. No se ha de olvidar que los modelos de delgadez varían de una cultura a otra, por lo que se impone utilizar tablas de peso adaptadas a la cultura del país donde se aplican.

EL HAMBRE: ALGO TAN VIEJO Y TAN NUEVO

perder peso funcionan mejor cuando el número de células adiposas es normal, es decir, en el caso de la obesidad que se inicia en la vida adulta.

Para establecer un tratamiento, los terapeutas deben tener en cuenta tanto los factores biológicos como los hereditarios ya que, en ciertos casos, la disminución de peso podrá realizarse sólo hasta cierto nivel. Este nivel puede no ser el deseado por la persona y es el especialista quien debe establecerlo.

Hasta hace algún tiempo se pensaba que toda persona obesa tenía hábitos alimentarios diferentes a los de los no obesos y, además, nocivos. Sin embargo, esto no siempre es cierto. Por ejemplo, en algunos casos, la persona obesa no come más que la no obesa. Así mismo, no todos los obesos comen más rápido, ni a bocados mayores, ni a intervalos de tiempo menores que los demás. Por otra parte, no todas los que tienen un exceso de peso son más sensibles a los estímulos relacionados con la comida, como por ejemplo, la presentación de los alimentos, el ver comer a los demás, el lugar donde se come, etcétera. Todo ello indica que, *a priori*, no se puede dar por sentado ninguno de los tópicos relacionados con la obesidad.

De manera simplista puede decirse que el peso corporal es el resultado del balance entre la energía consumida y la energía gastada. Hasta hace poco tiempo, las investigaciones se centraban en la energía que consumía el individuo, pero actualmente se le otorga mucha importancia a la energía que gasta, a través de la actividad física y del propio metabolismo (velocidad con la que se consume la energía) del sujeto. Existen indicios de que el ejercicio físico puede incrementar el ritmo metabólico. Por eso en las terapias actuales, es cada vez más frecuente la inclusión del ejercicio físico como elemento esencial para la reducción de peso ya que, al parecer, incrementa la actividad metabólica y, además, promueve un menor consumo de comida.

Mientras no se conozcan mejor los factores hereditarios como los del entorno, la prevención y el tratamiento de la obesidad serán poco eficaces.

Rebajar y luego mantener el peso

Los principales tratamientos aplicados al problema de la obesidad son la cirugía, las dietas, los fármacos, el ejercicio físico y los programas conductuales. La cirugía se utiliza tan sólo en casos realmente severos como último recurso ya que, a pesar de que es efectiva para eliminar la grasa, también es el método más costoso y el de mayor riesgo para la salud. Los fármacos más utilizados en el tratamiento de la obesidad son los destinados a reducir el apetito. Sus efectos secundarios son muy nocivos y al dejar de tomarlos se vuelve a recuperar el peso perdido, e incluso más, por lo tanto su utilización es totalmente desaconsejable.

Los tratamientos cognitivos-conductuales utilizan un conjunto de acciones terapéuticas que incluyen los siguientes elementos: establecimiento de una dieta adecuada; fijación de hábitos alimentarios adecuados; ejercicio físico; reestructuración cognitiva; terapia de grupo y sesiones especialmente dedicadas al mantenimiento de la pérdida de peso. La reestructuración cognitiva se refiere al análisis y modificación de los pensamientos negativos que suelen aparecer durante el tratamiento impidiendo que éste progrese. Por ejemplo, «Me he comido un dulce, ya lo he estropeado todo», «Me estoy sacrificando y estoy perdiendo menos peso del que esperaba», «Antes lo intenté y no dio resultado». Es muy importante modificar estos pensamientos ya que de ello depende, en gran medida, que la persona obesa no pierda la esperanza y abandone el tratamiento.

Las dietas han de realizarse siempre bajo control médico y después de hacer un estudio individualizado de cada caso. La terapia grupal, es decir el apoyo de otras personas con el mismo problema, en el caso de la obesidad ha demostrado ser muy efectiva. Una vez conseguida la reducción del peso, es importante continuar el tratamiento durante largo tiempo, ya que el problema de la obesidad no es perder peso sino mantener dicha pérdida.

La imagen corporal de los enfermos de anorexia nerviosa está profundamente distorsionada. Por eso, lo común en ellos es que «no vean» su extrema delgadez y continúen sintiendo que tienen sobrepeso, por lo que además de no comer, recurren al uso de laxantes y diuréticos y al ejercicio físico.

¿Cómo puedo ayudar a mi hija que, con 18 años, no llega a pesar cuarenta kilos y continúa haciendo régimen porque se ve gorda?

➡ En algunos jóvenes, la preocupación desmesurada por el peso puede llevar a un control excesivo de la alimentación, que suele tener derivaciones peligrosas. Es posible que su hija padezca algún trastorno alimentario y no sea consciente de ello. Lo mejor en estos casos es acudir a un terapeuta para que recomiende el tratamiento a seguir.

CUANDO COMER SE CONVIERTE EN UN PROBLEMA

Anorexia y bulimia: males de nuestro tiempo

La anorexia y la bulimia nerviosa son los trastornos de alimentación más graves y conocidos, ya que en los últimos tiempos han aumentado de manera alarmante. Ambas dolencias, a pesar de que se diagnostican separadamente, presentan muchas características comunes y en realidad son dos extremos de un mismo proceso.

En general afectan a las mujeres mucho más que a los hombres y, preferentemente, se presentan en las mujeres jóvenes o muy jóvenes. Son mucho más frecuentes en las sociedades desarrolladas, donde hay superabundancia de comida y donde la cultura predominante otorga un gran valor a la delgadez. Estos trastornos inciden muy negativamente en las personas afectadas, tanto en su vida social y laboral, como en sus estudios y en su afectividad.

En la anorexia nerviosa el síntoma más evidente es una notable reducción de peso, hasta alcanzar un peso muy inferior al que sería esperable según la edad, el sexo y la altura de la persona que la sufre. Dicho peso se pierde recurriendo a ayunos o una reducción extremada de la comida. Sin embargo, un alto porcentaje de anoréxicas —en su mayoría son mujeres, con una proporción respecto de los hombres de 9 a 1— alternan dicho ayuno con comidas normales o con episodios de sobrealimentación y utilizan el vómito autoinducido, el abuso de laxantes y diuréticos y el ejercicio extenuante para perder peso. No existe ninguna razón orgánica que pueda explicar esta enfermedad, que padecen entre 1 de cada 100 y 1 de cada 250 personas. La edad más frecuente en que suele presentarse es la adolescencia o la preadolescencia, aunque también puede darse en la edad adulta, entre los 25 y 35 años. Casi un 9 por ciento de las personas afectadas fallecen a consecuencia de ella.

Las personas que padecen de anorexia nerviosa sienten un miedo intenso a aumentar de peso o a engordar, pero por lo común efectúan una negación del problema minimizando la importancia de

EL HAMBRE: ALGO TAN VIEJO Y TAN NUEVO

Las personas que sufren ataques de bulimia sienten un ansia compulsiva de comer grandes cantidades de comida, unida de un temor desmesurado a engordar. Los episodios de sobrealimentación, seguidos de vómitos provocados, caracterizan a la bulimia nerviosa.

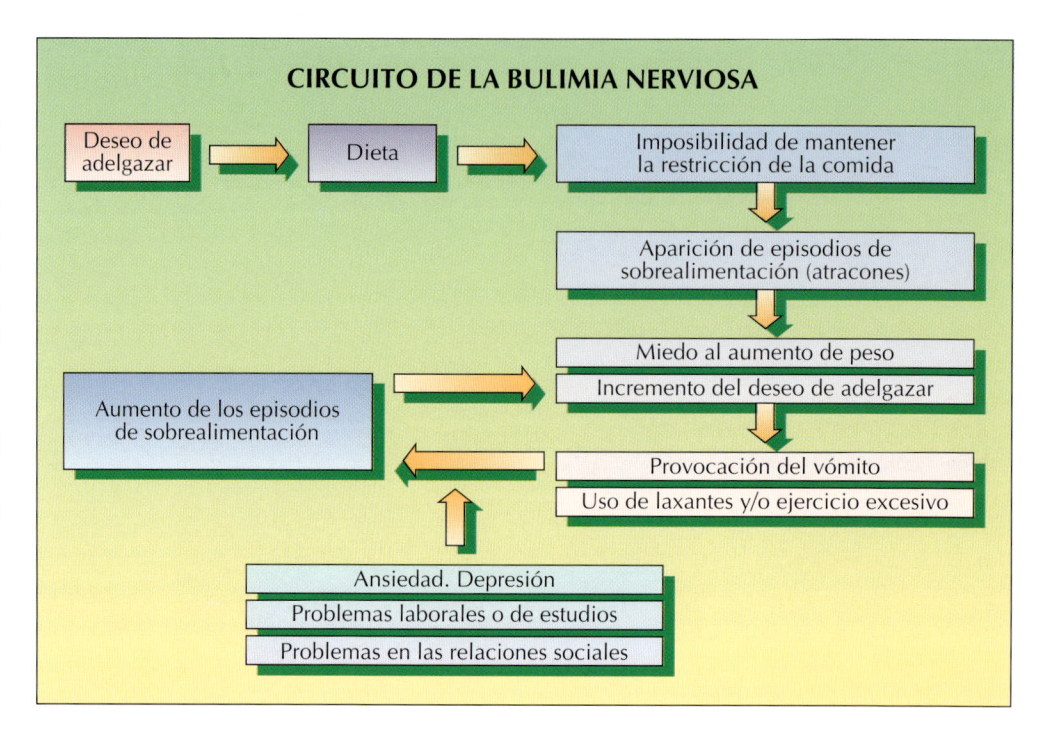

CIRCUITO DE LA BULIMIA NERVIOSA

Deseo de adelgazar → Dieta → Imposibilidad de mantener la restricción de la comida → Aparición de episodios de sobrealimentación (atracones) → Miedo al aumento de peso / Incremento del deseo de adelgazar → Provocación del vómito / Uso de laxantes y/o ejercicio excesivo → Aumento de los episodios de sobrealimentación

Ansiedad. Depresión
Problemas laborales o de estudios
Problemas en las relaciones sociales

la pérdida de peso. Todo ello va unido a una grave alteración en la autoimagen corporal, por lo que la persona puede verse gorda o desproporcionada, a pesar de tener un peso muy por debajo del que sería normal. También ocurre que en muchos casos desaparece la menstruación.

En el otro extremo de este mismo proceso se sitúa la bulimia nerviosa, un trastorno caracterizado por episodios de gran voracidad alimenticia. Quienes lo padecen se sienten incapaces de controlar tales episodios y los viven con un nivel de ansiedad y culpa elevadísimo. A fin de compensar el aumento de peso que estos atracones suponen, la persona afectada recurre al vómito autoinducido, a los laxantes y diuréticos, al ayuno entre atracones o al ejercicio excesivo. La comida que se suele ingerir en estos momentos de voracidad es altamente calórica y es consumida en grandes cantidades en un período de tiempo muy limitado.

Entre un 2 y un 4 por ciento de la población padece este trastorno que, al igual

La decisión de perder peso y el miedo a la gordura, acompañados de un excesivo adelgazamiento, constituyen la base de la anorexia nerviosa, trastorno que afecta a la totalidad del individuo: desde su estado de ánimo hasta su trabajo, estudios y relaciones sociales.

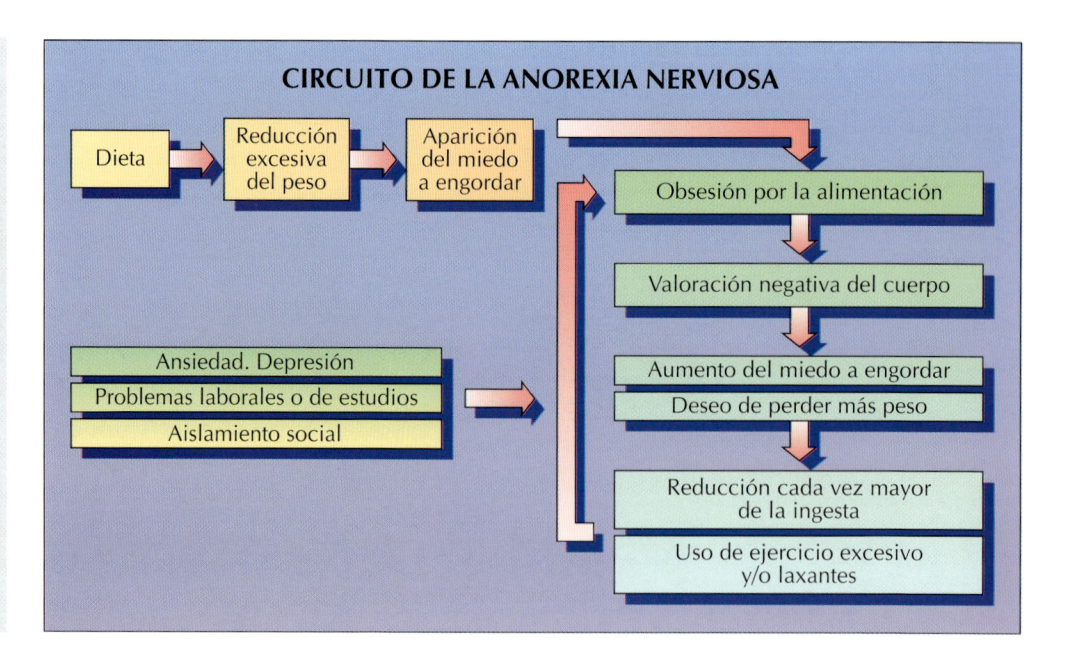

CIRCUITO DE LA ANOREXIA NERVIOSA

Dieta → Reducción excesiva del peso → Aparición del miedo a engordar → Obsesión por la alimentación → Valoración negativa del cuerpo → Aumento del miedo a engordar / Deseo de perder más peso → Reducción cada vez mayor de la ingesta → Uso de ejercicio excesivo y/o laxantes

Ansiedad. Depresión
Problemas laborales o de estudios
Aislamiento social

que la anorexia, afecta en su mayoría a las mujeres. La bulimia se suele iniciar a una edad superior a la de la anorexia, aunque casi siempre en personas jóvenes. La mayoría de las personas que la padecen tienen un peso normal, aunque también las hay con exceso de peso y obesas.

Los dos puntos cardinales tanto de la anorexia como de la bulimia nerviosa son el intenso miedo al aumento de peso, por pequeño que éste sea, incluso en aquellos casos en que la desnutrición es evidente; y la búsqueda de la delgadez a través de métodos patológicos, como el vómito autoinducido, los laxantes y diuréticos, el ejercicio excesivo y el ayuno. En ambos casos, la autoestima del individuo depende, en gran parte, de la silueta y el peso.

¿Cuáles son las causas de este trastorno?

La mayor parte de lo que se ha publicado sobre las causas de la anorexia y la bulimia son meras hipótesis que no han podido ser demostradas realmente. Algunas de ellas, como el que la madre de la paciente anoréxica era la responsable de la enfermedad, han hecho mucho daño al provocar culpas que no tienen ningún fundamento. Hasta el momento, no se ha identificado una causa concreta y única de estos trastornos

El alarmante aumento de la anorexia entre los adolescentes en los últimos años está vinculado a la presión que ejercen los medios de comunicación y la publicidad en favor de estereotipos estéticos corporales extremadamente delgados.
La empresa responsable de la valla publicitaria que aparece en la fotografía fue obligada por las autoridades estadounidenses a retirar su campaña, por considerarse que los adolescentes utilizados como modelos podían incitar a la anorexia.

La alimentación en las personas casadas

Aunque la mayoría de las personas con anorexia o con bulimia son personas jóvenes y solteras, existe un porcentaje que ha dejado atrás la adolescencia y se han casado, pero poco se ha analizado la relación de este trastorno con el matrimonio. Para poder dilucidarla, es necesario distinguir dos grupos: aquellos que ya sufrían el problema cuando contrajeron matrimonio y aquellos en que el trastorno apareció después de casarse.

En el primer caso, lo más frecuente es que la relación se base en los problemas emocionales y de adaptación de ambos cónyuges, no sólo del que presenta trastornos de alimentación. En muchos ocasiones, la relación se sustenta en la dependencia que la persona anoréxica o bulímica tiene respecto de su cónyuge y en la creencia de que es la única pareja que es capaz de conseguir, aunque realmente no exista atracción hacia ella. De igual modo, dicho cónyuge sólo se siente seguro si se tiene por el «más sano» o «el salvador» de su pareja. Este sentimiento puede impedir incluso el tratamiento del otro. En estas situaciones la terapia, además de tratar cuestiones alimentarias, tiene que incidir en las causas que llevaron a la pareja a elegirse mutuamente.

En el caso de las personas que iniciaron el trastorno después de casarse, los problemas de alimentación pueden surgir como consecuencia de no poder asumir los conflictos que surgen en la vida de la pareja, relacionados con la asunción de responsabilidades, la separación del domicilio paterno y las relaciones sexuales. La comunicación entre la pareja suele ser superficial, falta de verdadera confianza e intimidad. Existe mucha inseguridad respecto a los propios sentimientos y a los del otro. Por ello, sumar la terapia de pareja a la de los trastornos de alimentación suele dar buenos resultados.

EL HAMBRE: ALGO TAN VIEJO Y TAN NUEVO

y no se puede achacar su aparición a un sólo factor. La opinión más generalizada es que son de origen multicausal, es decir, que se deben a la suma de diferentes causas y, por lo tanto, incluyen elementos somáticos, psicológicos, familiares y socioculturales.

La influencia sociocultural es una de las principales causas del aumento de estos trastornos. Es en las sociedades desarrolladas, en las cuales se da gran valor a la delgadez, donde aparecen en una proporción alarmante. Son muy raros en países como la India, Sudán, Egipto o Malaysia y tampoco suelen aparecer entre la población negra de África y la población china que vive en el Lejano Oriente. En cambio, entre las personas procedentes de estos países que han inmigrado a zonas occidentales acaba dándose el mismo porcentaje de trastornos que entre los nativos occidentales. Esta comprobación avala la suposición de que la presión cultural occidental hacia la delgadez como ideal de belleza es uno de los principales causantes de los trastornos alimentarios.

Los factores que impulsan a una adolescente a tomar la decisión de iniciar una dieta son muy diversos. Van desde los comentarios de compañeros o de familiares hasta los cambios físicos pronunciados, el inicio de contactos con el sexo opuesto o las estadías en otros países. En la primera etapa de la dieta no se suelen observar problemas. Por el contrario, la muchacha se siente satisfecha y normalmente se ve recompensada por su entorno. Pero, al cabo de un tiempo aparecen los síntomas de que algo no funciona. Sin embargo existen muchas mujeres que realizan dietas y no terminan sufriendo trastornos de alimentación. ¿Por qué unas sí y otras no? Se supone que las personas con bulimia o anorexia tienen todas ellas determinadas características. Por lo general existe una historia de sobrepeso en la infancia y/o de obesidad en la familia. En la casa han sido frecuentes las dietas u

Los entrenamientos gimnásticos y de ballet muy rigurosos imponen una disciplina alimentaria y unos modelos que muchas veces llevan a que ciertos jóvenes, demasiado autoexigentes y sumamente perfeccionistas, padezcan trastornos de anorexia nerviosa, con su secuela de ansiedad y depresión.

Mi alimentación es un caos

S. tiene veinte años. Es una chica agraciada y simpática, aunque algo tímida e introvertida. Mide, aproximadamente, 1,70 metros y su peso se sitúa alrededor de los 55 kilos. Por lo tanto, su figura es muy estilizada. Trabaja en el negocio familiar y, al mismo tiempo, estudia. Siempre ha sido muy responsable y autoexigente. Sus padres nunca han tenido quejas de su comportamiento, aunque últimamente la notan alejada, triste y con muchos cambios de humor que no entienden. S. tampoco entiende lo que le sucede. A los 16 años pesaba unos 68 kilos, se encontraba rellenita y los comentarios de sus compañeros la decidieron a iniciar una dieta. Fue a un médico y adelgazó sin problemas. Durante el año siguiente se encontró muy a gusto, aunque aumentó unos dos o tres kilos.

Más tarde conoció al que fue su primer novio. Ella creyó que a éste le gustaban las chicas más delgadas y decidió controlar mucho lo que comía, pero por su cuenta, ya que su médico le había aconsejado que no adelgazara más.

Al principio fue capaz de mantener la dieta que se había impuesto, es decir fue capaz de casi no comer. Sin embargo, sin darse cuenta, empezó a tener grandes deseos de comidas altas en calorías y a sentirse realmente mal a causa de ello. Sentía cada vez más miedo a aumentar de peso.

Un día, sin saber muy bien cómo, compró un paquete de galletas, y después chocolate y después dulces... No podía controlarlo. El pánico se apoderó de ella y pensó que el único medio para contrarrestar lo que había hecho era provocarse el vómito. Desde entonces, cada día decide que va a hacer una dieta porque necesita adelgazar, cada día la empieza, y sin embargo, también cada día pierde el control y come dulces, pan o cualquier cosa sin poder parar. Siempre acaba vomitando.

Se siente cansada, irritable, ansiosa y deprimida. Su vida gira alrededor de la comida. Cree que no tiene voluntad ni ningún atractivo, que nadie la puede apreciar o querer. Además influye en ella la tensión de ocultar lo que le pasa. No puede decirlo ni en su casa, ni a su novio, pues le da una vergüenza terrible.

❓ ¿Es cierto que la obesidad repercute negativamente sobre el organismo hasta el punto de acortar la esperanza de vida?

➡ En efecto, el excesivo aumento de peso puede provocar, de manera directa o indirecta, una serie de trastornos físicos. En el obeso es muy alto el volumen de sangre circulante y aumenta la presión arterial, lo que produce un incremento del trabajo del corazón, con la consiguiente repercusión en las enfermedades cardiovasculares. La obesidad está relacionada también con el inicio de la diabetes y la propensión a las infecciones respiratorias.

otros intentos de adelgazar. Emocionalmente son más inestables, es decir, tienen mayor tendencia a presentar problemas depresivos y de ansiedad. Son personalidades demasiado autoexigentes, autocríticas, con un alto sentido de la responsabilidad y sumamente perfeccionistas. Antes de iniciarse el trastorno son consideradas, tanto en la familia como en la escuela, como «niñas modelo». Todas dan una gran importancia a su imagen social y son extremadamente susceptibles a la crítica, «al que dirán».

En el caso de la bulimia, a las características anteriores se añaden un alto grado de impulsividad y cierta dificultad en el cumplimiento de normas. También puede darse un consumo excesivo de alcohol y otras drogas. Son personas con una forma de pensar muy rígida, que viven todas las situaciones en términos extremistas de «blanco o negro», y en muchas ocasiones se asemejan a los obsesivos. En cuanto a las características de la familia parece existir un exceso de control por parte de los padres. Control del que el sujeto parece no darse cuenta y vive de forma ambivalente, oscilando entre la sumisión y la agresividad.

El tratamiento

La persona con problemas de alimentación por lo común ha iniciado tiempo atrás una dieta y al cabo de un tiempo han aparecido una serie de problemas. A pesar de haber conseguido reducir el peso, su insatisfacción corporal continúa con la misma o con mayor intensidad que al inicio de la dieta. Por otro lado, la disminución de peso nunca le parece suficiente y el miedo a ganar kilos hace que sólo se sienta segura cuando la ingesta ha sido mínima. Los pensamientos sobre la alimentación se vuelven obsesivos y ocupan todo su tiempo. El ejercicio, el consumo de laxantes o diuréticos también puede volverse obsesivo. En los casos en que no puede controlar la dieta y se atraca de tanto en tanto con comida, recurre a la provocación del vómito. Éste es el principal sostenedor del trastorno bulímico: la persona se ve atrapada así en un círculo vicioso continuo de comida y vómito.

«Los hombres y los trastornos de la alimentación»

«El hijo del Reverendo Ministro Steele, mi muy buen Amigo, hacia el Dieciseisavo Año de Edad, cayó gradualmente en una total ausencia de Apetito, ocasionada por estudiar demasiado intensamente, y por las Pasiones de su Mente, y a partir de esto en una Atrofia Universal, consumiéndose más y más por espacio de dos Años, sin ninguna Tos, Fiebre, o cualquier otro síntoma de alguna Destemplanza de sus Pulmones, o de cualquier otra Entraña; y también sin una Flojedad, o Diabetes, o cualquier otro signo de Colicuación, o de Evacuación Preternatural. Y por consiguiente yo juzgué que esta Consunción era Nerviosa, y tenía su asiendo en el hábito global del Cuerpo, y se originaba en que el Sistema de Nervios estaba destemplado».

Corría 1689, y así se expresaba Richard Morton, un muy prestigioso médico londinense, en un tratado dedicado a las enfermedades llamadas consuntivas, es decir las que consumen o enflaquecen el organismo. Lo que estaba haciendo era describir por primera vez en la literatura médica un caso de anorexia nerviosa, precisamente en un varón.

Desde entonces mucho ha llovido. La historia de los trastornos del comportamiento alimentario —una historia que se manifiesta clara y alarmantemente en los días actuales— indica que los varones de todas las épocas, aunque con menos frecuencia que las mujeres, también han padecido de anorexia nerviosa, bulimia nerviosa, y otros trastornos afines. Personajes tan conocidos como Lord Byron, Kafka, o el presidente de los Estados Unidos William H. Taft, han padecido una u otra de esta modalidades de trastorno alimentario. Sin embargo, lo cierto es que tales trastornos se dan con muchísima menor frecuencia en los varones que en las mujeres: por cada varón afectado existen alrededor de diez mujeres que también lo están.

Este número relativamente escaso de varones afectados, que señala por tanto una aparente menor susceptibilidad a esos trastornos, hizo pensar que la aparición de éstos en el sexo masculino significaba una mayor virulencia o gravedad. O incluso que pudiera tratarse de trastornos en parte distintos de los padecidos por las féminas. Estas suposiciones están plenamente desmentidas en el momento actual. Ni los síntomas, ni la respuesta al tratamiento, ni su evolución a lo largo del tiempo, diferencian significativamente a los varones de las mujeres.

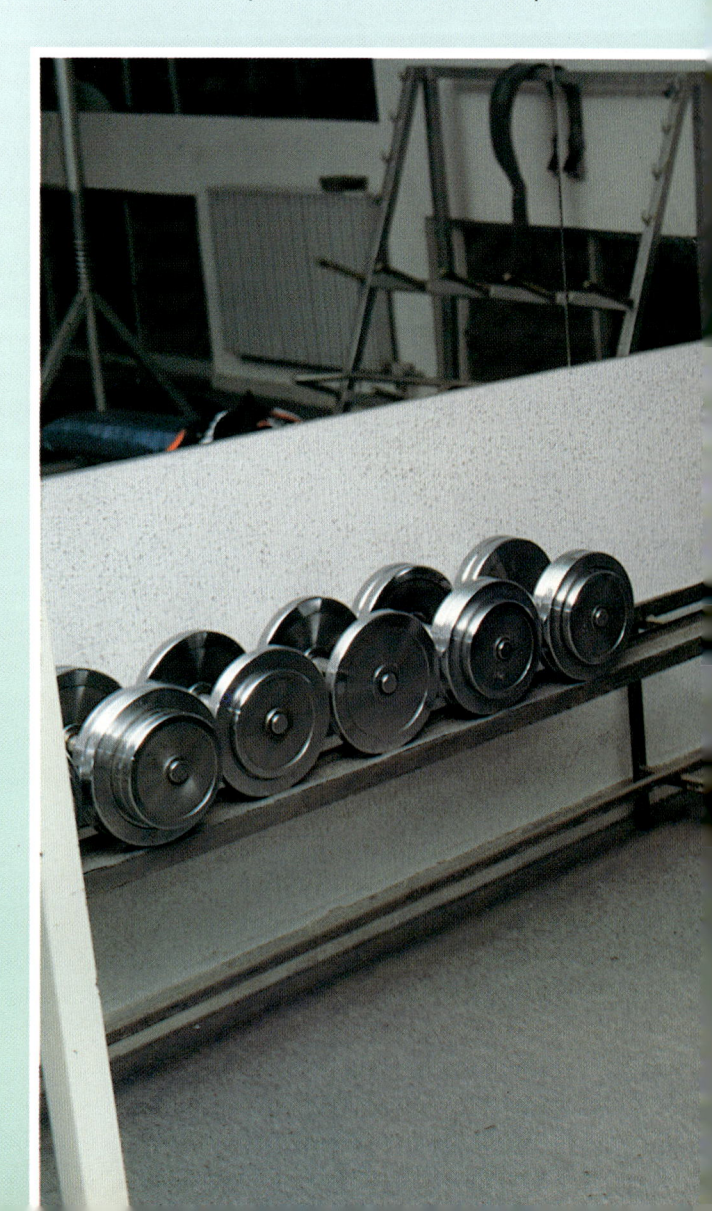

Atendiendo a características menores, secundarias, sí se han observado algunas diferencias entre sexos. Una de ellas es que hay muchos más pacientes masculinos que femeninos practicantes de actividades deportivas en el momento de iniciar su enfermedad. Otra es que entre los varones afectados por estos trastornos el porcentaje de obesos es significativamente superior al observado en mujeres. Por fin, mientras en las anoréxicas el rendimiento académico de la mayoría es muy bueno, habitualmente superior al promedio, en los anoréxicos es más bien deficiente, como suele ocurrir en la mayor parte de los chicos y jóvenes con trastornos psiquiátricos.

El porqué se producen estas semejanzas y diferencias no tiene una respuesta clara. Sin embargo, a partir de estas constataciones se pueden hacer algunos comentarios y reflexiones.

En la época actual se registra, por lo menos en el mundo occidental, en los países llamados desarrollados, una intensa y creciente preocupación por el cuerpo. Quizá sólo en la Grecia clásica hubo tanta preocupación por el cuidado corporal, aunque nada hace pensar que en tal época y cultura la consecuencia de dicha preocupación se plasmara en trastornos anoréxicos o bulímicos. Se sabe que el anhelo de delgadez, la persecución con frecuencia fracasada y casi siempre angustiosa de un cuerpo delgado, es uno de los agentes determinantes de estos trastornos. Concretamente, la restricción alimentaria es el gran factor de riesgo para los mismos, y tal restricción es el principal ingrediente de la inmensa mayoría de los regímenes para adelgazar.

En el mundo occidental el sobrepeso aparece casi con la misma frecuencia en los hombres que en las mujeres, e incluso hay un cierto predominio de exceso de peso en el mundo masculino. Sin embargo, la preocupación y el anhelo por adelgazar son fenómenos que afectan principalmente a las mujeres. La insatisfacción por los kilos acumulados es significativamente superior en las mujeres (alrededor del 55 por ciento) que en los varones (alrededor del 40 por ciento). Además, cuando los varones desean perder peso pretenden conseguir una disminución muy inferior a la buscada por las mujeres.

En realidad, una parte importante de la población masculina desearía aumentar de peso. Hay estudios que señalan que hay alrededor de tres chicos que están intentando ganar peso por cada muchacha que lo hace. Y es que el modelo corporal masculino establecido en la sociedad de hoy sigue implicando fortaleza física, desarrollo muscular y sensación general de potencia. Características que nada o poco tienen que ver con lo sugerido por un cuerpo muy delgado. Precisamente, el deseo de incrementar la masa y potencia musculares está conduciendo en los últimos tiempos a aberraciones como la propagación del consumo de anabolizantes entre adolescentes y jóvenes de ciertos países (aun no tratándose de deportistas).

Pero desear una buena musculatura no es lo mismo que aceptar la obesidad. La imagen de «fofo» o «blando» que se suele tener del adolescente obeso es lo más alejado del aspecto que el varón en general, y el adolescente en particular, pretenden adquirir. La cosa se complica cuando el muchacho obeso ha experimentado, como sucede con harta frecuencia, un desarrollo escaso o excesivamente lento de sus genitales. La consiguiente fijación de su atención, es decir, de su ansiedad en su cuerpo puede provocar la aparición de un trastorno del comportamiento alimentario.

Los varones, junto a su afán por desarrollar los músculos, centran gran parte de su preocupación por el cuerpo mucho más en el estar en forma que en la búsqueda de la delgadez. Por ello, así como las revistas dirigidas al público femenino están saturadas de incitaciones a la delgadez, a la pérdida de peso, las de lectura mayoritariamente masculina hacen hincapié en la actividad, el movimiento, la agilidad o la destreza física. Este hecho hace que, en el sexo masculino, muchos trastornos alimentarios se inicien y persistan principalmente por las tentativas de conseguir y mantener «la forma» que por deseos de adelgazar. De allí que en los varones afectos de tales trastornos sea sumamente frecuente la práctica de ejercicio físico excesivo o simplemente compulsivo.

Si esto sucede con más frecuencia entre los hombres, es lógico que el fenómeno sea más evidente en los deportistas, especialmente entre aquellos para quienes el control de peso forma parte de las propias reglas del juego. Esto es lo que les ocurre, por ejemplo, a muchos boxeadores, luchadores y halterófilos. Cada competición, cada combate, suelen plantearles situaciones dramáticas. Precisan rebajar peso para situarse en categorías que les permitan competir con rivales de menor envergadura y así obtener algunas ventajas. Entonces, recurren sistemáticamente a ayunos, saunas, ejercicio excesivo, diuréticos, etcétera; todos ellos medios patógenos para adelgazar. Sufren episodios bulímicos con alta frecuencia y, para compensarlos, se imponen las consiguientes restricciones alimentarias. Algo parecido, aunque menos comprobado, parece suceder a muchos jockeys por razones obvias. En el caso de los corredores de fondo, por ejemplo, los maratonianos, la sintomatología anoréxica es sumamente frecuente. El tejido graso que se les recomienda es claramente inferior al promedio, y por consiguiente más peligroso. Para alcanzarlo es preciso ejercer un control de la alimentación, por supuesto, riguroso. El estrés de la competición, la dependencia de la actividad física que suelen experimentar, y el carácter obsesivo de los entrenamientos y las prácticas en pos de mejoras continuadas, son otras tantas características que se superponen a la patología alimentaria o facilitan su eclosión.

Es bien sabido que, aunque hombres y mujeres pueden desarrollar anorexias, bulimias y otros padeceres relacionados con la alimentación, la presión social en favor de la delgadez pura y simple se ejerce fundamentalmente sobre el sexo femenino. De ahí su mayor susceptibilidad a estos trastornos.

Una confirmación indirecta de la importancia de los papeles sexuales, es decir del papel social que desempeña cada sexo en el mundo, está dada por las asociaciones que existen entre los trastornos del comportamiento alimentario y la homosexualidad. Durante algún tiempo se ha dicho que la mayoría de los hombres con problemas anoréxicos eran homosexuales. Aunque los resultados de las investigaciones practicadas son ambiguos, todo hace suponer que en realidad no es exactamente así.

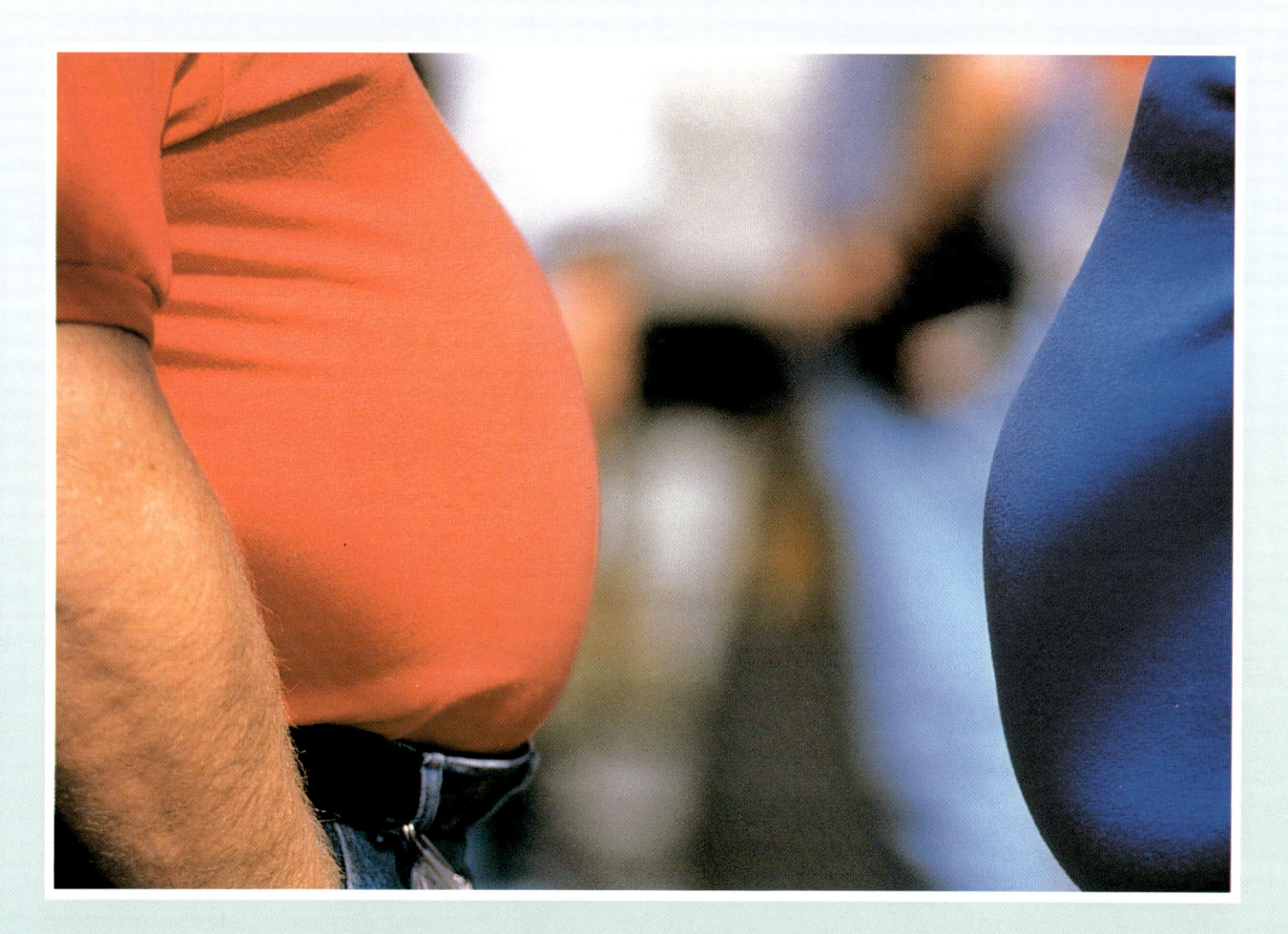

Sí ha podido comprobarse en cambio que, siendo las mujeres heterosexuales las más preocupadas por su cuerpo y los varones heterosexuales los menos preocupados, los *gays* y las lesbianas, por este orden, ocupan los lugares intermedios. Es más, este orden (mujeres heterosexuales, *gays*, lesbianas y varones heterosexuales) es el mismo en que se sitúan estos grupos cuando se estudia la frecuencia de la anorexia nerviosa o de la bulimia en los mismos. Es decir, cuando una persona desempeña o vive un papel femenino, sea cual fuere su sexo biológico, es más fácil que desarrolle un trastorno de comportamiento alimentario.

De acuerdo con estas observaciones, es interesante señalar que hasta hace muy poco en la comunidad homosexual masculina se consideraba más atractivo el cuerpo delgado. Sin embargo, en los últimos años se observa una mayor valoración del cuerpo musculado, atlético. Es probable que la razón radique en la asociación de delgadez con el SIDA. Si efectivamente así ocurre, esto podría revelar hasta qué punto el temor a la enfermedad puede cambiar los patrones estético-sexuales, e influir por lo tanto en las prácticas alimentarias y la consiguiente disminución de los trastornos alimentarios.

Josep Toro
Profesor titular de Psiquiatría

EL HAMBRE: ALGO TAN VIEJO Y TAN NUEVO

En 1989 la televisión británica transmitió el dramático pedido de ayuda de estas dos jóvenes hermanas enfermas de anorexia desde hacía una década.

Toda la tensión que significa el intento de controlar la comida repercute en su estado de ánimo. Es muy frecuente que la persona sufra trastornos depresivos y/o ansiosos. Así mismo, las relaciones familiares se deterioran al presentarse importantes problemas; las relaciones sociales y el rendimiento laboral o escolar también quedan muy empobrecidos.

La actitud hacia el tratamiento es diferente según se trate de un cuadro de anorexia o de bulimia nerviosas. En el caso de la anorexia, la paciente normalmente no acude por su propio deseo, sino que lo hace impulsada por sus familiares o por su pareja. En la mayoría de los casos niega la importancia de su trastorno y asume un comportamiento muy poco colaborador.

En cambio, la persona con síntomas bulímicos sí acude al tratamiento por decisión propia y solicita ayuda. En ambos casos existe una resistencia férrea al aumento de peso, pero, así como en el caso de la anorexia la persona cree que controla la situación, en el caso de la bulimia se siente desbordada por los episodios de sobrealimentación. El tratamiento de estos trastornos es bastante largo, difícil y con numerosas recaídas. Puede ser desesperante, tanto para el paciente como para el terapeuta, pero no hay que olvidar que la recuperación es posible.

Prevenir a los adolescentes

La mejor prevención para estos trastornos sería el control de la presión sociocultural hacia la delgadez que se ejerce en nuestra sociedad. La publicidad, las revistas y los comentarios sociales sobre cómo estar más delgado constituyen un auténtico y continuo bombardeo. El mensaje que transmiten es que la delgadez conduce al éxito, mientras que la no-delgadez es el pasaporte seguro hacia el fracaso.

Dado que el control de esta presión social se nos escapa de las manos, lo más atinado es fomentar en los adolescentes una actitud crítica hacia ellos. Esta actitud les ha de permitir defenderse del mensaje que reciben de los medios de comunicación, de sus amigos e incluso de su familia.

Es importante informar de estos trastornos sobre todo a los adolescentes, que son quienes tienen más riesgo de contraerlos. Un lugar adecuado para hacerlo son los centros escolares, especialmente entre los alumnos desde la última etapa de la enseñanza primaria hasta los primeros cursos universitarios. También es conveniente informar ampliamente a las asociaciones de padres de alumnos sobre los riesgos que pueden derivarse de los estereotipos estéticos vigentes actualmente en la sociedad.

Capítulo 4

LA SEXUALIDAD

LA SEXUALIDAD

El vínculo del placer

Si bien un diccionario médico puede definir el sexo de una forma tan prosaica como «condición orgánica que distingue el macho de la hembra», es evidente que los términos «sexo» y «sexualidad» tienen muchas más acepciones y, sobre todo, muchas más dimensiones que la estricta diferenciación entre lo masculino y lo femenino.

El sexo es algo indisolublemente unido a la naturaleza humana y tan primitivo como ella. Pero, al mismo tiempo, ha evolucionado, igual que el hombre, y se ha adaptado a la compleja realidad de la condición humana con todo su entramado biológico, psicológico, emocional y social. Desde el momento en que el hombre es capaz de organizar sus pensamientos, expresar sus sentimientos y planificar la naturaleza para adaptarla a sus necesidades, logra escapar de la esclavitud biológica de la sexualidad para trascender a algo que le lleva más allá de la mera reproducción. El sexo se convierte así en una actividad capaz de producir placer y, al mismo tiempo, de desencadenar ansiedad, de generar amor y de impulsar el odio, de ser valorado como una liberación o de ser esgrimido como arma represiva.

Ante tal pluridimensionalidad, conviene analizar separadamente las diversas perspectivas implicadas en la sexualidad humana. La primera a considerar, tal vez por ser la más antigua, es la perspectiva biológica. El plano biológico constituye la base sobre la que se establece el comportamiento sexual. Nuestra aptitud para reproducirnos, nuestra capacidad para sentir y responder sexualmente, así como todos los cambios fisiológicos que tienen lugar ante la presencia de un estímulo sexual, dependen de un programa genético que modula un sistema hormonal y una serie de controles nerviosos. Por ello, determinadas enfermedades que afectan a este sistema biológico pueden llegar a producir disfunciones sexuales. También de ahí dependen ciertas diferencias en la respuesta sexual e incluso en el comportamiento sexual entre hombres y mujeres, aunque no se puede olvidar que estas características biológicas forman un todo con los factores psicológicos y los patrones culturales.

La perspectiva psicológica está constituida por el conjunto formado por las emociones, los pensamientos y la personalidad de cada individuo, que determinan su forma de actuar y de responder ante diversas situaciones. Dichos factores se hallan en constante interacción con los que conforman lo que puede llamarse la perspectiva sociocultural. En efecto, la familia, la escuela y los medios de comunicación van moldeando de una forma casi imperceptible nuestras ideas y, por tanto, nuestra actitud hacia la sexualidad. Y este proceso por el cual la sociedad va encauzándonos hacia determinados comportamientos sexuales se halla en relación directa con los patrones culturales que rigen en aquella sociedad y en aquel momento determinados. Es importante señalar este punto, porque con demasiada facilidad se tiende a calificar de «naturales»

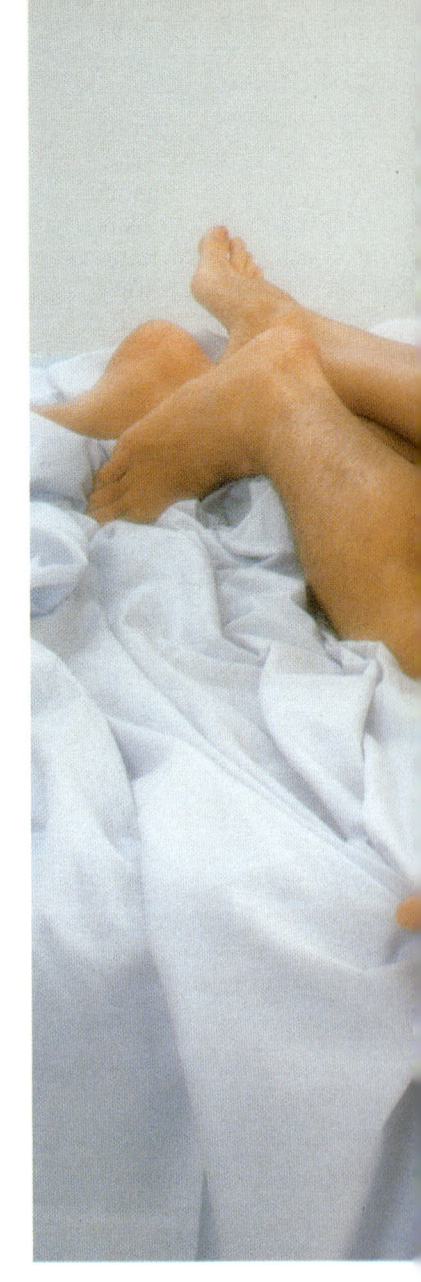

PREGUNTAS Y RESPUESTAS

Es correcto que una mujer tome la iniciativa en una relación sexual?

El inicio de una relación sexual no es privativo de uno u otro componente de la pareja. Durante mucho tiempo lo «normal» en sexualidad estuvo determinado por la sexualidad masculina, pero hoy los papeles están más compartidos.

o «antinaturales», de «sanas» o «enfermizas», determinadas conductas sexuales que son únicamente el producto de un sistema de valores determinado, pero al que en absoluto se le puede atribuir un valor universal. Hay que tener en cuenta que el modelo sexual de nuestra sociedad occidental es muy distinto del de otros grupos culturales. Y que nuestro propio modelo va cambiando con el paso del tiempo. Un claro ejemplo lo constituye el cambio de rol de las mujeres, de quienes hace cincuenta años se esperaba un papel sexual pasivo y que no mostraran placer sexual, mientras que hoy se espera casi todo lo contrario.

Por fin, la perspectiva clínica incluye el análisis de todos aquellos aspectos que pueden alterar o deteriorar la función sexual, tanto biológicos como psicológicos o sociales. Se piensa comúnmente que la sexualidad «debe» ser espontánea, es decir, debe surgir de una forma natural y libre de nuestro interior. Esta idea puede ser correcta para aquellas personas que, tanto ellas como sus parejas, están satisfechas con su sexualidad. Pero en numerosas ocasiones no es así. Muchas parejas encuentran dificultades en su vida sexual y es evidente que en estos casos existen factores biológicos, psicológicos o sociales que fallan y deben corregirse. La sexualidad humana es fundamentalmente un aprendizaje social, aunque se asienta sobre ciertas bases biológicas. Lo que ocurre es que este aprendizaje es tan

El sexo ha ido evolucionando en consonancia con el desarrollo humano. En la escena contemporánea, la liberalización de las costumbres ha bajado el nivel de inhibiciones, prohibiciones y ocultamientos, promoviendo una mayor permisividad en las relaciones sexuales.

LA SEXUALIDAD

profundo que nos hace creer que lo que hacemos y pensamos es «espontáneo».

Aparte de corregir posibles alteraciones biológicas, lo que la terapia sexual persigue es modificar los aspectos erróneos de este aprendizaje y que el individuo «reaprenda» una nueva actitud, que le sea más útil y adaptativa en su funcionamiento sexual. Esta nueva actitud, con el tiempo, aparecerá tan espontáneamente como la anterior y será mucho más provechosa.

Los cimientos del sexo: bases biológicas

La diferencia fundamental entre la sexualidad animal y la humana se halla en los mecanismos que la controlan. En los animales inferiores la conducta sexual está determinada por una serie de estímulos internos, en esencia hormonales, y regulada por controles nerviosos muy primitivos, integrados en los centros que a su vez regulan las funciones más básicas para la supervivencia del animal, como son el hambre y la sed. En los primates no humanos van cobrando importancia los estímulos externos, olfativos y visuales principalmente, y unos controles nerviosos algo más desarrollados. Pero es el hombre, al haber desarrollado con mayor amplitud la corteza cerebral —base del aprendizaje y de los procesos intelectivos—, quien ha logrado que su conducta sexual esté mucho más influida por estímulos ambientales que por los niveles hormonales y mucho más regulada por su corteza cerebral que por los centros nerviosos primitivos.

Se puede afirmar que la respuesta sexual en el hombre se desencadena, bien a partir de estímulos ambientales (sobre todo visuales y táctiles), bien a partir de

La sexualidad es una realidad amplia, variable e intrincada, que impregna la vida cotidiana, los sueños, el arte... El cuerpo desnudo, dentro de un contexto erótico, ha sido tema de representación artística en diferentes épocas. La tradición del tema de las Venus alcanzó un punto culminante en este Desnudo, *de Amadeo Modigliani.*

estímulos producidos por la misma corteza cerebral, como las fantasías sexuales. Tanto unos como otros son «filtrados» por una parte del cerebro y posteriormente interpretados por la corteza cerebral, que es quien «decide», en base a las emociones y al aprendizaje previo, si se trata de una situación sexualmente estimulante. Los controles nerviosos que intervienen en este inicio de la respuesta son: la médula espinal, que se encargará de transportar los estímulos sensoriales hasta el encéfalo; el diencéfalo o cerebro primitivo y, concretamente, el hipotálamo y el sistema límbico que, conectados con otras partes del cerebro y con una serie de glándulas efectoras, filtrarán y modularán tanto el estímulo como la respuesta; el córtex cerebral, que será el responsable final de la conducta sexual. Si finalmente existe una respuesta, ésta volverá a utilizar la médula espinal para hacerse efectiva sobre los órganos genitales.

Las hormonas en acción

Para que todo este mecanismo funcione correctamente hace falta un carburante que lo alimente. Es lo que se denomina el control bioquímico, constituido por dos tipos de sustancias: las hormonas y los neurotransmisores. Las hormonas son sustancias químicas segregadas directamente a la sangre por una serie de glándulas llamadas endocrinas. Las glándulas endocrinas que más interesan desde el punto de vista sexual son los testículos en el hombre, los ovarios en la mujer y la hipófisis, situada en la base del cerebro en ambos sexos. Estas glándulas dan lugar a la producción de los andrógenos, u hormonas sexuales masculinas, de los cuales los más importantes son la testosterona y la androsterona, que son producidas por el testículo en elevadas cantidades y por el ovario en mucha menor proporción. Los andrógenos son los responsables de la aparición de los caracteres sexuales secundarios en la pubertad: el crecimiento del pene y los testículos, la aparición de vello pubiano y axilar, el crecimiento de la barba y la transformación de la voz en más grave. También son responsables, aunque no únicos, del impulso sexual. Ya en la edad adulta, actúan como reguladores básicos de la función sexual, aunque su efecto sólo se aprecia cuando existe un déficit muy importante. Incluso tras una castración, si ésta ha tenido lugar después de la pubertad, se puede seguir manteniendo la

El erotismo de las odaliscas, las mujeres guardadas por los eunucos, ha inspirado esta célebre composición de Ingres, **El harén.**

LA SEXUALIDAD

La imagen íntima del cuerpo masculino aparece mostrada con sorprendente honestidad en el conocido **Autorretrato desnudo** *de Alberto Durero, concebido en defensa de la autenticidad y en abierto contraste con los desnudos heroicos y la belleza idealizada y apolínea.*

capacidad sexual, en parte por la pequeña producción de andrógenos de otras glándulas (las suprarrenales) y en parte porque algunas motivaciones como el impulso se mantienen gracias a los factores psicológicos. En este sentido, es conocido el caso de los eunucos que guardaban harenes. Muchos de ellos mantenían relaciones sexuales con las mujeres del harén, aunque esto no parecía importar mucho al dueño, porque lo que se aseguraba, con la castración de los guardianes, es que fueran suyos los hijos de estas mujeres.

Los estrógenos y la progesterona, hormonas sexuales femeninas, son producidas en gran cantidad por el ovario y en menores cantidades por el testículo. Al igual que los andrógenos, son responsables de los cambios físicos en la pubertad: crecimiento del vello púbico y axilar, desarrollo de las mamas y aumento de la grasa corporal en zonas como las nalgas y caderas. La secreción de estrógenos se caracteriza por ser cíclica (el llamado ciclo menstrual) y no continua, como en el caso de los andrógenos. Los estrógenos favorecen el aporte de sangre a los órganos genitales, manteniendo la elasticidad de la vagina y favoreciendo la lubricación vaginal, mientras que la progesterona está mucho más implicada en la fisiología del embarazo.

Las gonadotropinas, segregadas por la hipófisis, están constituidas por tres hormonas distintas: la luteinizante (LH), la folículoestimulante (FSH) y la prolactina. Mantienen un mecanismo de retroalimentación con las hormonas masculinas y femeninas, de modo que el aumento de la concentración sanguínea de éstas disminuye la secreción de gonadotropinas hipofisarias y lo contrario sucede cuando el nivel de andrógenos y estrógenos disminuye en la sangre. A su vez, la secreción de gonadotropinas está regulada por el hipotálamo, que actúa como un verdadero interconector entre el sistema endocrino y el sistema nervioso.

Los neurotransmisores son sustancias que intervienen en la transmisión nerviosa, tanto a nivel del cerebro como de los nervios periféricos. Entre los más conocidos figuran, a nivel cerebral, la serotonina, que ejercería un estímulo inhibitorio sobre la conducta sexual, y la dopamina, que tendría el efecto contrario. A nivel periférico, la acetilcolina y la adrenalina, implicadas de distinta forma en las respuestas de excitación y de eyaculación.

Estos neurotransmisores, que aumentan o disminuyen según las circunstancias psicológicas de cada persona (estrés, relajación, miedo, etc.), constituyen, al igual que el hipotálamo, un nexo de unión que interrelaciona los aspectos psicológicos y biológicos de cada uno.

La arquitectura sexual

Los órganos sexuales masculinos y femeninos poseen básicamente dos funciones: una función genital, copuladora, destinada a hacer efectiva la fusión de las células sexuales, y otra función reproductora, encaminada a almacenar el semen en el caso del hombre y albergar al embrión en el caso de la mujer. La primera función la ejercen los llamados genitales externos, aquellos que forman parte de la imagen corporal que tenemos de nosotros mismos y a través de los cuales podemos recibir intensos estímulos eróticos. La función reproductora la llevan a cabo los órganos sexuales internos, a los que no sentimos habitualmente, salvo que alguna enfermedad o lesión les afecte y nos envíen sensaciones dolorosas o molestas.

Anatomía sexual del hombre

Los testículos y las vías y glándulas seminales constituyen los genitales internos masculinos. Los testículos, dos cuerpos de forma ovoide, situados en condiciones normales en el interior de la bolsa escrotal, poseen una función endocrina y una función de formación de los espermatozoides, las células que van a transportar la carga genética hasta la unión con el óvulo. Debido a que la producción de espermatozoides requiere una temperatura ligeramente inferior a la del cuerpo humano, la temperatura en el escroto se halla unos dos o tres grados por debajo de la corporal. Esta temperatura se mantiene constante gracias a un sistema muscular que acerca los testículos al cuerpo cuando la temperatura externa es demasiado fría y los aleja cuando es demasiado cálida. Las vías y glándulas seminales están formadas por el epidídimo, que se halla situado sobre el testículo y contiene numerosos canales seminales donde completan su maduración los espermatozoides; el conducto deferente, que los transporta hacia la uretra; las vesículas seminales, cuya secreción nutriente para los espermatozoides constituye el 50 por ciento del eyaculado y la próstata, que se halla por debajo de la vejiga urinaria, englobando a la uretra y que también segrega un líquido que favorece la movilidad de los espermatozoides. En la uretra desembocan además dos pequeñas glándulas llamadas de Cowper, que segregan un líquido transparente y alcalino, que aparece en una fase anterior a la eyaculación.

Durante la eyaculación estas estructuras se contraen, transportando a los espermatozoides el líquido de las vesículas seminales y el líquido prostático hasta la parte posterior de la uretra. Es la llamada fase de emisión, que provoca en el hombre la sensación de que la eyaculación es inminente. La fase de eyaculación es un reflejo inmediatamente concatenado con el anterior. Los músculos que rodean la uretra se contraen, expulsando el semen hacia el exterior en una serie de cuatro o cinco contracciones, separadas por un intervalo de ocho décimas de segundos.

Los genitales externos masculinos son el escroto y el pene. El escroto, la bolsa de piel que contiene los testículos, posee una elevada sensibilidad a la estimulación táctil. El pene es el órgano sexual que permite la copulación. Por ello se le ha hecho responsable de la virilidad, e incluso de la fertilidad, en numerosas culturas antiguas y actuales. Su interior está formado por tres cilindros unidos entre sí, dos de los cuales, los cuerpos cavernosos, son de una estructura esponjosa que interviene de forma directa en la erección, mientras que el tercer cilindro, situado por debajo de los anteriores, contiene la uretra y termina en un engrosamiento cónico, el glande, recubierto por un pliegue de piel llamado prepucio.

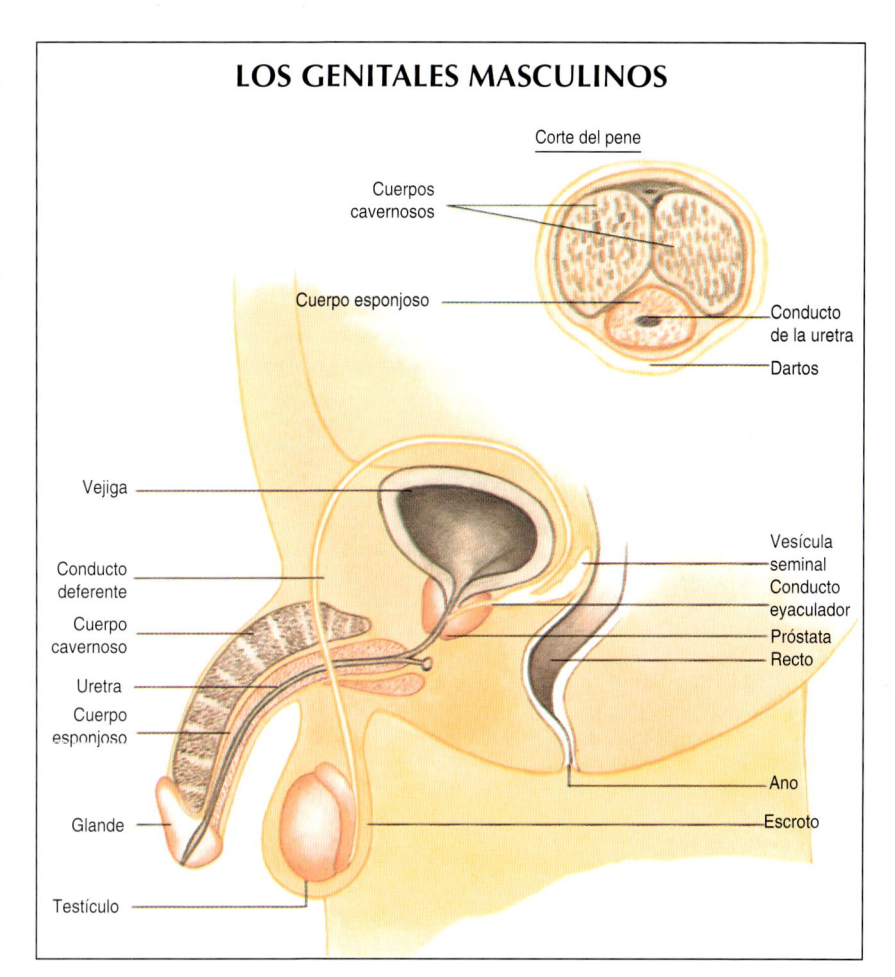

A nivel fisiológico, la erección se desencadena por un reflejo nervioso, que puede provenir del cerebro o directamente de la médula espinal si se produce una manipulación directa del pene. De ambos modos, la consecuencia es la dilatación de las arterias que irrigan los cuerpos cavernosos y la entrada masiva de sangre en éstos, produciéndose la denominada tumescencia, que consiste en un aumento de volumen del pene. Para que, además de tumescencia, exista rigidez es preciso que la sangre quede «atrapada» en el interior de los cuerpos cavernosos y aumente de presión. Ello es posible gracias a la existencia de un mecanismo valvular que impide la salida de sangre mientras continúa el estímulo sexual. Cuando éste desaparece o se produce la eyaculación, la sangre se libera rápidamente, produciéndose la detumescencia del pene.

Los elementos que forman el aparato sexual masculino participan en una doble función: la reproducción de la especie y la obtención de placer. Los órganos externos (el escroto y el pene) son los responsables de la excitación sexual. En el corte del pene se observan los cuerpos cavernosos y esponjosos que producirán la erección.

LOS GENITALES FEMENINOS

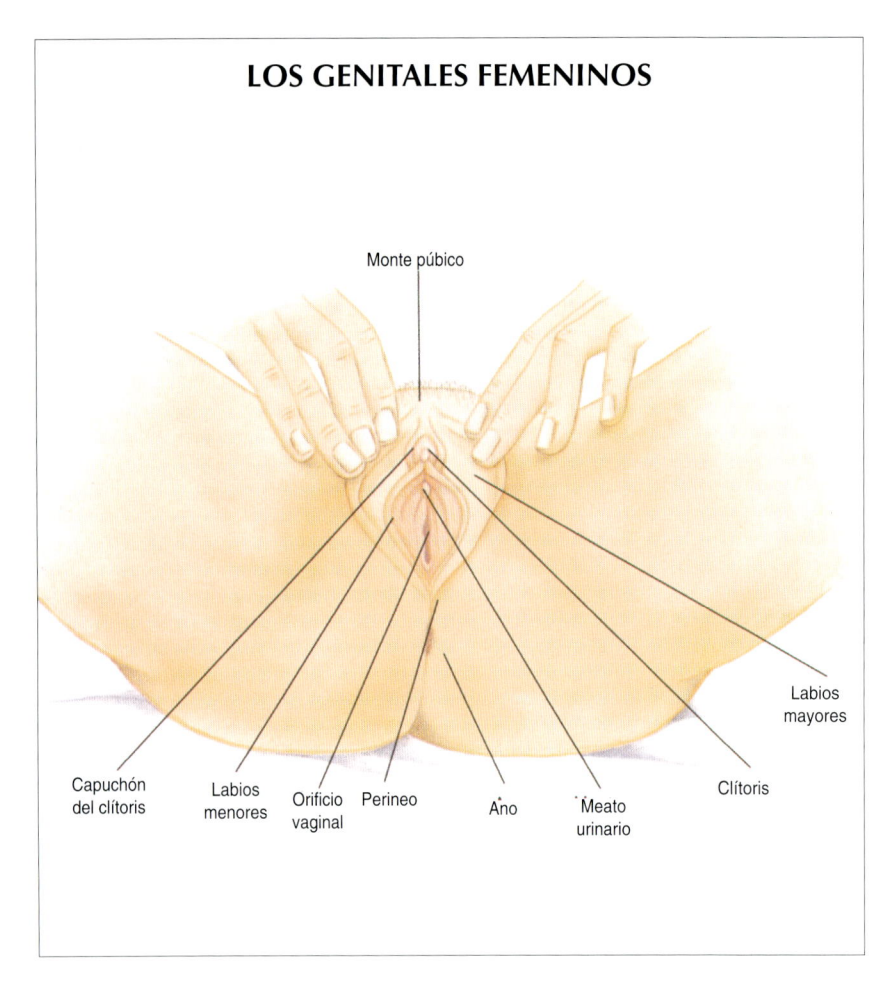

Los órganos sexuales externos femeninos son menos accesibles que los masculinos. Comprenden la vagina y la vulva, que se compone de los labios mayores, los labios menores, el orificio de entrada y el clítoris.

Anatomía sexual de la mujer

En la mujer, los genitales internos se hallan contenidos en la pelvis y se componen de los ovarios, las trompas de Falopio y el útero. Los ovarios cumplen, al igual que los testículos, una función hormonal —la producción de estrogenos y progesterona—, y son los responsables de la formación de óvulos. En el ovario de la niña recién nacida existen unos cuatrocientos mil ovocitos. A partir de la pubertad, en cada ciclo menstrual se activará uno de ellos para acabar desarrollando un óvulo maduro, que hacia la mitad del ciclo será expulsado fuera del ovario. Las trompas de Falopio recubren el ovario y son las encargadas de recoger el óvulo expulsado. Si se produce una relación sexual y existen espermatozoides, es en el seno de las trompas donde se produce la fecundación y el posterior transporte, que dura unos cinco días, hasta el útero, donde anidará el huevo fecundado. El útero o matriz se halla en el centro de la pelvis y es un órgano en forma de pera invertida. Su función básica es acoger el huevo fecundado y propiciar su desarrollo hasta que el feto esté preparado para el parto. Si la fecundación no se produce, el tejido dispuesto para la anidación se destruye y se expulsa en forma de pérdidas menstruales.

Los genitales externos femeninos son la vagina y la vulva. La vagina es el conducto que une el cuello del útero con la vulva. En condiciones normales, sus paredes están pegadas, constituyendo una cavidad virtual que sólo se dilata de forma pasiva si hay algo en su interior. Sus funciones primordiales se desarrollan en el parto, en que llega a dilatarse diez centímetros para permitir el paso de la cabeza del feto, y en el coito, en que se adapta al tamaño del pene y sus paredes se lubrican gracias a la trasudación de líquido de la mucosa que la recubre. La vulva se compone de los labios mayores o externos, con una función básicamente protectora, los labios menores o internos, muy sensibles a los estímulos táctiles, el introito o entrada de la vagina y el clítoris, situado en la unión superior de los labios menores y que constituye el órgano femenino más exquisitamente sensible a la estimulación erótica.

Respondo luego existo

Ante un estímulo sexual los órganos genitales sufren una serie de cambios que, junto con los que se producen en el resto del organismo, constituyen lo que se denomina la respuesta sexual. En 1966, Masters y Johnson publicaron su libro *Respuesta sexual humana*, resultado de once años de investigación, en el que plasmaban sus conclusiones tras la observación y registro en el laboratorio de miles de secuencias sexuales, gracias a la colaboración de 694 voluntarios, 382 mujeres y 312 hombres, que participaron en la experiencia. Hasta entonces, la respuesta sexual únicamente había sido estudiada en animales y las referencias a la sexualidad humana eran puramente especulativas. Aunque hoy se sabe que las variaciones individuales con respecto a la respuesta sexual estándar pueden ser amplísimas, los criterios de Masters y Johnson siguen siendo un punto constante de referencia que es preciso conocer. Masters y Johnson dividieron la respuesta sexual en cuatro fases: excitación, meseta, orgasmo y resolución. A este ciclo se ha añadido con posterioridad una fase previa de deseo, en la cual no existen cambios fisiológicos sino psicológicos, pero sin la cual difícilmente se avanza hacia las otras fases.

La fase de excitación en el hombre corresponde a la erección del pene, fenómeno muy vulnerable a cualquier tipo de estímulo inhibitorio, por lo que puede mantenerse o desaparecer total o parcialmente, a pesar de existir una excitación subjetiva. En esta fase, los testículos tienden a ascender y acercarse al abdomen, puede existir erección de los pezones, y progresivamente se va intensificando la tensión muscular, así como el ritmo cardíaco, la presión arterial y la frecuencia respiratoria. En la mujer, el fenómeno paralelo a la erección del pene es la lubrificación vaginal, que va acompañada de un alargamiento y ensanchamiento de la parte interna de la vagina, junto con la elevación del útero. Los labios mayores y menores se hacen más gruesos y estos últimos cambian su coloración. Se produce así mismo un engrosamiento del clítoris y una erección de los pezones, además de los mismos cambios musculares, cardíacos y respiratorios que en el hombre.

La fase de meseta en el hombre se manifiesta en el aumento de diámetro del pene y en el oscurecimiento del glande debido a la congestión de sangre; los testículos aumentan de tamaño y puede

Egon Schiele plasmó su particular visión sobre el erotismo en **El abrazo**, *con una imagen visionaria y apasionada del sexo, intensificada por la cercanía de los cuerpos desnudos y la vehemencia de los amantes.*

LA SEXUALIDAD

En el gráfico puede verse la típica curva de la respuesta sexual femenina. En ella la fase de excitación es larga (alrededor de quince minutos); la fase de la meseta es corta y con altibajos; el orgasmo se logra al cabo de veinte minutos y la fase de resolución es larga. A diferencia de la respuesta sexual masculina, la femenina tiene la posibilidad de subir a un nuevo orgasmo desde la fase de meseta.

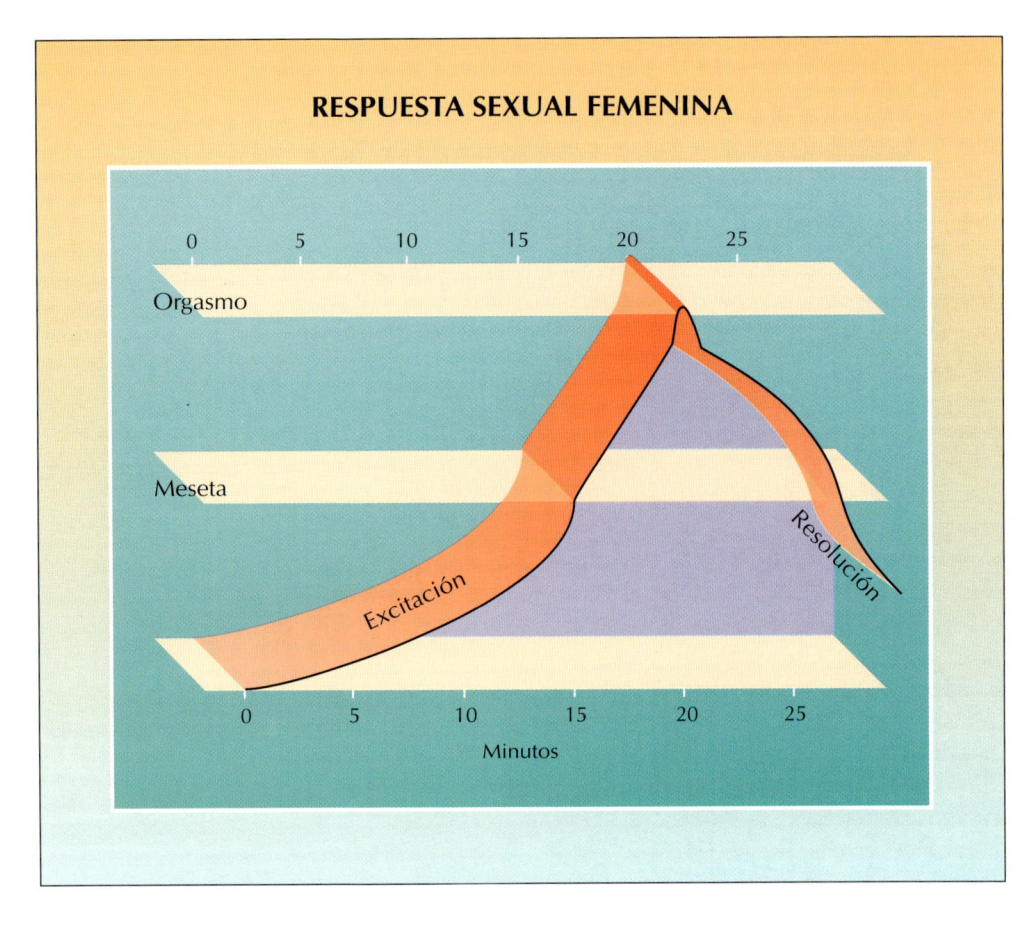

RESPUESTA SEXUAL FEMENINA

Minutos

¿Tengo una amiga que dice tener varios orgasmos seguidos. A mí esto no me ha sucedido nunca. ¿Es normal?

➡ No todas las personas reaccionan sexualmente de la misma manera. Hay mujeres que una vez que alcanzan un orgasmo quedan plenamente satisfechas y otras que pueden tener varios orgasmos sucesivos. Lo importante en las relaciones sexuales es que cada uno se adapte a la propia respuesta sexual y a la del otro sin conflictos.

---

producirse la emisión de unas gotas de líquido procedente de las glándulas de Cowper. En la mujer, el cambio más característico es la formación de la «plataforma orgásmica», un engrosamiento del tercio externo de la vagina producido por la vasocongestión. El clítoris se retrae debajo de su capuchón. En ambos sexos puede aparecer el rubor sexual, un enrojecimiento de la piel que aparece en el abdomen y se extiende hacia el pecho, el cuello y la cara. Continúa incrementándose la tensión muscular y la arterial, así como la frecuencia cardíaca y respiratoria.

Si se continúa manteniendo un estímulo adecuado, se desencadena de forma refleja la fase orgásmica, en la que se libera de golpe tanto la vasocongestión como la tensión muscular acumulada. En el hombre, tras la sensación de inminencia eyaculatoria se produce la expulsión del semen al exterior, mediante la contracción de los músculos pélvicos y uretrales a intervalos de ocho décimas de segundos (las tres o cuatro contracciones iniciales). Estas contracciones, que afectan también al esfínter anal, van disminuyendo en intensidad y frecuencia. En la mujer, sin existir una sensación previa, se desencadenan contracciones de la musculatura pélvica, del útero y del esfínter anal. El número puede variar desde tres hasta unas quince. Las tres o cuatro primeras se producen también a intervalos de ocho décimas de segundos, disminuyendo las posteriores en intensidad y frecuencia. En ambos sexos estas contracciones suelen ir acompañadas de una sensación placentera, muy influida por factores subjetivos, que se denomina orgasmo.

En la fase de resolución todos los cambios anteriores regresan y los órganos genitales, en ambos sexos, recuperan la normalidad. La única diferencia estriba en que mientras el hombre presenta el llamado período refractario, durante el cual los genitales no responden a un nuevo estímulo, la mujer puede ser reestimulada de nuevo (si lo desea, ya que muchas mujeres prefieren no tener nuevos estímulos) y algunas logran obtener sucesivos orgasmos.

Es importante saber que no todas las personas se ajustan a estos patrones sexuales. Debemos tener en cuenta que este estudio se llevó a cabo con voluntarios seleccionados cuyo funcionamiento sexual era, seguramente, más eficaz que el de la mayoría de población. Por otra parte, pueden existir muchas variaciones de respuesta que, si no son vividas con una especial ansiedad, no tienen por qué considerarse fuera de la norma. Muchos hombres y mujeres apenas presentan fase de meseta, y pasan directamente de la excitación al orgasmo. Aunque esto no constituye actualmente un problema para las mujeres, sí puede serlo para los hombres, al producirse una eyaculación rápida. En algunas personas, la excitación no es en absoluto progresiva, sino muy oscilante y se pierde con facilidad. En otras, la fase de meseta difícilmente acaba en orgasmo y pasan directamente a la fase de resolución. En algunos, todo el ciclo se prolonga por espacio de varias horas, mientras que en otros es cuestión de pocos minutos. En fin, lo importante, mientras no aparezcan graves problemas de aceptación por parte de uno mismo o de la pareja, es asumir que cada uno tiene su propia respuesta sexual y saber adaptarse a ella. Dado que casi todos los mecanismos implicados son reflejos autónomos, el querer forzarlos adelantándolos o retrasándolos puede agravar una pequeña variación inicial sin demasiada importancia.

Acercamientos y algo más: la conducta sexual

Todos aquellos comportamientos encaminados a la estimulación y excitación de los órganos genitales configuran la conducta sexual. A diferencia de otras especies animales, en el hombre ésta no se regula únicamente por factores biológicos, sino que es la influencia ambiental la que decide, en último término, cuáles deben ser, por ser las más frecuentes o permitidas en un determinado grupo social, las pautas correctas de comportamiento.

El porqué nos resulta atractiva una persona y no otra depende de muchos factores, tanto propios como provinentes del posible compañero sexual. Estos factores pueden dividirse en dos grandes grupos: la información sensorial que recibimos y los criterios de selección que manejamos.

El sexo a través de los sentidos

Los primeros estímulos que percibimos de un posible compañero sexual nos llegan a través de los sentidos: la vista y el oído. Si la proximidad física aumenta, podemos sentir con el olfato, y si se inicia alguna conducta sexual, con el tacto y el gusto. Aunque ha sido muy discutido el papel que pueden jugar los estímulos sensoriales en la conducta sexual humana, sobre todo en contra-

Las fantasías ocupan un lugar importante dentro de la sexualidad; actrices como Marilyn Monroe han sido durante décadas objeto de deseos eróticos, como muestra **El manifiesto cinematográfico,** *de George Segal.*

LA SEXUALIDAD

¿ He leído en un libro persa titulado *El jardín perfumado* la siguiente frase: «Es mejor un beso húmedo que un coito rápido». ¿Qué significa?

➡ Este aserto expresa el potencial erótico que los labios pueden encerrar. La boca es, junto con los genitales, una zona erógena de primer orden, ya que posee una exquisita sensibilidad erótica. Pero el significado de la frase va más allá. Mediante los besos podemos expresar innumerables sentimientos que abarcan desde una dulce ternura a la pasión más irrefrenable. Esta capacidad y versatilidad de los labios se traduce en la innegable carga erótica que poseen en las distintas culturas.

En su búsqueda por conocer más a fondo sus propios deseos e impulsos sexuales, los adolescentes suelen sentirse atraídos por las revistas eróticas.

posición a la crucial importancia que poseen en otras especies animales, es evidente que muchos de estos estímulos siguen conservando una inmensa capacidad de atracción.

El tremendo poder del mundo de la estética y la moda en nuestra sociedad o la proliferación de espectáculos y revistas eróticas nos recuerdan que la vista sigue siendo un elemento importante en el juego sexual. La antigua discusión sobre la mayor capacidad de estimulación visual del hombre va quedando en entredicho mientras crece la importancia de la moda masculina o aumenta el número de espectáculos «sólo para mujeres». También los perfumes invaden nuestro mundo, por lo que parece que el olfato, más que haber perdido importancia, lo que ha hecho ha sido cambiar de criterio y sustituir los olores naturales por los artificiales. La voz, una música, una palabra amorosa susurrada al oído, siguen siendo valores inalterables en el proceso de atracción. Y el gusto, tanto en lo referente al ritual y al poder estimulante de una buena comida, como al sabor de un beso, es tan importante que hasta alguna campaña antitabaco ha basado su estrategia en la comparación de besar a un fumador o a un no fumador. Sin olvidar a las marcas de chicles, que se empeñan en que nos besemos con gusto a frutilla o a menta, y sin azúcar. El tacto, por fin, es un componente fundamental del juego amoroso, implicado de forma universal en casi todas las conductas sexuales no coitales.

Cuando alguien «me gusta»

Puede decirse que la expresión «me gusta» es el resultado de una compleja serie de procesos, que ocurren a un nivel más o menos subconsciente. De forma esquemática, el proceso de selección se inicia con la valoración del atractivo y las cualidades de la otra persona (la valoración difiere según la finalidad con la que se busca pareja: relación sexual ocasional, amistad, compañía o formación de una pareja estable), valoración que se enfrenta con los patrones sociales y con nuestros propios valores. Por fin, se evalúan nuestras experiencias anteriores y se examinan nuestras expectativas y posibilidades. Si el resultado de la selección es positivo, aparece el sentimiento correspondiente —deseo sexual, amistad, cariño o amor— que es lo que nosotros percibimos conscientemente.

De los múltiples criterios que entran en la valoración, se debe tener en cuenta que el físico tiene una importancia mucho mayor de la que muchas personas le atribuyen conscientemente, sobre todo en una valoración inicial, y que la inteligencia y la capacidad de resolución de problemas, tradicionalmente apreciadas en el hombre, están siendo en la actualidad igualmente valoradas en la mujer.

El juego sexual

Toda una gama de caricias, besos y actividades sexuales no coitales (el llamado *petting* por los anglosajones) integran el juego sexual. En el hombre, este «ritual del apareamiento» puede conducir o no al coito y puede llevar o no al orgasmo aunque, en general, se produce una progresión desde las caricias iniciales al coito.

Las pautas de conducta durante el juego sexual son muy variables, tanto en las distintas especies animales (sólo a partir de los primates podemos hablar de verdaderas «caricias») como en las diversas culturas humanas. Entre las conductas más extendidas hallamos el beso, la estimulación de los senos y la estimulación de los genitales. En la sociedad occidental, el juego sexual es practicado con más asiduidad en los niveles culturales superiores, mientras que en los niveles más bajos existe una mayor tendencia a prescindir de este tipo de comportamientos y a pasar directamente al coito.

Es importante señalar dos puntos de interés. El primero es que muchas mujeres alcanzan el orgasmo con mayor facilidad mediante el estímulo manual o bucal de los genitales que con el coito, lo cual debe ser tenido en cuenta por muchas parejas que intentan en cada ocasión alcanzar un orgasmo mediante la estimulación coital. El segundo es la tendencia a eliminar cualquier tipo de juego sexual cuando el coito no es posible debido a una enfermedad o una disfunción sexual. No debe olvidarse que el juego sexual no sólo es un medio para llegar al coito, sino que tiene un importante valor por sí mismo y puede cubrir perfectamente las necesidades afectivas y sexuales de una pareja.

Un roce, una mirada, una caricia son, entre otras, pequeñas aproximaciones que pueden iniciar un juego sexual, en el que progresivamente irán teniendo protagonismo todos los sentidos.

LA SEXUALIDAD

Las posturas que se pueden adoptar durante el coito son innumerables y varían según las culturas, como se ve en esta pintura japonesa del siglo XVIII que muestra una pareja haciendo el amor en un jardín.

El coito y las posturas

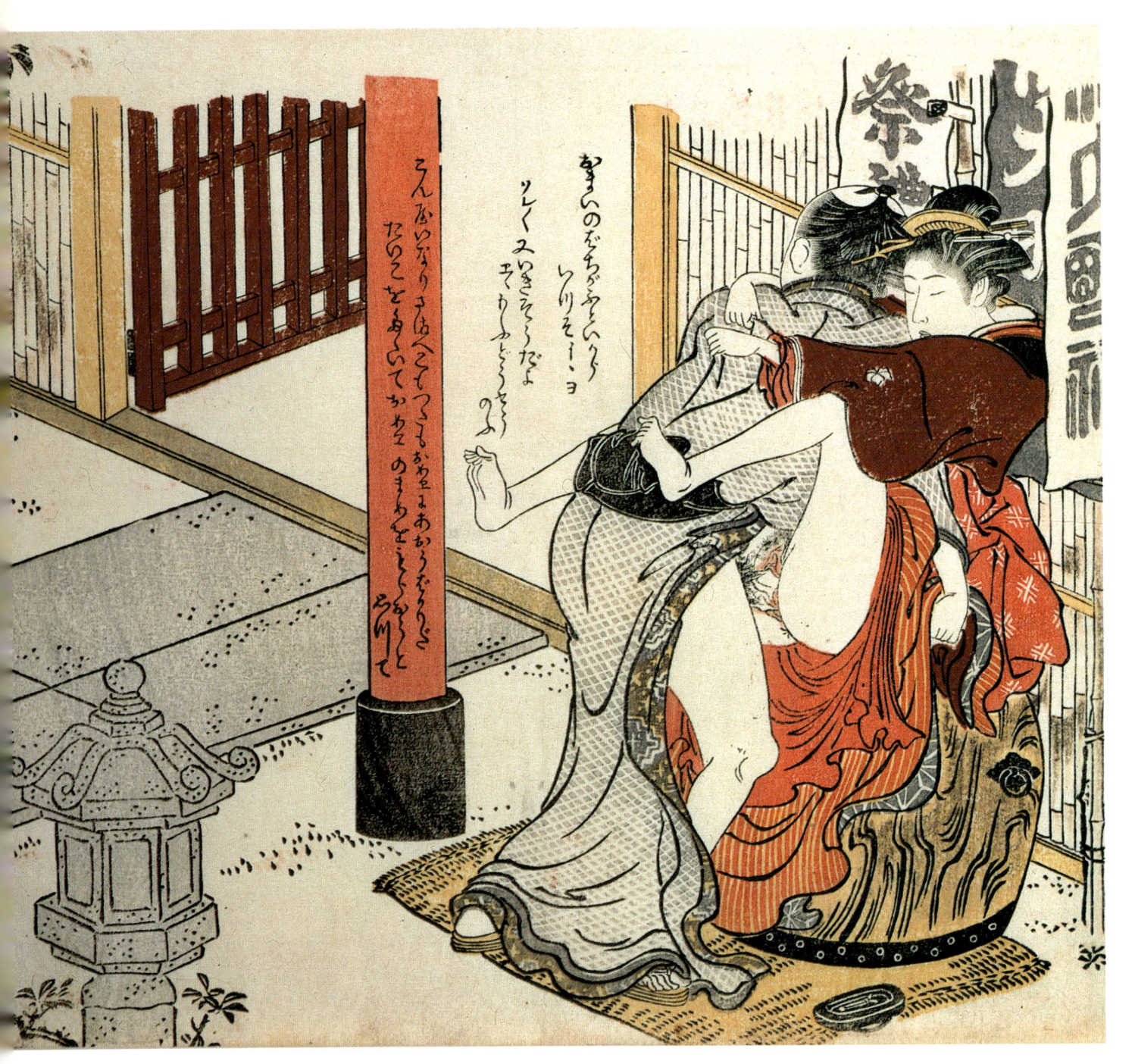

La forma predominante de conducta sexual del adulto en todas las culturas estudiadas es el coito vaginal. En la sociedad occidental, la postura más utilizada es aquella en que la mujer se coloca mirando hacia arriba y el hombre estirado encima de cara a ella. En otras culturas esta postura es considerada muy poco práctica, como en la tobriandesa de Oceanía, estudiada por Malinowsky: «El hombre cubre pesadamente a la mujer; la oprime pesadamente y ésta no puede responder». La realidad es que, entre las numerosas posturas que aparecen en los manuales de sexualidad, ninguna es más ventajosa que otra. Algunas posturas permiten una penetración más profunda, otras un mayor estímulo de la zona clitórica, otras un menos esfuerzo físico o un mejor control del acto por parte del hombre o de la mujer. Por tanto, según lo que se desee —fertilidad, mayor estímulo sexual, más sensación de unión, menor esfuerzo por hallarse en condiciones físicas especiales, etc.—, será más recomendable una u otra postura. De hecho, hay pocas parejas que efectúen habitualmente un extenso repertorio de posturas coitales. En la mayoría de los casos cada pareja conoce una, dos o tres posturas con las que sabe que ambos se encuentran más a gusto y acaba recurriendo a ellas, aunque introduzca pequeñas variaciones.

El placer solitario: la masturbación

Aunque la masturbación pueda entenderse como manipulación manual de los genitales y, como tal, pueda ser una práctica incluida en el juego sexual, nos referiremos a la masturbación como sinónimo de autoestimulación, sea o no manual. Históricamente, la masturbación ha sido aceptada por todas las culturas, aunque la tradición judeocristiana la rechazara basándose, posiblemente, en el relato bíblico sobre Onán, que derramó el semen en el suelo en lugar de fecundar a su cuñada viuda. A pesar de que el acto de Onán fue un coito interrumpido y no lo que hoy se entiende por masturbación, el término onanismo se ha usado como sinónimo. La visión negativa sobre la masturbación, mantenida por los grandes pensadores de la Iglesia, empeoró cuando pasó a ser considerada una enfermedad. Ello tuvo lugar a partir de la publicación, en 1758, de un libro del médico suizo Tissot, en el que atribuía una extensa serie de males a la práctica de la masturbación. Los efectos de esta publicación y de otras posteriores en el mismo sentido han llegado prácticamente hasta nuestros días. Aunque en la actualidad no existe ninguna evidencia científica de que la masturbación produzca alteración alguna, sigue existiendo un cierto temor y, en deter-

Para la cultura judeocristiana el tema de la masturbación ha sido tabú y, hasta no hace muchos años, su práctica se consideraba nociva y era castigada. Sin embargo, hoy los especialistas en sexología la consideran adecuada y, en determinadas circunstancias, beneficiosa.

LA SEXUALIDAD

Los investigadores Ramsey y Kinsey publicaron en Estados Unidos, a mediados de los años cincuenta, sendos estudios que demostraban, ante la incredulidad y el escándalo de la sociedad de la época, que la mayoría de los niños y niñas se masturbaba. Ambas investigaciones reflejan un aumento notable de las prácticas masturbatorias a partir de los diez años.

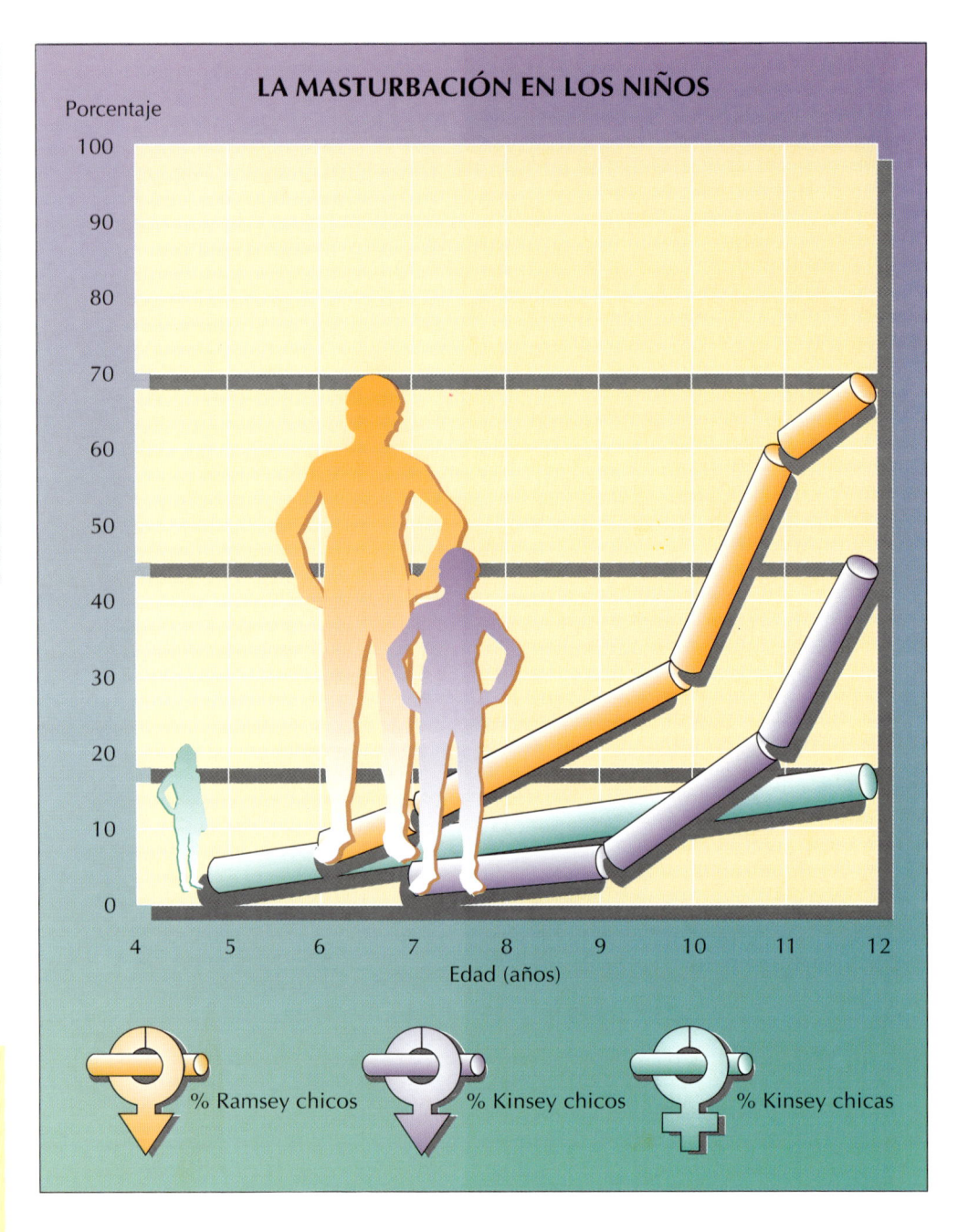

LA MASTURBACIÓN EN LOS NIÑOS

% Ramsey chicos   % Kinsey chicos   % Kinsey chicas

¿He notado que mi hijo de siete años se acaricia con frecuencia los genitales. ¿Qué debo hacer?

➡ Fundamentalmente no exasperarse ni regañarlo, ya que la actitud que usted y su marido tomen frente a este hecho será muy importante para la educación sexual del niño. Censurarlo puede provocar en él una idea negativa del cuerpo en general y de sus propios genitales en particular. La masturbación es una conducta bastante frecuente en la infancia y sólo en muy pocos casos puede adquirir características preocupantes.

minados ámbitos sociales, una cierta vergüenza a admitirla. La realidad es que un amplísimo porcentaje de población practica asiduamente o ha practicado en alguna ocasión la autoestimulación y que este porcentaje es mayor entre la población masculina, hasta el punto que se comenta, en tono irónico, que el 95 por ciento de los hombres se masturba y el 5 por ciento restante miente, lo cual evidentemente no es cierto, ya que existe un pequeño segmento de población masculina (un 10 por ciento aproximadamente) que, bien por falta de impulso sexual, por falta de información o por razones morales, no se masturba. Entre las mujeres, este porcentaje aumenta hasta un 50 por ciento, principalmente por razones educativas, ya que cuando éstas cambian hacia una mayor permisividad, como ha ocurrido en los últimos años, crece el número de mujeres que la practican. Actualmente se considera que la masturbación es una importante ayuda para el aprendizaje sexual (es muy frecuente que entre las mujeres anorgásmicas no exista historia de masturbación) y para mantener el equilibrio psicológico del sujeto, tanto durante la adolescencia como cuando existen grandes diferencias de impulso sexual en los dos miembros de una pareja. A pesar de ello, no debe pensarse que se halla convertido en «obligatorio» masturbarse.

Como en todas las conductas sexuales, es fundamental que sea cada individuo quien decida, de forma autónoma y responsable, la conveniencia o no de su práctica de acuerdo con sus valores, sus creencias y sus necesidades.

En la variación está el gusto

Se habla de variantes de la conducta sexual cuando la orientación sexual o el objeto básico del estímulo sexual son minoritarios estadísticamente con respecto a la mayoría de la población, en la actualidad y en nuestra sociedad occidental. Ello no implica pues que existan necesariamente alteraciones físicas o psicológicas implicadas, aunque en algunos casos puede ocurrir que estas alteraciones sean causa o consecuencia de determinadas variantes.

Tradicionalmente la sociedad ignoró la homosexualidad femenina, porque siempre desconoció la sexualidad en la mujer. Hoy en día, las lesbianas comienzan a tener presencia pública, sobre todo en las sociedades más avanzadas.

LA SEXUALIDAD

¿ **Tengo un primo homosexual y la familia dice por esto que sufre una perturbación mental. ¿Es así?**

➦ La homosexualidad no es en sí misma una perturbación ni una enfermedad, es una orientación sexual diferente a la de la mayoría de las personas, pero no por esto menos válida o censurable; nada hay que distinga a un homosexual de un heterosexual salvo su atracción por las personas de su mismo sexo. Muchas veces la presión social hace que una persona homosexual pueda sentirse desgraciada; en este caso conviene que acuda a un centro de asesoramiento.

El **Retrato de Silvia von Harden,** *pintado por el alemán Otto Dix en los años veinte, parece un estereotipo de la homosexualidad femenina. Sin embargo, la presencia de atributos externos propios del sexo contrario no implica necesariamente una opción homosexual.*

La homosexualidad

Se entiende por homosexualidad la atracción sexual hacia individuos del mismo sexo. No existe, por tanto, ningún trastorno de la identidad sexual, ya que tanto el varón como la mujer homosexual tienen claro su masculinidad y su feminidad respectivamente, y la variante estriba sólo en la orientación sexual que se tenga.

Aunque la prevalencia de la homosexualidad puede ser muy variable según las muestras estudiadas, en general se admite que aproximadamente un 5 por ciento de la población presenta una orientación homosexual de forma estable. Este porcentaje, desde luego, es mucho mayor si se contabilizan las conductas homosexuales episódicas y la tendencia homosexual en cuanto a fantasías o sentimientos eróticos que se experimentan por el mismo sexo.

Como puede verse, según qué criterio se aplique para definir la homosexualidad se halla un porcentaje mucho mayor o mucho menor de población incluido. Esta variabilidad se debe a que la homosexualidad no es una variable dicotómica sino que, tal como lo describió Kinsey, existe un continuo que va desde la exclusividad heterosexual a la exclusividad homosexual y engloba cualquier grado de tendencia homosexual. Una gran controversia ha suscitado el origen de la homosexualidad. Posiblemente depende de numerosas variables tanto biológicas (genéticas o bioquímicas) como ambientales (fruto del aprendizaje o el condicionamiento) y, como ocurre siempre que interaccionan la biología y el medio ambiente, resulta muy difícil atribuir un peso específico a cada uno de estos factores.

La realidad es que ninguna teoría, biologista o ambientalista, ha logrado explicar de forma convincente la compleja variabilidad de la orientación homosexual y es posible que nunca se halle un factor único responsable, debido a la gran heterogeneidad que la homosexualidad presenta.

Por otro lado, es importante resaltar que la homosexualidad ha dejado de ser considerada una enfermedad y por lo tanto ha desaparecido de las clasificaciones de trastornos psiquiátricos, aunque sigue presente la llamada homosexualidad egodistónica, es decir, la que no es aceptada por el propio individuo y es este rechazo el que puede dar lugar a cierto grado de sufrimiento psíquico.

Hoy la homosexualidad ha dejado de ser vista como una enfermedad y ha empezado a ser socialmente aceptada.

Al sentir que pertenece al sexo contrario, el transexual no puede asumir su sexo biológico y rechaza su propio cuerpo; por tanto, busca imperiosamente parecerse al sexo opuesto.

El cambio de sexo

En este caso sí puede hablarse de un trastorno de la identidad sexual, puesto que el individuo siente un malestar, intenso y persistente, con respecto a su sexo anatómico, dentro del cual se considera como «atrapado». Para que exista un verdadero transexualismo, este malestar debe ir acompañado de una búsqueda imperiosa de parecerse al sexo contrario, al que se pertenece psicológicamente y, por tanto, de un deseo de modificar todas aquellas características, tanto externas (ropa, apariencia) como internas (voz, genitales), que puedan identificar al transexual con un sexo con el cual no se corresponde.

Tampoco aquí se ha identificado ningún parámetro biológico que diferencie a los transexuales de los otros individuos. Lo que sí se sabe es que el rechazo hacia el propio cuerpo se produce ya desde la infancia y que cualquier intento de cambiar esta concepción resulta infructuoso. Por tanto, cuando el trastorno persiste en la edad adulta (puede existir en la infancia y desaparecer posteriormente) y no va acompañado de alteraciones psicopatológicas importantes (puede darse en individuos con trastornos psicóticos), se recomienda que la persona se dirija hacia este cambio de sexo para lograr un mejor equilibrio psicológico. Este camino, dada la importante alteración que puede causar en la esfera psicosocial del individuo, debe ser recorrido con toda cautela, recomendándose los siguientes pasos, de menor a mayor irreversibilidad: valoración psicológica para descartar alteraciones patológicas; un período de doce meses en que el individuo se viste y se comporta como alguien del sexo contrario; un tratamiento hormonal para modificar los caracteres sexuales secundarios; y finalmente, si persiste el deseo de cambio, una intervención quirúrgica para modificar el sexo anatómico.

El sexo insólito: las parafilias

Se consideran parafilias las variantes con respecto al objeto del estímulo sexual, que deja de ser la relación de pareja habitual para pasar a ser un aspecto único de esta relación o bien una conducta u objeto ajenos a ella. En cierto grado, todos los individuos poseen tendencias parafílicas y con frecuencia resulta difícil establecer la frontera entre lo que es y lo que no es una verdadera parafilia. En muchos casos esta frontera está determinada por las leyes, por las concepciones sociales, por el respeto a la libertad de los demás o por el grado de dependencia o exclusividad de una determinada conducta sexual.

Las parafilias son, en general y por causas no aclaradas, mucho más frecuentes en los hombres que en las mujeres. Posiblemente, esto se deba a un conjunto de variables entre las que se cuentan la mayor tasa de testosterona (que conllevaría un mayor impulso sexual) y la mayor tendencia a la variación sexual en el sexo masculino, factores que se conjugarían con una escasa integración de las normas sociales y/o un cierto déficit en el control de los impulsos.

Aunque la relación de las posibles parafilias es muy extensa, las más importantes por su frecuencia o su impacto social son las siguientes: el exhibicionismo, o exposición de los genitales ante un desconocido; el fetichismo, o uso de un objeto no vivo (fetiche); la paidofilia, acto o fantasía de establecer relaciones sexuales con niños en edad prepuberal (la mayoría de paidófilos tienen serias dificultades para establecer y sostener relaciones interpersonales normales y por lo general sufrieron agresiones sexuales en su niñez); el travestismo, o utilización de las ropas del sexo opuesto; el voyeurismo, o contemplación de personas desnudas que llevan a cabo algún tipo de actividad sexual; la zoofilia, acto o fantasía de establecer relaciones sexuales con animales; el sadismo, o necesidad de infligir daño o humillación a la pareja; el masoquismo, o el deseo de ser humillado o lesionado; el froteurismo, o rozamiento de los genitales con desconocidos; la coprofilia, o utilización de las heces; la urofilia, o utlización de la orina; la necrofilia, o atracción por los cuerpos muertos; la clismafilia, o uso de enemas; la gerontofilia, o necesidad de establecer relaciones sexuales con personas de edad avanzada.

Existen muchas otras parafilias, como las llamadas telefónicas obscenas o las preferencias por determinadas características físicas, como las personas obesas, las mujeres embarazadas, etcétera. Es importante señalar que, contrariamente a lo que se piensa, los parafílicos no suelen ser personas violentas. Cuando aparece la violencia (en crímenes sexuales, por ejemplo) el problema básico no es la parafilia, sino una alteración psicopática de la personalidad, lo cual se produce, por suerte, con mucha menor frecuencia que las parafilias.

Así mismo, es también importante constatar que determinadas tendencias

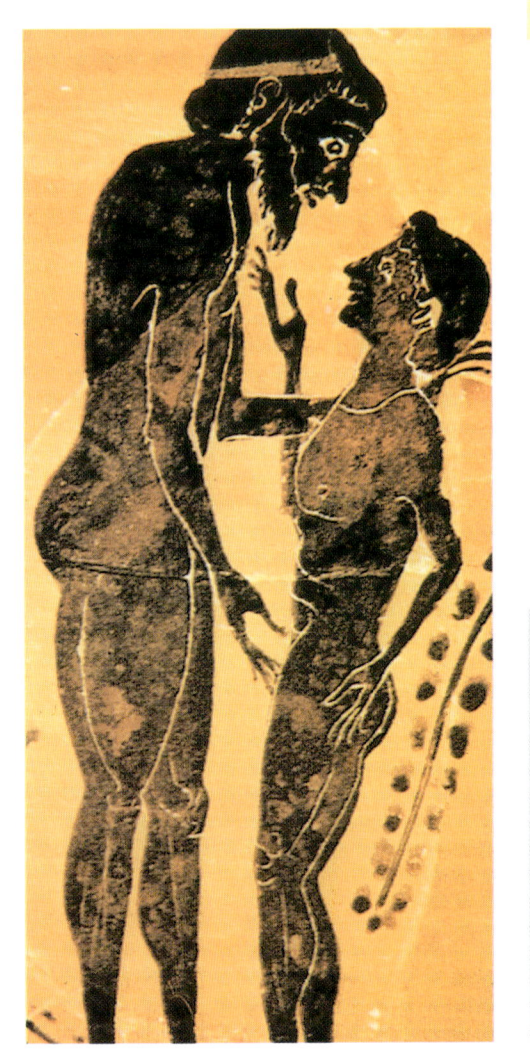

> **¿ A mi pareja le gusta practicar el sexo anal. ¿Se considera éste un acto fuera de lo normal?**
>
> ➡ Hasta hace unas décadas ciertos autores consideraban al coito anal entre un hombre y una mujer una perversión, y algunos de ellos lo asociaban con tendencias homosexuales reprimidas del varón. Pero actualmente la práctica totalidad de los sexólogos considera que la introducción del pene en el recto de la mujer es una práctica sexual tan legítima como cualquier otra. Los únicos requisitos a tener en cuenta son algunas precauciones higiénicas y, fundamentalmente, que el deseo y el placer sean compartidos por ambos miembros de la pareja.

Decoración procedente de un vaso de cerámica griega del siglo VI a.C. La relación amorosa con jóvenes en edad prepuberal formaba parte de la tradición cultural de la antigua Grecia. Hoy en día, la paidofilia se considera una manifestación sexual enferma.

Las personas masoquistas encuentran satisfacción erótica sólo cuando la relación sexual va unida a un sufrimiento físico o moral. Este sufrimiento forma parte indispensable de su excitación. En la película Belle de jour, *Luis Buñuel puso en imágenes este deseo de ser humillado o lesionado por el otro.*

El marqués de Sade y Sacher-Masoch

Los términos sadismo y masoquismo tienen su origen en la obra de dos literatos del siglo XIX: Donatien-Alphonse-François, marqués de Sade, y Leopold von Sacher-Masoch. Sade fue un escritor francés que alcanzó el grado de capitán de caballería en la campaña de Prusia. Su vida disoluta en las guarniciones le granjeó pronto fama de libertino acreditado. Contrajo matrimonio en 1763 con Renée-Pélagie. Acusado de envenenamiento y sodomía, fue condenado a muerte en Marsella, en 1772, pero marchó a Italia con su cuñada. De 1778 a 1784 estuvo recluido en Vincennes y después en la Bastilla. De esta época datan *Les 120 journées de Sodome* y *Les infortunes de la vertu* (1787). Puesto en libertad, publicó varias obras como *Justine ou les malheurs de la vertu* (1791). Partidario de la causa revolucionaria, escribió varios opúsculos y ocupó diversos cargos políticos, aunque volvió a sufrir prisión, esta vez por su origen noble, hasta 1794. En *La nouvelle Justine* (1797) y su continuación, *L'histoire de Juliette* reforzó su aureola de satanismo. La publicación de *Zoloé et ses deux acolytes* (1800) le costó el encierro en el hospicio de Charenton, en el que habría de morir. Es de suponer que el marqués de Sade —que hizo sobrados méritos para dar nombre a una parafilia— era poseedor de una personalidad muy alterada, altamente psicopática: se le acusó de actos de crueldad, de administración de drogas afrodisíacas venenosas, de seccionar las venas de una mujer que tenía confinada en un prostíbulo, de infligirse cientos de heridas con lanceta en su cuerpo, etcétera.

Leopold von Sacher-Masoch fue un escritor austríaco perteneciente a una familia de clase media. Tras tomar parte en la campaña de Italia, se dedicó al periodismo y a la literatura. Su primer amor, una mujer mayor que él, lo insultaba y lo hacía víctima de su desprecio siempre que le era factible y acabó abandonándolo por un aventurero ruso. Después tuvo relaciones con una princesa, la cual le indujo a servirle como criado, llenándolo de vejaciones. Finalmente se casó con A. von Rümelin, una mujer extraordinariamente fea, que satisfizo plenamente sus ansias de castigo. En 1886 se vio envuelto en un escandaloso proceso de divorcio que reveló los peculiares hábitos sexuales de ambos cónyuges, reflejados en varios libros suyos y que fueron analizados por el psiquiatra Richard von Krafft-Ebing. Entre sus obras destacan: *La Venus de las pieles* (1870), *Falso armiño* (1873-1879), *Las mesalinas vienesas* (1874) y narraciones histórico-costumbristas.

parafílicas, cuando no constituyen un medio único de obtener excitación sexual, no exceden del ámbito del individuo o la pareja, son libremente aceptadas y no lesionan los derechos de otra persona y no producen sufrimiento psicológico a quien las presenta, no tienen por qué constituir motivo de consulta psicológica. En caso de que sí se produzca alguna de las circunstancias señaladas, deben ser tratadas convenientemente, bien por medio de una terapia psicológica, bien, en casos extremos, mediante fármacos que actúan suprimiendo el impulso sexual.

Cuando algo no funciona: las disfunciones sexuales

Cuando existe una dificultad más o menos permanente en experimentar alguna de las fases de la respuesta sexual (deseo, excitación u orgasmo) o en llevar a cabo algún elemento de la conducta sexual (básicamente el coito), se habla de disfunciones sexuales. Éstas pueden ser primarias o secundarias, según se presenten al inicio de la vida sexual o tras un período previo de buen funcionamiento; totales o parciales, según afecten a la totalidad o a parte de la respuesta implicada; continuas, episódicas o recurrentes, según se mantengan durante todo el tiempo, aparezcan muy aisladamente o lo hagan con cierta regularidad; y globales o situacionales, según se presenten en todas las situaciones sexuales o en algunas determinadas.

Iniciaremos nuestro recorrido con aquellas disfunciones que pueden afectar a ambos sexos: la inhibición del deseo y los estados de aversión sexual, para continuar con los trastornos específicamente masculinos y los femeninos.

El deseo sexual inhibido

La falta de interés por la actividad sexual, unida generalmente a un déficit de pensamientos y fantasías sexuales, es una de las disfunciones más comunes. Hasta hace pocos años el deseo sexual inhibido era patrimonio casi exclusivo de la mujer, pero en los últimos años su incidencia ha aumentado en el hombre.

El límite entre el sexo «normal» y una parafilia es muy sutil, y está dado por convenciones culturales. El cuadro de R. Schlichter **Reunión de fetichistas y flagelantes** *recoge varias aberraciones sexuales: sadismo, masoquismo y voyeurismo.*

Entre sus causas pueden mencionarse los factores educacionales, que con mayor frecuencia afectan a la mujer; la existencia de disfunciones previas, que al convertir la actividad sexual en una experiencia negativa producen una pérdida de deseo; el estrés o el exceso de trabajo, que llevan a centrar la atención en áreas alejadas de la sexualidad; las enfermedades crónicas que, junto con determinados tratamientos farmacológicos, pueden afectar al deseo sexual tanto biológica como psicológicamente; la depresión, en la que existe una

LA SEXUALIDAD

Las mentalidades puritanas han influido poderosamente en los comportamientos sexuales y, en algunos casos, han sentado las bases para la formación de conductas fóbicas o de aversión sexual. En la pintura **Gótico americano** *Grant Wood retrata con crudeza esta mentalidad en los rostros de un granjero predicador y su hija.*

pérdida generalizada de interés por las cosas. Dado que las variaciones interpersonales en el deseo sexual son muy amplias, es más fácil diagnosticar un trastorno del deseo cuando ha existido un impulso previamente más alto que cuando el problema es primario, ya que entonces es difícil fijar los límites de la normalidad. Debe evaluarse también la posibilidad de que la inhibición del deseo sexual sea selectiva hacia determinada persona o hacia determinada actividad sexual. Es posible en este caso que existan otras causas además de las reseñadas anteriormente, como pueden ser los problemas de pareja, o una habituación sexual, es decir, la pérdida de poder estimulante cuando un estímulo sexual se presenta en repetidas ocasiones.

Con frecuencia la falta de impulso sexual se consulta para un mejor ajuste con la pareja y no por un verdadero deseo propio, ya que el individuo puede encontrarse bien consigo mismo aun manteniendo un muy bajo o nulo impulso sexual. En estos casos cabe evaluar si existe una verdadera motivación para aumentar el deseo sexual ya que, de lo contario, cualquier intento de solución será ineficaz.

Partiendo de que existe esta motivación, el déficit de impulso sexual puede tratarse modificando las circunstancias anómalas que actúan como causas. Cuando éstas no pueden ser modificadas, como ocurre con los problemas educacionales, se intenta una «reeducación» a diversos niveles: información sexual adecuada; reestructuración de pensamientos y sentimientos negativos hacia el sexo; aprendizaje sensorial y entrenamiento en fantasías sexuales. En el caso del hombre es posible la ayuda farmacológica en forma de tratamientos con testosterona, pero el fármaco por sí solo no mejora la situación si no se modifican las circunstancias que puedan estar manteniendo la disfunción. Aunque existen también algunos fármacos que teóricamente pueden mejorar el impulso sexual en ambos sexos, ninguno es suficientemente eficaz como para pensar que sea una solución única al problema. Por fin, es importante saber que cualquier actividad sexual llevada a cabo «por obligación» acabará comportando una mayor pérdida de deseo sexual lo que, a la larga, empeorará el problema inicial. Por ello es fundamental ser sincero con uno mismo y con la pareja, al tiempo que se impone una actitud de comprensión hacia el miembro de la pareja que presente un menor deseo.

La fobia sexual

El rasgo que define el trastorno por fobia o aversión sexual es la evitación del sexo. No se trata aquí de un deseo inhibido, sino de un miedo irracional capaz de producir intensas reacciones corpo-

EL VÍNCULO DEL PLACER

> **¿Cada vez que mi marido intenta tener relaciones sexuales conmigo siento un profundo rechazo. ¿Qué puedo hacer para superarlo?**
>
> ➡ Por lo general, la aversión sexual tiene su origen en una educación sumamente represiva o en algún hecho traumático relacionado con el sexo. Como es poco probable que una persona pueda por sí sola resolver su problema de aversión sexual, lo aconsejable es acudir a un terapeuta en busca de ayuda para descubrir la causa que provoca dicha aversión, y luego para superarla. Todo esto siempre y cuando el suyo no sea simplemente un caso de rechazo, por motivos diversos, a una persona en particular. De ser así, no se puede hablar de aversión en general y lo que tendrá que hacer es resolver el conflicto con su marido.

rales (taquicardia, sudoración) con sólo imaginar la actividad sexual que resulte aversiva. Puede sentirse aversión hacia el sexo en general o hacia una faceta concreta, como los genitales del sexo opuesto o la penetración.

Las causas más frecuentes de aversión sexual van desde una educación negativa, a las experiencias sexuales traumáticas o los intentos por parte de la pareja de forzar actividades sexuales que, en el fondo, no son deseadas. Este tipo de trastornos pueden tratarse, siempre que lo desee el individuo, conjugando técnicas de relajación con un afrontamiento progresivo del elemento fóbico de manera que desaparezca la reacción ansiosa inicial.

Problemas de erección

La dificultad o imposibilidad de obtener o mantener una erección suficiente como para llevar a cabo la penetración y realizar el coito se define como disfunción erectiva. Dado que sobre la erección del hombre reposa una gran parte de la mitología sexual, los trastornos erectivos son tan desalentadores como frustrantes para ambos miembros de la pareja. Aunque las estadísticas varían ampliamente según los criterios que se tengan en cuenta, puede afirmarse que entre un 5 a un 10 por ciento de la población total masculina presenta un problema de erección más o menos permanente, mientras que todos o casi todos

*Los **sex-shop**, o tiendas especializadas en objetos eróticos, ofrecen una variedad de artilugios que promueven las fantasías sexuales y ayudan al placer en solitario. Para muchas personas, estas tiendas son sinónimo de pornografía; pero en realidad, la frontera entre erotismo y pornografía presenta contornos muy desvaídos.*

113

LA SEXUALIDAD

los hombres han padecido, en alguna ocasión, algún episodio aislado de dificultad erectiva.

Aunque se suele hablar de disfunción erectiva orgánica o psicógena, debe tenerse en cuenta que, con frecuencia, ambos tipos de factores actúan conjuntamente o, al menos, cuando existe un problema orgánico siempre acaba superponiéndose una cierta afectación psicógena. Entre las causas orgánicas figura cualquier enfermedad, lesión o droga que afecte al sistema hormonal, al sistema nervioso central o periférico, a los vasos que llevan la sangre al pene, a los cuerpos cavernosos o al sistema de cierre venoso. Por su frecuencia, son importantes la arterioesclerosis y la diabetes; entre los fármacos, algunos antihipertensivos, diuréticos, antiulcerosos, antidepresivos y antipsicóticos.

Muchos hombres se aferran a un diagnóstico de organicidad y se niegan a aceptar otros posibles factores implicados. Ello se debe, posiblemente, a las connotaciones negativas de la palabra «psicógeno», en cuanto a que parece significar una alteración psicopatológica. En el caso de la disfunción erectiva el término «psicógeno» se usa por contraposición a «orgánico», pero no necesariamente indica alteraciones psicológicas. De hecho, no ha podido relacionarse la disfunción erectiva con ninguna psicopatología concreta.

Las causas no orgánicas o psicógenas de la disfunción erectiva pueden dividirse en dos grandes grupos: las mediatas, que se hallan en la base de la disfunción y están representadas por problemas de índole muy diversa (información sexual inadecuada, pareja sexualmente exigente, reacciones de miedo ante enfermedades o cirugía, fallos erectivos ocasionales, etc.), y las inmediatas, que son las verdaderas responsables del problema erectivo. Las causas mediatas, de alguna forma, dan lugar a la existencia de dudas sobre la propia capacidad erectiva y, a partir de estas dudas, las causas inmediatas, en forma de exceso de autoobservación del reflejo erectivo, de pensamientos negativos y de pérdida de atención sobre los estímulos eróticos comportarían una inhibición de la erección.

Pruebas y tratamiento

Para determinar hasta qué punto un problema erectivo responde a causas orgánicas o psicógenas se dispone de diversas pruebas, entre las que destaca el llamado «Rigiscan», un aparato que mide los cambios de volumen y de rigidez peneana, y que puede usarse en la evaluación de las erecciones nocturnas o de las conseguidas mediante un estímulo visual, una película erótica. Si se detecta la presencia de erecciones correctas ello indica que los factores orgánicos no son la causa básica del problema. En muchas ocasiones no es preciso recurrir a estas pruebas, ya que para la persona es evidente la existencia de estas erecciones correctas, sean erecciones matutinas, nocturnas, obtenidas mediante masturbación o en forma de mejoría ocasional. En este caso es evidente que el mecanismo orgánico está conservado, ya que cuando existe una alteración orgánica, los problemas erectivos afectan a todas las erecciones, siempre y en cualquier situación.

El tratamiento de estos problemas se basa en una serie de técnicas, centradas

La potencia sexual, especialmente la del hombre, tiene su punto máximo en la adolescencia, edad en la que muchas veces, y por múltiples razones, les resulta difícil a los jóvenes canalizar sus impulsos en una relación de pareja plena.

El gráfico representa en línea roja lo que puede considerarse un caso de eyaculación precoz, frente a la eyaculación normal, en línea azul. La eyaculación precoz va acompañada por la falta de respuesta normal femenina, en amarillo.

EL VÍNCULO DEL PLACER

en la prohibición del coito, que permiten a ambos miembros de la pareja dejar de estar pendientes de la erección. Cuando esto se consigue, la respuesta erectiva aparece con mayor facilidad y, a base de pequeños éxitos, el hombre puede llegar a recuperar la confianza en su respuesta. A partir de aquí debe haber un cambio de actitud hacia una menor obligatoriedad del coito, de modo que exista una menor presión sobre la respuesta erectiva.

Los problemas orgánicos se tratan fundamentalmente corrigiendo la alteración de base, pero existen otras posibilidades terapéuticas, como los aparatos de vacío, que producen una erección por un mecanismo de succión, la autoinyección intracavernosa de sustancias vasodilatadoras y, en último término, la intervención quirúrgica y colocación de una prótesis, procedimiento que es irreversible.

Eyaculación precoz y retardada

Si bien pueden darse casos de eyaculación dolorosa, de eyaculación retrógrada (cuando el semen va hacia la vejiga en vez de salir expulsado hacia adelante), de eyaculación sin orgasmo, o de eyaculación totalmente inhibida, los trastornos eyaculatorios más frecuentes se basan en criterios de tiempo: son la eyaculación precoz y la retardada. Dicho en pocas palabras, la primera es la que se presenta antes de que el individuo lo desee y la segunda, la que no se presenta aunque el individuo lo desee.

A pesar de ser problemas distintos y de que la eyaculación precoz es mucho más frecuente que la retardada, en ambas existe un trasfondo biológico común, que es frecuentemente olvidado cuando se contemplan desde una perspectiva exclusivamente psicologista. Nos referimos a que el mecanismo eyaculatorio es un reflejo y a que hay importantes variaciones individuales en la rapidez con que este reflejo se desencadena. Así, mientras que unos hombres precisan de una intensa excitación para llegar al punto de disparo, en otros el reflejo se desencadena ante unos niveles relativamente bajos de excitación. Este nivel mínimo de excitación capaz de disparar el reflejo eyaculatorio es lo que se denomina umbral eyaculatorio.

En el caso de la eyaculación precoz, un bajo umbral determina que la eyaculación se presente con mayor rapidez y de forma más imprevista, dificultando el proceso por el que un individuo aprende a ejercer un cierto control sobre su reflejo eyaculatorio. En el caso de la eyaculación retardada, un umbral elevado comporta ciertas dificultades eyaculatorias iniciales, a partir de las cuales el individuo observa en exceso su propio mecanismo eyaculatorio, inhibiendo el reflejo (al igual que en el caso de los problemas erectivos) y agravando el problema inicial. Importa remarcar que estas dos disfunciones son tal vez las que más acusan el peso de los patrones sociales sobre la respuesta sexual. Tanto una como otra no serían por sí mismas un grave problema, pero sí lo son cuando queremos que la respuesta aparezca en un momento concreto y determinado de la relación sexual y lo hace demasiado antes o demasiado después.

Tradicionalmente la educación condicionaba a la mujer para tener un rol pasivo en las relaciones sexuales. Esto llevaba a que en los matrimonios, con mucha frecuencia, fuera sólo el hombre quien gozaba sexualmente.

El tratamiento tiene, al igual que las causas, dos posibles vertientes: una biológica, mediante fármacos que aumentan el umbral eyaculatorio, y otra de aprendizaje, ya que el reflejo eyaculatorio, al igual que el urinario, es susceptible de un cierto grado de control. Para llevar a cabo este aprendizaje existen una serie de pasos que hacen al hombre más consciente de las sensaciones que anuncian la inminencia de la eyaculación y le permiten parar antes de que se desencadene el reflejo. Tras varios meses de «ejercicios» se logra un control eyaculatorio.

En el caso de la eyaculación retardada la terapia se basa en eliminar el exceso de autocontrol sobre la propia respuesta, en desarrollar un pensamiento más centrado en los aspectos eróticos y en realizar aproximaciones progresivas desde la situación en que resulte más fácil la eyaculación hasta la eyaculación intravaginal.

Cuando el orgasmo no llega

La disfunción sexual femenina más frecuente, la anorgasmia, se define como la ausencia o retraso del orgasmo tras una fase de excitación previa en el contexto de una actividad sexual adecuada en cuanto a tipo, intensidad y duración.

Durante muchos años fue un motivo de consulta frecuente la anorgasmia coital, es decir, mujeres que sí obtenían el orgasmo mediante la estimulación del clítoris, pero no durante el coito. Hoy sabemos que no más de un 40 por ciento de las mujeres son capaces de lograr el orgasmo únicamente con el coito. De hecho, la sensibilidad del interior de la vagina es menor que la de la zona clitórica y durante un coito normal el estímulo que se produce sobre el clítoris es escaso. A pesar de ello, sigue habiendo un número importante de mujeres que rechazan cualquier otra forma de llegar al orgasmo que no sea el coito, lo cual puede dar lugar a problemas, tanto en ellas mismas por intentar forzar la respuesta orgásmica, como en sus parejas al necesitar mantener la erección y el control eyaculatorio durante un tiempo suficiente, que a veces es muy prolongado.

La falta de orgasmo en la mujer suele ser consecuencia de una educación sexual inadecuada. Pero las dificultades para alcanzar el orgasmo, tanto en el hombre como en la mujer, no significan necesariamente tener una sexualidad deficiente.

Cuando la falta de orgasmo aparece tras un período de buen funcionamiento sexual, puede deberse a la presencia de alguna enfermedad o a la toma de algún medicamento, un antihipertensivo o un antidepresivo que inhiban el orgasmo. En este caso, se debe tratar la enfermedad o eliminar el fármaco responsable, al tiempo que la mujer tendrá que reaprender a no estar pendiente de su orgasmo si es que, durante el tiempo que ha durado el problema, ha caído en el llamado «rol de espectador».

Si el problema es de anorgasmia coital, existiendo un juego previo correcto, una buena relación de pareja y un tiempo razonable de coito, es aconsejable que la mujer asuma la posibilidad de otras opciones de estimulación, aunque puede intentar mejorar el estímulo durante el coito mediante el entrenamiento de la musculatura pubococcígea (el músculo que se contrae si interrumpimos la micción) o mediante las llamadas «posturas puente», que permiten un estímulo del clítoris durante el coito.

Cuando la anorgasmia es global y primaria, es muy posible que la mujer nunca haya practicado la masturbación o, si lo ha hecho, que haya abandonado a los pocos intentos en vista de la falta de «resultados». En cualquier caso, la masturbación es la forma más fácil de llegar al orgasmo ya que nadie mejor que uno mismo sabe el punto exacto y la intensidad justa de estímulo que precisa en cada momento de la estimulación sexual, aparte de que no hay presiones de otra persona «esperando» que aparezca el orgasmo. Por ello, inicialmente, el tratamiento se basa en la autoestimulación, a la cual se llega tras unos pasos previos consistentes en observar y explorar los propios genitales, localizar las áreas que producen más sensaciones, entrenar la musculatura pubococcígea y aprender a recrear fantasías eróticas. Es también importante que la mujer no mantenga sus expectativas centradas en el orgasmo y que aprenda a no estar excesivamente autocontrolada, dándose libertad para, por ejemplo, poder provocar ruidos o adoptar posturas extrañas. Una vez logrado el orgasmo en solitario, se va generalizando el orgasmo a la relación con la pareja, inicialmente mediante estimulación manual y luego mediante coito aunque, recordemos, algunas mu-

LA SEXUALIDAD

El punto G y la eyaculación femenina

Ernst Gräfenberg, el ginecólogo alemán que da nombre al punto G, hizo sus investigaciones en los años cincuenta. No fue, sin embargo, hasta 1982, en que tres investigadores americanos, Ladas, Wipple y Perry publicaron su libro *El punto G* y popularizaron lo que hasta entonces había pasado totalmente inadvertido entre miles y miles de publicaciones médicas.

El punto G es una zona situada en la pared anterior de la vagina, a unos tres o cuatro centímetros de su entrada. Para localizarla, se debe introducir el dedo en la vagina y ejercer presión hacia la pared abdominal. Si es convenientemente estimulada esta zona se dilata, pudiendo dar lugar a un orgasmo durante el cual se expulsa cierta cantidad de líquido lechoso por la uretra. Al parecer ello se debe a la presencia en este punto de restos embrionarios de tejido prostático, que son los responsables de la congestión y posterior emisión del fluido.

Aunque la zona que corresponde al punto G suele ser la parte más sensible de la vagina en casi todas las mujeres, la presencia de una estructura anatómica diferenciada es mucho más discutible y, en todo caso, no se hallaría presente más que en algunas de ellas. Según los autores del libro, existe un 40 por ciento de mujeres capaces de eyacular durante el orgasmo. Según otros investigadores, este porcentaje no sería superior al 5 por ciento.

Es evidente que, aunque es bueno el investigar y conocerse mejor a sí misma, no hay que caer en el error de lanzarse desesperadamente a la búsqueda del punto G y de la eyaculación durante el orgasmo. Cada mujer debe disfrutar con lo que le sea fácil y se encuentre cómoda. La sexualidad nos ofrece, por suerte, muchos otros recursos.

Si bien el sexo puede ser fuente de inhibiciones y frustraciones, básicamente es un comportamiento que proporciona placer. Cada pareja es un mundo y no existen normas ideales de excitación o de goce.

jeres deben mantener una estimulación complementaria de la zona clitórica.

Miedo a la penetración

Una de las primeras causas de matrimonio no consumado es el vaginismo. Consiste en una contracción espasmódica, dolorosa e involuntaria, de la musculatura del tercio externo de la vagina que se produce ante cualquier intento de penetración y que, de hecho, la impide. Casi siempre aparece en mujeres jóvenes que inician sus relaciones sexuales y entre cuyos antecedentes, invariablemente, se halla un cierto miedo a la penetración, bien por algún episodio traumático (abusos o intento de abusos), una educación restrictiva, unos primeros intentos dolorosos o, sencillamente, por la creencia arraigada de que la primera vez «duele».

El problema es que este espasmo es una respuesta condicionada, es decir, se produce de forma automática ante cualquier situación que incluya una posibilidad de penetración y, por tanto, cuanto más se intente la penetración y se produzca dolor, más se condicionará la respuesta, produciéndose un círculo cerrado del que es difícil salir. En la mayoría de las ocasiones la reacción espasmódica se produce ante cualquier intento de penetración, incluido el propio dedo, los tampones vaginales o el espéculo del ginecólogo, aunque no es raro ver vaginismos selectivos a la penetración del pene. Aparte de la imposibilidad de penetración, los otros componentes de la respuesta sexual se suelen haber conservado, es decir, no acostumbra a haber problemas de excitación ni de orgasmo mediante la estimulación clitórica a no ser que, a causa de las dificultades de penetración, se haya creado una dinámica sexual inadecuada.

Por otro lado, es importante señalar la confusión que, durante muchos años, ha habido entre el vaginismo y otras patologías ginecológicas. Era frecuente y, desgraciadamente, aún lo es, oír hablar de vaginas «estrechas» o de hímenes gruesos que requieren intervención quirúrgica, cuando en realidad la dificultad en la exploración ginecológica está provocada por un vaginismo. Pensemos que la vagina es una cavidad virtual que se distiende y que debe permitir, durante el parto, el paso de la cabeza del niño, de unos diez centímetros de diámetro aproximadamente. No puede, por tanto, resultar «estrecha» para una exploración ginecológica o para la penetración del pene a no ser que, como hemos dicho, exista una contracción de la musculatura que la circunda. En este caso, no es adecuado realizar una intervención quirúrgica, ya que el vaginismo es un trastorno de solución relativamente fácil y rápida, y de muy buen pronóstico.

El tratamiento consiste en «desacondicionar» la asociación entre penetración y dolor. Para ello se pide a la mujer que se familiarice con sus genitales y haga un cierto entrenamiento de la musculatura pubococcígea (los llamados ejercicios de Kegel), para ser más consciente del estado (tenso o relajado) de su musculatura vaginal. A partir de aquí se lleva a cabo una progresión, cuyo primer paso consiste en la introducción suave de la punta del dedo de la propia mujer en la vagina, hasta que se reduzca la contractura muscular. Una vez pueda introducir todo el dedo en la vagina, se continúa con los pasos posteriores que incluyen la introducción de dos dedos, de uno y dos dedos de la pareja, de tampones o de dilatadores vaginales y, finalmente, el coito, que debe llevarse a cabo en posición superior femenina, para que sea la mujer quien controle todo el proceso de la penetración. Durante la ejecución de estos pasos, la mujer puede ayudarse con un lubricante no graso que facilite la introducción. Durante el tiempo de tratamiento no deben existir intentos de coito ni ninguna otra actividad que pueda producir dolor, ya que se reactivaría el mecanismo condicionado.

Si a la estimulación sensual se une la creatividad e imaginación de cada pareja para buscar nuevas formas de contacto físico, la sexualidad resultará más rica y la comunicación, más amplia.

El dolor en el coito

La presencia de dolor durante el coito, conocida como dispareunia, puede ser descrita de formas muy diversas (ardor, pinchazos, quemadura o dolor cortante) y puede sentirse de forma muy localizada y precisa, o de modo muy generalizado, en la zona vaginal o pélvica. Resulta evidente que la dispareunia se refiere a un trastorno más o menos crónico y duradero, y no a las molestias ocasionales, que la mayoría de mujeres han experimentado alguna vez durante sus relaciones sexuales.

Ante cualquier dispareunia deben tenerse en cuenta en primer lugar las cau-

LA SEXUALIDAD

sas orgánicas: infecciones vaginales (las más frecuentes) o urinarias; malformaciones de los genitales; cicatrices o quistes, sin olvidar la posible sequedad vaginal que se produce tras la menopausia o en cualquier estado carencial de estrógenos. Descartado cualquier factor orgánico, se deben revisar los aspectos psicológicos. En general, los dolores poco circunscritos, cambiantes y que no son reproducidos mediante el tacto vaginal, son con toda probabilidad psicógenos. En este sentido, intervienen los factores educativos, los antecedentes traumáticos, los factores de relación de pareja y los factores personales como la ansiedad, el miedo al coito o la percepción amplificada de molestias normales. Finalmente, también influyen los aspectos relativos a la dinámica sexual, como el tiempo dedicado al juego previo, los estímulos aversivos o las posiciones coitales. Además de modificar las condiciones anómalas, orgánicas o psicológicas, el tratamiento requiere efectuar un proceso de desacondicionamiento similar al del vaginismo.

La dispareunia es un trastorno típicamente femenino, aunque también puede producirse en el hombre, en forma de dolor en la erección, durante o después de la eyaculación. En la mitad de las ocasiones se debe a factores orgánicos como infecciones o fibrosis (enfermedad de Peyronie), y en la otra mitad a factores psicológicos.

Con carácter general puede decirse que las disfunciones sexuales son frecuentes, ya que se calcula que, aproximadamente, la mitad de la población se ha visto afectada, al menos ocasionalmente, por algún problema sexual propio o de la pareja. Sin embargo, es importante tener en cuenta que la satisfacción sexual no depende tanto del funcionamiento mecánico de la relación, sino del grado de bienestar de la pareja.

Hay parejas que, sin grandes esfuerzos ni renuncias, pueden ejercer una sexualidad como la que aparece en los manuales al uso. Otras, en cambio, por las características fisiológicas o psicológicas de uno o los dos miembros de la pareja, encuentran dificultades. Estas últimas deben escoger entre tener una sexualidad «normal» a costa de pasar un examen en cada relación sexual, o tener una sexualidad no tan «normal», pero mucho más relajada y placentera. Si la finalidad de la sexualidad es, aparte de la reproducción, el placer y el bienestar de la pareja, la opción a elegir es, a nuestro parecer, muy clara.

Entre los mitos sexuales destaca el del pene, símbolo de fertilidad y virilidad. Ejemplo de ello es este falo romano en bronce del siglo I d.C.

Los mitos sexuales

Dado que la sexualidad suele practicarse en la intimidad, nuestros puntos de referencia son escasos y, frecuentemente, distorsionados. El comportamiento sexual es, por tanto, terreno abonado para la existencia de numerosas creencias erróneas que son tenidas por ciertas en la sociedad. Son los llamados mitos sexuales. Desde pensar que existen unas reglas universales sobre lo que es «normal» o «anormal» en sexualidad, a creer que el hombre siempre está dispuesto a mantener relaciones sexuales, o que la ausencia de erección en el hombre significa una falta de atractivo de la mujer, hallaríamos cientos de ideas incorrectas que están grabadas en nuestro cerebro y que, por ello, ya ni siquiera nos las cuestionamos.

Tal vez esta «no conciencia» de los mitos sexuales explique uno de los mitos más importantes: el que nos hace creer que, a los que leemos sobre sexualidad y estamos al tanto de lo que se dice en los medios de comunicación, no nos afectan los mitos sexuales. Difícilmente podemos sustraernos a la sutil presión social que desde pequeños conforma nuestro carácter y nuestras ideas. Y muchas de ellas son, sin duda, erróneas. Conviene pues, que cuando nuestro propio comportamiento sexual o el de nuestra pareja no sea acorde con nuestros pensamientos, seamos capaces de flexibilizar al máximo nuestra mente para intentar asumirlo y aceptarlo, siempre que, naturalmente, no sea algo verdaderamente dañino o peligroso. Si, a pesar de todo, nos sigue preocupando, tal vez sea bueno efectuar una consulta con un profesional. Aunque éste, como hombre o mujer de nuestra sociedad tenga, también, sus propios mitos sexuales.

Capítulo 5

EL AMOR Y LOS AMORES

EL AMOR Y LOS AMORES

Los estados afectivos

La afectividad, la capacidad de experimentar sentimientos y emociones es una característica esencialmente humana. El afecto limita e influye en nuestra capacidad racional, de tal modo que la historia de todo hombre y toda mujer es la historia de su lucha por equilibrar lo racional y lo emocional en cada circunstancia vital. Ya en el siglo XVIII, Blaise Pascal nos legó la célebre frase: «El corazón tiene razones que la razón desconoce».

Pensadores, filósofos, escritores, psicólogos y profesionales de todas las ciencias y artes han intentado definir el fenómeno del amor. Hay descripciones de todo tipo, desde las visiones idealistas de los escritores románticos, pasando por las crudas y escépticas afirmaciones de los existencialistas, hasta las imágenes supuestamente objetivas que surgen del intento científico de medir las emociones a través del nivel de ciertas sustancias en la sangre. Cada generación está influida por determinados conocimientos y, aunque los sentimientos permanecen parecidos a través de los siglos, su descripción va cambiando. Por ello, si queremos comprender este fenómeno es conveniente primero diferenciar todos esos términos que se utilizan cotidianamente para hablar del amor: pasión, emoción, sentimiento y humor.

Los sentimientos son estados afectivos, estables y duraderos, de poca intensidad y no comportan una activación fisiológica. Entre ellos se cuentan la alegría, la tristeza, la satisfacción...

Las emociones son estados afectivos intensos, breves y pasajeros, que siempre comportan una activación fisiológica, como por ejemplo la tensión, el rubor, el llanto o la taquicardia. Son emociones el miedo, la rabia, la angustia, el entusiasmo, la exaltación...

Las pasiones son estados afectivos fuertemente intelectualizados. Se les atribuye la intensidad de las emociones y la duración de los sentimientos. Una pasión es una elaboración intelectual con una alta carga de componente emocional. Pueden despertar pasiones la pintura, el fútbol, o cualquier tema o actividad cuya presencia vivamos con fervor.

El humor, a diferencia de los anteriores, no es un estado afectivo, sino una disposición afectiva, relativamente estable y persistente. También se le denomina estado de ánimo y es capaz de teñir intensamente las vivencias del individuo. El estado de ánimo puede estar influido por las variaciones estacionales («la tristeza de un día gris», «la alegría exultante de un día soleado»), pero sobre todo por determinadas circunstancias ambientales, de la biografía del individuo y de las dimensiones y factores de su personalidad. En resumen, el estado de ánimo presenta una notable ambivalencia: por una parte puede ser relativamente duradero, anclado en la «forma de ser» normal de cada individuo (animoso, dinámico y activo o, en cambio persistente y pasivo...) pero sometido a las mareas ondulantes de las variables psicosociales.

«La mujer es el fin del hombre», dijo el poeta alemán Novalis. Aquí, en esta pintura del siglo XVIII titulada **Charlotte du Val D'Oghes,** *Jacques-Louis David refleja a la mujer como bella y lejana, deseable y dulce a la vez, nimbada por el misterio del amor.*

PREGUNTAS Y RESPUESTAS

■ Estoy enamorado pero muy confundido a la vez, porque en muchas ocasiones, llevado por los celos, siento rabia y hasta odio por mi novia. ¿Son normales estos sentimientos?

➡ En la persona que vive un amor romántico es frecuente que se den las emociones más encontradas. El ser amado, que produce angustia y dolor, en otro momento también puede aliviarlos.

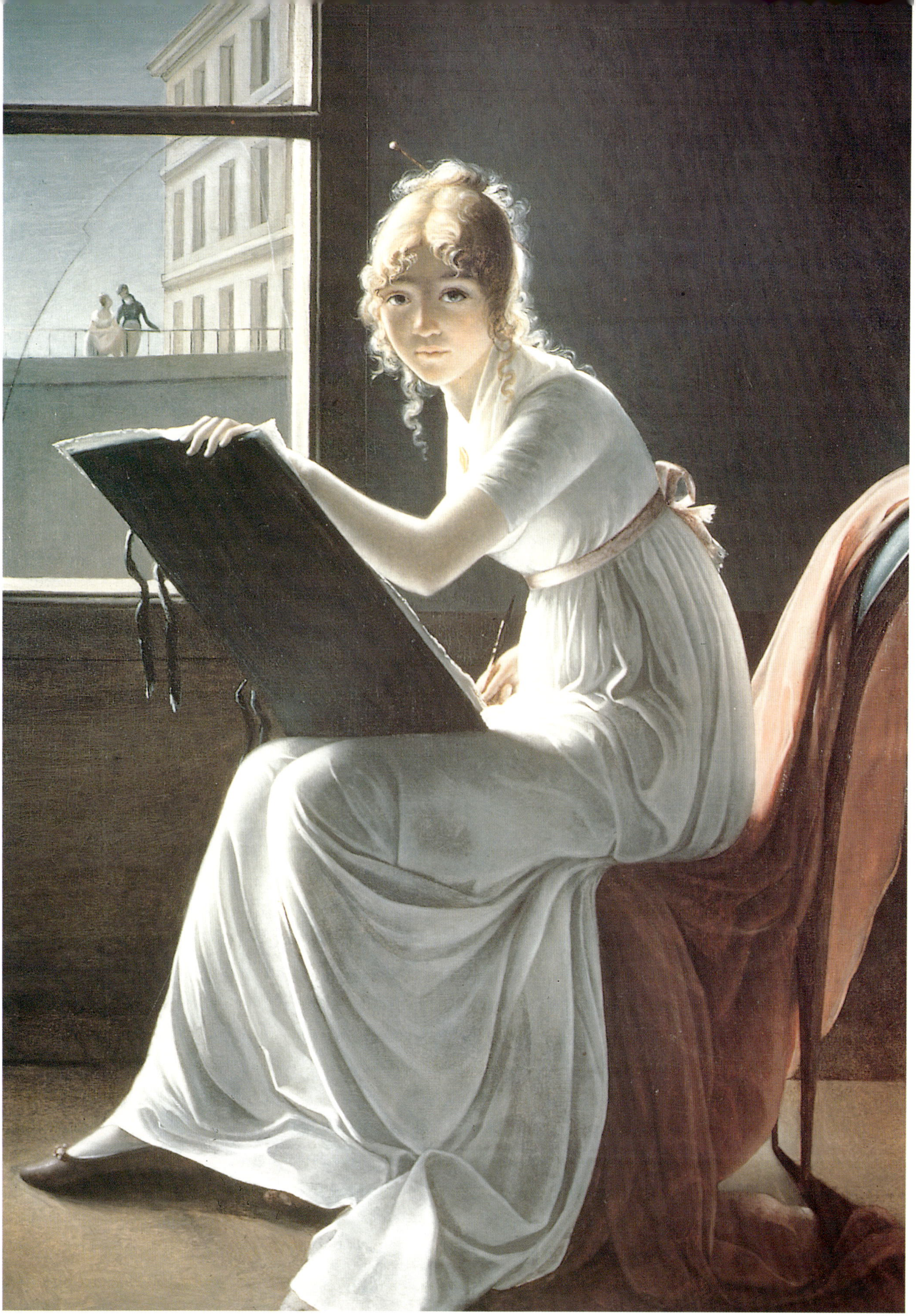

*El rostro conmovedor de María Callas, caracterizada como **Medea**, refleja la pasión. La pasión polariza al individuo en un solo objeto y le hace olvidar el resto. Da la fuerza para afrontar todos los obstáculos y alcanzar la meta pero también obnubila la razón.*

El estado de ánimo puede ser patológico, como síntoma de ciertas enfermedades entre las cuales las psiquiátricas son las más relevantes. Y dentro de esta psicopatología el más evidente es la depresión (con su estado de ánimo triste, melancólico y desesperado) y su alternativa: la manía, alteración caracterizada por las excesivas euforias y la hiperactividad, las cuales pueden preceder o proseguir a la propia depresión como ocurre en el caso específico de la llamada enfermedad bipolar, caracterizada por trastornos del estado de ánimo, ora depresivos, ora maníacos. No se debe olvidar que los estados de ánimo están sometidos al equilibrio-desequilibrio de los neurotransmisores cerebrales (dopamina, noradrenalina, serotonina...).

El enamoramiento: entusiasmos y desencantos

El enamoramiento es una atracción irresistible hacia una persona que nos llega a absorber casi por completo. Emoción, pasión y sentimiento se incardinan entre sí provocando entusiasmos eróticos e interpersonales. Con el deseo y la afinidad se asocia un estado de «encantamiento» por una persona concreta, que es percibida como única e insustituible, y se convierte en el eje de nuestra vida, promoviendo impulsos de unión, entrega, posesión y gozo con el otro. Los sentimientos de ternura y de reciprocidad se unen a las fantasías y los comportamientos de proximidad, contacto y compromiso.

Cuando vemos o pensamos en esa persona se nos dispara una taquicardia, respiramos más rápidamente y nos invade una oleada de calor. Hay sujetos que incluso adelgazan (claro que todo depende de la cantidad y calidad de las cenas conjuntas de los enamorados), y a la mayoría les brillan los ojos de forma especial durante esta época. Los enamorados hablan más de lo habitual o se cierran en un mutismo ensoñado, se sienten alegres, casi eufóricos, y languidecen de añoranza y despecho cuando no son correspondidos.

Muy poca gente ha dejado de experimentar ese estado alguna vez en su vida. Y la mayoría, aunque le teme un poco por su capacidad de alterar el ánimo, o por el sufrimiento o placer intenso que comporta de forma aleatoria, lo recuerda con cariño, como si estar enamorado al menos una vez en la vida fuera una meta vital que nuestra cultura nos impone de forma sutil.

Hay dos puntos básicos, en los que la mayoría de teorías sobre el enamoramiento coinciden: la persona que se halla en ese estado debe sentirse fisiológicamente excitada cerca del amado; además, debe interpretar que esas sensaciones experimentadas se pueden considerar amor.

Esa especie de «enfermedad» deseada

En el enamoramiento se alteran la conciencia y las percepciones, se exacerba la sensibilidad y, a veces, la preocupación constante por los pensamientos y las querencias de la persona amada cobra tintes obsesivos. Así mismo, la necesidad de verla, de mirarla, de saber cosas de ella, provoca conductas a menudo compulsivas, como mirar de forma insistente un retrato suyo cuando no se está a su lado, como escribir repetidamente su nombre, repasar cada frase dicha, o tocarla de forma constante al estar juntos.

A un profesional que no conociera su situación, el estado de ánimo de la persona enamorada podría parecerle un estado «maníaco» o una conducta muy parecida a la adicción. El enamorado necesita de la presencia y el cariño de la persona amada como de una droga, y se siente vacío y débil sin esa «dosis» cotidiana, ya sea por carta, cara a cara, o por teléfono. (Los padres de adolescentes enamorados palidecen al ver las facturas.)

Lejos de cualquier escepticismo, los enamorados bascular entre el romanticismo inconcreto y la obsesión, y se sienten transportados por la fiesta de la ternura y el reforzamiento mutuo detallista y cuidadoso, capaz de las distorsiones perceptivas más ansiosas («Te quiero porque eres bella o eres bella porque te quiero», le decía el Príncipe Encantado a la Cenicienta). Así aparecen las reacciones fisiológicas que hemos comentado anteriormente: taquicardia y sofocaciones que están ligadas a sentimientos de esperanza y ansiedad, conculcadas

El enamoramiento produce una sensación semejante a la adicción a la droga: estado de embriaguez, placer total, felicidad en presencia del amado y desdicha en su ausencia, y la imposibilidad de pensar que los sentimientos puedan ser ilusorios.

La subjetividad del enamoramiento

El enamorado casi nunca es objetivo a la hora de valorar a la persona de sus sueños. El apasionamiento no le deja ver defectos o problemas que se harán evidentes cuando desaparezca ese estado ilusorio, casi de espejismo. Las diferencias de cultura, de intereses o de carácter no sólo no tienen importancia bajo ese estado sino que, si se aprecian, es probable que sean valoradas de forma subjetivamente positiva.

Una mujer lo relataba muy acertadamente: comentaba que la virilidad, la fuerza y una cierta brusquedad de su compañero, mientras estaba enamorada, la hacían sentirse muy femenina y protegida; pasados los años, esas mismas características eran valoradas por ella como manifestaciones de la falta de sensibilidad de su compañero.

Sirva como ejemplo de esta evolución de las valoraciones el chiste popular que comenta la idealización de un enamorado del «precioso lunar» de su amada, que con el paso del tiempo se convierte en una «asquerosa verruga». Sea como sea, lo cierto es que, cuanto más sobrevaloramos al ser amado, cuanto más subjetivo e irrealista se es, más potencialmente dura es la decepción cuando se acaba el enamoramiento.

De qué, cómo y cuándo nos enamoramos

Las razones por las que nos enamoramos de una persona y no de otra son muchas. Dependen de nuestra personalidad: parece que los más independientes son menos enamoradizos; de nuestros gustos: es más fácil sentir atracción por personas con afinidades e intereses comunes; y de nuestras necesidades. No es extraño que la primera causa de atracción sea el aspecto físico. O la atracción sexual, que en algunos casos parece una reacción química irresistible. Pero también nos enamoramos de la inteligencia de una persona, de sus habilidades para conversar, de su simpatía y humor; puede subyugarnos su seguridad y carácter decidido, su serie-

Los viajes, el baile, los lugares de trabajo o estudio son las circunstancias generalmente más propicias para el encuentro de la futura pareja. Cuando dos seres se sienten fuertemente atraídos, buscan implícitamente cierto número de temas e ideales comunes.

por una bioquímica que baña literalmente su cerebro: sustancias como la difeniletilamina (una especie de anfetamina natural), la dopamina o la adrenalina se encargan de la euforia y el encantamiento propios de la grandeza del momento. Es más, el propio cerebro nos defiende de tanta alerta y lo alterna con la segregación de «opiáceos endógenos» (las endorfinas) que promueven unas sensaciones de paz y relajación tan agradables como para enredarnos aun más en la madeja enamorada. Nos encontramos en un estado realmente «enfermizo», intoxicados y adictos.

dad y respetuosidad, o su aparente poder social y cultural.

Resumamos algunos de estos aspectos psicosociales:

a) la reciprocidad. Sentirse querido incrementa el enamoramiento. El filósofo Hécato escribía en el siglo II a. C.: «Os mostraré una poción sin drogas, hierbas o conjuros de brujería: si queréis ser amados, amad».

b) la proximidad espacial, la accesibilidad. Cuanto más cerca estemos del ser amado, cuanto más posible sea acceder a él, más fácil será el contacto que potencia el amor.

c) la similitud en las actitudes. Como hemos visto, es muy importante la semejanza pero aparece realmente sólo en los momentos iniciales del éxtasis. De hecho, el concepto de «alma gemela» parece ser tan ilusorio como el de «media naranja».

d) la expectación. Enamorarnos es también el resultado de las expectativas que uno tiene sobre la criatura en la que ha puesto el ojo y las fantasías. El gran momento del amor es, a menudo, el que lo precede. La prehistoria del sentimiento. Aquel instante de la imagen incierta pero deliciosamente real, suscitadora de proyectos y de abnegaciones, de nostalgia y de recelo, de paradisíacas fascinaciones y, sobre todo, de imaginadas pero infalibles adhesiones.

e) las excitaciones emocionales previas, incluidas las negativas (peligros, temores, ansiedades, dolores y situaciones de estrés compartidas). Éstas catalizan la agitación fisiológica inespecífica a una etiqueta concreta que denominamos amor. No conviene oponerse demasiado activamente a un vínculo afectivo: aparecerá el efecto «Romeo y Julieta», según el cual los amores prohibidos son más gratificantes que los socialmente aceptados.

f) la comunicación. Como primates que somos, mantenemos muchos de los elementos táctiles, gestuales y visuales propios de una naturaleza común: intercambio de miradas embobadas, movimientos de hombro hacia delante y ciertos olores corporales. Alguna sutilidad parece quedarnos de la sensibilidad por el olor del ser amado, pero no tanto como a Cátulo que imploraba a los dioses que lo convirtieran todo él en nariz. Las feromonas —«roqueforts» tácitos que hoy día no soportaríamos en su estado puro— han perdido importancia por razones muy diversas, pero nos queda el simbolismo de perfumes y fragancias.

Somos humanos y hemos volado más alto; de los clientes que tiene esta criatura caprichosa que es la naturaleza hemos sido los más capaces de inventar artes y oficios de comunicación amorosa, gracias al don del lenguaje que nos permite un intercambio a veces tan lleno de matices que podríamos decir, exagerando, que hacemos el amor vestidos y de palabra.

En la elección de la pareja se impone la ley de la atracción de los semejantes. A pesar de la creciente diversificación de los grupos sociales, los factores dominantes a la hora de encontrar pareja siguen siendo la proximidad cultural, la similitud de nivel social y de prácticas religiosas.

Las consecuencias del enamoramiento

El enamoramiento es una de las razones principales por las que la gente decide iniciar una convivencia. En nuestra cultura, que en el terreno afectivo está cargada de mitos románticos, el enamoramiento parece ser una de las razones más poderosas para decidirse. Priva la idea romántica de que, entre todas las personas del mundo, aquella de la que nos hemos enamorado es la que nos estaba destinada, la única con la que podemos ser felices.

El elevado nivel de gratificaciones, emociones y atenciones que jalonan esta etapa invita a presuponer cómo será la futura convivencia. Se extrapolan esas vivencias con el mismo grado de subjetividad y lo que se siente en el presente parece tan fuerte como para superar todas las dificultades y problemas que surjan en el porvenir. Bajo el enamoramiento uno se enfrenta a los padres, a las tradiciones, a las creencias y, en algunos casos, incluso a la ley, haciendo cosas que jamás haría fuera de ese estado.

¿Cuánto dura la idealización?

La duración de ese estado de idealización es discutible. Se ha mencionado a menudo el lapso de tres a cinco años como máximo para experimentar esa sensación, si bien son los primeros meses los que se caracterizan por una intensidad especial. Posteriormente, se puede seguir sobrevalorando las cualidades del compañero pero el hecho de conocerlo más, el decremento de la novedad y la posible decepción sobre las expectativas depositadas en el proceso del amor —lo que es más probable cuanto más irrealistas hayan sido—, contribuyen a «despertar» la idealización. A pesar de todo, hay parejas que pueden experimentar ese estado durante años.

«El amor hace parar el tiempo y el tiempo hace pasar el amor», dicen los franceses. El enamoramiento apasionado tiene fecha de caducidad, dependiendo de la «calidad del producto» el que el intervalo de tiempo sea más breve o se alargue considerablemente. No

La adolescencia es la etapa de la vida en la que el individuo está más predispuesto a enamorarse y en la que se producen más encantamientos y más desencantos. Es el momento turbador en que se pasa de la experiencia del propio cuerpo al cuerpo del otro.

Según se cree, también hay épocas en que las personas parecen más «predispuestas» a caer en un estado de enamoramiento. El primer amor suele ser frecuente hacia los 13 años, y acostumbra a ser «platónico». Hacia los 17 se produce la segunda vez, que podría ser considerada más profunda.

Sea como sea, al igual que en la mayoría de casos de apasionamiento, privan las emociones por encima de la razón. Las emociones esclavizan los razonamientos y el intelecto, haciéndoles ver lo que quieren y restando todo equilibrio a la persona.

nos queda más remedio —si queremos que perdure— que ensayar con la pareja otras formas de amor, quizá menos excitantes pero sí más razonables, confortables y sedantes. Amores pragmáticos y de compañeros, sazonados con cierto erotismo y cambios en el ritmo rutinario permitirán proseguir por el camino del amor, razonando por hitos de mayor solidez que el espléndido castillo de fuegos que es el enamoramiento. Si, por las circunstancias que fueran, las crisis aparecieran en pleno proceso pasional y fueran vividas unilateralmente como ruptura no deseada por una de las partes, se sufrirá el trastorno del desamor que pone verdaderamente de patas arriba el estado de ánimo del que lo padece, con sensaciones de verdadero «síndrome de abstinencia» al no recibir las dosis deseadas de «estimulantes cerebrales» que configuran el enamoramiento. Aparece una sintomatología ansioso-depresiva (tristeza, languidez, insomnio, falta o exceso de apetito, etc.) que, según la forma en que ha sobrevenido la crisis y la personalidad del sujeto implicado, es un fortísimo acontecimiento estresante que desemboca en una verdadera depresión, difícil de medicar.

El paso del noviazgo a la convivencia

El estado de enamoramiento suele vivirse en la época de noviazgo, con todo lo que esta etapa comporta. Además de la falta de responsabilidades propia del noviazgo, el tiempo que se comparte es, en su mayoría, tiempo de ocio. En esta época el intercambio es altamente gratificante: los novios se proporcionan mutuamente mucha atención, se hacen regalos, se comunican, se dan cariño y se hacen promesas. De todo esto se desprende un alto nivel de expectativas sobre la posterior convivencia, fruto de los aspectos anteriores.

Sin embargo, la intensidad del enamoramiento a menudo disminuye al iniciarse la convivencia, aunque suele conservarse un alto nivel de expectativas. En este paso decisivo en la vida de cada persona es fundamental el concepto que los miembros de la pareja tengan del amor: la idea de que el sentimiento lo superará todo suele ser perjudicial, especialmente si no va acompañada de una actitud positiva, activa y responsable, tendente a poner los medios prácticos para que así sea.

Vivimos en una sociedad que nos educa en ciertos conocimientos hasta niveles a veces exagerados y que, paralelamente, permite que algo que hará el 95 por ciento de la población, como es vivir en pareja, se realice de forma intuitiva. Hay quienes han podido observar modelos de pareja muy válidos y estimulantes, pero otros no han tenido

El matrimonio es una aventura esencial para el individuo. En los primeros tiempos está casi enteramente dedicado al descubrimiento mutuo del otro. Más adelante, la vida cotidiana, los nuevos roles y las obligaciones lo diferenciarán del período del noviazgo.

EL AMOR Y LOS AMORES

tanta suerte. Es curioso que, con lo difícil que resulta hacerlo bien y lo poco preparados que vamos al matrimonio o a la convivencia, no haya aún más separaciones y divorcios.

Pero vamos a analizar qué caracteriza a las parejas satisfechas, las que consiguen pasar del enamoramiento al amor «bien entendido» y las que, sin pasar por el enamoramiento, son capaces de vivir amorosamente.

¿Qué es el amor?

El amor de pareja es un sentimiento, un estado estable de satisfacción por permanecer con la persona elegida. Ese sentimiento guía los pensamientos y las conductas dentro de la relación. Una pareja estable, que se ama, experimenta en ciertas ocasiones emociones intensas hacia el otro (deseo, entusiasmo, ilusión), pero lo habitual es que sienta confianza, admiración, armonía, orgullo y bienestar al pensar en el ser amado. También existen, lógicamente, sensaciones de duda, algunos enfados y algunos enfrentamientos, pero una pareja que se ama raramente llega a perder el respeto hacia el otro, y suele mantener determinadas normas de convivencia.

Existen parejas intensamente satisfechas de su relación, pero ese estado de felicidad puede durar lo que una noche de verano. Al contrario, todos conocemos parejas que llevan años de convivencia sin sentir más afecto por el otro que por un vecino. La satisfacción debe ser plena, y ese sentimiento debe permanecer estable a largo plazo para que se hable de «verdadero amor».

Una conceptualización del amor: tres requisitos

Desde la perspectiva de la terapia de pareja, para que dos personas se consideren felices su relación debe reunir una serie de características. En realidad, son aquellas que, de manera más o menos consciente, cada uno revisa al cabo de cierto tiempo, para valorar si sigue sintiéndose satisfecho de la relación.

El primer requisito es mantener un equilibrio equitativo entre lo que se da y

LOS ESTADOS AFECTIVOS

Los tipos de amor

Existen diversas razones por las que una pareja se une y permanece unida una vez pasada, si es que ha existido, la etapa del enamoramiento. Observando distintas parejas, se puede apreciar cómo su forma de interacción es propia y característica de cada una.

John Alan Lee ha teorizado que toda persona tiene tres necesidades básicas que necesita satisfacer: compañía, recreo y pasión. Basándose en ellas, ha diferenciado seis tipos de amor:

Eros: es el amor basado principalmente en el componente erótico, sexual. Este tipo de amor al parecer se inicia de forma rápida, pero también se desvanece con la misma facilidad.

Storge: el amor lo desencadena principalmente el afecto, la simpatía mutua y la amistad. Es un tipo de relación lenta, tranquila, sólida y escasamente pasional.

Ludus: la diversión, la capacidad de sorprenderse, de entusiasmarse, son las razones principales de la relación. Se buscan muchos estímulos para compartir, el ambiente es festivo pero este amor carece de solidez y no parece sobrevivir a las dificultades que aguardan en la vida.

Manía: es un tipo de relación muy apasionada, intensa y apremiante, se vive como si fuera a desaparecer el mundo, con absoluta exigencia de entrega por parte de ambos.

Pragma: es una forma de quererse controlada y práctica. Existe una alta cuota de interés. La persona amada debe cumplir una serie de requisitos.

Ágape: esta forma de amar corresponde a una concepción cristiana de la relación. La bondad, la entrega, el sacrificio, la paciencia y la comprensión son sus elementos principales, pero a menudo responden más a un ideal que a una realidad.

Lógicamente, lo ideal es aprovechar los aspectos positivos que tiene cada tipo de amor, hacerlos complementarios y, si bien no todos aparecen espontáneamente, intentar que la relación se beneficie en algún momento de todos ellos.

Las manos unidas, símbolo del amor auténtico. Según el psicólogo norteamericano John Alan Lee existen distintos tipos de amor, y entre ellos uno que da lugar a una relación sólida y estable, escasamente pasional, y basado fundamentalmente en el afecto, la simpatía y la amistad.

En el arte de todas las épocas ocupa un lugar preponderante el amor, especialmente el amor erótico, fruto del encantamiento, aquí plasmado por el sueco Hans Baldung «Grien» en Eva y la serpiente.

---

lo que se recibe. Así, ambos miembros se consideran atendidos y cómodos con un reparto equitativo y justo. En determinadas épocas, alguno de los dos puede ver mermada su capacidad de dar, debido a problemas de salud o de otro tipo; pero lo mismo puede ocurrirle al otro en cualquier momento. Por tanto, aunque pueden existir períodos en que se rompa ese equilibrio, lo normal es mantenerlo a la larga. Que el intercambio de conductas entre la pareja sea primordialmente positivo es el segundo requisito. Sin duda, es indispensable que existan más cosas buenas que malas. Resulta difícil mantenerse en una relación en la que se soportan o aguantan más cosas de las que se disfrutan. El «coste» de permanecer dentro de la relación debe ser bajo, hablando en términos económicos.

El tercer requisito es que lo positivo que cada uno da al otro se adapte a sus gustos y necesidades personales. Tener aquellos detalles que significan estar atento a las ilusiones y a la personalidad del compañero es muy distinto de la actitud estereotipada de «cumplir» con los tópicos sociales de la pareja (regalos en las fechas señaladas, corbata para él, perfume para ella...).

Ante un problema de comunicación en la pareja

Éstos son algunos sencillos consejos, fáciles de dar y algo más difíciles de aplicar, cuando existe un problema de comunicación en la pareja:

1- Definir para nuestros adentros cuál es el objetivo: solucionar el problema, desahogarnos, criticar, pedir ayuda...
2- Empezar por algo positivo para atraer la atención del otro. Un gesto cariñoso, una palabra amable... Si por el contrario empezáramos con un tono agresivo o una mirada dura, el otro se pondría a la defensiva.
3- Ser concretos y específicos en lo que decimos. Evitar la divagación. Por ejemplo, en vez de decir «¿Por qué no hacemos más cosas?», sugerir una alternativa concreta: «¿Qué te parece si nos anotamos a este cursillo de bailes de salón?»
4- Expresar lo que nos gusta en vez de lo que no nos gusta: «¿Podrías acostar al niño?», en lugar de «Nunca acuestas al niño».
5- Aclarar nuestra responsabilidad en el problema: el objetivo es conseguir la colaboración de la pareja, no ahuyentarla con acusaciones. A veces no somos responsables del conflicto, pero incluso en estos casos es bueno decir algo así como «Debería haberte comentado antes que esto me preocupa».
6- Expresar nuestros sentimientos. A muchas personas les cuesta hacerlo, sobre todo a los hombres, debido a la educación represiva en este sentido, influida por el mito todavía en boga de que mostrar los sentimientos es afeminado. Al expresar los sentimientos se ayuda a mantener la objetividad, pues no se pone todo el peso en razones prácticas o racionales. ¡Cuánto más convincente puede resultar pedir algo por la simple razón de que nos encantaría o haría ilusión, que porque sea dudosamente necesario! Las personas que manifiestan sus sentimientos suelen gozar de relaciones más profundas y de una mayor complicidad.
7- Ser breve: «Lo bueno, si breve, dos veces bueno». No suele resultar agradable la repetición; uno se siente cansado y agobiado ante los planteamientos pesados y largos. Si, además de breves, resultamos interesantes y entretenidos, aún mejor.
8- Centrar la atención en el presente y en el futuro. De esta manera no saldrán a colación errores pasados o promesas no cumplidas, que hacen sentir mal al otro y lo motivan poco.
9- Focalizar la cuestión en las distintas alternativas de solución y no en la causa de los problemas, que aunque resultan interesantes, en muy pocos casos son de utilidad. De esta manera, también mantenemos la motivación para el cambio al no dedicarnos a acusar o a remover lo que ya está hecho.
10- No mezclar temas. Si se traen otros a colación, volver al tema de origen y dejar claras las soluciones propuestas, si es posible concretando qué, quién, cómo y cuándo se pondrán en marcha los cambios.
11- Y, a ser posible, poner un cierto entusiasmo, una cierta alegría y buena disposición para cambiar. Los planteamientos hechos con pesimismo no caen bien y rara vez llegan a ponerse en marcha. Es muy distinto decir: «Hagamos algo», que proponer: «¿Te gustaría ir a ver esa película de la que nos hablaron anoche?, me entraron muchas ganas de verla, y ahora sería el momento perfecto».

El amor y la personalidad

Ante el aumento vertiginoso de las separaciones en las sociedades más desarrolladas, se han hecho muchos estudios para valorar si existen personalidades incompatibles que puedan ser la causa del elevado índice de fracasos. De todos estos trabajos, parece haberse llegado a unas pocas conclusiones. La primera es que las personalidades más problemáticas son las intolerantes, inflexibles y rígidas; éstas son las características que se relacionan con una mayor probabilidad de conflicto. Además, no existen personalidades incompatibles cuando se poseen habilidades para la convivencia y se ejerce el respeto mutuo. Cuanto más se atribuye la felicidad a elementos externos y menos activamente se responsabilizan las personas que componen la pareja de promover las circunstancias deseadas, más posibilidades hay de que surjan problemas. Así mismo, cuando existen alteraciones psicopatológicas o trastornos de la personalidad que dificultan el respeto y cuidado de los derechos del otro, aparecen más probabilidades de conflicto.

El invento de la convivencia

A la vista de cómo funciona la pareja hoy en día, no creo que nadie se atreva a afirmar que es el invento perfecto. Convivir es difícil, porque el ser humano es complejo y variable.

Mantener el equilibrio entre nuestras emociones y nuestra razón nos roba cada día muchas energías. Nosotros mismos no nos entendemos muchas veces, así que pretender entender a nuestros semejantes, por muy cercanos que sean, puede resultarnos maravilloso a veces, y fuente de sufrimiento e impotencia otras.

En la época que nos ha tocado vivir, los modelos a imitar son contradictorios. Nuestros padres y las generaciones mayores aún responden a un reparto tradicional de roles que ya no se ajusta a las necesidades de hoy. Los modelos jóvenes pecan a menudo de un exceso de estrés, de competitividad y se ven sujetos a presiones económicas que los hacen volubles e inestables. Se cum-

LOS ESTADOS AFECTIVOS

plen tópicos, se habla de feminismo como de algo ya agotado y lo cierto es que la pareja sobrevive porque no se conoce nada mejor.

Hombres y mujeres pretenden un equilibrio igualitario, en el que se repartan las responsabilidades y tareas por igual, pero la innegable diferencia biológica, incómoda para esta sociedad, cuestiona toda esa teoría y hace de la maternidad un nido de problemas que parece enfrentar a ambos sexos.

Las generaciones de hoy, a caballo entre el modelo tradicional paterno y el modelo igualitario teórico que no acaba de encontrar el equilibrio ideal, son felices a su modo, porque éstos son sus tiempos y ésta es su vida. No podemos parar el mundo para dedicarnos a pensar y organizar las cosas a fin de que funcionen de otra manera.

Por ello, lo mejor es aprovechar todas las ventajas y aprender las habilidades que nos permitan hacer frente a las dificultades en mejores condiciones.

Algo que aprender para convivir mejor

Cuanto más se idealiza la convivencia, cuanto menos realistas y responsables son nuestras expectativas, más probabilidades de problemas existen. La alternativa es no dar nada por supuesto. Estar dispuesto a asumir la responsabilidad de proponer, pedir, negociar, dialogar, comprender, y tolerar. Pero también proponerse pasarlo bien, disfrutar y divertirse en un equilibrio que se consigue a pulso día a día. La autoestima de las personas que se responsabilizan de poner los medios para conseguir sus fines suele ser más alta que la de los soñadores, que esperan que el mundo les rinda pleitesía.

Así pues, se debe mirar la convivencia como otra carrera en la que hay mucho que aprender y en la que se han de aprobar numerosos exámenes, pero en la que se avanza mucho, se disfruta y se celebran fiestas de fin de curso. Nadie

Los jóvenes enamorados tienden a idealizar y a creer en aquel final de cuentos que dice «se casaron y fueron felices». Pero la realidad es que la vida en pareja encierra amor y odio, momentos buenos y malos, encuentros y desencuentros, comprensión e incomprensión, compañía y a veces también soledad...

EL AMOR Y LOS AMORES

La presencia de los hijos da una coloración especial a la relación de la pareja, pero una concepción diferente sobre cómo educarlos puede romper la complicidad existente, ocasionando fallas que inciden de forma negativa y dejan huella en los niños.

ha nacido enseñado para convivir y ése suele ser el gran error: suponer que el amor lo cubrirá todo, que si hay amor no se necesita nada más. El amor pone el sentimiento y la motivación, pero por sí solo no basta. Existen muchos mitos, además de éste sobre el amor, que marcan las expectativas de las personas: suponer que el amor está determinado por el destino; imaginar que la persona que nos ama debe adivinar nuestros deseos y estados anímicos sin necesidad de comunicarlos; creer que la pareja que se ama nunca discute; esperar que no haya ningún secreto entre ambos y que la sinceridad sea absoluta, para bien o para mal; considerar que los problemas sexuales son un síntoma de que no se ama realmente; pensar que la pareja que se ama no necesita a nadie más, pues se bastan el uno al otro.

Buscar la falla

A la larga, una vez pasada la época de «estreno de la relación», la época de novedad, de disfrutar del cambio de status, la relación puede empezar a experimentar fallos y a sufrir percances, que demuestran lo lábiles y subjetivas que pueden ser las expectativas de algunas personas. ¿Qué es lo que falla?

Pueden fallar la comunicación, la sexualidad, las demostraciones de afecto, el reparto de las tareas domésticas, la relación con los hijos, el ocio, la forma de ganar o gastar dinero, e incluso la relación con los familiares. Una enfermedad o una crisis económica pueden afectar a la relación, si bien casi todo es factible de arreglo, excepto la muerte. Cualquier cosa puede romper la complicidad entre los dos cuando no se han definido

LOS ESTADOS AFECTIVOS

> **En los primeros años de nuestro matrimonio teníamos con frecuencia relaciones sexuales, pero ahora nuestros contactos son mucho más esporádicos. ¿Debo preocuparme por esto?**
>
> ➥ La sexualidad en la pareja suele tener sus momentos de mayor o menor intensidad. Pero la disminución de las relaciones sexuales no significa que existan graves problemas sexuales ni verdaderos motivos de preocupación. Lo conveniente es hablar del tema a fondo con su pareja y analizar, sin tapujos ni falsos pudores, las posibles causas de la situación.

ciertos criterios, cuando no se respetan ciertas normas morales, o cuando no se habla de los problemas ni se tiene capacidad para resolverlos.

La reciprocidad: el gran secreto

La pareja intercambia comportamientos de modo permanente. Cada uno valora el cariño del otro a través de las conductas que recibe de él. Puede decirse que la felicidad está en proporción directa a la cantidad y calidad de conductas positivas que recibimos de nuestro compañero.

Sin embargo, si queremos ser felices no podemos limitarnos a esperar que nos quieran. Hemos de fijarnos en lo que damos y responsabilizarnos de la felicidad de nuestra pareja. Si él o ella se siente querido, se verá fácilmente motivado a cuidarnos y querernos. En consecuencia, si deseamos recibir más, tenemos que empezar por dar más.

Si las cosas van mal, es mejor recordar que la crítica negativa suele provocar desgano, apatía y pesimismo. Lo más seguro es que ante la crítica nos defendamos, nos justifiquemos o contraataquemos. Siempre es mejor la crítica constructiva, la que se centra en las soluciones, en el futuro en vez de en el pasado y en la preocupación por el otro. Está comprobado que las conductas negativas en una pareja disminuyen a medida que aumentan las positivas.

Lo bueno es mantener una actitud asertiva: cuidar los derechos del otro, sin renunciar a velar por los propios. Para ello hay que hablar de los problemas, hay que alcanzar una solución para que ambos se sientan mejor. No es conveniente renunciar por norma, ni pretender siempre ganar. Hay que intentar mantener la empatía, o sea, la capacidad para ponerse en el lugar del otro, para intentar pensar y sentir como él, para entender su estado de ánimo y sus necesidades.

También es importante cuidar del ocio. Nunca conviene entrar en la monotonía, sobre todo si ésta resulta aburrida. Por tanto, no hay que esperar que surja algo, sin saber bien qué, o que el otro tome la iniciativa. Vale la pena moverse, variar, tener estímulos nuevos que enriquezcan la relación. Los amigos, los deportes y las actividades compartidas deben robar un poco de tiempo al trabajo y al descanso, si éstas son las razones de nuestro agobio. Tampoco está de más intentar mantener la admiración del otro, y para ello hemos de cuidar de nuestra propia autoestima, nuestra imagen, nuestro intelecto, nuestra simpatía...

Así nos controlamos unos a otros

Es bueno tener unas pocas nociones de psicología interpersonal, para saber cómo actuar con nuestra pareja y nuestros hijos. Es evidente que nadie hace nada que no le dejen hacer, así que si nuestra pareja no se porta bien con nosotros, no podremos evitarlo la primera vez, pero sí podremos reaccionar adecuadamente las siguientes.

Cómo solucionar problemas

Evidentemente, además de plantear bien las cosas, es saludable poseer ciertas habilidades para solucionar los problemas. Dentro de una pareja es importante saber llegar a esa solución intermedia que satisface a ambos, para no caer en las posturas egoístas o en la actitud de dependencia y pasividad de dejar que sea el otro quien decida. Esta última actitud, aparentemente flexible, es perniciosa ya que a la larga resulta desmotivante y aburrida.

Para solucionar los problemas hay que tener muy claro el sentido de la justicia y del equilibrio así como poseer lo que se llama asertividad, esa habilidad que permite defender los propios derechos a la vez que se respetan los derechos del otro. He aquí una pequeña técnica que puede servirnos de guía:

1- Definir el problema: qué ocurre, cuándo y cómo.
2- Definir el objetivo: qué pretendemos cambiar.
3- Hacer una lista de todas las alternativas de solución que se nos ocurran, por remotas que resulten en un principio.
4- A cada alternativa hacerle dos preguntas:
¿Es eficaz? (Si realmente resuelve el problema, al menos en parte.)
¿Es practicable? (Si realmente tenemos los medios para llevarla a cabo.)
5- Descartar aquellas que fallan en al menos una de las dos cuestiones.
6- Analizar las que quedan, a través de dos pasos:
Definir todas las ventajas de cada solución.
Definir las desventajas de cada solución
7- Atribuir a cada ventaja y a cada desventaja una puntuación de 1 a 5 en función de su importancia.
8- Hacer un recuento numérico y quedarse con la solución que demuestre ser más eficaz y más practicable, la que tenga más ventajas o sea más importante.

EL AMOR Y LOS AMORES

He aquí un ejemplo práctico. Imaginemos primero una conducta positiva por parte de nuestra pareja: que nos hace un regalo sorpresa. Ante este hecho, existen tres posibles formas de reaccionar que decidirán su conducta futura. Podemos reforzarlo, es decir, agradecerle con alegría el gesto, demostrar efusividad y dejarle claro nuestro agradecimiento y satisfacción. «Qué alegría, me ha encantado». Esta actitud de refuerzo crea satisfacción también en él y aumenta las probabilidades de que nos vuelva a hacer otro regalo sorpresa.

Podemos extinguirlo, o sea, no demostrar ningún sentimiento. Agarrar el regalo, o dejarlo rápidamente de lado, sin que nuestra cara, nuestros gestos o nuestras palabras demuestren otra cosa que indiferencia o distracción. Esta actitud crea en el otro un sentimiento de tristeza, al no haber tenido éxito, y es poco probable que repita su conducta. Quizá lo haga otra vez, pero si nuestra reacción es la misma, llegará a la conclusión de que no nos dan ninguna alegría los regalos sorpresa y dejará de hacerlos. (Aunque nuestra indiferencia pueda responder a otras causas, el efecto será el mismo.)

Por último, también podemos castigarlo. No sólo no agradecerle el regalo, sino aprovechar la ocasión para hacerle reproches o reñirle por otra cosa. Por ejemplo: «Si te crees que con esto me olvidaré de lo de ayer, estás equivocado». El castigo crea decepción, rabia y malestar. No sólo es probable que no se repitan los regalos, sino que se generen malos sentimientos.

Como vemos, nuestra reacción ante el comportamiento del otro decide en gran parte cómo será su conducta futura. Por eso, antes de quejarnos o pedir un cambio, debemos reparar primero en nuestra propia reacción. Con las conductas negativas pasa lo mismo. El refuerzo tiende a aumentarlas, mientras que la extinción y el castigo contribuyen a disminuirlas.

No hablar o hablar mal

«Hablando se entiende la gente» es un dicho popular que bastantes parejas se empeñan en desautorizar, utilizando el lenguaje como un vehículo de ataque. Las parejas que consultan a un terapeuta por problemas de comunicación se dividen en dos tipos: aquellas cuya demanda de ayuda es para salir de la frialdad y el distanciamiento que produce una comunicación pobre e insuficiente, y aquellas a las que el don de la palabra no parece servirles más que para acabar discutiendo. La verdad es que el segundo caso es mucho más frecuente y ello se debe principalmente a la actitud crítica que domina nuestra sociedad actual. Todo parece indicar que el espíritu crítico ha sobrepasado en mucho a su objetivo inicial, que es detectar aquellos aspectos capaces de ser mejorados, para pasar a una crítica destructiva y absurda, que aprovecha cualquier motivo para dar salida a los sentimientos más negativos.

Por ello, uno de los aprendizajes más importantes a transmitir a las futuras generaciones, y por tanto ya podemos aplicarlo, es el encaminado a ser cons-

Las diferentes maneras de reaccionar de cada miembro de la pareja ante el comportamiento del otro decide en gran medida cómo será la conducta de éste en el futuro. Si el que recibe un regalo sorpresa se muestra contento y agradecido, reforzará la actitud del que lo da, que se sentirá satisfecho y, probablemente, volverá en otra oportunidad a repetir la acción.

LOS ESTADOS AFECTIVOS

tructivos. Toda realidad suele tener cosas buenas y cosas malas. Si somos optimistas y vemos las buenas, tenemos más posibilidades de sentirnos satisfechos; si además valoramos constructivamente las malas, buscaremos soluciones para mejorar lo mejorable. Por tanto, la crítica por la crítica, malsana y viciosa, debe quedar como lo que es: un vicio que algunas veces, desafortunadamente, nos permitimos.

Las crisis típicas del matrimonio

Por más idealismo que nos haya quedado de la lectura de cuentos de príncipes y princesas en la infancia, que siempre terminaban con un: «Se casaron y vivieron felices para siempre», lo cierto es que la realidad no se asemeja al final de los cuentos. La convivencia no es estática, sino un proceso cambiante en el que las necesidades van variando. Al casarnos, deberíamos ser muy conscientes de que la relación pasará por distintas crisis, absolutamente lógicas y necesarias, y que no se puede pretender diseñar al principio unas normas que sirvan para siempre, pues ello equivaldría a suponer que no se va a crecer ni a madurar, y que las necesidades van a ser siempre las mismas. Lo patológico no es sufrir crisis, sino negarlas, eludirlas o no adaptarse a los cambios que éstas reclaman.

Los primeros años de matrimonio implican la adaptación de los ideales del noviazgo a la realidad. La pareja ensaya, prueba y discute el papel que cada uno debe adoptar. Las normas y los valores ya no son teóricos. Ambos deciden el reparto de tareas y responsabilidades, se habitúan a una frecuencia sexual, mo-

Frente a los problemas de relación muchas veces lo indicado es consultar a un terapeuta. La terapia de pareja es un recurso para quienes quieren superar las crisis, pero no saben cómo.

Saber hacer pactos

Un pacto es un acuerdo entre cónyuges, que define las conductas que debe seguir cada uno para afrontar una situación. En un pacto debe quedar claro cuándo se hará, con qué frecuencia, durante cuánto tiempo... para que no haya posibles desacuerdos sobre su cumplimiento. Un pacto debe reportar ventajas equitativas a cada uno. Si sólo resulta beneficioso para uno, se convertirá tarde o temprano en fuente de conflicto. Un pacto debe ser asumido por ambos libremente, es decir, no puede haber chantaje ni coacción para ello.

EL AMOR Y LOS AMORES

Las crisis son inherentes a la vida en pareja. Todos los matrimonios las sufren de una u otra manera a lo largo de la relación. La rutina, las dificultades para modificar el reparto tradicional de los roles hombre-mujer, con sus correspondientes cuotas de frustración, suelen desencadenarlas.

deran su personalidad para adaptarse uno al otro y, en su momento, deciden o no tener hijos, lo cual implica a su vez otra fuente más de posible manifestación del desacuerdo. (Los hijos unen cuando existe unión, y fomentan el malestar cuando no hay acuerdo.) Esta primera fase es difícil y puede comportar la primera crisis seria de la relación, que algunas parejas no superan.

Suponiendo que ha sido superada la primera crisis y que en ella se han definido los proyectos de futuro (económicos, afectivos, sociales, paternales...), ahora toca ver si éstos se han empezado a realizar y si se han asentado. En esta etapa ya se ha definido el *status* social de la pareja, ya se ha conseguido o no la vivienda deseada, ya se tienen o no los hijos deseados, o el dinero, la fama, el cariño... anhelados. Esta crisis, que corresponde a la famosa crisis de los cuarenta, responde a esa etapa en la mitad de la vida en que ambos sienten que ya no hay un futuro urgente por el que luchar. Puede sobrevenir una sensación de vacío, de ahogo, una cierta crisis de identidad, acompañada de la necesidad de definir nuevos horizontes, de revalidar la propia valía. Se puede sentir entonces el matrimonio como un freno a la realización de los objetivos más personales. Es la edad en que es más probable la infidelidad, como forma de evaluar si uno sigue teniendo la capacidad de conquistar, si uno sigue siendo atractivo... En esta crisis cada persona se siente más o menos realizada y satisfecha, o más o menos frustrada. Existe la duda sobre si toda esa inversión ha valido o no la pena.

Hacia el ocaso

Si se ha superado esa segunda crisis y se ha consolidado una vez más la relación, hay que acabar afrontando el reto de la vejez. Hacer frente a la jubilación, la muerte de los amigos, la enfermedad, la pérdida de la velocidad y los reflejos, el status social del anciano. Pero también afrontar la nueva libertad para el ocio, el hecho de que si bien uno reacciona más lentamente, tiene más tiempo y la vida se ve con más calma, objetividad y experiencia. Pocos matrimonios se dan por vencidos en esta etapa ya que, aunque es duro envejecer, lo es más hacerlo solo, por eso es tan terrible afrontar la muerte del cónyuge. En esta tercera etapa del matrimonio, la viudez es tan dura como en otras etapas, pero es más solitaria. El 50 por ciento de las mujeres y el 20 por ciento de los hombres enviudan cuando entran en el ocaso de su vida.

Las crisis por las que atraviesa la pareja pueden ser vividas como un enriquecimiento, como una evolución, una experiencia y un aprendizaje, pero para algunos el sufrimiento que representan es superior a sus fuerzas, y esa adaptación que requieren puede resultar demasiado costosa para aceptarla. En estos casos, el resultado es la temida separación.

LOS ESTADOS AFECTIVOS

La separación

Separarse es una de las situaciones de estrés más importante a que deben enfrentarse algunas personas. Significa empezar de nuevo, pero con las limitaciones resultantes de la convivencia: los hijos, la costumbre de estar acompañado, la incomodidad del nuevo papel social, los cambios de situación económica... Todo ello varía si es uno quien desea separarse (se supone que la separación comporta alguna ventaja, al menos es mejor que seguir casado), o si es el abandonado el que debe resignarse y a menudo sin comprender el porqué.

La mayoría de las parejas llega a la separación tras un largo período de infelicidad, de repetidos intentos de solución. Si se logra arribar a esta decisión final de mutuo acuerdo y ambos se desean lo mejor para el futuro, puede decirse que se trata de una separación satisfactoria, bien llevada, respetuosa. Pero lo cierto es que las separaciones violentas o traumáticas, con terceras personas, desgraciadamente son las más frecuentes.

Adaptarse a ser un separado es un proceso largo y costoso: un mínimo de un año, y una media de dos, es lo que Stefen Gullo cita como resultado de la observación realizada a cientos de parejas separadas en Estados Unidos. En este largo proceso de adaptación forzosa, uno debe comprender lo ocurrido e intentar integrarlo, mientras se esfuerza por recuperar su autoimagen y su autoestima.

En la separación se pasa por distintas etapas emocionales en las que parece que nuestra mente se centrara de modo primordial en un hecho, subjetivo y magnificado. Existe una etapa de agresividad contra el otro, una etapa posterior en que se recuerda sólo lo bueno, otra en que se es sumamente consciente de la soledad, otra en que prima la obsesión por volver a tener una pareja...

Y lo malo es que, a veces, las personas se quedan estancadas en una de esas etapas y no evolucionan. A menudo se cae en una depresión, síntoma de la falta de capacidad para adaptarse y superar la situación. A pesar del mal trago, la mayoría de separados vuelven al cabo de un tiempo a vivir con otra pareja.

Los celos

Las dudas sobre el cariño o la fidelidad del otro son fuente frecuente de sufrimiento. Pero, para convertirse en celos patológicos, ese estado de duda y malestar debe ser intenso para que provoque la incapacidad de mantener una vida normal. El celoso teme ver la temida infidelidad en la simple mirada o en el gesto que su cónyuge dedica a otra persona, tiende a interpretar mal pequeñeces y, a menudo, inicia interrogatorios y comprobaciones de las conductas de su pareja.

En todo este proceso de detección de amenazas y de comprobación, el celoso lo pasa mal, pero también su pareja, que acaba perdiendo la espontaneidad y la naturalidad tras tanta vigilancia y recriminaciones, e intenta ser exageradamente discreta para evitar problemas. Aun así los problemas son difíciles de solucionar.

Las pequeñas demostraciones de celos parecen gustar a casi todo el mundo, pues indican una atención de nuestra pareja, siempre y cuando se limiten a ser expresados como alabanzas o recriminaciones que rayan en la cortesía. Más allá de este punto, son desagradables y atentan contra la libertad individual. Cuando el celoso no puede controlarse, y sus dudas le llevan a amenazar o agredir a su pareja, debe ponerse en manos de un médico.

¿Es común tener experiencias sexuales fuera del matrimonio?

En los estudios realizados sobre la conducta sexual de los latinos se refleja el deseo de los más jóvenes y de los hombres a partir de los cuarenta años de buscar experiencias fuera de la relación (lo que no quiere decir que todos lo hagan), pero también es cierto que la mayoría considera que las relaciones más satisfactorias las ha mantenido con su pareja estable.

La infidelidad es el temor principal de las personas celosas, quienes a menudo dicen que lo que más temen es que su pareja mantenga relaciones sexuales con otras personas. A su lado es difícil mantener la sana independencia a la que todos tenemos derecho.

«El monstruo de los ojos verdes» llamó Shakespeare a los celos en su célebre obra **El mercader de Venecia**. Su protagonista, Otelo, ha sido desde entonces el prototipo de la persona enajenada, víctima de este sentimiento que puede destruir la solidez de la pareja.

La infidelidad

El concepto de fidelidad en la mayoría de las parejas se considera implícito en la relación. Sin embargo, hay algunas que lo verbalizan abiertamente y deciden o no que forme parte de las normas establecidas entre ambos. Aun así, incluso en el caso de parejas que han considerado que la relación abierta, en la que de vez en cuando o paralelamente se mantienen relaciones con otros, es una forma de mantener el vínculo enriquecido y vivo, se termina viviendo mal esa situación y uno u otro acaba pidiendo una relación cerrada.

Es ésta la más frecuente, y el 70 por ciento de mujeres y el 60 por ciento de hombres opinan que, para que la relación funcione, debe haber fidelidad. La verdad es que, a la vista de la evolución del matrimonio, no podemos dejar de pensar que el ser humano es ambivalente. Por una parte desea la fidelidad, pero lo cierto es que parece ahogarse en una relación prolongada y busca la variedad. Tal vez, lo más inteligente fuera ser conscientes de la monogamia secuencial que caracteriza crecientemente al hombre, a juzgar por el número de separaciones y divorcios repetidos que ocurren cada vez más habitualmente.

Otro tema escabroso al hablar de infidelidad, es la decisión sobre si sincerarse o no con la pareja refiriéndole una infidelidad ya pasada. Las mujeres parecen más partidarias de hacerlo (un 43 por ciento se lo contaría a su marido), mientras que más hombres creen que es mejor evitarlo (sólo un 37 por ciento lo haría). En cuanto al tipo de infidelidad, es unánime la valoración de que la infidelidad de una noche, o con un o una profesional, es la menos grave, mientras que una relación estable, sobre todo si incluye afecto, es la que ocasiona más dolor.

Para la mayoría de parejas estables, la infidelidad rompe la confianza absoluta depositada en el otro y es difícil recuperarla. Al parecer, la fidelidad es uno de los valores más arraigados en el concepto tradicional de pareja. Sin embargo, en una época de cambios rápidos como la que vivimos, los valores y las normas morales dan la impresión de estar sujetos a esa misma variabilidad, y las personas que caen en la infidelidad se asombran de sí mismas y se dan cuenta de que sus normas eran teorías mal aprendidas.

Muchas personas infieles a sus parejas lo son porque se enamoran de otras, y no es curioso comprobar que los más libres y jóvenes romperán con su pareja estable, mientras que los mayores, quizá por la responsabilidad de los hijos, el *status* social, etc., se decidirán por la poligamia. No es imposible querer a dos personas a la vez, lo imposible es ser fiel a dos a la vez, ya que el término fidelidad, entendido tradicionalmente, implica la monogamia.

Capítulo 6

LA MOTIVACIÓN

LA MOTIVACIÓN

Conseguir un logro

Por lo general, cada vez que procuramos entender o explicar un aspecto del mundo circundante, indicamos sus causas. Si observamos alguna actividad, tendemos a querer saber a qué se debe y con el tiempo aprendemos a aceptar explicaciones como las siguientes: «el viento mueve las nubes», «la gasolina suministra la energía necesaria para que un automóvil funcione» o «la pelota se mueve porque ha sido impulsado por un pie o una mano». La imparable curiosidad humana se hace más patente cuando tratamos de explicarnos las acciones personales. Surge a menudo en la conversación cotidiana la pregunta «¿que le motivó a hacer eso?» que es lo mismo que decir «¿cuál fue la causa de que usted hiciera tal cosa o tal otra?»

Las explicaciones de la conducta se han ajustado a esta pauta y el término motivación deriva del verbo latino movere, que significa «mover», o sea, el modo de acción para conseguir algo. La motivación es una necesidad o un deseo que dinamiza la conducta, dirigiéndola hacia una meta.

Las causas de la conducta

Una joven hermosa sentada sola en una fiesta. Un chico recorre toda la multitud de gente con dos copas y se acerca a ella para hablarle. ¿Por qué lo hace? Un grupo de niños espera en una larga fila para entrar en un cine donde se exhibe la última película de moda de la factoría Disney o del incombustible Superman. Los niños brincan, hablan a gritos y no paran un momento quietos. ¿Por qué se portan así? Una mañana luminosa de primavera, un estudiante de bachillerato se dirige al colegio. De pronto decide dar la vuelta y se encamina a una tienda, donde pasa parte de la mañana oyendo discos y analizando juegos en la computadora. ¿Por qué decidió faltar a clase? En el periódico leemos la terrible noticia del asesinato de una mujer; su marido se ha confesado culpable por considerar que le era infiel. ¿Por qué se «vengó» de una forma tan atroz?

Contestar a estas y otras preguntas supone mezclar muchos conceptos. Es probable que asociemos motivación con emoción. Así, un fuerte impulso sexual o afectivo motivó al joven; los niños estaban ansiosos por ver la película y sentían una fuerte emoción; el estudiante faltó a la escuela porque le gusta más ir de compras que estudiar; el motivo que tuvo el marido para matar a su esposa fue una reacción emocional marcada por los celos y la ira. Si bien semejantes explicaciones gozan del favor popular, sólo reflejan una parte de la realidad. Desde el «instinto básico» a la conducta abierta se recorren muchos caminos, marcados por los impulsos primarios (lo que se ha dado en llamar instinto) y jalonados por muy diversos matices: el aprendizaje, los imperativos fisiológicos, la necesidad de explorar y dominar el ambiente, la búsqueda de éxito en los diversos comportamientos que marcan nuestra vida, la propia ansiedad como activadora pero también bloqueadora de la motivación y las di-

Para explicar la motivación no bastan la física y la química. Si alguien se propone escalar una montaña o alcanzar un objetivo es porque hay diversos factores que ponen en marcha «el motor»: el aprendizaje, la personalidad, los castigos, los incentivos y otros.

PREGUNTAS Y RESPUESTAS

¿Por qué muchas veces cuando discuto con otra persona me pongo colorado?

Se puede considerar que la motivación es el primer elemento cronológico de la conducta; es ella la que pone en movimiento el organismo y persiste hasta la reducción de la tensión. Así como las condiciones orgánicas actúan sobre el psiquismo, éste también puede influir sobre el cuerpo, por ejemplo la cólera provoca una afluencia de sangre en el rostro, que hace que éste enrojezca.

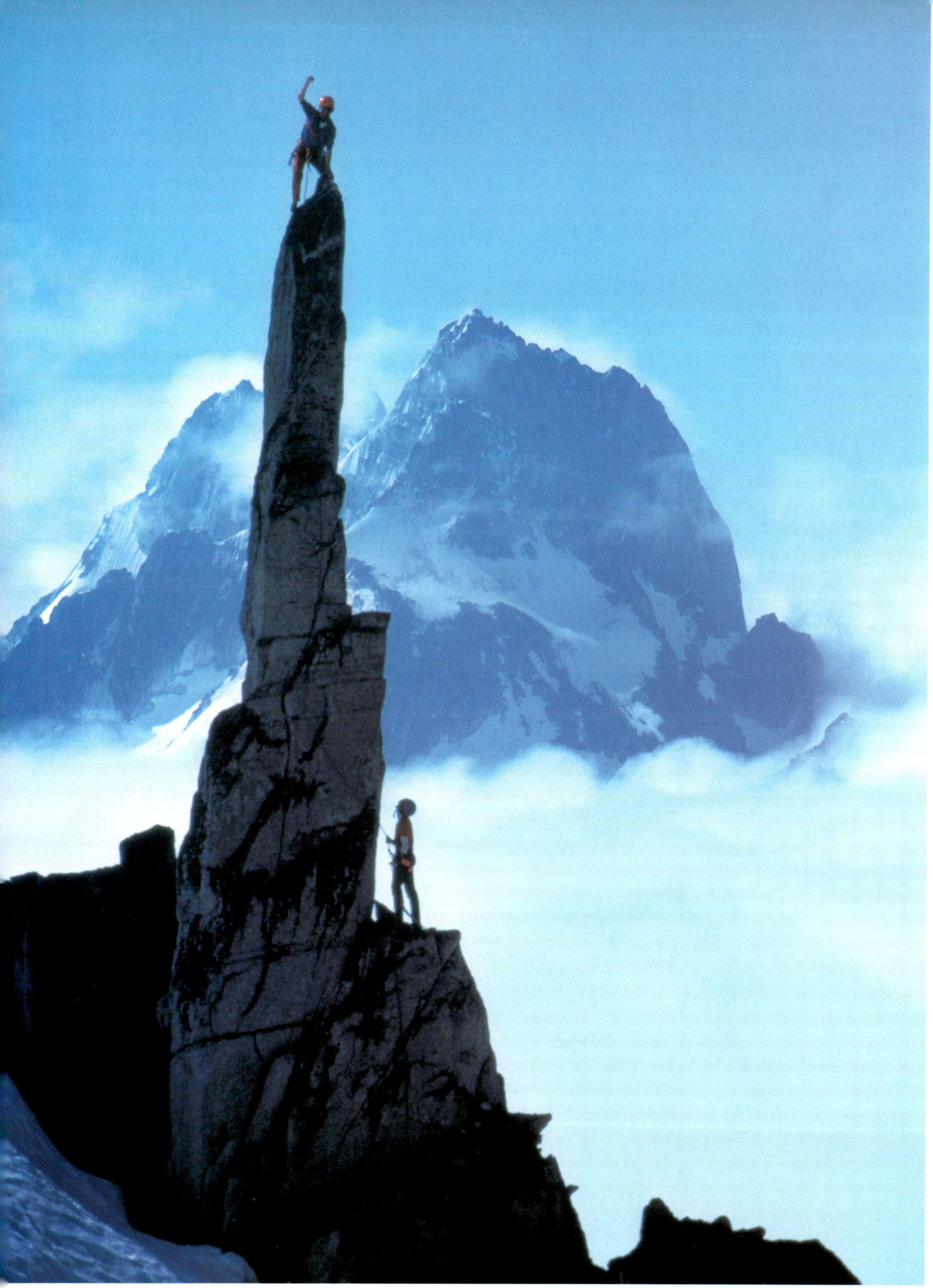

Los niños que esperan alborotados para poder entrar en la escuela descargan su ansiedad y emoción hablando a los gritos, riendo y empujándose. Las causas que determinan la conducta de los seres humanos son numerosas y están teñidas por diversos matices.

versas dimensiones de la personalidad de cada individuo que pueden marcar indefectiblemente la forma de motivarse de cada uno.

Conceptos de motivación

Cuando echamos una ojeada a las tendencias históricas que han intentado explicar la motivación, nos encontramos de entrada con el racionalismo tradicional y el mecanicismo. El primero considera que el ser humano obra porque tiene un motivo para hacerlo y por tanto es responsable de lo que hace. Así es como pensaba Platón, así es como actúa la ley (con las excepciones de irresponsabilidad para casos concretos, por ejemplo, ciertos enfermos mentales) y así es como opina sobre la motivación mucha gente. Pero el «racionalismo» es difícilmente científico ya que no exhibe causas comprobables: el hombre parece sometido al fatalismo de un destino que no puede comprender ni modificar. Por ello se añade al sustantivo racionalismo el adjetivo «tradicional», para no confundirlo con una actitud racional y objetiva ante los acontecimientos vitales.

El mecanicismo es una teoría diametralmente opuesta. El mecanicista típico cree que la última y única realidad es el universo físico. Así pues, la conducta estará regida exclusivamente por fuerzas mecánicas y factores químicos. Cuando se conozca bien el funcionamiento de la bioquímica cerebral, la conducta no tendrá misterio para nosotros. Es evidente que el mecanicismo se acerca más a la realidad que el racionalismo tradicional. El organismo humano es sustancialmente físico y el sistema nervioso central se mueve gracias a los neurotransmisores que controlan no sólo la motivación, sino también la razón y la emoción. Los avances en el conocimiento del comportamiento humano pasan inexorablemente por este tipo de conocimientos; y cuanto más sepamos sobre los entresijos bioquímicos del cerebro —y cada día sabemos más— mejor comprenderemos el porqué de la normalidad y de la patología, y podremos ayudar a mejorar los rendimientos de los seres humanos y diseñar nuevos fármacos que ayuden a aliviar las enfermedades mentales. Sin embargo, la física y la química no bastan para explicar todos los eventos que conforman la motivación. Hay otros factores (aprendizaje, personalidad, incentivos, castigos, etc.) que ponen en marcha el motor que activa el sujeto hacia un objetivo.

Por ejemplo: en el caso de los comedores compulsivos (los llamados bulímicos), si se consigue mediante un fármaco incrementar la actividad de un neurotransmisor cerebral denominado serotonina, gran parte de los accesos de bulimia quedarán corregidos, debido a que la serotonina tiene por función incrementar las señales de saciedad (con lo cual disminuye el apetito) y frenar la impulsividad. Sin embargo, es necesario controlar otros aspectos: estímulos y situaciones desencadenantes, control de las dietas a las que estos enfermos se someten, etc. La bioquímica está omnipresente en nuestro sistema nervioso, pero no siempre es la única causa que explica por qué nos motivamos.

Una tercera teoría se propone para buscar el origen de nuestras conductas activas: el determinismo empírico, el cual supone que el comportamiento es un fenómeno predecible. Así como el mecanicismo es marcadamente «biologista», el determinismo empírico procede de las teorías del aprendizaje: lo que se plantea no es el «porqué» sino el «cómo» y el «cuándo». La conducta se producirá cuando se cumplan las condiciones específicas que la pongan en marcha, sin pretender encontrar una explicación definitiva.

Volvamos al ejemplo del joven de la fiesta que se acerca a una chica. El racionalista empírico dirá que lo hace para satisfacer un impulso afectivo o quizás sexual. El mecanicista afirmará que para explicar de manera completa la secuencia desde el momento en que el joven se dedica a recorrer el camino hacia la chica, habría que conocer a fondo los mecanismos bioquímicos (los neurotransmisores cerebrales activadores) que ponen en marcha la motivación de aproximación del muchacho. El determinismo empírico sostendrá que la conducta ha acontecido cuando se cumplen las condiciones específicas: el tiempo que hace que el joven no se vincula con una mujer, la presencia de la chica, el contexto de la fiesta, el efecto posible del alcohol para «animar» al muchacho, las experiencias previas que haya tenido en circunstancias semejantes, etc.

¿Qué motivación puede llevarnos a formar parte de una orquesta? Los especialistas que han investigado sobre el tema sostienen que, gracias a la motivación de logro, que impulsa al hombre a altos niveles de realización, la sociedad civilizada ha alcanzado sus elevadas cotas artísticas, culturales y materiales.

LA MOTIVACIÓN

Los impulsos, motivaciones básicas o primarias, son de base biológica, están determinados genéticamente y regulados por mecanismos que provienen sobre todo del interior del organismo. De esta manera, por ejemplo, si disminuye el nivel de agua de nuestras células, los sensores detectan la necesidad de líquido y comenzamos a sentir sed.

Soy sumamente susceptible a la publicidad. ¿Por qué me pasa esto?

En el origen de nuestras conductas no hay sólo una causa sino todo un conjunto indisociable de factores, conscientes e inconscientes, psicológicos, afectivos y socioculturales que están en interacción recíproca. Nuestras motivaciones son complejas; por eso muchas veces ignoramos las verdaderas causas de nuestros actos más simples, como por ejemplo la compra de un determinado vestido. Por eso las campañas publicitarias se realizan a partir de sondeos previos de motivaciones y de actitudes profundas de los consumidores.

Impulso básico

De hecho, las tres teorías se amalgaman entre sí en cualquier intento de explicar la motivación. Sin embargo, podríamos considerar que el determinismo empírico se alinea claramente en los efectos derivados del aprendizaje. De hecho, durante los primeros años en que se estudió el condicionamiento clásico se pensó que era lógico explicar la conducta sólo en función de experiencias; sin embargo, más tarde se comprobó que era preciso que un sujeto estuviese motivado o incentivado para que se iniciara, o se consolidara, en un aprendizaje. De ahí que se introdujera el concepto de impulso (sustituyendo al antiguo de instinto) como fuerza que empuja a motivarse al organismo para satisfacer una necesidad. Entendido como una forma básica de supervivencia, el impulso induce al organismo a comer, beber o dormir, por ejemplo. Si bien hay otros menos primitivos o «instintivos», aquí interesa destacar que la teoría general de los impulsos es la que mejor se aproxima a una explicación relativamente sencilla y global de la motivación. Además, permite reconciliar los antiguos razonamientos (racionalismo tradicional, mecanicismo y determinismo empírico). Si entendemos el impulso como una situación de necesidad (ya sea puramente biológica, como el hambre, o más «psicológica», como la necesidad de autoestima), esta circunstancia crea una activación, consecuente con la intensidad del motivo, que a su vez está encaminada a reducir el impulso. Desde este enfoque, el impulso ya no se plantea como algo puramente instintivo, espontáneo y automático, sino que parte de una situación previa de carencia o privación.

Ésta es la secuencia inexorable de los impulsos básicos, los más dependientes de las necesidades fisiológicas; el resto de impulsos no tienen por qué estar marcados necesariamente por estados carenciales, sino que pueden ser estimulados desde el exterior a través de los incentivos ambientales, definidos como los factores externos al organismo capaces de activar una conducta. Tan importantes son estos incentivos que incluso los propios impulsos básicos pueden verse afectados por elementos externos a las propias necesidades biológicas primarias. El ejemplo más claro es la sensación de hambre que sentimos cuando pasamos delante de una confitería con una oferta atractiva de dulces tentaciones, a pesar de que en aquel momento no estaba activado nuestro deseo alimenticio.

De los impulsos internos a las presiones externas

Si seguimos el guión expuesto hace un momento, los impulsos-motivaciones básicos o primarios serían aquellos de base puramente biológica (aunque ya hemos visto anteriormente que también pueden ser disparadas por factores externos), determinados genéticamente y que siguen un proceso aparentemente rígido, destinado al mantenimiento de un estado interno equilibrado o constante. Están regulados fundamentalmente por mecanismos que provienen del interior del organismo. El fisiólogo francés Claude Bernard (1813-1879) señaló que las actividades fisiológicas del organismo tienen la finalidad de mantener una constancia en el medio interno. Mucho más tarde, el estadounidense W. B. Cannon (1929), introdujo el concepto de homeostasis para referirse a las constantes biológicas dentro de cuyos límites se mantiene vivo el organismo. Un ejemplo de homeostasis (que literalmente significa «permanecer igual»)

es el sistema regulador de la temperatura corporal que actúa como un termostato con el fin de mantener constante la temperatura orgánica. Los sensores detectan la temperatura del cuerpo y aportan esta información a una estructura de control situada en el cerebro (el centro termorregulador). Si la temperatura corporal disminuye, el elemento de control señala esta desviación y los vasos sanguíneos se estrechan para conservar el calor, lo que nos impulsa a ponernos más prendas de vestir o a buscar un ambiente más cálido. Algo parecido pasa con el hambre o con la sed. Si desciende la glucosa en nuestro cuerpo, el centro glucorregulador cerebral lo detecta y nos activa para ir en busca de comida; si el nivel de agua en

En un estudio realizado a artistas y atletas destacados se comprobó que todos estaban muy motivados, sometidos a una rígida disciplina de estudio los unos y de entrenamiento los otros, siempre con vistas al logro de sus objetivos. En un escultor, por ejemplo, predominan los impulsos secundarios o adquiridos, relacionados con las preferencias estéticas, el aprendizaje y la cultura.

LA MOTIVACIÓN

nuestras células disminuye, los sensores detectan nuestras necesidades hídricas y sentimos sed. Cuando se alcanza la meta apropiada, se equilibra la homeostasis y se atenúa el impulso.

No obstante, algunos comportamientos tienden a presentarse espontáneamente en casi todos los sujetos de la especie, sin que ello obedezca a ninguna carencia o modificación en el medio interno. Impulsos como el sexual o el «instinto» de exploración (típico en muchos animales) no obedecen a una necesidad inmediata de mantener las constantes biológicas. Sin embargo, depende de ellos la preservación de la especie —nadie se muere por no saciar su sexualidad, pero la mayoría de especies desaparecerían si no se practicase— por lo que podemos considerarlos como primarios e innatos, dado que están prefijados en el código genético de los seres vivos. Estas motivaciones fisiológicas son el hambre, la sed, el sueño, la necesidad de oxígeno, la actividad sexual, el instinto maternal y la actividad exploratoria, a las que podrían añadirse otras conductas relacionadas con la supervivencia individual o de la especie como evitar el dolor y las temperaturas extremas.

Sin embargo, hay motivaciones que no satisfacen una necesidad biológica evidente. Son las secundarias, también llamadas adquiridas porque en ellas intervienen mayoritariamente (aunque no únicamente) el aprendizaje, la cultura y las estimulaciones externas. No sólo nos impulsa nuestra «necesidad» de un estado orgánico «óptimo», sino que nos dirigen los incentivos. Nuestra historia individual de aprendizaje influye sobre nuestras motivaciones, porque un incentivo es cualquier estímulo externo que posee valor positivo (se asocia con un impulso) o negativo (reduce el impulso) en la motivación de nuestro comportamiento. Así, una taza de café, el olor de un pan recién horneado, el tocar la mano del ser querido o la amenaza de desaprobación son todos factores que pueden motivarnos. Dicho en otras palabras, es posible motivarse si algo produce una recompensa o un castigo y si aprendamos a reconocer estas circunstancias. Circunstancias que cuando varían, cambian la intensidad de la motivación y esto es tan válido para los impulsos básicos como para los secundarios. Algo semejante ocurre con nuestros estados de excitación ante el impulso. No es lo mismo una activación normal que estar agitados; no es igual que seamos reforzados o castigados; y tampoco es igual si estamos ansiosos o no. Algo de ansiedad es excelente para el rendimiento y la motivación; si se presenta en exceso, quedamos bloqueados y «en blanco». E insistimos: al igual que las motivaciones primarias o de estirpe «biológica» podían estar muy condicionadas por los procesos de aprendizaje, también las motivaciones secundarias (de tipología más «social») pueden tener algún sustrato preestablecido en la base genética de la personalidad, como es el caso de conductas típicamente interactivas en la vida social, por ejemplo la agresividad. A su vez, algunas conductas genuinamente sociales pueden estar relacionadas con las necesidades básicas a través de fenómenos como los que los teóricos del aprendizaje han denominado «reforzadores secundarios». Así por ejemplo, la función del dinero como forma de halago y prestigio social, pero que inicialmente quizás tuvo una relación con los imperativos esenciales (lo cual sigue siendo válido hoy día) de

El niño agarra un gusano por una curiosidad innata, fruto de una motivación fisiológica, aunque no de un estado carencial. La actividad exploratoria es uno de los impulsos espontáneos de los seres humanos, que no responden a una carencia o modificación del organismo.

alimentación del individuo y de su prole, protección del frío, asistencia sanitaria u otros fines relacionados con la supervivencia. En cualquier caso, los impulsos secundarios incluyen casi todo el espectro del comportamiento humano: la vocación profesional, el afán de status social, las aficiones deportivas, las preferencias estéticas y un largo etcétera.

De lo prioritario a lo sofisticado

Las exigencias particulares que motivan nuestra conducta dependen de las necesidades insatisfechas en cada circunstancia particular y en cada individuo. Abraham Maslow propuso en el año 1970 una jerarquización de las motivaciones que hoy día sigue siendo perfectamente válida. Los intereses de las personas ascienden desde una base piramidal en la que están los impulsos básicos, denominados de «déficit»; una vez satisfechos, se pasa al resto de la pirámide que engloba las motivaciones secundarias, específicamente humanas, que ascienden desde las necesidades de seguridad a las de pertenencia y amor y las de estimación hasta llegar al vértice formado por la autorrealización, incluida la más elevada: la realización de la totalidad de nuestro potencial, que incluye lo más «trascendente» (ética, verdad, justicia...). Cada persona debería encontrar su propia autorrealización, entendida como el hecho de desplegar el individuo su propia naturaleza en todos los aspectos, siendo aquello que puede llegar a ser, lo cual casi ubica al sujeto cerca del cielo, por lo que conviene ser muy cauto cuando rozamos este vértice piramidal, ya que las diferencias individuales suelen ser muy grandes. A pesar de su evidente utilidad, la jerarquía de Maslow es un tanto arbitraria. Es más, el orden de las necesidades no está determinado universalmente. La gente ha demostrado que es capaz de iniciar una huelga de hambre para la consecución de un logro ideológico. De todos modos, la sencilla idea de que algunos motivos son más apremiantes que otros suministra un marco al pensamiento acerca de la motivación.

Aprender lo que debe quererse

En nuestra conducta hay motivos que, a diferencia del hambre y el sexo, al parecer no satisfacen una necesidad puramente fisiológica. Si pensamos en nosotros y en los que nos rodean, es evidente que hay gran diversidad de motivaciones que no tienen relación directa con las necesidades primarias. Podemos sentirnos motivados para saber algo más de nosotros mismos: por eso consultamos este libro que tiene usted en sus manos; los millonarios pueden sentirse compulsivamente inclina-

Pirámide que muestra la jerarquía de necesidades, según la teoría que Abraham Maslow presentó en 1970. Una vez satisfechas nuestras necesidades de nivel inferior, nos vemos inducidos a satisfacer las necesidades de nivel superior.

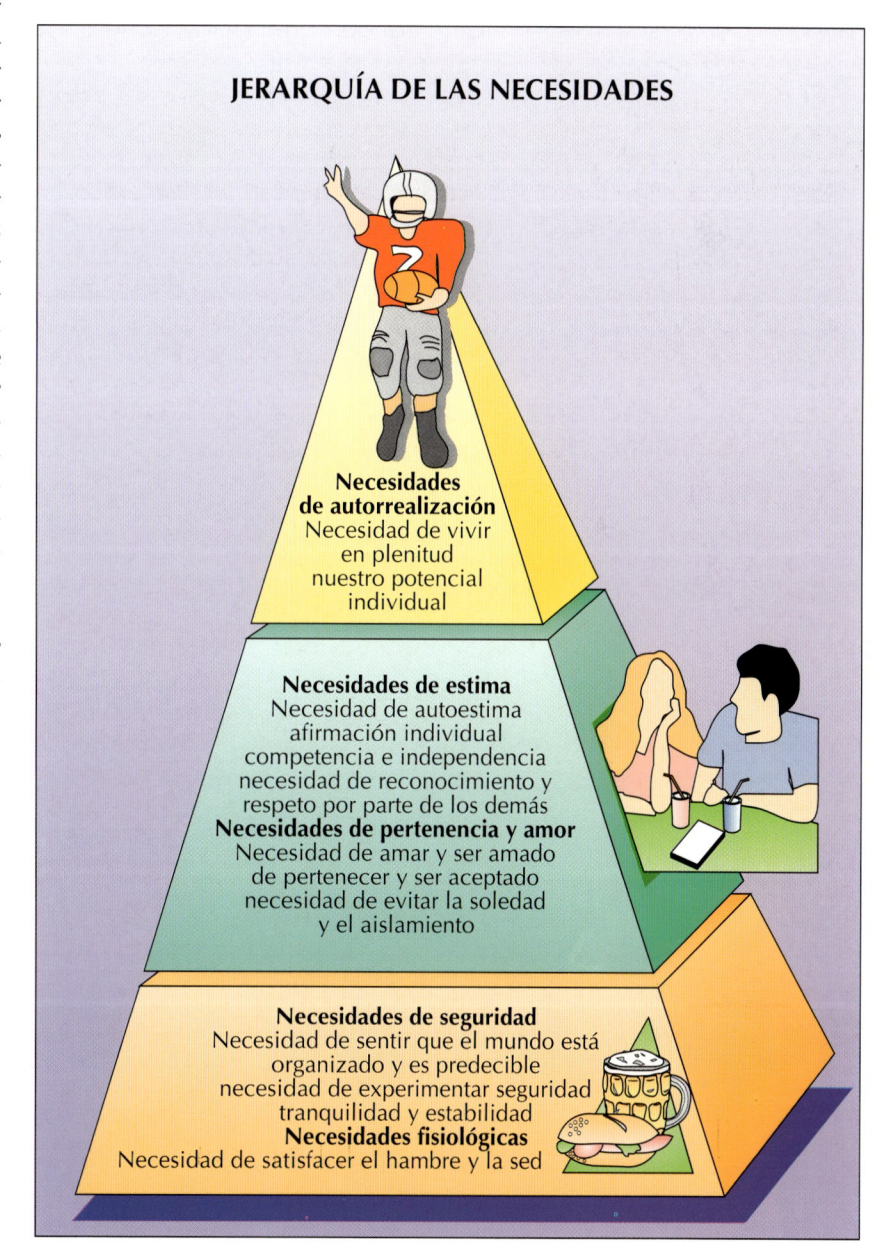

JERARQUÍA DE LAS NECESIDADES

Necesidades de autorrealización
Necesidad de vivir en plenitud nuestro potencial individual

Necesidades de estima
Necesidad de autoestima
afirmación individual
competencia e independencia
necesidad de reconocimiento y
respeto por parte de los demás

Necesidades de pertenencia y amor
Necesidad de amar y ser amado
de pertenecer y ser aceptado
necesidad de evitar la soledad
y el aislamiento

Necesidades de seguridad
Necesidad de sentir que el mundo está
organizado y es predecible
necesidad de experimentar seguridad
tranquilidad y estabilidad

Necesidades fisiológicas
Necesidad de satisfacer el hambre y la sed

El ex marino, que comenzó este trabajo como forma de ganarse la vida, continúa sintiendo, ahora que se ha retirado y está económicamente bien, pasión por el mar. Desaparecido el motivo original, ha quedado en cambio el profundo sentimiento que éste despertó.

dos a engordar cada vez sus cuentas corrientes; a lo mejor estamos interesados en mejorar nuestro éxito social o bien queremos alcanzar la fama o el poder. Quizás uno de nuestros impulsos principales puede ser la búsqueda de sensaciones y emociones fuertes en una especie de *puenting* mental general y progresivo. O por el contrario, puede que estemos fuertemente impulsados al sedentarismo o la intimidad.

La adquisición de un motivo no tiene nada de misterioso y casi todos los expertos en psicología afirman que el proceso se ajusta a los principios generales del aprendizaje. Algunos deseos se adquieren en virtud del condicionamiento clásico y a partir de impulsos básicos; asociamos el comer a otros estímulos vinculados con sensaciones gratas que se producen en ese momento y, así, se convierten en motivación positiva, como aquel plato favorito que nos retrotrae a una infancia feliz y nos impulsa a repetirlo, etc. Pero también podemos condicionar nuestros intereses en función del aprendizaje instrumental. Así, quizás al principio uno ordena sus cosas porque recibe elogios o amenazas. Después de practicarlo suficientemente, el orden termina por ser una conducta deseada. Es un proceso que se repite siempre en los hábitos y fundamentos de nuestra vida y lo podríamos designar como autonomía funcional de los motivos. Es posible que la conducta adulta obedezca principalmente a motivos que han alcanzado plena autonomía frente a cualquier necesidad de orden fisiológico. He aquí un ejemplo:

«Un ex marino siente pasión por el mar... Quizás la haya adquirido a consecuencia de su lucha por ganarse la vida y el mar haya sido sólo un estímulo condicionado relacionado con la satisfacción de sus necesidades nutricionales. Pero tal vez ahora el marino sea un acaudalado empresario y haya desaparecido el motivo original. Así todo, su fervor por el mar puede no haber sufrido merma y hasta haberse intensificado al alejarse de las necesidades primarias...»

No está resuelta la pregunta sobre cuáles son las motivaciones sociales o adquiridas que tienen una extensión universal. Si aceptamos que la especie humana es el resultado de un proceso evolutivo cabe plantear que, a pesar de la extensión de las costumbres a través de la difusión de la comunicación y de la tendencia a la homogeneización de las culturas, pueden existir diferencias notables en aspectos tales como la competitividad, el afán de lucro económico, las actitudes morales y otros aspectos influidos por el ambiente. Se han realizado estudios transculturales de pueblos primitivos con el objeto de conocer las motivaciones propias de grupos atávicos en los que no existe la influencia ambiental propia de la sociedad industrial. Si bien no se han obtenido resultados unánimes, casi todos los autores coinciden en que la necesidad de reconocimiento y aprobación social, y no en el sentido estricto de un *status* de poder sino en cuanto a no ser indiferente ante el grupo de pertenencia, sería una motivación común en casi todas las culturas.

La necesidad de logro

Piense en usted mismo. ¿Se esfuerza por tener éxito, destacando en todas las tareas que van a ser evaluadas? ¿O bien es usted un conformista, algo abúlico o excesivamente disciplinado? Si se incluye en el primer estereotipo está altamente motivado para uno de los impulsos más típicos de nuestro sociedad: la obtención de logros, la «autorrealización». Se trata del deseo de obtener un resultado significativo, de la preocupación por mejorar y perfeccionar las tareas. Es la «búsqueda de la maestría», que podríamos definir en actitudes como considerar que «si algo no me sale bien, prefiero seguir luchando hasta dominarlo antes de cambiar por algo que me puede salir bien de entrada».

¿Cuáles son los «estilos» de las personas que tienen una elevada necesidad de logro? Tienden a preferir tareas moderadamente difíciles que permiten alcanzar éxito, ya que éste será atribuible a su habilidad y su propio esfuerzo. También tienden a persistir en la tarea cuando la situación es difícil, por lo que alcanzan más éxito. Se ajustan a un elevado autocontrol y están dispuestos a dedicar su tiempo a la consecución de sus objetivos. Más que distinguirse por un extraordinario talento natural, lo que les diferencia es su disciplina cotidiana. Aunque si se asocian los dos rasgos, mucho mejor para el logro.

Las diferencias individuales provienen de la estructura de la personalidad de cada sujeto: algunos enfocan su impulso a la consecución del éxito, mientras que a otros les preocupa ante todo evitar el fracaso. Estas diferencias conforman unas dimensiones de la personalidad marcadas por la susceptibilidad al premio o bien al castigo. La ubicación en alguna de estas categorías marca estas diversidades en la conformación del camino hacia el logro.

La elevada necesidad de alcanzar éxito en el plano económico induce a ciertos individuos a buscar nuevos y más difíciles desafíos. La función del dinero, como forma de halago y prestigio social, es un importante reforzador secundario.

Mi vida es rutinaria y casi no tengo motivaciones. ¿Qué puedo hacer?

La rutina forma parte de la vida, pero sólo la falta de estímulos conduce al aburrimiento. Una buena disposición anímica es fundamental si se quiere estar motivado. Tenga en cuenta, también, que la creatividad es un instrumento contra la monotonía; pintar, escribir o hacer manualidades, enriquece la cotidianeidad.

LA MOTIVACIÓN

> **¿Cómo puedo motivar a mi hijo que acaba de comenzar la escuela y se muestra apático?**
>
> Se ha comprobado que muchos niños que obtienen buenos rendimientos escolares o deportivos, tienen padres y profesores que los alientan y estimulan su independencia en lugar de controlarlos en exceso, ya sea con amenazas o con recompensas. Lo importante es que el niño actúe no tanto por las motivaciones extrínsecas como por el placer de lo que está haciendo.

Fuentes de la motivación para el logro

¿Hasta qué punto influyen los modelos? La motivación para la realización surge en los hogares en que se concede importancia a la excelencia y a la capacidad como medios para alcanzar niveles satisfactorios. Los niños muy motivados a menudo tienen padres que alientan esa dependencia desde edad temprana y los elogian y recompensan por sus éxitos. Animan a sus hijos a vestirse y alimentarse solos, a rendir bien en la escuela y expresan el afecto y la complacencia cuando sus niños se lucen. Podríamos conjeturar que la elevada motivación para obtener logros manifestada por estos niños tiene raíces emocionales, puesto que aprenden a asociar los logros con emociones positivas. También pueden tener anclajes cognitivos, puesto que los niños aprenden a atribuir sus resultados a su propia competencia y a su esfuerzo y así conciben expectativas más elevadas. Diecinueve años antes de Cristo el poeta latino Virgilio ya lo intuyó: «Se puede porque se cree poder».

Una cuestión que no deja de ser fascinante en este repaso a la familia como elemento original (que no único ni determinante, dejémoslo claro) es el orden de nacimiento y el estilo motivacional. Los primogénitos (y los hijos únicos) parecen obtener, en líneas generales, mejores logros escolares que sus hermanos. Ello podría corresponder a la mayor atención dispensada por los padres al primogénito durante los años en que éste fue hijo único. En contraste, los que nacen más tarde tienden a ser individuos socialmente más relajados, inclinándose a defender nuevas ideas. Éste es el caso de Darwin, el quinto de seis hijos. O de Copérnico, el segundo de cuatro hijos. Valga la anécdota curiosa que Tycho Brahe, que defendió la idea tradicional geocéntrica contra el sistema copernicano, era hijo único. El historiador de la ciencia Frank Sulloway informó que 23 de un total de 29 revoluciones científicas fueron encabezadas por individuos nacidos después del primogénito. Al parecer los primogénitos se identifican más con las aficiones de sus padres y con la tradición, lo cual no es óbice para recordar que en ocasiones la tradición está en lo cierto. Cuando aparecen sectas y falsas ideas (y hoy día son legión las primeras), los primogénitos se dejan engañar menos por estas nuevas creencias. Quizás la ansiedad de obtener logros de los primogénitos se expresa mediante las formas convencionales. Si bien con

---

La ocupación de los padres (labores rutinarias o creativas, trabajos autónomos o dependientes) ejerce influencia en la motivación. En la experiencia que se refleja en el gráfico y en la que se estudió la motivación de alumnos de 7º y 8º grado, los que estaban más motivados eran aquellos cuyos padres tenían trabajos más independientes y que les exigían tomar decisiones.

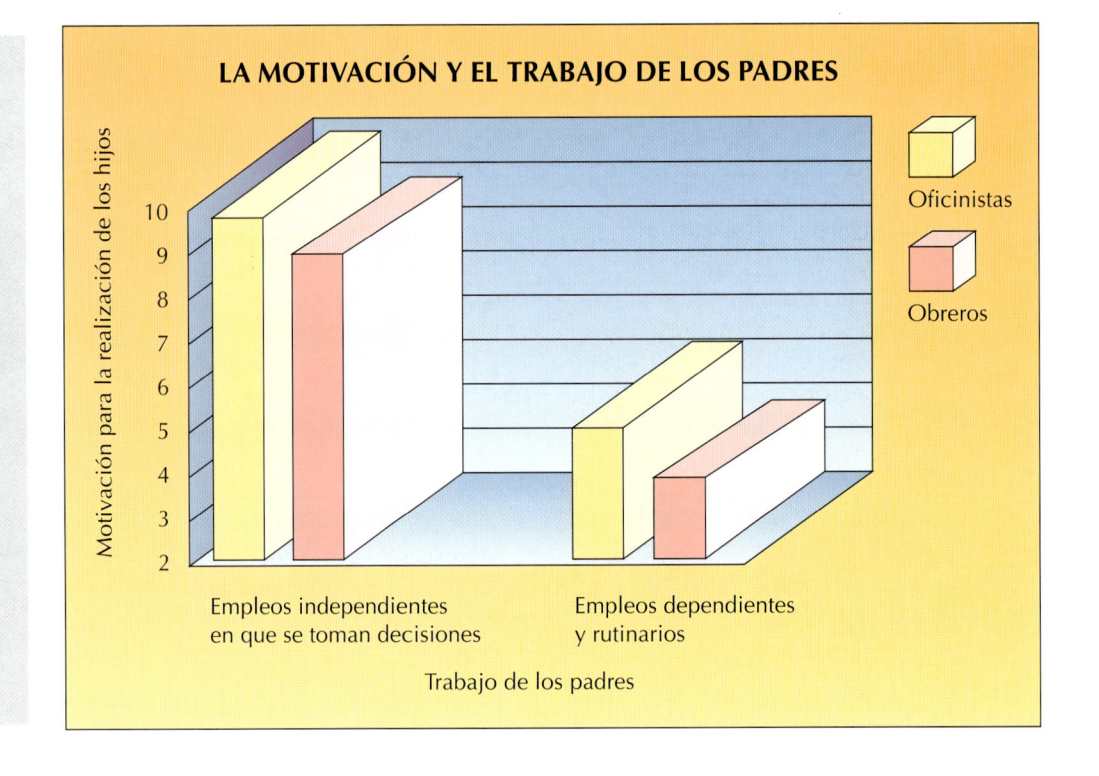

LA MOTIVACIÓN Y EL TRABAJO DE LOS PADRES

- Oficinistas
- Obreros

Eje Y: Motivación para la realización de los hijos (2–10)
Eje X: Trabajo de los padres — Empleos independientes en que se toman decisiones / Empleos dependientes y rutinarios

mucha cautela, podría decirse que los primogénitos tienden a ser más constantes y concienzudos, y los que nacen después, más desenvueltos.

Afiliación y poder

Asociadas y confundidas con la necesidad de logro, otras motivaciones típicas son las de afiliación y poder. La necesidad de afiliación se refiere a la preocupación por establecer, mantener y restaurar relaciones amistosas; y la de poder, a la preocupación por la reputación, la influencia y el «deslumbramiento» de los demás.

Con frecuencia las personas, ya sea en el lugar de trabajo, en el aula o en la pista deportiva, valoran más el hecho de sentirse realizados a través del trabajo, que de las gratificaciones estrictamente económicas. Estamos ante la motivación intrínseca expresada por el deseo de ser eficaz, de tener un tipo de conducta por la conducta misma y apoyada en la propia fuerza que emana de la tarea para el sujeto implicado. Se le contrapone la motivación extrínseca que implica la búsqueda de recompensas externas e incentivada no solamente por refuerzos económicos, sino por aspectos como el afán competitivo o de poder. La motivación intrínseca determina un rendimiento más elevado que la extrínseca.

En la realidad psicosocial no suelen plantearse posturas tan radicalmente extremas, dado que con frecuencia se complementan ambos factores motivacionales, formando un continuo que va desde la actitud más «vocacionalmente pura» y menos interesada por el triunfo económico o social. En el otro extremo se sitúa la preocupación por los premios o gratificaciones derivadas de la actividad. En una situación intermedia, entre lo puramente vocacional y el hambre de éxito, se encuentra el resto de individuos. Existe de hecho una intervención o interferencia entre los motivos intrínsecos y extrínsecos, en el sentido de que una excesiva atención hacia los «premios» puede disminuir la dedicación hacia la «maestría». Son importantes las recompensas externas para motivar a la gente, pero pueden producir un embotamiento de la autodeterminación y la autoeficacia si se utilizan con demasiada generosidad.

¿Cómo motivar a la gente?

Varios son los factores determinantes para administrar con eficacia la motivación e incentivar adecuadamente al personal.

1) Cultivar la motivación intrínseca. Deberíamos suministrar tareas que promuevan la curiosidad y no emplear excesivamente las recompensas externas. Éstas pueden usarse de dos modos: para controlar («si ordenas tu habitación, te dejaré ver televisión») o para informar («lo has hecho muy bien, te felicito»). El excesivo control exterior tiene la desventaja de que cuando se retira, puede decrecer el interés por la actividad; con tanto control exterior se colapsan la independencia y la capacidad de tomar decisiones. Es todo lo contrario de las recompensas de información que impulsan el sentido de competencia y, por tanto, la motivación intrínseca, que estimula la obtención de logros. Ni padres, ni profesores, ni jefes deben poner controles en exceso y sí, en cambio, saber

Algunos padres estimulan a sus hijos con regalos cuando cumplen determinadas metas. De esta manera surgen niños muy motivados, competitivos y preocupados por los premios o gratificaciones, y que asocian los logros con emociones positivas. De todas formas, no es aconsejable un exceso de premios o recompensas.

PREPARACIÓN PSICOLÓGICA DEL DEPORTISTA

Muy a menudo, el deportista tiene en la competición un rendimiento inferior al que cabría esperar por sus resultados en el entrenamiento. Ante la proximidad de una competición importante muchos atletas duermen poco y mal, alteran sus costumbres alimentarias y sus ritmos de vigilia y descanso, y en la propia competición dejan de prestar atención a los aspectos relevantes, empiezan a menospreciarse a sí mismos, pierden la confianza en la victoria o abandonan ante la menor dificultad, con la consiguiente disminución del rendimiento.

El propio entorno deportivo (objetivos del entrenador, medios de comunicación, directivos, competitividad entre compañeros, negociación de contratos, corta vida deportiva...) genera una presión difícil de soportar y que puede acarrear inestabilidad deportiva y personal.

Los principales problemas psicológicos vinculados a la competición deportiva son:

La ansiedad. La situación estresante de la competición suele generar una elevación del grado de ansiedad del sujeto que puede romper su equilibrio emocional y desencadenar numerosas alteraciones en sus hábitos, sus ciclos biológicos y su estado de ánimo antes y durante la competición.

La falta de concentración. Por desgracia a menudo el deportista sufre grandes fluctuaciones en su nivel de atención, centra su interés en aspectos irrelevantes, cambia su objetivo sin motivo y, consecuentemente, se deteriora su actuación.

Los pensamientos inadecuados. Consciente o inconscientemente, el atleta valora y analiza su actuación, sus posibilidades, su motivación. Esta valiosa capacidad de análisis puede sin embargo acarrear serios problemas. Si no hay confianza en uno mismo, si se sobrevalora a los contrincantes, si no se cree en el éxito, si se piensa en lo que puede suceder en caso de no triunfar, disminuye la probabilidad de conseguir el esperado éxito.

La pérdida del control. Cuando el desarrollo de la competición no sigue por los cauces previstos, especialmente si el deportista se ve superado por su contrincante en los deportes de oposición, puede sentirse humillado, frustado y enojado, con lo que hay grandes posibilidades de que reaccione de forma descontrolada, agrediendo a su adversario, insultando al público o manifestando su malestar rompiendo violentamente el intrumento deportivo o respondiendo airadamente al árbitro, lo que puede comportar una fuerte sanción.

La mayoría de los deportistas han desarrollado por sí mismos estrategias para afrontar los diferentes problemas psicológicos que aparecen en la competición. Sin embargo, otros tienen un rendimiento inestable y cualquier pequeño contratiempo les afecta, por lo que un entrenamiento psicológico adecuado contribuye a aumentar su estabilidad.

Pero la preparación psicológica no es sólo importante para los deportistas de alto nivel, sino de forma especial para los principiantes. Los entrenadores deberían integrar la preparación psicológica en su programa de entrenamiento, al igual que incluyen la preparación física, la técnica, etc.

Si bien cada persona y situación son diferentes, la preparación psicológica conlleva el dominio de diversas procedimientos entre los que destacan:

La relajación. Para disminuir los efectos negativos de la ansiedad, el atleta ha de ser capaz de relajarse rápidamente, a pesar de que su posición no sea cómoda, del ruido y los comentarios de los adversarios, lo que requiere un entrenamiento específico.

La visualización. Para facilitar su concentración y mejorar el dominio de sí mismo, se puede emplear la práctica imaginada. Esta técnica, que requiere una previa relajación, consiste en reproducir mentalmente la secuencia de la actuación tratando de imaginar los mismos elementos, gestos y vivencias que ocurren en la competición. El deportista se ve a sí mismo compitiendo con éxito, y observa su ejecución correcta y los elementos esenciales que intervienen, así como los ruidos, los olores y las sensaciones que conllevan.

Mantenimiento de la concentración. Cada deporte conlleva ciertos requisitos de atención específicos. El sujeto debe prestar atención a estos aspectos de su entorno y de sí mismo. Ha de aprender a seleccionar el tipo de atención pertinente en cada momento de la competición y ha de saber cómo conseguirlo.

Fijación de objetivos adecuados. En ocasiones, las metas son deseables pero utópicas, lo que suele acarrear una falta de confianza en las propias posibilidades del deportista. Por tanto, es conveniente que aprenda a fijarse objetivos específicos, cuantitativos, a corto y largo plazo, asumibles, que dependan de su actuación y sean objetivables.

Control de los pensamientos. Finalmente, ha de aprender también a controlar sus pensamientos antes y durante la competición. El deportista cuando entrena y compite, interactúa globalmente con la situación deportiva. No sólo percibe y se mueve, sino que en todo momento valora la situación en la que se encuentra, analiza su propio comportamiento y piensa en las expectativas futuras. El juicio del deportista tiene una gran incidencia en el rendimiento deportivo, tanto positiva como negativamente.

Quien sepa aprovechar al máximo sus capacidades intelectuales para superar la fatiga o la presión ambiental, tendrá mayores posibilidades de planificar su comportamiento y salir airoso en las situaciones imprevistas y adversas.

Joan Riera Riera
Profesor de Educación Física

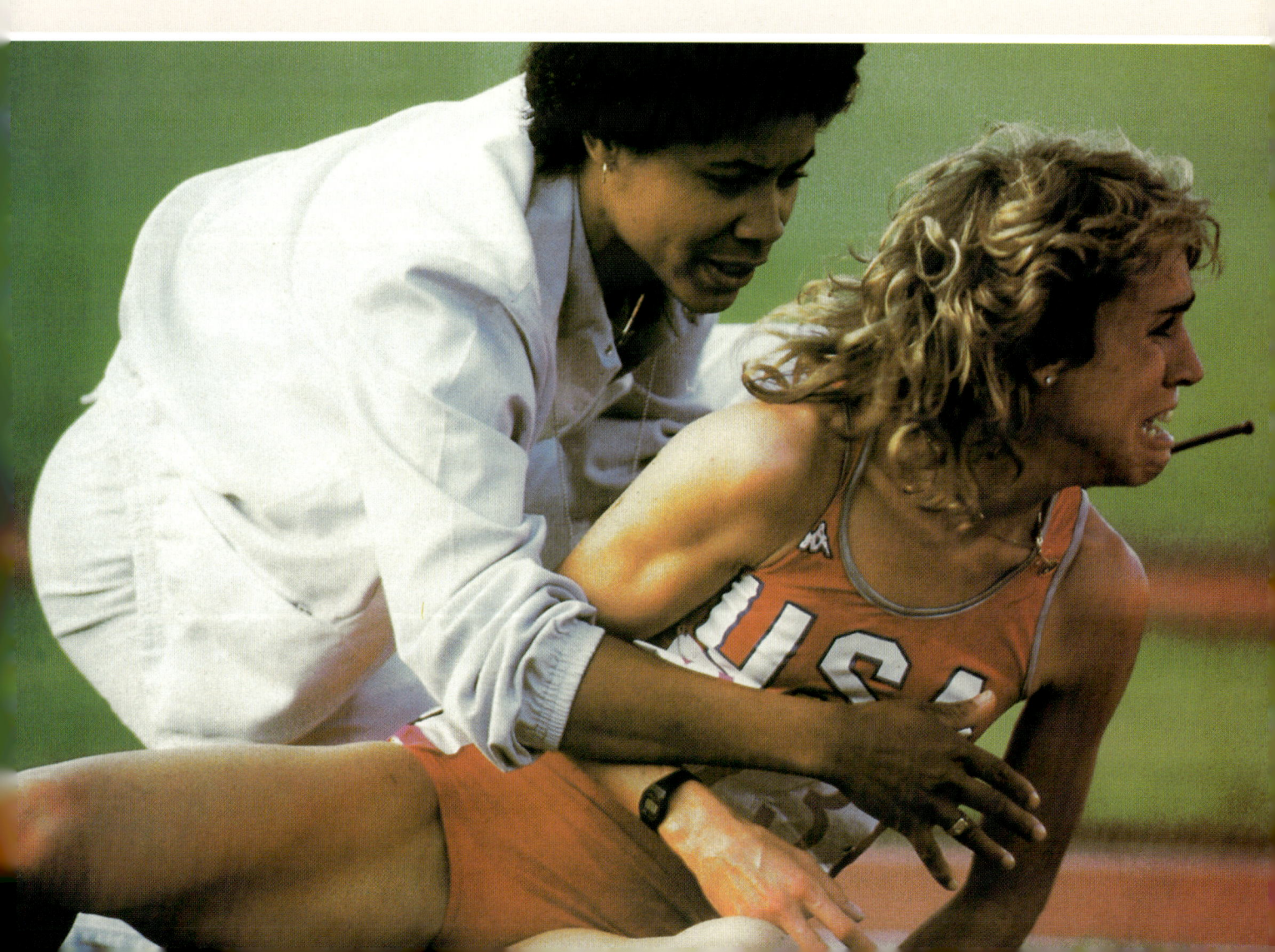

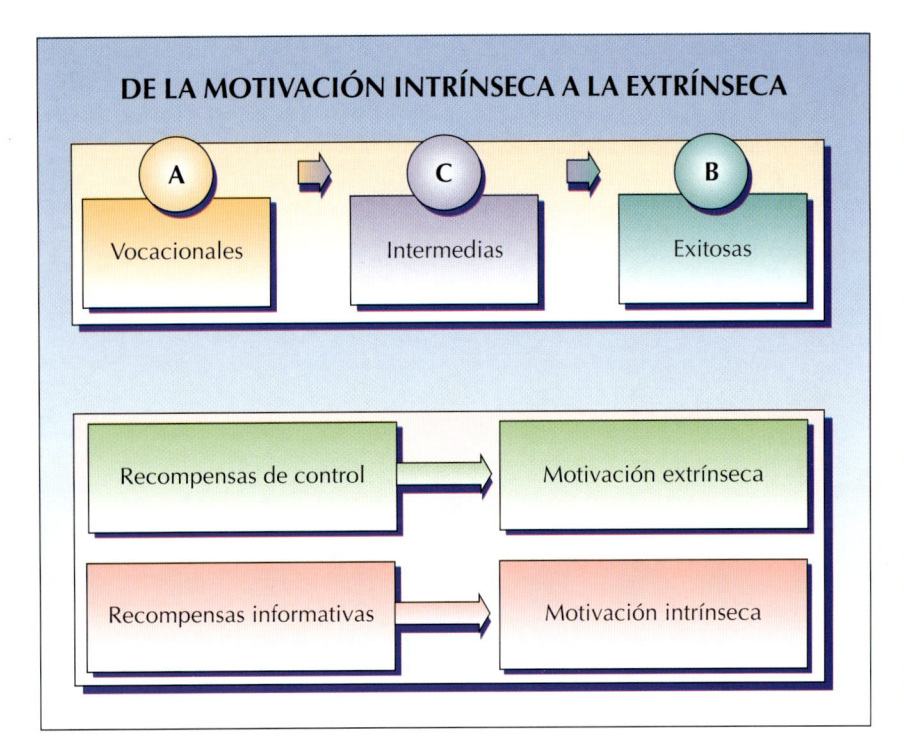

LA MOTIVACIÓN

DE LA MOTIVACIÓN INTRÍNSECA A LA EXTRÍNSECA

A Vocacionales → C Intermedias → B Exitosas

Recompensas de control → Motivación extrínseca

Recompensas informativas → Motivación intrínseca

Según el tipo de recompensa que empleemos, influiremos sobre cada tipo de motivación: las recompensas de control estimulan la motivación extrínseca y las recompensas informativas, la motivación intrínseca.

El estilo de liderazgo adecuado

El liderazgo en la tarea, distinguido por la fijación de normas, la organización del trabajo y la concentración en las metas, es muy eficaz para mantener a un grupo centrado en una misión. Es el estilo directivo, que funciona bien si el líder tiene capacidad suficiente para impartir órdenes apropiadas. El liderazgo social es el cooperador por excelencia: trabajo en equipo, mediación en los conflictos, delegación de tareas y, fundamentalmente, coordinación de las diversas fuerzas de trabajo. Es el más motivante y el que concita mayor satisfacción laboral.

Hoy día se tiende más al segundo tipo de liderazgo, ya que promueve un mayor sentido de control y corresponsabilidad de los trabajadores, una relación más satisfactoria entre los miembros de una empresa común, una mejor participación en las decisiones comunes, y una mayor libertad para la creatividad; los trabajadores tienen un mayor control sobre su propio destino y se sienten más apreciados si se aplica este liderazgo social, que implica una atomización en pequeñas unidades funcionales marcadas por diversas especialidades cada una de las cuales tiene un líder, a su vez «social»; los jefes son coordinadores de otros co-jefes y todos en conjunto se sienten partícipes de tareas comunes. Ni qué decir tiene que también es altamente motivante la rotación en el liderazgo, aunque todos los líderes deberían ser capaces de visionar una meta, de comunicar claramente esta «visión», de dar confianza a individuos y grupos y de inspirar entusiasmo, lo cual evidentemente no es fácil.

Siendo líder o no, lo que importa de verdad es sentirse motivado. Si no, la vida es gris y carece de propósito. Sólo es cuestión de ponerse a la labor para evitarlo. Y es que, parafraseando otra vez a Virgilio, «rara vez sabemos de lo que somos capaces hasta que nos ponemos a ello». Y si nuestra mente puede concebirlo y nuestro corazón puede creerlo, lo más probable es que estemos motivados para realizar una tarea.

esperar, apoyar, delegar, desafiar y, sobre todo, informar.

2) Conocer los motivos de la gente. Las acciones para motivar deben estar en concordancia con los estilos de cada persona. Si son sujetos que aprecian el reconocimiento de los demás, debe concedérseles la atención que desean. Los que se sienten impulsados por el afecto y la pertenencia a un grupo deben ser colocados en un entorno «familiar» donde las decisiones se discutan en grupo. A los que se sienten impulsados por el poder y la competitividad deben abrírseles puertas de acceso a las oportunidades que permiten alcanzar el éxito. Y a no olvidar la cultura en la que se mueven las personas: no es lo mismo el individualismo exacerbado anglosajón, que el comunitarismo asiático o el sentimiento de relación hedonista y personalizada que tienen los latinos; aunque lo ideal sería recoger lo mejor de cada uno de estos valores y mezclarlos en un cóctel altamente motivante.

3) Determinar metas específicas. Y que impliquen un cierto desafío, siempre combinado con informar puntualmente sobre los progresos. Los objetivos deben ser claros y explícitos ya que ello orienta la atención, promueve el esfuerzo y estimula la creatividad.

Capítulo 7
LAS EMOCIONES

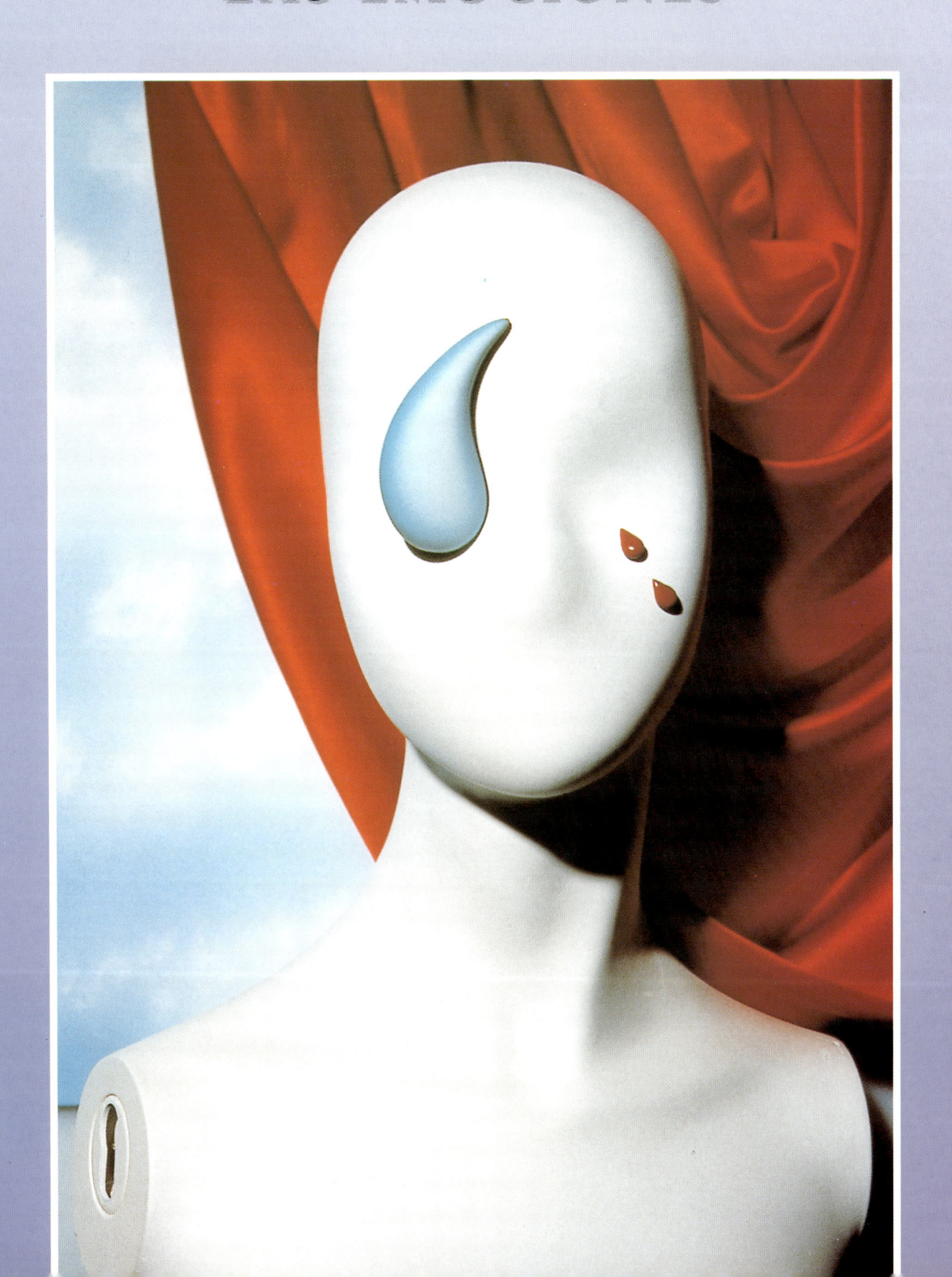

LAS EMOCIONES

El principio de los tiempos

Todos conocemos el concepto de emoción y nos referimos a él cuando hablamos de cólera, miedo, alegría, tristeza... Pero, debido probablemente a la amplitud del término, nos sería sumamente complicado dar una definición clara del mismo.

Si consultamos un diccionario, hallaremos definida la emoción como «agitación del ánimo, violenta o apacible, que nace de alguna causa pasajera», o también como «estado del ánimo que oscila entre el placer y el displacer y reacción relativa al objeto que la provoca, que puede oscilar entre la atracción y la huida». Paradójicamente, lo que más claro queda de estas definiciones es precisamente la dificultad de concretar el significado de la palabra emoción.

De lo que no quedan dudas es de la importancia e influencia que las emociones ejercen sobre nuestro comportamiento. En todos los momentos de la vida experimentamos un estado emocional u otro (tristeza, alegría, enfado, susto, etc.), de tal manera que se hace prácticamente imposible recordar algún suceso importante de nuestra historia personal en el que no estuviéramos sintiendo alguna emoción.

Como es lógico, la forma de actuar de un sujeto estará en todos los casos determinada por la emoción que lo acompañe. Pensemos, por ejemplo, en el día que nos levantamos tarde porque el despertador no sonó a su hora, que una avería nos obligó a ducharnos con agua fría y que sobre la mesa la última cuenta de teléfono nos recordaba «lo cara que está la vida». Ese día, las tostadas nos quedaron más oscuras que de costumbre, la mantequilla parecía no querer deslizarse sobre el pan con la misma soltura que el día anterior provocando que la tercera rebanada también se nos desmigara en las manos; nuestro silencio tan sólo era transgredido por palabras malsonantes pronunciadas en voz baja cada vez que otro suceso nos confirmaba que «ése no era nuestro día». Podíamos sentir el calor del enrojecimiento de nuestra cara, el latir acelerado y enérgico de nuestro corazón y cómo nuestras sienes nos anunciaban la proximidad de un potente dolor de cabeza; todo ello hacía inevitable que, desde el otro lado de la mesa, se escuchara: «¿Se puede saber qué te pasa hoy?».

Como se desprende de este ejemplo, son tres los componentes de las emociones: experiencia consciente (en nuestro caso, «estoy enojado, hoy no es mi día»); respuesta fisiológica (enrojecimiento facial, aumento del ritmo cardíaco, tensión muscular...) y conducta expresiva (cejas fruncidas, escasa comunicación con los demás, quejas constantes...).

Experiencia consciente

Con este término se hace referencia a la vivencia subjetiva que acompaña a la emoción. Se trata del componente menos conocido; la razón es obvia, se carece de indicadores externos para objetivar la experiencia consciente de la emoción. Se trata de lo que el individuo siente y, por tanto, solamente se puede conocer a través de la descripción que la persona haga.

PREGUNTAS Y RESPUESTAS

¿Son suficientes las modificaciones de la mímica y de la expresión para experimentar una emoción?

No basta con modificar la expresión del rostro para desencadenar una emoción. Conocida es la «paradoja del comediante», pues el actor no siente las emociones que representa. De ahí que el talento del comediante consista en hacer experimentar a los espectadores emociones que él no siente.

Algunos teóricos han postulado tres dimensiones que posibilitan la medición de la experiencia consciente de las emociones. Se trata de asociar éstas con las cualidades de intensidad, agradabilidad y durabilidad y de establecer las posibles diferencias entre ellas. Se demanda información a varias personas respecto a la intensidad, agradabilidad y durabilidad de lo que sienten cuando están enojadas, alegres, asustadas, avergonzadas, etc. En general, la alegría es percibida como más agradable, menos intensa y más duradera que la cólera; por su parte a ésta se la considera más agradable, más intensa e igualmente duradera que la culpabilidad, y así se pueden ir diferenciando todos los pares de emociones que se desee.

Otra corriente de estudiosos ha determinado la existencia de diez emociones fundamentales (alegría, interés, excitación, sorpresa, tristeza, cólera, disgusto, desprecio, miedo, vergüenza y culpa); las diferentes combinaciones realizables entre éstas darían lugar al gran abanico de posibles experiencias emocionales. Cabe decir que la investigación y el avance de esta teoría está en gran medida dificultado, no sólo por la imposibilidad de conseguir un indicador fiable de la experiencia consciente de las emociones, sino por las diferencias culturales e idiomáticas en la definición y descripción de los estados emocionales. No en todos los países se siente de la misma manera, ni se comunica del mismo modo.

De todas las emociones que experimenta el ser humano, tal vez sea la alegría la más fácil de reconocer y la más difícil de disimular. Cuando una persona está viviendo un momento alegre, los ojos se le iluminan y la sonrisa acude a su boca.

La excitación, mezcla de miedo y placer que producen en ciertas personas las situaciones de riesgo, implica, como otras emociones, un cambio fisiológico considerable. El estudio de estos procesos es un campo de la fisiología muy frecuentado actualmente por los investigadores.

Respuesta fisiológica

«...Alex ha muerto —le dice, y entonces las piernas se le debilitan, se agarra del brazo del sofá y se deja caer. Pero ni una lágrima. No le cae ni una lágrima. Sólo piensa que su hija está viva. Suerte que Clara no, murmura, y mira a la mujer y se arrepiente enseguida de este pensamiento, el primero que se le ha ocurrido. Tiene la impresión de que la sangre no acaba de llegarle a toda la cabeza. No dice nada, está quieta, mira hacia el acuario sin verlo y con el auricular mudo se acaricia la mejilla. Ni una lágrima. El corazón le late arriba del todo del pecho y la ahoga, pero ni una lágrima...». Así es como la escritora Maria Mercè Roca describe, en una de sus novelas, la reacción emocional de la protagonista ante la muerte del hijo de su amiga. Como se desprende de este ejemplo, la respuesta fisiológica del organismo ante una experiencia emocional es ineludible, incluso cuando, como en este caso, la experiencia consciente no es clara y la expresión inexistente.

La fisiología de las emociones es, en la actualidad, uno de los campos de investigación más frecuentado por los experimentadores. Algunos de ellos han tratado de definir el perfil de respuesta corporal específico para cada emoción. Es decir, detectar qué órganos o sistemas se ponen en funcionamiento cuando nos enfadamos, cuáles cuando nos asustamos, cómo nos activamos ante una elgría, y así con todas y cada una de las emociones que podamos sentir. Aunque algunos de estos perfiles han llegado a definirse de una forma muy general, todavía no se ha conseguido especificarlos. Así por ejemplo, se sabe que cuando una persona se asusta, su cuerpo se prepara para enfrentarse al peligro o para salir huyendo, con lo cual los músculos se tensan, la respiración se acelera a fin de aumentar el aporte de oxígeno, el corazón bombea más aprisa y la sangre se reparte de forma selectiva por el cuerpo, el hígado segrega más azúcar para aumentar el aporte energético, las glándulas suprarrenales segregan mayores cantidades de adrenalina que se encargará, entre otras cosas, de limitar el riego sanguíneo en zonas periféricas donde no es necesario en esos momentos, etc., todo con el fin de ahorrar y acumular energías. De todas formas, este conjunto de respuestas corporales no se da únicamente cuando alguien se asusta, sino que también puede darse, en mayor o menor medida, parcial o totalmente, cuando por ejemplo el sujeto se enoja.

Lo que de momento parecen tener claro los estudiosos de la respuesta fisiológica de las emociones es la consistencia de ésta dentro del propio sujeto. Es decir, no todas las personas se activan de la misma manera ante estímulos parecidos, o ante una misma emoción; pero sí hay una tendencia a activarse según un mismo perfil de respuesta, tanto si uno se enoja como si se asusta, etc. Esto hace que los que tienden a aumentar su ritmo cardíaco al emocionarse sean más propensos a padecer en algún momento de su vida problemas de corazón. En cambio, aquellos que ante una misma situación tienden a segregar una mayor cantidad de jugos gástricos, serán más susceptibles a sufrir úlceras de estómago.

La expresión de las emociones

Existe una vía muy clara y directa de la expresión de las emociones: el habla. Lógicamente ésta es la manera más inequívoca y franca de comunicarlas, decir lo que uno siente y piensa. De todas formas, no es la única. La comunicación no verbal juega un papel muy importante en este tipo de manifestaciones. Tanto la manera de comportarse como la expresión facial serán un reflejo de las emociones, difícilmente controlables incluso en los momentos en los que se pretende disimular. A quién no le ha ocurrido alguna vez que, sintiéndose humillado o contrariado, o triste, y pese a realizar esfuerzos titánicos por aparentar interés, alegría, satisfacción, etc., ha sido víctima, casi siempre en el momento más inoportuno, de la interpelación «¿pero qué te pasa ahora?». Y todos sabemos que cuando nos sentimos afligidos, caminamos más despacio arrastrando los pies, miramos poco a los ojos de la gente, nos resulta difícil concentrarnos en cualquier tarea, comemos menos y con menores muestras de apetito, procuramos eludir las citas o reuniones de amigos, no somos tan habladores como en otras ocasiones, etc. No es necesario que alguien analice nuestra expresión facial, ni que expresemos abiertamente nuestro sentir para que sepan qué nos pasa, pues nuestro comportamiento nos delata.

De la misma manera, sólo con mirar una fotografía podríamos determinar el estado emocional de una persona, sin necesidad de saber qué hace o dice, únicamente por el rictus de su cara conocemos si está enojada, alegre, sorprendida, asustada, etc. Respecto a este último punto, son abundantes los estudios dedicados a conocer exactamente qué músculos faciales intervienen en la expresión de unas u otras emociones. El conocimiento de los científicos les permite diferenciar entre emociones reales y fingidas con el único análisis de la

Sólo con mirar esta fotografía nos damos cuenta de que este sujeto atravesaba un momento de ira o rabia cuando se la tomaron. Si bien la expresión verbal es importante en la manifestación de las emociones, a veces no hacen falta las palabras para descubrir en el rostro lo que está sintiendo una persona.

LAS EMOCIONES

micromusculatura de la cara. El grado de arqueo de las cejas, la tensión de la comisura labial o la profundidad de las arrugas orbiculares permiten discernir con relativa exactitud qué emoción se está expresando, su intensidad y hasta su autenticidad.

Investigaciones más avanzadas han puesto de relieve que la musculatura facial no solamente posibilita el reconocimiento de las emociones de los demás, sino que también puede determinar las propias. En otras palabras, mediante la experimentación se vio que aquellos que fingían estar enojados, o tristes, o alegres, simplemente mediante su expresión facial, llegaban a sentirse realmente de esa manera, eso sí, siempre y cuando no existiera una emoción intensa en competición. Lógicamente, en el entierro de una persona querida no llegaríamos a sentirnos felices por mucho que intentáramos poner cara de fiesta.

Los músculos faciales pueden llegar a ser tan importantes que incluso se han podido observar ciertas variaciones fisiológicas debidas únicamente a un cam-

La expresión física de las distintas emociones no es exclusiva de determinadas culturas sino una capacidad propia de los seres humanos de todo el planeta. Ahora bien, se ha demostrado que son las mujeres las más hábiles para evidenciar su estado de ánimo un determinado momento, tanto a través de la expresión facial como por la postura corporal.

El feminismo de las emociones

Numerosas investigaciones han puesto de manifiesto que somos capaces de reconocer la emoción de una persona solamente observando su expresión facial o su postura corporal. Es más, esta capacidad se ha mostrado, en gran medida, transcultural. En otras palabras, tanto da si estamos tristes en Estados Unidos como en China o en Zambia, nuestra apariencia delatará nuestro estado anímico.

Pues bien, esta habilidad propia de los seres humanos de todo el planeta, no se reparte por igual entre hombres y mujeres. Ellas son, por lo general, más diestras que los hombres detectando las señales más sutiles que puedan poner de manifiesto el estado emocional de sus interlocutores. Nuevamente el sexo femenino vence en sutileza, sensibilidad y receptibilidad.

bio en la expresión facial. Ello hace suponer la existencia de algún tipo de conexión neuronal entre estos músculos y el sistema nervioso autónomo, encargado de activar y desactivar el organismo. Poner cara de enojado, sin realmente estarlo puede llegar a incrementar nuestro ritmo cardíaco, los niveles de adrenalina en la sangre, el grado de sudoración, etc. y todo ello ocasionarnos un enojo real.

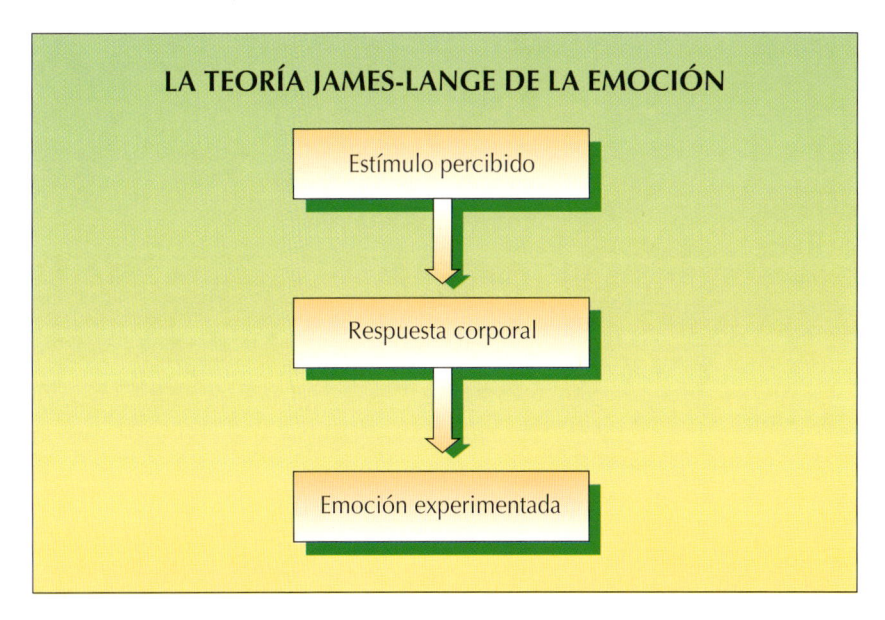

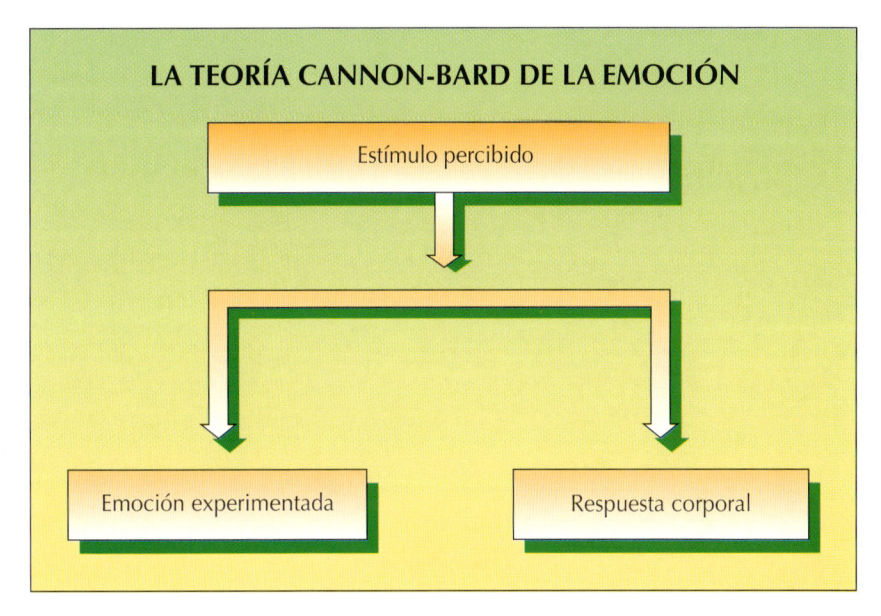

El origen de las emociones

La respuesta fisiológica del organismo tiene un papel primordial en las emociones. Durante muchos años, los psicólogos han intentado descubrir la manera cómo se relacionaban esta respuesta y nuestro pensamiento. Así, han llegado a plantearse cuestiones del tipo: ¿Qué fue antes la gallina o el huevo?, pero en este caso formuladas de la manera: ¿Lloro porque estoy triste o estoy triste porque lloro? Lógicamente, si la respuesta a la primera pregunta no es fácil para nadie, menos iba a serlo la segunda, y durante mucho tiempo ha sido fuente de controversia y múltiples teorías.

Por un lado se puede situar a los defensores del componente periférico (fisiológico) de la emociones; ellos fueron los principales instigadores del tipo de cuestiones planteadas al principio. En el otro extremo están los defensores de la emoción como proceso central; es decir, puramente cerebral. Entre unos y otros se encuentran los teóricos que intentan equilibrar la balanza y repartir responsabilidades entre ambos tipos de procesos.

El peso de los procesos periféricos

La teoría más saliente de las que focalizan la atención en los procesos periféricos ligados a las emociones es la enunciada a principios del siglo XX por dos investigadores, uno americano y otro danés, que llegaron a las mismas formulaciones de manera totalmente independiente. Por esta razón, es conocida con el nombre de ambos científicos: teoría de James-Lange.

LA TEORÍA JAMES-LANGE DE LA EMOCIÓN

Estímulo percibido → Respuesta corporal → Emoción experimentada

LA TEORÍA CANNON-BARD DE LA EMOCIÓN

Estímulo percibido → Emoción experimentada / Respuesta corporal

Según ésta, las emociones se inician con una percepción del estado del organismo. Por ejemplo, estando en la cola de un banco oímos un grito, nuestro organismo se pone alerta (aceleración del ritmo cardíaco, aumento de segregación de adrenalina, incremento de la tensión muscular, etc.), al darnos vuelta vemos acercarse a un individuo armado, con la cabeza cubierta por una media. Entonces ocurre la emoción, los cambios fisiológicos nos inducen a asumir que estamos asustados. En otras palabras, las emociones son fruto de nuestra percepción sobre los cambios corporales producidos por un estímulo externo. El problema al que en su mo-

Según la teoría James-Lange de la emoción, ésta se inicia con la percepción de un estímulo, lo que produce una respuesta o cambio corporal que a su vez provoca la emoción. En cambio, según la teoría Cannon-Bard, tras la percepción de un estímulo sobrevienen simultáneamente la emoción y la repuesta corporal.

LAS EMOCIONES

¿Qué emociones refleja el rostro de esta mujer en las diferentes poses? ¿En cuál está enojada, sorprendida, asustada, alegre, o triste...? Observemos estos rostros un momento tratando de descubrir qué encierra cada expresión plasmada por Andy Warhol en su serie de retratos titulada **Ethell Scull.**

mento tuvo que enfrentarse esta teoría fue la escasa evidencia empírica que encontró, ya que pocas investigaciones proporcionaban resultados que la avalaran, por lo que no tardó mucho tiempo en ser desestimada. No obstante, en la actualidad ciertos datos experimentales parecen apoyar algunos de los preceptos de James y Lange.

El equilibrio entre lo periférico y lo central

En la misma situación expuesta hace un momento, tras el grito oído en la oficina bancaria y la reacción corporal de alerta, vemos cómo un individuo corre hacia la calle con el bolso de una pobre anciana. En estas circunstancias, después de un mismo estímulo externo (grito) y una misma reacción fisiológica (activación del organismo), podemos percibir nuestra rabia: «¿Cómo puede haber gente con tan pocos escrúpulos?»

El análisis de este tipo de situaciones llevó a Cannon-Bard a la formulación de la teoría según la cual la respuesta fisiológica del organismo y la emoción se dan simultáneamente; tras la percepción de un estímulo externo, la información se divide en dos vías, una que viaja hacia la corteza cerebral y produce la emoción en sí o experiencia consciente (en nuestro ejemplo, el sentimiento de rabia) y otra que activa el organismo a través de estructuras cerebrales más primitivas y del sistema nervioso periférico. Por tanto, la experiencia consciente de la emoción y la reacción a nivel corporal se dan en un mismo momento y son fruto de un mismo desencadenante, pero sin depender una de otra.

Si bien hoy en día son otras las teorías en vigor sobre el origen o los procesos que median en la emoción, la importancia de la de Cannon-Bard radica en que devolvió al epicentro del sistema nervioso (el cerebro) la trascendencia que en el estudio de las emociones había perdido con la teoría de James-Lange.

La emoción como proceso central

A medida que se ha avanzando en el conocimiento de la estructura y funcionamiento del cerebro, éste se ha converti-

EL PRINCIPIO DE LOS TIEMPOS

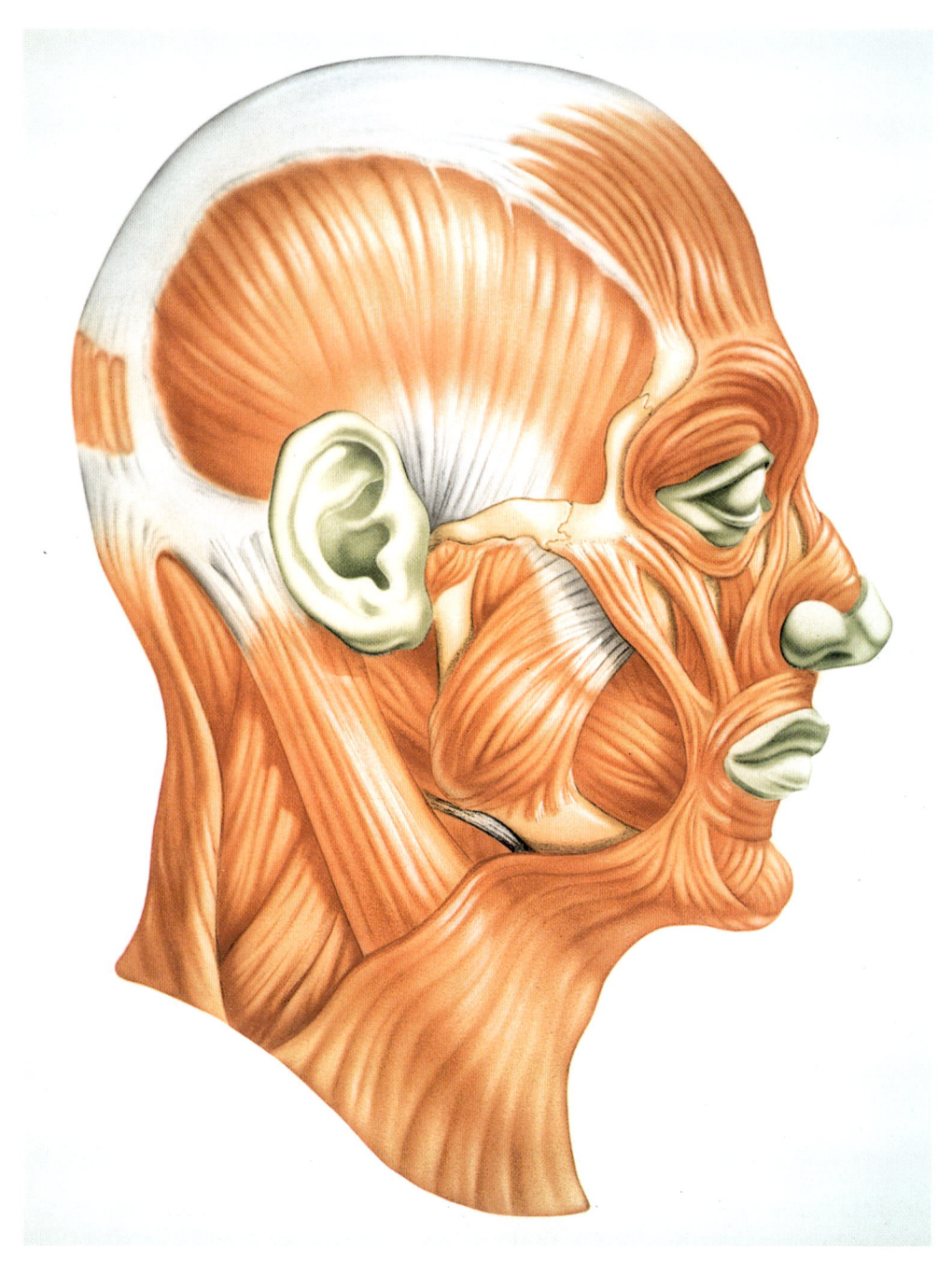

Los músculos están estrechamente relacionados con la expresión de las emociones, pues se tensan o se distienden según la experiencia que estemos viviendo. Actualmente, con la ayuda de elevada tecnología, se realizan estudios para vincular los diferentes sentimientos con músculos faciales específicos.

do en el órgano central que dirige toda la vida consciente y refleja. Las emociones no podían mantenerse ajenas a estos descubrimentos. Numerosos estudios han puesto en evidencia que muchos de los cambios que se producen a nivel emocional son provocados por lesiones o alteraciones de zonas cerebrales concretas. Por ejemplo, la pérdida de actividad en la zona temporal del cerebro observada en unos monos salvajes los convertía en mansos animales de compañía, incapaces de agredir o de asustarse por la presencia humana.

Son varias las teorías resultantes del avance en el estudio de la relación entre cerebro y emoción. En la actualidad se conocen determinadas áreas cerebrales (hipocampo, hipófisis, amígdala, hipotálamo...) implicadas en la manifestación de distintas emociones. Pero todavía no existe evidencia o consenso sobre cómo interaccionan las diferentes partes del sistema nervioso central para dar lugar a la experiencia emocional en toda su complejidad.

¿Tiene que haber una impresión violenta para que una persona sufra una emoción?

No siempre es así. Muchas veces la emoción puede darse como reacción a hechos que no impliquen una impresión violenta, como ocurre en el campo del arte, por ejemplo, al oír determinada música, leer un fragmento de novela, contemplar un cuadro, etc. En general, la emoción cumple una función liberadora dentro de la vida psíquica; es una descarga que alivia tensiones.

165

LAS EMOCIONES

Una de las primeras hipótesis formuladas a este respecto fue la de Papez. Este autor, estudiando a través de autopsias (lógicamente se trata de análisis irrealizables con personas vivas) los cerebros de diferentes pacientes psiquiátricos que habían mostrado problemas a nivel afectivo, llegó a confeccionar recorrido que sigue la estimulación nerviosa para dar lugar a las emociones. Este acercamiento, pese a ser considerado hoy en día insuficiente, proporcionó la descripción de ciertas zonas cerebrales para posteriores formulaciones.

El Circuito de Papez, elaborado a partir de estudios realizados en cerebros de personas que habían sufrido trastornos afectivos, muestra el posible recorrido de la estimulación nerviosa que da lugar a las emociones.

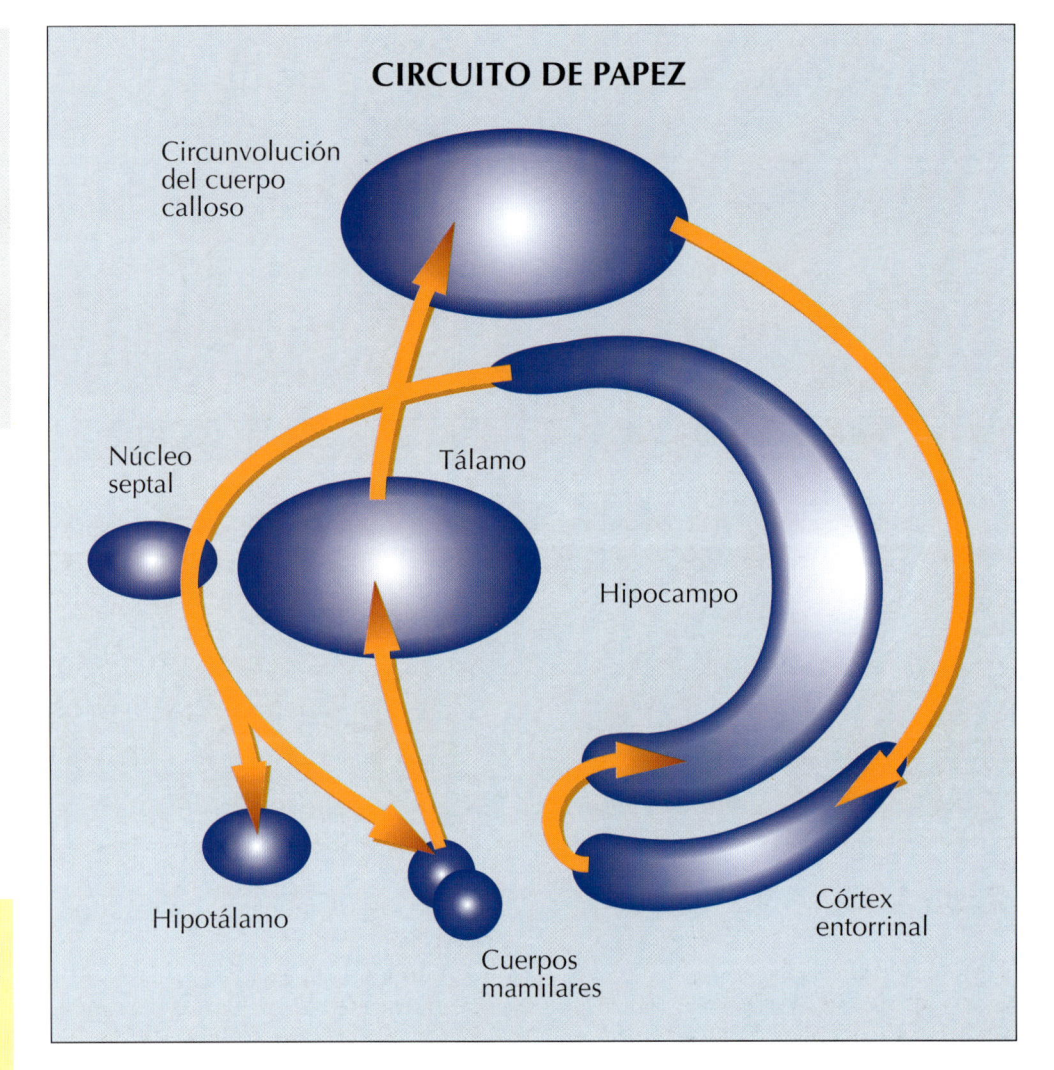

CIRCUITO DE PAPEZ

Circunvolución del cuerpo calloso · Núcleo septal · Tálamo · Hipocampo · Hipotálamo · Cuerpos mamilares · Córtex entorrinal

¿ Tengo aversión a las arañas y en mi casa todos la tienen. ¿El miedo es contagioso?

➡ Que el miedo se contagia es fácilmente comprobable, basta recordar los casos en que una situación de pánico colectiva ha causado cantidad de víctimas. El miedo a las arañas o a las serpientes, originado en los comienzos de la civilización, es rápidamente incorporado por el ser humano. El niño que oye a sus padres expresar temor ante estos animales es casi seguro que también lo sentirá.

El centro del placer

El hipotálamo se ha mostrado altamente relacionada con el placer. Diversos estudios han puesto de manifiesto que la estimulación eléctrica de esta zona produce sensaciones y emociones placenteras. Uno de los estudios más espectaculares fue el realizado por un investigador español, José Delgado, quien implantó un electrodo en este lugar preciso del cerebro de un toro bravo y así, sin ser torero, se lanzó al ruedo, con un mando a distancia en lugar de una espada. El truco consistía en que a cada embate del animal, José Delgado presionaba el botón que provocaba la estimulación eléctrica del hipotálamo del toro; éste, al sentir placer cesaba en su ataque y permitía al supuesto «maestro» arrebatar de sus colegas en el graderío el tradicional «Olé».Fuera de bromas, el científico consiguió demostrar el papel que juegan en las emociones determinadas estructuras cerebrales y, en concreto, el hipotálamo.

Miedo y ansiedad

Últimamente el miedo, y más concretamente la ansiedad, se han convertido en los temas prácticamente más estudiados por los expertos y más difundidos por los medios de comunicación. El estrés, las enfermedades psicosomáticas y las fobias han puesto a esta emoción y a su componente fisiológico bajo los focos del interés popular.

Todos sabemos qué es el miedo, ya que lo hemos sentido alguna vez. En sí, esta emoción no deja de ser adaptativa, es decir, nos ayuda a sobrevivir. El miedo que sienten la mayoría de los animales por la presencia o el olor o el ruido que producen sus depredadores les permite huir al primer indicio de su proximidad. Es más, este tipo de miedos se transmite genéticamente: una cebra no tiene necesidad de haberse enfrentado jamás a un león, ni tan sólo de haber visto como uno de ellos devoraba a alguna de sus compañeras de manada, el animal sabrá «por instinto» que ante la presencia del felino debe correr lo más rápido posible. Lógicamente, para poder hacerlo necesitará administrar de una manera especial sus recursos corporales, necesitará estar ansiosa. Se denomina ansiedad a la respuesta fisiológica que acompaña al miedo. Es el tipo de activación que el organismo necesita para huir o enfrentarse al estímulo que provoca la emoción. En el ejemplo anterior, corresponde a la tensión muscular, el aporte energético, el riego sanguíneo, etc., que la cebra necesita para alejarse corriendo o para patear al león.

La cebra sabe por instinto que ante la presencia de un león debe huir rápidamente. El miedo es para los animales una emoción adaptativa innata, que se transmite genéticamente, y que ha permitido la sobrevivencia de las distintas especies.

LAS EMOCIONES

El miedo ante determinados animales es uno de los más frecuentes entre los seres humanos. El miedo es una emoción que puede ser normal en muchas ocasiones pero que en otras resulta excesivo e irracional e incapacita al que lo sufre para llevar una vida normal. Un perro, aunque sea un manso animal, puede ser vivido como un mastín peligroso y amenazante.

❓ Tengo una compañera de escuela que necesita lavarse las manos a cada rato y que tiene un rechazo desmedido al polvo o a cualquier suciedad. ¿Qué es lo que le pasa?

➡ Su amiga sufre lo que se denomina misofobia, que es la fobia a la suciedad y al contagio de enfermedades que ésta, supuestamente, supone. Las fobias son un trastorno de la ansiedad que se caracterizan por un miedo, pánico o terror ante situaciones, personas, cosas o animales que de por sí no entrañan peligro. Estas fobias interfieren en la vida del sujeto que la padece, incapacitándolo para llevar una vida normal, ya que la mayoría de ellos controlan la respuesta al miedo evitando las situaciones que lo provocan.

El caso de los seres humanos es más complejo. Si en un zoológico se pusiera el habitáculo de las cebras con vistas a la jaula de los leones, probablemente éstas se pasarían el día aterrorizadas. En cambio, ¿cuántas veces hemos ido al zoo y hemos paseado tan tranquilos frente la morada de los felinos? Pero si camináramos por la selva y nos topáramos con uno de ellos, ¿sería nuestra reacción igualmente tranquila? En las personas, el miedo se da de acuerdo con la interpretación que se realice de la situación; el estímulo no es en sí mismo generador de miedo, sino que es la percepción de seguridad o de control de la situación la que lo convierte en algo temido o soportable.

Un miedo superlativo: las fobias

Hemos dicho que el miedo es una emoción adaptativa o que permite la supervivencia, pero ¿cuándo se convierte en un problema? Cuando es excesivo o inadecuado; es decir, cuando es tan intenso que no permite reaccionar de manera operativa o cuando se produce ante situaciones o estímulos que, en principio, no son una amenaza. Imaginemos, por ejemplo, que siempre nos han producido miedo los perros; en principio no resulta un problema, al contrario, puede que nos haya ahorrado algún que otro mordisco. Pero el problema surge cuando nuestro miedo es tal que nos impide visitar a unos amigos que tienen uno de estos animales, aun cuando sabemos de antemano que el animal estará encerrado en el garaje, o que no podemos caminar por la calle si minutos antes hemos visto pasar un perro.

En estos casos, cuando el miedo resulta excesivo o irracional, se manifiesta ante un objeto o situación concretos e identificados, e implica que se evite sistemáticamente enfrentarse a dicho objeto o situación, lo que provoca malestar en la persona que lo padece pudiendo llegar a limitarla a nivel social. En esta ocasión estamos ante una fobia específica.

En cambio, cuando el miedo que produce un evento es pasajero (por ejemplo, el miedo a conducir días después de haber sufrido un accidente de tráfico) o cuando es lógico y razonable (el miedo a las tormentas en alta mar), no debe considerarse que el sujeto padece una fobia, sino que manifiesta un temor normal y para nada patológico.

Las fobias llegan a generar un miedo tan integrado en la vida de la persona que a menudo no es necesario que ésta se enfrente a la situación o al objeto generador de ansiedad para sentir la activación fisiológica y los pensamientos catastróficos propios de su miedo. Solamente con pensar que puede darse la situación o que puede toparse con el objeto temido, ya tendrá lugar todo el proceso cognitivo, fisiológico y conductual asociado a su reacción fóbica.

Cabe decir que no todas las fobias son tan concretas como la que hemos descrito. La agorafobia hace referencia al miedo irracional e invalidante ante todas las situaciones en las que la persona interpreta que huir o conseguir ayuda es difícil o imposible. Así, la gente con este tipo de trastorno evita alejarse de su casa, subir a los ascensores, pasar por túneles, tomar el tren u otros transportes públicos muy llenos, hacer trayectos largos por autopistas o carreteras poco transitadas y que transcurren por zonas poco pobladas, etc.

Un miedo inesperado: la angustia

La angustia y el miedo no se distinguen a nivel fisiológico, dado que comportan la misma activación del organismo. La diferencia entre ambas se centra en que, al contrario de lo que sucede en las fobias, la angustia no se produce ante la

El uso de la razón le permite al niño no tener miedo cuando pasea en un zoológico frente a la jaula de los felinos, pero en cambio sí lo tendría si caminara por una selva donde abundan este tipo de animales. En los seres humanos, el miedo aparece según cómo se interprete la situación.

169

LA AFECTIVIDAD, UN SEGUNDO LENGUAJE

La afectividad es un sistema de comunicación que funciona en paralelo al sistema de información general. Este «segundo lenguaje» es mucho más primitivo en la escala evolutiva que el lenguaje verbal, al que da color asignando una amplia gama de contenidos positivos y negativos a la información verbal generada y recibida. Se han descrito hasta diez canales no verbales para la expresión de la afectividad: la dirección de la mirada y los movimientos oculares, la expresión facial, los gestos, las posturas, las inflexiones y el tono de la voz, los titubeos del habla, los sonidos expresivos como la risa, el bostezo y los gruñidos, el contacto físico, los olores, e incluso el espacio social. Ejemplos de este último canal pueden verse en la colocación del médico y el paciente en una consulta, la situación de cada persona en un retrato o la distancia que se guarda en la conversación entre dos sujetos. La cultura influye mucho en los canales de expresión emocional.

Bajo la etiqueta *vida afectiva* se engloban una serie de experiencias dispares que son, a la vez, fenómenos universales y vivencias intransferibles de cada sujeto. Así, todos comprendemos palabras como amor o afecto, pero nos resulta casi imposible efectuar una descripción precisa de estos términos. Por otro lado, se trata de fenómenos fácilmente polarizables, ya que existe una tendencia natural a agrupar las experiencias afectivas en parejas opuestas, a una de las cuales puede asignarse el polo positivo (placentero) y a la otra el negativo (displacentero). Así ocurre con los pares amor-odio, o alegría-tristeza.

Pueden distinguirse tres grandes familias de experiencias afectivas: las emociones, los afectos y el ánimo. Las emociones son reacciones de carácter brusco y de duración breve, que aparecen como respuesta ante acontecimientos externos o internos. Por lo general, tienen una influencia directa sobre la conducta del sujeto (pánico, cólera, miedo), y se asocian a síntomas de tipo neurovegetativo (sequedad de boca, sudor, temblor). Parece que la expresión de las emociones y el ánimo se reconoce más fácilmente que la del afecto a través de la expresión no verbal. En niños menores de un año ya es posible reconocer a través de la expresión facial una serie de expresiones afectivas primarias, como el miedo, el interés, la tristeza, la sorpresa, la alegría, y el disgusto, que tienen un fuerte condicionamiento genético. Más adelante surgen las experiencias que Michel Lewis denomina «emociones autoconscientes», relacionadas con sentimientos de culpa o vergüenza por un lado, y orgullo o gozo por otro. Estas experiencias son más elaboradas y aparecen a partir de los tres años, cuando el niño empieza a desarrollar las capacidades de pensamiento abstracto que permiten percatarse del fracaso, el éxito, el error y el acierto. Sobre estas experiencias afectivas básicas, fácilmente observables a través de la expresión no verbal, se van construyendo sentimientos más complejos. Al igual que las emociones, los afectos pueden aparecer como una reacción ante determinados estímulos externos, pero a diferencia de éstas, también se manifiestan de forma autónoma. Los afectos también son cualitativamente diferentes de las emociones. Así, el amor hacia una madre está siempre presente aunque su expresión sea puntual; mientras que el miedo es una experiencia potencial que en el sujeto normal sólo se activa ante el estímulo amenazante. Los estados anímicos son un tercer grupo de experiencias afectivas que, a diferencia de los afectos, no se dirigen primariamente hacia objetos externos sino hacia al propio sujeto, y suelen ser más persistentes en el tiempo que las emociones y menos que los afectos. El binomio alegría-tristeza puede considerarse el más primitivo dentro de este grupo de fenómenos, aunque es posible que este término sea engañoso. Al decir «alegría» nos podemos referir a una reacción emocional transitoria desencadenada por un acontecimiento puntual, o a un estado de ánimo persistente en el tiempo y de carácter profundo. La profundidad de los estados de ánimo se refiere a su capacidad de impregnar toda la vida psíquica del sujeto. En estados patológicos las diferencias antes señaladas pueden desaparecer, y así, una emoción como la ansiedad puede transformarse en un estado de ánimo anormal.

Un gran rango de emociones, estados de ánimo y afectos, que nosotros identificamos como genuinamente humanos, son observables en los primates superiores, tal y como revelan los estudios de Jane Goodall entre otros investigadores. La constatación de que fenómenos observables en chimpancés son considerados popularmente como un rasgo característico de nuestra especie (la expresión afectiva confiere «humanidad» al individuo), revela una de las muchas paradojas que encierra el estudio de la vida afectiva.

Luis Salvador Carulla
Profesor Titular de Psicología Médica

LAS EMOCIONES

presencia de un estímulo o situación concretos, sino que aparece de forma inesperada e inmotivada. La angustia es más sobrecogedora, inmovilizante y comporta más percepciones físicas que la ansiedad; puede considerarse cuantitativa y cualitativamente más extrema que ésta.

En psicología clínica se ha definido un trastorno caracterizado por la aparición de episodios de angustia, con una duración aproximada de minutos, pero vividos con una extrema amargura por quienes los padecen, como crisis de angustia. Este tipo de reacción repentina va casi siempre acompañada de sensaciones de muerte inminente, de pérdida de control e incluso de desencadenante de locura. Dada su elevada intensidad y su impredictibilidad, estas crisis son vivenciadas como insoportables por los que las sufren, y en muchas ocasiones generan limitaciones a nivel funcional. No es difícil imaginar que una persona sometida a la amenaza constante de sufrir una crisis de angustia, lleve una vida llena de precauciones con el fin de no sentirse desamparada o falta de auxilio en el momento de padecerla. Este tipo de «precauciones», y también la elevada ansiedad (no angustia) que les produce cuando no pueden tomarlas, hace que muy a menudo las crisis de angustia se acompañen de agorafobia; y hasta tal punto es frecuente, que los manuales diagnósticos de psicología incluyen la categoría de crisis de angustia con agorafobia.

¿Verdad o mentira? El polígrafo

El famoso polígrafo, más conocido como «el detector de mentiras», se basa en la respuesta fisiológica relacionada con la ansiedad para detectar cuándo una persona miente o dice la verdad. En resumen, se trata de determinar el perfil de respuesta fisiológica de la persona (variaciones del ritmo cardíaco, sudoración de la piel, riego sanguíneo periférico, etc.), ante preguntas llamadas de control y que son aquellas en las que se conoce que la respuesta es cierta, por ejemplo ¿Se llama usted...? O en las referidas a pequeñas transgresiones en las que el sujeto es muy probable que mienta por pura conformidad social, por ejemplo, ¿Alguna vez criticó a su jefe a sus espaldas? Una vez que se consiguen estos valores de referencia, todas las respuestas fisiológicas que los excedan de manera destacable es muy probable que contengan una mentira.

El gran problema de este tipo de tests (recordemos que en algunas zonas de Estados Unidos se pueden usar como indicio en un juicio) es que son poco válidos. Si bien son escasos los culpables que escapan al polígrafo, también muchos inocentes pueden ser inculpados.

La angustia es una emoción universalmente experimentada y tiene un carácter complejo, difuso y desagradable, que produce serias repercusiones psíquicas y orgánicas en el sujeto. A diferencia del miedo, que va dirigido hacia un determinado objeto, la angustia es vivida como algo indeterminado e inmotivado.

Capítulo 8

EL APRENDIZAJE

EL APRENDIZAJE

Responder para adaptarse

¿Recuerda la primera vez que intentó montar en bicicleta, freír un huevo o resolver una raíz cuadrada? A lo mejor las evoca como vivencias frustrantes que le hicieron sentirse torpe e inepto. Caídas constantes, aceite que se vierte, vergüenza ante los compañeros, sentimientos de duda y fracaso... Y no obstante esos contratiempos iniciales, usted acabó adquiriendo cierta destreza en su ejecución. Es que todas esas adversidades, algunas bordeando el ridículo, ilustran un principio fundamental de la conducta: todos los organismos, y en particular el ser humano, tienen la capacidad de «sacar provecho» de sus experiencias, aprendiendo así las respuestas adecuadas para funcionar de manera eficaz. Estamos hablando del proceso fundamental del comportamiento humano que influye en casi todos los actos, sentimientos y pensamientos: el aprendizaje.

Pero no se trata del conjunto de acciones para las que parece reservada la palabra aprender: conducir automóviles, practicar deportes, cocinar o estudiar. Se trata del procedimiento que desempeña un papel central en áreas mucho más complejas, como la personalidad, las habilidades sociales, la eclosión de los miedos o incluso la estructuración de ciertas creencias y actitudes.

¿Qué es el aprendizaje?

El don más importante que la naturaleza nos ha concedido es el de la adaptabilidad, la capacidad para aprender formas nuevas de comportamiento que nos permiten afrontar las circunstancias siempre cambiantes de la vida. Partiendo de este elemento, podemos definir el aprendizaje como un cambio relativamente permanente del comportamiento de un organismo animal o humano, provocado por la experiencia. Experiencia y cambio que determinarán nuestras destrezas motoras (desde caminar a jugar al tenis), nuestras ideas morales, nuestra autoimagen, nuestro pensamiento, las motivaciones que nos impulsan a actuar, el lenguaje con el que nos comunicamos, la capacidad para estudiar o incluso parte de la conducta sexual y afectiva.

El aprendizaje es, por encima de todo, una fuente de esperanza en el futuro. Lo que podamos ahora aprender quizás lo necesitaremos más tarde (como padres, amigos, educadores...). Lo que en este momento nos condiciona quizás pueda modificarse con otro aprendizaje que permita adquirir nuevas estrategias, curarnos de nuestras ansiedades o rehabilitarnos. El hecho de que seamos seres con poca fortuna, tímidos o escasamente afectuosos no tiene por qué durar siempre. El aprendizaje es la garantía de un devenir más equilibrado porque los seres humanos somos los que tenemos más capacidad para modificar nuestro comportamiento a través de esta original herramienta, los únicos que podemos confiar en que hoy es el primer día del resto de nuestra vida y que estamos dispuestos a seguir aprendiendo para mejorar y consolidar el mañana.

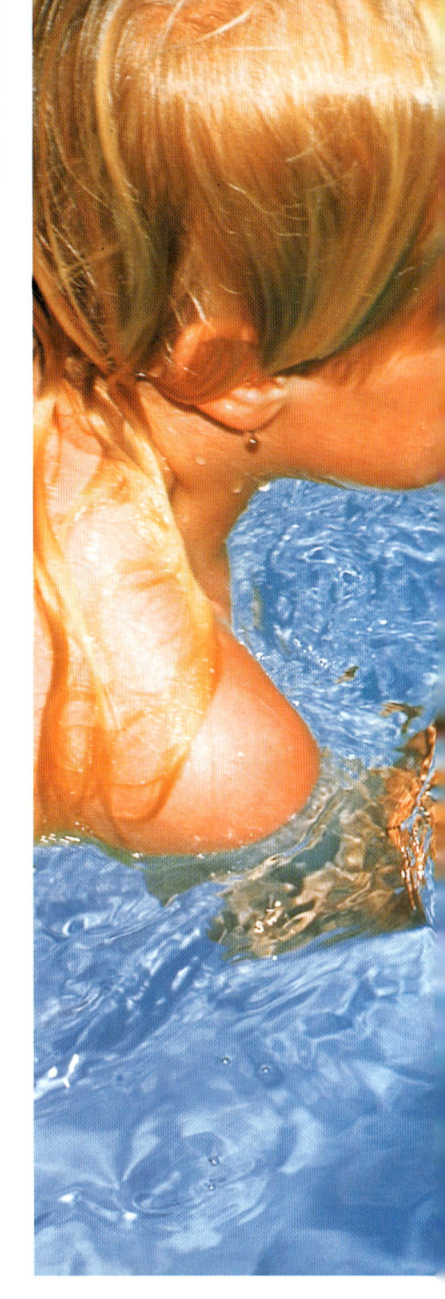

PREGUNTAS Y RESPUESTAS

Cuando era pequeño oí al médico recomendarle a mi madre que no comiera chocolate. Desde entonces le cogí mucho asco. ¿Fue eso un aprendizaje?

Sí, aunque un tipo de aprendizaje especial, sin contacto directo con los estímulos que lo consolidan. Se trata del condicionamiento por instrucciones.

Aprendemos acciones fundamentales y muy básicas —como esperar la hora de cenar o prepararnos para el dolor— por simples asociaciones entre estímulos del mundo circundante que ocurren casi simultáneamente y en ocasiones de forma caprichosa o inesperada. De esta forma estímulos que en un principio no suscitaban reacciones en el sujeto, adquieren ahora la capacidad para hacerlo. Es el condicionamiento clásico, quizás el más «automático» de todos ellos.

También llegamos a conocer qué efectos o consecuencias derivan de nuestras respuestas. Si un niño llora y le dan chocolate para que cese su llanto, el efecto es el esperable: llorar tiene como consecuencia un premio. Estamos ante el condicionamiento instrumental u operante; gracias a él llegamos a ejecutar conductas que provocan resultados positivos o que ayudan a evitar los negativos.

Observando a los demás podemos así mismo aprender nuevas respuestas y adquirir otras formas de conducta. Es el aprendizaje mediante la observación de modelos, conseguido en virtud del contacto directo con las acciones y resultados logrados por los demás. Es uno de las más eficaces y quizás con el que más se condicionan hábitos e interacciones sociales.

Los seres humanos podemos aprender también a través del lenguaje, por medio del cual nos será dada la enseñanza de cosas que no hemos experimentado ni

Aprendemos a nadar, a escribir, a cocinar. Pero el aprendizaje es más que un conjunto de habilidades. Es un proceso esencial del comportamiento del ser humano que parte de la experiencia vital y que incide tanto en la adquisición de conocimientos como en el desarrollo de la personalidad y en la expresión de los sentimientos.

> *El conocimiento de las consecuencias que se derivan de nuestra conducta, como el niño que sabe que un berrinche puede hacerle conseguir algo que desea, constituye el condicionamiento instrumental u operante. Gracias a él ejecutamos conductas que provocan resultados positivos o ayudan a evitar los negativos.*

observado: se trata de una cuarta forma de condicionarse, la cognitiva, que en realidad es causa y consecuencia de las anteriores, con las que se entrelaza multiplicando nuestras posibilidades.

Condicionamiento clásico: las asociaciones que marcan nuestras vidas

Suponga que está esperando su turno en una larga fila ante una de las cajas del supermercado. Imagine que es pleno invierno y que la temperatura exterior es muy baja. Cada vez que se abre la puerta automática de entrada, penetra una ráfaga de aire frío en el interior y le da en plena cara. Cuando esto sucede, usted se estremece y encoge los hombros. Ahora bien, suponga que inmediatamente antes de que se abra la puerta, escucha el sonido amortiguado del mecanismo que la hace funcionar. Sin duda, al principio la reacción a este débil estímulo será insignificante; quizás lo ignore en medio del ruido de las cajas registradoras. Pero, después de recibir en el rostro varias ráfagas heladas, comenzará a estremecerse y encoger la espalda al escuchar el sonido del mecanismo, antes de que la puerta se abra y entre el viento. En pocas palabras, posiblemente comenzará a responder ante ese débil sonido de forma muy semejante a como lo hizo ante la ráfaga de aire frío.

Ahora suponga que viaja en el ferrocarril subterráneo o metro. De golpe se apagan las luces y queda el vehículo atrapado en un túnel entre dos estaciones. Nadie puede apearse. La situación dura el tiempo suficiente como para que se desencadene en usted una respuesta de angustia (temblores, palpitaciones, escalofríos, sensación de ahogo y miedo intenso). El tren se pone en marcha, y usted baja despavorido en la próxima estación, que no es la de su destino. Desde entonces, cada vez que desciende las escaleras del ferrocarril, tiene una sensación desagradable de ansiedad; si evitara subir al tren, podría desarrollar una fobia a este transporte, aunque de momento se limite a un miedo anticipatorio que aparece antes de subir al vagón. Si volviera a ocurrir algo semejante, es probable que la respuesta de ansiedad se consolidara.

Estos dos casos ilustran lo que acontece en el proceso de condicionamiento clásico: un estímulo neutro (el sonido de la puerta) que inicialmente no suscitaba una respuesta particular, adquiere esa propiedad (estremecerse o encogerse de hombros, ansiedad: respuesta no condicionada) sólo con asociarse a otro estímulo no condicionado (ráfaga de aire helado: estímulo no condicionado) que sí puede provocarlo. El que era estímulo neutro se convertirá a partir de ahora en estímulo condicional y evocará por sí sólo la respuesta que ahora ya llamaremos condicionada.

El condicionamiento clásico fue investigado por primera vez por Ivan Pavlov (1849-1936), quien obtuvo el premio Nobel de Medicina en 1904 por probar que el sistema nervioso coordina todas las respuestas digestivas. Pero el trabajo novedoso, al que consagró las tres últimas décadas de su vida, fue el que determinó que este extraordinario científico ocupara un lugar imperecedero en la historia: descubrió el mecanismo del condicionamiento clásico.

La nueva orientación de Pavlov se definió por una observación casual. Cuando depositaba alimento en la boca de un perro, el animal invariablemente secre-

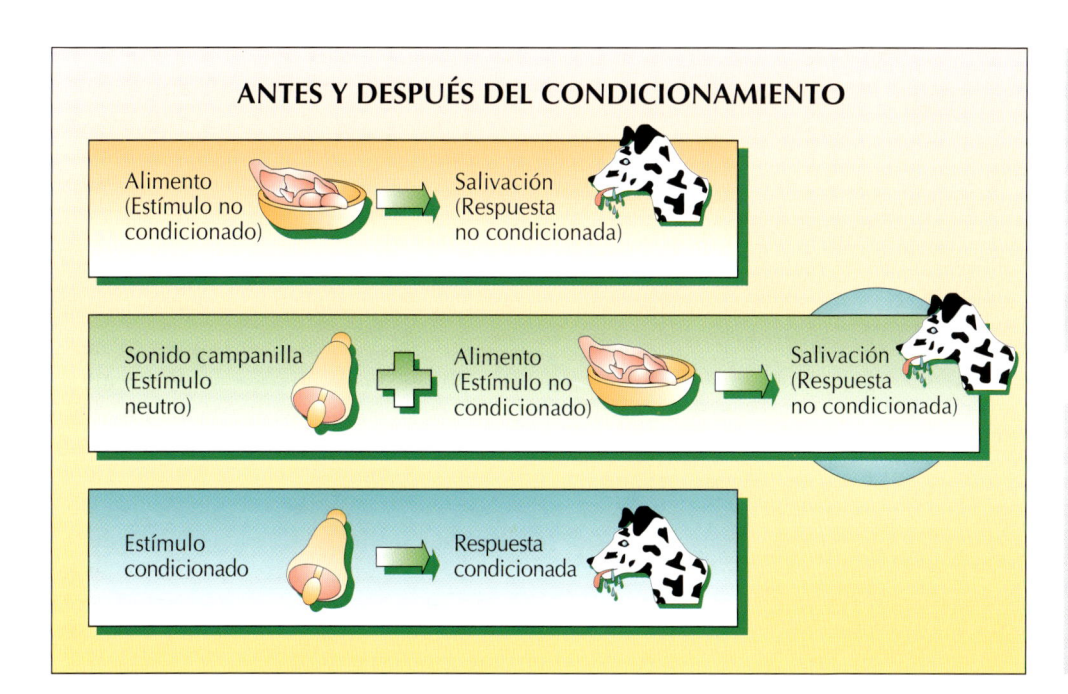

ANTES Y DESPUÉS DEL CONDICIONAMIENTO

Alimento (Estímulo no condicionado) → Salivación (Respuesta no condicionada)

Sonido campanilla (Estímulo neutro) + Alimento (Estímulo no condicionado) → Salivación (Respuesta no condicionada)

Estímulo condicionado → Respuesta condicionada

El experimento de Pavlov: si a un estímulo neutro (comida) se le asocia uno condicionado (campanilla), el perro acabará salivando al percibir el sonido aunque no haya comida.

Watson dio un paso más en el conocimiento del comportamiento humano al comprobar en un niño llamado Albert el origen de ciertos temores y fobias.

EL CASO DEL PEQUEÑO ALBERT

taba saliva; idéntica reacción provocaba si soplaba polvo alimenticio en las mismas fauces del can. También advirtió que el animal salivaba ante los estímulos asociados con la comida: la mera visión del alimento, de la fuente, de la persona que le traía la comida e incluso el sonido de los pasos de esa persona. Inició entonces una serie de experimentos con los que demostró que si se emitía un sonido (por ejemplo, una campanilla) unos instantes antes del suministro de alimento, al cabo de varias asociaciones los perros comenzaban a salivar sólo con oír la campanilla, a la expectativa del polvo de carne. Utilizando este procedimiento, se consiguió condicionar a los animales para que salivaran en presencia de otros estímulos: una luz, un toque en la pata, incluso la visión de un círculo.

Con los estudios de Pavlov se inició una nueva e histórica época en el largo camino hacia la explicación del comportamiento humano. Unos años más tarde, en 1924, el científico americano John W. Watson efectuó una investigación famosa, aunque inquietante desde el punto de vista ético: demostró cómo se iniciaban ciertos temores específicos, ciertas fobias. El sujeto escogido fue un niño de once meses llamado Albert. El pequeño Albert, como la mayoría de los niños, tenía miedo de los ruidos muy fuertes y sin embargo no temía a las ra-

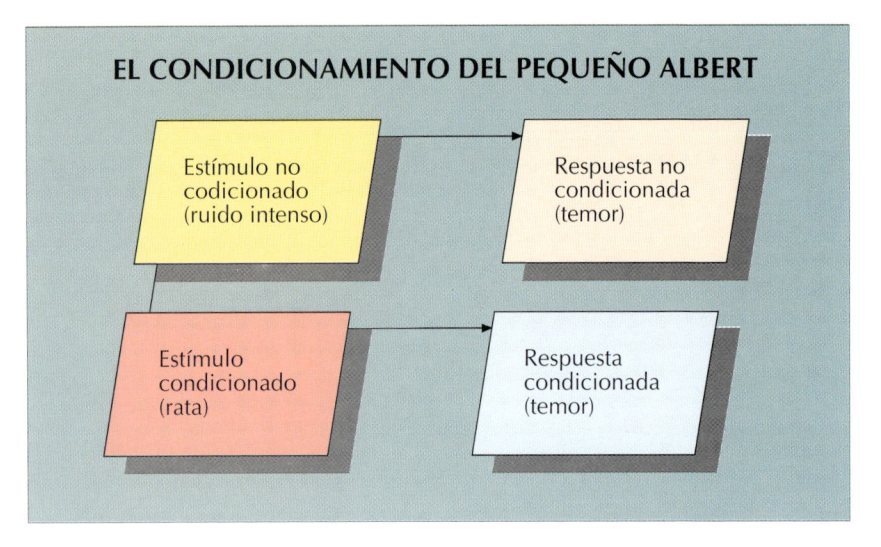

EL APRENDIZAJE

EL CONDICIONAMIENTO DEL PEQUEÑO ALBERT

- Estímulo no codicionado (ruido intenso) → Respuesta no condicionada (temor)
- Estímulo condicionado (rata) → Respuesta condicionada (temor)

Adquisición: curso del condicionamiento clásico

¿Cuánto tiempo debe transcurrir entre la presentación del estímulo neutro y el estímulo condicionado? Medio segundo es suficiente. No obstante, estudios recientes indican que, en ciertos casos, el intervalo puede ser mucho más prolongado. De hecho, el aprendizaje permite que los humanos se adapten a sus respectivos ambientes a fin de sobrevivir, acomodarse o...sufrir. Y el resultado son las experiencias que demuestran que se pueden condicionar, incluso con lapsos de tiempo más largos que los 0,5 segundos. Un ejemplo muy curioso es el condicionamiento de las aversiones a los alimentos que han causado molestias digestivas muchas horas después de haberlos consumido.

Un caso frecuente es el condicionamiento de las náuseas anticipatorias de enfermos de cáncer que reciben quimioterapia (la cual por sí sola puede provocar este efecto, pero las náuseas comienzan una hora o más después del suministro del fármaco). Estos pacientes suelen presentar náuseas condicionadas clásicamente a los estímulos que se asocian a la ingestión de la droga.

El mero hecho de ir a la clínica, o ver a los médicos provoca sensaciones nau-

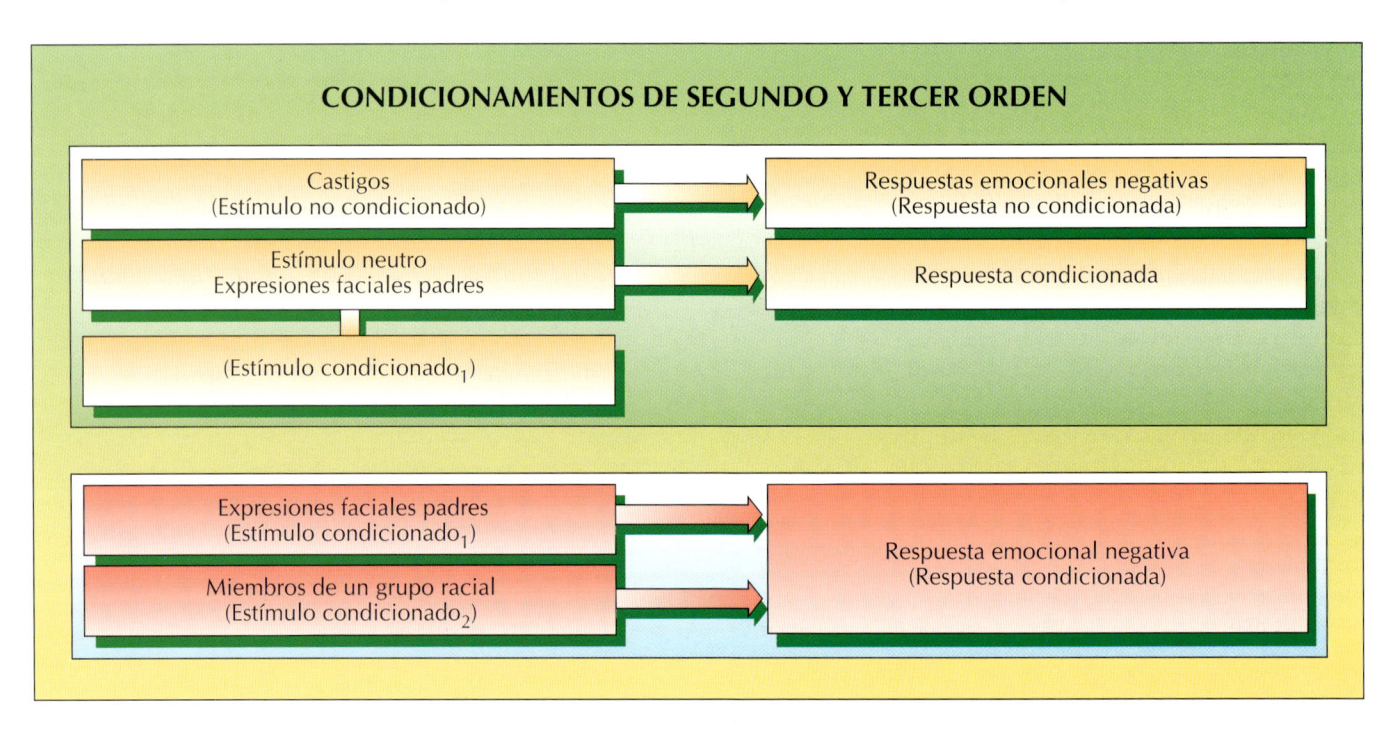

El experimento de Watson con el pequeño Albert puso de manifiesto la tendencia a generalizar las respuestas condicionadas de temor.

Los condicionamientos de segundo y tercer orden pueden explicar la adquisición de ciertos prejuicios, como la xenofobia y el racismo.

tas blancas. De modo que le mostraron una rata blanca, y cuando el confiado Albert extendió la mano para tocarla, golpearon un martillo contra una barra de acero situada detrás de la cabeza del pequeño. Cinco días después se observó que el pobre niño generalizaba su respuesta condicionada, pues reaccionaba aterrorizado cuando le mostraban un perro, un conejo, e incluso ¡un abrigo de piel! Curiosamente, no mostró esta reacción frente a juguetes, peluches o similares. Algo semejante podría ocurrir con otras fobias, por ejemplo a los perros, aunque no todos los miedos tienen complicaciones tan meridianas.

CONDICIONAMIENTOS DE SEGUNDO Y TERCER ORDEN

- Castigos (Estímulo no condicionado) → Respuestas emocionales negativas (Respuesta no condicionada)
- Estímulo neutro / Expresiones faciales padres → Respuesta condicionada
- (Estímulo condicionado$_1$)

- Expresiones faciales padres (Estímulo condicionado$_1$)
- Miembros de un grupo racial (Estímulo condicionado$_2$)
- → Respuesta emocional negativa (Respuesta condicionada)

seosas. Ante tales situaciones, es preciso afirmar que el intervalo óptimo entre el estímulo condicionado y el no condicionado varía considerablemente según los estímulos y respuestas, y también según los organismos de que se trate.

La cadena además puede ampliarse. Si un estímulo neutro (por ejemplo una luz que se enciende o un ruido que precede al encendido de esta luz) anteceden a su vez al sonido de la campanilla, el animal salivará ante estos estímulos, sin necesidad de que suene la campanilla. Son los llamados condicionamientos de segundo y tercer orden. La presencia de los efectos mencionados explicaría la adquisición de ciertos prejuicios u odios, por ejemplo las xenofobias. Imaginemos algo muy común: los niños aprenden a dar respuestas emocionales condicionadas ante las expresiones faciales de los padres (señales de ira o irritación); es un aprendizaje que se consuma porque las expresiones faciales y otras irritaciones coléricas se acompañan de represiones, zurras o castigos. Es aquello tan sabido de «bastaba una mirada», que tanto recordamos de nuestros padres o maestros y que aún hoy es utilizado...

En una segunda etapa, los niños observan a sus padres manifestar estas emociones en presencia de personas pertenecientes a grupos que les son antipáticos (por ejemplo, de diferente raza). En un principio, los niños reaccionarán ante la excitación de sus progenitores, pero su respuesta ante dichas personas será pequeña o nula; en esta fase todavía son para ellos relativamente neutrales. Sin embargo, conforme se repiten tales incidentes, los miembros de los grupos étnicos se asocian una y otra vez con los signos parentales de emoción. Ello hace que se consume el condicionamiento de orden superior y que los pequeños comiencen a reaccionar de manera negativa ante determinadas personas aunque sus padres no estén presentes.

La última etapa del desarrollo de un prejuicio puede hacer que se adopten opiniones de apoyo que sirven a los niños para «explicar» las intensas emociones negativas que experimentan cuando se hallan ante integrantes de ciertos grupos («les odio porque son gitanos y ladrones»). Gracias a este sutil proceso, los padres, que a lo mejor no tienen la intención específica de inculcarles el prejuicio ni el odio, se las arreglan para transmitírselos con gran eficacia.

Generalización de estímulos: lo similar también condiciona

Después de que un sujeto ha quedado condicionado a un estímulo, a menudo tiende a dar las mismas respuestas a otros estímulos análogos al primero. Es lo que se denomina generalización. Gracias a este fenómeno las personas no tienen que aprender a responder por separado a estímulos nuevos pero similares al principal que condiciona. Veamos un ejemplo sencillo: los sonidos emitidos por abejas, avispas o abejorros se

Para los investigadores del comportamiento humano, determinados efectos condicionados están en el origen de la adquisición de los prejuicios sociales y morales y las conductas xenófobas. Estas últimas, que alcanzan su expresión más radical y violenta en los grupos nazis, subyacen latentes en amplios sectores de la sociedad.

EL APRENDIZAJE

ADQUISICIÓN, EXTINCIÓN Y RECUPERACIÓN ESPONTÁNEA

Eje Y: Intensidad de la respuesta condicionada (salivación con estímulo condicionado)

Eje X: Pruebas de adquisición (estímulo condicionado apareado con estímulo no condicionado) | Pruebas de extinción (estímulo condicionado solo) | Pausa | Más pruebas de extinción (estímulo condicionado solo)

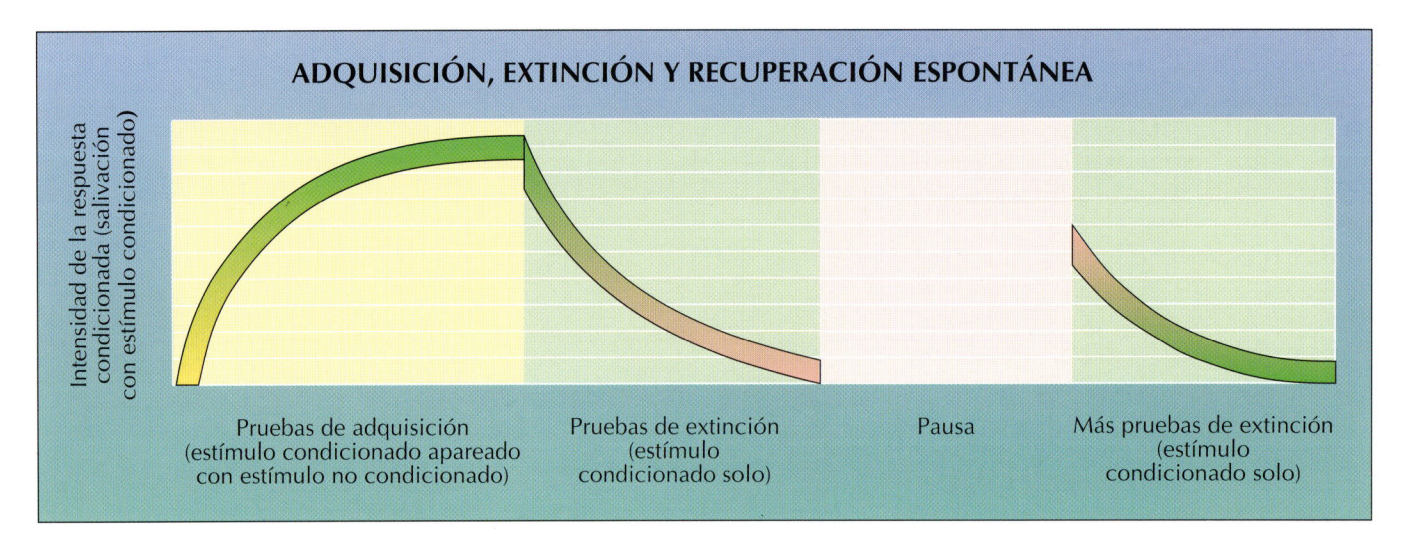

La curva muestra en su ascenso que la respuesta condicionada se acentúa cuando se asocian repetidamente el estímulo condicionado y el no condicionado (adquisición), luego se debilita cuando el estímulo condicionado aparece solo (extinción), pero tras un período de descanso reaparece (recuperación espontánea).

? Mis vecinos son personas afables, no así su hijo adolescente, que odia a los homosexuales. ¿Quién le ha inculcado este odio?

▶ Quienes lo han educado en el odio, a pesar de su afabilidad, acaso sean los mismos padres. Éstos acostumbran a provocar, a veces inconscientemente, las respuestas emocionales negativas de sus hijos a través de expresiones de antipatía hacia ciertos grupos.

asemejan muchísimo pero no son idénticos; sin embargo, la generalización de estímulos permite que un sujeto que ha tenido una experiencia dolorosa con alguno de esos insectos y ha aprendido a reaccionar con precaución y miedo ante el sonido que producen, observe la misma conducta ante otros sonidos semejantes. Y algo parecido ocurrirá con lo que tenemos asociado a lo «atractivo»: percibimos a los adultos con rasgos faciales aniñados (cara redonda, frente amplia, mentón pequeño, ojos grandes) como seres que poseen la calidez, dulzura e ingenuidad de los niños.

Advertir las diferencias: la discriminación

Es necesario distinguir entre estímulos en apariencia afines, siendo uno o varios de ellos desdeñables. Esta habilidad denominada discriminación se adquiere cuando el estímulo se acompaña constantemente de otro no condicionado, mientras que otros no. En tales circunstancias, las tendencias a reaccionar frente al primero se fortalecen y en cambio se debilitan las tendencias a reaccionar ante los segundos. Pongamos el ejemplo de un individuo que a diario escucha el tic-tac de su despertador y el ruido del termostato de su refrigerador. Los sonidos producidos por el reloj van acompañados invariablemente por otro fuerte y molesto del despertador, por lo cual no tardan en lograr que emitamos respuestas condicionadas (reacciones de fastidio o incluso de ansiedad moderada). No ocurrirá así con el refrigerador y el resultado final será que la persona adquirirá poco a poco la capacidad de discriminar con mucha precisión estímulos relativamente similares. Como la generalización, la discriminación es valiosa para la supervivencia. A estímulos ligeramente diferentes siguen consecuencias muy diversas; y ello permite la adaptación. Nuestro corazón puede sobresaltarse ante el ruido inesperado de un cohete, pero puede permanecer indiferente al escuchar el ruido del tráfico.

Aunque la capacidad de los humanos y de otros organismos para discriminar entre varios estímulos es realmente notable, tiene ciertos límites. Una serie de estudios relativos al fenómeno denominado neurosis experimental demuestran los desconcertantes efectos que se pueden originar si se rebasan tales límites. En estas investigaciones se mostró a un perro el dibujo de un círculo, dándole alimento inmediatamente, con lo que acabó salivando siempre que se ponía frente a sus ojos el círculo. Se le enseñó a discriminar con otro estímulo semejante: una elipse. A partir de aquí se trató de engañar al animal: en ocasiones subsiguientes se fue variando el eje de la elipse hasta acercarla al círculo; llegado un momento se hicieron tan semejantes que los perros lograron establecer las distinciones. En este «punto de ruptura», vencidos por el esfuerzo y la tensión del conflicto, las bestias perdieron el control, empezaron a ladrar fuertemente, se agitaron, orinaron y defecaron y, en ocasiones, trataron de atacar a los investigadores.

Se habían traspasado los límites y el animal había respondido con alarma y estrés. Los humanos también respondemos «neuróticamente» cuando los conflictos de diversas motivaciones se vuelven demasiado grandes para nuestra capacidad de resolverlos. Resulta interesante considerar la posibilidad de que uno de los factores que hacen que nuestra vida en la moderna sociedad tecnológica esté tan llena de tensiones sea el constante bombardeo de estímulos, con la consiguiente necesidad de efectuar permanentes discriminaciones que, en ocasiones, son excesivamente precisas y sutiles.

Eliminación de lo superfluo: la extinción

Si careciéramos de un mecanismo para suprimir las reacciones que ya no son indicios fidedignos de la aparición de los fenómenos del condicionamiento, muy pronto sólo seríamos fardos cargados de inútiles reacciones condicionadas. Por fortuna, disponemos de un medio para eliminar esta clase de reacciones: el proceso de extinción. Cada vez que un estímulo previamente condicionado (la famosa campanilla) se presenta sin el estímulo no condicionado con el que se asoció antes (el alimento), su capacidad de suscitar respuestas condicionadas se debilita hasta desaparecer por completo. Sólo podemos evitar este final inexorable si, de tanto en tanto, «recordamos» la situación inicial (proporcionando el alimento). Pero, existe un proceso vital en todo aprendizaje que ayuda a comprender por qué reacciones de todo tipo que parecían haber desaparecido, retornan.

Es la llamada recuperación espontánea, que acontece cuando el mismo estímulo condicionado, después de un período de descanso, vuelve a presentarse tiempo después, provocando la respuesta que había sido condicionada por el mismo. Al principio pues, la extinción frena la respuesta condicionada, más que eliminarla. Serán necesarias más «desconexiones» entre el estímulo condicionado y el no condicionado para que llegue el momento del cese definitivo de la recuperación espontánea. Este proceso hace que sigamos reaccionando con angustia ante la palabras «examen» tiempo después de cesar nuestra instrucción académica, que miedos o fobias vuelvan a molestarnos cuando pensábamos que ya estábamos curados, o que sintamos otra vez el «gusanillo» del tabaco o del alcohol, a pesar de habernos librado en teoría de los mismos. Estos ejemplos de la vida cotidiana están sometidos a otros factores (adicciones, personalidad, fuerza de ciertos estímulos, etc.), sin embargo la recuperación espontánea es un descubrimiento impagable para comprender muchas de las cosas que a los humanos les acontecen en su ir y venir de un aprendizaje a otro.

El retorno de ciertas conductas de las que creíamos habernos librado, como la tentación del alcohol o del tabaco, se explica por la recuperación espontánea que se produce cuando vuelve a presentarse el mismo estímulo condicionado, después de un tiempo sin tomar bebidas alcohólicas, y provoca la respuesta condicionada, en este caso el ansia de beber.

EL APRENDIZAJE

Nos movemos en un constante vaivén de recompensas y castigos. El maestro que premia las actitudes positivas y valora los más pequeños logros de sus alumnos parte de principios opuestos al maestro autoritario, inclinado a la disciplina y el rigor.

En el gráfico se observa cómo inicialmente la fuerza de una respuesta aumenta con rapidez a partir de un estímulo y luego con mayor lentitud, a medida que aumentan las veces en que va seguida del reforzamiento.

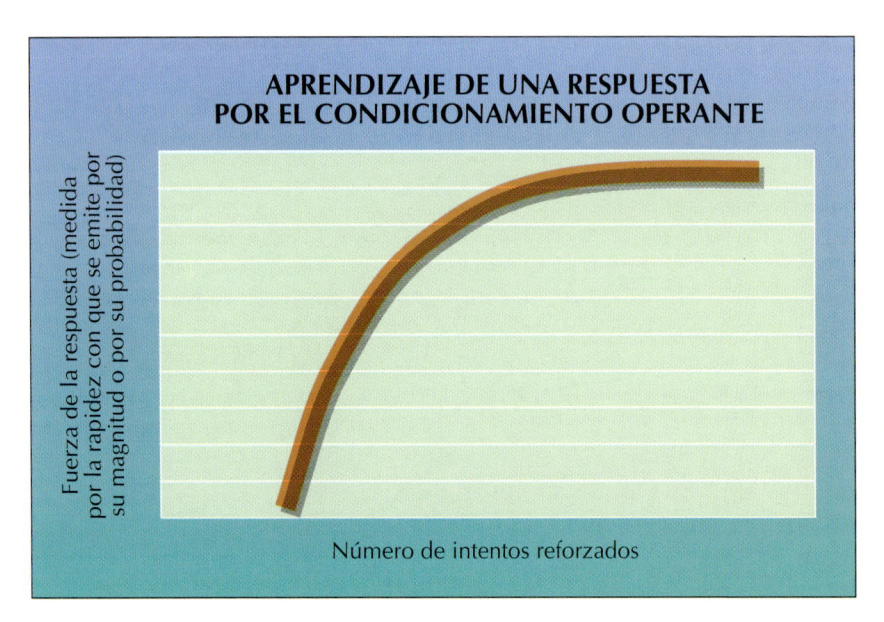

Condicionamiento operante

Durante los años que ha ido usted a la escuela, el colegio secundario o la universidad, debe de haber tenido contacto con decenas de maestros y profesores. Algunos de ellos probablemente habrán sido estrictos por lo que atañe a la disciplina, mientras que otros habrán preferido premiar las conductas intelectuales apropiadas antes que castigar las incorrectas. Los primeros se basaban en el martilleo constante y la rigidez, los segundos en la atención preferente hacia actitudes positivas y en incitar los más pequeños logros, paso a paso. Los estudiantes que «sobrevivieron» al primer sistema habrán podido adquirir un sentido «competitivo» y altamente riguroso, con el cual su bagaje ante los retos constantes de la vida académica les será plausiblemente útil. Pero también habrán desarrollado más ansiedad de la deseable y algunos expresarán aversión al método e incluso a todo lo que suene a «pedagogía». El segundo núcleo de profesores se habrá ganado un cálido lugar en el corazón de los alumnos; pero el afecto por un maestro no garantiza necesariamente el aprendizaje de las aptitudes básicas necesarias para la adaptación a las futuras situaciones duras y adversas. Este ejemplo de la vida cotidiana nos muestra cómo nos movemos en un constante vaivén de recompensas (que buscamos diariamente) y castigos (que pretendemos evitar), los cuales guían muestran conductas más complejas. Ya hemos visto cómo el condicionamiento clásico vincula los estímulos neutros con las respuestas simples e involuntarias. Pero ¿cómo aprendemos precisamente otras formas más variadas y voluntarias del comportamiento? Una cosa es enseñar a un animal a salivar cuando escucha un sonido o a un niño a temer los vehículos en la calle, y otra muy distinta es que un oso aprenda a bailar (de forma más o menos patosa, al fin y al cabo como muchos humanos) una rumba o que un niño aprenda matemáticas o inglés. Muchas de estas funciones están reservadas a otro tipo de aprendizaje que se encarga de inculcarnos esas formas de conducta. Se trata del condicionamiento instrumental u operante, mediante el cual un sujeto tiene más probabilidades de repetir los comportamientos premiados y menos de proseguir con las formas de conducta castigadas.

Las acciones casi siempre acarrean consecuencias de uno u otro tipo. Por ejemplo, decirle «te quiero» a alguien dará un resultado muy diferente al esperado si la frase se pronuncia tartamudeando. Así mismo, acostarse tarde con el fin de prepararse para un examen importante producirá al día siguiente un nivel de rendimiento muy distinto al que provocaría asistir a una fiesta.

En conclusión, hay un nexo directo e importante entre las acciones que ejecutamos y las consecuencias que se derivan de ellas. Y éste es el proceso que conforma el condicionamiento operante, porque el acto opera sobre el ambiente para obtener estímulos compensatorios o positivos. Vamos a recorrer punto por punto los pasos de este tipo de aprendizaje.

Proceso del condicionamiento operante

¿La respuesta operante está asociada a un estímulo no condicionado totalmente imprescindible como ocurre en el condicionamiento clásico? En absoluto; de hecho, el estímulo no condicionado no es necesario.

El proceso del condicionamiento instrumental u operante requiere la siguiente secuencia: Estímulo, al que llamaremos a partir de ahora estímulo discriminativo (ED), porque va a discriminar con otros la respuesta => Respuesta, a la que denominaremos respuesta operante (RO) => Refuerzo, que se trata de un estímulo «reforzante» (ER), lo que implica una asociación con la respuesta operante para potenciarla.

Un ejemplo típico es:

Examen => Estudio => Apruebo
 (ED)   (RO)   (ER)

O el que explica, en parte, la adicción al juego:

Ruleta => Juego => Premio
 (ED)   (RO)   (ER)

Aproximaciones sucesivas: el inicio de un proceso

En capítulos anteriores, se habló ya de la obra ingente de B. F. Skinner (1904-1990), una de las figuras más influyentes y polémicas de la psicología científica. El trabajo de Skinner se centró en un sencillo hecho descubierto por E. L. Thorndike (1874-1949) quien había descubierto la llamada Ley del Efecto, un principio muy sencillo y que consta de dos partes. La primera afirma que las respuestas que producen consecuencias «satisfactorias» se consolidan y, por consiguiente, se emiten con frecuencia creciente. La segunda presupone que los organismos aprenden respuestas que les permiten evitar o evadir estímulos de-

Skinner estudió el condicionamiento operante colocando una rata en una caja provista de diferentes palancas, cuyo accionamiento proporcionaba al animal alimento, agua o luz. Con el tiempo la rata, que al principio accionaba accidentalmente las palancas, terminó por aprender que sus acciones tenían un resultado determinado.

Críticas a Skinner

El método de Skinner tuvo muchas críticas, a pesar del optimismo que destila. Las más duras se referían a la posible pérdida de libertad personal y a una cierta deshumanización que podría significar un «exceso» de control del comportamiento. Una vez más debemos recurrir a sus propias palabras para rebatirlas: «La conducta de la gente ya está controlada por los reforzadores externos, de modo que, ¿por qué no podemos manipular esos controles para mejorar la condición humana? (...) Y si nos rebaja pensar que estamos moldeados por nuestra historia personal, esa misma idea también encierra la esperanza de que podamos plasmar activamente nuestro futuro».

EL APRENDIZAJE

> **¿Es verdad que «la letra con sangre entra», como decían algunos profesores para justificar el rigor de su método de enseñanza?**
>
> ➡ Probablemente la persona que bajo el rigor disciplinario consiga completar su aprendizaje no olvidará lo aprendido y se caracterizará por su capacidad competitiva, pero el estudio del condicionamiento operante demuestra que el sujeto tiene más probabilidades de repetir las respuestas premiadas que las castigadas.

sagradables. Skinner se fijó sobre todo en la primera parte de la ley («la conducta recompensada probablemente se repetirá») y desarrolló una «tecnología de la conducta» que le permitió enseñar a animales diversos (palomas o ratas) comportamientos tan impropios de su especie como caminar dibujando un 8 o jugar al ping pong. En sus experimentos, Skinner utilizó el moldeamiento, un procedimiento en el que las recompensas van guiando al animal hacia la conducta deseada. Imaginemos que deseamos condicionar a una rata de modo que presione una palanca. Después de observar cómo se comporta naturalmente el animal antes del entrenamiento, se empieza a trabajar sobre las formas de conducta ya existentes en la rata. Por ejemplo, se le puede suministrar una recompensa alimenticia cada vez que se acerque a la palanca. Cuando el roedor se aproxima regularmente, uno le exige que se acerque más antes de recompensarlo: después, todavía más, y finalmente se le obliga a tocar la palanca antes de darle la comida. Con este método de aproximaciones sucesivas se recompensan respuestas cada vez más cercanas a la conducta deseada y se ignoran las respuestas restantes. Al final los animales acaban percibiendo las diferencias, al igual que los humanos. En efecto, los padres utilizan recompensas para moldear buenos modales en la mesa, elogiando durante la comida el comportamiento que se asemeja cada vez más al de los adultos. Es así como se inician la mayoría de conductas operantes.

Motivar para proseguir: el reforzamiento

¿Qué es exactamente un reforzador? Es todo lo que aumenta la frecuencia de la respuesta. Hay dos clases de reforzadores: positivos y negativos. Un refuerzo es positivo cuando consolida una respuesta al ser presentado después de la misma y al ser considerado por el sujeto como un premio (alimento, aprobación, dinero, expresiones de cariño...). Es negativo cuando tiende a ser eliminado después de la respuesta, lo cual puede así consolidarla. Si a un animal que toca una palanca se le elimina un shock eléctrico doloroso en una pata, este hecho compensatorio —que potencia el contacto con la palanca, respuesta operante— será un refuerzo negativo. Si al darle permiso a nuestro hijo para salir, éste deja de quejarse, se trata de lo mismo ya que el reforzador negativo que buscamos es que cesen sus lamen-

El comportamiento de cada sujeto responde a la mezcla de los estímulos de reforzamiento positivos y negativos, cuyas reglas regulan la vida cotidiana con sus premios y castigos. Un pescador, aunque sabe que no siempre pescará una buena pieza, persiste en su empeño porque en ocasiones ha sido premiado.

tos (algo que conoce mucha gente y que no es recomendable, sobre todo a efectos educativos. «Quien no llora, no mama» dice el refrán...)

En general muestro comportamiento es una mezcla de los dos reforzamientos: así, un marido recibe el reproche de su esposa por no acordarse de una fecha señalada; al cabo de unos días le da una sorpresa agradable y vuelven las caras sonrientes. Ha hecho lo posible para que el refuerzo negativo (el reproche) sea neutralizado por el positivo (la expresión de cariño de su mujer).

Reforzadores primarios y secundarios: lo innato y lo adquirido. El alimento o la supresión del dolor son reforzadores primarios, entendidos así porque son innatos. En cambio, el dinero, el éxito, los halagos, las calificaciones de los exámenes, el tono agradable de voz y tantísimos otros que llenan nuestras vidas, son secundarios y se aprenden, en general relacionados con los primarios.

¿Inmediato o diferido? Cuando hablábamos de condicionamiento clásico dimos por sentado que a las respuestas acertadas le sigue inmediatamente el reforzamiento (campana => salivación => comida). Y es cierto que la inmediatez de un reforzador influye sobre muchas formas de conducta. De esto saben mucho los fumadores o los consumidores de drogas. En esto se basa el uso de analgésicos que alivian el dolor, lo cual «compensa» peligros futuros o adicciones resistentes a su desaparición. Pero, en general, aprendemos a responder a reforzadores más demorados: el sueldo al terminar el mes, el triunfo al final de una lucha, las calificaciones trimestrales... Y si bien el reforzador instantáneo acostumbra a ser muy eficaz, para funcionar sólidamente debemos aprender

El entrenamiento del delfín, como el del resto de los animales, se basa en un programa de recompensas a las respuestas, que los van guiando hacia la conducta buscada. A través de una serie de aproximaciones sucesivas, en que se premian ciertos actos y se ignoran otros, el animal acaba percibiendo la diferencia.

EL APRENDIZAJE

El gráfico recoge las respuestas que Skinner obtuvo de las palomas sometidas a los cuatro programas de reforzamiento intermitente.
En las palomas, al igual que en las personas, los reforzadores (los círculos en el gráfico) unidos a las respuestas promueven índices más elevados de respuesta; los reforzadores unidos a intervalos de tiempo originan índices más bajos de respuesta que los unidos a razones fijas o variables.
Los programas fijos determinan índices de respuesta más elevados que los variables.

PROGRAMA DE REFORZAMIENTO PARCIAL

Comportamiento rápido cerca del momento del refuerzo

Respuesta regular

Número de respuestas / Tiempo (en minutos)

Razón fija — Razón variable — Intervalo fijo — Intervalo variable — Refuerzo

¿El rendimiento escolar de mi hijo ha bajado notablemente, ¿habrá disminuido su capacidad para aprender?

➡ La capacidad de aprendizaje no se mantiene estable a lo largo de la vida, sino que pasa por distintas fases en las cuales intervienen factores diversos y ajenos a uno mismo. Así, los problemas familiares o el estado emocional favorecen o no la capacidad de aprender. En general, se señalan los años inmediatamente anteriores y posteriores a la adolescencia como los más propicios para el aprendizaje efectivo.

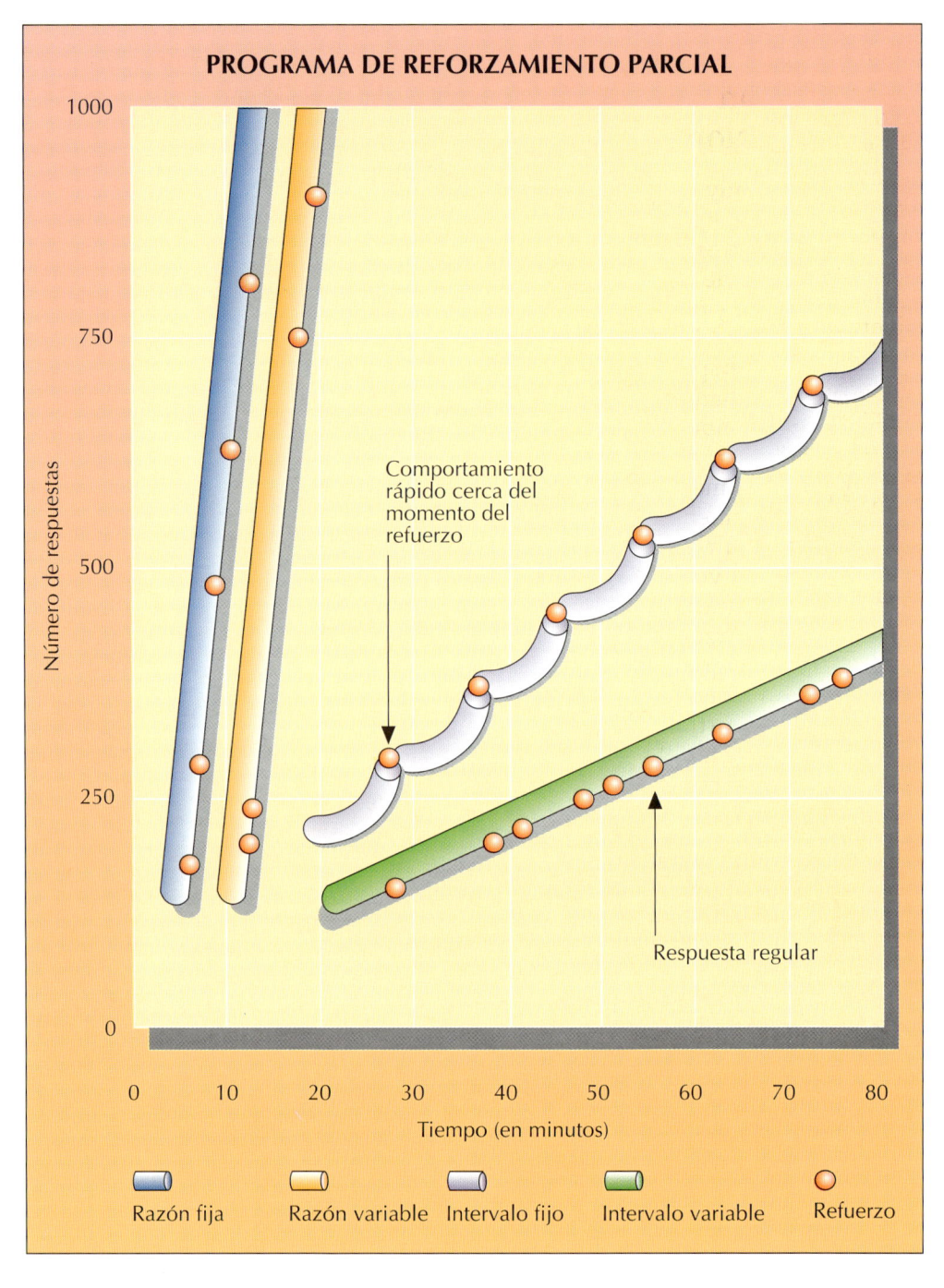

a postergar las recompensas inmediatas en favor de las de largo plazo, que acostumbran a ser más contundentes. Se ha comprobado que los niños que aprenden ya de pequeños a aplazar los premios importantes, en contra de recompensas inmediatas, se convierten en adolescentes más competentes. El niño que prefiere una recompensa importante mañana antes que a una pequeña ahora mismo, logrará mejores realizaciones de adulto.

Programar es progresar

En la vida cotidiana hay reglas bien definidas que rigen la existencia de cada uno de nosotros, que programan nuestros premios o castigos. Así, los padres suelen decirles a sus hijos que les darán apoyo económico o algún privilegio deseado (por ejemplo, salir de noche) a condición de que cumplan con determinados quehaceres. De hecho, el refuerzo constante es infrecuente. Tanto el pescador como el jugador de póker saben que no siempre pescan un lenguado u obtienen un póker de ases. Pero persisten porque sus esfuerzos se han visto reforzados ocasionalmente. Estamos sometidos a normas que podemos denominar programas de reforzamiento parcial o intermitente y que aseguran la persistencia de una conducta, mucho más que los reforzamientos constantes, que acaban por extinguir la respuesta por cansancio o rutina. Se trata de programas que promueven seguridad y variedad a la vez, lo cual es sinónimo de comportamientos deseables. En los inicios del aprendizaje es preferible que se asimile con el refuerzo continuo, pero a la larga, el refuerzo parcial determina una mayor resistencia a la extinción.

¿Cuántos programas de reforzamiento intermitente hay? Los más conocidos son cuatro y están determinados por intervalos de tiempo o por coeficientes de «respuesta al reforzador».

1) Los programas de intervalo fijo están regulados por un tiempo fijado de antemano, con una pausa igual después de cada refuerzo. Durante este período no se dispone de reforzadores, reforzándose la respuesta siguiente en el momento de concluir el intervalo fijo. Los ejemplos más claros son el sueldo o los regalos ofrecidos en un tiempo determinado por la tradición, como los cumpleaños.

2) En los programas de intervalo variable, el lapso está marcado por un valor medio sometido en parte al azar. Se refuerza la primera respuesta después de intervalos variables. Uno de los ejemplos más frecuentes es el ceder ocasionalmente a las rabietas de los niños en pos de una tranquilidad que, a la larga, puede volverse contra nosotros. Los programas de intervalo variable tienden a producir una respuesta lenta pero regular.

3) Los programas de razón fija se basan en un refuerzo que aparece después de un número determinado y prefijado de respuestas. El ejemplo más cono-

Las máquinas tragamonedas y otros juegos similares se basan en programas de razón variable destinados a dar una recompensa después de un número imprevisible de respuestas. La recompensa aparentemente azarosa de estos programas asegura la persistencia del comportamiento del sujeto y suele ser la causa de conductas compulsivas, como la adicción al juego.

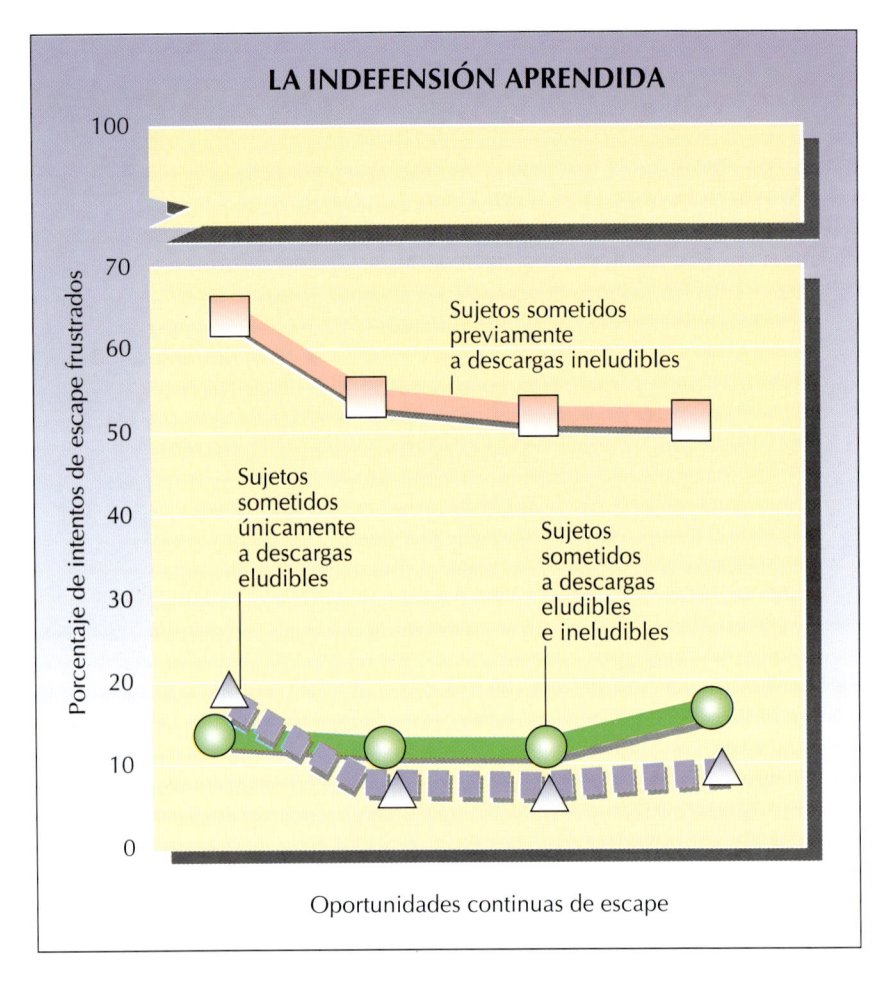

EL APRENDIZAJE

LA INDEFENSIÓN APRENDIDA

Porcentaje de intentos de escape frustrados

- Sujetos sometidos previamente a descargas ineludibles
- Sujetos sometidos únicamente a descargas eludibles
- Sujetos sometidos a descargas eludibles e ineludibles

Oportunidades continuas de escape

La indefensión o el desamparo aprendido: los sujetos que recibieron descargas eléctricas ineludibles tuvieron menos éxito en evitarlas que los de los otros dos grupos, a los que no se les impusieron esas experiencias.

Los ancianos viven mejor cuando pueden trabajar. Ello es así porque la posibilidad de tener cierto control sobre los propios actos mejora las condiciones generales de vida.

cido es el trabajo a destajo: por cada cincuenta unidades de producción se recibe una prima. El descanso mientras se cumple un programa de razón fija tiende inexorablemente a aplazar o reducir la recompensa. Quizás por ello es un programa no demasiado popular, sobre todo entre los empleados; si lo miramos desde el punto de vista de los patronos, puede considerarse un sistema eficaz porque suele producir tasas altas de respuesta, con pausas breves y momentáneas tras cada refuerzo.

4) Los programas de razón variable brindan recompensa después de un número determinado pero imprevisible de respuestas. Son los más utilizados en el juego y responsables de un buen número de adicciones compulsivas, ya que determinan elevados índices de respuesta, porque los reforzadores aumentan a medida que se incrementa la respuesta.

Por todo ello, para mantener un comportamiento aprendido, normal o patológico, la pauta más eficaz es reforzar al principio de forma continuada, seguir con programas intermitentes fijos y terminar con premios variables y al azar.

Aversión: aprendizaje basado en las consecuencias negativas

Hay muchas circunstancias de la vida en que el aprendizaje depende de la presentación de reforzadores negativos, que nos incitan a intentar suprimirlos, como los golpes dolorosos, la crítica acerba, etc. ¿Cuál es nuestra conducta automática ante estos refuerzos negativos? Muy simple: o intentamos escapar de los mismos una vez iniciado el «tratamiento» aversivo, o bien aprendemos a evitar el comienzo del reforzamiento negativo.

En muchas ocasiones éstos se confunden con los castigos. Por eso conviene hacer una aclaración: en el condicionamiento de escape y en el de evitación, los organismos aprenden respuestas que les permiten poner fin a los estímulos aversivos u obviarlos; en cambio, cuando hay algún castigo, sólo se aprende a abstenernos de emitir respuestas que pueden producir consecuencias desagradables. Así sucede cuando nos multan (castigo) por un exceso de velocidad (respuesta instrumental): se pretende que no corramos demasiado si no queremos sufrir el castigo preceptivo.

Escapar o el alivio tras el malestar. La conducta de escape es muy frecuente en el acontecer de los humanos. Tenemos múltiples ejemplos: huimos de una pelea si recibimos más de lo que damos ; abandonamos una sala de proyección donde se emite una película que nos aburre cósmicamente; nos marchamos de una reunión si la conversación nos parece desagradable o grosera. Huyendo de estas situaciones, fortalecemos muestra habilidad para ciertos comportamientos que nos permitan esquivar el sufrimiento.

Situaciones ineludibles o la resignación ante lo inevitable. No es sorprendente que aprendamos a interrumpir las diversas aversiones y temores que envuelven nuestra vida. Más sorprendentes son los efectos que causan las situaciones en las que nos quedamos totalmente sin defensas porque nuestras estrategias resultan inútiles para escapar de los reforzadores negativos. Caeríamos en el inexorable desamparo e incluso podría ocurrir que cuando cambiaran las cosas y fuera posible escabullirse de las circunstancias enojosas, no aprovecháramos la ocasión.

Un investigador americano, Martin Seligman, administró 64 descargas eléctricas a un grupo de perros sin que pudieran eludirlas. Más tarde dividió a los animales en tres grupos: al primero los colocó en un espacio acotado en el que evadían las descargas si brincaban de un compartimiento a otro; al segundo grupo les dio diez oportunidades de evadirlas, recibiendo después descargas ineludibles, hicieran lo que hicieran; los del tercer grupo fueron más afortunados: no

El control personal

El hecho de que se perciba el control de nuestra vida como algo interno (en nosotros mismos) o externo (a merced del mundo exterior) influye enormemente en la conducta. Es lo que en psicología cognitiva se denomina como locus (emplazamiento) de control .
Si usted considera que su vida escapa a su propio control, que el mundo está dirigido por unas pocas personas poderosas y que no hay nada que hacer para progresar o que conseguir un buen empleo depende de estar justo en el lugar y en el momento oportuno, entonces usted es de los que se sienten sometidos al azar o a fuerzas externas que determinan inexorablemente su destino. Está en manos de un locus de control externo y será más dependiente de factores ambientales y refuerzos inmediatos, cayendo con facilidad en el mundo de las emociones excesivas (se enamorará y desesperará con más facilidad que los demás, según los diversos «vientos circunstanciales» a los que será demasiado sensible). En cambio si usted cree que lo que le sucede es consecuencia de sus propios actos, que es posible influir sobre el entorno del «poder» y que alcanzar el éxito es cuestión de esforzarse en el trabajo y no de la suerte, entonces está en posesión de un locus de control interno y es probable que sea más independiente y tenga más posibilidades de salir adelante, que postergue sus gratificaciones para un futuro, que afronte las tensiones con mejor bagaje personal y (si tiene «suerte» ambiental y genética) que sufra menos depresiones.
Siempre que en situaciones especiales de desesperanza (asilos para ancianos, cárceles y hasta en ciertas condiciones laborales y académicas complicadas) se consigue que los implicados incrementen el sentido del control personal, mejoran las condiciones físicas y mentales. Basta con que los detenidos puedan hacer algo de *zapping* con la televisión o decorar la habitación a su gusto o que los trabajadores participen realmente en la adopción de decisiones o bien que los ancianos puedan actuar sobre su ambiente más cotidiano.
De estudios como los de Seligman se extraen conclusiones definidas sobre la felicidad. Y lo más meridiano es que la percepción de control es fundamental para un buen funcionamiento humano; la creación de ambientes que acentúan el sentido del control y la eficacia personal debería ser una meta fundamental tanto en el desarrollo individual como social. Y un veredicto final realmente agradable: la gente prospera en condiciones de democracia, libertad personal y ejercicio de sus derechos.

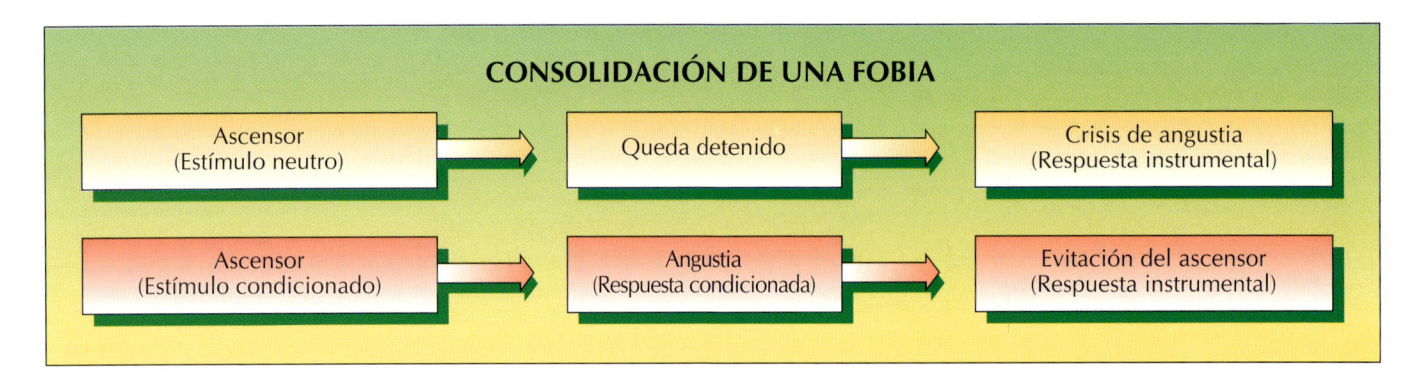

EL APRENDIZAJE

CONSOLIDACIÓN DE UNA FOBIA

Ascensor (Estímulo neutro) → Queda detenido → Crisis de angustia (Respuesta instrumental)

Ascensor (Estímulo condicionado) → Angustia (Respuesta condicionada) → Evitación del ascensor (Respuesta instrumental)

El miedo irresistible e irracional a ciertos estímulos muchas veces irrelevantes —como los ascensores, las tormentas, los perros— son el resultado de la combinación del aprendizaje clásico con el instrumental. Un ejemplo sería el siguiente: al quedar detenido el ascensor se produce una crisis de angustia. Por miedo a que se repita la angustia, la persona evita subir al ascensor, con lo que decrece la ansiedad pero se fortalece el miedo por evitaciones sucesivas, hasta que se consolida la fobia.

recibieron ninguna descarga. Los animales del primer y tercer grupo no tardaron en aprender a escapar de la descarga, saltando del compartimento donde se les aplicaba al espacio adonde no lo recibían. En cambio, los del segundo grupo tuvieron menos éxito en la ejecución de esta maniobra: muchas veces permanecían en el primer compartimiento y «aceptaban su castigo» aunque podían evitarlo fácilmente. Obraban como si se hubiesen «resignado» ante lo que consideraban un castigo inevitable.

Seligman llamó a este proceso «indefensión aprendida» y señaló que los sentimientos de desamparo podían influir negativamente en la conducta y hasta en la salud humana. Los organismos sujetos a procesos que estiman incontrolables desarrollarían aprendizajes «de no control» de sucesos considerados independientes de la propia voluntad. La gente puede «resignarse» ante condiciones ambientales que indiquen la imposibilidad de controlar los resultados de sus propias acciones. El individuo entra en expectativa de indefensión ya que recibe castigo (muchas veces autoinflingido por sus propios pensamientos negativos) sea cual fuese su comportamiento, ya no escapa aunque la situación lo permita; incluso desestima las posibilidades de recompensa posible en caso de adoptar una estrategia adecuada, con lo que el sujeto cae en una situación de «paralización» que a su vez provoca alteraciones emocionales de desesperanza.

Evitar: una advertencia a tener en cuenta. Si huir de las situaciones aversivas es útil y adaptativo, evitar por completo semejantes circunstancias es más eficaz para minimizar el malestar personal: estudiamos para que no nos suspendan, eludimos conversaciones sobre temas comprometidos para no ofender a otros, etc. Algunas veces las señales que disparan la conducta de evitación son exteriores al individuo (como la carta enviada por el colegio advirtiendo las consecuencias negativas si no se modifican los hábitos de estudio).

Una consecuencia práctica de estos condicionamientos permite comprender ciertas sintomatologías marcadas por el miedo irresistible e irracional a ciertos estímulos muchas veces irrelevantes (a los perros, a las alturas, a los espacios cerrados...), o sea lo que entendemos como fobias.

Castigo: ¿realmente da resultado?

En los condicionamientos de escape y evitación los sujetos aprenden varias respuestas que les permiten terminar o escapar de experiencias molestas. Pero en otras situaciones, los estímulos dolorosos o aversivos ocurren siempre que se da una respuesta específica (o dependen de ella). Aquí no cabe evitar ni escapar, aquí lo único fiable y factible es no emitir la respuesta que provocará ineludiblemente el castigo. Éste tiene el efecto contrario al refuerzo, ya que un castigo disminuye siempre la frecuencia de la conducta a la que sigue; y castigar es tanto administrar un estímulo negativo o aversivo como suspender un estímulo positivo o agradable. Así, el castigo es la presentación de un estímulo no agradable (o la retirada de uno placentero) mientras que el refuerzo negativo es la retirada de un evento aversivo; se trata de una forma de conducta compen-

RESPONDER PARA ADAPTARSE

satoria y no punitiva, que fortalece una respuesta al eliminar un estímulo contrario. Así, la administración de una «multa» a un niño después de una respuesta no deseable es un castigo; suspender este tipo de estímulos negativos, si el niño se porta bien, es un refuerzo negativo.

El castigo nos dice lo que no debemos hacer; el refuerzo lo que debemos hacer. Lo más plausible es combinar el castigo con el refuerzo positivo, con lo que se incrementará la eficacia del método. Si se aplica el castigo, éste debe cumplir con ciertas condiciones para conseguir una cierta efectividad: 1) debe estar subordinado a la conducta específica; 2) no alternar nunca premio y castigo por la misma conducta (las distorsiones entre padres o entre padres y maestros); 3) proporcionar al sujeto medios alternativos para conseguir recompensa; 4) no debe generalizarse a rasgos personales

---

? Si quiero que mi hijo deje de morderse las uñas, ¿cuándo debería castigarlo?, ¿antes de que lo haga, justo en el momento, o cuando le vea las uñas roídas?

▶ La eficacia de la recompensa o del castigo aumenta cuanto más próximo sucede a la conducta a reforzar o a eliminar. Es lo que los psicólogos denominan contingencia. Sus castigos serán más efectivos si ocurren cuando su hijo se introduce los dedos en la boca. De todas formas, la eliminación de esa conducta también dependerá de que recompense el no mordérselas.

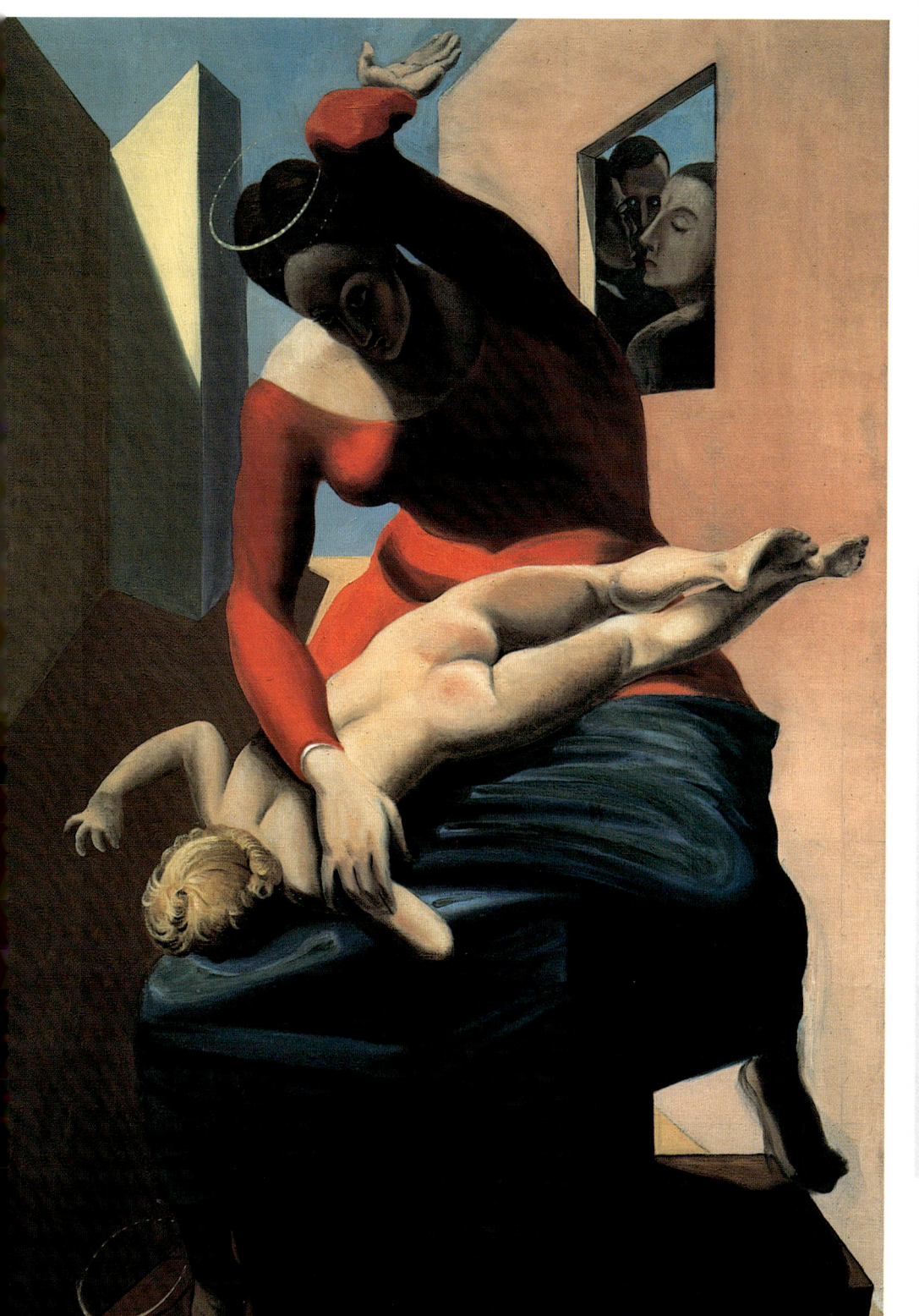

El irreverente cuadro que pintó Max Ernst en 1928, La Virgen pegando al Niño Jesús delante de tres testigos: André Breton, Paul Éluard y el pintor. El castigo presenta para los padres y pedagogos delicados problemas, especialmente referidos a su utilidad. Sin embargo, los trabajos en psicología experimental demuestran que los castigos, empleados de manera adecuada y en el momento oportuno, pueden favorecer el aprendizaje.

EL APRENDIZAJE

*Observando e imitando la conducta de otros, los niños aprenden muchos comportamientos que les serán imprescindibles para actuar como adultos en la sociedad.
La televisión es una fuente fundamental de modelos de aprendizaje. De ahí las polémicas desatadas alrededor de los efectos que puede ocasionar este medio, especialmente en la infancia.*

■ ¿ **Tras varios intentos fallidos por conseguir una beca de estudios, dejé de rellenar los impresos de solicitud. Si no hay castigo, ¿de qué aprendizaje se trata?**

➥ La suspensión de una conducta no se da sólo por la aplicación de un castigo tras ella, también puede eliminarse por la no presentación de la recompensa esperada; es lo que llamamos técnicamente frustración. En su caso, la conducta de rellenar la solicitud iba acompañada de la expectativa por conseguir un premio (la beca) y al no suceder lo previsto, la conducta tiende a desaparecer.

(«eres un estúpido») ; 5) hay que evitar los castigos prolongados.

Si bien Skinner opinaba que «el castigo enseña a evitar castigos», este condicionamiento tiene claros inconvenientes. Uno de ellos es el «desplazamiento» del comportamiento castigado que puede reaparecer en ambientes seguros. El joven que se abstiene de proferir blasfemias en su hogar por haber sido castigado, puede usarlas en otro lugar. El conductor multado por exceso de velocidad, puede ponerse a correr como un poseso en una carretera que supone «no vigilada» por el radar.

Ciertos autores sostienen además que el castigo prolongado y excesivo puede desencadenar agresividad, y ponen como ejemplo la correlación entre delincuentes agresivos con hogares excesivamente aversivos y «castigadores». Existen también ciertos peligros: el primero es la tendencia a evitar un ambiente que podría ser positivo por asociarlo a castigo (la escuela) o bien entrar en indefensión aprendida por castigos imprevisibles e inexorables, debido a la percepción de «no control» de los hechos por parte del sujeto apaleado. Quizás lo más deseable sería sustituir no ya los castigos sino las amenazas de castigo por una promesa de refuerzo positivo: «Diana, si ordenas tu habitación podrás salir con tus amigas», en lugar de: «Si no ordenas tu habitación, no saldrás con tus amigas».

Aprendizaje mediante la imitación

El aprendizaje mediante la observación de modelos fue despreciado por los psicólogos, que prefirieron dedicarse a las complicadas estructuras de los otros condicionamientos. Y el caso es que es muy importante a lo largo de nuestras vidas. Desde bebés observamos e imitamos las formas de conducta de otros, lo que recibe el nombre de modelado o aprendizaje vicario. Es éste un proceso increíblemente eficaz, pues permite evitar los tediosos procedimientos de tanteo y ensayo-error que acompañan al condicionamiento instrumental. Albert Bandura, un distinguido especialista en la materia, afirma que gracias al aprendizaje vicario los individuos pueden abreviar este proceso y realizar un aprendizaje «sin intentos previos», simplemente observando con atención lo que hacen los demás. El modelado desempeña además un papel decisivo en la socialización; al observar e imitar modelos aprendemos un amplio repertorio de conducta social. Los niños aprenden muchos comportamientos que les serán imprescindibles para actuar como miembros adultos en una sociedad. Hacia los nueve meses, los bebés imitan las nuevas formas de conducta del juego y hacia los catorce meses hacen lo mismo con la televisión, o con los hermanitos o padres. Más tarde vendrán la guardería, la escuela, los amigos... y así se irán aprendiendo respuestas de una importancia vital como las actitudes, los valores, el autodominio, la agresividad, los hábitos. Es interesante señalar que según algunos estudios, los niños aprenden mucho más de los hechos que observan que de las palabras que escuchan. De ahí una cuestión paradójica que sorprende y molesta a padres, sobre todo noveles: sus hijos imitan actos que ellos han ejecutado a pesar de haberlos censurado verbalmente. Quizás sería bueno recordar algo antiguo y elemental: hay que predicar con el ejemplo...

Las controversias en torno a los efectos que pueden producir en los niños y adultos los medios de comunicación social, y en especial la televisión, han estimulado el interés por el aprendizaje por modelación. Un famoso experimento de Bandura puede servirnos de ejemplo. Él y sus colaboradores exhibieron ante unos niños una película en la que un adulto agredía a una muñeca de goma: la arrojaba contra el suelo, le daba puntapiés, mientras exclamaba «Pégale en la nariz... golpéala... dale un puntapié». Posteriormente los niños eran conducidos a otra habitación, donde había estupendos juguetes y... una muñeca de goma. Los que habían visto la película en su mayoría agredieron a la muñeca, convirtiéndose en verdaderas «fotocopias» de la conducta del adulto. Algo parecido puede ocurrir con los adultos que imitan desde los modelos populares («las modas»), hasta los inquietantes crímenes de los que han sido informados con lujo de detalles por los medios de comunicación. Evidentemente, otros factores contribuirán a que

El aprendizaje por imitación de modelos es una de las formas más frecuentes y eficaces de aprendizaje del ser humano. Por el modelado se explican las conductas psicosociales que provocan efectos solidarios o positivos, ya sea a partir de la personalidad de grandes hombres, como Mahatma Gandhi, o de ejemplos observados en el propio entorno social.

EL APRENDIZAJE

El ser humano desde niño aprende observando e imitando la conducta de los adultos. Este aprendizaje asociado a otros condicionantes constituye la base de un comportamiento individual acorde con las exigencias y pautas de conducta del medio en que cada uno se desenvuelve.

estos modelos sean más o menos «plagiados» (personalidad, fuerza del modelo, circunstancias ambientales, etc.) pero, en cualquier caso, se trata de un método importante que permite al hombre conocer el mundo circundante.

Efectos positivos

El modelado permite explicar las conductas psicosociales que provocan efectos positivos y solidarios, marcados por nuestros padres, por nuestro entorno social o por los medios de comunicación. Pensemos en Martin L. King o Gandhi, en las gentes anónimas que arriesgaron su vida para liberar judíos de la miseria nazi, o en tantos modelos modernos como los «Médicos sin Fronteras» que han convertido la acción no violenta en una poderosa fuerza de cambio social. Pero también hay una lección negativa del aprendizaje vicario: los modelos antisociales que evocan comportamientos agresivos, competitivos e insolidarios. De ahí la importancia tanto individual como para las relaciones interpersonales del aprendizaje por observación. Podríamos aseverar que se trata de la experiencia más específicamente «humana» que existe, si bien acostumbra a asociarse con los otros condicionamientos hasta alcanzar el complejo entramado que explica gran parte de nuestro comportamiento.

Pero lo que tiene de positivo el aprendizaje social es que, curiosamente, nos provee de una alternativa a la experiencia directa y a los efectos de las propias acciones que, a veces, parecen arrastrarnos impotentemente hasta un zarandeo casi pasivo por parte del ambiente que nos bombardea con constantes y contradictorios prototipos a «modelar». El propio aprendizaje por modelos puede conllevar —si el sujeto está al tanto, reproduce adecuadamente y se siente motivado— a elementos de autorregulación que desembocan en la autoeficacia, en las habilidades autónomas de dominio personal para enfrentarse a las exigencias del medio. Paradójicamente, el sujeto puede no solamente ser influido por el modelo social o interpersonal sino aprender cómo influir al unísono sobre el ambiente («me influyen» <=> «influyo»), en su deseo de modificar las relaciones con el medio.

El lenguaje interno

Los primeros investigadores del aprendizaje creían que las formas de conducta aprendidas podían reducirse a mecanismos estímulo-respuesta. Desde una posición profundamente «antimentalistas», consideraban que todo lo que no era observable no era susceptible de ser modificado. De ahí que se centraran en las respuestas manifiestas, ignorando deliberadamente cualquier proceso «interno», como si las creencias, los pensamientos o las ideas fueran «estigmas» irrelevantes y rechazables. Es cierto que al cambiar muchas conductas se modifican los pensamientos asociados (si se extingue un miedo, el sujeto quizás deje de «pensar con miedo» sobre lo que lo provocaba), pero actuar sobre las falsas creencias o las cogniciones alteradas puede ser determinante para influir sobre un hábito negativo del sujeto.

Los humanos poseemos un lenguaje, y sobre todo un lenguaje «interno», un pensamiento; olvidarlo es echar por la borda siglos de evolución en los que las inferencias verbales y cognoscitivas han influido de forma absolutamente concluyente sobre el ser humano.

Estamos sometidos al condicionamiento de las contingencias que acaecen en el aprendizaje, porque tenemos facultades para pensarlas, verbalizarlas y describirlas. Podemos incluso representar «simbólicamente» la cadena Estímulo-Respuesta-Reforzamiento y agilizar o frenar con ello el proceso de condicionamiento.

Nadie puede negar lo evidente: las creencias y pensamientos que tengamos sobre los estímulos y la propia respuesta, influirán en el devenir de cualquier adiestramiento personal.

Es posible que exista un «continuo» entre los comportamientos observables y los «encubiertos», o sea, los que se imaginan, se sienten o se piensan. El pensamiento puede ser tanto un requisito para la adquisición de una conducta como la consecuencia que la potenciará o luchará contra ella. Hay pues que cuidar estas «cogniciones» que el sujeto tiene —o va a adquirir— sobre los eventos que pretendemos condicionar o extinguir.

Las emociones y los comportamientos se alimentan con las creencias de los individuos, creencias que pueden ser claramente positivas pero también irracionales, intrusivas o manifiestamente negativas para el sujeto. Interpretamos la realidad, la «pensamos» y nos dedicamos a atribuir e interpretar el mundo que nos rodea y los propios estados internos. Podríamos incluso hablar de una verdadera teoría de la atribución que se centra en lo que piensan las personas sobre los fenómenos que experimentan,

El resultado del aprendizaje personal depende, entre otros factores, de lo que se crea y piense sobre la realidad y las respuestas que se den a sus estímulos. Existe una relación entre los comportamientos observables y los pensados, de modo que nuestro lenguaje interno, el pensamiento, puede actuar como modelador y potenciador de la conducta.

APRENDIZAJE EN FAMILIA

La familia Marín-López no necesita despertador. Nacho, el pequeño de la casa, funciona como un reloj y a las siete y media de la mañana toca diana para todos. Sin embargo, aunque un día fallara, no habría problemas. La señora López se ha habituado a este horario y un estímulo interno la despierta cada día cinco minutos antes de las siete y media. Éste es el primero de los ejemplos de la vida cotidiana de la familia Marín-López en los que podemos ver cómo se manifiestan los principios del aprendizaje.

Es hora de ir al colegio. La mayor, Yaiza, termina de ponerse los zapatos. A sus seis años, casi domina completamente el atarse los cordones. Sin embargo, hoy ha ido demasiado rápido y uno de los cordones ha quedado suelto; así que papá no la felicita de entrada, sino que le pide, eso sí, con buenas palabras que vuelva a hacer bien el nudo.

El señor Marín, que es quien primero va a trabajar, da un beso y un abrazo a los niños y también besa a su mujer delante de éstos; aunque no lo hace deliberadamente con este propósito, los niños tienen la oportunidad de observar muestras de cariño entre sus padres. Tras salir de casa y sacar el automóvil, llega a ese famoso cruce del que cuesta tanto salir. Sin embargo, un conductor amable le hace una seña para que pase y el señor Marín se lo agradece con un gesto elocuente. De este modo, es más probable que este conductor siga siendo amable en sucesivas ocasiones. Al mismo tiempo, el señor Marín tiene un modelo positivo a imitar en situaciones similares. Tras dejar a los niños en la escuela, y antes de ir al trabajo, la señora López compra un billete de lotería. Tiene que luchar con un vendedor porque éste le ofrece un número acabado en cero y ella cree que esta terminación no sale nunca. Desde luego, la probabilidad de que salga es la misma que la de cualquier otra terminación y la conducta de la señora López es puramente supersticiosa; sin embargo, ella se escuda en su creencia de que nunca les ha tocado un número acabado en cero.

A la hora del café de media mañana, el señor Marín y sus amigos comprueban con recelo cómo se acerca aquel compañero que sólo sabe hablar de sus dolencias y enfermedades. Aunque al principio le escuchaban con mucha atención, la situación llegó a hacerse insostenible. Por ello hace un par de semanas que han comenzado a actuar de un modo diferente. Cada vez que el compañero habla de sus dolencias nadie le presta atención, aunque sí le siguen la conversación si habla de otras cosas. Aunque los primeros días parecía que no iba a funcionar, están empezando a recoger los frutos de su nueva manera de actuar.

Por su parte, la señora López también se ha encontrado con una situación problemática en el trabajo. Una compañera se ha hecho un corte profundo y ha comenzado a sangrar abundantemente. La primera reacción de la señora López ha sido escapar ya que la visión de la sangre le produce ansiedad y mareos. No obstante, ha leído en un libro que estas reacciones pueden extinguirse si uno se expone repetidamente a aquello que teme en vez de evitarlo. Por tanto, decide armarse de valor y ayudar. Aunque lo que ha leído es cierto, una estrategia que podría serle de ayuda en caso de marearse sería poner en tensión su cuerpo para aumentar así la presión sanguínea y evitar el posible desmayo.

Unas horas después, acaba la jornada laboral en la oficina, pero el trabajo sigue en casa. Yaiza le ha pegado a Nacho por haberle roto sin querer la página de un cuento y el primer impulso de papá ha sido castigarla con un golpe. Afortunadamente, y aunque no es fácil, ha recordado a tiempo que no es ésta la solución más eficaz (¡pegar a alguien para enseñarle que no debe pegar!). Así que le dice a la niña que pida disculpas a su hermano y él se ofrece a arreglarle la hoja rota.

Un poco más tarde, Nacho empieza a decir una y otra vez que quiere ir a la calle. Mamá le dice que no, porque está cansada, pero el pequeño sigue insistiendo cada vez más. Al final, harta de escucharlo, la señora López lo lleva un rato a la calle. Aunque la estrategia de Nacho no es tan elaborada como la que emplea Mafalda en la viñeta, funciona igualmente bien para obtener la recompensa buscada. Y la madre, ¿por qué cede? Porque así acaba con una situación aversiva para ella: las demandas insistentes del pequeño de la casa.

Mientras tanto, Yaiza quiere ir a ver la televisión con sus vecinos Pachi y Víctor, y pide permiso a papá. Éste le dice que bien, pero que primero ordene su cuarto. La niña dice que lo hará después, pero el señor Marín ha aprendido que esto no funciona. Así que Yaiza no tendrá más remedio que recoger sus cosas si quiere conseguir su objetivo de ver la televisión. Por cierto, si el señor Marín supiera que en los dibujos animados que su hija ve en casa de los vecinos predomina la violencia y la subordinación de la mujer, probablemente no estaría tan tranquilo.

Ha sido un día duro y, tras acostar a los niños, los señores Marín-López se relajan un poco en el sofá. Como están satisfechos de varias de las cosas que han hecho hoy, ponen su música preferida y se preparan una pequeña copa de Oporto y un trozo de tarta de manzana. Después de un rato y como punto final del día, se van a la cama y se dan un masaje mutuo. Esto es algo muy placentero y, lo sepan o no, ambos siguen aprendiendo: cada uno está potenciando su capacidad de suscitar en el otro respuestas emocionales positivas.

Arturo Bados
Profesor titular de Psicología

> **¿Qué diferencia hay entre los términos psicológicos de huida y evitación?**
>
> La huida implica contacto con el estímulo aversivo: una vez aparecido el castigo, nuestra conducta nos libera de él. En la evitación, el sujeto no llega a ponerse en contacto con el castigo, se pone a salvo antes de que ocurra. Por otra parte, la huida implica acción, mientras que la evitación puede ser tanto activa como pasiva, es decir, podemos evitar haciendo algo que impida el contacto con el estímulo aversivo, o bien dejando de actuar (por ejemplo, no insultar al jefe para que no nos despidan).

basándose en la propia congruencia de sus juicios, con lo que se busca una orientación de la realidad aunque puede ser manifiestamente errónea (falsas atribuciones). Si un sujeto atribuye siempre sus fracasos a la «mala suerte» o a la «desastrosa organización de la sociedad» podría ser reforzado por una atribución relativamente estable, creando expectativas de falta de control e indefensión para el futuro. Si por el contrario la atribución es realista y pragmática, el proceso será al revés y manifiestamente creativo y reforzante.

Existimos porque pensamos y pensar es el centro de la existencia humana. Ello nos permite actuar no solamente de forma automática sino previniendo nuestros actos y haciendo frente a las consecuencias.

Lo que las personas piensan sobre aquello que les acontece constituye una forma de interpretar el mundo circundante. Este enfoque puede responder a una atribución realista y práctica, pero también adolecer de una falsa atribución. Si un simple pinchazo se convierte para nosotros en la demostración de que tenemos «mala suerte», podemos con el tiempo llegar a sentirnos indefensos y desprotegidos frente al futuro.

Capítulo 9

LOS ESTILOS DE APRENDIZAJE

LOS ESTILOS DE APRENDIZAJE

Aprender a aprender

¿Por qué en el caso de dos personas de la misma edad, del mismo ambiente socio-cultural y con la misma capacidad intelectual, delante de una misma situación de aprendizaje y dentro de un mismo contexto, una aprende y otra no?

¿Por qué los comportamientos característicos de los alumnos brillantes, dentro y fuera del aula, pueden llegar a ser tan contradictorios? ¿Por qué mientras que unos toman muchos apuntes, otros apenas escriben? ¿Por qué si unos estudian todas las noches, otros sólo lo hacen antes de los exámenes?

¿Por qué un mismo método de lectura, utilizado por un mismo maestro, puede ser causa de fracaso, fustración e incluso rechazo para algunos niños, mientras que para otros puede ser un método excelente?

¿Por qué el rendimiento de una persona aumenta cuando trabaja en equipo mientras que otra persona necesita del silencio y del trabajo individual para rendir al máximo? ¿Qué es lo que distingue a los alumnos que aprenden bien de los que lo hacen mal?

¿Por qué una persona al comprar un electrodoméstico es capaz de descubrir todas sus prestaciones tras la lectura atenta de las instrucciones, mientras que otra manifiesta malestar, o incluso incapacidad, para entender dichas instrucciones y prefiere escuchar la explicación del vendedor u observar cómo éste lo manipula?

En definitiva, ¿cuál es la diferencia entre una experiencia de aprendizaje satisfactoria y una experiencia de aprendizaje insatisfactoria en distintos o en los mismos sujetos?

Una de las posibles respuestas a todas las preguntas anteriores y a otras muchas similares que podrían formularse podría muy bien ser la siguiente: los estilos de aprendizaje de cada persona son diferentes y son los responsables de las distintas respuestas y de los diversos comportamientos ante el aprendizaje.

Factores que influyen en el aprendizaje

Al hablar de aprendizaje estamos de acuerdo en decir que es un proceso que dura toda la vida, y que dicho proceso es personal, ya que nadie puede aprender por otra persona. Aprender implica cambiar y a menudo los cambios van acompañados de miedo, ansiedad y resistencia. Podemos pensar que hemos hecho un aprendizaje cuando sabemos algo que antes desconocíamos y/o podemos hacer algo que antes éramos incapaces de realizar. El aprendizaje está ligado al desarrollo humano y está afectado por los cambios biológicos y psicológicos.

No sólo aprendemos dentro de un contexto formal, con actividades estructuradas a través de un currículum y de forma consciente, es decir, cuando vamos a la escuela, a la universidad, cuando asistimos a un curso o leemos un libro. Muchas veces lo hacemos en situaciones no planificadas, a través de las experiencias de nuestra vida cotidana.

PREGUNTAS Y RESPUESTAS

¿Hay diferentes formas de aprender según las personas?

El aprendizaje es una experiencia personal ligada al desarrollo humano y consecuentemente influida por los cambios biológicos y psicológicos de cada individuo. Esto supone que cada uno de nosotros puede adoptar un estilo de aprendizaje que se corresponda con sus propias capacidades.

Si aceptamos que el aprendizaje está íntimamente ligado a la experiencia personal, podremos deducir la importancia que tiene el saber utilizar cada experiencia para aprender. Se trata de saber identificar las muchas oportunidades de aprendizaje que se nos presentan diariamente a lo largo de nuestra vida, de reparar en ellas y reflexionar para convertirlas en experiencias de aprendizaje.

Con el propósito de poner de relieve la importancia de los estilos de aprendizaje en el contexto global del mismo, nos parece válido recordar la gran cantidad de factores que influyen en dicho proceso y mostrar gráficamente algunos de dichos factores.

Distintos estilos de aprendizaje

El concepto de estilo de aprendizaje ha dado lugar a una gran variedad de definiciones. Para Keefe, por ejemplo, «los estilos de aprendizaje son los rasgos cognitivos, afectivos y fisiológicos que sirven como indicadores, relativamente estables, de cómo las personas perciben, interaccionan y responden a sus ambientes de aprendizaje». En otras palabras y de forma muy breve, podríamos decir que los estilos de aprendizaje son aquellas características que describen la manera de aprender de cada persona.

La teoría de los estilos de aprendizaje pone de relieve la importancia del

El aprendizaje es un proceso que dura toda la vida. Cada persona tiene un estilo de aprendizaje diferente, de ahí que las respuestas y comportamientos de cada uno varíen. Ello puede verse claramente en la actitud frente a los nuevos soportes audiovisuales. Hay sujetos que se sienten atraídos por ellos y otros sienten aversión o rechazo.

LOS ESTILOS DE APRENDIZAJE

En el aprendizaje intervienen muchos factores biológicos, fisiológicos y socio-ambientales que condicionan la evolución y calidad del proceso y, consecuentemente, la capacidad de adaptación al medio de acuerdo con la experiencia y los conocimientos adquiridos.

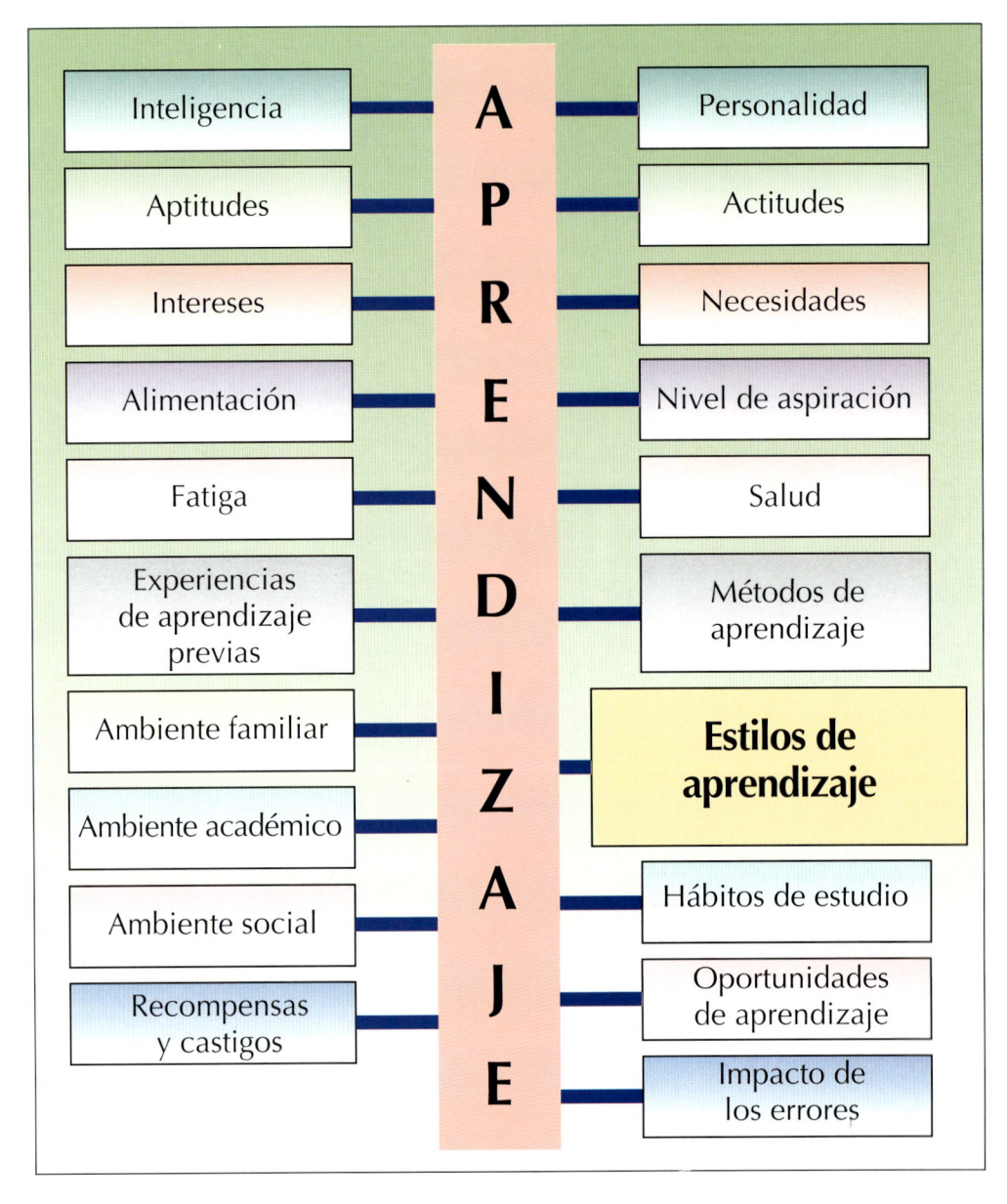

APRENDIZAJE

- Inteligencia
- Aptitudes
- Intereses
- Alimentación
- Fatiga
- Experiencias de aprendizaje previas
- Ambiente familiar
- Ambiente académico
- Ambiente social
- Recompensas y castigos

- Personalidad
- Actitudes
- Necesidades
- Nivel de aspiración
- Salud
- Métodos de aprendizaje
- **Estilos de aprendizaje**
- Hábitos de estudio
- Oportunidades de aprendizaje
- Impacto de los errores

¿Tiene justificación que una persona mayor diga que ya lo ha aprendido todo en la vida?

➡ Ninguna. El aprendizaje es un proceso que se da a lo largo de toda la vida, ya que implica un cambio relativamente permanente en la conducta a causa de la experiencia. Nunca se es demasiado viejo para aprender algo nuevo, pues la sabiduría real se funda en la experiencia de la vida.

aprendizaje a través de la experiencia, como un proceso circular estructurado en cuatro fases: tener una experiencia, repasarla, sacar conclusiones y planificar los pasos a seguir. Dicho proceso tiene lugar a lo largo de toda la vida. Carecería de sentido decir que ya no tenemos nada que aprender porque ya lo hemos aprendido todo o que nuestro proceso de aprendizaje ha finalizado.

El proceso de aprendizaje puede iniciarse a partir de cualquier fase del ciclo. Por ejemplo, una persona puede empezar en la fase de revisión recogiendo información sobre un tema y ponderándola antes de sacar conclusiones y decidir cómo la aplica. Ninguna de estas fases desligadas de las demás sería suficiente para hablar de aprendizaje. Sin embargo, la mayoría de las personas tiene preferencias por alguna de ellas en detrimento de las otras. Todos conocemos a individuos que continuamente están experimentando cosas nuevas sin ningún tipo de reflexión, ni conclusión y, por lo tanto, sin aprender de ellas. O a individuos que huyen de la acción y cuyo interés se centra en recopilar mucha información pero sin llegar nunca a ninguna conclusión.

Los estilos de aprendizaje son la clave para entender las diferentes preferencias de las personas cuando aprenden. Cada una de las fases del proceso

> *No aprendemos únicamente en situaciones estructuradas para tal fin, como pueden ser la escuela o la universidad. Por ello es fundamental saber distinguir las numerosas oportunidades que se nos presentan cotidianamente, como asistir a una exposición de pintura, a una charla o al cine, para convertirlas en experiencias de aprendizaje.*

está relacionada con un estilo de aprendizaje (Activo, Reflexivo, Teórico y Pragmático) que determinará la forma de asimilar la información, la toma de decisiones y la solución de problemas.

Oportunidades y experiencias de aprendizaje

Si se tienen los cuatro estilos, más o menos en el mismo grado de preferencia, es más fácil la posibilidad de aprender en cualquier circunstancia. Manifestar una tendencia por el estilo activo asegura un gran número de experiencias. Ser preferentemente reflexivo o teórico significa que las personas, una vez que hayamos experimentado o hayamos hecho algo, lo revisaremos y llegaremos a algún tipo de conclusión que nos permita, en un futuro, modificar o repetir la estrategia utilizada en función de los resultados obtenidos previamente. Tener con preferencia un estilo pragmático es señal de que seremos capaces de planificar la próxima experiencia. Por todo ello, quienes tengan una marcada tendencia por uno u otro estilo deberán aprovechar al máximo los puntos fuertes del mismo sin olvidar que, para poder seguir aprendiendo, en cualquier situación o circunstancia, les será necesario desarrollar aquellos estilos que no utilizan o tienen desarrollados en un grado muy bajo.

Una oportunidad de aprendizaje se convierte en una experiencia de aprendizaje cuando las fases principales del proceso señalado han sido planificadas y ejecutadas. Dicho de otro modo, aprendemos cuando hacemos algo, pensamos sobre lo que ha sucedido, llegamos a conclusiones y, finalmente, decidimos qué haríamos en una situación similar.

Para aprovechar el máximo número de oportunidades de aprendizaje que se nos presentan diariamente será necesario analizar el entorno y los factores personales que potencian el aprendizaje de cada persona. También será necesario tener muy en cuenta nuestras actitudes y emociones ya que éstas pueden convertirse en un muro infranqueable o en un trampolín para el aprendizaje. No es lo mismo pensar que siempre se puede aprender algo nuevo, que estar convencido de que uno ya es demasiado viejo para aprender.

■ Si el aprendizaje es una experiencia personal, ¿significa que para saber lo que tengo que hacer sólo dependo de mí?

➤ Cuando se dice que el aprendizaje es una experiencia personal se está diciendo que ninguna persona puede aprender por otra, pero ello no significa que dependa sólo de ella para saber cómo actuar. Como afirma Albert Bandura, investigador del aprendizaje, éste «sería sumamente trabajoso, e incluso azaroso, si la gente tuviera que depender exclusivamente de los efectos de sus propios actos para saber lo que debe hacer».

LOS ESTILOS DE APRENDIZAJE

De acuerdo con los investigadores de los estilos de aprendizaje, éstos se pueden clasificar en estilo activo, reflexivo, teórico y pragmático. En conjunto son «los rasgos cognitivos, afectivos y fisiológicos que sirven de indicadores, relativamente estables, de cómo las personas perciben, interaccionan y responden a sus ambientes de aprendizaje».

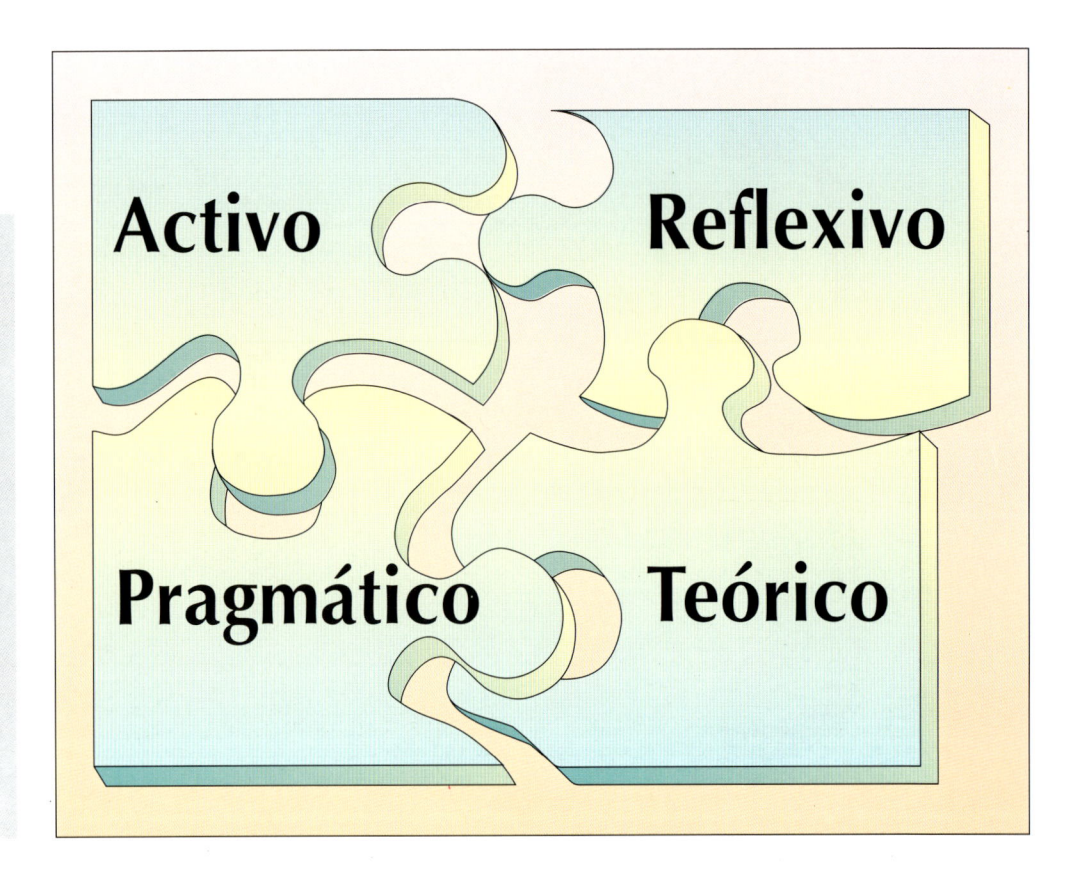

Activo — **Reflexivo**
Pragmático — **Teórico**

El estilo activo

En general, las personas con preferencia en estilo activo se implican plenamente y sin prejuicios en nuevas experiencias. Tienen una mentalidad abierta. No son nada escépticas y acometen con entusiasmo cualquier tarea nueva. Son entusiastas, arriesgadas y espontáneas. Viven el presente y les encanta tener nuevas experiencias. Son personas muy activas. Cuando el interés y la novedad de una actividad disminuye, comienzan a buscar la próxima. Se crecen ante los retos que suponen nuevas experiencias y se aburren con cometidos a largo plazo. Les gusta trabajar en equipo y generan ideas. Son participativas y se interesan por los asuntos de los demás. Son protagonistas, líderes y por ello centran a su alrededor todas las actividades. Saben improvisar. Son competitivas y divertidas.

El estilo reflexivo

Quienes tienen como estilo predominante el reflexivo, por lo general suelen considerar cada experiencia desde diferentes perspectivas y ponderar las diversas alternativas. Les gusta recopilar datos y analizarlos detenidamente antes de sacar conclusiones. Son sumamente prudentes y siempre consideran concienzudamente todas las alternativas posibles antes de realizar un movimiento. No soportan trabajar bajo la presión del tiempo y suelen ser lentos. Disfrutan observando el comportamiento y la actuación de los demás y no intervienen hasta que han hecho suya la situación. Son personas muy observadoras, receptivas y analíticas. Acostumbran a ser pacientes, cuidadosas, detallistas y prudentes. Suelen mostrar un aire ligeramente distante a su alrededor.

El estilo teórico

Los sujetos que muestran una preferencia por el estilo teórico adaptan e integran las observaciones dentro de teorías lógicas y complejas. Son personas extremadamente lógicas y objetivas. Plantean la resolución de problemas en etapas siguiendo un orden racional. Tienden a ser perfeccionistas. Integran los hechos en teorías coherentes. Les gusta analizar y sintetizar. Son profundas

APRENDER A APRENDER

```
        Tener una experiencia
           Estilo Activo

Planificar los pasos siguientes      Repasar la experiencia
      Estilo Pragmático              Estilo Reflexivo

      Sacar conclusiones de la experiencia
              Estilo Teórico
```

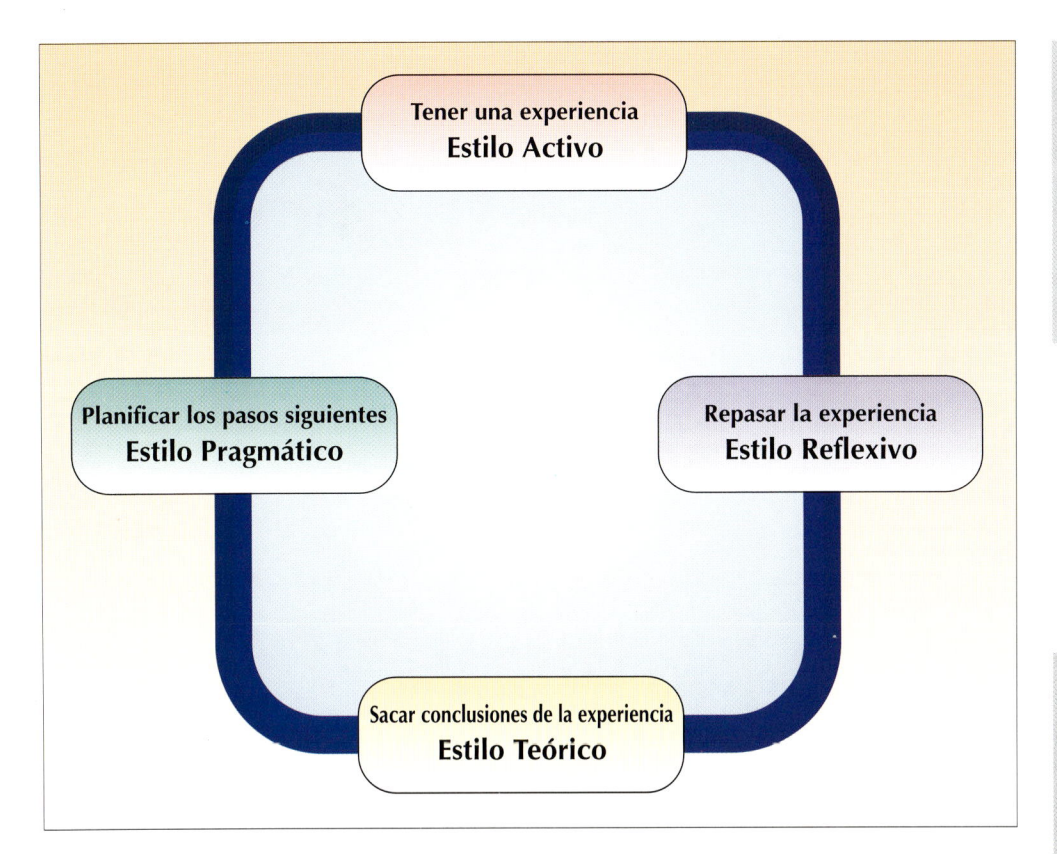

Cada estilo de aprendizaje tiene su punto fuerte, que se corresponde con las distintas fases del ciclo: experiencia, revisión, conclusiones y planificación.

Las personas que poseen un estilo de aprendizaje predominantemente reflexivo, una vez que han tenido una experiencia, son capaces de analizarla desde distintos puntos de vista y tomar en consideración las diferentes alternativas.

en su sistema de pensamiento cuando han de establecer principios, teorías y modelos. Se divierten elaborando hipótesis. Consideran que qualquier cosa para ser buena ha de ser lógica. Buscan la racionalidad y la objetividad. Huyen de lo ambiguo y de lo subjetivo. Son personas muy metódicas, disciplinadas, objetivas, críticas y estructuradas.

El estilo pragmático

Las personas con preferencia por el estilo pragmático suelen tener como punto fuerte la aplicación práctica de las ideas. Les gusta experimentar. Descubren el aspecto positivo de las nuevas ideas y aprovechan la primera oportunidad para experimentarlas. También disfrutan aplicando aquello que han aprendido. Les gusta actuar rápidamente y con seguridad en aquellas ideas y proyectos que les atraen. Se impacientan con las personas que teorizan. Son muy realistas cuando han de tomar una decisión o resolver un problema. Suelen aportar soluciones a los problemas. Para ellos, lo bueno, para ser bueno, ha de funcionar. Son extraordinariamente prácticos, directos y eficaces. Siempre creen que pueden hacerlo mejor. También destacan por ser realistas, técnicos, decididos, positivos y claros. Dan muestras de tener una gran seguridad en sí mismos.

LOS ESTILOS DE APRENDIZAJE

Grabado del Emilio, *obra pedagógica de Jean-Jacques Rousseau, quien ya en el siglo XVIII se adelantó a la idea de aprender a aprender. Para formar el corazón, el juicio y el espíritu de su discípulo, Rousseau propuso el desarrollo de la experiencia personal espontáneamente adquirida en contacto directo con las cosas.*

Aprender a aprender

Entre las posibles aplicaciones de la teoría de los estilos se destacan dos por su mayor utilidad práctica: aprender a aprender y orientación profesional. La teoría de los estilos de aprendizaje intenta contribuir a la personalización del aprendizaje, así como enseñar a las personas a aprender a aprender.

El estudio sobre los estilos de aprendizaje se enmarca dentro de los enfoques pedagógicos contemporáneos que insisten en la creatividad y en la capacidad de aprender a aprender. Los grandes y acelerados cambios que experimenta nuestra sociedad y nuestra cultura han convertido el aprendizaje en una necesidad irrenunciable para niños y adultos. Ya en 1972, la UNESCO advirtió que aprender a aprender no debía convertirse en un *slogan* más.

La idea de aprender a aprender, rescatada desde hace unas décadas, no es totalmente nueva. Ya en su época, Jean-Jacques Rousseau manifestó la aspiración a desarrollar actitudes y métodos de aprendizaje separadamente de la enseñanza formal, antes de la adquisición de conocimientos.

En estos últimos años, la idea de aprender a aprender ha despertado un gran interés y se ha convertido en punto de mira para los defensores de la educación permanente, los teóricos del Curriculum, los psicólogos cognitivos y los reformadores de la educación. Los defensores de la educación permanente, es decir, de la educación de por vida, sostienen que aprender a aprender es un objetivo prioritario de la etapa de la enseñanza obligatoria. Consideran que ha de enseñarse a los jóvenes a aprender con eficacia y que se les ha de inculcar la disposición a seguir aprendiendo. Los reformadores de la educación consideran que la intervención educativa debe tener como objetivo básico posibilitar que los alumnos sean capaces de aprender a aprender.

La escuela de hoy ha modificado su orientación y ha dejado de tener como cometido básico la transmisión de conocimientos a los alumnos, en especial la transmisión efectuada de manera mecánica y repetitiva, sin demasiada reflexión. Ahora, cada vez más, de forma deliberada y sistemática, se plantea la necesidad de aprender a aprender. Cada persona ha de responsabilizarse de su propio proceso de aprendizaje y ha de convertirse en agente activo del mismo.

Aprender a aprender ayuda a planificar el trabajo; a elegir los métodos más adecuados para realizar diferentes tareas; a reflexionar sobre los procesos seguidos; a valorar las diferentes alternativas; etc. Es decir, aprender a aprender ayuda a adquirir estrategias como planificar; a examinar las propias realizaciones para identificar las causas de las dificultades; a verificar, evaluar, revisar y ensayar.

Ser capaz de elegir y adecuar la estrategia apropiada a cada momento y situación forma parte de lo que podemos considerar un buen aprendizaje. La teoría de los estilos de aprendizaje ayuda a dar respuesta a esta necesidad apremiante de nuestros días de aprender a aprender facilitando un instrumento de autoconocimiento. Dicha teoría puede ser una clave para que las personas aprendan a aprender y de este modo lleguen a poseer los conocimientos y las destrezas necesarias para aprender con efectividad en cualquier situación que se encuentren.

La persona que ha aprendido a aprender es una persona que sabe, entre otras muchas cosas, cómo planificar y controlar su proceso de aprendizaje. Conoce sus puntos fuertes y débiles como aprendiz. Sabe describir su estilo de aprendizaje. Es capaz de superar las situaciones de bloqueo. Puede aprovechar al máximo una clase, una charla entre amigos o una película en televisión. En resumen, se conoce, conoce sus posibilidades y regula su proceso de aprendizaje.

A pesar de que los estilos de aprendizaje son relativamente estables, es importante señalar que se van forjando a lo largo de nuestra vida, en función de nuestras experiencias de aprendizaje y que, sin lugar a dudas, podemos mejorarlos con técnicas y ejercicios adecuados.

Dentro de este contexto es importante que la persona adquiera la habilidad de conocer aquello que conoce y aquello que no conoce: es preciso que sea capaz de reflexionar sobre cómo actúa cuando aprende, cuál es su actitud, cuáles son sus sentimientos, cuáles son sus dificultades y destrezas.

Un primer paso para mejorar nuestro aprendizaje, y siempre en relación a la teoría de los estilos de aprendizaje, es tomar conciencia de que no utilizamos al máximo las oportunidades que se nos presentan, ni desarrollamos al máximo

La escuela de hoy ha abandonado los principios de la enseñanza tradicional, enciclopedista y acumulativa, que incidía en la transmisión mecánica y repetitiva de conocimientos del profesor a los alumnos. Arriba, un grabado del siglo XIX ilustra una típica escena escolar.

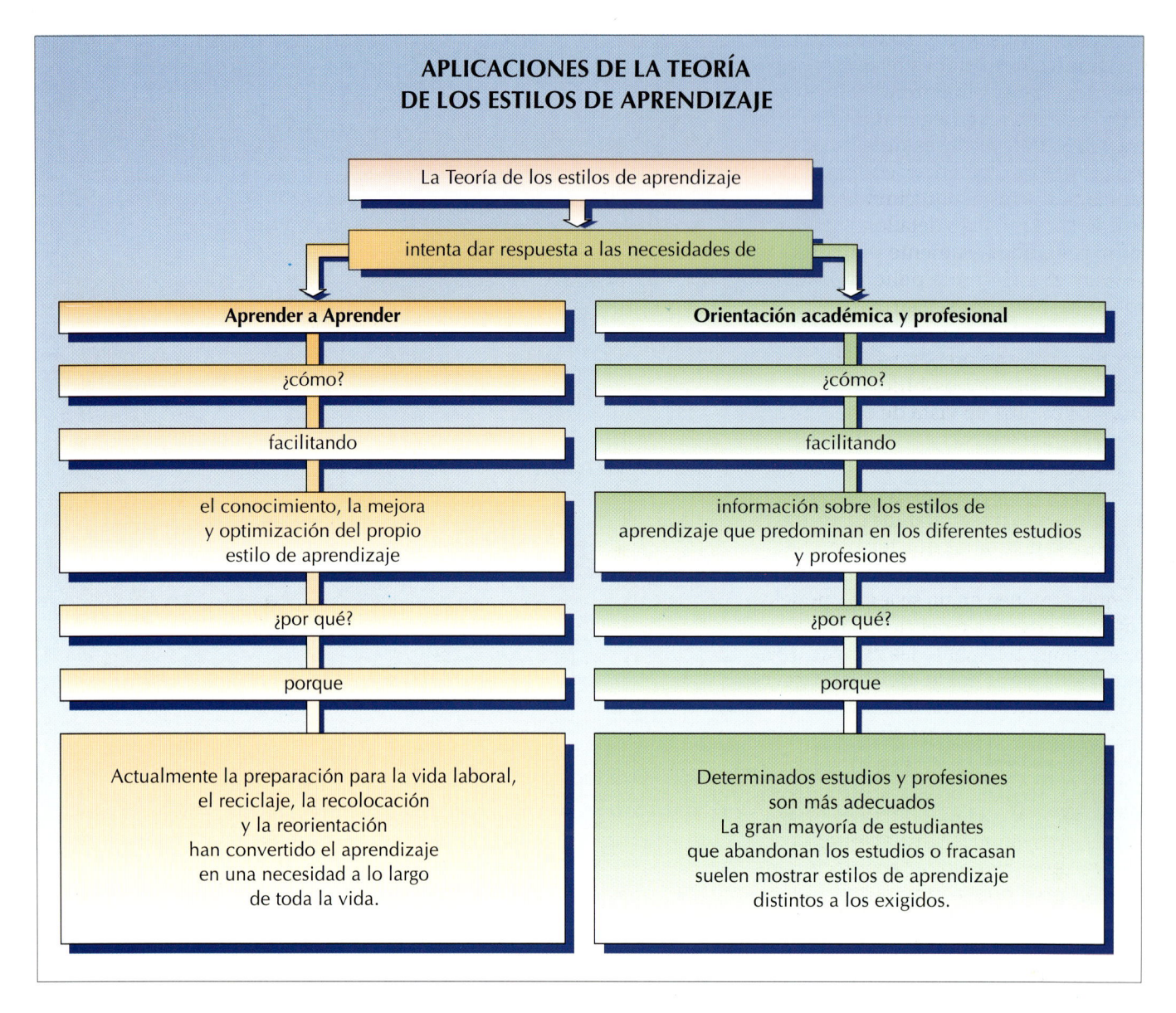

LOS ESTILOS DE APRENDIZAJE

APLICACIONES DE LA TEORÍA DE LOS ESTILOS DE APRENDIZAJE

- La Teoría de los estilos de aprendizaje
  - intenta dar respuesta a las necesidades de
    - **Aprender a Aprender**
      - ¿cómo?
      - facilitando
      - el conocimiento, la mejora y optimización del propio estilo de aprendizaje
      - ¿por qué?
      - porque
      - Actualmente la preparación para la vida laboral, el reciclaje, la recolocación y la reorientación han convertido el aprendizaje en una necesidad a lo largo de toda la vida.
    - **Orientación académica y profesional**
      - ¿cómo?
      - facilitando
      - información sobre los estilos de aprendizaje que predominan en los diferentes estudios y profesiones
      - ¿por qué?
      - porque
      - Determinados estudios y profesiones son más adecuados. La gran mayoría de estudiantes que abandonan los estudios o fracasan suelen mostrar estilos de aprendizaje distintos a los exigidos.

La teoría de los estilos de aprendizaje, producto de las nuevas corrientes pedagógicas, encuentra su aplicación práctica en el desarrollo de la metodología de aprender a aprender y en la orientación profesional, que facilitan el mayor aprovechamiento de las capacidades individuales.

nuestras capacidades. A partir de aquí deberemos tener en cuenta cuáles son aquellas situaciones y actividades que potencian o dificultan nuestro aprendizaje cuando tenemos una clara preferencia por alguno de los cuatro estilos.

Actividades que facilitan el aprendizaje

De manera esquemática comentamos a continuación cuáles son las actividades y situaciones que facilitan el aprendizaje en el caso concreto de cada estilo.

Las personas con una clara preferencia en estilo activo aprenderán mejor cuando puedan: intentar cosas nuevas y diferentes; vivir experiencias y situaciones interesantes; sentirse ante un reto con recursos inadecuados y situaciones adversas; descubrir nuevas oportunidades; generar ideas; cambiar y variar las cosas; aprender cosas que antes no sabían o no podían hacer; realizar actividades variadas y diversas; abordar quehaceres múltiples; competir en equipo e intervenir activamente; trabajar con personas de mentalidad semejante con las que pueda dialogar; dirigir debates y reuniones.

Quienes posean una alta preferencia en estilo reflexivo aprenderán mejor cuando puedan: reflexionar sobre las actividades que realizan; intercambiar opiniones con otras personas con previo acuerdo; trabajar concienzudamente y tomar decisiones siguiendo su propio ritmo sin presiones ni plazos obligatorios; revisar lo aprendido o lo sucedido; investigar; llegar al fondo de la cuestión; pensar antes de actuar; asimilar antes de comentar; escuchar; distanciarse de los acontecimientos y observar; hacer análisis detallados; realizar informes cuidadosamente ponderados; ver con atención una película o vídeo sobre un tema; observar a los demás mientras trabajan; tener tiempo suficiente para leer o prepararse algo de antemano; tener la posibilidad de escuchar los puntos de vista de diferentes y variadas personas.

Aquellas personas con clara preferencia por el estilo teórico aprenderán mejor cuando puedan: trabajar en situaciones estructuradas que tengan una finalidad clara; inscribir todos los datos de que disponen en un sistema, modelo, concepto o teoría; tener tiempo para explorar metódicamente las asociaciones y las relaciones entre ideas, acontecimientos y situaciones; tener la posibilidad de cuestionar; participar en sesiones de preguntas y respuestas; poner a prueba métodos que sean la base de algo; sentirse intelectualmente presionadas; participar en situaciones complejas; llegar a entender acontecimientos complicados; recibir, captar ideas y conceptos interesantes, aunque no sean inmediatamente pertinentes; leer u oír hablar sobre ideas y conceptos que insistan en la racionalidad o la lógica; leer u oír hablar sobre ideas y conceptos bien presentados y precisos; tener que analizar situaciones; enseñar a personas exigentes; contestar a preguntas interesantes; encontrar ideas y conceptos complejos capaces de enriquecerles; estar con personas de igual o superior nivel conceptual.

Las personas con preferencia por el estilo pragmático aprenderán mejor cuando puedan: aprender técnicas para hacer las cosas con ventajas prácticas evidentes; imitar modelos; adquirir técnicas inmediatamente aplicables en su trabajo; tener posibilidad inmediata de aplicar lo aprendido; experimentar y practicar técnicas con el asesoramiento o la información de retorno de algún experto en el tema; elaborar planes de acción que puedan tener resultados evidentes; dar indicaciones y sugerir atajos; ver que hay un nexo evidente entre el tema tratado y un problema u oportunidad que se presenta para aplicarlo; ver la demostración de un tema por parte de alguien experto; oír o leer temas explicados a través de muchos ejemplos o anécdotas; ver películas o videos que muestren cómo se hacen las cosas; concentrarse en cuestiones prácticas; comprobar que la actividad de aprendizaje puede tener una validez inmediata; hacer simulaciones y vivir situaciones reales; recibir muchas indicaciones prácticas y técnicas; tratar con expertos en el tema.

El gusto por la experimentación y la tendencia a buscar opciones nuevas y diferentes caracterizan a las personas que se inclinan por el estilo activo. Sus resultados mejoran notablemente cuando pueden aprender cosas que antes no sabían o no estaban en condiciones de hacer.

LOS ESTILOS DE APRENDIZAJE

Actividades que dificultan el aprendizaje

En el proceso de aprendizaje pueden presentarse dificultades de diversa índole. En el caso concreto de cada estilo las actividades que dificultan el aprendizaje pueden sintetizarse de la siguiente forma:

Las personas con preferencia en estilo activo pueden tener dificultades cuando tengan que: exponer temas con mucha carga teórica; asimilar, analizar e interpretar muchos datos sin demasiada coherencia; prestar atención a los detalles; trabajar individualmente o en solitario; evaluar de antemano lo que van a aprender; ponderar lo ya realizado o aprendido; repetir la misma actividad; limitar su actuación a instrucciones precisas; hacer trabajos que exijan muchos detalles; vivir la implantación y consolidación de experiencias a largo plazo; tener que seguir instrucciones precisas con escaso margen de maniobra; permanecer sentados escuchando pasivamente; oír conferencias, monólogos o explicaciones de cómo deben hacerse las cosas; mantenerse a distancia sin poder participar activamente.

Para quienes manifiestan preferencia por el estilo reflexivo pueden presentarse dificultades cuando tengan que: actuar como líderes; hacer actividades que les exijan ocupar el primer plano; presidir reuniones o debates; participar en situaciones que requieran acción sin una planificación; hacer algo sin previo aviso; exponer ideas espontáneamente sin antes haber meditado sobre las mismas; no disponer de los datos suficientes para llegar a una conclusión; trabajar bajo la presión del tiempo o de las directrices de alguien; pasar rápidamente de una actividad a otra; hacer trabajos de forma superficial.

Los sujetos con preferencia por el estilo teórico pueden encontrarse con dificultades cuando tengan que: hacer algo sin un contexto o finalidad clara; participar en situaciones donde predominen las emociones y los sentimientos; participar en problemas abiertos; tener que actuar o decidir sin una base de principios, conceptos, políticas o estructuras; verse ante la confusión de métodos o técnicas alternativos o contradictorios sin poder explorarlos en profundidad; improvisar; trabajar en temas que consideran triviales, poco profundos o artificia-

---

Los matemáticos suelen inclinarse por el estilo teórico. Las personas con preferencia por este estilo se caracterizan por su facilidad para asimilar e interpretar gran cantidad de datos, evaluar lo realizado y exponer temas con una gran carga teórica, pero pueden tropezar con inconvenientes de aprendizaje al enfrentarse a situaciones de fuerte contenido emotivo o en un entorno difuso.

les; trabajar con personas que tengan un estilo de aprendizaje diferente al suyo.

Las personas con inclinación hacia el estilo pragmático pueden tener dificultades cuando deban: hacer un aprendizaje que no guarde relación con una necesidad inmediata o que no aporte un beneficio práctico; aprender lo que está distante de la realidad; aprender teorías y principios generales; trabajar sin instrucciones claras; trabajar con personas que no avanzan con la suficiente rapidez; superar obstáculos burocráticos o personales que puedan impedir la aplicación de aquello que están haciendo; hacer aprendizajes sin una recompensa evidente.

Preguntas clave

Teniendo en cuenta las situaciones que favorecen o dificultan el aprendizaje, puede resultar de gran ayuda formularse una serie de preguntas, distintas en función de cada estilo de aprendizaje, antes de iniciar aprendizajes reglados, como por ejemplo un curso.

Para las personas preferentemente activas:
- ¿Aprenderé algo que antes no sabía o no podía hacer?
- ¿Las actividades de aprendizaje serán lo suficientemente variadas?
- ¿Tendré que permanecer sentado durante mucho rato?
- ¿Habré de limitarme a escuchar?
- ¿Me dejarán intervenir?
- ¿Me plantearán problemas o retos interesantes?
- ¿Habrá personas de mentalidad semejante a la mía con las que probablemente pueda dialogar?

Para las personas que son especialmente reflexivas:
- ¿Tendré tiempo suficiente para analizar, asimilar y preparar?
- ¿Habrá oportunidades y facilidades para reunir la información pertinente?
- ¿Podré relacionarme con personas que

Cuando en una persona predomina el estilo de aprendizaje pragmático, la captación de ideas abstractas y principios generales presenta ciertas dificultades. En cambio, sus capacidades encuentran un mejor aprovechamiento frente a todo aquello que tenga aplicaciones o ventajas prácticas evidentes y le dé la posibilidad de poner en marcha lo aprendido, como la carpintería, por ejemplo.

LOS ESTILOS DE APRENDIZAJE

tengan puntos de vista distintos y enfoquen los temas de diferentes maneras ?
• ¿Me presionarán y tendré que actuar precipitadamente?
¿Habré de improvisar?
Para las personas con preferencia por el estilo teórico:
• ¿Habrá muchas oportunidades de preguntar?
• ¿Las actividades del programa estarán bien estructuradas?
• ¿Los objetivos estarán claros y bien definidos?

• ¿Me aportarán ideas que puedan enriquecerme?
• ¿Tendrán las demás personas un nivel similar al mío?
Para las personas que se muestran pragmáticas:
• ¿Habrá posibilidad de practicar y experimentar?
• ¿Darán indicaciones concretas y que resulten prácticas?
• ¿Se discutirán casos reales?
• ¿Me ayudará a resolver algunos de mis problemas?

En los momentos clave de la vida, cuando las decisiones que hemos de tomar comprometen nuestro futuro, la pregunta ¿qué hago? puede encontrar una respuesta acertada si conocemos y tenemos en cuenta nuestro especial estilo de aprendizaje, así como las características de los diferentes estudios y profesiones.

¿ **Tenemos un hijo adolescente que se encuentra en un verdadero dilema pues no sabe qué carrera universitaria escoger ni si será capaz de adaptarse a los sistemas de enseñanza. ¿Cómo podemos ayudarlo?**

➡ A la hora de escoger una carrera universitaria es importante no sólo contar con una información rigurosa y realista sobre los numerosos estudios existentes y los requisitos exigidos para acceder a ellos, sino conocer el estilo de aprendizaje necesario para cursarlos con éxito.

212

Orientación académica y profesional

Dentro del campo de la Orientación académica, y en relación con los estilos de aprendizaje, las investigaciones realizadas han puesto de manifiesto que determinados estudios o profesiones son más adecuados para ciertos estilos de aprendizaje. Se ha observado que, muy a menudo, los estudiantes que abandonan sus estudios a medio cursar, o presentan un rendimiento académico deficiente, suelen tener estilos de aprendizaje distintos, o incluso contrarios, a los exigidos. También se ha constatado que los alumnos de algunos centros educativos o universidades suelen desarrollar, de forma no deliberada, un mismo estilo de aprendizaje, sobre todo en aquellos centros en los cuales el estilo educativo del profesorado es muy homogéneo. En dichos ámbitos se favorece el desarrollo de ciertos estilos de aprendizaje y se penaliza, o simplemente se ignora, el desarrollo de otros.

En algunas ocasiones observamos que una persona ya tiene desarrollados los rasgos que caracterizan un determinado estilo de aprendizaje y que éstos coinciden con los necesarios para estudiar una determinada carrera o para ejercer una profesión en particular. En otras ocasiones, es necesario ayudar a esta persona a desarrollarlos si queremos que sea capaz de cumplir con su cometido.

Cuando nos decidimos por una profesión u optamos para un puesto de trabajo también nos percatamos de que al hablar de las peculiaridades que exigen, la mayoría de veces no se especifica la capacidad y el estilo de aprendizaje ne-

Los estudios realizados en el del campo de la orientación académica han puesto en evidencia la relación que existe entre los estilos de aprendizaje y determinadas profesiones o estudios. Muchas veces el fracaso escolar o el bajo rendimiento pueden tener su origen en la incompatibilidad de estilos o en la penalización de los estilos diferentes al que impera en el centro de estudios.

LOS ESTILOS DE APRENDIZAJE

La incorporación al mercado de trabajo exige también disponer de información sobre los estilos de aprendizaje que mejor se ajustan a cada oficio y profesión. La preferencia por el estilo pragmático puede ser una buena baza para alguien que piense dedicarse a la mecánica

cesario para desempeñar correctamente ese puesto de trabajo y reciclarse en esa profesión.

En esos momentos clave de nuestra vida en que hemos de tomar decisiones que con toda seguridad influirán y determinarán, en mayor o menor grado, nuestro futuro (elección de asignaturas en la educación secundaria, elección de los estudios postobligatorios como bachillerato o formación profesional, elección de carrera y de centro donde cursarla, búsqueda o cambio de puesto de trabajo, etc.) puede ser realmente útil conocer, por un lado, el perfil que cada persona tiene de estilo de aprendizaje y, por otro lado, las exigencias de los distintos estudios y profesiones. De esta forma tendremos en nuestras manos información relevante que nos permitirá tomar una decisión más acertada y coherente con nuestra forma de ser.

Actualmente existen algunos instrumentos de evaluación, válidos y fiables, de los diferentes estilos de aprendizaje.

Éstos resultan de gran utilidad en momentos como los citados. Sin embargo, a pesar de la mucha información disponible sobre las características típicas de cada profesión, aún no disponemos de la suficiente orientación sobre los estilos de aprendizaje que predominan en los diferentes estudios y profesiones.

Estilos y profesiones

En las carreras técnicas (estudios de ingeniería, informática, telecomunicaciones, etc.) predominan los estudiantes con preferencia en estilo pragmático, aunque también encontramos personas con estilo activo y teórico.

En las carreras de humanidades (filología, psicología, derecho, bellas artes, geografía e historia, económicas, empresariales, etc.) predominan los estudiantes con estilo activo. Las personas con estilo preferentemente reflexivo no suelen cursar carreras de humanidades.

En las carreras experimentales (química, física, matemáticas, medicina, farmacia, veterinaria, etc.) predominan los estudiantes con inclinación hacia los estilos reflexivo y teórico.

De lo dicho anteriormente se desprende que las personas, independientemente de la edad, aprenden de maneras muy diferentes y, dejando aparte consideraciones sobre aspectos como el nivel de inteligencia, la personalidad y la adquisición de conocimientos previos, existen grandes diferencias entre la eficacia en el aprendizaje de unas y otras personas, así como entre sus estilos de aprendizaje.

Después de leer este capítulo puede que muchos de nosotros hayamos encontrado una explicación a algunos de nuestros comportamientos que en cierto momento de nuestra vida quizás nos hayan preocupado o nos hayan hecho sentir inferiores. ¿Quién, por ejemplo, delante de un compañero que era capaz de estar sentado durante horas delante de un libro no se ha sentido falto de voluntad para hacer lo mismo?, ¿quién no se ha tildado de holgazán por ser incapaz de leer un tema y preferir en cambio que se lo explicaran?, ¿quién no ha recriminado a su hijo que no sepa estudiar en silencio y sin música?, ¿quién no se ha sentido inútil por no haber aprendido a aprender y por ser incapaz de seguir autoformándose?

Ahora, quizás estemos ya en condiciones de aceptar que existen diferentes formas de actuar y de sentirse delante de una misma situación de aprendizaje.

La orientación profesional resulta de gran ayuda para encauzar el aprendizaje y formar a los individuos en las profesiones que mejor se adecúen a su carácter y capacidades. Los cambios económicos y sociales y las tendencias educativas han configurado la orientación profesional y vocacional como un importante servicio social.

LOS ESTILOS DE APRENDIZAJE

> *Se ha observado que en las profesiones técnicas, como ingeniería, arquitectura o computación, hay un predominio de personas que prefieren el estilo de aprendizaje pragmático, si bien también se encuentran otros que se inclinan por el estilo teórico o el activo.*

> **¿Los padres debemos intervenir en la orientación del aprendizaje de nuestros hijos?**
>
> ➡ Los padres deben estar atentos a las tendencias naturales de los hijos y es conveniente que sean conscientes del estilo de aprendizaje que éstos prefieren. Por ejemplo, si su hijo muestra una especial aversión a estar sentado durante mucho tiempo o a las situaciones en que tiene que limitarse a escuchar, lo más probable es que se incline por el estilo de aprendizaje activo.

Puede que seamos más conscientes de la necesidad de conocernos mejor para sacar más provecho a nuestras cualidades y para mejorar nuestros puntos débiles. Nuestro cometido fundamental ha de ser capacitarnos para seguir aprendiendo a lo largo de nuestra vida y orientando nuestros pasos lo más acertadamente posible ante los retos que se nos presentan.

Por todo ello, es importante recalcar que un diagnóstico de los estilos de aprendizaje, así como un enfoque adecuado y a tiempo de los mismos para su desarrollo y optimización, puede ayudar a prevenir y afrontar las crisis que acarrea el no superar con éxito los distintos cometidos y retos que se nos presentan a lo largo de nuestra vida académica y profesional.

ENCICLOPEDIA DE LA PSICOLOGÍA

ENCICLOPEDIA DE LA PSICOLOGÍA

2

OCEANO

Es una obra de
OCEANO
GRUPO EDITORIAL

EQUIPO EDITORIAL

Dirección:
Carlos Gispert

**Subdirección
y Dirección de Producción:**
José Gay

Dirección de Edición:
José A. Vidal

* * *

Dirección de la obra:
Graciela d'Angelo

Ilustración:
Victoria Grasa

Diagramación:
Marta Masdeu
Manuel Esteban Cano

Colaboradores:
Xavier Caseras
Aurora Chiaramonte
Antonio Tello

Diseño de sobrecubiertas:
Andreu Gustá

Producción:
Antonio Aguirre
Antonio Corpas
Alex Llimona
Ramón Reñé
Antonio Surís

Sistemas de cómputo:
Mª Teresa Jané
Gonzalo Ruiz

© MMI OCEANO GRUPO EDITORIAL, S.A.
Milanesat, 21-23
EDIFICIO OCEANO
08017 Barcelona (España)
Teléfono: 932 802 020*
Fax: 932 041 073
www.oceano.com

Reservados todos los derechos. Quedan rigurosamente prohibidas, sin la autorización escrita de los titulares del copyright, bajo las sanciones establecidas en las leyes, la reproducción total o parcial de esta obra por cualquier medio o procedimiento, comprendidos la reprografía y el tratamiento informático, y la distribución de ejemplares de ella mediante alquiler o préstamo públicos.

IMPRESO EN ESPAÑA - PRINTED IN SPAIN

ISBN: 84-494-0864-4 (Obra completa)
ISBN: 84-494-0866-0 (Volumen 2)
Depósito legal: B-33936-XLI
9025600090701

EQUIPO DE REDACCIÓN

Dirección
JOSEP Mª FARRÉ MARTÍ
Jefe del Servicio de Psiquiatría y Medicina Psicosomática. Instituto Universitario Dexeus.
Past-Presidente de la Sociedad Española de Medicina Psicosomática.
Profesor de Psicología Médica. Departamento de Psiquiatría. Facultad de Medicina. Universidad de Barcelona.
Miembro Titular de la Association for the Advancement in Behavior Therapy de EE UU.

Secretaría Científica
JUAN MIGUEL CASAS HILARI

Colaboradores

Mercè Adalid Fuentes
Psicopedagoga

Arturo Bados
Profesor Titular de Psicología

Milagros Bárez Villoria
Psicóloga Clínica

Ramón Bayes Sopena
Catedrático de Psicología Básica

Blanca Brigos Hermida
Psicóloga

Juan Miguel Casas Hilari
Psicólogo

Xavier Caseras
Psicólogo

Manel Dionís Comas Mongay
Psicólogo. Profesor de Psicología

María Jesús Creus
Psicóloga

Eduard Estivill
Médico-Neurofisiólogo

Josep Mª Farré Martí
*Médico Psiquiatra.
Profesor de Psicología Médica*

Facund Fora
Psiquiatra

José Antonio García Rodríguez
*Psicólogo. Catedrático
de Psicología Social*

María Antonia Güell Roviralta
Psicóloga Clínica

Diana Guerra Díaz
Doctora en Psicología Clínica

Fernando Gutiérrez Ponce de León
Psicólogo

María Teresa Gutiérrez Rosado
Psicóloga

Carme Junqué Plaja
Profesora de Psicobiología

José Joaquín Mira Solves
*Psicólogo. Profesor Titular
de Psicología Social*

Marisol Mora Giralt
Psicóloga

F. Xavier Pellicer
Doctor en Psicología

Rosa María Raich
*Doctora en Psicología.
Profesora Titular de Terapia y
Modificación de la Conducta*

Joan Riera Riera
Psicólogo del Deporte

María José del Río
*Doctora en Psicología.
Profesora Titular de Psicología
del Lenguaje*

Cristina Romero
*Licenciada en Ciencias de la Educación
(Psicología)*

Francisco Sabanés
Médico Psiquiatra

Luis Salvador Carulla
*Médico Psiquiatra.
Profesor Titular
de Psicología Médica*

Rosa Sender Romeo
*Médico Psiquiatra. Profesora
de Psicología Médica*

Bárbara Sureda Caldentey
Psicóloga

Conrad Surribas Figuls
Médico Psiquiatra

Josep Toro
*Médico Psiquiatra.
Profesor Titular de Psiquiatría*

Rafael Torrubia Beltri
*Profesor Titular
de Psicología Médica*

Xavier Pellicer
Psicólogo

Conchita Puig
Médico Psicóloga

Sumario VOLUMEN 2

Capítulo 10. La memoria — 217

La memoria
Una visita a los grandes almacenes — 218
¿Existe una única memoria? — 219
    Recordamos por el tacto, la palabra, la vista... — 220
    Memoria a corto... — 221
    ...y a largo plazo — 222
    Memoria reciente y remota — 223
    Memoria declarativa y procedimental — 224
¿En qué parte del cerebro se sitúa la memoria? — 225
    Anatomía de la memoria — 226
¿Cómo se memoriza? — 227
Cuando la memoria falla — 228
    Cómo vivir sin aprender nueva información — 228
    Los porqués de la amnesia — 229
    La tragedia de no poder olvidar — 230
    La pérdida de memoria — 231
    ¿La pérdida progresiva de memoria indica siempre demencia? — 232
    Envejecimiento y memoria — 233
    Una alteración no unitaria — 234
    Dos formas de envejecer — 234
    ¿Por qué es tan distinta la memoria del niño a la del adulto? — 235
    ¿Cuál es la causa más frecuente del déficit de memoria en los niños? — 236
La incidencia de los trastornos psicológicos — 237
    ¿Se puede mejorar la memoria? — 238
    Depresión, fármacos y memoria — 240
    Olvidar el dolor — 240

Capítulo 11. El lenguaje — 241

El lenguaje
Lo más humano — 242
La visión de los psicólogos — 242
¿Qué es el lenguaje? — 243
    Lenguaje y comunicación — 244
    Una complicada realidad — 245
    La forma del lenguaje — 245
    El soporte sonoro — 246
    La lingüística — 247
    Los contenidos del lenguaje — 248
    La torre de Babel — 248
    El significado de las palabras — 249
    Más allá de lo literal — 250
    Las funciones comunicativas — 251
    El lenguaje en situación — 252
    ¿Hablan los animales? — 253
La aparición del lenguaje: logro de la especie — 255
    La adquisición del lenguaje en el niño — 255
    Diálogos interiores que nos hacen sufrir — 255
    El programa biológico — 255
    El poder de la interacción — 257
Las etapas del desarrollo del lenguaje — 259
    Los doce primeros meses — 259
    Las primeras palabras — 260
    Las frases de dos palabras: tero máz; aquí no — 261
    Lenguaje telegráfico — 261
    Bilingüismo y desarrollo intelectual — 261
    La expansión gramatical — 262
    Más allá de los seis años — 263
Lenguaje no normativo y trastornos del lenguaje — 264
    ¡Nunca me cuentas cosas del colegio! — 264
    Niños que hablan más tarde de lo normal — 264
    Alteraciones de la fluidez del habla — 266
    Los niños que pronuncian mal — 267
    Las pérdidas de audición — 267
    Anomalías anatómicas — 268
    No hablan en clase — 268
    El lenguaje en los trastornos globales de desarrollo — 269
    Los trastornos del lenguaje en las personas adultas — 269
    Lenguaje y pensamiento — 270
    Sistemas alternativos — 272

Capítulo 12. La inteligencia — 273

La inteligencia
Un concepto polémico — 274
La medida de la inteligencia — 274
    Evolución de la medida de la inteligencia — 276
    La edad de oro de la psicometría — 276
    Hacia un concepto amplio — 278
    Condiciones de los tests de inteligencia — 279
    Influencias ambientales — 280
    Otras culturas — 281
    ¿El cociente de inteligencia es la inteligencia? — 282
¿Qué es en realidad la inteligencia? — 283
    Inteligencia global o inteligencias específicas — 283
    CI fósiles — 283
    El análisis factorial — 284
    Edad e inteligencia — 284
    Definiciones de inteligencia — 285
    Capacidad de adaptación — 286
    Extremos de la inteligencia — 287

SUMARIO

¿Cómo se transmite la inteligencia?	288
El caso de Cyril Burt	289
Herencia y ambiente	289
Condiciones socioeconómicas e inteligencia	290
Sexo e inteligencia	290
Raza e inteligencia	291
Teorías sobre la diferencia	292
Edad mental y democracia	294
Acción recíproca de la herencia y el ambiente	294
Repercusiones sociales del estudio de la inteligencia	295
El uso político	296
El movimiento eugenésico	298
Limitaciones e interrogantes	299
La inteligencia artificial	300

Capítulo 13. Sueño y ensueño   305

Sueño y ensueño	
La pausa reparadora	306
Las fases del sueño	306
¿Cuántas horas necesitamos dormir?	307
Calidad y cantidad	309
Si no dormimos bien...	310
El sueño durante el día	311
¿Para qué sirve el sueño?	312
Enfermedades del sueño	313
El *jet lag*	313
Miedo al insomnio	314
Los cambios en el turno laboral	315
El insomnio, un mal acompañante nocturno	315
Los ruidos molestos, el frío, el calor...	316
El insomnio crónico	317
Si estoy ansioso, no duermo	318
Cómo combatir el insomnio	319
Fármacos para dormir mejor	320
Roncar no sólo es molesto para los demás	321
Quedarse sin aliento	322
¿Qué hacer con el ronquido?	324
El niño y los despertares nocturnos	325
El momento de ir a la cama	326
El sonambulismo	328
Terrores nocturnos y pesadillas	328
El sueño en la tercera edad	331
La hipnosis	332
La frontera entre la conciencia y el sueño	332
Sus aplicaciones	334
La hipnosis forense	335

Capítulo 14. La personalidad   337

La personalidad	
Lo más personal	338
¿Cómo definir la personalidad?	338
Una organización estable y duradera	338
El carácter	339
El temperamento y el físico	340
El intelecto	340
La estructura de la personalidad	340
Tipos o dimensiones	342
Las teorías tipo-rasgo de la personalidad	342
El análisis factorial	344
Los tres ejes	346
Desarrollo de la personalidad	347
Factores genéticos y ambientales	348
El caso del extravertido	349
Personalidad y salud	350
Lo físico	351
Lo mental	353
Lo social	354
La conducta antisocial	355
La salud de la personalidad	356
Personalidades normales y anormales	356
Clasificación de los trastornos de la personalidad	357
¿Son los asesinos rebuscados y escurridizos?	358
Trastorno paranoide	358
Trastorno esquizotípico	359
Trastorno esquizoide	360
Trastorno antisocial	361
Trastorno límite	362
Trastorno histriónico	363
Trastorno narcisista	363
Personalidades felices e infelices	364
Trastorno por evitación	364
Trastorno por dependencia	365
Trastorno obsesivo-compulsivo	365
¿Es posible cambiar la personalidad?	366
Personalidades fumadoras	368

Capítulo 15. Desarrollarse y crecer   369

Desarrollarse y crecer	
Infancia y adolescencia	370
La información genética	370
Los factores ambientales	370
La madurez biológica	370
Las características de temperamento	371

Cerebro ¿Hay que fiarse de las apariencias?	372
La plasticidad	373
Desarrollo de la sexualidad	374
Cromosomas: influencia de la herencia	374
Infancia: identificaciones y discriminaciones	376
Pubertad: época de cambio	376
Muñecas y pistolas	377
Desarrollo de la identidad y conducta sexual	378
La edad escolar	380
El estallido: la adolescencia	381
La curiosa historia de la menstruación	382
Educación sexual	384
La importancia de estar informado	384
El desarrollo cognitivo	385
Teoría de Piaget	386
Período sensorio-motriz	387
Del ser biológico al ser social	388
La etapa preoperacional	389
El período operacional concreto	389
El período formal operacional	390
El desarrollo social	390
El fracaso escolar	390
El vínculo afectivo	390
Relacionarse con los otros	392
Risas y llantos	393
Miedos en la infancia	394

Capítulo 16. La evolución de la psicología humana 395

La evolución de la psicología humana	
Etapas adultas	396
La menopausia	396
Cambios físicos...	398
... y emocionales	399
La «andropausia»	400
Crónica de la vejez anunciada	401
La mente senil	401
Amnesias recientes y recuerdos del pasado	401
Inteligencia: todo depende...	402
El desafío de las demencias	403
El desarrollo social, ¿lo más relevante?	404
Dos azotes del siglo XX	406
El reloj social	406
Amor: intimidades, compromisos, esperanzas	408

El trabajo	409
A tener en cuenta...	410
¿Jóvenes felices, ancianos tristes?	411
Reglas para envejecer con éxito	411
El trance de la muerte	412
El final del ciclo: agonía y muerte	414

Capítulo 17. Conducta y sociedad 415

Conducta y sociedad	
Actitudes y hábitos	416
Las actitudes: todos las tenemos	417
¿Cómo medimos las actitudes?	418
Cambiar las actitudes	419
Los hábitos de adaptación	420
Hábitos desadaptativos	421
Hábitos nerviosos	422
Conductas adictivas	423
El juego patológico	423
Relaciones sociales	424
Habilidades sociales	425
La defensa asertiva	426
Entrenamiento de habilidades sociales	426
Lo «no verbal»	427
«Atacar» con suavidad	428
El arte de conversar	428
Las drogodependencias	430
El efecto adormecido	432
Tratamiento grupal	432

Capítulo 18. La influencia del grupo 433

La influencia del grupo	
Roles, conformidad	434
¿Quién es quién en un grupo?	435
Juego de roles	436
Los grupos cambian	437
Liderazgo: una puerta abierta al éxito	438
¿Es contagioso el comportamiento?	440
¿Qué tiene usted de líder?	440
La conformidad	441
La discrepancia	442
Grupos pequeños, grupos grandes	443
Los otros nos observan	443
La presencia de los demás	444
A solas o en público	445
El anonimato nos protege	446
Prisioneros del espacio	447
Las apariencias engañan	448

Capítulo 10

LA MEMORIA

LA MEMORIA

Una visita a los grandes almacenes

La memoria puede definirse como la capacidad de almacenar, procesar y recuperar información que proviene del mundo exterior. Los conceptos de aprendizaje y memoria están íntimamente relacionados. «Aprendizaje» es el proceso de adquisición de nueva información, mientras que «memoria» se refiere a la persistencia del aprendizaje en un estado relativamente permanente, que puede ser puesto de manifiesto en un tiempo posterior. El funcionamiento de la memoria humana se ha comparado a una computadora en cuanto a su capacidad de codificar o descodificar información. También se ha hecho el símil del almacén, por cuanto la información cerebral está retenida de una forma que parece ordenada según el contenido.

Codificación, almacenamiento, evocación

En un sentido amplio, la memoria es un sistema de almacenamiento y recuperación de la información. Todo sistema natural o artificial de memoria supone tres procesos: codificación o entrada de la información, almacenamiento para conservar la información durante un tiempo y, finalmente, evocación o recuperación de la información almacenada. La codificación se refiere al proceso por el cual la información se convierte en una representación mental almacenada. La evocación es el proceso por el que la información previamente almacenada se puede rescatar a la conciencia. El déficit de evocación se describe habitualmente como «ser olvidadizo» y «el fenómeno del nombre en la punta de la lengua». El primer término representa los despistes habituales, como olvidar dónde ha dejado uno la cartera o no saber qué es lo que se estaba buscando después de abrir la heladera. Esta condición comporta fallos en la vida cotidiana que afectan hechos o datos irrelevantes y muy repetitivos; actos que, en general, se llevan a cabo de forma automática, sin esfuerzo y sin atención. Estos fallos de memoria ocurren frecuentemente cuando aumenta la ansiedad o la preocupación por un determinado hecho (acaba de ocurrirnos una desgracia, nos han hecho una mala pasada, etc.), ante situaciones emocionales muy intensas (un enamoramiento) o, simplemente, cuando nos hallamos concentrados en resolver alguna tarea o problema, o bien estamos dándole vueltas a una determinada cuestión.

El fenómeno de tener la sensación de que el nombre está en la punta de la lengua consiste en el bloqueo que se produce cuando intentamos rescatar un nombre común poco usual (un sinónimo, una palabra en otra lengua) o, más corrientemente, un nombre propio (el nombre de un personaje famoso, el nombre de una ciudad). La impresión subjetiva es la de saber perfectamente el nombre de lo que buscamos, pero no conseguimos rescatarlo en su totalidad. En esta situación podemos dar pistas de la información que intentamos evocar, tales como: «Tiene cuatro sílabas», «Empieza por la letra P», etcétera. Sin embargo, el nombre deseado no aparece has-

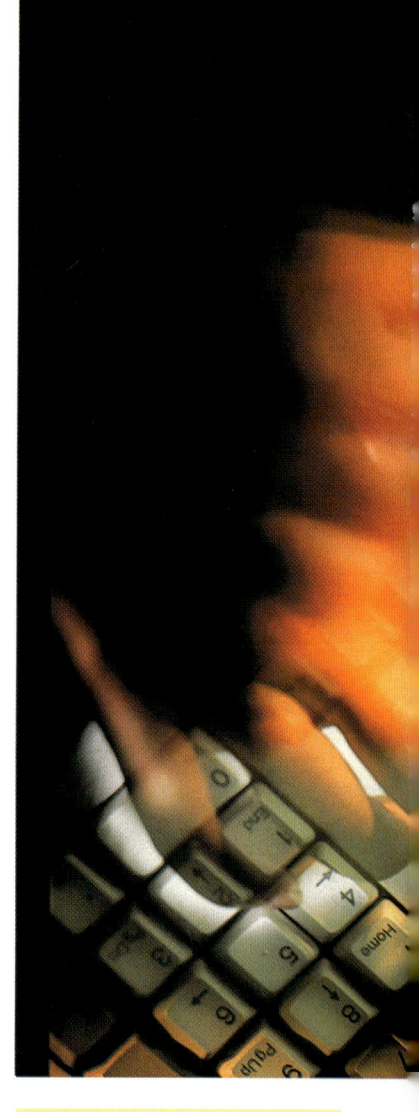

PREGUNTAS Y RESPUESTAS

■ ¿Por qué razón no recordamos todas las conversaciones que mantenemos a lo largo del día sino una parte de ellas?

▶ Esta selección es un mecanismo de la memoria para no saturar el sistema. De esta manera se descarta la información innecesaria, ya que no sería posible registrar todos los sucesos que nos acontecen en nuestra vida cotidiana. Todos esos datos, considerados de alguna manera «superfluos», pues carecen de utilidad en el futuro, caen en el olvido.

ta que nos distraemos, bien cambiando de tema, bien cambiando de actividad como, por ejemplo, haciendo chasquear los dedos. Este trastorno es claramente de evocación de la información, dado que, en el momento en que otra persona nos dice el nombre que andábamos buscando, lo reconocemos sin ninguna dificultad.

¿Existe una única memoria?

La respuesta actual, evidentemente, es no. En la vida cotidiana solemos escuchar frases como las siguientes: «Tengo una excelente memoria visual, pero me cuesta mucho retener lo que me acaban de decir»; «Soy un auténtico desastre para aprender los trayectos nuevos cuando manejo en una ciudad»; «Recuerdo muy bien las caras de las personas que me presentan durante una fiesta, pero no consigo retener sus nombres»; «Aprendo con facilidad las letras de las canciones, pero no su música», etcétera. Algunas de estas afirmaciones son reversibles pero otras, por el contrario, no lo son. Son reversibles afirmaciones como éstas: «Aprendo con mucha facilidad las melodías pero soy incapaz de retener las letras». No obstante, no es frecuente oír «Recuerdo perfectamente el nombre de todas las personas que me acaban de presentar pero rápidamente olvido sus rostros».

Ello es así porque no todo lo existente es igualmente fácil de memorizar. Aprendemos con una facilidad enorme, sin ningún esfuerzo e incluso con un solo ensayo, las caras de la gente. De manera que, inmediatamente, sabemos si es o no la primera vez que vemos a aquella persona. Probablemente, esta facilidad en identificar los amigos de los enemigos sea muy primitiva, dado que es un principio básico de supervivencia.

De manera similar a la de una computadora, que codifica información, la archiva y la descodifica, la memoria humana funciona procesando, almacenando y recuperando a través de la evocación, toda la información proveniente del mundo exterior.

En la escala filogenética, los primates no humanos (por ejemplo, los chimpancés) identifican ya los rostros de sus congéneres fotográficamente representados. Los niños identifican los rostros desconocidos a partir de los seis u ocho meses de edad.

Recordamos por el tacto, la palabra, la vista...

Existen numerosos tipos y clasificaciones de la memoria. Según la entrada sensorial, distinguimos entre memoria verbal, visual, olfatoria y táctil. Según la modalidad del estímulo a memorizar, distinguimos entre memoria para las palabras, memoria para los rostros, memoria para las formas, etcétera. Las habilidades o discapacidades para cada una de estas memorias son muy distintas según los individuos y, probablemente, obedecen a distintas configuraciones cerebrales, en parte derivadas de la herencia genética, en parte derivadas de la estimulación cerebral recibida en los primeros años de vida y en parte debidas a la herencia cultural.

El bagaje genético puede dotar de una mayor o menor facilidad de aprender un determinado tipo de información; sin embargo, si durante los períodos críticos de la infancia la persona no ha sido expuesta ambientalmente a un determinado tipo de estímulos, de adulto puede resultar casi incapaz de realizar un determinado tipo de aprendizaje que depende de estos estímulos. La música es una de las funciones cerebrales que fácilmente ejemplifican esta situación. Si un niño no recibe la estimulación musical adecuada durante la infancia (ya sea un aprendizaje sistemático o un aprendizaje incidental), jamás podrá ser un buen músico. Inversamente, los profesores de música saben

La herencia cultural es también un factor determinante en la memoria; así, en sociedades como las anglosajonas, donde las presentaciones tienen una especial importancia, es frecuente que las personas tengan facilidad para recordar nombres y asociar las caras a éstos.

UNA VISITA A LOS GRANDES ALMACENES

TIPOS DE MEMORIA I

SEGÚN LA MODALIDAD SENSORIAL

- Visual
- Auditiva
- Gustativa
- Olfativa
- Táctil

SEGÚN EL HEMISFERIO CEREBRAL QUE PROCESA LA INFORMACIÓN

Hemisferio cerebral derecho
- Caras
- Trayectos
- Geografía visual
- Figuras geométricas
- Melodías
- Identidad de las voces
- Tonos emocionales
- Posiciones en el ajedrez

Hemisferio cerebral izquierdo
- Primera lengua y otras
- Escritura
- Lectura
- Cálculo aritmético
- Nombres de personajes
- Números de teléfono
- Nombres de las calles

Según la entrada sensorial, la memoria puede distinguirse en visual, auditiva, gustativa, olfativa o táctil. Cada uno de los hemisferios cerebrales, derecho e izquierdo, es el responsable de procesar los diferentes tipos de información.

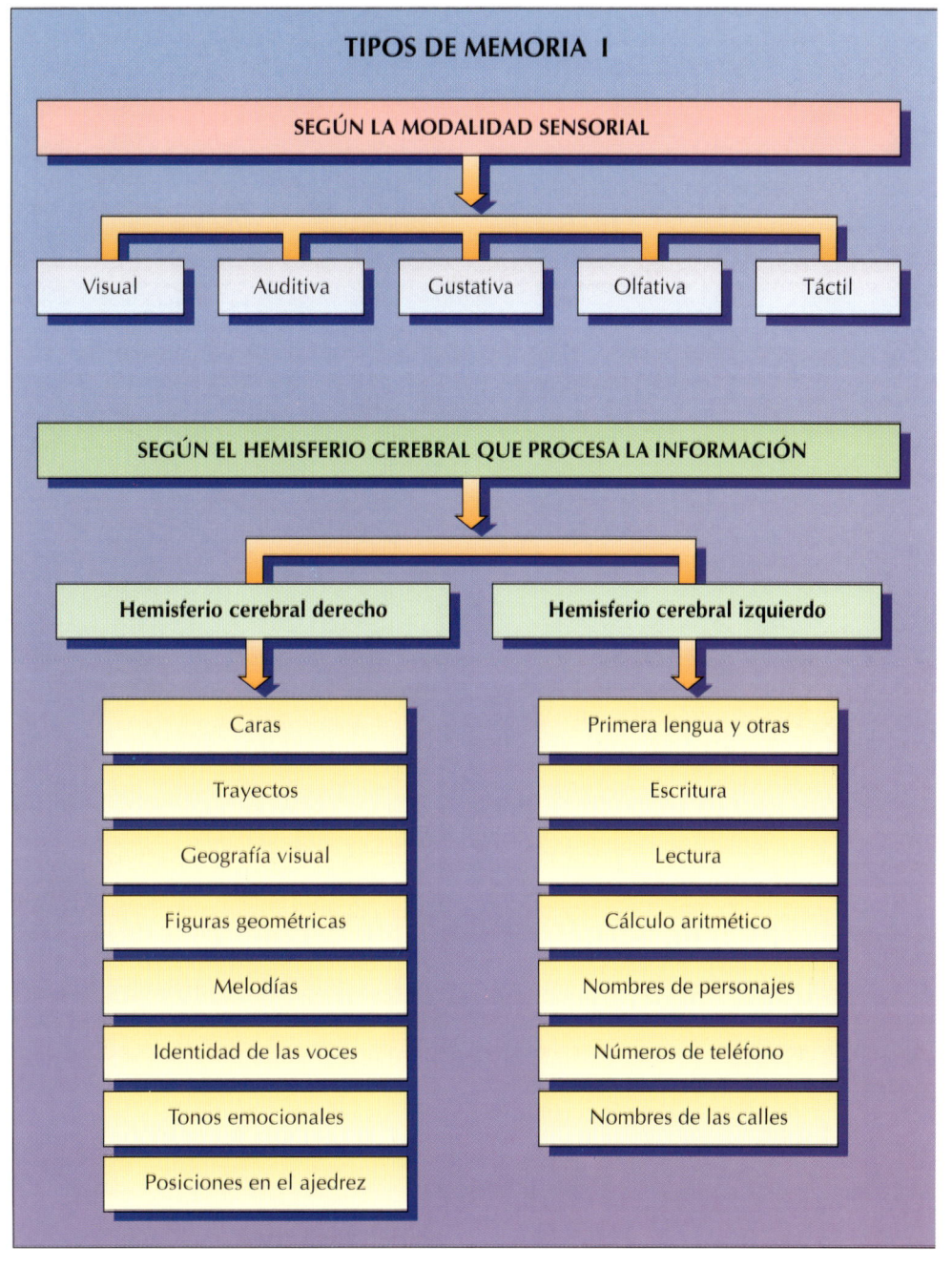

que, a pesar de una educación temprana y masiva, el niño nunca aprenderá a discriminar adecuadamente unos ritmos o tonalidades, si no está suficientemente «dotado».

Un ejemplo de herencia cultural puede verse en las sociedades donde las presentaciones tienen un peso social muy importante. Tal es el caso de la educación anglosajona, en la que no sería perdonable olvidar el nombre de las personas importantes que nos han presentado. Este peso es, por el contrario, relativamente bajo en nuestra sociedad, por lo que la asociación nombre-cara no se cultiva en absoluto y, en consecuencia, existen muchas personas poco hábiles en este tipo de memorización.

Memoria a corto...

Una de las dicotomías más clásicas en relación a los tipos de memoria consiste en la distinción entre memoria a corto y largo plazo. La memoria a corto plazo se refiere a la evocación inmediata

LA MEMORIA

del material presentado o su evocación un poco más tardía, realizada mediante un repaso ininterrumpido. Tiene una capacidad o amplitud limitada. Son ejemplos de esta memoria la repetición de dígitos, palabras, frases, secuencias de bloques señalados con el dedo, ritmos, números de teléfono, etcétera. En el caso de la repetición de números, la amplitud máxima es de 7 más o menos 2, es decir, oscila según la capacidad de la persona entre 5 y 9 números.

Cuando la información a corto plazo debe mantenerse durante un tiempo «en mente» utilizamos la denominada memoria de trabajo. Por ejemplo, cuando leemos un número de teléfono que no tenemos previamente memorizado y lo intentamos retener (generalmente a base de repeticiones constantes) mientras cambiamos de habitación para realizar la llamada telefónica deseada, utilizamos la memoria de trabajo. Este tipo de memoria es muy vulnerable a las interferencias. En la situación anteriormente descrita, si cuando nos dirigimos al despacho para marcar el número de teléfono que estamos momentáneamente reteniendo en mente, nos distraen con una pregunta o simplemente nos saludan, perdemos el número retenido y nos vemos obligados a consultar de nuevo la agenda.

El cálculo mental es también una función de la memoria de trabajo u operatoria. Puede verse en funcionamiento esta clase de memoria al resolver un problema presentado oralmente. Por ejemplo: «Si compras 6 latas de Coca-Cola a 60 unidades monetarias cada una y pagas con una moneda de 500 unidades, ¿cuánto dinero tienen que devolverte?» El cálculo que plantea el problema supone una primera operación aritmética (6x60=360) cuyo resultado se debe mantener en mente. A continuación se rescata otra información que previamente estaba conservada a corto plazo (500 unidades) y finalmente se confrontan ambas informaciones con una nueva operación aritmética que permite dar el resultado final (500-360=140). La memoria de trabajo opera cuando no tiene ningún sentido el recordar definitivamente la información obtenida.

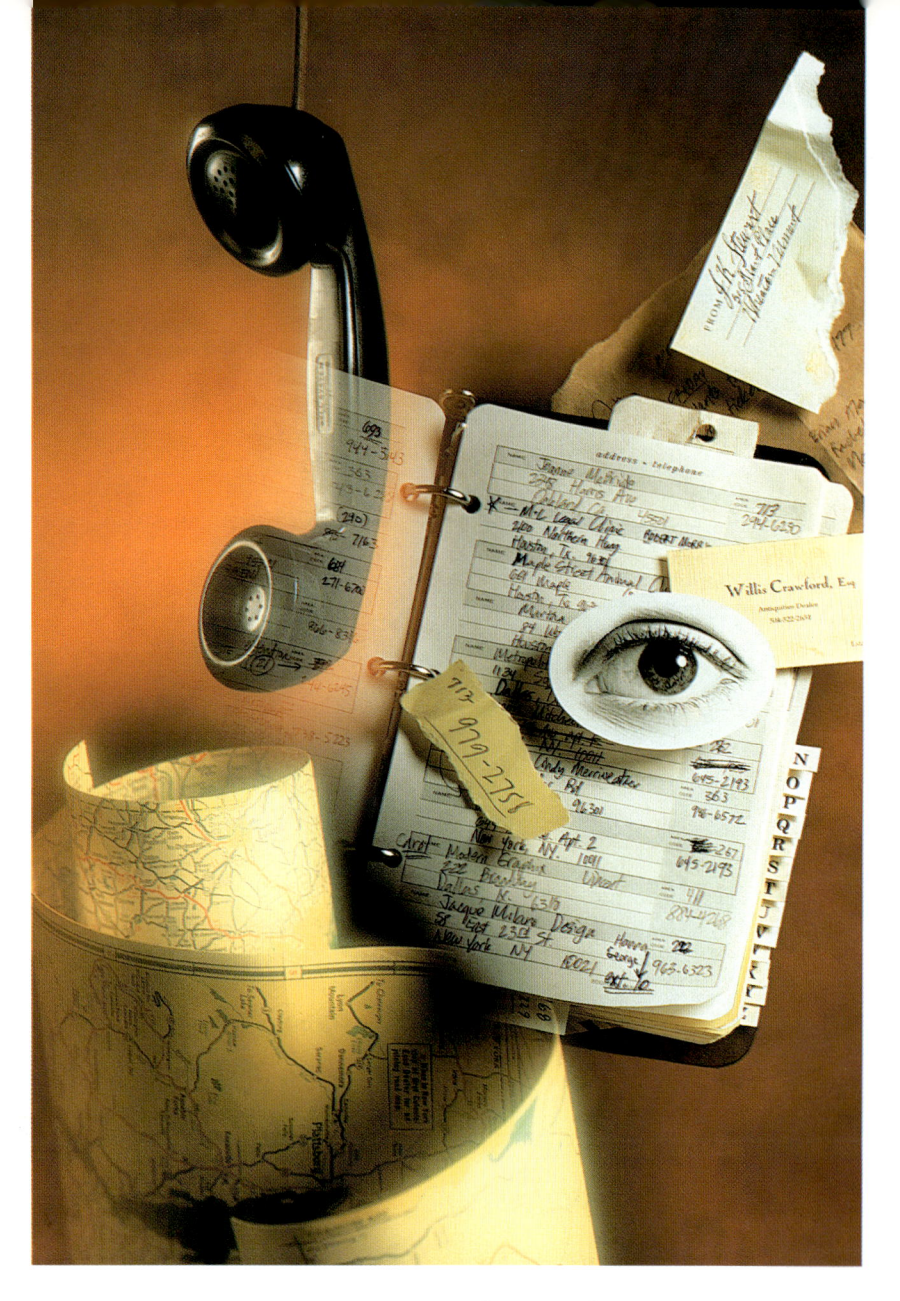

La llamada memoria de trabajo actúa en el corto plazo: se pone en funcionamiento cuando se quiere almacenar una información por muy poco tiempo; por ejemplo, recordar un número de teléfono que nos han dado y que debemos retener hasta conseguir un lápiz y un papel para anotarlo.

...y a largo plazo

La evocación de información después de un intervalo en el que el sujeto ha centrado su atención en otra tarea se considera como memoria a largo plazo. Ésta posee una capacidad muy poco limitada. Es prácticamente imposible saber lo que uno sabe, ya que se almacena una cantidad de información que no es fácilmente rescatable. La información a corto plazo, si tiene una fuerte carga emocional, puede consolidarse de forma casi automática y pasar a largo plazo. Por ejemplo, si estamos reteniendo un número de la lotería para comprobar si nos ha tocado, en el caso de que el resultado haya sido negativo pasará al olvido, por el contrario, si ha salido premiado con diez millones, fácilmente

UNA VISITA A LOS GRANDES ALMACENES

TIPOS DE MEMORIA II

- **MEMORIA DECLARATIVA**
  - Semántica
    - Nombres
    - Caras
    - Colores
    - Formas
    - Gestos
    - Números de teléfono
    - Direcciones
  - Episódica
    - Secuencias de hechos ocurridos durante toda la vida

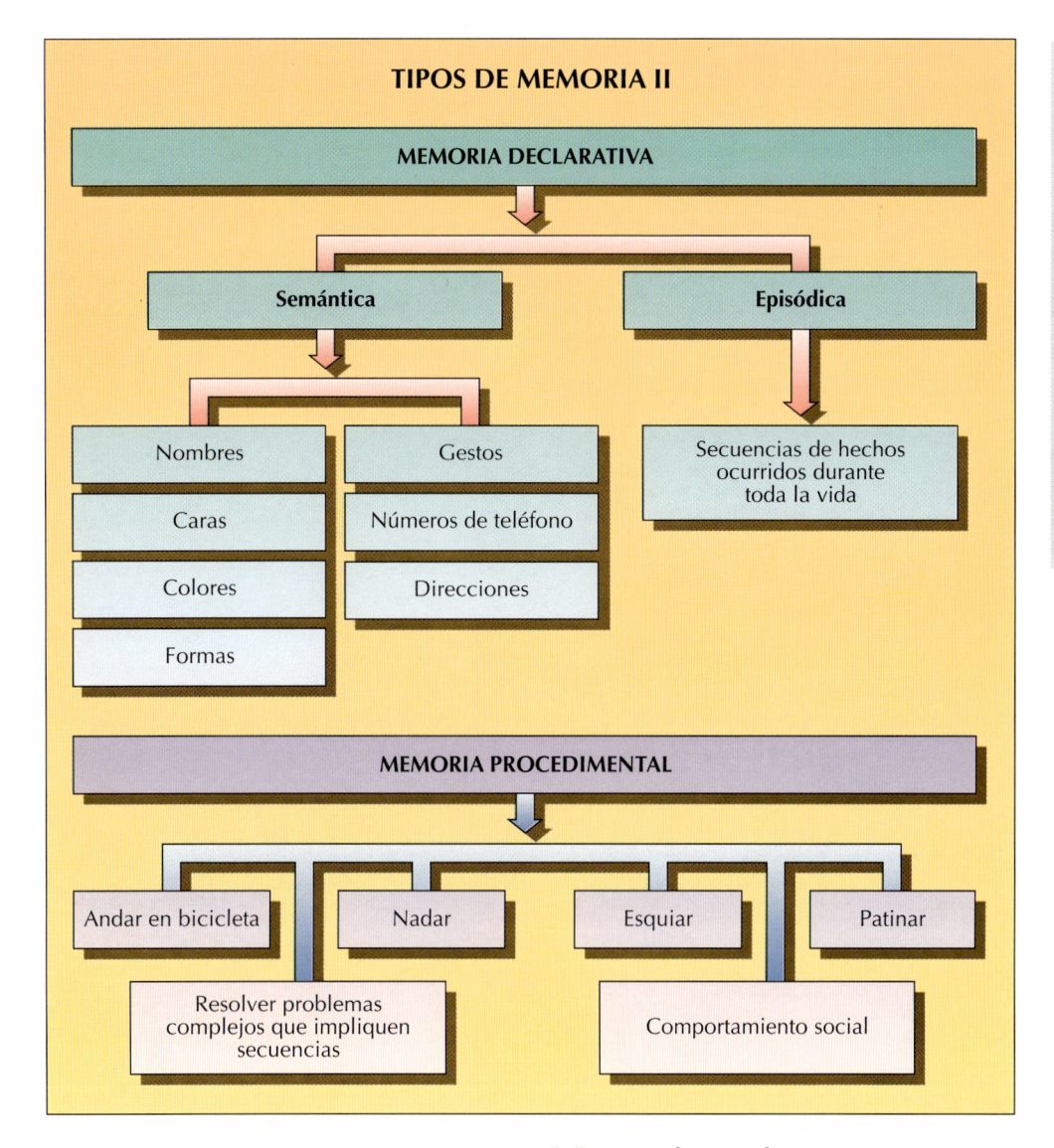

- **MEMORIA PROCEDIMENTAL**
  - Andar en bicicleta
  - Nadar
  - Esquiar
  - Patinar
  - Resolver problemas complejos que impliquen secuencias
  - Comportamiento social

La memoria declarativa se refiere a un conjunto de recuerdos fácilmente evocables, a los hechos o datos que acceden directamente a la conciencia como los nombres de la gente, sus caras, sus casas... En cambio, la memoria procedimental incluye los hábitos o procedimientos como nadar, escribir o manejar un coche.

recordaremos el citado número. No retenemos a largo plazo las conversaciones que oímos todos los días, pero cuando nos dicen algo que nos hiere o nos enoja profundamente sí lo podemos recordar durante mucho tiempo o, si la ofensa en muy importante, incluso durante toda la vida.

El olvido o la pérdida de la información irrelevante es una función necesaria para no saturar el sistema. Es totalmente innecesario registrar de forma permanente todos los hechos que acontecen día a día. Sería inconcebible retener las caras de todas las personas que vemos o retener los menús de todas las comidas realizadas. El olvido permite desembarazarse de la enorme cantidad de información que tratamos cada día y que en el futuro carece de utilidad.

Memoria reciente y remota

La distinción entre memoria reciente y memoria remota se aplica a la dimensión de la memoria retrógrada. Se refiere al hecho, bien documentado, denominado ley de Ribot, según la cual las memorias más antiguas se conservan más que las memorias más modernas o recientes. Este hecho se hace evidente en el envejecimiento normal, donde se observa que progresivamente los ancianos tienden a rememorar mejor los hechos ocurridos durante su infancia y juventud. Estas evocaciones contrastan en frecuencia y nitidez con las de sucesos más recientes, como lo ocurrido durante las últimas vacaciones, quién vino la semana anterior de visita o qué comimos anteayer.

¿ Un familiar ha sufrido una amnesia a causa de un golpe en la cabeza por una caída. ¿Es factible que se recupere?

➡ Depende de los casos, pero siempre que no se haya producido una lesión irreversible en el cerebro es muy probable que sí se recupere. Las amnesias más frecuentes son las causadas por un golpe en la cabeza, pero afortunadamente son también las que tienen un mayor porcentaje de recuperación, el cual puede llegar al cien por cien.

LA MEMORIA

Ante situaciones difíciles, como una entrevista de trabajo, buscamos apoyo en la memoria procedimental, pues ella nos permite repetir hechos que nos han dado resultados satisfactorios en otras ocasiones. Así, cuando concurramos a la entrevista sabemos que deberemos estar correctamente vestidos, ser amables, mostrarnos dinámicos, interesados por el trabajo, etcétera.

Memoria declarativa y procedimental

Otra interesante distinción la constituye la diferenciación entre memoria declarativa y procedimental. La memoria declarativa se refiere a la adquisición de hechos o datos directamente accesibles a la conciencia. Aprendemos las caras de la gente, sus nombres, su olor, cómo son las casas, los grandes edificios, las canciones, las lenguas, los signos; recordamos nuestras vacaciones, nuestra primera experiencia amorosa... Este conjunto de recuerdos fácilmente evocables a voluntad son nuestro conjunto de memorias declarativas. Pero, además, aprendemos a andar correctamente en bicicleta, a nadar, a usar los cubiertos, a comportarnos ante un superior. Esto constituye el aprendizaje de hábitos o procedimientos.

La memoria declarativa puede ser dividida en episódica y semántica. La memoria episódica se refiere a la información aprendida en un tiempo y espacio concreto de la propia vida; por ejemplo, lo que comimos durante el día.

La memoria semántica se refiere al conocimiento general del mundo sin ninguna ligazón con el contexto espacio-temporal; por ejemplo, cuál es la capital de Francia, quién era John F. Kennedy, etcétera.

La memoria procedimental se refiere al aprendizaje de procedimientos de acción, que implican secuencias y que no son directamente accesibles a la conciencia. Estos procedimientos son los que ayudan a resolver problemas cognitivos o comportamientos sociales. La memoria procedimental contiene la información del conjunto de actos que nos han conducido al éxito. Por ejemplo, si tenemos la intención de conseguir un trabajo, realizaremos una serie de actos que obedecerán a un plan ordenado: en primer lugar leeré los anuncios del periódico, a continuación los clasificaré por su interés, más adelante procederé a realizar las llamadas según el orden de importancia que les he otorgado; hablaré con un tono agradable y melódico para que me concedan la entrevista. Después, elegiré un conjunto de estrategias que podrán mejorar las posibilidades de éxito (vestido, peinado, accesorios, etc., que se adecúen al trabajo que estoy buscando) y utilizaré el tipo de vocabulario más adecuado. En el momento de la entrevista, tendré que ser capaz de cambiar el conjunto de estrategias según el contexto del momento (edad del director, tipo de vocabulario que él emplee, decoración del despacho, etc.) y según las respuestas que vaya obteniendo durante la conversación. Finalmente, tendré que identificar en qué momento he alcanzado el propósito inicial (conseguir el trabajo) para no proseguir hablando, ya que no saber detenerse a tiempo puede destruir todo el éxito obtenido hasta el momento. El éxito de un conjunto de acciones comporta su repetición que cada vez se hará más automática porque está memorizada.

¿En qué parte del cerebro se sitúa la memoria?

A principios de siglo, un inteligente y respetado psicólogo llamado Karl S. Lashley pretendía encontrar las huellas o engramas de la memoria en el cerebro. Con este fin, entrenaba ratas para ejecutar determinadas tareas y después lesionaba distintas partes de la corteza cerebral (la parte más externa del cerebro donde se halla la substancia gris), con el objeto de identificar dónde se había almacenado este aprendizaje. Tras cincuenta años de trabajo de laboratorio, abandonó la búsqueda del engrama y llegó a la conclusión de que la memoria no tiene una localización cerebral y que la pérdida de memoria va asociada a un efecto de masa, es decir, cuanto más cerebro se pierde más memoria queda afectada.

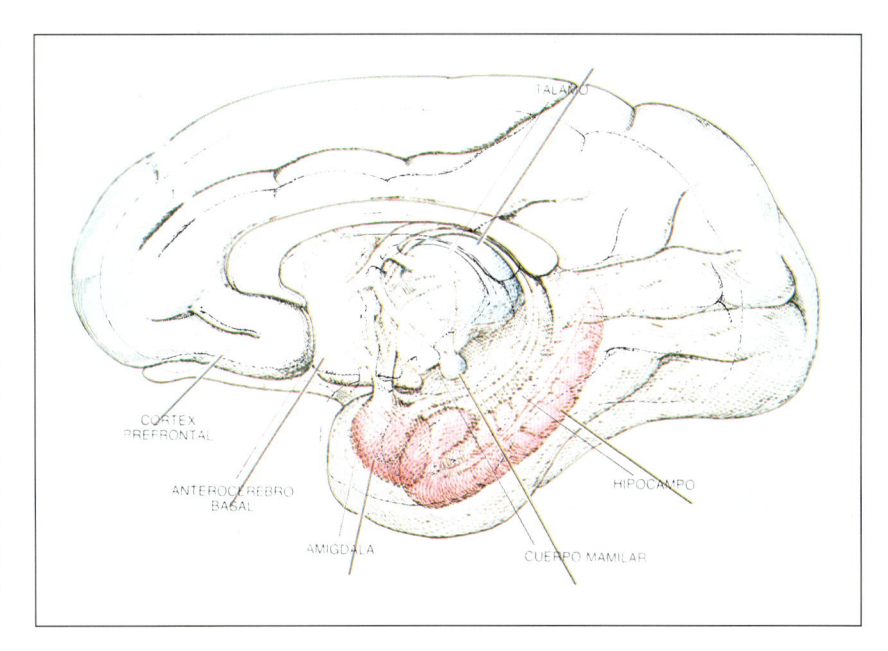

Lashley tuvo mala suerte porque, poco después de abandonar su trabajo, el neurocirujano W. Scoville descubrió casualmente que existe una estructura cerebral indispensable para la memorización de todos los estímulos sensoriales. Esta estructura básica está formada por la corteza temporal medial y, en especial, por el hipocampo (denominado así porque tiene forma de caballito de mar).

El papel del hipocampo en la memorización de los episodios vividos y de la información pudo ser determinado en los años cincuenta, mediante el estudio del caso H. M. por parte de Scoville y la psicóloga Brenda Milner, quienes describieron que su paciente había perdido de forma casi total la capacidad de memorización de nueva información, tras la extirpación quirúrgica bilateral de los lóbulos temporales mediales. Este caso demostró que la memoria es una función cerebral distinta y disociable de otras funciones mentales, tales como la inteligencia y las capacidades perceptivas. Este paciente, cuarenta años después de la intervención, aún es incapaz de recordar los hechos cotidianos, los nombres nuevos, su nuevo domicilio o la forma y el nombre de los nuevos automóviles.

Del estudio del conjunto de lesiones cerebrales capaces de producir amnesias en el hombre (pérdidas globales de la capacidad de realizar nuevos aprendizajes) se deduce que las estructuras

Esquema de las diferentes áreas cerebrales involucradas en la memoria declarativa: córtex prefrontal, anterocerebro basal, amígdala, cuerpo mamilar, hipocampo, tálamo.

LA MEMORIA

Arriba, imagen por resonancia magnética en la que se puede apreciar, en rojo, el hipocampo. Abajo, esquema de los ganglios basales, estructuras que hipotéticamente facilitan la codificación de la memoria motora, de hábitos y procedimientos.

más relacionadas con la memorización son la llamada formación hipocámpica (el hipocampo, la circunvolución parahipocámpica y la circunvolución dentada) y el diencéfalo (específicamente, la porción medial del núcleo dorsomedial del tálamo). También se han observado trastornos importantes de memorización por lesiones de la parte denominada cerebro basal anterior.

Actualmente, las técnicas de neuroimagen, como la resonancia magnética, permiten ver y medir las estructuras neuroanatómicas de la persona viva.

Así, por ejemplo, se ha podido relacionar el tamaño del hipocampo con las capacidades de memorización en sujetos envejecidos o en pacientes que padecen epilepsia. Las técnicas de neuroimagen funcional, como la tomografía por emisión de positrones (TEP), han contribuido a identificar las estructuras cerebrales que se activan durante el aprendizaje de determinadas tareas (palabras, melodías, etc.) y también a identificar las áreas cerebrales que intervienen en la memoria de trabajo.

Anatomía de la memoria

La investigación neuropsicológica (que estudia la relación entre las áreas cerebrales y las funciones cognitivas complejas) sugiere que la corteza cerebral es un mosaico de áreas distintas, especializadas en el tratamiento de un tipo de experiencias (visión, tacto, lenguaje, motricidad, etc.). Actualmente, se cree que las huellas mnésicas o huellas de memoria se localizan en la región de la neocorteza (corteza evolucionada que comprende la mayor parte de la corteza cerebral del hombre), que está relacionada con las modalidades sensoriales de entrada de la información. Así, la neocorteza temporal izquierda contendría información sobre las palabras; la neocorteza parietal derecha, sobre las memorias referentes al espacio; la neocorteza temporal derecha, sobre la identidad de las caras, etcétera.

A nivel más básico, la naturaleza exacta de las huellas mnésicas todavía no se conoce bien, pero pueden comportar la síntesis de proteínas y la modificación de la fuerza de unión entre las neuronas, tal como postulaba el psicólogo Donald H. Hebb en el año 1949. Probablemente, las huellas suponen la existencia de redes que unen los diferentes elementos de los recuerdos aislados en la corteza. Es decir, se asocian partes de este recuerdo parcialmente ligados por activación simultánea de diversas áreas del cerebro que contienen parte de la información.

De esta manera, la memoria y el aprendizaje, tanto en el hombre como en otros mamíferos, dependen de extensos alma-

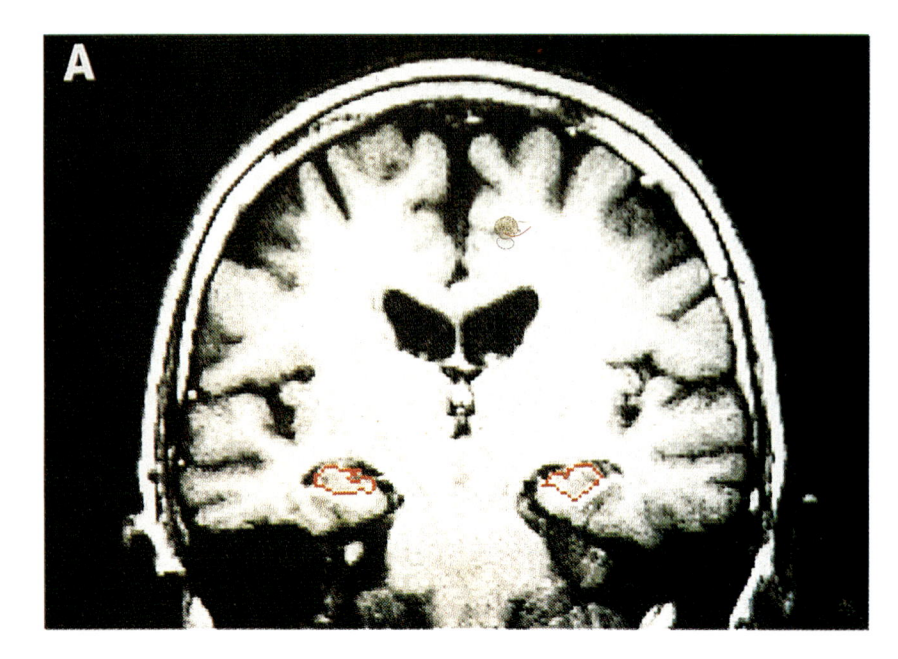

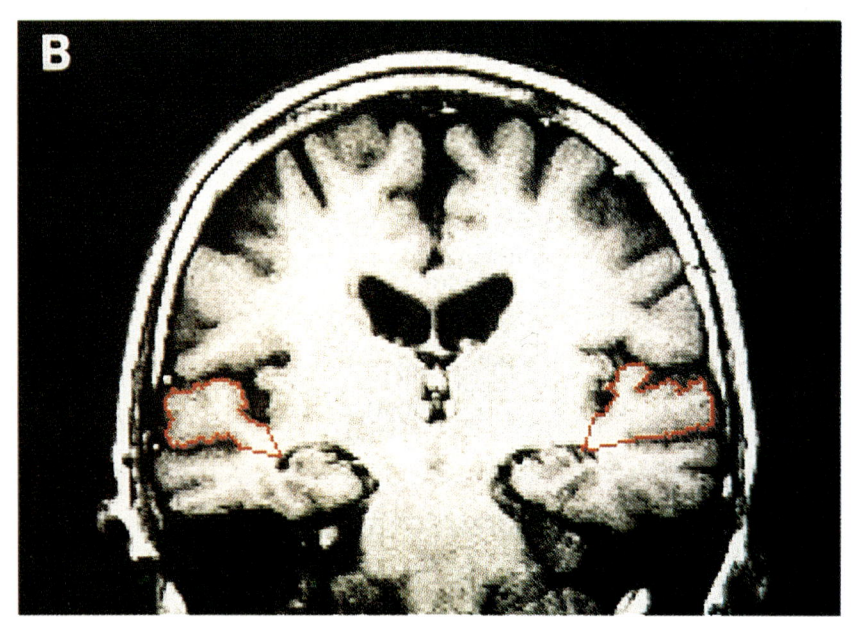

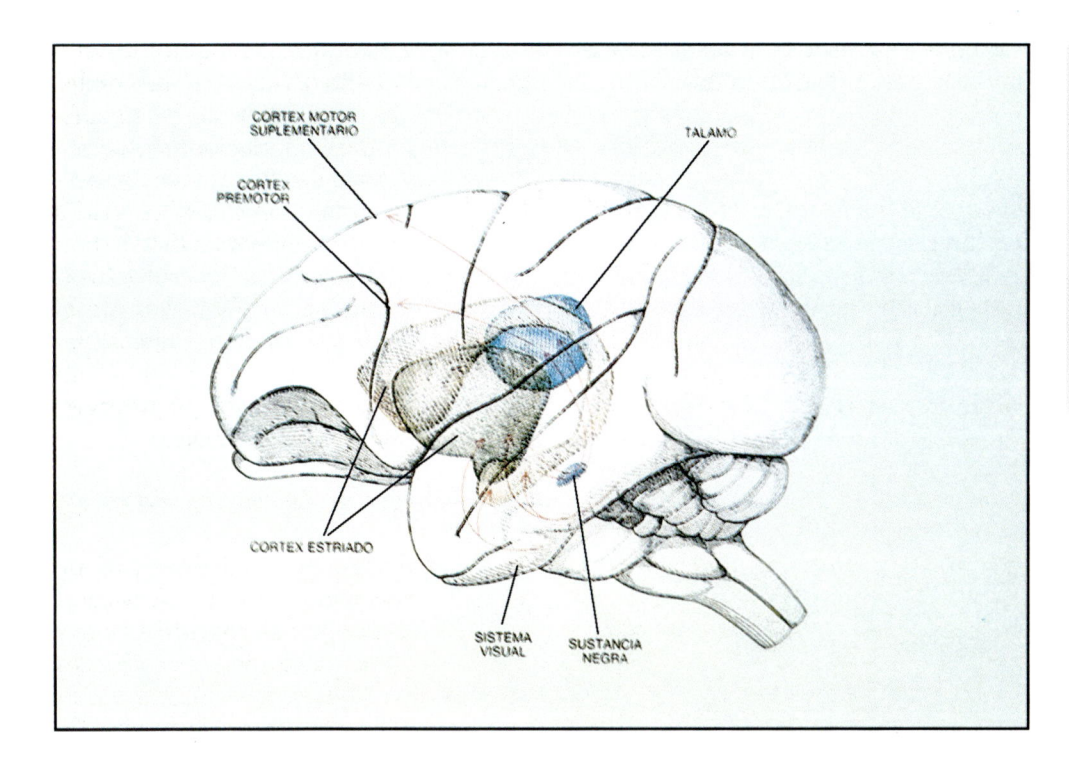

Esquema del cerebro de un simio. El sistema de memorización visual implica una compleja red de circuitos desde la entrada del estímulo visual (percepción) hasta su registro definitivo en la neocorteza.

cenes de información asociativa contenidos en diferentes áreas neocorticales del cerebro. Así mismo, hacen falta varias estructuras del interior del cerebro para realizar la operación de almacenaje de la información en la corteza. En fases iniciales de la memorización de la información, el hipocampo, junto con el córtex adyacente parahipocámpico, sirven como sistemas para el almacenamiento de información declarativa.

Por otro lado, se ha demostrado una relativa independencia de la memoria procedimental del hipocampo. Los pacientes con lesiones en esta estructura tienen conservada la memoria de procedimientos. Por el contrario, los pacientes con lesiones en los ganglios basales tienen más conservada la memoria declarativa que la procedimental. De aquí que se haya sugerido que la estructura alternativa para la codificación de la memoria motora y de procedimientos podría estar constituida por los ganglios basales, núcleos grises situados en la base del cerebro, que son estructuras que tienen un papel importante en la automatización de los actos motores (procedimientos automáticos).

Probablemente, los ganglios basales jueguen también un papel en la codificación de información procedimental compleja, tal como la resolución de situaciones sociales o ejecutivas. En resumen, la corteza temporal medial (hipocampo y corteza parahipocámpica) y los ganglios basales juegan, probablemente, un papel indispensable para almacenar nueva información en la neocorteza. Permitirían, respectivamente, almacenar memoria declarativa y memoria procedimental. La neocorteza, por el contrario, representaría el almacén donde la información está ya codificada y consolidada.

¿Cómo se memoriza?

Se ha postulado que la transformación de la percepción en memoria visual se desarrolla de la siguiente manera. El reconocimiento de un objeto familiar supone la intervención de un circuito que une la corteza visual con el sistema hipocámpico. Los mensajes visuales procedentes del ojo llegan al área cerebral cortical primaria situada en el lóbulo occipital y son progresivamente integrados en áreas cada vez más complejas del lóbulo temporal, lo que permite la plena percepción de los objetos. Esta área cortical, que elabora la información visoperceptiva compleja, activa diferentes estructuras del sistema de memorización: el hipocampo, el diencéfalo medial (tá-

> **¿** En los últimos tiempos, mi padre, que tiene 75 años, olvida con frecuencia las cosas que se le dicen, pero continúa recordando con precisión cosas de su infancia. ¿Cómo es posible esto?
>
> ▶ Con el paso de los años la capacidad de recordar y asimilar nuevas informaciones se va deteriorando. Pero no todas las modalidades de memoria son afectadas por igual ni todas las personas padecen el mismo tipo de defecto mnésico. Aunque los más comunes son los casos como el que usted describe: ancianos sanos que tienen problemas para recordar informaciones recientes (por ejemplo, el nombre de una persona que les acaban de presentar) que no hechos sucedidos años atrás. Los recuerdos más alejados en la memoria son los que tienden a mantenerse por más tiempo.

lamo y cuerpos mamilares) y la corteza prefrontal medial. La amígdala (una estructura en forma de almendra) aporta el componente emocional de la memorización. Esta información vuelve desde aquí al área visual primaria, cerrando el circuito, lo que transforma la impresión inicial visual en una huella duradera.

Cuando la memoria falla

El término amnesia hace referencia a un trastorno de la función cognitiva en el que la memoria está afectada de una forma proporcionalmente mucho más importante que otros componentes de la conducta o de la función intelectual. Dentro de la amnesia pueden diferenciarse dos tipos de trastornos de memoria, que varían en gravedad y extensión, pero que se hallan en general de forma conjunta: la amnesia anterógrada, o afectación de la capacidad de adquirir nueva información de cualquier modalidad sensorial, y la amnesia retrógrada, o afectación de la capacidad de evocar información y sucesos bien establecidos antes del inicio de la enfermedad. La amnesia retrógrada afecta hechos y episodios, particularmente aquellos que están cerca del momento en el que se produjo la causa de la pérdida de memoria. Puede abarcar incluso períodos de quince años antes del episodio. El síndrome amnésico suele acompañarse de apatía o falta de inte-

Además del alcoholismo crónico y la falta de oxígeno en el cerebro, son causas de amnesia persistente los tumores alrededor del tercer ventrículo, la rotura de arterias cerebrales y algunas enfermedades víricas.

Al individuo que por alguna circunstancia sufre una amnesia retrógrada todo se le convierte en un interrogante, aunque, como sucede en la mayoría de los casos, las funciones intelectivas estén conservadas.

Cómo vivir sin aprender nueva información

El paciente H. M., el caso que ha generado mayor curiosidad científica.

H.M. era un joven de 27 años de edad que padecía crisis epilépticas muy graves, por lo que en 1953 fue intervenido quirúrgicamente para intentar curar su enfermedad. El neurocirujano canadiense W. Scoville le extirpó las partes internas de los lóbulos temporales del cerebro, porque era la zona donde se originaban las crisis que padecía y en aquel tiempo se desconocía su papel en la memoria. Después de la intervención, H.M. fue incapaz de aprender casi ninguna información nueva. No aprendió nuevos nombres y no podía regresar a su nueva casa porque le era imposible memorizar el trayecto. H. M. era consciente de su trastorno y afirmaba: «Cada día es independiente de los demás, sean cuales sean las alegrías o las penas que haya tenido (...). Ahora mismo me pregunto: ¿He hecho o dicho algo incorrecto? En este momento todo me parece claro, pero ¿qué acaba de pasar hace un momento? Esto es lo que me preocupa. Es como despertar de un sueño; no recuerdo nada». Su falta de memoria hacía que repitiese varias veces la misma pregunta o contase la misma anécdota. Podía leer de forma repetitiva el mismo periódico o novela y para él siempre era nuevo. Se reía de un mismo chiste contado cien veces. No podía mantener largas conversaciones porque ya había olvidado el contenido inicial. Aunque esta incapacidad para aprender nueva información era la característica más importante de su trastorno, también había perdido parte de la información previamente registrada. Recordaba perfectamente su infancia y adolescencia, pero había olvidado la muerte de un ser querido que había ocurrido tres años antes de la intervención. Reconocía todos los personajes famosos anteriores a 1950, pero no los que habían conseguido su fama durante los últimos tres años antes de la operación. Conservaba, sin embargo, la memoria y la capacidad de aprendizaje para algunas cosas. Así, por ejemplo, podía aprender a seguir el trayecto de un laberinto proyectado en un espejo de modo que su habilidad en el seguimiento mejoraba progresivamente tras las repeticiones. Sin embargo, cuando se le presentaba el laberinto para realizar de nuevo la tarea preguntaba cada vez: «¿Y esto qué es? ¿Qué es lo que tengo que hacer?» Lo cual no era obstáculo para que luego consiguiera hacerlo bien, de acuerdo con el entrenamiento alcanzado en las anteriores sesiones. Las habilidades conservadas por H. M. son las denominadas memorias no declarativas (procedimentales, hábitos, condicionamiento, etc.). Tampoco se modificaron sus hábitos de comportamiento social ni su manera habitual de responder. H.M. es el caso más estudiado de la literatura neuropsicológica por su peculiaridad lesional. Aún hoy en día, después de cuarenta años, su amnesia continúa siendo objeto de estudio.

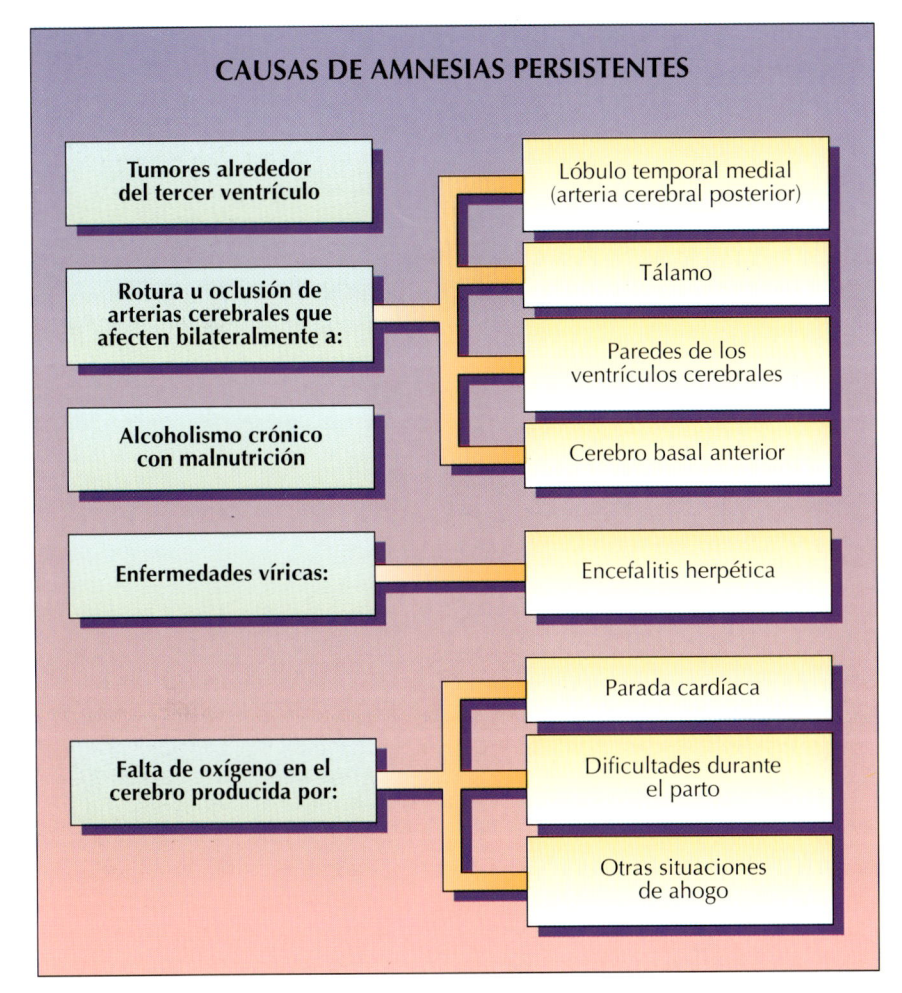

CAUSAS DE AMNESIAS PERSISTENTES

- **Tumores alrededor del tercer ventrículo**
- **Rotura u oclusión de arterias cerebrales que afecten bilateralmente a:**
  - Lóbulo temporal medial (arteria cerebral posterior)
  - Tálamo
  - Paredes de los ventrículos cerebrales
  - Cerebro basal anterior
- **Alcoholismo crónico con malnutrición**
- **Enfermedades víricas:**
  - Encefalitis herpética
- **Falta de oxígeno en el cerebro producida por:**
  - Parada cardíaca
  - Dificultades durante el parto
  - Otras situaciones de ahogo

Los porqués de la amnesia

La pérdida total e irreversible de la capacidad para realizar nuevos aprendizajes (amnesia definitiva) es muy rara, ya que para que se produzca hacen falta extensas lesiones bilaterales de determinadas estructuras cerebrales como el hipocampo, las estructuras diencefálicas o del cerebro basal anterior, y esta situación es poco frecuente. La combinación del abuso crónico de alcohol y el déficit de una vitamina, la tiamina o vitamina B, como consecuencia de una malnutrición continuada puede producir la amnesia de Korsakoff. Ocasionalmente se producen amnesias debidas a enfermedades de tipo vascular cerebral, como las amnesias producidas por ruptura (hemorragia) u oclusión (infartos isquémicos) de determinadas arterias cerebrales. También produce amnesia la encefalitis herpética, una enfermedad vírica que se presenta de forma espontánea o en el curso del síndrome de inmunodeficiencia adquirida (SIDA). Otra causa de amnesia son los déficit de oxígeno importantes por parada del corazón o situaciones de riesgo de ahogo y también por tumores cerebrales.

La causa más frecuente de amnesia es el traumatismo craneoencefálico, es decir, las lesiones cerebrales que ocurren como consecuencia de golpes en la cabeza por accidentes de tráfico, agresiones o caídas importantes. En los traumatismos, en general, la amnesia tiene una corta duración pues no acostumbra a abarcar más allá de los treinta minutos antes el accidente. Este período de tiempo, si bien no es significativo a efectos personales, tiene claras repercusiones legales, ya que impide a las víctimas de los accidentes recordar qué ocurrió realmente en la escena del accidente o agresión. Esta memoria de los hechos vividos durante el accidente no se recuperará jamás.

En los traumatismos craneoencefálicos se produce la llamada laguna amnésica, que consiste en un lapso de tiempo sin memoria que no se recupera nunca. Esta laguna incluye una parte de amnesia retrógrada (que puede abarcar desde unos pocos

rés por el entorno, falta de iniciativa y de espontaneidad. La inteligencia, las capacidades de reconocer personas y objetos, de manejarse en la vida cotidiana, el lenguaje oral, la lectura, la escritura, el cálculo y la capacidad de abstracción están, por el contrario, conservados.

Algunas amnesias van acompañadas de fabulaciones, o sea, de falsos recuerdos. La persona afirma estar en un lugar distinto al que está, se inventa viajes que no ha realizado, aporta a los familiares falsas noticias (por ejemplo, «Ha llamado tu hermano y me ha dicho que vayas esta tarde a verle»), prepara la mesa para un familiar que ha fallecido, etcétera. En la fabulación se mezclan las ideas que emergen a la mente por asociación, los recuerdos antiguos y las situaciones actuales. Los pacientes no pueden diferenciar si la información es real o imaginaria y no pueden ubicar los hechos vividos en un orden temporal.

LA MEMORIA

minutos antes del accidente hasta algunos años atrás, en los casos más graves) y otra parte de amnesia anterógrada (que comprende el tiempo después del accidente durante el cual el paciente, aunque está consciente, habla y se comporta normalmente, no retiene nada de lo que hace o lo que está ocurriendo). Esta amnesia puede durar incluso varios meses.

La situación de amnesia en los traumatismos es, pues, reversible en la mayoría de los casos, pero en los pacientes en los que se ha registrado una amnesia postraumática superior a una semana, el 50 por ciento tiene dificultades en memorizar adecuadamente nueva información, es decir, presenta como residuo del traumatismo una afectación de la memoria. Las repercusiones de estos déficit de memoria son muy importantes en los pacientes jóvenes que están en época de estudio y aprendizaje, ya que pueden ver mermada su capacidad para poder cursar nuevos estudios.

La tragedia de no poder olvidar

En 1973, Alexander R. Luria, un psicólogo ruso que dedicó toda su vida a la neuropsicología, escribió un libro titulado *Pequeño libro de una gran memoria*, sobre el caso excepcional de una persona dotada de una memoria prodigiosa. El personaje en cuestión, conocido como el señor S., era un periodista de treinta años, sin ningún antecedente familiar ni personal remarcable, que fue enviado a Luria para su estudio como prodigio humano. Su pasmosa memoria le permitía repetir sin dificultad y después de una sola presentación, setenta o más palabras con o sin sentido, en su propia lengua o en lenguas desconocidas, fórmulas científicas que no comprendía y otras hazañas por el estilo. Incluso era capaz de repetir las listas en orden inverso al que le habían presentado. Además, esta información la retenía durante largos períodos de tiempo, de modo que era capaz de recordarla diez años después de haberla oído. Recordaba, además, el contexto y circunstancias en que la había aprendido. Esta capacidad de recuerdo y la exactitud de sus reproducciones él las explicaba como una facilidad en visualizar todo tipo de información, como si se tratase de verla en una pantalla a la que podía recurrir con facilidad. También destacaba que tenía una gran facilidad para poder asociar todo lo visto u oído a otros sentidos (olfato, vista, gusto, estado emocional). El señor S. terminó trabajando como mnemonista profesional en espectáculos. Al señor no le preocupaba cómo recordar sino cómo olvidar, se sentía atosigado por la cantidad de información que emergía a su mente ante cualquier circunstancia y la situación le llegó a angustiar. Intentaba olvidar colocando la información en una imaginaria pizarra y borrándola. Esta sugestión le servía parcialmente como técnica de olvido ante las situaciones de interferencia que se le creaban en los teatros donde actuaba. Acabó su vida cambiando constantemente de oficio y no sacó casi ningún provecho de su excepcional cualidad mnésica.

Un golpe fuerte en la cabeza puede conducir muchas veces a una amnesia temporaria. El individuo no recuerda lo ocurrido en las horas anteriores o en el día del accidente. Todo se convierte para él en una escena desdibujada, de la que no puede precisar nada.

CAUSAS MÁS FRECUENTES DE LA DISMINUCIÓN DE MEMORIA

- **Abuso del alcohol u otras drogas**
- **Envejecimiento**
- **Demencias**
  - Enfermedad de Alzheimer
  - Demencias vasculares
  - Hidrocefalia
- **Enfermedades psíquicas**
  - Depresión
  - Esquizofrenia
  - Trastornos obsesivo-compulsivos
- **Otras degeneraciones del sistema nervioso central**
  - Neurolúes (sífilis)
  - Enfermedad de Parkinson
  - Corea de Huntington
  - Leucodistrofias
  - Esclerosis múltiple
- **Otras enfermadades neurológicas**
  - Epilepsia
  - Meningitis
- **Otras enfermedades**
  - Diabetes mellitus
  - Hipotiroidismo
  - Insuficiencia renal
  - Insuficiencia respiratoria
  - Insuficiencia hepática

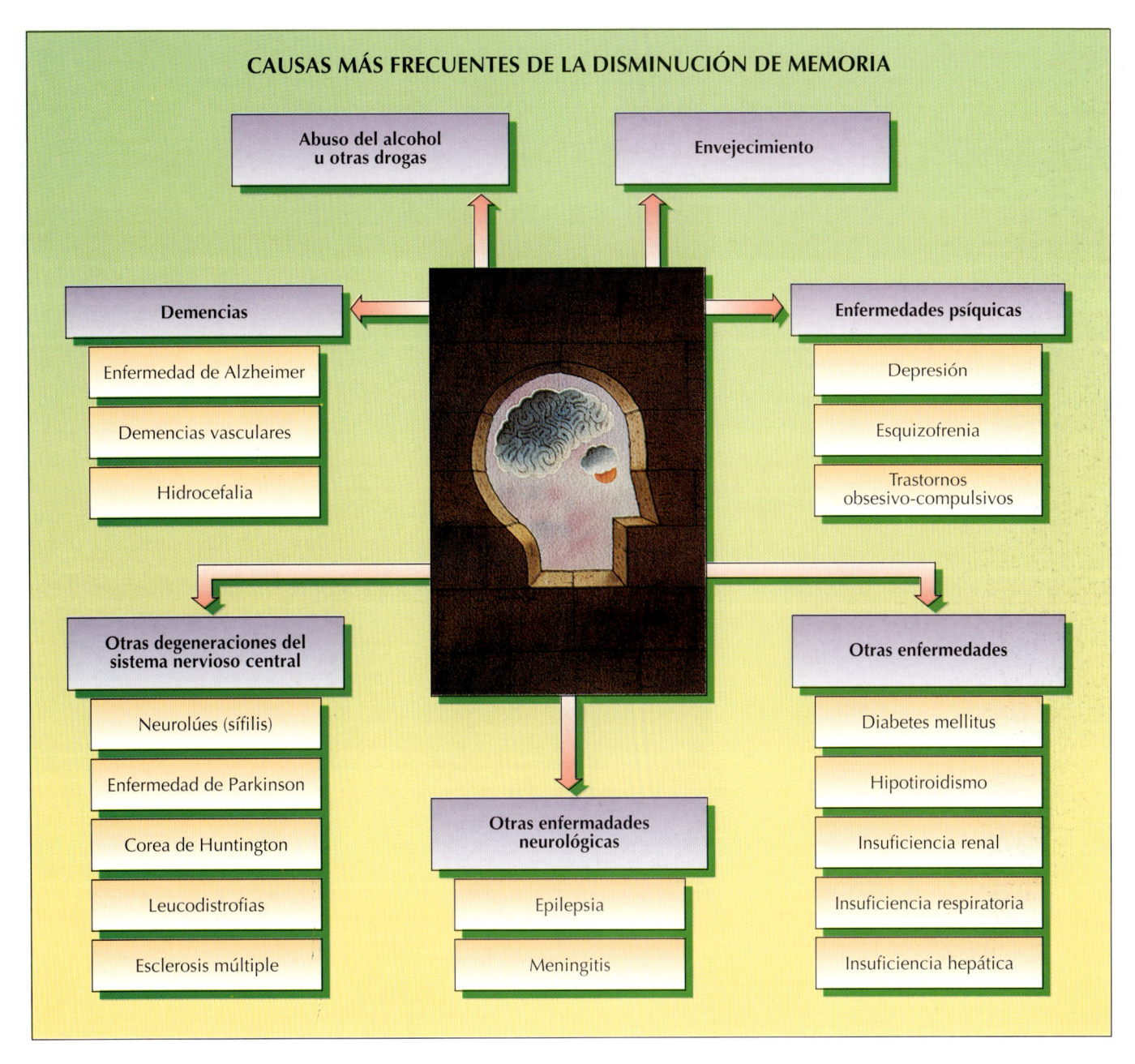

También pueden ocurrir amnesias transitorias ocasionadas por el tratamiento de enfermedades psiquiátricas mediante terapia electroconvulsiva (TEC), anteriormente denominada electrochoque, durante una crisis epiléptica o durante un episodio de patología vascular que suponga una insuficiencia de riego sanguíneo en ambos hipocampos.

La pérdida de memoria

Una situación muy distinta a la amnesia la constituye la disminución de la capacidad de aprender nuevas cosas o de evocar la información que conocemos perfectamente. Esta pérdida de memoria puede ser muy leve y difícilmente objetivable si no se usan tests o pruebas psicológicas que midan el rendimiento en diversos aspectos de la memoria.

La memoria es, probablemente, una de las funciones mentales más vulnerables, dado que puede alterarse como consecuencia de la mayoría de las lesiones o disfunciones del sistema nervioso central. Además, la memoria experimenta de forma marcada el efecto de la pérdida de plasticidad cerebral producida por el paso de los años, de forma que su in-

La capacidad de evocar información es muy vulnerable. No sólo puede alterarse con el envejecimiento y el abuso de alcohol u otras drogas, sino a causa de diversos trastornos neurológicos demencias y enfermedades psiquiátricas.

LA MEMORIA

volución puede hacerse notoria a partir de la tercera década de vida del hombre, de forma similar a lo que ocurre con otras funciones físicas corporales.

Los pacientes con diversos trastornos neurológicos o psiquiátricos, y también las personas de edad avanzada, a menudo se quejan de dificultades de memorización. En estos casos, la pérdida de memoria puede ser debida a la degeneración parcial de las estructuras involucradas en la memoria.

El abuso continuado del alcohol, aunque no produce una clara amnesia (excepto en alguna situación de embriaguez), afecta la capacidad de realizar nuevos aprendizajes. Esta afección es especialmente notoria después de los cuarenta años y se corresponde con imágenes de atrofia cerebral en la tomografía computarizada del cerebro.

¿La pérdida progresiva de memoria indica siempre demencia?

En las enfermedades que producen degeneración del sistema nervioso, como ocurre con las demencias (la enfermedad de Alzheimer, por ejemplo) la memoria es una de las funciones cognitivas que se ve más alterada, aunque no lo es de forma exclusiva, sino que se acompaña de una afección intelectual más generalizada y por este motivo no entra dentro del concepto de amnesia pura.

La enfermedad de Alzheimer consiste en la degeneración lentamente progresiva del cerebro, que se inicia de forma insidiosa e irreversible. Conduce a la muerte entre cinco y quince años después de su inicio. Esta degeneración afecta todas las funciones superiores; en un principio las más complejas (razonamiento abstracto, cálculo mental, memoria) y en últimas etapas las más elementales (por ejemplo, saber beber o caminar).

Un rasgo distintivo muy importante de la enfermedad de Alzheimer es que, a diferencia de la amnesia clásica, se produce una pérdida de la información previamente aprendida, que afecta no sólo a los recuerdos más recientes, sino también a la información plenamente consolidada como el lenguaje, el uso de los objetos, el nombre de los familiares, las fechas remarcables, la capacidad de reconocer objetos comunes y las personas familiares, es decir, el conjunto de toda la información archivada en el cerebro. Este déficit representa la pérdida de la información de los propios «almacenes» que, o bien están desorganizados, o bien no se puede acceder a sus contenidos porque se han estropeado los pasillos (desconexión de diversos centros de la corteza) o porque ha desaparecido el material que contenían (muerte de las neuronas que guardaban las partes de la información). En fases más precoces, los enfermos con Alzheimer pierden también la posibilidad de entrar nuevo material (por degeneración del hipocampo).

Las demencias de tipo vascular, antiguamente llamadas arterioescleróticas, también producen déficit de memoria, pero mucho menos marcados, así como dificultades en evocar información, si bien el reconocimiento está a menudo conservado. La hidrocefalia consiste en

Si bien es cierto que el envejecimiento afecta en alguna medida la memoria, esto no sucede de la misma manera en todas las personas. Hay gente mayor que envejece con su sistema de aprendizaje y de memoria relativamente preservado.

una acumulación anómala de líquido cefalorraquídeo del cerebro, que produce la progresiva pérdida de la capacidad de andar, del control de los esfínteres y de la memoria. Este déficit puede ser reversible tras un tratamiento quirúrgico. Otras enfermedades neurológicas como la enfermedad de Parkinson, la corea de Huntington o la esclerosis múltiple también producen leves trastornos de memoria, en especial la lentitud en la evocación de la información.

Envejecimiento y memoria

El déficit de memoria asociado al envejecimiento ha merecido una especial atención por el hecho de que la pérdida de memoria es una de las primeras manifestaciones de la enfermedad de Alzheimer, enfermedad que a su vez va ligada a la edad. Las quejas más frecuentes de memoria, asociadas al envejecimiento, se caracterizan por la dificultad en evocar datos concretos (en general, relativamente poco importantes para el individuo) y también en rememorar fragmentos de la propia experiencia vivida.

En la pérdida de memoria por envejecimiento, a menudo, cuando no se puede evocar un determinado tipo de información, se suelen proporcionar detalles y elementos relacionados con ella. Se trata de un déficit de memoria del tipo «ser olvidadizo y despistado» o «tener el nombre en la punta de la lengua», anteriormente citados. Los nombres de difícil acceso en un momento determinado pueden ser evocados momentos después, en otro contexto, o simplemente mediante una distracción de la atención. En general, la persona que presenta estos problemas es consciente del déficit y se muestra preocupada al respecto. Esta disfunción tan frecuente de la memoria fue denominada forma benigna de alteración de la memoria, en contraste con la forma maligna que va asociada a la demencia. La forma maligna de la alteración de la

Mientras que los niños registran una gran cantidad de información y aprenden de forma prácticamente involuntaria, los adultos necesitan de mayor voluntad, de más concentración, de alta motivación y, muchas veces, de la repetición de la información.

memoria afecta tanto a los hechos importantes como a los irrelevantes y va acompañada de ausencia de conciencia del déficit o, en su mínima expresión, de despreocupación por el déficit. El trastorno de memoria maligno presente en la demencia suele ir asociado a la desorientación temporal, espacial y personal, así como a fabulaciones.

Una alteración no unitaria

La alteración de la memoria en el envejecimiento no es unitaria. Tanto la investigación con animales como con hombres coinciden en demostrar que existen sistemas de aprendizaje y de memoria relativamente preservados del efecto del envejecimiento, mientras que otros son altamente susceptibles a los efectos de este proceso.

La capacidad de fijar nueva información, o aprendizaje, es una de las funciones de la memoria más afectadas por el envejecimiento. La dificultad en asociar nombres a caras es una de las tareas de fijación más sensible al efecto de la edad, que aparece tanto en los cuestionarios de quejas subjetivas, como en pruebas psicológicas. Para este tipo de tareas se observa un continuo declive década a década, desde los cuarenta años, llegando a un decremento del 50 por ciento de la ejecución en la novena década.

El envejecimiento afecta, en algún grado, la memoria en prácticamente todas sus modalidades: corto, medio y largo plazo, la modalidad verbal o visual, la memoria episódica y semántica. Sin embargo, parece ser que no todas las modalidades son afectadas por igual y no todos los individuos padecen el mismo tipo de defecto mnésico.

Obviamente, existen un serie de factores que van también ligados a la senectud y que pueden interactuar con el bajo rendimiento en memoria. Entre otros, debemos contar con las pérdidas sensoriales y motoras, la aminoración de la velocidad de procesamiento de la información, el conservadurismo, la actitud prudente de no contestar antes que cometer un error (ausencia de impulsividad) y, finalmente, la falta de flexibilidad en manejar estrategias para codificar y descodificar información. A pesar de todos los factores mencionados, que pueden contribuir al decremento de la eficiencia en tareas de memorización, no existe razón alguna para pensar que la memoria, por sí misma, no tenga que deteriorarse y no existen evidencias suficientes para negar la pérdida de memoria asociada al envejecimiento.

Dos formas de envejecer

Se han descrito dos tipos de envejecimiento dentro del envejecimiento «normal». Uno sería el envejecimiento usual (sin signos neurológicos claros) y otro el envejecimiento exitoso (pérdida fisiológica mínima cuando se compara con los jóvenes). En el envejecimiento normal usual, a menudo se está recogiendo el fruto de una acumulación histórica de pequeñas agresiones cerebrales, debidas

Los niños muchas veces sorprenden a los padres recordando una conversación que éstos mantuvieron en su presencia, mientras ellos estaban entretenidos jugando y aparentemente ajenos a lo que sucedía a su alrededor. La memoria del niño es prácticamente involuntaria y no le exige ningún esfuerzo.

a las condiciones ambientales y a las propias del organismo. El envejecimiento exitoso es el resultado de haber evitado un conjunto de factores que pueden contribuir al deterioro intelectual. Entre ellos, por ejemplo, los factores de riesgo cerebrovascular. En el envejecimiento usual se incluyen una serie de factores que pueden contribuir a una degeneración sutil del sistema nervioso central: los problemas metabólicos (diabetes), arterioescleróticos (después de los cincuenta años sólo un 50 por ciento de los sujetos están libres de arteriosclerosis cerebral), hipertensión sistólica, pérdidas en el funcionamiento renal y en la función respiratoria. Además de los posibles antecedentes tóxicos de abuso del alcohol, del tabaco, de los psicofármacos, etcétera.

La presencia de cambios degenerativos en la sustancia blanca relacionados con los factores de riesgo vascular (denominados leucoaraiosis o rarefacción de la sustancia blanca) pueden contribuir a la dificultad en evocar información previamente aprendida y explicar parte de la forma benigna de pérdida de memoria.

> **Cierta vez, entrando en un sitio donde creía no haber estado jamás, tuve la sensación de que ya lo había visto en una ocasión anterior. ¿Puede ser que sufriera amnesia?**
>
> Es poco probable. De hecho, lo que casi con seguridad le sucedió es un fenómeno, o ilusión, que los psicólogos llaman *déjà vu* (ya visto, en francés), y que implica más a la percepción que a la memoria. Aunque en ese momento no se lo pareciera, lo más probable es que, ciertamente, nunca hubiera estado allí con anterioridad.

¿Por qué es tan distinta la memoria del niño a la del adulto?

Como se ha mencionado anteriormente, la disminución de la capacidad de memorizar puede ya apreciarse a partir de los treinta años.

Existe una notable diferencia entre las capacidades de memorización del niño y del adulto. El niño aprende una enorme cantidad de información de forma prácticamente involuntaria y sin ningún esfuerzo. Este tipo de memoria se denomina memoria incidental o memoria implícita. El niño durante los dos primeros años de vida aprende de forma incidental toda la complejidad de una o más lenguas, retiene melodías, aprende a utilizar los instrumentos, etcétera. Más adelante nos sorprende que, aunque el niño esté jugando y aparentemente distraído, memoriza a la vez lo que oye en la televisión o en una conversación. Todo ello contrasta enormemente con la dificultad del adulto para aprender una segunda o tercera lengua, para cursar estudios complejos después de los treinta años y otros impedimentos parecidos.

El adulto pierde de manera notoria la capacidad de aprender incidentalmente. Para poder realizar nuevos aprendizajes, debe recurrir a la voluntad, al esfuerzo, la concentración, la alta motivación y, frecuentemente, a repeticiones sucesivas de la misma información. Este cambio se debe a la pérdida de plasticidad neuronal. La mayoría de las neuronas del cerebro del adulto están ya involucradas en algún tipo de memoria (forman parte de circuitos que permiten recordar las caras, los gestos, las palabras, los olores...). Las neuronas son células que no se reproducen y, por lo tanto, el cerebro no debe estar constantemente recodificando la información. Si las neuronas se fuesen reproduciendo de forma ilimitada, la persona tendría que estar constantemente reaprendiendo la información exterior y la

LA MEMORIA

> **¿** Cuando era estudiante estuve una temporada de exámenes y dormía muy poco. Me costaba mucho recordar lo que había estudiado de un día para otro. ¿Tenía mi memoria saturada?
>
> ➡ Si nos ponemos a pensar por un momento en la cantidad de cosas que tenemos almacenadas, nos daremos cuenta de que saturar la memoria es una tarea imposible. Probablemente fuera el cansancio el que dificultara tanto la compresión como la asimilación de nuevas informaciones. Se ha demostrado que mientras dormimos, en nuestro cerebro se consolidan las informaciones asimiladas durante el día, por lo cual, limitar las horas de sueño no ayuda para nada a memorizar.

En los ataques de epilepsia se interrumpe el proceso activo de la memoria, capacidad que tiene el cerebro de codificar, almacenar y recuperar la información.

forma de comportarse, con lo que sería imposible identificar su individualidad.

El cerebro adulto probablemente tiene un mecanismo de protección de la entrada constante de información no relevante (selección que no hace el niño) por saturación parcial del sistema de almacenamiento de información. El adulto tiende a integrar la nueva información apoyándose de forma muy sustancial en los conocimientos básicos adquiridos durante la infancia.

¿Cuál es la causa más frecuente del déficit de memoria en los niños?

Las anoxias o problemas de oxigenación durante el parto pueden provocar pérdida de células o neuronas en el hipocampo, la estructura que antes se ha mencionado como responsable de los nuevos aprendizajes. Ello puede comportar en algunas situaciones la presencia de crisis epilépticas y la dificultad en realizar aprendizajes.

La epilepsia es una enfermedad neurológica caracterizada por la aparición de ataques súbitos en los que ocurre un trastorno de la función cerebral, que se puede manifestar de distintas formas: crisis de convulsiones musculares, pérdida de la conciencia, alteraciones sensoriales, trastornos de la conducta. La epilepsia se debe a que un grupo de neuronas del sistema nervioso central, a causa de alguna alteración, generan estímulos eléctricos anómalos. A veces se produce como consecuencia de una clara lesión cerebral (traumatismo, hemorragia, etc.), pero otras es de origen desconocido.

Las personas con epilepsia a menudo sufren dificultades de memorización. Estos déficit tienen diversas causas. Entre ellas pueden citarse la interrupción directa del proceso de codificación por la actividad epiléptica que interfiere con la capacidad de atender a la información, de procesarla, almacenarla o recuperarla; la interrupción del proceso de consolidación por el cual la información es codificada, almacenada y evocada (esta interrupción se produce debido a las descargas temporalmente distantes a la experiencia del aprendizaje); las lesiones permanentes del tejido neuronal que reducen su capacidad para reaccionar adaptativamente a aprendizajes nuevos; los cambios en el funcionalismo neuronal relacionados con los fármacos antiepilépticos usados para el tratamiento de la enfermedad; la interrupción directa o indirecta de la función cerebral por la ocurrencia crónica de frecuentes descargas.

Además de las crisis epilépticas, es necesario tener en cuenta la presencia de descargas intercríticas (que se producen entre las crisis externamente observables), detectables mediante el registro continuo del electroencefalograma (EEG). Estas descargas intercríticas, aunque no son objetivables externamente, se acompañan de afección cognitiva transitoria, lo que puede impedir el aprendizaje normal.

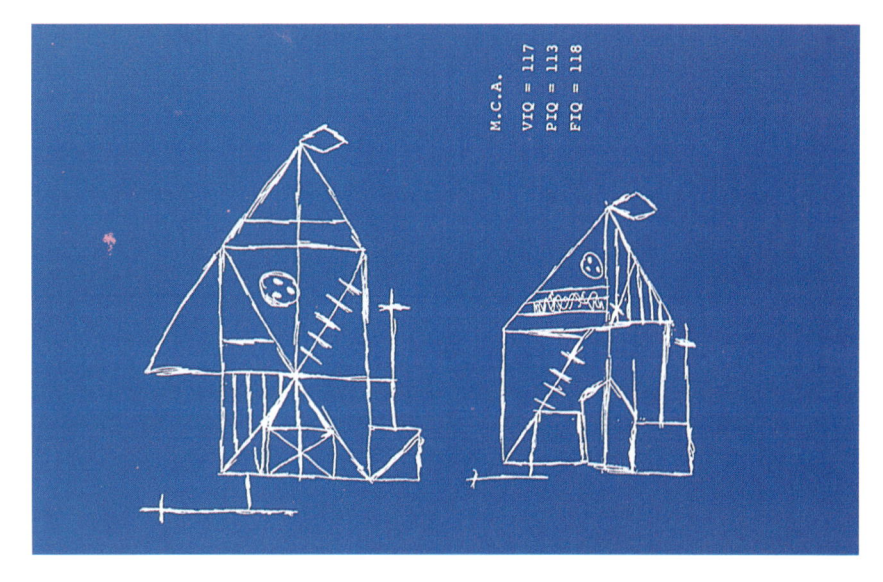

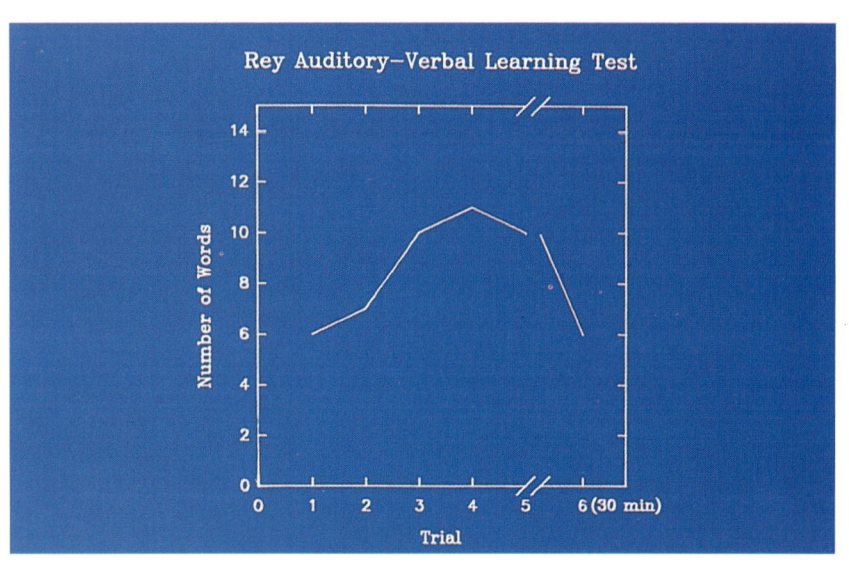

Los epilépticos controlados con medicación tienen también una afectación de la memoria según la focalidad: los temporales izquierdos de la memoria verbal, los temporales derechos de la memoria no verbal. Las crisis temporales izquierdas son las que más limitan el aprendizaje escolar.

La incidencia de los trastornos psicológicos

Tanto las enfermedades psicológicas por sí mismas como su tratamiento pueden cambiar las capacidades específicas de memorización. Una cuestión importante que se ha planteado es el efecto de los psicofármacos en la memoria. A menudo se entiende que los psicofármacos actúan de forma negativa en la memoria. Ello no es así, ya que también pueden mejorar directamente los defectos de la memoria, actuando sobre los mecanismos comunes que comparten el trastorno de humor y el trastorno de la memoria. Por otro lado, cabe mencionar que un fármaco puede empeorar un tipo de memoria y mejorar otro. El efecto sobre la memoria depende del sistema anómalo de neurotransmisión más implicado en la patología y del mecanismo de acción del fármaco que se ha utilizado.

La esquizofrenia es una enfermedad psíquica grave, generalmente de larga evolución, caracterizada por un importante trastorno de la personalidad, por alteraciones del pensamiento y de la percepción de la realidad, con afectividad anormal y desconexión del mundo exterior. La investigación en el campo de la esquizofrenia ha llegado a la conclusión de que existen tres regiones cerebrales que sufren disfunciones: los lóbulos temporales, los lóbulos frontales y los ganglios basales. Las disfunciones temporales mediales probablemente son responsables de parte de los trastornos del afecto, las alucinaciones (ver u oír cosas inexistentes) y el trastorno de la memoria declarativa. Las disfunciones frontales y estriatales explican parte de los síntomas llamados negativos de la enfermedad (falta de afecto, apatía, inactividad), los déficits en las funciones ejecutivas (capacidad de planificar, iniciativa, uso adecuado de estrategias) y los trastornos de la memoria procedimental.

Los trastornos obsesivo compulsivos comportan la repetición continua de ideas, a menudo absurdas, o de actos estereotipados, generalmente con contenidos emocionales ligados al peligro (muerte, contagio de enfermedades, desgracias, catástrofes, etc.). Los enfermos frecuentemente realizan rituales para evitar los posibles males. Estas enfermedades van acompañadas además de trastornos específicos de la memoria visual del espacio y de la memoria de procedimientos. Ambas patologías (esquizofrenia y trastor-

Arriba, modelo y reproducción de la figura compleja de A. Rey, un test utilizado para valorar la memoria visual de un paciente con epilepsia. Abajo, curva de aprendizaje de un paciente con epilepsia sometido al test de aprendizaje auditivo verbal de A. Rey. En ambos casos se observan dificultades de memorización y aprendizaje.

¿SE PUEDE MEJORAR LA MEMORIA?

El uso de fármacos para mejorar la memoria de los sujetos sanos tiene más inconvenientes que ventajas, por eso en la actualidad se aplican de forma sistemática sólo a las enfermedades que comportan una clara patología neurológica o psiquiátrica. Algunos fármacos tienen efectos secundarios sobre el buen funcionamiento del hígado y otros mejoran momentáneamente la actividad cerebral pero pueden crear adicción.
Un punto interesante en los déficit de memoria son los trasplantes o injertos neuronales, que en el futuro podrían ser útiles para restituir las pérdidas de memoria ocasionadas por lesiones. La rehabilitación psicológica de la memoria se ha centrado en los pacientes con traumatismos craneoencefálicos. Las aproximaciones terapéuticas se pueden resumir en cuatro grandes métodos: el uso de ejercicios repetitivos, el aprendizaje de estrategias memorísticas, el uso de ayudas externas

y el aprendizaje de conocimientos específicos. Los ejercicios responden a la antigua noción de que la repetición ayuda a memorizar. La introducción de ordenadores en la rehabilitación ha permitido ampliar este tipo de terapia hasta límites inimaginables, ya que evita la tarea repetitiva del terapeuta. Sin embargo, no se ha demostrado que esta práctica restaure la función perdida; sólo es válida cuando la persona con un defecto de memoria necesite aprender algo en particular. Dentro de las estrategias memorísticas, la más usada es la imaginación visual. La formación de imágenes para recordar palabras ha demostrado ser útil en pacientes con lesiones corticales en el hemisferio izquierdo, que padecen déficit de memoria acústica, pero no ha demostrado ser eficaz en lesiones bitemporales mediales o diencefálicas. El uso de esta técnica es además poco útil para la vida cotidiana. Por ejemplo, usar la técnica de asociar los objetos a números para recordar la lista de la compra lleva mucho tiempo y esfuerzo. En este caso, es más fácil llevar la lista de la compra por escrito. La organización verbal y la elaboración semántica como estrategias de memorización y el uso de agendas electrónicas son recursos que pueden ser entrenados. Usando diversas técnicas puede aprenderse el conocimiento y la evocación de una información muy limitada de un dominio específico, tal como la propia casa, el hospital o el barrio. Otra aproximación terapéutica consiste en utilizar las memorias que la persona tiene mejor dotadas. Por ejemplo, dada la conservación de la memoria procedimental, el paciente amnésico puede aprender a manejar el microordenador y usarlo a modo de prótesis. Las técnicas de entrenamiento de la memoria, denominadas mnenotecnias, ayudan a aumentar la memoria de las personas normales. También existen diversos sistemas de entrenamiento para mejorar el aprendizaje y contribuir así al rendimiento escolar de los niños y adolescentes. La utilización de esquemas, la capacidad de organizar la información según el contenido, la creación de imágenes visuales lógicas o ilógicas pueden servir para recordar algo en concreto. Dentro de las ilógicas, por ejemplo, es más fácil recordar la imagen de un elefante vivo, rojo y puesto en nuestro bolsillo, que la del elefante real del parque zoológico. También es importante tener presente los intervalos temporales. Es mejor el estudio distribuido en el tiempo que el estudio intensivo concentrado en pocas horas o días. El trabajo continuado diario es el que mejor rendimiento académico asegura. Evidentemente, en todos los casos y como ocurre en cualquier función, si se aumenta el esfuerzo, el interés, la atención y la dedicación, el rendimiento final para la memorización se optimiza.

Carme Junqué Plaja
Profesora de Psicología

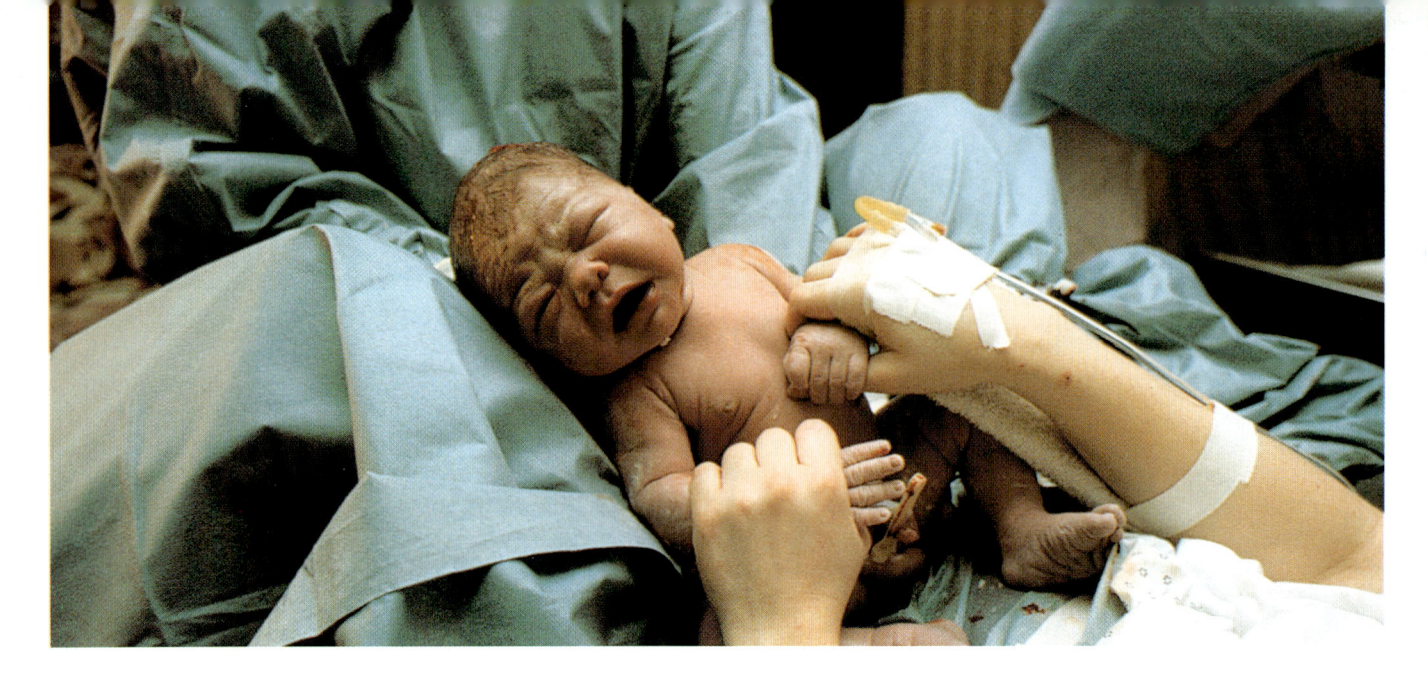

nos obsesivo compulsivos) comparten el trastorno de memoria procedimental que sugiere una disfunción de los ganglios basales, pero en la esquizofrenia el déficit mnésico es más generalizado.

Depresión, fármacos y memoria

La depresión va asociada a menudo a trastornos de memoria y a un cierto grado de deterioro intelectual, llegando en algunos casos a presentar un deterioro tan marcado que puede clínicamente sugerir una demencia («pseudodemencia depresiva»). La gravedad de la depresión está fuertemente asociada a la afectación de la memoria. Los déficits leves de memoria son parcialmente reversibles con el tratamiento.

Respecto a los efectos negativos del tratamiento de las enfermedades psiquiátricas se debe mencionar que, en general, el tratamiento con agentes anticolinérgicos (fármacos que disminuyen el efecto del neurotransmisor acetilcolina) empeoran la memoria declarativa. Por el contrario, los fármacos que bloquean la acción de otro neurotransmisor (la dopamina) empeoran la memoria procedimental y la memoria de trabajo. La terapia electroconvulsiva empeora también, aunque en general de forma transitoria, la memoria declarativa. Si el electrochoque se aplica al hemisferio cerebral izquierdo existe una mayor pérdida de memoria verbal; por el contrario, si se aplica al hemisferio derecho, la memoria más afectada es la visual.

Olvidar el dolor

Los estados emocionales muy intensos afectan también la capacidad de memorización. Las escenas muy violentas, tales como las violaciones o los atracos, y el dolor, desencadenan una serie de reacciones biológicas entre las que se encuentra la segregación de unas sustancias cerebrales denominadas opiáceos endógenos, que actúan como drogas autoadministradas por el propio organismo para enfrentarse al dolor. Los opiáceos endógenos bloquean la memorización correcta de estas situaciones. De aquí que, a menudo, sea difícil recordar con exactitud, por ejemplo, cómo era el dolor de un parto (lo cual, probablemente, garantiza la supervivencia de la especie). Debido a la deformación de la memoria que se produce ante estas escenas violentas, se hace muy discutible el valor de los testimonios en situaciones de agresión. También este mecanismo explicaría las observaciones descritas por Sigmund Freud, según el cual las escenas sexuales violentas se hallaban recluidas en el «inconsciente» sin un claro acceso a la memoria voluntaria. Las situaciones emocionales extremas tanto positivas como negativas se relacionan también con la dificultad de memorizar. Puede ser tan difícil estudiar un examen después de la muerte de un ser querido como hacerlo en pleno enamoramiento. La ansiedad moderada mejora la capacidad de aprendizaje y de evocación de la información; por el contrario, en situaciones extremas la disminuye.

Es frecuente que las mujeres no recuerden con exactitud cómo fue el dolor de sus partos. En situaciones de sufrimiento físico como éstas, el cerebro segrega unas sustancias denominadas opiáceos endógenos que permiten enfrentar el dolor y bloquean la memorización.

¿ Conocí a un joven que había sufrido un accidente grave y no podía recordar lo sucedido. ¿Puede una persona olvidar lo relacionado con un hecho traumático y no otras cosas?

➤ No es muy frecuente, pero sí sucede. Este hecho se denomina amnesia psicógena, y tiene que ver con el olvido de todo lo relacionado con un suceso traumático. La persona puede recordar otras cosas pero nada relacionado con el incidente doloroso, gracias a un mecanismo inconsciente para evitar revivirlo.

Capítulo 11

EL LENGUAJE

EL LENGUAJE

Lo más humano

La facultad de hablar es una característica muy especial de la especie humana. Su naturaleza y desarrollo han despertado, y siguen despertando, la curiosidad e incluso el asombro de todos nosotros, los hablantes. En el siglo XX una moderna disciplina, la psicología, desde sus mismos albores se ha interesado por el lenguaje, aportando su perspectiva particular. Ya en las primeras décadas del siglo Vigotsky, un ruso de corta vida —murió en la treintena—, escribió sobre el lenguaje con la visión de un auténtico psicólogo. Para él, como para sus discípulos, el lenguaje es ante todo una actividad humana de rango superior, que comparte muchas características con otras actividades psicológicas, como la memoria o el pensamiento.

La visión de los psicólogos

Aunque existen tendencias diversas, los psicólogos, en general, aportan una visión que subraya no tanto el estudio de la estructura del lenguaje sino su génesis, su significado, sus cambios y sus usos individuales y sociales. Los psicólogos estudian el lenguaje que las personas reales utilizan cuando hablan y cuando comprenden lo que escuchan; por tanto, se ocupan del lenguaje vivo, cambiante, múltiple y concreto, que se modifica con los usos cotidianos, que se deforma para satisfacer las necesidades de diversos grupos sociales y que se recrea en prácticas artísticas y lúdicas, públicas e íntimas, individuales y colectivas. En nuestros días, influidos por las teorías de Vigotsky, otros estudiosos han analizado el papel del lenguaje como mediador cultural e instrumento para conocer, comunicarse y crear mundos al mismo tiempo nuevos y compartidos.

Cuando Osgood y Sebeok publicaron, en 1954, un libro llamado *Psicolingüística*, hacía ya una década que el término venía empleándose para dar nombre a un campo de estudio que aunaba intereses de lingüistas y psicólogos. Desde entonces, la psicolingüística se ha interesado por una amplia variedad de temas cuyos límites pueden considerarse hasta cierto punto confusos, si bien la riqueza de los conocimientos que ha generado es indiscutible. Se ha ocupado, por ejemplo, de cómo percibimos el habla de nuestros congéneres y de qué manera esa percepción se relaciona con la comprensión y producción del lenguaje; también ha estudiado las relaciones entre conocimiento y lenguaje y, sobre todo, ha permitido incorporar una visión evolutiva, específicamente psicológica, del lenguaje. Así, ha surgido un nuevo ámbito de estudio, la llamada psicolingüística del desarrollo, que tiene por objeto estudiar la evolución del lenguaje infantil, al tiempo que genera teorías y datos sobre el cambio lingüístico en general.

En los años cincuenta, B. F. Skinner sentó las bases de lo que los psicólogos conductistas entenderían por lenguaje y los métodos para analizarlo. Lo que más se recuerda hoy al respecto es la polémica desatada entre el autor de *Comportamiento verbal* y su famoso compatriota, el lingüista Noam Chomsky. Resulta inte-

PREGUNTAS Y RESPUESTAS

Cuando pensamos, ¿lo hacemos en forma de lenguaje?

No necesariamente, pues ciertas ideas no dependen del lenguaje sino, con frecuencia, de imágenes. Pero el hecho de que podamos crear palabras para designar nuevas ideas significa que la influencia que se prodigan pensamiento y lenguaje es recíproca.

resante recordar que para Skinner la psicología, por su propia naturaleza, debía orientarse preferentemente hacia el estudio de los aspectos funcionales del lenguaje.

Por su parte, el psicoanalista francés Jacques Lacan ha propuesto, a lo largo de su extensa obra, que el inconsciente postulado por Freud está estructurado como un lenguaje. Debido a la enorme influencia del pensamiento lacaniano, amplios sectores de psicoanalistas se interesan en la actualidad por el estudio de la estructura del lenguaje.

En resumen, la psicología del lenguaje tiene como objetivos llegar a un entendimiento cada vez más amplio de los procesos de producción, comprensión y evolución del lenguaje normal y patológico, y colaborar así mismo en el diseño de procedimientos clínicos y educativos en este ámbito. Bajo su influencia se ha empezado a considerar el lenguaje infantil como objeto de estudio en sí mismo y no como una mera copia imperfecta del lenguaje adulto. Los conocimientos que está generando la psicología del lenguaje afectan profundamente a disciplinas aplicadas, como la psicopatología del lenguaje o la enseñanza de segundas lenguas, y ayudan a una mejor comprensión de las situaciones de bilingüismo.

¿Qué es el lenguaje?

A pesar de ser muchos los cerebros que le han dedicado atención, desde San Agustín a Darwin, desde Aristóteles a Chomsky, todavía resulta una tarea ex-

Pasaron muchos miles de años antes de que, como en esta escena de una comedia de Terencio, el ser humano pudiera hablar con fluidez. Psicólogos y prehistoriadores modernos aún no saben a ciencia cierta qué presiones evolutivas dieron lugar al habla e hicieron del lenguaje «el rasgo aislado más característico de la humanidad», según el biólogo George G. Simpson.

Las complejas necesidades de comunicación entre los seres humanos han dado lugar a la creación de diferentes formas de lenguaje, como los sistemas de signos y señales visuales que, a diferencia del habla, tienen un campo de significación específico y limitado.

tremadamente difícil contestar la pregunta ¿qué es el lenguaje? Y eso es así porque el lenguaje, como toda realidad compleja, admite e incluso requiere ser observado desde puntos de vista muy diferentes, sin que ninguna perspectiva pueda agotar toda su esencia. La neuropsicología rastreará, por ejemplo, los procesos cerebrales que permiten que los estímulos acústicos que llegan al oído interno se conviertan en impulsos nerviosos y alcancen el cerebro para allí ser interpretados y traducidos, es decir, descodificados en palabras comprensibles. Por su parte, la psicolingüística se ocupará de averiguar los procesos individuales y colectivos que hacen posible que las personas se comuniquen y usen el lenguaje. Algunos psicólogos se centrarán en el estudio de la influencia de la experiencia sobre el desarrollo lingüístico, mientras que las ciencias cognitivas se interesarán por los procesos mentales que subyacen a la producción de mensajes orales.

Si se pidiera a personas de diferentes edades y formación una definición del lenguaje se encontrarían notables divergencias, pero es muy probable que se hallara también una coincidencia importante: muchas definiciones incluirían el concepto de comunicación como la función primordial del lenguaje.

Lenguaje y comunicación

No es difícil estar de acuerdo en que el lenguaje sirve para la comunicación y, sin embargo, es conveniente hacer algunas distinciones entre ambos conceptos. El lenguaje articulado humano muy a menudo está al servicio de la comunicación, pero no a la inversa, ya que podemos comunicarnos sin recurrir al uso de la palabra; es fácil comprender que existen muchos tipos de comunicación que no requieren el uso del lenguaje. En general se reserva el término «lenguaje» para designar una actividad humana organizada como un sistema de signos de estructura compleja, que tienen la propiedad de representar o sustituir la realidad y sirven para comunicar un número prácticamente ilimitado de significados.

Con el término «comunicación», por otra parte, se hace referencia a un conjunto más amplio de fenómenos, entre los que se incluyen todas aquellas actuaciones en las que una persona logra incidir sobre el entorno físico o social, a través de otra u otras personas: los interlocutores. Por ejemplo, la comunicación corporal es una forma de comunicación, pero no un auténtico lenguaje, ya que sus componentes no se organizan en una estructura compleja y los contenidos que permite expresar son limitados.

Una complicada realidad

Todas estas opiniones y muchas más podrían acumularse de manera aparentemente paradójica para quien pretenda tener una única visión de la naturaleza del lenguaje; se podrían enumerar multiplicidad de campos de estudio, todos ellos relacionados con el habla humana y, sin embargo, aún quedaría en pie la misma pregunta: ¿qué es el lenguaje en realidad? Ocurre, sencillamente, que no es posible resumir en una sola definición la complicada realidad del lenguaje humano, ni existe una disciplina que permita abarcarlo desde una única perspectiva. Pero no por eso hay que renunciar a describir y explicar, en definitiva a comprender, la maravillosa capacidad de hablar de la especie humana. A lo largo de este siglo se han consolidado toda una serie de conocimientos, compartidos en mayor o menor grado por disciplinas muy diversas, sobre qué componentes y características tiene el lenguaje, cómo se adquiere y evoluciona, o para qué se usa.

Al igual que una gran cordillera o una sinfonía romántica, el lenguaje es un fenómeno complejo y organizado y, como tal, está constituido por componentes múltiples, diferentes entre sí y al mismo tiempo interrelacionados. De ahí la dificultad de su estudio y la multiplicidad de perspectivas desde las que puede ser contemplado. Cuando la psicología aborda el análisis del lenguaje suele distinguir entre sus componentes formales o estructurales (como los sonidos del habla o las leyes que rigen la formación de palabras, frases y textos), sus contenidos (de qué nos habla el lenguaje) y sus componentes funcionales (de qué maneras se puede operar sobre el entorno a través del lenguaje).

La forma del lenguaje

El estudio de los componentes formales tiene una gran tradición. La primera gramática de un idioma vulgar, el castellano, la publicó Antonio de Nebrija hace más de quinientos años, en 1492, si bien anteriormente ya existían gramáticas de lenguas clásicas como el latín.

El lenguaje humano, como una sinfonía, se apoya en un soporte sonoro: las notas en una sinfonía, los fonemas en el habla humana. Los fonemas son la unidad de base de la lengua oral; pueden combinarse para formar palabras y és-

La expresión corporal es otro de los recursos que utiliza el ser humano para comunicarse. Los mimos se expresan mediante gestos y movimientos. En el vasto campo de la comunicación, el lenguaje humano es el único capaz de expresar y comunicar un número ilimitado de significados.

EL LENGUAJE

El lenguaje humano se articula sobre la base de fonemas, unidades orales cuya combinación da lugar a las palabras, las cuales a su vez se organizan en frases que constituyen el discurso. El habla es así el resultado de sonidos articulados de acuerdo con leyes determinadas. Una de las ventajas del lenguaje humano es la posibilidad de comunicarse sin necesidad de verse o estar próximos, como en la comunicación telefónica.

tas, a su vez, se organizan en frases. Pero lo realmente importante es que las combinaciones y sustituciones de estos tres componentes formales —fonemas, palabras y frases— y más allá, los textos orales, están regidas por leyes. De este modo, la estructura del lenguaje conforma un sistema ordenado que respeta ciertas leyes fonéticas y gramaticales.

Los sonidos articulados del habla humana son percibidos y producidos gracias al funcionamiento coordinado del sistema auditivo y el aparato bucofonatorio, regidos por el sistema nervioso central y, especialmente, por la corteza cerebral, que integra la información recibida y configura la producción del habla. Aunque a efectos del análisis sea posible estudiar separadamente la percepción y la producción de sonidos, estos procesos sensoriales y práxicos se articulan dentro de otros más amplios que implican la selección, interpretación y producción de mensajes verbales con significado. La recepción y producción de los sonidos del habla humana constituyen un objeto de estudio apasionante para muchos psicólogos, en tanto que realidades con una dimensión física que conllevan información significativa.

El soporte sonoro

El hecho de que el habla humana se apoye en un soporte sonoro no es una cuestión baladí. La comunicación puede circular por un canal acústico, como es el caso del habla humana y del canto de los pájaros, pero también puede tener un soporte visual, como ocurre con el lenguaje de las abejas o con el lenguaje de gestos que emplean las personas sordas. El soporte acústico o sonoro tiene determinadas ventajas; por ejemplo, permite la comunicación sin necesidad de que los interlocutores estén cara a cara y en determinadas circunstancias puede percibirse a mayor distancia que la información visual. Para llamar a una persona que está en la habitación contigua se puede alzar la voz, pero no emplear gestos.

Los fonemas se combinan y forman unidades que llamamos palabras cuando tienen significado propio. Una de las características más notables del sistema de comunicación vocal de los humanos es que, con un número limitado de sonidos, o fonemas (29 en el caso del castellano y 39 en inglés, aproximadamente según el tipo de notación seguida), es posible formar un número teóricamente ilimitado de palabras, lo que a su vez posibilita al sistema transmitir una amplísima variedad de significados o «temas». Todo esto convierte al lenguaje en un sistema de comunicación extraordinariamente flexible, práctico y económico, si se lo compara con otros sistemas de comunicación animal o humana.

La morfología estudia la forma y estructura de las palabras, así como las leyes que rigen sus variaciones o inflexiones, y la sintaxis se ocupa de las combinaciones de palabras dentro de las frases, de los diferentes tipos y funciones de las frases y sus posibles combinaciones. Estas combinaciones de elementos están regidas por las leyes de la fonética y la fonología, de la morfología y la sintaxis. Leyes, por otra parte, de las que el hablante puede no ser consciente, pero que como usuario de un idioma ha aprendido a respetar. En este sentido es interesante la reflexión que se hace desde la psicología, cuando obliga a recordar que el lenguaje, como actividad humana, es previo a las leyes de la gramática.

La lingüística

Tanto la fonología, como la morfología y la sintaxis son propiamente ramas de la lingüística a las que debe recurrir el psicólogo en distintos momentos de su trabajo. La lingüística, disciplina que ha progresado de manera espectacular en el siglo XX, ha recorrido mucho más camino en el análisis formal de la lengua que la psicología, a la que puede aportar conocimientos muy refinados. La psicología del lenguaje se interesa por el estudio de los componentes formales del lenguaje, sobre todo desde el punto de vista evolutivo, es decir, indagando la secuencia real de adquisición de las estructuras fonéticas o morfosintácticas, comparando los distintos grados de competencia lingüística según las edades y procurando desentrañar los procesos cognitivos que permiten a los niños desarrollar su competencia lingüística. Gracias a estas aportaciones existen los tests o escalas del desarrollo lingüístico, instrumentos psicológicos que permiten estimar si el nivel de desarrollo fonético y morfosintáctico de niños y adultos se corresponde con el que cabría esperar según su edad. Es habitual que, en la confección de estos instrumentos, colaboren psicólogos, psicolingüistas del desarrollo y lingüistas.

El impresionista Edgar Degas plasmó con maestría en **La cantatriz del guante** *el instante mágico de la emisión del sonido. En el canto y en el habla la comunicación circula por un canal sonoro mediante el funcionamiento coordinado de los aparatos bucofonatorio y auditivo, que responden a órdenes cerebrales.*

El mito bíblico de la torre de Babel plantea uno de los grandes interrogantes acerca del lenguaje hablado: su origen. Si bien los sonidos articulados que constituyen el habla humana se producen como consecuencia de la evolución de los homínidos, los sistemas simbólicos a que éstos dieron lugar y que constituyen las miles de lenguas que hoy existen, fueron invenciones arbitrarias de la mente humana movida por las necesidades del medio. La pregunta que aún persiste es si hubo una primera lengua de la que derivaron las demás o varias lenguas madres.

Los contenidos del lenguaje

Cuando se dice que el lenguaje de alguien está vacío se está haciendo referencia, quizás sin saberlo, al hecho fundamental de que el lenguaje es algo más que su forma. La actividad psicolingüística, para ser tal, tiene que tener un contenido, tiene que referirse a algo, tiene, en definitiva, que expresar significados.

Cuando Luis, por la noche, le cuenta a su madre que ha comido manzana de postre en la escuela, en ese momento la manzana está de alguna manera presente ante Luis y su madre gracias al lenguaje, gracias a una palabra cuyo significado es conocido por ambos interlocutores. La manzana no está realmente allí, está representada por la palabra. Las palabras y las frases se refieren a algo o a alguien, tienen significado, conllevan un contenido. La disciplina que estudia los contenidos del lenguaje es la semántica, que se ocupa de las peculiares relaciones entre las formas lingüísticas y sus referentes, esto es, entre las palabras y aquello de lo que hablan o a lo que nos remiten.

Las relaciones entre las palabras y sus referentes son convencionales, pactadas. No siempre es evidente para los hablantes, sobre todo si son monolingües, que la palabra no hace la cosa, es más, que el nombre no es la cosa. Al confundir la cosa con su nombre se está poniendo de relieve la dificultad de separar la forma del lenguaje de su contenido. La dificultad de captar la convencionalidad del lenguaje queda muy bien reflejada en la anécdota de aquel italiano que realizó un breve viaje a Austria, de donde volvió diciendo que el país del Tirol era bellísimo y sus habitantes muy amables, pero que no entendía la manía de los austríacos de llamar *pfeder* a un animal que todo el mundo sabía que se llamaba *cavallo*. La convencionalidad, como ya se ha dicho, es un tipo de relación

La torre de Babel

La torre de Babel quizás no existió nunca. ¿Compartieron alguna vez una lengua común todos los humanos? ¿Cómo se produjo la diversificación y proliferación de idiomas? Se calcula que en la actualidad se hablan entre tres mil y cuatro mil quinientas lenguas en todo el globo.
Puede que los idiomas deriven unos de otros, como las lenguas románicas respecto al latín, y que unos sean derivaciones de otros anteriores hasta llegar a una supuesta primera lengua que compartiría con todas las demás unos núcleos gramaticales subyacentes de alcance universal.
Según otra hipótesis, en el planeta habrían surgido diferentes lenguas de manera más o menos simultánea que después evolucionaron creando familias de idiomas semejantes entre sí. Este tema remite al problema de la existencia, o no, de una gramática universal, concepto estrechamente relacionado con algunas de las teorías sobre la adquisición del lenguaje.

establecida por un colectivo que acuerda atribuir un determinado valor a algo que, en sí mismo, no lo tiene

El significado de las palabras

Es evidente que los componentes semánticos son más escurridizos que los formales. ¿Los significados son conceptos? ¿Son ideas? ¿Dónde está el contenido de una palabra o de una frase? Es frecuente escuchar la opinión de que las palabras, o incluso el lenguaje en sí, son la expresión de ideas o conceptos previos. Según esta opinión, el contenido de las palabras está de algún modo fuera del lenguaje. Pero ésta es una opinión que crea más problemas de los que resuelve. Quizás la mejor solución sería considerar que una palabra o frase tiene significado en la medida en que expresa una relación estable entre determinadas formas lingüísticas y determinados referentes, relación que es construida, aprendida y compartida por los hablantes de un determinado idioma.

El significado de las palabras está recogido en los diccionarios, donde se pretende reunir los distintos campos semánticos de cada palabra. Allí están los más habituales, los significados literales y, a veces, los significados figurados. Por ejemplo, el diccionario de la Real Academia Española en su decimonovena edición dice en la página 640:

Fuente. 1. Manantial de agua que brota de la tierra. // 2. Aparato o artificio con que se hace manar agua en los jardines...

Y así va ennumerando hasta siete acepciones o significados literales de la palabra «fuente». Sin embargo, en la acepción número 8 y siguientes se puede leer:

(Fuente...)...// 8. fig. Principio, fundamento u origen de una cosa. // 9. fig. Aquello de que fluye con abundancia un líquido.// 10...

De este modo reflejan los diccionarios el hecho real de que las palabras pueden abarcar significados literales, considerados como exactos y propios, y significados figurados o retóricos. Cuando decimos, «la salud es fuente de felicidad» estamos empleando la palabra «fuente» en sentido figurado.

Para los psicólogos constituye un reto explicar de qué modo los niños llegan a conocer el significado de las palabras. En psicología se aborda este tema poniéndolo en íntima y recíproca relación con los procesos que sigue el niño para conocer el mundo en general y para construir conceptos. Los niños van ajustando gradualmente el contenido de las palabras ayudados por los adultos, en un proceso que

> **¿** El hábito de gesticular al hablar, sobre todo cuando el orador busca una palabra adecuada, ¿tiene algo que ver con el origen del lenguaje?
>
> ➤ La teoría del gesto como punto de partida del lenguaje se relaciona con la evolución tecnológica debido a la necesidad de un mayor control de las manos para fabricar los útiles de piedra, lo que habría dado una destreza en la ejecución de determinados gestos. Los primeros significados hallados en el lenguaje de los homínidos están asociados al esfuerzo gestual del brazo, como cortar, machacar, golpear o arrancar.

Acaso, como expone el cuadro de Magritte, «Esto no es una pipa», lenguaje y realidad no concuerden. La palabra es un producto de invención cuya relación con aquello que nombra no responde a una necesidad, sino a un convenio entre los hablantes.

EL LENGUAJE

La familia es el ámbito donde el niño aprende a hablar y a conocer las reglas básicas de la lengua. Niños y adultos hacen concesiones hasta alcanzar un entendimiento mutuo. El dominio paulatino del habla pone al niño en condiciones de dar significado a las palabras y jugar con ellos, trascendiendo su significación literal.

se parece a una negociación en el sentido de que ambos, adulto y niño, confrontan sus puntos de vista y hacen concesiones.

Más allá de lo literal

En el ámbito de la psicología clínica, y también en relación con los contenidos del lenguaje, surgen cuestiones sobre los mecanismos que llevan a los adultos a elegir unas palabras u otras para narrar sus experiencias. ¿Por qué, ante una depresión, unas personas dicen que «se han metido en un túnel», mientras otras hablan de «caer en un pozo» o de «llevar una pesada bolsa»? Algunos psicólogos opinan que estas formas de expresarse no son casuales y que, por tanto, atendiendo debidamente al lenguaje empleado es posible conocer aspectos psíquicos importantes de la persona, aspectos quizás desconocidos para los propios pacientes.

Las metáforas intrigan sobremanera a los psicólogos porque constituyen un caso muy especial dentro de la adquisición del lenguaje —cómo llegan los niños a entender y usar significados no literales de las palabras, por ejemplo— y por las peculiares relaciones existentes entre conocimiento y uso metafórico de la lengua —las metáforas son un nexo de unión entre lo ya sabido y lo que aún no se conoce del todo.

En definitiva, aprender a hablar es aprender a dotar de significado a las palabras y, más adelante, a jugar con los significados o a construir significados nuevos. Nada de ello es ajeno a los intereses de la psicología que avanza en la comprensión de estos problemas de la mano de otras disciplinas, como la semiótica o la antropología.

Las funciones comunicativas

El lenguaje además de tener forma y contenido es una actividad que sirve para hacer cosas, para operar efectivamente sobre el entorno. Gracias al lenguaje, el hablante puede influir sobre el medio social, regular la actividad de otras personas y la propia, solicitar información y aportarla. Incluso es posible modificar aspectos fundamentales del entorno cuando, por ejemplo, un juez declara casada a una pareja, en una situación comunicativa compleja en la que no deja de ser fundamental el uso de una determinada fórmula verbal: «yo os declaro marido y mujer».

El lenguaje tiene diversas funciones y, lo que es más importante para los psicólogos, esas funciones no vienen determinadas sólo por la forma de la expresión hablada. Un hecho es evidente: con una misma palabra o frase se pueden conseguir efectos muy diferentes, según la situación en que se pronuncie y las intenciones de quien hable. Por ejemplo, la simple palabra «fuego» puede comunicar mensajes muy distintos y tener efectos también muy diferentes. Si se grita «fuego» desde una ventana, se interpretará como un aviso de que el edificio está ardiendo y los posibles interlocutores probablemente irán a buscar a alguien que haga desaparecer el fuego, que lo apague. Si, por el contrario, una niña de tres años está mirando un cuento con su hermana mayor y dice «fuego» cuando la hermana le pregunta «¿Qué es esto?» mientras señala el fuego que arde en la chimenea de la casa del cerdito mayor, lo más probable es que nadie se mueva y la hermana se

Un adolescente en una cabina de lenguas puede aprender rápidamente otro idioma. En condiciones de normalidad, la adquisición de lenguas extranjeras es tanto más fácil cuanto más joven es la persona. A un individuo adulto le es más difícil aprender una lengua y los resultados son considerablemente inferiores de los que se consiguen en un niño.

EL LENGUAJE

El lenguaje es un instrumento eficaz para incidir en el entorno social. La función comunicativa de un discurso depende de los objetivos del hablante y de los efectos que produce sobre el auditorio. Por eso se ha dicho que un buen orador es aquel que sabe adecuar su discurso a las diferentes situaciones e interlocutores.

limite, todo lo más, a darse por enterada de lo que ha escuchado. Dos intenciones y efectos diferentes sobre el entorno para una sola e idéntica palabra. Técnicamente se dirá entonces que las dos emisiones verbales tienen la misma forma y dos funciones distintas. En el primer caso se trata de la función reguladora, que permite guiar o controlar las acciones de los interlocutores, mientras en el segundo caso se trataría de una función informativa.

La situación opuesta ocurre cuando dos mensajes tienen formas distintas pero cumplen funciones similares. Cualquiera sabe que puede emplear fórmulas verbales muy distintas para conseguir que otra persona realice una determinada acción; por ejemplo, para que alguien abra una ventana (función reguladora) puede hacerse una petición directa: «Cierra la ventana, por favor», pero, a veces, basta con decir: «¡Qué calor hace en esta habitación!» para lograr el mismo efecto.

El lenguaje en la situación

Para analizar sus funciones es preciso contemplar el lenguaje dentro de la situación en la que se produce y en relación con los motivos e intenciones de quienes hablan y escuchan, lo cual supone un cambio radical respecto al estudio gramatical o lingüístico que examina la forma del lenguaje por sí misma, en abstracto y desligada de las personas o de las situaciones en que se produce. La psicología tiene un interés muy especial en estudiar los componentes comunicativos del lenguaje entre otras razones porque implica estudiar relaciones interpersonales e intenciones comunicativas que, en definitiva, son temas que la psicología percibe como apropiados y cercanos a sus intereses.

Para saber qué función comunicativa cumple un determinado texto oral, desde una simple frase a todo un discurso, es necesario tener en cuenta dos variables fundamentales: el motivo u objetivo del que habla y los efectos reales del lenguaje sobre quien le escucha. Mientras más experiencia conjunta y compartida tienen los participantes en un diálogo, más fácil es que puedan inferir las intenciones del otro, pero para el estudioso la dificultad radica en que, en muchos casos, las intenciones del hablante, aunque determinantes, sólo se pueden suponer o inferir.

La psicología de corte funcional recuerda que aprender a hablar es también saber adecuar el lenguaje a las diferentes situaciones e interlocutores, y saber usarlo para satisfacer una pluralidad de propósitos comunicativos.

¿Hablan los animales?

A pesar del cariño y la compenetración que puede llegar a establecerse entre ciertos animales y las personas que los cuidan, es necesario ser muy cuidadoso a la hora de pronunciarse sobre el tema de si los animales hablan o no. Es indiscutible que muchas especies animales poseen capacidades asombrosas para comunicarse entre ellos o con las personas, pero hay que aceptar que los animales no emplean lenguajes similares a los idiomas de los humanos. Ninguna especie que no sea la humana posee la facultad de articular sonidos ni, sobre todo, de producir signos similares a los humanos. Sólo los humanos somos capaces de referirnos mediante el lenguaje a fenómenos que no están inmediatamente presentes en el espacio y en el tiempo o que remitan a realidades abstractas. Por ejemplo, cuando un niño y una niña de seis años comentan en la escuela lo que han hecho durante sus vacaciones, están superando ampliamente las posibilidades de comunicación de cualquier animal al referirse a sucesos, objetos y sensaciones alejadas en el tiempo y en el espacio, respecto al momento y al lugar en que hablan de ellas. Por lo que se sabe hasta el momento, el código de las abejas es uno de los pocos «lenguajes» animales que poseen la cualidad de referirse a algo no presente ya que, mediante movimientos estereotipados, comunican a otras abejas dónde se encuentra el néctar. Aún así, la limitación del lenguaje de las abejas es evidente, puesto que su único tema de «conversación» es la localización del preciado polvillo. Mientras que el código de señales de los animales más «habladores» es notablemente restringido, el lenguaje humano no parece tener límites en cuanto a la cantidad de mensajes que permite transmitir. Nadie conoce los límites del número de significados diversos que puede albergar un idioma y es evidente que la cantidad de temas sobre los que puede versar la conversación entre personas es ilimitada.

No obstante la capacidad que ciertas especies animales han desarrollado para comunicarse entre sí o con las personas, y el grado de compenetración entre éstas y ciertos animales, como el perro, el lenguaje hablado sólo es facultad del ser humano. Éste es el único capaz de expresar y evocar sensaciones, emociones, hechos y abstracciones.

EL LENGUAJE

Desde que en 1661 el inglés Samuel Pepys después de ver un chimpancé considerara la posibilidad de «hablar o hacer signos» de los primates, las experiencias han demostrado que si bien éstos no pueden hablar, son capaces de comprender y utilizar un lenguaje por señas e incluso un vocabulario sencillo.

¿Y los loros, hablan los loros? A pesar de que algunos de los sonidos que emiten suenan parecidos al habla de las personas, lo cierto es que sus burdas producciones no cumplen función comunicativa alguna y están aún más alejadas de constituir un verdadero lenguaje que los revoloteos de las abejas. Actualmente se está estudiando el sistema de comunicación de los delfines con gran interés ya que presenta algunas características sorprendentes, como la distancia a la que parece ser que pueden comunicarse estos cetáceos.

Por su parte, los primates, más cercanos en la escala animal a los humanos, poseen un cerebro notablemente evolucionado y sus formas de vida en grupo proporcionan situaciones sociales bastante semejantes a las de los hombres, pero ninguna de estas condiciones ha sido suficiente para generar una actividad lingüística similar a la humana. Es innegable el interés de los trabajos con chimpancés, por ejemplo, entrenados para que usen y comprendan signos que representan conceptos abstractos. Si bien es verdad que algunos llegan a aprender el significado de un número limitado de signos y símbolos abstractos, también es cierto que se necesita la intervención directa de personas que se los enseñen. Ciertas monas muy bien enseñadas llegan incluso a emplear lenguaje humorístico y figurado. Pero nada de eso es comparable al lenguaje que emplea cualquier niña de cuatro años.

En definitiva, son muchas las especies animales que han desarrollado sistemas de comunicación de eficacia realmente sorprendentes, pero la capacidad de hablar es, por el momento, propia y exclusiva de la especie humana. Quizás lo que más distingue a la especie humana de otras especies no es tanto lo que somos capaces de aprender, sino lo que somos capaces de enseñar y transmitir. Hasta hoy ningún simio ha sido capaz de enseñar o transmitir a sus hijos los rudimentos de lenguaje simbólico que él haya podido aprender de los humanos.

La aparición del lenguaje: logro de la especie

¿Cómo surgió el lenguaje por primera vez entre la especie humana? Al intentar pensar cómo surgieron las primeras palabras es fácil especular con la idea de que aquellas primeras expresiones se produjeran entre grupos pequeños de mujeres y hombres que, dada su capacidad de generar «ruidos» con la boca, los emplearan para cooperar en tareas comunes. Podrían avisarse de un peligro, «etiquetar», requerir atención o, como pensaba el poeta Lucrecio, expresar sentimientos de disgusto, alegría u otros. No es posible demostrar si las cosas ocurrieron así o de otro modo, ya que no ha llegado hasta nosotros ninguna información sobre el tema, pero es una especulación razonable.

En efecto, no resulta difícil imaginar el nacimiento del habla entre los humanos como un proceso gradual en el que el factor decisivo fuera su uso en grupo al servicio de la cooperación. A medida que el proceso de hominización avanza, por una parte se consolida la convivencia en grupos sociales y, por otra, el cerebro va evolucionando y desarrollando nuevas funciones. Con estos dos requisitos, convivencia y cooperación en grupo por un lado y cerebro altamente evolucionado por otro, se darían ciertas condiciones para que surgiera el lenguaje propiamente humano.

En cualquier caso el origen de la función lingüística propia de la especie humana sigue siendo un enigma que permite mil especulaciones y que despierta la curiosidad de todo tipo de personas, científicos y legos.

La adquisición del lenguaje en el niño

Si se compara con el tiempo y el esfuerzo que le cuesta a un adulto aprender un idioma nuevo, resulta sorprendente la rapidez con la que la mayoría de niños llegan a manejar su lengua materna. Cuando el bebé sólo tiene doce meses ya suele entender algunas expresiones y él mismo comienza a producir unas primeras palabras comprensibles para sus cuidadores. A lo largo de los próximos meses su capacidad de comprender y expresarse mediante el lenguaje oral crecerá a una velocidad notable y al final de su cuarto año ya casi parecerá que habla como un adulto. Es cierto que aún le queda mucho camino por recorrer para llegar a dominar todos los recursos de su lengua, pero esto no resta importancia al hecho de que en sólo tres años ha pasado de decir «mamá», «papá» y poca cosa más, a construir frases relativamente complejas tales como: «Yo ya no quiero más, pero Rita sí», y a hacer gala de un vocabulario muy extenso.

¿Aprenden los niños el lenguaje en las interacciones e intercambios cotidianos con sus padres y hermanos, o se desarrolla siguiendo un proceso innato e inevitable, regido por un reloj biológico? Existen diversas teorías al respecto, aunque entre ellas se dan algunos puntos en común, por ejemplo el hecho de que hoy ninguna teoría defienda que, para aprender a hablar, los niños simplemente imiten lo que oyen.

El programa biológico

La velocidad de los cambios lingüísticos y la naturalidad y universalidad de los mismos han contribuido a reforzar las teorías innatistas o nativistas según las cuales el desarrollo del lenguaje es un proceso individual y autónomo, regido por un programa interno biológi-

---

Diálogos interiores que nos hacen sufrir

A veces nos repetimos a nosotros mismos una y otra vez palabras y pensamientos erróneos autodebilitantes. Se trata generalmente de juicios equivocados sobre experiencias pasadas, creencias erróneas sobre las propias capacidades o expectativas de futuro desalentadoras que «dan vueltas en la cabeza» y producen ansiedad y tristeza.
Muchas psicoterapias se encaminan a ayudar al paciente a identificar esos pensamientos recurrentes y a movilizar los recursos propios para comprender hasta qué punto son irracionales o simplemente falsos. Los psicoterapeutas, a partir de las verbalizaciones de los pacientes, orientan un proceso de auténtica reestructuración del pensamiento que en algunas ocasiones es suficiente para aliviar los problemas psicológicos.

¿Es cierto que los monos «hablan» con la gente?

Es evidente que los animales se comunican. Algunos psicólogos han entrenado a chimpancés para comunicarse con los humanos por medio de signos o de computadoras. Los monos demostraron poseer una notable capacidad cognitiva, al ser capaces de unir diferentes palabras con sentido y de expresar demandas.

EL LENGUAJE

Una de las cuestiones que centran el interés de los estudios del lenguaje es su origen y evolución. A partir del estudio del desarrollo del lenguaje en diferentes culturas, algunos investigadores sostienen la hipótesis de la existencia de una primitiva gramática común a partir de la cual se habrían desarrollado todas las lenguas del mundo. En la imagen una escuela al aire libre en Etiopía.

co que se despliega independientemente de las interacciones del niño con su entorno y de sus experiencias interpersonales; la teoría innatista de Chomsky ha impulsado numerosas investigaciones sobre desarrollo lingüístico. Paralelamente, desde esta teoría se sostiene que los niños están dotados de conocimientos innatos sobre las estructuras básicas gramaticales, lo cual explicaría no sólo la rapidez con la que se adquiere la lengua materna sino también la universalidad del proceso. Así, desde las teorías innatistas se atribuye escasa importancia al papel que desempeñan, en el desarrollo lingüístico, las experiencias del niño y sus relaciones con otras personas. Ésta es una hipótesis muy extendida que se apoya también en otros argumentos tales como lo siguientes: el lenguaje que emplean los adultos es incompleto, a veces incorrecto, y siempre tiene un nivel que está muy por encima de la capacidad de comprensión del niño pequeño, luego la adquisición del lenguaje no puede estar influida por lo que los niños oyen. Por otra parte, los pequeños utilizan a veces frases, expresiones o palabras que, aparentemente, no han oído con anterioridad, por tanto, según los discípulos de Chomsky, tienen que ser creaciones propias, invención individual del niño. Esta posición sostiene que los niños poseen ya algunos conocimientos gramaticales *a priori* en el momento de nacer.

A partir de los años cincuenta se llevaron a cabo numerosas investigaciones sobre el desarrollo del lenguaje, que trascendieron el ámbito de la lingüística y atrajeron el interés de los psicólogos. Puesto que Chomsky opinaba que en la base de todas las lenguas existen algunas estructuras gramaticales básicas y profundas, ocultas y universales, sus seguidores se dedicaron a estudiar el desarrollo del lenguaje en culturas muy diversas y diferentes entre sí. No todo el mundo acepta que tales estudios hayan demostrado la existencia de universales lingüísticos, pero lo que sí han conseguido es aumentar la cantidad de datos reales y concretos sobre la adquisición del lenguaje en diferentes culturas lo cual, indudablemente, ha generado un mejor conocimiento del conjunto de los fenómenos que constituyen el desarrollo lingüístico.

El poder de la interacción

Existe otro conjunto de teorías, agrupadas bajo el nombre de teorías socio-interactivas y funcionales que consideran, por el contrario, que el papel de las relaciones interpersonales en el desarrollo lingüístico es fundamental y que entienden que el lenguaje se aprende naturalmente y en situaciones interactivas entre el niño y sus cuidadores. En este caso se hace necesario explicar qué se entiende por aprendizaje «natural». Ya Nebrija distinguía entre «deprenderlo (el lenguaje) por uso y deprenderlo por arte», haciendo alusión a una forma especial de aprendizaje, por uso, que hoy recibiría el nombre de aprendizaje informal o natural, y otro tipo de aprendizaje «por arte» que requiere la instrucción o enseñanza formal, directa y explícita. Según esta distinción del profesor de gramática andaluz, los niños aprenderían la lengua materna «por uso» y los adultos aprenderían una lengua extranjera «por arte». Ésa es precisamente la idea que sostienen las teorías sociofuncionales.

Siguiendo en esta línea, psicólogos de inspiración vigotskiana, como el estadounidense J. S. Bruner, opinan que el desarrollo del lenguaje infantil es un proceso del que son protagonistas tanto los propios niños como los adultos que les rodean, quienes actúan como mediadores entre la cultura y el niño. En tanto que mediadores, los adultos, generalmente los padres, organizan las experiencias infantiles de modo que el niño pueda participar con ayuda en situaciones comunicativas y lingüísticas en las que después, gradualmente, podrá actuar de manera autónoma. Es cierto que cada individuo recorre su camino hasta llegar a construir su propio repertorio lingüístico, pero no lo recorre solo ya que el lenguaje, para estos teóricos, es un fenómeno de naturaleza social y como tal se construye en prácticas compartidas con los hablantes de la propia comunidad lingüística.

Cuando en 1935 la empresa alemana AEG grababa por vez primera sonidos en una cinta de plástico, gracias al principio del magnetismo permanente, pocos podían prever las repercusiones que el invento iba a tener sobre el estudio del lenguaje. Debido a la existencia de magnetófonos (y también de teorías que pudieran dar cuenta de los datos), se ha podido comprobar que, en contra de lo que se opinó durante siglos, las madres hablan a sus hijos pronunciando con notable claridad, empleando palabras sencillas, con frases cortas y en general correctas y sobre aquellos temas que sus hijos pueden comprender; pero además, los adultos que se relacionan con niños en edad de adquirir lenguaje ofrecen otro tipo de ayudas que parecen tener una utilidad especial para los pequeños. El siguiente diálogo tuvo lugar entre Tania y su madre cuando la niña tenía poco más de dos años y medio; en él se

Los bebés están preparados biológicamente para aprender el lenguaje a través de la interacción con los adultos que los rodean. A poco de nacer, los pequeños pueden distinguir la expresión facial, el olor y la voz de la madre. El primer acto comunicativo del niño se da hacia principios de los tres meses, cuando responde sonriendo a una mirada de la madre.

EL LENGUAJE

> **Mi bebé tiene un año y aún no habla ni una palabra, ¿tendrá alguna enfermedad?**
>
> ➡ Alrededor de los nueve meses el niño empieza a utilizar el sonido para llamar la atención y sobre los doce pronuncia las primeras palabras con algún sentido. Sin embargo, el hecho de que a esa edad aún no lo haga sólo significa que algunos niños son más lentos que otros para desarrollar sus habilidades. De todos modos, es aconsejable que el pediatra siga regularmente la evolución de su hijo.

puede observar que la madre en más de una ocasión, después de que hable la niña, repite lo que la pequeña ha dicho y le añade una o dos palabras, extendiendo la estructura morfosintáctica o ampliando el significado. Hoy son numerosos los expertos que consideran que esta manera de actuar de los adultos ayuda a los niños a ampliar su vocabulario y a producir frases cada vez más complejas.

Tania está en el baño y entra la madre. El diálogo puede ser el siguiente:
Madre: *¿Dónde estás, Tania?*
Tania: *Aquí tá.*
Madre: *Aquí está Tania, ¿eh?*
Tania: *Sí, a mojo, a moojo.*
Madre: *Los ojos, ¿te mojas los ojos?*
Tania: *Moja a ojos, a moja.*

Los padres a menudo corrigen, casi sin darse cuenta, las palabras mal pronunciadas o las frases incorrectas de los niños, simplemente repitiendo bien lo que el niño ha dicho mal, pero sin cortar la comunicación. También dan muestras de aprobación ante las expresiones progresivamente más correctas de sus hijos, repitiéndolas o demostrando haberlas comprendido.

Los psicólogos que estudian el desarrollo del lenguaje desde una perspectiva funcional suponen que éstas, y otras muchas peculiaridades observadas en la forma como los padres se comunican y hablan con sus hijos espontáneamente, son ayudas importantes para la adquisición «por uso» del lenguaje infantil.

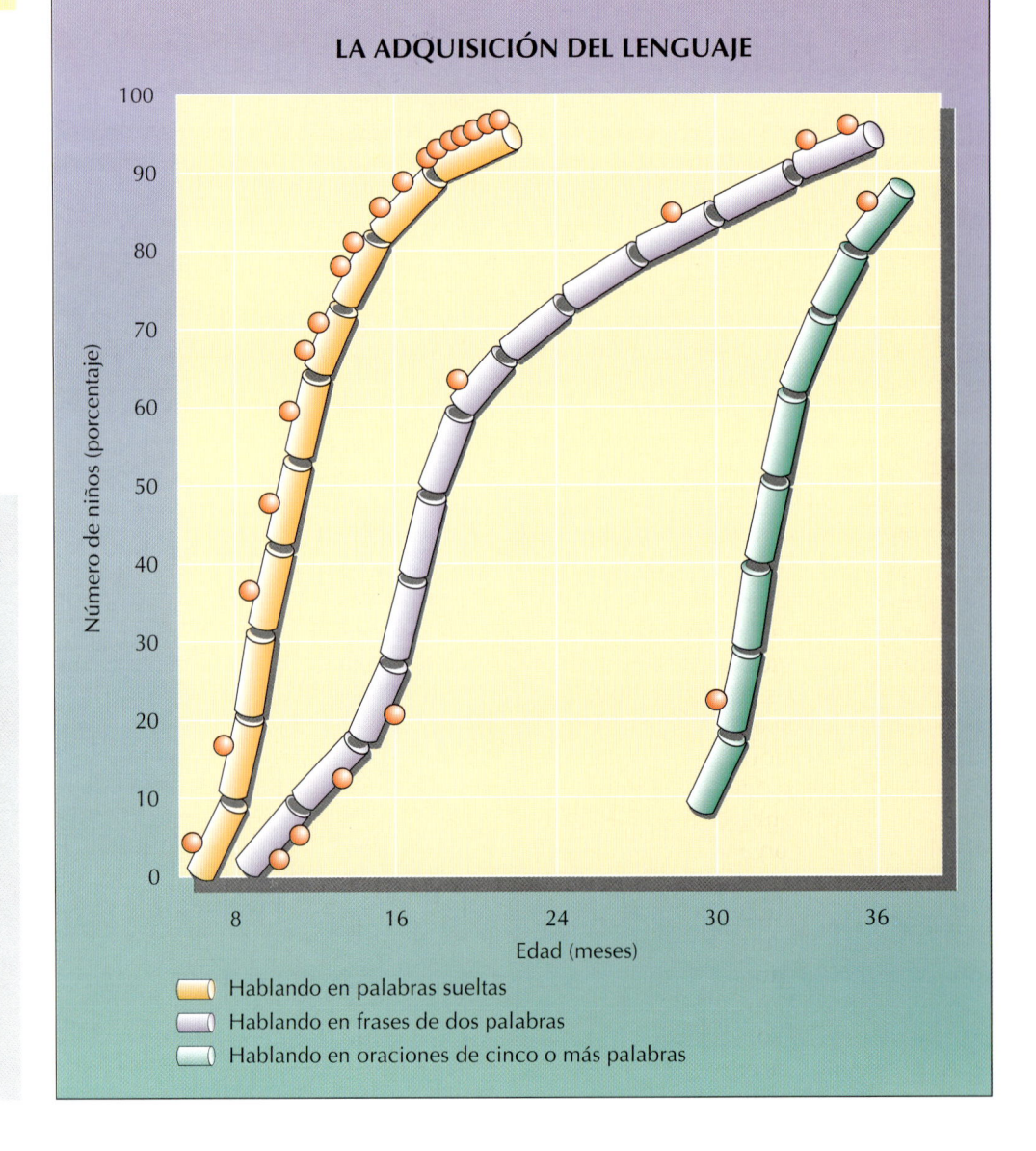

El gráfico muestra la adquisición del lenguaje por los niños, desde el empleo de palabras aisladas que la mayoría utiliza a partir de los doce meses, pasando por las frases de dos palabras, generalmente a partir de los 16 meses, hasta llegar a las oraciones de cinco o más palabras, desde los treinta meses. Esta adquisición se produce rápida y naturalmente mediante el trato con los adultos.

LA ADQUISICIÓN DEL LENGUAJE

- Hablando en palabras sueltas
- Hablando en frases de dos palabras
- Hablando en oraciones de cinco o más palabras

Aún está muy lejos el día en que la psicología pueda contar con una única teoría para explicar el desarrollo del lenguaje. Lo que realmente cuenta es que, lejos de reductos cerrados sobre sí mismos, la investigación continúe con una actitud abierta, integradora y multidisciplinar.

Las etapas del desarrollo del lenguaje

La mayoría de los niños y niñas, aunque crezcan en ambientes y culturas diferentes y con lenguas maternas distintas, caminan todos por senderos bastante similares en lo que se refiere a las etapas de la evolución lingüística. Los niños pasan por las «metas» de cada etapa en edades no idénticas pero sí parecidas y, desde luego el orden o secuencia de las etapas es idéntico para todos.

Los doce primeros meses

Los investigadores se han concentrado en estudiar con gran detalle la etapa prelingüística, en la que los bebés aprenden a comunicarse sin lenguaje y empiezan a comprender algunas palabras que sus familiares les dirigen. El niño recién nacido ya muestra ciertas preferencias muy marcadas con respecto al tipo de sonidos que más le gusta escuchar y que son precisamente los de la voz humana. No sólo escucha con atención preferente la voz de la madre, sino que además muestra ya una sorprendente capacidad para diferenciar entre distintos fonemas del habla. El sistema auditivo está preparado desde el inicio para percibir y discriminar con finura elementos acústicos de la voz humana. En los trabajos de Eimas, por ejemplo, se puso de relieve mediante técnicas bastante sofisticadas que bebés de semanas perciben las diferencias que hay entre pares de fonemas, por ejemplo entre la /p/ y la /b/ o entre dos vocales. Estas preferencias y habilidades convierten al bebé en un receptor y procesador activo del lenguaje desde el inicio de la vida, lo cual facilita la producción del balbuceo y la posterior configuración de las primeras palabras. El bebé es también muy sensible a las entonaciones y la musicalidad del habla, gracias a lo cual es capaz muy pronto de atribuir significados emocionales, como enfado, alegría y sorpresa, al lenguaje de la madre.

Los bebés se comunican con bastante eficacia. A través de posturas, grititos, llantos, balbuceos, miradas, sonrisas y gestos, el bebé es capaz de transmitir una gran cantidad de información a quienes le rodean, sobre situaciones que le agradan o le desagradan, sobre objetos que desea alcanzar, mirar o alejar, sobre sus estados de ánimo o sus emociones.

El bebé nace inmerso en un manto lingüístico que le envuelve y arropa como una segunda piel, y a lo largo de sus primeros meses de vida empieza a nadar en este medio lingüístico, ayudado en un principio por su familia y más adelante cada vez con mayor independencia. Durante los primeros meses, mientras le cambia los pañales, lo baña o le da el biberón, mientras juega antes de ponerlo a dormir, la madre habla acercando su cara a la del niño, mirándolo y sonriendo. Si nos fijamos con más detalle, observaremos que estas situaciones cotidianas se repiten de manera similar todos los días, y a veces varias veces al día, y notaremos algo interesante: en estos momentos la comunicación entre la madre y el hijo discurre de

El niño, desde que nace, es un receptor activo del lenguaje. Durante su primer año de vida manifiesta una gran capacidad para comunicarse emitiendo sonidos y mostrando preferencia por algunos de ellos, a la vez que empieza a diferenciar distintos fonemas y a comprender el significado de algunas palabras que le dirigen sus padres.

El niño inicia la etapa lingüística propiamente dicha a partir de los doce meses. Durante la misma ya comprende el significado y función de unas pocas palabras, con las que conforma su vocabulario infantil y que son el primer punto de apoyo sobre el que organiza las primeras frases y la comunicación con los adultos.

tal manera que parece un auténtico diálogo en el que ambos participantes hacen uso de la «palabra» por turnos y entienden ambos de qué se está «hablando». Estas situaciones ayudan al bebé a aprender a comunicarse y, más adelante, a hablar. Al final del primer año, el bebé suele atender cuando se le llama por su nombre, reconoce por el nombre diversos objetos, juguetes y personas de su entorno y también participa en juegos de canturreo e imitación vocal.

Las primeras palabras

A la etapa prelingüística le sigue la etapa de las primeras palabras con significado y función. Poco después de los doce meses, una gran mayoría de niños emplean ya su primer vocabulario, compuesto de unas siete a diez palabras. Poco importa que la pronunciación sea infantil (¡qué otra cosa podría ser!), lo que es realmente importante es que las personas que conviven con el niño entienden esas palabras y las identifican como tales, distinguiéndolas de los balbuceos o las imitaciones anteriores.

Estas primeras palabras a veces se han llamado palabras-frase u holofrases, para subrayar el hecho de que se presentan aisladas y que pueden interpretarse como pequeñas frases en sí mismas. Casi siempre consisten en dos sílabas idénticas *(papa, nene, mama)* o en una vocal seguida de una sílaba directa *(ayó, aba, ete)* o en una sílaba aislada *(pa, no, am)*. Es cierto que el contenido o significado de estas palabras no es idéntico al que emplean sus mayores, pero eso no impide el entendimiento mutuo. Isabel, por ejemplo, a los trece meses empleaba la palabra *pa* con un significado muy amplio, para referirse al pan, a las galletas, a las patatas fritas y en general a un conjunto de alimentos sólidos de características similares al pan, mientras que reducía el significado habitual en estas edades de la palabra *guauguau* con la que se refería exclusivamente a un perro de peluche que se encontraba entre sus juguetes favoritos. Los demás perros eran, junto con gatos, caballos y otros cuadrúpedos, denominados simplemente *ana o anales* (animal, animales). Poco a poco los niños, con ayuda de los mayores, van ajustando el significado de sus palabras al que tiene para el resto de hablantes de su lengua. Las primeras palabras sirven al niño para pedir objetos, etiquetar, pedir información, rechazar, regular la acción de los demás, etc.

Entre los 12 y los 18 meses, los pequeños suelen ya comprender diversas frases, expresiones hechas y palabras de su lengua materna. El «vocabulario pasivo» aproximado de un niño de poco más de un año puede rondar las veinte o treinta palabras, en las que se incluyen su nombre, los de las personas más cercanas, diversos juguetes, alimentos, algunos verbos de acción como venir, tocar, o dormir, que el niño reconoce en órdenes habituales. Así, cuando la madre dice «Manuel, ven» o «No toques la tele», el niño comprende y suele realizar lo que se le pide. En estas edades la comprensión del lenguaje está todavía muy ligada a las situaciones en las que se produce, pero poco a poco, el lenguaje se irá desligando de esa dependencia respecto a la situación inmediata.

Las frases de dos palabras: tero máz; aquí no

En la siguiente etapa, cuyo inicio se sitúa entre los 18 meses para los niños más precoces y los 24 para los más lentos, se empiezan a escuchar uniones de dos palabras. Suelen unirse dos nombres, por ejemplo *coche nene*; o un verbo y un nombre: *ome pan*, o una palabra-función y otra de contenido, como: *mama aquí, ete no*, etc. Mediante las primeras uniones de dos palabras los niños ya expresan una gran variedad de contenidos semántico-sintácticos tales como posesión, localización, negación, agente-acción. Escuchando a los niños en sus juegos y tareas cotidianas los padres no suelen tener ninguna dificultad en interpretar el significado del lenguaje infantil en esta etapa y comprender, por ejemplo, que la expresión *coche nene* significa «el coche es del nene».

La etapa de las primeras uniones de dos palabras coincide también con un aumento notable del vocabulario infantil, que puede llegar a las cincuenta palabras entre el año y medio y los dos años, al tiempo que mejora la articulación y por tanto la inteligibilidad. En este momento el niño sigue empleando esporádicamente palabras aisladas y se apoya todavía en algunos gestos; hacia el final de la etapa, entre los dos años y los dos años y medio aproximadamente, empiezan a escucharse algunas frases de tres o cuatro elementos, como *ete aquí no* (éste aquí no) o *mas aba a nene* (más agua para el nene).

Lenguaje telegráfico

A continuación se despliega una etapa que, según los niños, surge a veces muy precozmente cuando apenas se han iniciado las primeras producciones de dos palabras, o por el contrario tarda en aparecer hasta la segunda mitad del segundo año (30 a 36 meses), se ha llamado etapa del lenguaje telegráfico porque en ella los niños emplean frases comprensibles de tres o más palabras y habitualmente respetan el orden correcto, pero con la doble particularidad de que aún no se incorporan ciertas partículas (o palabras-función: *las, de, para, con,...*) ni tampoco las palabras se modifican para señalar, por ejemplo, los tiempos verbales. Ejemplos clásicos de habla telegráfica serían frases como las siguientes: *a quecas va comé* (las muñecas van a comer); *¿a abela si gusta?* (¿a la abuela si le gusta?).

Es normal que en esta etapa los niños empiecen a unir frases, especialmente a través de la conjunción *y* o la yuxtaposición por ejemplo, *la mamá a momí y tú tamé a momí* (la mamá a dormir y tú también a dormir).

A pesar de las diferencias entre unos niños y otros, es bastante infrecuente que un pequeño aún no haya iniciado la producción de habla telegráfica a los tres años.

> **¿** ¿Qué relación existe entre el progreso del lenguaje y la mejora de las funciones motoras y corporales del niño?
>
> **➥** Existe un estrecho paralelismo entre las fases de adquisición del lenguaje y la adquisición de la capacidad motora del niño. Un niño que quiere comer, alrededor del año, irá allá donde está su alimento. Más tarde, acompañará el gesto de señalar la comida con la palabra «pa». Y, finalmente, no le hará falta hacer nada con la comida; será capaz de decir «quiero comer».

Bilingüismo y desarrollo intelectual

A menudo se debate sobre las repercusiones que puede tener el crecer en un medio social bilingüe. Durante años se supuso que si un niño estaba expuesto a más de una lengua tendría problemas en la adquisición del lenguaje, e incluso se pensaba que este hecho podría repercutir negativamente sobre su inteligencia. «Se confundirá», pensaban los adultos.

En realidad, a medida que se ha estudiado este tema de manera empírica y sin demasiadas interferencias de orden social o político, cosa que ocurre sólo desde hace escasas décadas, se ha comprobado que no sólo los niños que crecen en un medio bilingüe no tienen problemas especiales con la adquisición simultánea de dos lenguas, sino que además ello comporta ciertas ventajas para el desarrollo cognitivo. El pequeño, en este caso, experimenta muy pronto algo que algunos adultos monolingües no llegan nunca a comprender del todo: que el nombre no hace la cosa.

EL LENGUAJE

La expansión gramatical

En la siguiente etapa los cambios más llamativos se relacionan con las estructuras gramaticales básicas, morfológicas y sintácticas, hasta el punto de que algunos expertos consideran que, al acabar esta etapa, ya ha acabado el desarrollo del lenguaje. El lenguaje sigue evolucionando después de esta edad, pero es cierto que la velocidad y la magnitud de los logros lingüísticos que ocurren entre los tres y los cinco o seis años, aproximadamente, son espectaculares, tanto que aún no se ha logrado realizar una descripción completa de la evolución gramatical en estas edades. Los investigadores han recurrido a seguir los pasos de la evolución de algunas estructuras importantes, como la interrogación, la negación o las cláusulas de relativo, por ejemplo. Así sabemos que hacia los cinco años muchos niños ya formulan interrogaciones en negativo «¿no ha bajado Lucas todavía?», o hacen subordinadas de relativo: «mira el reloj que me regaló mi padre» (en una fase anterior el niño diría: «mira el reloj, me lo regaló mi padre»).

También el sistema fonológico evoluciona de manera espectacular entre los tres y los seis años, lo cual no quiere decir simplemente que el niño pronuncie correctamente más fonemas, sino que es capaz de pronunciarlos en posiciones y combinaciones más complejas. Los fonemas más difíciles de consolidar, como los subrayados en cuchara, globo, prepara, cobre o carro, están en su mayoría consolidados a los seis años, edad en la que también se articulan correctamente palabras complejas como: estrella, práctico, bufanda o desprecio.

El desarrollo lexical y semántico también experimenta una fuerte expansión, directamente ligada al incremento de conocimientos generales que los niños adquieren sobre el mundo que les rodea: nuevos objetos, juguetes de diferentes colores, personajes de cuentos, los primeros conceptos de tiempo y espacio, las formas y volúmenes..., así se configura un universo infantil más rico, poblado de cosas, fenómenos y conceptos nuevos que se conocen y diferencian en la medida en que se nombran y, viceversa.

Hacia los tres años los niños son capaces de utilizar la mayoría de las estructuras sintácticas y hacia los cuatro casi todos poseen un lenguaje parecido al de los adultos, si bien el estilo y la gramática son relativamente pobres.

Del mismo modo, la ampliación de los contactos sociales, el trato con otros niños de su edad y con adultos no familiares plantea nuevas exigencias que ayudan a ensanchar la competencia comunicativa de los preescolares. A lo largo de estos años, empezarán a mantener pequeñas conversaciones, a esperar turnos en conversaciones de grupo y otras muchas habilidades comunicativas que ahora sólo apuntan.

Más allá de los seis años

Los niños de seis y siete años manejan ya un lenguaje muy rico, complejo y bastante completo, pero ¿es igual al que emplean sus hermanos adolescentes o sus padres? Es evidente que no. El desarrollo del lenguaje continúa después de los seis años y algunas de las transformaciones que sufre suponen un salto cualitativo de importancia.

Todavía queda un porcentaje pequeño de niños que, dentro de la normalidad, pueden tardar unos dos años en completar el sistema fonológico. La pronunciación de las rr dobles, la j, y algunas combinaciones especialmente difíciles, como las que se aparecen en palabras como construcción o perpetrar, presentan todavía dificultades para algunos niños de siete años.

En los años escolares se adquieren las estructuras más complejas del lenguaje, se llega a dominar el aspecto y el modo de los verbos y se inicia la construcción de textos orales amplios y coherentes como la narración, por ejemplo.

Un recurso importante que se adquiere en estas edades es el de la recursividad, esto es, la capacidad de incluir unas frases dentro de otras, como si fueran *marioshcas* rusas, ganando así el lenguaje en riqueza y fluidez. Un ejemplo de recursividad lo tenemos en el siguiente párrafo de un niño de doce años: «mira, éste es el reloj aquel de mi abuelo, el guardabarreras, el que me regaló mi padre como a él se lo había regalado el suyo».

Descompuesta en frases aisladas, un niño menor habría dicho algo así como:

Paralelamente a un mayor conocimiento del entorno, a la ampliación de sus relaciones y las nuevas exigencias que su comunicación con los demás le plantea, el lenguaje del niño se enriquece tanto en los dominios del léxico y del significado como en el de las variaciones gramaticales. En tal sentido su expresión oral se torna más compleja y fluida.

Si bien algunos niños no cubren las etapas del aprendizaje del lenguaje como lo indican los patrones generales, ello no significa que padezcan algún trastorno. Los plazos que marcan la evolución del lenguaje infantil suelen ser amplios y ajustados al ritmo de cada individuo.

«mira este reloj que me regaló mi padre, a él se lo regaló su abuelo». Además, en las sociedades avanzadas los niños aprenden la lengua escrita durante estos años, ampliando así su competencia lingüística general.

Lenguaje no normativo y trastornos del lenguaje

Marta es una niña de cuatro años y medio, despierta y cariñosa, que juega con amigos y juguetes, que corre y salta y garabatea como cualquier niña de su edad. Parece entender todo lo que se le dice y tiene buenas relaciones con sus padres y hermanos, que la adoran. Sin embargo la madre de Marta está preocupada porque la niña apenas dice unas quince o veinte palabras sueltas, con cierta dificultad. Los padres ya han consultado al pediatra y han comprobado que la niña oye bien. ¿Por qué no habla Marta como las otras niñas y niños de su edad? Sólo una exploración a cargo de un especialista podrá contestar a esa pregunta, pero lo cierto es que Marta es un ejemplo de lo que se considera un retraso específico de lenguaje de cierta importancia, a veces llamado disfasia, ya que a esa edad es habitual que los niños usen frases de más de cuatro palabras y posean un vocabulario bastante extenso.

La psicopatología del lenguaje se ocupa de los retrasos de lenguaje y de los trastornos o alteraciones del mismo.

Niños que hablan más tarde de lo normal

Algunos niños, como Marta, no desarrollan su lenguaje al ritmo de los demás, y causan preocupación a sus padres y educadores. En las escalas de desarrollo lingüístico se establecen unos períodos de tiempo amplios para que cada niño vaya superando las diferentes etapas de la adquisición del lenguaje a su propio rit-

¡Nunca me cuenta cosas del colegio!

Es frecuente escuchar de los padres esta queja y, sin embargo, unas reglas sencillas pueden ayudar al niño a ser más comunicativo en casa. La primera es: espere y escuche mientras usted y su hijo hacen algo juntos. En esos momentos es más fácil que el niño haga comentarios sobre temas que le interesan a él. Cuando el niño hable de sus cosas, preste atención y no cambie de tema. Déjele que lleve la iniciativa. De este modo, el niño sabrá que usted es una persona con quien se puede hablar y se acostumbrará a hacerlo. Si en un momento dado usted no sabe qué decir, no se preocupe. Basta con que le mire mientras habla, espere y, si lo considera oportuno, repita alguna frase del propio niño con ligeras modificaciones. Se sorprenderá cuando compruebe hasta qué punto esta forma de actuar prolonga los intercambios comunicativos con su hijo y le ayuda a abrirse. Y finalmente recuerde: una pregunta directa sobre un tema concreto es, a veces, la peor de las maneras de iniciar una conversación con alguien poco comunicativo.

LO MÁS HUMANO

Cuando el retraso en el habla supera los límites considerados normales debe tenerse en cuenta la posibilidad de algún trastorno. Entre los que pueden afectar el desarrollo ulterior del lenguaje, los más frecuentes son las dislalias y la tartamudez.

mo, pero a partir de un determinado momento, cuando el desfase supera ciertos límites, se empieza a hablar de patología, de un retraso que va más allá de lo normal, que compromete el desarrollo futuro y que, probablemente, no se corregirá espontáneamente. En las auténticas disfasias las primeras palabras no se consolidan hasta los dos años y las primeras frases después del tercer cumpleaños y, además, mientras en unos casos la comprensión del lenguaje de los demás suele ser correcta, en otros también la comprensión falla, aumentando así la gravedad del problema. Un retraso ligero no suele ser motivo de inquietud, pero cuando el niño ya ha cumplido los tres años y el desfase es de más de doce meses hay motivos para consultar a un especialista en comunicación y lenguaje, sea logopeda, psicólogo del lenguaje u otro. El término audiomudez suele emplearse para referirse a casos, poco frecuentes, en los que el desarrollo lingüístico se inicia hacia los cinco o seis años y nunca alcanza los niveles normales.

¿ Mi hijo tiene 16 años y tartamudea en ciertos momentos, especialmente cuando habla con una chica, ¿puede corregirse este problema?

➡ Es probable que la causa del tartamudeo sea la ansiedad que le producen ciertas situaciones sociales en las que se siente más comprometido o menos seguro. Un especialista puede ayudarle a controlar la ansiedad y a la vez analizar y corregir su patrón de habla y posibles tics bucofaciales.

Los problemas auditivos pueden afectar la adquisición del lenguaje en el niño. La correcta percepción de los sonidos y la comprensión de las palabras son fundamentales para ello en edad temprana, de modo que es muy importante la detección precoz de cualquier problema auditivo para afrontarlo y buscar las soluciones idóneas.

Alteraciones de la fluidez del habla

Isaac, por su parte, ya ha cumplido los trece años y los estudios no le van mal, pero es un muchacho retraído que desde pequeño tartamudea. De forma imprevisible, al principio de una frase o de una palabra, Isaac se queda con la garganta agarrotada, no le sale aire y cuando al fin empieza a hablar repite varias veces la primera letra o sílaba de la palabra. Parece que las palabras que más a menudo repite son las que empiezan por /c/ o /p/, como casa y pueblo. Quizás por eso, para evitar tales «atascos» —piensan sus padres— ha tomado la costumbre de incluir una expresión repetitiva y sin mucho sentido «¿no es así?», antes de palabras que empiecen con los sonidos temidos. Hay épocas en que Isaac incluye la muletilla ¿no es así? casi en cada frase, con lo cual su lenguaje todavía resulta más extraño. Hasta ahora sus padres pensaban que quizás con la edad desaparecería este defecto, pero no ha sido así y ahora que el niño ya empieza a ser mayor también él muestra signos de cierta timidez a causa de su tartamudeo.

No hay acuerdo entre los especialistas sobre la causa de este trastorno, el tartamudeo o disfemia, que afecta a la fluidez y al ritmo del habla y es conocido desde épocas inmemoriales. Existen diferentes tipos de tartamudeos, incluido un falso tartamudeo que puede aparecer en la infancia antes de los seis años y que, efectivamente, desaparece con la edad. La mayoría de los especialistas coinciden en señalar que el tartamudeo suele ir acompañado, en mayor o menor grado, de ansiedad y otras alteraciones psicológicas pero se ignora si están en la raíz del problema de habla o, por el contrario, son producto del mismo. ¿Isaac está nervioso porque tartamudea o tartamudea cuando está nervioso?

Los tratamientos conocidos para la disfemia se cuentan por decenas, desde los que intentan averiguar las causas lejanas del problema quedando éste relegado a la categoría de mero síntoma, hasta las técnicas más sofisticadas de bio-retroalimentación que se orientan a la eliminación de las respuestas engorrosas. Los problemas de ansiedad, timidez o fobia a hablar en público que a menudo experimenta la persona disfémica, desaparecen con más facilidad que el tartamudeo en sí, cuando son debidamente tratados.

Los niños que pronuncian mal

En la escuela infantil, entre los tres y los seis años, es muy frecuente encontrar niños que articulan mucho peor que sus compañeros, apenas se les entiende cuando hablan y manifiestan graves dificultades para articular determinados sonidos o grupos de sonidos. Sus educadores saben que hasta los siete años los niños aún tienen tiempo para acabar de perfeccionar la articulación por sí mismos, pero cuando se encuentran con un niño con una dislalia —palabra técnica para referirse a problemas de articulación en la primera y segunda infancia— que afecta a muchos grupos de sonidos, que no mejora a lo largo de un curso y se mantiene cuando ya se acerca la edad de empezar a leer, entonces suelen pedir ayuda a un experto o indicar a la familia que sean ellos quienes consulten.

Desde las mismas aulas es posible realizar un trabajo preventivo para reducir los casos sencillos de dificultades articulatorias, si bien las dislalias más complejas y persistentes necesitarán, además, un tratamiento específico.

Las pérdidas de audición

Cuando el pequeño experimenta dificultades de audición es muy posible que el desarrollo del lenguaje sea afectado negativamente. Las hipoacúsias, pérdidas auditivas leves o transitorias, producidas por ejemplo por otitis o frecuentes catarros invernales, no causan graves problemas, pero una audición pobre a lo largo de los años preescolares puede dificultar la adquisición de la lengua oral de manera importante, tanto más importante cuanto mayor sea la pérdida auditiva y cuanto más tarde se detecte y se atienda.

Los audífonos, el lenguaje de signos y el aprendizaje especial de la lengua oral hacen que la sordera (las dificultades para oír y comprender las palabras) aunque constituya una discapacidad, no suponga necesariamente para el niño la mudez y la imposibilidad para comunicarse. De ahí la importancia de las escuelas de reeducación para niños sordos.

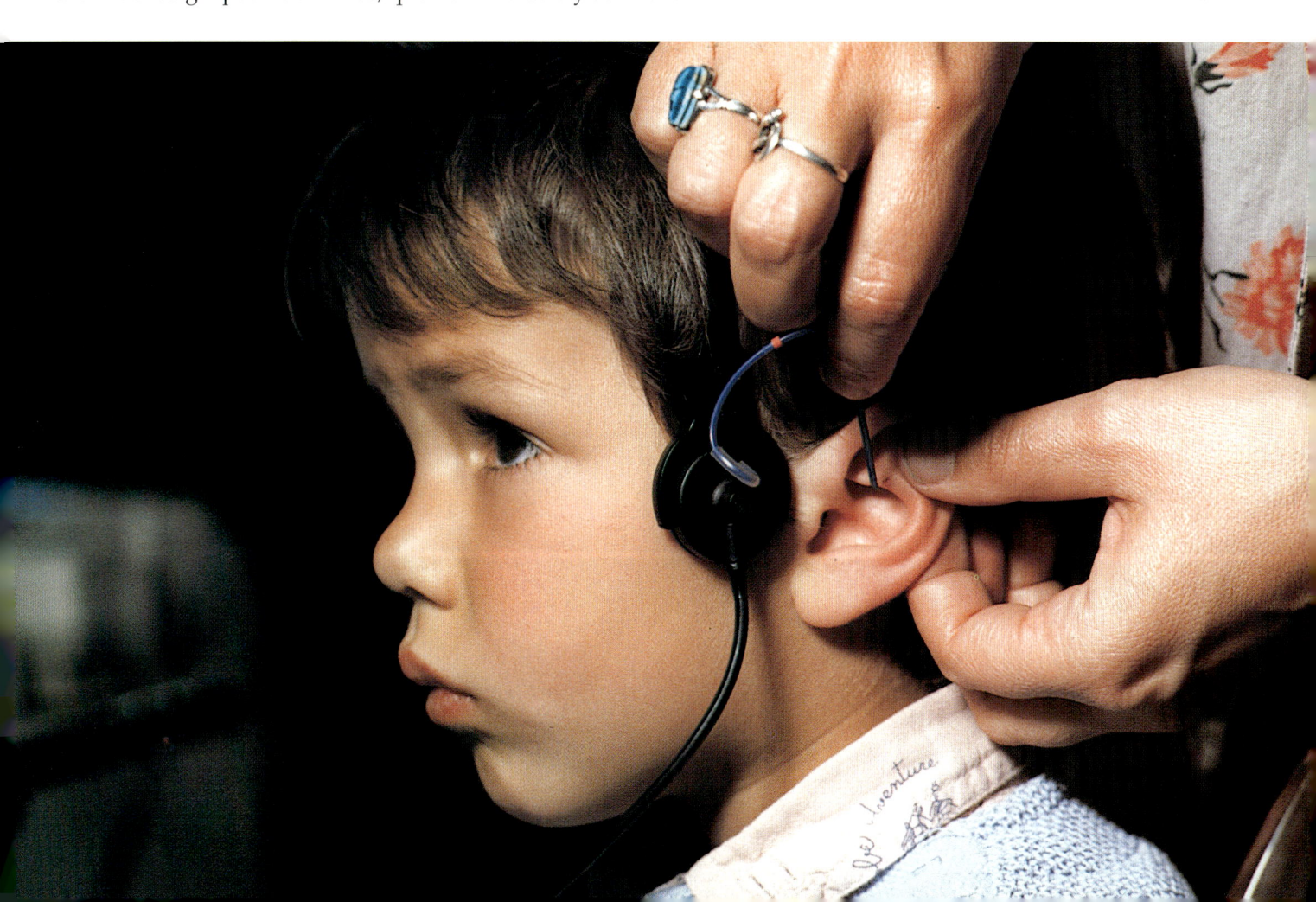

EL LENGUAJE

Las personas que no oyen bien, por pérdidas de audición leves, pueden mostrarse irritables, comprenden peor el habla de los demás, sobre todo en situaciones ruidosas o de grupo, pronuncian con dificultad y se distraen fácilmente. La audiometría infantil ha evolucionado notablemente en las últimas décadas y hoy es posible determinar con bastante precisión la capacidad auditiva, medida habitualmente en decibelios, de los niños incluidos los más pequeños o poco colaboradores. Cuando la pérdida de audición es muy grave y permanente —generalmente se suele considerar como grave una pérdida de 60 o más decibelios— la lengua oral ya no se desarrolla de la manera habitual; se considera entonces que la persona tiene una desventaja importante y necesita atención especial. Es posible ayudar a los niños con graves discapacidades auditivas de manera que puedan comunicarse con eficacia. Los niños sordos no son necesariamente sordomudos, como se decía antiguamente, gracias entre otras cosas a los audífonos, los lenguajes de signos y, según los casos, incluso el aprendizaje de la lengua oral.

Anomalías anatómicas

Ismael es hoy un niño precioso de vivos ojos negros y expresión risueña, pero cuando nació su carita estaba deformada por una hendidura en el paladar que llegaba hasta el labio superior, lo que dificultaba la normal circulación del aire por los canales nasales y bucales. Su caso es uno de los ejemplos más extremos de problemas de voz y habla producidos por anomalías anatómicas. El paladar hendido o el labio fisurado producen voces nasales y dificultades de articulación que a menudo pueden corregirse mediante la cirugía o las prótesis. Después se hace necesaria la reeducación logopédica para establecer nuevos hábitos respiratorios o de articulación ya que los viejos no desaparecen por sí solos.

Durante décadas se pensaba que las dificultades de articulación se debían a la presencia de un frenillo corto. En realidad la lengua es un músculo tan móvil y las posibilidades de articular son tan variadas que un frenillo corto rara vez es la causa de una dislalia. En los orígenes de este problema suelen encontrarse más bien las dificultades de percepción y de análisis de la cadena fónica a nivel cortical.

No hablan en clase

Para la familia de Isabel resultó una sorpresa la entrevista que mantuvieron con la profesora del colegio al finalizar el segundo trimestre. Isabel había empezado a asistir a la escuela pública y acababa de cumplir seis años cuando su profesora comunicó a los padres que la niña no hablaba con sus compañeras ni

El mutismo es un trastorno del lenguaje que padecen algunos niños, quienes se niegan a hablar por algún desorden psicológico en determinados ambientes, como el colegio, o ante ciertas situaciones. Con la ayuda de un psicoterapeuta el problema suele superarse potenciando las vías de comunicación elegidas por el niño.

maestros. Al principio los padres no podían entenderlo, creyeron que Isabel simplemente hablaba poco ya que en casa se expresaba con toda normalidad; les costó más de dos horas comprender que, desde principio del curso, no se le había oído la voz en la escuela. Algunos niños cuyo desarrollo lingüístico es normal, parecen elegir en un momento dado dónde o con quién no van a hablar y lo llevan a cabo a rajatabla. Este trastorno es poco frecuente y recibe el nombre de mutismo electivo o selectivo; a pesar de su espectacularidad es un trastorno que tiene buen pronóstico sobre todo si desde el principio se tiene en cuenta que el niño está manifestando a través de este mutismo ciertas dificultades de orden psicológico y por tanto no es un problema de simple tozudería. Que no lo es se demuestra por el hecho constatado que los chantajes o amenazas apenas sirven de nada. Isabel, por ejemplo, disfrutaba en las clases de música, seguía todas las instrucciones e incluso cantaba en grupo, así que el profesor un día decidió que, a menos que Isabel contestara un simple pregunta, no le permitiría participar en las sesiones de música. Este tipo de pulsos los gana siempre el niño y en general sólo conducen a consolidar el problema. Una aproximación psicoterapéutica comprensiva, potenciando el hecho de que el niño se comunica por otros medios y comprende perfectamente el lenguaje de los demás, suele conducir a un abandono progresivo del mutismo.

El lenguaje en los trastornos globales de desarrollo

Hasta el momento nos hemos referido a niños cuyo desarrollo es prácticamente normal aunque tengan ciertos problemas de audición, lenguaje o comunicación. Pero cuando toda la evolución psicológica infantil se ve comprometida a causa de una perturbación global, como la deficiencia mental o el autismo, también el lenguaje se ve afectado y las respuestas profesionales a sus necesidades de estimulación y enseñanza son más complicadas. Estos bebés se relacionan con el mundo exterior con menos habilidad que las demás criaturas, ya desde el nacimiento, y crean en sus padres sentimientos encontrados de frustración y desconcierto. Todo conduce al establecimiento de formas de comunicación atípicas entre el bebé y su entorno social, lo cual puede añadir dificultades al desarrollo ya de por sí problemático de estos niños. Los recién nacidos con el síndrome de Down, por ejemplo, suelen responder con lentitud a los mimos y arrullos de la madre, empiezan a sonreír meses más tarde que sus hermanos y algunos casi no balbucean. Estas características indican la existencia de un retraso lingüístico que puede agravarse si la comunicación con la madre se ve alterada por ser menos frecuente o menos enriquecedora.

Los trastornos del lenguaje en las personas adultas

También los adultos pueden presentar un lenguaje alterado, bien como continuación de los problemas sufridos en la niñez, como les ocurre a muchas personas sordas, o ser de aparición mas tardía, como la mayoría de las afasias que aparecen una vez se ha consolidado el desarrollo lingüístico.

Las afasias constituyen el trastorno de lenguaje más frecuente en las perso-

La comunicación con la madre, de por sí fundamental para el desarrollo del niño, cobra mayor relevancia para aquel que sufre trastornos graves, como el autismo o el síndrome de Down. En estos casos la especial atención de los padres resulta decisiva para impedir el agravamiento del retraso lingüístico del niño.

¿ La facilidad para aprender una lengua en edad temprana, se da también con el lenguaje de los signos de los sordomudos?

➤ Se ha comprobado que los niños sordomudos nacidos de padres sordomudos, al familiarizarse con este tipo de lenguaje desde la cuna, tienen un dominio y fluidez del mismo mayor que el de sus progenitores, hijos de padres no sordomudos, que lo aprendieron más tarde.

Lenguaje y pensamiento

La curiosidad por el lenguaje humano lleva muy pronto a interrogarse sobre las relaciones entre lenguaje y pensamiento. Desde la Antigüedad, religiones y filosofías han considerado al pensamiento como una facultad del alma, o de la mente, en tanto que al lenguaje se le atribuye el papel de mero representante del pensamiento. Según esto, las palabras son expresión de las ideas y, por tanto, primero son las ideas y después las palabras que sirven para exteriorizarlas. Esta concepción, bajo diferentes versiones, ha perdurado a lo largo de los siglos.

El influyente picólogo suizo Jean Piaget supedita la aparición del lenguaje a un determinado grado de desarrollo intelectual o, lo que es lo mismo, a la adquisición de formas específicas de pensamiento que la mayoría de niños y niñas alcanzan hacia los 18 meses. En esas edades los niños ciertamente ya dicen sus primeras palabras con significado y función, y también por esa época pueden imitar comportamientos que han observado con anterioridad. También es a esta edad cuando aparecen los primeros juegos simbólicos, juegos en los que el niño atribuye a los juguetes y a las acciones un significado que trasciende sus características reales. El niño hace como si una calabaza fuera un camión o da de comer, simbólicamente, unas cucharadas vacías a su muñeca.

Para Piaget todos estos comportamientos, la imitación diferida, el juego simbólico y el mismo lenguaje, son manifestaciones de una función cognoscitiva nueva, llamada función simbólica, que es la base de la aparición de dichos comportamientos. Las palabras son entonces manifestaciones del conocimiento simbólico interiorizado. El pensamiento, entendido como una forma de conocimiento, precede al lenguaje y, por lo tanto, lo determina.

Lev Vigotsky, en la postura opuesta, llegó a escribir que el pensamiento no sólo no precede al lenguaje sino que de hecho se crea gracias al lenguaje, abogando así por la idea de que el pensamiento sería lenguaje interiorizado e individual construido previamente en actividades sociales colectivas. Esta forma de plantearse las relaciones entre «pensamiento y lenguaje» (título de un conocido libro de Vigotsky) lleva a incluir en el dilema un tercer factor, el factor social. Gran parte de la actividad lingüística humana es actividad social e interpersonal, en el sentido de que se origina y se practica junto con otras personas en contextos interactivos. Visto de este modo, el lenguaje puede considerarse una práctica social. Pues bien, dado que para muchas teorías y disciplinas cercanas al modo de pensar vigotskiano toda conciencia nace de una práctica social, se llega entonces fácilmente a la conclusión de que el pensamiento, una forma de conciencia, nace a partir de una serie de prácticas sociales humanas entre las que se encuentra el lenguaje. Esta teoría choca con la anteriormente expuesta y con las creencias del hombre de la calle que está habituado a considerar al lenguaje como dependiente de los pensamientos.

Aún hoy, los expertos no acaban de ponerse de acuerdo en lo que respecta a quién se supedita a quién o cuál de las dos realidades precede a la otra. ¿Se piensa primero y después el lenguaje se limita a ser expresión de lo pensado o, por el contrario, el lenguaje propio y el de los demás ayuda a configurar los pensamientos? En cualquier caso, es cierto que los pensamientos tienen casi siempre un substrato lingüístico y que hablar y pensar son dos procesos mentales estrechamente relacionados que se condicionan mutuamente.

Como suele ocurrir en casi todas las cuestiones polarizadas, la solución no parece encontrarse escondida en ninguno de los dos extremos. Una interpretación más centrada podría ser la apuntada por Schelsinger, cuando propone que el niño va desarrollando paralelamente la capacidad de interpretar sus experiencias y la comprensión del lenguaje ajeno, en especial el que se le dirige específicamente a él en situaciones interactivas, de juego o cuidados, durante los primeros meses. Gracias a estos dos logros, en un momento dado, hacia los doce meses, podrá adjudicar significado a símbolos lingüísticos a la vez que la comprensión de palabras con significado le ayudará a codificar y categorizar sus experiencias, en un proceso de influencias bidireccionales entre desarrollo del conocimiento y del lenguaje.

Los contenidos del lenguaje se amplían a medida que el niño amplía sus conocimientos sobre el mundo y adquiere conceptos progresivamente más abstractos. Pero, al mismo tiempo, el lenguaje que rodea al niño desde el nacimiento como una parte inseparable de su experiencia afectiva y social, le ayuda a conocer la realidad y a nombrarla. Una vez que los niños han aprendido a nombrar los primeros objetos y relaciones conceptuales, es posible que el lenguaje adquirido modifique la percepción de la realidad y ayude a construirla mentalmente, en consonancia con el medio cultural en que vive. Visto así, el lenguaje no sólo es un instrumento para la comunicación sino que también mediatiza la percepción de la realidad y ayuda a configurar el pensamiento y a resolver problemas.

María José del Río
Doctora en Psicología

La protagonista de la película **Hijos de un Dios menor** *se comunica perfectamente a través de sus manos, pese a ser sordomuda. El lenguaje de los signos se ha universalizado como una de las formas de comunicación más eficaces utilizadas por aquellos que padecen sordera. Se basa en un sistema en el que una determinada posición y movimiento de los dedos o de las manos representa una letra o bien una palabra entera.*

nas mayores y se caracterizan por la desaparición total o parcial de la facultad de hablar, de leer y escribir, de manejar símbolos, especialmente símbolos lingüísticos, en su sentido más amplio, y a veces también de comprender el lenguaje de otros. El origen de las diversas afasias es orgánico y está en relación con alteraciones importantes del sistema nervioso central causadas, por ejemplo, por tumores cerebrales, traumatismos craneales, o infecciones que afecten al funcionamiento de la corteza cerebral.

Dos pacientes afásicos pueden presentar características patológicas muy diferentes. José, por ejemplo, un jubilado de 73 años, manifiesta dificultades para organizar frases gramaticalmente correctas y también le cuesta encontrar los nombres de las cosas (anomia) que tiene delante, pero articula bien y parece comprender lo que se le dice. Sin embargo María, también afásica, habla de manera ininteligible porque cambia con frecuencia el lugar de los sonidos dentro de una palabra diciendo *nonento* en lugar de momento, por ejemplo, pero sus oraciones están bien formadas.

Sistemas alternativos

Los accidentes automovilísticos o deportivos son causa de una gran parte de la psicopatología del lenguaje adulto. En cuanto a los adelantos técnicos, una persona que haya perdido la capacidad de hablar y de caminar en un accidente puede utilizar un comunicador con sintetizador de voz del tamaño de una calculadora para transmitir los mensajes que ella misma teclea. También se han perfeccionado notablemente las técnicas encaminadas a ayudar a producir voz a aquellas personas a las que ha sido necesario extirpar la laringe.

En nuestros días existen muchas alternativas posibles a la pérdida total o parcial del lenguaje o de la capacidad de comunicarse de los niños, los adultos o incluso las personas de la tercera edad. Los sistemas alternativos de comunicación abren cada día nuevas posibilidades.

Capítulo 12

LA INTELIGENCIA

LA INTELIGENCIA

Un concepto polémico

Durante cien años, la confusión ha reinado en todos los intentos que han hecho los psicólogos de definir la inteligencia. Un simposio que reunió en 1921 a los máximos expertos en esta materia, entre ellos Lewis Terman, E.L. Thorndike y L. L. Thurstone, sirvió únicamente para poner de manifiesto que no había dos psicólogos que estuvieran de acuerdo en su concepción de la inteligencia. Pese a las importantes contribuciones posteriores de psicólogos y académicos, este estado de cosas ha continuado hasta el presente: en 1986, veinticuatro expertos en el estudio de la inteligencia volvieron a brindar veinticuatro definiciones diferentes.

No hay que inferir de aquí que los científicos no hayan progresado nada en tres cuartos de siglo. Un breve vistazo a lo que se ha logrado averiguar hasta ahora acerca de la medida, la naturaleza y la transmisión de la inteligencia puede dar cuenta al mismo tiempo de las dificultades que entraña su estudio.

La medida de la inteligencia

El estudio de la inteligencia en el siglo XIX estuvo dominado por la craneometría, ciencia que aspiraba a relacionar las características psicológicas de las personas con las diferentes medidas de sus cráneos. Samuel G. Morton en Estados Unidos y Paul Broca en Francia publicaron diversas investigaciones craneométricas que avalaban la superioridad intelectual del hombre sobre la mujer, del rico sobre el pobre y de la raza blanca sobre todas las otras. Broca y sus colaboradores confirmaron posteriormente estas conclusiones estudiando el peso del cerebro, en la creencia de que éste tenía alguna relación con la inteligencia. Con el tiempo, hallaron sin embargo que los cerebros de los alemanes eran más grandes que los de los franceses, los de los criminales mayores que los de los ciudadanos honestos, y que el cerebro de Franz Gall, reputado craneómetra, pesaba doscientos gramos por debajo de la media europea. Éstos y otros resultados inexplicables motivaron que la craneometría cayera en desuso.

Sir Francis Galton se destacó en la segunda mitad del siglo XIX como un científico innovador e inquieto, preocupado desde muy joven por la cuantificación de diferentes características humanas. Enemigo radical de la concepción de que todos los hombres nacemos igualmente dotados, ideó varias medidas simples de las cualidades intelectuales, entre ellas el tiempo de reacción y la agudeza sensorial. Miles de personas pagaron en la Exposición Internacional de 1884 en Londres para someterse a aquellas pruebas. Los resultados distaron mucho de lo esperado por Galton: ni las personas de elevada condición social resultaron superiores a las personas humildes, ni las mujeres puntuaron por debajo de los hombres. Ahora sabemos que estas medidas simples tenían poco que ver con las características mentales superiores.

La inteligencia humana es la aptitud para establecer relaciones intelectuales poniendo en juego el lenguaje y los conceptos, mientras que la llamada inteligencia animal, de la que los primates son acaso los mejores representantes y los más próximos al hombre, no supera el estadio de las relaciones sensoriales y la formación de reflejos condicionados.

PREGUNTAS Y RESPUESTAS

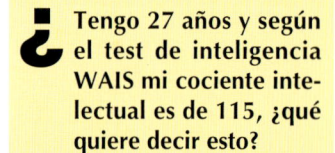

Tengo 27 años y según el test de inteligencia WAIS mi cociente intelectual es de 115, ¿qué quiere decir esto?

➡ Esto significa que en este tipo de test su cociente intelectual es ligeramente superior a la media obtenida entre personas de su misma edad, considerando que el intervalo de normalidad se sitúa entre 70 y 130 y que en él se halla el 96 por ciento de la población con una edad similar a la suya.

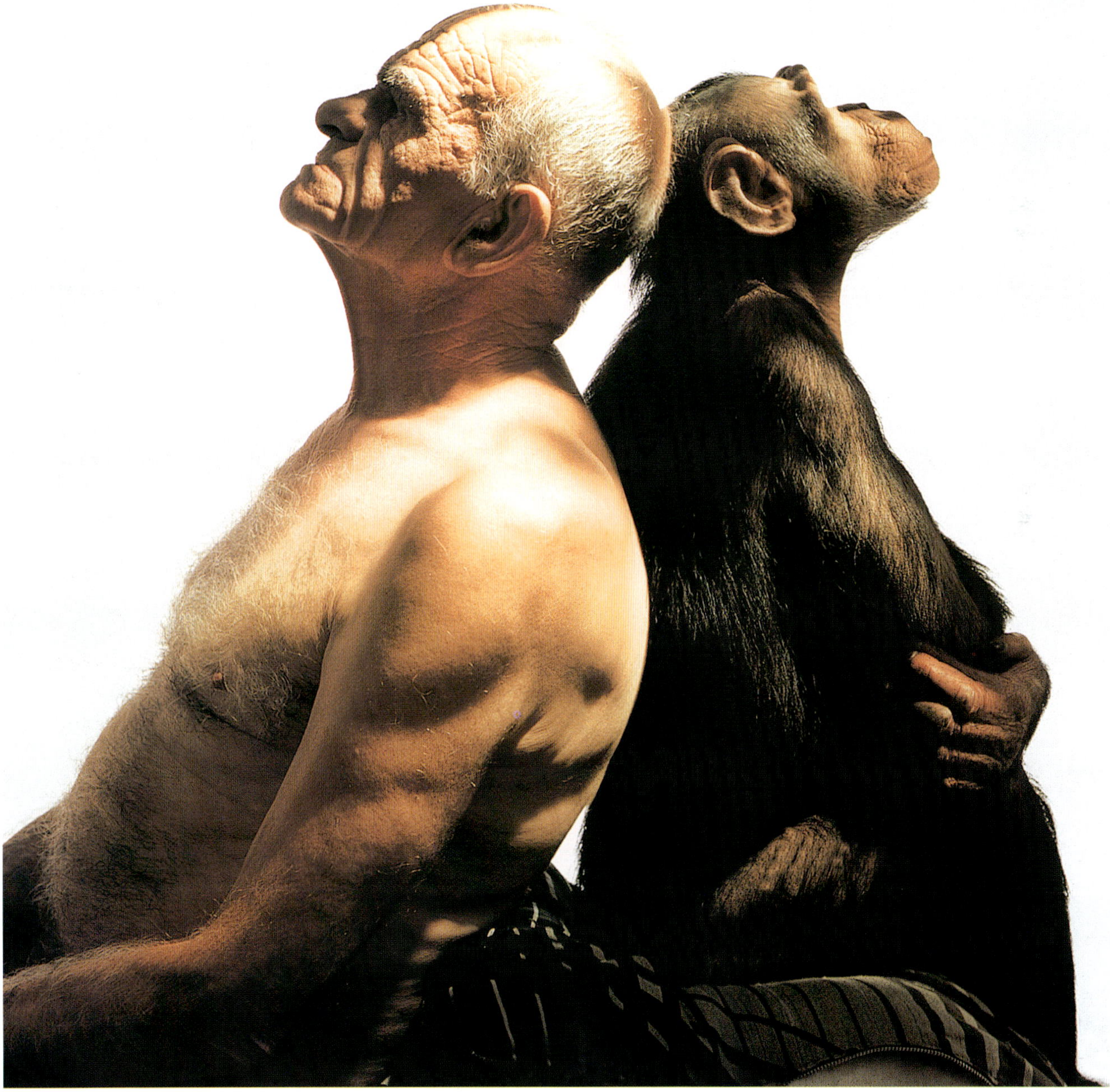

LA INTELIGENCIA

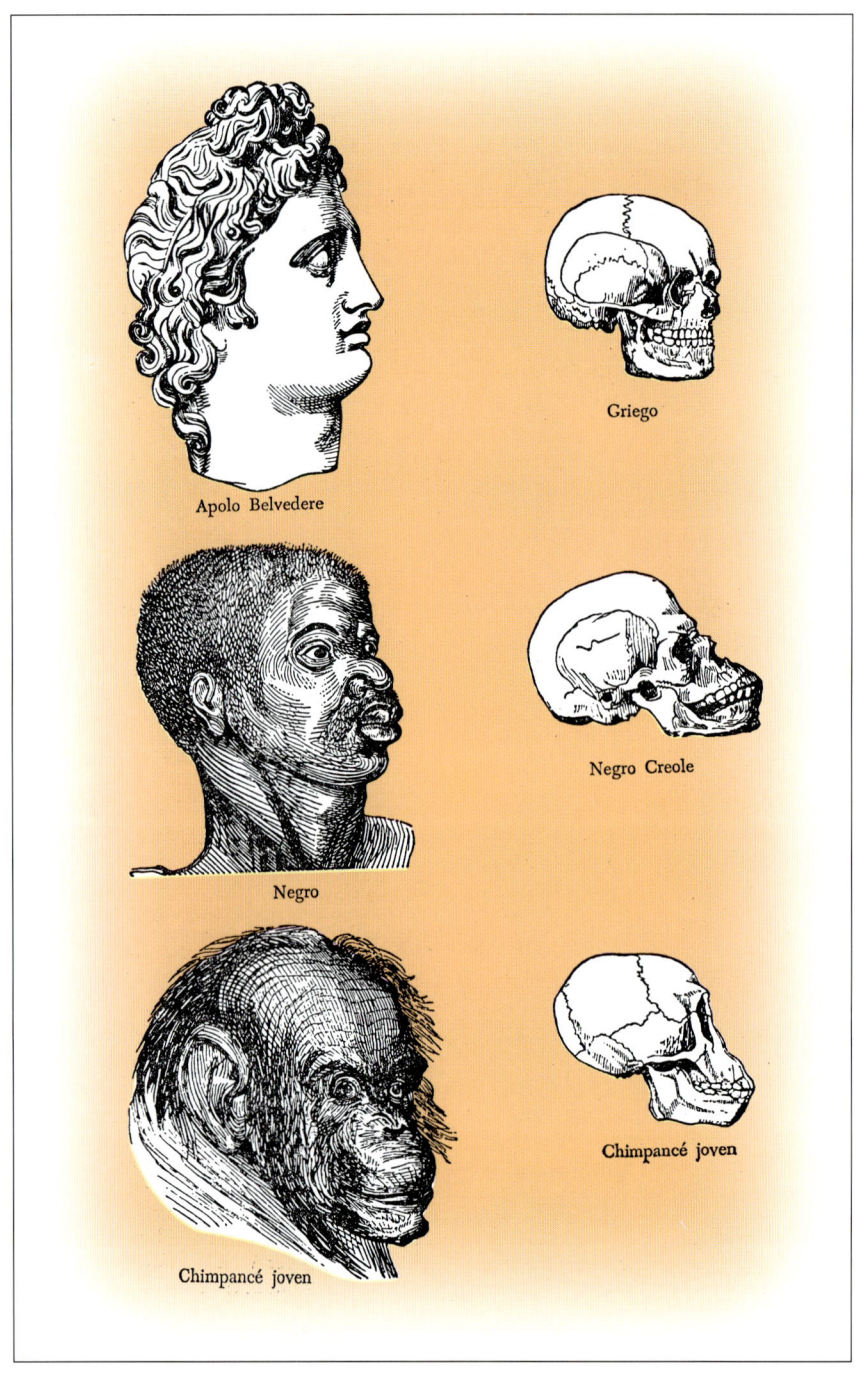

Según la craneometría, la raza blanca era intelectualmente superior a todas las otras. Con pruebas como estos dibujos, en que la mandíbula del negro aparece falsamente deformada, se sugería que los negros eran incluso inferiores a los monos.

Evolución de la medida de la inteligencia

Las medidas complejas de la inteligencia aparecen con Alfred Binet en 1905. Binet se enfrentó al problema de medir las capacidades intelectuales, cuando el gobierno francés le encargó la elaboración de un test que pudiese detectar a aquellos niños que no podían seguir el ritmo regular de la escuela. Junto con su colaborador Théodore Simon, había dedicado varios años a intentar relacionar el retraso mental con el tamaño de la cabeza. Intuyendo que las medidas de rendimiento complejo serían más aclaratorias que las simples, elaboraron la escala Binet-Simon, un cuestionario compuesto de distintas preguntas relacionadas con el razonamiento y la resolución de problemas. Partieron del supuesto de que la aptitud mental es una capacidad general y unitaria e introdujeron el concepto de «edad mental»: todos los niños se desarrollan intelectualmente en la misma dirección, pero no al mismo ritmo; si un niño rinde menos que los de su misma edad se debe a que su desarrollo mental corresponde todavía al de un niño de menor edad. Binet y Simon no afirmaron nunca que tales diferencias en el rendimiento fuesen debidas a una inferioridad genética, ni creyeron estar midiendo la inteligencia innata.

Sospechando la importancia del ambiente en el desarrollo intelectual de los niños, Binet deseaba que el cuestionario se utilizase para mejorar las oportunidades de los más retrasados mediante clases especiales, y no para etiquetarlos o limitar sus oportunidades.

El psicólogo alemán William Stern formuló el conocido cociente de inteligencia (CI), resultante de dividir la edad mental entre la edad cronológica y multiplicar por 100. Así, la persona media, cuya edad mental coincide con la cronológica, tendrá un cociente de inteligencia de 100. Actualmente el cociente de inteligencia ya no se usa en su forma original, pues así como puede tener cierto sentido que un niño inteligente de ocho años rinda como el niño medio de once, no lo tiene que un adulto inteligente de cincuenta rinda como el adulto medio de sesenta. Seguimos utilizando, por inercia, el término cociente de inteligencia, pero en éste la cifra 100 representa únicamente a la puntuación media de la población de la misma edad, habiéndose abandonado el concepto de edad mental.

La edad de oro de la psicometría

En los inicios de este siglo H. H. Goddard importó el Binet-Simon a Estados Unidos, mientras que Lewis Terman, profesor de la Universidad de Stanford, realizó algunas modificaciones para adaptarlo a la sociedad americana y lo amplió para su aplicación en adultos. La adaptación de Terman supuso el pistoletazo de salida para la construcción y administración de tests a gran escala. La tarea de reclutar para el ejército americano «personal mental y corporalmente sano» que combatiese en la Primera Guerra Mundial creó la necesidad de construir tests que pudiesen aplicarse masivamente a miles de personas. La pretensión era elaborar un instrumento aplicable en masa, que indicase qué tipo de tarea era la más adecuada a las capacidades de cada recluta. Dos millones de personas se sometieron a estas pruebas en la Primera Guerra Mundial, y nueve millones en la Segunda. En el período de entreguerras se elaboraron decenas de tests inspirados en los del ejército, que pasaron rápidamente a utilizarse en ambientes académicos y en la industria.

La psicometría (literalmente, «medida de la mente») se convirtió en el pan de cada día para generaciones de estudiantes y de aspirantes a un puesto de trabajo. Se multiplicaron igualmente los tests que proporcionaban, no una medida del cociente de inteligencia global del sujeto, sino de aptitudes específicas como las mecánicas, burocráticas, musicales o artísticas.

En este caldo de cultivo psicométrico, Terman y sus sucesores acabaron haciendo realidad la pesadilla de Binet. La Stanford-Binet fue administrada extensamente por todo el país, bajo el supuesto de que se estaba midiendo la inteligencia innata e inmutable de las personas. La abusiva utilización de este supuesto provocó tan funestas consecuencias que el propio Terman se echó atrás en algunos de sus juicios y admitió cierta influencia del nivel de educación y de las diferencias culturales en los resultados del test.

Las técnicas de transporte y de elevación, necesarias para el levantamiento de las grandes construcciones megalíticas, como el monumento circular de Stonehenge, en el Reino Unido, demuestran el desarrollo de la inteligencia práctica, anterior a toda elaboración de teorías científicas.

LA INTELIGENCIA

En las campañas de reclutamiento militar efectuadas en Estados Unidos en el curso de la Gran Guerra Mundial, se aplicaron por primera vez masivamente los tests de inteligencia, con el fin de evaluar las tareas más apropiadas a las capacidades de cada soldado.

¿ A mi primo, en unas pruebas que le hicieron en la escuela, le dijeron que su cociente intelectual es 98, ¿significa esto que no debería estudiar ingeniería como es su deseo?

➜ Si bien la puntuación que se obtiene en un test de inteligencia suele estar relacionada con las habilidades necesarias para el rendimiento académico, existen otros factores, como la motivación y el carácter, que pueden determinar el éxito en los estudios elegidos.

Hacia un concepto amplio

Estos excesos en la administración e interpretación de los tests de inteligencia terminaron por suscitar una reacción contra su utilización. Se llegó a afirmar que el único avance posible en la investigación de la inteligencia implicaba «coger a todos los que aplican esos tests de inteligencia y hundirlos sin previo aviso, junto con todos sus cuestionarios, en el Mar de los Sargazos».

Evaluando las aptitudes de los reclutas de la Segunda Guerra Mundial, el psicólogo David Wechsler observó que éstos fallaban repetidamente en los tests, aunque sus historias mostraban que su actuación laboral era normal y que se adaptaban bien a la vida civil. Sugirió entonces la necesidad de un concepto de inteligencia más amplio que los entonces al uso.

Para Wechsler «el comportamiento inteligente debe suponer algo más que la pura aptitud intelectual». Señaló que individuos con cocientes de inteligencia idénticos pueden diferir considerablemente en su capacidad para enfrentarse a su entorno, lo que pone de manifiesto el error que supone separar la inteligencia de características tales como la motivación, las oportunidades educativas, la personalidad y otros factores no intelectivos que pueden influir en el rendimiento intelectual. «Incluso nuestros mejores tests de inteligencia —concluyó— sólo llegan a medir una parte y no todas las capacidades que constituyen el pensamiento inteligente». En 1939 publicó la escala Wechsler-Bellevue y en 1955, el WAIS (Escala Wechsler de Inteligencia para Adultos). Este último, formado por once pruebas que evalúan diferentes capacidades verbales y manipulativas, es probablemente el cuestionario más utilizado actualmente para medir las capacidades intelectuales. El WISC es una versión para niños de edad escolar, con la misma estructura.

Condiciones de los tests de inteligencia

Para que puedan ser utilizados, los tests de inteligencia deben cumplir tres condiciones: ser fiables, ser válidos y estar estandarizados. La fiabilidad es la capacidad del test para medir sin error. Se comprueba aplicando el test en dos ocasiones diferentes, separadas por un intervalo de días o semanas: dado que la inteligencia de un individuo no varía de un día para otro, las puntuaciones deben coincidir. Es también habitual dividir el test en dos mitades (generalmente preguntas pares e impares) y comprobar que los sujetos obtengan aproximadamente la misma puntuación en ambas.

La validez de un test exige que éste realmente mida lo que dice medir. Se recurre en este caso a un criterio externo al test. Por ejemplo, es esperable que los sujetos que obtienen altas puntuaciones en un test de inteligencia obtengan también buenas calificaciones académicas, y que aquellos que han puntuado bajo en el test obtengan malas calificaciones. Si esto se cumple, el test será válido, y con él podremos predecir las calificaciones académicas de los sujetos. La escala de Binet, sin ir más lejos, se utilizó para medir inteligencia aun cuando no existía acuerdo sobre lo que era la inteligencia. La razón es que la escala parecía «funcionar»: sus resultados concordaban con las estimaciones subjetivas de los profesores y compañeros, y predecía con razonable exactitud qué jóvenes encontrarían problemas en su actividad escolar.

Por último, la estandarización consiste en la administración del test a una gran cantidad de personas de diferentes grupos de edad, sexo y ocupación, con el fin de averiguar cuál es el rendimiento «normal» de cada grupo. Esto permite luego la comparación de la puntuación de un individuo con las de otros de su misma condición. Así, el cociente de inteligencia de 63 obtenido por un sujeto no tiene significado alguno para nosotros a menos que sepamos que la media de rendimiento de su grupo de edad es 100, y que el 96 por ciento de los sujetos puntúan entre 70 y 130.

Los tres requisitos indispensables para que un test ofrezca garantías de éxito son la fiabilidad para medir sin error, la validez de las mediciones en ciertos parámetros y la estandarización para su aplicación en un gran número de personas de diferente edad, sexo y ocupación.

Las condiciones económicas, sociales y culturales que determinan el modo de vida de un individuo inciden directamente en su psicología y condicionan el desarrollo de su inteligencia.
En consecuencia, aunque dos personas tengan una inteligencia similar en los primeros años de vida, en la edad adulta mostrarán diferencias según el ambiente en que hayan vivido. Un medio pobre y culturalmente limitado no favorece el desarrollo de la inteligencia.

Influencias ambientales

Desde la introducción de los tests de inteligencia en Estados Unidos se han venido produciendo dos importantes equívocos a la hora de interpretar los resultados y extraer conclusiones de ellos. Estos equívocos, en parte inconscientes y en parte deliberados, han provocado que los tests psicométricos sean repudiados por algunos sectores profesionales y sociales.

El primer error frecuente cuando se habla del cociente de inteligencia es pensar que proporciona una medida de la inteligencia innata del individuo. Hoy sabemos que las medidas del cociente de inteligencia están influidas por factores culturales y de aprendizaje. Esto supone, por una parte, que personas que se han desarrollado en un ambiente culturalmente restringido (padres analfabetos, escolarización breve, poca disponibilidad de libros u otros materiales didácticos) obtendrán puntuaciones de cociente de inteligencia inferiores a las de personas procedentes de ambientes más privilegiados, aunque su capacidad innata sea la misma. Por otra parte, los tests de inteligencia son injustos para cualquier grupo distinto del utilizado para la estandarización.

Un estudio de Wheeler puede ilustrar esta cuestión. El autor midió el cociente de inteligencia de niños que vivían en las montañas de Tennessee a los 6, 10 y 16 años, y observó consternado que éste iba descendiendo con la edad. Una posible explicación sería que, a causa de la ausencia de estímulos intelectuales, los niños de las montañas, en principio tan inteligentes como los demás, se van transformando en deficientes mentales. Wheeler encuentra sin embargo una interpretación alternativa. Los niños de la ciudad, utilizados para estandarizar la prueba, aprenden habilidades diferentes (capacidad lectora, fluidez verbal, cálcu-

UN CONCEPTO POLÉMICO

lo, etc.) de las que aprenden los niños montañeses (seguir un rastro, alimentar y cuidar el ganado, manejar una azada). Por tanto, los niños de las montañas no se vuelven deficientes, sino que se vuelven diferentes. Así, en los primeros años de vida, las medidas de inteligencia pueden ser más universales: la edad a la que el niño empieza a andar, a hablar, a comer solo... Pero, a medida que el niño crece, los diferentes ambientes favorecen el desarrollo de habilidades distintas. Por tanto, a mayor edad el test se irá volviendo menos válido, porque los tests de inteligencia reflejan inevitablemente los valores, las creencias y las formas de vida de la cultura de quien elabora el test. Invirtiendo el ejemplo, un test que evaluase las habilidades necesarias para vivir en la montaña probablemente daría puntuaciones próximas a la deficiencia mental para los niños de la ciudad. Estas diferencias pueden ser todavía más notables en culturas muy diferentes a la occidental, como los pescadores de perlas del Pacífico Sur o los aborígenes de los desiertos australianos.

Otras culturas

En cada cultura la inteligencia consta de habilidades diferentes. Por esta razón los intentos de medir la inteligencia en culturas ajenas a la occidental han revelado diferencias de cociente de inteligencia favorables a los occidentales. Se interpretan como diferencias cuantitativas (menor inteligencia) lo que en realidad son diferencias cualitativas (diferente inteligencia). Por añadidura el cociente de inteligencia, al estar «contaminado» por influencias ambientales, no es inmutable. Cambios de ambiente pueden conducir a cambios del cociente de inteligencia, tal como indican los resultados de programas educativos para deficientes mentales y para niños acogidos a hospicios.

El cociente de inteligencia de los individuos puede experimentar modificaciones si se producen cambios radicales de ambiente, en especial a edades tempranas, como se deduce de las experiencias educativas con niños deficientes mentales y acogidos en hospicios o de los cambios operados en niños adoptados por familias de alto nivel socioeconómico. Arriba, niños abandonados en el hospital psiquiátrico Riu Vadului de Rumania.

LA INTELIGENCIA

¿El cociente de inteligencia es la inteligencia?

Un segundo error es asimilar cociente de inteligencia a inteligencia. En los años veinte Edwin Boring pretendió resolver el problema de la definición de la inteligencia con un perogrullesco aserto que se conoce como el *dictum* de Boring: «La inteligencia es lo que miden los tests de inteligencia». Wechsler, y Binet antes que él, apuntaron sin embargo que los tests de inteligencia proporcionan sólo valoraciones incompletas de la capacidad del individuo para el comportamiento inteligente. Las personas que rinden bien en los tests de aptitud académica dan muestras, a lo sumo, de una leve tendencia a rendir bien también en las tareas prácticas y vocacionales que se desarrollan fuera de la escuela. Muchas de las frecuentes disputas en torno a la valoración de la inteligencia se han debido, en su mayor parte, a la incapacidad por parte de algunos autores para darse cuenta de que no medían la habilidad general del individuo para desenvolverse con éxito en su ambiente, sino tan sólo unas cuantas habilidades escolares.

La puntuación del cociente de inteligencia por sí sola dista mucho de ser útil para predecir el nivel que el sujeto alcanzará en la vida. Aspectos como la motivación, la personalidad, el estado de salud, el historial o los recursos materiales, personales y sociales de que se dispone, deben acompañar a cualquier evaluación del funcionamiento intelectual, si pretendemos predecir con ciertas garantías la suerte de un individuo.

Una vez claro lo que no es el cociente de inteligencia, interesa ahora aclarar lo que sí es. Los tests de inteligencia sólo evalúan una pequeña porción del rendimiento actual de un sujeto con el objetivo de predecir sus potencialidades para algunas tareas futuras, esencialmente académicas y laborales. Las puntuaciones de tal test son por el contrario de poco valor para predecir la aptitud intelectual no académica y la capacidad que un individuo posee para adaptarse a la sociedad y para actuar eficazmente en el seno de ésta. Es un error trascender este plano puramente práctico para extraer conclusiones acerca de la inteligencia de culturas diferentes a la nuestra o teorizar sobre la inteligencia como habilidad general para la vida.

El filósofo, físico y matemático francés Blaise Pascal puede ejemplificar uno de los extremos de la inteligencia. A los once años escribió un tratado sobre la propagación del sonido y a los doce descubrió por sí solo las 32 proposiciones de Euclides. Por eso Chateaubriand lo llamaba «ese espantoso genio».

¿Qué es en realidad la inteligencia?

Las personas ajenas a la investigación psicológica podrían pensar que los científicos están de acuerdo en el significado del término «inteligencia». Ni por asomo es así. No existe en la ciencia una definición de inteligencia generalmente aceptada. En palabras de Spearman, «la verdad es que "inteligencia" se ha convertido en una palabra con tantos significados que ha acabado por no tener ninguno».

Intentar una definición requiere además establecer previamente si existe en verdad una capacidad unitaria y general que podamos llamar inteligencia, o si por el contrario estamos aplicando esa etiqueta a una serie de habilidades que poco tienen que ver entre sí. Por ejemplo, ¿Aurelio es profesor de química y Modesto vendedor a domicilio porque Aurelio es más inteligente? ¿O Aurelio tiene más capacidad de abstracción y de concentración y Modesto más fluidez verbal y más habilidades sociales? A principios de este siglo, la cuestión de si la inteligencia era una aptitud global o un conjunto de aptitudes específicas dio lugar a una larga e intensa polémica entre los estudiosos de la época.

Inteligencia global o inteligencias específicas

La literatura abunda en casos de deficientes mentales con habilidad prodigiosa para recitar todos los números primos de ocho cifras, encontrar en décimas de segundo en qué día de la semana cae

Se ha dicho que no existe una, sino muchas inteligencias específicas. El sabio, el poeta, el programador, el músico, todos dan muestras de diferentes tipos de inteligencia. Según la leyenda, Isaac Newton no era en absoluto hábil para el comercio y por eso empezó a estudiar.

CI fósiles

Terman y sus colaboradores publicaron en 1926 un trabajo en el que calculaban, basándose en datos biográficos, el cociente de inteligencia de trescientos grandes personajes del pasado. A Napoleón se le asignaba, por ejemplo, un cociente de inteligencia de 145 y a Newton, uno de 190. Faraday recibió un ignominioso 105 porque sus padres eran pobres, y la cifra del infortunado Swift fue rebajada por hacer novillos en la escuela. A Galton se le adjudicó, por supuesto, un 200. A pesar de lo disparatado de la idea, fueron muchos los investigadores que la tomaron en serio.

LA INTELIGENCIA

una fecha del futuro lejano, o exclamar instantáneamente «183» cuando se desparrama un bote de guisantes ante sus ojos. Estos matemáticos portentosos (los llamados «sabios idiotas») son incapaces por otra parte de aprender a sumar o restar correctamente, como cabe esperar de sus cociente de inteligencia de 60. Paralelamente, encontramos casos como el del sagaz científico Isaac Newton, cuya familia tuvo que ponerle a estudiar dada la absoluta incapacidad que mostraba para la agricultura y el comercio.

No es necesario buscar genios o idiotas para evidenciar que la mayor parte de las personas se comportan inteligentemente para algunas cosas pero no para otras. Resulta difícil pensar que un sólo número (el cociente de inteligencia) pueda dar idea de las variadas habilidades adaptativas de una persona. Pero por otra parte, conocemos también a personas con habilidad para desenvolverse con éxito en gran variedad de situaciones, y a otras que son ineptas en casi cualquier situación. Así, ¿se ajusta más a la realidad el concepto de una capacidad intelectual general o el de varias cualidades específicas?

El análisis factorial

Uno de los abordajes más frecuentes para aclarar la cuestión de las aptitudes específicas ha sido el análisis factorial, una técnica estadística que permite descubrir,

La inteligencia puede adoptar diversas formas de acuerdo con las diferentes culturas, por lo que es imposible separarla del medio en el cual se evalúa. El comportamiento inteligente de un lama tibetano, por ejemplo, no responde a las mismas premisas que el de un joven occidental.

Edad e inteligencia

Durante muchos años se ha pensado que la inteligencia menguaba en la vejez. Esta creencia es parcialmente falsa. Lo que se reduce con la edad es la velocidad para responder, lo que hace que las puntuaciones en las pruebas de cociente de inteligencia disminuyan. Este decremento casi desaparece si no se tiene en cuenta el tiempo empleado y es mínimo en las pruebas de capacidad verbal. La gente mayor puede trabajar además con desventaja debido a las enfermedades físicas, a una visión pobre o al debilitamiento general. Los efectos del envejecimiento en la inteligencia son menores si la persona se mantiene física y mentalmente activa.

El mito de que la inteligencia disminuye con la vejez ha sido desechado por los expertos. Cuando la gente mantiene viva su mente, jugando al ajedrez o leyendo, sus cualidades permanecen intactas.

UN CONCEPTO POLÉMICO

a partir de diferentes medidas tomadas de un individuo, la existencia de dimensiones más generales subyacentes a éstas. Por ejemplo, la rapidez, la coordinación y la fuerza física pueden compartir un factor común al que llamaríamos «capacidad atlética general».

Charles Spearman propuso en 1904 la existencia de una inteligencia general o factor G, que está en la base de todas las aptitudes mentales específicas (que llamó factores s_1, s_2, s_3...). Aunque unas cualidades pueden destacar más que otras en una persona, por ejemplo el razonamiento abstracto, los sujetos que alcanzan puntuaciones elevadas en una habilidad suelen tener puntuaciones superiores al promedio en las restantes habilidades. Esto se llamó la teoría de los dos factores de Spearman.

En la actualidad, prácticamente todos los autores coinciden en que hay cualidades mentales específicas, aunque no acaban de ponerse de acuerdo en su número ni en su naturaleza. La inteligencia no parece constituir una capacidad unitaria, como pensaba Binet. Por otra parte, los datos de que disponemos siguen apoyando la existencia de una cierta relación entre esas diferentes cualidades específicas. La demostración de Spearman de la existencia de por lo menos un factor omnipresente en todas las actuaciones que requieren aptitud intelectual continúa siendo uno de los grandes descubrimientos de la psicología. Posiblemente, la inteligencia tenga una estructura jerárquica, con algunas capacidades básicas de procesamiento de información todavía desconocidas, cuyo grado de desarrollo facilita o entorpece el despliegue de una serie de habilidades específicas potenciadas por una cultura en especial.

Definiciones de inteligencia

Dado que las concepciones de los autores acerca de la estructura de la inteligencia son tan dispares, resulta lógico que, como se indica anteriormente, no existan dos autores que coincidan en la definición. Las diversas definiciones que podemos hallar en la literatura científica se centran en la capacidad del sujeto para adaptarse a un ambiente o a va-

Si bien la imagen del niño retraído y estudioso se ha presentado como equivalente de una inteligencia superior, la realidad indica que el superdotado, aquel que tiene un cociente de inteligencia superior a 130, tiende a ser extrovertido, bien adaptado y exitoso.

rios, para realizar abstracciones, pensar racionalmente, solucionar problemas, aprender nuevas estrategias por medio de la experiencia o llevar a cabo comportamientos dirigidos a metas. Algunos autores han señalado incluso la inutilidad del concepto de inteligencia y han propuesto centrarse en el estudio de las habilidades específicas que utilizan los individuos para manejarse en sus respectivos ambientes.

Podríamos ilustrar el estado actual del estudio de la inteligencia con la anécdota de los ciegos que intentan describir un elefante por el tacto: el primero de ellos dice tocando la trompa «Es como una serpiente»; el segundo tocando una pata le refuta «Es como un árbol» y el último palpando el vientre concluye «Es como una montaña».

Capacidad de adaptación

Existe, a pesar de todo, cierto grado de acuerdo en que cuando hablamos de inteligencia nos referimos a un conjunto de capacidades, relacionadas con el procesamiento de la información, que nos permiten desenvolvernos con éxito en un determinado ambiente. Esta definición puede aplicarse de la misma manera a un lama tibetano, un ballenero noruego o un analista de sistemas de Wisconsin, si bien se considera que las capacidades concretas que cada uno de ellos habrá desarrollado para favorecer la adaptación a su medio serán diferentes. Parte de las dificultades que encuentran los investigadores para ofrecer mejores definiciones de la inteligencia reside por tanto en su naturaleza múltiple. Definirla supone conocer sus componentes. Y más aún: aunque dispusiéramos de una lista completa de todos los componentes de la inteligencia, no sabríamos cuál sería su importancia relativa para un individuo concreto.

La inteligencia es por tanto una facultad que comprende varios tipos de capacidades y aptitudes, y que puede tomar diversas formas en diferentes culturas. Grupos diferentes valoran distintas habilidades adecuadas a sus propios contextos ecológicos, y desarrollan su propia «inteligencia». Ni siquiera la rapidez mental es valorada universalmente: por ejemplo, los indios americanos yakimas fracasan en todas las pruebas de rapidez y competición, porque la prisa no tiene cabida en su filosofía. Los sioux juzgan descortés el hecho de contestar a una pregunta en presencia de personas que ignoran la respuesta. Tampoco contestan antes de estudiar largamente la respuesta y, si tienen alguna duda, guardan silencio. El peculiar ambiente cultural y no la dotación innata es la causa evidente de su pésimo rendimiento. La inteligencia no puede separarse por tanto del medio en el cual se evalúa.

UN CONCEPTO POLÉMICO

Sin embargo la conducta inteligente tiene en cualquier cultura algunos factores en común. Refleja la capacidad para adaptarse aprendiendo de la experiencia, resolviendo problemas y razonando con claridad. La inteligencia anticipa (adelanta las consecuencias de la situación actual), construye (manipula y ordena los datos de la experiencia), utiliza símbolos (cifras, palabras y códigos sustituyen a los objetos) y relaciona (establece conexiones entre informaciones numerosas diversas y alejadas en espacio y tiempo). Es muy posible que estas cualidades favorezcan el éxito de cualquier organismo, sea cual sea el medio donde le ha sido dado vivir.

Otro aspecto al que sólo se ha prestado atención en la actualidad es que la inteligencia es un rasgo del comportamiento que está inextricablemente entrelazado con todos los comportamientos de interés para los psicólogos (personalidad, intereses, valores, motivación). La actitud imperante durante toda la primera mitad de este siglo de desligar la actividad intelectual del resto de las actividades mentales del ser humano está siendo abandonada, para investigar los aspectos motivacionales y afectivos de la inteligencia.

Extremos de la inteligencia

Se consideran mentalmente retrasadas aquellas personas con puntuaciones de cociente de inteligencia inferiores a 70 y que tengan dificultades para adaptarse a las exigencias de la vida independiente. Algunas de estas personas padecen taras genéticas como el síndrome de Down, la microcefalia o la fenilcetonuria (PKU), que suelen dar lugar a deficiencias profundas (cociente de inteligencia inferior a 50). Sin embargo, se estima actualmente que las tres cuartas partes de los retrasados mentales, y concretamente los menos graves (con cociente de inteligencia entre 50 y 70) son víctimas de un ambiente pobre en oportunidades para el desarrollo. Las capacidades de los deficientes mentales pueden incrementarse mediante entrenamientos especiales. La educación especial puede aumentar el cociente de inteligencia global, mejorar habilidades concretas como la lectura o el cálculo, y adaptar al sujeto al medio físico y social, incluso en casos de retraso profundo.

En cuanto a los superdotados, es decir, aquellas personas con un cociente de inteligencia superior a 130, debemos desarmar la imagen del niño retraído, aburrido y enfermizo, que vive en un mundo distinto al de sus compañeros. Los superdotados tienden más bien a ser individuos especialmente sanos, bien adaptados y académicamente exitosos, que suelen alcanzar elevados niveles de educación y muestran una productividad superior al promedio. Terman daba cuen-

Los individuos con un bajo cociente intelectual, como los que padecen el síndrome de Down u otras alteraciones de origen genético, pueden mejorar sus capacidades intelectuales mediante una educación diferencial que atienda a su adaptación al medio, motivándolos a desarrollar determinadas aptitudes psicofísicas.

LA INTELIGENCIA

ta de que en su madurez el grupo estudiado por él había producido sesenta libros, más de dos mil trabajos científicos, treinta novelas, trescientas cincuenta historias cortas y comedias, y al menos doscientas treinta patentes, un nivel de actividad claramente superior al promedio. Hay que señalar también que, significativamente, la mayor parte de los niños superdotados proceden de familias de nivel socioeconómico alto o medio, y menos del 10 por ciento proceden de familias de obreros.

¿Cómo se transmite la inteligencia?

Al comentar los equívocos referentes a la interpretación del cociente de inteligencia se adelantaba ya uno de los grandes problemas en el estudio de la inteligencia: la cuestión herencia-ambiente. ¿Los niños heredan genéticamente la inteligencia de sus padres, como se afirma desde la postura nativista? ¿O es la educación lo que determina el nivel intelectual de las personas, como defienden los ambientalistas?

Galton, ferviente defensor de la superioridad intelectual de la raza blanca y muy especialmente de la nobleza inglesa, observó que los jueces, estadistas y científicos de su época solían contar entre sus antepasados con otros jueces, estadistas y científicos. Consideró que este hecho era prueba suficiente de que la inteligencia se heredaba.

Este argumento contiene dos errores muy comunes entonces. El primero es considerar que el éxito social es lo mismo que la inteligencia. Ingenuamente, Galton pensó que los nobles ingleses eran más inteligentes que el pueblo llano por ser figuras públicas. El segundo error, aún más grave, es pensar que el hecho de que algunas características aparezcan en sucesivas generaciones de sujetos las convierte por fuerza en heredadas biológicamente. Si exceptuamos a Binet y sus seguidores, la tendencia general hasta mediados del siglo XX ha sido la de atribuir la inteligencia a los genes.

La disputa herencia-ambiente se alarga ya más de un siglo, y los argumentos utilizados en ella no siempre se han cimentado en la experimentación científica, sino también en creencias infundadas, prejuicios sociales e intereses políticos. Vamos a examinar las pruebas objetivas de que disponemos hasta el momento.

Los gemelos monocigóticos han centrado los estudios sobre el carácter genético de la inteligencia. Los resultados muestran que las personas genéticamente similares poseen puntuaciones de inteligencia parecidas.

Es frecuente que los niños superdotados provengan de familias con un elevado nivel socioeconómico, mientras que en los ambientes obreros el porcentaje disminuye drásticamente. Pero ello no avala la tesis de los nativistas, que confundían el éxito social con la inteligencia.

UN CONCEPTO POLÉMICO

Herencia y ambiente

Los estudios más interesantes sobre la heredabilidad de la inteligencia se han realizado con gemelos monocigóticos, es decir, aquellos que por proceder de un solo óvulo poseen exactamente la misma información genética. En consecuencia, toda diferencia encontrada entre ellos debe estar causada por el ambiente.

Sabemos que las puntuaciones de inteligencia de mellizos monocigóticos se parecen más que las de mellizos dicigóticos (procedentes de dos óvulos diferentes). De hecho sus puntuaciones suelen ser casi tan parecidas como las que resultan de administrar el cuestionario dos veces a la misma persona. Los partidarios de las tesis ambientalistas hacen notar que los mellizos idénticos también comparten ambientes más parecidos que los dicigóticos: pasan más tiempo juntos, visten igual, duermen en la misma habitación, comparten los mismos amigos y maestros... En consecuencia, la mayor similitud en el cociente de inteligencia puede responder tanto a sus dotaciones genéticas como a la vivencia de experiencias prácticamente idénticas.

Para salvar esta dificultad, se han realizado estudios con mellizos monocigóticos que han sido criados en ambientes separados. En este caso la semejanza en el cociente de inteligencia, aunque menor, se encuentra todavía por encima de la de los gemelos dicigóticos criados juntos, lo cual parece apoyar la perspectiva nativista. Los ambientalistas objetan sin embargo que los ambientes «diferentes» tienden a ser en realidad similares en muchos aspectos relevantes para el desarrollo intelectual (extensión de la escolaridad, residencia urbana o rural, estudios de los padres, nivel socioeconómico). Una hipótesis probable es que sólo cuando existen diferencias ambientales radicales los gemelos manifiestan ser muy distintos.

Por otra parte, los datos reunidos sobre la influencia del ambiente parecen indicar sin lugar a dudas que un medio empobrecido ocasiona, tanto en animales como en hombres, déficit notables en el rendimiento intelectual. Este proceso puede invertirse hasta cierto punto.

El caso de sir Cyril Burt

Los datos más notables sobre la inteligencia de gemelos fueron aportados en los años cuarenta y cincuenta por el célebre nativista Cyril Burt. Lamentablemente, buena parte de esta celebridad se debe a que Burt manipuló e inventó los datos. Cuando algunos investigadores, entre ellos Leon Kamin, hicieron públicas sus sospechas al respecto, fueron acusados de participar en una conjura de la extrema izquierda contra el anciano científico. Las pesquisas que siguieron a la muerte de Burt revelaron que las dos colaboradoras que habían recogido los datos eran también imaginarias. Finalmente, sus partidarios tuvieron que admitir el enorme fraude del que habían sido objeto. Burt no elaboró su embuste como parte de un malvado plan; fue la obra final de un hombre derrotado y mentalmente enfermo.

Una de las supercherías culturales que hasta no hace mucho tiempo han condicionado y distorsionado los estudios sobre la inteligencia humana ha sido la suposición de la primacía intelectual del hombre sobre la mujer y la configuración de roles prácticamente inamovibles. Suponer que los hombres son superiores a las mujeres para la mecánica forma parte de este absurdo.

Programas educativos de «enriquecimiento» aplicados en hospicios han conseguido buenos resultados en niños que podían calificarse de débiles mentales, ya que no podían sentarse sin ayuda a los dos años ni caminar a los cuatro. No parece probable, sin embargo, que niños que ya disfrutan de un ambiente normal puedan adquirir un intelecto superior si se cuelgan móviles sobre sus cunas, acuden al teatro o escuchan a Mozart.

Condiciones socioeconómicas e inteligencia

Las pruebas de inteligencia no ofrecen los mismos resultados en todas las clases sociales. Una posición socioeconómica alta implica también puntuaciones más elevadas en inteligencia. El nivel de ingresos, la clase social, la cultura y la educación influyen en el rendimiento intelectual. De hecho, los mejores predictores de la inteligencia son el índice socioeconómico familiar y el nivel de educación de la madre. Según los ambientalistas, la pobreza probablemente ejerce sus efectos perjudiciales a través de la salud prenatal de la madre, la mala nutrición del hijo, la carencia de libros y otros materiales educativos, la falta de tiempo de los padres para jugar con los hijos y proporcionarles la suficiente estimulación... El orden en que se nace y el tamaño de la familia están también relacionados con el cociente de inteligencia. En resumen, no hay que confundir la ignorancia, la falta de medios y las diferencias culturales con la habilidad intelectual innata.

Sexo e inteligencia

Tradicionalmente se han establecido dos diferencias primordiales entre hombres y mujeres en cuanto a rendimiento intelectual. Según la primera, los hombres son más inteligentes que las mujeres. Galton, en uno de sus razonamientos circulares, afirmaba: «Si la agudeza de las mujeres fuera superior a la de los hombres, los empresarios, por propio interés, las emplearían siempre antes que a los varones, pero como ocurre lo contrario, resulta probable que la suposición opuesta sea la verdadera». Lo cierto es que, a igualdad de oportunidades educativas, no se ha informado de ninguna diferencia en inteligencia general entre los sexos. En el primer Stanford-Binet se encontraron incluso cocientes de inteligencia mayores para las mujeres, por lo cual fue retocado reduciéndose algunas secciones que las mujeres cumplimentaban mejor y ampliándose las que favorecían a los hombres. Así, la igualdad entre hombres y mujeres es un resultado prefabricado, que depende de las habilidades concretas que queramos recalcar en el test.

Esto nos conduce a la segunda tradicional diferencia: los hombres son superiores a las mujeres en aptitudes para la mecánica, mientras que las mujeres, por el contrario, son superiores a los hombres en aptitudes relacionadas con cocinar, coser y cuidar a los niños. Intentar imputar estas diferencias a la genética es evidentemente absurdo. Hay en cambio pruebas de que los niños obtienen puntuaciones más altas que las niñas en capacidad espacial y matemáticas, mientras que las niñas superan a los niños en aptitudes verbales y en memoria, sin que se haya determinado si las diferencias son biológicas o producidas por el ambiente. Probablemente los diferentes papeles que la sociedad depara a hombres y mujeres son causa de la mayor parte de las diferencias observadas.

Raza e inteligencia

La polémica entre herencia y ambiente incluye, como hemos visto, aspectos de relevancia social y política, pero el más controvertido de ellos ha sido sin duda el de las diferencias raciales. Hasta hace muy pocos años la superioridad intelectual de la raza blanca era un supuesto incuestionable, incluso para los pensadores más liberales. Abraham Lincoln o Charles Darwin, partidarios apasionados de la abolición de la esclavitud, nunca pusieron en duda la inferioridad mental de los negros.

En realidad, las pruebas realizadas hasta la fecha han indicado que los blancos obtienen de promedio 15 puntos más que los negros en pruebas de cociente de inteligencia. Arthur Jensen explicaba en 1972 que no es irrazonable suponer que las diferencias en inteligencia entre las poblaciones negra y blanca sean en gran parte genéticas. Según Jensen «las razas, técnicamente, son consideradas por los genetistas como poblaciones que tienen diferentes distribuciones de frecuencias de genes. Estas diferencias genéticas se manifiestan en casi todas las comparaciones emociona-

Los modernos estudios centrados en individuos de uno y otro sexo no han confirmado si ciertas diferencias observadas, como la mayor capacidad espacial y la predisposición para las matemáticas en los varones, y la mayor capacidad memorística y las mejores aptitudes verbales en las mujeres, son de origen biológico o sociocultural.

LA INTELIGENCIA

Otro axioma polémico y vigente hasta hace pocos años fue la superioridad intelectual del hombre blanco sobre el de raza negra. La disparidad observada en los estudios realizados entre las poblaciones blanca y negra de Estados Unidos son atribuibles a causas socioculturales antes que genéticas.

¿ Siempre que juego a preguntas y respuestas con mi hermana ella responde más rápido que yo. ¿Es acaso más inteligente?

➡ Hasta hace poco, el tiempo de reacción era tomado erróneamente como medida indirecta de inteligencia. Se ha comprobado que las personas que puntúan más alto en los tests de inteligencia responden más rápido al conocer la respuesta, pero también que dedican más tiempo a estudiar la pregunta. Esto significa que aunque su hermana tenga mayor capacidad de reacción, no necesariamente es más inteligente que usted.

les, fisiológicas y bioquímicas que pueden hacerse entre muestras representativas de grupos raciales identificables. No hay razón para suponer que el cerebro debe estar exento de esta generalización».

Teorías sobre la diferencia

Sin embargo, caben igualmente explicaciones no genéticas para las diferencias raciales. Algunos investigadores han resaltado la disparidad entre el nivel familiar de ingresos del negro y el blanco, y el hecho de que las situaciones estimulantes que posiblemente afecten el desarrollo intelectual (libros, viajes, buena escolarización) son a menudo caras.

Otro hecho a reseñar es que los tests de inteligencia empleados corrientemente en Estados Unidos fueron estandarizados principalmente con la clase media blanca. Si es correcto hablar de una subcultura negra como una identidad diferente, entonces las diferencias culturales entre el negro y el blanco pueden ser responsables de las diferencias en la puntuación del cociente de inteligencia. La subcultura negra utiliza un vocabulario y una gramática algo diferentes y tiene unos valores y prioridades también diferentes. Además, las experiencias y los conocimientos que intentan evaluarse en las pruebas de inteligencia pueden ser diferentes para los

UN CONCEPTO POLÉMICO

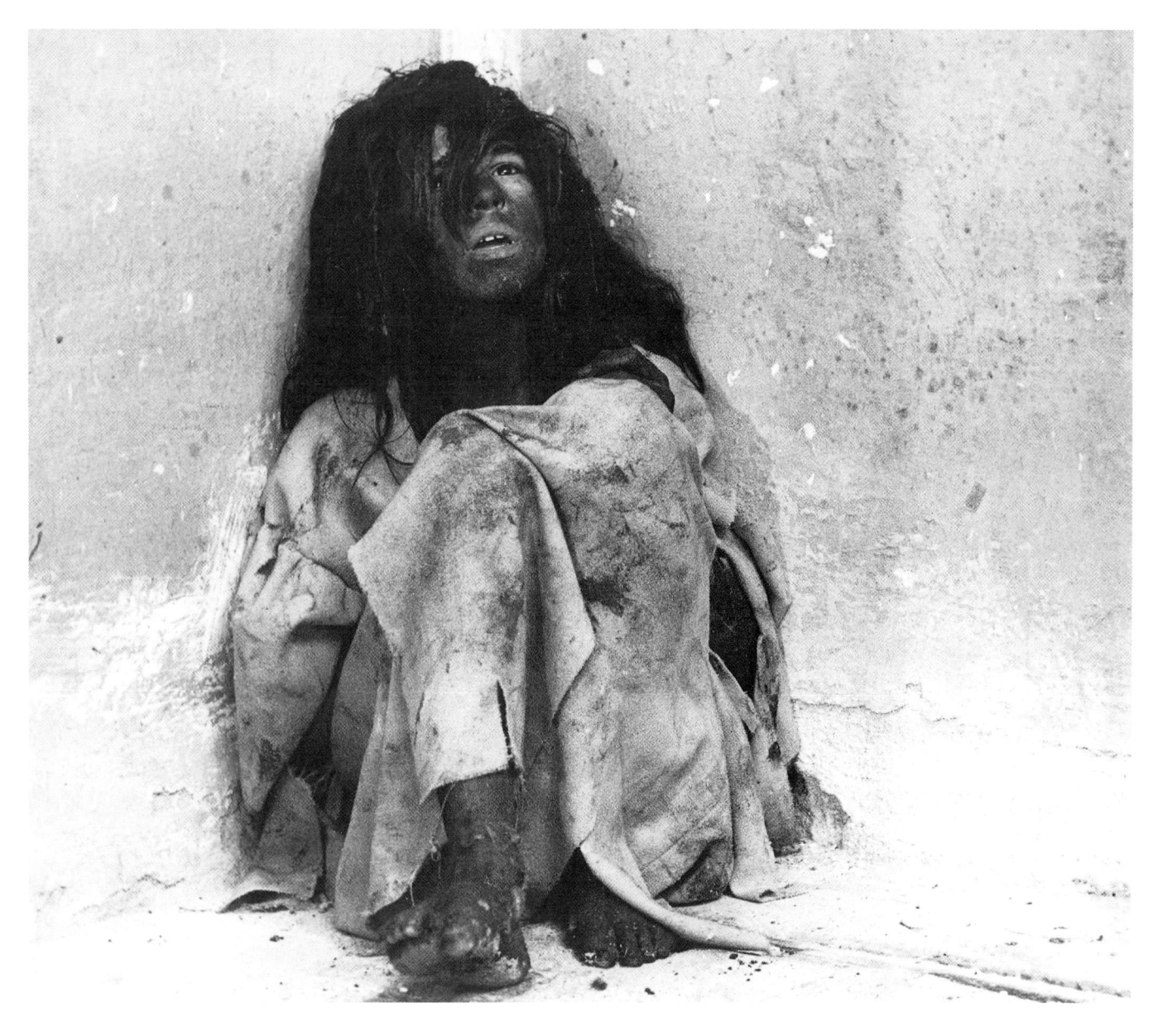

negros y para los blancos. Se ha señalado que las inferiores puntuaciones en cociente de inteligencia obtenidas por personas de raza negra responden en parte a estas peculiaridades culturales. Simplemente, lo que aprenden los negros no es lo mismo que aprenden los blancos.

Robert L. Williams evidenció este extremo cuando elaboró el primer test inspirado en la cultura negra y no en la blanca. En lugar de preguntar «¿Quién escribió *Hamlet*?» o «¿Qué significa plagiar?», incluyó preguntas del tipo: «Perseguir una pieza significa: a) firmar un cheque sin fondos, b) mirar algo, c) dirigir una competición, d) obtener lo que uno quiere de otra persona», «¿Qué significa "cabeza con pañuelo"?» o «¿A quién mató Stagger Lee en la famosa leyenda melancólica?». Por descontado que ningún hombre blanco logra superar en este test el nivel de la deficiencia mental. Hay que observar por último que no es difícil retocar un test a fin de producir casi cualquier resultado que se desee. Basta con abultar las pruebas en las que mejor se defiende un grupo determinado.

Algunos datos apoyan las tesis ambientalistas en el caso concreto de las diferencias raciales. Cuando se comparan niños negros y blancos en nivel preescolar no se observan discrepancias; pero cuando estos niños llegan al sexto grado, se evidencian importantes diferencias en

El caso de los niños criados entre animales y sin contacto humano, como el que inspiró a Truffaut en su película **El niño salvaje**, *demuestra la importancia del ambiente en el desarrollo de la inteligencia. Tras ser encontrados, estos niños a los sumo lograron pronunciar unas pocas palabras y pudieron caminar erguidos.*

LA INTELIGENCIA

Edad mental y democracia

Examinando los tests de inteligencia administrados a los reclutas de la Primera Guerra Mundial, R. M. Yerkes obtuvo una sorprendente edad mental promedio de trece años. En lugar de considerar que el grado de instrucción y de familiaridad con la cultura estadounidense influían en el resultado de la prueba, escribió: «La debilidad mental, tal como se la define en la actualidad, parece ser muchísimo más frecuente de lo que se supuso en un principio». Y Goddard le secundó: «El hombre medio sólo puede encargarse de sus asuntos con un grado moderado de prudencia, sólo puede ganar un salario muy modesto, y se encuentra muchísimo mejor cuando cumple órdenes que cuando trata de dirigir su propia vida». Esto hizo afirmar a C. G. Cutten en 1922: «No podemos concebir peor forma de caos que una verdadera democracia en una población cuya inteligencia media apenas supera los trece años».

El desarrollo de la inteligencia se sustenta sobre la capacidad biológica del cerebro humano. Es esta aptitud biológica la que marca la frontera con la inteligencia animal, para la cual el lenguaje y la capacidad de abstracción están fuera de su alcance.

las puntuaciones de los tests de inteligencia. Algunos estudios revelan así mismo que cuando los negros emigran de las comunidades del sur a las del norte, donde existen menores desigualdades socioeconómicas, mejoran los test de inteligencia. Existe una relación bien definida entre el cociente de inteligencia y el tiempo que un niño negro ha vivido en una ciudad del norte. Igualmente, los niños negros adoptados por padres blancos incrementan su rendimiento, y obtienen un cociente de inteligencia parecido al de los niños blancos adoptados por padres de la misma raza.

Acción recíproca de la herencia y el ambiente

Arthur Jensen dedujo en 1969 que el 80 por ciento de la variabilidad de la población en inteligencia es atribuible a factores genéticos. Actualmente se barajan cifras más moderadas, en torno al 50-60 por ciento. Sabemos por un lado que un ambiente adecuado es imprescindible para el desarrollo intelectual normal, como sugiere el caso extremo de los «niños salvajes» que, abandonados por sus padres, se han criado entre animales, aislados del contacto humano. Victor de l'Aveyron, el mejor estudiado de estos niños, consiguió tras ser encontrado pronunciar algunas palabras, comer con cubiertos y caminar erguido, pero siempre pareció más cuadrúpedo que humano. Pero necesitamos también un cerebro biológicamente apto, como ilustra el experimento de Kellogg, que crió exactamente en las mismas condiciones a su hijo Donald y a un chimpancé. Aunque el chimpancé se mantuvo a la altura del niño durante muchos meses, fue finalmente sobrepasado cuando Donald desarrolló el lenguaje y la capacidad simbólica, en gran medida ajenos al cerebro del animal.

Hoy día, ir más allá de la afirmación de que herencia y ambiente son trascendentales en el desarrollo intelectual es pura especulación. Lo cierto es que los factores genéticos y ambientales están tan entretejidos, que no podemos extraer conclusiones precisas acerca de sus papeles relativos. Hay un cierto acuerdo en que la naturaleza nos proporciona una gama de inteligencia potencial, pero la educación determina la situación individual dentro de esta gama. Desde un punto de vista práctico, algunos autores restan importancia a la controversia herencia-ambiente. Manifiestan que, dada la imposibilidad de cambiar por ahora la constitución genética, y siendo en cambio factible mejorar los componentes del ambiente, los principales impedimentos para mejorar el cociente de inteligencia son políticos y económicos.

Repercusiones sociales del estudio de la inteligencia

Las controversias sobre el papel relativo que juegan en la inteligencia, la herencia y el ambiente no han quedado confinadas al laboratorio de los científicos. Binet, Terman, Wechsler y otros, con la creación de medidas de la inteligencia, crearon al mismo tiempo instrumentos de poderosa acción social.

El objetivo originario de los tests de inteligencia, tal como fueron concebidos por Binet, era la detección precoz de niños con probables problemas de aprendizaje, a fin de que pudiesen disfrutar de una educación especializada. Terman dejó que este objetivo cayera en el olvido para ser sustituido por otro más de acuerdo con su propia ideología: «En un cercano futuro, los tests de inteligencia pondrán a decenas de miles de estos seres profundamente defectuosos bajo la vigilancia y la protección de la sociedad. Esto resultará, en último término, en la interrupción de la reproducción de la debilidad mental, en la eliminación de una enorme cantidad de delitos, pauperismo e ineficacia industrial.«

En efecto, bajo los auspicios de Terman, evaluaciones de treinta minutos servían para clasificar a un niño como deficiente irrecuperable. Consideraba que las personas con cociente de inteligencia inferiores debían ser situadas en profesiones adecuadas a su capacidad, ya que «pasan fácilmente a las filas de los asociales, o se unen al ejército de los descontentos bolcheviques».

Goddard, responsable de evaluar el cociente de inteligencia de los inmigrantes que esperaban su entrada en Estados

Miles de inmigrantes que llegaron a Estados Unidos a principios del siglo XX fueron sometidos a pruebas de inteligencia cuyo verdadero propósito era limitar su entrada. Según ellas, la mayoría de los extranjeros eran retrasados mentales incapaces de adaptarse al estilo de vida norteamericano.

LA INTELIGENCIA

Albert Einstein, paradigma del científico moderno y acaso la personificación más acabada de la inteligencia, en su juventud no destacó especialmente en ninguna materia. Antes bien fue un estudiante mediocre, salvo en lo tocante a las matemáticas para las cuales mostró desde niño una gran predilección.

¿ Si a un niño, desde que nace, se le hace oír música, se le habla en otros idiomas y después se lo lleva a una buena escuela, ¿será un superdotado?

➡ Hay niños que nacen con grandes posibilidades, pero éstas quedan infrautilizadas debido a una pobre estimulación, a la falta de recursos, etc. Por el contrario hay niños menos capacitados genéticamente, pero que gracias a una gran estimulación y disponibilidad de recursos llegan al máximo de sus posibilidades intelectuales.

Unidos, informaba en 1913 que «un 83 por ciento de judíos, 80 por ciento de húngaros, 79 por ciento de italianos y 87 por ciento de rusos eran débiles mentales». Más tarde, en 1917, anunció que el uso de tests mentales «para la detección de extranjeros débiles mentales» había aumentado extraordinariamente el número de extranjeros deportados. Consideraba que «todas aquellas personas que son incapaces de adaptarse a su ambiente y de ajustarse a las normas sociales o de comportarse con sensatez, padecen de debilidad mental». La insólita conclusión que se deriva de estas afirmaciones, y que amedrentó al mismo Goddard, es que la mayoría de los habitantes del mundo son mentalmente retardados, con excepción de los estadounidenses y europeos de la clase media.

El uso político

Así, el resultado obtenido en los tests se entendió como un indicador de la inteligencia innata del individuo y pasó a señalar irremisiblemente el lugar que cada persona debía ocupar en la sociedad. Por otra parte, la inteligencia se ligó de forma ineludible a la calidad moral de los individuos. Identificando el rendimiento académico con el desarrollo moral, Terman disertaba sobre el «temible papel desempeñado por la deficiencia mental en la producción del vicio, el delito y la delincuencia», y acababa afirmando: «No todos los criminales son débiles mentales, pero todas las personas que padecen de debilidad mental son al menos criminales en potencia. Parece indiscutible que toda mu-

La enfermedad degenerativa que afecta la locomotricidad de Stephen Hawking no le ha impedido proseguir con sus estudios acerca del tiempo y el Universo. El científico británico ha demostrado el valor de la inteligencia para acomodarse a su limitada situación física y ha continuado su trabajo valiéndose de los avances de la tecnología.

jer que sufre de debilidad mental es una prostituta en potencia».

El deseo de demostrar que la inteligencia y la disposición moral están fuertemente relacionadas y son hereditarias llevó a Goddard a publicar La familia Kallikak, un libro interesante por lo esperpéntico. Rastreó en él la genealogía de un tal Martin Kallikak, cuyas relaciones con una honrada cuáquera habían originado una descendencia de ciudadanos honestos, mientras que sus devaneos con una criada de taberna engendraron una estirpe de holgazanes, apestados sociales, delincuentes, prostitutas y borrachos, entre ellos uno apodado «Viejo Horror», que malvivían en los bosques de New Jersey. La familia Kallikak se convirtió para los nativistas en el paradigma de la heredabilidad de la deficiencia mental y la degeneración moral.

Posteriormente se averiguó que Goddard había alterado las fotografías de la rama «deficiente» de la familia para que parecieran retrasados mentales.

Kamin, crítico tajante de los excesos nativistas en el estudio de la inteligencia, afirma: «Los tests de cociente de inteligencia han servido como instrumento de opresión contra los pobres, revistiéndose con el manto de la ciencia en lugar de con el de la política. El mensaje de la ciencia se recibe respetuosamente, especialmente cuando las nuevas que trae son tranquilizadoras para la conciencia pública. En los tests de cociente de inteligencia se demostraba que los pobres, los extranjeros y las minorías sociales eran estúpidos. Se demostraba que habían nacido así». Se pretendía en realidad, de

El movimiento nacional-socialista alemán fundado por Adolf Hitler adoptó las teorías eugenésicas para sustentar sus postulados acerca de la superioridad de la raza aria y justificar el genocidio de millones de judíos, gitanos y otras etnias consideradas inferiores, así como de débiles mentales y homosexuales.

una forma consciente o inconsciente, justificar las desigualdades sociales a través de la desigual distribución de las capacidades intelectuales, es decir, demostrar que los grupos menos favorecidos eran innatamente inferiores y merecían ocupar esa posición.

El movimiento eugenésico

Pero la secuela más funesta de las ideas nativistas fue sin duda el movimiento eugenésico. Galton se persuadió de que existía una declinación parcial de la selección natural entre los seres humanos, ya que los padres de las clases superiores, con mayor nivel de vida y más inteligentes, mostraban índices de natalidad más bajos que los pobres, que por definición estaban menos dotados intelectualmente. Pensó que si eso continuaba durante muchas generaciones, habría un debilitamiento inevitable de la inteligencia de la población. Temeroso ante esta posibilidad, sugirió «suplantar linajes humanos ineficientes por otros mejores», y acuñó el término «eugenesia». La eugenesia negativa tendría como finalidad principal la eliminación de los «tipos menos deseables» de la población mediante esterilización. La eugenesia positiva estimularía un índice más alto de natalidad entre los «tipos más deseables» por un programa de incentivos económicos. Terman, que compartía las ideas de Galton, escribió: «Si queremos preservar nuestro estado para una clase de personas dignas de poseerlo, hemos de evitar en la medida de lo posible la propagación de los degenerados mentales». Esta postura dio lugar a movimientos en contra de la integración racial (que mezclaría los genes blancos con otros defectuosos) y de la protección de los retrasados mentales (que desembocaría en «la supervivencia de individuos que, de otra manera, no vivirían lo bastante para reproducirse»). En la primera mitad de este siglo, en Estados Unidos se promulgaron leyes sobre la esterilización en muchos estados. Algunas de estas leyes se referían a la esterilización de individuos retrasados mentales, mientras que otras estaban dirigidas a los enfermos mentales, delincuentes y epilépticos.

La eugenesia, por descontado, está también en el origen del genocidio nazi. La publicación en 1920 del libro de Binding y Hoche *La liberación y destrucción de vidas desprovistas de valor* inicia en Alemania el debate sobre la eliminación sistemática de las personas «que no pueden ser recuperadas y cuya muerte es urgentemente necesaria». Ampliando el muestrario norteamericano, se califica de «no aptos para la reproducción» a los sordomudos, los ciegos, los locos, los débiles mentales, los epilépticos, las madres solteras y los delincuentes en libertad condicional. La situación política y social de Alemania permitió en este caso que los proyectos de «higiene racial» de los científicos eugenistas fueran llevados a la práctica hasta las últimas consecuencias.

Limitaciones e interrogantes

La conclusión que se desprende de todo lo dicho es que los científicos no siempre son tan objetivos en sus apreciaciones como cabría esperar. El estudio de la inteligencia ha sufrido durante décadas un claro uso político, y los investigadores se han visto dominados por sus miedos y pasiones particulares. En la actualidad se conocen ya, por haber sido repetidamente señalados, los peligros sociales que se derivan de la incorrecta utilización de los tests y los abusos a los que puede conducir una mala comprensión de la determinación genética de la inteligencia.

Las leyes dictadas en la primera mitad del siglo XX en Estados Unidos sobre esterilización de epilépticos y débiles mentales guardaban relación con el movimiento eugenésico, destinado a impedir la propagación de los tipos considerados menos deseables. En él se nutrieron también las posturas contrarias a la integración racial, como el Ku Klux Klan.

La inteligencia artificial

La inteligencia artificial se ocupa del diseño y creación de máquinas capaces de tener comportamientos inteligentes, imitando el funcionamiento de la mente humana. Para entender cómo surge la inteligencia artificial es necesario retroceder unos años hasta llegar a la informática tradicional, disciplina que utiliza los ordenadores para resolver tareas y solucionar problemas mediante la sucesión predefinida de cálculos numéricos. La informática se encontró con que había muchas tareas y problemas que no era posible resolver de ese modo. Un ejemplo de ello es el juego de ajedrez: si intentamos programar un ordenador para que calcule las posibles combinaciones de jugadas desde el inicio del juego, nos topamos con que esto desborda su capacidad. Sin embargo esta tarea, como muchas otras (mantener una conversación, conducir, hacer deporte, etc.) que no puede resolver la informática tradicional, es realizada con facilidad por los seres humanos, por lo que es de suponer que la mente del hombre, además de realizar cálculos, es capaz de trabajar con otro tipo de estrategias para procesar la información que recibe. Todas estas actividades requieren un cierto grado de «inteligencia».

Llegados a este punto la cuestión es: ¿sería posible programar los ordenadores de esa «otra forma» para que pudiesen enfrentarse a este tipo de tareas y problemas? El intento de responder a esta pregunta dio origen a la inteligencia artificial, término acuñado por John McCarthy, que se proponía, por una parte, profundizar en el conocimiento de cómo resuelven las personas este tipo de tareas y, por otra, imaginar una nueva forma de programar ordenadores capaces de recoger la forma de pensar de la mente humana. Así, la inteligencia artificial queda definida como un campo de investigación interdisciplinar (surgido de la informática y en conexión con la psicología, la neurología, etc.) que apuntaría a reproducir comportamientos inteligentes, imitando la forma de razonar de la mente humana.

Aunque la inteligencia artificial nació a mediados de los años cincuenta, si cogemos el término en un sentido global, es decir, entendido como el diseño y construcción de «máquinas pensantes», encontramos ya estas ideas en la Gracia antigua con Aristóteles, en los árabes medievales, en la obra de Ramon Llull y en el Renacimiento, época en que aparecieron los primeros autómatas, con la única función de entretener a la nobleza. Así, Jacques Vaucanson construyó su famoso «pato mecánico» que graznaba e incluso imitaba la conducta de comer y defecar. De esa época datan también los primeros fraudes, como la máquina que jugaba al ajedrez y que, en realidad, estaba manipulada por una persona oculta en su interior. En el siglo XIX un investigador excéntrico llamado Babbage construyó la primera «máquina analítica», mediante engranajes de madera cuyo coste excesivo le llevó a la ruina. Y entre ruinas, fraudes y avances científicos se llega al siglo XX, en que aparecen los ordenadores modernos. Pero es también la época en que surge la discusión sobre si es posible calificar de inteligente a una máquina: no es lo mismo «ser capaz de llevar a cabo tareas puntuales que realizan los seres inteligentes», que «ser inteligente». En 1950, Alan Turing, uno de los pioneros de la inteligencia artificial, propuso como test para dar con la respuesta a esta cuestión el diálogo con la máquina: «Si no nos es posible distinguir sus respuestas de las de un hombre, entonces es inteligente».

Cuando apareció la inteligencia artificial como una nueva disciplina se le auguró un avance espectacular que no se cumplió, por lo que tuvo que marcarse objetivos más modestos. Pasado el primer período de euforia, sobrevino una época oscura de la que se salió a mediados de los años sesenta, con los

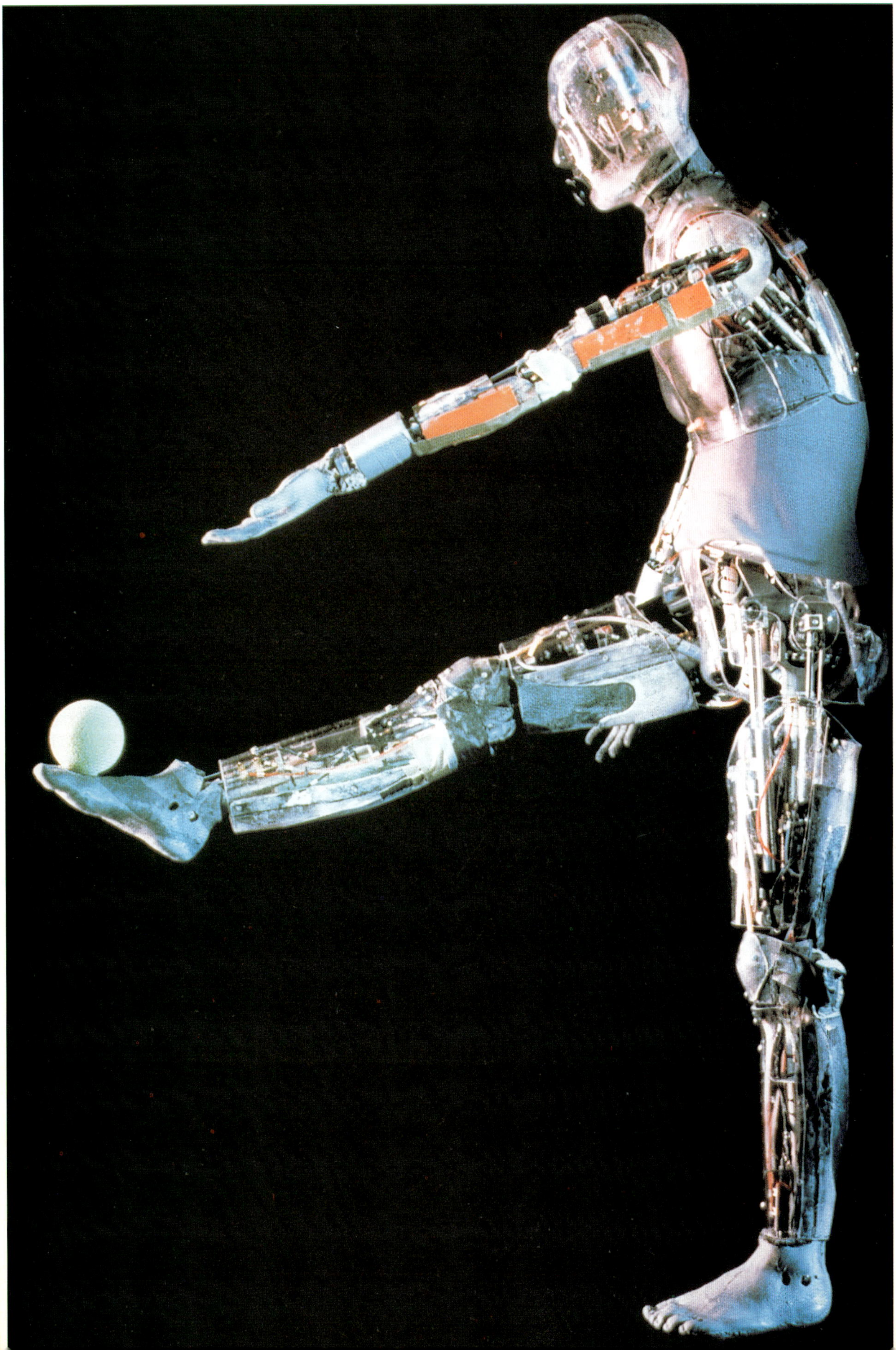

primeros éxitos en los llamados sistemas expertos, máquinas preparadas para realizar tareas muy especializadas, algunas incluso mejor que el hombre.
Entre ellas merece nombrarse el sistema Mycin aplicado al campo de la medicina, que ha obtenido un porcentaje de aciertos en el diagnóstico de enfermedades infecciosas superior al de un médico; los programas de ajedrez que han vencido a campeones como Gary Kasparov; el ordenador que simula la personalidad de una persona paranoide; los ordenadores músicos que crean composiciones musicales; e incluso un robot pianista que ha tocado en las mejores orquestas de Japón.
Por último, puede hablarse de un cuarto período en la inteligencia artificial con la aparición de los sistemas de redes neuronales, que simulan las facultades superiores de la inteligencia. El mayor desafío que tiene ahora esta disciplina es crear robots con sentido común, que aprendan con la experiencia y que desarrollen por sí mismos cierto nivel de inteligencia. Así, tenemos a CYC, cuyas reglas de razonamiento le permiten entender que si rompe un trozo de madera se obtienen dos trozos de madera más pequeños, pero que de una mesa rota no se sacan dos mesitas. Pero el proyecto de robot inteligente más ambicioso es COG, cuya meta es desarrollar en cinco años una inteligencia comparable a la de un niño de dos años.
¿Hacia dónde nos lleva la inteligencia artificial? Hay quienes auguran un avance progresivo de las máquinas con la posibilidad de que la humanidad sea sustituida por computadores superinteligentes, y quienes acusan a la literatura de ciencia ficción y al cine fantástico de alimentar nuestra imaginación y aseguran que no puede plantearse la creación de un ser semejante a nosotros: la inteligencia humana supera a la inteligencia artificial, y ésta está al servicio del hombre.

Bárbara Sureda Caldentey
Psicóloga

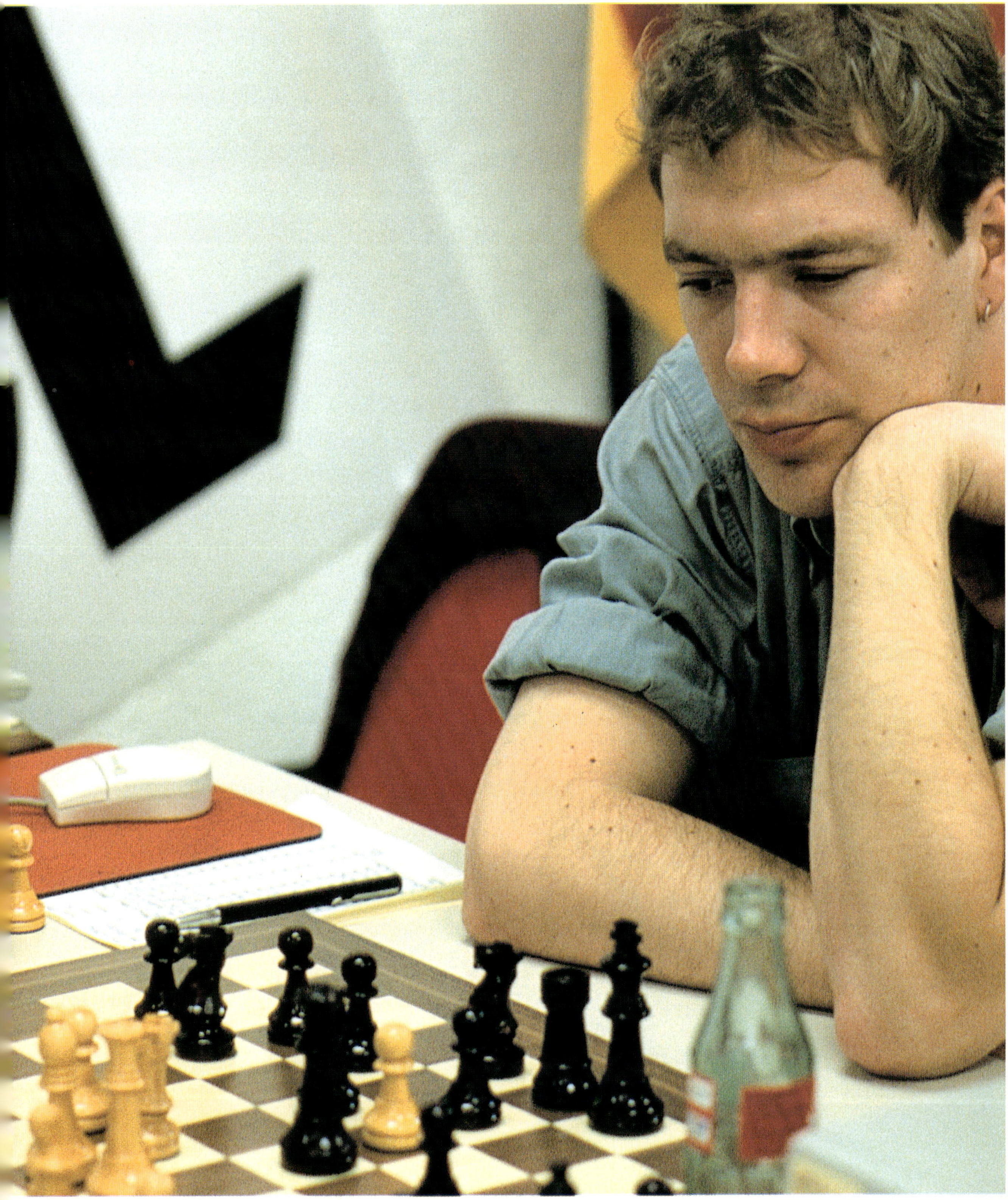

La inteligencia, para la mayoría de los psicólogos, es la capacidad de poseer una conducta adaptativa y orientada hacia objetivos bien definidos. Algunos autores destacan el aspecto de solución de problemas nuevos y la capacidad de hallar conexiones entre la realidad exterior y la interior.

Cabe preguntarse sobre la relación existente entre lo que miden los tests de inteligencia y la competencia personal, y sobre por qué las personas que obtienen mejores puntuaciones «no son, ni de lejos, más eficaces en la realización de mejores matrimonios, en la crianza exitosa de sus hijos y en la obtención de un mejor bienestar mental y físico». El éxito de los científicos en el estudio de la inteligencia ha sido hasta el momento escaso, y se ha limitado al análisis de algunas capacidades mentales académicas y técnicas. Así, si consideramos la inteligencia como la habilidad en el procesamiento de la información que promueve la adaptación adecuada al ambiente, la única inteligencia que sabemos medir (mediante el cociente de inteligencia) sólo favorece la capacidad adaptativa de los individuos a un ambiente muy determinado: el ambiente educativo y profesional del mundo occidental. Incluso en este limitado campo se ha conseguido poco más que situar a los sujetos a lo largo de una escala que nos indica de forma aproximada cómo se van a desenvolver.

Quedan por estudiar muchos componentes de la inteligencia que han permanecido hasta ahora apartados del punto de mira de los científicos. Los estudios sobre el intelecto no nos explican todavía cómo afrontan las personas las dificultades cotidianas, cómo se ganan la vida, cómo resuelven sus problemas con las demás personas o cómo se las arreglan para no ser desgraciados.

Cuando se le hace un test de inteligencia a una persona, ¿cuál es la información que se extrae?

Aunque depende del test, habitualmente se mide la fluidez verbal, los razonamientos numérico y mecánico, la abstracción, los conocimientos, la capacidad de retención y memoria, etc. Luego se compara su rendimiento en estas capacidad con el rendimiento medio de personas de edad parecida. El cociente de inteligencia es la media resultante de todas sus capacidades.

Capítulo 13

SUEÑO Y ENSUEÑO

SUEÑO Y ENSUEÑO

La pausa reparadora

Nadie puede poner en duda lo importante que es el hecho de dormir para los seres vivos. La vida humana es un círculo, donde el día y la noche se relacionan e intercalan alternativamente. Un tercio de nuestra existencia (doscientas veinte mil horas en sesenta años) nos la pasamos con los párpados cerrados, en un estado misterioso y desconocido al que denominamos sueño. No es éste una situación pasiva ni la ausencia de vigilia. Es un período de tiempo activo, pues en él ocurren cambios en las funciones corporales y en las actividades mentales, que tienen una enorme trascendencia para el equilibrio psíquico y físico de los individuos.

El sueño es un estado de reposo físico que se caracteriza por la sucesión rítmica de los cambios hormonales, metabólicos y de temperatura, imprescindibles para el buen funcionamiento del ser humano durante el día.

Las fases del sueño

Para comprender el proceso del sueño podemos imaginarnos a nosotros mismos descendiendo por una escalera. Cada uno de estos peldaños se llaman fases. Al cerrar los ojos estamos dando un primer paso hacia el primer peldaño, la fase 1 del sueño, conocida también como somnolencia. En ella, el cuerpo inicia una relajación muscular, la respiración se vuelve regular y se producen pequeñas sacudidas en las piernas o en los brazos, que en ocasiones van acompañadas de una sensación de estar soñando que nos caemos.

Después de unos minutos en esta fase, seguimos el descenso hacia la denominada fase 2, donde la relajación es más intensa, no existen movimientos del cuerpo y ocasionalmente nos giramos de lado.

Posteriormente seguimos descendiendo hacia un sueño más profundo que recibe el nombre de sueño lento o fase 3-4, donde se produce el descanso físico y psíquico, es decir, el cuerpo y la mente se recuperan de los esfuerzos realizados durante el día. En esta fase se precisan fuertes estímulos acústicos o táctiles para despertarnos.

Este proceso suele durar aproximadamente entre sesenta y setenta minutos y con posterioridad ascendemos de nuevo hacia una fase 2, para entrar en una nueva situación fisiológica que denominamos fase REM, siglas del inglés Rapid Eye Movement (movimiento rápido del globo ocular). Si se observa a una persona durmiendo en fase REM puede verse que debajo de los párpados cerrados los ojos se mueven con rapidez. Esto se aprecia especialmente bien en los niños recién nacidos.

El conjunto de estas cuatro fases (1, 2, 3-4 y REM) se denomina ciclo y suele tener una duración total de noventa o cien minutos. Estos ciclos se repiten en cuatro o cinco ocasiones durante toda la noche. Durante la primera mitad de la noche pasamos más tiempo en sueño profundo mientras que en la segunda mitad predominan más las fases REM y 2. Es importante saber que durante la noche se producen de seis a ocho pequeños despertares espontáneos y nor-

PREGUNTAS Y RESPUESTAS

He oído decir que las personas tenemos un reloj biológico que es mejor no alterar. ¿Es cierto esto?

El ritmo de la vida sigue un curso paralelo al ritmo del día. El cuerpo humano está sincronizado con el ciclo de 24 horas diarias por el ritmo circadiano, nuestro reloj biológico. La modificación radical de nuestro programa de descanso, como le sucede a los operarios que trabajan en diferentes turnos, puede alterar totalmente el reloj biológico.

males, que emergen de las distintas fases del sueño. Estos despertares son de muy corta duración en el niño y en el adulto, no superando los 30 segundos; en el anciano son más frecuentes y algo mayores, de 2 a 5 minutos. Cuando estos despertares son breves, normalmente no dejan recuerdo en el individuo.

A modo de resumen puede decirse que las peculiaridades que caracterizan un sueño normal son las siguientes:
- Siempre nos dormimos en una fase 1. No podemos entrar directamente a una fase REM o a un sueño muy profundo.
- Las fases 1, 2, 3-4 y REM configuran un ciclo, el cual se repite con una periodicidad de unos noventa o cien minutos.
- El sueño más profundo sucede en el primer tercio de la noche y está siempre ligado al inicio del sueño.
- La fase REM predomina hacia el final de la noche. Si nos despertamos en ella es cuando recordamos los sueños.
- Durante el sueño nocturno estamos despiertos cerca de un 2 por ciento del tiempo total, que normalmente no recordamos al día siguiente.

¿Cuántas horas necesitamos dormir?

La ciencia y la experiencia han demostrado que dormir es una actividad absolutamente necesaria para el ser humano, pero nadie ha sido capaz de explicar por qué pasamos tanto tiempo en este estado ni qué pasa exactamente en el cerebro de una persona que duerme.

El fenómeno del sueño, por sus características de universalidad y misterio, ha atraído la atención de científicos, filósofos, literatos, artistas... Pintores como Albert Moore, en **Soñadoras,** *han intentado captar las ricas sugestiones del sueño y el ensueño.*

SUEÑO Y ENSUEÑO

PROGRESIÓN DE LAS FASES DEL SUEÑO

BREVE DESPERTAR DESDE FASES 3-4   BREVE DESPERTAR DESDE FASES 1-2 Y REM

Vigilia — Fase REM — Fase 1-2 — Fase 3-4

22h 23h 24h 1h 2h 3h 4h 5h 6h 7h

- Sueño profundo
- Sueño ligero en la 2ª mitad
- Breve sueño profundo

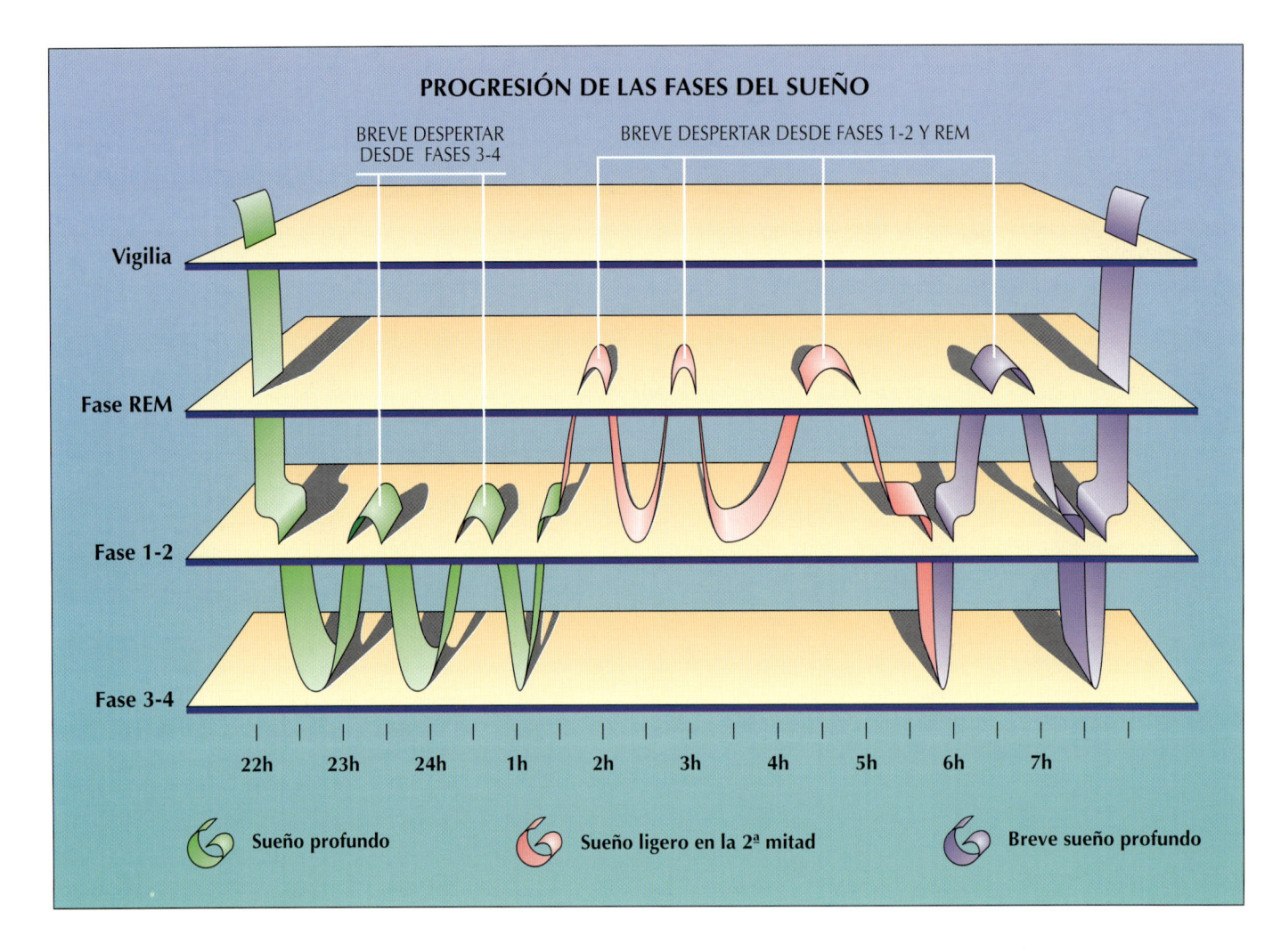

El ciclo del sueño se repite varias veces a lo largo de la noche y consta de varias fases: desde el momento de cerrar los ojos, se pasa por unos minutos de relajación más intensa hasta entrar en el sueño más profundo, el del verdadero descanso, que dura 60 o 70 minutos, para luego volver a ascender.

Lo único cierto es que, si nos mantenemos despiertos durante un largo período de tiempo o si intentamos suprimir el sueño de forma continuada, aparecen alteraciones en nuestro organismo y cada vez nos es más difícil permanecer despiertos. Cuando en el laboratorio, a modo experimental, se ha privado completamente de sueño a las ratas, éstas se han muerto tras un promedio de tres semanas sin dormir.

Los recién nacidos pueden pasar 18 horas durmiendo, con pequeños períodos de vigilia intercalados. Hacia los ocho o diez años suelen dormir entre nueve y diez horas seguidas; los que mejor duermen son los preadolescentes, de diez a doce años, que pasan gran parte de su sueño en la fase 3-4.

El transcurso del tiempo afecta tanto a la calidad como a la cantidad del sueño. Un adulto suele precisar de siete a ocho horas de sueño, mientras que un anciano de setenta años suele dormir sólo seis horas y su sueño es más superficial y está plagado de numerosos despertares. Algunas de las personas que creen no dormir nunca en realidad tienen breves episodios de intensa somnolencia que se denominan microsueños y, aunque creen subjetivamente que no duermen, les basta con estos pequeños períodos de descanso.

La falta de sueño ocasiona un aumento del estado de ansiedad y de irritabilidad, además de una disminución de la capacidad intelectual y provoca pérdida de memoria y de reflejos. También puede ser causa de depresión y de reacciones emocionales anómalas.

Por otra parte, hay que tener en cuenta que la necesidad de horas de sueño varía en cada persona, noche a noche. Existe una infinidad de factores que influyen en ello y que van desde la edad hasta los condicionantes genéticos. Aunque no se conocen con exactitud las necesidades de sueño, los límites suelen estar entre las cinco y seis horas hasta nueve y diez horas, aunque la gran mayoría suele tener suficiente con siete u ocho horas. Lo único cierto es que las necesidades son individuales.

Calidad y cantidad

El análisis del estado en que nos encontramos durante el día nos indicará si las horas de sueño han sido las correctas. Edison solía dormir un promedio de cinco horas, mientras que Einstein dormía regularmente diez. Al parecer, importa mucho más la calidad del sueño que la cantidad. O sea, interesa más tener un sueño profundo y sin interrupciones, que pasar muchas horas en la cama con un sueño superficial y entrecortado. A pesar de los importantes avances realizados en el estudio del sueño de los seres humanos, quedan aún muchas incógnitas por descifrar. Es evidente que todo el substrato bioquímico cerebral desempeña un papel fundamental en la génesis y desarrollo del sueño y que numerosos factores ambientales también lo condicionan.

Pero el misterio es aun mayor cuando se observan las características del sueño de algunos mamíferos. Así por ejemplo, el delfín parece no dormir nunca ya que jamás deja de nadar, pero en realidad lo que sucede es que su cerebro duerme «por partes»: mientras un hemisferio cerebral duerme el otro hemisferio permanece despierto. En general, los cetáceos pueden nadar lentamente mientras duermen. Los elefantes y los caballos acostumbran a dormir superficialmente de pie. A algunos animales les basta un único período de sueño durante 24 horas, otros necesitan de dos o tres.

Muchos seres humanos envidiarían la capacidad de los delfines para estar siempre activos, sin dejar nunca de nadar. Lo cierto es que pueden hacerlo porque sus hemisferios cerebrales se turnan para descansar: mientras el hemisferio derecho duerme, el hemisferio izquierdo está despierto.

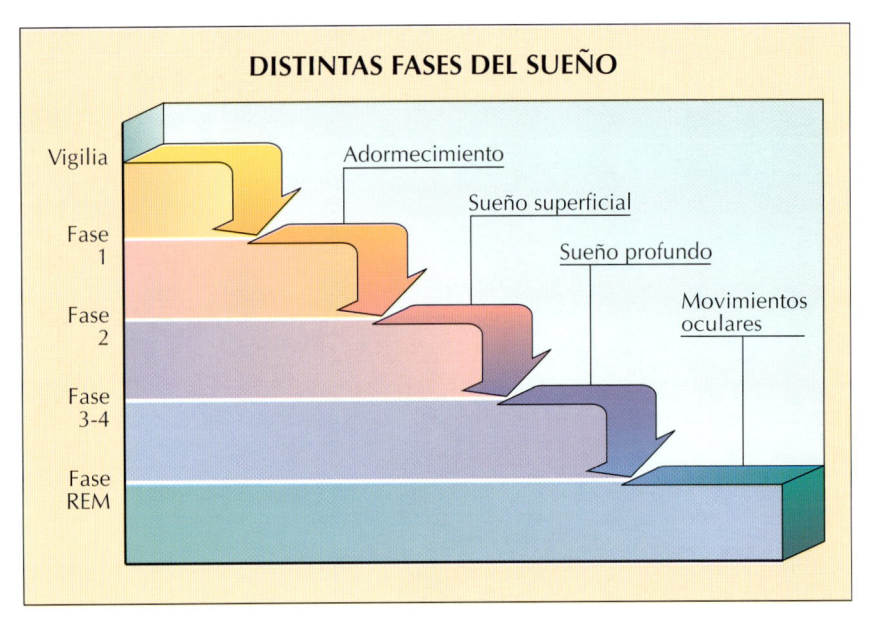

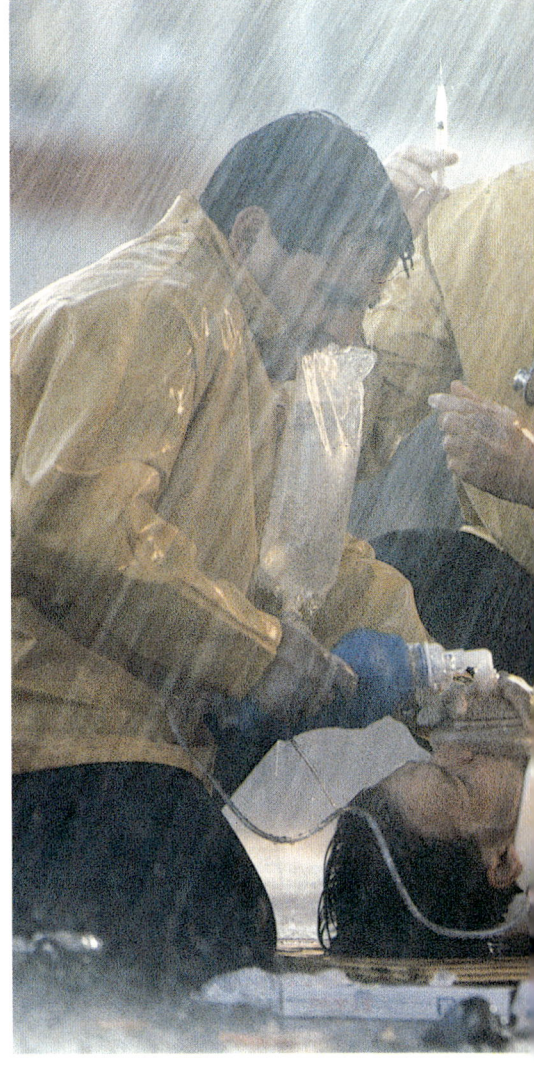

SUEÑO Y ENSUEÑO

DISTINTAS FASES DEL SUEÑO

- Vigilia
- Fase 1 — Adormecimiento
- Fase 2 — Sueño superficial
- Fase 3-4 — Sueño profundo
- Fase REM — Movimientos oculares

Arriba pueden verse las distintas fases del sueño, entre el adormecimiento y la fase REM. Debajo se aprecia cómo va disminuyendo la cantidad de horas de sueño que necesita dormir un ser humano a lo largo de la vida.

Si no dormimos bien...

Durante el sueño se producen importantes cambios en las funciones corporales y en las actividades mentales, que tienen enorme trascendencia para el equilibrio físico y psíquico de los individuos.

Por lo tanto el hecho de no dormir, dormir poco o dormir mal, puede llegar a ser una tortura. No conseguir un sueño seguido y profundo ocasiona uno de los malestares más insufribles que pueden afectar al hombre a lo largo de su vida. La persona que se despierta sin quererlo, o no logra conciliar el sueño, es víctima de un grave trastorno que puede acarrearle graves repercusiones físicas y psíquicas.

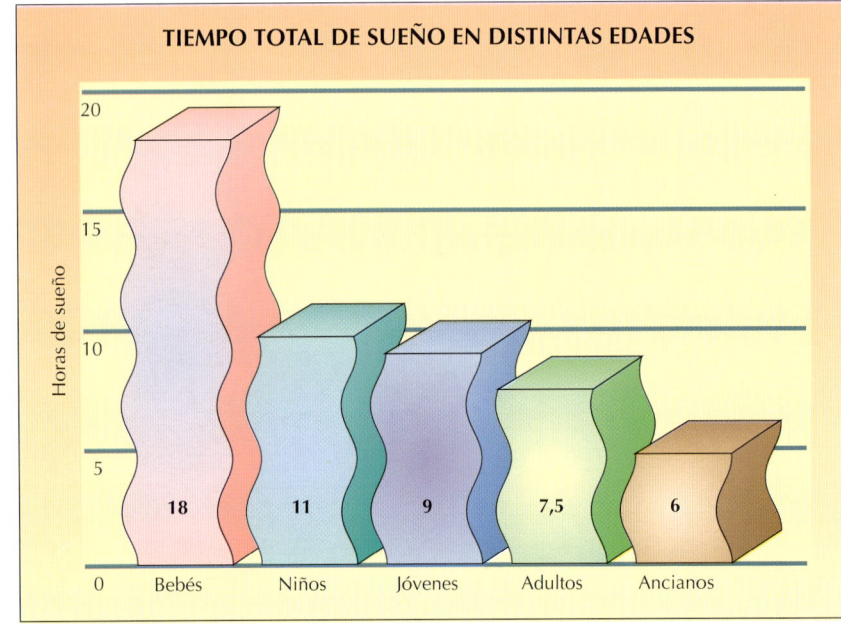

Para hacer una valoración de la existencia o no de la falta de sueño, sólo se tienen como guía los signos externos existentes al día siguiente. La presencia de irritabilidad y el mal humor, la falta de concentración, la pérdida de memoria y la presencia de sopor, o la sensación de sueño ante situaciones aburridas o poco estimulantes —como ver la televisión, leer un libro o conducir largas distancias—, son un signo inequívoco de que las horas de sueño del día anterior han sido insuficientes o de mala calidad.

Recientemente se ha demostrado que la pérdida de horas de sueño nocturno repercute de modo directo durante el día con un aumento de la somnolencia

TIEMPO TOTAL DE SUEÑO EN DISTINTAS EDADES

Horas de sueño:
- Bebés: 18
- Niños: 11
- Jóvenes: 9
- Adultos: 7,5
- Ancianos: 6

LA PAUSA REPARADORA

Muchas veces un «mal sueño» durante la noche puede ser la causa, al día siguiente, de un accidente por somnolencia del conductor. La cantidad y calidad de las horas dormidas determinan la presencia e intensidad de somnolencia diurna de una persona.

o, lo que es lo mismo, con una disminución del grado de alerta. Si se reducen lineal y progresivamente las horas de sueño nocturno se observa una pérdida, también progresiva y lineal, del grado de alerta diurno.

Un tercio de la población mundial padece de insomnio. De este porcentaje, la mitad sufre un insomnio crónico: son el 17 por ciento de la población y duermen menos de cinco horas al día durante, como mínimo, dos meses consecutivos. La otra mitad padece un insomnio transitorio o de corta duración, entre 2 y 21 días. Sólo el 10 por ciento (1,7 por ciento de la población) de los insomnes crónicos son tratados de forma adecuada. El 5 por ciento utiliza remedios caseros y el 85 por ciento restante no recibe ningún tipo de ayuda.

El sueño durante el día

La somnolencia es un estado fisiológico básico que puede ser comparado con el hambre o la sed y que constituye una necesidad esencial para la supervivencia de los seres vivos. La presencia e intensidad de dicho estado estará condicionado por el número de horas de sueño nocturno y por su calidad. La aparición de somnolencia en momentos inapropiados puede considerarse un fenómeno patológico. Desde finales de los años sesenta se considera que la Somnolencia Excesiva Diurna (SED) puede ser un síntoma indicativo de una importante alteración médica.

El fenómeno de «tener sueño durante el día» no es una situación normal sino la consecuencia de un mal sueño, ya

Cuando salgo de noche bostezo y me entra sueño. ¿Qué puedo hacer?

➡ Es probable que sus bostezos tengan que ver con la cantidad y calidad de horas dormidas la noche anterior, con lo que haya trabajado o se haya movido durante ese día, con lo atractiva o no que sea la salida, etc. En caso contrario, si la somnolencia se produjera de igual manera, independientemente de factores como éstos y en momentos inapropiados, estaríamos frente a los que se denomina Somnolencia Excesiva Diurna.

SUEÑO Y ENSUEÑO

¿Para qué sirve el sueño?

> **¿** Mi marido ha engordado mucho en los últimos tiempos y paralelamente ha empezado a roncar mientras duerme. ¿Tiene remedio esto?
>
> ➧ Su marido padece de apnea del sueño (apnea significa «dejar de respirar»). Las personas con este trastorno (más hombres que mujeres y generalmente con exceso de peso) suspenden la respiración de manera intermitente mientras duermen. Después de aproximadamente un minuto sin aire, la disminución de oxígeno en la sangre hace que el durmiente inhale aire con fuerza, produciéndose el ronquido. Sería conveniente que su marido consultara a un especialista para que le aconseje cómo intentar solucionarlo. Seguramente la primera recomendación será que baje de peso.

El sueño es un tiempo de actividad, en el que tienen lugar importantes cambios en las funciones corporales (respiración, frecuencia cardíaca, etc) y en los procesos mentales. Son cambios de enorme trascendencia para el equilibrio psíquico y físico de las personas.
La ciencia y la experiencia han demostrado que el dormir es una actividad absolutamente necesaria para el ser humano, pero nadie ha sido capaz de explicar por qué pasamos tanto tiempo en este estado. Lo único cierto es que, si intentamos suprimir el sueño de forma continuada, aparecen claras alteraciones en nuestro organismo que pueden conducirnos a una pésima calidad de vida.

sea porque se han dormido pocas horas o porque las horas «dormidas» son de mala calidad. Esta situación de somnolencia diurna aparece cuando hay una ausencia de estímulos externos que normalmente sirven para mantener en vigilia a una persona.

La somnolencia excesiva es un síntoma clave de alteraciones médicas importantes, como el Síndrome de Apnea Obstructiva del Sueño, el insomnio o los cambios severos en los horarios de sueño. En el caso de que llegue a ser muy intensa, la somnolencia puede ocasionar graves problemas que interfieren en las relaciones laborales y familiares. Los jóvenes que padecen de somnolencia suelen tener fracasos escolares y trastornos de conducta. No obstante, el mayor peligro que entraña la somnolencia excesiva diurna es el alto riesgo de sufrir accidentes laborales y de tránsito. Los accidentes de tránsito debidos a la fatiga, el cansancio o el sueño son más abundantes en las horas de máxima somnolencia, entre las dos y seis de la madrugada y entre las dos y cuatro de la tarde. En un estudio realizado en 1986 en el Reino Unido, se constató que el 27 por ciento de los accidentes de tránsito ocurridos se debían al sueño o a la fatiga excesivos, y que el 87 por ciento de los mismos eran mortales.

De la misma forma, el descenso del grado de alerta diurno ocasiona un aumento de los accidentes laborales y una pérdida de la productividad. Esto es especialmente cierto en las personas que trabajan a «correturnos».

Para tratar estos problemas, recientemente se han creado las Unidades de Sueño, clínicas dedicadas al estudio y tratamiento de estas alteraciones del

En los niños recién nacidos y en los ancianos la organización del ciclo vigilia-sueño es polifásica (los primeros duermen cada tres o cuatro horas y los ancianos hacen siestas durante el día), mientras que en los adultos el ciclo es monofásico (el sueño se concentra en un solo período).

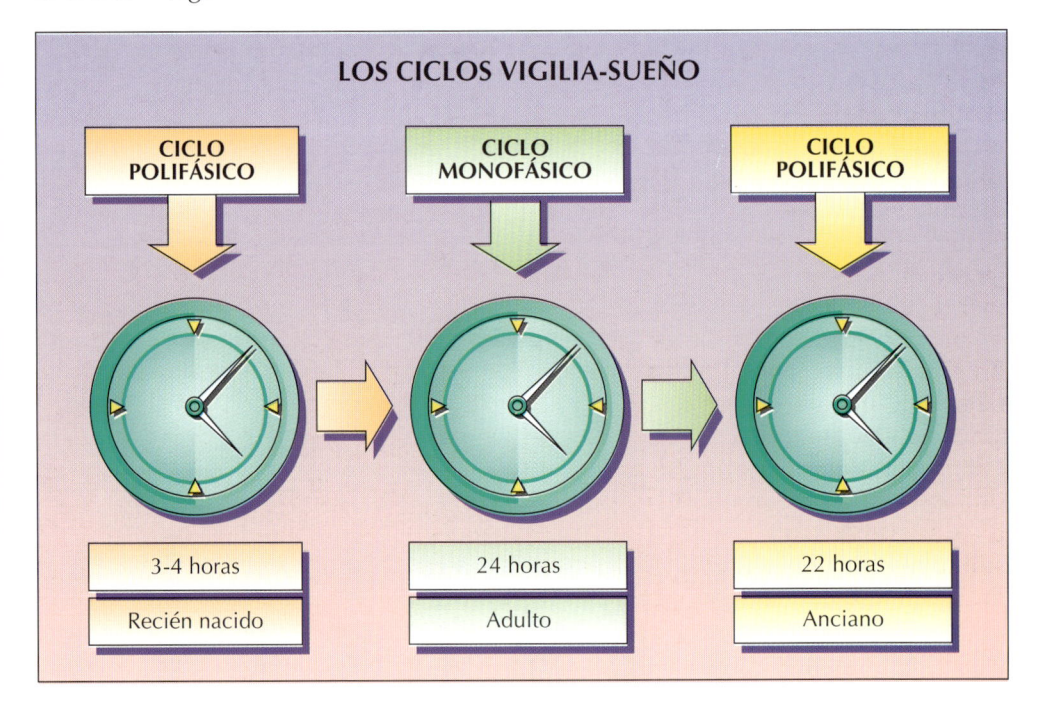

LOS CICLOS VIGILIA-SUEÑO

CICLO POLIFÁSICO	CICLO MONOFÁSICO	CICLO POLIFÁSICO
3-4 horas	24 horas	22 horas
Recién nacido	Adulto	Anciano

312

sueño. Casi la mitad de los pacientes que acuden a ellas para consultar sobre su somnolencia han sufrido accidentes de circulación, algunos muy graves.

Entre el 4 y el 9 por ciento de la población adulta padece de somnolencia excesiva diurna como síntoma de un trastorno del sueño. Las repercusiones de este tipo de somnolencia sobre la salud pública son enormes y los gastos económicos derivados de esta patología, muy importantes.

Enfermedades del sueño

Estamos despiertos de día para poder dormir de noche y dormimos de noche para poder estar despiertos de día. Dormir y estar despierto son dos actividades íntimamente ligadas entre sí. Esta alternancia de estar despierto-dormir-estar despierto-dormir se conoce como ciclo de vigilia-sueño.

Se sabe que el control del ciclo vigilia sueño corre a cargo de un grupo de células situadas en el centro del cerebro —el núcleo supraquiasmático del hipotálamo—, que a su vez es influido por estímulos externos, como la luz y los hábitos sociales, y estímulos internos, como el ritmo de la temperatura corporal y los distintos ritmos de secreciones hormonales.

La organización del ciclo vigilia-sueño dentro de las 24 horas del día es distinto en el recién nacido, en el adulto y en el anciano. En el recién nacido, el patrón de sueño-vigilia es polifásico ya que el niño pequeño no concentra su sueño en un único período, sino que duerme en varios y sucesivos episodios, tanto durante el día como por la noche. En el adulto, el patrón de sueño es normalmente monofásico (bifásico si habitualmente realiza siestas), pues se efectúa un único período continuado de sueño. En el anciano se vuelve a registrar un patrón de sueño polifásico, con distintas siestas durante el día.

En la mayoría de estos trastornos el problema consiste en que la persona no puede dormir cuando lo desea y tiene sueño o se duerme en momentos inadecuados o no deseados. Las quejas pueden ser, indiferentemente, de insomnio o de excesiva somnolencia.

El jet-lag

Si viajamos en avión atravesando con rapidez diversas zonas horarias, podemos sufrir ciertas alteraciones del sueño como, por ejemplo, dificultades en conciliarlo o mantenerlo, en una somnolencia excesiva o en descensos de la alerta y el rendimiento durante el día.

También aparecen síntomas relacionados con la función intestinal como diarrea, estreñimiento, espasmos intestinales y otras molestias.

Algunas personas sufren con más intensidad que otras el fenómeno llamado jet-lag *y padecen alteraciones del sueño, cuando realizan un viaje transoceánico en avión, en el que atraviesan varios husos horarios.*

SUEÑO Y ENSUEÑO

Existen distintos factores que hacen modificar la intensidad de este síndrome, llamado *jet-lag*. En primer lugar, depende del número de husos horarios atravesados: cuantos más husos atravesemos, más importante será la sintomatología. Sólo aparecen las alteraciones a partir de haber atravesado tres husos horarios. La dirección en que viajamos también influye en la intensidad del síndrome: es peor viajar hacia el Este, ya que nuestro día biológico, o ritmo circadiano, debe entonces hacerse más corto, por lo que se incrementa la dificultad de adaptación. Normalmente, nos es más fácil dormirnos cuando nos vamos a la cama más tarde de lo habitual, que cuando nos vamos más pronto. Esto es precisamente lo que nos pasa cuando viajamos hacia el Oeste: el horario local nos obliga a alargar, o sea a retrasar, el momento de acostarnos, con lo que nuestro día biológico debe hacerse más largo.

En la readaptación del ritmo biológico circadiano influyen también los horarios de salida y llegada, la edad y, por supuesto, la susceptibilidad personal. Algunas personas tienen una gran sen-

Miedo al insomnio

La falta de sueño es una experiencia universal. Todos podemos recordar alguna vez en la que no hemos podido conciliar el sueño o que nos hemos despertado en medio de la noche o demasiado pronto por la mañana. Son muchas las situaciones que han podido provocar estos insomnios. Pero lo que está fuera de toda duda es que al día siguiente nos hemos sentido más irritables, que no hemos rendido de la misma forma en el estudio o en el trabajo y que nuestra ansiedad ha ido en aumento. Incluso podría habernos ocurrido una pérdida de memoria y nuestros reflejos podrían no haber sido tan rápidos.

El hecho de no dormir, dormir poco o dormir mal puede llegar a ser una tortura. No conseguir un sueño cotidiano, seguido y profundo, es causa de uno de los malestares más insufribles que pueden afectar al individuo a lo largo de su vida. Se calcula que un tercio de la población mundial padece de insomnio y sólo el 15 por ciento recibe un tratamiento correcto. Los demás malviven con su insomnio.

Por lo general las personas insomnes, cuando están en la cama, se ven asaltadas por diversos obstáculos que les impiden iniciar el sueño o que los despiertan en la noche. Acuden entonces a su mente las preocupaciones cotidianas, los problemas familiares o laborales y todos aquellos pensamientos que, según una acertada expresión corriente, les «quitan el sueño». Pero quizás el pensamiento que más les preocupa es la propia dificultad del sueño, el miedo al insomnio. Comienza entonces el hecho de rumiar en la cama alrededor de algunos temas como «No podré dormirme», «Mañana no estaré descansado» o «Algo me está sucediendo», que dificultan aún más el inicio del sueño. Por eso, cuantos más esfuerzos realiza el insomne para conciliar el sueño, menos lo consigue.

¿ Hace un par de meses que me cuesta dormir. Una amiga me aconsejó que tome un vaso de leche tibia antes de acostarme. ¿Puede ser efectivo?

➡ Según la opinión médica, el efecto que se atribuye a ciertos remedios caseros es psicológico y depende de la confianza que se deposite en ellos. Pero, en este caso, la sabiduría popular parecería estar en lo cierto: la leche suministra la materia prima para la producción de serotonina, el neurotransmisor que facilita el sueño.

Seres humanos de todas las edades y condiciones tienen dificultades para dormir pero hace muy poco tiempo que el sueño se estudia de forma científica. Las investigaciones llevadas a cabo en las últimas dos décadas demuestran que éste no es siempre un fenómeno benigno: se han descrito más de sesenta trastornos del sueño.

sibilidad ante los cambios de husos horarios, y sufren abundantes trastornos cuando realizan algún viaje transoceánico o intercontinental. Los ancianos, cuando efectúan un viaje, tienen una mayor dificultad de adaptación a los nuevos horarios mientras que los jóvenes se adaptan con gran rapidez.

Por lo general, los problemas de vigilia-sueño desaparecen después de dos o tres días de la llegada; las funciones fisiológicas, como por ejemplo las responsables de los trastornos gastrointestinales, pueden tardar hasta ocho días en normalizarse y algunos procesos hormonales suelen demorar en regularse completamente hasta catorce días.

Aproximadamente, por cada huso atravesado, el sistema circadiano se reajusta cada día sesenta minutos cuando viajamos hacia el Oeste y noventa minutos cuando viajamos hacia el Este. Si realizamos un viaje de Barcelona (España) a Los Ángeles (Estados Unidos), al haber un cambio horario de aproximadamente nueve horas, tardaríamos unos nueve días en adaptarnos, mientras que si realizamos el viaje a la inversa, tardaríamos unos doce o trece días.

Estos síntomas no deben confundirse con aquellos provocados por las condiciones propias del viaje en avión, la mayoría producidos por la altitud y por las condiciones ambientales de la cabina. Entre éstos, los más corrientes son la sequedad de boca, la picazón en los ojos, la irritación nasal, las rampas o calambres, los dolores de cabeza, la ansiedad, los mareos intermitentes y la distensión abdominal.

Los cambios en el turno laboral

Las personas que cambian de horario en sus turnos de trabajo pueden sufrir transitoriamente serias alteraciones del sueño, que consisten en la aparición de síntomas de insomnio, en somnolencia excesiva o, lo que es más corriente, en la incapacidad para mantener la duración total del sueño.

La reducción del sueño oscila normalmente entre una y cuatro horas, afectando en especial a la segunda mitad del sueño. Las personas que cambian de horario suelen entonces incrementar sus siestas, aunque pocos tienen tiempo de adaptarse a los nuevos horarios, ya que suelen cambiar a un nuevo horario diurno en breve período de tiempo. Durante los fines de semana o las vacaciones estas personas acostumbran a retomar su horario normal. De forma subjetiva en estos casos se percibe el sueño como insuficiente y no reparador, y se padece de somnolencia excesiva durante el período del día en que se está despierto. Esto suele ser más frecuente cuando el turno de trabajo es nocturno.

Existe otra característica asociada a este trastorno, que consiste en la reducción sustancial de la alerta durante la vigilia. Por lo tanto, hay un alto riesgo de tener somnolencia excesiva o incluso de dormirse mientras se está trabajando. Estos síntomas no sólo comprometen gravemente la seguridad de la persona en el trabajo, sino que también repercuten en el ámbito de la pareja, donde pueden presentarse dificultades de relación.

El insomnio, un mal acompañante nocturno

Los trastornos del sueño son tan antiguos como el hombre, pero no hace más de 25 años que los médicos han empezado a analizar qué sucede durante la noche y se han podido atender las quejas de las personas que tienen dificultades para iniciar o mantener el sueño.

La torturante imposibilidad de dormir afecta a seres humanos de todas las edades y condiciones, independientemente de la raza, la religión, el estado físico o la posición social. La forma de vida actual, con sus prisas, su ritmo trepidante y sus exigencias, hace que cada vez sea mayor el número de personas que sufren trastornos del sueño, por lo que cada vez cobran más relevancia las unidades clínicas dedicadas a tratar estas alteraciones.

El insomnio siempre es síntoma de algo. Es un síntoma común entre las personas muy ansiosas o con tendencias depresivas. Un estatus socioeconómico bajo, un nivel cultural pobre, la presencia de una enfermedad crónica, episodios de estrés recientes o el consumo de bebidas alcohólicas, son otros factores asociados con el incremento del insomnio. Las mujeres son las que sufren con mayor frecuencia problemas relacionados con el sueño. Entre los hombres, los que tienen entre 18 y 35 años sufren más dificultades para iniciar su sueño, y los mayores de 45 años son los que más inconvenientes tienen para mantener un sueño continuado o bien padecen despertares nocturnos frecuentes.

Es muy común sufrir una noche de insomnio por causa de cambios de huso horario, por motivos emocionales o debido a un exceso de preocupaciones. Esta alteración pasajera, que puede tener una duración de hasta siete días, recibe el nombre de insomnio transitorio. No suele asociarse a antecedentes previos de otros trastornos del sueño y, por lo común, no tiene repercusiones al día siguiente en el estado físico ni psíquico.

Este tipo de insomnio es tan frecuente que entre el 90 por ciento y el 100 por ciento de la población adulta declara haber padecido un episodio de insomnio transitorio. Las mujeres suelen presentarlo con mayor asiduidad que los hombres y la frecuencia aumenta claramente con la edad. Una de las causas más comunes suele ser el estrés agudo, como por ejemplo una fuerte tensión emocional por la pérdida de un ser querido, una preocupación excesiva ante el traslado o ingreso en un hospital o cualquier situación que genere un estado emocional intenso, tanto positivo como negativo. Aquí pueden incluirse otras causas, desde la anticipación de un viaje o las vísperas de declaraciones amorosas, hasta las expectativas generadas por un cambio de trabajo. Este tipo de alteración acostumbra a desaparecer espontáneamente cuando cesa la causa que la ha desencadenado.

Las situaciones de estrés no condicionan la misma respuesta en todos los individuos. Se piensa que el insomnio se produce en aquellas personas con menores mecanismos de defensa frente a situaciones estresantes.

El ruido y la luz son frecuentemente causa de insomnio transitorio. Una zona ruidosa, como Times Square en Nueva York, puede ocasionar dificultades a la hora de conciliar el sueño. Lo mismo ocurre si hace demasiado frío o demasiado calor.

Los ruidos molestos, el frío, el calor...

Pueden citarse también otras situaciones que ocasionalmente dan lugar a un insomnio transitorio. El hecho de dormir en condiciones ambientales distintas de las habituales es, posiblemente, la causa más universal del insomnio transitorio. De todos es conocida la dificultad que algunos individuos padecen para iniciar el sueño en hoteles, trenes o aviones.

INSOMNIO CRÓNICO

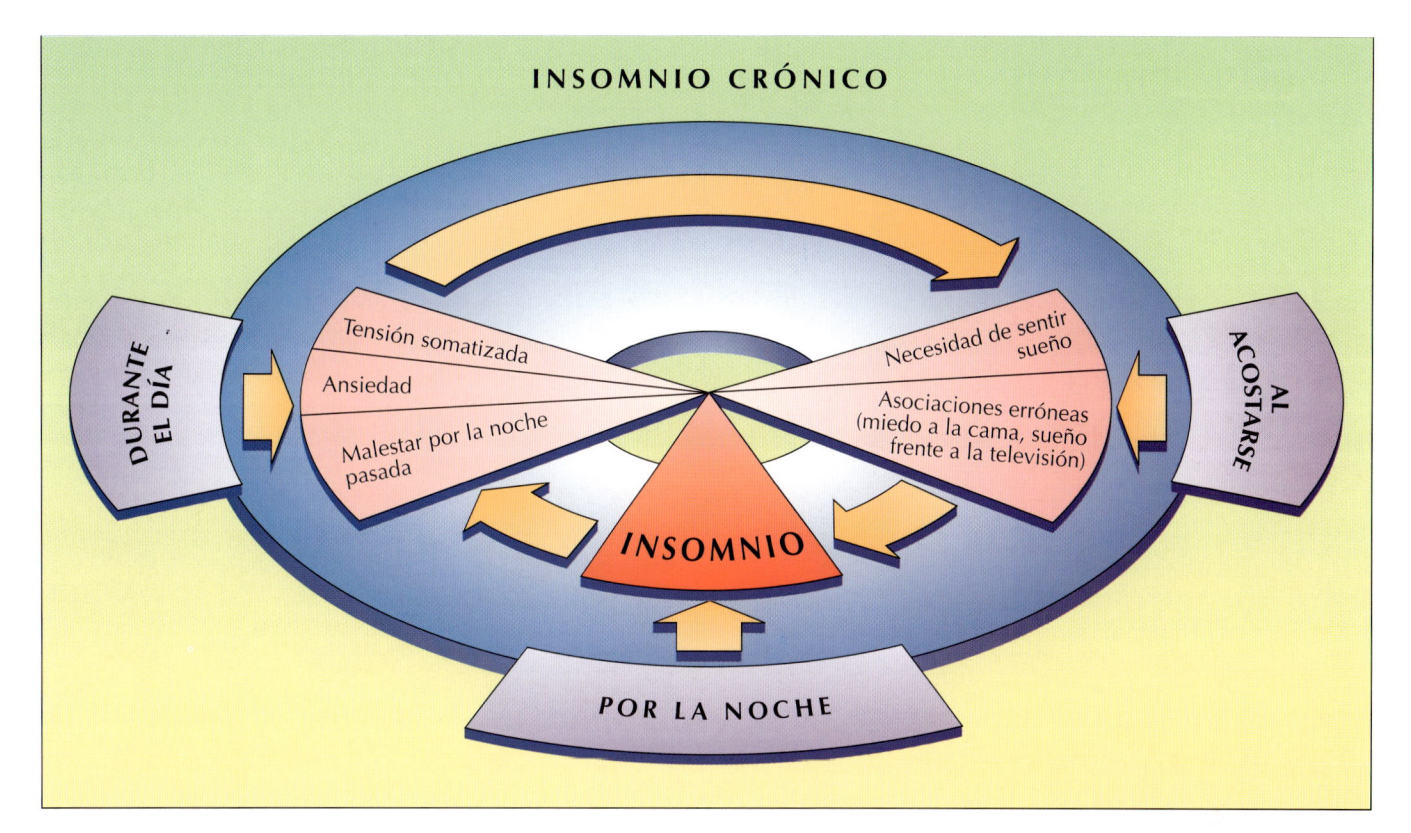

Diagrama:
- DURANTE EL DÍA
- AL ACOSTARSE
- POR LA NOCHE
- Tensión somatizada
- Ansiedad
- Malestar por la noche pasada
- Necesidad de sentir sueño
- Asociaciones erróneas (miedo a la cama, sueño frente a la televisión)
- INSOMNIO

El ruido puede ser otra de las causas de este tipo de trastorno, aunque parece ser que la capacidad de un ruido para despertarnos depende no sólo de su intensidad sino también de lo significativo que ese ruido sea para el individuo. Existe un factor cognitivo o emocional ligado al despertar producido por un ruido. Está bien documentada la capacidad que acostumbra a tener una madre para despertarse ante el más mínimo llanto de su hijo, mientras que esa misma madre puede dormir plácidamente en medio de una tormenta. El ronquido es otro ejemplo: existen personas capaces de dormir junto a un gran roncador al tiempo que otras no toleran el más mínimo suspiro. El ruido suele afectar más a las mujeres y puede convertirse en más molesto al aumentar la edad. Con los años, también aumentan el número de movimientos musculares que realizamos en la cama. Algunos de estos movimientos van acompañados por breves despertares que, aunque no son recordados posteriormente, pueden dar lugar al día siguiente a una sensación de haber descansado mal la noche anterior y a una leve somnolencia.

La temperatura es otro de los factores que ocasionalmente dan lugar a un insomnio transitorio. Parece ser que las variaciones de la temperatura, por debajo o encima de los valores normales, influyen sobre todo en el mantenimiento del sueño, es decir, no impiden que el paciente se duerma pero sí hacen que se despierte más veces durante su sueño. El frío intenso puede crear más distorsiones que el calor.

La base sobre la cual se intenta dormir también puede ser causa de un insomnio transitorio, ya que las superficies extremadamente duras o blandas tienen una clara influencia en la conciliación y mantenimiento del sueño.

El insomnio crónico

Cuando una persona duerme menos de cinco horas diarias, durante veinte o más días en al menos dos meses consecutivos, puede decirse que padece insomnio crónico. Este tipo de insomnio es realmente grave y tiene evidentes repercusiones durante el día. La dificultad para iniciar o mantener el sueño es por lo general sólo un síntoma de otra alteración o enfermedad más im-

El círculo de exacerbación del insomnio: en su origen está la acumulación de ansiedad durante el día, unida a hábitos de sueño erróneos, y en el momento de acostarse aparecen asociaciones negativas y preocupaciones exageradas con respecto al sueño. Cuantos más esfuerzos se realizan para dormir, menos se consigue.

SUEÑO Y ENSUEÑO

Trabajar muchas horas en situación de estrés, beber mucho café para mantenernos despiertos son, junto a las tensiones de la vida moderna, condicionantes para no poder conciliar un buen sueño.

portante, que en realidad es la causa del problema. Por ello, delante de una situación de insomnio crónico es esencial averiguar la causa que lo provoca.

Los trastornos psiquiátricos, sobre todo la depresión y los trastornos de ansiedad, las enfermedades crónicas como hipertiroidismo, la artrosis, el asma, el síndrome de apnea del sueño, los traumatismos craneales, las jaquecas, las migrañas, la epilepsia y, en general, la mayoría de las enfermedades neurológicas son también causantes de insomnio crónico.

Si estoy ansioso, no duermo

El motivo más habitual del insomnio crónico es la acumulación progresiva de ansiedad durante el día, situación que produce el llamado insomnio psicofisiológico. La presencia de ansiedad diurna somatizada, asociada a hábitos de sueño erróneos, está en el origen del insomnio crónico psicofisiológico. Las personas que lo padecen se encuentran ante grandes dificultades a la hora de conciliar el sueño, sufren frecuentes despertares nocturnos y sienten aprehensión al momento de acostarse. Además, frecuentemente sienten aversión a la cama debido a una asociación negativa de estímulos, y, al día siguiente, se encuentran con una sensación de malestar general, la cabeza «espesa» y tensión, aunque normalmente no sienten sensación de somnolencia diurna.

El insomnio psicofisiológico proviene de la asociación de la tensión somatizada con hábitos de sueño erróneos. Los individuos que sufren este tipo de insomnio reaccionan frente al estrés somatizando la ansiedad con agitación, aumento de la tensión muscular, dolores erráticos, etcétera. Es habitual que establezcan asociaciones negativas con el sueño, como por ejemplo el hecho de relacionar la cama con una situación desagradable debido al recuerdo de la dificultad de iniciar el sueño, o por las horas pasadas «en blanco».

Esto da lugar a la aparición de preocupaciones excesivas vinculadas con el sueño, lo que hace acumular aun una mayor tensión y termina por cerrar el círculo; cuanto más se intenta tener un sueño correcto más dificultades aparecen relacionadas con él o, lo que es lo mismo, cuanto más se anhela dormir menos se consigue.

Es frecuente que estas personas sientan una fuerte tendencia a dormirse pero que ésta sólo se manifieste en situaciones no habituales, como puede ser viendo la televisión, viajando en automóvil o leyendo. En cambio, cuando se acuestan con la intención de dormir empiezan a dar vueltas y más vueltas en la cama, sin conseguir la suficiente relajación necesaria para iniciar el sueño.

Cómo combatir el insomnio

Para tratar el insomnio existen distintos métodos que van desde los consejos más simples acerca de las medidas higiénicas del sueño y la forma de combatir el estrés, hasta los recursos farmacológicos. Es primordial no sobrevalorar los síntomas que provoca el insomnio y no desmoralizarse ni obsesionarse con la falta de sueño. Existen distintas técnicas encaminadas a reducir la ansiedad que ocasiona el propio insomnio. También se puede recurrir a los métodos de relajación progresiva, a la práctica de yoga e incluso a las terapias de restricción de sueño, que se han mostrado efectivas.

Entre los consejos que conviene conocer al insomne y a la persona que comparte con él el sueño, en primer lugar figuran algunas simples rutinas. Es conveniente mantener unos horarios regulares, tanto en las horas de acostarse como en las de levantarse, incluso en los días festivos.

La costumbre de realizar caminatas diarias, a ritmo suave, con preferencia en espacios abiertos, tiene múltiples ventajas para el organismo, entre ellas predisponer a la relajación y, por lo tanto, ser una buena inductora del sueño.

SUEÑO Y ENSUEÑO

Un ejercicio suave (andar, nadar pausadamente, pasear en bicicleta) durante el día, preferentemente al mediodía o a media tarde, ayuda a la relajación necesaria antes del sueño. También las recetas clásicas del «baño caliente» un par de horas antes de acostarse o cualquier actividad rutinaria efectuada antes del sueño nos predispone a esa relajación.

Hay que evitar tomar café, té, cacao, colas o cualquier sustancia estimulante del sistema nervioso central. Así mismo es mejor no tomar alcohol, al menos seis horas antes de ir a la cama.

Se debe esperar un mínimo de dos horas después de cenar, antes de acostarse.

Las condiciones ambientales también influyen en nuestro sueño, por lo que hay que evitar el ruido y la luz excesiva, la cama debe ser ancha y confortable y la temperatura constante (entre 18 y 22 grados). Hay que establecer hábitos diarios para todas las actividades: trabajo, comidas, ejercicio, ocio, relajación y sueño, y ajustarse lo más estrechamente posible a ellos.

Es aconsejable «interrumpir el estrés» durante el día, con pequeñas pausas de unos diez minutos, para respirar profundamente, meditar o realizar algún ejercicio de relajación o yoga.

Fármacos para dormir mejor

Las «pastillas para dormir» no son ni buenas ni malas, simplemente o están bien utilizadas, y entonces hacen el efecto beneficioso esperado, o están mal empleadas, y entonces no sólo no curan el insomnio sino que producen efectos secundarios indeseables.

Hoy en día no existe ya ninguna duda de que los mejores y sobre todo más seguros fármacos para mejorar el sueño son los hipnóticos denominados «benzodiacepinas» y los últimamente descubiertos «imidazopiridinas y ciclopirrolonas», presentan una baja toxicidad, son seguros para su uso clínico y actúan con eficacia.

Las consecuencias de las benzodiacepinas son diferentes según la duración de su efecto, es decir el tiempo que permanecen en nuestra sangre. Entre sus distintas propiedades destacan las ansiolíticas (disminuyen la ansiedad), las miorrelajantes (relajan las musculatura), las anticonvulsivantes (paran las crisis epilépticas), las hipnóticas (producen sueño) y las anestésicas (suprimen el dolor).

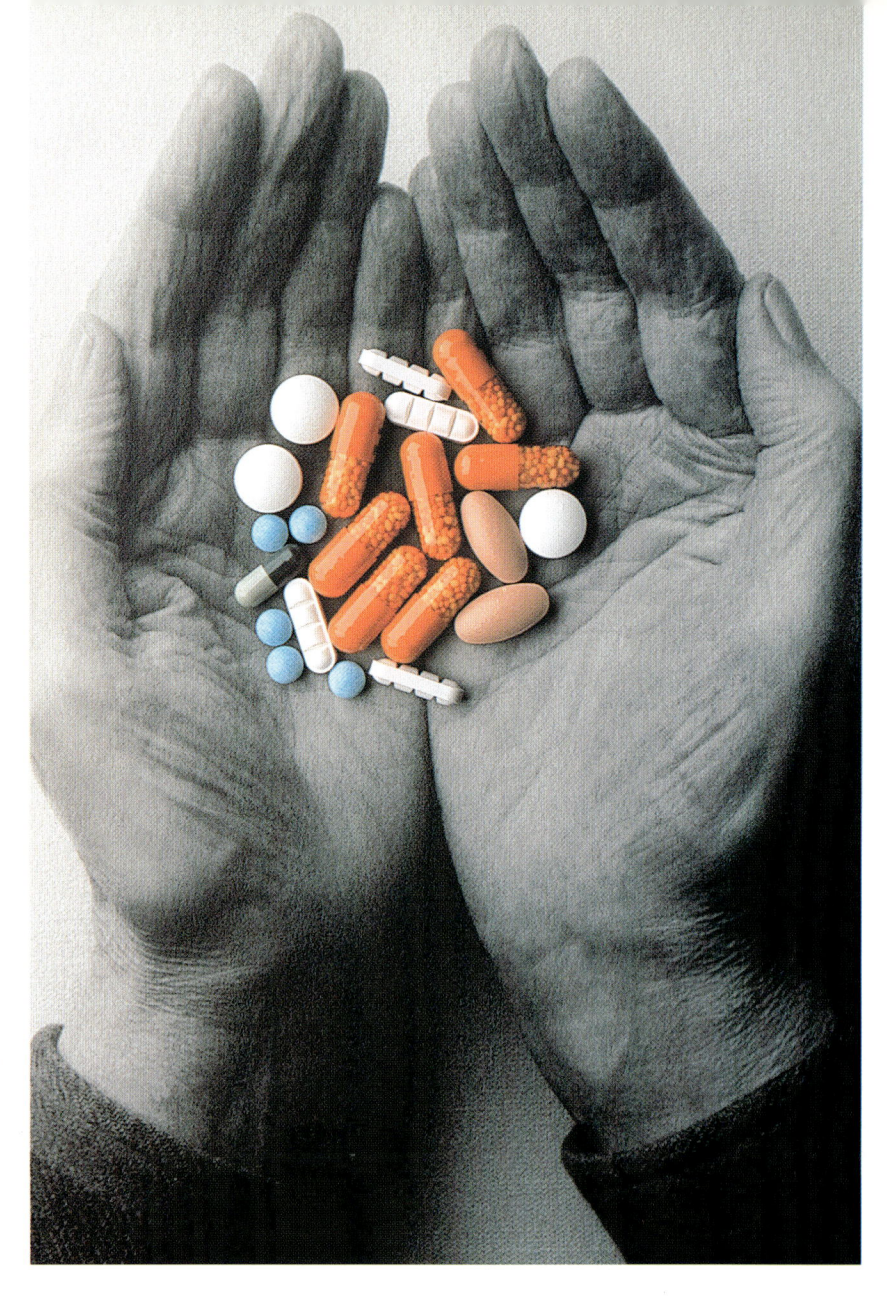

Como efectos desfavorables se han descrito la sedación diurna (apatía durante el día), la amnesia (pérdida de memoria), los estados de confusión, los síndromes de abstinencia, la depresión respiratoria (descenso de la frecuencia respiratoria) y su potencial abuso. Todos los efectos secundarios están relacionados con las dosis excesivas, las retiradas bruscas, la potenciación con otros fármacos o el uso indebido, tanto por parte del médico como del paciente.

La selección del medicamento adecuado debe ser efectuada siempre por un médico, de forma individualizada,

Para muchos insomnes las «pastillas para dormir» son su tabla de salvación. El uso de hipnóticos durante largos períodos puede obligar a la persona a recurrir a un aumento progresivo de la dosis, con lo que se alcanza un grado de insomnio superior al que se sufría inicialmente.

LA PAUSA REPARADORA

dependiendo del paciente a tratar y de sus necesidades. Casi todos los hipnóticos benzodiacepínicos existentes hoy en el mercado pueden ser útiles si son usados por los profesionales que conocen a fondo la patología del sueño.

Como recomendaciones generales podríamos decir que se debe recetar la dosis mínima durante el período de tiempo necesario. Los pacientes deben ser controlados cuidadosamente por el médico durante el tratamiento y se retirará la medicación de forma progresiva cuando ya no se considere útil. Cada medicamento tiene su indicación precisa; sólo hace falta conocer perfectamente sus características farmacológicas y la patología que presenta el paciente para aplicar el tratamiento adecuado. En el insomnio crónico siempre debe tratarse la causa responsable del proceso, siendo aconsejable el tratamiento sintomático con hipnóticos sólo como coadyuvante del etiológico. Para el insomnio transitorio y de corta duración, se debe utilizar el hipnótico un período máximo de 21 días consecutivos, con una posterior retirada progresiva del mismo. El uso discontinuo (un comprimido cada tres o cuatro días) es aconsejable y puede prolongarse sin problemas de acumulación ni habituación.

Roncar no sólo es molesto para los demás

El hecho de roncar, sobre todo con un ronquido intenso, es frecuentemente motivo de comentario jocoso o de mofa entre los familiares, amigos o conocidos

Las personas que padecen el llamado síndrome de apnea obstructiva del sueño o ronquido suelen ser distraídas, prestan escasa atención a lo que les rodea, acostumbran a dormirse en el sofá antes de las comidas y a prestar poco interés por el aspecto sexual.

SUEÑO Y ENSUEÑO

¿ A una amiga le recetaron unos somníferos que le han dado resultado. Ahora yo estoy teniendo problemas del mismo tipo, ¿puedo tomar estas pastillas?

➡ De ninguna manera. Si bien el criterio para determinar la aplicación clínica de uno y otro fármaco no es siempre demasiado riguroso desde el punto de vista científico, debe ser un médico especialista el que le indique el tratamiento. Tal vez en su caso no es necesario recetarle psicofármacos. La diferencia entre los distintos tipos de insomnio, la forma en que se presenta y la edad son factores a tener en cuenta para indicar un tratamiento.

Estudio realizado en un laboratorio de investigaciones médicas sobre el sueño, que registra las ondas de la actividad encefálica durante el sueño de un paciente que padecía de insomnio crónico.

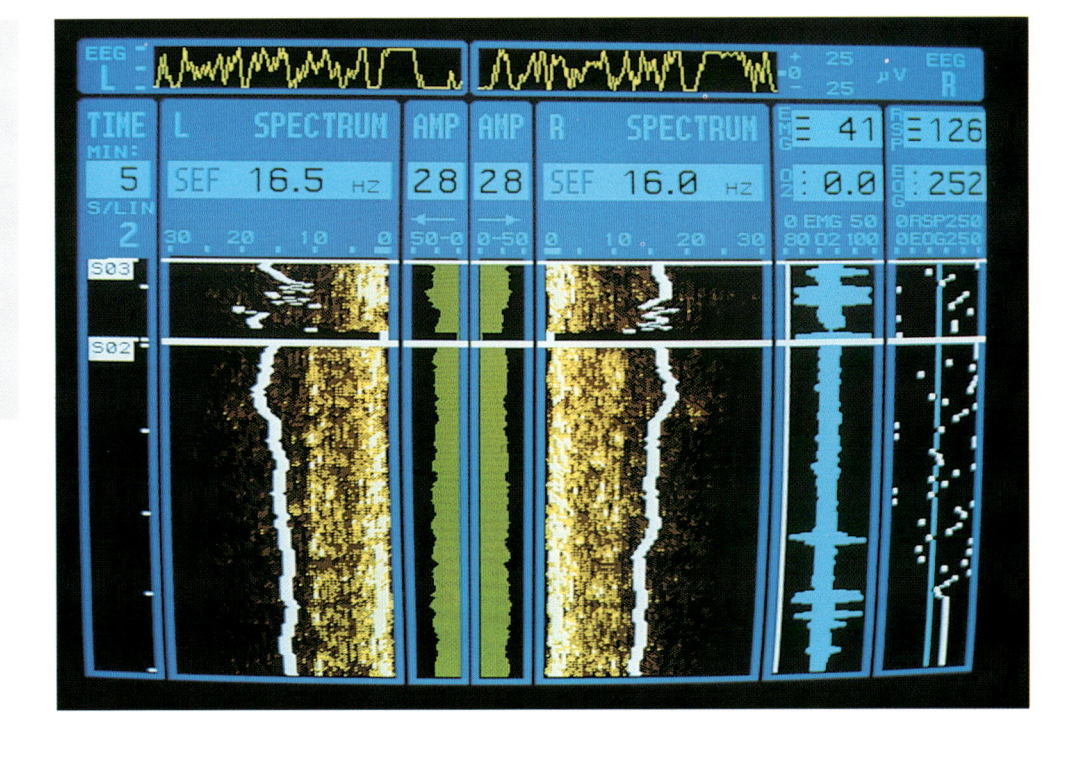

del «roncador». De la misma forma, la persona que tiene somnolencia o se duerme durante el día puede ser acusada de falta de interés por lo que le rodea, de despistada o incluso de vaga.

Por lo general, las personas que roncan suelen defenderse alegando «estoy muy cansado», «trabajo demasiado» o «paso una temporada de excesivo estrés». Nada de esto es cierto. Lo único que sucede es que estas personas que duermen con un ronquido intenso, seguido de paradas respiratorias durante el sueño y de somnolencia diurna, padecen el llamado síndrome de apnea obstructiva del sueño.

Debido a esta enfermedad, muchas de estas personas tienen problemas sociales. En su trabajo rinden poco, pierden memoria, les es difícil concentrarse, padecen sueño en las reuniones o se duermen conduciendo. En sus casas, se duermen en el sofá antes de comer o cenar, prestan escasa atención a lo que les rodea y se manifiesta en ellas un evidente descenso del interés sexual.

En esta alteración existe una cierta predisposición familiar, siendo más frecuente en los hombres y en aquellas personas cuyos antecesores roncaban mucho. Este síndrome sólo aparece cuando estamos durmiendo y, hasta hace muy poco tiempo, no había recibido la atención médica y social que requiere su alta frecuencia (afecta a un 4 o 6 por ciento de la población general). Los pacientes diagnosticados de esta enfermedad representan el 22 por ciento de las personas que acuden a visitarse en las Unidades de Alteraciones del Sueño.

Quedarse sin aliento

Apnea es una palabra médica que significa «ausencia de respiración». Médicamente se emplea para definir la falta de entrada o salida de aire de los pulmones durante diez o más segundos. La presencia de paros o ceses en la respiración da como consecuencia la falta de oxígeno en el organismo y el aumento de dióxido de carbono en la sangre, con las consiguientes repercusiones para la circulación, el cerebro y el corazón.

El síndrome de apnea del sueño es una alteración en la cual las personas cesan de respirar durante el sueño. Estos paros pueden ser totales —apneas— o parciales —hipoapneas—, y para considerarse patológicos deben tener una duración superior a diez segundos y presentarse con una frecuencia de al menos diez por hora de sueño.

LA PAUSA REPARADORA

El numero de apneas/hipoapneas por hora se denomina índice de alteración respiratoria nocturna y es el predictor de la gravedad del proceso. Los episodios apneicos van seguidos frecuentemente por un despertar. El cese repetido de la respiración provoca numerosos síntomas. La hipotonía, o falta de fuerza de la faringe, es la responsable de la dificultad para la entrada y salida del aire, lo que da lugar a un ronquido ruidoso y persistente, que puede variar en intensidad según la posición en que se esté durmiendo. La falta repetida de aire puede llegar a afectar al corazón e incluso es capaz de producir muchas de las muertes inexplicadas que tienen lugar durante el sueño. La falta de oxígeno también es la responsable de los dolores de cabeza, de alteraciones neuropsicológicas tales como el descenso de la concentración, la memoria y la libido, así como puede colaborar en la producción de la hipertensión arterial que se observa en quienes la padecen.

Al final de cada apnea, la falta de oxígeno, o hipoxia, da lugar a una respuesta: la persona se despierta (se autodespierta), lo que le permite superar el episodio. Estos despertares provocan la dificultad de profundizar en el sueño, con lo que el sujeto sólo puede dormir de forma superficial, normalmente en fase 1 y 2, con la consiguiente somnolencia diurna.

Este sueño durante el día varía en intensidad y está íntimamente ligado al número de apneas. Puede llegar a ser muy incapacitante, aunque al principio el sujeto lo justifique por excesivo trabajo o estrés. Suele presentarse inmediatamente después de levantarse y debe valorarse en ausencia de estímulos diurnos que le mantengan alerta. Las

En las Unidades de Alteraciones del Sueño se observa el comportamiento del paciente dormido, y, mediante una polisomnografía, se evidencian las alteraciones del organismo que tienen lugar durante el sueño.

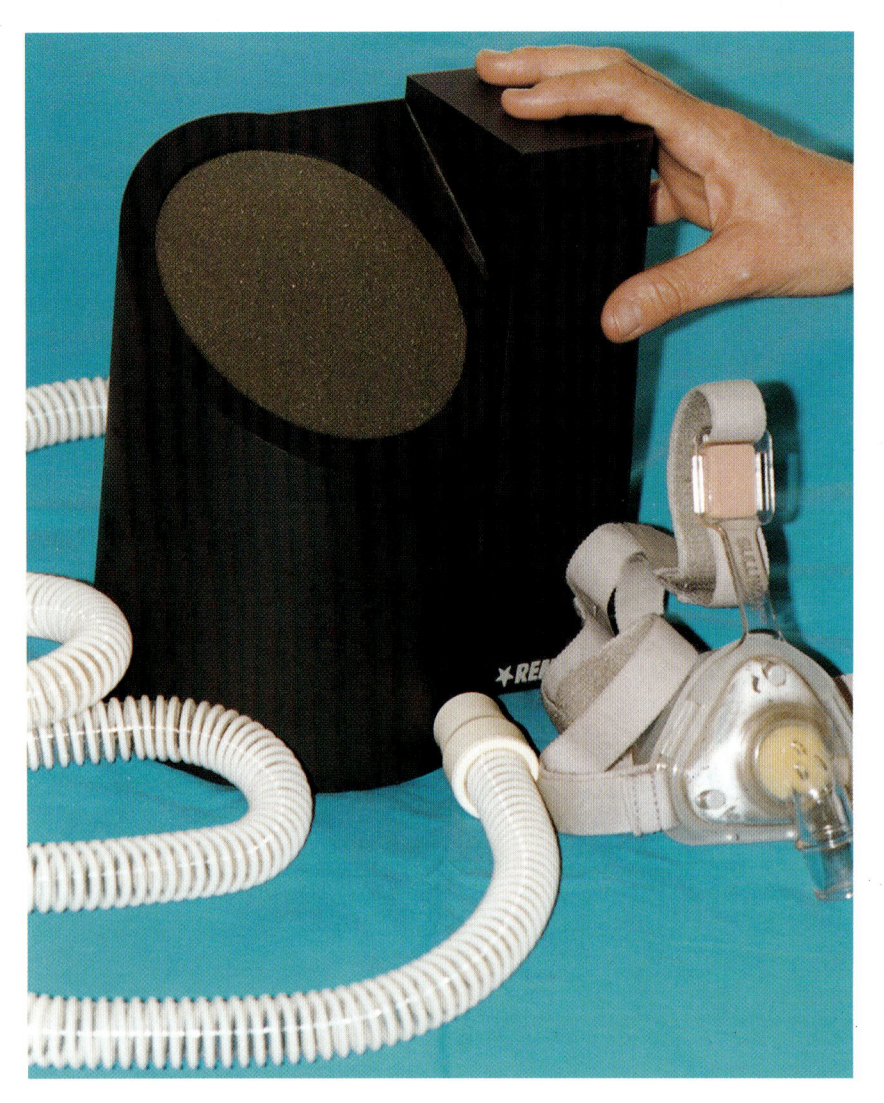

SUEÑO Y ENSUEÑO

Un método eficaz para combatir el ronquido consiste en utilizar un compresor que aumenta la presión del aire ambiental y que se conecta al durmiente a través de una mascarilla colocada sobre su nariz, lo que permite que se abra la musculatura del cuello y se restablezca la respiración normal.

personas con esta patología suelen relatar un sueño inquieto por los despertares, con múltiples fraccionamientos —que ellos asocian a la necesidad de orinar—, se levantan con la boca seca, sudan mucho mientras duermen y tienen sensación de cansancio al levantarse por la mañana, además de la impresión de haber tenido un sueño poco reparador.

En las Unidades de Alteraciones del Sueño se efectúa un diagnóstico de sospecha por los síntomas que refiere la persona afectada y luego éste se confirma a través de una polisomnografía, o estudio del sueño nocturno de ocho horas de duración. El estudio del sujeto durante una noche de su sueño es la única forma de demostrar la existencia de dicha alteración. La observación del comportamiento de estas personas durante la noche, el tipo de respiración, la intensidad del ronquido, el número de paradas respiratorias (índice de apnea/hipoapnea), las alteraciones del ritmo cardíaco, la profundidad del sueño, el número de despertares y el grado de hipoxia, o falta de oxígeno, constituye la mencionada polisomnografía. Mediante ella es posible determinar la gravedad de la enfermedad y evidenciar todas las alteraciones del organismo que tienen lugar durante el sueño y la vigilia.

¿Qué hacer con el ronquido?

Para mejorar los trastornos causados por el ronquido intenso y las paradas respiratorias durante el sueño existen distintas medidas terapéuticas. Entre las consideraciones generales se aconseja en primer lugar bajar de peso si la persona afectada tiene un exceso de kilos. También está indicada la eliminación de las bebidas alcohólicas, incluido el vino. Por otra parte, es conveniente no utilizar medicamentos que produzcan somnolencia (sedantes, somníferos, etc.) y dormir un mínimo de ocho horas diarias, manteniendo horarios regulares.

En la actualidad, la mayoría de los síntomas de esta alteración son reversibles gracias a un tratamiento seguro y no invasivo, que consiste en la utilización de aire ambiental aumentado de presión (CPAP), procedente de un suave compresor y aplicado a través de una pequeña mascarilla que se coloca sobre la nariz del durmiente, sólo durante el período de sueño.

A finales de los años ochenta se desarrolló este procedimiento terapéutico que permite la apertura de la musculatura del cuello y, gracias a ello, la vuelta a la normalidad de la respiración, con la consiguiente desaparición de los síntomas. Los efectos secundarios son mínimos y sólo hay que citar la incomodidad que puede suponer el hecho de tener que utilizar cada noche la mascarilla. La difusión de la existencia de esta alteración es fundamental para lograr un mejor nivel de vida general y una mayor calidad en la asistencia sanitaria, ya que tanto las facilidades diagnósticas como las posibilidades terapéuticas brindan un futuro esperanzador para resolverla.

LA PAUSA REPARADORA

El niño y los despertares nocturnos

En el transcurso de la noche, el sueño del niño puede presentar algunos problemas de consideración. Uno de los más comunes referidos por los padres es el frecuente despertar de los bebés a lo largo de la noche. Los niños suelen interrumpir su sueño de cinco a quince veces y les es imposible volver a conciliarlo de forma espontánea o sin ayuda. Este fenómeno va ligado generalmente a las múltiples dificultades que encuentran los progenitores para conseguir que el niño se duerma solo. Los padres suelen probar todos los métodos existentes para dormirlos, la mayoría de las veces sin éxito visible.

La persistencia de esta alteración da lugar a un grave trastorno en la estructura del sueño de los niños. Éstos no duermen las horas necesarias, están más inquietos e irritables, les es difícil hacer siestas, duermen en momentos inadecuados y, sobre todo, contribuyen a crear un estado de tensión y frustración continua en los padres, quienes se angustian intentando solucionar la problemática sin lograrlo.

El problema se produce porque el niño no ha adquirido de forma correcta el hábito del sueño. Es decir, porque existe una distorsión de los hábitos del sueño causada por las asociaciones incorrectas que el niño ha establecido con el hecho de dormir, debido a las indicaciones erróneas de los padres. Ante esta circunstancia, el único tratamiento que se ha demostrado efectivo es la reeducación de los hábitos del sueño mediante técnicas conductuales.

Por lo general los niños interrumpen su sueño varias veces y en muchos casos necesitan que sus padres vuelvan a dormirlos. Ello sucede cuando los hábitos del sueño han sido trastocados, por lo que los padres deben ayudar a modificarlos.

325

SUEÑO Y ENSUEÑO

Contribuir a formar el hábito del sueño en los niños debe ser una tarea a encarar por todos los padres. Leerles un cuento o cantarles una canción de cuna es una buena forma de intercambio emocional que puede ayudar al niño en el momento de dormirse.

El momento de ir a la cama

La actitud de los padres es decisiva a la hora de modificar los hábitos del sueño del niño. Para intentarlo, es fundamental crear un ritual alrededor de la acción de ir a la cama. De este ritual dependerá que el niño pueda volver a dormirse durante los múltiples despertares fisiológicos que tiene en su período nocturno. El momento de acostarse ha de transformarse en un hecho agradable, compartido por padres e hijos, y debe tener una duración máxima de cinco a diez minutos. Consistirá básicamente en un intercambio emocional de tranquila información, en relación con el grado de comprensión del niño, como cantar una suave melodía, contar una pequeña historia real, o bien programar una actividad para el día siguiente. El niño deberá estar informado continuamente del tiempo que le queda antes de que inicie su sueño.

Es muy importante que el niño esté despierto cuando los padres se retiren de la habitación. A este respecto, hay que recordar que el niño aprende a dormir con aquello que los adultos le dan y que, en sus despertares fisiológicos durante la noche, reclamará las circunstancias que él haya asociado con su sueño. Si el niño se duerme solo, volverá a dormirse solo cuando se despierte por la noche, pero si se ha dormido en brazos o bien «lo han dormido» meciéndolo, reclamará los brazos o el mecimiento.

Si se establece una rutina correcta, el niño esperará con alegría el momento de irse a la cama y le resultará fácil separarse de los padres cuando éstos se vayan de la habitación. Ver la televisión antes de acostarse, aunque sea juntos, no es una buena actividad porque no

LA PAUSA REPARADORA

permite el intercambio personal. En cambio, leer un cuento o hacer cualquier otra actividad tranquila en común es mucho más recomendable.

Los niños acostumbran a tener junto a ellos su animalito de peluche, su juguete preferido o su almohada. Y es bueno que los tengan porque de esta forma se sentirán más acompañados cuando les dejen solos en la habitación y, sobre todo, descubrirán que estos amuletos o fetiches permanecen a su lado cuando se despiertan por la noche. Es muy importante la regularidad en la rutina nocturna para preparar al niño para el sueño y así evitar que se despierten por la noche.

Una vez terminada la rutina, los padres abandonarán la habitación y deberán seguir una tabla de tiempos de espera, que irá aumentando de forma progresiva, siguiendo las técnicas conductuales de agotamiento, hasta lograr que el niño se duer-

Es importante la rutina nocturna y la preparación del niño para el sueño. El osito de peluche, o cualquier otro juguete, puede ser un buen compañero del sueño del niño, que si se despierta en medio de la noche no se sentirá tan solo teniéndolo a su lado.

ma solo. Muy a menudo, los padres quedan sorprendidos de la rapidez y efectividad de estos métodos, que puede ser manifiesta tras pocos días.

El llanto repetitivo y continuo de un niño durante la noche, con múltiples despertares, es una de las «pesadillas» más duras de soportar. Siempre hay que tener presente que a un niño mal acostumbrado es muy difícil cambiarle los hábitos a partir del año de edad. En definitiva, el niño en crecimiento es un ser al que se le deben inculcar unos hábitos de sueño correctos, con tranquilidad y seguridad, para evitar posteriormente la aparición de numerosas distorsiones patológicas relacionadas con su sueño, las cuales a su vez pueden dar lugar a divergencias y malestar entre los padres y pueden repercutir negativamente sobre el equilibrio y la salud mental familiar.

El sonambulismo

En la infancia, la calidad y la cantidad de sueño pueden alterarse por algunos fenómenos que, por regla general, no son excesivamente graves aunque sí pueden llegar a ser aparatosos y llamar la atención del resto de la familia. Estos fenómenos que tienen lugar durante el sueño y pueden llegar, o no, a interrumpirlo se denominan parasomnias. Las más importantes por su frecuencia son el sonambulismo, los terrores nocturnos, las pesadillas, el bruxismo (rechinar de dientes), la somniloquia (hablar mientras se está durmiendo) y los movimientos de automecimiento.

En ciertos casos, el fenómeno ocurre estando el niño completamente dormido y permanece en este estado durante todo el episodio. Pero, por lo general, estos fenómenos interrumpen el sueño, dando lugar a estados de vigilia durante los cuales el niño puede relatar lo que ha sucedido.

El sonambulismo consiste en la repetición automática durante el sueño de conductas aprendidas durante los períodos de vigilia. El niño está profundamente dormido cuando acontece el episodio, que normalmente tiene lugar durante la primera mitad de la noche. La secuencia bien podría ser la siguiente: el niño se levanta de la cama, dormido aunque con los ojos semiabiertos, se dirige hacia el lavabo, se lava las manos y vuelve a la cama. Si se le hacen preguntas simples suele responder con monosílabos, aunque no siempre lo hace porque no comprende el significado de las palabras. Es muy difícil despertarle porque está profundamente dormido y si se consigue, puede provocársele una sensación de gran extrañeza e inseguridad, ya que no entenderá la situación en que se encuentra.

La causa de este fenómeno se desconoce y, en consecuencia, no existe un tratamiento que ataque las causas. El consejo para la familia es que se tomen medidas de seguridad para evitar cualquier accidente fortuito del niño, y que no se le despierte bajo ningún concepto, sino tan sólo que se intente reconducirlo a la cama. Hay que hablarle con frases simples y cortas, dando órdenes sencillas en lugar de hacer preguntas. El sonambulismo es más frecuente en aquellas familias con antecedentes y normalmente desaparece durante la adolescencia.

Terrores nocturnos y pesadillas

Durante la primera mitad de la noche pueden aparecer los terrores nocturnos, que se caracterizan por el llanto brusco e inesperado del niño, acompañado de una expresión de miedo intenso en la cara y sudor frío en el cuerpo. En estos casos, es muy difícil despertar al niño porque está profundamente dormido y si se consigue, el niño puede sorprenderse ya que no entenderá por qué se le ha despertado.

Los terrores aparecer alrededor de los dos a los tres años y ceden espontáneamente al llegar a la adolescencia. La actitud de los padres debe ser sólo conservadora, vigilando que el niño no caiga de la cama. No se le debe hablar ni mucho menos intentar despertarle. El episodio cederá espontáneamente después de cuatro o cinco minutos y el niño volverá a dormirse.

Las pesadillas son fenómenos parecidos a los terrores nocturnos, aunque se diferencian por dos hechos concretos: siempre se producen en la segunda mitad de la noche y el niño explica claramente qué es lo que ha soñado y le ha despertado. Normalmente relata hechos angustiosos relacionados con miedo, animales que le atacan o conflictos con otros niños. Los padres deben intentar calmar al niño, que estará despierto y plenamente consciente, tratando de quitar importancia a lo soñado.

El bruxismo, también conocido por «chirriar de dientes», es un fenómeno frecuente en los niños durante el sueño. No tiene nada que ver con la presencia de parásitos, como se cree popularmente. Se produce por una contractura excesiva de los maxilares, dando lugar a un típico ruido que suele preocupar a los padres aunque no despierta a los niños. Si la contractura es muy importante llega a provocar alteraciones en las

---

Las pesadillas son frecuentes en los niños entre los tres y los seis años. Se producen en la segunda mitad de la noche y generalmente tienen que ver con situaciones angustiosas como el enfrentarse a otros niños o a animales que los atacan. Es recomendable calmar al niño restando importancia a la pesadilla.

¿ Tenemos un niño de tres años que en mitad de la noche se despierta y se pasa a nuestra cama. ¿Qué podemos hacer para sacarle esta costumbre?

➡ Ésta es una costumbre que los padres no deberían dejar que se formara. Ahora lo importante es que el niño se desacostumbre. Para ello será necesario que ustedes se pongan firmes, pero con suavidad. Además deberán sacrificarse y perder algunas horas de sueño. Lo correcto es que lleven al niño nuevamente a su cama y se queden con él hasta que concilie nuevamente el sueño. Pero también, todas las noches, en el momento de acostarlo, es conveniente que haya un ambiente tranquilo, se respete un horario, se le lea un cuento o se le cante, etc., para prepararlo para un sueño sereno.

LA PAUSA REPARADORA

piezas dentales, que pueden ser evitadas con prótesis de protección recetadas por un odontólogo y utilizadas durante la noche.

La somniloquia es un fenómeno inocuo que se presenta durante el sueño, preferentemente en la madrugada. Consiste en expresar sonidos verbales que se entienden mal, ligados normalmente a ensueños. A veces son palabras aisladas o frases muy cortas, que el niño no recuerda al día siguiente. En ciertos casos, estos sonidos llegan a ser intensos y pueden consistir en gritos, llantos, risas o comentarios sin importancia. Estos fenómenos de somniloquia no entrañan ninguna patología específica y no precisan tratamiento.

Algunos niños efectúan movimientos automáticos de mecimiento para conciliar el sueño. Son movimientos que realizan con la cabeza o con todo el cuerpo hasta que consiguen dormirse y pueden ir acompañados de sonidos guturales. Los movimientos más frecuentes, golpes con la cabeza sobre la almohada o balanceo de todo el cuerpo, preocupan a los padres por la espectacularidad de los mismos y porque suelen provocar ruidos o desplazamientos de la cuna. Algunos niños pueden producirse rozaduras, sobre todo en la barbilla. En reglas generales, estos movimientos espontáneos de los niños acostumbran a desaparecer de manera espontánea antes de la adolescencia.

Algunos investigadores sostienen que la disminución del sueño profundo a partir de una determinada edad está en relación con la disminución paulatina de la densidad sináptica cortical. Este descenso es menos acentuado en las mujeres que en los hombres.

LA PAUSA REPARADORA

El sueño en la tercera edad

Los ancianos tienen un sueño con características específicas y muchas de las alteraciones que se observan en él han sido consideradas como «normales» y «propias» del envejecimiento. Sin embargo, las nuevas investigaciones clínicas han demostrado que la mayoría de las alteraciones son patológicas, responden a una causa concreta y pueden mejorar en líneas generales mediante un tratamiento adecuado.

La disminución del tiempo total de sueño nocturno, el aumento de la cantidad y duración de los despertares nocturnos, la disminución del sueño lento y la mayor somnolencia y fatiga diurna, son hechos que caracterizan el ciclo vigilia-sueño del anciano.

A medida que avanza la edad, los despertares son más numerosos y duran más tiempo. En los ancianos el número de despertares varía entre ocho y diez por noche, lo que representa una o dos horas de vigilia nocturna, en vez de algunos minutos como sucede en el adulto joven. Es esencialmente la capacidad de volver a conciliar el sueño lo que está alterado en el curso del envejecimiento. El anciano suele dormir un promedio de seis horas nocturnas y una o dos horas diurnas.

Al parecer, el paso de los años disminuye la capacidad para mantener el sueño: a medida que envejecemos nos cuesta más dormir sin interrupciones y empieza a disminuir nuestra capacidad para mantener la vigila; es decir, nos es más difícil dormir y permanecer despiertos.

Muchos ancianos padecen durante su sueño contracturas o sacudidas bruscas de los músculos, preferentemente de las dos piernas, lo que les lleva a despertarse. La gente mayor suele relatar que muchas veces al acostarse tiene una sensación de «inquietud» en las piernas, que le obliga a moverlas, levantarlas o andar. Toda esta serie de fenómenos contribuyen a suscitar una disminución notable en la calidad del sueño, provocando un gran deterioro en la función reparadora del mismo.

En los ancianos son frecuentes las cortas siestas diurnas. A la vez, con la edad aumenta el número de despertares durante el sueño nocturno, muchos de los cuales no se recuerdan en el estado de vigilia, y aún no se sabe a ciencia cierta a qué obedecen.

Los despertares nocturnos aumentan a medida que avanza la edad. Pasados los treinta años, nos despertamos entre cinco y diez veces por noche. Más allá de los setenta años, el número de despertares nocturnos supera la veintena.

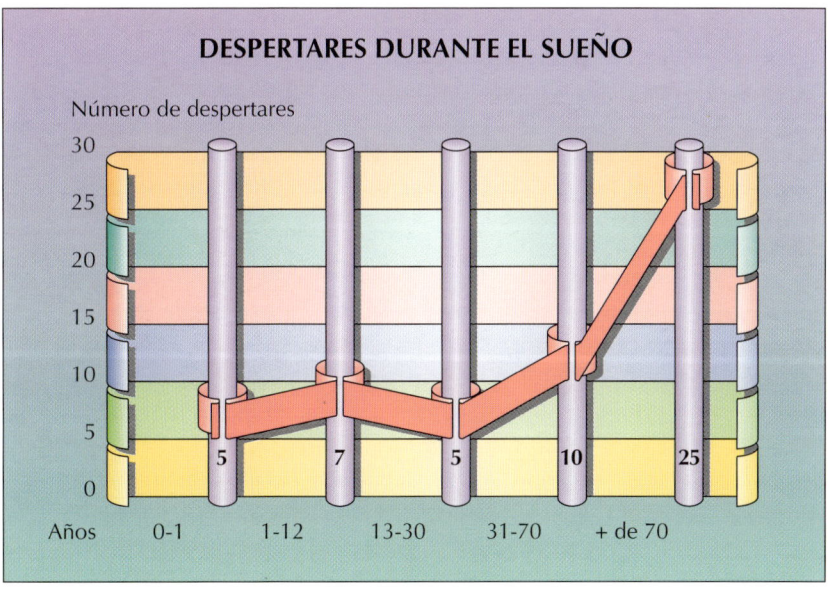

DESPERTARES DURANTE EL SUEÑO

Número de despertares

Años	0-1	1-12	13-30	31-70	+ de 70
	5	7	5	10	25

La hipnosis

Un tema que suscita una notable curiosidad es la hipnosis, a pesar de que a menudo es tratado con poca seriedad en innumerables espectáculos y en algunos medios de comunicación. La prensa y la televisión ofrecen una imagen poco realista y absurda de la hipnosis, presentándola rodeada de un halo de misterio, como la panacea para un sinfín de problemas y trastornos.

Si bien desde la Antigüedad ha sido empleada bajo otras denominaciones, la palabra hipnosis (procedente de la voz griega *hypnos*, sueño) fue acuñada a mediados del siglo XIX por el médico escocés James Braid, debido a que el aspecto que mostraban los pacientes en un estado hipnótico profundo, o sonambúlico, se asemejaba en gran manera al estado de sueño.

Esta circunstancia ha llevado al error común de considerar que la persona hipnotizada se encuentra dormida y en estado inconsciente. En realidad, el individuo en hipnosis muestra un electroencefalograma distinto del que se obtiene durante el sueño fisiológico y muy parecido al del estado normal de vigilia. Lo que le sucede al hipnotizado es que se halla con su atención focalizada, concentrado y absorto por cuanto ocurre en su relación con el hipnotizador, por lo que deja de tomar en consideración el resto de estímulos que hay a su alrededor, dando así la impresión de un estado de inconciencia.

Todas las personas experimentan espontáneamente en su vida cotidiana estados muy similares al de la hipnosis. Así por ejemplo, al conducir un vehículo o al caminar por la calle, podemos realizar toda una serie de actos, movimientos complejos perfectamente sincronizados, mientras al mismo tiempo nos encontramos absortos en nuestros pensamientos e imágenes mentales, y sin tener conciencia de los actos que estamos ejecutando ni de las muchas cosas que suceden alrededor y que nuestros sentidos sí perciben (ruidos de la calle, personas con las que nos cruzamos, semáforos en los que nos detenemos, etc.). Es como si uno decidiera que lo único importante, lo único que realmente le interesa en aquel momento es cuanto sucede en su mente, por lo que deja de tener conciencia del resto de estímulos de su entorno. Algo muy similar es lo que sucede durante el estado hipnótico.

La frontera entre la conciencia y el sueño

La hipnosis se puede definir como un estado parecido al sueño, pero fisiológicamente distinto de él, donde la persona es capaz de responder a sugestiones adecuadas con alteraciones motoras, de la percepción y de la memoria. Se pueden producir alteraciones motoras como la parálisis de algún miembro (por ejemplo, una pierna), u otras más específicas como la inmovilización de un dedo o la incapacidad para poder hablar.

Las alteraciones de la percepción pueden producirse en cualquier canal sensorial (visión, oído, olfato, gusto o tacto),

HIPNOSIS Y ALTERACIONES INDUCIDAS

Profundidad del trance hipnótico	Alteraciones motoras, perceptivas y de la memoria
Trance ligero (hipnoidal)	Relajación física / Cierre de los ojos / Incapacidad de abrir los ojos / Levitación del brazo / Parálisis diversas
Trance medio	Anestesia y analgesia / Ilusiones / Amnesia parcial
Trance profundo (sonambúlico)	Alucinaciones / Capacidad de abrir los ojos sin afectar el trance / Amnesia completa / Analgesia posthipnótica / Regresión en la edad / Alucinaciones posthipnóticas

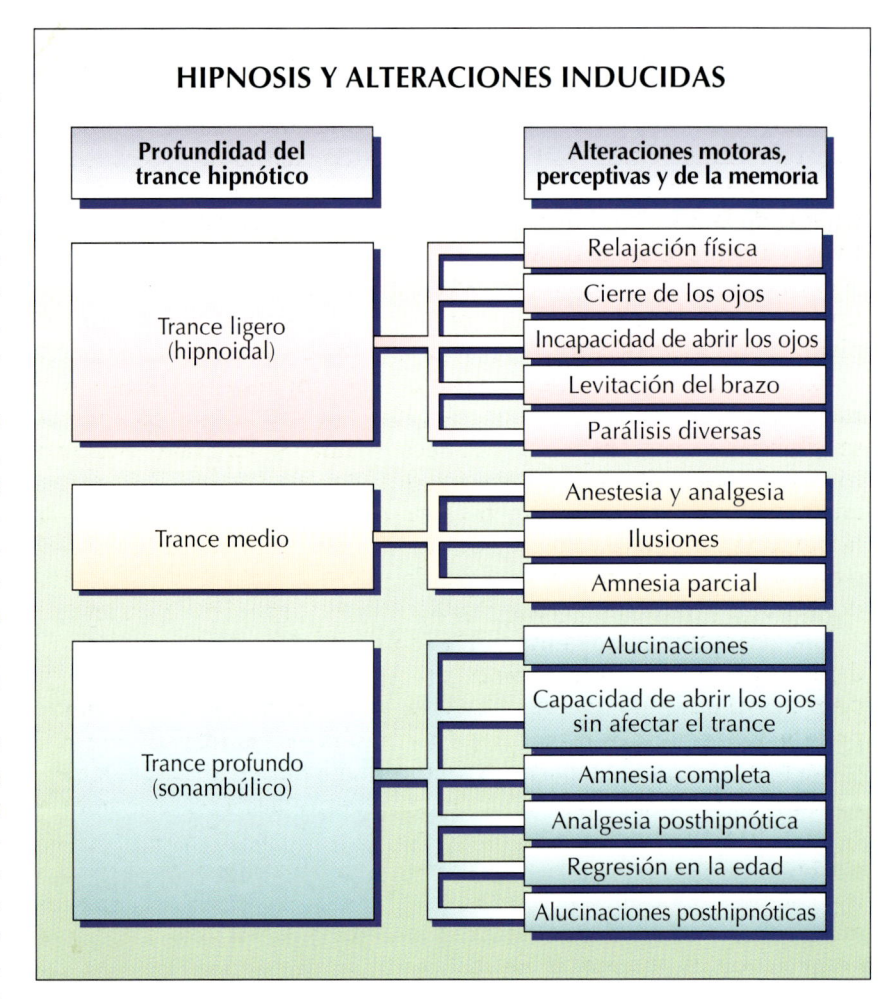

Hay distintos grados de profundidad en el trance hipnótico que provocan diversas alteraciones en la motricidad, en la percepción y en la memoria. En el trance ligero la persona hipnotizada se siente físicamente relajada, cierra los ojos, puede verse incapaz de abrirlos y de mover algún miembro. En el trance medio pueden aparecer anestesias y analgesias, ilusiones y amnesia parcial. En el trance profundo se producen alucinaciones y se pueden abrir los ojos sin afectar el trance.

aumentando, reduciendo o distorsionando completamente las capacidades perceptivas de la persona. Así, es posible inducir alucinaciones positivas (percibir un estímulo que en realidad no existe), como ver una mosca revoloteando delante de la cara, o alucinaciones negativas (no percepción de un estímulo que sí existe en realidad), como no percibir un intenso olor desagradable proveniente de un frasco situado ante la nariz.

Resultan de especial interés las alteraciones que se pueden provocar en la sensibilidad táctil y propioceptiva, puesto que ello permite inducir efectos de analgesia y de anestesia, de manera que la persona no perciba dolores agudos o crónicos provocados por enfermedades o tratamientos médicos agresivos.

Las alteraciones de la memoria son de dos tipos: un incremento de ésta (hipermnesia) o bien la disminución o supresión de recuerdos (amnesia). En el primer caso se puede facilitar el acceso a recuerdos grabados en la memoria del individuo pero que no es capaz de recordar de forma consciente. Por su parte, la amnesia inducida por hipnosis permitiría modificar o eliminar recuerdos archivados en la memoria. Es bastante común que una persona, después de haber permanecido en un estado hipnótico profundo, presente una amnesia post-hipnótica espontánea, esto es, el olvido de cuanto ha sucedido durante el trance. Tanto los efectos de hipermnesia como los de amnesia pueden ser de gran valor en el tratamiento de psicoterapia de algunos pacientes.

Las alteraciones motoras, perceptivas y de la memoria que pueden provocarse mediante hipnosis tienen distintas aplicaciones y alcance. Así, mientras unas se emplean de forma experimental para estudiar las características del fenómeno hipnótico y la susceptibilidad de los individuos, otras tienen importantes aplicaciones prácticas en las áreas de la salud y de las leyes.

No todas las personas pueden ser hipnotizadas. Ello depende del denominado grado de susceptibilidad hipnótica, que es distinto en cada individuo. Se ha calculado aproximadamente que, sobre la población general, existe un 15 por ciento de sujetos refractarios a la hipnosis, un 40 por ciento que alcanzan un trance ligero (susceptibilidad hipnótica baja), un 25 por ciento que llegan a un trance de tipo medio (susceptibilidad

> **¿Es cierto que con hipnosis se puede aliviar el dolor?**
>
> Sí, es cierto. Se han realizado pruebas con individuos hipnotizados y otros que no lo estaban, sometiéndolos a la misma situación dolorosa y se comprobó que los hipnotizados resistían mucho más que los otros el dolor. La hipnosis también se ha mostrado efectiva para atenuar el miedo y el dolor en tratamientos dentales.

De la misma manera que una persona hipnotizada tiene su atención concentrada en lo que le indica el hipnotizador y está totalmente abstraída de lo que ocurre a su alrededor, en la vida diaria las personas que caminan por la calle, o conducen un vehículo, pueden realizar una serie de movimientos complejos, mecánicamente, al mismo tiempo que están absortas en sus pensamientos e imágenes mentales.

SUEÑO Y ENSUEÑO

> **Una vez en un espectáculo hipnotizaron a mi esposa que después no se acordaba de nada. ¿Cómo se produce este estado?**
>
> La hipnosis se produce a través de una sugestión muy acentuada, para la que se tiene que contar con la predisposición del sujeto a hipnotizar, ya que el hipnotizador se limita a dar órdenes que aquél cumple valiéndose de su propia imaginación. Su esposa no recuerda lo sucedido seguramente porque el hipnotizador le ordenó no recordar.

hipnótica media) y un 20 por ciento que alcanzarían un trance profundo (alta susceptibilidad hipnótica). Este último se denomina también sonambúlico porque la persona puede hablar y ejecutar movimientos sin alterar el estado hipnótico.

Todavía no se han establecido bien los factores asociados a una mayor o menor susceptibilidad hipnótica. No obstante, ésta no guarda relación con la capacidad intelectual, ni es signo de debilidad psicológica ni de una mayor o menor estabilidad emocional. Por otra parte, suelen ser hipnotizables aquellas personas capaces de sumergirse y abstraerse en sus propios pensamientos y fantasías, aislándose de cuanto las rodea.

Sus aplicaciones

La hipnosis puede emplearse de muy diversas formas. Además de las aplicaciones que se realizan en el mundo del espectáculo —que si bien proporcionan divertimento al público ofrecen también una imagen distorsionada y a menudo extravagante de lo que es la hipnosis—, su empleo se lleva a cabo en tres ámbitos: el médico, el psicológico y el legal.

En el terreno de la medicina, la hipnosis se ha empleado principalmente para conseguir efectos de analgesia y anestesia. Del siglo XIX proceden los primeros informes fidedignos de la aplicación de la hipnosis como forma de anestesia en diferentes intervenciones quirúrgicas (mastectomía, amputación de miembros, etc.). Desde el advenimiento de los fármacos anestésicos modernos este empleo ha decaído, si bien en ocasiones sigue utilizándose en determinados casos, especialmente en odontología.

El ámbito de aplicación psicológico es el más extendido, tanto por sus efectos sobre la memoria como a nivel sensorial. La hipnosis se emplea en el tratamiento de desórdenes psicológicos (por ejemplo, en distintos trastornos de

La célebre lección del doctor Charcot en La Salpêtrière sobre la utilización de la hipnosis con fines terapéuticos. En el siglo XIX los estudios de Charcot establecieron la relación entre el estado hipnótico y la vida psíquica del sujeto.

ansiedad, depresiones reactivas, trastornos de la personalidad, o adicciones tales como el tabaquismo) y en problemas psicosomáticos, esto es, trastornos físicos que tienen un origen psicológico o en los que los factores psíquicos desempeñan un papel causal significativo, como ocurre con las disfunciones sexuales, el dolor, los trastornos de la alimentación (especialmente obesidad y bulimia), o las afecciones dermatológicas, por citar algunos ejemplos. También se ha utilizado para mejorar el rendimiento físico o intelectual en deportistas y estudiantes.

No obstante, se debe tener en cuenta que el estado hipnótico por sí sólo no tiene un efecto curativo global. Lo que produce únicamente es una profunda y agradable sensación de relajación (que en algunos casos puede ser ya de gran ayuda para mejorar los síntomas). Así pues, el término hipnoterapia se refiere específicamente a la aplicación de técnicas concretas de tratamiento psicológico que, en lugar de ser aplicadas en el estado normal de vigilia, se emplean con el paciente bajo hipnosis con el objeto de lograr una mayor eficacia terapéutica. La hipnosis, pues, debe ser contemplada como una técnica coadyuvante dentro de un tratamiento psicológico global.

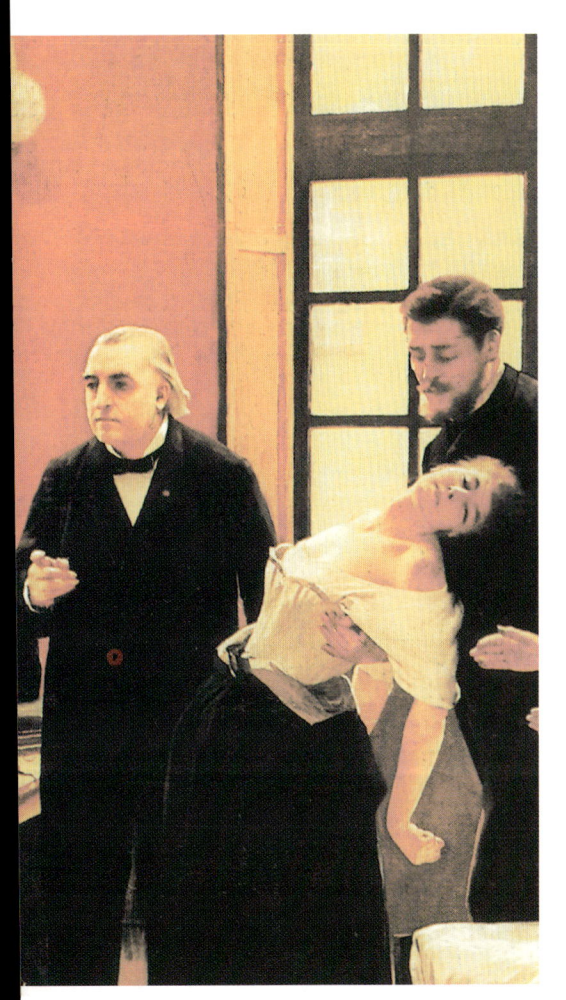

La hipnosis forense

El empleo de la hipnosis en el ámbito legal ha sido llevado a cabo aprovechando sus efectos sobre la memoria. Este

No es necesario valerse de ningún medio auxiliar para hipnotizar; sin embargo muchos hipnotizadores han utilizado con este fin diversos objetos. Entre ellos el más común tal vez sea el péndulo, cuyo movimiento debe ser seguido con la vista fija por el sujeto.

SUEÑO Y ENSUEÑO

La hipnosis se emplea como técnica auxiliar en el tratamiento de diversos desórdenes psicológicos, ya que produce una profunda y agradable sensación de relajación, que permite alcanzar una mayor eficacia terapéutica.

¿ Vi una película en la que el protagonista se dormía en los lugares y en los momentos más insólitos. ¿Existe verdaderamente este trastorno?

➡ Probablemente el protagonista de la película a la que usted alude sufriera de narcolepsia. Las personas con este trastorno padecen accesos periódicos y abrumadores de somnolencia en los momentos más inoportunos. Caen directamente en un breve período de sueño de tipo REM, con la consiguiente pérdida de tensión muscular; por lo tanto deben vivir adoptando precauciones especiales.

campo de intervención, denominado hipnosis forense, consiste en el empleo de la hipnosis para recuperar o mejorar el recuerdo de las víctimas de delitos, de acusados o testigos presenciales, con el fin de ampliar la información sobre el caso y averiguar en ocasiones detalles importantes o cruciales que no podían ser recordados en estado consciente. La hipnosis no entraña ningún peligro siempre que sea aplicada por un profesional de la psicología o la medicina, con una formación adecuada en esta técnica. En ocasiones se ha descrito la aparición de algún tipo de efectos secundarios, que pueden ser resueltos fácilmente por el profesional. En último término se debería añadir que la hipnosis no entraña mayores riesgos que cualquier otra técnica de tratamiento psicológico.

Una máxima entre los profesionales sostiene que no se debe emplear la hipnosis en el tratamiento de un problema, si no se está capacitado para tratarlo con técnicas no hipnóticas.

Capítulo 14

LA PERSONALIDAD

LA PERSONALIDAD

Lo más personal

En muchas ocasiones habremos oído e incluso utilizado expresiones como «tiene mucha personalidad» o «tiene una personalidad muy fuerte», referidas a aquellas personas que se muestran dominantes, rígidas, poco transigentes... En psicología, el término personalidad posee un significado muy distinto; afirmaciones como las anteriores no tienen cabida en esta disciplina. Para los psicólogos, todo el mundo posee una personalidad (excepto aquellos con un trastorno de personalidad múltiple) y ésta no es más potente ni más cuantiosa en función de cómo nos comportemos. Así como todos los objetos tienen color aún mostrando diferentes tonalidades, todos los humanos poseen una personalidad aunque ésta se manifieste de distinto modo.

¿Cómo definir la personalidad?

Existen diferentes acercamientos al estudio de la personalidad, por lo que se hace difícil lograr un acuerdo sobre las bases y la constitución de ésta. De todas formas, sí que parece en cierto modo establecida una definición general sobre la que trabajan la mayoría de entendidos en la materia. Fue Hans J. Eysenck, un psicólogo inglés que ha dedicado su vida al estudio de las diferencias individuales quien, casi treinta años atrás, postuló una de las teorías modernas de más aceptación, al referirse a la personalidad como «una organización más o menos estable y duradera del carácter, temperamento, intelecto y físico de una persona, que determina su adaptación única al ambiente». Pese al paso del tiempo, esta definición continúa hoy vigente.

Una organización estable y duradera

Cuando hablamos de personalidad, nos referimos a un patrón de pensamiento, sentimiento y comportamiento profundamente incorporado y que persiste por largos períodos de tiempo. Las personas tienden a responder de un mismo modo al enfrentarse a situaciones semejantes, por ejemplo, aquellos que lloraron con la enfermedad terminal de Ali McGraw en *Love Story*, probablemente también lo hicieron con los avatares del joven protagonista de *Cinema Paradiso* o con la torturada vida de *El hombre elefante*.

De todas formas, hemos de tener en cuenta que nuestro comportamiento, no está tan sólo determinado por la personalidad. El aprendizaje, el ambiente o los estados anímicos condicionan nuestra manera de actuar en ciertos momentos. Por esta razón y siguiendo con el ejemplo anterior, la décima vez que un cinéfilo ve *Love Story* (aprendizaje) es de esperar que permanezca impasible ante la agónica muerte de la protagonista. Lo mismo podría suceder si la película fuera vista un viernes por la noche, en compañía de un grupo de amigos (ambiente) y después de vaciar un par de botellas de vino en una cena opípara (estado aní-

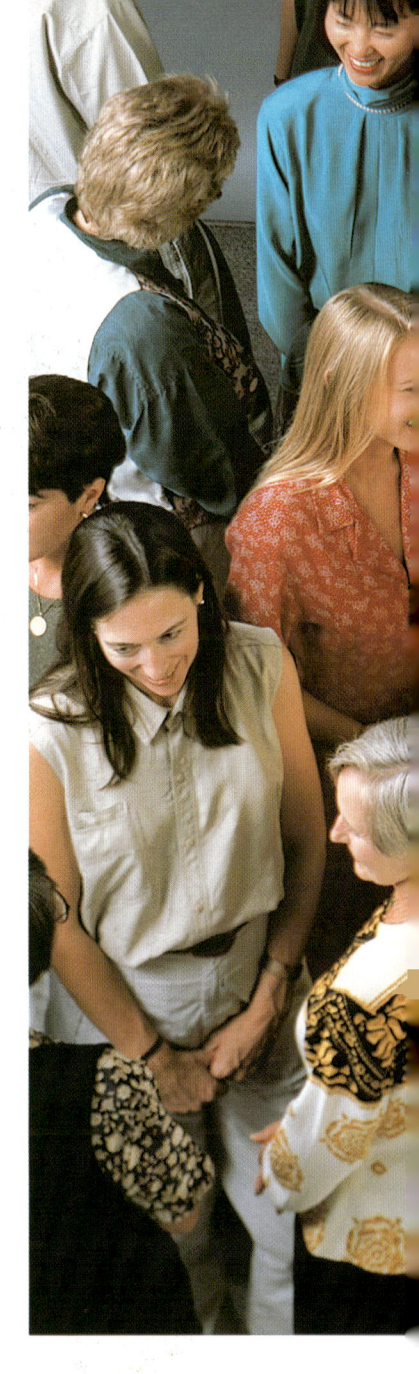

PREGUNTAS Y RESPUESTAS

Mi hijo de cinco años ya demuestra tener mucho carácter para conseguir lo que quiere. ¿Es esto tener personalidad?

El carácter es una disposición constante que determina la manera de ser de un individuo a partir de características innatas, pero la personalidad requiere además la acumulación de una experiencia vital.

mico), y así podríamos encontrar una gran variedad de situaciones en las que la norma no se cumple.

Si bien la personalidad puede, en cierta medida, predecir o determinar, cómo nos comportaremos ante diferentes situaciones, no puede pretenderse que su exactitud sea cercana al cien por ciento. La complejidad del ser humano y la gran cantidad de factores que intervienen en sus maneras de actuar, hacen imposible la identificación de un único predictor de comportamiento. Pese a todo, la personalidad es lo suficientemente precisa como para ser considerada una pieza clave en el estudio de la conducta humana.

El carácter

Este término se refiere a aquellas características en las que tiene un mayor peso la influencia del ambiente, es decir, el aprendizaje. Se trata del llamado comportamiento conativo de la persona, es decir, su voluntad: aquellas conductas realizadas con absoluto consentimiento o consciencia. Sin duda, en este tipo de comportamiento las reglas sociales y las tradiciones culturales desempeñan un papel fundamental, hasta el extremo que algunos autores consideran más acertado definir el carácter como el punto hasta el que una persona se ajusta y manifiesta según las tradiciones, ética y costumbres

Los seres humanos, cualquiera que sea su condición social, su raza o su cultura, están dotados de una personalidad determinada, es decir, de una forma duradera y estable de pensar, sentir y actuar, que influye en su particular adaptación al medio y se manifiesta de modo semejante ante situaciones análogas.

LA PERSONALIDAD

Un rasgo de personalidad es una forma de comportarse estable y duradera, que va más allá de un simple estado de ánimo. En este sentido se dice que una persona «es nerviosa», por ejemplo, cuando el nerviosismo constituye una manifestación permanente en ella, y que «está nerviosa» cuando el nerviosismo es circunstancial.

de su sociedad. Así, integrando ambas visiones, podríamos redefinir el término considerándolo como la interiorización de las normas sociales y el ajuste voluntario de la propia conducta a ellas.

El temperamento y el físico

Eysenck, el autor de nuestra definición, describió el temperamento como el comportamiento afectivo, es decir, las emociones. Así conceptualizado, este término parece bastante más restrictivo que si considerásemos la definición propuesta por otros autores que aluden a él como la parte biológicamente determinada de la personalidad y que incluiría sus sustratos endocrinológico (las hormonas), neurológico (la anatomía del sistema nervioso) y bioquímico (las sustancias químicas de nuestro organismo, incluidas las del sistema nervioso). Esta segunda conceptualización de temperamento incluiría también al término físico de la definición de personalidad, ya que éste sería considerado por su autor como la constitución corporal y la dotación neuroquímica.

Ambas descripciones no son para nada antitéticas, sino más bien complementarias. Actualmente no hay dudas acerca de la importancia de la neuroquímica en las emociones; está claro que nuestros afectos son, en gran parte, procesos químicos del cerebro. Si amamos se lo debemos en gran medida a un neurotransmisor llamado dopamina; si somos hostiles es gracias a niveles elevados de testosterona; el tratamiento de los trastornos depresivos pasa por el restablecimiento de una sustancia cerebral llamada serotonina, etcétera.

El intelecto

Finalmente, sólo nos queda por comentar el término intelecto que aparece en la definición de personalidad de la que partíamos. Éste hace referencia al comportamiento cognitivo; en una palabra, a la inteligencia. La inclusión de ésta en una definición de personalidad no está exenta de controversia. Gran parte del problema radica en la definición de inteligencia de la que partamos y, consecuentemente, en la preponderancia que otorguemos a la biología o a los procesos de aprendizaje en su conceptualización.

La estructura de la personalidad

Las personas tendemos a comportarnos de manera parecida ante situaciones semejantes, es decir, nuestro comportamiento se muestra, en cierta manera, consistente en el tiempo. En esta idea se fundamenta el concepto de rasgo de personalidad. Un rasgo de personalidad contiene las características de estabilidad y durabilidad, es una forma consistente de comportarse, por lo que se diferencia de un estado, o sea, una situación acotada en el tiempo que posee un desencadenante, un inicio y un final.

Es muy distinto que estemos nerviosos a que seamos nerviosos. En el primer caso, un estímulo específico (la inminencia de un examen, el día de nuestra boda, el consumo excesivo de café) despierta en nosotros una respuesta concreta (las sensaciones de nerviosismo: aceleración del ritmo cardiaco, sudor, sequedad de boca, tensión muscular). En cambio, cuando alguien nos dice que es nervioso, deducimos que de forma habitual se muestra aprensivo, excitable, inquieto, intranquilo, tembloroso, etc.. Se trataría de un rasgo.

Pero, ¿cómo se determinan estos rasgos? Puesto que no son directamente observables, se infieren a partir de la estabilidad y la consistencia del comportamiento de los individuos. Es decir, a partir de la presentación de una misma significación de acciones (conductas dirigidas a una misma meta u objetivo) ante una equivalencia de estímulos (situaciones o desencadenantes de la acción con un mismo significado personal).

Podríamos concebir los rasgos como agrupaciones de conductas específicas que se presentan habitualmente. Por ejemplo, si ante situaciones de contacto social (fiestas, banquetes, reuniones de negocios) una persona tiende a hablar poco, apartarse de los grandes grupos, ruborizarse cuando se dirigen a ella, hablar con voz trémula, etc. puede tratarse de una persona tímida, o en otras palabras, que posee el rasgo de personalidad de timidez.

Las personas nos asemejamos o diferenciamos no en función de nuestros estados, sino dependiendo de nuestros rasgos. Se pueden concebir agrupaciones de individuos determinadas por la aparición o no de algunos de estos rasgos. Así, no resulta difícil clasificar a nuestros conocidos en función de si poseen o no el rasgo de agresividad, si poseen el de egocentrismo, el de impulsividad, si son dominantes, aventureros, emotivos, ansiosos y así un larguísimo etcétera (hasta 18 000 rasgos en lengua inglesa).

Esta gran cantidad de rasgos haría sumamente difícil el trabajo de los psicólogos. Imaginemos cuán arduo resultaría para un psicólogo clínico inglés (no disponemos de este dato en lengua castellana, pero puede suponerse que la cifra no mostraría grandes diferencias) tener que pensar en 18 000 rasgos que le permitieran hacerse una imagen de la personalidad de sus pacientes, por no pensar en lo sufrido que resultaría para los propios pacientes soportar una entrevista clínica en la que se les demandara información sobre miles de conductas que permitieran inferir en qué medida poseen determinados rasgos de personalidad.

Ni qué decir tiene que a nivel teórico un modelo de este tipo no representa ningún avance. Lógicamente, los estudiosos de la materia han ido más allá a la hora de establecer modelos teóricos de la personalidad, y de ahí el concepto de tipo o dimensión.

Las personas se diferencian según sus rasgos de personalidad. Así, si en una reunión, una persona tiende a mantenerse callada y aparte, puede pensarse que posee el rasgo de personalidad de timidez, mientras que si otra se muestra participativa y conversadora, puede suponerse que posee el rasgo de sociabilidad.

LA PERSONALIDAD

Se supone que el cantante de rock, por sus rasgos de sociabilidad, actividad, vivacidad, tendencia al riesgo y a la diversión, se halla entre los modelos del tipo extravertido. Un tipo que algunos estudiosos también reconocen por ciertas características biológicas como la menor activación cortical o la mayor variabilidad del ritmo cardíaco.

Tipos o dimensiones

Desde el punto de vista moderno de las teorías de la personalidad, el término tipo o dimensión se refiere a un concepto superior a rasgo. Los rasgos no son independientes entre sí, sino que se relacionan en mayor o menor medida entre ellos. Esta relación puede cuantificarse mediante un índice estadístico llamado correlación, el cual muestra la correspondencia en las pautas de variación entre los rasgos. Si dos rasgos están relacionados de tal modo que cuando aumentan o disminuyen los valores de uno de ellos también lo hacen los valores del otro, se dice que están correlacionados positivamente. Si por el contrario, a medida que aumentan los valores de uno disminuyen los del otro, los rasgos se correlacionan negativamente, pero a fin de cuentas, se correlacionan. De todo ello se desprende que dos rasgos serán independientes, o no se correlacionarán, cuando sus valores varíen de manera azarosa, es decir, sin que pueda encontrarse ningún patrón de variación común entre ambos.

Este tipo de relación entre los rasgos hace posible su agrupación en entidades superiores llamadas tipos o dimensiones. Así, por ejemplo, se postulan tipos como el de extraversión-introversión, que englobaría rasgos de sociabilidad, vitalidad, actividad, despreocupación, dominancia, búsqueda de emociones, etc. De todas formas, es importante no concebir estos tipos (dimensiones) de manera dicotómica, es decir, no hay que pensar en términos de personas extravertidas y personas introvertidas (por seguir con el ejemplo anterior), sino en un continuo extraversión-introversión en el que cada cual puede situarse en función de la cantidad y la medida en que posea los diferentes rasgos que constituyen ese tipo en concreto. Si imaginamos que el tipo o dimensión citado corresponde a un termómetro, cada persona mostraría una temperatura desde los 0 grados (extremo de introversión) a los 100 (extraversión límite). De esta manera, tendríamos personas con 38 grados, con 50, 87, 29 ó cualquier otra temperatura dentro del intervalo marcado, es decir, con muy diversos valores entre la extraversión y la introversión absolutas.

Las teorías tipo-rasgo de la personalidad

Una vez identificados los conceptos de rasgo y tipo, una de las preguntas que podría estar dando vueltas en la cabeza del lector sería: si hemos identificado aproximadamente 18 000 rasgos, ¿en cuántos tipos se agrupan? Si esto es así, enhorabuena, ha puesto usted el dedo en la llaga, y es que para esta pregunta todavía no hay una respuesta que convenza a la mayoría de expertos.

Las modernas teorías de la personalidad se basan en la investigación y en la aplicación del método científico con el fin de ampliar sus conocimientos. Además de los conceptos básicos de rasgos y tipos, existe un tercero que hace referencia a la implicación biológica de estos tipos, es decir, a sus bases neurológicas, fisiológicas y bioquímicas. Así por ejemplo, cuando decimos que una persona es muy extravertida (que muestra una alta puntuación en este tipo o dimensión), no sólo estamos diciendo que es sociable, activa, vital, aventurera, y demás rasgos que conforman el tipo extraversión-introversión, sino que también posee una menor activación cortical, una mayor variabilidad en el ritmo cardiaco, o una mayor secreción de determinadas sustancias cerebrales.

Curiosamente, casi dos mil años atrás, y sin usar el método científico tal como lo entendemos en la actualidad, ya se postuló una teoría de la personalidad que tenía en cuenta estos tres conceptos. Su precursor fue el médico griego Hipócrates, quien definió cuatro temperamentos: melancólico, colérico, sanguíneo y flemático. Cada uno estaba conformado por una serie de características, como por ejemplo el entusiasmo, la despreocupación, la sociabilidad y la alegría del tipo sanguíneo. Con posterioridad, Galeno asignó a cada tipo de personalidad un fundamento biológico basado en los cuatro fluidos corporales de la época; así el entusiasmo del sanguíneo se atribuía a la fuerza de la sangre, la tristeza del melancólico era fruto de la sobreactivación de la bilis negra, la irritabilidad del colérico al predominio de la bilis amarilla, y la apatía y lentitud del flemático a la influencia de la flema.

Es evidente que esta teoría está, hoy en día, totalmente desestimada, si bien algunas semejanzas (respecto a rasgos) con los modelos actuales no dejan de sorprendernos y hacen que se la pueda considerar el embrión de las teorías dimensionales modernas.

Ya en el siglo XX, se han realizado curiosos intentos de clasificación en tipologías de personalidad basadas en la constitución corporal. Estos modelos observacionales asignaban diferentes rasgos de personalidad a los sujetos dependiendo de su pertenencia a distintas categorías definidas por características físicas. Quizás el modelo más sobresaliente sea el propuesto por Ernst Kretschmer, que diferenciaba entre leptosómicos, pícnicos y atléticos (delgados, gruesos y fornidos, respectivamente). Más tarde, William H. Sheldon, partiendo de preceptos teóricos distintos llegó a una clasificación paralela, si bien llamó a sus tres grupos ectomorfo (análogo al leptosómico), endomorfo (correspondiente al pícnico) y mesomorfo (al atlético).

La asignación de los sujetos a las diferentes categorías se efectuaba en función del resultado que obtenían en una

Gráfico de los tipos y rasgos de la personalidad. Las modernas teorías de la personalidad responden a métodos científicos cuyo objetivo es determinar a través de las respuestas habituales y las específicas los conceptos básicos que definen sus tipos y rasgos.

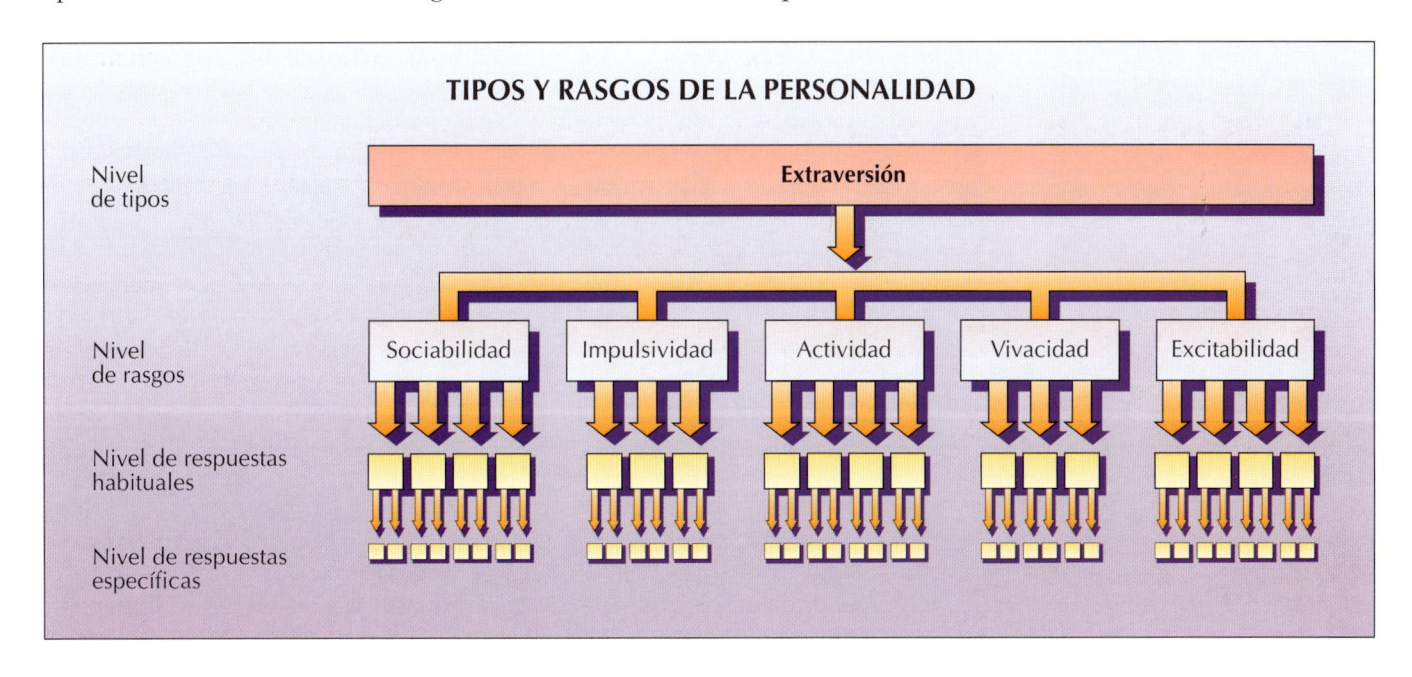

TIPOS Y RASGOS DE LA PERSONALIDAD

Nivel de tipos	Extraversión				
Nivel de rasgos	Sociabilidad	Impulsividad	Actividad	Vivacidad	Excitabilidad
Nivel de respuestas habituales					
Nivel de respuestas específicas					

LA PERSONALIDAD

Los intentos de clasificar la personalidad según la constitución corporal cristalizaron en las tipologías de Kretschmer y Sheldon. El tipo endomorfo/pícnico corresponde al temperamento sociable y extravertido; el mesomorfo/atlético, al enérgico y activo; el ectomorfo/leptosómico, al temperamento solitario y sensible.

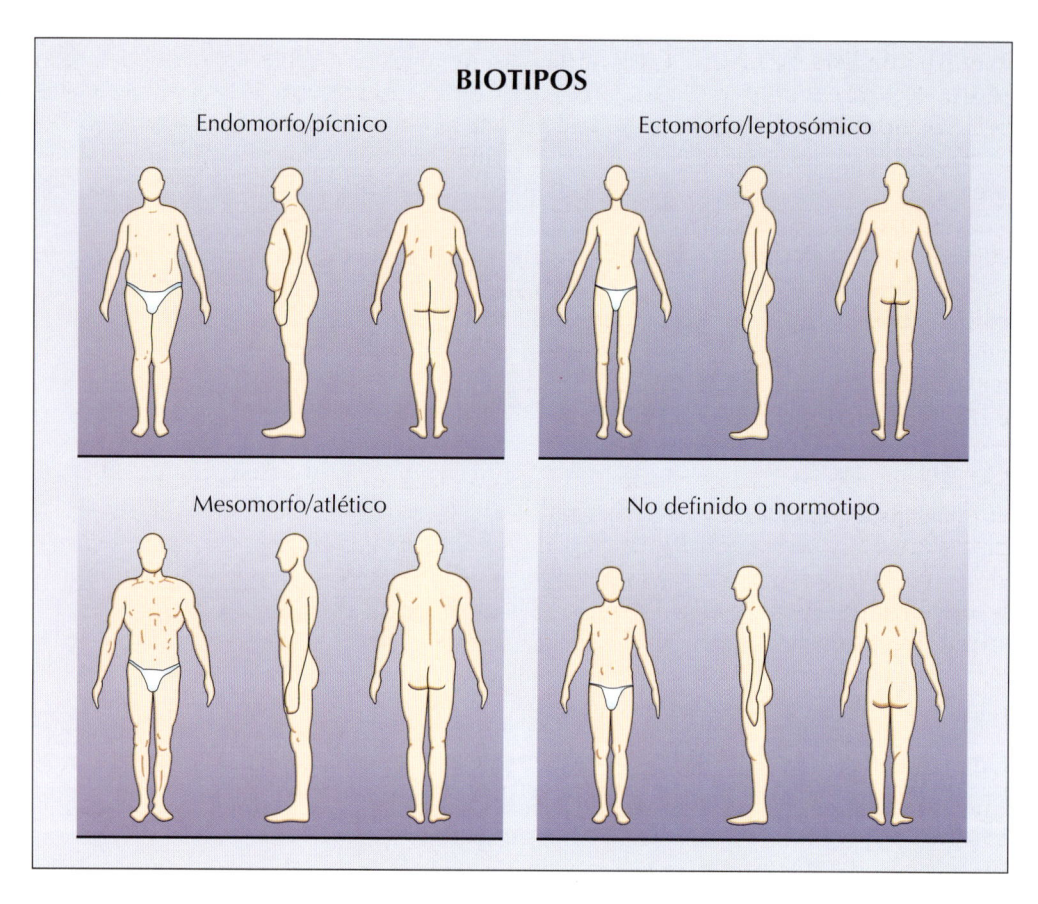

BIOTIPOS

Endomorfo/pícnico

Ectomorfo/leptosómico

Mesomorfo/atlético

No definido o normotipo

¿ Recuerdo que en mi clase tenía un compañero gordo que era el más divertido e ingenioso del curso y ahora compruebo que mi hijo tiene un compañero semejante. ¿Es que todos los gordos son simpáticos o todos los simpáticos son gordos?

➡ Según la clasificación tradicional de biotipos, su compañero pertenecería al tipo pícnico, de estructura baja y corpulenta, cuyos rasgos son la sociabilidad, el buen humor, el ansia de afecto... Pero este método no es suficiente para definir la personalidad. Su antiguo compañero podía ser igual a otras personas en algunos aspectos pero mantenía su identidad particular propia.

fórmula preestablecida. Por ejemplo, una de las maneras de realizar el cálculo del índice corporal es multiplicando por 100 la altura en centímetros y dividiendo el resultado por el valor conseguido al multiplicar por 6 el diámetro torácico también en centímetros. Si el resultado estaba comprendido entre 70 y 90 el sujeto pertenecía a la categoría pícnico, entre 110 y 130 leptosómico, y entre ambas, atlético.

Si realizáramos este cálculo con tres personajes ficticios por todos conocidos, quedarían clasificados de la siguiente manera: Papá Noel pertenecería a la categoría de pícnico (endomorfo) y por tanto le corresponderían los rasgos de sociable, tranquilo, alegre, deseoso de afecto, etc. Superman representaría el tipo atlético (mesomorfo) con los rasgos de aventurero, dominante, duro... Finalmente, Sherlock Holmes pertenecería al tipo leptosómico (ectomorfo), mostrándose, entre otras características, sumamente suspicaz, rutinario y solitario.

Debido a sus limitaciones, estos modelos de personalidad poseen, hoy en día, poca aceptación entre los psicólogos.

El análisis factorial

Si queremos hablar de las modernas teorías de la personalidad hemos de hacer mención obligada al análisis factorial y a sus máximos promotores: Raymond Cattell y Hans Eysenck.

El análisis factorial es un procedimiento estadístico que permite reducir la información realizando agrupaciones de variables, en nuestro caso rasgos, en categorías mayores implícitas en los datos. Así, se agruparán las variables en entidades superiores en función de cómo se correlacionen entre ellas. Es decir, en nuestro caso, aquellos rasgos que se correlacionen de manera destacable entre sí estarán explicando, o dando información, de un mismo tipo o dimensión de personalidad, y por tanto podrán ser agrupados en una entidad mayor a la que llamaremos estadísticamente factor y que corresponderá en la teoría a un tipo o dimensión. Existirán tantos tipos o dimensiones como agrupaciones de rasgos consigamos.

Basándose en este procedimiento estadístico y en su aplicación sobre una extensísima lista de rasgos, Cattell formuló 16 factores de personalidad o tipos. Indudablemente, su aportación al estudio de la personalidad fue fundamental al abrir una nueva metodología y dar un nuevo enfoque a esta temática. Actualmente y a pesar de que su modelo todavía es usado por algunos psicólogos clínicos, en el campo de la investigación y de las teorías dimensionales de la personalidad, son otros los modelos que ocupan la atención de los investigadores. Los problemas principales que presentaban los factores de Cattell eran, por una parte, la dificultad de comprensión de algunos de ellos, para los que el autor había acuñado nombres inexistentes en el diccionario, como Paxernia-Autia, Trectia-Parmia o Harria-Premsia. Por otra parte, estos 16 factores definidos no se mostraban independientes entre sí, pues algunos de ellos se correlacionaban fuertemente con otros, lo cual hacía pensar que no definían en forma correcta distintos tipos o dimensiones de personalidad. Finalmente, entre los factores de Cattell se podían encontrar algunos como las medidas de inteligencia o las actitudes sociales que, pese a estar vinculados a la personalidad, no son propiamente rasgos constitutivos de ella.

Eysenck, valiéndose también del análisis factorial, desarrolló una teoría de la personalidad que sigue vigente en la actualidad. Las diferencias entre este modelo y el de Cattell se fundamentan básicamente en la reducción del número de factores a tres (extraversión, neuroticismo y psicoticismo) y en la búsqueda de bases neurológicas, fisiológicas y bioquímicas para cada uno de estos tipos o dimensiones. Curiosamente, si se usan

> **¿Hay alguna teoría de la personalidad que abarque todas las variables y todos los hechos?**
>
> Así como es difícil encontrar una definición exacta de la personalidad, es imposible estar de acuerdo sobre una sola teoría de la personalidad que abarque todos los hechos. Algunas teorías subrayan los rasgos como unidades básicas de la personalidad, mientras que otras tratan de clasificarla según tipos específicos. Y también existen otras teorías que ponen toda la atención en el aspecto del desarrollo de la personalidad.

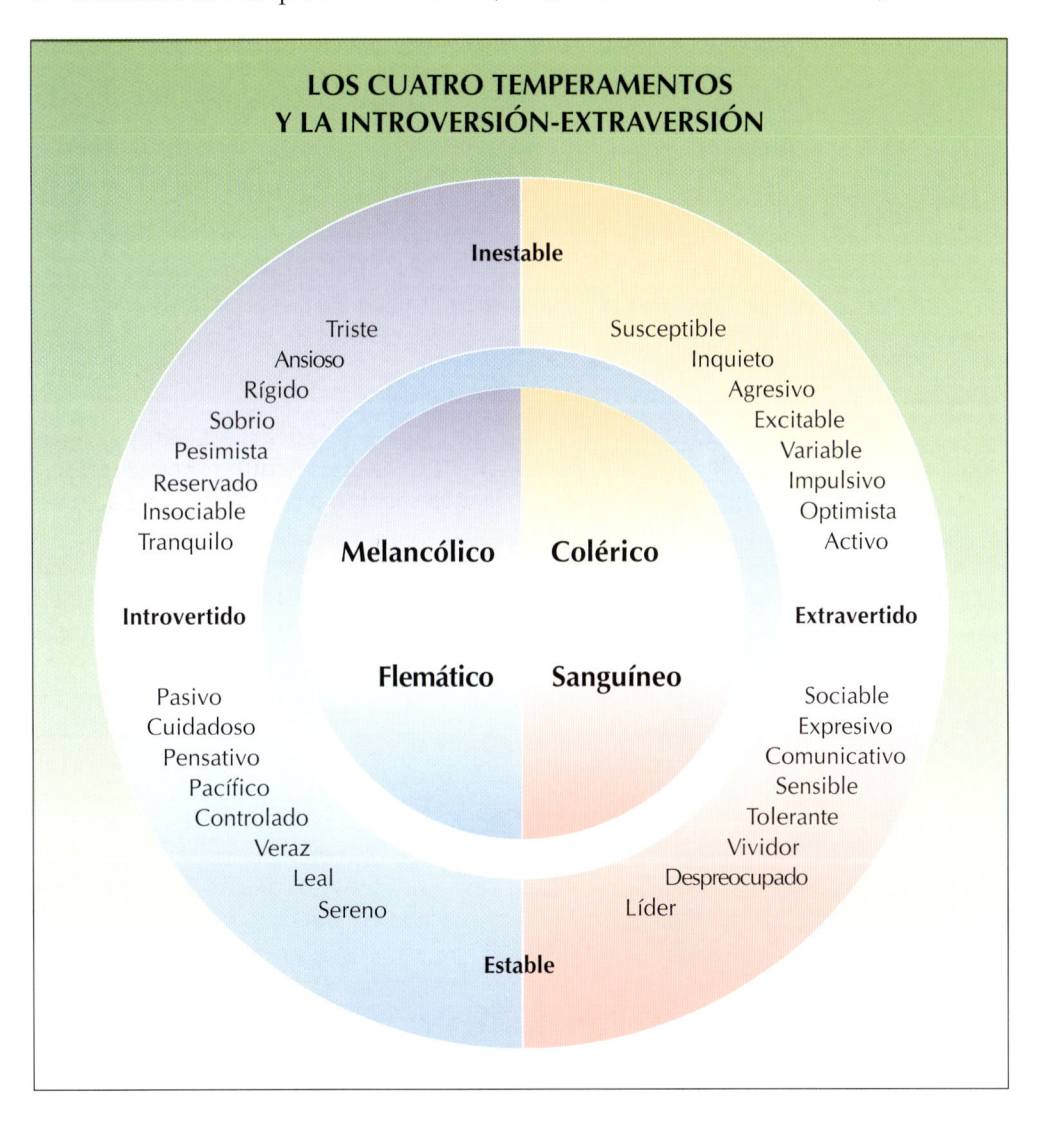

LOS CUATRO TEMPERAMENTOS Y LA INTROVERSIÓN-EXTRAVERSIÓN

Inestable

Triste, Ansioso, Rígido, Sobrio, Pesimista, Reservado, Insociable, Tranquilo — **Melancólico**

Susceptible, Inquieto, Agresivo, Excitable, Variable, Impulsivo, Optimista, Activo — **Colérico**

Introvertido — **Extravertido**

Pasivo, Cuidadoso, Pensativo, Pacífico, Controlado, Veraz, Leal, Sereno — **Flemático**

Sanguíneo — Sociable, Expresivo, Comunicativo, Sensible, Tolerante, Vividor, Despreocupado, Líder

Estable

Representación de los cuatro temperamentos clásicos y el sistema de neuroticismo-extraversión establecido por Hans Eysenck. La personalidad se define por la posición que se ocupa en cada uno de estos ejes y la gran variabilidad que puede observarse en la población se debe a que las combinaciones entre ellos son infinitas.

LA PERSONALIDAD

Hace casi dos mil años Hipócrates formuló una teoría de la personalidad basada en cuatro temperamentos: melancólico, colérico, sanguíneo y flemático. De acuerdo con los datos biográficos y a modo de ejemplo, Victor Hugo (a la izquierda) habría sido un hombre colérico, a quien los conflictos, en vez de abatirlo, le daban ocasión de manifestar su fuerza y poder. Maquiavelo (en el centro) habría sido sanguíneo, por su sentido práctico y su capacidad diplomática, y George Washington (a la derecha), por su actividad tranquila y organizada, un hombre flemático.

los 16 factores del modelo expuesto anteriormente en un nuevo análisis factorial (en este caso se llamaría de segundo orden, ya que se practicaría sobre los factores resultantes de un análisis factorial previo) éstos se agruparían en dos de las tres dimensiones propuestas por Eysenck (extraversión y neuroticismo).

Los tres ejes

Estos tres tipos o dimensiones se representan gráficamente como tres ejes cruzados perpendicularmente, es decir, formando ángulos de 90 grados. De esta manera, se interpreta que los tres ejes son independientes unos de otros; en otras palabras, que no se correlacionan, pues sus puntuaciones no siguen ningún patrón de variación común. Así, una persona puede poseer una alta carga de extraversión sin que esto implique mayor o menor peso de neuroticismo o psicoticismo. La personalidad está definida por la posición que se ocupa en cada uno de estos tres ejes; evidentemente, el hecho de concebirlos como continuos hace que las combinaciones entre ellos sean infinitas, y de ahí la gran va-

riabilidad que puede observarse en la población. Una persona con un gran peso en extraversión indicaría sociabilidad, vitalidad, alta actividad, dogmatismo, dominancia, despreocupación, etc. Los rasgos que constituirían la dimensión de neuroticismo serían, por citar algunos, los de ansioso, deprimido, con baja autoestima y sentimientos de culpa, triste, emotivo y tenso. Finalmente, los sujetos con un alto psicoticismo se caracterizarían por su agresividad, frialdad, egocentrismo, impulsividad, poca empatía y creatividad. Una persona con un alto peso en extraversión y psicoticismo y bajo en neuroticismo, cumpliría la mayoría de rasgos que definen a los dos primeros tipos y no cumpliría los del tercero, o mejor, cumpliría su antítesis (tranquilo, alegre, con alta autoestima, relajado, poco emotivo).

El propio Eysenck hace notar que la combinación de los ejes de neuroticismo y extraversión, en sus extremos, produce una tipología muy parecida a la que promulgaron Hipócrates y Galeno, si bien en forma más elemental.

En la actualidad, ha adquirido importancia un modelo de personalidad don-

LO MÁS PERSONAL

El gráfico muestra que la herencia, el afecto, la nutrición, la salud física, el desarrollo neuropsicológico y el ambiente constituyen los fundamentos de la personalidad de un individuo. En este sentido cabe distinguir los factores biológicos y ambientales como decisivos en la formación de la personalidad.

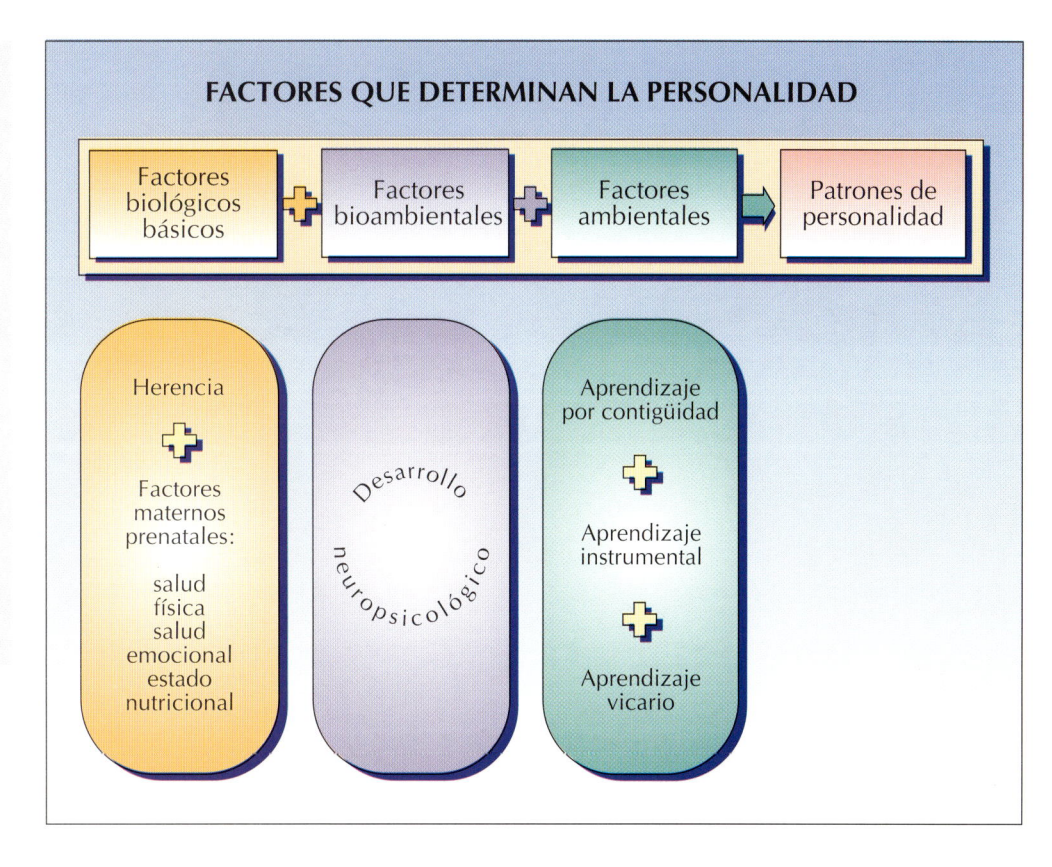

FACTORES QUE DETERMINAN LA PERSONALIDAD

Factores biológicos básicos + Factores bioambientales + Factores ambientales → Patrones de personalidad

- Herencia + Factores maternos prenatales: salud física, salud emocional, estado nutricional
- Desarrollo neuropsicológico
- Aprendizaje por contigüidad + Aprendizaje instrumental + Aprendizaje vicario

---

■ **Tengo 19 años y creo que en muchas cosas soy como mi padre. ¿Tendré su misma personalidad?**

➥ Cada individuo tiene su propia personalidad. El hecho de que en ciertos aspectos usted se parezca a su padre significa que los factores biológicos básicos, como la herencia, se han fijado y que su desarrollo neurológico ha terminado, pero no el proceso que supone su propia experiencia vital que determinará su singular personalidad.

---

de el número de tipos o dimensiones se amplía a cinco: neuroticismo, extraversión, confianza, competencia y apertura a la experiencia. El problema de este nuevo modelo de personalidad es que, al igual que el de Cattell, es puramente descriptivo y no va más allá de las simples agrupaciones de rasgos que dan entidad a unos tipos o dimensiones. En cambio, el modelo propuesto por Eysenck no sólo describe la personalidad, sino que busca las bases biológicas que permiten dar razón de ser a esos tipos o dimensiones.

De cualquier forma, el modelo de Eysenck no es el único que puede ser considerado explicativo. También cumple esta característica el de Jeffrey A. Gray, quien basándose en la teoría del propio Eysenck, postula la existencia de dos mecanismos nerviosos independientes que regulan: el primero la inhibición de la conducta ante determinados estímulos y el segundo la activación de ésta frente a otro tipo de señales. Este modelo se basa en dos ejes independientes, uno relacionado con la sensibilidad a las señales de castigo o daño, es decir, con la inhibición conductual, con el mecanismo nervioso encargado de la detención de la acción; y el otro relacionado con la sensibilidad a las señales de recompensa o premio, es decir, con la activación de la conducta, con el mecanismo nervioso encargado de facilitar la acción. Evidentemente, el propio Gray reconoce que con dos ejes no puede explicarse totalmente la personalidad, pero sí cree que probablemente éstas sean sus dimensiones más importantes.

Desarrollo de la personalidad

Cuando se habla de personalidad, y más aún de su desarrollo, ha de tenerse clara la distinción entre los conceptos de genotipo y fenotipo. El primero se refiere a las potencialidades del sujeto debido a su constitución biológica, es decir, a lo que podría o debería ser. El segundo hace referencia a la manifestación conductual de la personalidad del individuo, o sea, lo que hace y cómo se muestra.

Así, el genotipo está determinado por la herencia y el desarrollo neuropsicológico de los primeros años de vida. Pasada la adolescencia, una vez fijado el sustrato biológico y terminado el desarrollo

Factores genéticos y ambientales

Los bebés no son como un papel en blanco sobre el que todavía se debe empezar a dibujar una personalidad, por usar una metáfora de la filosofía clásica (la *Tabula Rasa* de Platón), sino que el desarrollo de ésta ya está delimitado a ciertas posibilidades. Los primeros años de vida son fundamentales. Hasta los 18 meses de edad el niño desarrolla neurológicamente sus capacidades sensoriales, empieza a percibir lo que ocurre a su alrededor, el ruido, la luz, las caricias, la atención que se le presta, etc. Entre los 23 meses y los 6 años adquiere autonomía sensoriomotora, empieza a articular palabras, a moverse, a manipular objetos. Es la etapa en que los padres deben correr tras sus hijos para que no crucen la calle, vigilar qué tocan y qué se meten en la boca. Las habilidades mentales abstractas se desarrollan en el período comprendido entre los cuatro años y la adolescencia, en que se les conduce, por ejemplo, a organizar su tiempo, a planificar, a reflexionar, a tomar decisiones. Durante todo este proceso de maduración tiene una importancia capital la intervención de los educadores, de los padres, del entorno sociocultural, etc.; en definitiva, los denominados factores ambientales, que determinan el desarrollo neurofisiológico y bioquímico del cerebro y, en consecuencia, dotan a la persona, conjuntamente con la genética, de lo que hemos definido como genotipo.

El aprendizaje no sólo mediatiza el desarrollo neuropsicológico del niño, sino que a partir de la adolescencia y a lo largo de toda su vida puede ir modelando determinadas conductas y, por tanto, variando el fenotipo, en definitiva, su personalidad. Esta barrera cronológica de la adolescencia, aun siendo relativamente inespecífica (hay quienes maduran más lentamente y otros lo hacen mucho antes) debe ser considerada a todos los efectos, ya que puede estimarse que hasta ese momento la personalidad de un individuo no está aún consolidada. Por esta razón, en el *Manual Diagnóstico y Estadístico de los Trastornos Mentales* se llama la atención

La herencia genética de los padres juega un papel muy importante en la personalidad de un individuo. Aún en el vientre materno, el feto recibe factores personales cuya conformación estará directamente relacionada con el propio desarrollo y su relación con los demás y con el medio.

neurológico, será difícil que el genotipo sufra más cambios (excepto por cambios físicos como lesiones orgánicas del cerebro). El fenotipo está determinado por el genotipo y por los procesos de aprendizaje a los que se vea sometido el sujeto a lo largo de su vida. Como se comprende, tanto los factores genéticos como los ambientales juegan un papel fundamental en el desarrollo de la personalidad.

Se pueden encontrar determinantes de la personalidad de un individuo incluso antes de que éste nazca. En el momento de su concepción, los códigos genéticos por parte del padre y de la madre establecerán ciertas potencialidades que más adelante serán modeladas por el desarrollo del sujeto y su interacción con el ambiente. También el estado de salud de la madre durante el embarazo, incluso su estado anímico o nutricional, pueden intervenir en la maduración del feto y, por consiguiente, en la formación de su sistema nervioso y de su personalidad.

LO MÁS PERSONAL

sobre el cuidado que hay que poner al aplicar un diagnóstico de trastorno de la personalidad a niños y adolescentes. De hecho, según reza este mismo manual al inicio de la descripción de cada trastorno, éstos se manifiestan desde el principio de la edad adulta.

El caso del extravertido

Así, intentando ejemplificar la influencia de los factores genéticos, ambientales y su interacción, imaginemos a un joven nacido de dos padres con una alta extraversión. Por heredabilidad, su biología tenderá a ser igual a la de sus padres, por ejemplo puede mostrar un Sistema Activador Reticular Ascendente (estructura que conduce la información desde las vías sensitivas ascendentes hasta las áreas de la corteza cerebral) más sensible. Al mismo tiempo, sus padres hablarán mucho con él, lo presentarán a sus numerosas amistades, lo llevarán a sus salidas, excursiones, etc. Esto implicará, por una parte, que durante el desarrollo neuropsicológico del niño, éste reciba una gran cantidad y una amplia variedad de estímulos, lo cual facilitará, por ejemplo, el desarrollo de las áreas sensoriomotoras. Por otra parte, los padres enseñarán directa (premiando la sociabilidad, la actividad, y todo aquello que ellos practican y consideran adecuado) e indirectamente (sirviendo como modelos a imitar) muchas de las conductas relacionadas con la extraversión. La probabilidad de que este niño comparta con su familia los rasgos propios de la extraversión es, a todas luces, muy alta. Sin duda, y aunque el ejemplo nos sirva para aclarar conceptos, no se puede tomar al pie de la letra, ya que en él no se han tenido en cuenta muchos otros factores. Somos conscientes de su simplicidad y reduccionismo que no se deben a otra razón que la puramente ejemplificadora.

La adolescencia marca una etapa en la maduración del individuo que se caracteriza por el desasosiego que produce la inquietante perspectiva de ser adulto y, como tal, de contar con una personalidad que hasta ese momento no está definida. La consolidación de la personalidad coincide con la del sustrato biológico, aunque el proceso de aprendizaje continúe toda la vida.

LA PERSONALIDAD

En la medida en que la personalidad está íntimamente vinculada a la percepción del entorno y al modo de actuar, también incide en ella la salud. Los puntos de contacto entre ésta y la personalidad se dan en el ámbito de la psicopatología, la salud física y el funcionamiento social. Los trastornos digestivos sin afección orgánica real son un ejemplo de la relación entre personalidad y salud.

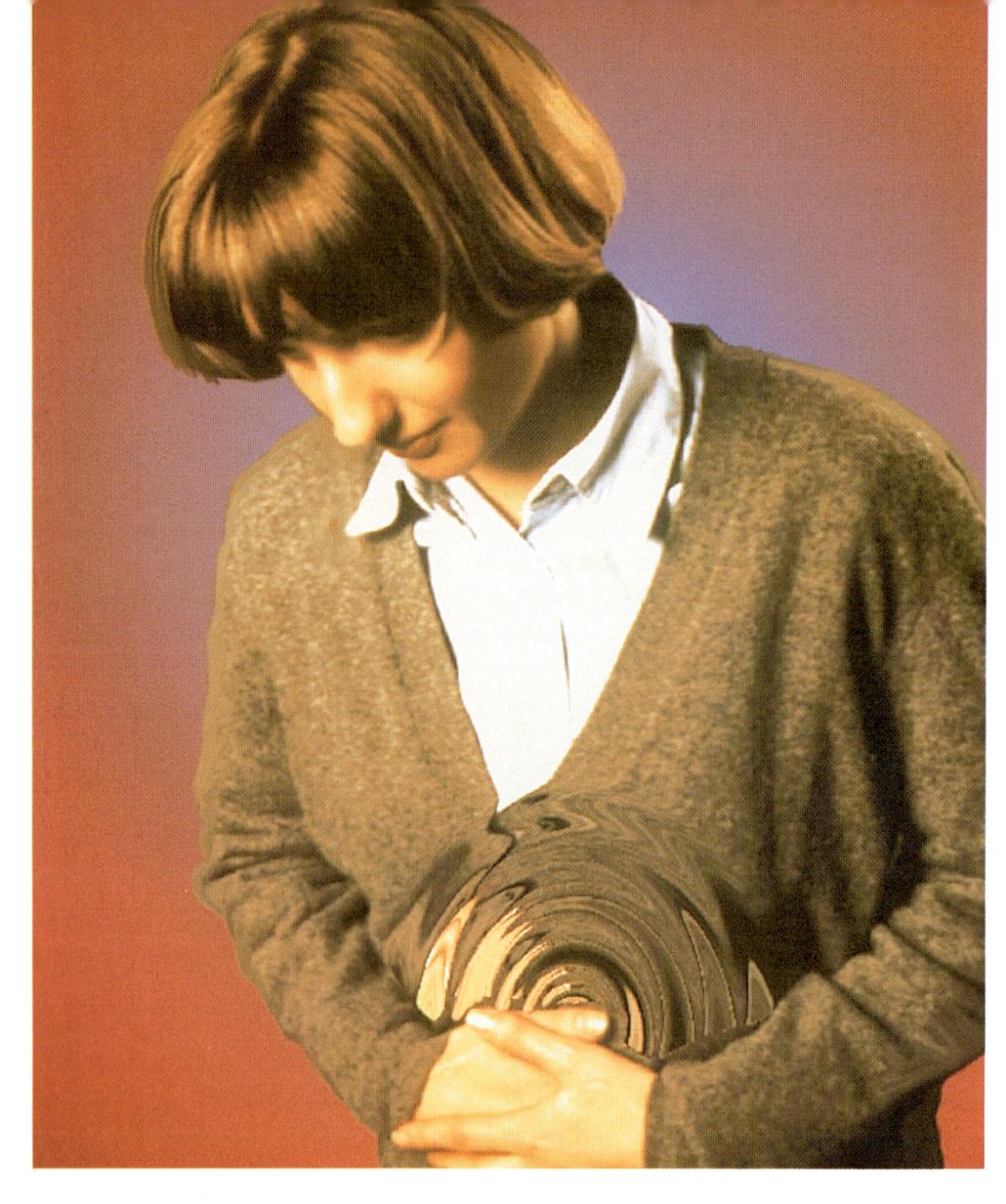

❓ En mi grupo nos jactamos de ser todos iguales. ¿Por qué entonces parece que algunos destacaran más que otros?

➥ Sabemos que la estructura de la personalidad está integrada por factores biológicos, intelectuales y afectivos. Cuando tal estructura se manifiesta en su totalidad de modo muy equilibrado, estable y singular, siempre tiende a diferenciarse de los demás, pues todo elemento esencial de esa totalidad trasluce sus cualidades fundamentales.

Personalidad y salud

Según la Organización Mundial de la Salud (OMS), el término salud no debe definirse tan sólo como ausencia de enfermedades, sino también como un estado de completo bienestar físico, mental y social. En definitiva, no debe tener un sentido restrictivo referido únicamente al funcionamiento correcto de las funciones vitales, sino que debe considerarse de manera más amplia, incluyendo factores mentales y sociales.

Es lógico pensar que al estar la personalidad vinculada a nuestra manera de percibir lo que nos rodea y a nuestra manera de actuar (cogniciones y conductas), también estará jugando un importante papel en la determinación de nuestro estado de salud. Esta relación puede darse en los tres niveles a los que hace referencia la definición anterior, tanto a nivel psicopatológico, como de salud corporal y de funcionamiento social.

Respecto a esto último, conviene puntualizar que la distinción hecha entre físico y mental, aún siendo útil para diferenciar ambos campos relacionados con la salud, puede resultar en sí misma engañosa o falsa. Las enfermedades mentales pueden tener, y de hecho tienen, implicaciones físicas tan importantes como la diabetes, apendicitis, neumonía, etc., si bien las primeras se dan a nivel del sistema nervioso. Hoy en día es innegable el deterioro neuronal de determinadas áreas cerebrales en las demencias, las esquizofrenias, el Parkinson, etc., así como el hiper o hipofuncionamiento de determinadas sustancias cerebrales, llamadas neurotransmisores, en problemas relacionados con la ansiedad, la depresión, las fobias, la anorexia nerviosa, etc.

LO MÁS PERSONAL

Lo físico

La personalidad puede ser considerada como un elemento más a tener en cuenta en muchos trastornos de implicación únicamente fisiológica.

Así, determinados patrones de conducta como por ejemplo el Patrón de conducta tipo A, claro factor de riesgo para los problemas cardíacos, está muy relacionado con las personalidades de tipo obsesivo, definidas, entre otras cualidades, con una gran meticulosidad y perfeccionamiento. Otro patrón de conducta denominado de tipo C ha mostrado en algunos estudios una clara relación con el cáncer. Este patrón de conducta está vinculado a la represión de las emociones, ahogando su expresión e interiorizando sus efectos.

Por otra parte, afecciones menos graves como la seborrea o la alopecia aparecen en muchos casos ligadas a la tendencia o propensión a mostrar estados de ansiedad o nerviosismo frecuentes y elevados. Los individuos que, por la configuración de su personalidad, interpretan múltiples situaciones como amena-

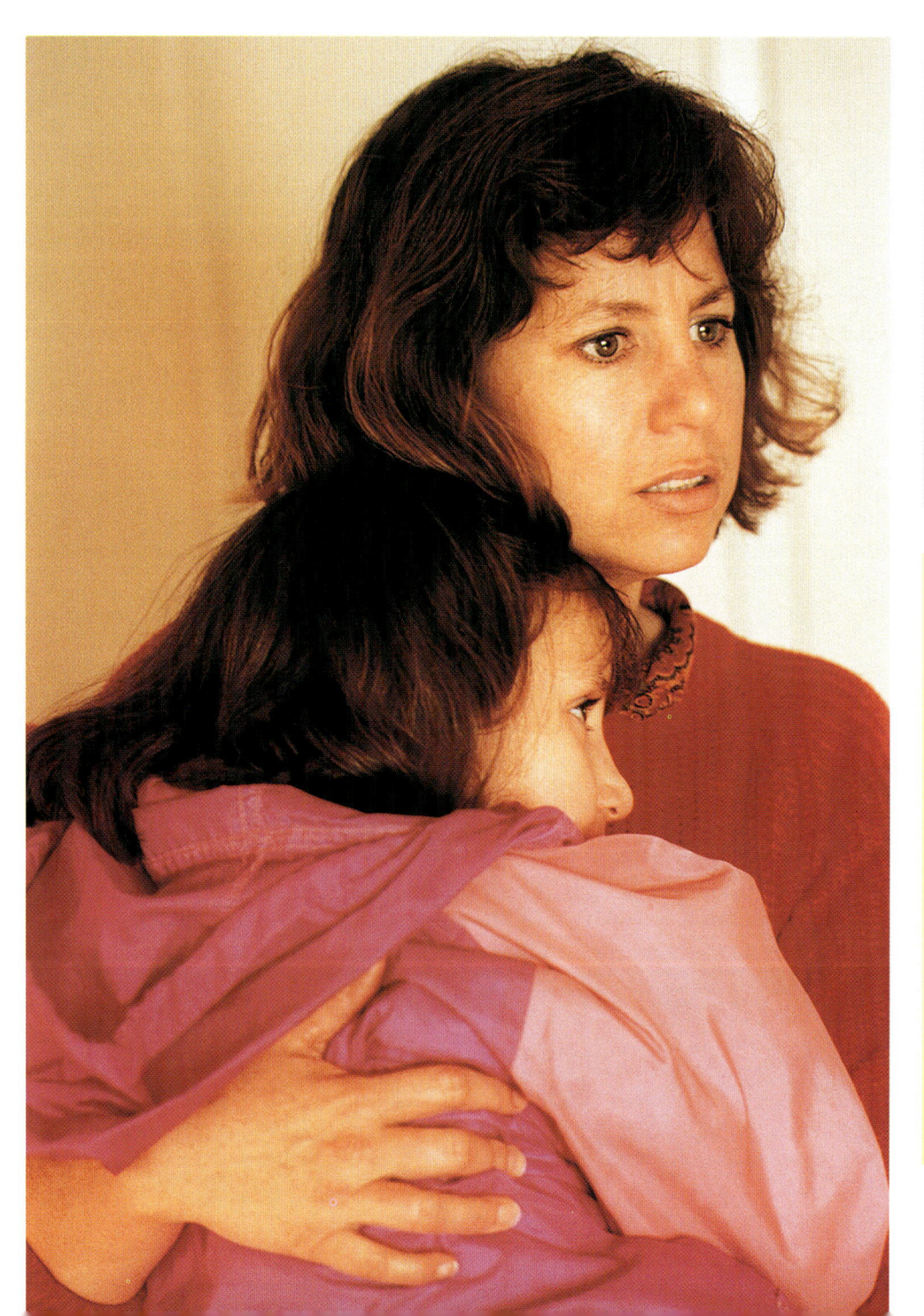

La personalidad ansiosa, como la que manifiestan muchas madres, se caracteriza por su pesimismo y la desvalorización de uno mismo. Este tipo de personalidad, por su misma estructura, se siente siempre amenazada por las más diversas situaciones, lo que desencadena un estado casi permanente de ansiedad.

¿ En algunas novelas los personajes parecen la réplica exacta de su padre o su madre. ¿Se puede decir que es hereditaria la personalidad?

➡ En muchas circunstancias se encuentran semejanzas llamativas entre los padres y sus hijos. Pero el ser humano es el resultado de la interrelación entre las disposiciones innatas y las discrepancias surgidas de las condiciones ambientales. Por eso, cada persona difiere de las demás y se considera que la personalidad es única.

LA PERSONALIDAD

Los «buscadores de sensaciones», individuos cuya conducta está asociada a una personalidad extravertida, pertenecen a un grupo que siente atracción por las emociones intensas y, por norma general, huye de la monotonía. Por eso suelen practicar deportes de riesgo y no es extraño que sufran lesiones físicas.

zantes tienden a mantener una activación nerviosa aumentada durante más tiempo. Son las personalidades ansiosas, aquellos que siempre nos sorprenden por su pesimismo («Después de todo, seguro que sale mal»), por su constante papel de sufridores («Pasan cinco minutos. No llama. No viene. Se retrasa. Le habrá pasado algo»), los que siempre encuentran algo por lo que preocuparse («Sí, una cena fantástica, pero no sé si deberíamos haber comido mayonesa, ¿no has notado un sabor extraño?»), los que son capaces de hacer un Everest de cualquier grano de arena («La cena será un fracaso, me olvidé de comprar las aceitunas rellenas para el aperitivo») y además dejan de hacer o decir por no equivocarse o ser valorados negativamente («Vale más no decir nada, seguro que meto la pata y me toman por tonto»).

Evidentemente, que una persona encaje en nuestro ejemplo no implica que sea calva o tenga el cutis graso. Pero si reunimos cien personalidades ansiosas y cien sujetos antitéticos a los anteriores, entre los ansiosos encontraremos muchos más con problemas de calvicie o acné que entre los del segundo grupo.

Otro ejemplo de la relación entre personalidad y problemas físicos de salud se puede encontrar en los trastornos de tipo digestivo. El diagnóstico de colon irritable se aplica a quienes muestran espasmos estomacales, diarrea o estreñimiento y dolor abdominal, sin que exista ninguna afección orgánica que lo cause. Lo que sí ha podido constatarse en muchos de estos pacientes es que muestran una elevada irritabilidad, si bien no llegan a exteriorizarla; podríamos decir que exhiben un control excesivo sobre sus emociones y comportamientos. Son personalidades con una alta adaptación social, que constantemente deciden cómo deben mostrarse y reprimen lo que consideran que no debe manifestarse.

Como éstos, podríamos encontrar multitud de trastornos en los que se pone de manifiesto la implicación de determinadas formas de ser, o personalidades.

Por último, no hay que olvidar el concepto de conducta de riesgo, es decir, los comportamientos que facilitan la ocurrencia o contagio de determinadas enfermedades. En muchos casos, estas conductas están también relacionadas con la personalidad. Así, por ejemplo, se ha puesto de manifiesto que las personas extravertidas poseen, a lo largo de su vida, un mayor número de parejas sexuales y un más amplio repertorio de conductas en esta materia, lo cual conlleva un mayor riesgo de contagio de enfermedades de transmisión sexual. Por su parte, los denominados «buscadores de sensaciones», aquellos individuos con una alta atracción por la aventura y las emociones fuertes, que fácilmente se aburren y que evitan cuanto pueden la monotonía (podemos encontrar ejemplos en Miguel Strogoff, Philias Fogg, Rambo e incluso en el hijo de los vecinos que siempre conduce la moto a toda velocidad y los fines de semana practica escalada, *puenting, rafting, canoeing* y todos los «ings» que le pasen por delante) llevan asociado a su forma de ser y comportarse un mayor riesgo de lesiones físicas e incluso de afecciones derivadas del consumo de drogas, alcohol y tabaco.

Todo ello indica que podemos encontrar múltiples vías de asociación entre la personalidad y la patología física.

Lo mental

En psicología clínica se hace una clara distinción entre los trastornos psiquiátricos, llamados del eje I, y los trastornos de personalidad o del eje II. Los primeros tienen una causa y origen temporal, es decir, aparecen en determinado momento de la biografía del paciente como consecuencia de un suceso vital o únicamente como fruto de un cambio a nivel neurofisiológico o bioquímico en su cerebro. Por el contrario, los trastornos de personalidad corresponden a un modo de comportamiento que aparece ya en la adolescencia y que se mantiene estable a lo largo del tiempo. Sin embargo, el hecho de que en muchas ocasiones se puedan realizar al mismo tiempo diagnósticos de trastorno psiquiátrico del eje I y de trastorno de personalidad del eje II, ha hecho pensar en un posible vínculo entre ambos tipos de psicopatologías. Aun así, este punto está lejos de un acuerdo unánime e incluso hay quienes consideran que entre ambos tipos de trastornos no existe relación alguna.

Pero la cuestión no termina aquí, si decidimos resolver la dicotomía en favor de la existencia de una relación entre ambas agrupaciones de trastornos, tal y como parecen apuntar los resultados de diversas investigaciones en este campo, ¿cómo se da esta relación?

Para responder a la pregunta anterior se plantean varias hipótesis. Una de ellas apunta a que los trastornos de personalidad no son más que los residuos de un síndrome mental sufrido con anterioridad. Pero, contra esta hipótesis existen gran cantidad de datos que demuestran la ocurrencia de trastornos de personalidad en ausencia de otros trastornos mentales previos. Además, aceptar esta hipótesis implica considerar una relación cuantitativa entre los trastornos del eje I y los del eje II, en cuanto los segundos serían el residuo de los primeros y por tanto más fútiles o livianos; cosa falsa si tenemos en cuenta que se dan trastornos de personalidad mucho más invalidantes o incapacitantes, en sí mismos, que algunos del eje I. Al mismo tiempo, cabe recordar que existen trastornos del eje II que carecen de correspondiente entre los trastornos del otro grupo, y viceversa.

Los trastornos de personalidad suelen aparecer ya en la adolescencia, etapa crucial en la configuración de la identidad del individuo. Estos trastornos pueden continuar a lo largo de la vida adulta nivel mental. Así como los linfocitos nos protegen de los virus en nuestra interacción con el ambiente, la personalidad filtraría o determinaría la implicación que para nosotros pudieran tener los sucesos que ocurren a nuestro alrededor. Una personalidad desadaptativa no nos protegería debidamente y estaríamos vulnerables a distintos tipos de trastornos psiquiátricos, siempre dependiendo de cuáles fueran nuestros rasgos disfuncionales.

Los déficit de esta hipótesis podrían sintetizarse en dos. Por una parte, deberíamos poder agrupar los diversos trastornos existentes del eje I bajo los rasgos de personalidad desadaptativos que los provocarían, y esta clasificación aún no ha sido conseguida. Por otro lado, quedarían sin explicar los trastornos psiquiátricos de base únicamente orgánica, es decir, aquellos en los que los factores ambientales no parecen influir en su generación.

Lo social

El bienestar social al que alude la definición de salud se refiere tanto a la propia persona como a su entorno. El de la persona estaría determinado por aquellos rasgos de personalidad que pudieran generar en el sujeto malestar o limitaciones a nivel social. Determinadas características, como la timidez o la baja autoestima, pueden generar graves problemas en este sentido. Imaginemos a alguien que por miedo a la evaluación negativa, a ser rechazado por los demás, a no ser capaz de desenvolverse ante la relación con otras personas o a considerarse menos interesante que el resto de sus conocidos, llega al extremo de sufrir graves crisis de ansiedad (sudoración, palpitaciones, respiración insuficiente, dolor en el pecho, etc.) cada vez que debe enfrentarse a un hecho, en principio tan simple, como saludar a un conocido. Este ejemplo, que puede parecernos un tanto exagerado, es un motivo relativamente frecuente de consulta en los centros de asistencia psicológica. Han llegado a darse casos en los que la persona permanecía enclaustrada en su hogar para evitar un encuentro casual que le obligara a

La timidez puede convertirse en una forma de comportamiento patológico capaz de generar aislamiento e incluso crisis de ansiedad, con los consiguientes trastornos físicos. La situación resulta angustiosa para el tímido, pues él no rechaza a los otros, sino que evita encontrarse con ellos por miedo a no ser aceptado.

Otra posibilidad plantea el hecho de que ambos tipos de trastornos poseen un desencadenante común, es decir, tienen un mismo perfil biológico. Es evidente que esta hipótesis no da respuesta a cuándo y por qué se produce un tipo u otro de trastorno. Por otra parte, determinados fármacos que se han mostrado eficaces en el tratamiento de algunos de los trastornos del eje I, no demuestran utilidad ninguna al aplicarse en los trastornos del eje II que se suponen correspondientes a los anteriores.

Finalmente, existe la idea de que la personalidad podría predisponer a determinados trastornos del eje I, actuando como un sistema inmunitario pero a interaccionar socialmente. No hay dudas de que este tipo de problemas son vividos con gran angustia por quienes los padecen. Estas personas no rechazan la relación con otros por inapetencia o comodidad sino, cosa muy distinta, por la ansiedad o el miedo que les produce el contacto con los demás.

Hay que distinguir entre el retraimiento social por deseo expreso de la persona y el provocado por el temor que produce la interacción con los otros, puesto que incluso los rasgos de personalidad son distintos. Así, el primero puede vincularse a una baja extraversión (alta introversión), que reflejaría una preferencia por las actividades tranquilas y solitarias como pueden ser la lectura, la pintura o el modelismo. El segundo, en cambio, estaría ligado a un alto neuroticismo, es decir, a una elevada emocionalidad y sensibilidad, que produciría la angustia de no ser aceptado, de errar en la forma de comportarse, y de todo tipo de pensamientos negativos a este respecto. De ahí que los más afectados sean aquellos con una mayor apetencia por las relaciones sociales y al mismo tiempo capaces de generar una mayor preocupación por la dinámica y el resultado de las mismas.

Por otra parte, el bienestar social dirigido al entorno se refiere a las acciones consideradas beneficiosas para el entorno social del sujeto y adaptadas a sus normas culturales, a la conducta prosocial. Pero quizás haya recibido más atención por parte de los psicólogos su inversa, es decir, la llamada genéricamente conducta antisocial.

La conducta antisocial

Indudablemente, en el estudio de la conducta antisocial son numerosos los factores que intervienen, desde el nivel socioeconómico, el distinto grado de escolarización, la inteligencia o el entorno cultural, pero también, cómo no, la personalidad. Rasgos como la búsqueda de sensaciones, un alto psicoticismo, una baja sensibilidad al castigo, o una excesiva sensibilidad a la recompensa, aparecen asociados a las conductas de tipo delictivo. Esto no significa que todos los delincuentes compartan una misma forma de ser o personalidad, ni tan sólo supone que ciertos rasgos de

Se sabe que una persona puede sentirse sola cuando está aislada y otra puede sentirse sola en una multitud. Pero la persona introvertida que opta voluntariamente por aislarse y dedicarse a leer, pintar o realizar alguna actividad privada y tranquila, no padece la soledad, sino que contribuye a su propio bienestar.

LA PERSONALIDAD

La conducta antisocial es consecuencia de numerosos factores, entre los cuales cabe mencionar el nivel socioeconómico, el grado de escolarización, el entorno cultural, etc., además de la personalidad. La agresividad, la búsqueda de emociones fuertes o el desdén por el castigo son elementos inherentes a la delincuencia social.

personalidad puedan determinar que una persona llegue, o no, a delinquir alguna vez en su vida. En este tipo de comportamientos son muchos los factores implicados y ello hace que exista una gran heterogeneidad entre los sujetos que cometen actos de tipo antisocial. Volviendo al ejemplo anterior, no todo buscador de sensaciones delinquirá, ni todo delincuente mostrará este rasgo de personalidad. Lo que sí sucede es que en una prisión el porcentaje de personas consideradas buscadoras de sensaciones será mayor que si se evalúa a la población en general. De todas formas, existe un tipo especial de personalidad, la psicopática, cuya característica es la realización de una amplia gama de conductas delictivas, con lo cual queda reconocida la implicación de determinados rasgos de personalidad en este tipo de comportamientos.

La salud de la personalidad

Al igual que existe una psicopatología psiquiátrica que cataloga y describe diferentes trastornos mentales, la personalidad también puede manifestarse alterada o «enferma». Los desórdenes de la personalidad se gestan durante su desarrollo y, en consecuencia, podrían deberse a la transmisión genética (heredados de alguno o de ambos progenitores), a problemas o malos hábitos de la madre durante el embarazo, a un desarrollo neuropsicológico inadecuado, a procesos de aprendizaje inapropiados o patológicos durante la infancia, y a la combinación de varios o todos los factores mencionados.

Los trastornos de la personalidad, como se llaman estas alteraciones o desórdenes, para poder ser así considerados deben manifestarse desde el inicio de la vida adulta y perdurar en el tiempo, mostrándose estables a lo largo de la biografía y de las situaciones a las que se enfrenta el sujeto.

Existen diversas clasificaciones de los trastornos de la personalidad, pero quizás la más aceptada y usada en la práctica clínica sea la de la Asociación Americana de Psiquiatría, cuya última revisión ha sido realizada en 1994 y contempla un total de diez diagnósticos de trastorno de la personalidad, asociables en tres grupos genéricos, más la categoría de «no especificado», propia de toda clasificación médica, y en la que se incluyen aquellas personalidades susceptibles de ser consideradas como alteradas, pero que no encajan en ninguna de las categorías definidas.

Antes de enumerar y describir estos trastornos de la personalidad, debemos definir qué se entiende por personalidad patológica y dónde se marca el límite entre normalidad y anormalidad.

Personalidades normales y anormales

Éste no es un dilema nuevo ni exclusivo de la psicopatología de la personalidad, sino que está presente en toda la historia de la medicina y la psicología. Para determinar la anormalidad en las ciencias de la salud se usa con bastante asiduidad un criterio puramente cuantitativo basado en la estadística, y que refleja en qué medida nos desviamos de la media poblacional, es decir, hasta qué punto es infrecuente lo que se está valorando. Si la estatura media se encuentra sobre 1,74 metros tan anormal será el que mida 1,14 metros como el que tenga 2,34 metros de alto.

Probablemente, ambos sean el blanco de las miradas y compartan buena parte de sus problemas, como por ejemplo encontrar un traje a su medida.

De todas formas, este criterio cuantitativo no siempre se muestra tan acertado. Pensemos en la inteligencia: el cociente intelectual de la mayoría es 100, de esta manera y como en el caso anterior, tan anormal sería quien tuviera 60 como 140. Sin embargo, puestos a ser diferentes de la mayoría es preferible serlo con un cociente intelectual de 140 que con uno inferior a 100. Podríamos encontrar muchos ejemplos como éste, lo cual demuestra que, en función de a qué nos estemos refiriendo, deberemos tener también en cuenta aspectos cualitativos a la hora de definir la anormalidad.

Al considerar la personalidad normal y anormal, deberemos tomar en cuenta ambos tipos de criterios. Así, en psicología se considera que estamos ante un trastorno de la personalidad cuando:

- El sujeto carece de flexibilidad en su adaptación al ambiente, o sea, se muestra incapaz de variar sus patrones de conducta con la finalidad de adaptarse mejor a las demandas procedentes del exterior.
- Genera círculos viciosos que no le permiten superar los problemas. Ante una dificultad crea una tendencia de respuesta que se ve incapaz de detener y que no representa ninguna solución real a la situación.
- Presenta una elevada fragilidad en situaciones estresantes.
- Se ve en dificultades para desenvolverse autónomamente en situaciones que no representan una demanda especial.
- Su forma de ser o comportarse genera insatisfacción o malestar en el propio sujeto.
- Su forma de ser o comportarse genera malestar o perjuicios en el entorno, a los que interaccionan con él.

Clasificación de los trastornos de la personalidad

En concordancia con las teorías de la personalidad, este tipo de trastornos deberían ser tratados a modo de continuos,

---

■ ¿ Cierto amigo, inteligente y muy bueno en su profesión, tiene siempre dificultades en su trabajo porque nada está a su gusto. ¿El problema es suyo o de los demás?

➡ Si siempre tiene problemas en su trabajo y nada está a su gusto más bien parece que el problema es de su amigo. Una de las señales de que estamos ante un trastorno de personalidad es precisamente la incapacidad de adaptarse a las exigencias del medio y el hecho de mostrarse inflexible.

En las ciencias de la salud la anormalidad se determina con criterios estadísticos, cuyos valores reflejan el grado de desviación respecto de la media poblacional. En este sentido se considera anormal a todo aquel que se aleje de la media y presente un perfil diferencial.

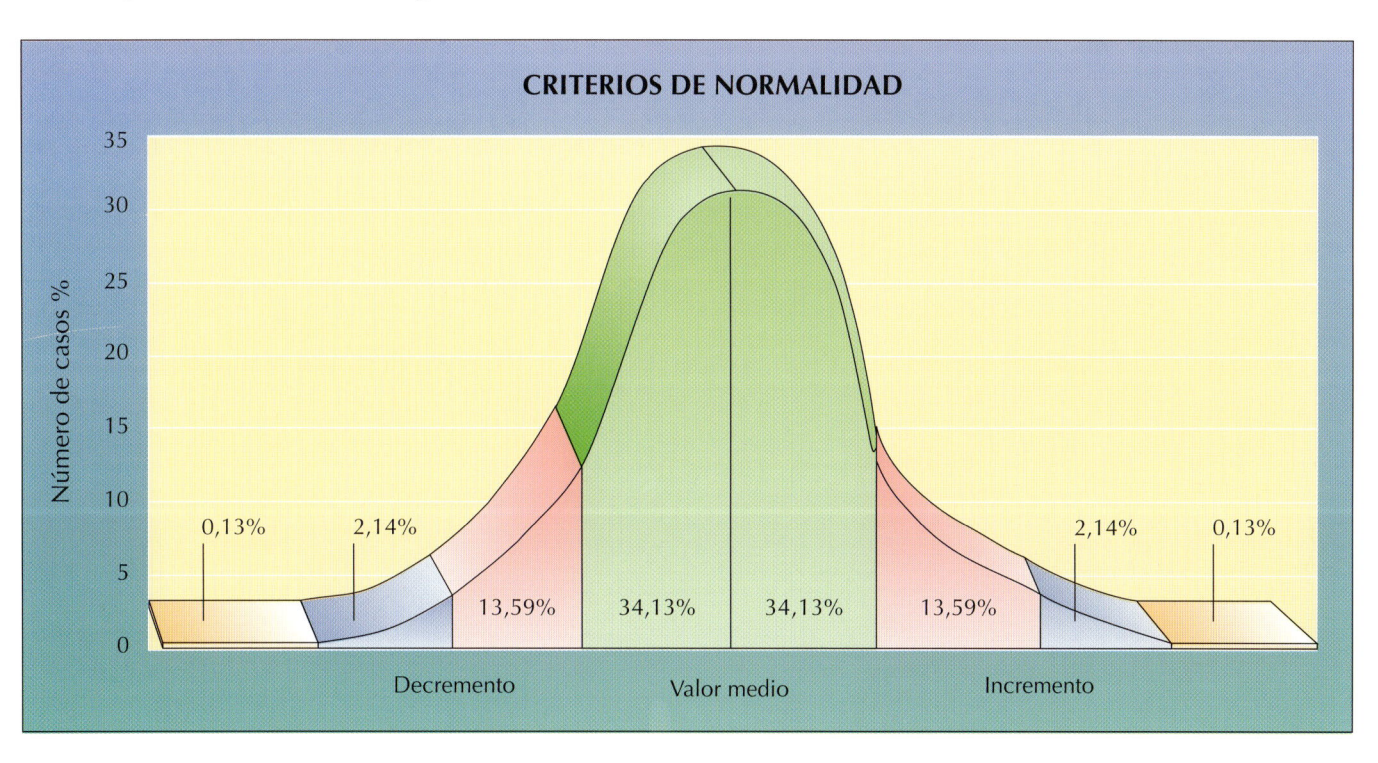

CRITERIOS DE NORMALIDAD

Número de casos %

0,13%   2,14%   13,59%   34,13%   34,13%   13,59%   2,14%   0,13%

Decremento — Valor medio — Incremento

LA PERSONALIDAD

¿Son los asesinos rebuscados y escurridizos?

Muchas veces, en el cine, en la prensa o en televisión, se llama psicópatas a aquellos delincuentes, asesinos múltiples en la mayoría de casos, especialmente sádicos, metódicos y trastornados. Recordemos, por ejemplo, a Aníbal Lecter en *El silencio de los corderos*, al estrangulador de Nueva York, o al asesino del calendario. Casi siempre se trata de un mal uso de este término psicológico. Cuando los psicólogos hablan de psicopatía, entienden que se trata de un trastorno de personalidad caracterizado, entre otros aspectos, por una excesiva impulsividad y un déficit a nivel emocional; es decir, de gente con dificultades para controlar su conducta cuando algo les apetece, que establece pocos o ningún vínculo afectivo, que no dudan en aprovecharse de los demás y que no experimentan ningún tipo de remordimiento por el posible daño causado. Consecuentemente, aquellos psicópatas que cometan actos delictivos (psicopatía no es sinónimo de delincuencia) llevarán a cabo sus crímenes de manera impulsiva, sin meditar ni reflexionar su acción. Un día robarán en un supermercado, al otro atracarán un banco, al siguiente violarán a una joven que les niegue sus favores, a la semana apalearán a un rival, sacarán sin permiso un libro de la biblioteca y arrancarán señales de tráfico para divertirse.

¿ Un compañero de trabajo muy querido por todos por su amabilidad y buena disposición cambió radicalmente y se volvió muy agresivo desde el día en que el ascenso que él esperaba se lo dieron a otro. ¿Está enfermo o es sólo una reacción pasajera?

▶ Posiblemente su compañero necesite la ayuda de un psicólogo para superar la frustración que le ha producido no acceder al cargo que esperaba. Los estudios psicológicos han constatado que la incapacidad para lograr una meta tiende a acentuar la agresividad de los individuos, ya que la frustración, como episodio aversivo, produce cólera y ésta suele ser causa de agresividad.

es decir, que sería la combinación de diferentes tipos o dimensiones (las mismas que se usan para describir a las personas «sanas»), lo que determinaría la existencia de los distintos trastornos de la personalidad. Pues bien, esto no es así; por el contrario, las diferentes clasificaciones sobre este tipo de patología son puramente descriptivas, no dejan de ser más que meras agrupaciones de rasgos. Aún no existe una solución satisfactoria para este problema, y es que todavía no han podido determinarse las dimensiones que darían existencia a los distintos trastornos de la personalidad tal y como están definidos actualmente. En consecuencia, este tipo de clasificación conlleva el problema de la concurrencia de diferentes diagnósticos en un mismo individuo. Por otra parte, los rasgos que describen a cada uno de los trastornos de la personalidad también pueden encontrarse en gente «sana», por ejemplo, el hecho de que el trastorno obsesivo-compulsivo de la personalidad implique, entre otras características, una gran meticulosidad, no quiere decir que todo aquel que sea meticuloso deba recibir un diagnóstico de este tipo.

Se pueden distinguir entre diez diagnósticos de trastorno de la personalidad agrupables en tres categorías superiores. La primera engloba a aquellos que hacen parecer a quienes los presentan raros o excéntricos: son los trastornos paranoide, esquizotípico y ezquizoide de la personalidad.

Los individuos con un trastorno de la segunda categoría comparten su dramatismo, emotividad o inestabilidad: lo conforman los trastornos antisocial, límite, histriónico y narcisista de la personalidad. Finalmente, la tercera categoría, que incluye los trastornos de la personalidad por evitación, dependencia y obsesivo-compulsivo, se caracteriza por la ansiedad o la temerosidad de quienes los padecen.

Trastorno paranoide

La característica más importante de los sujetos con trastorno paranoide de la personalidad es su constante desconfianza hacia los demás. Se trata de individuos suspicaces, resentidos y hostiles, que responden airadamente ante cualquier situación próxima al ridículo, al desprecio o la desconsideración. Este tipo de personalidades se autoperciben como inocentes, justos y nobles, por contra consideran a los demás maliciosos, malintencionados e interesados.

Lógicamente, estas características les comportan graves problemas de relación, ya que implican una constante alerta y reacción ante ataques inexistentes que sólo adivinan ellos.

Tener por amigo a una persona con este trastorno representa ser uno de los pocos con los que se relaciona; aguantar que siempre ponga a prueba nuestra amistad; ser cauteloso con lo que decimos o hacemos ya que podemos ser fácilmente malinterpretados; que nos recuerde a cada momento cuándo, dónde y cómo considera que le «fallamos»; que nos pague con la misma moneda todas nuestras supuestas ofensas; intentar convencerle infructífera y constantemente de que sus sospechas sobre la actitud que la gente muestra hacia él son infundadas; en definitiva, armarse con una

LO MÁS PERSONAL

bondad y paciencia infinitas. Por supuesto, ser su pareja incluye constantes suspicacias y dudas acerca de nuestra fidelidad.

Como se desprende de todo esto, a una persona así le resultará muy difícil establecer amistades y mucho más mantenerlas. Consecuentemente, a cada fracaso reafirmará sus creencias de que la gente es malintencionada, de que no puede confiar en nadie y de que hay que estar alerta y prevenido.

Trastorno esquizotípico

Las personas que cumplen los criterios para ser incluidas en esta categoría se comportan de manera extraña, destacan por una apariencia peculiar, resulta difícil entender lo que dicen tanto por las rarezas del contenido de su discurso como por su forma peculiar de expresarse, se mantienen aislados socialmente debido a la gran ansiedad que les producen este tipo de contactos, muestran una escasa afectividad y una emocionalidad inapropiada a las circunstancias, sostienen creencias extravagantes y sienten fe en lo mágico.

Para imaginar un ejemplo sólo tenemos que pensar en alguno de los «genios» artísticos del siglo XX.

En algunos casos su genialidad se fundamenta en una peculiar forma de ser. Pensemos en aquel pintor que vivía recluido en una casa rural alejada de la población más cercana por varios kilómetros, que siempre vestía con túnica y lucía múltiples joyas con símbolos de religiones diversas (desde el animismo al Islam), el mismo que en una de las pocas entrevistas que concedió manifestó que «lo mejor de vivir es saber que se va a morir» y que «un huevo encierra el secreto de la creación, la eterna lucha entre el ser y el resistir», reconoció que sólo era capaz de pintar desnudo, al aire libre y en noches de plenilunio, temía que le robaran el alma y aseguraba comunicarse con el más allá.

Andrei Chikatilo tenía 56 años cuando fue apresado en Rostov, Rusia. Descrito por sus vecinos como un hombre afable, resultaba difícil creer que Chikatilo era un criminal antropófago, acusado de asesinar a 53 personas y de comer a sus víctimas. Su comportamiento revela un caso extremo de personalidad antisocial con resultados trágicos.

Como otros genios artísticos de nuestra época, el pintor Salvador Dalí ha sido catalogado en ocasiones como un caso de esquizotipia, por su comportamiento excéntrico, su heterodoxia y su aspecto peculiar. El pintor, que definió su método como «paranoicocrítico», suscitó siempre en torno a su persona enconadas polémicas.

Trastorno esquizoide

Este tipo de trastorno de la personalidad se fundamenta en el aislamiento social y la escasa emotividad. Al contrario del caso anterior, la ausencia de relaciones sociales no se debe a que éstas produzcan una elevada ansiedad, sino a que el esquizoide rechaza voluntariamente este tipo de contactos, pues se siente autosuficiente, no necesita de otras personas y, por tanto, percibe a los demás como intrusivos e indeseables. Son gente que mantienen siempre las distancias, no se muestran interesados en conocer a otras personas, jamás expresan sus emociones e incluso parecen no experimentarlas; carecen de amigos, no se sienten atraídos por actividades que no puedan realizarse en solitario, no les motivan las relaciones sentimentales ni tan sólo el sexo, y son totalmente indiferentes a las alabanzas y las críticas.

Individuos de estas características encuentran su paraíso trabajando todo el día frente a una computadora, donde los sentimientos no existen, sin más contacto que la percepción de las teclas y los mensajes aparecidos en la pantalla, sin tener que contar nada a nadie y sin tener que escuchar las opiniones o los comentarios de otras personas.

Evidentemente, una vez finalizada la jornada laboral, el aislamiento de estos personajes continúa en casa, donde su hobby quizá sea seguir pegado a una pantalla de computadora. En una época donde la religión está en crisis, la informática se ha convertido en la alternativa de ermitaños y monjas de clausura. Como es lógico, no todos los informáticos y sus adeptos son esquizoides, ni todos los esquizoides se interesan por estos menesteres; el modelismo, la lectura, la música, la pintura y todas las actividades solitarias son susceptibles de captar la atención de un trastorno esquizoide de la personalidad.

Trastorno antisocial

La percepción de autosuficiencia y fuerza, de que los demás son débiles, y que, por tanto, es lícito romper las reglas y aprovecharse cuanto se pueda, es el eje sobre el que gira este trastorno de la personalidad.

Los sujetos que lo padecen muestran importantes problemas de conducta y de obediencia a cualquier tipo de normas. Ya en la escuela acostumbran a ser niños conflictivos, que se ensarzan en multitud de peleas y se ausentan repetidas veces y sin justificación de clase. En su etapa adulta, se caracterizan por conductas delictivas, por mostrar deshonestidad, impulsividad, agresividad, irresponsabilidad en sus actos y por la ausencia de remordimientos frente el daño causado a terceros.

Es en las prisiones donde se encuentran gran cantidad de individuos con estas características. Se trata de los convictos con mayores dificultades de reinserción y que muestran el índice de reincidencia más elevado. En la actuali-

La mayoría de los delincuentes que pueblan las cárceles de todo el mundo responden al perfil de quienes padecen un trastorno de la personalidad catalogado como antisocial. Estos individuos, díscolos y agresivos, creen ser más fuertes que los demás y son capaces de romper las normas para lograr sus propósitos y mostrar su autosuficiencia.

LA PERSONALIDAD

Muchos suicidas o suicidas potenciales padecen, según los psicólogos, un trastorno límite de la personalidad que los lleva a esta situación. La variabilidad en la autoestima y en la consideración de las relaciones con el medio, los altibajos en el ánimo y la impulsividad son los principales síntomas de este trastorno.

¿ En el pasado tuve un amigo a quien todo el mundo consideraba como arrogante y pagado de sí mismo, y lo cierto es que ante los demás se mostraba como alguien presuntuoso, sólo interesado en su propia persona. ¿Padecería acaso un trastorno de personalidad?

➡ Los rasgos por usted enumerados pueden corresponder a un trastorno narcisista de la personalidad. Se dice que el narcisista sobrevalora su propia importancia y tiende a exagerar sus logros y talentos, por eso espera ser considerado como «algo especial». En el caso de su antiguo amigo, sin embargo, habría que tener en cuenta también otros factores para considerar que padecía un desorden o alteración de personalidad.

dad, también hay bastantes personajes con este patrón de conducta afiliados a movimientos urbanos violentos, desgraciadamente tan de moda, como los skinheads. Imaginemos como ejemplo a un joven cabecilla de un grupo de «cabezas rapadas», a sus 23 años ya ha sido detenido en más de una ocasión por tráfico de cocaína, participación en desórdenes públicos, peleas con uso de arma blanca y robo con intimidación. Dejó los estudios a los 13 años, después de que lo echaran de la tercera escuela en la que estuvo inscrito. Hoy no tiene trabajo y tampoco lo busca, vive del dinero que le asignan sus padres e incluso ha llegado a enfrentarse a ellos cuando se lo han negado. Miembro de una familia de clase media, sus padres reconocen haberle proporcionado todo lo que ha necesitado y se sienten fracasados en su educación, percibiéndolo como un niño difícil, agresivo, poco reflexivo y descarado. El propio sujeto alardea de ser un personaje violento y se considera respetado por sus compañeros, no sin añadir «hay que estar atento porque hoy muy amigos y mañana te la clavan por la espalda, pero yo soy más listo y siempre he metido un palo antes de que me lo metieran a mí». Tampoco se siente culpable de los delitos que ha cometido y considera que aquellos a los que ha causado daño se lo merecían por no haber sabido defenderse, «no es culpa mía si hay tanto tonto por el mundo».

Trastorno límite

Este trastorno de personalidad se define por la inestabilidad tanto a nivel de autoimagen, de relaciones interpersonales, como del humor. Cabe decir que en esta categoría los psicólogos clínicos reconocen una gran heterogeneidad al incluir individuos que combinan características de otros trastornos de la personalidad, si bien en éste se dan de forma más severa. Así, la impulsividad, al igual que en el trastorno anterior, también está incluida aquí como criterio diagnóstico.

La inestabilidad respecto a la autoimagen se hace presente con frecuencia en forma de dudas acerca de la identidad sexual. La alternancia entre la idealización y la devaluación de las amistades, junto con los esfuerzos frenéticos por no ser abandonado combinados con etapas de extrema autonomía y necesidad de independencia, son un reflejo de la inestabilidad en las relaciones interpersonales. El humor de los individuos con este trastorno muestra episodios repetitivos de abatimiento que pueden llevarles incluso al intento de suicidio, alternados con momentos de mayor euforia y actividad frenética, evidenciando dificultades en el control de su agresividad, por lo que se presentan como personas altamente irascibles; al mismo tiempo manifiestan sentimientos crónicos de vacío y desazón.

Trastorno histriónico

«Con lo encantador que soy es normal que todos me admiren y me quieran; no es lógico que lo oculten, merezco su atención», este tipo de ideas son las que subyacen al trastorno histriónico de la personalidad.

En consecuencia, los sujetos que lo padecen no soportarán ser ignorados o rechazados, por lo que se comportarán de manera teatral para parecer interesantes, utilizarán su aspecto físico para llamar la atención, en su interacción con los demás se mostrarán seductores, exageradamente emotivos y variables en la expresión de sus sentimientos (pasando del llanto a la sonrisa de forma instantánea) y sobrevalorarán la intimidad de sus relaciones (cualquier conocido es tratado como un amigo íntimo y especial).

Recordemos la película *El crepúsculo de los dioses*, en la que Gloria Swanson se encarna a sí misma en el declinar de su vida. La llegada de un periodista a la vivienda-retiro de esta vieja gloria del cine mudo, incapaz de aceptar el olvido al que el público la tiene sometida, despierta en ella el más puro *glamour* del mundo del espectáculo. Sus miradas cautivadoras, la teatralidad de sus movimientos elegantemente seductores, su pícara resistencia a los inexistentes galanteos del periodista, sus subjetivos monólogos carentes de gran significado, los repentinos cambios de su ánimo, constituyen una forma de ser y comportarse puramente histriónica.

Trastorno narcisista

Al igual que en el trastorno anterior, los narcisistas se autoperciben especiales, si bien en este caso, más que pretender ser el centro de atención, consideran que su superioridad les hace merecedores de unas reglas diferentes a las de los demás. Puesto que ellos son un caso especial, es lícito que se salten las normas

El trastorno histriónico de la personalidad hace que los sujetos no toleren ser rechazados o ignorados por los demás. El histriónico patológico tiende a mostrarse exageradamente seductor y extremo en la expresión de sus sentimientos, pues le resulta doloroso pasar desapercibido. Magnífico ejemplo de este trastorno se da en **El crepúsculo de los dioses**, *filme que recrea la personalidad de una vieja gloria del cine, Gloria Swanson.*

LA PERSONALIDAD

Personalidades felices e infelices

En la Universidad de Adelaida (Australia), hace tiempo que un grupo de psicólogos trabaja sobre el concepto de felicidad. Este grupo investigador ha desarrollado diferentes intrumentos (cuestionarios) con los que medir este constructo. Básicamente se trata de objetivar cuestiones como el bienestar físico y psicológico, el grado de disfrute obtenido de diferentes actividades, la facilidad para superar posibles dificultades, las horas dedicadas al recreo, etc.
Como era de esperar, se relacionaron las puntuaciones obtenidas en este tipo de cuestionario con diferentes medidas de personalidad. Los resultados indican tímidamente que aquellos con una personalidad poco ansiosa (extravertidos y no-neuróticos) tienen cierta tendencia a la felicidad, si bien no hay nada concluyente. En el otro extremo, introvertidos y neuróticos, los resultados no ofrecen lugar a dudas, muestran claramente una mayor infelicidad que cualquiera de los otros perfiles de personalidad. En definitiva, las conclusiones son del todo desalentadoras; y es que nuestra forma de ser no puede asegurarnos una vida feliz, pero sí puede sumirnos en una infelicidad crónica.

¿Por qué al leer sobre los trastornos de personalidad a veces sentimos una extraña sensación de reconocimiento de nosotros mismos?

➡ En algún momento de nuestras vidas todos podemos sentir, pensar o actuar como quienes padecen un trastorno permanente de personalidad, por eso nos vemos en parte retratados. También es posible que nos sintamos angustiados, deprimidos, antisociales o suspicaces, aunque de un modo menos intenso y no tan duradero. Por ende, el estudio de los trastornos puede ayudarnos a iluminar la dinámica de nuestra propia personalidad.

imperantes en la sociedad y que utilicen a los demás en su beneficio; a fin de cuentas, lo merecen por su singularidad.

Este grandioso sentido de autoimportancia va acompañado de fantasías de éxito ilimitado, triunfo, poder y belleza; una exigencia de constante reconocimiento de su excepcionalidad a quienes le rodean; una incapacidad para reconocer e identificarse con los sentimientos o emociones de los demás y una arrogancia y envidia manifiestas.
A pesar de ello, no debe creerse que un sujeto con este trastorno de la personalidad tiende a ser feliz, ni mucho menos. En muchos casos se trata de personas muy sensibles a la crítica y el menoscabo, y teniendo en cuenta la estructura de su pensamiento («soy perfecto»), no resulta difícil que se sientan heridos. Así, no es extraño encontrar personas con este tipo de trastorno que presenten, a menudo, problemas relacionados con estados del ánimo depresivos.

Imaginemos a un jugador de fútbol que se cree con derecho a no seguir los mismos entrenamientos que sus compañeros ya que su calidad está por encima, que exige tanto a su entrenador como a sus colegas un trato diferenciado, que pretende ser el jugador mejor pagado de su país ya que se considera el número 1, que sueña con ganar la bota de oro cinco años seguidos y que no puede soportar cuando la prensa destaca la actuación de cualquier otro jugador por encima de la suya. Ahora, imaginemos que de repente y sin ninguna justificación, su entrenador lo sienta en el banquillo. Es probable que su primera reacción sea de rabia, y encolerizado demande explicaciones y pretenda que le pidan excusas; pero ¿que ocurriría si con su ausencia, el juego de su equipo mejorara y habitualmente se viera relegado al puesto de reserva? Lo más probable es que su estado anímico acabara a ras de la hierba del campo de fútbol.

Trastorno por evitación

Este trastorno de la personalidad se fundamenta en el miedo a ser rechazado o menospreciado. Los sujetos que lo padecen se autoperciben como vulnerables, poco interesantes y socialmente incapaces; los demás son vistos como superiores, críticos y despreciativos. Por ello, tienden a evitar las situaciones en las que puedan ser juzgados o evaluados, eluden las interacciones sociales de cualquier tipo así como todas las situaciones y personas poco conocidas o nuevas.

Como el propio nombre de este trastorno indica, se trata de personas altamente limitadas y que abandonan, o mejor, no llegan a intentar, multitud de actividades por el miedo que les produce la posible interacción social que éstas pudieran implicar.

En muchas ocasiones, los sujetos con estas características de personalidad intentan adaptar sus vidas a este trastorno de la mejor forma posible. Así, recordamos el caso de un farero que había llegado a esta profesión precisamente rehuyendo las situaciones en las que podía verse obligado a interactuar con otras personas. Su retiro, más que espiritual, era provocado por la extremada ansiedad que le producía todo contacto con cualquier persona que no fuera miembro directo de su familia. La situación pronto se hizo insoportable, lo que en principio había sido una buena solución, se convirtió en algo todavía más angustiante. No pasaba día en el

LO MÁS PERSONAL

que no se atormentara pensando en su encierro, y pronto sus dificultades de relación se agravaron; llegó un momento en el que ni tan sólo podía soportar el esporádico y breve contacto con el encargado de hacerle llegar los víveres y enseres necesarios para su subsistencia, los períodos en los que era relevado de su puesto habían dejado de ser vacaciones para convertirse en un tormento.

El hecho de evitar o eludir las situaciones que generan ansiedad no hace más que agudizar el problema, y los sujetos con este trastorno de personalidad son especialmente sensibles a estas maniobras de huida. En la mayoría de casos se trata de un trastorno progresivamente invalidante y limitante.

Trastorno por dependencia

«No puedo valerme por mí mismo, necesito que me ayuden y protejan en todo momento». Este tipo de pensamiento es el que subyace al trastorno de personalidad por dependencia. Se da en individuos que tienden a idealizar a los demás: «ellos sí pueden desenvolverse solos, ¡qué generosos son por ayudarme!». Es lógico pensar que una persona con estos esquemas de pensamiento cree lazos que la vinculen totalmente a los que la rodean. Se muestran siempre desvalidos, incapaces de hacer nada por su propia cuenta y absorbentes en sus relaciones con los demás. A estas personas les resulta imposible tomar una decisión sin haberla antes consultado varias veces con todo aquel que se le haya puesto delante; nunca llevan la contraria a nadie, por muy en desacuerdo que estén con sus ideas; sufren una gran ansiedad y preocupación cada vez que deben quedarse sin compañía, y lo primero que hacen es buscar a quién y cómo podrían recurrir en caso de necesidad; parecen no estar nunca solos y, si rompen con su pareja, rápidamente buscan otra con el fin de no quedar desamparados.

Trastorno obsesivo-compulsivo

Manifiestan este trastorno las personas excesivamente perfeccionistas, hasta el punto de que sus tareas sufren retrasos considerables por esta causa.

Tanto las personas que padecen un trastorno por evitación como aquellas que sufren un trastorno por dependencia tienen en común el percibirse vulnerables al medio. Lo que distingue a las primeras es que evitan las situaciones en las que deben mostrar sus capacidades y a las segundas la tendencia a sobrevalorar a los demás en quienes buscan apoyo permanentemente.

¿ES POSIBLE CAMBIAR LA PERSONALIDAD?

Preguntarnos acerca de la posibilidad de cambios en la personalidad es hacerlo sobre la mutabilidad de los rasgos o de los estilos cognitivos que la configuran. Los rasgos son constructos teóricos que no pueden ser observados directamente, y que inferimos a partir de la conducta de los individuos. En psicología de la personalidad se usa dicho concepto, tanto para referirse al sustrato biológico, o genotipo, como a su manifestación social, o fenotipo. A nivel genotípico, los rasgos se definen como un conjunto de características determinadas genéticamente que contribuyen de manera relevante a alguna característica estable de la conducta. A nivel fenotípico, se considera que son el resultado de la interacción del genotipo con todas las influencias culturales, educativas y socioeconómicas, recibidas por un individuo a lo largo de su vida. Los rasgos, considerados a nivel fenotípico, son más susceptibles de cambio que su sustrato genético o biológico. O sea, es más fácil cambiar la conducta social que los genes. Entre los genes y la conducta social existen una serie de niveles intermedios que se relacionan con la personalidad. La estructura genética es el cimiento a partir del cual se construye todo el edificio de nuestra existencia. Los genes son el origen de toda conducta, determinan las características estructurales, la anatomía de nuestro cerebro. El cerebro se organiza en vías neuronales dependientes de los neurotransmisores y las enzimas. El funcionamiento de las vías nerviosas da lugar a los sistemas fisiológicos que permiten el procesamiento de la información y la experiencia de las emociones. Estos sistemas hacen posible el aprendizaje, el cual, a su vez, posibilita el desarrollo de disposiciones o tendencias de conducta en el contexto social, y como consecuencia, las conductas habituales. Finalmente, el entorno puede modificar la probabilidad de que éstas se manifiesten. Los rasgos, considerados a nivel fenotípico, pueden ser modificados en la medida en que se produzcan cambios en uno o más de esos niveles mencionados. Así, la administración regular de psicofármacos puede provocar alteraciones estables en algunos de ellos. Las transformaciones en la personalidad también pueden tener su origen en modificaciones estructurales a nivel cerebral. Sin embargo, la estructura genética únicamente es modificable a través de la ingeniería genética. Sólo en el caso de producirse un cambio a dicho nivel, podríamos hablar de alteraciones de la personalidad a nivel genotípico.

No todos los rasgos tienen por qué manifestarse a lo largo de toda la vida. Algunos, observables en la infancia, pueden desaparecer en la edad adulta. Otros, en cambio, aparecen en este período. Influencias ambientales distintas durante la infancia y la adolescencia, pueden dar lugar a manifestaciones conductuales diferentes, en individuos que poseen características genotípicas similares.

La personalidad es más estable en los adultos que en los niños o en los adolescentes. En éstos, la consistencia también es relativamente alta si consideramos períodos de tiempo no muy largos. Sin embargo, disminuye manifiestamente si comparamos las características de personalidad de la infancia con las de la adolescencia, o las de ésta con las de la edad adulta.

Los rasgos fenotípicos no se modifican únicamente por intervenciones de tipo biológico, por cambios ambientales fortuitos, o por el desarrollo evolutivo.

Las diferentes técnicas de intervención psicológica, las psicoterapias, tienen como objetivo la consecución de modificaciones estables en la manera de comportarse, de interpretar las experiencias, o de expresar las emociones. Las técnicas psicoterapéuticas sirven, entre otras cosas, para enseñar a los individuos a ser menos tímidos, más asertivos, más flexibles, o más optimistas. Por consiguiente, algunas de esas intervenciones también pueden producir modificaciones en la personalidad a nivel fenotípico. Sin embargo, no todos los individuos son igualmente susceptibles a experimentar dichos cambios. Un caso extremo que nos ilustra el grado de consistencia de algunas características de personalidad, lo hallamos, a nivel clínico, en los denominados trastornos de la personalidad. Las intervenciones psicológicas y psiquiátricas en dichos trastornos son largas y complejas, y no siempre obtienen el éxito deseable.

La consistencia en la forma de reaccionar, de sentir y de comportarse es una de las ideas esenciales en la mayoría de las definiciones de personalidad. A pesar de ello, y de la constatación empírica de un cierto grado de estabilidad en la conducta, los rasgos pueden sufrir modificaciones por causas muy diversas y en grados muy distintos. Sin embargo, ¿puede hablarse de transformación de la personalidad por el mero hecho de que cambien algunos de sus aspectos? La respuesta dependerá de la relevancia que posean los mismos para el funcionamiento del individuo. La individualidad humana es tan compleja y está influida por un número tan grande de variables, que difícilmente tendremos la impresión de cambio global, a no ser que éste implique a un conjunto importante de sus componentes.

Rafael Torrubia Beltri
Profesor Titular de Psicología Médica

LA PERSONALIDAD

Exageradamente detallistas y organizadas, con una dedicación casi exclusiva al trabajo y la productividad, tienen dificultades para delegar tareas a aquellos que no se ciñen absolutamente a su forma de obrar; son claramente obstinados, escrupulosos e inflexibles en sus valores éticos o morales. Aquellos que padecen este trastorno de la personalidad se consideran a sí mismos responsables, cumplidores y competentes. En cambio, ven a los demás como irresponsables e incompetentes, gente en la que no debe confiarse ya que es fácil que no cumplan con su deber. Por tanto, consideran que lo más adecuado es responsabilizarse de todo, «más vale que me encargue yo, nadie lo hará mejor», «la gente debería trabajar mejor, esforzándose como hago yo». Tal y como se desprende, el verbo que más veces conjugan estos personajes es «deber».

Philias Fogg, aquel que consiguió dar la vuelta al mundo en ochenta días —si bien en una novela—, y al que ya hemos usado como ejemplo de buscador de sensaciones por su interés por la aventura y las emociones fuertes, también mostraba ciertos rasgos propios de una personalidad obsesivo-compulsiva. Su forma de ser, extremadamente inglesa, quedaba reflejada en una meticulosidad casi exasperante: controlaba el tiempo al segundo, incluso antes de iniciar su periplo por el planeta, era obstinado, metódico, previsor hasta el más mínimo detalle, y su rigidez de carácter le hacía no perder su flema inglesa ni en los momentos más comprometedores del viaje.

Pese a existir rasgos característicos de los trastornos de personalidad tanto en este ejemplo, como en la mayoría de los usados al tratar el tema, sería atrevido e ilógico realizar un diagnóstico clínico. Hemos de entender que su utilidad no es más que la aclaratoria, y que para poder considerar la existencia de un trastorno de personalidad es necesaria la realización de una entrevista clínica por parte de un profesional.

Las cualidades estimulantes de la nicotina sobre el sistema nervioso central satisfacen las necesidades de estimulación cerebral de los sujetos extravertidos. De ahí que el cigarrillo se asocie con la extraversión.

Personalidades fumadoras

Existen diversos trabajos de investigación que ponen en relación ciertas variables de personalidad con diferentes hábitos de consumo como el tabaco y el café.

Uno de los rasgos que parece más asociado con el hábito de fumar es la extraversión. Se ha demostrado que entre las personas extravertidas (activas, sociables, aventureras, vivaces...) se encuentra un porcentaje mucho mayor de fumadores que entre los introvertidos. Todo tiene su explicación. Según algunos expertos, los extravertidos muestran una menor actividad cortical del cerebro, por lo que tienden a buscar la manera de aumentarla; de todos es sabido que la nicotina es un estimulador del sistema nervioso central, que aumenta la actividad a nivel cerebral. El resultado es evidente: sin saberlo, los extravertidos encuentran en el tabaco la manera de saciar su avidez de estimulación cerebral. La misma explicación serviría para el consumo de café; y lo más curioso, los extravertidos también muestran, en porcentaje, mayor interés por esta sustancia. Todo ello da una nueva visión, menos sibarítica y más biológica, a las sobremesas con café y puro.

Capítulo 15
DESARROLLARSE Y CRECER

DESARROLLARSE Y CRECER

Infancia y adolescencia

Se denomina desarrollo al conjunto de procesos de cambio que se producen en el ser humano desde que nace hasta que alcanza la madurez o edad adulta. Estos procesos han sido observados por numerosos investigadores, que han establecido y descrito las diferentes etapas del cambio teniendo en cuenta todos los aspectos que se modifican, desde la motricidad, el lenguaje y el pensamiento hasta la evolución cognitiva y la sexualidad.

El niño no es un adulto pequeño sino un ser sustancialmente distinto, que piensa, razona y presenta estrategias de solución a los problemas distintas a las de los adultos, porque le faltan las estructuras de pensamiento propias de éstos, que irá adquiriendo con el crecimiento y la madurez. El devenir del niño está influido por distintos factores, todos igualmente importantes, que actúan simultáneamente en el crecimiento y la maduración.

La información genética

Es lo que el niño recibe de sus padres y aparece en sus facciones o aspecto físico, son esos rasgos que provocan en sus familiares los comentarios a propósito de si se parecerá al padre o a la madre. El niño hereda de sus progenitores el color de los ojos, el pelo, e incluso un potencial de desarrollo físico determinado. Hay otros aspectos en los que el factor hereditario, a pesar de ser influyente, de ninguna manera se puede considerar determinante único, como algunas características de personalidad o el nivel de inteligencia.

Los factores ambientales

Comprenden las condiciones de vida del niño, la relación con sus padres y familiares, el nivel social, la cultura en la que ha nacido, aspecto este último cuya influencia es fácilmente comprobable, ya que no cabe ninguna duda de que el desarrollo de un niño es distinto en una sociedad como la occidental, que tiende a ampliar el tiempo de la educación y formación de los niños en todos los aspectos, comparada con una sociedad primitiva donde se prima que el niño aprenda cuanto antes a ser independiente. Son igualmente importantes los otros factores, ya que entre familias de una misma sociedad existen diferencias en función de su nivel económico y cultural, y también en la forma en que los padres educan y se relacionan con sus hijos. Se ha comprobado que los estímulos ambientales son determinantes en el progreso de todas las capacidades del niño; no se desarrollarán determinadas habilidades si el niño no recibe los estímulos necesarios para hacerlo: no evolucionará su lenguaje si no puede oír los estímulos auditivos y verbales suficientes.

La madurez biológica

Determina la imposibilidad de alcanzar avanzados niveles de desarrollo a edades precoces. No vale la pena entrenar al niño para que realice ciertas habilidades para las que todavía no está biológicamente preparado. Por ejemplo, pretender que haga sus necesidades en el orinal antes de que haya conseguido un

PREGUNTAS Y RESPUESTAS

¿El desarrollo y el crecimiento acaban cuando superamos la adolescencia?

Cuando alcanzamos la edad adulta, el crecimiento y los cambios derivados del desarrollo que afectan a la motricidad, el lenguaje, las estructuras de pensamiento y la sexualidad también alcanzan su plenitud desde el punto de vista biológico.

control motor y neurológico que le permita mantenerse seco durante un período de tiempo, o que mantenga un lápiz para dibujar antes de alcanzar el control de los movimientos de la mano, o que aprenda a leer antes de que disponga de las estructuras mentales que le permitan el reconocimiento de ciertas grafías como símbolos de ciertos sonidos.

Las características de temperamento

Hacen que el desarrollo del niño, a pesar de seguir leyes más o menos comunes, tenga también aspectos específicos para cada uno. El temperamento, que es la forma o estilo de comportamiento, permite diferenciar a dos niños realizando una misma tarea (por ejemplo, haciendo trabajos escolares o corriendo en bicicleta: en uno y otro se podrán observar estilos de actuación distintos, en relación con la actividad motora, el ritmo o regularidad en el comportamiento, la facilidad para aproximarse a las situaciones o a las personas nuevas, la intensidad de sus reacciones emocionales, la capacidad para adaptarse a las novedades, etc.). Estos aspectos determinan diferencias ya entre los recién nacidos, así hay niños más activos que otros, que reaccionan llorando intensamente ante los ruidos ambientales, que

La psicología moderna considera que la madurez biológica no implica el fin del desarrollo, ya que éste continúa durante toda la vida del individuo, aunque los cambios que se producen en la edad adulta se caracterizan por ser menores y más atenuados en comparación con los de la infancia, la niñez y la adolescencia.

Cerebro: ¿hay que fiarse de las apariencias?

El cerebro es sexuado. Así como suena. En efecto, ya durante la vida embrionaria, las minúsculas estructuras cerebrales del feto están sometidas al «manejo» hormonal androgénico que literalmente «inunda» el cerebro del varón en el período prenatal, mientras que la diferenciación femenina se produce simplemente por la ausencia de andrógenos. ¿Hasta qué punto influyen estas diferencias hormonales en la organización futura del cerebro? En resumen, ¿existe un cerebro masculino diferenciado en algunos aspectos del femenino?

Empecemos por la cuestión más arriesgada: ¿hay diversidad en la función intelectual? Las principales diferencias que marca el sexo en esta función parecen residir en los modelos de capacidad y no en el nivel global de la inteligencia, el famoso coeficiente intelectual; en palabras llanas: hombres y mujeres somos globalmente igual de tontos o igual de listos. Ahora bien, el tema de las capacidades parciales (manejo del lenguaje, habilidades manuales, etc...) quizá sea otra cuestión.

El hombre realiza mejor que la mujer determinadas tareas especiales. En particular, aventaja a la mujer en pruebas en las que el sujeto ha de imaginarse el giro o cualquier otra manipulación de un objeto. Consigue también mayor precisión cuando tiene que operar habilidades motoras dirigidas a blancos, esto es guiar o interceptar proyectiles, lo cual no deja de ser un magro consuelo ante lo que se avecina: las mujeres tienden a superar a los hombres en velocidad perceptiva, poseen una mayor fluidez verbal, obtienen mejores resultados en cálculo aritmético y en recordar los detalles singulares de una ruta. Resultan también más rápidas en la ejecución de ciertas tareas normales de precisión. Algo realmente apabullante y que constituye una esperanza para el hombre en caso de perderse en pareja en una excursión por el campo.

Es posible que estas diferencias estén automáticamente determinadas por discrepancias entre los dos hemisferios del cerebro. Se admite que el hemisferio izquierdo se ocupa fundamentalmente de las funciones verbales, mientras que el derecho se especializa en las espaciovisuales; además de otras especificidades propias de las dos grandes mitades encefálicas. Parece ser que existe en los hombres una mayor asimetría que en las mujeres, con mayor potencia funcional en el lado derecho; las mujeres muestran una mayor bilateralidad en el factor verbal (¿«áreas auxiliares» de lenguaje en el lado derecho?), lo que explicaría, en parte, el que dispongan de mejores condicionantes en lenguaje y de que, en caso de lesión, presentes menos afasias o trastornos del habla. Quizá las mujeres utilicen los dos hemisferios de forma más equitativa.

La estrategia correcta ante el convencimiento de la realidad de este tipo de diferencias es considerar las individualidades. Si nos preguntamos quién es más inteligente o más capaz según los aspectos parciales, deberíamos tener el buen sentido de respondernos: ¿qué hombre?, ¿qué mujer?

Es necesario tener en cuenta que a lo largo de los millones de años que dura la evolución de las características de este cerebro, el hombre vivió en grupos limitados de cazadores-recolectores con una división tajante del trabajo: los varones se encargaban de la caza mayor, que con frecuencia exigía recorrer largas distancias. También eran responsables de la defensa del grupo contra depredadores enemigos y de la elaboración y uso de las armas. Las mujeres recolectaban alimentos cerca del campamento, atendían el hogar, preparaban la comida y la vestimenta y cuidaban de los niños.

Los hombres necesitaban contar con una capacidad que les permitiera reconocer una estructura geofísica desde orientaciones diversas. También, habilidad para acertar en un blanco. Las mujeres precisaban orientación en cortos recorridos y una discriminación que les permitiera captar pequeños cambios en el ambiente, así como el aspecto y comportamiento de los hijos.

Es probable que estos cambios —esta «reclusión» de las hembras— se debieran al surgimiento de la bipedestación, fenómeno que provocó el nacimiento y la delicada crianza de niños prematuros. Tal reclusión era la única forma de que el niño pasara la cabecita por la pelvis que había debido estrecharse para contribuir a la andadura bípeda. Hemos evolucionado y hace tiempo que las mujeres salieron de las cavernas físicas y mentales: ya no necesitan cazadores. ¿Quiere ello decir que los humanos empezamos a sufrir cambios determinados por los nuevos roles? ¿Hasta qué punto la presión social tendente a un imparable igualitarismo provocará estos cambios? ¿Y cuánto tardarán? Estas preguntas aún no tienen respuesta, el tiempo dirá qué sucederá con los hemisferios y sus diferenciaciones.

¿Qué hay de cierto en la creencia tradicional de que son las madres y no los padres quienes asumen la responsabilidad de cuidar a los hijos?

▶ Es cierto que en todas las épocas han sido las madres las encargadas de nutrir y cuidar a los hijos. Sin embargo, cada vez es mayor la cantidad de padres que se involucran en la atención de sus hijos, con la misma sensibilidad y afecto que pueden demostrar las madres.

INFANCIA Y ADOLESCENCIA

pueden presentar o no un ritmo de sueño y una alimentación regular, etc.

La plasticidad

Permite al niño desarrollarse según el ambiente en el que ha sido educado, y determina el que pueda llegar a convertirse en un individuo socialmente adaptado. Un ejemplo extremo es el de los niños encontrados en la India, crecidos entre lobos y que adoptaron conductas típicas de éstos, tanto en su locomoción como en sus hábitos alimentarios o formas de comunicación. Es esta capacidad de adaptación lo que hace del niño un ser educable y adaptable a todos los ambientes y culturas, cosa que no ocurre en ninguna otra especie animal. Esta cualidad está determinada por el hecho de nacer inacabado, inmaduro, al contrario que en las especies animales en las que el recién nacido dispone ya de casi todas sus capacidades y sólo aumenta sus habilidades en el transcurso de su crecimiento, pero no practica nuevas estrategias ni presenta un desarrollo distinto en función del ambiente en el que crezca. De la descripción de todos estos aspectos se desprende que, si bien por una parte es positivo que el niño crezca en un ambiente estimulante, que potencie todas sus capacidades, no es adecuado enfrentarlo a exigencias que superen sus posibilidades de maduración.

FACTORES QUE INFLUYEN EN EL DESARROLLO EVOLUTIVO

INFORMACIÓN GENÉTICA — FACTORES AMBIENTALES
MADUREZ BIOLÓGICA — PLASTICIDAD
TEMPERAMENTO

La plasticidad, cualidad del niño como individuo inacabado para educarse y adecuarse a diferentes condiciones ambientales y culturales, es uno de los principales factores que inciden en el desarrollo y adaptación social del individuo.

El gráfico muestra los factores que condicionan el desarrollo evolutivo del ser humano, los cuales actúan en su crecimiento y maduración hasta que alcanza la edad adulta.

Del resultado de las distintas combinaciones cromosómicas depende de que el feto sea varón o hembra. Sin embargo, este hecho, que constituye el sexo biológico, no se pone de manifiesto hasta que, después del primer mes de gestación, comienzan a desarrollarse los órganos genitales.

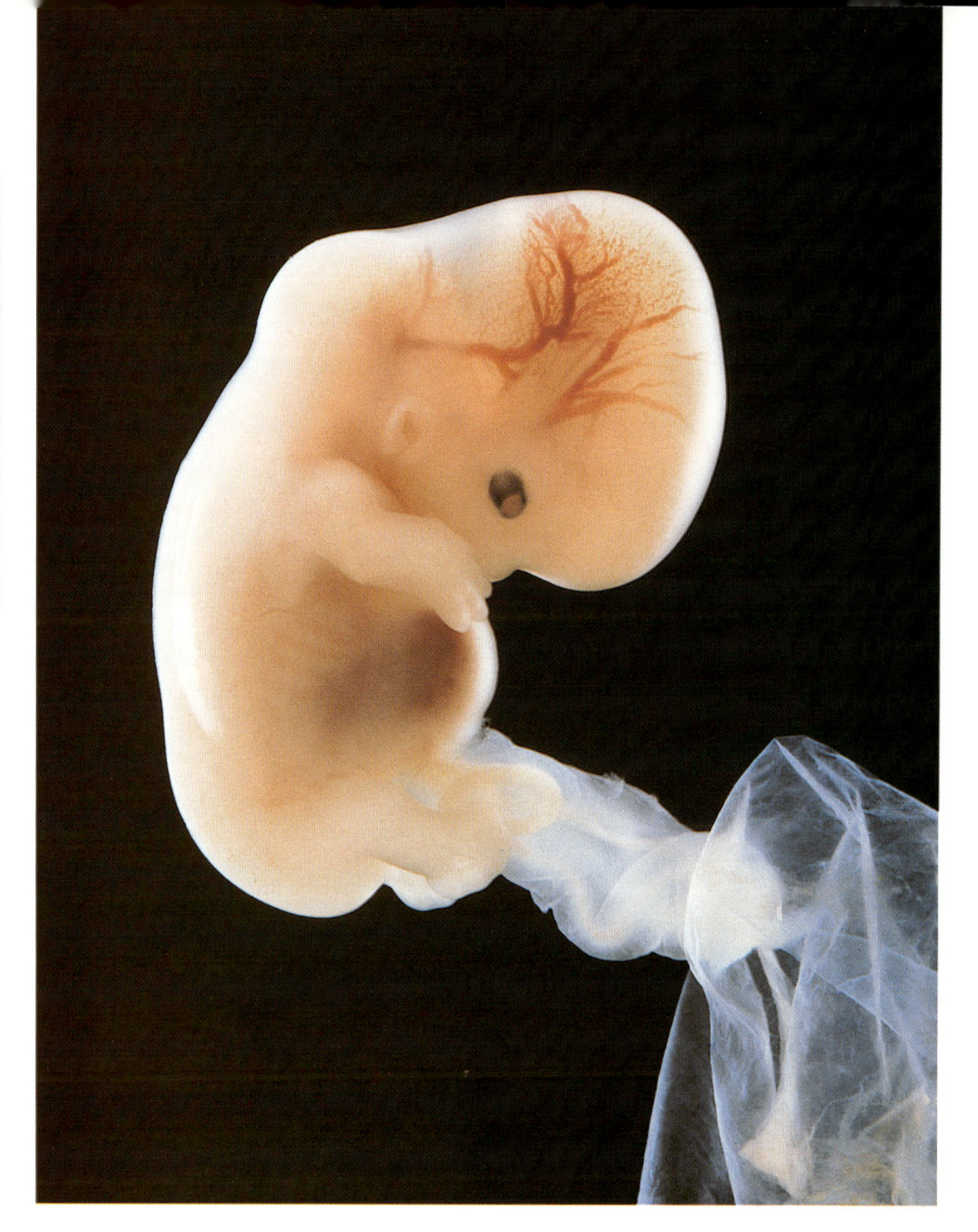

¿Por qué una de las preguntas más comunes que deben responder los padres de un recién nacido es si es niño o niña?

➡ Salvo sus genitales, el recién nacido no presenta ningún rasgo físico que permita determinar su sexo biológico. Éste adoptará los aspectos pertinentes del varón o de la hembra a medida que se desarrolle y madure física y psicológicamente.

Desarrollo de la sexualidad

Antes de hablar del desarrollo de la sexualidad es necesario aclarar algunos conceptos relacionados con lo que se denomina identidad sexual. Ésta engloba cuatro aspectos: a) *sexo biológico*, determinado por la información genética, por la que el bebé nace con genitales masculinos o femeninos (pene y escroto o vulva); b) *identidad de género* o convicción que tiene el individuo de pertenecer a uno u otro sexo; c) *papel sexual social*, expresión del papel femenino o masculino en función del comportamiento que la sociedad espera para cada sexo y d) *orientación sexual*, que indica hacia dónde va dirigido el deseo sexual de la persona.

Cromosomas: influencia de la herencia

El recién nacido es niño o niña exclusivamente en función de su sexo biológico. En realidad no es posible encontrar diferencias entre niños y niñas recién nacidos si no es por observación de sus genitales. Será a medida en que el niño avance en su desarrollo que irá incorporando los demás aspectos de la sexualidad adulta.

El embrión en el primer mes de embarazo no se diferencia sexualmente por el aspecto de sus genitales, puesto que éstos no están todavía desarrollados, las discrepancias existentes son exclusivamente en la información genética.

La información genética que el niño posee la recibe la mitad del padre y la

INFANCIA Y ADOLESCENCIA

otra mitad de la madre. Cada uno de ellos le transmite la mitad de los cromosomas en los que irá almacenada toda la información genética y, por lo tanto, todas las características hereditarias que poseerá el niño en el momento de nacer. El ser humano posee 23 pares de cromosomas y uno de estos pares corresponde a la característica sexual. De la combinación de un cromosoma sexual del padre y otro de la madre se pueden obtener dos posibilidades: hombre-mujer; dos cromosomas iguales en la mujer (XX) y dos distintos en el hombre (XY). En el feto de los últimos meses de embarazo y en el neonato aparecen ya diferencias observables a nivel de sus genitales, que dependen exclusivamente de la información genética.

En la etapa fetal, los testículos empiezan a producir hormonas, concretamente andrógenos, que tienen distintas funciones. Por una parte favorecen el desarrollo del aparato genital masculino e inhiben el desarrollo del aparato genital femenino. Por otra, actúan sobre el sistema nervioso central provocando diferencias entre el cerebro del niño y de la niña, de modo que muy probablemente esto tendrá influencia en la conducta femenina o masculina ya desde la infancia. En el momento del nacimiento cesa la producción hormonal de los testículos, que no volverán a producir hormonas hasta que el niño alcance la pubertad. El aparato genital femenino se desarrolla, por lo tanto, por la ausencia de andrógenos.

Los juegos de reconocimiento sexual forman parte del comportamiento infantil.
En la sexualidad del niño hay un momento en que éste es consciente de que puede provocarse sensaciones genitales agradables, razón por la cual su atención se dirige repetidamente hacia sus genitales.

375

DESARROLLARSE Y CRECER

Infancia: identificaciones y discriminaciones

Entre los dos y los cinco años, el niño incorpora ya el concepto de identidad de género, empieza a reconocerse como niño o niña en función de su aspecto físico y también a reconocer a los demás como pertenecientes al sexo masculino o femenino. También a esta edad el niño empieza a comportarse de forma distinta según su sexo; este aspecto de adquisición de un rol sexual social no depende del sexo biológico sino que intervienen otros factores ambientales y educativos.

Pubertad: época de cambio

Durante la pubertad se desarrollan todos los aspectos de la sexualidad adulta. Así, además de presentar un sexo biológico, de reconocerse como hombre/mujer, de adquirir un determinado estilo de comportamiento según ciertas reglas sociales, el adolescente definirá hacia dónde dirige su deseo sexual, es decir su orientación sexual, y por lo tanto se definirá como heterosexual si su deseo sexual va dirigido a personas de distinto sexo o como individuo homosexual si va dirigido a personas del mismo sexo.

Este proceso va acompañado de la aparición de las diferencias sexuales secundarias, que dependen del funcionamiento hormonal, como son en el varón el vello en cara, pecho y pubis, el agravamiento del tono de voz, el ensanchamiento de los hombros, el desarrollo muscular, el aumento del tamaño del pene y de los testículos, el aumento del peso y de la talla y la aparición de las primeras eyaculaciones. En la mujer los cambios puberales consisten en la aparición de vello en el pubis y las axilas, el desarrollo de las caderas y de las mamas, el aumento de tamaño de la vulva, el aumento del peso y de la talla y la aparición de la primera menstruación.

El inicio de la pubertad en los chicos suele ocurrir entre los 11 y 16 años, con un tiempo de duración aproximado de cuatro a cuatro años y medio. En las chicas es algo más precoz, empieza entre los 10 y 16 años y termina aproximadamente a los tres años de haberse iniciado los cambios. La rapidez con que se producen los cambios puberales provoca ciertas dificultades para integrar y aceptar la nueva imagen corporal. A pesar de ello, si el ambiente social del adolescente, o sea su grupo de amigos y su entorno familiar, valora positivamente estos cambios, él los aceptará mejor. Los valores de los adolescentes dependen en gran medida de las modas; actualmente las chicas se sienten más acomplejadas por tener el pecho poco desarrollado que por lo contra-

TEORÍAS SOBRE LA IDENTIDAD DEL GÉNERO
▷ APRENDIZAJE (MODELOS)
▷ COGNITIVO-EVOLUTIVA (pensamiento)
▷ INTERACCIÓN BIOSOCIAL (influencia de factores biológicos, psicosociales y del aprendizaje)

Los niños se comportan de forma diferente según su sexo. En el varón la sociedad recompensa el hecho de que sea fuerte, activo, que prefiera los juegos violentos y que no llore.

En el gráfico pueden verse las diversas teorías que pretenden explicar la adquisición de la identidad del género, según los aspectos que intervienen en ella: de aprendizaje, evolutivos, biológicos, entre otros.

INFANCIA Y ADOLESCENCIA

rio, mientras que años atrás éstas se avergonzaban de sus nuevas formas.

Otro factor que dificulta la aceptación de los cambios puberales es el momento en que éstos se producen. En los chicos una pubertad precoz no es mal aceptada, puesto que ésta supone un desarrollo muscular que el grupo valora muy positivamente. En cambio una pubertad tardía puede producir sentimientos de inferioridad y baja autoestima. Generalmente los chicos que inician la pubertad tardíamente son menos populares y tienen sentimientos de menor confianza en sí mismos. En las chicas las variaciones en la aparición de la pubertad son negativamente aceptadas en cualquiera de los dos casos. En la pubertad precoz la mujer valorará los cambios como excesivos, quizás incluso sintiéndose gorda. Una pubertad tardía puede que la haga sentir poco mujer a una edad en que las demás ya están desarrolladas.

Muñecas y pistolas

Pero no todos los cambios propios del desarrollo sexual del individuo están determinados por procesos biológicos; hay otros aspectos que influyen de forma importante en la adquisición de la identidad de género y diferentes teorías al respecto. La *teoría del aprendizaje* sostiene que las diferencias se adquieren por imitación del modelo de los adultos y por la recompensa que el niño recibe por su comportamiento. Es decir, el niño copia a los adultos hombre o mujer y es recompensado por su conducta en función de que ésta se considere socialmente adaptada o no. El adulto recompensará a la niña que se muestra delicada, con modales finos y suaves, que escoge juegos tranquilos y «propios de su sexo», como los de muñecas o aquellos que reproducen el rol social de la mujer. En el niño se recompensa que sea fuerte, activo, que controle sus emociones, que no llore y que escoja juegos incluso violentos. El aprendizaje influye tanto en la adquisición de la identidad de género como del papel sexual social y, por lo tanto, los comportamientos concretos que la sociedad recompensa en el niño están sujetos a cambios sociales, ideológicos y culturales sobre el papel del hombre y la mujer en la sociedad.

La *teoría cognitivo-evolutiva* tiene más en cuenta el proceso de desarrollo del pensamiento del niño que la teoría anterior. Para un niño menor de tres años, un individuo es hombre o mujer si lleva el pelo largo o corto o si se viste de hombre o mujer, por lo tanto un niño de esta edad puede pensar que cuando sea

El niño adquiere su identidad sexual copiando a los adultos y según las recompensas que recibe. En el caso de la niña, los adultos promueven los juegos tranquilos y la preferencia por las muñecas.

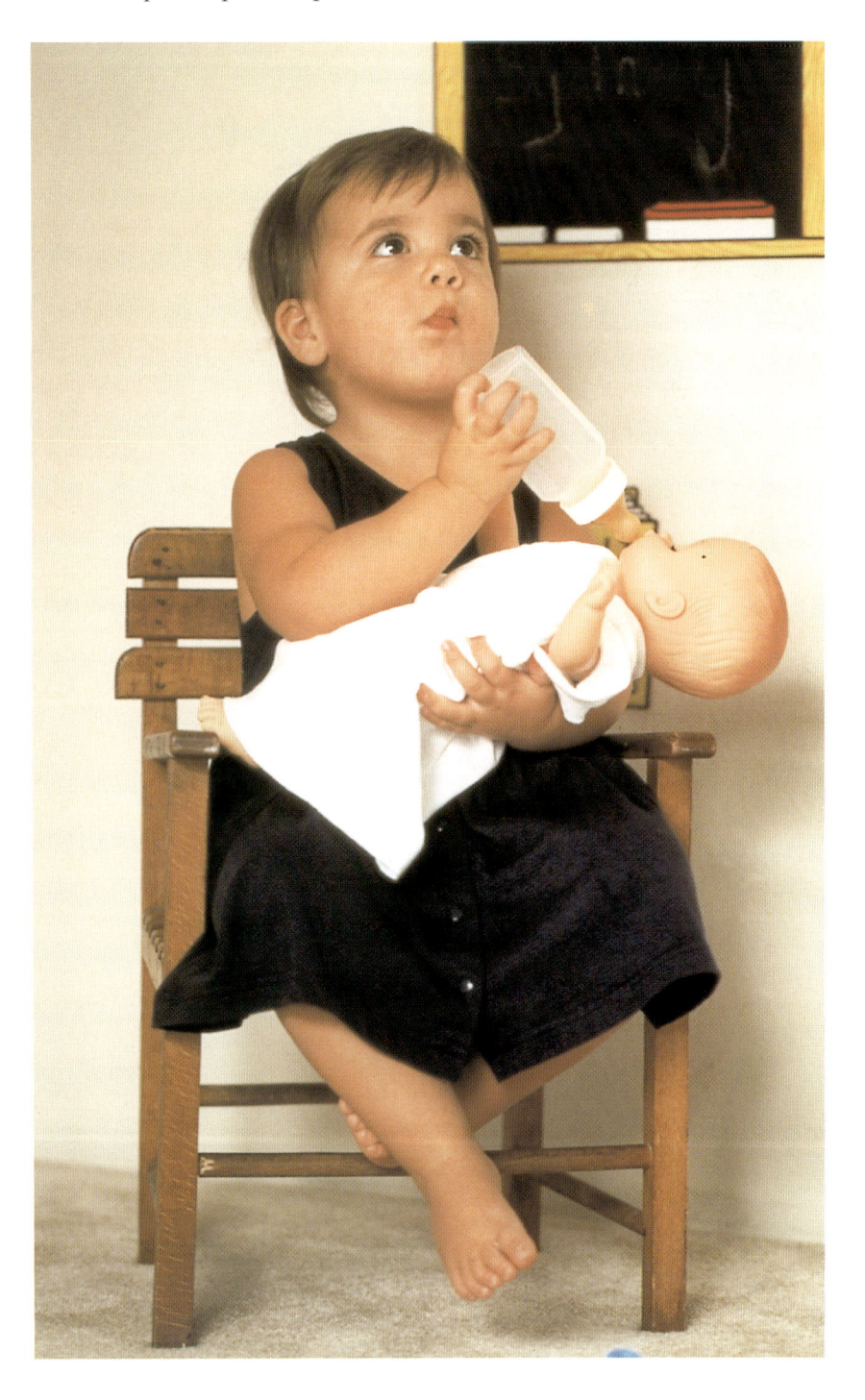

En el desarrollo de la identidad y la conducta sexual, la succión, las caricias, el cambio de ropas o el baño son algunas de las actividades estimulantes y placenteras que producen reacciones físicas en los bebés y que se traducen en erecciones del pene en el niño y secreción de flujo vaginal en las niñas.

mayor será como mamá. No es hasta los cuatro o cinco años que adquiere la convicción de que su género es constante. Según esta teoría, el niño se comporta según el modelo de los adultos para adaptarse a su identidad de género, porque se siente seguro con el comportamiento que él cree que le corresponde y no tanto por la recompensa que obtenga de los adultos. Por lo tanto, el niño toma como modelo a los adultos que identifica como pertenecientes a su mismo género y se comporta de la manera que supone se identifica con ellos; este comportamiento semejante a las personas de su mismo sexo le resulta gratificante por sí mismo porque le hace sentir socialmemte aceptado y adaptado.

La *teoría de la interacción biosocial* considera que la identidad de género se adquiere por la influencia simultánea de los factores biológicos, psicosociales y de aprendizaje. Algunos autores afirman que las diferencias sexuales en el cerebro se establecen al comienzo de la vida fetal bajo la influencia de algunos factores hormonales que influirán en la conducta sexual futura; por lo tanto, los factores de aprendizaje o evolutivos incidirán sobre un sustrato biológico de base.

Desarrollo de la identidad y conducta sexual

El niño adquiere la identidad de género alrededor de los tres o cuatro años. Es a esta edad cuando se reconoce como niño o niña. Entre los cuatro y los seis años sabe que pertenece a uno u otro sexo para siempre y que, por lo tanto, ser hombre o mujer no dependerá de la ropa que se ponga o de su pelo.

A pesar de reconocer que su sexo no depende de estos aspectos externos, es a través de ellos que el niño identifica el sexo de los demás, por lo menos hasta la edad de siete años. Aproximadamente a partir de los once las diferencias en los genitales de hombre y mujer pasan a ser las características fundamentales por las que reconoce las diferencias entre las personas de distinto sexo.

En cuanto al desarrollo de la conducta sexual, a través de imágenes ecográficas se ha podido observar la existencia de erecciones en el feto masculino, erecciones que se mantienen en el recién nacido y que suelen estar relacionadas con el vaciamiento de la vejiga al orinar o con la eliminación de heces. Son por lo tanto erecciones de tipo reflejo. A los pocos días

INFANCIA Y ADOLESCENCIA

DIFERENCIACIÓN DEL SEXO

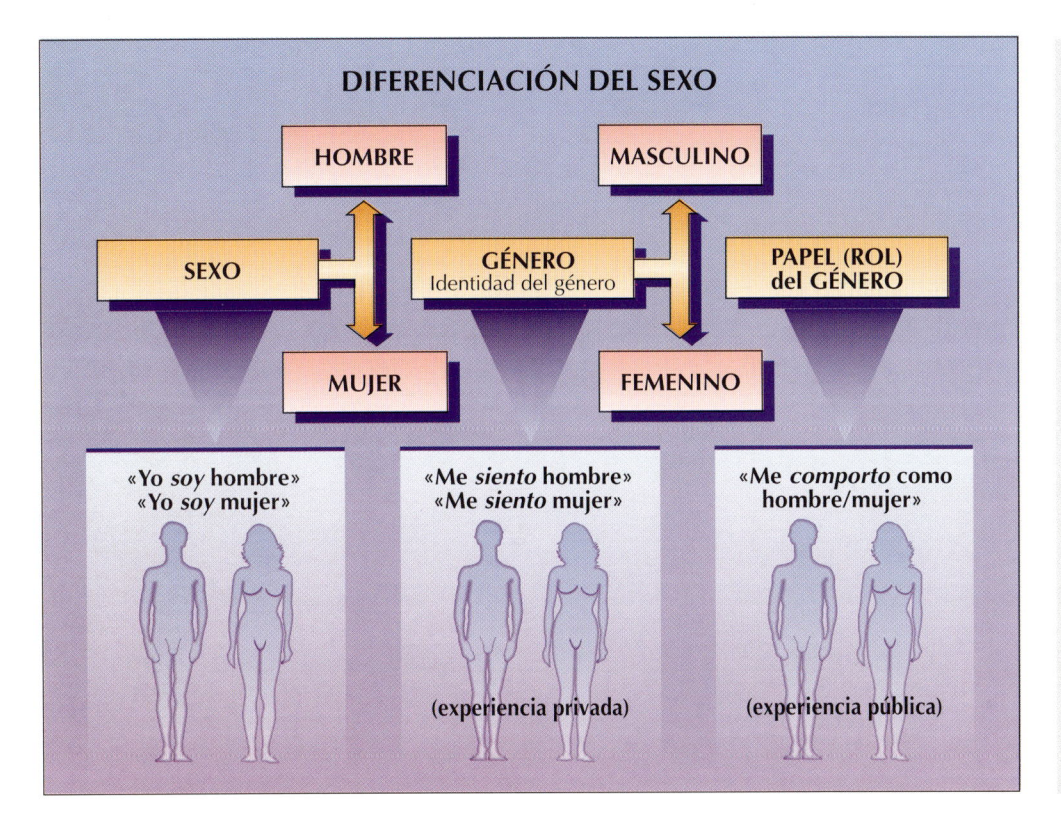

- **SEXO** ↔ **GÉNERO** (Identidad del género) ↔ **PAPEL (ROL) del GÉNERO**
- HOMBRE / MUJER
- MASCULINO / FEMENINO

«Yo *soy* hombre»
«Yo *soy* mujer»

«Me *siento* hombre»
«Me *siento* mujer»
(experiencia privada)

«Me *comporto* como hombre/mujer»
(experiencia pública)

El sexo es un conjunto de procesos biológicos que comprenden diversos niveles (genético, hormonal y neurológico) los cuales se desarrollan a lo largo de todo el ciclo vital y, a su vez, dan lugar a los dos géneros: masculino y femenino. La identidad del género es la conciencia del género que se posee, mientras que el papel sexual es todo lo que una persona dice o hace para indicar a los demás o a sí mismo el grado en que es varón o hembra.

del nacimiento las erecciones reflejas están también relacionadas con actividades placenteras tales como alimentarse, ya que es altamente satisfactorio para el bebé la succión del pezón, aunque no sea con objetivos nutritivos. Otras actividades que pueden resultar estimulantes pueden ser el cambio de ropas o el baño, ya que son momentos en que el bebé es manipulado, acariciado y abrazado por sus padres. En la niña, aunque las reacciones a los estímulos placenteros no sean tan evidentes, también ha podido observarse la secreción de flujo vaginal en estas situaciones.

Los movimientos del bebé en los primeros meses son incoordinados y empiezan siendo totalmente involuntarios, pero poco a poco, en función de sus experiencias, el niño repetirá algunos movimientos. Es gracias a estos movimientos incoordinados que, de forma casual, va descubriendo la existencia de su propio cuerpo y diferenciándose del espacio exterior. A medida que sus movimientos se vuelven más voluntarios, el niño tiende a repetir tocamientos en las partes del cuerpo que le son más gratificantes; así, no es casual que un niño de siete u ocho meses toque repetidamente sus genitales y sea capaz de calmarse o tranquilazarse de esta manera. Esta forma de autoestimulación es más evidente a partir del primer año de vida, edad en la que el niño aprovecha los momentos de cambio de ropa o del baño para estirarse el pene o frotarse la vulva.

Entre los dos y cinco años, los niños suelen estar integrados en guarderías infantiles lo que favorece que estos comportamientos puedan realizarse en compañía de sus pares. A menudo los niños utilizan objetos para frotar sus genitales y en este afán exploratorio incluso pueden llegar a introducir estos objetos en la vagina o en el recto. Alrededor de los cuatro años empiezan a hacer preguntas a propósito de dónde salen los niños o de dónde vienen. Generalmente, suelen conformarse con respuestas sencillas que no siempre entienden. Es por este motivo que los niños tienden a formular una y otra vez la misma pregunta. Entre los cinco y seis años los juegos exploratorios en grupo suelen consistir en observar los genitales del otro o en tocamientos mutuos, a través de juegos de «papás y mamás» o de «médicos». A esta edad al niño le gusta pasearse desnudo mostrando su cuerpo y sus genitales en público.

¿Por qué a los niños les gusta tocarse el sexo desde muy pequeños?

➤ A través de movimientos inicialmente involuntarios, el niño descubre su propio cuerpo, de modo que cuando logra controlarlos tiende a repetir aquellos que le son más placenteros, como estirarse el pene o frotarse la vulva.

DESARROLLARSE Y CRECER

La edad escolar

La edad comprendida entre los seis y doce o trece años había sido considerada como una etapa de latencia de la vida sexual del niño. El estudio de la antropología ha puesto en evidencia que esto no es así, ya que en sociedades permisivas con las conductas sexuales de los niños esta etapa no existe. Debemos pensar, por lo tanto, que ésta es fruto de la educación de nuestra sociedad que tiende a reprimir y sancionar la conducta sexual infantil. Estudios rigurosos muestran cómo el niño en edad escolar conoce ya el caracter erótico y sexual de sus tocamientos y podemos entonces hablar de conducta claramente masturbatoria, que

El inicio de la adolescencia coincide con el inicio de la maduración sexual y la toma de conciencia de la propia sexualidad. En esta etapa, los cambios físicos que desencadenan los procesos hormonales acentuando los caracteres de uno y otro sexo determinan a su vez, en consonancia con otros factores, la conducta sexual del adolescente.

¿Puede decirse que la vida sexual del niño no aflora hasta después de los once años?

➡ No. Esta latencia sólo puede explicarse por las tendencias represivas en algunos sectores de la sociedad occidental que castiga el comportamiento sexual de los niños. Éstos, sin embargo, ya tienen conciencia del carácter erótico de sus caricias y tocamientos e insisten en ellos solos o en compañía de un compañero o compañera.

puede presentarse tanto en solitario como en grupo. Los niños escogen al compañero o compañeros de sus observaciones dependiendo del contexto social en que se encuentren. Así, los niños que se educan en internados o colegios exclusivamente de niños o niñas escogerán como compañero de juegos eróticos a niños del mismo sexo. Esta conducta de tipo homosexual no tiene ninguna relación con una conducta homosexual en la edad adulta. Aparecen también conductas sexuales entre hermanos, fundamentalmente de observaciones visuales y de tocamientos, normalmente con el beneplácito de los dos, aunque en ocasiones un hermano con algunos años más pueda estar utilizando la coacción y por lo tanto pueda abusar del otro de forma menos inocente de lo que podríamos pensar. A los trece años muchos niños dicen haberse besado con compañeros de distinto sexo y expresan estar enamorados o tener novio. Algunos niños inician ciertas formas de juego coital.

No existe por lo tanto una fase de latencia, por lo menos en cuanto a la presencia de intereses sexuales. Existen intereses sexuales y preferentemente se desarrolla la conducta sexual entre niños del mismo sexo, es por lo tanto una conducta de tipo homosexual, de la misma forma que también para otros juegos, los niños de esta edad suelen escoger compañeros del mismo sexo.

El estallido: la adolescencia

El desarrollo puberal antes detallado y también el cognitivo son los aspectos que favorecen el pleno desarrollo de la conducta sexual en la adolescencia, o por lo menos facilitan que el adolescente tome conciencia de su propia sexualidad. Estos cambios provocan un aumento de las sensaciones eróticas y un deseo de probar sus capacidades. El adolescente es capaz de diferenciar en la sexualidad algunos aspectos: la sexualidad como forma de obtener placer y de proporcionar placer a otro, a partir del descubrimiento de las potencialidades de su propio cuerpo; la sexualidad como una manera de compartir este placer con otra persona, como una forma de comunicación y vinculación afectiva con la pareja; la sexualidad como un medio para tener hijos de forma libre, deseada y responsable.

Al llegar a la adolescencia, la mujer —que como el varón ha experimentado el placer sexual durante la infancia a través de la masturbación y las fantasías eróticas— descubre que su interés se centra más en atraer y seducir a un muchacho y entablar con él una relación afectiva antes que estrictamente sexual.

LA CURIOSA HISTORIA DE LA MENSTRUACIÓN

La historia está llena de prejuicios y mitos sobre la menstruación. En las sociedades occidentales, la mujer que estaba en el período de su menstruación ha sido marginada, aislada, ha devenido intocable, a la vez que se le han querido atribuir poderes metafísicos. Teorías como la de no practicar relaciones sexuales durante esta etapa persisten aún universalmente.

En una traducción de la *Historia Natural* de Plinio, escrita a principios de la era cristiana, puede leerse el siguiente párrafo ciertamente «aleccionador»: «La mano de la mujer con la menstruación convierte el vino en vinagre, agosta las cosechas, mata las semillas, marchita los jardines, hace caer las frutas de los árboles, empaña los espejos, oxida el hierro y el latón (especialmente cuando hay luna menguante), mata las abejas, pierde su lustre el marfil y enloquecen los perros si lamen la sangre del menstruo...». Ni un huracán llegaría tan lejos.

La ruptura entre las comunidades judía y cristiana, en el siglo I de nuestra era, marcó un hito en el proceso de abandono de la noción de contaminación ritual, para adoptar la de pecado personal. Como consecuencia de ello, los cristianos dejaron de frecuentar la *vi Kvah*, casa de baños, adonde las mujeres debían acudir durante la menstruación y después del parto con el fin de desprenderse del estado de «impureza» en que estaban sumidas.

Al-Gazali, un importante adivino musulmán de comienzos de la Edad Media, sostenía que las mujeres menstruantes debían cubrir su cuerpo entre el ombligo y la rodilla y masturbar a sus maridos, «con ambas manos». En realidad, no había ningún deseo de «liberación sexual» en la promoción de estos comportamientos (como no fuera para los hombres), sino una necesidad imperiosa de protección contra el adulterio. Actualmente, en algunas comunidades fundamentalistas se sigue considerando el período menstrual como una etapa de impureza durante la cual se desaconseja el coito.

Ideas de este tipo u otras de signo similar, aunque van desapareciendo, persisten todavía en diferentes regiones de Europa y América. Así, algunas comunidades judías de la Europa Oriental creen que si las mujeres se acercan a las conservas durante la menstruación éstas se estropean. En Carolina del Norte, se mantiene la creencia tradicional de que si una mujer amasa un pastel durante el período, el resultado será incomestible. Y así sin parar casi hasta hoy. Sin embargo, la sangre menstrual no ha sido siempre objeto de aborrecimiento. En la Europa medieval era con frecuencia utilizada para combatir los males de la lepra, y en ocasiones llegó a considerarse como un potente afrodisíaco, como fue el caso de Luis XIV, convencido en este sentido por su amante, la marquesa de Montespan.

Son interesantes las conductas de otras civilizaciones en las que toda la familia celebra la menarquía y donde hasta participan pueblos enteros con fiestas especiales o danzas rituales. En algunos grupos, las jóvenes cambian su forma de vestir o de peinado para que todos se enteren de que ahora son adultas y aptas para el matrimonio. En nuestra sociedad, algunas adolescentes todavía hoy experimentan problemas con respecto a los períodos. Entre otros destacan: la falta de información sobre los mecanismos de su propio cuerpo; la presencia de sangre (miedo a manchar la ropa, sensaciones de incomodidad ante compresas o tampones, ideas de «suciedad»); el vocabulario empleado («sentirse mal», «manchar», «eso»); los mensajes internos negativos; dolor y cambios emocionales; las creencias infundidas («se corta la mayonesa»); la percepción de que se trata de una incomodidad que no sufren los varones.

Nunca como en esta circunstancia tendrán los padres ocasión tan propicia para expresar su afecto de forma honesta, franca y tierna con sus hijas. Es el momento en que la adolescente puede decir llanamente «por fin sucedió» sin temores ni desesperanza. Para ello, aparte de respeto hacia la nueva situación, los padres, que habrán preparado a la niña para que acepte con naturalidad el inicio de su fisiología menstrual, pueden mostrar su alegría en el momento de la eclosión del ciclo («felicidades, estás creciendo»).

Los progenitores o, en su defecto, el primer ginecólogo, el pediatra o el consejero escolar, pueden informar a la niña de entre 11 y 16 años que aún no ha menstruado, que no debe impacientarse, y que la masturbación no afecta al ciclo menstrual, como no sea aliviando el dolor, que el himen va debilitándose por sí solo (de lo contrario, ¿cómo saldría la sangre del período?) y que el uso del tampón vaginal no lo daña. Si los padres no se atreven, o la adolescente es reservada y tímida, pueden proporcionarle un libro o folleto adecuados. El caso es evitar angustias innecesarias.

José Mª Farré Martí
Médico Psiquiatra

DESARROLLARSE Y CRECER

El adolescente es capaz de darse cuenta de las sensaciones placenteras que le proporciona su cuerpo. En edades anteriores el niño ya ha experimentado placer a través del cuerpo, pero la diferencia entre la sensualidad del niño y la del adolescente está en que éste aprende de qué forma puede él mismo proporcionarse placer y de qué forma darlo a otro. Puede por lo tanto aprender a masturbarse, conducta altamente frecuente a esta edad, o a sentirse atraído por el contacto físico con un compañero, a agarrase de la mano, acariciarse o simplemente a mirarse, todo ello como formas de establecer un clima de intimidad emocional que resulta altamente agradable. Por este motivo, durante la adolescencia proliferan entre los grupos de amigos los novios o aparejamientos. Es también frecuente que el adolescente viva de forma muy agradable la autoproducción de pensamientos o fantasías sexuales o sensuales, por ejemplo imaginándose en una situación de relación afectiva o sexual con la persona de sus sueños. Se da cuenta, por lo tanto, que puede sentir un gran placer a través de estímulos visuales, táctiles o de sus propias fantasías. Estas sensaciones eróticas producirán un nivel de tensión sexual que puede llegar al clímax.

Educación sexual

La educación sexual de los niños, al igual que la educación en otros aspectos de la vida, se inicia desde el mismo momento del nacimiento. Para comprender esto es necesario diferenciar entre educación sexual e información sexual.
Informar sobre sexualidad supone dar conocimientos en temas relacionados con el sexo, explicar todo lo relacionado con el embarazo, el parto, las relaciones sexuales, la anticoncepción, las conductas sexuales etc.
Educar sexualmente quiere decir transmitir valores sobre la sexualidad, dar a conocer a los niños cuál es la forma en que los padres viven su propia vida sensual, sexual, afectiva e íntima. Esto implica la trasmisión de vivencias personales, por consiguiente parece lógico pensar que los principales transmisores de la educación sexual deben ser los padres. También los profesores pueden colaborar en este proceso educativo facilitando información a los niños.
Las actitudes de los niños ante la sexualidad se irán formando a partir de lo que vean en su entorno, de las formas de expresar el afecto de los padres, de la libertad con que éstos hablen del tema y de las facilidades que den a los hijos para conseguir la información que necesitan.
Es deseable que padres e hijos puedan hablar libremente de este tema para evitar problemas futuros.

La importancia de estar informado

Hay que considerar dentro de la normalidad que aparezcan formas de comportamiento sexual como son la masturbación o las fantasías sexuales, que sirven al adolescente como una forma de entrenamiento que le hará sentirse más competente de cara a una relación sexual futura en pareja.

También algunos adolescentes empiezan a tener relaciones sexuales coitales que generalmente son de carácter esporádico y que a menudo le resultan decepcionantes, puesto que en sus fantasías quizás las habían imaginado de otra forma. A pesar de ello, a partir de los 17 o 18 años una elevada proporción de adolescentes tienen relaciones sexuales de forma habitual.

Para algunos esta etapa de la vida se hace especialmente complicada por la dificultad de definir su orientación sexual; por una parte, hay que tener en cuenta que ciertos comportamientos homosexuales en la adolescencia no definen una conducta homosexual futura, pero también que algunos adolescentes se sentirán repetidamente atraídos por personas del mismo sexo, definiéndose así como homosexuales, o bien podrán incluso mantener los dos tipos de conducta sexual, homosexual y heterosexual, es decir la bisexualidad. Aceptarse como individuo homosexual es altamente difícil debido a la tendencia de la sociedad a rechazar toda forma de comportamiento que no sea la mayoritaria.

El adolescente se encuentra ante el reto de integrar en su forma de comportamiento sexual las conductas que le permitan sentirse más seguro y tranquilo, teniendo en cuenta su deseo de compartir la sexualidad con otra persona, de compartir también su afectividad, de obtener y dar placer a otro y a la vez de incorporar algunos comportamientos higiénico-preventivos como son el uso de métodos contraceptivos para evitar embarazos no deseados o métodos para evitar el contagio de enfermedades de trasmisión sexual.

Ante esta situación de cambio es deseable que los chicos hayan recibido ya una información sexual completa antes de que entren en la adolescencia, puesto que para el adolescente la sexualidad se convierte en un tema íntimo que difícilmente deseará compartir con los padres; generalmente busca en amigos o compañeros del mismo sexo la información que no tiene. Los adultos deben fomentar un clima de diálogo que facilite que el chico pueda hablar con la mayor tranquilidad posible de todo aquello que le preocupa, sin forzarlo u obligarlo a hablar de determinados temas que lo avergüenzan. Un ambiente de franqueza y libertad para hablar de cualquier aspecto de la sexualidad, junto con una información sexual completa, son la base para que el adolescente tenga una vida sexual sin problemas y plenamente satisfactoria.

La educación sexual deberá, como mínimo, cumplir las siguientes premisas:

1) Dar un conocimiento adecuado de la sexualidad y de sus diferentes significados. Se debe tener cuidado y detectar en los púberes los inicios de la llamada «erotofobia» (unida a la sexualidad), que se inicia en esta etapa y que podría generar sentimientos de culpa.

2) Plantear los riesgos que puede acarrear una sexualidad sin control anticonceptivo ni preventivo de las enfermedades de transmisión sexual.

3) Proporcionar datos concretos sobre los métodos anticonceptivos eficaces, que permitan al adolescente saber cómo pueden adquirirse. Darle pautas para que sepa cómo comunicarse y ponerse de acuerdo con su pareja sexual acerca del uso de éstos, exigiéndolos si es preciso.

4) Inducir a no cometer el error de reducir la sexualidad a las relaciones coitales y, por el contrario, a considerar que es mucho más amplio el terreno a explorar, lo que incluye todas las formas de estimulación placenteras, aceptadas de común acuerdo.

5) Enseñar a no desechar la relación sentimientos-sexualidad si existe o así se desea. Que la actividad sexual, si va unida a relaciones afectivas, puede verse enriquecida por nuevos significados.

6) Darle los elementos para que pueda sentirse cómodo ante las contradicciones que puede suponer el inicio de una actividad sexual: cada uno tiene sus propios valores éticos y sus características psicológicas. Los adolescentes deben ser educados para reconocer y respetar estas diferencias.

También se debe enseñar a los jóvenes que la libertad y la responsabilidad deben ajustarse a sus propios criterios personales, a su propia voluntad y no a la presión del entorno o de la pareja.

El desarrollo cognitivo

Debido a sus limitadas experiencias que le impiden tener una estructura de pensamiento completa, el niño razona sobre las cosas y los acontecimientos de forma distinta a la del adulto, no es capaz de prever situaciones ni de pensar más allá de lo que está viendo. La evolución de su pensamiento se realiza gracias a algunas capacidades innatas que le permiten aumentar sus experiencias y por lo tanto cambiar de estilo de razonamiento.

El desarrollo de la motricidad pone al niño ante la posibilidad de aumentar su campo de experimentación, de actuar sobre los objetos y sobre su entorno. Esto

Una completa información sexual y una franca comunicación con los padres, a veces entorpecida por la incapacidad de éstos para integrar el sexo en su realidad personal, son elementos fundamentales para que el adolescente disfrute de una vida sexual satisfactoria y sin problemas.

El desarrollo de la locomotricidad eleva el horizonte del niño, le descubre un vasto campo de experimentación y lo dota de la sensación de poder modificar el medio a través de las relaciones con los demás. En el transcurso de este proceso, el niño desarrolla sus estructuras de pensamiento y de conocimiento.

le hará sentirse con capacidad de cambiar su medio y de prever qué cosas puede hacer para que ocurra lo que él desea. Como ser sociable, está preparado para recibir influencias de las personas que lo rodean, incorporar formas de razonamiento y de pensamiento de otros. Como individuo con capacidad de observar a través de todos sus sentidos, obtendrá la posibilidad de pensar sobre las cosas y sobre los acontecimientos y más adelante de pensar a partir de sus pensamientos.

Gracias a la capacidad de observación, sociabilización y movimiento, el niño desarrolla su pensamiento. Uno de los investigadores que más trabajó sobre el desarrollo cognitivo del niño fue Jean Piaget, investigador suizo que a partir de numerosas y meticulosas observaciones de niños (desde recién nacidos hasta adolescentes) elaboró una teoría del desarrollo del pensamiento infantil. Es el investigador que ha descrito con mayor detalle todo el proceso madurativo del niño.

Teoría de Piaget

Sus investigaciones abarcan distintas áreas del conocimiento, como sus trabajos sobre la conservación del objeto, es decir la capacidad para comprender que los atributos de un objeto pueden permanecer constantes aunque cambie su apariencia; o sus trabajos sobre operaciones matemáticas o sobre conceptos geométricos, conceptos de movimiento, velocidad, tiempo, etc. Describir sus hallazgos en todas estas áreas supondría un exhaustivo trabajo que no es objeto del presente capítulo. Se han escogido, por tanto, algunos aspectos considerados los más relevantes.

Piaget presenta al bebé recién nacido no como un ser pasivo que únicamente reacciona ante los estímulos externos, sino como un ser activo y curioso que busca experiencias y modifica su medio ambiente. En este sentido, define el concepto de *adaptación* como la capacidad de modificar el medio ambiente según nuestros fines, es decir de organizar en nuestras estructuras mentales todas las experiencias y sensaciones y de adaptarnos al medio que nos rodea. La adaptación comprende dos aspectos, la *asimilación*, que es el proceso de incorporación de sensaciones, y la *acomodación*, o proceso de ajuste al medio ambiente.

Asimilación y acomodación están en constante equilibrio, ya que en la medida que el niño asimila nuevas sensaciones modifica sus formas de respuesta. Por ejemplo, un niño de cinco meses no es capaz de entender que los objetos que desaparecen de su campo visual siguen existiendo y por lo tanto para él sólo existe aquello que ve; será más tarde cuando gracias a las experiencias acumuladas podrá destapar un objeto que está oculto bajo un pañuelo; de esta nueva capacidad surgirán experiencias nuevas y a partir de ellas el niño modificará su concepción de la realidad, es decir, podrá comprender que aquello que ha quedado escondido sigue existiendo a pesar de que no esté en su campo visual. Piaget insiste también en la importancia de la maduración, que hace que las experiencias sean procesadas de una manera u otra en función de la fase en que se halle el niño. Es suya la frase: «Todos los niños atraviesan ciertos estadios de desarrollo intelectual en un mismo orden», en una secuencia regular y continua donde cada estadio surge del precedente y se construye sobre una estructura más amplia y compleja.

Período sensorio-motriz

Este período comprende desde que el niño nace hasta los dos años. Las primeras manifestaciones de la inteligencia del niño aparecen a partir de sus percepciones sensoriales y en su actividad motriz. El individuo cuando nace no tiene capacidad para distinguir su propio ser del mundo exterior, y la observación visual del entorno genera una serie de movimientos incoordinados e involuntarios que no tienen por tanto ningún objetivo y son una simple respuesta refleja a los estímulos visuales. Poco a poco, a lo largo de este período del desarrollo, el niño será capaz de repetir algunos movimientos cuando se da cuenta de que éstos le proporcionan nuevos estímulos. Será capaz de repetir movimientos de golpes a un sonajero que cuelga delante de su vista porque le resulta gratificante ver cómo le da movimiento y provoca que éste haga ruido.

Dentro de este período Piaget distingue distintos estadios. En el primer estadio, que corresponde al primer mes de vida, el niño se halla «encerrado en el egocentrismo», es decir, no se da cuenta de nada que se encuentre fuera de él. Responde únicamente mediante reflejos como succionar, agarrar, y presenta algunos movimientos torpes e involuntarios. Su contacto con el mundo exterior es a través de estos reflejos. En el segundo estadio, aproximadamente entre el segundo y cuarto mes, el niño que lleva accidentalmente su mano a la boca empieza a succionar, y esta actividad le resulta placentera. A partir de este momento es capaz, dentro de lo que sus habilidades motrices le permiten, de repetir ciertos movimientos que le resultan gratificantes como el de succión ante cualquier objeto que caiga en sus labios, o incluso llevarse el puño a la boca.

El comportamiento intencional, como agarrar algo que desea o apartar un obstáculo, aparece en el período sensorio-motriz del niño, cuya mente, según Jean Piaget, «no es un modelo en miniatura de la mente de un adulto», pues elabora su conocimiento del mundo de un modo radicalmente distinto.

DESARROLLARSE Y CRECER

> **¿Muchas veces oímos decir que a los niños hay que tratarlos como niños, ¿qué significa en realidad este consejo?**
>
> ➡ Tratar a los niños como niños significa por un lado no hacerlo como adultos y por otro no hacerlo como si fueran animalitos. Jean Piaget advirtió que, en su lucha por comprender el mundo, el niño elabora su conocimiento de modo distinto a como lo hacen los adultos y en un proceso que se desarrolla en diferentes etapas, a partir de los movimientos reflejos hasta alcanzar las formas de pensamiento abstractas.

Del ser biológico al social

En el tercer estadio el niño aprende a dar respuesta a algo que pertenece al mundo exterior y su actividad deja de estar centrada en sí mismo. Continúa con movimientos torpes, puesto que todavía no tiene la suficiente destreza manual y porque no están coordinados los movimientos de la mano con sus esquemas visuales. En el cuarto estadio de desarrollo, aproximadamente entre los ocho y doce meses aparece el comportamiento intencional, como apartar un obstáculo para alcanzar un objeto o utilizar la mano de los padres para agarrar alguna cosa. A pesar de tener capacidad de salvar obstáculos, el niño no puede comprender todavía que un objeto oculto sigue presente, no entiende el concepto de «constancia de objeto» y, por lo tanto, todo lo que no ve no existe aunque haya sido ocultado ante su vista. Será a partir de diversas experiencias de objetos que desaparecen de su campo visual para reaparecer después, que el niño podrá salir de su egocentrismo y anticipar la aparición de un objeto o destapar el objeto que había sido tapado ante él. Podrá también prever la aparición de su madre sólo con oírle la voz o descubrir que hay una cajita de música, aunque ésta permanezca tapada por un pañuelo; es lo que Piaget llama «permanencia de objeto». El quinto estadio, de los doce a dieciocho meses, es el período de la «búsqueda dirigida», es decir, es el momento en que el niño empieza a experimentar para poder observar cómo sus actos hacen cambiar los resultados. Observa cómo caen los objetos al suelo tirándolos desde distintos lugares, el ruido que hacen y hacia dónde caen. También aprende a utilizar nuevas estrategias para conseguir alguna cosa, por ejemplo, apartar obstáculos con un palo para conseguir algo o utilizar algún utensilio para alcanzar un objeto. En el sexto estadio, que llega hasta el final de este período sensorio-motor, el niño puede pensar la estrategia de actuación, puede prever no sólo lo que pasará (aparición de un objeto), sino lo que hará para conseguirlo, puede hacerse una representación simbólica de la acción.

Este primer período de desarrollo supone el paso de un ser biológico a un ser social, el paso del comportamiento reflejo al pensamiento que rige la conducta. Otro logro de este primer período es el aprendizaje de la constancia del objeto, lo que quiere decir que las personas

Entre los ocho y los doce meses, aproximadamente, después de varias experiencias con juguetes y objetos que aparecen y desaparecen de su vista, el niño empieza a comprender que un objeto oculto sigue estando presente. De esta forma aprende que las personas y las cosas continúan estando presentes aunque él no las vea. Son los primeros pasos para dejar atrás el egocentrismo.

INFANCIA Y ADOLESCENCIA

y los objetos permanecen al margen de la percepción que se tenga de ellos.

La etapa preoperacional

Esta etapa abarca de los dos a los siete años. Piaget la divide en dos estadios: el preconceptual (de los dos a cuatro/cinco años) y el perceptivo o intuitivo (de los cuatro a cinco/siete años). El primero se caracteriza por ser la etapa en que el niño empieza el «juego simbólico», o sea el de hacer «como si...»: juega con un palo como si fuera una pistola, o se dirige a sus muñecos como si fuera la maestra o la mamá, o juega con sus coches como si fuera el vigilante de un garage. Esto quiere decir que el niño es capaz de hacerse representaciones de la realidad tanto a través del juego como del dibujo, del lenguaje o de los sueños. Hacerse representaciones de la realidad quiere decir que es capaz de tener presente en su imaginación algo que está fuera del campo de su percepción inmediata o, dicho de otro modo, que lo que fue experimentado en el pasado puede ser imaginado en el futuro. El niño, con un trazo todavía rudimentario, se dibuja a sí mismo, o dibuja lo que hizo el fin de semana con sus papás, o la visita al zoo con la maestra y los compañeros del colegio.

A esta edad empiezan a aparecer los miedos, precisamente por la capacidad de imaginar la realidad, aunque esta realidad sea en ocasiones angustiosa; el niño puede recordar imágenes de terror y de violencia, recordar una pelea con un compañero de escuela o la riña de la maestra. También se caracteriza este estadio por ser el inicio de las primeras conceptualizaciones: el niño empieza a ser capaz de registrar conceptos como los colores o tamaños de las cosas. Al principio el concepto va siempre ligado al objeto con que lo aprendió. Si ha aprendido el color rojo con el dibujo de una flor roja pensará que todas las flores deben ser del mismo color; al aumentar sus experiencias se sorprenderá al ver que no sólo las hay de color rojo sino que las de color amarillo o violeta son también flores.

En el estadio perceptivo o intuitivo aparece el razonamiento prelógico. Es la etapa en que el niño da argumentos donde no se tienen en cuenta los aspectos fundamentales, ni todos los aspectos o atributos de un concepto; por ejemplo, puede pensar que todavía no ha llegado la tarde porque él no ha dormido la siesta. En este caso está valorando un aspecto que no es el definitorio de la tarde pero que sí es el que está más cerca de sus experiencias, o sea la siesta. Por el mismo motivo, el pequeño puede no reconocer a su padre si éste se ha afeitado la barba o el bigote.

El período operacional concreto

Este período va de los siete a los once años de edad y se caracteriza por el pensamiento lógico y reversible. A partir de conceptos concretos, el niño es capaz de deducir, de llegar a conclusiones, de generalizar los conceptos y de realizar seriaciones. Es por ello la etapa en que el niño es capaz de iniciarse en conceptos matemáticos, de reconocer el significado de los números como cantidades y como representaciones ordinales. Ahora el niño puede darse cuenta de qué tipo de atributos son los pertinentes para definir un concepto.

La etapa preconceptual es aquella en la que el niño es incapaz de ejecutar operaciones mentales, pero ya puede hacerse representaciones de la realidad, es decir, conservar en la imaginación algo que está fuera de su campo de percepción inmediata, como cuando se dibuja con trazos rudimentarios a sí mismo o dibuja a sus padres. En la imagen, un dibujo hecho por un niño de cuatro años.

DESARROLLARSE Y CRECER

El período formal operacional

Abarca de los once años a la edad adulta. Esta etapa se caracteriza porque el individuo puede pensar y razonar a partir de sus propios pensamientos, puede por tanto realizar razonamientos abstractos, llegar a conclusiones teóricas y no necesita para razonar conceptos concretos. Sobre estos conceptos abstractos puede llegar a conclusiones, prever posibles consecuencias, etc.

Esta capacidad se hace particularmente evidente durante la adolescencia, en la que el sujeto está deseando poner en práctica sus capacidades de razonamiento y abstracción, a menudo contradiciendo todo lo que los adultos le dicen y aconsejan. Escuchando y argumentando en contra o a favor de los pensamientos de otros o defendiendo los suyos, el adolescente va elaborando sus propios criterios y sus opiniones de las cosas.

Aunque este entrenamiento de sus habilidades de abstracción sea propio de esta etapa de desarrollo, es fácil comprender que pueda provocar conflictos entre él y los adultos que le rodean, sobre todo no se reconocen en las discusiones del adolescente un afán por comprender todos los aspectos de sus pensamientos abstractos y se interpretan como mera voluntad de contradicción o como simples enfrentamientos y ataques a la autoridad.

El desarrollo social

El primer medio social donde se desarrolla el niño es la familia, que en las distintas culturas o sociedades puede estar compuesta exclusivamente por padres e hijos o incluir a abuelos u otros familiares próximos que se relacionan activamente con el niño.

Poco a poco el pequeño va ampliando su ámbito de relaciones sociales a los amigos de la familia, a los de su barrio o plaza y finalmente a la escuela donde pasará gran parte del día en relación con compañeros y con otros adultos, que harán de cuidadores en el lugar de los padres.

El fracaso escolar

El niño pasa parte de su tiempo en la escuela y los éxitos o fracasos obtenidos en en este medio determinan en gran medida la imagen de competencia o incompetencia que adquiera de sí mismo.

Se suele entender que un niño fracasa en la escuela cuando sus notas no llegan al nivel medio deseable, desaprueba o incluso debe repetir algún curso. Con este único criterio sólo valoraríamos el fracaso escolar en función de un déficit o problema centralizado en el niño. Las tasas de fracaso son demasiado elevadas como para pensar que el problema reside exclusivamente en el alumno. Hay que considerar el fracaso escolar tanto desde el punto de vista del niño como de las exigencias a que se ve sometido.

Los planes de estudio son cada vez más densos en contenidos y se ofrecen al alumno cada vez más precozmente, sin que haya ningún motivo para suponer que los niños tendrán capacidad para asimilarlos o comprenderlos a una edad más temprana. La escuela, tal como está planteada, tiene como objetivos que el niño aprenda determinados contenidos y conseguir así el aprobado o indicador de éxito.

A la mayor densidad de programas hay que sumar los déficit en los objetivos académicos, como enseñar a los niños a desarrollar sus propias estrategias para aprender en función de su manera de ser y de su temperamento, y desarrollar hábitos de trabajo, valorando el esfuerzo y el interés del niño. Para conseguir estos objetivos es necesario que el profesor considere a cada niño en función de sus capacidades y no en función del resultado medio del grupo, puesto que la motivación por el aprendizaje se mantiene si el niño ve valorados sus progresos y prevé objetivos fácilmente alcanzables. Referirse siempre al nivel medio del grupo puede suponer un salto demasiado importante desde lo que el alumno sabe hacer hasta lo que se le plantea que debe aprender. La evolución de los niños no es absolutamente homogénea en todos los aspectos y de ahí las diferencias en la adquisición de los aprendizajes.

El vínculo afectivo

Uno de los aspectos que influye de forma decisiva en la capacidad de relación social del niño es el establecimiento de sólidos vínculos afectivos que suelen desarrollarse en los primeros meses de vida. En todas las culturas humanas el niño, en la etapa que va de los tres a quince meses, expresa un deseo intenso de estar próximo a las personas que son objeto de vínculo, por lo tanto, lo que define el vínculo es el hecho de que el niño busque activamente estar cerca de esta persona y la prefiera a las demás presentes. El niño expresará también qué tipo de vínculo le une con la persona presente mediante conductas como la sonrisa, que será distinta para unas personas u otras según el vínculo que tenga establecido con ellas; conductas de seguimiento, protesta ante la separación o búsqueda de esta persona como refugio ante situaciones inciertas. Generalmente, el niño desarrolla vínculos con las personas que tiene más cerca, por lo que suelen ser aquellas que lo cuidan, lo cambian o alimentan. A pesar de ello, parece ser que el establecimiento de vínculos no está directamente relacionado con estas actividades.

El niño además suele desarrollar vínculos con más de una persona, lo que permite que se sienta vinculado a los padres, hermanos y a otras persona de la familia o cuidadores. El vínculo que establece con algunas personas tiene diversas funciones sociales. En primer lugar, le permite sentirse seguro ante situaciones o personas nuevas o extrañas; por lo tanto, la presencia de una persona objeto de vínculo reduce su ansiedad. Esto posibilita que siempre que estén presentes los padres o incluso algún hermano sea capaz de aceptar acercamientos de desconocidos sin responder con lloros o quejas. Permite también que el niño explore con tranquilidad el ambiente que le rodea, por ejemplo podrá desplazarse para relacionarse con otros niños en el parque, o investigará los objetos o juguetes que se encuentren en una habitación, aunque éste sea un lugar desconocido para él. Poco a poco, esta capacidad de exploración de lugares nuevos o de aceptar relaciones nuevas en presencia de las personas de vínculo permitirá que adquiera seguridad y establezca nuevos vínculos, por lo que aumentará progresivamente su ámbito de relaciones sociales. Situaciones como ésta suelen darse cuando los niños empiezan a asistir a la escuela o guardería infantil; la permanencia de la madre durante un tiempo, hasta que el niño conozca el lugar y los adultos que le atienden, facilitará su proceso de adaptación. En situaciones ansiógenas o de estrés (cualquier situación nueva o incontro-

El fracaso escolar no sólo atañe al niño sino a las presiones del medio. Si bien la manera de ser, el temperamento y las diferencias en la evolución que caracterizan a cada niño inciden en la adquisición del aprendizaje, otros factores, como la densidad de los planes de estudio y las deficiencias en los objetivos académicos también deben valorarse en el análisis del fracaso escolar.

DESARROLLARSE Y CRECER

> *Entre los cuatro y los siete años, los niños empiezan a relacionarse entre ellos en grupo y a compartir los juegos, aunque muchas veces éstos acaban en discusiones y peleas. Comienzan a aparecer las primeras reglas del juego, si bien muchas veces los niños no entienden quién gana o pierde, tal es su individualismo.*

lable), el niño suele responder con intensas quejas o protestas cuando es separado del vínculo, resistiéndose incluso físicamente a la separación.

Relacionarse con los otros

Se cree que el hecho de que un niño haya establecido fuertes vínculos afectivos en la infancia facilitará sus relaciones sociales posteriores. A medida que el niño crece es capaz de mantenerse durante más tiempo separado de sus padres, y los niños que han crecido en un ambiente familiar seguro serán los que tendrán mayor facilidad para establecer relaciones sociales, tanto en la infancia como en la edad adulta.

En el primer año de vida, las relaciones con otros niños están centralizadas en los objetos, la relación interpersonal no es importante si no es por el hecho de compartir unos mismos juguetes o, mejor dicho, de competir por unos mismos juguetes. Es el motivo por el que las habitaciones de los niños de esta edad o las salas de las guarderías infantiles tienen como centro de atención los objetos.

Generalmente los niños de dos años presentan a menudo conductas de búsqueda de relaciones sociales con otros niños. Se relacionan por parejas pero todavía no son capaces de compartir los juegos y generalmente llevan a cabo actividades paralelas y de forma individual; no son capaces todavía de realizar actividades de forma conjunta organizada. Éstas se irán produciendo progresivamente hasta la edad escolar. En los años preescolares, entre los cuatro y siete años, las relaciones se amplían, los niños pueden relacionarse entre ellos en grupo y aparecen las primeras normas o reglas de juego, es el inicio del juego asociativo o juego comunitario que conduce en muchas ocasiones al fracaso, ya que el niño no ha salido totalmente de su egocentrismo; las disputas entre compañeros son frecuentes aunque de poca intensidad en los niños más pequeños y se van reduciendo con la edad.

El desarrollo del lenguaje tiene una importancia capital en la evolución de las relaciones sociales. Una de las funciones más importantes del lenguaje es la comunicativa, el niño menor de un año no puede comunicarse con otros a través del lenguaje, por lo que en esta etapa adquiere mayor importancia la comunicación gestual y la disputa del objeto. Más adelante, con el inicio del lenguaje el niño puede expresar sus deseos y su interés por compartir alguna activdad, aunque todavía las actividades conjuntas no prosperen adecuadamente.

Durante la adolescencia, los amigos o las relaciones sociales desempeñan un papel importante. El adolescente suele sentirse integrado a su grupo de amigos incorporando algunas formas de comportamiento del grupo. Las relaciones sociales entre adolescentes se caracterizan porque éstos son capaces de comprender y compartir las emociones y sentimientos de los demás, utilizan las gratificaciones y las formas de reconocimiento entre ellos y suelen pedir opiniones a los amigos. El lenguaje, por ende, sirve como forma de expresar conceptos abstractos, como los sentimientos y las ideas, y para expresar empatía o rechazo por los demás.

Risas y llantos

El niño pequeño, a pesar de no poder expresarse mediante el lenguaje puede mostrar sus emociones a través de algunos comportamientos que podemos interpretar como señales sociales, muestras de afecto, de vínculo, malestar, desagrado o, incluso, cólera. Por consiguiente, a través de lo que el niño hace intuimos cómo se siente, y qué desea o le molesta. El llanto es el primero de estos comportamientos que se asocia al malestar. A las pocas semanas del nacimiento las personas que cuidan al niño sabrán diferenciar distintos tipos de llanto dependiendo de lo que le ocurra al bebé. Así, muy pronto distinguirán entre el llanto que indica que al niño le duele la barriga del de cuando el niño tiene hambre. En las primeras semanas de vida, el llanto no va acompañado de lágrimas y generalmente el niño suele calmarse mediante el balanceo, al sentirse envuelto por sábanas calientes o con la succión. Los motivos que provocan llanto en el niño menor de seis meses, son las restricciones físicas o las manipulaciones bruscas. A esta edad los niños sólo lloran en presencia del estímulo, nunca antes de la aparición de éste, puesto que no tienen capacidad para anticipar acontecimientos. Por esta misma incapacidad para anticipar, el niño pequeño no expresa temor ante las personas desconocidas y tampoco evita a los extraños. Estos comportamientos de huida del extraño suelen surgir a partir de los ocho meses, aunque ya desde las primeras semanas el niño puede reconocer la voz, el olor y los brazos de la madre y ésta tendrá mayor poder que cualquier otro miembro de la familia para calmar al bebé sólo con hablarle o abrazarle. A los ocho meses el niño empieza, por tanto, a dar señales de disgusto cuando se le va a dejar con personas desconocidas, llorando o incluso apartándose físicamente de ellas. Entre los nueve y doce meses podrán anticipar las emociones, tanto las positivas como las negativas. Los miedos no aparecen hasta los dos o tres años y por lo tanto la oscuridad u otro tipo de estímulos que suelen provocar mie-

El llanto es el primer recurso que el niño utiliza para expresar sus emociones asociadas al malestar, de modo que los padres o aquellas personas que lo cuidan pueden reconocer distintos matices en el modo de llorar, indicadores de que tiene hambre, de que le duele algo, etc. La risa, comportamiento asociado al bienestar, aparece más tarde ante estímulos muy intensos, como levantarlo en el aire o hacerle cosquillas.

DESARROLLARSE Y CRECER

do no causarán llanto hasta esta edad. La aparición de la primera sonrisa es algo muy esperado por los padres del bebé, y generalmente aparece entre las cuatro y las seis semanas del nacimiento. Al principio los padres deberán conformarse con sonrisas poco frecuentes, de corta duración, sin ninguna relación con el intercambio social o con la expresión de emociones, pues son simples conductas reflejas, que suelen aparecer cuando el niño está tranquilo, soñoliento o acaba de comer y está saciado. A partir de la quinta u octava semana, la sonrisa va siendo cada vez más una conducta social y el niño sonríe cuando ve la cara de un adulto y con mayor facilidad si éste es objeto de vínculo.

Aproximadamente alrededor de los cuatro meses aparecen las primeras risas ante estímulos intensos, como cuando se lanza el niño hacia el aire y se le recoge con cierta brusquedad o se le hacen cosquillas. Entre los siete y nueve meses la risa aparece ante estímulos sociales como la aparición brusca de la madre o al taparle o destaparle al niño la cara. Igual que el llanto, a esta edad aparece la risa anticipatoria y el niño puede reírse fuertemente cuando ve acercarse a la madre para hacerle cosquillas o para jugar al juego de taparse la cara con el pañuelo. Como puede verse, en los distintos aspectos del desarrollo humano se repiten conceptos en cada una de las áreas analizadas, ya que los avances en la maduración del individuo se hacen evidentes en los aspectos cognitivo, social y sexual, puesto que el desarrollo humano es una evolución que se produce de forma integrada en todas las áreas y los progresos en un aspecto favorecen progresos en los otros.

Miedos en la infancia

Los miedos y temores son un fenómeno frecuente en ciertos períodos de la infancia. Desde el nacimiento hasta los cinco años, estas reacciones se presentan ante situaciones poco comunes en la vida del niño como los ruidos intensos, los objetos extraños o las personas desconocidas; los bebés reaccionan con lloros en estas circunstancias. Los temores aumentan hacia los tres años, edad en la que la mayoría de los niños suelen padecer más de un tipo de miedo, sin que esto se pueda considerar raro o patológico. A partir de los tres años, los miedos más comunes son a los animales (perros, gatos, arañas...), a la oscuridad, a los monstruos, fantasmas o seres imaginarios.

Durante la adolescencia aparecen otro tipo de miedos, más ligados a aspectos sociales que a objetos concretos. Por ejemplo, los miedos a situaciones nuevas, a relacionarse o a hablar con personas desconocidas, o el miedo a hacer el ridículo.

Los miedos pueden ser considerados patológicos cuando se prolongan más allá de la edad normal. También cuando son desproporcionados con respecto al estímulo que los causa o cuando se reconocen como irracionales e interfieren en el ritmo de vida del niño o del adolescente. En estos casos será mejor consultar con un especialista para que indique la mejor forma de tratarlos o superarlos.

Los primeros miedos son experimentados por el niño ya en su etapa sensomotora ante ruidos intensos o extraños. Es lo que se denomina ansiedad ante desconocidos. A medida que el niño amplía su campo exploratorio también aumentan sus miedos y hacia los tres años empieza el miedo a los animales, la oscuridad y los seres imaginarios. Hacia la adolescencia, muchos de estos miedos desaparecen y dan paso a otros de tipo social.

Capítulo 16

LA EVOLUCIÓN DE LA PSICOLOGÍA HUMANA

LA EVOLUCIÓN DE LA PSICOLOGÍA HUMANA

Etapas adultas

Avanzamos a través de las etapas del desarrollo y así nos enfrentamos a la adultez. Algunos viajarán dignamente y con orgullo, mientras que otros caminarán con dificultad, cargados por limitaciones físicas, ambientales y emocionales que les provocarán un fuerte estrés. Pero, ¿cuándo se inicia en realidad la edad adulta? La plena madurez física se alcanza normalmente a los veinte años o un poco más tarde. Empieza en esta edad la etapa temprana de la edad adulta, que se extiende hasta los cuarenta años, cuando comienza la etapa media de la edad adulta. Los 65 años marcan el inicio de lo que se ha llamado la «tercera edad», que durará aproximadamente hasta los 75 años. Si los dioses de la fortuna nos son favorables y duramos más, entraremos en la edad adulta tardía, en la que de modo inexorable nos dirigiremos hacia el final del ciclo.

Pero, hay una gran arbitrariedad en estas denominaciones. De hecho, la evolución y la decadencia son poco uniformes. Por ejemplo, mientras que la velocidad de los impulsos nerviosos disminuye sólo un 10 por ciento de los treinta a los setenta años, la capacidad pulmonar puede llegar a mermar más del 50 por ciento en ese mismo lapso. Por otra parte, siempre hay que considerar las diferencias individuales. Casos como los de Pablo Picasso o Pau Casals se contraponen a los de otros sujetos que pierden todo interés para mantener una vida activa.

La menopausia

En las mujeres adultas, quizás uno de los cambios que más afectan a su desarrollo físico y a la adaptación psicosocial sea la menopausia. El término menopausia deriva del griego *mens*, que significa mes, y *pauo*, calmar, cesar o suprimir, e indica la última menstruación. Este cese de la menstruación suele presentarse en la mujer, en condiciones normales, alrededor de los 48-50 años. Son numerosos los factores que pueden influir para que ésta se adelante o retrase. Al parecer, el clima mediterráneo, la actividad laboral fuera de casa, la obesidad, el tabaco, el alcohol o la diabetes pueden precipitar la menopausia, mientras que entre las mujeres nórdicas de elevado nivel económico y educacional, amas de casa y con hijos, se presenta más tardíamente. Cuando la menstruación se retira antes de los cuarenta años se habla de menopausia precoz y cuando sucede después de los 52, de menopausia tardía. Un caso especial es la menopausia quirúrgica provocada por la extirpación del útero y los ovarios.

En la vida de la mujer, la menopausia es un hecho puntual que se incluye dentro de un proceso mucho más largo en el tiempo, de hasta veinte años, denominado climaterio. Este término deriva del vocablo griego *klimakter*, que significa escalón, peldaño o grado. No es una enfermedad, sino una etapa más, un proceso fisiológico que marca la transi-

---

En la mujer madura el cambio biológico más importante que se produce en relación con la edad es la menopausia, término que indica el fin del ciclo menstrual. Las repercusiones de esta etapa vital dependen en gran parte de la visión que tenga la mujer de sí misma.

PREGUNTAS Y RESPUESTAS

¿Es cierto que la menopausia va unida a la depresión?

La reducción del nivel de estrógeno en el organismo femenino es el causante de muchos de los síntomas menopáusicos, como los calores nocturnos, que impiden el descanso. Sin embargo, antes que con la disminución de estrógeno, las depresiones suelen estar relacionadas con los cambios en la vida social o laboral.

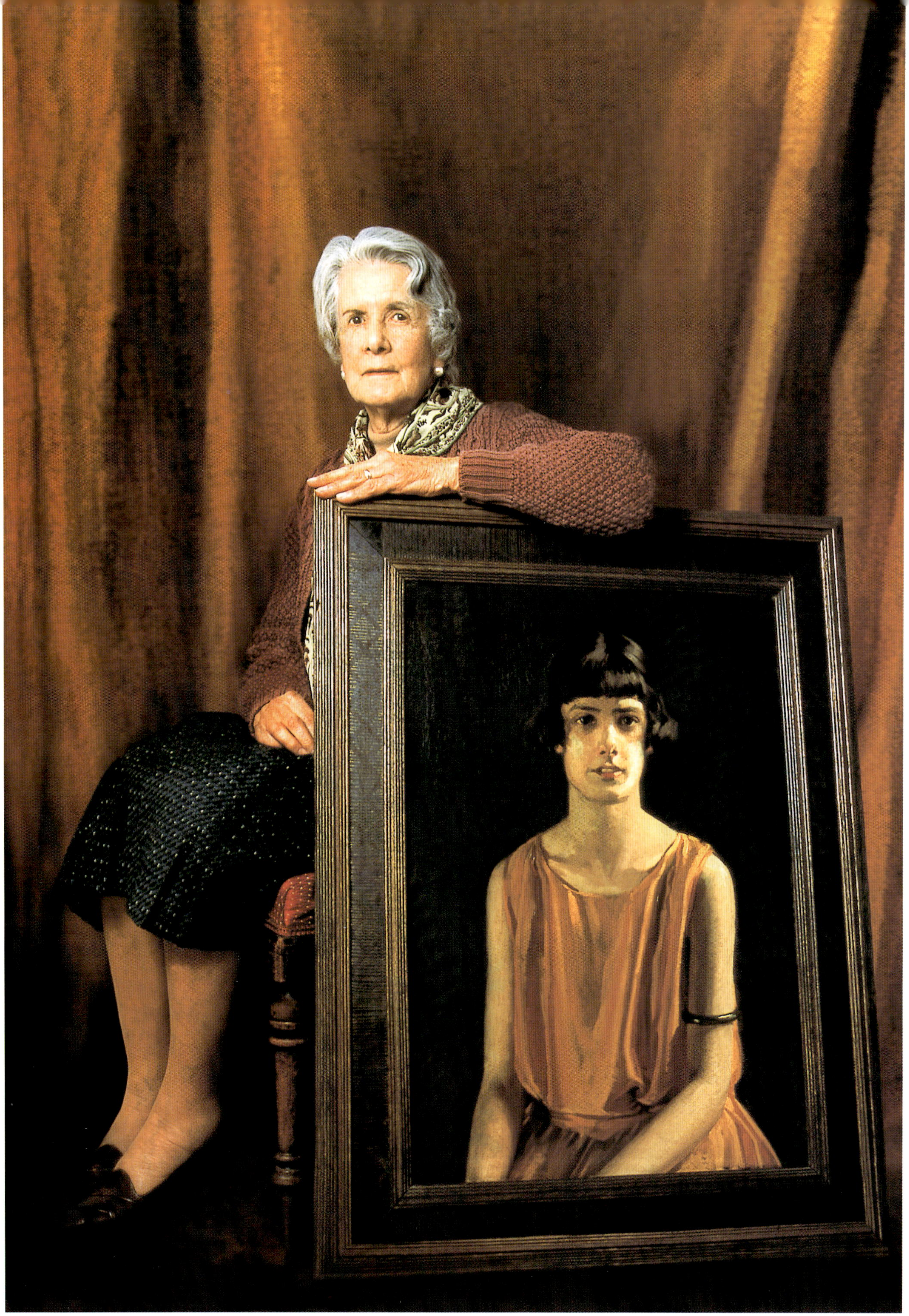

LA EVOLUCIÓN DE LA PSICOLOGÍA HUMANA

Existe un amplio desconocimiento alrededor del climaterio, el largo período en que la mujer adulta experimenta las modificaciones fisiológicas que rodean a la menopausia y en cuyo transcurso los órganos responsables de la reproducción van perdiendo sus funciones. El desconocer el significado de los cambios del organismo es una fuente de angustia para la propia mujer.

ción entre la etapa reproductora y la no reproductora, donde el hecho central es la menopausia. El climaterio se extiende desde el momento en que empiezan las primeras irregularidades menstruales hasta varios años después de que la menstruación haya desparecido definitivamente. En condiciones normales abarcaría desde los cuarenta a los sesenta años. Durante la etapa fértil de la mujer, los ovarios producen dos tipos de hormonas femeninas, los estrógenos y la progesterona. Cuando una mujer entra en el período del climaterio sus ovarios empiezan a disminuir lenta y progresivamente la producción hormonal, con lo que las menstruaciones se hacen irregulares, escasas y con intervalos de aparición cada vez mayores, hasta que prácticamente dejan de secretar hormonas, cesa la ovulación y la menstruación ya no vuelve a presentarse. A partir de este momento, la mujer deberá pasar el último tercio de su vida con un ambiente hormonal diferente que puede ocasionarle una serie de alteraciones.

Cambios físicos...

Uno de los principales síntomas físicos son los sofocos. Afectan a alrededor del 60-70 por ciento de las mujeres menopáusicas. Consisten en una desagradable y repentina oleada de calor y enrojecimiento que se inicia en el pecho, cuello, mejillas u orejas, y se extiende por todo el cuerpo, principalmente la parte superior del tronco. Se acompañan de taquicardia y sudor frío, en ocasiones tan intenso que obliga a la mujer a cambiarse de ropa. Pueden durar de pocos minutos a una hora y presentarse de manera esporádica o varias veces a lo largo del día e incluso por la noche, interrumpiendo el sueño. Otro síntoma directamente relacionado es la atrofia genital. La vagina se acorta y estrecha, perdiendo elasticidad y disminuyendo su capacidad de lubrificación durante las relaciones sexuales. Esto puede ocasionar dolor en el coito con la consiguiente inhibición del deseo y de la disposición para alcanzar el orgasmo. A medio plazo surgen también alteraciones del aparato urinario, manifestadas a través de micción frecuente y dolorosa, incontinencia y reiteradas infecciones. A largo plazo aumenta la probabilidad de padecer enfermedades cardiovasculares, tales como la subida de la tensión arterial, la alteración de la coagulación de la sangre y el aumento del colesterol. La secreción hormonal protegía a la mujer en estos aspectos, con lo cual ésta tenía ventaja sobre el hombre. Pero después de la menopausia y de manera progresiva, los índices de riesgo se igualan en ambos sexos. Lo mismo sucede con las alteraciones óseas. El hueso tiende a perder masa y a hacerse más frágil, dando lugar a lo que se conoce como osteoporosis. La consecuencia principal de esta enfermedad es la mayor propensión a las fracturas en mujeres de edad avanzada.

... y emocionales

Especial atención merecen los trastornos emocionales, ya que el climaterio se asocia a un aumento de los mismos. Alrededor de un 25-50 por ciento de las mujeres sufren algún tipo de molestia psicológica durante este período, ya sea depresión, nerviosismo o ansiedad, fluctuaciones en el estado de ánimo, irritabilidad, cefaleas, disminución del deseo sexual, insomnio, fatiga, alteraciones del apetito, dificultades de concentración y hasta amnesia. Estas disfunciones parecen guardar una estrecha relación con la fluctuación y disminución en los niveles hormonales, pero también están influidos por factores sociales, personales y culturales. A nivel orgánico existen receptores estrogénicos en el cerebro, concentrados en zonas relacionadas con las emociones. El hipoestrogenismo coincide también con la disminución de ciertos neurotransmisores cerebrales como la serotonina o la dopamina, responsables del buen funcionamiento afectivo.

Por otra parte, en lo referente a la esfera psicosocial, cabe remarcar el hecho de que la menopausia generalmente coincide con el momento en que los hijos se independizan y abandonan el hogar materno. Esto puede representar para algunas mujeres, principalmente las que han dedicado toda su vida a la casa, una dis-

Entre las consecuencias físicas de la disminución de estrógeno en el organismo femenino destacan las alteraciones óseas, que pueden dar lugar a la osteoporosis. En la imagen de la izquierda se observa la cabeza de un fémur normal, mientras que en la de la derecha la de un fémur afectado de osteoporosis, con una importante reducción de masa ósea.

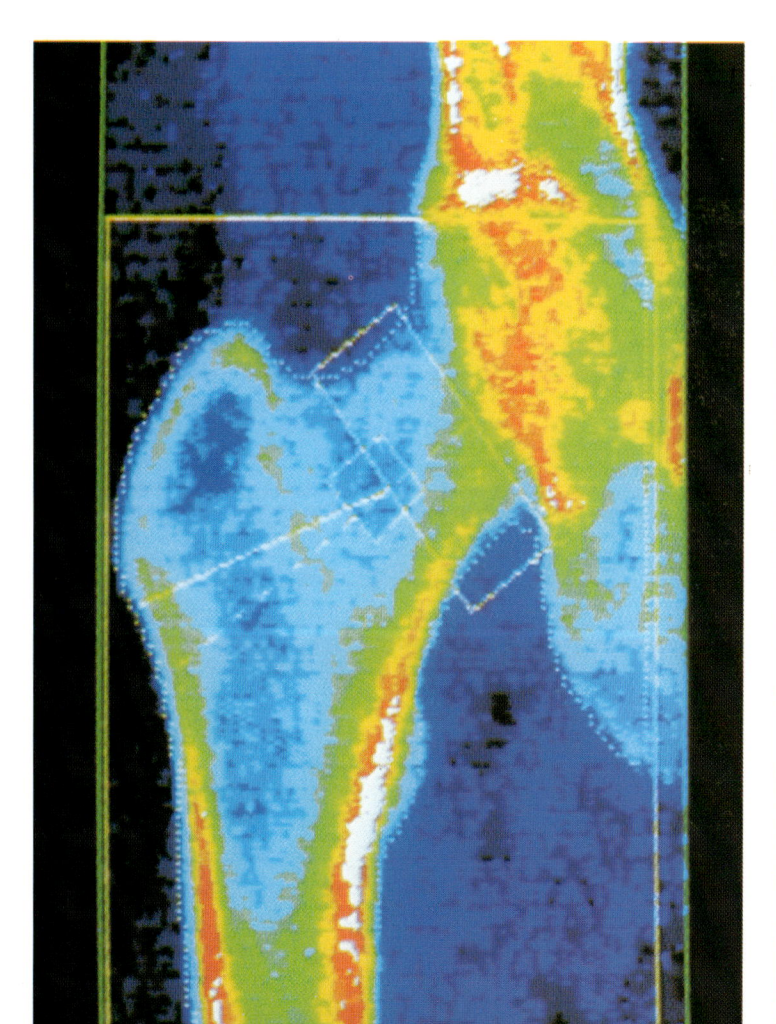

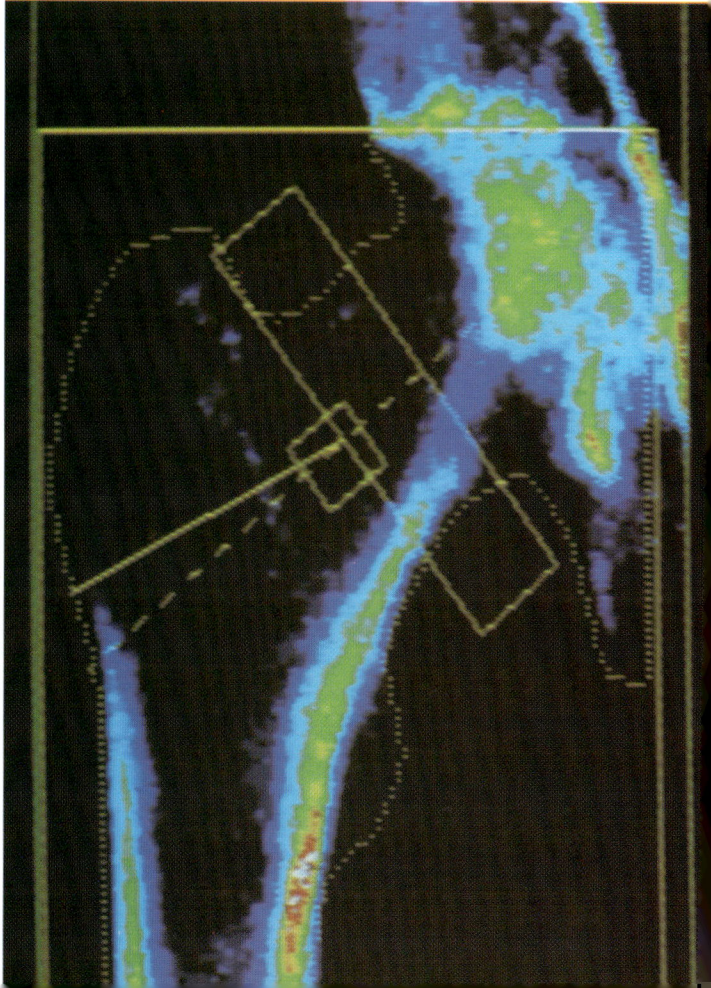

> *La andropausia es el conjunto de cambios fisiológicos y psíquicos que se producen en el hombre entre los cincuenta y sesenta años y que afectan a su actividad sexual, aunque no a su fertilidad. Esta etapa se corresponde en cierta forma al climaterio femenino, y sus síntomas más evidentes son la irritabilidad, la sensación de fatiga y dolores indeterminados.*

minución del protagonismo familiar y social. Supone también un momento de reencuentro con la pareja, que no siempre es satisfactorio. Además, en esta época de la vida los padres pueden estar enfermos o fallecer, dando lugar a una importante pérdida afectiva. Si encima la mujer interpreta la retirada de la menstruación y de la fertilidad como el final de la femineidad y la juventud es comprensible que su estado de ánimo se altere y que se deprima, más aún si ha sido proclive a ello en épocas anteriores de su vida.

La actitud negativa hacia la mujer menopáusica en la sociedad occidental también parece influir. Así, puede verse que en otras culturas las mujeres apenas manifiestan síntomas psíquicos especiales durante el climaterio, ya que la menopausia es un acontecimiento que se espera con una actitud positiva pues va acompañada de un aumento de participación y prestigio social, en tanto que las mujeres son consideradas y tomadas en cuenta por su experiencia y madurez.

Incluso en sociedades como la nuestra, para muchas mujeres la etapa del climaterio supone un período de liberación, pues en ella no hay que preocuparse de la anticoncepción y con la independencia de los hijos dispone de más tiempo para dedicarse a tareas gratificantes, con lo que el estado de ánimo no se ve afectado, e incluso puede mejorar.

La «andropausia»

La mujer pasa la menopausia, y los varones, ¿pasan ellos una «andropausia»? Si nos basamos simplemente en la fertilidad, es evidente que no. Pero sí es cierto que se presentan un conjunto de manifestaciones biológicas, psíquicas y sociales que preceden, acompañan y siguen a la etapa crítica de regresión sexual, a la que podríamos llamar «climaterio masculino». No se trata de un descenso tan claro y marcado como el de las hormonas femeninas; los hombres experimentan una disminución gradual del número de espermatozoides, de los niveles de testosterona, pero en general presentan más problemas sexuales que las mujeres en la misma edad. Cerca del 51 por ciento de los varones entre cuarenta y setenta años se quejan de disfunción erectiva, de retardos en la eyaculación y de deseo sexual inhibido. En cualquier caso, la mayoría de los hombres y mujeres continúan siendo capaces de llevar una vida sexual satisfactoria en su madurez.

ETAPAS ADULTAS

Crónica de la vejez anunciada

A partir de las dos últimas etapas de la vida, el deterioro físico no sólo es patente sino que todos tomamos cabal conciencia del evento. Un ejemplo: la agudeza visual se reduce y la adaptación a los cambios de luz se enlentece, lo que da como resultado un mayor número de accidentes, sobre todo al pasar de una zona iluminada a otra más oscura. Pero no solamente esto, la fuerza muscular declina y disminuyen también las habilidades perceptivas, el tiempo de reacción es más lento. De ahí la necesidad de tener cada vez más en cuenta estos factores para diseñar ambientes arquitectónicos adecuados para prever estos accidentes. Más luz y menos escaleras: esto sería lo ideal en la vejez.

La mente senil

Si las cualidades físicas parecen iniciar un declive, ¿qué ocurre con la memoria, la creatividad o la inteligencia? ¿Qué pasa en realidad con este transcurrir inexorable desde la adultez hasta la ancianidad, depositaria de la ciencia tribal y de la sabiduría acumulada, a cuyos pies los jóvenes se sentaban para recibir consejo e instrucción? ¿Hasta qué punto se deteriora la mente y entra en una fase de declive? De hecho, la adultez tardía, pero sobre todo la vejez, constituye una época en que menguan algunos poderes cognoscitivos, aunque otros quizá no disminuyen prácticamente hasta la muerte.

Amnesias recientes y recuerdos del pasado

Resulta sorprendente la evolución de la memoria desde la juventud a la vejez. Es bien cierto que los jóvenes adultos recuerdan mejor que los ancianos, por ejemplo, una lista de palabras. La rememoración de lo nuevo disminuye alrededor de los cuarenta años. Pero si se trata de reconocer e identificar palabras

> **¿** A los 55 años aún me siento un hombre joven, pero me preocupa no tener el mismo deseo sexual que tenía hasta hace pocos años. ¿Es esto un síntoma de la andropausia?
>
> ➥ Una de las manifestaciones fisiológicas de la andropausia es la disminución del nivel de testosterona, la hormona masculina de la producción de espermatozoides, y la inhibición del deseo sexual. Estos cambios se traducen a veces en disfunciones erectivas, disminución de las contracciones orgásmicas, etc.

Cuando llega el momento de la jubilación, la relación con los demás, las amistades y contactos con el mundo, constituyen un baluarte para que el anciano pueda mantener la continuidad de sus actividades anteriores y no pase a depender de los hijos ni de los centros asistenciales.

La anciana francesa Jeanne Calment, en la fotografía, batió el record de longevidad al cumplir los 120 años. El aumento de las expectativas de vida en las sociedades actuales no ha ido acompañado de una valoración del rol del anciano. El lugar que éste ocupaba en otros tiempos, cuando era respetado por sus conocimientos y experiencia, hoy ha desaparecido.

que han llegado a ver o leer (o sea que hay un cierto reforzamiento con la imagen), entonces la pérdida es mínima; en cualquier caso, a medida que se envejece hay necesidad de ciertas «ayuditas» para la memoria inmediata. En este campo es probable que en cada persona intervengan factores propios del tipo de vida que ha llevado, de las iniciativas y motivaciones que vayan apareciendo en su camino. No hay que olvidar que, a medida que se avanza en la vida, decrece la necesidad de enfrentarse a circunstancias que impliquen ejercicios relativamente duros de memorización. Ya no debemos examinarnos tanto y hemos aprendido a utilizar recursos de rememorización: listas, agendas, computadoras, etc., que en cierta manera oxidan nuestras capacidades mnemotécnicas y bloquean las habilidades propias de nuestros años escolares o académicos. Sencillamente, no nos hace falta. No es extraño pues que seamos cada vez más incapaces, por falta de ejercitación, de utilizarlas.

Es más, si pedimos a un adulto mayor o a un anciano que intente evocar información sin demasiado sentido, cometerá más errores que un joven. Pero para algo sirven los años; los mayores poseen un notable entramado de conocimientos, por lo que su capacidad para aprender y recordar material que posea significado (por ejemplo, todo lo que sean conceptos de las cosas, o las efemérides afectivas al estilo de: «la abuela cumple años, recuérdalo»; «hoy hace veinte años que terminaste la carrera….»), no sufre demasiado menoscabo. Y algo semejante ocurre con la memoria «prospectiva» relacionada con el recuerdo de que es necesario hacer algo, por ejemplo, tomar una píldora con las comidas o comprar pan en el camino de regreso a casa.

La cosa se complica si se tiene en cuenta una característica propia del ser humano, la variabilidad individual. Las personas de sesenta o setenta años difieren entre sí más que en cualquier otra edad. Se puede encontrar ancianos con mejores rendimientos que algunos jóvenes, mientras que otros muestran un déficit claro y definitivo. No en vano Miguel Ángel a los 85 años declaraba: «Todavía estoy aprendiendo». Se trata de una cuestión de temperamento, de personalidad y de suerte en la conservación de las neuronas.

Las cualidades de aprendizaje y memoria de los ancianos, si bien sufren el declive propio de la edad, pueden ser mantenidas y recobradas mediante la práctica, la motivación y la instrucción. Es más, en muchas ocasiones la declinación se debe a un error en el empleo de estrategias y no a una falta de capacidad o habilidad.

Inteligencia: todo depende...

Alguien dijo que en la juventud aprendemos y con la edad entendemos. Quizá con ello podría indicarse que la capacidad intelectual de un sujeto a lo largo del devenir sufre variaciones, dependientes de múltiples factores, entre los

ETAPAS ADULTAS

cuales la capacidad de procesar la experiencia vivida quizá sea uno de los valores más sólidos.

Partamos de una premisa: la inteligencia no es un rasgo unitario único, sino que consiste en varias destrezas o habilidades diferentes y relativamente independientes unas de otras, como pueden ser la fluidez verbal, el razonamiento abstracto o la habilidad numérica. Otra razón para no mezclarlas es que parecen depender, en distinto grado, de la herencia. Por último, diferentes habilidades exhiben patrones distintos de cambio a lo largo del ciclo de la vida.

¿Cuáles son estas diversas habilidades que muestran una evolución distinta en las diferentes etapas vitales? Fundamentalmente podemos dividirlas en dos grupos: las habilidades cristalizadas y las fluidas. La inteligencia cristalizada está marcada en gran medida por el aprendizaje procedente de la cultura e integra el conocimiento que uno ha ido acumulando a lo largo de su vida. Ejemplos de procesos cristalizados son el vocabulario y el conocimiento mecánico. Sólo el entrenamiento, aunque sea poco estructurado, puede enseñar a una persona el contenido de su vocabulario y el conocimiento mecánico. Entre las habilidades que componen la inteligencia fluida, la más potente es el razonamiento de las reglas de la lógica (el «razonamiento inductivo»), y también la velocidad intelectual (los famosos individuos «vivos» y «rápidos») y, en parte, sólo en parte, la capacidad para memorizar.

Todo lo que sea cristalizado no solamente se mantiene, sino que se incrementa con la edad. En cambio, las habilidades fluidas dependen mucho más de las capacidades fisiológicas, por lo que tenderán a decrecer a medida que se avanza en el tiempo vital. Quizás ello explique por qué los científicos y los matemáticos producen gran parte de su obra más notable entre los veinte y cuarenta años, mientras que los hombres y mujeres «de letras» tienden a crear sus obras filosóficas o literarias cuando ya han acumulado más conocimientos.

¿Cuáles son las conclusiones a las que podemos llegar? La primera es que la

El desafío de las demencias

La demencia senil es uno de los problemas de salud más importantes a los que ha de enfrentarse la sociedad de finales del siglo XX. Desde la perspectiva epidemiológica, el crecimiento de la demencia ha sido considerable. La población de más de 65 años se ha incrementado hasta alcanzar cifras importantes. La esperanza de vida aumenta notoriamente y el segmento de personas que poseen más de 80 años sigue dilatándose. Pero a la par la frecuencia del síndrome demencial crece cada vez más y asciende al 25 por ciento en los ancianos por encima de los 80 años.

En el plano científico, el conocimiento de los procesos demenciales avanza con lentitud, y ni la prevención ni la curación de las demencias más comunes, como la enfermedad de Alzheimer, son en la actualidad posibles. En las familias, el anciano con demencia produce un desajuste notable. La asistencia del anciano demente exige una correcta coordinación sociosanitaria. El apoyo a las familias para mantener a esta persona en su domicilio mientras sea posible hace necesarias la aplicación de medidas de ayuda de amplio volumen, tanto en el nivel sanitario como en el de los recursos sociales. Cuando ya no es posible su permanencia en casa, debe facilitarse su ingreso en centros residenciales especializados en la atención de demencias.

La demencia senil está constituida por un conjunto de procesos, unos de carácter degenerativo sin etiología definida, y otros de naturaleza secundaria, que obligan a considerarla como un síndrome y que tienen en común ser enfermedades de origen cerebral, afectar las funciones intelectuales, en muchas ocasiones de modo progresivo e irreversible, y conducir a una alteración de las actividades personales y sociales del individuo.

Entre los criterios diagnósticos del síndrome de demencia ocupan el primer lugar las pruebas evidentes del deterioro de la memoria a corto y largo plazo. El deterioro de la memoria a corto plazo (incapacidad para aprender nueva información) se manifiesta a través de la incapacidad de recordar el nombre de tres objetos al cabo de cinco minutos. El deterioro de la memoria a largo plazo (incapacidad para recordar una información que era conocida en el pasado) se expresa a través de la incapacidad para rememorar hechos del propio pasado (por ejemplo, lo que ocurrió ayer, el lugar de nacimiento, la profesión), o bien hechos conocidos por todos (por ejemplo, presidentes anteriores, fechas señaladas).

También sirven como criterios diagnósticos al menos uno de los siguientes síntomas: el deterioro del pensamiento abstracto (manifestado por la incapacidad para encontrar semejanzas y diferencias entre palabras relacionadas entre sí) y la dificultad en la definición de palabras y conceptos, así como en otras tareas similares; el deterioro de la capacidad de juicio, indicado por la imposibilidad de tomar medidas razonables en cuanto a cuestiones y problemas relacionados con el trabajo o el contacto interpersonal o familiar; otros trastornos de las funciones cerebrales superiores como la afasia (trastorno del lenguaje), la apraxia (incapacidad para llevar a cabo actividades motoras, a pesar de que la comprensión y la función motora están intactas), la agnosia (fallo en el reconocimiento o identificación de objetos, a pesar de que la función sensorial se halla intacta), y las dificultades constructivas (por ejemplo, incapacidad para copiar figuras tridimensionales, ensamblaje de bloques, o poner palillos en orden de acuerdo con modelos específicos); las modificaciones en la personalidad.

Todas estas alteraciones interfieren de forma significativa en las actividades laborales o sociales habituales, o en las relaciones con los demás.

LA EVOLUCIÓN DE LA PSICOLOGÍA HUMANA

La demencia senil se da como consecuencia de procesos degenerativos que afectan al cerebro y cuyos síntomas más notables son la pérdida de la memoria a corto y largo plazo, lo que supone la incapacidad para aprender nueva información o recordar hechos del pasado, y acarrea confusión, paranoia, alucinaciones y depresión.

¿A medida que vamos envejeciendo también perdemos nuestra inteligencia?

➤ Que la inteligencia disminuya o aumente con la edad es relativo, pues depende del tipo de actividad intelectual que se evalúe. De todos modos, el conocimiento acumulado, lo que se denomina inteligencia cristalizada, tiende a aumentar con los años, mientras que la capacidad de razonamiento abstracto, es decir, la inteligencia fluida, tiende a disminuir.

velocidad de respuesta disminuye con la edad. Ello explicaría los resultados deficientes obtenidos por ancianos en ciertos tests basados más en la velocidad de pensamiento que en los contenidos implícitos de la inteligencia global. Pero más lentitud no significa necesariamente menos inteligencia. Si se les aplican otras pruebas que evalúen el vocabulario general, el conocimiento y la capacidad para integrar información, los adultos de más edad generalmente defienden bien su terreno. Conscientes de esta situación los investigadores actuales están creando tests de «sabiduría» que evalúan rasgos como el conocimiento experto y el criterio adecuado para planificar la propia vida. Y es que con la edad se suele alcanzar la sabiduría necesaria para reflexionar con más objetividad acerca de los límites del conocimiento de cada uno y el carácter imprevisible de los acontecimientos cotidianos. El estadista y literato inglés lord Chatham resumió bien la cuestión: «En un corazón envejecido la confianza es una planta de lento desarrollo; la juventud es la estación de la credulidad».

La segunda conclusión es que las personas mayores que continúan física y mentalmente activas tendrán un mejor desempeño que los que se vuelven inactivos. Hombres como John Kock, que diseñó la píldora anticonceptiva a los setenta años, pintores como Goya, que creó sus «pinturas negras» con casi ochenta, así nos lo demuestran. De hecho, quien vive enérgicamente con su inteligencia, con su inteligencia muere.

Por último puede concluirse que el grado de escolaridad predice el desempeño en la vejez (cuanto más elevados sean los logros educativos, tanto mejor será el rendimiento) y que el deterioro intelectual parece estar inversamente relacionado con la longevidad. En lo que se llama caída terminal, o sea la mayor probabilidad de una próxima muerte, es cuando se presentan cambios notorios en la capacidad para el talento, si es que se tiene, claro está.

El desarrollo social, ¿lo más relevante?

Si no lo más relevante, sí tiene una importancia nuclear la secuencia de acontecimientos relacionados con el trabajo, los afectos o la familia, a lo largo de la vida adulta. Un nuevo empleo significa relaciones nuevas, expectativas y experiencias diferentes. El matrimonio es un cambio seguro en nuestra intimidad, proveedor tanto de alegrías como de

CLASIFICACIÓN DE LAS DEMENCIAS DEL ANCIANO

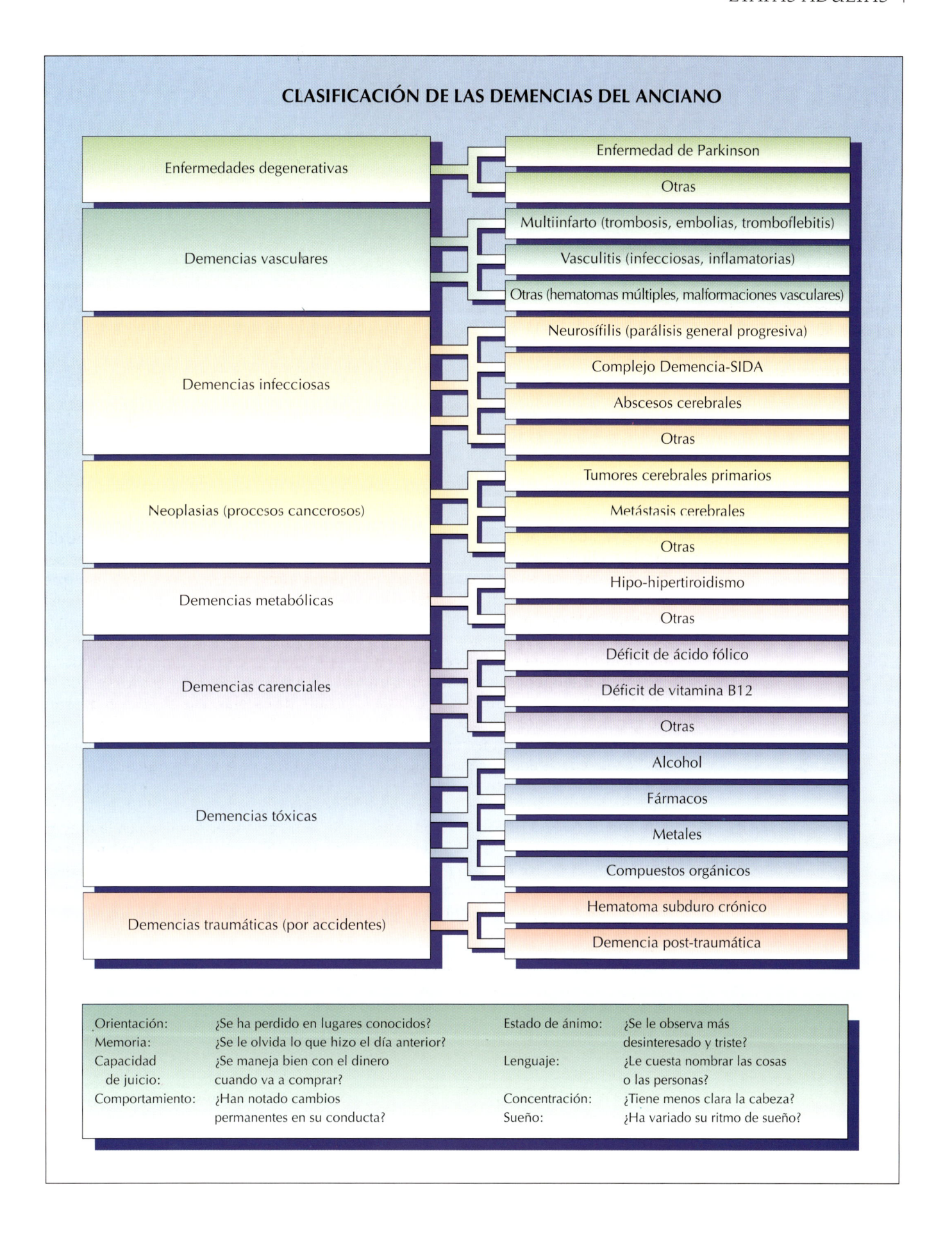

- **Enfermedades degenerativas**
  - Enfermedad de Parkinson
  - Otras

- **Demencias vasculares**
  - Multiinfarto (trombosis, embolias, tromboflebitis)
  - Vasculitis (infecciosas, inflamatorias)
  - Otras (hematomas múltiples, malformaciones vasculares)

- **Demencias infecciosas**
  - Neurosífilis (parálisis general progresiva)
  - Complejo Demencia-SIDA
  - Abscesos cerebrales
  - Otras

- **Neoplasias (procesos cancerosos)**
  - Tumores cerebrales primarios
  - Metástasis cerebrales
  - Otras

- **Demencias metabólicas**
  - Hipo-hipertiroidismo
  - Otras

- **Demencias carenciales**
  - Déficit de ácido fólico
  - Déficit de vitamina B12
  - Otras

- **Demencias tóxicas**
  - Alcohol
  - Fármacos
  - Metales
  - Compuestos orgánicos

- **Demencias traumáticas (por accidentes)**
  - Hematoma subduro crónico
  - Demencia post-traumática

Orientación:	¿Se ha perdido en lugares conocidos?	Estado de ánimo:	¿Se le observa más desinteresado y triste?
Memoria:	¿Se le olvida lo que hizo el día anterior?	Lenguaje:	¿Le cuesta nombrar las cosas o las personas?
Capacidad de juicio:	¿Se maneja bien con el dinero cuando va a comprar?	Concentración:	¿Tiene menos clara la cabeza?
Comportamiento:	¿Han notado cambios permanentes en su conducta?	Sueño:	¿Ha variado su ritmo de sueño?

Dos azotes del siglo XX

La enfermedad de Alzheimer

Es la demencia degenerativa más común, prácticamente el paradigma de las demencias, y se caracteriza por ser de comienzo insidioso y de curso progresivo. Más frecuente en mujeres, pueden reconocerse en esta enfermedad varias etapas en sus formas típicas, con un curso evolutivo que podemos resumir en las cuatro siguientes:

Estadio I- Existe un deterioro de la memoria reciente, con olvidos y despistes, la orientación es deficiente y pueden perderse en la calle. También hay cambios ligeros en la personalidad y en el comportamiento. La capacidad de juicio se ve mermada, son incapaces de resolver nuevas situaciones y les resulta cada vez más difícil organizar sus actividades. Les cuesta mucho encontrar las palabras, y el lenguaje se empobrece y se hace preservante. En ocasiones existe apatía, aislamiento y falta de iniciativa. Suele aparecer una ideación delirante, mal estructurada, junto a quejas y molestias de variada índole. La afectación del sueño es variable.

Estadio II- La sintomatología deficitaria se va incrementando. El defecto de memoria empieza a extenderse a los recuerdos lejanos, se desorientan fácilmente, aun en su propia casa, y no pueden precisar la hora ni el día. El comportamiento apenas refleja el habitual de antes de su enfermedad. Comienzan a no saber vestirse, y a emplear inadecuadamente los aparatos y utensilios de su vida cotidiana. La conversación es premiosa, vacía, repetitiva, y a menudo la construcción sintáctica se ve afectada. Estos enfermos apenas fijan su atención, se distraen y suelen pasarse horas detrás de sus cuidadores. Pueden continuar deprimidos y tener con frecuencia ideas delirantes y alucinaciones. En algunos de ellos suele existir un grado variable de inquietud psicomotora, con tendencia al vagabundeo. Muchos otros tienen severas alteraciones en el ritmo del sueño.

Estadio III- La memoria y la orientación están tan reducidas que no conocen ni a sus familiares. Casi siempre aislados, permanecen horas inmóviles sin actividad o bien alisando o plegando sus propios vestidos. Otras veces vagan sin sentido. Las agnosias y las apraxias les conducen a la total invalidez. Se les debe vestir, asear y hasta dar de comer. El lenguaje puede quedar reducido a monosílabos y a automatismos. La incontinencia es completa.

Estadio IV- Están confinados en la cama o en silla de ruedas porque no pueden andar, por lo que surgen rigideces y contracturas en flexión. Suelen permanecer mudos o pronuncian sólo monosílabos y sonidos guturales. A menudo presentan trastornos deglutorios y el marasmo nutricional es casi la regla. Es también total la incontinencia. Muchos de ellos acaban en un estado vegetativo.

La demencia vascular

Su origen es una lesión cerebral más o menos extensa, a consecuencia de una isquemia (déficit de circulación sanguínea) o de una necrosis (destrucción y muerte celular y de los tejidos cerebrales) por daño vascular. Está definida clínicamente por un comienzo brusco y una evolución escalonada e irregular, siendo la afectación clínica variable, pues se conservan ciertas funciones, mientras que otras están claramente deterioradas. No sigue de modo constante el esquema evolutivo de los pacientes con Alzheimer, pero también pueden reconocerse en estos enfermos los cuatro niveles de afectación cognitiva.

tensiones. El nacimiento de un hijo incorpora responsabilidades y modifica de manera significativa nuestras situaciones cotidianas y nuestras motivaciones de futuro. La muerte de un ser querido crea sentimientos de duelo y de pérdida irreemplazable, que modifican nuestras perspectivas emocionales y nuestras actitudes. El desamor pone, en muchas ocasiones, patas arriba nuestra vida. Es indudable la importancia de los propios cambios sociales en la evolución hacia etapas futuras de nuestro ciclo vital. Detenerse en ellas puede ser muy iluminador.

El reloj social

Si valoramos rígidamente las diferentes etapas sociales de un sujeto adulto quizá nos equivoquemos al basar el análisis más en lugares comunes que en la realidad cambiante de cada uno. Lugar común es, por ejemplo, fiarse demasiado de la «transición de la mitad de la vida (40-45 años)», considerando que ésta es una etapa de renuncia a los sueños de éxito o fortuna, de cuestionamiento vocacional o laboral, de revisión de los compromisos familiares, de turbulencia mental, de escepticismo o de desespero. No siempre es así, como tampoco lo es que, a partir de este «doloroso» período evolutivo (los 45 años), los individuos se estabilizan, vuelven a volcarse en su trabajo, o son más reflexivos y tolerantes. De hecho, muchos de los acontecimientos «previsibles» según este reloj social no se cumplen: los jóvenes no abandonan el hogar tan pronto en la cultura occidental como antes; la gente se divorcia en edades jóvenes; la amistad no culmina en la mitad de la vida, sino que puede persistir o haberse neutralizado mucho antes; las depresiones están presentes en todas las épocas de la vida, incluyendo la niñez y la adolescencia; no viven de la misma forma las mujeres del Tercer Mundo que las del orbe desarrollado. Dadas pues las variaciones de este reloj social tan poco serio, de una precisión que ningún suizo soportaría, dada así mismo la ingente variabilidad individual, debemos sospechar que cualquiera de los «cronogramas» que se propongan, si

ETAPAS ADULTAS

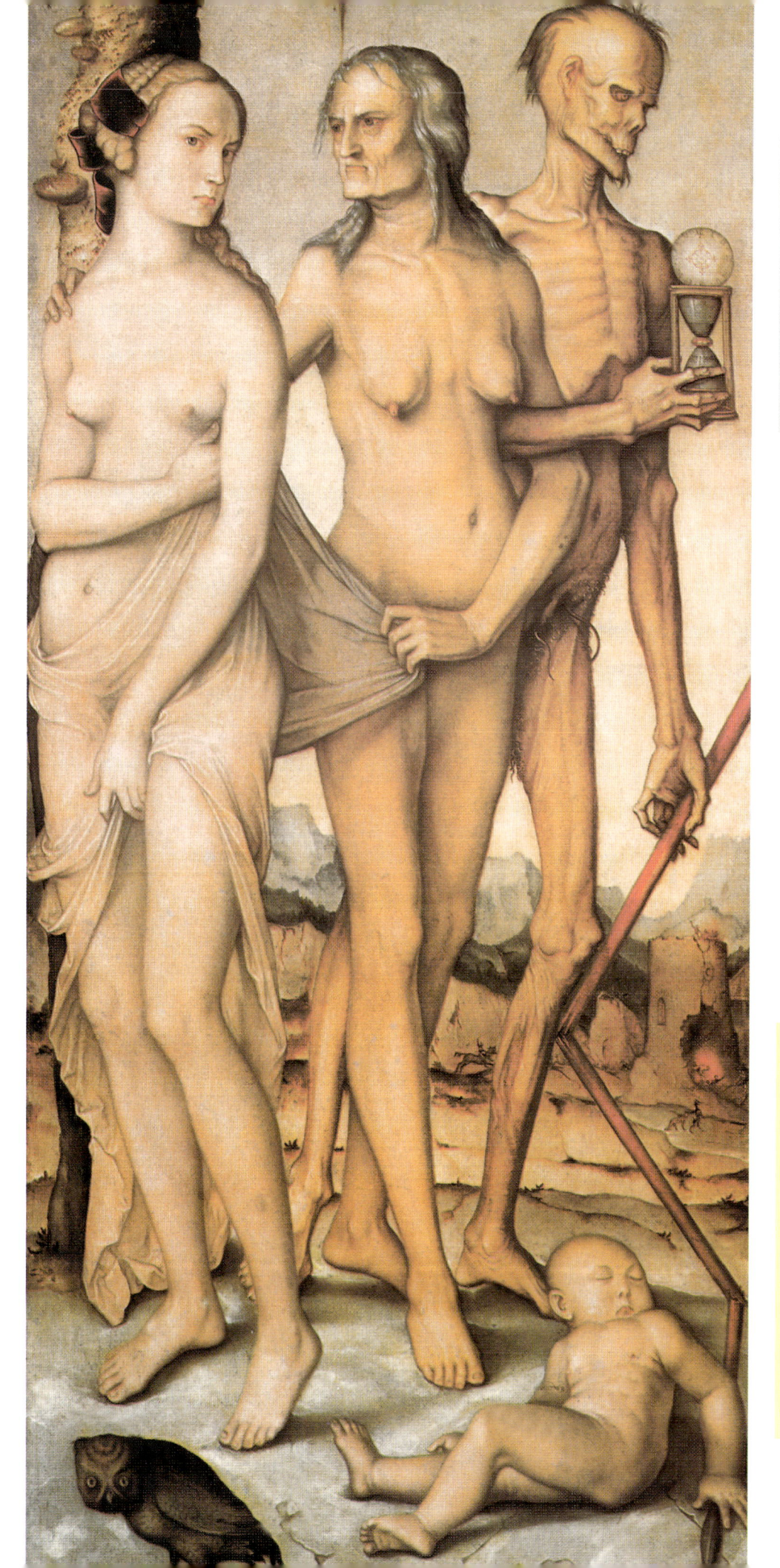

El cuadro **Las edades y la muerte**, *de Hans Baldung Grien, muestra no sin patética crueldad el ciclo vital del ser humano, representado por la infancia, la juventud y la vejez, que culmina ante la muerte, poseedora del inexorable discurrir del tiempo.*

¿ Enfrentarse al hecho ineludible de la muerte resulta muy doloroso, pero, ¿es posible educarse para afrontarla?

➡ Sí. La educación para la muerte permite hacerse a la idea de que ella forma parte de la vida y que, consecuentemente, puede afrontársela con franqueza y dignidad. En el momento culminante, cada uno de nosotros debe afirmar su vida considerando que ha sido meritoria y que ha tenido sentido vivirla.

En la pareja anciana el cariño y el amor no tienen por qué haberse eclipsado con el paso del tiempo. La etapa de la vejez suele ir acompañada de la enfermedad y la consiguiente necesidad de ser atendido, y la pareja cumple con creces esta función. El vínculo afectivo puede incluso desarrollarse con las atenciones y cuidados.

bien puede ser de cierta utilidad general, tendrá una aplicación limitada.

Los episodios de la historia de una vida, son un condimento imprescindible para darle sabor al reloj social, a la edad cronológica. Esto sí que tiene un valor a medio y largo plazo en la evolución adulta: el trabajo, la pareja, el abandono del nido hogareño o la jubilación van marcando la transición real de nuestra vida, saltándose de forma imprevisible lo esperable en cada edad. Cambiamos mucho más, o mucho menos, que las horas que va marcando un reloj taciturno y no siempre fiable. Ésta es nuestra suerte y nuestra miseria a la vez. Veamos por qué.

Amor: intimidades, compromisos, esperanzas

Un adulto sano es el que puede amar y trabajar. Centrémonos en la primera premisa. La familia tradicional, los nidos vacíos, los padres y madres solteras, las viudas, los que viven en soledad, todos quizás hayan girado hacia estas opciones por el anclaje en el amor, en el desespero del desamor, en la nostalgia de las llamas apagadas o las ternuras siempre deseadas pero nunca conseguidas. La intimidad y el compromiso que supone la pareja han sido en parte dinamitados en los tiempos actuales por el divorcio. Pero monógamos secuenciales como somos, volvemos a intentarlo una y otra vez: un 25 por ciento de los divorciados vuelven a contraer matrimonio.

¿Qué se desata con la ruptura del divorcio o la muerte del cónyuge? Es evidente que ello depende de las circunstancias de cada uno, pero en líneas generales estos acontecimientos provocan una reacción de estrés. En los primeros años de la edad adulta, el cónyuge se pierde con mayor frecuencia a consecuencia del divorcio que de la muerte. Por el contrario, en la vejez la causa ordinaria es la muerte, la cual probablemente vendrá de forma gradual, provocada por una enfermedad. Ello permitiría, en cierta manera, «prepararse» para enfrentar esta crisis, por otra parte «normal». Mas no acostumbra a ser así.

Por otra parte, el amor también trae

hijos. Para la mayoría se trata de un acontecimiento feliz. La satisfacción se debilita algo cuando los niños comienzan a absorber tiempo, dinero y energía. Y esto es así, sobre todo en el caso de las mujeres empleadas o profesionales liberales que soportan la carga tradicional del incremento de las tareas domésticas. Otro fenómeno de interés es el abandono del hogar por parte de los hijos, el «síndrome del nido vacío». En líneas generales, antes las mujeres padecían más el factor de soledad y pérdida que ello provocaba. Hoy en día ya no parece ser así: en primer lugar, la mayoría de las mujeres están preparadas para el evento; en segundo lugar, los hijos abandonan cada vez más tarde el hogar. La mayor parte de las mujeres contemporáneas se alegran de ver que sus hijos crecen, dejan la casa paterna y salen adelante en su profesión. La idea de que lloran la pérdida de su capacidad reproductiva y su papel de madre no parece armonizar con la realidad moderna. Es más, muchos padres pasan por la experiencia de «una luna de miel después de la partida de los hijos».

El trabajo

Leon Tolstoi decía que uno puede vivir magníficamente en este mundo si sabe trabajar y amar. Esta etapa generativa de la vida, que presupone el sentirse productivo y competente para ayudar a las generaciones futuras, es de sustancial importancia para la adaptación a la vida adulta. El grado de felicidad que comporta la actividad laboral depende de muchas circunstancias: la seguridad o no en el empleo, el grado de prestigio de la profesión y del profesional, el estrés laboral, las repercusiones económicas, etc. Pero en líneas generales, el grado de satisfacción laboral se relaciona positivamente con el de satisfacción general.

Uno de los descubrimientos más recientes que sorprende mucho es el caso de las mujeres. Lentamente, las que trabajan en el hogar o fuera del mismo parecen equipararse en cuanto a niveles de complacencia. Es probable que cada rol tenga sus beneficios y sus costos. Si bien el trabajo doméstico está hoy en día po-

La seguridad en el empleo puede ser un factor importante en la consecución de la felicidad para el ser humano adulto. Sin embargo, la mujer incorporada al mercado de trabajo, especialmente en sectores laborales poco cualificados, no manifiesta una mejora sustancial en comparación con la que aún continúa desempeñando labores domésticas. En cambio, parece soportar en general una sobrecarga de sus responsabilidades.

La planificación de la jubilación y una buena calidad de vida, lo que supone acentuar los lazos afectivos y las actividades sociales, son determinantes para afrontar el último tramo de la existencia en condiciones satisfactorias.

co prestigiado (recordemos el tono peyorativo con que son calificadas las amas de casa en ciertos medios) y aísla socialmente a las mujeres, tampoco tiene demasiadas dosis de reforzamiento el trabajo en una cadena textil o el manejo de una caja registradora, aparte del «doble rol» al que muchas mujeres con hijos se ven abocadas, lo que puede sobrecargar los circuitos.

Es curioso el hecho de que actualmente, sin embargo, se palían algo los efectos negativos de ciertos trabajos rutinarios o escasamente valorativos para la autoimagen, gracias al sinnúmero de actividades paralelas que los sujetos ejercen (progenitor, cónyuge, trabajador, deportista, aficionado o miembro de una asociación cívica, etc.), lo cual permite neutralizar los efectos de ciertos conflictos en las áreas centrales, la afectiva y laboral.

La jubilación alcanza al sujeto incluso en edades previas a las previsibles («jubilaciones anticipadas»). Para muchos es motivo de alegría y reconciliación con la vida; otros, poco preparados para la situación, pueden verse afectados por el retiro y no gozar de las posibilidades de ocio que se les presentan. Pierden su autoestima, intentan seguir trabajando, sin que esta solución excepto en casos muy específicos y con niveles de autoridad y prestigio muy altos les haga perder la sensación de haberse convertido en alguien ya prescindible, situado fuera de la realidad social.

¿Cuándo es satisfactoria la jubilación? Cuando se ha planificado, se goza de buena salud, el nivel de vida se mantiene o incluso mejora, cuando se posee un adecuado nivel cultural, cuando se emplea el ocio de forma adecuada a la situación personal, cuando se tiene una personalidad flexible...

A tener en cuenta...

La sensación de soledad y de ruptura suele acrecentarse en la vejez. A medida que las personas se vuelven mayores tienden a retirarse gradualmente de la sociedad, dirigiéndose hacia una cierta ruptura. Un sentimiento de soledad las invade, y esto ocurre con más frecuencia en las mujeres que en los hombres. La calidad de vida puede ser insatisfactoria si la persona está angustiada por

ETAPAS ADULTAS

el aislamiento social y la amargura. De ahí, la importancia de los procesos de reciclaje educativo y de ocio organizado para personas de la tercera edad.

Con la edad se evidencian los efectos de la salud deficiente: pérdida de dientes, problemas oculares, artritis, trastornos cardiovasculares, melancolía; siete de cada ocho ancianos padecen de enfermedades crónicas. Todo ello repercute en su nivel de estabilidad emocional, ya que presupone una relación de dependencia. La situación será diferente si la economía del sujeto es buena, pero la pobreza amenaza el final del ciclo de muchas personas, con pensiones de jubilación miserables y acogidos a una beneficencia social no siempre bien resuelta.

¿Jóvenes felices, ancianos tristes?

No es éste un presupuesto que se cumpla, como el prejuicio social hace pensar. Las encuestas revelan que la edad, en cuanto a la satisfacción vital, es trivial. ¿Quién en realidad es más feliz? ¿Los jóvenes audaces, los adultos jóvenes y dinámicos, los adultos tardíos seguros y exitosos, o los ancianos que gozan de una jubilación agradable? Podría suponerse que las etapas peores son la pubertad y la ancianidad. La adolescencia, por estar sometida a los cambios de humor y a las inseguridades, a las preocupaciones de futuro; la vejez, por la merma de ingresos, el deterioro corporal, la debilitación de la memoria, la disipación de la energía, la muerte de los amigos y familiares, y el propio final que va acercándose.

Pero no es así. En la gente de más edad disminuyen algunos factores internos generadores de estrés y aparecen nuevas fuentes de placer, por lo cual pueden disfrutar de tanto gozo y bienestar como los jóvenes. Los cambios en los estados de ánimo de los adultos, en general, son menos extremos, con un cierto aplanamiento emocional que aporta cambios más suaves. Y, además, lo que no es baladí, los ancianos tienen la alegría que da el haber llegado a vivir tantos años.

Reglas para envejecer con éxito

Saber envejecer es cuidar el cuerpo, cultivar el espíritu y las relaciones sociales. He aquí algunos razonamientos para envejecer con éxito:

Hacer una dieta saludable
-Mantener el peso adecuado.
-Alimentación variada y con un mínimo de 1,5 litros de líquido al día. Aporte suficiente de vitaminas y minerales.
-Alimentos con alto contenido en fibra.
-Practicar ejercicio físico de forma habitual. Cualquier ejercicio es válido. Sin embargo, los deportes de competición o los extremados son peligrosos cuando van pasando los años.

Ejercitar la memoria
Lectura, conversación relajada, crucigramas. Memorización de imágenes en lugar de palabras.

Prevenir las enfermedades
Chequeos habituales: mamografía, citología vaginal, determinación de sangre oculta en heces y exploraciones prostáticas, son medidas que deben efectuarse de forma periódica, ya que disminuyen el riesgo de cáncer. Siempre debe consultarse al médico en caso de trastornos persistentes, cambio en los hábitos intestinales o pérdida de peso injustificada. Si es posible, hay que controlar el estado del sistema cardiovascular, sobre todo si existen factores de riesgo: fumadores, bebedores, personas con hipertensión arterial.

Evitar el estrés
El estrés es peligroso ya que puede desencadenar enfermedades latentes o provocar otras. Todo lo que se haga para prevenirlo y tratarlo será bien recibido por nuestra mente y nuestro cuerpo.

Minimizar el impacto de las enfermedades
Las enfermedades llegan con el paso de los años, pero hay que evitar en la medida de lo posible las incapacidades que aportan, sea la pérdida de visión (cataratas), la fatiga y la torpeza, la artrosis (es recomendable la fisioterapia), la diabetes (cuidarla con dieta o farmacológicamente) o la hipertensión (se la debe regular antes de que se produzcan sus temibles consecuencias).

Evitar los factores de riesgo
Cuidarse del tabaco, el exceso de alcohol o las comidas demasiado copiosas.

Cuidar las relaciones afectivas, de pareja y familiares
Impedir que la soledad nos invada. Hay que mantener y profundizar las relaciones afectivas. Y, sobre todo, aprender a ser un punto de referencia para la familia y los amigos. No se trata de ser amigo de todo el mundo, los esfuerzos para conseguir el afecto general y progresivo provocan decepciones, frustraciones y falsas carencias afectivas. La vida se divide en amigos, conocidos, saludados, soportados y enemigos. Hay que saber cómo tratar a cada uno, o cómo no tratarlos.

No olvidar los riesgos económicos
Preparar el futuro. Hay que recurrir todo lo que se pueda a las propias fuerzas y habilidades. Rodearse de consejeros adecuados. No confiar solamente en la familia y el estado. La primera puede ser insolvente y el estado no siempre está dispuesto.

No aburrirse: tener siempre algo que hacer
Los objetivos siempre son básicos para mantener la ilusión y el rendimiento en todas las edades. Todo, menos que la vida esté vacía de contenido.

Buscar calidad de vida, buscar calidez de vida
Dé vida a los años, más que años a la vida. Y recuerde una vez más que la calidad de vida es percibirla como tal y que los afectos dan la necesaria calidez.

EL TRANCE DE LA MUERTE

Morir: cesar de vivir. El trance de la muerte, son los últimos momentos de la vida de una persona. Los últimos «momentos» de la vida pueden ser días, semanas, incluso meses, si tenemos en cuenta que el trance se inicia cuando nos damos cuenta de que vamos a morir, que estamos cerca de la muerte. ¿Como reaccionamos ante esta toma de conciencia? Las reacciones que manifestamos en ese momento van desde la negación de lo que está pasando, al desespero, el *shock*, el aislamiento y la ira, pasando por el pacto, la tristeza, la paralización, la hostilidad, la pena, la aflicción, la resignación, la aceptación, el miedo, la inquietud, la preocupación, la incredulidad, el resentimiento, la culpabilidad, el humor, la esperanza, la desesperanza... Podría decirse que todos ellos son mecanismos de ajuste que entran en funcionamiento durante una enfermedad mortal.

¿Cabe la posibilidad de que el enfermo se adapte y llegue a aceptar la situación? Estas reacciones se suceden mientras la persona recorre el camino de la adaptación a la situación, que le va a permitir comprender mejor el difícil momento que está viviendo. En dicho camino se pueden distinguir distintos paisajes. Uno es de incomprensión de lo que nos está pasando: estamos como atontados, no podemos creer que sea verdad. Éste va seguido de un paisaje de lucha donde intentamos recobrar el «mundo» perdido. Más adelante llega la cuesta y las dificultades, nos damos cuenta de las discrepancias existentes entre nuestro modelo interno de mundo y el mundo que se va imponiendo, entonces nos invaden el cansancio y la desesperación. Pero, después del temporal viene la calma, cada vez tenemos una mayor comprensión de nuestra realidad, y al final aparece la nueva identidad: poco a poco se construyen una nueva serie de suposiciones que reemplazarán a aquellas que se han vuelto superfluas y sin sentido. Al final, aparece un nuevo paisaje de aceptación de la realidad.

Dado que en la mayoría de los casos el trance tiene lugar en el curso de una enfermedad y ésta es atendida por el sistema sanitario, la medicina ha introducido los llamados «cuidados paliativos», con el objetivo de dar respuesta a las necesidades del enfermo, la familia y el equipo terapéutico. ¿Qué son los cuidados paliativos? Durante el trance de la muerte, la enfermedad se caracteriza por ser avanzada, progresiva e incurable, acompañada de numerosos problemas, intensos y cambiantes. Los cuidados paliativos se basan en una concepción global, activa y viva de la terapéutica. Comprenden la atención de las necesidades físicas, emocionales, sociales y espirituales.

¿Qué se hace con respecto a estas necesidades? En tales momentos la enfermedad no se puede curar, pero sí se puede atender a sus consecuencias desagradables, interviniendo como sea para quitar el dolor, reducir el ahogo, intentar que no se produzcan vómitos, cuidar las heridas, procurar una alimentación adecuada o cualquier medida que ayude al confort de la persona enferma. Con respecto a las necesidades emocionales, el objetivo de psicólogos y psiquiatras es que el enfermo y la familia puedan mantener el malestar emocional ocasionado por la situación dentro de unos límites tolerables, favoreciendo el proceso adaptativo, y mediante el tratamiento de la problemática psicológica determinada: miedos, preocupaciones, desinterés, desesperación, incomprensión... En cuanto a las necesidades sociales, hay que tener en cuenta que el medio cercano que rodea a los enfermos cambia sustancialmente. Cuando una persona padece el trance de la muerte su familia también «muere» un poco. El grupo social cercano constituido por la familia es una red de relaciones, y la futura pérdida de un miembro de la misma desencaja y estropea la red a distintos niveles: individual, económico, afectivo, de futuro, etc. El enfermo debe seguir un itinerario de comprensión de la nueva realidad, que va a ser largo y difícil, pero la fuerza impulsora de la vida le aproximará poco a poco a la aceptación del nuevo mundo, de la nueva familia. Este ajuste constituye una ayuda clave para el enfermo. Las necesidades espirituales en este momento aparecen con fuerza: se plantea la necesidad de saber sobre el mas allá, sobre la trascendencia de la muerte. Surgen las cuestiones metafísicas, los interrogantes acerca de Dios, sobre el valor de la fe, de las creencias religiosas, las preguntas sobre el sentido de la vida... El equipo formado por médicos, enfermeras, asistentas sociales, psicólogos, psiquiatras, fisioterapeutas, terapeutas ocupacionales, capellanes, etc. debe satisfacer estas necesidades con comprensión y entendimiento, facilitando la expresión y el cumplimiento de las creencias del enfermo. La experiencia de estos profesionales ha permitido conocer cuáles son las acciones que se pueden llevar a cabo durante el trance de la muerte y que pueden ayudar a una mejor adaptación a la nueva realidad. En primer lugar, estar acompañado, evitar la soledad; hablar, abrazar, sonreír. Luego, comunicar las preocupaciones a la familia, los amigos o, por qué no, al equipo terapéutico, a cualquiera que esté dispuesto a escuchar y a compartir sus inquietudes. Intentar pensar en recuerdos positivos. Expresar los sentimientos y emociones. Conservar aquellos principios y aquellas cosas que han dado sentido a la vida. Manifestar francamente la propia voluntad. Procurar buscar estímulos diversos durante el día. Formular propósitos. Distraerse, a ratos por lo menos. Intentar arreglarse y cuidar la apariencia. Cuando acudan pensamientos sobre el instante de la muerte, pensar que puede ser un momento tranquilo y acogedor. Buscar cualquier actividad placentera, como estimular el tacto, el oído, el olfato, el gusto, la vista, con baños, perfumes, voces, música, aire, sol....

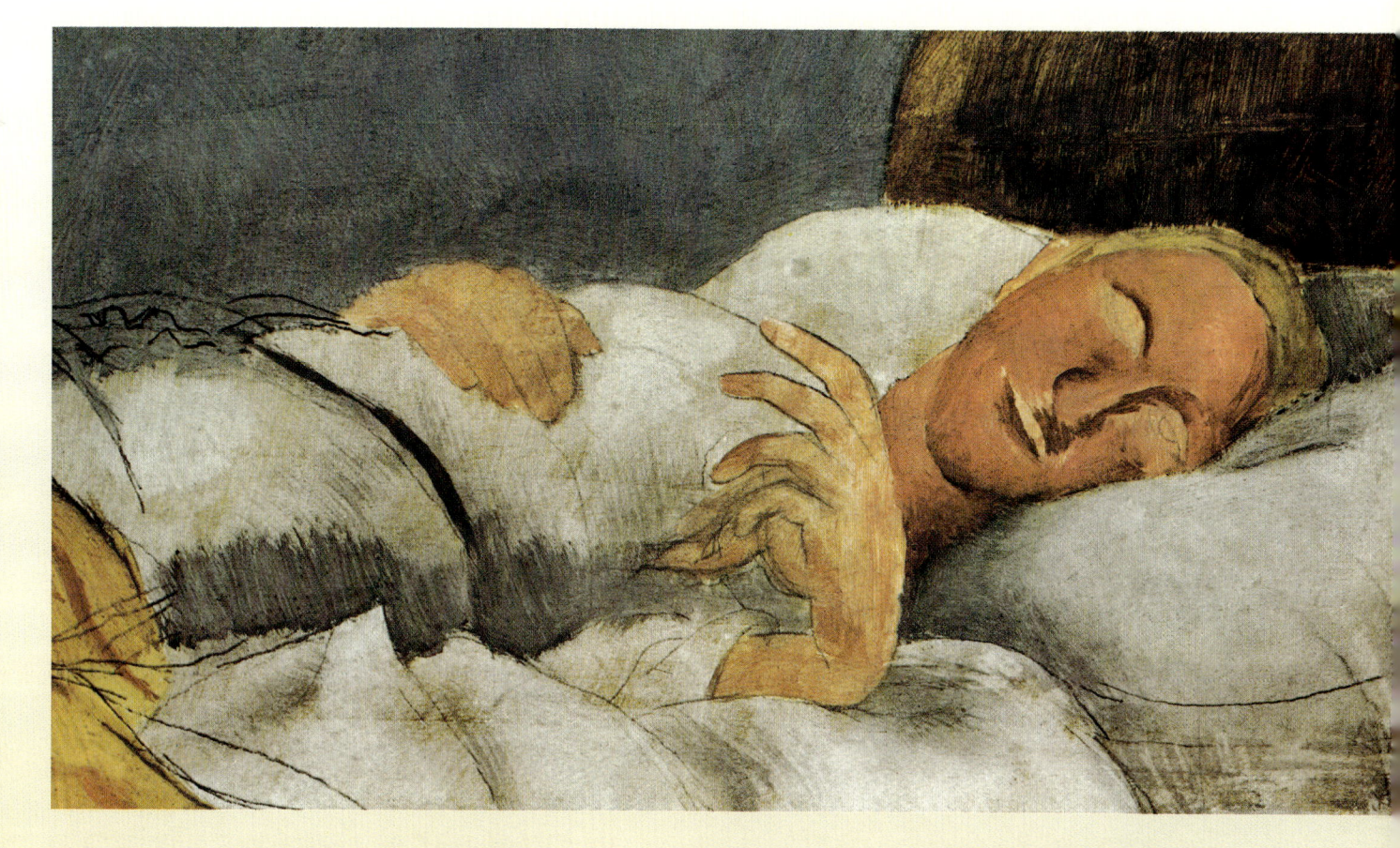

Manel Dionís Comas Mongay
Profesor de Psicología

Mantenerse en buena condición física es indispensable para alcanzar una vejez satisfactoria. La práctica de deportes y la realización de determinados ejercicios físicos ayudan a conservar el buen funcionamiento de las articulaciones, huesos y músculos hasta edades bien avanzadas.

El final del ciclo: agonía y muerte

Las crisis del final del ciclo giran alrededor del significado de la vida y de la vida personal en particular. Si la crisis no se supera, el sujeto puede frustrarse y desesperanzarse. Si se remonta este riesgo, la persona goza de un sentimiento de integridad y serenidad francamente aceptables.

Y así llegamos a la muerte. Si el individuo es consciente del final inminente puede recorrerse una secuencia de cinco etapas: negación de la condición; cólera y resentimiento (¿por qué yo?); aumento de la frustración y la ira cuando no se encuentra una respuesta satisfactoria a la pregunta; regateo con Dios, con los médicos u otras personas para obtener más tiempo; depresión acompañada de un sentimiento de pérdida, culpa o desesperanza; aceptación del destino, lo cual no siempre es pacífico y feliz.

Ha desaparecido el dolor, ha concluido la lucha y llega el tiempo para el descanso final. Es posible que una persona no advenga a la última etapa, que se halle simultáneamente en varias etapas, y que retroceda y avance entre los diversos períodos. Si bien es interesante esta clasificación, podemos ponerla en tela de juicio. Otras variables como la naturaleza de la enfermedad, el sexo del paciente, su nivel de desarrollo, su estilo cognitivo, el soporte social, su personalidad o sus creencias religiosas, pueden liquidar estos trayectos y diferenciar a los diversos sujetos.

Sin embargo, es preciso apoyar el movimiento de educación para la muerte, que nos puede capacitar para afrontarla de un modo más franco y humano. En la actualidad, existen asociaciones de voluntarios y hospitales especializados que contribuyen a que sea posible despedirse, curar las relaciones quebrantadas, otorgar perdón o recibirlo.

¿ Tengo 65 años, acabo de jubilarme y nunca practiqué ningún deporte ni hice ejercicios físicos. ¿Es demasiado tarde?

➡ Nunca es demasiado tarde para empezar. Piense que hay personas de más de setenta años que andan en bicicleta, corren, participan en maratones y hasta juegan al tenis. La única precaución que debe tener es consultar antes al médico y no excederse en los ejercicios físicos.

Capítulo 17

CONDUCTA Y SOCIEDAD

CONDUCTA Y SOCIEDAD

Actitudes y hábitos

La psicología social es un fenómeno del siglo XX. El estudio científico de la conducta social y de las influencias que se establecen entre las personas que forman parte de un grupo es ciertamente actual. Para delimitar esta rama de la psicología nos servirá utilizar las palabras de uno de los más eminentes fundadores de esta disciplina, Gordon Allport, quien define la psicología social como «un intento para comprender cómo el pensamiento, los sentimientos o la conducta de los individuos están influidos por la presencia actual, imaginada o implícita de los demás». Por tanto, el psicólogo social pretende conocer el tipo de influencias que tienen lugar entre las personas por el hecho de formar parte de un grupo. Tal vez un ejemplo cotidiano sirva para ilustrar mejor este concepto. Una muchacha de quince años va a salir con sus amigas por primera vez al cine. Antes de salir de casa se dispone a arreglarse y debe decidir qué ponerse. Ésta parece una conducta sencilla; sin embargo, podríamos pensar en varias formas de actuación:

1. La muchacha se pone lo primero que encuentra en el ropero y sale decidida de su casa.

2. La muchacha se prueba varios vestidos y finalmente se pone lo que le aconseja su madre.

3. La muchacha elige un vestido después de muchas pruebas pero no se siente satisfecha con esta elección.

La actuación de la muchacha dependerá, evidentemente, de su forma personal de ser y, cómo no, del estilo y la cantidad de prendas de vestir de que disponga en su armario; pero, sin lugar a dudas, ella también será influida por factores de tipo social. Sus creencias acerca de lo que representa ese acontecimiento, sus hábitos, sus atribuciones, la forma de vestir del resto de sus compañeras, su autoestima, sus sentimientos, etc. Así, nos encontramos con muchachas que ante estas mismas circunstancias se comportan de manera muy distinta en función de sus experiencias pasadas y presentes en relación con los demás.

Una teoría de la conducta social debe responder ante todo a dos cuestiones: ¿cómo se produce una conducta? y ¿por qué? En cuanto al cómo, sólo hace falta prestar atención a la conducta que los animales llevan a cabo dentro de la manada para darse cuenta de la complejidad que ha ido adquiriendo la vida social hasta llegar al hombre.

La característica más destacada de los seres humanos es su cerebro y, en especial, aquella parte que ha desarrollado más en épocas recientes: la corteza cerebral. Ésta es el centro del pensamiento y, probablemente, la razón de la más elaborada conducta social humana. De ahí que no pueda haber una teoría psicosocial adecuada que no se apoye firmemente en los procesos cognitivos que tienen lugar en la corteza cerebral. Sin embargo, el porqué de la conducta social humana tiene una respuesta más intrincada. Se dice que la conducta social humana está determinada por el principio de la búsqueda del placer y que existen leyes generales sobre lo que es o no es agradable. Sin embargo, a causa de la enorme capacidad cognitiva del hombre, hay muchas excepciones a estas leyes y es difícil centrarse en un aspecto tan simple sin tener en cuenta muchos otros factores. La psicología social no ha escogido un terreno fácil de labrar y le queda aún mucho camino por recorrer antes de que dé resultados claros y contundentes. Si en algo ha mejorado de manera notoria es en el empleo de una metodología científica para contrastar sus hipótesis.

Las actitudes: todos las tenemos

Las actitudes son opiniones, creencias y sentimientos que nos predisponen a responder de una forma determinada ante objetos, personas y acontecimientos. Como muestra la definición, existe una interconexión muy estrecha entre nuestras actitudes y nuestros comportamientos. He aquí como ejemplo una acción cotidiana: vamos de compras y hemos de decidirnos por una chaqueta. Nuestras actitudes en torno a la moda,

Observar a los individuos que participan en una maratón puede brindar datos importantes a los investigadores de la psicología social, que estudian los diferentes aspectos del comportamiento interpersonal en grupos de grandes dimensiones.

CONDUCTA Y SOCIEDAD

Hay una estrecha relación entre las actitudes y los comportamientos. La actitud que nos mueve a elegir una determinada ropa cuando vamos de compras está condicionada por diversos factores que pueden tener que ver con la moda, con nuestro estilo de vida, con que la prenda sea cómoda, con la ocasión en que la pensamos usar, etc.

PREGUNTAS Y RESPUESTAS

¿Cómo se adquieren las actitudes?

Según la cultura en la que hayamos crecido y el tipo de acontecimientos vividos, tendremos una actitud u otra ante diversas situaciones, como por ejemplo, ante la pena de muerte. Una forma muy conocida de adquisición de actitudes hace referencia a la imitación. Copiar formas de comportarse constituye una de las fuentes de aprendizaje.

los estilos de vida o la comodidad van a ser importantes a la hora de elegir. Si creemos que la ropa debe ser funcional y cómoda, si necesitamos la prenda para un día señalado, o si nos gusta un color determinado, nos decantaremos por un estilo de vestir concreto y eliminaremos otros. Como puede verse, las actitudes poseen un componente afectivo, uno referente al comportamiento y otro a los pensamientos y creencias.

¿Se aprenden las actitudes? La base genética de las actitudes es francamente difícil de estudiar y se le ha prestado muy poca atención, porque se entiende que la herencia tiene escasa repercusión. Las actitudes son básicamente aprendidas a través de la experiencia: las relaciones que establecemos a lo largo de nuestras vidas, con los padres, los amigos, los maestros, etc., y el conjunto de experiencias que vivimos nos ayudan a conformarlas. Puede parecer a simple vista que las actitudes se adquieren durante los primeros estadios, durante la infancia y en la adolescencia, mientras se está formando la personalidad. Pero, si bien es cierto que las primeras fases de la vida suponen mayores cambios respecto a las actitudes, durante la edad adulta también aparecen de forma continuada ciertas modificaciones dado que existe una influencia entre las acciones que llevamos a cabo y nuestras actitudes. Muchas investigaciones han demostrado este hecho. Por ejemplo se habla del «efecto de actuación»: las actitudes de las personas antes y después de asumir un papel, tanto en la vida real como en un experimento, sufren modificaciones. Por ejemplo, podemos imaginar el cambio de actitudes de un hombre después de ser padre por primera vez; a partir del acontecimiento empezará a estar de acuerdo con ciertos valores sociales que anteriormente quizás ignoraba o con los que no estaba de acuerdo. Así mismo, existe constancia de que el decir o hacer cosas puede transformar nuestras actitudes. Por ejemplo, los niños dedicados a enseñar reglas morales a otros niños terminan observando mejor el código moral y comportándose con mayor educación.

¿Cómo medimos las actitudes?

En apariencia las actitudes son relativamente fáciles de medir. Existen cuatro formas típicas de realizar mediciones que se han mostrado eficaces: las escalas tipo Likert, las medidas psicofísicas, el método del distanciamiento social y el diferencial semántico. Las escalas tipo Likert son sin duda las más utilizadas. Se basan en la presentación

ACTITUDES Y HÁBITOS

de una serie de frases relativas a una cuestión determinada, de entre las cuales el encuestado debe escoger la que más se acerca a su actitud. Normalmente se dan seis frases, tres favorables a un tema y otras tres desfavorables, aunque a veces se añade una séptima alternativa neutral. Veamos un ejemplo referente a la cuestión: ¿Cree usted en la existencia de seres sobrenaturales? La escala tipo Likert se constituye como sigue:

• Creo firmemente en la existencia de los seres sobrenaturales.
• Creo en la existencia de seres sobrenaturales.
• Creo, hasta cierto punto, en la existencia de seres sobrenaturales.
• Ni creo, ni no creo en la existencia de seres sobrenaturales.
• No creo, hasta cierto punto, en la existencia de seres sobrenaturales.
• Creo que no existen los seres sobrenaturales.
• Creo firmemente que no existen los seres sobrenaturales.

Cambiar las actitudes

Gran parte del interés de la psicología social por las actitudes se centra en el estudio del cambio de las mismas. Publicistas y políticos gastan enormes cantidades de dinero en un esfuerzo por cambiar las actitudes de la población respecto a ciertos productos o ideas, lo que conocemos como «persuasión». En ello descansa el interés que han suscitado las investigaciones que tienen como objetivo el conocimiento de las actitudes y las formas más convenientes de cambiarlas. Sin embargo, no ha sido fácil alcanzar las metas. Han surgido interesantes teorías al respecto, pero ninguna de ellas explica con total satisfacción el modo en que se produce el cambio de actitudes.

La teoría del refuerzo preconiza que la obtención de ganancias por parte de las personas es la que justifica un cambio de actitudes. Así, distingue tres características básicas que debe poseer una información para promover este cambio. La primera se refiere a la expectativa de haber acertado o no. El acertar es un refuerzo en sí mismo. Si pretendemos que alguien cambie su actitud respecto a algún producto determinado es imprescindible que se obtengan buenos resultados respecto al uso del mismo. En segundo lugar está la intención del comunicante. Se está más abierto al cambio de actitudes propuesto por una persona que no tiene nada que ganar ante dicho cambio. En tercer lugar destaca la llamada aprobación social. De algún modo, la aprobación social significa un premio y la desaprobación un castigo. En este concepto descansan las corrientes y las modas en relación con un producto particular.

De todas las teorías sobre el cambio de actitudes, la más destacada es la denominada teoría de la disonancia cognitiva. Cuando justificamos nuestras actitudes con comportamientos y acciones adecuadas, nos sentimos fuertemente motivados. Cuando nuestra conducta difiere notablemente de nuestras actitudes, ello nos produce malestar y deseamos aliviarlo. Pensemos en lo mal que nos sentiríamos si después de estar pregonando «a viento y marea» nuestra firme postura contra las drogas, nos sorprendieran haciendo uso de ellas. Disonancia es toda la tensión que sentimos cuando dos pensamientos nuestros son psicológicamente incoherentes o carecen de consistencia. Es decir, que si sentimos de un modo pero actuamos de otro, y somos conscientes de esta discrepancia, entonces tie-

Las actitudes pueden modificarse y en esto juega un papel fundamental la persuasión. Los políticos hacen uso de ella para lograr que la gente acepte determinadas propuestas o que cambie de actitud respecto a ciertas ideas, de ahí que el carisma que éstos tengan sea un factor muy importante para sus logros.

CONDUCTA Y SOCIEDAD

¿Qué ventajas tienen los hábitos?

➡ El hábito es una especie de capital del que se puede echar mano en todo momento. Se ha dicho muchas veces: si no existiese el hábito, tareas tan simples como vestirse y desnudarse bastarían para ocupar un día entero.

La publicidad suele ser sumamente efectiva para lograr, de manera sutil, cambiar la actitud de la gente respecto a determinados productos. Puede inducir a adquirir un nuevo hábito de consumo o a cambiar una marca por otra.

ne lugar una disonancia cognitiva. En ocasiones, para no sufrir esta disonancia, somos capaces de cambiar de actitud. En una experiencia realizada en Estados Unidos se pidió a un grupo de estudiantes no racistas que promovieran un discurso con matices racistas. A la mitad del grupo se le pagó una suculenta cantidad de dinero por realizar el discurso y a la otra mitad se les pidió como un favor. Curiosamente, el grupo que no recibió dinero por su discurso mostró un cambio de actitud racista más marcado que el otro grupo. La explicación de este fenómeno se debe a la disonancia cognitiva. Los estudiantes que recibieron dinero tenían un motivo más que aparente para realizar el discurso y mantener firmes sus actitudes, pero las personas que hablaron en pro del racismo sin recibir nada a cambio debieron modificar sus actitudes con tal de mantener un acuerdo con su conducta. Así, la teoría de la disonancia cognitiva explica que nuestra necesidad de mantener una autoimagen coherente y positiva, nos lleva a adoptar actitudes que justifican nuestros actos y decisiones.

Los hábitos de adaptación

Hablamos de «hábitos» cuando nos referimos a conjuntos organizados de comportamientos, vinculados a situaciones y actividades significativas que son necesarios para la adaptación social o constituyen su expresión. Los hábitos más representativos, también denominados «estilos de vida», son los hábitos de ingesta, los de sueño, los sexuales, los de conducción, los de relación social, los de trabajo, los de ocio y los destinados al tiempo libre. Éstos se adquieren muy tempranamente, como un elemento dentro del proceso de socialización y se mantienen posteriormente por las condiciones ambientales. Podríamos decir que la socialización es el proceso por el cual un niño adquiere las pautas propias de su grupo, conviviendo con los miembros de su entorno social inmediato. Pongamos como ejemplo el hábito de los británicos de tomar el té. Ésta es una costumbre generalizada en su medio que conservan aunque cambien de país o incluso de cultura. Generalmente el grupo que enseña las pautas de conducta de

ACTITUDES Y HÁBITOS

una manera más significativa lo forma la familia, y ésta enseña al niño una serie de hábitos propios de la misma. Agruparemos estos hábitos en tipos diferentes: de autocuidado; domésticos; laborales; de distracción o de ocio

Posteriormente, este proceso se verá completado por la influencia de otros factores como pueden ser los amigos, los pautas socioculturales y ambientales que determinan las condiciones de vida y de trabajo y los medios de comunicación social. Este proceso de aprendizaje se realiza básicamente a través de la imitación o aprendizaje por observación y consiste en una consolidación o adquisición de pautas de conducta que son reforzadas por el grupo. Los hábitos poseen frecuentemente una connotación emocional profunda y muchas veces son difícilmente modificables. Pensemos en un hábito de salud muy generalizado en nuestra cultura como es el de lavarse los dientes. En un principio, son los padres y a veces los hermanos quienes sirven de modelo al niño mostrando su comportamiento y también dando instrucciones verbales. Así mismo, los miembros del grupo, con frecuencia la madre, refuerzan al niño cuando empieza a lavarse los dientes por sí solo, manifestando lo apropiado de la conducta o incluso premiándole. La permanencia de este hábito estará asegurada porque se integrará estrechamente en las rutinas de la vida diaria. El mantenimiento de un hábito se debe en muchos casos a la presión social y a las demandas del ambiente o costumbres del grupo.

Hábitos desadaptativos

De la misma manera que existen hábitos que las personas adquieren para su propio beneficio de salud y autocuidado, hay otros que se adquieren y mantienen por los mismos mecanismos pero que no son beneficiosos sino perjudiciales para la salud y el bienestar del individuo, como los malos hábitos alimentarios, el morderse las uñas o el consumo

Los hábitos de higiene se van adquiriendo desde la infancia. Fundamentalmente es la familia la que dicta las pautas de conducta en este sentido, pero también la escuela cumple un papel muy importante.

Entre los hábitos tóxicos tal vez el más extendido sea el tabaquismo. Como todas las adicciones, la del tabaco crea una dependencia difícil de vencer, ya que su supresión desata en el fumador el síndrome de abstinencia.

de sustancias adictivas. Por ejemplo, un niño que no tiene educación sobre hábitos alimentarios y que, por lo tanto, come todo aquello que desea y cuando lo desea, puede llegar a ser un adulto que tan sólo ingiera dulces y papas fritas, puesto que en ningún momento ha aprendido a valorar el sabor de las verduras y las frutas. En este sentido entendemos que se trata de hábitos desadaptativos, puesto que predisponen al desarrollo de un estilo de vida poco sano. Las consecuencias de unos hábitos alimenticios inadecuados tiene serias repercusiones para la salud. Muchos procesos patológicos, como la hipertensión, la obesidad o niveles altos de colesterol, están ligados al tipo de dieta establecida. De hecho, gran parte de la función terapéutica de la medicina conductual se centra en el cambio de hábitos. Por ejemplo, el tratamiento psicológico de la hipertensión esencial tiene como objetivos claros el establecimiento de una dieta libre de grasas, alcohol y sal, la reducción del hábito de fumar y el aumento de ejercicio.

Hábitos nerviosos

Un capítulo aparte respecto a los hábitos negativos, lo constituyen los hábitos nerviosos. El tartamudeo, el tirarse del cabello o los tics forman parte de ellos. Existen tratamientos para subsanar estos problemas que han mostrado repetidamente su eficacia. El mecanismo de esta intervención, de carácter plenamente psicológico, radica en hacer consciente al paciente de la cadena conductual y las situaciones peculiares que le llevan a la consecución del hábito. Se entiende por cadena conductual el conjunto sucesivo de conductas que se realizan de forma automática y que conducen a una persona a la formación de un hábito. Si observamos a un sujeto que tiene tendencia a comerse siempre las uñas, podremos comprobar que antes de llevarse las uñas a la boca inicia unos movimientos que predicen la acción, por ejemplo, puede rascar las uñas en alguna superficie o tocarse primero la nariz o la boca. Es más fácil detener un tic durante estos primeros movimientos que durante su ejecución. También es muy probable que advirtamos que la onicofagia, como se denomina técnicamente el hábito de morderse las uñas, tenga lugar en ciertas situaciones más que en otras. Una vez conocidos estos factores por parte no sólo del terapeuta sino también del paciente se procede a la instauración de lo que se llama una conducta opuesta, es decir, una conducta que imposibilite la realización del hábito nervioso. Para un tic de movimiento de la cabeza hacia la derecha, la conducta opuesta es el mismo movimiento hacia el lado izquierdo, lo cual servirá, además, para el reforzamiento de la musculatura opuesta al tic que suele presentar un tono marcadamente menor que la utilizada durante la consecución del hábito. Otros ejemplos pueden ser presionar una pelota para la onicofagia, o inspirar aire y hablar lentamente para el tartamudeo.

ACTITUDES Y HÁBITOS

Conductas adictivas

Cuando hablamos de toxicomanías, drogodependencias o hábitos tóxicos, hemos de tener en cuenta que no sólo se trata de un hábito adquirido que es difícil de dejar por las connotaciones anteriormente mencionadas, sino que también interviene el fenómeno de la adicción a una sustancia. En la conducta adictiva, hablaremos de la dependencia a una sustancia determinada.

La adicción supone una dependencia a algo, cuya supresión deriva en un síndrome de abstinencia tanto físico como psíquico. No siempre se trata de dependencia a una sustancia o droga, como es el caso del alcohol, del tabaco, la heroína, la cocaína y tantas otras. También puede existir dependencia a una conducta en particular: la televisión, la computadora, o a una persona si cabe.

El juego patológico

El juego compulsivo constituye un serio trastorno psicopatológico. No todo jugador padece una patología, puesto que hay personas que se embarcan en el juego por mera diversión, otras para pasar el tiempo y hay quien encuentra en esta actividad su modo de vida. Sin embargo, no es nada despreciable el número de personas que no pueden evitar el juego, a pesar de que éste les acarrea un sinfín de problemas económicos, familiares y laborales. Existen múltiples formas de juego y también varía el objeto con el cual las personas juegan. La gente apuesta en las carreras de caballos, la ruleta, los naipes y el bingo, y las loterías mueven muchos millones al año. Todas las actividades lúdicas poseen denominadores comunes, entre los que cabría destacar la excitación inmanente al

Hay personas que juegan por la simple excitación que les produce el hecho de apostar; otras lo hacen porque tienen la íntima fantasía de conseguir ganar una fortuna. Por uno u otro motivo, el juego puede llegar a convertirse en una verdadera adicción de la que es difícil salir.

423

CONDUCTA Y SOCIEDAD

> *Se considera que un individuo es socialmente hábil cuando, en una relación interpersonal, lleva a cabo una serie de conductas que expresan sus sentimientos, deseos, opiniones y derechos de un modo adecuado a la situación y respetando las conductas de los demás.*

juego y la posible obtención de pingües beneficios a cambio de nada.

El juego patológico forma parte de las llamadas conductas adictivas, ya que comparte muchas características con las adicciones a sustancias tóxicas: el fenómeno de la tolerancia, o sea, la necesidad de requerir mayor cantidad de la sustancia o actividad para aportar el mismo nivel de gratificación; el síndrome de abstinencia («malestar» experimentado por la persona adicta cuando deja de consumir y que popularmente se conoce como «mono»); las alteraciones conductuales, entre las que destaca el aumento de la agresividad; y la fluctuación del estado anímico, siempre en función de la consecución del hábito. Siendo así, las terapias para el ludópata (jugador patológico) no varían mucho de los tratamientos para toxicómanos y alcohólicos y la utilización de una técnica determinada no es suficiente para eliminar el hábito por completo. Además, está el problema del alto índice de abandonos a poco de iniciarse la terapia, problema que comparten todas las patologías adictivas. Una terapia centrada en las adicciones no finaliza con el abandono de la sustancia o actividad durante un período de tiempo en ausencia del síndrome de abstinencia. Es muy importante el mantenimiento de los resultados, a través de la «terapia para la prevención de recaídas», en la que se relaciona al sujeto con la sustancia adictiva, bajo control estricto, con la intención de fomentar estrategias para evitar futuras recaídas.

Relaciones sociales

Los humanos estamos «condenados» de por vida a una existencia social basada en la comunicación interpersonal. La capacidad o disposición para esta actividad relacional depende en gran medida de nuestra propia habilidad.

Se entiende como habilidad social el grado de éxito personal en las interacciones que tienen lugar en la esfera social, es decir, en cualquier situación que incluya a otros, independientemente del ambiente, de los objetivos o de los participantes. Dentro de este ámbito de intercambios sociales hay una interminable variedad de actividades que van desde saludar hasta comprar en un comercio o mantener una conversación íntima con una persona significativa.

En los últimos tiempos se han producido variaciones importantes en las formas de vida y entre ellas, el aumento significativo de personas que viven solas. Se han citado como factores modificadores de las formas de convivencia la transformación de la institución familiar, la integración de la mujer en el mundo laboral, el incremento de la delincuencia y la competitividad social, entre otros. Factores éstos que pueden conducirnos hacia una sociedad cada vez más deshumanizada: poca gente conoce a sus vecinos, o pasea «para encontrar a los amigos» o va al bar o al casino «a encontrar gente». Día a día se hace mayor la dificultad para desarrollar o mantener esas habilidades que son fruto de una relación interpersonal, las habilidades sociales.

Habilidades sociales

No es tarea fácil intentar establecer una definición rigurosa de lo que se entiende por habilidades sociales, dado que éstas varían en función del contexto en el que aparecen. Factores culturales, la edad, el sexo o la clase social son aspectos que influyen cuando pretendemos matizar lo que representa una conducta socialmente habilidosa. En este sentido, no nos sorprendería en absoluto que un chico joven de un nivel sociocultural bajo se negara a salir de copas con un amigo íntimo o le propusiera a una muchacha de su edad salir a bailar juntos utilizando palabras y expresiones que a nadie se le ocurriría emplear ante una persona de mayor edad y con una posición social relevante porque podrían resultar incomprensibles o incluso ofensivas. Por tanto, podemos sostener que no existe una forma de comunicarse que sea considerada satisfactoria universalmente. Hecha esta aclaración utilizaremos una definición desarrollada por un psicólogo español, Vicente Caballo, que ha trabajado extensamente sobre el tema: «La conducta socialmente habilidosa es ese conjunto de conductas emitidas por un individuo en un contexto interpersonal que expresa los sentimientos, actitudes, deseos, opiniones o derechos de ese individuo, de un modo adecuado a la situación, respetando esas conductas en los demás, y que generalmente resuelve los problemas inmediatos de la situación mientras reduce la probabilidad de futuros problemas». En general se puede decir que las habilidades sociales persiguen tres objetivos claramente definidos. Lo mostraremos con un ejemplo que cumple todos los requisitos. Supongamos que acabamos de salir de una ferretería donde hemos comprado una herramienta que nos hacía falta para arreglar nuestra bicicleta. Desafortunadamente, a la primera manipulación, la herramienta recién estrenada se nos parte en la mano, con lo que se frustra el intento de reparar la bicicleta. Si defendemos nuestros derechos como consumidores es obvio que volveremos a la tienda para exponer nuestra queja. Aquí aparece el primer objetivo de la conducta habilidosa: la eficacia centrada en el resultado.

La vida moderna, con su ritmo agitado que lleva a deshumanizar las relaciones interpersonales, es un factor importante que condiciona aún más la soledad de las personas que poseen pocas habilidades sociales.

CONDUCTA Y SOCIEDAD

La defensa asertiva

En ocasiones será necesario responder correctamente a una serie de demandas, peticiones o amenazas por parte de los demás. En este sentido, vale la pena dominar estrategias adecuadas a tales circunstancias.
El disco rayado: se utiliza para defender los intereses deseados ante peticiones. El sujeto deberá repetir de forma constante sus intereses sin entrar en otras temáticas que puedan plantearse en la conversación. «Sí, pero ...»
La aserción negativa: se trata de una técnica que enseña a aceptar los propios errores y faltas sin tener que excusarse por ellos. Se debe admitir el error y cambiar inmediatamente a autoverbalizaciones positivas.
El recorte: se utiliza en aquellas ocasiones en las que el sujeto no sabe si lo están atacando o no. Contestar con un simple «sí» o «no» ante una crítica y no ofrecer más información obliga a la otra persona a aclarar la situación.

¿No tener habilidades sociales es sinónimo de ser tímido?

Es un error confundir ambos términos. La timidez es un rasgo temperamental, es decir, forma parte de la personalidad, mientras las habilidades sociales son una aptitud, una destreza. Lo que sí ocurre es que la mayoría de personas muy tímidas, carecen de las habilidades necesarias para desenvolverse socialmente, debido a que su forma de ser limita las ocasiones en las que pueden poner en práctica este tipo de aprendizaje y consecuentemente les impide mejorar. Y al contrario, hay personas que a pesar de su gran desparpajo y desinhibición, consecuencias de un mal aprendizaje, se manifiestan especialmente desafortunadas e inadecuadas en sus intervenciones.

El comportamiento más adecuado será el que logre que nos cambien la herramienta por otra en buen estado. En segundo lugar está la eficacia para mantener o mejorar las relaciones con los demás. Si conseguimos que el dependiente no se enfade con nosotros, aumentaremos la probabilidad de que en el futuro siga tratándonos debidamente y podamos adquirir otros artículos de la ferretería con total seguridad. El último objetivo se centra en el mantenimiento de la autoestima. Si la conducta ha sido habilidosa acabaremos reparando nuestra bicicleta sin un gasto adicional, pensaremos que hemos actuado correctamente y nos sentiremos satisfechos de nuestra conducta.

Entrenamiento de habilidades sociales

Existen programas terapéuticos dirigidos a enseñar y corregir las estrategias y habilidades sociales. La evaluación correcta de los problemas que presenta la persona que asiste a una consulta para mejorar sus habilidades sociales es el primer paso para realizar una intervención correcta. Toda evaluación debería terminar con el establecimiento de objetivos terapéuticos claros y concisos, que cubran las limitaciones conductuales del paciente, sus reacciones fisiológicas propias de la ansiedad asociada a las situaciones sociales y los pensamientos negativos generales. Las dificultades pueden hallarse repartidas en un amplio espectro de acontecimientos o bien limitarse a un conjunto de situaciones más o menos específicas. Todos conocemos a personas que no tienen problemas para relacionarse con amigos de su misma edad pero que, sin embargo, les resulta difícil hacerlo con personas mayores o con amigos del sexo opuesto. Desde la psicología social se han delimitado una serie de conductas que constituyen el constructo más amplio de habilidades sociales y que ayudan a delimitar la problemática que puede presentar una persona a nivel social: iniciar y mantener conversaciones, hablar en público, expresar amor, agrado y afecto, defender los propios derechos, pedir favores, rechazar peticiones, hacer cumplidos o recibirlos, expresar opiniones personales, disculparse o afrontar la crítica. Si alguien realiza este conjunto de conductas con cierta tranquilidad, podemos decir que posee buenas habilidades sociales.

Una vez hecha la evaluación del caso, es frecuente iniciar las sesiones del entrenamiento en habilidades sociales con una definición comprensiva de lo que entendemos por asertividad. Aunque en un principio tuviera un significado más específico, en la actualidad este concepto se usa como un sinónimo de habilidades sociales. Es importante que las personas que atienden al entrenamiento delimiten de forma adecuada las diferencias, en algunos casos especialmente sutiles, que separan la asertividad de la pasividad o de la agresividad.

La persona pasiva es aquella que no suele expresar sus opiniones, sentimientos, derechos o deseos delante de los demás, con lo cual viola sus propios derechos como persona. Con esta conducta no obtendrá lo que desea, no le tendrán en cuenta y se verá implicada en un sinfín de actividades que no deseaba realizar. Las consecuencias son más que evidentes: pérdida de oportunidades deseadas, sensación de falta de control y carencia de autoestima.

En el otro extremo está la conducta agresiva. Las personas agresivas expresan sus opiniones y deseos pero de forma errónea, dado que violan los derechos de los demás. Los resultados de este tipo de conductas son frecuentes conflictos interpersonales, soledad y pocas posibilidades de obtener buenos frutos a largo plazo (por ejemplo, si mostramos un comportamiento hostil cuando respondemos al teléfono, es probable que dejen de llamarnos en el futuro, aunque sea para algo que nos interese).

La asertividad se encuentra a medio camino entre la pasividad y la agresividad, siendo la forma más correcta y probable de obtener los resultados deseados. Hay que aclarar que nadie es asertivo en la totalidad de sus acciones. Lo que se debe poseer es la capacidad de actuar con habilidad social, ya que en ocasiones será oportuno comportarse de forma agresiva o callarse ante algún acontecimiento determinado.

El peso central del entrenamiento en habilidades sociales recae en la instauración de nuevas conductas sociales más adecuadas. Para ello se hace uso de lo que se ha dado en denominar ensayos conductuales. Durante los ensayos conductuales, también conocidos como *rol playing*, el paciente debe representar cortas escenas dentro del ámbito terapéutico de aquellas situaciones que le resultan difíciles en la práctica diaria, como si de una obra de teatro se tratara. Se le pide al paciente que describa la situación problemática con la intención de que la representación se asemeje lo máximo posible a la vida real. En primer lugar, el sujeto llevará a cabo la conducta como lo hace habitualmente. Esto permite observar los déficit presentes e interrogar al paciente acerca de sus pensamientos negativos asociados a la situación que le trae problemas.

El terapeuta será el encargado de captar aquellos aspectos de la conducta que podrían mejorarse y de mostrar al paciente la forma correcta de proceder. Son muchos los componentes que pueden mejorarse en una situación concreta y el profesional debe atender a todos ellos escogiendo los que más contribuyan a deteriorar la conducta. Sirve separar los componentes de una conducta en aspectos «verbales» y «no verbales». Lo que se dice puede tener un carácter agresivo o pasivo y debe ser modificado en muchas circunstancias.

Lo «no verbal»

Con respecto a lo «no verbal» caben muchos factores:

La mirada. Casi todas las interacciones sociales dependen de miradas mutuas. Tener un contacto ocular con la persona con quien hablamos demuestra un dominio de las habilidades sociales. La zona en donde se mantiene la mirada no suele ser directamente a los ojos de la otra persona, puesto que puede resultar agresivo en algunas ocasiones, sino más bien entre los ojos o en la nariz del interlocutor.

La expresión facial. A través de ella se transmite mucha información que llega directamente a los interlocutores. En general, existen seis emociones a expresar: alegría, sorpresa, tristeza, miedo, ira y asco/desprecio. La habilidad social requiere que la expresión facial esté de acuerdo con el mensaje, con lo que se dice. Si se pretende hacer una broma a alguien con una expresión de miedo, probablemente no se obtendrá demasiado éxito.

Los gestos. Son acciones del cuerpo visibles para otras personas. En este sentido, un gesto cómodo y abierto, que esté de acuerdo con lo expuesto puede enfatizar lo dicho o suavizarlo. Un ges-

La persona pasiva, que tiene dificultad para expresar sus opiniones, sentimientos, derechos o deseos frente a los demás, es generalmente relegada y ve reducidas sus posibilidades de enfrentarse con éxito a las demandas sociales.

CONDUCTA Y SOCIEDAD

«Atacar» con suavidad

En ocasiones será útil conocer técnicas que han sido elaboradas con la intención de hacer peticiones que faciliten el «sí» o «no» sin mayores consecuencias.
La inversión: cuando se hace una petición en la que parece evidente que la respuesta será negativa, pero aún no se la ha expresado de forma clara, es útil practicar esta técnica. Se trata de forzar a la otra persona al «sí» o al «no»: ¿Esto quiere decir que «sí», o que «no»? De esta manera se aumenta la probabilidad de que en futuras ocasiones la respuesta sea afirmativa, dado que parece existir una tendencia involuntaria a equilibrar las respuestas afirmativas y negativas.
Reforzamiento en forma de sandwich: se trata de expresar una frase positiva antes y/o después del reproche. Así se suaviza la expresión negativa y se reducen las molestias. Por ejemplo: «Vengo hambriento. Qué bien que ya tengas la cena preparada. Calientas demasiado la sopa, pero está buenísima».
La repetición: cuando alguien quiere garantizar que se está prestando atención a lo que dice, es adecuado que pida de forma asertiva que le repitan lo dicho: «¿Qué piensas de lo que estoy diciendo? ¿Entiendes mi opinión?»

¿El hecho de tener más o menos habilidades sociales depende de cuánto tiempo se practique?

➥ Como en toda habilidad, hay quienes tienen mayor facilidad innata y a quienes les cuesta más. Utilizando un símil, para aprender a andar en bicicleta habrá quien necesite más de dos meses y aun así no sea especialmente diestro sobre dos ruedas, otra persona requerirá dos semanas y hasta puede llegar a ganar una carrera.

to puede dar señales de franqueza, inquietud, nerviosismo, etc.

La postura. Es también una forma de informar a los demás sobre la actitud del sujeto. Por ejemplo, inclinarse hacia delante en una postura abierta indica amistad y calidez; la cabeza baja y los brazos caídos son señal de timidez.

La distancia. Evidentemente el contacto físico está reservado para personas que mantienen una relación estrecha; aun así, las zonas del cuerpo que se pueden tocar en la otra persona también dependen del grado de confianza.

El volumen de voz. Sirve para que el mensaje llegue con claridad a los demás. Sin embargo, comprende otros significados intrínsecos. Un volumen alto puede manifestar autoridad, aunque si es demasiado alto puede resultar agresivo; un volumen bajo es signo de timidez y retraimiento. Variar el volumen para dar más énfasis a las partes de la conversación que se consideran especialmente relevantes aumenta el interés y la atención de los oyentes.

La entonación. Tiene la función de comunicar sentimientos y emociones. Una misma frase expresada con una entonación distinta puede tener significados absolutamente contrarios. Pruebe con la expresión: «Qué libro más interesante». Intente que suene de forma irónica en una primera ocasión, para posteriormente darle credibilidad.

La fluidez. Las vacilaciones, los silencios prolongados, las repeticiones de palabras, los sonidos sin significado son más o menos frecuentes en el habla habitual. Sin embargo, un exceso de interrupciones que alteren la fluidez de una charla puede ser señal de inseguridad, ansiedad o poco interés.

Otro aspecto fundamental del entrenamiento son las tareas que el paciente debe realizar en la vida real. Cuando se hayan representado situaciones de forma correcta y sin muestras de ansiedad mediante los ensayos conductuales, es el momento de realizar conductas similares en la vida cotidiana. Al principio van a desencadenar una respuesta de ansiedad que se irá mitigando con la experiencia.

El arte de conversar

El hecho de iniciar y mantener conversaciones es un capítulo central en el entrenamiento de las habilidades sociales que merece una especial dedicación. Algunas estrategias concretas servirán para adiestrar en el inicio y mantenimiento de conversaciones, puesto que son utilizadas con especial destreza por grandes conversadores. Las llamadas preguntas con final abierto ofrecen un grado de libertad mayor para decidir lo que se contesta y facilitan que la persona escoja el diálogo más interesante. Las preguntas iniciadas con «qué», «cómo» o «por qué» suelen ser abiertas. «¿Qué te pareció el último disco de Madonna?», es una pregunta abierta que da pie a un diálogo más prolongado. En cambio, las preguntas con final cerrado son las que disponen de pocas alternativas de respuesta o de unas alternativas preestablecidas. Las que empiezan por «dónde», «cuándo» y «quién» o presentan escasas alternativas suelen ser de final cerrado. Estas preguntas obligan a una respuesta concreta y no facilitan el diálogo. «¿Te gustó el último disco de Madonna?», es una pregunta cerrada que basta con decir «sí» o «no» para contestarla.

La capacidad para dar libre información también garantiza una conversación más larga y centrada en los aspectos que más nos interesan. Se denomina libre información a la que no se refiere directa-

ACTITUDES Y HÁBITOS

mente a la pregunta sino que se ofrece por añadidura. Por ejemplo:

A: «¿Te gustó el último disco de Madonna?»

B: «Sí, en especial las dos primeras canciones. De hecho lo tengo desde hace relativamente poco tiempo, me lo compré hace dos semanas en una gran tienda» (libre información).

Se conoce como «autorrevelaciones» a la información que revela aspectos de uno mismo, que la otra persona no conocería si no se los mostrásemos de forma abierta. Las autorrevelaciones verbales implican hablar en primera persona de un aspecto personal concreto («A mí me gustan las personas sinceras y francas. Es lo primero que me atrae de alguien»). En general se considera que las personas más habilidosas para la conversación utilizan con mayor frecuencia les expresiones en primera persona. También a través de la comunicación no verbal se manifiestan autorrevelaciones. Una expresión de satisfacción ante un pato a la naranja recién servido exterioriza nuestros gustos de una manera más que evidente. Hay que tener presente que la manifestación franca de aspectos personales facilita la misma conducta en los demás. Con mayor probabilidad obtendremos una confidencia de alguien si antes le contamos uno de nuestros secretos.

Escuchar atentamente los mensajes transmitidos por los demás y dar información inmediata de la atención prestada (lo que se denomina ofrecer *feedback* positivo) es una estrategia muy adecuada que prolongará la conversación del hablante y lo gratificará. Saber

El arte de conversar no es el mismo en las distintas culturas. La conversación que mantienen estos dos sicilianos está matizada por gestos que en otras sociedades pueden ser infrecuentes e incluso chocantes. Lo mismo sucede con las distancias. Cada cultura tiene normas sobre el mayor o menor grado de acercamiento que deben guardar las personas entre sí.

LAS DROGODEPENDENCIAS

En la historia del hombre, desde sus orígenes, está presente el uso de sustancias químicas que alteran el curso y los contenidos del pensamiento. Los factores antropológicos, culturales y religiosos remontan el consumo de drogas a los guerreros tribales para infundirles valor, a los rituales de purificación y, en épocas más actuales, a los ámbitos lúdicos y de vanguardia.

La admisión por parte de la Organización Mundial de la Salud de la existencia de 450 millones de adictos a los derivados del opio, 300 millones de consumidores de hachís y marihuana, y más de 400 millones de adictos a los derivados de la cocaína, da una aproximación de lo que ha acontecido en Occidente: en una visión histórica, evolutiva y vacía de contenidos iniciáticos, el consumo de sustancias psicoactivas ha dado paso a los diagnósticos clínicos de abuso y dependencia.

La Asociación Americana de Psiquiatría define el abuso de sustancias tóxicas como el consumo perjudicial de las mismas, y la dependencia como la tolerancia progresiva de la droga y la aparición de síntomas de abstinencia al interrumpirse su toma.

Los más importantes puntos de mira de la investigación clínica actual consideran entre los factores de riesgo que predisponen al inicio de conductas adictivas, los aspectos genéticos, ciertos rasgos de personalidad y factores psicosociales.

Los opiáceos. La característica primordial de la dependencia es el irrefrenable deseo de consumo, ligado al *flash* placentero inicial, a la dependencia psicosocial posterior y a la adicción física final. La heroína llega rápidamente al cerebro, y por ello su acción es más intensa y más buscada por los toxicómanos. A su consumo se asocian toda una serie de complicaciones clínicas que van desde la sobredosis —que puede llegar a la parada cardiorrespiratoria—, el síndrome de abstinencia y, cuando la administración es intravenosa, las tromboflebitis, el SIDA, las hepatopatías y otros cuadros tóxicos debidos a los adulterantes utilizados. En su tratamiento se incluyen técnicas medicobiológicas y psicosociales (psicoterapias y comunidades terapéuticas).

La cocaína. Así como en los últimos años se ha estabilizado el consumo de derivados del opio, la cocaína —sustancia de uso elitista hasta no hace mucho tiempo— ha aumentado su prevalencia a causa del abaratamiento de nuevos preparados (como el *crack*) que poseen un mayor poder adictivo. El inicio del consumo se produce a través de diferentes formas: experimental, lúdico o por inducción del entorno. A partir de aquí se producen una serie de tomas compulsivas hasta llegar a los criterios de adicción. El tiempo desde el primer consumo de la llamada «coca» o «nieve» hasta la dependencia varía desde el año y medio a los cuatro años, y es más corto cuanto más joven es el individuo. La búsqueda de sus efectos euforizantes y de reducción de la fatiga hacen que los consumidores habituales puedan pasar de la vía intranasal inhalada o fumada a la administración endovenosa. Además de graves complicaciones neurológicas y de la posible parada respiratoria, la intoxicación puede dar lugar a alucinaciones, crisis de ansiedad y paranoia.

El cannabis. La marihuana («hierba», «grifa», «kif») y el hachís («hash», «mandanga», «chocolate», «costo», «ful») son derivados de la resina extraída de las hojas de la planta *Cannabis Sativa*. Su consumo produce relajación y euforia, estados emocionales inapropiados, aumento del apetito y pasividad. También puede ocasionar labilidad emocional, despersonalización y síntomas de desconfianza y recelo. Crea dependencia y su síndrome de abstinencia, caracterizado por ansiedad, insomnio y disminución del rendimiento, debe ser rápidamente tratado.

Los inhalantes. Se trata de un grupo variopinto de sustancias volátiles (pegamentos, pinturas, gasolinas...) que se usan por no disponer de otros tóxicos como el *cannabis*.

Los alucinógenos. El LSD («tripi», «ácido»), que se consume por vía oral, provoca sensaciones euforizantes acompañadas a veces

de una distorsión de la percepción del tiempo y del espacio y de vivencias de irrealidad del entorno. En caso de complicaciones agudas, el «mal viaje», pueden presentarse auténticos síntomas de psicosis esquizofrénica.
La mescalina y los derivados anfetamínicos («éxtasis», «eva») poseen acciones estimulantes y alucinógenas, que han incrementado su uso en los ambientes lúdicos y juveniles.
Los hipnosedantes y sedantes. Existen dos posibles vías de adicción a estas sustancias: el uso inadecuado de la medicación ansiolítica prescrita y la utilización de estas sustancias con fines placenteros. El cuadro de abstinencia se caracteriza por ansiedad, temblor e insomnio. Su tratamiento se basa en la sustitución por un fármaco de acciones parecidas pero de mayor tiempo de permanencia en el organismo, reduciendo su dosificación lentamente.

Conrad Surribas Figuls
Médico Psiquiatra

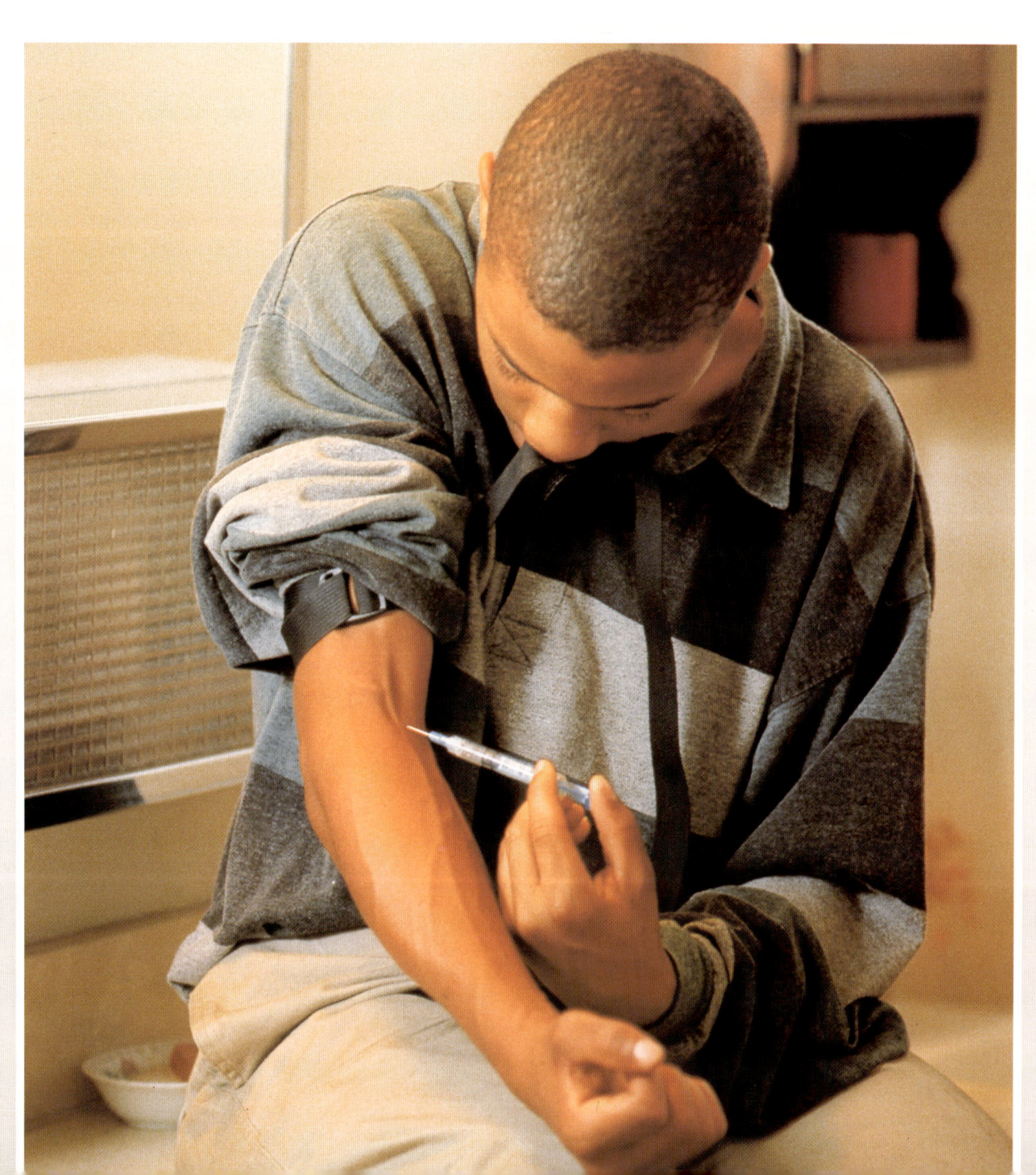

El efecto adormecido

Si un panadero, que nada tiene que ver con el mundo de la automoción, nos habla de las ventajas de un automóvil determinado es probable que no prestemos demasiada importancia a su información. Sin embargo, transcurrido un tiempo tenderemos a olvidar quién nos dio la información y en cambio el contenido de la misma ganará interés. Sólo disponemos de estudios de laboratorio para confirmar este fenómeno, conocido como efecto adormecido, que corresponde a la modificación de las actitudes que tiene lugar transcurrido un tiempo después del suceso que lo ha producido.

¿Qué obstáculos pueden impedirnos mejorar nuestra vida social?

A veces las personas se imponen a sí mismas una serie de razones o excusas que les impiden intentar mejorar sus relaciones sociales. Para poder discernir cuáles son en nuestro caso dichos obstáculos, seleccionaremos de la siguiente lista de excusas, aquellas que reconozcamos como propias:

• Tengo miedo de ser rechazado o herido.
• No sé cómo actuar ni qué hacer.
• Estoy demasiado ocupado.
• Nunca encuentro a nadie interesante.
• Soy demasiado nervioso, tímido.
• No sé dónde ir.
• No me gusta ir solo a ningún sitio.
• Creo en los encuentros casuales.
• No puedo cambiar.
• No vale la pena darse a conocer.
• Es culpa de la otra gente.
• Puedo equivocarme y hacer el ridículo.
• Tengo miedo de las relaciones íntimas.
• La gente puede criticarme.
• Tengo miedo de comprometerme.

escuchar activamente es importante para nuestras habilidades como conversador. Los mensajes pueden transmitirse de forma verbal con sonidos, afirmaciones o negaciones. Un «Sí, sí, ya veo» manifiesta la atención con toda claridad. También los asentimientos con la cabeza pueden servir a este efecto. En la escucha pasiva el sujeto no muestra signos externos de atención y la persona que habla puede tener la sensación de estar aburriendo con su discurso.

En cuanto a la forma más adecuada de iniciar conversaciones es interesante mencionar experiencias que han estudiado las frases iniciales utilizadas por personas asertivas en situaciones corrientes. Al contrario de lo que se podría pensar, no se usan frases sorprendentes o expresiones inusuales. Las formas comunes de iniciar conversaciones hacen referencia a temáticas sobradamente mundanas y cotidianas. Es más relevante la conducta no verbal que lo que se dice. No intenten plagiar una frase de James Bond para atraer a la chica encantadora que está sentada sola, con un libro, ante una mesa de la cafetería de la facultad de psicología, prueben con un simple «Hola, ¿te importa que me siente? ¿Qué estás estudiando?»

Tratamiento grupal

Los tratamientos centrados en el entrenamiento de las habilidades sociales se llevaron a cabo inicialmente de forma individual. Sin embargo, cada vez proliferan más los programas grupales que parecen ofrecer una serie de ventajas inalcanzables de otro modo. Los grupos facilitan la representación de situaciones en las que se incluyen distintas personas, de manera que los ensayos conductuales presentan mayor similitud con la escena real de la vida cotidiana. Por otro lado, los miembros del grupo poseen unas características similares, aspecto que facilita el aprendizaje por imitación (modelado). Esto quiere decir que cuanto más se asemeje el modelo a las características de la persona que debe aprender de él, mejor será el modelado.

He aquí algunos ejercicios grupales, destinados a hacer más didácticas y enriquecedoras las sesiones.

Ejercicios de calentamiento: se utilizan con la intención de cohesionar el grupo al inicio del entrenamiento.

a) Los miembros del grupo deben pasarse una pelota de uno a otro diciendo en voz alta el nombre de la persona a quien le tiran la pelota. Si alguien se equivoca, se le devuelve la pelota diciendo el nombre correcto.

b) Se forman parejas y se les dejan diez minutos para que entablen conversación, durante los cuales cada miembro de la pareja debe hacer una breve descripción de sí mismo en cinco minutos. Posteriormente se reúne de nuevo el grupo y cada participante hace una breve descripción de su compañero.

c) Dibujar un objeto de a dos, de forma que ambos miembros de la pareja tomen el lápiz simultáneamente, es una interesante manera de congeniar.

Ejercicio para la distinción entre conductas asertivas-pasivas-agresivas:

Después de una instrucción adecuada acerca de los distintos tipos de conductas sociales, se reparten en el grupo una serie de tarjetas de colores, tres para cada miembro del grupo, una indicará conducta asertiva, otra pasiva y otra la agresiva. Seguidamente se le plantea al grupo una serie de escenas y después de que cada participante haya levantado una tarjeta se discute el tipo de conducta en grupo.

Ejercicio para la entonación: Los sujetos se reparten en parejas y se colocan uno enfrente del otro. Sucesivamente uno de ellos debe decir «sí» mientras el otro dice «no». Pueden cambiar todas las formas de entonación, volumen y conductas no verbales, pero no se puede alterar el contenido.

Capítulo 18
LA INFLUENCIA DEL GRUPO

LA INFLUENCIA DEL GRUPO

Roles, conformidad...

En muchas ocasiones nos podemos preguntar si las decisiones que tomamos son realmente nuestras o si, por el contrario, están alteradas por la influencia que otros ejercen sobre nosotros. Si tenemos que elegir entre comprar una prenda de vestir u otra, entre un alimento rico en fibras o uno con un bajo contenido en colesterol nuestra decisión estará determinada por diversos elementos como son la moda, la publicidad, la opinión de los expertos en dietética, etc.

Sin duda, no podemos escapar a cuestiones tan básicas como la cultura en la que vivimos que, queramos o no, hará que nuestra conducta social se adapte a ella. Así, por ejemplo, en la cultura occidental la mujer no se cubre el rostro con un velo, como hace la mujer musulmana tradicional, ni los hombres se descalzan para entrar en un templo católico.

La influencia social que se ejerce sobre cada persona puede tener multitud de causas y elementos distintos, pero la influencia que ejerce el grupo sobre cada uno de sus miembros es una de las más potentes que podemos estudiar.

Se puede definir un grupo como dos o más personas que se relacionan y se influyen la una a la otra por un tiempo determinado de amplia duración. No obstante, si consultamos los diccionarios comprobaremos que se lo define como un «conjunto de varios cuerpos agrupados o unidos», o bien, «como un corrillo de varias personas», u otras acepciones variadas.

Está claro que las definiciones no son coincidentes y esto se debe a que los psicólogos sociales tratan de concretar para determinar mejor los elementos constitutivos e intervinientes del grupo. Por ejemplo, nos podemos encontrar con otras personas en la cola de un cine o de cualquier supermercado, o ser un pasajero del tren de las 7 de la mañana con dirección al centro de la ciudad, donde coincidimos todos los días un número de viajeros con el mismo destino. Sin embargo, estas situaciones no hacen que formemos parte de un grupo, dado que no podemos afirmar que lo seamos los que estamos en la cola del cine, aunque todos tengamos la actitud de no permitir que nadie se cuele, o los del tren, que no entablaremos conversación con los demás viajeros a no ser que los conozcamos por otros motivos.

Desde una visión clásica de la psicología, los miembros que integran un grupo comparten intereses y objetivos que hacen que todos caminen en la misma dirección. Además, los componentes del grupo señalan una serie de normas que limitan las relaciones y actividades que realiza la totalidad del grupo, dinamizada por un reparto de papeles (roles) establecidos entre los distintos miembros.

Finalmente, surgen siempre atracciones y/o rechazos entre los distintos componentes del grupo, que marcan entre ellos diferentes niveles de funcionamiento, de comunicación y de influencia recíproca.

¿Quién es quién en un grupo?

Los grupos se forman por muy diversas razones, desde la más simple de las espontaneidades, como puede ser un grupo de adolescentes, hasta la organización militar más sofisticada, como es una unidad de élite. Pero sin lugar a dudas, una de las cuestiones más relevantes de la estructura grupal es el rol, que se puede definir como un conjunto de conductas o funciones que se adaptan a la posición que una persona ocupa dentro de un determinado ámbito social. Se puede describir una larga lista de normas para nuestro rol de padre, o de mecánico, o de cualquier otra actividad de nuestra vida cotidiana; por lo que queda bastante claro es que una misma persona puede adoptar —y de hecho así lo hace— diferentes roles a lo largo de un solo día. Uno de los requisitos básicos de cada uno de los roles es cumplir las normas que conlleva, de modo que si en mi rol de padre no cumpliera las normas básicas (por ejemplo, dar de comer a mis hijos), o en mi rol de mecánico (saber reparar las averías), estaría justificado que perdiera esos roles. Por supuesto, existen normas que no consideramos tan básicas y que no influyen determinantemente en nuestro rol de padre, y mucho menos aún en la pérdida de este rol (como por ejemplo, consentir muchos caprichos a nuestros hijos).

La influencia del grupo sobre cada uno de sus miembros es muy potente. Se habla de grupo cuando un número de individuos se relacionan e influyen entre sí, y comparten metas.

En general, las pandillas de adolescentes se forman espontáneamente, en base a ciertas afinidades. Como en todos los grupos, cada uno de los miembros cumple un rol determinado y surgen entre ellos situaciones de alianza, competencia, rechazos y atracciones.

Juego de roles

Pero ¿se puede hacer juego de roles? ¿Qué consecuencias puede tener el jugar un rol específico aunque sea de una forma ficticia? Las investigaciones de Philip Zimbardo en este sentido son más que concluyentes. Este investigador reprodujo en la Universidad de Stanford una gran cárcel y utilizó estudiantes universitarios para representar diferentes papeles elegidos al azar (mediante el lanzamiento de una moneda); unos representarían el papel de presos y otros el de guardianes. Para que todo estuviera en consonancia, a unos se les suministraron equipos completos de guardián (que incluían porras y silbatos) y se les dijo que tenían que hacer cumplir una serie de normas carcelarias. Por su parte, los presos fueron encarcelados en celdas sin ningún tipo de adorno y se les vistió con algo parecido a una sábana blanca. Transcurrido un día desde el comienzo del «juego de roles», la situación carcelaria se apoderó literalmente de todos los participantes, incluidos los observadores externos que solamente se encontraban presentes para controlar el experimento (investigadores). Los que representaban el papel de guardianes ideaban actividades crueles para los presos con afán de degradarlos y humillarlos. Los presos se hundían en una conducta de apatía total o bien se negaban a realizar las actividades. Mientras tanto los observadores externos tenían que mantener la «seguridad de la cárcel». Conforme pasaban los días, se fueron agudizando los comportamientos hasta el punto de que se perdieron los criterios de identidad, es decir, que cada cual creyó ser fielmente lo que estaba representando. Un experimento planteado para dos semanas se tuvo que interrumpir al sexto día, ya que se calificó de espantoso lo que estaba sucediendo. La conclusión es que al asumir determinado rol, podemos llegar a una identificación total con el papel representado.

Por otra parte, la representación de un rol puede servirnos para aprender determinadas habilidades de las que en principio carecemos, o incluso podemos conseguir superar algunos problemas menores que nos perjudican en nuestra vida cotidiana. El psicodrama es una de las técnicas psicoterapéuticas que intentan alcanzar este objetivo. En los programas y campañas que se llevan a cabo en la Universidad de Alicante, España, para prevenir el consumo de drogas entre los jóvenes, se utiliza el «juego de roles» como una forma de aprender comportamientos para mantener la salud, mediante situaciones simuladas de iniciación al consumo de drogas. También se utilizan para contrarrestar la presión que ejerce el grupo de iguales que muchas veces, sobre todo entre preadolescentes y adolescentes, es tal que puede inducir a cambiar comportamientos de salud por otros de consumo. Enseñando a los jóvenes estrategias que permitan mantener una postura sana frente al grupo, se evitan situaciones futuras que pueden ser de alto riesgo para el consumo de drogas.

El hecho de adoptar un rol durante un período de tiempo prolongado puede llevar a asumir determinados patrones de comportamiento propios de ese rol, aunque en un principio se luche por no caer en determinados tópicos del mismo. No es difícil encontrar profesionales de la salud (médicos, enfermeras, celadores...) que después de un tiempo ejerciendo su profesión en un centro hospitalario, empiezan a mostrarse más «deshumanizados» con los pacientes. Por supuesto, el desempeño de estos roles conlleva una serie de problemas asociados a la propia supervivencia psicológica de quien los ejecuta. Algunas investigaciones han demostrado que estos profesionales pueden llegar a vincularse emocionalmente (compasión, afecto, cariño, simpatía, etc.) con alguno de sus pacientes que va a morir, hecho que provoca frustración e indefensión, unidas a una sensación de impotencia ante los acontecimientos que no se pueden controlar. No es de extrañar, por lo tanto, que estos profesionales acaben «protegiéndose» a sí mismos en el desempeño de su rol. Algunas investigaciones han aportado datos sobre otro tipo de roles, como es el de la persona que trabaja de ayudante y que puede generar con el tiempo una alta dependencia de sus superiores, llegando incluso a desarrollar falta de seguridad en sí misma.

Los grupos cambian

Los grupos siguen una serie de normas comunes elaboradas y aceptadas por sus miembros, pero que con el tiempo pueden cambiar por diferentes motivos: la variación de los objetivos del grupo, de los miembros, de las actividades, etc. En referencia al cambio de posturas y opiniones, si se comparan diferentes clases de grupos de discusión, los que finalmente resultan más eficaces son aquellos en los que hay mayor número de oportunidades de participar activamente en la discusión. Ésta suele estar controlada por el líder del grupo, que es quien instiga a los demás miembros a la participación. Si el líder que lleva la discusión es «natural» (lo que significa que no se impone por parte de ninguna instancia

PREGUNTAS Y RESPUESTAS

■ **Encontré a mi jefe con unos amigos en el teatro y resultó ser una persona encantadora, no parecía el mismo del trabajo. ¿Cómo podría explicarse?**

▶ Las personas solemos comportarnos en función del rol que desempeñamos en cada situación. Así, su jefe, cuando se encontraron, no asumió el rol de superior sino el de conocido, y actuó acorde con él.

Dentro del conjunto social los individuos cumplen diferentes roles, es decir, ejecutan una serie de funciones que responden a la posición que ocupa la persona dentro de un determinado ámbito.

Liderazgo: una puerta abierta al éxito

Solamente con el hecho de pronunciar la palabra «líder» se puede dar la sensación de que se está hablando de éxito. Pero, ¿por qué? ¿Qué tiene el líder que no tengan todos los demás? Contestar a preguntas como ésta o saber si el líder nace o se hace, o qué poder real tiene, puede parecer muy complicado. Sin embargo, la psicología social ha dado respuestas a la mayoría de estas cuestiones. El papel de líder tiene una trayectoria más amplia y clara en algunos contextos específicos, como las organizaciones (empresas, instituciones, etc.) y la política (donde se habla de líder «carismático», entendida esta cualidad como un don especial para arrastrar a las masas); pero, en general, cualquier grupo tiene un líder que marca las pautas a seguir por todos los demás.

Imaginemos que hemos asistido a un acto político y analizamos las características del orador, como simples espectadores, sin tener en cuenta nuestra ideología política. En primer lugar, tendremos que valorar la capacidad de entusiasmo que logra generar en el público con sus palabras y expresiones, así como con su imagen personal. Posteriormente observaremos la capacidad de dominio de la situación que posee y hasta qué punto el público estaría dispuesto a seguirlo sin condiciones (no existe líder sin partidarios). En tercer lugar, nos plantearemos si el orador es capaz de dirigir las acciones de sus seguidores, si puede reducir las tensiones colectivas que se produzcan e incluso si logra aprender de las manifestaciones de su público. Finalmente habrá que considerar si el político que está dirigiéndose al público es además una persona que ha sido elegida por la mayoría para representar sus intereses ante diferentes estamentos. Luego, teniendo en cuenta las características analizadas podremos deducir si estamos ante un líder y si su liderazgo se puede considerar estable y duradero.

El líder ejerce una gran influencia sobre los demás, situándose como la persona de máxima autoridad de su grupo. La relación que se genera entre él y el conjunto es mutua, de tal forma que el líder es el encargado de suministrar a los miembros del grupo todos los recursos que considera necesario y valioso y que por ellos mismos serían incapaces de conseguir. En contrapartida, los componentes del conjunto le dan al líder mayor autoridad, prestigio, estima y poder. Desde esta perspectiva ser líder es tener una puerta abierta al éxito, pues de lo contrario no habría liderazgo.

El líder ¿nace o se hace? Este tipo de preguntas siempre son complicadas de responder, pero los argumentos más objetivos se inclinarían por la primera opción, es decir, nace. No obstante, la cuestión no queda así zanjada, ya que se pueden poseer los rasgos de un líder sin por ello serlo. Si analizáramos un gran número de personas elegidas al azar encontraríamos un porcentaje amplio de individuos con rasgos de líder, y esto no significa que lo sean. Además de tener estas características hay que desarrollarlas adecuadamente para llegar a ser líderes. Algunos estudiosos han comprobado que, cuando el líder es elegido, la implicación y expectativas de los seguidores es mucho mayor que cuando es designado. El poder del líder radica en su autoridad, que se traduce, en primer lugar, en un mayor manejo de la información —posee más información en cantidad y calidad que los demás, y es capaz de manejarla adecuadamente—. En segundo lugar, capacidad para castigar. Esto no significa que la utilice continuamente, sobre todo porque el castigo no es el procedimiento más idóneo para las relaciones interpersonales, pero el hecho de poder hacerlo lo convierte en un instrumento muy potente de poder. En tercer lugar, puede utilizar la recompensa («premio»), que como demuestra la teoría del aprendizaje sirve básicamente para alentar y mantener una conducta o comportamiento. En cuarto lugar, el líder cuenta con la legitimidad, es decir, la relación de influencia que se establece entre quien la desencadena (líder) y quien la recibe (seguidores, grupo...). Finalmente, también cuenta con la base de la referencia: los seguidores o miembros del grupo experimentan un fuerte deseo de parecerse al líder, de identificarse con lo que él representa, dice o hace. Un ejemplo cotidiano es el de la publicidad, que presenta modelos que, por su atractivo, hacen que uno se quiera parecer a ellos y en consecuencia compre el producto que se patrocina. Hoy en día asistimos a un espectacular auge del llamado «culto al cuerpo», mediante anuncios publicitarios de hombres y mujeres de físicos «perfectos» que se convierten en auténticos modelos (líderes) a seguir, y son una referencia para la mayoría.

José A. García Rodríguez
José Joaquín Mira Solves
Psicólogos. Catedráticos de Psicología Social

LA INFLUENCIA DEL GRUPO

superior sino que emerge del propio grupo), habrá un mayor número de cambios por parte de los demás miembros del grupo. El elemento primordial en la discusión del grupo para que el cambio de normas sea más rápido y eficaz consiste en romper con el sistema de valores tradicional antes de adoptar otro nuevo.

¿Es contagioso el comportamiento?

La pregunta es en sí misma absurda. Sin embargo, ¿a quién no le ha llamado la atención lo influenciables que podemos ser cuando nos hallamos ante la presencia de un grupo social que se comporta de manera uniforme? En este caso, y como hemos visto en algunos ejemplos, aun sin ser plenamente conscientes de lo que está sucediendo, solemos comportarnos exactamente igual que el grupo. Es lo que en psicología social se denomina «conformidad».

¿Nunca ha sentido, paseando por la calle, la curiosidad de mirar en la misma dirección que lo hace un grupo de personas? ¿Por qué pasa la gente sobre el cuerpo tendido de una persona en la calle sin detenerse a ayudarle y, en cambio, si dos o tres personas se detienen entonces lo hacen muchas más?

Los productores de series para televisión han encontrado en los estudios psicológicos sobre conformidad una solución a sus problemas de audiencia. Las series cómicas para la televisión introdujeron hace años las risas, aplausos y carcajadas de espectadores ficticios, los que nunca se ven, como medio para «contagiar» la risa. Esas risas o aplausos inducen a comportamientos iguales a los de los espectadores invisibles y, aunque al televidente no le haga mucha gracia la serie, al menos sonríe con ella.

En 1937 Muzafer Sherif se preguntó por qué se producía este fenómeno. A Sherif le resultaba sobre todo sorprendente que la mayoría de las personas, incluido él mismo, fueran tan influenciables por el grupo. Sherif pensó que el conformismo podría deberse a una necesidad interna de control de la situación que lleva a reducir al máximo cualquier incertidumbre de alrededor, como la que produce en una persona el ver a un grupo comportándose de una forma distinta que la suya, lo que la induce a hacer lo mismo para no sentirse diferente. Ese deseo natural de buscar la cohesión-congruencia con el grupo social, evitando los conflictos con él, es una de las explicaciones más extendidas. El propio Sherif pudo comprobar su idea.

Valiéndose de un fenómeno llamado autocinético, que consiste en la ilusión óptica producida por un punto luminoso inmóvil que parece estar en permanente movimiento cuando no hay referencias espaciales en las que basarse, pidió a estudiantes que dijeran cuánto

¿Qué tiene usted de líder?

Alguna vez se habrá preguntado si su influencia sobre los demás es alta, si sus opiniones se tienen en cuenta y sus sugerencias se siguen, o hasta qué punto se le escucha y se le entiende, o bien, si en algún momento alguna de sus ideas ha sido seguida por un grupo. En una palabra, si tiene algo de líder. Podrá tener una respuesta respondiendo al siguiente test y autoevaluándose.

Lea atentamente las frases que siguen y conteste Verdadero o Falso de acuerdo con su propia vida o experiencia. No hay respuestas buenas, ni malas.

1. *Dispongo de mucha información acerca de:*
    a) La actualidad .... V - F
    b) Mi profesión .... V - F
    c) Mis amigos, conocidos y compañeros de trabajo .... V - F
2. *Cuando cuento o comento alguna de mis ideas a los demás:*
    a) Me escuchan con mucho entusiasmo .... V - F
    b) Me entienden perfectamente la primera explicación .... V - F
    c) La ponen en marcha inmediatamente .... V - F
3. *Mis amigos, conocidos y compañeros de trabajo:*
    a) Cuentan conmigo para cualquier actividad .... V - F
    b) Si yo no estoy, aplazan las actividades hasta que vuelvo .... V - F
    c) Me piden consejo para cualquier cosa .... V - F
4. *En situaciones difíciles de conflicto y/o disputas:*
    a) Consigo siempre apaciguar a los demás de una forma rápida ..... V - F
    b) Las veo venir, y consigo evitar que se desencadenen .... V - F
    c) Convenzo a los demás de que no merece la pena llegar a esa situación .... V - F
5. *Si hay elecciones (sindicales, asociaciones de padres, asociaciones de vecinos, sociedades recreativas, deportivas, consejos escolares, etc.):*
    a) Si me presento como candidato, soy elegido con seguridad ...... V - F
    b) Mis compañeros me animan continuamente a que me presente ... V - F
    c) Cada vez que me presento, salgo elegido .... V - F

La capacidad de liderazgo que usted tiene es proporcional al número de respuestas V que tenga. A mayor número de respuestas verdaderas mayor capacidad de liderazgo posee.

■ **Mi hermano paga gustoso sus impuestos y nunca intenta desgravar lo que no debe. ¿Cómo se explicaría esto desde la psicología social?**

➡ Se explica mediante el concepto de conformidad. Su hermano debe sentirse plenamente integrado en un grupo social (en este caso el Estado), y cumple sus normas.

se movía este punto. En estas condiciones los sujetos afirmaban que el punto se movía 4 cm a la derecha, o 12 cm a la izquierda, según los casos. Todos se mostraban más o menos convencidos de sus respuestas pero, cuando entraban en la habitación varios a la vez y entre todos intentaban ponerse de acuerdo sobre la dirección y magnitud de movimiento, Sherif descubrió que los sujetos se ponían de acuerdo entre sí espontáneamente y se creaba lo que él mismo llamó «norma grupal». Por lo general, cuando los sujetos veían el punto luminoso en grupo, tendían a dar las mismas respuestas, y de este modo afloraba el consenso entre todos (norma grupal). Esas respuestas que constituían la norma grupal se repetían cuando volvían a estar solos, independientemente de lo que hubieran contestado la primera vez. De esta forma, el efecto de conformidad con la opinión de la mayoría empezó a popularizarse entre los científicos sociales.

La conformidad

Este efecto se describe como el cambio de conducta o de creencia que un individuo experimenta como resultado de la presión real o imaginaria de un grupo social. Debe distinguirse del mero cumplimiento ya que, en este último caso, el individuo actúa públicamente conforme a la presión del grupo, pero en privado manifiesta su desacuerdo.

En la Universidad de Columbia, Salomon Asch realizó el experimento sobre conformidad más popular y conocido. Asch se preguntó cómo se formaba esa norma grupal descrita por Sherif. Su planteamiento fue muy sencillo. Por un lado mostraba una cartulina con tres rayas —numeradas de uno a tres— de desigual tamaño. Por otro, una cartulina con una sola raya de tamaño igual a la número dos. A los sujetos que participaban en el experimento les preguntaba qué línea de la primera cartulina era de igual tamaño que la muestra. Planteado de esta forma, la tarea era bien sencilla y, salvo contadísimos errores, nadie dudaba en señalar la respuesta correcta cuando estaba solo. Sin embargo, estando en grupo las cosas cambiaban. Asch se puso de acuerdo con algunos de sus estudiantes para que se equivocaran a propósito. Cuando los cómplices de Asch empezaban a fallar y el sujeto del experimento oía sus respuestas, no podía dar crédito. Sin embargo, un 32 por ciento de los sujetos que participaron realmente en el experimento se comportaron igual que el grupo y señalaron como correcta una respuesta que era manifiestamente errónea. Sólo un 26 por ciento de los sujetos experimentales se mantuvieron firmes en sus respuestas.

Asch diferenció así entre sujetos independientes, que desde el primer mo-

Como los corderos de Panurgo que describió Rebelais, los humanos también tienden a hacer lo que hace la mayoría, a comportarse igual que el grupo, si bien lo hacen por «conformidad» con ciertas normas

LA INFLUENCIA DEL GRUPO

TABLA DE ENUNCIADOS DE R. F. BALES

Enunciado	Ejemplos
(1) Ser solidario	Bromear, ayudar, premiar, ponerse en el lugar del otro
(2) Relajación	Reírse, mostrar satisfacción, respirar profundamente
(3) Mostrarse de acuerdo	Comprender, asentir, aceptar
(4) Dar sugerencias	Insinuar, dar pie para, animar
(5) Opinar	Evaluar, expresarse, reflexionar
(6) Informar	Orientar, clarificar, confirmar
(7) Solicitar información	Buscar nuevas orientaciones, clarificaciones, confirmaciones
(8) Solicitar opiniones	Buscar nuevas evaluaciones, expresiones, reflexiones
(9) Pedir sugerencias	Buscar nuevas formas de acción
(10) Mostrar desacuerdo	Negar ayuda, rechazar
(11) Mostrar tensión	Retirarse del grupo, alterarse
(12) Mostrar oposición	Atacar a otro, autodefenderse

Enunciados 1-3 = Comportamientos socioemocionales positivos
Enunciados 10-12 = Comportamientos socioemocionales negativos
Enunciados 4-6 = Tareas. Intentos de resolver problemas
Enunciados 7-9 = Tareas. Preguntas

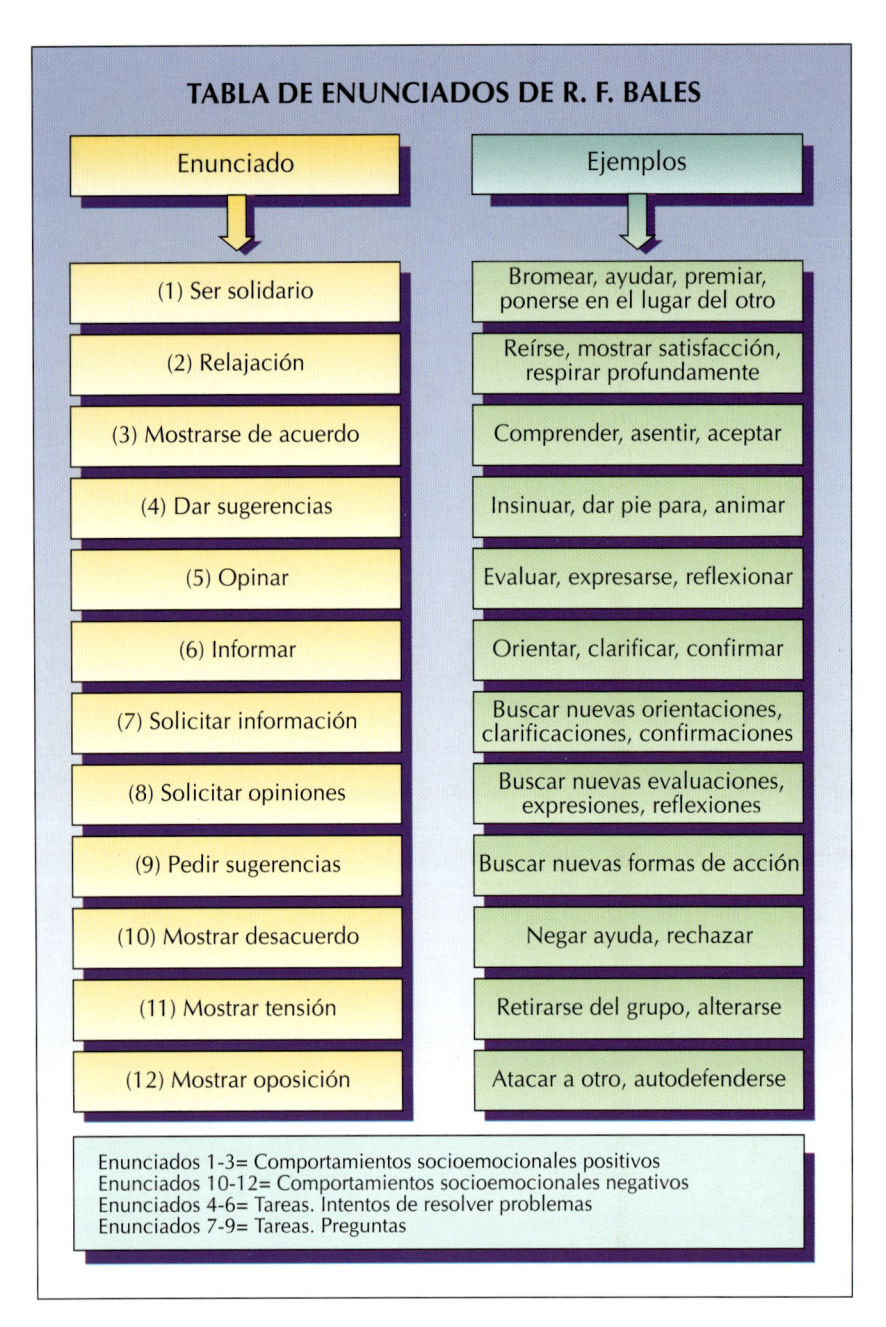

Tabla de los doce enunciados, con sus ejemplos correspondientes, que Robert Freed Bales estableció en 1950, y con los cuales proporcionó un sistema de clasificación de los comportamientos grupales.

mento respondían con confianza y firmeza, aunque mostraban tensión y dudas considerables; sujetos conformistas que creían firmemente en los demás a la vez que dudaban de sí mismos, y por esta razón adoptaban la opinión del grupo; y los que, sencillamente, no querían ser distintos a los demás y se dejaban llevar sin más por las opiniones del grupo.

El experimento de Asch ha sido repetido muchas veces, dentro y fuera del laboratorio. Andrea Alper, interesada en conocer hasta qué punto la conformidad impide obtener informaciones verídicas, se preguntó hasta dónde llegaría el efecto de conformidad. Ella pensó que quizá, tratándose de testigos de un delito, los sujetos actuarían con más prudencia al ser interrogados por la policía. Con esta idea comparó el testimonio de los mismos testigos obtenido primero individualmente y, después, en grupo; sus resultados pusieron de manifiesto que el grupo ejerció un poderoso efecto y los testigos en el grupo dieron mucha más información, pero en gran parte falsa.

La discrepancia

¿Cuándo es más difícil resistirse a ese efecto de conformidad? Lo primero a tener en cuenta es el tamaño del grupo. Las investigaciones han puesto de relieve que el número crítico para ejercer el máximo de influencia es distinto en función de la situación. Además, parece que existe un número mágico según los casos y que cuando el grupo es excesivamente grande pierde poder de convicción. En el experimento de Asch bastaban tres estudiantes cómplices para que el fenómeno del conformismo apareciera. En cambio, para solicitar firmas en una encuesta pública en medio de la calle, es mejor que haya otras cuatro firmas precedentes. Si no es así y no hay ninguna firma en el papel, o hay menos de dos o más de ocho, el individuo no experimenta la necesidad de firmar.

En ocasiones, aparece un miembro del grupo que es disidente o discrepante con el resto y que no se resigna a conformarse ni a soportar las distintas presiones que el grupo ejerce sobre él. El grupo suele confabularse contra el miembro o miembros discrepantes, por lo que el rol que juega se vuelve bastante complicado, ya que debe enfrentarse al grupo constantemente. En la mayoría de las ocasiones éste no es consciente de la magnitud de la discrepancia con el resto del grupo, pudiéndose encontrar muy cerca de las opiniones de los otros, sin que ni siquiera se dé cuenta de ello. El comportamiento grupal ante la presencia de un miembro que discrepa es en un primer momento de máximo acercamiento, hasta que se percibe que este miembro comienza a conformarse o bien se le considera un caso perdido. Si el tamaño del grupo es muy reducido, lo que con mayor probabilidad puede ocurrir es que el miembro que discrepa sea rechazado, siempre y cuando el grupo pueda seguir subsistiendo sin él. Si éste no es el caso y el grupo necesita de este miembro, puede llegar incluso a variar sus normas con el fin de que el miembro discrepante permanezca. Un ejemplo bastante gráfico de este último caso es el de un grupo de escolares que juegan un partido de básquet y el dueño de la pelota comete su quinta falta personal (que le haría abandonar el partido). Si se le cobra se llevará la pelota y el resto del grupo no podrá seguir jugando. Ante la expectativa de no poder continuar el partido, el grupo le permite saltarse las normas del juego.

Grupos pequeños, grupos grandes

Los procesos grupales tienen dos tipos de factores influyentes, por una parte los sistemas de clasificación y por otra el tamaño del grupo. Robert Freed Bales, hacia 1950, proporcionó un sistema de clasificación de los comportamientos grupales, dividiéndolos en doce enunciados fundamentales.

Con respecto al tamaño del grupo, se ha podido verificar que a menor tamaño mayor duración, frecuencia y profundidad de la relación entre sus miembros, y viceversa. Está claro que cuando el tamaño del grupo aumenta, la relación entre los miembros disminuye en calidad y cantidad, por lo que es menos satisfactoria. Así mismo, cuando el grupo cuenta con un gran número de miembros, las posibilidades de participación activa, el contacto personal y el tiempo de interacción (comunicación) entre sus miembros es sustancialmente inferior, por lo que es menos satisfactorio.

Los otros nos observan

Llegar a saber si la presencia de terceras personas puede cambiar el rendimiento, sea el que sea, ya se trate de un trabajo o de una diversión, es una de las preguntas capitales para medir la influencia dentro de un grupo. En el siglo XIX, el psicólogo Norman Triplett observó que los ciclistas tenían mejores rendimientos en sus tiempos si iban acompañados que si iban en solitario o contrarreloj. A partir de estas observaciones desarrolló algunos experimentos con niños en los que pudo comprobar que sus acciones eran más eficientes cuando estaban acompañados que cuando estaban solos.

A lo largo del siglo XX se han realizado diferentes estudios acerca del rendimiento de las personas en presencia de terceros, pudiéndose observar que en este caso la velocidad es mayor en la resolución de problemas referidos a mul-

El rendimiento de las personas cuando están acompañadas de otros es superior a cuando están solas. Ya en el siglo XIX, el psicólogo Norman Triplett lo verificó, analizando los tiempos empleados por ciclistas en pruebas individuales y grupales.

> *Las abejas, al igual que las personas que realizan un trabajo mecánico, cumplen mejor con su tarea si la comparten con otros miembros de su especie. Este mayor rendimiento ha sido denominado «facilitación social».*

tiplicaciones y se desarrollan con más precisión tareas de tipo mecánico. A este fenómeno se lo llama «facilitación social», y parece ser que puede observarse también en el reino animal: hormigas, abejas, pollos, etc. No obstante, hay que resaltar que estar en presencia de terceras personas no siempre significa mejorar la ejecución o el rendimiento, ya que se ha comprobado que también lo puede alterar. Los estudios así mismo han puesto de manifiesto que algunas tareas se ven altamente perjudicadas por la presencia de terceros, por ejemplo en la memorización de sílabas sin sentido, o en resolver la salida de un laberinto. También en el reino animal, una cucaracha tarda mucho más tiempo en salir de un laberinto si está en compañía que si se encuentra sola.

La presencia de los demás

Ante este panorama, hay que puntualizar que cuando se trata de tareas sencillas —donde lo más probable es que se ejecuten correctamente y lo difícil sea equivocarse, ya que son tareas bien aprendidas— la ejecución mejora en presencia de terceras personas, es decir, hay una influencia positiva; en cambio, cuando se trata de tareas más complejas —donde lo más probable es que la ejecución correcta no se encuentre entre las favoritas (no es la dominante) y lo fácil sea equivocarse— la ejecución empeora con la presencia de terceras personas, por lo que hay influencia negativa. La conclusión es que la excitación por la presencia de otras personas favorece las respuestas dominantes.

Estas apreciaciones han sido ampliamente verificadas por varios investigadores pero, ¿por qué una persona se altera y siente ansiedad ante la presencia de terceros, hasta el punto de provocar una mejor ejecución en las tareas sencillas y un fracaso en la ejecución de las complejas? Se puede comprobar que la sola presencia de otras personas cerca nuestro puede alterar nuestro ritmo cardíaco, hacernos transpirar más o acelerar nuestra respiración, y el efecto puede ser mucho más amplio en función del número de personas que se encuentren presentes. Para un futbolista en un estadio abarrotado de espectadores en una final de copa, con toda probabilidad la excitación llega a ser máxima, hasta el punto de fracasar en la ejecución de tareas muy sencillas, que teóricamente son automáticas por haberlas repetido y ensayado continuamente (como puede ser lanzar un penal y fallarlo). En ocasiones, la presión que ejerce sobre un comportamiento la presencia de otras personas es crucial en los resultados, por lo que la gran cuestión se plantea cuando esa presencia tiene por cometido evaluar esta conducta.

A solas o en público

La influencia de otras personas es mayor cuando éstas observan atentamente el rendimiento de alguien y lo evalúan. En alguna ocasión nos hemos podido sentir observados por otra persona cuando ejecutábamos una tarea difícil, y no hemos sido capaces de terminarla. Cuántas veces hemos oído: «no me mires que me pones nervioso»; pero ¿realmente un amigo, un conocido o incluso alguien muy cercano a nosotros puede llegar a incomodarnos de esa forma? El hecho de saber que nos están evaluando ¿nos hace más vulnerables en el desarrollo de una tarea, hasta el punto de hacer que nos equivoquemos? La influencia de una tercera persona sobre nuestro comportamiento se siente de distinta forma, dependiendo de quién sea o qué represente para nosotros esa persona. Tendrá mayor influencia la observación y evaluación de nuestro profesor de matemáticas, que la de nuestro compañero de pupitre; o bien, la de nuestro padre cuando jugamos al tenis, que la de un desconocido. La facilitación social se expresa fundamentalmente cuando las personas se sienten observadas y evaluadas, y hasta tal punto es así, que en presencia de observadores con los ojos vendados no se altera en absoluto la ejecución de la tarea.

Además, se ha comprobado que todos los animales, superiores e inferiores, aprenden que las consecuencias del comportamiento no serán iguales estando en presencia de otros que a solas. De hecho, gran cantidad de comportamientos los realizamos en la más profunda de las intimidades, en soledad absoluta, y es como mejor los desarrollamos (asearnos, defecar, desvestirnos...), y nos sentiríamos muy a disgusto haciendo estas cosas en público, tanto que llegamos incluso a inhibirnos. Las diferencias de estos comportamientos están marcadas, entre otras cosas, por el aprendizaje anterior de cada uno de nosotros entre lo que es o no es socialmente aceptable. Es importante remarcar el sentido que le dan a la facilitación social los animales, como que si existe una escasez de comida o agua, éstos aprenden rápidamente que deben pelear por el alimento. Los animales han aprendido a anticipar las consecuencias que acarrea el hecho de que estén o no presentes otros congéneres en determinadas situaciones límite. Pero lo realmente significativo en referencia a los animales es que no se puede afirmar que cuando éstos ejecutan una tarea se sientan observados y evaluados por otros, por lo que hay que pensar que pueden existir mecanismos innatos de excitación social que explican las diferencias en el rendimiento de los animales inferiores, según estén en presencia o ausencia de otros.

En los deportes, la presencia de público alentando a su equipo es importantísima para el rendimiento de los jugadores. Pero a la vez, un estadio lleno, en un partido definitorio, puede inhibir a un gran jugador y hacerle fallar.

LA INFLUENCIA DEL GRUPO

¿Es cierto que la densidad de población altera el comportamiento de los individuos?

Sí, y hasta tal punto que puede generar excitación. Así, en las rebajas podemos ver que muchas personas se entusiasman ante la multitud y se dejan llevar por un consumo desenfrenado.

Esconderse detrás de una máscara, e incluso adoptar las características del personaje, puede ser la ocasión que brinda el carnaval a los tímidos para desinhibirse y declarar un amor difícil de confesar.

Está claro que la presencia o ausencia de otras personas influye directamente en nuestro rendimiento y comportamiento, tanto individual como social, y que, conscientes de ello, nos planteemos preguntas como éstas: ¿Es más rentable trabajar con observadores y evaluadores presentes, o sin ellos? ¿En espacios grandes y abiertos donde no haya otras personas cerca, o en despachos cerrados? ¿Será mejor que nuestros hijos estudien con compañeros o solos? ¿Es preferible que mi marido me observe y me dé el visto bueno cuando me arreglo para salir, o mejor que me vea cuando ya he terminado de arreglarme? En la vida cotidiana surgen permanentemente cuestiones como las enunciadas, acerca de la influencia que tienen los otros en nuestro rendimiento.

El anonimato nos protege

Cuando coincide que nos encontramos con un alto grado de estimulación y además nos vemos rodeados por un gran número de personas, nuestra identidad se difumina, y la probabilidad de que se altere el comportamiento individual aumenta y se traduce en una disminución de las inhibiciones que nos puede llevar desde situaciones de enfrentamientos, que van desde los leves (insultos en un campo de fútbol, silbidos en un acto político...), hasta graves de carácter lesivo y destructivo (torturas, juicios populares con linchamientos, insurrecciones...).

Estos tipos de comportamientos son frecuentes en lo que se denomina la «desindividualización»; es decir, aquellas situaciones grupales que promueven el anonimato entre sus miembros. Pero, para que el proceso de desindividualización se presente, han de darse algunas condiciones que lo favorezcan. En primer lugar el anonimato, ya que de lo contrario el individuo puede ser identificado por las restantes personas del entorno; en cambio, si no se lo reconoce no habrá posibilidad de castigo, evaluación, crítica, etc. El anonimato tiene un gran poder positivo y/o negativo, convirtiéndose en un arma de doble filo. Por ejemplo, muchas de las fiestas populares que se basan en utilizar disfraces que hacen irreconocibles a las personas, como las de carnaval. De esta forma se desinhiben y son capaces de declarar su amor, de cantar, bailar y, llevado al extremo más negativo, de asesinar a otra persona, como ocurre todos los años en los carnavales de Río de Janeiro.

La segunda condición es la responsabilidad, que en determinados grupos se suele diluir y es difícil atribuírsela a una sola persona. Supongamos una situación en un aula de escolares: en el momento en que se ausenta momentáneamente el profesor, los niños se alborotan lanzando por los aires papeles y otros objetos. Cuando vuelve el profesor y busca a los responsables, éstos se han diluido o difuminado en el grupo. Como claros ejemplos de comportamientos antisociales efectuados en grupo están las acciones de bandas terroristas o los grupos racistas radicales, en los que sus miembros suelen aparecer encapuchados como expresión de anonimato y difuminación de la responsabilidad.

Una tercera condición es la presencia física del grupo, que proporciona modelos de acción a seguir por los miembros en su conjunto de tal forma que la acción de unos pocos puede fomentar la misma acción en los otros, y así sucesivamente, con lo que se consigue que grandes masas de personas lleven a cabo comportamientos coordinados (por ejemplo, «hacer la ola» en un campo de fútbol).

Según la teoría de la autopresentación, la conducta desindividualizada se hace invisible, ya que cuando una persona es plenamente identificable por los demás y tiene conciencia de sí misma, su conducta social se tiñe por el «qué dirán»; es decir, le preocupa lo que piensen de ella los demás en su presencia, en su ausencia y sobre su comportamiento público. Si se tienen en cuenta estas cuestiones, se pueden prevenir comportamientos desindividualizados en los hijos adolescentes dándoles consejos de este tipo: «Diviértete mucho en la fiesta, pero recuerda siempre quién eres»; es decir, disfruta en grupo y del grupo, pero no pierdas conciencia de ti mismo; no pierdas nunca tu propia identidad. Y no hay que olvidar que el consumo de determinadas sustancias (alcohol, por ejemplo), favorece la pérdida de conciencia de sí mismo y, por lo tanto, incrementa la conducta de desindividualización.

Prisioneros del espacio

Es frecuente que, en algunas ocasiones, a la mayoría de nosotros nos falte espacio físico para encontrarnos bien, o que tengamos la sensación de que nos falta ese espacio. La presencia de otras personas a nuestro alrededor se puede volver agobiante y hacernos sentir hacinados. Es lo que ocurre en un transporte público a la hora punta, en un atasco de tránsito o en un ascensor abarrotado. Estas situaciones son generadoras de estrés y conducen normalmente a la frustración. Imaginemos cómo podríamos acabar, si fuésemos en dirección al otro extremo de una gran ciudad, a una entrevista concertada para conseguir un puesto de trabajo y nos viésemos sumergidos en un colapso circulatorio que nos retuviera por tiempo indefinido.

Con sobrada razón se ha hablado de la «multitud solitaria» que aísla al individuo. El acercamiento extremado de los seres humanos en las grandes ciudades puede producir sensación de agobio y hacinamiento, de falta de espacio, con su secuela de angustia y estrés.

Todos estos planteamientos son sentimientos subjetivos de agobio o hacinamiento, que dependen normalmente de cómo se vea la situación en cada momento. Como muestra de esta subjetividad, un equipo de investigación de la Universidad de Yale, dirigido por Judith Rodin, llevó a cabo un experimento en el que se introducía en un ascensor a una persona acompañada por cuatro colaboradores (pertenecientes al equipo de investigación). Los colaboradores se situaban en sitios diferentes con cada persona que entraba en el ascensor, y que por supuesto era totalmente ignorante de que se estaba realizando un experimento. Las posiciones eran dos: una en la que dejaban a la persona «inocente» en el lado opuesto al de los botones que hacen funcionar el ascensor, y otra en la que el «inocente» quedaba junto a los botones. Cuando el sujeto salía del ascensor, los colaboradores le pasaban un cuestionario sobre el diseño y funcionamiento de ascensores. Los resultados fueron concluyentes: todos los sujetos que quedaron lejos de los botones se sintieron mucho más ansiosos y hacinados que los que estuvieron junto a los mismos y, según afirmaron, el motivo principal era la percepción de no poder ejercer control sobre el propio ascensor.

El trabajo en equipo no siempre es fructífero. En los casos en que no se evalúa a cada miembro por su trabajo y la tarea es anónima, el resultado final puede decaer.

¿ Cuando en la universidad nos reuníamos para hacer trabajos en grupo, nos costaba más tiempo y el resultado era mediocre ¿No debería haber sido al contrario?

➡ Cuando se trabaja en grupo con un mismo fin, el rendimiento acostumbra a ser inferior al esperado. Al difuminarse la responsabilidad entre varios, disminuye el compromiso y la identificación con el resultado.

Las apariencias engañan

¿Cuando se trabaja en equipo se suman los esfuerzos máximos de cada uno de los miembros del grupo, o el rendimiento medio de alguno de ellos se ve mermado? ¿Existen diferencias cuando se pueden medir los rendimientos de cada miembro del equipo por separado?. Los investigadores en psicología social han llegado a la conclusión de que, en multitud de ocasiones, la unión perjudica los resultados finales ya que aparecen «holgazanes» en el seno del grupo que impiden que los resultados sean óptimos. No sucede lo mismo cuando cada miembro del grupo se hace responsable del esfuerzo que le corresponde en la tarea común a realizar. Cuando existe una responsabilidad difuminada o difusa, no se evalúa a cada miembro por su parte de esfuerzo o trabajo y, además, si éste puede quedar en el anonimato, la cantidad de esfuerzo que imprime disminuye sustancialmente.

Se puede concluir que la influencia que ejerce el grupo sobre los demás se fundamenta en que la persona tenga conciencia de que su trabajo pueda ser identificado como suyo y que, por lo tanto, se evalúe y valore en su justa medida.

ENCICLOPEDIA DE LA PSICOLOGÍA

ENCICLOPEDIA DE LA PSICOLOGÍA

3

OCEANO

Es una obra de
OCEANO
GRUPO EDITORIAL

EQUIPO EDITORIAL

Dirección:
Carlos Gispert

**Subdirección
y Dirección de Producción:**
José Gay

Dirección de Edición:
José A. Vidal

* * *

Dirección de la obra:
Graciela d'Angelo

Ilustración:
Victoria Grasa

Diagramación:
Marta Masdeu
Manuel Esteban Cano

Colaboradores:
Xavier Caseras
Aurora Chiaramonte
Antonio Tello

Diseño de sobrecubiertas:
Andreu Gustá

Producción:
Antonio Aguirre
Antonio Corpas
Alex Llimona
Ramón Reñé
Antonio Surís

Sistemas de cómputo:
Mª Teresa Jané
Gonzalo Ruiz

© MMI OCEANO GRUPO EDITORIAL, S.A.
Milanesat, 21-23
EDIFICIO OCEANO
08017 Barcelona (España)
Teléfono: 932 802 020*
Fax: 932 041 073
www.oceano.com

Reservados todos los derechos. Quedan rigurosamente prohibidas, sin la autorización escrita de los titulares del copyright, bajo las sanciones establecidas en las leyes, la reproducción total o parcial de esta obra por cualquier medio o procedimiento, comprendidos la reprografía y el tratamiento informático, y la distribución de ejemplares de ella mediante alquiler o préstamo públicos.

IMPRESO EN ESPAÑA - PRINTED IN SPAIN

ISBN: 84-494-0864-4 (Obra completa)
ISBN: 84-494-0867-9 (Volumen 3)
Depósito legal: B-33936-XLI
9025600090701

EQUIPO DE REDACCIÓN

Dirección
JOSEP Mª FARRÉ MARTÍ
Jefe del Servicio de Psiquiatría y Medicina Psicosomática. Instituto Universitario Dexeus.
Past-Presidente de la Sociedad Española de Medicina Psicosomática.
Profesor de Psicología Médica. Departamento de Psiquiatría. Facultad de Medicina. Universidad de Barcelona.
Miembro Titular de la Association for the Advancement in Behavior Therapy de EE UU.

Secretaría Científica
JUAN MIGUEL CASAS HILARI

Colaboradores

Mercè Adalid Fuentes
Psicopedagoga

Arturo Bados
Profesor Titular de Psicología

Milagros Bárez Villoria
Psicóloga Clínica

Ramón Bayes Sopena
Catedrático de Psicología Básica

Blanca Brigos Hermida
Psicóloga

Juan Miguel Casas Hilari
Psicólogo

Xavier Caseras
Psicólogo

Manel Dionís Comas Mongay
Psicólogo. Profesor de Psicología

María Jesús Creus
Psicóloga

Eduard Estivill
Médico-Neurofisiólogo

Josep Mª Farré Martí
*Médico Psiquiatra.
Profesor de Psicología Médica*

Facund Fora
Psiquiatra

José Antonio García Rodríguez
*Psicólogo. Catedrático
de Psicología Social*

María Antonia Güell Roviralta
Psicóloga Clínica

Diana Guerra Díaz
Doctora en Psicología Clínica

Fernando Gutiérrez Ponce de León
Psicólogo

María Teresa Gutiérrez Rosado
Psicóloga

Carme Junqué Plaja
Profesora de Psicobiología

José Joaquín Mira Solves
*Psicólogo. Profesor Titular
de Psicología Social*

Marisol Mora Giralt
Psicóloga

F. Xavier Pellicer
Doctor en Psicología

Rosa María Raich
*Doctora en Psicología.
Profesora Titular de Terapia y
Modificación de la Conducta*

Joan Riera Riera
Psicólogo del Deporte

María José del Río
*Doctora en Psicología.
Profesora Titular de Psicología
del Lenguaje*

Cristina Romero
*Licenciada en Ciencias de la Educación
(Psicología)*

Francisco Sabanés
Médico Psiquiatra

Luis Salvador Carulla
*Médico Psiquiatra.
Profesor Titular
de Psicología Médica*

Rosa Sender Romeo
*Médico Psiquiatra. Profesora
de Psicología Médica*

Bárbara Sureda Caldentey
Psicóloga

Conrad Surribas Figuls
Médico Psiquiatra

Josep Toro
*Médico Psiquiatra.
Profesor Titular de Psiquiatría*

Rafael Torrubia Beltri
*Profesor Titular
de Psicología Médica*

Xavier Pellicer
Psicólogo

Conchita Puig
Médico Psicóloga

Sumario VOLUMEN 3

Capítulo 19. Las relaciones sociales   449

Las relaciones sociales
Agresividad, altruismo...   450
Altruismo vs. agresividad   450
Me siento frustrado, me siento agresivo   452
    ¿Puedo aprender a ser agresivo?   453
    ¿Qué situaciones disparan nuestra
    agresividad?   455
    Violencia y televisión: una mirada
    hacia el futuro   455
Te ayudo, pero no me debes nada   457
    Estudios de campo   458
    El buen samaritano   459
¿Por qué nos gustan las personas?   461
    La semejanza nos atrae   462
    La atracción es mayor con la proximidad   463
    El atractivo físico, ¿cuestión de sexo?   465
    La cumbre de la atracción: el amor   465
    Tiempo, sensatez, comprensión   466
    Medir el amor   467
    El amor apasionado   468
El conflicto: cuando todo se rompe   469
    Prejuicio: un falso retrato   470
    ¿Resolvemos el conflicto?   472

Capítulo 20. Comprender y controlar el estrés   473

Comprender y controlar el estrés
Una experiencia de nuestro tiempo   474
Situaciones y reacciones   474
Biología del estrés   476
    Las respuestas del cuerpo   478
De la experiencia de estrés al afrontamiento   480
    La percepción de la amenaza
    y los recursos   480
Haciendo frente al estrés   482
    Reducir la tensión   483
Los acontecimientos vitales   484
    Las catástrofes   485
Componentes del estrés   486
    La novedad nos desconcierta   486
    Quien espera desespera   486
    La cuestión de la probabilidad   488
    La amenaza de la incertidumbre   488
    «No se encuentran ateos en las trincheras»   488
    Desinformada ambigüedad   489
    Mejor en compañía   489

Cuestiones personales: ser vulnerables
al estrés   490
    Sensación de control   491
    Tolerancia a la ambigüedad   491
    Personalidad resistente   492
    Hombres y mujeres   492
Cómo saber si estamos estresados   494
    Descubrir estrés en el ambiente   494
    El tiempo «no» lo cura todo   495
    Descubrir cómo responde nuestro organismo   495
    Cómo interpretamos las situaciones   496
    El autorregistro   496
    Combatir el estrés con humor   497
    Ejercicio y estrés   498
El dominio del estrés   499
    Un problema con posibles soluciones   500
    Técnicas instrumentales y paliativas   501
    Modalidades de respuesta   501
    El Patrón A de conducta   502
    En situaciones reales   504

Capítulo 21. El dolor   505

El dolor
Un compañero inseparable   506
Un poco de historia   506
Un modelo simple de dolor   507
La compuerta del dolor   508
    Pociones antiálgicas   510
Fisiología del dolor   510
    ¿Dónde le duele?   512
    ¿Desde cuándo le duele?   513
    Dolor agudo   513
    Dolor crónico   513
    Acupuntura   514
    Los cinco ejes   515
Evaluación del dolor   515
Cuestionarios e instrumentos de medida   516
    El diario de dolor y las escalas analógicas   517
    Conductas de dolor   520
    Reacciones cognitivas   520
    Impacto del dolor   521
    Evaluación psiquiátrica   521
    Modalidades de conductas de dolor   522
Tratamiento del dolor crónico   523
    Pasos y metas   524
Conocer el dolor crónico   526
    Dolor y tensión muscular   526
    El papel de los ejercicios físicos   527

SUMARIO

El abuso de la medicación	528
El dolor en números	529
El estado emocional y la queja	530
Atendiendo al dolor	530
Dolor de muchos, consuelo de tontos:	
las cefaleas	532
La fibromialgia	536
Tratamiento farmacológico	536

Capítulo 22. Las somatizaciones — 537

Las somatizaciones	
«Usted no tiene nada...»	538
El «peregrinaje»	538
Problemas asociados	540
¿Qué factores predisponen a somatizar?	541
La perpetuación de los síntomas	543
La actitud del médico	544
Síntomas y evolución	545
Cómo enfrentarse a este trastorno	546
Modificar los hábitos	548
La hipocondría	549
Sufrir para nada	551
Causas de la hipocondría	552
Bases para el tratamiento de la hipocondría	553
Las técnicas de extinción de quejas	555
Técnicas de exposición a los síntomas	556

Capítulo 23. Estar y ser enfermo — 557

Estar y ser enfermo	
Reacciones ante el sufrimiento humano	558
¿Enfermedades o personas enfermas?	558
Ser vulnerables a la enfermedad	559
Los genes y la historia	560
Vivencia de situaciones estresantes	561
La capacidad de afrontamiento	561
Estudios sobre el proceso de enfermar	562
El enfermo ante la sociedad	563
El estilo de vida	563
Sentirse enfermo	564
Aprender a ser enfermo: la conducta	
de enfermo	565
Cooperar con el tratamiento	565
Cambiar las actividades	566
El «rol del enfermo»	567
La familia también sufre	568
La familia y el niño enfermo	568
La familia ante el enfermo crónico	570

Aspectos psicológicos de la hospitalización	572
A las puertas del quirófano	573
Información referente al procedimiento	
a seguir...	573
...y sobre las sensaciones	573
Sensación de control	574
Estrés y cáncer	576

Capítulo 24. Medicina psicosomática — 581

Medicina psicosomática	
La mente agobiada y el cuerpo sufriente	582
Un tipo especial de enfermedad	582
Cuando es demasiado tarde...	584
La dualidad mente-cuerpo	585
El pensamiento cartesiano	586
Medicina psicosomática: en busca de las raíces	587
Perspectivas sobre la enfermedad psicosomática	587
Freud y la histeria	588
Pavlov, un precursor	589
La escuela fisiológica	590
¿Cómo surge la enfermedad psicosomática?	591
Teoría de la personalidad específica	591
La «debilidad somática»	593
Dos sistemas en busca de equilibrio	593
Alarma, adaptación y agotamiento	593
La «muerte por Vudú»	594
El control sobre los órganos internos	594
El biofeedback	596
Aprender las respuestas viscerales	596
La alexitimia	597
La salud y los acontecimientos de vida	597
La última frontera: el sistema inmunológico	598
Distintos tipos de trastornos	599
Los trastornos psicosomáticos	600
Medicina psicosomática versus conductual	602
Psicología de la salud	603
Alexitimia: cuando las emociones castigan	
al cuepo	604
Enfermedades físicas	606
Aparato digestivo	606
Aparato cardiovascular	607
Aparato respiratorio	608

Capítulo 25. Los trastornos mentales — 609

Los trastornos mentales	
Cuando la mente sufre	610
Los trastornos de ansiedad	610

Los trastornos fóbicos	612
Agorafobia, fobia social y fobia simple	612
Los trastornos obsesivo-compulsivos	613
La depresión	615
La depresión mayor	615
Causas de la depresión	616
Trastornos del ánimo bipolares	618
La ciclotimia	619
La esquizofrenia	619
Distintos tipos de esquizofrenia	621
Trastornos esquizoafectivos	622
Trastorno delirante	622
Trastorno psicótico inducido	623
Trastornos disociativos y trastornos facticios	623
Trastornos mentales orgánicos	625
La demencia	628

Capítulo 26. La modificación terapéutica de la conducta   629

La modificación terapéutica de la conducta	
Terapias psicológicas y cognitivas	630
Las psicoterapias	630
Los principios generales	630
Los ingredientes	632
La sombra de Freud es alargada: el psicoanálisis	632
La asociación libre	634
Hechos y resultados	635
Terapias de conducta: metas definidas	636
Fórmulas para casi todo	637
La desensibilización sistemática imaginada	637
Desmenuzar la fobia	639
La relajación aplicada	641
La moda actual: «la exposición»	641
Las terapias cognitivas	642
Cuando los pensamientos duelen	642
Exagerando los síntomas, uno se cura	642
La reestructuración cognitiva	644
Identificación de los pensamientos automáticos	645
Los errores cognitivos	646
Modificar los pensamientos automáticos	648
Ejercicios para identificar pensamientos automáticos	650
Los experimentos conductuales	650
Accediendo a las creencias	650
Otras técnicas cognitivas	650
Stop a los pensamientos	651
El poder de la imaginación: la visualización	653
Cuando la realidad se resiste: técnicas encubiertas	653
Los psicofármacos	654
Los antidepresivos	654
Uso de los antidepresivos	655
Utilización en el trastorno obsesivo compulsivo	656
Utilización en la ansiedad fóbica	656
Uso clínico de los IMAOs	656
Uso clínico de los inhibidores selectivos de la recaptación de la serotonina	657
Los ansiolíticos	657
Uso clínico de los ansiolíticos	657
Fármacos antipsicóticos	658
Uso clínico	659

Capítulo 19

LAS RELACIONES SOCIALES

LAS RELACIONES SOCIALES

Agresividad, altruismo...

En la vida cotidiana tenemos un gran número de oportunidades de relacionarnos con los demás, de manifestar distintas reacciones ante los otros: con frecuencia tenemos un comportamiento agresivo contra alguien, o bien ayudamos a una causa que consideramos justa en forma desinteresada; en ocasiones nos atrae una persona hasta el punto de que llegamos a enamorarnos de ella, así como otra nos desagrada por el mero hecho de ser distinta a nosotros...

Altruismo vs. agresividad

Imaginemos que asistimos a un partido de fútbol en el que se enfrenta nuestro equipo contra su máximo rival. El partido está a punto de terminar y los nuestros pierden por un gol a cero por culpa de un arbitraje desastroso. Nuestra sorprendente reacción, incluso para nosotros mismos, es insultar ferozmente al árbitro cuando acaba de cobrar otra falta contra nuestro equipo, que consideramos injusta. Todos los que nos rodean profieren insultos y amenazas, algunas hasta de muerte, a las que nos sumamos. El partido finaliza y nuestra frustración hace que terminemos como el resto del público tirando algún objeto al paso del árbitro hacia los vestuarios.

En condiciones normales, no se nos ocurriría tirar nada a nadie, ni insultar, ni mucho menos amenazar de muerte a otra persona, pero en los momentos de máxima tensión del partido lo hacemos sin vergüenza, ni consideración de las consecuencias. Personas que normalmente no presentarían un comportamiento tan agresivo se dejan arrastrar por un acontecimiento que los desborda momentáneamente. Pero ¿realmente este relato está describiendo la agresividad? ¿Consideramos agresivo a nuestro vecino cuando se queja por enésima vez de los ladridos de nuestro perro? ¿Es agresividad «legal» ejecutar la sentencia de un condenado a muerte?

Una de las cuestiones más discutidas es la delimitación y el contenido del concepto de agresividad. El prestigioso psicólogo John Dollard desarrolló hacia 1939 una teoría de la agresión consistente y coherente. En ella se considera conducta agresiva a cualquier acto de la conducta humana que se orienta directamente a dañar a la persona hacia la que se dirige esta conducta. No obstante, no queda suficientemente claro si se consideran agresivos los comportamientos que son meramente intencionales (intención de hacer daño), pero que no se llevan a cabo. En el ejemplo anterior, el comportamiento de amenazar de muerte al árbitro se puede incribir dentro de esta categoría. ¿Es agresión?

Qué diríamos de la sustracción de una muela por el dentista, o de la extirpación de las amígdalas por el cirujano. Obviamente, la sociedad no considera que sean comportamientos agresivos, pero en sí mismos se pueden considerar como tales, teniendo en cuenta que la agresión es producir daño a otro, como han descrito algunos investigadores. Es indudable que no es sencillo clarificar el término agresión. Por eso se ha intentado,

PREGUNTAS Y RESPUESTAS

¿Significan lo mismo agresión y hostilidad?

No. Agredir es infringir daño a otra persona, mientras que la hostilidad es una actitud, una forma de interpretar la interacción con los demás. Una persona puede ser muy hostil, pero no llegar a realizar en ningún momento conductas agresivas.

más recientemente, dar un enfoque al problema desde dos puntos diferentes de referencia: de una parte tendríamos la agresión hostil, definida como aquella que busca únicamente producir daño y/o dolor a los demás (motivada por contenidos como la ira, la cólera, la venganza, etc.); y de otra parte, la agresión instrumental, que también busca dañar a los demás, pero sólo como medio para conseguir un fin concreto (dentro de esta categoría entran los secuestros, el terrorismo, las guerras, etc.).

Uno de los medios más interesantes de llegar al fondo de la agresión es la búsqueda de su origen. Las teorías basadas en los instintos, considerados éstos como una conducta innata común a una misma especie, muestran una explicación claramente biologicista que se apoya en la supervivencia.

Sintéticamente puede enunciarse de la siguiente manera: en los primeros momentos de la evolución del hombre, una de las «armas» fundamentales para la supervivencia de la especie es la agresión. La selección natural actúa como filtro para que sobrevivan aquellos que son más agresivos, y de esta forma se mantiene esta conducta instintiva hasta nuestros días. Los dos máximos exponentes de estas teorías son, por una parte Sigmund Freud y por otra Konrad Lorenz. Freud, hacia 1917, formula sus primeros comentarios acerca de la agresión y la etiqueta de «respuesta prima-

La tristemente célebre tragedia futbolística de Bruselas, en 1985, dejó 38 muertos. Excitados por el partido, los fanáticos ingleses atacaron a los seguidores del equipo italiano. Las teorías de la agresividad basadas sobre el instinto y la frustración postulan que el impulso agresor brota desde adentro.

La conducta agresiva de los animales se caracteriza a veces por despliegues de furor y otras por la agresividad silenciosa, que ocurre cuando el predador acecha a su presa. El etólogo Konrad Lorenz sostuvo que en los seres humanos, al igual que en los animales, el impulso agresivo es innato.

ria» a la frustración ante la búsqueda del placer o bien para escapar del dolor. A partir de estas aproximaciones, Freud desemboca en su idea de que el mayor instinto de agresión del hombre es hacia sí mismo (autodestrucción), por lo que la persona debe protegerse proyectando hacia afuera esa agresividad. Lorenz, en la década de los sesenta, y como observador de la conducta animal, considera desde el principio a la agresión más adaptativa que autodestructiva. Propone un modelo instintivo de la agresión, que explica mediante una acumulación del impulso de agresión, que termina liberándose ante la presencia de algún estímulo desencadenador; pero en ocasiones se puede dar una acumulación del impulso de agresión alto y desencadenarse ante un estímulo no adecuado. Describe, por ejemplo, algunos machos de peces tropicales que atacan únicamente a los machos de su misma especie, ignorando al resto de los peces de su alrededor. Si aislamos uno en un acuario, y solamente introducimos otro macho de la misma especie, comenzará a atacar a los machos de otras especies. Este hecho es el que Lorenz llama «incremento de la necesidad de agredir», que puede degenerar en el ataque a un objetivo totalmente inadecuado (por ejemplo, agredir a la hembra de su propia especie, a falta de otros peces).

Me siento frustrado, me siento agresivo

La relación entre frustración (vivencia real, o sentida como tal, de fracaso por no conseguir lo que se esperaba) y agresión también fue propuesta en la teoría de Dollar hacia 1939. Uno de los principios de su teoría es que cualquier forma de frustración produce irremediablemente un impulso agresivo, y añade que cualquier forma de agresión puede tener su origen en la frustración. Imaginemos una situación cotidiana: volvemos del trabajo a casa y nuestra esposa nos ha encargado algunas compras para la cena. Nos damos cuenta de que no llevamos dinero y paramos en el primer «cajero automático» que encontramos al pasar. Una vez efectuadas las operaciones pertinentes para extraer efectivo, comprobamos con estupor que la máquina se desconecta y se queda con nuestra tarjeta. Reaccionamos coléricamente golpeando la máquina e intentando que nos dé el dinero o, por lo menos, la tarjeta de crédito. Tras varios intentos continuamos el camino hacia casa, completamente frustrados, ya que no hemos conseguido el dinero, nos hemos quedado sin la tarjeta de crédito y, además, no llevamos el encargo para la cena. Indudablemente, al llegar a casa nuestra esposa deberá prestar mucho cuidado a lo que dice, pues lo más normal es que lleguemos muy «agresivos» y saltemos a la mínima insinuación, ¿qué ocurrirá? En esta situación se compaginan claramente los dos componentes descritos: la frustración que da paso a la agresión. No obstante, en muchas ocasiones no existe una relación directa entre lo que causa la frustración y el objeto hacia donde se dirige la agresión. A este fenómeno, denominado «desplazamiento», estamos muy expuestos en nuestra vida cotidiana. En tono de parodia lo podemos describir mediante una secuencia de agresiones desplazadas desde una fuente de frustración hacia un objeto de agresión diferente: mi jefe me echa una bronca y me humilla; yo aguanto el chaparrón por miedo al despido, pero al llegar a casa me desahogo insultando a mi esposa, que a su vez pega a mi hijo dos bofetadas acompañadas de gritos. Éste le da una patada al perro y le lanza piedras. El perro muerde al primero que puede, ya sea el lechero, el cartero...

¿Puedo aprender a ser agresivo?

La teoría sobre el aprendizaje social que formula y desarrolla Albert Bandura durante los años sesenta afirma que sí. Este investigador sostiene que existen dos formas de aprendizaje, por medio de la experiencia directa y/o por medio de la observación de la conducta de los demás. Sabemos que la experiencia directa está bastante bien regulada por los «premios» y los «castigos», tal y como promulgan las leyes del aprendizaje. Las consecuencias agradables («premios») de un comportamiento harán que se intente repetir ese mismo comportamiento en el futuro, y las consecuencias desagradables («castigos») de un comportamiento, por el contrario, llevarán a que se intente no repetirlo más en el futuro.

Gran diversidad de experiencias adversas, que nos excitan emocionalmente, están en el origen de los actos agresivos: las peleas callejeras, los insultos, la frustración, el dolor físico... El entorno familiar y social suele ser fuente de modelos agresivos.

LAS RELACIONES SOCIALES

El aprendizaje por observación de la conducta de los demás fue ampliamente demostrado en los trabajos de Bandura. En lo que se refiere a la conducta agresiva, los experimentos que llevó a cabo en 1961 demostraron la eficacia del aprendizaje por observación del comportamiento agresivo. Expuso a un grupo de niños de una guardería a dos tipos de modelos: uno agresivo y otro no agresivo. Se dividió al grupo en dos y mediante un espejo unidireccional un subgrupo pudo ver a un adulto agrediendo a un gran muñeco en una habitación y el otro a un adulto sentado en un sillón leyendo, sin hacer caso del gran muñeco. La reproducción por parte de los niños fue fiel: los que vieron al adulto agresivo tuvieron un gran número de conductas agresivas cuando fueron introducidos en la habitación con el muñeco; los del otro modelo no tuvieron comportamientos agresivos con el muñeco, sino que por el contrario, jugaron activa y pacíficamente con él.

Según esta teoría, la agresión se aprende mediante modelos, por lo que es factible aprender comportamientos de agresión mediante películas, fotografías, libros, y cualquier situación real o simbólica que contenga modelos (en el caso simbólico, los dibujos animados son instrumentos de aprendizaje de comportamientos agresivos perfectos para los más pequeños). El hecho tan cuestionado de que los niños vean películas violentas o con abundantes escenas de sexo, nos hace pensar en la necesidad de ejercer control sobre este tipo de situaciones, sobre todo cuando las conductas aprendidas pueden, en los casos más extremos, condicionar futuros comportamientos delictivos.

Los psicólogos sociales sostienen que la conducta agresiva se aprende, sobre todo, de la observación. Estudios realizados en Estados Unidos dieron como resultado que cuanto más agresivo era el contenido de los programas televisivos que miraban los niños, más agresivos eran éstos. Hoy la televisión nos ofrece nuevas oportunidades de observar una inmensa gama de acciones violentas.

¿Qué situaciones disparan nuestra agresividad?

Todos hemos tenido alguna vez comportamientos de agresión y sabemos que en cualquier momento se puede disparar nuestra agresividad. Pero ¿qué hace que esto suceda? Las investigaciones en psicología social han demostrado que existen determinados factores, situaciones o acontecimientos que por sus características pueden hacer aparecer una conducta agresiva. Los estudios de Nathan Azrin durante los años sesenta establecieron algunas bases sobre la relación entre dolor y agresión, que él denominó reacción «dolor-ataque». El experimento de Azrin se basó en infringir dolor a unos ratones de laboratorio mediante descargas eléctricas. Descubrió que al aparecer el dolor se atacaban unos ratones a otros, y cuanto más alta era la descarga eléctrica mayor grado de agresividad mostraban. Otro de los efectos asombrosos fue que los ratones no se habituaban al dolor, es decir, que se les podía suministrar descargas eléctricas durante todo un día, y los efectos de agresión se mantenían en intensidad. La consiguiente pregunta es ¿esto ocurre sólo con los ratones de laboratorio? Según describe el propio Azrin en 1967,

Violencia y televisión: una mirada hacia el futuro

Una de las grandes preocupaciones y obligaciones de la familia es la educación de los hijos y, más aún, la buena educación de los hijos. Durante muchos años la mayoría de los padres están pendientes de educar y formar a sus vástagos, dentro de sus posibilidades, en lo que creen que son las mejores condiciones para que la vida de éstos transcurra libre de problemas.
Pero las medidas de control que se pueden ejercer sobre ellos carecen de toda fuerza cuando se topan con la televisión. Desde la visión del aprendizaje social, sabemos que los modelos agresivos pueden desencadenar en los niños comportamientos de agresividad, e incluso algo mucho más grave, enseñarles formas de agresividad hasta el momento desconocidas para ellos. Hoy en día, prácticamente el cien por cien de la población tiene acceso directo a un televisor diariamente y, según las encuestas de población, son las mujeres amas de casa las que más horas pasan delante de la televisión, los niños en edad preescolar (hasta los seis años) y los jubilados son el grupo siguiente de telespectadores más asiduos, seguidos muy de cerca de los que están en edad escolar y, por último, los trabajadores. Otro dato importante es que ven más cantidad de horas la televisión las personas con un nivel de instrucción más bajo. Experimentos controlados por Ross Parke en Estados Unidos y por Jacques Leyens en Bélgica durante los años setenta, en los que se proyectaron películas con contenido violento a jóvenes institucionalizados, dieron como resultado un aumento significativo del comportamiento agresivo de estos jóvenes, lo que parece corroborar el axioma «la violencia engendra violencia». Otros trabajos experimentales llevados a cabo en Estados Unidos durante la década de los ochenta, demuestran que existe una relación clara entre violencia televisiva y comportamiento agresivo entre los niños escolarizados. Cuanto más violento es el contenido de los programas que ven los niños, más agresivos se manifiestan.
Si reflexionamos sobre esto y, además, pensamos en el otro tipo de violencia que engendra la televisión —todo lo que consigue que no hagamos—, se comprenderá la necesidad de tener mucho cuidado en la educación de nuestros hijos. El televisor es el culpable de que las horas de sueño disminuyan, de que la cantidad de lectura diaria sea menor, de que las conversaciones con los demás se reduzcan, como así también de que sean más esporádicos los viajes, las excursiones, las salidas al cine, la actividad deportiva, entre otras actividades enriquecedoras para el individuo. Por lo tanto, no hay que olvidar que es obligación de los padres hacia los pequeños de la casa racionarles las horas de televisión, pero sobre todo elegir la programación que pueden y deben ver, aquellos programas que estimulan la conducta prosocial, es decir, la conducta que es positiva, constructiva, tolerante y solidaria.

¿El hecho de que en televisión y cine puedan verse tantas escenas violentas, favorece que los jóvenes sean más agresivos?

Las personas no sólo aprendemos de nuestros actos, sino que también lo hacemos observando a los demás; por tanto, es muy lógico pensar que también aprendamos observando determinadas conductas en el cine o la televisión. Si constantemente vemos películas violentas, y más aún, si consideramos que quienes llevan a cabo las agresiones no son sólo los «malos», sino que también los «buenos» golpean, disparan y matan; no es de extrañar que nuestros hijos aprendan que sólo mediante la agresión se obtiene lo que uno quiere, sea justo o no.

LAS RELACIONES SOCIALES

son muchas las especies que reaccionan de forma idéntica. Los experimentos realizados con hamsters, mapaches, marmotas, zorros, nutrias, gatos, tortugas acuáticas, monos, ardillas, caimanes, etc. demostraron que los ataques de estos animales, en respuesta al choque eléctrico, se realizaban contra lo que tuvieran cerca, ya fuera un congénere o cualquier otra cosa o animal.

Cuando cambiamos el dolor físico por otras fuentes de dolor, como por ejemplo el «dolor psicológico» o el «dolor social» (cuando no recibimos el dinero que nos corresponde después de haber llevado a cabo un trabajo o cuando esperamos el reconocimiento de nuestro círculo social por algo que hemos hecho desinteresadamente y no lo recibimos), podemos llegar a una situación similar a la reacción de dolor-ataque de los animales, pero además estamos ante una situación que ya hemos descrito: la frustración. Todo acontecimiento claramente adverso para una persona, ya sea expectativa frustrada, insulto personal y/o dolor físico, irá seguido inexcusablemente de una explosión emocional, que se traduce en agresión u hostilidad.

Otra fuente de agresión potente es el ataque por parte de otra persona. Todos los estudios realizados al respecto apuntan que todo ataque provoca represalias por parte del atacado, y más aún cuando éste percibe que el ataque se ha llevado a cabo con una clara intención de dañar. Estas respuestas agresivas están normalmente muy relacionadas con los aprendizajes infantiles emanados de nuestros padres. Por ejemplo, hay comportamientos muy típicos en la educación tradicional que están asociados al aprendizaje de la agresión. Los padres enseñan a los hijos reiteradamente que no deben pegar, arañar, morder, insultar o maltratar a los demás, hasta el

Es casi una regla que cuando una o más personas atacan a otra, se desencadena en la víctima agresividad y deseo de venganza, sobre todo cuando ésta percibe que el ataque ha sido intencional.

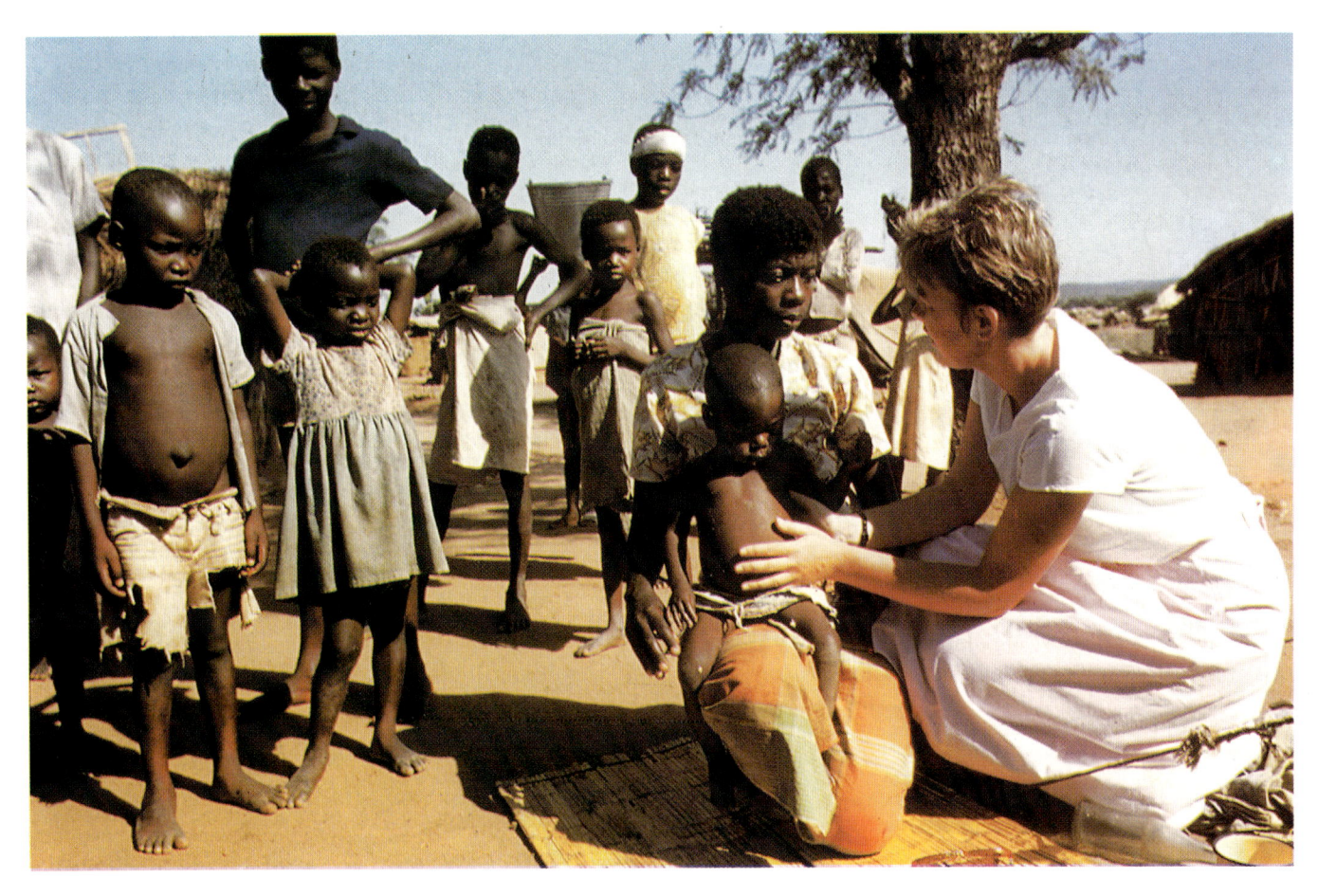

punto de que cuando sorprenden a sus hijos ejerciendo alguna de estas conductas agresivas los castigan. Pero aquí suele comenzar la contradicción paterna, ya que el castigo en muchas ocasiones es físico, es decir que se le da al niño una bofetada o un «cachete» para que no lo haga más, con lo que el hijo puede aprender de su padre: que si es agresivo con otra persona van a ser agresivos con él, por lo que él será a su vez agresivo con otro y así sucesivamente. Otra de las situaciones habituales en la vida cotidiana es la del niño que viene llorando a lágrima viva y dice: «papá, ese niño me ha quitado la bicicleta y me ha pegado una patada»; a lo que el padre responde: «lo que tienes que hacer si alguien te da una patada, es darle tú otra más fuerte». Estas son las normas de reciprocidad («ojo por ojo, diente por diente») que suelen funcionar en muchas sociedades, y que gran cantidad de personas ven justas («si ha sido víctima de una agresión tiene el derecho de vengarse»).

Te ayudo, pero no me debes nada

Uno de los principios básicos del estudio del comportamiento altruista ha estado marcado, sin duda, por la búsqueda de los motivos que llevan a hacer algo desinteresadamente, sin esperar nada a cambio ni a corto ni a largo plazo. Si nos encontramos ante un accidente de tránsito con personas lesionadas y las socorremos, ayudamos a un compañero de trabajo que tiene apuros económicos, corremos detrás de un ladrón que le ha quitado el bolso a una señora o ayudamos a cruzar la calle a un anciano, estamos manteniendo conductas que suponen un claro beneficio para los demás. Pero debemos preguntarnos si lo hacemos desinteresadamente, o bien existen otros motivos que nos llevan a actuar de esta forma, como que si no ayudamos a un accidentado nos puede perseguir la ley, o que ayudando a un compañero de trabajo económicamente podremos tener mayor

Las organizaciones de ayuda humanitaria, que han crecido espectacularmente en los años noventa, se han interpretado como un intento del género humano, especialmente de los jóvenes, de reconciliarse consigo mismo mediante el ejercicio del altruismo y la solidaridad.

La otra cara del altruismo: en la vida diaria, y especialmente en las grandes ciudades, se produce el fenómeno de que la gente pase indiferente y apática ante una persona que supuestamente ha sufrido una desgracia.

«influencia» sobre él, o que si capturamos al ladrón de bolsos nos podemos convertir en héroes del momento, y que con la ayuda prestada al anciano estamos dando una buena imagen de nosotros mismos ante los demás.

Sabemos que en la mayoría de los casos no somos conscientes de por qué hemos llevado a cabo un comportamiento altruista, solamente contamos con las consecuencias del mismo, que por regla general reconfortan a quien realiza la acción. El probable pensamiento de una persona altruista es: «te ayudo sin recibir nada a cambio, pero qué bien me encuentro por ayudarte». ¿Puede considerarse ésta otra forma de recompensa? Una de las teorías más consistentes que intenta explicar la conducta de ayuda desinteresada a los demás es la del intercambio social, que se basa en el «coste vs. beneficio» de recursos sociales. Cada sujeto tiene una serie de necesidades sociales (amor, amistad, reconocimiento social...) que quiere satisfacer, y lo intenta mediante su oferta a los demás, de amor, amistad, reconocimiento, etc. De este «coste-beneficio» en la interacción social se desprende un saldo social, que es el que determina si se continúa manteniendo el intercambio o se interrumpe.

Estudios de campo

Uno de los estudios más amplios y ambiciosos sobre conducta altruista fue desarrollado por Bibb Latané y John M. Darley a finales de los años sesenta, que titularon: «El espectador invisible: ¿Por qué no ayuda?». El estudio de campo que realizaron fue bastante simple. Recurrieron a un puñado de estudiantes de psicología de la Universidad de Columbia y les pidieron que solicitaran ayuda e información a más de mil quinientos transeúntes de la ciudad de Nueva York. Los estudiantes fueron por las calles de la ciudad solicitando cómo llegar a una dirección, preguntando la hora, el nombre, pidiendo cambio de monedas, o incluso una pequeña ayuda económica. Los resultados de las respuestas a las solicitudes de los estudiantes se pueden ver en el diagrama de la página siguiente: la mayoría de las personas está dispuesta a ayudar en cuanto a la hora, una dirección o incluso dar cambio de monedas. Cuando se trata de dar el propio nombre o de ayudar económicamente, el porcentaje baja drásticamente. La única variación importante aparecía cuando el estudiante daba las razones por las que solicitaba dinero (por ejemplo, «Me han robado»), en este caso más del 70 por ciento de las personas prestaron ayuda. De igual forma, cuando los estudiantes se presentaron primero dando su nombre, el porcentaje de personas que dieron el suyo aumentó hasta un 59 por ciento.

Como podemos comprobar con estos últimos ejemplos de reacciones altruistas, no tiene el mismo tratamiento una situación que se percibe como poco o nada urgente que una situación de urgencia o emergencia. Es más, quizás la auténtica conducta altruista esté completamente asociada a una de estas situaciones de urgencia, donde aparecen las reacciones más «heroicas».

Los propios Letané y Darley continuaron experimentando con la conducta altruista y llevaron a los sujetos a situaciones de emergencia (vitales). Invitaron a participar en una entrevista sobre problemas relacionados con la vida en la ciudad a un grupo de estudiantes de la Universidad de Columbia. Se les hacía esperar en una sala de a uno por vez, con instrucciones de que fueran rellenando un cuestionario mientras esperaban. En ese momento, se iba introduciendo humo en la habitación, de manera claramente visible por los estudiantes; durante los cuatro primeros minutos el humo se hacía lo suficientemente denso como para dificultar la visión e incluso la respiración. De los 24 estudiantes sometidos al experimento, un 75 por ciento informó del humo antes de los cuatro minutos. El 25 por ciento restante no pasó aviso a lo largo de los seis minutos que duró el experimento, hecho que hace pensar que no presumieron que el humo pudiera ser peligroso. Las investigaciones, en general, muestran que cuando las personas implicadas están solas, tienden a ayudar más que cuando están en compañía, y esto es lo que se ha llamado el «efecto del espectador»: una persona tenderá a no prestar ayuda si hay otras personas (espectadores) alrededor o cerca de ella.

El buen samaritano

El samaritano puede proporcionarnos una ilustración puntual del altruismo en su estado más genuino y puro, tal y como nos lo transmite la parábola de Jesús: «Un hombre bajaba de Jerusalén a Jericó, y cayó en manos de ladrones, que lo despojaron, lo hirieron y se alejaron, dejándolo medio muerto. Un sacerdote bajaba casualmente por aquel camino, lo vio y, dando un rodeo, pasó de largo. Igualmente un levita, pasando por el mismo lugar y viéndolo, rodeó y se alejó. Mas un samaritano, que iba de viaje, llegó donde él, y a su vista, se llenó de compasión; se acercó, le vendó las heridas, derramando en ellas aceite y vino; lo montó en su cabalgadura, lo llevó al mesón y cuidó de él. Al día siguiente, sacando dos denarios, se los dio al mesonero, diciendo: Cuida de él, y lo que gastes de más, yo, a la vuelta, te lo pagaré». (Lucas X: 30–36. Nuevo Testamento. Madrid: AFEBE, 1968).

> **Cuando hace mucho calor me siento más irritable, y riño a mis hijos con más facilidad. ¿Están relacionados calor y agresión?**
>
> Sí. En los meses más calurosos o en las ciudades más sofocantes existe un mayor número de agresiones que en los climas más fríos. La razón no es del todo clara, pero la relación existe.

Cuadro del estudio sobre conducta altruista de Latané y Darley, en el que se aprecia que el porcentaje de personas dispuestas a colaborar es mucho mayor cuando se trata de dar la hora, una dirección o cambio de moneda, que cuando se les pide que den el nombre o una ayuda monetaria.

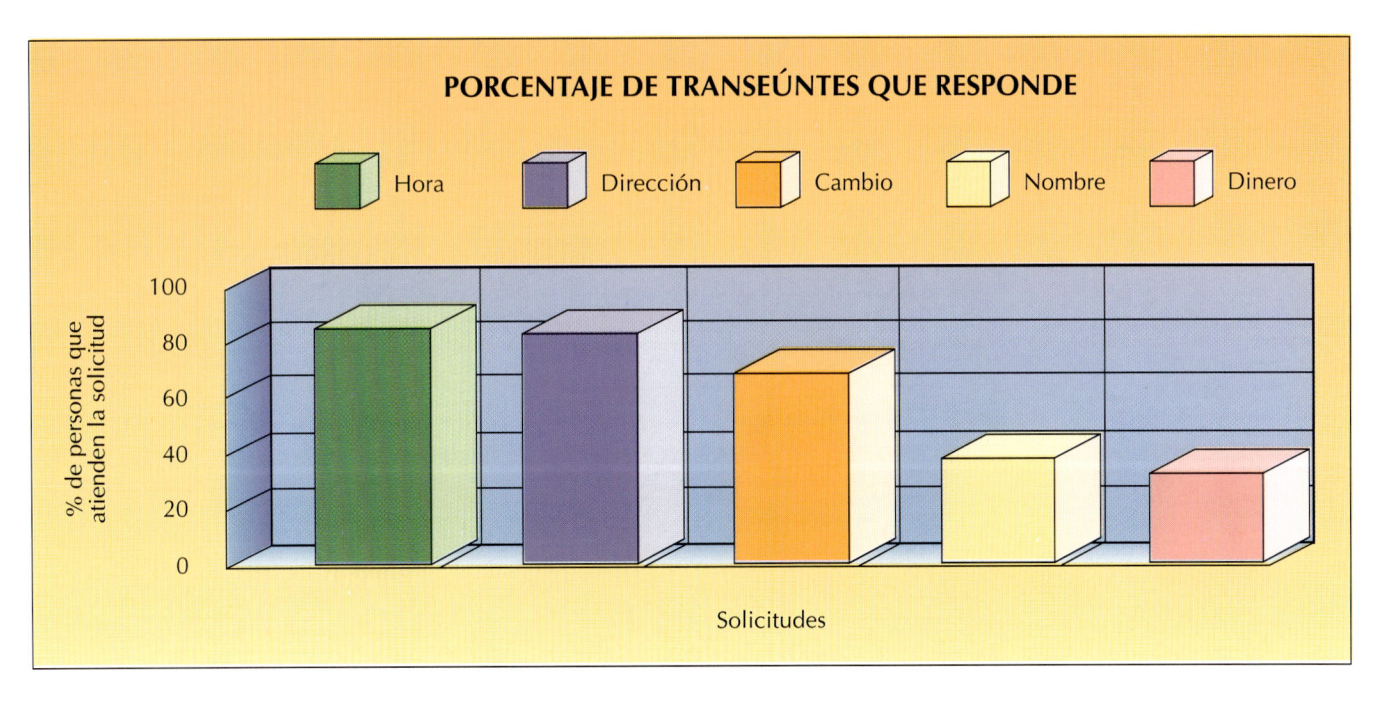

PORCENTAJE DE TRANSEÚNTES QUE RESPONDE

Hora · Dirección · Cambio · Nombre · Dinero

LAS RELACIONES SOCIALES

¿Me cuesta creer que la gente que colabora de manera gratuita con organizaciones no obtenga alguna gratificación. ¿Existe alguna teoría al respecto?

➡ Ciertamente, hay psicólogos a los que también les cuesta creer en la ayuda desinteresada. Algunos consideran que los comportamientos altruistas ofrecen recompensa a nivel de reconocimiento social o que ayudar gratuitamente disminuye el malestar que produciría no hacerlo.

El buen samaritano, que entrega mucho de lo que posee, lo hace sin esperar nada a cambio de su ayuda. Pero ¿y los factores que actúan a nivel interno? Hemos indicado que pueden determinar algunos de estos comportamientos altruistas. Si examinamos esta cuestión con un poco más de detenimiento vemos que uno de los factores principales que inciden es el sentimiento de culpa que se genera en el individuo cuando no tiene un comportamiento altruista en una situación propicia para ello. Por ejemplo, si pasamos ante un accidentado y no lo socorremos, de inmediato puede llegar esa sensación angustiosa y penosa de culpa, con pensamientos como: «esa persona puede haber muerto por mi culpa»; «he dejado que se desangre, soy inhumano»; «de haberlo socorrido viviría»; y un largo etc. Ante este tipo de situaciones, la psicología social ha comprobado que las personas buscan formas sustitutorias para sentirse bien internamente, ante la aparición de este tipo de emociones. Normalmente la culpa, o sentimiento de culpabilidad, es aliviada mediante una confesión, o bien intentando hacer cosas reconocidamente buenas, es decir, lo que se denomina «buenas obras». En gran cantidad de ocasiones hay que atribuir el comportamiento altruista a una conducta de «escape o evitación» de la sensación de culpa que se tendría posteriormente por no haber actuado («Si ayudo al accidentado, evitaré el sentimiento de culpabilidad posteriores y, además, no podrá perseguirme la ley»).

El Buen Samaritano, *de Jacopo da Ponte Bassano, ilustra la famosa parábola incuida en el Evangelio de San Lucas. El buen samaritano es aquel que ayuda a su semejante sin intención de recibir nada a cambio. Los psicólogos creen que a nivel interno existen motivaciones que determinan estos comportamientos, como evitar el sentimiento de culpabilidad.*

¿Por qué nos gustan las personas?

¿Quién no se ha planteado alguna vez cuántos verdaderos amigos tiene? ¿A cuántas personas es capaz de querer o quiere realmente? ¿Por qué hoy le gusta una persona y mañana la aborrece? ¿Qué le ocurre cuando le gusta una persona? A lo largo de la historia los hombres se han preguntado si el comportamiento de atención de una persona hacia ellos es por verdadera amistad o por lo que puede llegar a proporcionarle en un momento determinado (dinero, relaciones importantes, información, poder social, etc.).

Cuando decimos que nos gusta tal o cual persona, puede resultarnos sencillo expresarlo, pero realmente no es lo mismo que nos guste nuestra madre, o nuestra esposa o nuestro hijo. Los motivos del agrado varían en función de distintos factores, e incluso los niveles de amor son matices que diferencian los tres casos con claridad. En la antigua Grecia se utilizaban tres formas diferentes para expresar estos matices. A la amistad se la llamaba «phileos» (amor de amigo); al amor sexual o de los esposos lo denominaban «eros» (también utilizado por Sigmund Freud para designar el impulso amoroso, en su teoría del psicoanálisis); y al amor desinteresado, altruista, platónico, lo denominaban «ágape».

Definir el amor o la atracción puede llegar a resultar complicado, sobre todo si se quieren tener en cuenta los matices, y más aún si lo que se necesita es medir la cantidad de amor o atracción de una persona por otra. La forma más exacta de hacerlo es preguntar directamente a la persona o personas implicadas. Desde la psicología social se ha intentado promulgar alguna teoría explicativa sobre la atracción entre las personas. Una de las teorías representativas es la que basa la atracción en las gratificaciones que una persona obtiene de otra, es decir, nos agradan las personas cuyo comportamiento nos gratifica de alguna forma, o bien, las personas que asociamos a los acontecimientos gratificantes para nosotros. Normalmente estas gratificaciones suelen conllevar una reciprocidad equilibrada, una equidad; es decir que lo que se recibe en una relación interpersonal es directamente proporcional a lo que se da. Por ello, cuando una relación de pareja se encuentra muy desequilibrada (satisfacción egoísta de uno de ellos), se pue-

La atracción entre los seres humanos, la simpatía y el amor por los demás han dado pie, desde tiempos remotos, a innumerables consideraciones para explicarlos.
La investigación psicosocial considera que si bien las personas por lo general comienzan sintiéndose atraídas entre sí por factores que parecen triviales y difíciles de explicar, luego surgen otras razones que se pueden sintetizar en que la conducta de uno es gratificante para el otro.

LAS RELACIONES SOCIALES

¿ Alguna vez, al conocer una persona, he tenido la sensación que con el tiempo me parecía físicamente más atractiva. ¿Es normal que esto suceda?

➡ Sí. En un primer contacto la información que tenemos de una persona es simplemente la de su físico, pero a medida que la vamos conociendo mejor, obtenemos otro tipo de informaciones (inteligencia, carácter, opiniones, etc.) que pueden convertirla en más atractiva para nosotros, y lógicamente, su físico puede llegar a resultarnos más atrayente.

de augurar que los días de esa pareja están contados. Es pues muy importante que los miembros que intervienen en una relación de atracción o amor perciban que las contribuciones mutuas a la relación son equitativas, equilibradas, sintiendo que los costes-beneficios de la misma están compensados, que existe equidad. En las relaciones de amistad, la equidad también está presente continuamente: «Yo te hago un regalo y tú me haces un regalo», o bien, «Te invito a comer hoy y tú me invitarás mañana». En estos intercambios se puede comprobar con claridad una gran diferencia con el amor de pareja, que normalmente no se desarrolla con las características férreas de «yo te doy y tú me das». El amor implica que la relación de equidad, de equilibrio, se plantee a largo plazo, esperando a lo largo del tiempo el intercambio, pero puede ser que transcurran largos períodos sin que se reciba nada y se entregue mucho.

La semejanza nos atrae

La atracción entre personas se empezó a estudiar con rigor científico hace relativamente poco tiempo. Fue sir Francis Galton quien hacia 1870 se introdujo en el estudio de las pautas de comportamiento matrimoniales de un grupo de personas ilustres de su época. Entre las conclusiones destaca que los matrimonios se llevaban a cabo entre personas de la misma clase social, inclinándose por tanto hacia una «ley de semejanza» que garantizara el equilibrio de la pareja. Este estudio apuntaba directamente a que las personas que en verdad se atraen son aquellas más semejantes entre sí. Otros estudios posteriores demostraron claramente que entre maridos y esposas existe una mayor similitud en las opiniones, las actitudes, los valores, los gustos y aficiones, etc., que entre personas que no viven en pareja, aunque sean amigos.

Nos atraen las personas con quienes mantenemos una relación equilibrada, aquellos con quienes nos sentimos complementados en perfecta armonía, de la misma manera que los dientes de un engranaje encajan uno con otro. La equidad supone que lo que recibimos de determinada persona guarda relación con lo que le aportamos.

T. M. Newcomb, de la Universidad de Michigan, entre los años 1954 y 1955, llevó a cabo un estudio titulado: «Proceso de relacionarse». El experimento se planteó invitando a una estancia de un semestre a dos grupos de 17 hombres, a una casa de Michigan, y a cambio solamente se les pedía ceder cinco horas diarias de su tiempo para la investigación. Newcomb se interesó fundamentalmente en la atracción que se establecía entre cada uno de los miembros del grupo con referencia a los 16 restantes, medida cada semana puntualmente. Las mediciones incluían opiniones y actitudes sobre diversos temas: religión, política, razas, enseñanza y otros. Newcomb llegó a la conclusión de que cuando la atracción es más fuerte entre dos personas, la posibilidad de que una se considere semejante a la otra en distintas cuestiones fundamentales es mucho mayor, y que cuando existe atracción mutua entre dos personas, aumenta la influencia entre ellas con respecto a la opinión sobre los demás.

La atracción es mayor con la proximidad

El sólo hecho de la cercanía o la lejanía es uno de los factores más influyentes en la atracción. Lo dice una canción popular: «la distancia es el olvido». Ciertamente, la proximidad entre personas hace que la probabilidad de agrado entre ellas aumente. Tendemos a agradar a aquellas personas con las que nos encontramos frecuentemente, lo que no significa que por el mero hecho de ser vecinos tengamos que agradarnos mutuamente. Hay que entablar un trato más cotidiano para alcanzar un mayor agrado mutuo.

No obstante, no se puede afirmar que el factor «proximidad o cercanía» sea determinante en la atracción; es sabido que además de la proximidad geográfica es necesario tener la oportunidad de enta-

Lo más habitual es que la proximidad provoque simpatía y agrado. El hecho de que dos personas compartan una habitación durante un cierto tiempo, como sucede entre los estudiantes de los colegios mayores, facilitará que se establezca una amistad entre ellas.

LAS RELACIONES SOCIALES

Si bien nos empeñamos en negar que le damos importancia a la apariencia física de los demás, numerosos trabajos de investigación dan cuenta de que aquélla es un poderoso determinante de la atracción inicial.
Se presupone que lo hermoso es bueno, y por tanto que las personas físicamente atractivas poseen también otros rasgos apetecibles.

blar relaciones con los demás. Veamos un ejemplo: por simple azar nos asignan una habitación que debemos compartir muchos meses con alguien, por motivos de estudio. A lo largo del tiempo vamos estableciendo lazos de amistad con la persona con que compartimos la habitación, dado que lo hagamos como lo hagamos, tendremos interacciones con ella, y a no ser que tengamos razones superiores por las que nos desagrade, terminaremos estableciendo amistad y nos resultará agradable su compañía.

Este tipo de relaciones que favorecen la atracción con los demás pueden estar también muy influidas por la anticipación de la relación que en un espacio breve de tiempo se puede dar entre unos y otros. Somos mucho más proclives a una interacción favorable cuando anticipamos las relaciones futuras: sabemos que nos relacionaremos con compañeros de trabajo, familiares, profesores, clientes, etc. A no ser que esta anticipación genere expectativas que posteriormente se trunquen, las relaciones posteriores favorecerán la atracción y el agrado, sobre todo y fundamentalmente si existe un aprecio anterior entre estas personas y nosotros. Otros factores significativos en la atracción entre personas aparece de la simple exposición, es decir, del hecho de encontrarse continuamente con una misma persona. Esta exposición continuada, en este caso de una persona, genera lo que popularmente se denomina «familiaridad». Que una persona se haga familiar para otra, normalmente implica que sea del agrado de ésta y forme parte de su universo particular. El ejemplo más claro se puede hallar en la clase política, que constantemente está dentro de nuestros hogares, participa de nuestras comidas de familia y de nuestros ratos de ocio. Los rostros de determinados políticos se hacen muy familiares y llegan a ser como uno más de los nuestros. El principio básico de estas apariciones televisivas, en prensa escrita, radio, pasquines, carteles, etc. de los políticos, radica fundamentalmente en ser conocidos, o mejor aún, reconocidos, entre las personas que tendrán que votarlos en un futuro: «A mayor familiaridad y reconocimiento del político, más probabilidad de que se lo vote».

AGRESIVIDAD, ALTRUISMO...

El atractivo físico, ¿cuestión de sexo?

Una de las preguntas fundamentales que podemos plantearnos con referencia a este punto es: ¿las apariencias engañan? Realmente, ¿qué es lo primero en lo que nos fijamos de una persona?, ¿en su personalidad? ¿simpatía? ¿temperamento? ¿su facilidad a la hora de expresarse? ¿el saber estar? ¿su inteligencia? Si hiciéramos una encuesta, nos sorprenderíamos al comprobar que las personas decimos que no solemos guiarnos por la apariencia física de nadie; seguimos el dicho: «Las apariencias engañan». Pero lo verdaderamente engañoso es precisamente esto. Los estudios realizados en psicología social informan que la mayoría de las personas otorgan un peso fundamental a la apariencia física de los demás y que ésta resulta muy importante para las posibles futuras relaciones interpersonales.

En cuanto al atractivo físico se puede hacer alguna diferenciación entre las respuestas de ambos sexos. Se demuestra cotidianamente, y se puede observar a simple vista, que para las chicas es un indicador de atractivo físico el número de veces que son invitadas a salir por un chico, hecho que no es exactamente igual en los varones. Algunos psicólogos, durante los años setenta y ochenta, hicieron estudios que demostraban este hecho.

En los últimos años se asiste a un fuerte movimiento de «culto al cuerpo», que se desarrolla en todos los medios de comunicación de masas y que favorece aún más que el atractivo físico tenga mayor importancia, aunque sin distinción de sexos: los anuncios publicitarios de determinados productos muestran cuerpos masculinos y femeninos, enteramente sanos, esbeltos y bellos, que responden a los patrones de belleza física del momento —ya que éstos evolucionan con los tiempos—, y dependen de la cultura en la que se encuadran.

El amor romántico, con su halo de regalos, atenciones y detalles, va más allá de la atracción. A lo largo de la historia de la humanidad se ha hablado mucho sobre el amor tratando de definirlo, pero para la psicología social el estudio de este término es muy reciente y aún difícil de delimitar.

La cumbre de la atracción: el amor

Probablemente sea cierto que la cumbre de la atracción entre dos personas es lo que se llama amor. No obstante, el término amor es uno de los más complicados de abordar desde la psicología social, entre otras cosas porque los estudios al respecto son relativamente recientes en el tiempo y sobre todo porque es muy difícil de delimitar, aunque sea algo tan antiguo como la propia humanidad. Pero cuando alguien dice que una persona le atrae mucho, está queriendo decir realmente que la quiere o la ama. Gran cantidad de psicólogos sociales coinciden en señalar que hay que distinguir la atracción del amor, dado que son fenómenos distintos. Una de las primeras consideraciones a tener en cuenta en esta diferenciación es que una persona que ama puede ser «gratificada» por la persona amada de una forma imaginada, es decir, fantástica. Esta fantasía no aparece en la simple relación de atracción entre personas. En cambio, en cantidad de ocasiones la persona que ama

LAS RELACIONES SOCIALES

no le encuentra al objeto de su amor ningún defecto; todo en el otro le parece magnífico y fabuloso, no puede ni tan siquiera pensar en algo que dañe su imagen (gratificación por medio de la fantasía, ya que «nadie es perfecto»).

Tiempo, sensatez, comprensión

Otro efecto diferenciador entre atracción y amor es el que juega el tiempo en la relación de pareja. El amor apasionado tiene una limitación temporal, que normalmente es corta, a diferencia de lo que significa una simple atracción entre dos personas, que cuanto más se relacionan más se llegan a agradar. Todo indica que el amor romántico es perecedero, y entre los más catastrofistas encontramos a Theodor Reik que en 1944, tras sus investigaciones sobre el amor, apuntaba que después de unos años en armonía, del matrimonio sólo se puede esperar un «hermoso crepúsculo». Otra de las facetas diferenciadoras entre atracción y amor es la sensatez. La atracción entre personas es totalmente sensata, dado que suelen gustarnos y agradarnos las personas que nos gratifican, así como nos disgustan aquellas que nos contrarían o se oponen a nuestros deseos. Pero el amor no suele seguir normas ni, por supuesto, ajustarse a la sensatez. Muy frecuentemente alguien se enamora de la persona inadecuada y aunque sabe que ésta le causará daño, no puede hacer nada para contrarrestar ese sentimiento de amor. A pesar de los consejos de terceras personas y de las evidencias sobre los perjuicios que esta relación le puede estar ocasionando, una persona enamorada continúa enamorada. También hay coincidencia entre los psicólogos sociales al atribuir al amor romántico elementos que son comunes en prácticamente todos los casos donde hay amor. En primer lugar lo que llaman comprensión mutua, es decir que ambos miembros de la pareja poseen la capacidad de comprender todos y cada uno de los actos, pensamientos y deseos del otro. En segundo lugar, el apoyo que recibe y da cada uno de los miembros de la pareja al otro, en el que no se escatima esfuerzo alguno. Y el tercer y último elemento es el querer estar continuamente en compañía del ser amado, ya que es lo que más altamente se valora y disfruta cuando hay amor. Otros elementos, sobre todo de la fase inicial del amor, son la gran atracción sexual que ejercen el uno sobre el otro, la idea de que la pertenencia es exclusiva (cada uno es pertenencia exclusiva del otro, y nadie puede interferir en esta relación de amor) y por último, la gran ado-

> *En palabras del narrador Antoine de Saint-Exupéry: «Amar no es mirarse uno a otro: es mirar juntos en la misma dirección».*

¿SE CASARÍA SIN ESTAR ENAMORADO?

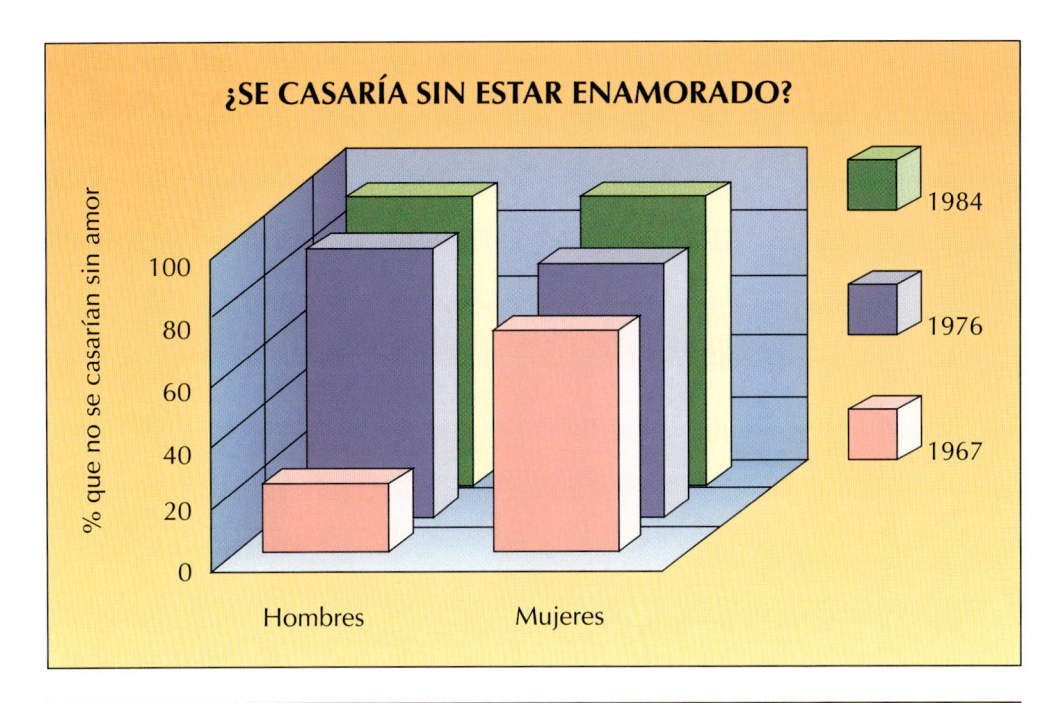

Cuadro representativo de la encuesta ¿Se casaría sin estar enamorado?, realizada por Myers a un grupo de estudiantes estadounidenses, donde puede verse cómo ha ido variando la postura respecto a la necesidad de sentir amor para casarse, particularmente entre los hombres.

SENTIMIENTOS DEL ENAMORADO

El gráfico muestra la investigación llevada a cabo por E. J. Kanim y colaboradores en 1970, acerca del amor apasionado. Los sentimientos experimentados por un grupo de 679 estudiantes van desde un alto bienestar hasta una sensación de atolondramiento.

ración por las cosas que hace, dice y representa el ser amado, hasta puntos que suelen salirse a veces de la realidad.

Medir el amor

El psicólogo social Zick Rubin intentó delimitar una forma de «medir» el amor, y para ello elaboró tres formas posibles mediante unos cuestionarios. Uno se refiere concretamente a formas de contacto o «apego» que las personas sienten o quieren de otras (por ejemplo: «Cuando me siento solo, en quien primero pienso para estar a su lado es...»). Un segundo cuestionario se refiere a cuestiones de entrega y dedicación por los otros o por la otra persona (por ejemplo: «Si la persona estuviera triste o deprimida, mi obligación y deseo sería animarla»).

LAS RELACIONES SOCIALES

Cuando las necesidades y metas de dos grupos entran en colisión surge el conflicto. Entre las posibilidades que éste puede revestir, la guerra, como la que vivió Chechenia en 1995, representa el punto máximo, donde millares de personas pueden perder la vida.

Un tercer cuestionario intenta buscar aspectos de intimidad y confianza (por ejemplo: «En quien puedo confiar completamente es en ...»). Mediante estas escalas, denominadas «escalas de amor», se midieron algunos centenares de parejas estadounidenses, con lo que se obtuvieron diferentes patrones de amor. A partir de este tipo de estudios surgieron algunos términos interesantes que ilustran distintas formas de amor. Éste es el caso del término «deslumbramiento», que en un principio puede confundirse con el de amor («Confieso que estaba deslumbrada por Andrés, pero a quien amo es a Julio»).

El amor apasionado

Sin duda, una de las formas de amor más presentes en nuestra sociedad es el amor apasionado o enamoramiento. Si intentamos definirlo, podríamos decir que es un estado en el que las emociones se disparan y se «enloquecen»: están presentes y activos la ternura, la sexualidad, el altruismo, los celos, la ansiedad, el dolor, el bienestar, el alivio, etc., todos en una desordenada armonía y equilibrio. Las investigaciones de E. J. Kanim y colaboradores mostraron que en 679 estudiantes universitarios encuestados aparecían sentimientos de un alto bienestar en el 79 por ciento de los casos estudiados; graves dificultades para conseguir una concentración en los estudios en el 37 por ciento; que sentían «estar como flotando en una nube» un 29 por ciento; que tenían muchas ganas de salir corriendo y gritando un 22 por ciento y que manifestaban vivir en una especie de estado de «atolondramiento» un 20 por ciento.

El amor romántico es el factor fundamental por el que las personas contraen matrimonio y fundan una familia. Según estudios aportados por Myers, en los años ochenta, las universitarias norteamericanas han ido variando significativamente su postura con respecto a la necesidad de sentir amor para contraer matrimonio, aun cuando el posible candidato contara con cualidades en sintonía con las suyas.

El conflicto: cuando todo se rompe

En las relaciones sociales también existe el punto oscuro cuando la relación deja de serlo, cuando todo se rompe. Un conflicto puede aparecer a muchos niveles, desde el estrictamente individual en el que nos enfrentamos con un compañero de trabajo o nuestra pareja, pasando por el conflicto entre grupos, o bien entre naciones, donde el conflicto involucra a millones de personas que hacen causa común frente a otros por defenderse de determinadas amenazas o por recuperar un territorio. En estos supuestos podemos entrar en una diversidad amplísima de posibilidades, desde un conflicto superficial, sin importancia, y que posiblemente se difumine inmediatamente sin consecuencias para nadie, hasta un gran conflicto en el que pierden la vida millones de personas, y en la mayoría de los casos sin saber por qué.

Para entrar en conflicto debe darse una incompatibilidad entre los propósitos y las acciones o, dicho de otra forma, cuando no hay más remedio que repartir (dividir, compartir) un recurso, cuanto más consiga uno menos conseguirá el otro o los otros, por lo que entrarán en conflicto de intereses. Los psicólogos sociales utilizan un juego para expresar pedagógicamente el tema del conflicto, que denominan «el dilema del prisionero». Se trata de colocar a dos personas ante una situación que resulte particularmente difícil para ambos, por ejemplo, dos personas que son detenidas por la policía e incomunicadas. El fiscal piensa que son culpables de un determinado delito, pero le faltan las pruebas concluyentes para poder inculparlos y llevarlos ante un tribunal de justicia. Por ello, el fiscal le ofrece a cada uno de los prisioneros por separado dos alternativas posibles: confesar abiertamente que han cometido el delito, o simplemente no confesar. Las posibilidades se van sucediendo y, si ninguno de los dos prisioneros confiesa, el fiscal acusará a ambos de un delito menor. Si ambos confiesan, podrán ser procesados y el fiscal procurará que la sentencia sea lo suficientemente severa para los dos. Si uno confiesa y el otro no, el que confiese será tratado con menos severidad, ya que está aportando pruebas al caso, y sobre el otro caerá todo el peso de la ley.

Imaginemos por un momento que está usted entre los prisioneros y un buen amigo suyo es el otro prisionero. ¿Qué haría usted? ¿Confesaría el delito ante el fiscal, o no lo confesaría?.

Muchas personas confesarían, aun cuando una confesión por ambas partes implique una mayor condena. No obstante, si reflexionamos sobre las posibilidades de la tabla, vemos que sea cual sea la decisión del otro preso, la resultante siempre es más óptima si hay confesión, sobre todo porque la posibilidad de que ninguno confiese se vuelve peligrosa para los dos, por separado.

El juego del dilema del prisionero se ha desarrollado a lo largo de los años variando el esquema matriz, es decir, cambiando la cárcel por otra serie de posibilidades como dinero, fichas, calificaciones de exámenes, etc.

En general, y según los estudios realizados, se puede afirmar que las mujeres tienden a ser más cooperativas que los hombres en el juego del prisionero.

Prejuicio: un falso retrato

En las relaciones sociales juega un papel fundamental la actitud (creencia, sentimientos y/o predisposición hacia una persona, cosa o problema) de cada individuo frente a los demás. En ocasiones una persona «nos cae bien» al primer golpe de vista, sin que medie ningún otro factor. Pero ¿qué es lo que nos hace estar en contra de alguien sistemáticamente, sin ninguna explicación, por el mero hecho de que pertenece a un determinado grupo?
El prejuicio es un actitud «injustificada» hacia un grupo y los miembros que lo componen, tomados en conjunto y/o individualmente. En esta actitud no interviene el conocimiento expreso de una persona concreta, o de un grupo específico, simplemente actúa la irracionalidad de rechazar por una determinada creencia, sentimiento y/o disposición a actuar. La etimología de la propia palabra es una clara indicación: «prejuicio», es decir, un juicio previo a algo, o bien, juzgar por anticipado. Tan prejuicio es el negativo como el positivo, aunque normalmente es más dañino el de signo negativo. Las etiquetas positivas del tipo: «los alemanes son mucho más trabajadores y mejores que los españoles», «los negros son los mejores jugadores de baloncesto del mundo, lo llevan en la sangre» o «los judíos son los mejores negociantes del planeta, porque son más listos», en algunas ocasiones pueden acarrear inconvenientes —sin entrar a considerar el componente peyorativo que este tipo de manifestaciones generalmente encierra—, dado que se puede esperar que por el mero hecho de ser negro alguien juegue bien al baloncesto o por ser alemán trabaje más y mejor que nadie, expectativas inalcanzables en la mayoría de los casos. Si el prejuicio en sí mismo es injustificado, falso y se encuentra fuera de la realidad de las personas, ¿por qué existe?, ¿por qué las personas se humillan y maltratan unas a otras, hasta cotas inusitadamente altas?, ¿por qué son capaces de asesinar a otros por sus creencias religiosas, el color de la piel...?, ¿por qué se discrimina a alguien por el mero hecho de ser mujer o de ser ciego?
Quizás algunas de las respuestas las tengamos muy a la mano, fuera de la propia psicología teórica; es decir, que las podemos extraer de nosotros mismos si hacemos un análisis de nuestros propios prejuicios, ¿qué pensamos, sentimos y estaríamos dispuestos a hacer por determinados grupos o personas?
En un primer momento seguramente tenderemos a responder que no tenemos prejuicios, que no estamos predispuestos a discriminar a nadie. No obstante, vamos a planteamos cuál sería nuestra respuesta ante las siguientes cuestiones; conteste de cero a diez teniendo en cuenta que cero equivale a «no me importa nada en absoluto», y diez a «sería para mí el mayor sacrificio de mi vida».

Enunciados:
1. Que alguno de mis hijos sea homosexual.
2. Casar a mi única hija con un hombre de raza gitana.
3. Vivir en un barrio donde solamente viven marroquíes y turcos.
4. Que mis hijos jueguen con niños portadores del virus del SIDA.
5. Que mi hija (blanca) se case con un hombre de raza negra.
6. Sentarnos a comer en la misma mesa con un ultraderechista.
7. Invitar a nuestra casa a un vagabundo.
8. Que nuestro hijo se case con una prostituta.
9. Ponernos en manos de una cirujana, para una complicada operación.
10. Que mis hijos se relacionen con hijos de alcohólicos y ex alcohólicos.

Una vez puntuadas las distintas frases, podremos clarificar mucho más fielmente nuestro grado de prejuicio ante determinados elementos. Por supuesto, cuanto mayor sea la puntuación global (más próxima a cien) indicará que tenemos más prejuicios respecto de algunos grupos de referencia incluidos en estas cuestiones, y viceversa.

También podemos ver nuestro grado de prejuicio, frase por frase, respecto de los homosexuales, los gitanos, los marroquíes y turcos, los enfermos estigmatizados, los negros, los radicales políticos, los indigentes, las prostitutas, las mujeres trabajadoras y los drogodependientes.

Hay que buscar la raíz de los prejuicios en los estereotipos. Mediante un estereotipo hacemos general algo y, además, para siempre, ya que es muy difícil conseguir cambiarlo. Muchos de los estereotipos los traducimos en algo muy popular, por medio del refranero. Así cuando se dice «eres un perro judío», «No quiero en mis ejércitos, ni gitanos, ni gentes de mal vivir», «La mujer en la cocina y con la pata quebrada», «No compares a Dios con los gitanos» y tantos otros dichos populares, se está haciendo referencia a estereotipos que vienen de muy antiguo. Los estereotipos van mucho más allá de la simple anécdota, sea por medio de un pensamiento, refrán, o adjetivo. Podríamos definirlos como los aspectos más negativos que se asocian a los prejuicios. Los estereotipos pueden afectar a diario la vida y el futuro de miles de personas, de ahí la importancia vital que tienen en la sociedad.

José Antonio García Rodríguez
Profesor de Psicología Social

La negociación, que supone procurar un acuerdo mediante el trato directo entre las partes implicadas, es una de las formas más comunes de resolver un conflicto entre obreros y patrones.
Abajo, el gráfico de la izquierda muestra el juego que los psicólogos sociales llaman el dilema del prisionero. Ante el dilema de confesar o no confesar si uno estuviera prisionero y un amigo nuestro fuera el otro prisionero, la mayoría se inclina por confesar, aun cuando una confesión mutua implique mayor condena. El gráfico de la derecha muestra las consecuencias positivas de diferentes conductas, cooperativas y competitivas, medidas en ganancias.

Las personas que se manifiestan de antemano competitivas esperan que las demás personas que juegan (sus oponentes) sean también competitivas, así como los que entran a jugar como cooperadores esperan que los demás también lo sean. Todas estas cuestiones dan una idea clara de la importancia que tienen nuestros oponentes en un proceso de toma de decisiones, en el que podemos entrar en claro conflicto de intereses. Las personas suelen ser más competitivas, en general, en dos situaciones extremas: cuando el oponente tiene mucha confianza en sí mismo y además uno presiente, o sabe con certeza, que tendrá algún tipo de relación con esa persona en un futuro, y/o cuando el oponente presenta una baja autoestima (se infravalora), y no espera volver a verlo en el futuro.

¿Resolvemos el conflicto?

Una de las formas más importantes de resolver conflictos (en cualquiera de los niveles) es la comunicación. Si aparece un conflicto entre esposos, obrero y patrono, alumno y profesor, etc. existen varias posibilidades. Por un lado, se puede establecer una «negociación» entre las partes en conflicto, o bien se puede recurrir a un tercero que medie entre ellas —en muchas ocasiones se trata de un experto o de un llamado «hombre bueno» (neutral para las partes)—. Una tercera posibilidad es someterse al «arbitraje» de una persona o empresa que estudia el conflicto en cuestión y emite un informe donde aparece el problema, el desarrollo y la posible solución al mismo. Pero no hay que olvidar que no hay mejor conciliación que la de evitar un conflicto.

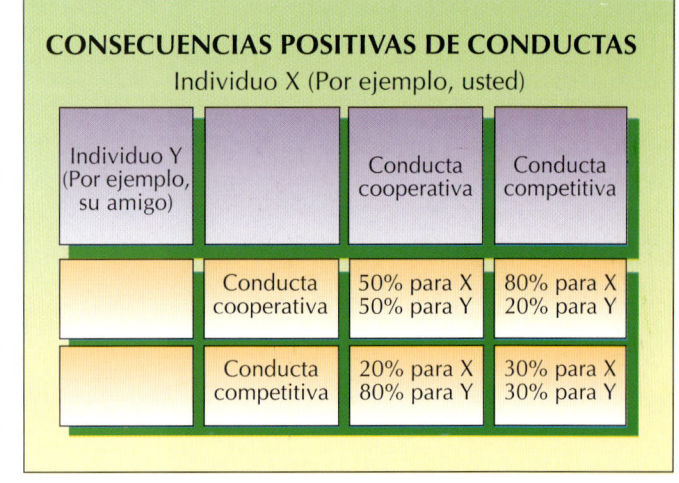

EL DILEMA DEL PRISIONERO
Prisionero X (Por ejemplo, usted)

Prisionero Y (Por ejemplo, su amigo)	Confiesa	No confiesa
Confiesa	Diez años de cárcel para cada uno	Veinte años de cárcel para usted. Libertad vigilada para su amigo
No confiesa	Libertad vigilada para usted. Veinte años de cárcel para su amigo	Un año de cárcel para cada uno

CONSECUENCIAS POSITIVAS DE CONDUCTAS
Individuo X (Por ejemplo, usted)

Individuo Y (Por ejemplo, su amigo)	Conducta cooperativa	Conducta competitiva
Conducta cooperativa	50% para X 50% para Y	80% para X 20% para Y
Conducta competitiva	20% para X 80% para Y	30% para X 30% para Y

Capítulo 20

COMPRENDER Y CONTROLAR EL ESTRÉS

COMPRENDER Y CONTROLAR EL ESTRÉS

Una experiencia de nuestro tiempo

En mayor o menor grado, todos nosotros hemos experimentado estrés en algún momento de nuestras vidas, ya sea soportando grandes atascos de tránsito, ya sea al organizar una cena para algunos invitados de excepción, o bien al prepararnos para un examen. Probablemente, habremos utilizado otros términos: nerviosismo, ansiedad, miedo, tensión; o quizás hayamos utilizado frases como: «No puedo soportar esta situación ni un minuto más», «Me siento abatido», o «Estoy a punto de estallar». Lo expresemos como lo expresemos, nos estamos refiriendo al estrés, esa experiencia tan difícil de controlar para un estudiante universitario como para un ejecutivo o un ama de casa. Pero no se debe caer en el error de atribuir al estrés un significado exclusivamente negativo. Bien al contrario, éste nos impulsa a progresar en nuestra profesión, a cuidar de nuestros hijos o a protestar por las situaciones injustas. De hecho, todo cambio supone una tensión, ya sea casarse, ascender en el trabajo, divorciarse o mudarse de casa. El estrés es indispensable para llevar la vida hacia delante, aunque evidentemente la psicología clínica centra su atención en aquellas condiciones que perjudican, en algún sentido, la salud o la vida de las personas.

La palabra «estrés» ha sido utilizada en infinidad de escritos, tanto literarios como científicos, de formas muy distintas. En ocasiones ha sido definida como una característica que depende exclusivamente del entorno que nos rodea, diferenciando las circunstancias que producen mayor tensión de aquellas más relajantes y tranquilizadoras. En este sentido, se habla de trabajos estresantes, de situaciones insoportables o de acontecimientos catastróficos. Otras definiciones tienen que ver con la reacción que presenta un individuo sometido a acontecimientos amenazantes o desafiantes. Aquí se habla de los cambios, tanto psicológicos como fisiológicos o conductuales, que aparecen en la persona. De hecho, el término «estrés» se ha tomado prestado del vocabulario de la ingeniería, que lo utiliza para designar la resistencia producida en el interior de un objeto como consecuencia de una fuerza externa que actúa sobre él.

Situaciones y reacciones

En resumen, se pueden distinguir dos aspectos fundamentales: de un lado las situaciones del entorno, denominadas «estresores», que pueden ser más o menos amenazantes; y de otro, la reacción del propio individuo. El punto de vista actual sobre la cuestión mantiene que ambos factores, tanto el sujeto como el entorno, influyen uno en el otro para producir estrés. Es lo que se ha dado en llamar la explicación «transaccional»,

PREGUNTAS Y RESPUESTAS

¿El estrés es siempre negativo?

De ninguna manera. Aunque la mayoría de nosotros utiliza la palabra de un modo negativo, existe un estrés bueno y uno malo. De hecho, el estrés es necesario para mantener la vida puesto que actúa como un activador que permite que el cuerpo responda a toda clase de desafíos.

que, en un lenguaje más técnico, intenta transmitir la idea de que la forma en que la persona interpreta una situación determinada como poco deseable es la que genera estrés. De todos modos, indiscutiblemente existen acontecimientos muy desfavorables, que merecen una valoración altamente negativa en la mayoría de las personas. Quizás un ejemplo sirva para ilustrar el concepto transaccional. Imaginemos que nos encontramos en el interior de un avión, en un vuelo transoceánico con destino a Nueva York. Mientras divisamos las azuladas aguas del Atlántico, un sonido estridente interrumpe la tranquilidad del vuelo y, a los pocos segundos, el aparato entra en una sucesión de movimientos bruscos e incontrolados. Seguidamente, la voz del capitán de vuelo alerta a la tripulación sobre la situación de emergencia y les indica que estén atentos a las normas de evacuación emitidas al inicio del vuelo. Sin lugar a discusión, se trata de un hecho eminentemente indeseable y amenazante. Algunos de los pasajeros mostrarán una reacción extrema, con crisis de llantos y gritos descontrolados, o podrán incluso desvanecerse debido a la brusca elevación de la ansiedad; otros responderán con serenidad y adoptarán la postura de seguridad aconsejada en casos de emergencia; algunos comenzarán un sinfín de ruegos. No todos respondemos igual ante la misma situación de peligro.

> *El estrés parece cebarse en aquellas personas que ocupan puestos de responsabilidad, aunque esto no significa que sólo los ejecutivos sean los candidatos a padecerlo; es una difícil experiencia por la que cualquiera puede pasar.*

El estrés del ama de casa, agobiada por la acumulación de pequeños sucesos diarios, puede ser tan difícil de controlar como el del ejecutivo. La presión permanente puede llegar a ser más amenazante que un hecho aislado traumatizante.

En otro orden de cosas, cabe la pregunta de por qué algunas madres se angustian desmesuradamente ante las malas notas de sus hijos, mientras que otras en la misma situación parecen vivir en un mar de rosas, felices y sosegadas; o por qué algunas personas se sienten tensas y alarmadas frente a un auditorio repleto de gente dispuesta a escuchar un brillante discurso, cuando otras se diría que disfrutan extraordinariamente disertando ante el público. Se pueden encontrar un sinfín de ejemplos cotidianos que probarían que lo que es amenazante para una persona no tiene por qué serlo para otra. Bien al contrario, hay gente que parece fortalecerse ante las adversidades. Tampoco somos meras víctimas del estrés: en ocasiones es nuestro comportamiento frente a las situaciones el que produce, mantiene o intensifica la sensación de amenaza que sentimos. En conclusión, el estrés no se encuentra ni en la persona ni en la situación, sino que depende de la relación o «transacción» que se establece entre ambas.

Biología del estrés

Los síntomas, los cambios bioquímicos y las sensaciones de tensión que se experimentan durante la respuesta de estrés son prácticamente idénticos e indistinguibles, con independencia del motivo que nos lleva a reaccionar de ese modo. A nivel fisiológico, la respuesta del organismo es la misma cuando nos encontramos subiendo y bajando por los empinados raíles de la montaña rusa en un parque de diversiones, que cuando asistimos a la emergencia de tener que abandonar un edificio en llamas. La diferencia radica en la interpretación que hacemos de estos cambios en nuestro cuerpo y de cómo entendemos los acontecimientos que se producen en nuestro entorno. En definitiva, el estrés no está determinado por el tipo de sensaciones experimentadas, sino por el motivo al que atribuimos dichas sensaciones. De hecho, en las investigaciones de laboratorio que estudian la reacción corporal frente al estrés se utiliza un método estandarizado para provocar este tipo de respuesta en los sujetos, que se basa en introducir la mano en un recipiente de agua helada.

En los primeros pasos dados sobre el conocimiento de las reacciones del organismo ante el estrés, uno de los pioneros de más renombre sobre el tema, el endocrinólogo canadiense Hans Selye, estableció el llamado Síndrome General de Adaptación (SGA), para explicar los cambios psicofisiológicos globales originados por el estrés. Según este modelo, cualquier persona expuesta a tales condiciones responde con una activación fisiológica general que varía a lo largo de tres fases. La primera, conocida como fase de alarma, ocurre inmediatamente después de que el individuo percibe la amenaza. El sujeto se pone en guardia, experimentando un aumento del ritmo cardíaco y de la tensión muscular. Se produce entonces en él una destacable activación para intentar luchar contra el peligro que prevé.

Si el acontecimiento estresante perdura, al no poderse mantener este esfuerzo máximo durante mucho tiempo, se entra en la fase de resistencia. Esta segunda fase implica una activación menor, por lo que se puede sostener el esfuerzo durante un período más largo, tratando así de superar la amenaza. El individuo suele empezar a mostrarse irritable, y aparecen cambios de humor, insomnio, alteraciones del aparato digestivo, dificultades de concentración y otros síntomas físicos.

La tercera fase, la fase de agotamiento, ocurre cuando el organismo gasta todos sus recursos y se pierde progresivamente la activación. El sujeto habi-

Un incendio o cualquier otra situación de peligro provoca en nuestro organismo, como respuesta al estrés, una serie de reacciones que el investigador Hans Seyle agrupó en tres fases: de alarma, de resistencia y de agotamiento.

tualmente se retira y abandona la lucha. Aparecen síntomas depresivos, abatimiento, fatiga y extenuación. En algunos casos, pueden surgir enfermedades físicas graves. Si la respuesta de estrés no es excesivamente intensa, bastará con un descanso más o menos prolongado para recuperar las fuerzas; sirva el ejemplo de un estudiante que ha consumido todos sus esfuerzos en un desmesurado intento por aprobar los exámenes de ingreso a la universidad.

Pero si la reacción es excesiva, las consecuencias pueden ser desastrosas y, en el peor de los casos, acontece la muerte. Éste es el caso de aquellas personas que han vivido en condiciones infrahumanas durante mucho tiempo, en campos de concentración o en celdas de castigo en las prisiones.

COMPRENDER Y CONTROLAR EL ESTRÉS

RESPUESTA FISIOLÓGICA DE ESTRÉS

EJE 1 | **EJE 2** | **EJE 3**

- Hipotálamo
- SN somático
- SNA simpático
- Médula espinal
- Factores liberadores
- Hipófisis anterior
- Hipófisis posterior
- Musculatura esquelética
- Órgano diana
- Glándula suprarrenal (médula)
- ACTH
- TSH
- Hormona crecimiento
- Adrenalina / Noradrenalina
- Glándula suprarrenal (corteza)
- Tiroides
- Mineralocorticoides / Glocucorticoides / Andrógenos
- Tiroxina
- Vasopresina / Oxitocina
- Sistema circulatorio
- Órgano diana

SN = Sistema Nervioso
SNA = Sistema Nervioso Autónomo
ACTH = Hormona Adrenocorticotrópica
TSH = Factor Estimulante del Tiroides

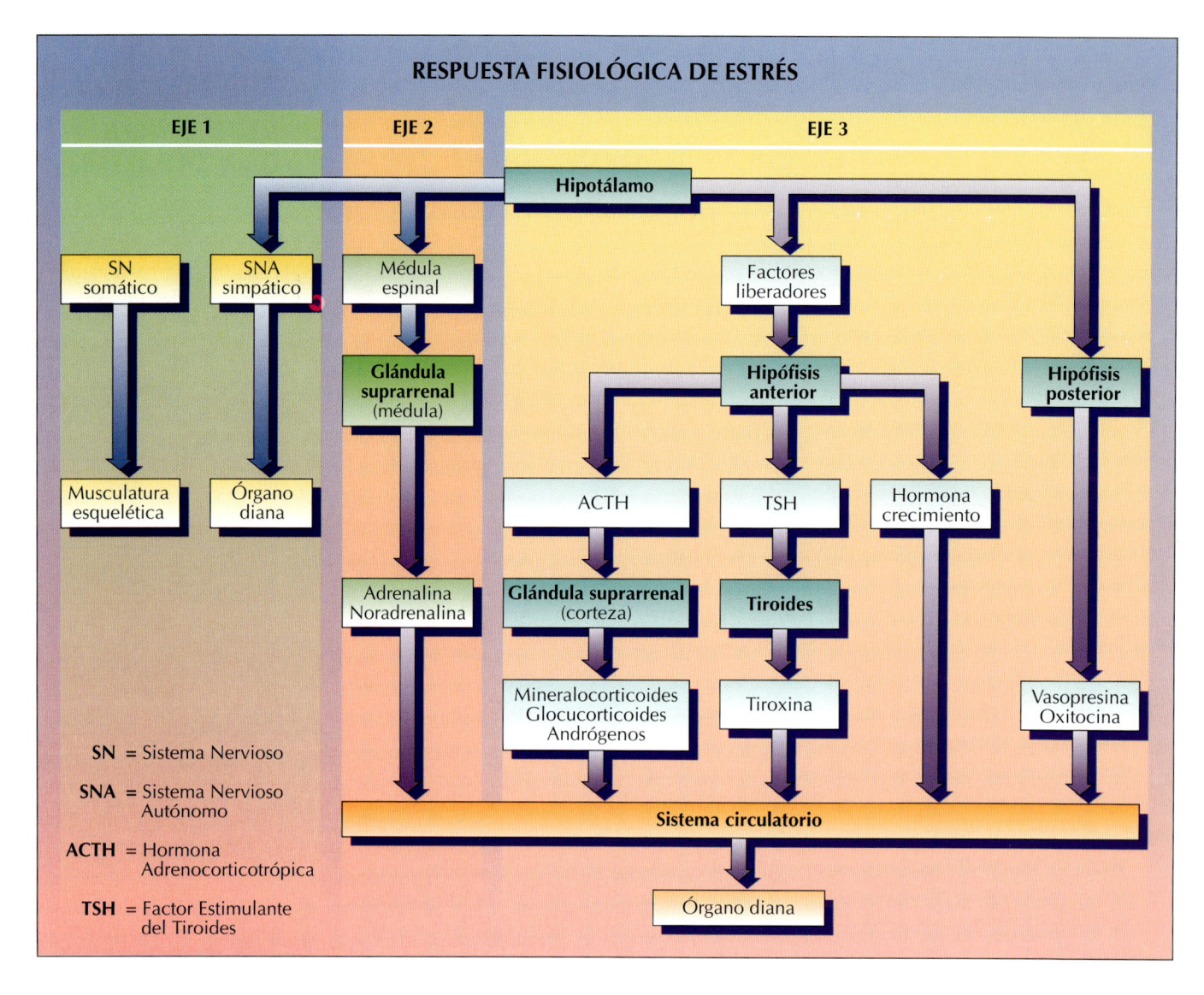

Una vez identificada la amenaza, el organismo responde a ella. En el gráfico puede verse cómo se ponen en marcha los tres sistemas (ejes), nervioso, neuroendocrino y endocrino, cuando el organismo reacciona ante una situación de amenaza.

Las respuestas del cuerpo

Actualmente se sabe que existen mecanismos concretos a través de los cuales nuestro cuerpo responde a las situaciones de amenaza. Una vez que la persona ha identificado la señal de peligro, son tres los sistemas o ejes que se ponen en marcha como reacción de estrés: el sistema nervioso, el neuroendocrino y el endocrino.

El sistema nervioso autónomo es el primero en activarse, en cuestión de segundos, una vez identificada la amenaza. Lo hace, principalmente, mediante la rama somática, responsable de la tensión muscular que pondrá en movimiento nuestro cuerpo; y la rama simpática que, a través de una sustancia llamada noradrenalina, encargada de transmitir los impulsos eléctricos de una neurona a otra, estimulará los órganos internos provocando el aumento del ritmo cardíaco, la dilatación de las pupilas, la agitación de la respiración y la elevación de la sudoración, entre otros cambios.

El sistema neuroendocrino tarda más en dispararse y, por tanto, necesita que las condiciones de amenaza se presenten de forma prolongada, durante un período de tiempo más largo. Las glándulas suprarrenales son estimuladas durante la respuesta de estrés y liberan unas sustancias denominadas catecolaminas (adrenalina y noradrenalina) que ayudan a aumentar y mantener efectos similares a los descritos para el eje neural. Esta reacción es la base fisiológica de la llamada respuesta de lu-

En situaciones de riesgo, como las que deben enfrentar continuamente los que practican los llamados deportes de aventura, la respuesta de estrés hace que las glándulas suprarrenales segreguen adrenalina y noradrenalina.

cha-huida, puesto que nos prepara para hacer frente a las circunstancias, ya sea luchando contra ellas o bien retirándonos y escapando de la situación. Se trata del eje que permite ponernos en marcha para llevar a cabo las actividades motoras destinadas a resolver el problema. Con toda probabilidad, este eje se encuentra en funcionamiento continuado en personajes como Indiana Jones, quien arremete con todo tipo de inconvenientes en busca del arca perdida, por poner un ejemplo conocido por todos. Las repercusiones más importantes, cuando entra en juego este sistema, recaen sobre los órganos cardiovasculares y, en particular, sobre el corazón. Una activación excesivamente intensa y prolongada puede tener efectos altamente negativos sobre estos órganos y desencadenar alteraciones tales como hipertensión, anginas de pecho o infartos de miocardio.

El tercer eje, el endocrino, se activa de forma lenta y, por tanto, es el último en dispararse. Sin embargo, su acción se mantiene durante más tiempo, lo que significa que las consecuencias que tendrá sobre el organismo serán mayores. La descarga hormonal puede tener efectos muy variados sobre el organismo, pero los más destacados son de tipo psicológico, como la aparición de síntomas depresivos, de ansiedad o la sensación de miedo. Todo esto ocurre debido a que la zona corporal más afectada durante la activación del sistema endocrino es el cerebro.

No menos importantes son los efectos aparecidos sobre el aparato gastro-

¿Hasta dónde somos capaces de soportar el estrés?

La capacidad de un individuo para soportar el estrés tiene un límite. El estrés prolongado provoca cansancio y tensión a nivel físico y mental, y aumenta el riesgo de contraer ciertas enfermedades, por lo que debe ser considerado como una amenaza para la salud.

intestinal, en especial los debidos a una mayor absorción intestinal y retención de líquidos, y la recién estudiada debilitación del sistema inmunológico, que hoy en día es el foco de atención de numerosas investigaciones. Una debilitación de las defensas del organismo origina una mayor facilidad para enfermar y acelera el desarrollo de alteraciones inmunológicas como el cáncer o el SIDA en las personas que presentan este tipo de enfermedades.

De la experiencia de estrés al afrontamiento

Podría llenarse una enorme biblioteca con libros referidos exclusivamente al estrés, y en ellos se encontrarían muchas y muy diversas explicaciones sobre el término, pero todas compartirían un aspecto común. La experiencia de estrés supone que la persona debe hacer frente a una serie de demandas o peticiones que superan sus recursos, de manera que se ve incapaz de responder con éxito y salirse airosa de la situación. Estas demandas pueden sobrepasar realmente sus capacidades: a la mayoría de nosotros nos angustiaría sobradamente tener que iniciar una ascensión al Everest, dado que no estamos preparados para tal hazaña. Pero, en otras ocasiones la demanda no nos exige tanto y es nuestra propia percepción de la dificultad que conlleva la situación la que nos hace responder con estrés. Tómese por ejemplo el hecho de conducir un automóvil: muchos personas lo hacen todos los días sin ningún temor o aprensión; sin embargo para otras, aun teniendo los conocimientos necesarios para poder circular en coche puede ser un motivo de tensión importante. Esto se debe a que lo perciben como una demanda difícil de cumplir y se ven a sí mismos como ineptos, no capacitados para enfrentarse a la situación, sin serlo.

El estrés no está determinado simplemente por la falta de conocimiento, sino por la apreciación que cada uno de nosotros hace de estos conocimientos, sea esta apreciación realista o no.

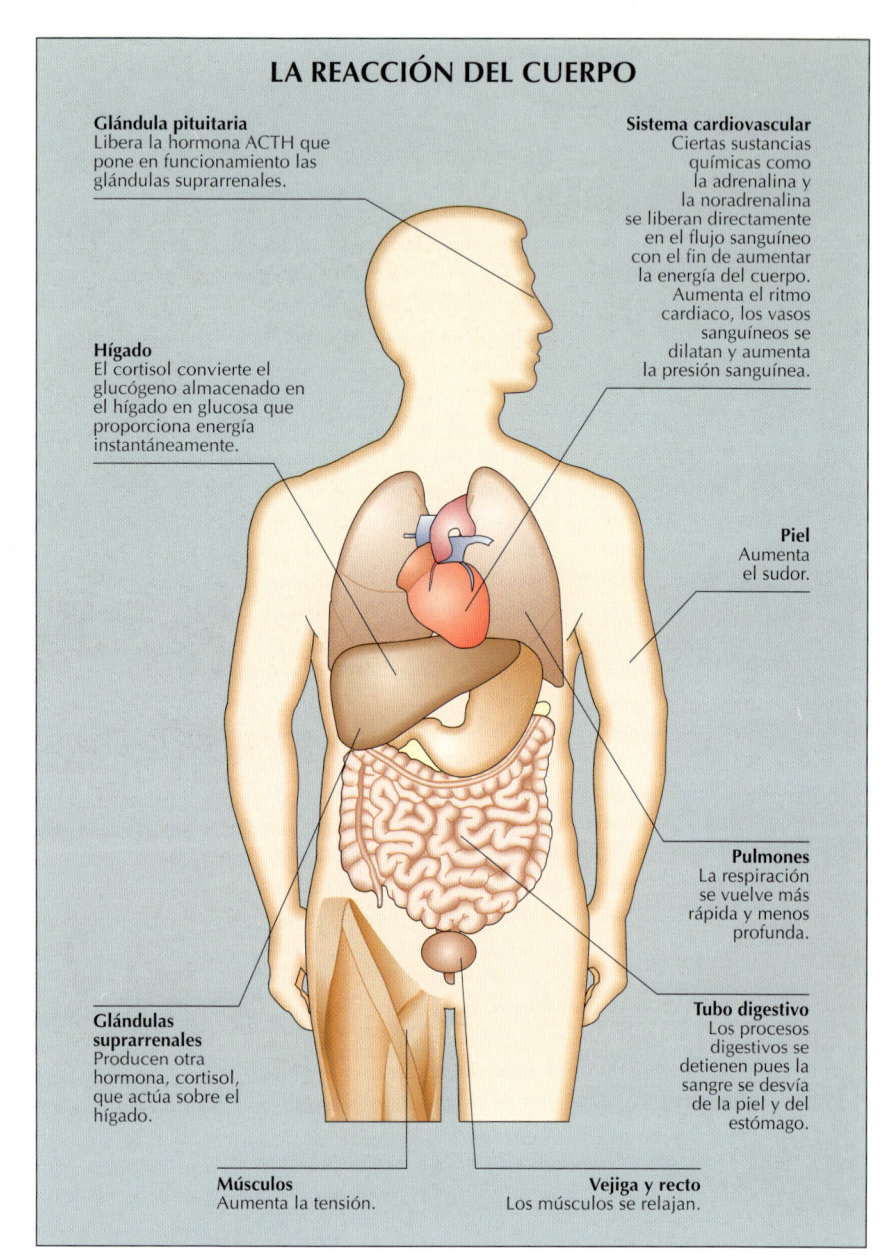

LA REACCIÓN DEL CUERPO

Glándula pituitaria
Libera la hormona ACTH que pone en funcionamiento las glándulas suprarrenales.

Hígado
El cortisol convierte el glucógeno almacenado en el hígado en glucosa que proporciona energía instantáneamente.

Glándulas suprarrenales
Producen otra hormona, cortisol, que actúa sobre el hígado.

Músculos
Aumenta la tensión.

Sistema cardiovascular
Ciertas sustancias químicas como la adrenalina y la noradrenalina se liberan directamente en el flujo sanguíneo con el fin de aumentar la energía del cuerpo. Aumenta el ritmo cardíaco, los vasos sanguíneos se dilatan y aumenta la presión sanguínea.

Piel
Aumenta el sudor.

Pulmones
La respiración se vuelve más rápida y menos profunda.

Tubo digestivo
Los procesos digestivos se detienen pues la sangre se desvía de la piel y del estómago.

Vejiga y recto
Los músculos se relajan.

Ante una situación de estrés la reacción del cuerpo se inicia en el hipotálamo. Se produce entonces una compleja reacción de impulsos nerviosos y químicos que activa la rama simpática del sistema nervioso autónomo y da como resultado un cierto número de cambios en el organismo.

La percepción de la amenaza y los recursos

Richard Lazarus, un destacado psicólogo estadounidense, se dedicó a estudiar la forma en la que apreciamos o valoramos los acontecimientos que nos provocan estrés y llegó a la conclusión de que existen dos tipos de preguntas que nos hacemos de forma automática delante de estas situaciones. En función de los resultados que obtengamos a tales valoraciones se dará un mayor o menor grado de estrés.

La primera de las cuestiones se refiere a la percepción de la amenaza, a la que

UNA EXPERIENCIA DE NUESTRO TIEMPO

EL CUERPO SOMETIDO AL ESTRÉS

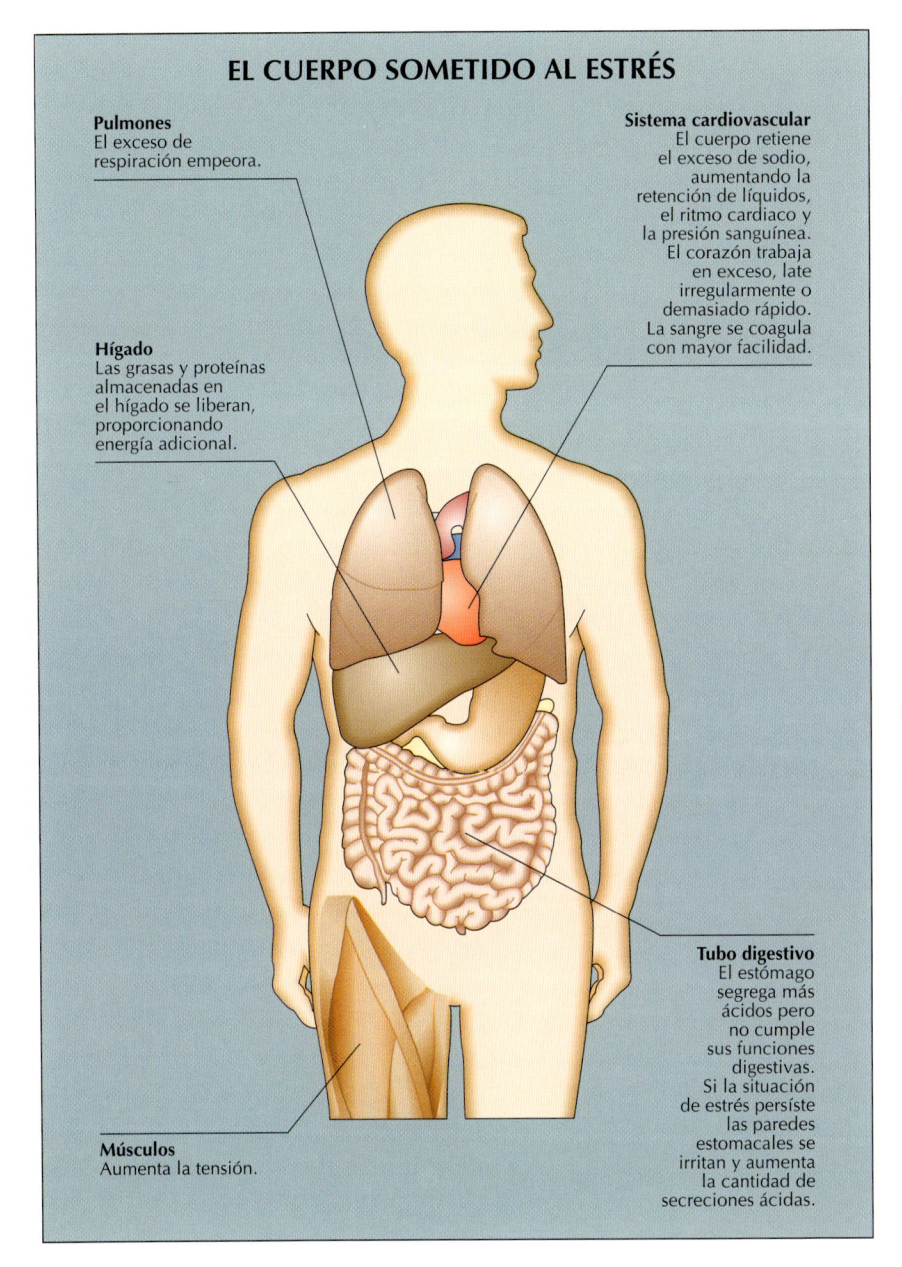

Pulmones
El exceso de respiración empeora.

Hígado
Las grasas y proteínas almacenadas en el hígado se liberan, proporcionando energía adicional.

Sistema cardiovascular
El cuerpo retiene el exceso de sodio, aumentando la retención de líquidos, el ritmo cardiaco y la presión sanguínea. El corazón trabaja en exceso, late irregularmente o demasiado rápido. La sangre se coagula con mayor facilidad.

Tubo digestivo
El estómago segrega más ácidos pero no cumple sus funciones digestivas. Si la situación de estrés persiste las paredes estomacales se irritan y aumenta la cantidad de secreciones ácidas.

Músculos
Aumenta la tensión.

llamó «evaluación primaria». Ésta corresponde al grado de importancia que tiene una situación para nosotros, hasta qué punto nos perjudica o nos beneficia. Aparece representada por la pregunta: «¿Qué grado de amenaza tiene esta situación para mí?», o también, «¿Está todo bien o tengo problemas?». Es una evaluación de lo que está en juego en ese momento. Nuestras creencias generales, la escala de valores, los objetivos en la vida y los compromisos adoptados con los demás, influirán en el tipo de respuestas que demos.

Imaginemos, de nuevo, una situación en la que vamos a ser examinados mediante una prueba escrita. Como es de esperar, el estrés será mayor si se trata de un examen para permitir el acceso a la universidad, que si hablamos de un control ordinario, puesto que el grado de amenaza también es mayor en el primer caso. Pero, indistintamente del tipo de prueba a la que nos refiramos, encontraremos estudiantes que exigen más de sí mismos y que aspiran a la codiciada «matrícula de honor», por propia iniciativa o por el compromiso establecido con amigos o familiares. De cualquier forma, estos estudiantes experimentarán un mayor grado de estrés que aquellos a los que les es suficiente con aprobar el examen, puesto que para ellos el nivel de amenaza es menor.

La segunda cuestión que nos planteamos ante los acontecimientos se refiere a la percepción de los recursos o «evaluación secundaria». Ésta se centra en la forma más adecuada para disminuir la amenaza y solucionar el problema. Contestaría a la pregunta: «¿Qué puedo hacer?», «¿Qué instrumentos tengo para hacer frente a esta situación?». Esta evaluación mide los recursos de que disponemos para afrontar con éxito las dificultades y, evidentemente, se verá influida por las victorias que hayamos obtenido en otras ocasiones parecidas, por la confianza en uno mismo, y por el tipo de habilidades y estrategias que poseamos.

Volvamos al ejemplo del examen. Si escogemos a dos alumnos que tienen el mismo interés en aprobar, con toda certeza se sentirá más tenso aquel de los dos que menos haya estudiado, puesto que dispondrá de menos recursos para superar el examen con éxito. En el supuesto de que ambos sepan la lección por igual, probablemente se muestre más ansioso aquel que más dude de su capacidad para aprobar, el que presienta que en el momento oportuno no sabrá responder a las preguntas, en definitiva, el que se fíe menos de los recursos de que dispone. En conclusión, el estrés está definido por el grado de amenaza que una persona atribuye a un acontecimiento y a la confianza que tenga en sus habilidades para superarlo.

Un cuerpo sometido al estrés produce cantidades excesivas de sustancias químicas que desencadenan nuevos procesos para conservar la energía necesaria. Pero si la presión continúa, a la larga el cuerpo pierde la resistencia y el resultado puede ser el agotamiento y una serie de trastornos.

Ante una situación de examen, las dudas en la propia capacidad y la falta de confianza en uno mismo aumentan la ansiedad. El estrés depende del grado de amenaza que veamos en un acontecimiento y de la confianza que depositemos en las propias habilidades para superarlo.

Haciendo frente al estrés

Al margen de la situación estresante que deba superar, la persona ha de escoger la estrategia que crea más adecuada para resolverla y ha de ponerla en marcha. Este aspecto, que se conoce como «afrontamiento», puede tener éxito y reducir la tensión que experimenta el sujeto o, bien al contrario, ser ineficaz y empeorar la sensación de amenaza ante el acontecimiento. Si casualmente se nos incendia la cocina estando solos en casa, la respuesta puede ser avisar al cuerpo de bomberos e intentar conseguir el extintor más cercano para combatir el fuego, o bien puede que nos alarmemos de tal manera que incluso perdamos el conocimiento. Es obvio que el tipo de actuación más adecuada reside en el ejemplo anterior.

Ciertamente, existen infinidad de maneras con las que se puede intentar reducir el estrés ante un hecho determinado. Aunque esto no resulta tan sencillo, puesto que la estrategia que funcionó en una ocasión puede no ser válida en la siguiente y, de otro lado, a cada persona le será beneficiosa una forma particular de afrontamiento. Éste es uno de los motivos por los que resulta tan difícil dar consejos generales que sean útiles a los demás.

Al estudiar los diferentes modos de afrontar el estrés, se ha visto que, en general, cabe identificar dos funciones que permiten clasificar a todos ellos. Por un lado, están las estrategias que se proponen cambiar la situación que causa el estrés. Es el «afrontamiento dirigido al problema», el cual tiene como objetivo la fuente provocadora de estrés, ya sea al modificar las condiciones ambientales, por ejemplo abandonando un lugar de trabajo indeseado, o al variar nuestra forma de comportarnos, por ejemplo aprendiendo a utilizar computadoras para mejorar el rendimiento profesional.

Otras estrategias tratan de controlar y reducir las emociones desagradables que aparecen como consecuencia del estrés. Se trata entonces del «afrontamiento dirigido a las emociones», que está configurado por formas de reaccionar que no resuelven el problema en sí pero nos hacen sentir mejor en los momentos de peligro o amenaza. Cuando nos consolamos a nosotros mismos pensando que la situación podría ser más desastrosa, y nos decimos que hay otras personas que están en peores circunstancias, o simplemente cuando tratamos de no reflexionar sobre las dificultades presentes, estamos utilizando este tipo de estrategias.

Ambos estilos de afrontamiento, los dirigidos al problema y los dirigidos a las emociones, se usan conjuntamente. La presencia de ruidos en un edificio específicamente destinado a la lectura y al estudio, como una biblioteca, nos decantará por el uso de una estrategia centrada en el problema, destinada a mejorar la insonorización del inmueble. De la misma manera que si decidimos participar en una carrera automovilística, lo mejor será entrenar nuestras habilidades para conducir y reforzar los elementos de seguridad del propio vehículo, aunque probablemente no estará de más confiar en la divinidad y rezar una plegaria antes de que la luz verde nos indique el inicio de la competición.

Reducir la tensión

Cuando es imposible alterar o modificar las condiciones que nos rodean, las estrategias centradas en reducir las señales de tensión y ansiedad o tristeza son las más beneficiosas. Hasta que nadie invente un elixir que nos devuelva la vida una vez fallecidos, la manera más válida de afrontar la pérdida de un ser querido seguirá siendo intentar tranquilizarnos y procurar que nos afecte lo mínimo, ya sea ayudados por amigos, comprometiéndonos en nuevas actividades o incluso utilizando alguna

El estrés puede afrontarse mediante una estrategia dirigida al problema. La seguridad que da al conductor de un coche de carrera entrenar con regularidad y saber que su vehículo está en óptimas condiciones de seguridad, reduce en él las emociones desagradables del estrés.

COMPRENDER Y CONTROLAR EL ESTRÉS

Entre las fuentes de estrés destacan los fenómenos impredecibles y en gran escala, como la guerra, que dejan por lo general graves consecuencias en la salud de las personas que los padecen, y mucho más aún si se han visto directamente afectadas por un hecho desgraciado, como la pérdida de seres queridos.

medicación recetada por el médico. A veces, para disminuir la angustia empleamos una serie de comportamientos claramente perjudiciales que, a la larga, se convierten en una nueva fuente de estrés. En este terreno se incluyen las adicciones en general, que acaban por limitar la libertad de acción y crean un problema adicional. Ciertamente, muchas personas que sufren estrés tienden a aumentar su consumo de tabaco y alcohol o caen en otro tipo de drogas. El juego patológico, el comer de forma incontrolada e incluso la compulsión al trabajo, acompañada por la incapacidad para disfrutar de los momentos de ocio, constituyen diversos tipos de conductas adictivas que se desarrollan inicialmente con la intención de mejorar el estrés, aunque a la larga acaban generando más.

Los acontecimientos vitales

Además de las características particulares de cada uno, en el estrés influyen los factores propios del ambiente, puesto que hay acontecimientos que tienen mayor capacidad que otros para producir tensión. Imaginemos la casa de los señores López. Son las nueve de la noche. La señora de la casa se dispone a preparar la cena, al tiempo que sus dos hijos, Ana e Iván, juegan tranquilamente en el comedor. A los pocos minutos de haber puesto la comida en el fuego, se oyen los llantos desesperados de Ana que intenta llamar a su madre a gritos desde el comedor. En vistas de lo ocurrido, la señora López decide reprender a su hijo mayor mientras éste intenta azotar nuevamente a su hermana. En ese mismo instante suena una llamada telefónica. Al otro lado del aparato, el señor López pide urgentemente a su mujer que localice un importante documento en alguno de los bolsillos de sus trajes. Mientras los niños siguen gritando y peleándose, la señora López registra los bolsillos de su marido, pero un inoportuno mal olor la alerta de que posiblemente se está quemando la cena.

Como podemos ver, la acumulación de los pequeños sucesos con los que nos enfrentamos día a día puede llegar a ser más amenazante que un hecho aislado traumatizante. La presión constante que suele ocasionar un empleo monótono y rutinario, o tener que soportar diariamente temperaturas muy bajas, son situaciones que llegan a producir tensión debido a la regularidad y permanencia con las que se experimentan y que, a la larga, requieren un importante esfuerzo para ser superadas.

Las catástrofes

Los hechos traumatizantes o catastróficos son una segunda fuente de estrés, resultado de un suceso grave. Cabe distinguir entre los acontecimientos que afectan a grandes grupos de personas, como las guerras, los terremotos y las inundaciones o los incendios, y otros igualmente traumatizantes pero que afectan a un menor número de personas, aunque son mucho más frecuentes en el devenir de la vida. Dentro de estos últimos figuran situaciones como el divorcio, el desempleo o la muerte de un ser querido, a las que todos los seres humanos están reiteradamente expuestos. Las personas que son víctimas del primer tipo de catástrofes suelen experimentar pesadillas e imágenes relacionadas con el acontecimiento vivido, se sienten incapaces de relacionarse con nada que tenga que ver con lo ocurrido y padecen de tristeza, de culpa, tienen sentimientos de frustración y un bajo concepto de sí mismas. Con el tiempo, en algunos casos estas dificultades podrán superarse mientras que otros requerirán la ayuda de un especialista para aliviar sus síntomas.

Dos médicos estadounidenses, T. H. Holmes y R. H. Rahe, se dedicaron a entrevistar a un buen número de sus compatriotas, preguntándoles sobre el nivel de estrés que les provocarían ciertas situaciones descritas por ellos. De este modo, elaboraron una lista de cuarenta situaciones cotidianas, con las que podemos encontrarnos todos nosotros, ordenadas en función de la capacidad que tienen para provocar estrés. Se trata de la Escala de reajuste social, y es interesante observar que, si bien las posiciones más desfavorables están ocupadas por situaciones indiscutiblemente desagradables, por ejemplo, el fallecimiento del cónyuge, seguido del divorcio, la separación y el encarcelamiento; circunstancias francamente agradables como el matrimonio, el embarazo o el ascenso laboral se sitúan en posiciones nada despreciables. Es evidente que tan

Las personas que han vivido una catástrofe, como un accidente de tren con gran cantidad de víctimas, sufren con frecuencia el llamado síndrome de estrés postraumático, cuyas características son las pesadillas, los sentimientos de culpa, la ansiedad o la depresión.

Escala Holmes-Rahe

Acontecimiento	Puntos
Fallecimiento del cónyuge	100
Divorcio	73
Separación	65
Encarcelamiento	63
Fallecimiento de un familiar cercano	63
Enfermedad o accidente	53
Matrimonio	50
Despido	47
Reconciliación con el cónyuge	45
Jubilación	45
Cambio en la salud de un miembro de la familia	44
Embarazo	40
Trastornos sexuales	39
Nacimiento en la familia	39
Reajuste en el trabajo	39
Cambio en la situación económica	38
Cambios en las discusiones con la pareja	35
Hipoteca	32
Ejecución de una hipoteca o devolución de un préstamo	30
Cambios de responsabilidades en el trabajo	29
Hijo o hija que se va del hogar	29
Problemas con los suegros	29
Rendimiento personal excepcional	28
El cónyuge empieza un trabajo o lo deja	26
Comienzo o final de la escuela	26
Cambio en las condiciones de vida	25
Revisión de los hábitos	24
Problemas con el jefe	23
Cambios en el horario o las condiciones de trabajo	20
Cambios de residencia	20
Cambio de escuela	20
Cambios en el tiempo de ocio	19
Cambios en las actividades en la iglesia	19
Cambios en las actividades sociales	18
Hipoteca o préstamo de poca importancia	17
Cambio en los hábitos de sueño	16
Cambio en el número de reuniones familiares	15
Cambios en los hábitos de alimentación	15
Vacaciones	13
Navidades	12
Infracción leve de la ley	11

La escala de Holmes y Rahe incluye cuarenta situaciones cotidianas, ordenadas en función de la capacidad que tienen para provocar estrés. Aparecen también situaciones agradables.

estresantes pueden ser los eventos considerados placenteros, como los manifiestamente amenazantes y desagradables. No obstante, se ha comprobado que estos últimos tienen peores efectos sobre la salud.

Componentes del estrés

Una vez conocidos los sucesos que poseen mayor capacidad para provocar estrés, resulta de enorme interés saber cuáles son las características específicas que comparten dichos acontecimientos. Si llegamos a identificar los elementos que convierten una situación determinada en una experiencia estresante, seremos capaces de predecir los posibles estresores y estaremos en condiciones de modificar tales características para reducir el grado de tensión provocado.

Algunos de los factores que ayudan a que una situación específica se convierta en una experiencia estresante son la novedad del suceso; la duración del mismo; la probabilidad con la que ocurre el acontecimiento; la incertidumbre y la ambigüedad.

La novedad nos desconcierta

Cualquier acontecimiento novedoso supone inexperiencia por parte de la persona que debe hacerle frente, y en este sentido le obliga a movilizar formas de respuesta poco entrenadas e igualmente novedosas. No obstante, la mayoría de situaciones no son completamente nuevas, puesto que se asemejan en algún aspecto a otras experiencias vividas anteriormente, con las que pueden ser comparadas. Así pues, una circunstancia novedosa tendrá mayor capacidad para estresarnos en función del grado de tensión y displacer que hayamos experimentado en situaciones similares en el pasado. Si la primera vez que acudimos a una consulta médica sentimos dolor durante la exploración, es muy probable que acudamos a otras visitas médicas con mayor aprensión y temor, aunque se trate de especialidades sanitarias completamente distintas.

Quien espera desespera

En general, cuanto más dura una situación estresante más consecuencias desagradables origina sobre la persona que debe soportarla. Ahora bien, si las circunstancias requieren del aprendizaje de alguna habilidad por parte del sujeto, la experiencia adquirida con el tiempo tendrá una importancia decisiva en el control del estrés.

UNA EXPERIENCIA DE NUESTRO TIEMPO

❓ Cuando me reúno con mi jefe, una persona impaciente, ansiosa y desconfiada, termino agotado y exhausto. ¿Es que el estrés es contagioso?

▶ Con frecuencia puede responderse «sí» a esta pregunta, pero no tiene por qué ser forzosamente así. En situaciones tensas y cargadas, aunque estemos inicialmente relajados y serenos, nos vemos arrastrados hacia ese clima. Pero en última instancia es usted quien elige si va a dejarse atrapar o no por el estrés de la otra persona.

Las consecuencias que provoca una situación estresante están en estrecha relación con la duración de la misma: cuanto más tiempo dura, más graves son los efectos. De ahí la importancia de utilizar estrategias de afrontamiento como la relajación ante un atasco de tránsito, por ejemplo.

COMPRENDER Y CONTROLAR EL ESTRÉS

La cuestión de la probabilidad

Como es lógico, todos nos sentimos más amenazados por los acontecimientos negativos que se presentan con cierta frecuencia que por aquellos poco probables. Entre la población de cualquier ciudad estadounidense de la costa Oeste existe una mayor preocupación referida a un posible movimiento de tierra que ante un improbable ataque aéreo con armamento nuclear. Aunque las consecuencias de este hipotético segundo caso, seguramente, resultarían más catastróficas.

La amenaza de la incertidumbre

La incertidumbre se refiere a la falta de conocimiento sobre la posibilidad de que algo suceda. El hecho de no saber con certeza si va a ocurrir un acontecimiento determinado origina un aumento del nivel de tensión en la mayoría de los sujetos. En numerosos estudios realizados a raíz de las diversas guerras que ha vivido la historia, se ha podido comprobar que el nivel de estrés experimentado por los familiares de aquellos combatientes que no regresaron a sus casas al término de la contienda era

Estudios realizados a soldados de la antigua Yugoslavia han puesto de manifiesto que las bajas psicológicas y el nivel de estrés eran mucho más elevados cuanto más terribles y prolongadas fueran las experiencias de combate.

«No se encuentran ateos en las trincheras»

Este refrán nos da muestra del importante papel de las creencias, en particular de la fe religiosa, como método adecuado para superar el estrés. Cierto es que, estudios llevados a cabo a raíz de la Segunda Guerra Mundial, observaron que las tres cuartas partes de los soldados encuestados de una compañía de infantería se reconfortaban con el uso de plegarias y oraciones ante situaciones de peligro. Investigaciones similares han mostrado los mismos resultados en aviadores de la armada que también participaron en la segunda gran guerra. Queda claro por tanto que la religión constituye una forma de afrontamiento útil para las personas creyentes, puesto que facilita una interpretación menos dramática de los acontecimientos. Evidentemente, rezar no garantizaba a dichos soldados que se librarían de una desafortunada bala capaz de acabar con sus vidas, pero les ayudaba a tolerar esta posibilidad con mayor entereza y serenidad.

menor en las mujeres de soldados fallecidos en combate que en las de soldados desaparecidos, ya que en estos últimos casos la muerte del esposo estaba sujeta a una mayor incertidumbre. Por tanto, a medida que aumenta la incertidumbre de una determinada situación, se incrementa su capacidad para provocar estrés.

Desinformada ambigüedad

Un suceso resulta ambiguo cuando ignoramos alguno de sus parámetros, cuando no lo conocemos con exactitud. La mayoría de situaciones cotidianas son ambiguas en uno u otro sentido, y, de manera global, puede decirse que cuanto más ambigua es una situación, más estrés es capaz de provocarnos. Si esta afirmación es cierta, parece evidente que debemos esforzarnos en obtener información apropiada acerca del suceso en cuestión, puesto que ello nos permitirá prepararnos adecuadamente para afrontar el problema con mejores garantías de éxito. Probablemente, preferiremos que uno de nuestros compañeros de trabajo nos comente que el jefe quiere vernos por un asunto relacionado con los pedidos del último mes, a que nos diga que el jefe desea hablar seriamente con nosotros. Como ya puede intuirse, el primero de los ejemplos nos permite revisar los últimos archivos de la empresa y prepararnos para la entrevista con antelación. Lograr una óptima información de los acontecimientos es conveniente, aunque un exceso de datos puede dificultar su organización llegando a entorpecer su conveniente interpretación, lo que generará un mayor estrés.

Los amigos y la familia cumplen un papel primordial que contribuye a evitar las enfermedades que son consecuencia del estrés. Las personas que poseen un círculo afectivo de apoyo tienen menos posibilidades de morir tempranamente.

Mejor en compañía

Numerosos estudios sobre el tema han establecido cuáles son los aspectos propios del ambiente que ayudan a superar con más éxito las situaciones estresantes. Son los denominados «moduladores ambientales», dentro de los cuales, el apoyo social es el que ha recibido mayor atención. Se considera que aquellas personas que disfrutan de un entorno social óptimo, ya sean amigos, compañeros de trabajo, familiares y demás, en el momento en que atraviesan por una situación estresante, están en condiciones de reducir los efectos perjudiciales y soportar mejor la amenaza. Tener quien escuche nuestros problemas y nos dé consejos y sugerencias, saber que hay gente que confía en nosotros y lo demuestra con afecto y comprensión o, incluso, ofreciéndonos una ayuda material, ya sea económica o no, contribuye extraordinariamente a mejorar la tolerancia ante los posibles problemas que puedan aparecer. También se han propuesto otras condiciones de carác-

COMPRENDER Y CONTROLAR EL ESTRÉS

En nuestra sociedad impera la creencia de que el éxito, el dinero y el ascenso social nos asegurarán para siempre la felicidad. Sin embargo, muy a menudo aportan lo contrario, al generar estrés, descontento y una gran infelicidad.

ter positivo, como disponer de recursos económicos o gozar de hábitos saludables, que también actuarían como amortiguadores de las consecuencias del estrés, aunque no han recibido tanta atención.

Cuestiones personales: ser vulnerable al estrés

Nadie puede ser considerado como totalmente resistente al estrés. No obstante, existen personas que tienen un buen dominio del estrés y que, generalmente, se mantienen equilibradas ante las circunstancias adversas y saben escoger la forma más adecuada de afrontar el peligro. Aunque éstas parezcan características propias del polifacético «Agente 007», también son asignables a muchas personas. Todos conocemos también otro tipo de sujetos que se sienten desestabilizados por los hechos más insignificantes y responden a éstos con sensaciones de tensión y malestar.

UNA EXPERIENCIA DE NUESTRO TIEMPO

Todos nos estresamos en una u otra ocasión. Lo que parece diferenciarnos es la frecuencia con la que experimentamos estrés, la intensidad y la duración del mismo.

El tiempo que requiere una persona para recobrarse de un hecho negativo y volver al estado normal de tranquilidad y sosiego parece decisivo con respecto a las consecuencias que puedan acontecer. En general, los individuos que responden bien a las amenazas poseen un repertorio amplio de estrategias de afrontamiento y saben utilizarlas de manera flexible, adecuándolas a cada situación determinada. Evidentemente, no existe ninguna receta infalible contra el estrés, aunque algunas características propias de la personalidad y la forma de actuar de cada uno han demostrado tener una importancia concluyente.

Sensación de control

Cuando las personas creen poseer algún tipo de autoridad y confían en poder determinar el devenir de los sucesos o las consecuencias de los mismos, mejora su rendimiento y se atenúa su activación, aunque luego en la práctica no tengan necesidad de usar dicho control. La sensación de control se relaciona con una característica relativamente estable en las personas. Algunos sujetos tienden a creer que los acontecimientos de la vida son el resultado de sus propias acciones, en este caso se habla de control interno; mientras que otros estiman que son la suerte, el destino o las decisiones de los demás los que gobiernan sus vidas.

Estos últimos tienen un control externo, con lo cual aumenta la posibilidad de percibir una situación como amenazante.

La sensación de control se relaciona con los conceptos de optimismo y pesimismo. La persona optimista es aquella que toma en consideración fundamentalmente los aspectos positivos de los hechos, manteniendo así la sensación de que todo se halla bajo control, por lo que disminuye la percepción de la amenaza.

Tolerancia a la ambigüedad

Ya se han comentado los efectos producidos por las circunstancias ambiguas. Sin embargo, existen personas capaces de soportar extraordinariamente bien las situaciones poco definidas. Estos casos se definen como personas que poseen una alta tolerancia a la ambigüedad. En cambio, otras se muestran más rígidas en sus conductas y tienen dificultades para adaptarse a las condiciones que requieren de una cierta flexibi-

Cuando no conocemos con exactitud una situación, como sucede a menudo en la vida cotidiana, el resultante es la ambigüedad. Y cuanto más ambigua es una situación, más estrés puede llegar a provocar.

Con la presencia de la mujer en el mercado de trabajo han aumentado considerablemente las cotas de estrés entre el sexo femenino.

lidad. Son individuos que presentan una baja tolerancia a la ambigüedad y responden con tensión frente a tales circunstancias. De forma global pues, puede afirmarse que las personas que resisten altos niveles de ambigüedad presentan una mayor protección frente el estrés, aunque no siempre ocurre así.

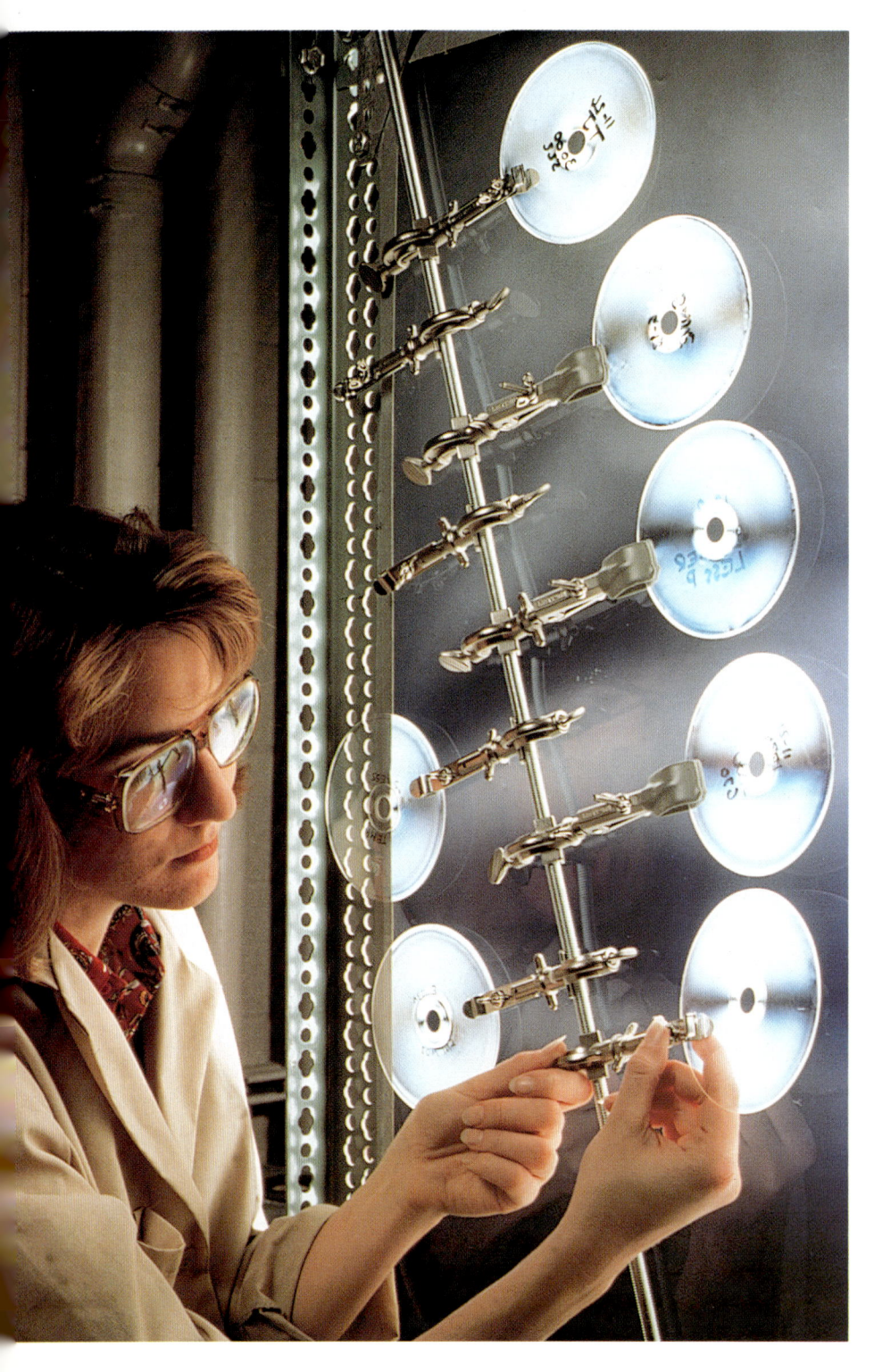

Personalidad resistente

Hay individuos cuyas características de personalidad les permite soportar situaciones francamente estresantes. En estos casos se habla de la denominada «personalidad resistente»: las personas que gozan de una excepcional capacidad para creer que las actividades que realizan son verdaderamente importantes y que confían en el valor de lo que hacen, ya sea en el ámbito familiar, laboral o en cualquier otro. De esta forma, se encuentran totalmente identificadas en sus actuaciones. Otro aspecto que les define es la sensación de control sobre los acontecimientos: tienen la impresión de controlar y poder influir en todo aquello que les acontezca. Para completar el cuadro, poseen la aptitud de valorar los cambios como un reto, como un desafío excitante que les otorga una posibilidad de superación.

De manera que, donde otros suelen percibir amenaza y experimentar tensión, ellos habitualmente observan una oportunidad de éxito y se ponen en marcha para alcanzarlo. Probablemente se encuentre esta tipología de individuos en empleos poco estables en los que se exija mucho de ellos, donde se valore la rapidez de adaptación a las circunstancias y la iniciativa propia. Sobra decir que estas características se han relacionado tanto con una disminución de las reacciones de estrés en general, como con una reducción de las consecuencias negativas debidas a éste.

Hombres y mujeres

El sexo es uno de los aspectos que mayor interés ha despertado en relación al estrés, dado el creciente ingreso de las mujeres al mercado laboral. La mayoría de las mujeres que han apostado por trabajar fuera de casa deben asumir una doble responsabilidad, la propia del empleo escogido y la vinculada a las «obligaciones» domésticas y familiares, que no aportan ningún beneficio económico ni, en algunos casos, de ninguna otra índole. Estos hechos han propiciado mayores cotas de estrés en el sexo femenino. Aun así, las mujeres parecen estar más protegidas contra las alteraciones y enfermedades causadas por un frenético ritmo de trabajo, y presentan un menor número de afecciones cardiovasculares, en comparación con los hombres que comparten un estilo de vida similar.

Las razones de esta diferencia deben buscarse principalmente en factores propios de la sociedad, que atribuye papeles distintos para hombres y mujeres desde la infancia, propiciando formas diferentes de responder ante las situaciones en función del sexo, aquí, en China y en cualquier otra cultura. Cuántos de nosotros no habremos oído en alguna ocasión que llorar es cosa de niñas. Como demuestran estudios recientes, se ha observado un ligero incremento de las enfermedades coronarias en el sexo femenino que, presumiblemente, estaría explicado por este cambio de rol social en la mujer actual. Éstas son algunas de las consecuencias negativas de la «revolución sexual» que, evidentemente, no pueden equipararse a las beneficiosas aportaciones que ya ha generado.

Sin embargo, se han de valorar otros resultados que confirman la importancia de algunas hormonas sexuales femeninas, como los estrógenos, en la protección de los órganos afectados durante la respuesta de estrés, que explicarían la menor aparición de infartos de corazón y úlceras de estómago en las mujeres. Parece ser que el mal apodado «sexo débil» está equipado para afrontar situaciones amenazantes con menor riesgo para su salud.

Muestra del inventario de actividad de Jenkins, cuestionario que consta de más de cincuenta preguntas y que sirve para valorar el nivel de estrés existente en un individuo.

Inventario de actividad de Jenkins

1. **¿Le resulta difícil encontrar tiempo libre para ir a la peluquería?**
   A. Nunca
   B. Ocasionalmente
   C. Muchas veces

2. **¿Con qué frecuencia su trabajo «le pone en acción» (le obliga a ser muy activo)?**
   A. Menos frecuentemente que el trabajo de la mayoría de las demás personas
   B. En torno al promedio
   C. Más que el trabajo de la mayoría de las demás personas

3. **¿Cuál de las siguientes situaciones es más frecuente en su vida cotidiana?**
   A. Problemas que necesitan solución inmediata
   B. Retos a los que es preciso enfrentarme
   C. Mi vida es una rutina de hechos fácilmente predecibles
   D. Noto la falta de cosas en las que interesarme u ocuparme

4. **Algunas personas llevan una vida tranquila y sin sobresaltos. Otras se enfrentan a cambios inesperados, continuas interrupciones, inconvenientes** o «cosas que van mal» ¿Con qué frecuencia se encuentra Ud. con estas pequeñas (o grandes) incomodidades o molestias?
   A. Varias veces al día
   B. Alrededor de una vez al día
   C. Algunas veces a la semana
   D. Una vez a la semana
   E. Una vez al mes o menos

5. **Cuando Ud. está bajo presión o estrés, ¿qué es lo que hace generalmente?**
   A. Hago inmediatamente algo para solucionarlo
   B. Planifico cuidadosamente antes de actuar

6. **¿Con qué rapidez suele comer?**
   A. Normalmente soy el primero en terminar
   B. Como algo más rápido que los demás
   C. Como aproximadamente a la misma velocidad que la mayoría de la gente
   D. Como más despacio que la mayoría de la gente

7. **Su esposo/a o algún amigo, ¿le han dicho alguna vez que come demasiado rápidamente?**
   A. Sí, a menudo
   B. Sí, una o dos veces
   C. No, nunca

8. **¿Con qué frecuencia hace más de una cosa al mismo tiempo, tal como trabajar mientras come, leer mientras se viste, o resolver problemas mientras conduce?**
   A. Hago dos cosas a la vez casi siempre
   B. Hago esto sólo cuando estoy escaso de tiempo
   C. Raramente o nunca hago más de dos cosas a la vez

9. **Cuando está escuchando a una persona y ésta da muchos rodeos para llegar al grano, ¿con qué frecuencia tiende a urgir a esa persona?**
   A. Frecuentemente
   B. Ocasionalmente
   C. Casi nunca

10. **Actualmente, ¿con qué frecuencia «pone palabras en boca de alguien» para abreviar la conversación y acelerar las cosas?**
    A. Frecuentemente
    B. Ocasionalmente
    C. Casi nunca

11. **Si se cita con su esposo/a o con un amigo, ¿con qué frecuencia llega Ud. tarde?**
    A. De vez en cuando
    B. Raramente
    C. Nunca llego tarde

Cómo saber si estamos estresados

No es fácil valorar el nivel de estrés en un individuo, dado que son muchos y muy diversos los elementos que intervienen. Sin embargo, existe un impresionante repertorio de cuestionarios de autoaplicación que, pretendidamente, nos informan del grado de estrés con el que vivimos. Pero no estamos frente a una tarea tan simple como puede parecer; hay que tener presente que para efectuar una correcta evaluación hay que conocer todo el conjunto de aspectos, difíciles de cuantificar de forma aislada, que interactúan estrechamente constituyendo la experiencia de estrés. En primer lugar, una evaluación integral precisará de un examen exhaustivo del entorno en el que vive la persona, intentando descubrir situaciones amenazantes tanto en su ámbito laboral como familiar. También ahondará en el tipo de interpretaciones que el sujeto realiza de los acontecimientos que le ocurren; averiguará el perfil de su respuesta fisiológica característica ante condiciones estresantes; indagará en los aspectos propios de su personalidad y analizará la adecuación de las formas de afrontamiento comúnmente utilizadas.

Cada caso presenta particulares necesidades de evaluación. Por este motivo, es indispensable disponer de unos objetivos definidos que permitan seleccionar los mejores instrumentos de análisis. Qué duda cabe, las situaciones a valorar en un ejecutivo responsable de una gran empresa, que se queja de dolores en la zona pectoral, distarán mucho de las que deberían valorarse en el caso de un estudiante de primer año de medicina que no puede concentrarse ante la llegada de los exámenes.

Descubrir estrés en el ambiente

Se han ideado diversos inventarios destinados a sopesar el grado de amenaza que contiene la vida cotidiana de la gente. Cada una de estas pruebas está especialmente diseñada para cubrir un

Entre las causas más frecuentes de estrés se halla el inicio de una actividad profesional. El enfrentarse a personas desconocidas y, sobre todo, la demostración de la propia competencia son motivo de fuerte tensión emocional.

Los aspectos demográficos y biológicos también guardan relación con la experiencia de estrés. Así, por ejemplo, la edad guarda una conexión especial con éste. Aunque más que la edad, son los acontecimientos que se van presentando de forma relativamente ordenada con el paso del tiempo los que tienen que ver con el estrés. El inicio de la actividad profesional o el deterioro de la salud son fuentes de posible tensión, que se presentan en momentos relativamente determinados de la vida.

El tiempo «no» lo cura todo

Está muy extendida la idea de que, con el tiempo, la gente acaba aceptando los hechos desafortunados que le suceden y finalmente se recupera. Cuántas veces hemos oído decir ante situaciones irremediables, como la muerte de un ser querido, aquello de «El tiempo lo cura todo». Si así fuera, no sería necesario prestar ningún tipo de ayuda a las personas que han vivido en circunstancias trágicas y se ahorrarían mucho tiempo y recursos en tal empresa. Lo cierto es que todos los estudios sobre el tema, realizados con víctimas de violaciones, con ex combatientes, mujeres viudas y demás, muestran un porcentaje nada despreciable, entre un 20 y un 30 por ciento, de personas que no consiguen recuperarse transcurridos de cuatro a seis años después de los hechos. Por supuesto, en mucha gente va disminuyendo la angustia y acaba por llevar una vida completamente normal al cabo del tiempo, pero otros requerirán una ayuda adicional para poderse recuperar definitivamente.

ambiente determinado, más o menos amplio. Así, por ejemplo, existen inventarios específicos para el estudio de condiciones estresantes en el ámbito laboral, que pretenden descifrar cuestiones relativas a la cantidad de trabajo que el sujeto ha de realizar, las responsabilidades adquiridas, la suficiente definición del puesto o la posibilidad de apoyo profesional en la empresa. Otros, más delimitados, se centran en profesiones específicas, y entre ellos destacan los referidos a las enfermeras, por ser una ocupación con elevadas cotas de estrés, en la que se han basado abundantes estudios sobre el tema.

Un conjunto de pruebas, con más tradición en la psicología del estrés, tratan de examinar acontecimientos indeseables intensos que han tenido lugar a lo largo de la vida del individuo, puesto que la presencia de circunstancias francamente desagradables parece estar estrechamente relacionada con una mayor probabilidad de enfermar. En este sentido, la mencionada escala de reajuste social de Holmes y Rahe ofrece una lista de situaciones ordenadas según su capacidad para provocarnos estrés. Aunque esta clase de pruebas parece tener poco uso en la práctica habitual de la psicología clínica.

El apoyo social, del que ya se ha destacado su importancia para el alivio de la tensión experimentada por un individuo en condiciones de estrés, ha merecido la elaboración de pruebas destinadas en exclusiva a su evaluación. Aunque es un aspecto especialmente complejo en cuanto a su valoración, vale la pena gastar esfuerzos en analizar tanto la cantidad como la calidad del apoyo recibido por una persona en los diversos ámbitos de su vida, puesto que será importante en vistas al tratamiento.

En general, este extenso grupo de pruebas permiten entender mejor el grado de estrés con el que debemos enfrentarnos en nuestro ambiente habitual y nos pondrá sobre aviso de las circunstancias que convendría variar, con la intención de reducir el nivel de amenaza del propio entorno.

Descubrir cómo responde nuestro organismo

La evaluación de la respuesta fisiológica frente a situaciones de estrés ha sido poco explotada hasta al momento, debido a la complejidad que representa. El elevado coste de los instrumentos necesarios para detectar sutiles cambios en el organismo y la insuficiente precisión de algunas medidas obtenidas con estas técnicas han contribuido a hacerlas más populares entre los estudios de investigación que en la práctica clínica. Una excepción meritoria es el manejo, cada día más habitual, de artefactos electrónicos destinados a medir variaciones en el organismo durante la activación del sistema nervioso, a través de electrodos situados usualmente en la superficie de la piel. Las más corrientes son las técnicas electromiográficas, que detectan cambios de tensión muscular; las electrodérmicas, basadas en el au-

¿ A veces me considero a mí mismo como una especie de fuerza motriz y temo que si aminoro la velocidad o me detengo, luego no seré capaz de volver a poner el motor en marcha. ¿Seré capaz de funcionar sin estar sometido al estrés?

➥ Ciertamente sí. Muchas personas temen llegar a perder la aptitud para manejar sus vidas porque creen que el estrés es lo que las impulsa. Pero no es así. Lo que ocurre es que al eliminar los efectos nocivos del estrés, la experiencia de la vida resulta engrandecida y se recupera el tiempo y la energía para dedicar a las cosas placenteras de la existencia.

medidas tomadas mientras el sujeto se encuentra relajado, lo que se denomina «línea base». En último término, se presentan estímulos estresantes, ya sean diapositivas desagradables, ruidos molestos, o el simple hecho de tener que realizar operaciones aritméticas mentalmente, conforme se siguen tomando medidas de los cambios fisiológicos que experimenta el sujeto.

Cómo interpretamos las situaciones

Aunque sabemos lo importante que es la propia interpretación de los acontecimientos como amenazantes o no, así como la valoración que hacemos de nuestra capacidad para hacer frente a la situación, no se ha ahondado suficientemente en la investigación de las formas adecuadas para evaluar estos aspectos. Por tanto, se dispone de escasas pruebas estandarizadas, como cuestionarios o autoinformes, que permitan discernir con claridad la interpretación cognitiva de las personas. La mayoría confunde elementos propios de la situación con el suceso particular, circunstancia de la que es fácil inferir la poca fe que merecerán los resultados obtenidos con tales pruebas.

Los profesionales dedicados al problema del estrés suelen utilizar la entrevista clínica con el paciente para descubrir de qué manera interpreta los sucesos acontecidos y sus propios recursos para afrontarlos, intentando establecer el estilo más característico con el que cada persona percibe las distintas circunstancias de la vida como problemáticas. Los instrumentos habitualmente destinados al análisis de las consecuencias derivadas del estrés consisten en listados de síntomas, tanto físicos como psicológicos, que suelen manifestarse.

El autorregistro

Uno de los métodos más utilizados para evaluar de forma conjunta distintos elementos de la respuesta de estrés son los autorregistros. Éstos son elaborados para cada caso particular y pretenden

Muchas veces nos confundimos en la apreciación de los acontecimientos amenazantes y de los propios recursos para hacerles frente. Un profesional puede ayudarnos a interpretar adecuadamente los sucesos.

mento de la conductancia eléctrica que experimenta la piel durante la respuesta de estrés; y medidas cardiovasculares como la tasa cardíaca, el volumen del pulso sanguíneo o la temperatura corporal.

La forma óptima de proceder en este tipo de registros psicofisiológicos consiste en la colocación de electrodos al individuo, al tiempo que se le concede un período de entre diez a quince minutos para habituarse a la situación de evaluación. Posteriormente, se registran las extraer información de las situaciones reales a las que se enfrenta el sujeto. En los autorregistros se pide a la persona que rellene diariamente una serie de apartados relacionados con acontecimientos que hayan tenido lugar ese mismo día y, si es posible, que tome las notas inmediatamente después de transcurridos los hechos. Ordinariamente se interroga acerca de un suceso concreto, a partir del cual la persona anotará una frase que describa la situación; los pensamientos suscitados por ésta; la conducta llevada a cabo con la intención de resolver el conflicto y las consecuencias derivadas de tal acción.

El aspecto reiteradamente descuidado en este tipo de evaluaciones se refiere a la respuesta psicofisiológica. De todas formas, el avance tecnológico va consintiendo cada vez con mayor asiduidad el uso de aparatos electrónicos de pequeño tamaño, que posibilitan el registro de las repuestas del organismo. Así ocurre con los modernos esfingomanómetros portátiles que una vez colocados a un sujeto permiten medir la presión arterial en períodos muy breves durante todo el día.

En general, el autorregistro es un sistema de evaluación que presenta pocos inconvenientes y, al mismo tiempo, aporta una gran cantidad de información referente a sucesos reales. Sin embargo, es sumamente importante tener presente que un exceso, tanto en la calidad como en la cuantía, de anotaciones solicitadas puede dificultar sobremanera la realización del registro y, en consecuencia, contribuir al estrés del propio sujeto.

Combatir el estrés con humor

En uno de sus libros, el doctor Donald Meichenbaum comenta una anécdota en la que a un hombre, que va a ser fusilado, se le otorga la posibilidad de fumarse su último cigarrillo y éste lo rechaza diciendo: «No, gracias, estoy tratando de dejar de fumar». Éste es un buen ejemplo de cómo el humor puede servirnos de barrera para enfrentarnos a ciertos acontecimientos desagradables con menos repercusiones emocionales negativas. Es lógico pensar que, si los pensamientos tristes y desoladores favorecen la respuesta de estrés, como efectivamente lo hacen, la alegría y las risas causarán un alivio. De hecho, son muchos los casos de personas que después de vivir, más o menos de cerca, un hecho traumático deciden tomarse la vida menos seriamente y se benefician de ello.

Los pensamientos positivos son una buena técnica para combatir el estrés. De ahí que dedicar algunas horas a una actividad que resulte placentera, como la pintura, puede ser una manera eficaz para distraerse de las preocupaciones.

Está comprobado que la gente que realiza ejercicios físicos con regularidad afronta mejor los episodios estresantes, da muestras de mayor seguridad en sí misma y está menos deprimida que la que no lo hace.

Ejercicio y estrés

No es nada novedoso revelar que el ejercicio es necesario y mejora nuestra salud. Pero ¿de qué forma actúa? y ¿qué tipo de ejercicio es el más recomendado?
Los datos que poseemos al respecto aseguran que durante la realización de ejercicio el cerebro libera una sustancia llamada endorfina. Esta sustancia podría compararse a una droga estimulante, en este caso endógena, respecto a sus efectos sobre el organismo dado que contribuye al bienestar emocional y físico. Por tanto, todas las actividades que estén ligadas a la secreción de endorfinas, como el ejercicio, una dieta equilibrada o unas relaciones sexuales agradables, tendrán un efecto positivo sobre el estrés.
No todas las actividades deportivas son igualmente recomendables.
Un ejercicio saludable debe mantener nuestro organismo moderadamente activado a lo largo de toda su ejecución, sin demasiadas fluctuaciones, y es preferible realizarlo de forma regular durante períodos relativamente cortos de tiempo. Un deporte «antiestrés» es aquel que nos deja satisfechos y relajados a su término, más que los que consiguen agotarnos y extenuarnos. Así, caminar, hacer *jogging*, montar en bicicleta, o practicar *aerobic* son ejemplos de ejercicios para combatir el estrés, mientras que el levantamiento de pesas, o el *squash* no son tan eficaces. Sin embargo, todos los deportes son saludables si se practican como distracción, sin exceso de competitividad y manteniéndonos dentro de nuestras posibilidades físicas.

El dominio del estrés

Éste es un fenómeno de gran complejidad, en el que intervienen abundantes factores. Por ello, hablar de cómo dominarlo significa expresar un método particular de proceder más que definir una técnica específica de intervención.

De nada servirá diseñar un tratamiento estático aplicable a todos los casos. En ocasiones, el peso fundamental de la acción recaerá en la mejora de las condiciones ambientales, como suele ocurrir en el estrés laboral; en otras circunstancias, las técnicas empleadas se basarán en perfeccionar la interpretación que hacemos de los hechos; o bien, necesitaremos poner en práctica una serie de estrategias indispensables para afrontar la amenaza con éxito.

No existen recetas universales en relación al estrés, de ahí la urgencia de efectuar una evaluación detallada que nos descubra las particularidades específicas de cada caso. La capacidad para amoldarse a las circunstancias es crucial, y la forma de hacerlo no responde a ningún tipo de guía ni patrón, varía según las personas y en función de otros muchos aspectos; incluso es sensible a factores culturales. Mientras que un individuo puede quedar satisfecho cuando decide evitar un acontecimiento indeseable, otro puede preferir encarar el problema de forma directa.

Para intentar afrontar con éxito el estrés es condición indispensable poseer una gama variada de estrategias eficaces y saber aplicar la más oportuna en cada ocasión. El «Adiestramiento en Inoculación de Estrés» es un programa que combina diversas técnicas de intervención cognitivo-conductuales con el objetivo central de proporcionar un repertorio de afrontamiento flexible y adaptado a las necesidades de cada individuo. El uso del término «inoculación» no es casual: surge del significado médico del concepto, como si se tratara de una vacuna contra el estrés. Así, las pretensiones del adiestramiento en inoculación de estrés consisten en revelar la naturaleza del estrés y del afrontamiento; adiestrar en el control de los pensamientos e interpretaciones desadaptativas; enseñar a solucionar problemas y tomar decisiones lógicas; procurar un autocontrol de las emociones desagradables; sustituir algunas conductas indeseadas y practicar las nuevas estrategias de afrontamiento en situaciones que, de forma graduada, irán aumentando en dificultad, con la intención de fomentar la aparición de resultados favorables que estimulen la confianza en las recientes habilidades adquiridas. Para llegar a tan apreciados objetivos, el programa de inoculación de estrés se divide en tres fases o etapas: la fase de conceptualización, que promueve la comprensión de los elementos implicados en la experiencia de estrés como factores susceptibles de cambio; la fase de habilidades y ensayo, donde se instruyen y ejercitan habilidades concretas de afrontamiento; y la fase de aplicación y consolidación, que nos invita a practicar lo aprendido en acontecimientos de la vida real.

Muchas técnicas alternativas se presentan actualmente como beneficiosas para combatir el estrés. Una aplicación de arcilla puede ayudarnos a disminuir las tensiones y reducir el agotamiento.

COMPRENDER Y CONTROLAR EL ESTRÉS

¿ Dada la cantidad de problemas que tengo que enfrentar diariamente, me suele asaltar el pensamiento de que la vida es una lucha continua cuesta arriba. ¿Puede hacerse algo para cambiar este hecho?

➡ La vida tiene sus subidas y bajadas, pero a usted puede parecerle un camino sólo de subida por estar inmerso en una atmósfera donde imperan la tensión, el estrés y los problemas. Es importante saber que se puede asumir el control de lo que está sucediéndole a uno y a su propia vida.

Un problema con posibles soluciones

En la primera fase del programa el objetivo es transmitir una concepción nueva del estrés, mostrándolo como un problema con posibles soluciones, más que como un sufrimiento inamovible e imposible de superar. Con esta intención, es preciso que la persona estresada participe activamente en la elaboración de un plan de tratamiento. A partir de este momento el propio individuo, junto a un terapeuta entrenado, van a convertirse en suspicaces investigadores, con la única intención de comprobar la veracidad de las soluciones hipotéticas formuladas. Una empresa que resulta inalcanzable sin la indispensable cooperación mutua. Llevar a cabo una evaluación minuciosa del caso también forma parte de esta fase del adiestramiento. Para ello se cuenta con las técnicas descritas anteriormente, que deberán garantizar la correcta delimitación de los factores más esenciales. Una vez conocidas las dificultades, los pensamientos del individuo, su modo de responder ante las situaciones, los síntomas que manifiesta con mayor frecuencia y otras fuentes de información más idiosincrásicas, se proporciona un modelo explicativo en el que encajen convenientemente los datos particulares de cada individuo. Servirá exponer anécdotas cotidianas para mostrar las etapas por las que habitualmente transcurren los hechos, de manera que se abran expectativas de solución alcanzables a través de la adquisición de ciertas habilidades. Un modelo prototípico para iniciar dicha hazaña se basa en la exposición de la naturaleza transaccional del estrés, aunque no es el único factible.

El modo de enfrentar nuestra vida influye en el nivel de estrés que experimentamos. Lo ideal es una vida sana y relajada, con momentos para el ocio, la vida al aire libre y la contemplación, que contribuyan a la descarga de las tensiones.

Técnicas instrumentales y paliativas

Las pretensiones de la segunda fase se centran en el entrenamiento de diversas habilidades de afrontamiento, con el ánimo de aportar una colección variopinta de estrategias y medir su eficacia en la resolución de dificultades específicas. Se cuenta con un sinfín de técnicas, de probada utilidad, diseñadas para el manejo del estrés, pero todas ellas pueden ser agrupadas en dos categorías primordiales.

En primer lugar, las que proporcionan un afrontamiento dirigido a la raíz del problema y resuelven la fuente de estrés. En este caso, las personas se adiestran para el cambio de situaciones amenazantes con las que particularmente deben enfrentarse. Estas técnicas se conocen de forma clásica como técnicas instrumentales y están representadas por procedimientos tales como el adiestramiento en la solución de problemas, para perfeccionar la toma de decisiones; el entrenamiento en asertividad y habilidades sociales, para afrontar situaciones interpersonales que requieran de una comunicación fluida; el control del tiempo en personas que se exceden en alguna actividad y el cambio de aspectos estresantes del entorno.

Otro campo distinto de intervención lo constituyen las denominadas técnicas paliativas, que no representan ninguna modificación de las condiciones estresantes en sí, pero ayudan a soportarlas con menos repercusiones negativas para el individuo. Estas técnicas se centran en la adquisición de habilidades que aumentan la tolerancia al estrés gracias al autocontrol de las emociones desencadenadas. Algunas de las técnicas más empleadas se refieren al entrenamiento en relajación; la reestructuración cognitiva, que incide sobre las interpretaciones negativas acerca de los acontecimientos; la intención paradójica; el *biofeedback*, para el control de la respuesta psicofisiológica, y el entrenamiento en parada del pensamiento y la distracción de la atención.

Como principio general, no es osado afirmar que, mientras lo permitan los acontecimientos, serán más eficaces las técnicas instrumentales que las paliativas, aunque estas últimas irán ganando trascendencia a medida que disminuya la posibilidad para cambiar, alterar o evitar la situación de amenaza. Tómese por ejemplo la aparición de una patología irreversible como el cáncer, tal vez la persona enferma mejore su calidad de vida y sufra menos ante tan inoportuna dolencia, aunque difícilmente se sanará. No obstante, hay que tener presente que ambas modalidades de intervención son claramente compatibles. En la mayoría de los casos sus efectos se suman, proporcionando mejores resultados cuando se utilizan de manera combinada. Si se pretende resolver las dificultades de una persona ante un ascenso laboral en un cargo de alta responsabilidad, la intervención centrada en el problema pasará por un programa de formación y por la mejora de sus habilidades sociales, de las que probablemente se beneficiará, pero los resultados mejorarán si se logra que la persona perciba la situación creada a partir de su ascenso de forma más positiva, confiando en su capacidad y en sus cualidades y mostrándose tranquila y relajada mientras realiza su trabajo.

Modalidades de respuesta

Un modo distinto de clasificar las técnicas utilizadas tiene relación con la modalidad de respuesta que se muestra alterada durante la reacción de estrés.

Así, se puede distinguir entre diferentes modalidades, ya sea conductual, afectiva, sensorial, imaginativa o cognitiva. Si la queja principal de una persona se concreta en una serie de sensaciones desagradables, tales como dolores de cabeza, mareos, fatiga o taquicardias, el objetivo del tratamiento se centrará en la modalidad sensorial.

En otras ocasiones, serán imágenes catastróficas y desagradables las que turbarán el bienestar del sujeto, como suele ocurrir en los trastornos por estrés postraumático. En dichas circunstancias están especialmente recomendadas las técnicas que se basan en la imaginación del individuo.

El Patrón A de conducta

Hacia finales de los años cincuenta aparece en el panorama científico el concepto de Patrón A de conducta. Tal como su nombre indica, éste agrupa una serie de características del comportamiento de determinados sujetos en un patrón o modelo y las relaciona con la mayor propensión a presentar alteraciones coronarias que puedan desembocar en infarto de miocardio. Hasta entonces, los factores de riesgo tradicionales, hipertensión arterial, cifras altas de colesterol, tabaquismo y obesidad, eran los únicos reconocidos en el ámbito científico. A partir de ese momento empezaron a considerarse los factores psicosociales, como elementos que comprometen la salud de los sujetos.

Los primeros autores que introdujeron el Patrón A en el mundo científico fueron dos cardiólogos estadounidenses, Rosenman y Friedman, interesados por las peculiaridades conductuales de sus enfermos coronarios. Agreguemos, a modo de anécdota, que estos mismos pacientes también interesaban al tapicero del hospital quien, aunque lego en asuntos de cardiología, no dejaba de preguntarse qué extraños enfermos eran aquellos que únicamente desgastaban el borde del asiento, mientras que el respaldo permanecía siempre intacto. Partiendo de estudios epidemiológicos y mediante rigurosas observaciones se fueron perfilando las características de estos sujetos.

En términos generales, es el componente energético el que mejor los define. Son individuos en un perpetuo estado de vigilancia del entorno. Parecen aspirar al control total, y están siempre atentos para actuar a la más mínima oportunidad y para evitar cualquier contingencia que estimen negativa. Controlar para sentirse tranquilos representa su reto cotidiano y su objetivo primordial. El medio idóneo para observar al Patrón A desplegando toda su actividad es, sin duda, el laboral. Allí podemos verle consumiendo interminables jornadas, que se prolongan hasta altas horas, cuando no cae en la tentación de llevarse trabajo al hogar. Esto último le permite escapar a la insulsa vida doméstica y reducirla a un simple ejercicio de revista para comprobar que todo está en regla, y los horarios y la economía (aspectos susceptibles de evaluar numéricamente, y por tanto muy de su agrado) se cumplen de acuerdo con sus cánones.

Al Patrón A le gusta trabajar sometido a la presión de los plazos límite y procura autoimponérselos cuando la demanda exterior es laxa. El rendimiento y la productividad son sus únicos objetivos y si puede traducirse en cifras y porcentajes, la satisfacción es plena. Procura huir de las vacaciones, ya que éstas representan períodos de inactividad difíciles de soportar, en los que el único aliciente consiste en someter a los restantes miembros de la familia a controles exhaustivos de los que los sufridos familiares siempre salen mal parados. Puede darse el caso de que decida hacer algo por satisfacer a los suyos, como llevarlos de viaje. El viaje comporta el atractivo del reto, puesto que entra de pleno en el tema de los plazos fijos, las metas y los objetivos. Frecuentemente el resultado es desastroso: el Patrón A confirma una vez más que su familia es su peor negocio, los hijos afilan las armas para prestar batalla en la adolescencia próxima (si están ya en la adolescencia, es inevitable el conflicto) y la esposa renuncia una vez más a cualquier complicidad con ese ser que se dice tan solvente. En este transitar del Patrón A por el mundo laboral y familiar se hacen también patentes los otros dos elementos más significativos de la configuración, la urgencia-impaciencia y la hostilidad. Para detectar a los sujetos A se comienza preguntándoles: ¿Camina usted rápido?, ¿Come usted rápido?, ¿Procura hacer dos cosas a la vez?, ¿Suele decirle su mujer que se tome la vida con más calma? La rapidez, la urgencia indiscriminada, acompaña siempre al Patrón A en sus andanzas. Cuando no halla obstáculos para desarrollar su ritmo, avanza, adelanta trabajos, se desafía a sí mismo. Se diría que este ritmo rápido, de producción sin obstrucciones,

constituye su estado natural más satisfactorio, psicológica y físicamente. Pero, por desgracia, están siempre los demás, sujetos incompetentes que retrasan tontamente sus ritmos y que engendran una sensación tan familiar como poco gratificante, la impaciencia.
La impaciencia constituye un elemento negativo que genera malestar en su organismo y que muchas veces desemboca en una emoción negativa, la hostilidad.
Ya sea contenida y encubierta, ya sea expresada en forma de ira verbal o de conductas violentas, la hostilidad repercute negativamente en el organismo. Se ha comprobado que, al cabo de los años, los sujetos A presentan doble número de infartos de miocardio y que aquellos con mayores puntuaciones en hostilidad son también los más propensos a enfermar y los que presentan obstrucciones coronarias más severas.

Rosa Sender Romero
Médico Psiquiatra

COMPRENDER Y CONTROLAR EL ESTRÉS

En situaciones reales

La tercera y última fase del programa pretende estimular la aplicación de las estrategias de afrontamiento a situaciones reales. Un aspecto fundamental se refiere a la necesidad de avanzar paso a paso, aumentando el nivel de dificultad de forma graduada y previendo las posibles dificultades que puedan acontecer. Por ejemplo, para las personas que se muestran ansiosas cuando han de realizar alguna petición a su superior, les parecerá imposible, al principio del entrenamiento, cruzar la puerta del despacho de dirección y exigir un aumento de sueldo, pero probablemente estas personas se encontrarán en condiciones de solicitar un nuevo programa de computación.

Progresivamente se pueden ir resolviendo situaciones más comprometidas hasta alcanzar las habilidades apropiadas para requerir el siempre gratificante aumento de sueldo. Procediendo de manera escalonada disminuye la aparición de resultados desfavorables que perjudican la propia confianza en las estrategias utilizadas. Sin lugar a dudas, aparecerán algunas situaciones en las que las habilidades alcanzadas no conseguirán reducir el estrés. Es importante no considerar tales como un fracaso, sino como un hecho propio de todo proceso de aprendizaje. Incluso cuando nos instruimos en aptitudes predominantemente mecánicas, como puede ser la práctica de cualquier deporte, hay días en los que tenemos la sensación de no haber avanzado en absoluto.

¿Es factible eliminar el estrés?

El estrés no es un padecimiento frente al cual nada podemos hacer, sino un problema que se puede solucionar. Existen planes de tratamiento para las personas estresadas que resultan exitosos si cuentan con la colaboración activa de las mismas y con terapeutas entrenados.

Las técnicas de respiración y relajación se han mostrado sumamente eficaces para eliminar la fatiga del cuerpo manifestada en forma de dolores musculares y cefaleas y, además, preparan para enfrentar mejor las situaciones de tensión o estrés.

Capítulo 21

EL DOLOR

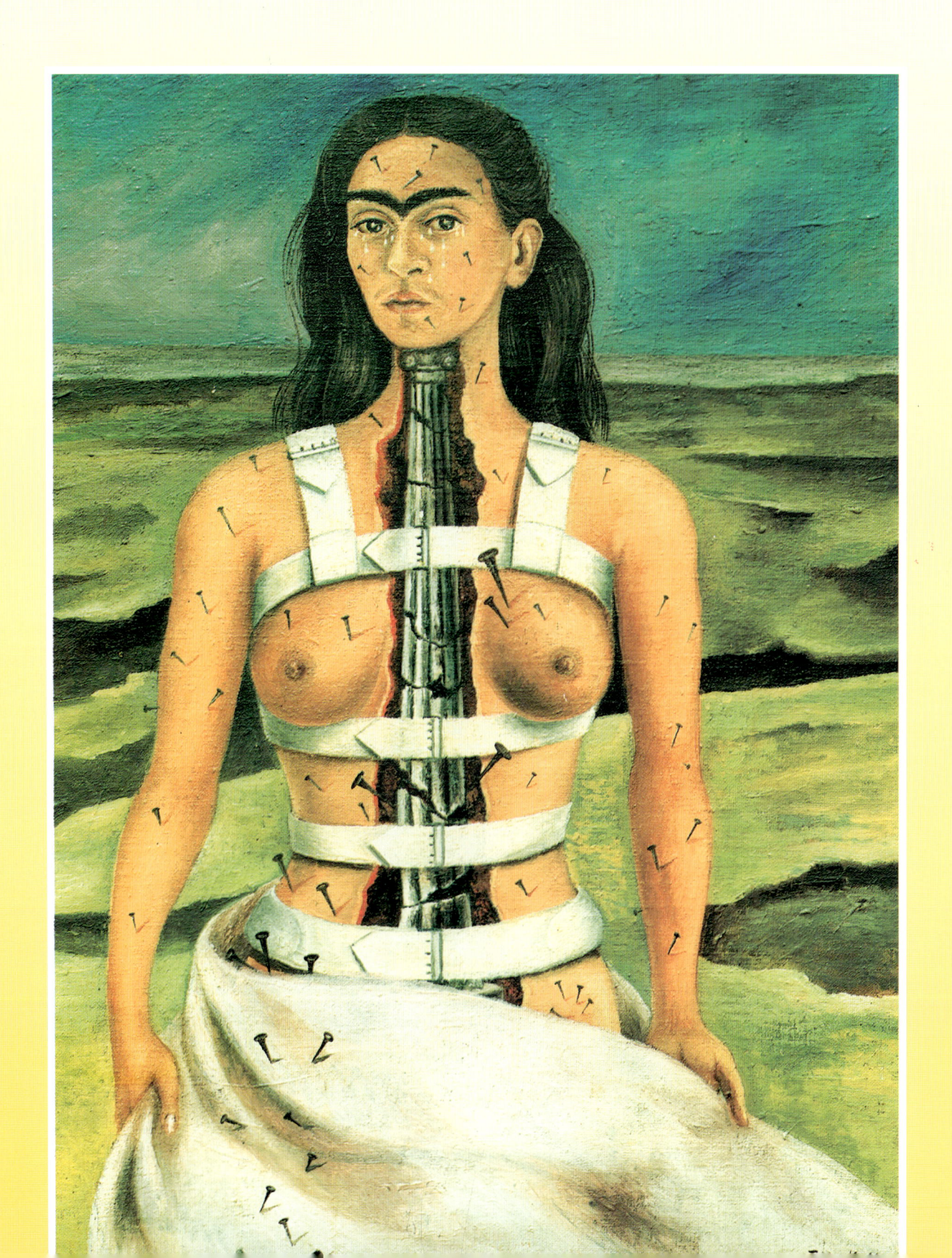

EL DOLOR

Un compañero inseparable

El dolor acompaña al hombre desde el principio de los tiempos; es una parte inseparable del mismo. Como dijo W. H. Brann: «el dolor es el compañero universal del hombre: empieza con el nacimiento y le sigue en todas las fases de su vida hasta la muerte». Sólo algunos estados excepcionales permiten al individuo librarse por completo de la experiencia del dolor, pero tales condiciones suponen una total desconexión de la realidad, patológica las más de las veces, un precio demasiado elevado para un objetivo tan poco realista. Hay que tener presente que las sensaciones desagradables que nos transmite el organismo cumplen con una función trascendental: avisan de posibles lesiones o daños, que podrían significar una importante amenaza para nuestra propia vida; nos sirven de alarma. Es una práctica recomendable destinar unos minutos, aprovechando todos nuestros recursos imaginativos, a intentar idear un mundo ficticio donde no existiera el dolor. Lejos de descubrir un paraíso terrenal más allá del sufrimiento, como suele intuirse a simple vista, nos toparemos con una vida llena de peligros inhóspitos. Sirva como introducción a tan didáctica fantasía el ejemplo de una realidad que insiste diariamente en cobrarse más vidas y que representa un difícil reto para la medicina moderna: el cáncer, una enfermedad indolora en sus estadios iniciales, que se desarrolla de forma silenciosa hasta la aparición de los primeros síntomas, cuando las consecuencias suelen ser irreversibles.

Un poco de historia

La historia de la humanidad está repleta de acontecimientos relacionados con el sufrimiento y de innumerables intentos para redimir el dolor, desde las más ancestrales pócimas mágicas y las oraciones de carácter religioso, hasta los preparados homeopáticos, las fórmulas magistrales y los fármacos sintéticos más actuales. Pero no siempre se lo ha concebido de igual modo en el devenir de los tiempos, su visión ha ido cambiando a través de las distintas culturas y con ésta, probablemente, la propia vivencia del dolor.

Si hacemos una apretada síntesis de la historia humana, cabe mencionar la creencia que mantenía el pueblo griego en torno al dolor, como un aspecto necesario e inseparable de la existencia. Se diría que el sufrimiento era un preludio indispensable de una vida placentera, sin ninguna relación con la muerte. Los presocráticos empezaron a contemplar el concepto del bien y del mal, llegando hasta Platón la idea del dolor como un castigo para aquellos que se alejan de la verdad absoluta. Para Aristóteles el dolor explica el desequilibrio entre el cuerpo y el alma; resistirse a él es un acto de valentía y dignidad. En el cristianismo, al cobijo de los gruesos muros de los monasterios, se inicia la elaboración racional y pseudocientífica de remedios para aliviar el sufrimiento, bajo una noción del dolor distinta, como la consecuencia de las alteraciones producidas por el hombre en el orden divino. Visto así, éste sería un camino para el crecimiento

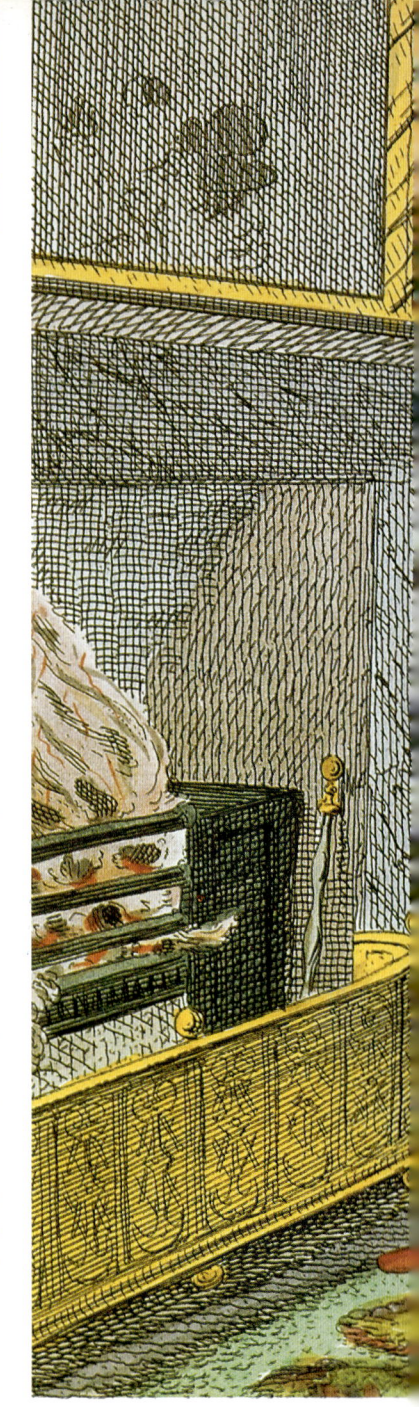

PREGUNTAS Y RESPUESTAS

■ ¿Se puede curar el dolor de cabeza haciendo ejercicios físicos?

➤ El ejercicio físico continuado tiene efectos positivos sobre los procesos dolorosos porque relaja la tensión muscular, causante en gran parte del dolor, y desvía la atención hacia otras sensaciones.

personal y la salvación del alma, ligado inseparablemente a la idea de culpa. En el medioevo se llega a la magnificación del uso instrumental del dolor. El sufrimiento es inevitable y en ocasiones voluntariamente procurado para diversos fines, a tales extremos que la tortura e incluso las autolesiones se convierten en un hábito común de remisión de culpas, lo cual obliga al clero a la prohibición de la autoflajelación a mediados del siglo XIV. A partir del Renacimiento surge el aún prestigioso método experimental, que ya en nuestros tiempos ha procurado un conocimiento científico de la psicofisiología del dolor.

Un modelo simple de dolor

Los intentos más o menos sistemáticos para controlar el dolor se remontan a la Edad Media, cuando se inicia el tratamiento quirúrgico de las enfermedades. En aquel entonces se paliaba el sufrimiento inherente a las operaciones con el uso de técnicas hipnóticas, la aplicación de frío o la ingesta de grandes dosis de alcohol. Siglos después se introduce el uso de sustancias como el éter, la cocaína o la administración intravenosa de azafrán. De todos modos, el estudio científico del dolor es un fenómeno reciente que se puede situar a

La lucha contra el dolor es uno de los objetivos más antiguos perseguidos por el hombre desde siempre.
Para aliviar el dolor de cabeza, aquí satirizado en un grabado decimonónico, se recurría a pócimas mágicas, ungüentos y oraciones de carácter religioso.

EL DOLOR

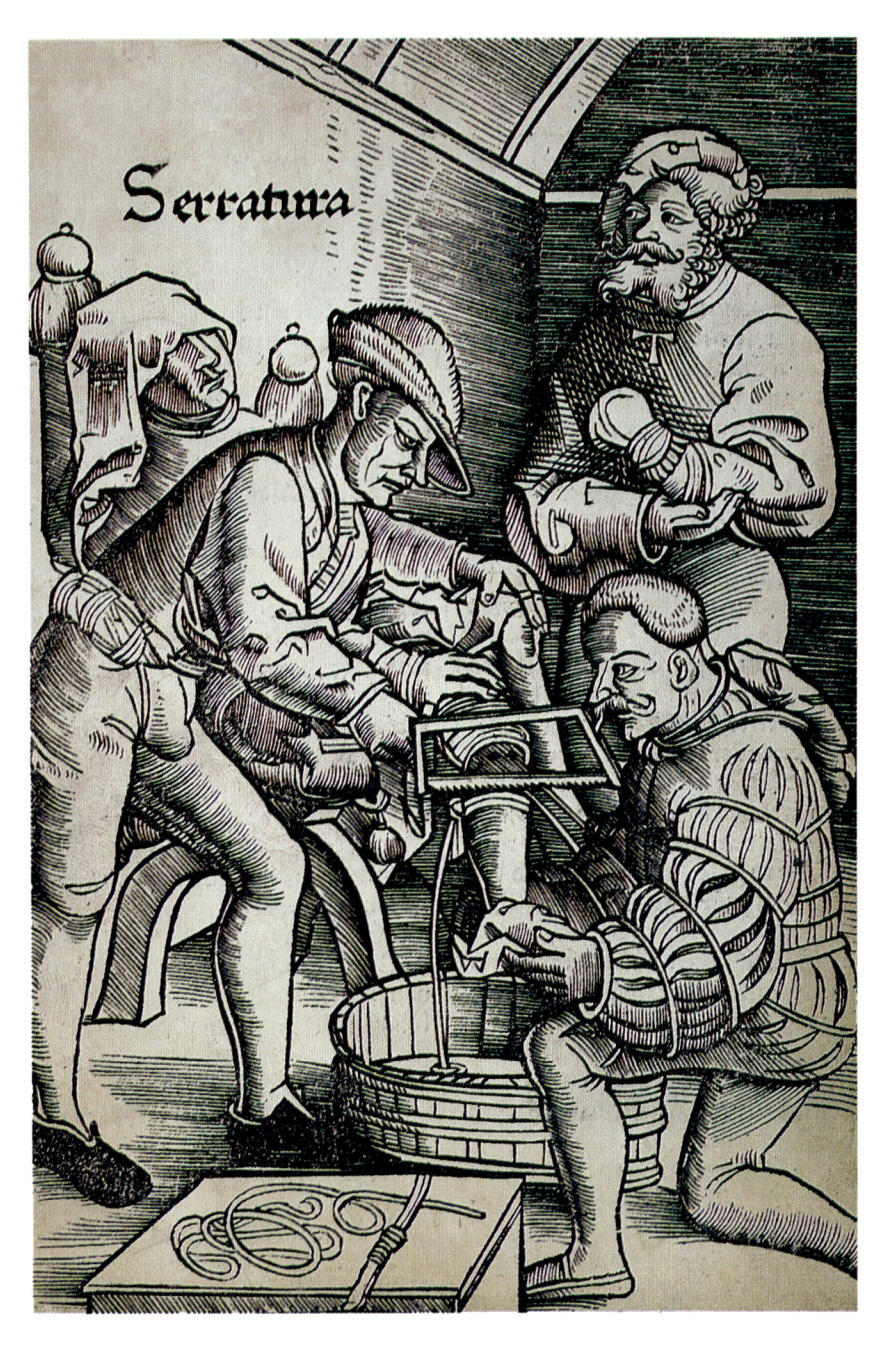

Amputación de una pierna en un grabado italiano del siglo XVI. Para paliar el sufrimiento provocado por la operaciones se acudía al alcohol, al hipnotismo o a la aplicación de frío.

mediados del presente siglo, gracias a las aportaciones de la anestesiología, la neurofisiología y la farmacología.

La primera propuesta seria para explicar el dolor se basó exclusivamente en la transmisión de la señal dolorosa desde la zona lesionada hasta el cerebro. De manera que el dolor era concebido como una sensación simple que dependía únicamente del daño ocasionado; cuanto mayor fuera el deterioro causado, mayor sería también el dolor experimentado y a la inversa. En el transcurso de los años, surgen evidencias claras de que la magnitud de la lesión no guarda una relación directa con la intensidad del dolor expresado por los individuos, más aún, en ocasiones no se halla ningún deterioro orgánico al que atribuir las quejas. En este orden de cosas, comienza a intuirse que la experiencia de dolor es un fenómeno ligado a una mayor subjetividad, donde las características individuales de cada caso particular son de extrema importancia. Por tanto, se requiere la formulación de un nuevo enfoque explicativo, más complejo, que integre la acción de diversos factores de carácter psicológico. Así es como empiezan a surgir los llamados modelos multidimensionales de dolor.

La compuerta del dolor

La complejidad de la experiencia del dolor fue puesta en evidencia por dos autores estadounidenses, Ronald Melzack y Patrick Wall, con su teoría del control de la compuerta del dolor. Esta teoría estimuló la transición desde una concepción del dolor como un fenómeno exclusivo de los sentidos a un modelo multifactorial que integra aspectos motivacionales, afectivos, conductuales y cognitivos con los puramente sensoriales. Se supone que el flujo de señales dolorosas que viaja desde la zona lesionada hasta el cerebro a través de la médula espinal, como si del cauce de un río se tratara, puede ser controlada mediante información elaborada en el cerebro que desciende por la espina dorsal, posibilitando la disminución o el aumento del caudal doloroso proveniente de la lesión, como lo harían las compuertas de una presa. Veamos algunos ejemplos cotidianos para comprender que existen una serie de factores capaces de regular la experiencia de dolor. Imagine que se encuentra jugando los últimos minutos de un importante partido de fútbol, en el que su equipo está perdiendo por un gol en el marcador. Es muy probable que en esta situación, y debido a que toda su atención se encuentra dirigida al acontecimiento deportivo, no advierta una posible lesión hasta el término del partido. Otra anécdota se refiere al desafortunado pero común incidente en el que inadvertidamente nos cortamos con un cuchillo mientras preparamos una más de nuestras comidas diarias. ¿Cree qué resultaría igualmente doloroso si ocurriera minutos después de que le hubieran comunicado un copioso aumento de sueldo?

Un sinfín de estudios han aportado valiosísima información acerca de los distintos elementos que juegan un papel relevante en la posición de la compuerta y que, por tanto, influyen en el control del dolor padecido. Así, se han propuesto un buen número de factores responsables de la apertura de dicha compuerta, que otorgan gran preponderancia al diseño de estrategias de intervención dirigidas, principalmente, a aspectos cognitivos y conductuales.

A nivel físico: la extensión de la lesión y otras circunstancias relacionadas con el daño y su tratamiento, como pueden ser la inflamación de los tejidos o la mala cicatrización de una lesión, que ocasionan un acrecentamiento del dolor, pero también la tensión muscular juega un papel predominante. En el terreno emocional: el aumento de la ansiedad y la presencia de preocupaciones excesivas, la ira y los estados depresivos son malos compañeros del dolor. En el estrato mental o cognitivo: la excesiva atención prestada al dolor; el aburrimiento o las atribuciones catastrofistas que se hacen respecto de la lesión. Es obvio que no se reacciona igual ante un dolor de cabeza al que se relaciona con una semana apretada de trabajo, que si se lo achaca a un tumor cerebral. Por último, las conductas llevadas a cabo como consecuencia directa o indirecta del dolor («conductas de dolor») son otra fuente de factores que propician su mantenimiento.

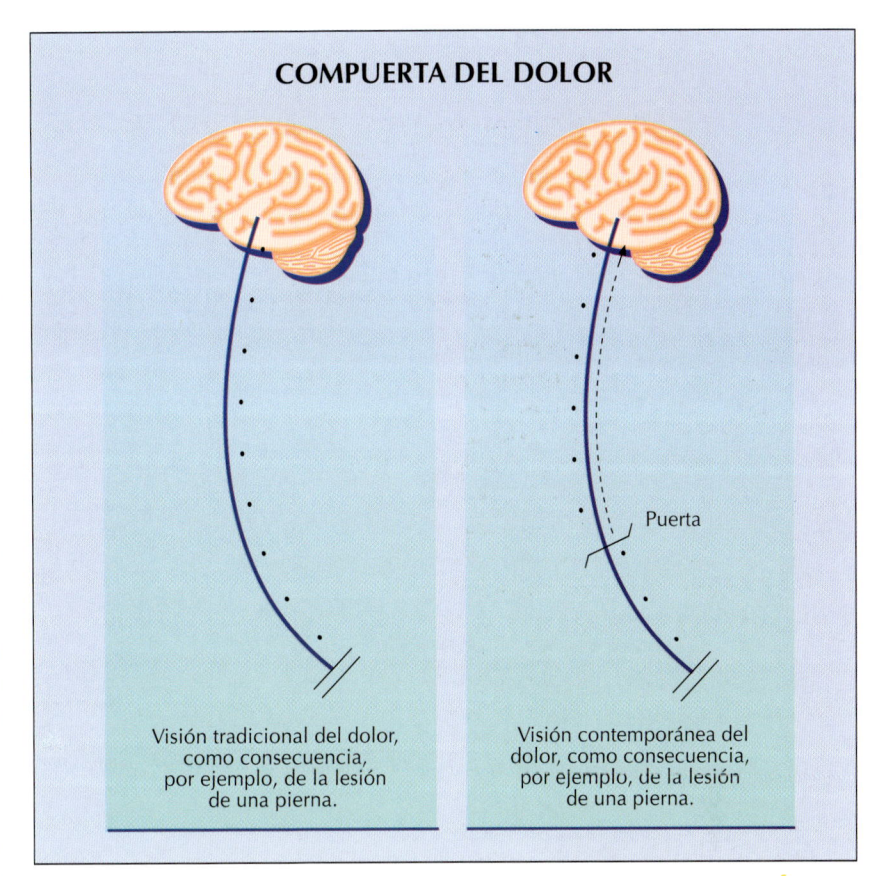

COMPUERTA DEL DOLOR

Visión tradicional del dolor, como consecuencia, por ejemplo, de la lesión de una pierna.

Visión contemporánea del dolor, como consecuencia, por ejemplo, de la lesión de una pierna.

Puerta

El gráfico de la izquierda muestra la visión tradicional del dolor y el de la derecha la contemporánea, que incorpora el concepto de compuerta del dolor.

Durante la Edad Media, el cristianismo fomentó la idea del dolor como método de purificación del alma, lo que dio lugar a autoflagelaciones privadas o públicas y sirvió de fundamento a la tortura física.

Pociones antiálgicas

El mundo vegetal ha servido desde tiempos inmemoriales para la celosa elaboración de un sinfín de pócimas y emulsiones destinadas al alivio del dolor. En un antiguo papiro de Ebers que data del 1550 a.C., se halla una prescripción de la diosa Isis para calmar el dolor de cabeza de Ra: «Baya de cilantro, baya de adormidera, ajenjo, baya de Samos y baya de junípero». Plantas tan populares como la tila, la avena, el orégano, la borraja o el girasol también se han mezclado en ungüentos maravillosos para aplacar el sufrimiento producido por heridas, lesiones, quemaduras, contracciones y demás. Sin embargo, las más fructíferas han sido la mandrágora y el opio, que han conseguido colmar las delicias de insignes y desdichados sabios hasta nuestros tiempos. En la Roma del siglo II, Apuleyo aconseja que ante la cauterización de un miembro puede beberse media onza de mandrágora con vino mientras se realiza la operación. No obstante, la mandrágora no ha resistido el paso del tiempo con la serenidad con que lo hicieron los derivados opiáceos, dado que su celebridad se debía más a leyendas místico-eróticas que a hechos contrastados. En la Antigüedad, las bayas de mandrágora eran utilizadas para la preparación de filtros de amor, de ahí su popularidad. No obstante, Dioscórides propició el acuñamiento del vocablo «anestesia», refiriéndose a la insensibilidad al dolor procurado por la mandrágora.

El opio fue conocido por sumerios, en el antiguo Egipto y en Asiria, y aparece reflejado en textos de nuestros sabios más célebres: Hipócrates, Demócrito o Galeno nos hablaron del opio. Fue en el siglo pasado cuando se procedió a la extracción de su principal alcaloide, la morfina, aún usada en nuestros tiempos para el alivio del dolor, aunque con ciertas reservas. Algo más tarde se sintetizó la heroína, disparando la alarma de la lucha contra el narcotráfico.

En este marco, el dolor debe entenderse como una experiencia compleja en la que intervienen una diversidad de factores psicológicos; así lo sostiene la Asociación Internacional para el Estudio del Dolor (IASP) que define el concepto como «una experiencia sensorial y emocional desagradable, asociada con una lesión hística presente, potencial o descrita en términos de la misma», teniendo así en cuenta los aspectos emocionales relacionados con el dolor y la presencia del mismo al margen de alteraciones o lesiones orgánicas objetivables.

Fisiología del dolor

Las señales dolorosas se captan a través de fibras receptoras periféricas, situadas bajo la dermis, distintas a las que intervienen en otro tipo de sensaciones como el tacto o la temperatura. Estos receptores reciben el nombre de nociceptores y son terminaciones nerviosas libres que parecen activarse mediante ciertas sustancias liberadas por la lesión de los tejidos. Pueden distinguirse dos formas

Todas las civilizaciones desde épocas remotas han encontrado en numerosas hierbas, como el eucalipto, el orégano, el espliego, la menta o la albahaca, propiedades analgésicas que se han utilizado en pócimas, emulsiones e infusiones.

básicas de fibras: las de tipo A, más rápidas en su transmisión; y las fibras C, más lentas. Estas últimas parecen estar más relacionadas con los dolores sordos propios de estados crónicos, mientras las primeras, se activan durante el dolor agudo. La señal dolorosa se transmite a través de estas fibras hasta la médula espinal, donde activan a otras células que son las encargadas de conducir la información al cerebro. En el cerebro, las neuronas que responden al dolor no son exclusivas para dicha señal y se encuentran muy dispersas, no existe ningún núcleo de dolor específico que pueda ser extirpado para librarnos del sufrimiento. Estos hallazgos explicarían que la experiencia dolorosa se encuentra altamente vinculada a componentes emocionales asociados, en consonancia con el modelo multifactorial.

La teoría del control de la compuerta también ha encontrado su base fisiológica en tan entramadas conexiones neuronales al servicio del dolor. Si se estimulan mediante electrodos ciertas áreas del cerebro se produce un efecto analgésico muy potente debido a la inhibición que se procura a ciertas neuronas medulares. Lo cual demuestra que, indefectiblemente, la información descendiente del cerebro tiene suficiente capacidad para actuar sobre la compuerta del dolor, evitando que tales señales accedan al encéfalo. De ahí la relevancia de la teoría propuesta por Melzack y Wall.

Es de sobra conocido el alivio que produce la acción de los opiáceos, como la morfina, cuando actúan sobre el sistema nervioso. Sin embargo en muchas ocasiones las desventajas pesan más que los beneficios que producen, especialmente en lo que se refiere a sus altos índices de tolerancia; esto es, que necesitamos aumentar sucesivamente las dosis suministradas para procurar el mismo efecto analgésico. El alivio del dolor mediante la estimulación de zonas cerebrales guarda ciertos paralelismos con la analgesia inducida por morfina. Este acontecimiento guió infinidad de estudios en busca de sustancias analgésicas producidas por el propio cerebro que actuaran bloqueando los receptores opiáceos, tal como lo hace la morfina. Estas sustancias, suficientemente conocidas en la actualidad, son las llamadas endorfinas, que se liberan mediante estimulación cerebral, como puede ocurrir en situaciones de estrés agudo. Ésta es otra forma química de cerrar la compuerta del dolor, que nos aclara la falta de percepción que tenemos de una lesión producida en situación de alerta (el ejemplo de la lesión sufrida en el partido de fútbol).

Los herbolarios gozaron de gran consideración durante la Edad Media y el Renacimiento merced a su conocimiento de las propiedades medicinales de infinidad de hierbas, como la tila, el ajenjo, la mandrágora, etcétera.

EL DOLOR

*Curandero del pueblo colombiano **chocó**. Las culturas indígenas de América, desde los aztecas hasta los incas, tuvieron amplios conocimientos de las propiedades curativas y analgésicas de las plantas nativas.*

¿Dónde le duele?

Un aspecto importante dentro de la clasificación del dolor se refiere a su localización. En primer lugar es imprescindible establecer la zona anatómica implicada que, a grandes rasgos, permitirá clarificar el tipo de especialista al que se debe acudir en cada caso. Por ejemplo, distinguiremos entre dolor torácico, abdominal, reumático o ginecológico, entre otros.

Una tipología más específica y que aporta mayor cantidad de información respecto a la localización del dolor se refiere a los tejidos u órganos implicados. Así, distinguimos entre dolor cutáneo, somático profundo y visceral. El dolor cutáneo, también denominado periférico, es el inherente a posibles lesiones superficiales ocasionadas en la piel o en las mucosas. Quizás el ejemplo más común esté representado por el angustiante daño producido por las quemaduras. En tales ocasiones la persona es capaz de describir las características de su dolor de una forma clara y puede delimitar con suficiente precisión la zona afectada, dado que las más de las veces existe una herida externa objetivable.

El dolor somático se experimenta en zonas más profundas pertenecientes a músculos y estructuras óseas del organismo. Esta tipología queda sujeta a percepciones menos definidas; al sujeto le es difícil describir el tipo de sensación que percibe, así como el lugar exacto de su procedencia. Se trata de una experiencia difusa para la que es complejo, en diversas ocasiones, encontrar una causa orgánica manifiesta que explique su presencia.

El dolor visceral presenta características psicológicas similares a las anteriores, aunque se explican con más asiduidad por la presencia de alteraciones orgánicas evidentes. Generalmente, son debidas a la dilatación patológica o a la isquemia de algún órgano.

¿Desde cuándo le duele?

Una forma tradicional de clasificar el dolor ha sido mediante aspectos temporales, según su curso a través del tiempo o su aparición (repentina o progresiva). Sin embargo, es la duración del cuadro lo que ha marcado las categorías más ampliamente utilizadas. Nos referimos a la distinción entre dolor agudo y crónico, que presentan características diferenciales de importante repercusión clínica.

Dolor agudo

Las manifestaciones de los cuadros agudos guardan una estrecha relación con la lesión orgánica experimentada. Por lo común, existe una alteración física diagnosticable, si no visible, que explica las quejas expresadas por la persona. En la mayoría de casos la duración del dolor agudo es previsible y responde adecuadamente a los tratamientos convencionales. Un buen ejemplo lo constituye el dolor de muelas debido a una caries que afecta al nervio, o cualquier traumatismo que implique la fractura de alguna estructura ósea. Es interesante observar que nuestra respuesta ante dichas situaciones tiene la finalidad de proteger la zona dañada y mejorar su recuperación. Dejamos de masticar los alimentos con el lado afectado de la boca o, si nos hemos fracturado alguna falange del dedo de una mano, acercamos el brazo al cuerpo para preservarlo mientras acudimos al médico, realizando las tareas necesarias con la mano no afectada. Debido a sus características, el dolor agudo presenta un pronóstico favorable si es tratado con las técnicas médicas actuales.

Dolor crónico

Llamamos dolor crónico al que tiene una duración superior a seis meses y no responde a los tratamientos convencionales. La intervención psicológica juega un papel relevante cuando se establece una cronificación del cuadro, debido a las alteraciones conductuales, afectivas y cognitivas que aparecen con el tiempo. En primer lugar, hay que tener presente que algunas conductas efectivas ante el dolor agudo dejan de serlo cuando la experiencia se prolonga en exceso, o incluso pueden ser netamente contraproducentes. A este respecto, si bien el uso de fármacos —frecuentemente analgésicos y sedantes— y la drástica reducción de actividades son componentes beneficiosos durante los cuadros agudos, a largo plazo acaban ocasionando repercusiones francamente deteriorantes. No es excepcional ante el dolor crónico un uso indiscriminado de narcóticos, de carácter adictivo, y un exceso de reposo que puede incapacitar enormemente y que en nada ayuda a la rehabilitación. En otro orden de cosas, la persona que experimenta dolor crónico ha recorrido, por lo general, variedad de especialistas que no han logrado establecer un diagnóstico claro, ni calmar sus quejas de modo concluyente. En consecuencia, las expectativas de mejora acaban por debilitarse y el estado anímico se ve alterado; no es infrecuente la aparición de episodios depresivos que requieren tra-

Ilustración del **Libro de los antídotos**, *«La curación del favorito picado por una serpiente». El dolor es una sensación que se origina en el sistema nervioso, se integra en el cerebro y es capaz de alterar totalmente la vida de una persona.*

EL DOLOR

La acupuntura es una técnica terapéutica china desarrollada a partir del Nei-Tsing, libro en el que hacia el 200 a.C. el emperador Huan-Ti estableció el Principio Único, T Chi (energía), cuyos catorce meridianos y ochocientos puntos permiten el tratamiento, entre otros síntomas, del dolor mediante la punción con agujas.

Acupuntura

Al contrario que en el mundo oriental, en Occidente la acupuntura no ha gozado de gran prestigio, aunque la actuación de esta técnica sobre el sistema nervioso posee ciertas explicaciones fisiológicas que avalan, en parte, sus resultados positivos. Existen fibras de distintos diámetros para la transmisión del dolor. Las de mayor tamaño, que corresponden a las células A-Beta, y las más delgadas, las fibras A-Delta y C. Se ha comprobado que la transmisión del dolor hacia el cerebro depende de un equilibrio entre ambas. Las fibras pequeñas deben hallarse más activadas que las grandes para que la señal dolorosa acceda al cerebro. Junto con otras investigaciones que corroboran esta afirmación, se ha demostrado que la acupuntura estimula la actividad de las células de gran diámetro, compensando la acción de ambas fibras y, por tanto, aliviando el dolor. Sin embargo, la mejora propiciada por la acupuntura no puede ser mucho mayor que la procurada por la estimulación eléctrica, de manera que se hace difícil explicar su efectividad en países como China —donde en ocasiones es utilizada como única forma de anestesia durante las operaciones quirúrgicas— sin atender a aspectos de carácter cultural que facilitarían la actuación del sistema nervioso central sobre el dolor, como ocurre en el efecto placebo.

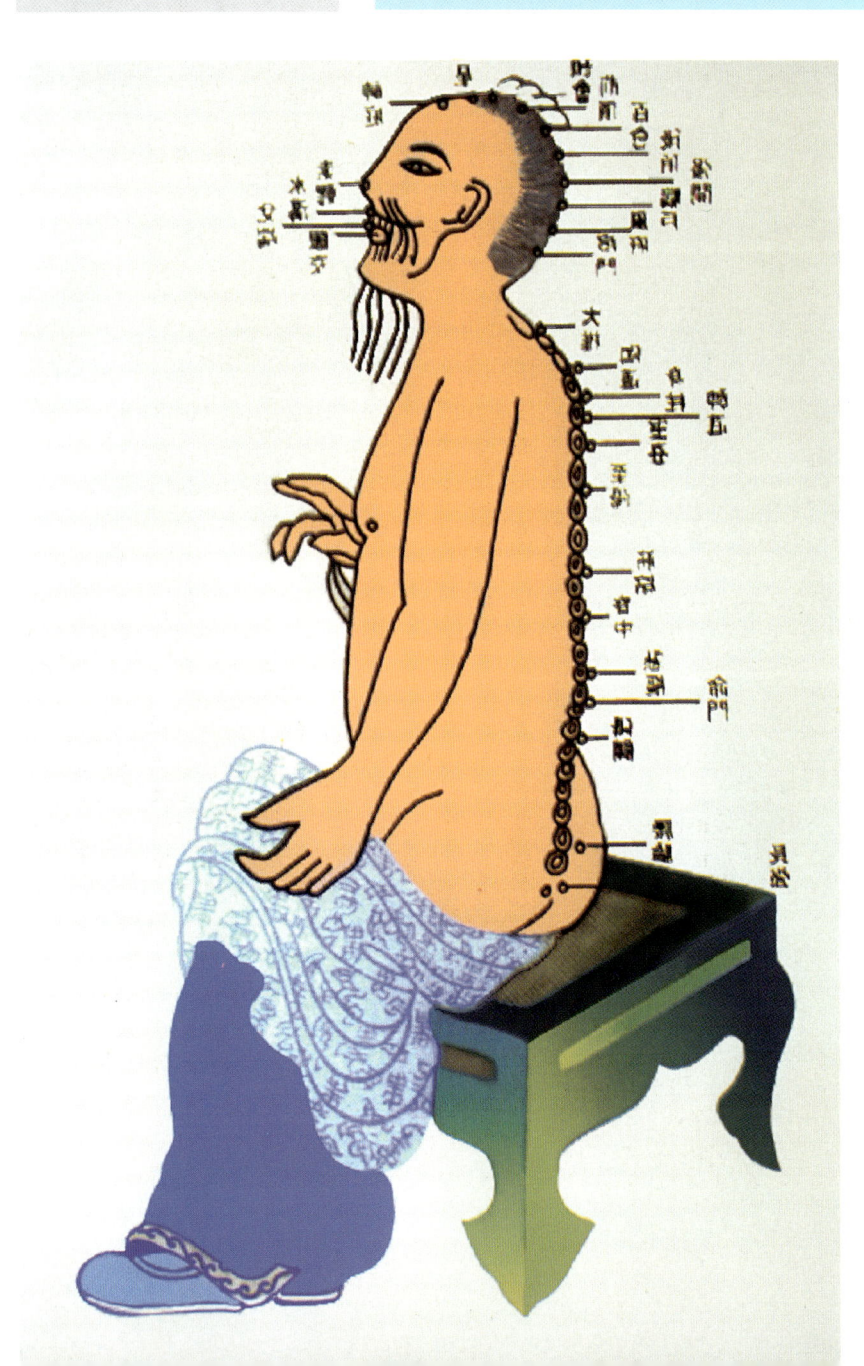

tamiento psiquiátrico. Otras áreas usualmente alteradas son las dificultades para mantener un sueño reparador; el deterioro de las relaciones, que acaban por restringirse al problema de dolor y a estar mediadas por quejas constantes; la reducción de actividades placenteras; la dependencia de los familiares y la ausencia de estrategias adecuadas para controlar el dolor. Todos estos factores contribuyen de un modo u otro al mantenimiento, el agravamiento o a la propia etiología de la dolencia y, por tanto, conforman el objetivo principal de cualquier tratamiento psicológico.

Dentro del dolor crónico cabe distinguir dos categorías que se refieren al pronóstico del cuadro: el benigno, cuando no se une a una patología orgánica deteriorante, como es el caso de la lumbalgia común, la cefalea tensional o la migraña; el maligno, como el dolor neoplásico, debido a procesos cancerosos en estadios avanzados. Desde los inicios del estudio sistemático del dolor se ha usado un sistema unidimensional de clasificación que conceptualizaba los distintos cuadros a lo largo de un continuo, ya fuera según su duración, en relación a su intensidad (grave, moderado, leve) o con referencia a su localización. Sin embargo, ninguna de estas dimensiones abarca el dolor en su totalidad, de manera que siempre hallaremos manifestaciones álgicas imposibles de categorizar.

Los cinco ejes

Con la intención de presentar una alternativa a tales sistemas de clasificación se han elaborado otros de corte multidimensional, en los que un conjunto de diferentes aspectos sirve para designar las distintas experiencias de dolor.

El más extendido de estos procedimientos corresponde al establecido por la Asociación Internacional del Dolor y consiste en una serie de cinco ejes que evalúan distintos componentes de un mismo cuadro, atribuyéndoles un código preestablecido. Los ejes hacen referencia a la región del cuerpo afectada (por ejemplo, cefalea o lumbalgia), al sistema corporal involucrado (por ejemplo, neural o muscular), a la etiología (por ejemplo, debido a un traumatismo o al abuso de sustancias psicoactivas), a las características temporales del dolor y a la intensidad del mismo. Hasta la actualidad, ningún sistema de clasificación ha conseguido ser plenamente aceptable para cubrir las necesidades del dolor. No obstante, los avances acontecidos han mejorado extraordinariamente nuestro conocimiento. De hecho, aunque simplemente podamos mencionarlo para un ámbito científico-experimental estricto, empiezan a quedar relativamente lejos aquellas categorías relativas al dolor orgánico *versus* el dolor psicógeno, que pretendían diferenciar entre algias con una base orgánica real de otras exclusivamente psicológicas o mentales. En el presente sabemos que la distinción entre organicidad y psicogenidad carece de sentido, puesto que en la base de toda conducta, emoción o pensamiento persiste una estructura biológica, aunque nuestro saber no alcance a desvelarla.

Evaluación del dolor

Como ocurre en cualquier disciplina médica, el proceso evaluativo tiene una especial trascendencia puesto que posibilita establecer un diagnóstico que, a su vez, determinará el tipo de tratamiento a seguir. Un error de diagnóstico puede provocar una intervención poco eficaz o incluso contraproducente. Debido a este motivo se opta por una valoración exhaustiva y pormenorizada, basada en diversos instrumentos de medida que permitan contrastar los resultados. Otra finalidad de la evaluación tiene que ver con la propia eficacia del tratamiento.

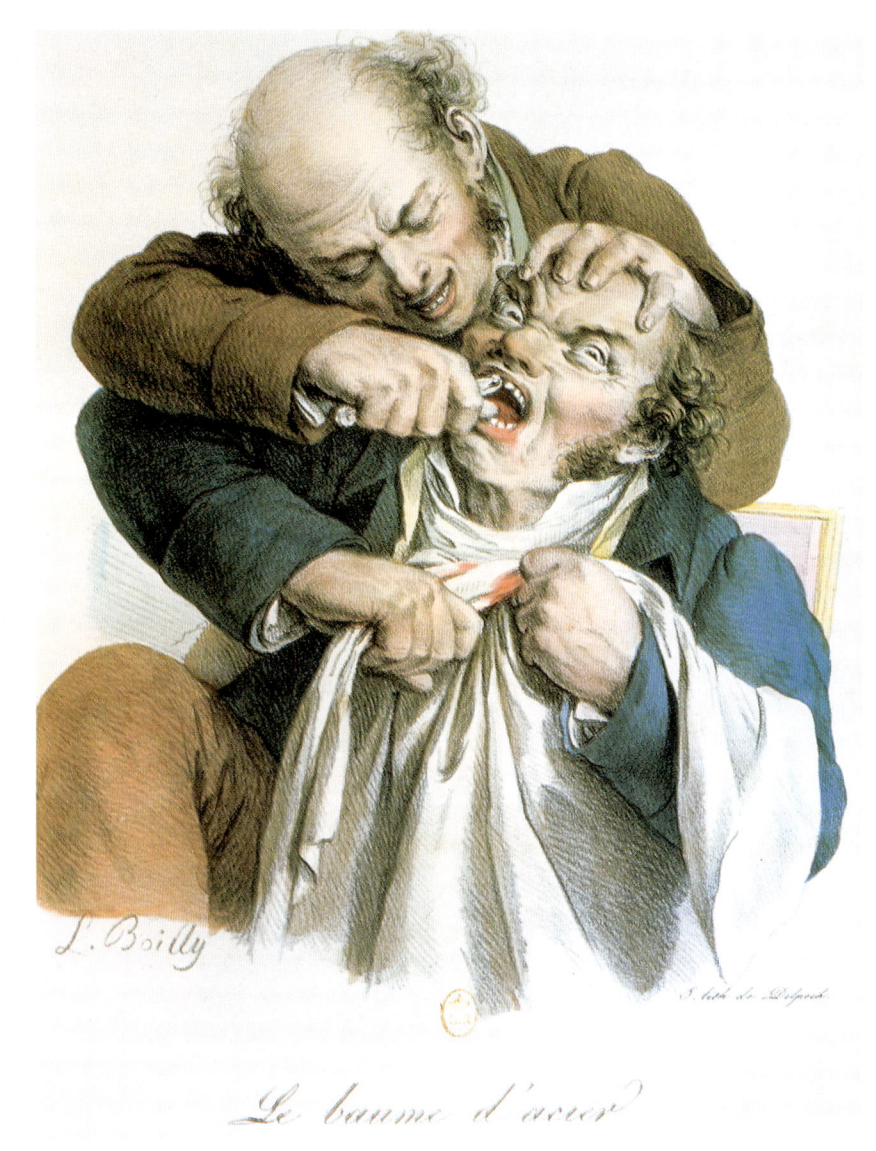

La instancia que le da al médico más información para poder conocer y tratar con efectividad el problema es la entrevista clínica con el paciente. De ésta puede extraer información que le será indispensable para promover un tratamiento ajustado a las necesidades del entrevistado. Así, podrá configurar una historia completa del dolor que deberá abordar un conjunto de aspectos relevantes como: *la percepción que tiene la persona de su propio dolor* (descripción de las sensaciones, su curso, su duración, su

> *El dolor de muelas es el que mejor acaso ejemplifica el carácter del dolor agudo, ya que las manifestaciones de éste están estrechamente relacionadas con una determinada lesión orgánica, en este caso la caries que afecta al nervio.*

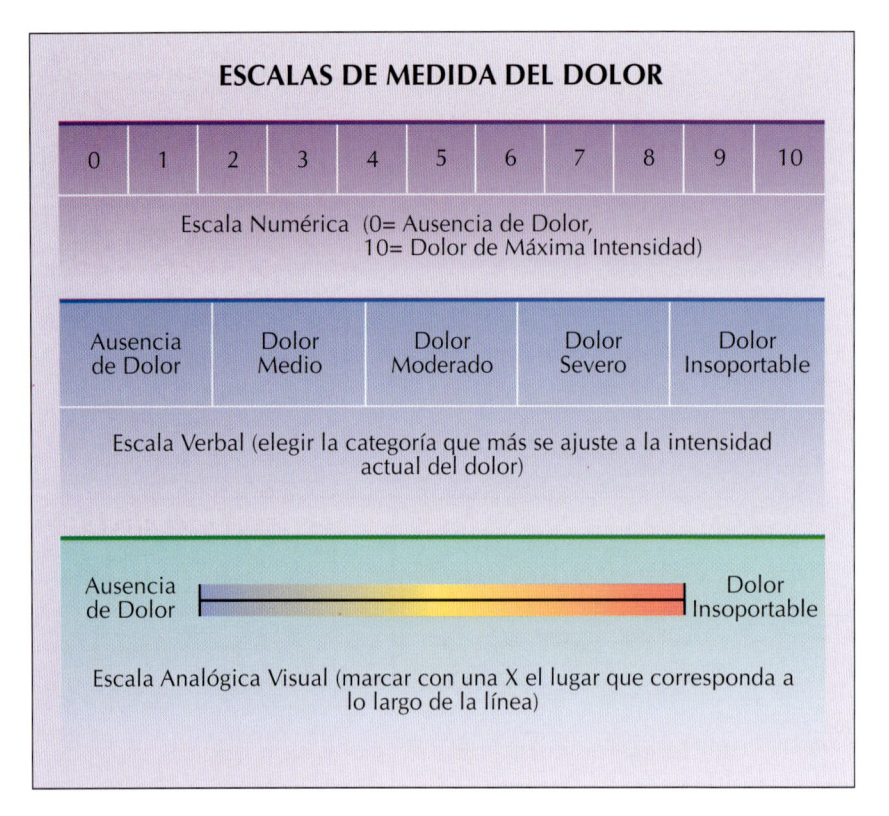

ESCALAS DE MEDIDA DEL DOLOR

0	1	2	3	4	5	6	7	8	9	10

Escala Numérica (0= Ausencia de Dolor, 10= Dolor de Máxima Intensidad)

Ausencia de Dolor	Dolor Medio	Dolor Moderado	Dolor Severo	Dolor Insoportable

Escala Verbal (elegir la categoría que más se ajuste a la intensidad actual del dolor)

Ausencia de Dolor ——————————— Dolor Insoportable

Escala Analógica Visual (marcar con una X el lugar que corresponda a lo largo de la línea)

El diagnóstico del dolor y su tratamiento dependen esencialmente de una evaluación exhaustiva y detallada, que en la actualidad se realiza mediante diversos instrumentos de medida. Las escalas de medida informan de los parámetros del dolor y permiten contrastar su tratamiento. El gráfico muestra las distintas escalas de medida del dolor: numérica, verbal y analógica visual.

intensidad, su frecuencia y la localización que presenta), dado que nos revelará información interesante para configurar el alcance del cuadro. *Los factores que aumentan o disminuyen la tolerancia al dolor e inclusive los que lo desencadenan*, como pueden ser las discusiones familiares, el aumento de las preocupaciones, los baños calientes, las vacaciones, las relaciones sexuales o tantos otros, intentando determinar a qué responden las variaciones en la intensidad o la frecuencia de los episodios de dolor, en otras palabras, sus relaciones funcionales. *Las consecuencias del dolor*, es decir, hasta qué punto la problemática actual interfiere en la vida cotidiana del paciente alterando en algún sentido las actividades normales llevadas a cabo por éste en ausencia de dolor. *Las formas de afrontamiento*, o sea, las estrategias llevadas a cabo voluntariamente por el propio individuo como un modo de reducir su dolor; entre éstas cabe destacar los tratamientos llevados a cabo con anterioridad y su grado de efectividad, así como el uso, o no, que se hace de la medicación prescrita, atendiendo a la posible dependencia que puede haberse establecido y a la noción que se posea de los probables efectos colaterales de una ingesta excesiva de fármacos. El abuso de alcohol y en menor medida de otras drogas psicoactivas también suele formar parte de comportamientos peyorativos que deben ser tenidos en cuenta. *Las conductas de dolor*, o sea, las expresiones que sugieren la presencia de dolor, ya sean verbales, a través de quejas, o no verbales, como la petición de analgésicos, determinados gestos o expresiones faciales, también deben ser valoradas con esmero, dada su manifiesta contribución como factores mantenedores. *La presencia de trastornos psiquiátricos*, así como el perfil de respuesta que recibe la persona aquejada por parte de su entorno social, y la historia laboral. *La motivacional del paciente ante una intervención psicológica*, que tendrá en cuenta el contenido de sus pensamientos y actitudes acerca del dolor.

Cuestionarios e instrumentos de medida

Otra fuente valiosa de información proviene de los cuestionarios e instrumentos de medida del dolor. Son muchos los aspectos, más o menos específicos, que se han intentado evaluar a través de cuestionarios. No obstante, las áreas de mayor interés se han centrado en la propia experiencia de dolor; en los pensamientos relacionados con éste; en las formas de afrontamiento; en las conductas de dolor y en el impacto sobre la vida cotidiana de las personas.

La experiencia de dolor: la evaluación de la experiencia dolorosa implica conocer el tipo de sensación padecida; será muy distinta la descripción que se haga del dolor proveniente de una quemadura, del propiciado por el pinchazo de un utensilio suficientemente afilado. Otros aspectos incluidos en la experiencia de dolor se refieren a la intensidad del mismo y a la respuesta emocional que suscita.

Un instrumento que pretende abarcar el conjunto de factores referidos y que ha demostrado ser de gran utilidad, así lo avala el amplio uso que de él se ha hecho en diversidad de estudios experimentales, es el cuestionario de dolor Mc Gill.

DIARIO DE UN DÍA DE DOLOR

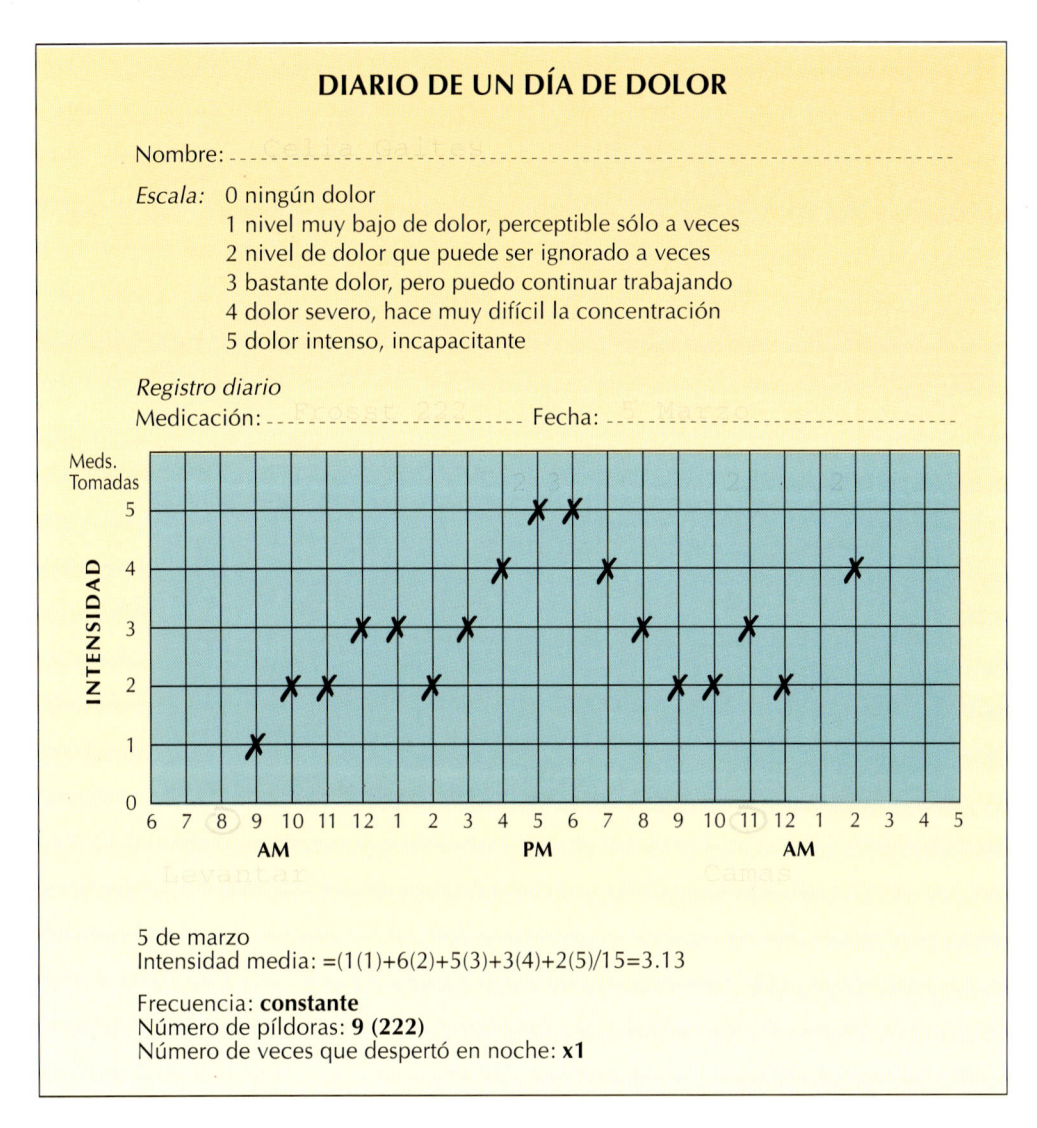

Nombre: ....

Escala: 0 ningún dolor
1 nivel muy bajo de dolor, perceptible sólo a veces
2 nivel de dolor que puede ser ignorado a veces
3 bastante dolor, pero puedo continuar trabajando
4 dolor severo, hace muy difícil la concentración
5 dolor intenso, incapacitante

Registro diario
Medicación: .... Fecha: ....

5 de marzo
Intensidad media: =(1(1)+6(2)+5(3)+3(4)+2(5))/15=3.13

Frecuencia: **constante**
Número de píldoras: **9 (222)**
Número de veces que despertó en noche: **x1**

El seguimiento de la intensidad y la frecuencia del dolor en relación con el tratamiento terapéutico aplicado son los fundamentos del diario del dolor, que aparece aquí ejemplificado. Es uno de los métodos más interesantes de evaluación, en el que la persona afectada va anotando diariamente el nivel de dolor que padece.

Se trata de una serie de adjetivos concernientes a tres categorías: descriptores de dolor (categoría sensitiva), respuesta emocional (categoría emocional) e intensidad de dolor (categoría evaluativa), entre los cuales el paciente escogerá aquellos que mejor perfilen su experiencia.

Otros instrumentos que igualmente pretenden valorar el conjunto de reacciones sensoriales y afectivas se han elaborado de forma específica para tipologías concretas de dolor. Así encontramos cuestionarios delimitados para cuadros de cefaleas, lumbalgias o dolor oncológico.

El diario de dolor y las escalas analógicas

Un método extraordinariamente adecuado de evaluación, reservado a la valoración de la intensidad dolorosa aunque puede utilizarse con otros fines, es el del «diario de dolor». Se le pide al sujeto que indique su nivel de dolor, ya sea en una escala numérica que puede ir desde cero hasta una intensidad máxima de diez, o bien señalando unos descriptores al uso (leve, moderado, extremo). No obstante, el modo que ha presentado mejores características de evaluación diaria es el de las denominadas Escalas Analógicas Visuales. Se trata de una línea continua que usualmente mide unos 10 cm, cuyos extremos suelen definirse como «ausencia de dolor» y «el peor dolor imaginable», respectivamente. Debe realizarse una marca en dicha línea que delimite la valoración subjetiva de la intensidad de dolor experimentado. Habitualmente se prolonga la evaluación a lo largo de dos semanas, durante las cuales se pue-

¿Por qué cuando me salían las muelas del juicio me dolía toda la boca e incluso la garganta y el oído?

Porque las terminaciones nerviosas sensoriales se estimulan a raíz de la inflamación producida por la acción inmunológica. La extensión del dolor a otras zonas se produce cuando la hinchazón afecta, e incluso estimula, otras terminaciones nerviosas próximas y éstas a sus vecinas.

CUESTIONARIO DE DOLOR

CATEGORÍA SENSITIVA

Temporal I
1 A golpes
2 Continuo

Temporal II
1 Periódico
2 Repetitivo
3 Insistente
4 Interminable

Localización I
1 Impreciso
2 Bien delimitado
3 Extenso

Localización II
1 Repartido (en una zona)
2 Propagado (a otras zonas)

Punción
1 Como un pinchazo
2 Como agujas
3 Como un clavo
4 Punzante
5 Perforante

Incisión
1 Como si cortara
2 Como una cuchillada

Constricción
1 Como un pellizco
2 Como si apretara
3 Como agarrotado
4 Opresivo
5 Como si exprimiera

Tracción
1 Tirantez
2 Como un tirón
3 Como si estirara
4 Como si arrancara
5 Como si desgarrara

Térmicos I
1 Calor
2 Como si quemara
3 Abrasador
4 Como hierro candente

Térmicos II
1 Frialdad
2 Helado

Sensibilidad Táctil
1 Como si rozara
2 Como un hormigueo
3 Como si arañara
4 Como si raspara
5 Como un escozor
6 Como un picor

Consistencia
1 Pesadez

Miscelánea Sensorial I
1 Como hinchado
2 Como un peso
3 Como un flato
4 Como espasmos

Miscelánea Sensorial II
1 Como latidos
2 Concentrado
3 Como si pasara la corriente
4 Calambrazos

Miscelánea Sensorial III
1 Seco
2 Martillazos
3 Agudo
4 Como si fuera a explotar

CATEGORÍA EMOCIONAL

Tensión Emocional
1 Fastidioso
2 Preocupante
3 Angustiante
4 Exasperante
5 Que amarga la vida

Signos Vegetativos
1 Nauseabundo

Miedo
1 Que asusta
2 Temible
3 Aterrador

CATEGORÍA EVALUATIVA

1 Débil
2 Soportable
3 Intenso
4 Terriblemente molesto

La muchacha enferma, cuadro del siglo XVII de Jan Steen. El viejo adagio que dice «Curar a veces, aliviar a menudo, consolar siempre» sintetiza el interés que existe desde épocas remotas por combatir las molestias asociadas y en ocasiones peores que la propia enfermedad.

Los cuestionarios de dolor se administran haciendo que la persona elija los términos que mejor describen su dolor actual.

de proceder de un modo más o menos frecuente, desde los que suponen una valoración a cada hora del día durante la vigilia hasta los que fijan un momento diario exclusivo para establecer una puntuación media diaria, usualmente al acostarse. Este método de evaluación, mediante escalas analógicas visuales, también ha servido para registrar el nivel afectivo relacionado con la experiencia de dolor; nos referimos a la reacción emocional que aparece como consecuencia del sufrimiento. Así, los extremos de la escala irían precedidos por manifestaciones como: «No me siento nada mal» y «El sentimiento más desagradable jamás experimentado», respectivamente. Sin embargo, los sentimientos de las personas ante el dolor suelen mostrar muy variados y distintos matices, difíciles de expresar mediante una simple valoración. Por este motivo, suelen utilizarse instrumentos más elaborados, constituidos por diversas preguntas referidas a la implicación emocional. Éste es el caso de las Escalas de Descriptores Diferenciales, en las que deben valorarse diferentes aspectos relacionados con la reacción emocional producida por el dolor.

La depresión quizá sea la experiencia emocional más vinculada al dolor. Frecuentemente las algias aparecen como una manifestación sintomatológica del

NIVELES EN LA EXPERIENCIA DE DOLOR

Según la clasificación de Wilbert Fordyce, las conductas del dolor pueden estar perfectamente explicadas por la lesión que sufre la persona, y entonces se habla de dolor respondiente. Si esta explicación no es suficiente y hay que buscarla en las influencias del ambiente o en los factores de aprendizaje, se habla de dolor operante.

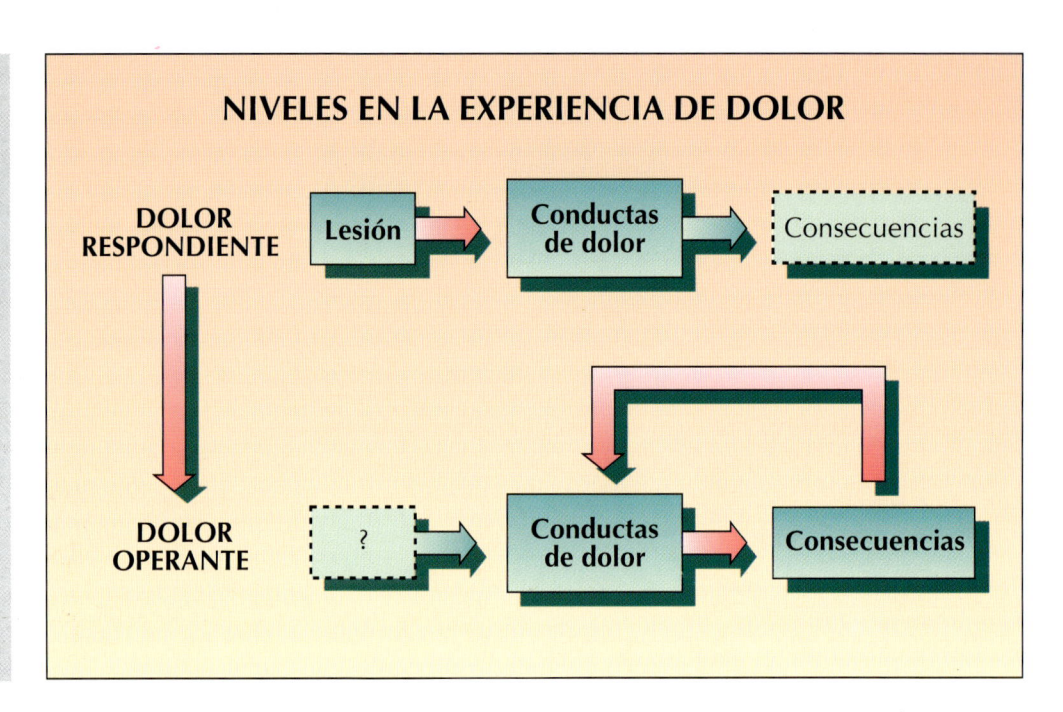

> **¿Por qué cuando algo me preocupa enseguida me duele la cabeza?**
>
> Muchas personas nerviosas o ante situaciones preocupantes tienden a tensar automáticamente los músculos cervicales y de la frente provocando, si la tensión se prolonga, el agarrotamiento de los mismos y, consecuentemente, el dolor de cabeza.

---

trastorno depresivo, aunque en tantas otras ocasiones, la depresión surge como resultado del dolor, que es percibido como un hecho incontrolable e impredecible, que lleva al sujeto a una situación de desesperanza. Por este motivo, se presta especial atención en discriminar cuál es el problema que se expresó en primer lugar y se destinan cuestionarios específicos para determinar los trastornos afectivos.

Conductas de dolor

Suelen objetivarse a través de inventarios de conductas que se sabe están relacionadas con el dolor. De este modo se pueden cuantificar un número concreto de comportamientos de evitación y quejas, verbales o no verbales, que servirán para concretar la efectividad del tratamiento sobre este aspecto conductual. Sin embargo, la entrevista desarrollada con el paciente es una oportunidad excepcional para conocer las conductas de dolor características de cada caso particular, dado que son muchas y muy variadas. La experiencia profesional del especialista que realice la evaluación será especialmente importante en este sentido.

También se utilizan otros métodos de evaluación más sofisticados, que requieren una mayor complejidad y dispendio de tiempo, como cámaras de vídeo, que permiten la posterior evaluación de las conductas del sujeto, o podómetros, que informan de la cantidad de movimiento llevado a cabo por éste. Estos sistemas de medida son especialmente valiosos, dado que están sometidos a una menor subjetividad, pero su coste los hace poco utilizables en la práctica clínica.

Reacciones cognitivas

Los pensamientos que tengamos en relación a la experiencia de dolor son decisivos, junto con la intensidad de la propia sensación álgica, para determinar nuestra implicación emocional ante tan desagradable situación. Por este motivo es importante emplear un tiempo para valorar el tipo de cogniciones que un individuo puede expresar como resultado del sufrimiento crónico del dolor, puesto que éste será nuestro punto de partida para la intervención cognitiva. Se considera que estos pensamientos pueden clasificarse, de forma general, en tres tipos distintos según su significado. El primero agrupa los que expresan que la sensación dolorosa está interrumpiendo algo necesario, ya sean planes, actividades o el bienestar general. Pensamientos como: «soy incapaz de valerme por mí mismo, no sirvo para nada», entran en esta primera categoría. En segundo lugar, los que manifiestan que la sensación experimentada es una carga imposible de soportar, como son los pensamientos que tienen que ver con la muerte y la desesperanza. Finalmente, pueden aparecer cogniciones referidas a la posibilidad de que algo grave esté ocurriendo. Es frecuente que los pacientes con dolor crónico atribuyan su dolencia a alguna patología orgánica maligna, con las consecuencias emocionales que ello puede tener.

Impacto del dolor

El dolor crónico puede afectar, dependiendo de los casos, todo el espectro vital del individuo. En la mayoría de casos el paciente se ve incapacitado para llevar adelante una vida normal, mantener su puesto de trabajo, establecer relaciones agradables o involucrarse en tareas cotidianas. Por este motivo se han elaborado cuestionarios destinados a medir el nivel de incapacitación de las personas afectadas de dolor, que serán de gran utilidad para verificar la eficacia del tratamiento.

Evaluación psiquiátrica

Será interesante resolver una valoración acerca de posibles trastornos psiquiátricos mediante el uso de instrumentos fiables. Así podremos conocer la presencia de algún trastorno psíquico que puede ser importante para la resolución del cuadro. Aunque tal evaluación no sea excesivamente común entre los clínicos experimentados, sí lo es la apreciación del nivel de ansiedad y de depresión. En relación con la personalidad cabe decir que es raro encontrar una ob-

El típico gesto del futbolista que se retuerce en el campo después de sufrir una falta más o menos violenta de otro jugador responde a una conducta de dolor. Ésta, a través de manifestaciones verbales o gestuales, tiene como propósito informar a terceros de la presencia del dolor.

jetivación sistemática de este aspecto en la evaluación clínica del dolor. En primer lugar, porque son pocos los estudios que han marcado tipos específicos de personalidad que sean particularmente vulnerables al dolor o respondan ante el mismo de una determinada manera. En segundo lugar, la valoración del perfil de personalidad requiere un gasto de tiempo importante.

Modalidades de conductas de dolor

Para entender la importancia de las conductas relacionadas con el padecimiento de un trastorno de cualquier naturaleza, se ha de apreciar la dimensión social que constituye la enfermedad. Prueba de este hecho son los diversos conceptos aparecidos a lo largo de la historia con el intento de describir y resaltar la trascendencia de las conductas manifestadas por el paciente como un modo de postergar o incrementar la dolencia. Así se propuso el concepto «rol de enfermo» para explicar cómo la sociedad delimita un papel específico para las personas indispuestas, liberándolas de ciertas responsabilidades sociales y obligándolas a otras propias del paciente, como seguir el tratamiento propuesto o cooperar en el proceso de curación. Posteriormente aparecieron otros conceptos, entre los que cabe destacar el de «conducta del enfermo» y el de «conducta anormal del enfermo», éste último para referirse a las conductas relacionadas con la enfermedad de aquellas personas que no presentan patología orgánica demostrable, o bien exageran las manifestaciones de molestias.

Las «conductas de dolor» son aquellas que informan a terceras personas de la presencia de dolor. Esto implica tanto las conductas verbales, entre ellas las quejas; como las no verbales: posturas corporales, gestos, evitar ciertas actividades dirigidas a reducir el dolor como la ingesta de medicación o el hacer uso de los servicios sanitarios. Los primeros estudios serios en torno a las conductas de pacientes con dolor crónico, y que han sido de gran utilidad en la práctica, fueron llevados a cabo por Wilbert Fordyce, quien describió dos tipos de conductas: las respondientes y las operantes. Las respondientes son conductas realizadas de forma automática; en el caso del dolor son aquellas que aparecen como consecuencia directa de la propia lesión (el rápido movimiento de la mano que realizamos a raíz de un corte en la piel, por ejemplo). Por el contrario, las conductas operantes están determinadas por los resultados que se han obtenido en el pasado; de tal manera que las que producen efectos positivos tienen mayor probabilidad de volver a repetirse y aquellas que generan resultados negativos acaban por desaparecer. Una conducta de dolor puede iniciarse como respondiente frente al daño causado y convertirse finalmente en operante. Es probable que debido a una contractura muscular seamos incapaces de cargar grandes cantidades de peso,

¿Las migrañas también son causadas por la tensión nerviosa?

No. Entre los dolores crónicos más comunes, la migraña, la más dolorosa de las cefaleas, no es tensional y va acompañada de otros síntomas, como inflamación de la cara, malestar general, e incluso problemas de visión, náuseas y vómitos. Si bien aún no se han descubierto exactamente todas las causas que la originan, sí se sabe que una de ellas es genética.

UN COMPAÑERO INSEPARABLE

En algunos casos, el dolor crónico condiciona toda la vida del paciente y su relación con los demás, sobre todo si lo incapacita para llevar una existencia normal, establecer relaciones placenteras y participar en actividades sociales. Uno de los aspectos interesantes de su tratamiento es la evaluación psiquiátrica que puede desvelar la existencia de un trastorno de esta naturaleza.

por ello evitaremos estas situaciones y buscaremos ayuda. A la larga esta conducta puede llegar a mantenerse debido a las consecuencias gratificantes que nos procura. Estas consecuencias positivas originadas a partir del dolor, forman parte de lo que se ha denominado «ganancias secundarias». Es el caso de las atenciones y cuidados recibidos en razón de nuestras demandas o, mejor aún, la posibilidad de conseguir una suculenta pensión por invalidez. Por otro lado, la liberación de obligaciones también puede ayudar al mantenimiento del cuadro, como es el caso de la persona que ha obtenido una baja laboral de un trabajo indeseado. El castigo, en forma de reprimendas, al que se ven sometidos aquellos pacientes que pretenden realizar alguna tarea que sus familiares consideran un sobreesfuerzo debido a su condición, también puede constituir

la institución de comportamientos malsanos para la resolución de la dolencia. Y decimos familiares por no citar a los médicos, que en muchas ocasiones no son conscientes de la inapropiada prescripción de un exceso de reposo en pacientes cronificados.

No todas las conductas de dolor dificultan la resolución del cuadro. La ingesta de medicación, ciertos gestos claramente relacionados con el incremento del dolor o el hecho de cojear son comportamientos lícitos que sólo en determinadas ocasiones representan un obstáculo. Por este motivo, el terapeuta tiene que mantenerse alerta en el tratamiento de las conductas de dolor, fomentando el cambio de las realmente contraproducentes.

Tratamiento del dolor crónico

El tratamiento psicológico en este terreno se restringe por el momento al dolor crónico. Los recursos médicos y farmacológicos son suficientemente eficaces para el abordaje de los cuadros agudos. Sin embargo, cuando la experiencia de dolor se cronifica, los aspectos psicológicos adquieren mayor relevancia y la intervención médica puede, incluso, ser perjudicial en algunos casos, de no tener presentes características conductuales y cognitivas del paciente.

El objetivo central de toda intervención en este ámbito va dirigido a la corrección de todos aquellas conductas, pensamientos y emociones, que el sujeto ha ido adquiriendo a lo largo de su prolongada convivencia con el dolor y que contribuyen, en algún sentido, al mantenimiento del mismo. Por este motivo es lícito hablar de rehabilitación más que de tratamiento, puesto que el objetivo va a ser la normalización de la vida del paciente, y no tanto la curación de la dolencia como tal.

En general, el tratamiento tiende a los siguientes objetivos:
• Aumentar la actividad física hasta un nivel adecuado.
• Reducir la medicación referente al dolor.
• Aumentar la capacidad para afrontar las tareas de la vida cotidiana.
• Mejorar las relaciones interpersona-

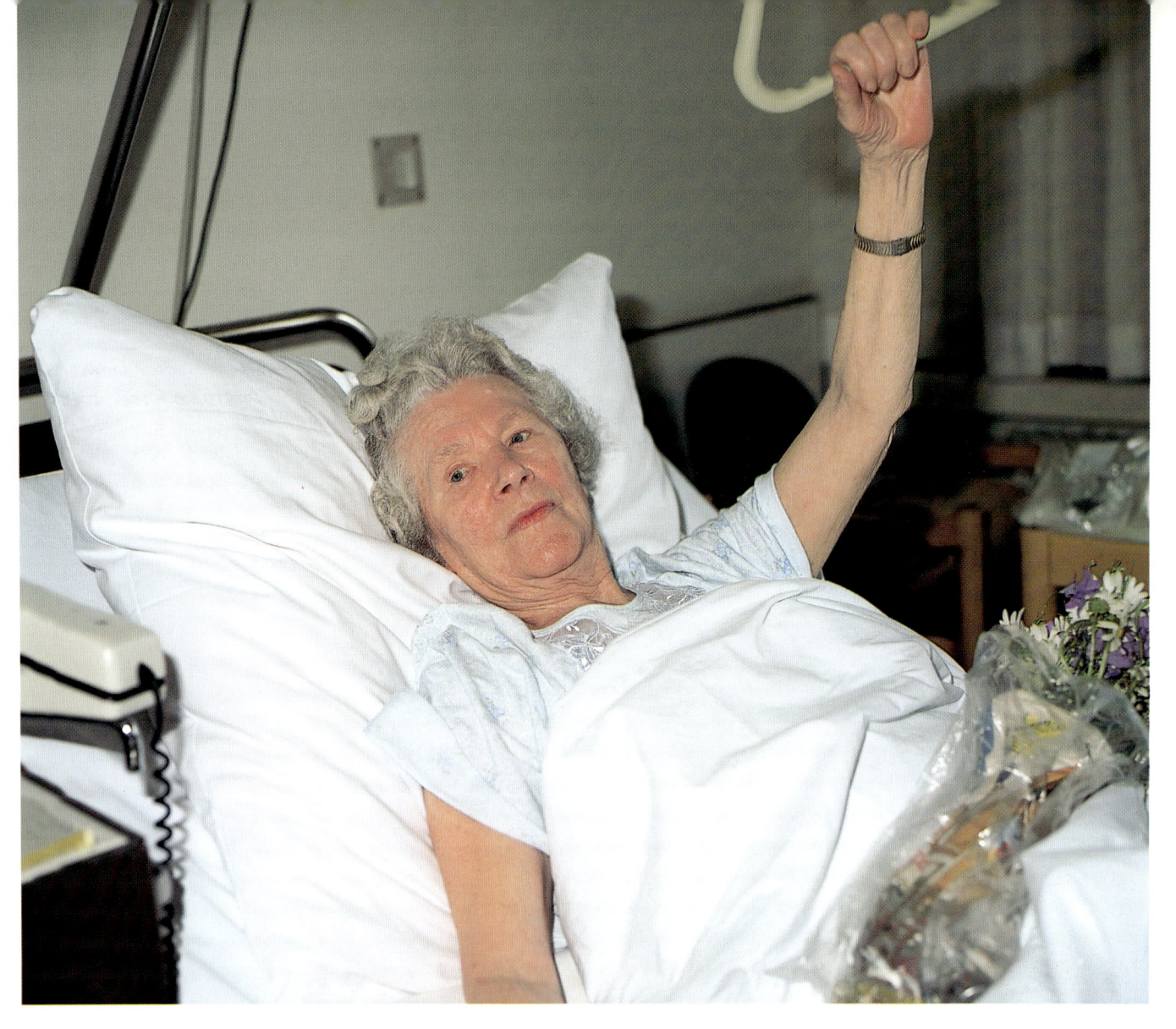

Los recursos médicos y farmacológicos son en la actualidad eficaces para el tratamiento de cuadros agudos de dolor. Sin embargo, a medida que el dolor se cronifica cobran mayor importancia los aspectos psicológicos, de modo que el tratamiento debe orientarse hacia las características conductuales del paciente.

les, no permitiendo que el dolor se convierta en la base de su comunicación.
• Reducir las conductas de dolor.
• Modificar la atención centrada en el dolor.

Pasos y metas

Todo tratamiento cognitivo-conductual significa un proceso de aprendizaje y, por tanto, requiere un esfuerzo importante por parte del paciente, que debe desarrollar una serie de ejercicios o cambios en su comportamiento durante los períodos entre visitas, es decir, en su casa. Estas demandas son imposibles si existe una falta de motivación que no promueva una implicación activa con el tratamiento. En los sujetos con dolor crónico no es fácil estimular dicha actitud, puesto que por lo común se trata de personas que atribuyen su dolencia a una enfermedad orgánica que no consigue un diagnóstico fiable. Tal convicción los conduce a un peregrinar incesante a través de médicos generales y especialistas variopintos que, tras las meritorias exploraciones y analíticas realizadas, les sorprenden nuevamente con aquello de: «Usted no tiene nada», lo cual genera en los pacientes un sentimiento de indefensión, mientras el docto en la materia prosigue comentando: «...sin embargo, conozco a un colega psicólogo que es especialista en estos casos», que el paciente traduce como: «Usted se lo está inventando, lo suyo son manías». El personaje de nuestra historia cotidiana se acerca a la consulta psicológica por ser una alternativa que prefiere no descartar, en beneficio de su dolor, pero lo hace con especial recelo y desconfianza. En otros casos más desafortunados, la exploración médica detecta una mínima anomalía re-

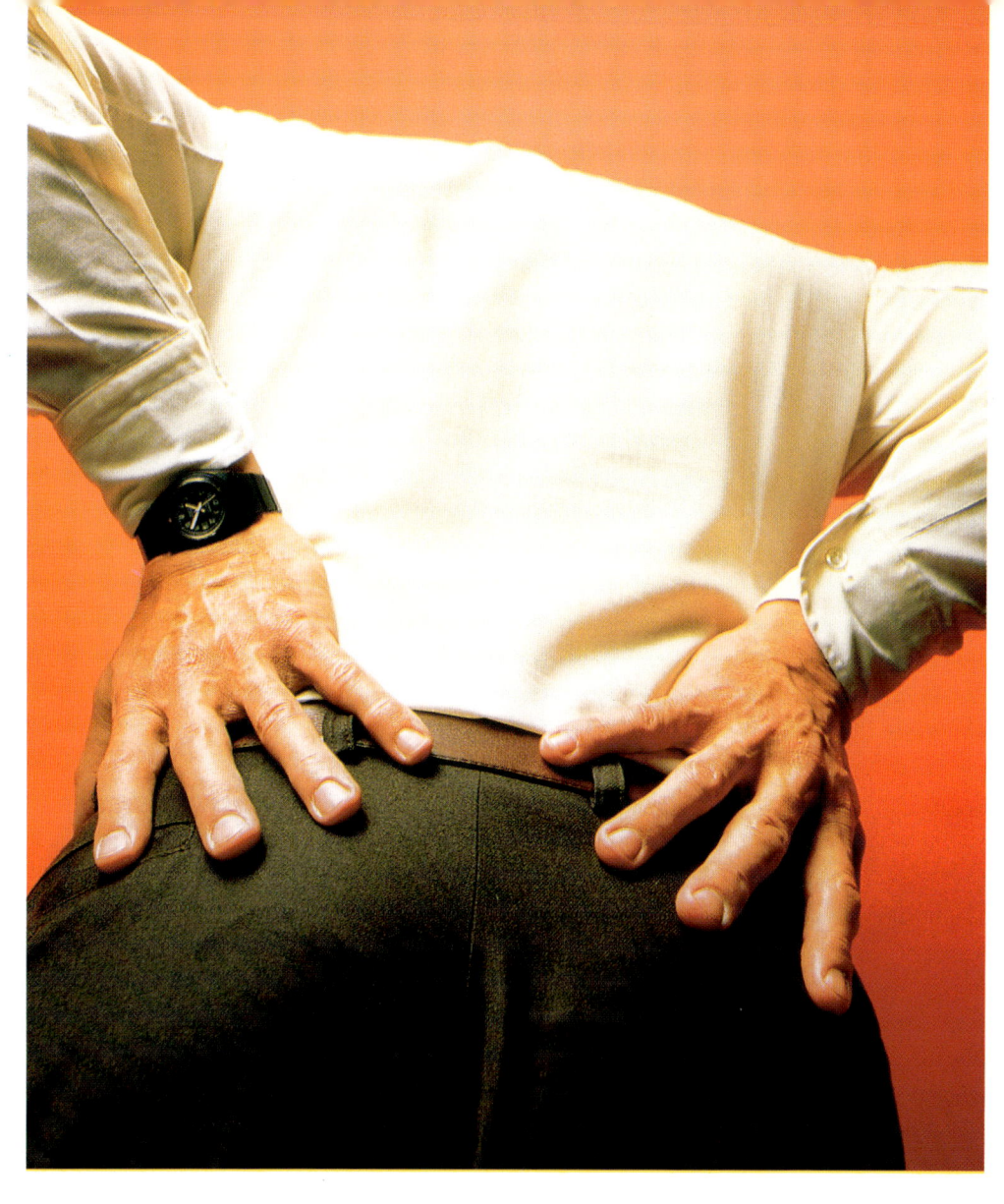

El dolor de espalda puede pasar de ser una conducta respondiente a otra operante.
Es así que una contractura muscular por cargar un peso excesivo o hacer un movimiento brusco, una vez desaparecida la lesión, puede llevar a la persona a requerir la ayuda de otros de modo permanente.

lacionada con la parte afectada por el dolor. En tales situaciones no es excepcional que, a pesar de la insistencia por parte del especialista de que dicha anomalía difícilmente puede explicar el dolor manifestado, la actitud del paciente, aquejado por un sufrimiento incesante, acabe por determinar la necesidad de proceder a una cirugía que, en último término no conseguirá resolver el cuadro. Los datos afirman que las personas que han padecido alguna operación quirúrgica que no ha logrado reducir la dolencia presentan peor pronóstico respecto al tratamiento psicológico.

Las sesiones de tratamiento se estructuran de manera que se dedica el primer momento de la intervención a dar una explicación detallada y ejemplificada del concepto o elemento a trabajar en la misma. Por ejemplo, si vamos a intentar iniciar un programa de reducción de la medicación, será necesario que instruyamos al paciente acerca de los inconvenientes que ocasiona el abuso de fármacos ingeridos durante largos períodos de tiempo y le hablemos acerca del tipo de medicaciones que se usan para paliar el dolor, comentando sus indicaciones y contraindicaciones más relevantes. No erramos al asegurar que el objetivo principal de este primer apartado va dirigido a convertir al sujeto en un «experto» en los temas referentes al dolor crónico. Un segundo momento se reserva para entrenar al paciente en las técnicas a utilizar. Para seguir con el ejemplo anterior, enseñamos a los individuos a rellenar un registro de medicación que facilitará su posterior reducción. En la última fase se proponen un conjunto de tareas para realizar en casa que promoverán el cambio de hábitos del paciente.

❓ Mi hija hace años que sufre dolores en diferentes partes del cuerpo. ¿Hago bien en ocuparme yo de hacer los trabajos de su casa?

▶ En los procesos de dolor crónico, ciertos pacientes tienden a mantener conductas viciadas (conductas de dolor), como buscar ayuda y liberarse de las obligaciones. En este caso, el hecho de que sea usted quien gobierne la casa, hace que su hija actúe en todo momento como una persona «enferma», para justificar su pasividad. Esto la obliga a estar constantemente evaluando la intensidad del dolor, con lo cual mantendrá durante todo el día la atención sobre las sensaciones dolorosas.

EL DOLOR

Conocer el dolor crónico

Toda terapia encaminada a la mejora del dolor debe comenzar con una exposición teórica plausible, que contraste con la experiencia personal del paciente. Tal explicación debe perseguir como primordial objetivo generar una sensación de control sobre el problema de dolor. El sujeto ha de abandonar la concepción tradicional del dolor aplicable exclusivamente a cuadros agudos, para iniciarse en una comprensión exhaustiva de la importancia de los factores conductuales, cognitivos y emocionales implicados en los cuadros crónicos. La idea a trabajar es que la forma de actuar ante el dolor agudo puede llegar a ser perjudicial si éste prosigue, y que la manera de responder al dolor puede mejorar o empeorar la experiencia. Ello motivará la confianza de la persona afectada en un tratamiento que le propone una suma de estrategias para controlar y modificar sus conductas ante el dolor. El modelo teórico más indicado y apropiado para tan ambicioso fin debe ser el de la teoría de la compuerta del dolor, al que le sigue un desglose de los factores relacionados tanto con la apertura como con el cierre de dicha «presa del dolor».

Dolor y tensión muscular

Una forma óptima de responder al dolor agudo es tensando la musculatura y limitando el movimiento como un intento de facilitar el proceso de curación, sin incurrir en nuevos daños. Esta respuesta instintiva ante el dolor se sigue manteniendo aun cuando el cuadro se cronifica. El individuo puede incluso llegar a perder la sensación de la tensión ejercida por la musculatura, debido a que dicha respuesta se ha automatizado de tal manera que está presente de una forma constante. Entonces, la tensión muscular puede llegar a generar dolor por sí misma. De hecho, se ha establecido que la base de algunos tipos de dolor está en la excesiva tensión de un grupo muscular determinado, como ocurre en las cefaleas tensionales o en algunas lumbalgias. De otro lado, la experiencia de dolor representa una carga para el sujeto que le produce un aumento de la ansiedad, lo que facilita la contracción muscular y ésta a su vez el incremento del dolor.

Como vemos, el objetivo de usar técnicas de relajación en el abordaje terapéutico del dolor crónico es doble. Por una parte, se pretende reducir el grado de ansiedad asociado a la vivencia prolongada del dolor y, por otra, se desean variar algunas de las respuestas fisiológicas ligadas en muchos casos a la pro-

La causa de algunos dolores reside en la tensión de ciertas áreas musculares, como ocurre con las lumbalgias. Por ello, una de las técnicas para combatirlas es la relajación de la tensión muscular.

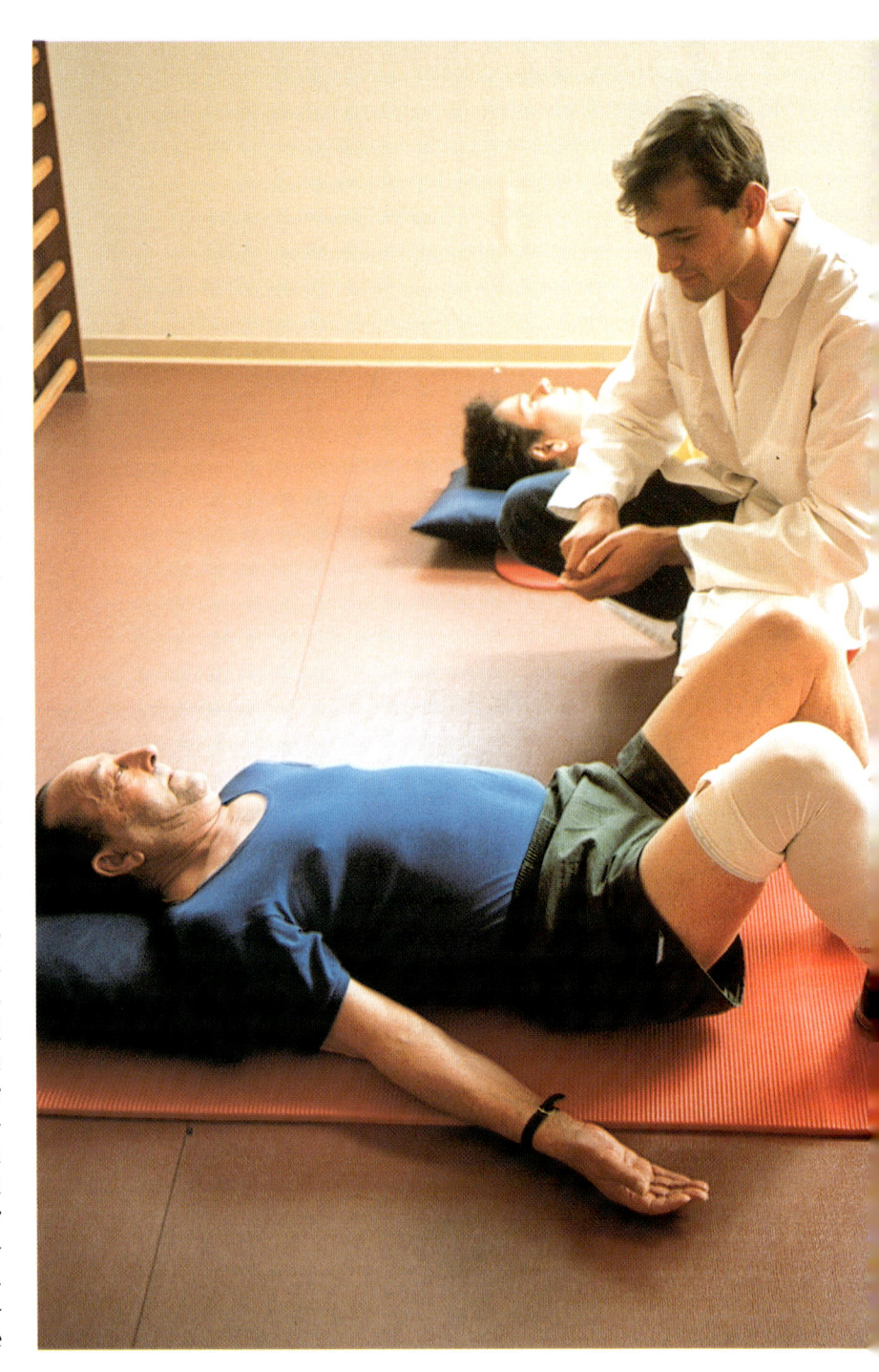

El papel de los ejercicios físicos

pia génesis del dolor, tales como el aumento de la temperatura periférica, la reducción de la contracción muscular o el cambio de la respuesta vascular en la zona afectada. Para ello se emplean desde procedimientos de relajación convencionales hasta métodos altamente tecnificados como es el caso del *biofeedback*, aparato que por medio de unos electrodos dan al sujeto información precisa e inmediata de parámetros que se relacionan con la sintomatología presente, ya sea el nivel de tensión muscular, la temperatura local, la conductividad eléctrica de la piel o la frecuencia cardíaca, entre otros; ello depende del tipo de registro y electrodos utilizados. Tal información permite al individuo intentar obtener un control voluntario sobre respuestas del organismo que, en principio, están dirigidas por el sistema nervioso autónomo, involuntario.

Es importante establecer un patrón de ejercicios adecuado para el tratamiento del dolor crónico. Es común en los sujetos con dolor crónico la realización de ejercicios de una forma alternada, con períodos de intensa actividad, que responden a una cierta mejora de la sintomatología, seguidos de largas temporadas de reposo absoluto, cuando el cuadro empeora.

La consecución prolongada de inactividad provoca un deterioro de la musculatura por desuso que, al reanudar el movimiento de manera precipitada hará que el dolor aumente. Esto lleva al paciente a una nueva fase de reposo asociada a una sensación de frustración y desilusión al ver que es incapaz de tolerar el ejercicio. Por este motivo, se pro-

Los ejercicios físicos continuados y de acuerdo con un programa constituyen un recurso de gran valor para el tratamiento del dolor crónico, ya que mantienen y fortalecen la musculatura y potencian la tolerancia del dolor. La regularidad en este caso es esencial, pues rompe con el círculo vicioso actividad-dolor-reposo.

EL DOLOR

La fisioterapia es una técnica curativa basada en el movimiento. Su finalidad es, entre otras, eliminar las causas del dolor originadas por una lesión restableciendo las funciones del sistema motor, cuya actividad influye a su vez en los demás circuitos fundamentales del organismo.

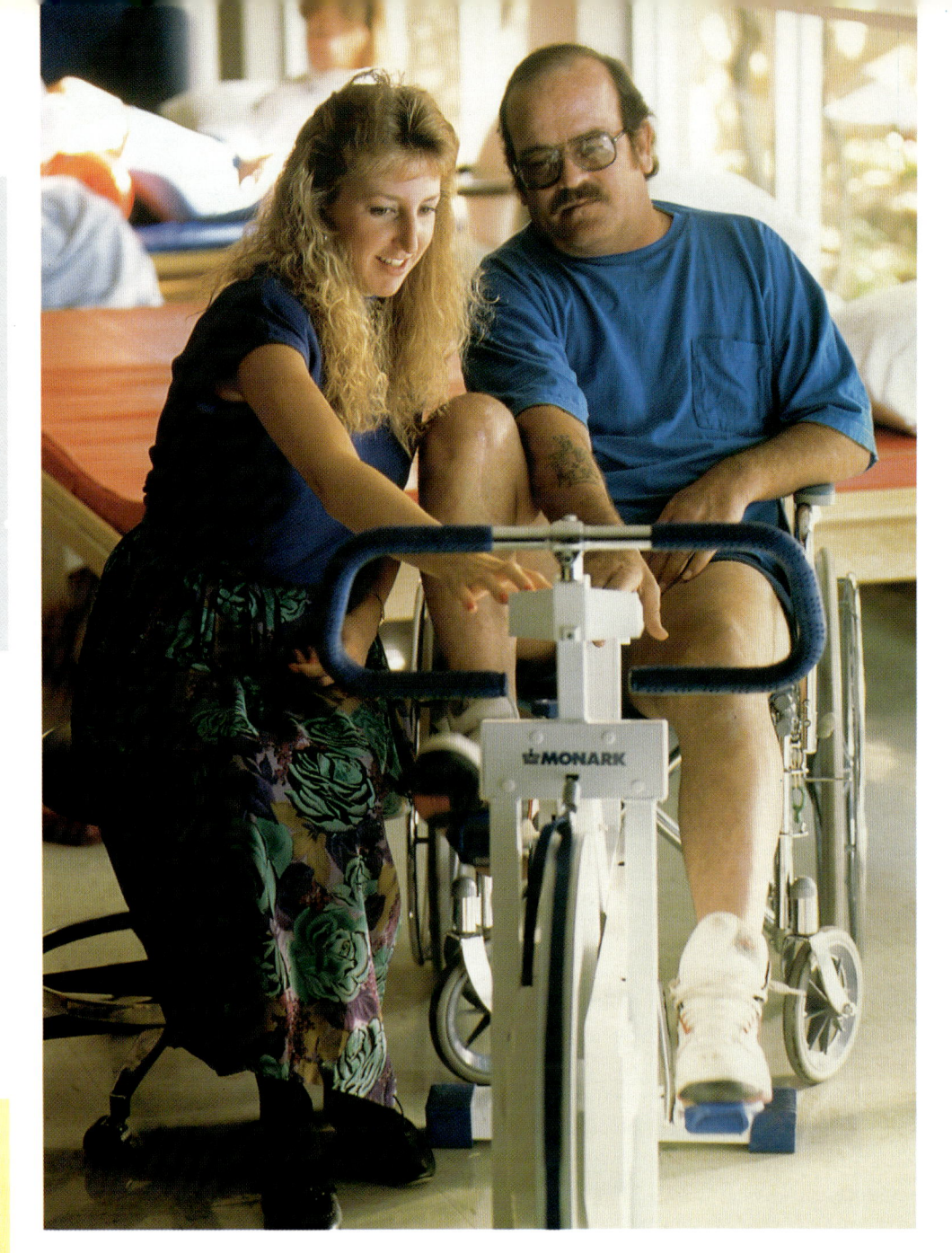

¿ Tenemos una tía que padece dolor crónico. ¿Debemos prestarle especial atención y evitar siempre las situaciones que puedan provocarle dolor?

➡ Es muy importante que su tía no actúe en función del dolor, por lo tanto es contraproducente estar pendiente de ella y preguntarle a todas horas si le duele más o menos. También hay que marcar un mínimo de actividades a realizar, y dejar que las realice por sí misma. La mejor manera de ayudar a quienes sufren un dolor o siguen un tratamiento de rehabilitación es tratarlos como personas sanas.

cede con la instauración de un patrón regular de ejercicios que se iniciará a un nivel mínimo, muy por debajo del máximo alcanzable. A partir de ahí se aumenta gradualmente el esfuerzo a realizar, de manera que la tolerancia al dolor también aumenta. El paciente debe ser advertido acerca de la necesidad de realizar ejercicios con independencia del dolor experimentado, guiándose por medio de un programa previamente estipulado. Aunque aparezcan sensaciones dolorosas, sólo la consecución de actividad regular y gradual conseguirá fortalecer la musculatura y potenciar la tolerancia al dolor, rompiendo el círculo vicioso: actividad-dolor-reposo.

El abuso de la medicación

La medicación prescrita para la reducción del dolor empieza a perder su efectividad cuando se ingiere durante largos períodos y la aparición de efectos indeseados es cada vez más probable. Los pacientes llegan a convertirse en auténticos adictos de este tipo de fármacos. En primer lugar, se intenta ampliar el conocimiento de los sujetos respecto al conjunto de fármacos utilizados (analgésicos de acción periférica y central, analgésicos coadyuvantes y relajantes musculares). Posteriormente, se planifica una ingestión de la medicación en función del tiempo, y no de la

El dolor en números

Sin dejar de lado la repercusión humana del problema, una visión analítica de los costes que supone al sistema sanitario el dolor en nuestros tiempos nos ayudará a tener una impresión más acertada acerca del alcance global del problema.
Usaremos como ejemplo a Estados Unidos, que es el país que cuenta con mayor número de estadísticas sobre el tema. Allí existe un consumo anual de aspirina en torno a la escalofriante cifra de veinte mil toneladas, lo que equivale a 225 tabletas por persona. Sufren de migraña alrededor de 25 millones de personas, siete millones se encuentran afectadas de dolor de espalda y de veinte a cincuenta millones padecen artritis. Estudios realizados muestran que el 80 por ciento de los pacientes oncológicos padecen dolor debido a su enfermedad. Acerca del dolor crónico, los índices epidemiológicos de Norteamérica indican que está presente en un tercio de la población general, lo que implica un coste económico total de tal fenómeno en unos ochenta mil millones de dólares anuales.

La ingestión continuada de analgésicos durante largos períodos puede resultar contraproducente para el paciente, ya que puede provocar la adicción o efectos secundarios no deseados. La ingestión de los fármacos debe ser cuidadosamente planificada para que sus efectos sean realmente positivos.

presencia de dolor, como usualmente hacen los pacientes, ya que la eficacia de los analgésicos mejora si se emplean regularmente, y no de forma esporádica. Es importante observar que la medicación basada en un horario libra a los individuos de estar pendientes de sus señales de dolor para descubrir en qué momento precisan una toma. A partir de este momento se inicia una reducción gradual, que tendrá como objetivo la eliminación de los fármacos.

Existen diversas estrategias para este fin, aunque quizás la denominada «cóctel de dolor» sea la más efectiva, pero también la más compleja dado que requiere la colaboración de un farmacéutico. Este método se basa en la elaboración de un combinado que contiene la medicación ingerida usualmente por el paciente u otra análoga, normalmente un analgésico y un sedante, y un líquido enmascarador con sabor agradable, como puede ser un jugo de frutas. Obviamente se procede reduciendo la medicación incluida en dicho «cóctel» mientras se mantiene estable la cantidad de líquido total. No hay ninguna necesidad de engañar al paciente, que en todo momento sabrá las proporciones estipuladas. Este procedimiento proporciona una precisión mayor en la reducción gradual y evita la sensación de pérdida de medicación en los pacientes.

La aparición del dolor genera estados emocionales negativos al igual que otras muchas situaciones derivadas de la relación con los demás. Al principio las quejas tienden a llamar la atención y provocar la ayuda de las personas próximas. Sin embargo, cuando éstas se prolongan y son motivo constante de conversación suscitan un sentimiento de rechazo entre las personas del entorno.

El estado emocional y la queja

Las emociones negativas como la ira, la ansiedad o el enfado son factores que abren la compuerta del dolor y disminuyen la tolerancia al mismo. Ciertamente, la propia vivencia del dolor suscita la aparición de estados emocionales desagradables, pero la situación particular de cada individuo (el cuidado de los hijos, una posición económica indigna, las discusiones con la pareja, etc.), también es una fuente frecuente de ansiedad, enojo o desconcierto que contribuye de forma negativa al dolor. Por tanto, dedicar tiempo a estudiar los acontecimientos causantes de estrés y ahondar en estrategias que propicien un mejor afrontamiento de éstos serán una buena herramienta de intervención.

Cuando aparece dolor es obvio que las quejas alertan a familiares y amigos con el fin de que éstos puedan cubrir las necesidades inmediatas y ayudar en lo posible; así sucederá en la mayoría de ocasiones. Sin embargo, a medida que el dolor se cronifica, las conversaciones centradas en el malestar y la incapacidad del paciente se convierten en poco más que insoportables para las personas que lo rodean, de manera que empiezan a recortar tales relaciones. El paciente siente este rechazo activo, nota que se le presta menos atención y apoyo, de manera que prolonga las conductas de dolor (quejas, posturas, demanda de medicación) con la sana intención de recuperar el trato de favor de los demás que, en muchas ocasiones, es su única fuente de bienestar emocional. A la larga, esta actitud se convierte en un hábito plenamente establecido y difícil de cambiar que, por otro lado, dispensa al paciente de actividades indeseables. A este respecto, las más empleadas son las técnicas centradas en el entrenamiento de la asertividad, que enseñan la forma más hábil de relacionarse con los demás sin necesidad de utilizar el dolor.

Atendiendo al dolor

La persona que padece dolor tiende a focalizar su atención en la zona afectada, de manera que incrementa su capacidad para percibir la más mínima señal, esto es, disminuye su umbral sensorial, al tiempo que se reduce la posibilidad de distracción para otros estímulos distintos del doloroso. En el dolor agudo ésta es una buena forma de percatarnos del alcance de la lesión y de su gravedad, aunque de poco sirve cuando el dolor se cronifica.

Cualquier persona tolera mejor el dolor mientras mantiene su atención en una interesante conversación, en un programa de televisión o en cualquier otra actividad que implique cierta participación activa. Esto es una buena muestra de que las técnicas centradas en la refocalización de la atención pueden ser útiles. Se utilizan procedimientos simples como es el caso de la distracción activa, donde el sujeto debe implicarse en

UN COMPAÑERO INSEPARABLE

una tarea más o menos complicada en el momento en el que aparece dolor. Un estudio ciertamente importante en este sentido fue el realizado con adolescentes que debían someterse a la desagradable experiencia de la quimioterapia; mientras a un grupo se lo sometía al procedimiento habitual, al resto se les sugirió la posibilidad de jugar con una máquina electrónica, con la intención de distraer su atención de las sensaciones causadas por la quimioterapia. Los resultados mostraron la importancia de las intervenciones dirigidas a modificar el foco de atención sobre el dolor.

Otras estrategias, mucho más dificultosas, implican un entrenamiento cognitivo complejo para el sujeto, como la visualización. Por esta técnica se pretende crear una imagen de la sensación dolorosa para, posteriormente, poder controlarla y variarla mentalmente, lo

La prescripción del médico, *grabado del siglo XVIII. Los médicos son los encargados de diagnosticar el dolor, determinar su causa y elaborar las estrategias más adecuadas para su tratamiento. Estrategias que van desde la refocalización de la atención del paciente hasta otras más complejas que implican un entrenamiento cognitivo y emocional del paciente.*

¿Es cierto eso que dicen que si te duele una muela lo mejor es pisarte un pie?

➥ No es lo mismo un dolor agudo provocado por una lesión que uno surgido de un proceso psíquico. Si tenemos una herida y nos pisamos un pie tendremos dos focos de dolor, pero si la herida ya está curada y seguimos sintiendo el dolor por distintos motivos, lo más probable es que cuando nos pisen el pie, este hecho actúe como detonante y el dolor acabe.

Dolor de muchos, consuelo de tontos: las cefaleas

El dolor de cabeza es el dolor más universal y uno de los más frecuentes que acompañan al hombre desde siempre.
Un 85 por ciento de personas lo han sufrido en algún momento de sus vidas, y esto es indicio y revelación de que nos hallamos ante un problema especialmente relevante.
Aunque en la mayoría de los casos el dolor es benigno y no representa ninguna amenaza seria para nuestro organismo, en ciertas circunstancias aparece como manifestación de algún proceso patológico de base que debe ser tratado con seriedad y prontitud, dado que puede constituir una enfermedad grave.
El variado panorama de posibles causas del dolor de cabeza, que tan sólo son distinguibles a través de sutiles matices en sus manifestaciones clínicas o mediante la ejecución de pruebas médicas, quizá sea el responsable de la confusión generalizada que existe con respecto a lo adecuado o no de solicitar ayuda profesional ante la aparición de cefaleas reiteradas. En general, en las consultas médicas abundan los pacientes que acuden por dolores de carácter banal, mientras que otras personas pueden desatender un dolor de cabeza originado por una enfermedad grave que precisaba tratamiento inmediato.
Ante esta variedad de situaciones, parece oportuno revisar los factores que nos alertarán sobre la conveniencia o no de visitar a un especialista.
En primer lugar, la aparición de un dolor de cabeza reciente (más aún si se inicia de forma brusca) o el cambio en la intensidad, en la frecuencia o en el modo de presentación de un dolor para el que ya había un diagnóstico previo, deben ser motivo de consulta.
También tendríamos que preocuparnos cuando se manifiestan otros síntomas acompañando a la cefalea: fiebre, alteraciones de la visión, rigidez, y aun otros que pueden estar originados por una enfermedad latente; así mismo hay que estar alerta y visitar a un especialista cuando la cefalea se presenta exclusivamente y de forma permanente en un único lado de la cabeza, y si ésta es persistente, sin períodos libres de dolor.
Se han llevado a cabo diversos intentos para la clasificación de las cefaleas desde que en 1962 el Ad Hoc Committe discriminara entre quince tipos diferenciados. No obstante, la clasificación que ha ganado más adeptos entre los especialistas en la materia, puesto que aclara ciertas cuestiones nunca resueltas, es la elaborada por el Comité de la Sociedad Internacional de Cefaleas en el año 1988, que las agrupa en trece categorías.
Destaca un amplio conjunto de cuadros, de menor interés para la psicología, que hacen referencia a las denominadas «cefaleas secundarias», ocasionadas por un factor primario, entre los que cabe mencionar: traumatismos craneales, trastornos vasculares, procesos infecciosos, alteraciones metabólicas y neuralgias.
Por lo que se refiere a las cefaleas secundarias, las que quizá se acercan más a nuestra labor psicológica son los dolores de cabeza asociados al consumo o a la retirada de sustancias, dada la posible instauración de un patrón de consumo adictivo, como ocurre con la ingesta excesiva de alcohol, cafeína o los mismos analgésicos que en un principio ayudaron al alivio del dolor.
Sin embargo, las cefaleas primarias son las más relevantes para la psicología, y entre ellas cabe destacar la migraña y la cefalea tensional.
Aunque coexisten diversas formas de presentación, la migraña o jaqueca es un trastorno muy específico. A pesar de todo, con cierta frecuencia se habla de jaquecas para referirse a cualquier forma de dolor de cabeza.

La presentación de la jaqueca se caracteriza por la aparición repetida de los llamados ataques de migraña, que se definen por un complejo conjunto de síntomas entre los que destaca el dolor de cabeza.

Los ataques pueden presentar una duración de entre 4 a 72 horas y suelen iniciarse con una serie de alteraciones generales inespecíficas, previas a la cefalea, que se conocen como período prodrómico.

Entre los síntomas prodrómicos destacan las alteraciones del aparato digestivo, con aumento o falta de apetito, que puede ir acompañado de náuseas y vómitos.

El dolor de la migraña es muy característico, se instaura gradualmente, poco a poco, y suele tener lugar en un solo lado de la cabeza, o al menos manifestarse allí de forma más intensa. También acostumbra a manifestarse de manera pulsátil.

Posteriormente a su aparición, se ha descrito un estado similar a la resaca.

Habitualmente, la migraña inicia su aparición en edades jóvenes, y, si bien la padecen

ambos sexos, se presenta de manera mayoritaria en mujeres.
Es más frecuente a partir de la adolescencia, y va disminuyendo conforme la persona avanza en edad. También se piensa que la predisposición a las jaquecas puede ser hereditaria.
Se conocen varios tipos de migrañas, entre las que destacan la migraña común y la clásica, distinguibles por la aparición de las llamadas «auras» en ésta última. El aura implica un conjunto de síntomas neurológicos que aparecen posteriormente al período prodrómico. Momentos antes de aparecer el dolor de cabeza y durante un período que oscila entre los cinco y los veinte minutos, los pacientes con migraña clásica se quejan de molestias visuales (fotofobia, o molestia aguda ante la luz; fotopsias, o percepción de sensaciones luminosas; anopsias, o cegueras transitorias), sensoriales (parestesias o cosquilleos, tirones, entumecimiento, etc.) y motoras (parálisis, debilidad).
La explicación más difundida y contrastada en torno a las causas de la migraña se centran en fenómenos vasculares. Parece existir una potente contracción de las arterias, tanto intracraneales como extracraneales, que posteriormente se dilatan dando lugar a la presentación del dolor. También se supone que está implicado un importantísimo neurotransmisor, la serotonina, que se halla en baja concentración al inicio de la crisis.
El estrés frecuentemente ha sido ligado a la aparición de ataques de migraña, por lo que parece evidente el importante papel que pueden jugar durante el tratamiento la reducción de estresores por un lado y la mejora de las estrategias de afrontamiento por otro.
El dolor de cabeza tensional es el más frecuente que existe. Al igual que la jaqueca, se da preferentemente en el sexo femenino pero puede aparecer entre personas de cualquier edad. En estos casos no se habla de una predisposición familiar hereditaria, ni de crisis periódicas, ya que el dolor tensional puede hacerse presente en cualquier momento. La duración de este tipo de molestias es variable, ya que pueden durar desde algunas horas hasta varios días.
A diferencia de la migraña, el dolor es soportable y continuo, asociado generalmente a nerviosismo, irritabilidad y estado de alerta. Se siente como una opresión, algo que se inicia frecuentemente en la nuca y va avanzando hasta las sienes, la parte superior de la cabeza y la frente. Las causas en estas cefaleas parece que están relacionadas con un

exceso de tensión de la musculatura que recubre el cuello y el cráneo como respuesta a factores estresantes.
La intervención psicológica sobre este cuadro es cada vez más notable. En ocasiones, la implementación de fármacos miorrelajantes, o la puesta en marcha del entrenamiento en relajación progresiva consiguen demostrar una efectividad destacada sobre esta molestia.
La reducción en la presentación de este tipo de cefaleas se produce por un cambio en la forma de afrontar las situaciones estresantes y por la adquisición de ciertos hábitos y estrategias que modificarán la respuesta de tensión muscular de la persona, tanto ante acontecimientos estresantes cotidianos, como frente a la propia aparición del dolor.

Juan Miguel Casas Hilari
Psicólogo

EL DOLOR

La fibromialgia

La fibromialgia es un síndrome crónico caracterizado por dolor musculoesquelético disperso por todo el cuerpo y que se acompaña de dificultades relacionadas con el sueño, habitualmente, sueño no reparador; fatiga; puntadas; tumefacción en manos y pies, sensación de frío en las extremidades y alteraciones del estado anímico. Un rasgo típico del cuadro de fibromialgia son los llamados *tender points*, que de forma literal se puede traducir como «puntos tiernos o blandos», zonas determinadas del cuerpo que al ser presionadas suavemente producen dolor, se diría que están doloridas, o que son más sensibles. Las causas de esta patología nos son desconocidas, aunque se manejan diversas hipótesis. Aparece gradualmente en la edad adulta, entre los 29 y los 37 años, y se mantiene por largos períodos con cierta fluctuación. Parece ser más frecuente en mujeres que en hombres.

> **¿** Desde hace muchos años tengo dolores, aun tomando un mínimo de cinco analgésicos diarios. Pero me da miedo dejarlos por temor a que el dolor sea peor. ¿Qué puedo hacer?
>
> ➡ La dependencia a los analgésicos es bastante frecuente en las personas que padecen dolor crónico. Este tipo de medicación utilizada durante períodos excesivos tiende a perpetuar el dolor, pues la ansiedad resultante del miedo a abandonar su consumo genera más ansiedad. Esto ocasiona una tensión muscular que sí intensifica las sensaciones dolorosas, creándose un círculo vicioso. Además, el uso prolongado de analgésicos puede afectar otras zonas del organismo. En estos casos, lo mejor es buscar la ayuda de un profesional.

que va a repercutir en el componente emocional y cognitivo de la persona con la consecuente reducción de la señal dolorosa. Se inicia el ejercicio con una relajación, para atender posteriormente a cualquier sensación dolorosa existente, a la que se da una forma y un tamaño adecuado; también es frecuente intentar determinar un color que describa adecuadamente la sensación. El primer paso consiste en incrementar la «forma del dolor» hasta el máximo imaginable, para volverlo a su estado original. Una vez más vuelve a aumentarse el tamaño, para llevarlo luego hasta la mínima expresión posible.

Otros tipos posibles de visualización implican el color, símbolos, texturas y distancias. El llamado «guante de anestesia» es una estrategia especialmente útil para el tratamiento del dolor: se trata de imaginar que una de nuestras manos se entumece hasta anestesiarse, adquiriendo el poder de anestesiar todo lo que toca. Evidentemente, el paso siguiente es posar la mano sobre la zona afectada para ir perdiendo la sensibilidad al dolor. La refocalización de la atención ha sido usada con buenos resultados en combinación con la hipnosis, con especial relevancia en el dolor neoplásico.

Tratamiento farmacológico

El tratamiento psicofarmacológico del dolor crónico se ha centrado casi en exclusiva en los llamados antidepresivos. Este tipo de fármacos posee un efecto analgésico propio. Por tanto, benefician a los pacientes a través de dos vías independientes. Por un lado, mejoran el tono anímico, contribuyendo a cerrar la compuerta del dolor debido a la disminución de la sintomatología depresiva; por otro, reducen la sensación de dolor por la acción analgésica del antidepresivo. Parece cada vez más evidente que los antidepresivos más efectivos son los que actúan de forma predominante sobre un neurotransmisor denominado serotonina. Quizás sea necesario recordar que los neurotransmisores son compuestos químicos mediante los cuales se transmite la información desde una neurona a la otra.

Otros psicofármacos utilizados con menor frecuencia en el dolor crónico son los neurolépticos y los ansiolíticos. Los primeros deben su eficacia a la acción analgésica que producen, sin más. En cambio los ansiolíticos actúan sobre el dolor rompiendo el ciclo establecido entre el aumento de la ansiedad y el incremento del dolor.

Con todo este arsenal terapéutico se ha conseguido un alto nivel de resultados favorables que ha propiciado la proliferación de las denominadas «Clínicas para el tratamiento del dolor», instituciones donde el dolor se concibe como una entidad propia y compleja que merece el abordaje desde distintas disciplinas y de forma exclusiva. La coordinación e integración de los distintos profesionales hace posible la consecución de los objetivos que se plantean ante un paciente con dolor crónico.

Capítulo 22

LAS SOMATIZACIONES

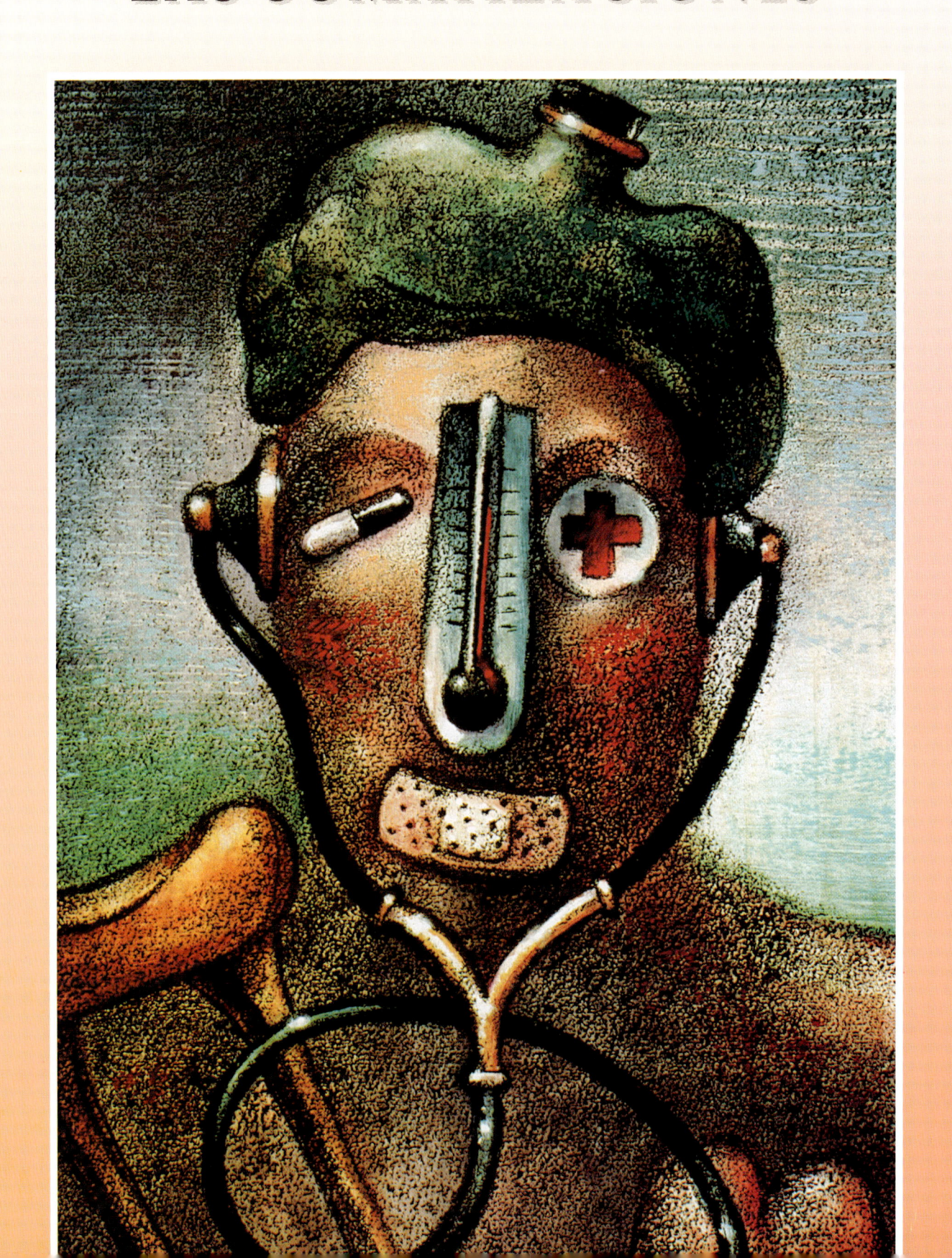

LAS SOMATIZACIONES

«Usted no tiene nada...»

Las somatizaciones son un fenómeno mucho más común de lo que cabría pensar. En un solo mes, por ejemplo, el 75 por ciento de las personas padece como mínimo un síntoma somático por causas psicológicas. Sin embargo, sólo se habla de somatización cuando los síntomas físicos, recurrentes y variables son percibidos por la persona que los sufre como una señal de enfermedad y busca ayuda médica para ellos. En ocasiones, los médicos no hallan ninguna explicación orgánica demostrable para dichos síntomas y, cuando se encuentra una alteración orgánica, ésta no puede explicar la sintomatología que presenta el paciente. Es decir, los síntomas presentes son mucho más intensos, variables, persistentes e incapacitantes de lo que cabría esperar por los hallazgos médicos.

A menudo se entienden las somatizaciones como una forma de expresar el malestar psicológico (ansiedad, depresión, emociones «negativas» como la rabia, los celos, etc.) a través del cuerpo, o sea, a través de síntomas físicos. Con frecuencia existe una relación temporal entre la presencia de uno o varios factores de estrés —como pueden ser el aumento de responsabilidad laboral, una separación matrimonial o un accidente— y el inicio o intensificación de los síntomas.

No se conoce con exactitud la frecuencia real con que se presenta este trastorno debido a que, muchas veces, quienes lo sufren no son diagnosticados como somatizadores. Los datos señalan que en los países desarrollados el 25 por ciento de los pacientes que acuden a la consulta del médico de familia presentan problemas psicológico/psiquiátricos, y de éstos, el 10 por ciento son somatizadores, es decir, una de cada diez personas padece síntomas somáticos.

Entre un 70 y un 80 por ciento de los pacientes somatizadores presentan un trastorno físico demostrable, pero éste no explica los síntomas por los que el paciente efectúa la consulta, es decir, son somatizaciones. Todo ello prueba que el trastorno de somatización no sólo es uno de los problemas psicológicos más frecuentes en las consultas de medicina general sino que acarrea graves complicaciones y riesgos a quien lo padece. En el ámbito global las somatizaciones son causa de importantes problemas de orden social y económico.

El «peregrinaje»

Casi todos percibimos síntomas somáticos leves y transitorios, pero no por ello consultamos al médico. Sin embargo, algunas personas experimentan un profundo malestar o se sienten incapacitadas hasta tal punto que creen estar enfermas. Esto las lleva a consultar a su médico, el cual, después de la entrevista y de las exploraciones necesarias, puede que no encuentre ninguna alteración que justifique su malestar. A pesar de ello, algunos pacientes continúan preocupados y con malestares, es entonces cuando pueden ser remitidos al especialista correspondiente, lo cual implica someterse a nuevas exploraciones, tratamientos o consultas, sin que se encuentre una causa orgánica a su sufrimiento.

En todas las épocas, el arte ha representado los temas médicos en sus múltiples variantes. El cuadro del siglo XVII, **La mujer hidrópica,** *del holandés Gérard Dou, muestra con minucia a la languideciente enferma en su intimidad, rodeada de sus familiares y su médico.*

PREGUNTAS Y RESPUESTAS

Coincidiendo con serios problemas laborales he empezado a sentir dolor en el pecho. ¿Estaré somatizando?

Es muy normal que ciertos estados anímicos produzcan molestias físicas. Nuestra respuesta ante el síntoma es lo que indica si estamos o no somatizando. Si no deja de ser algo esporádico y vivido con normalidad, sólo será indicio de que somos humanos.

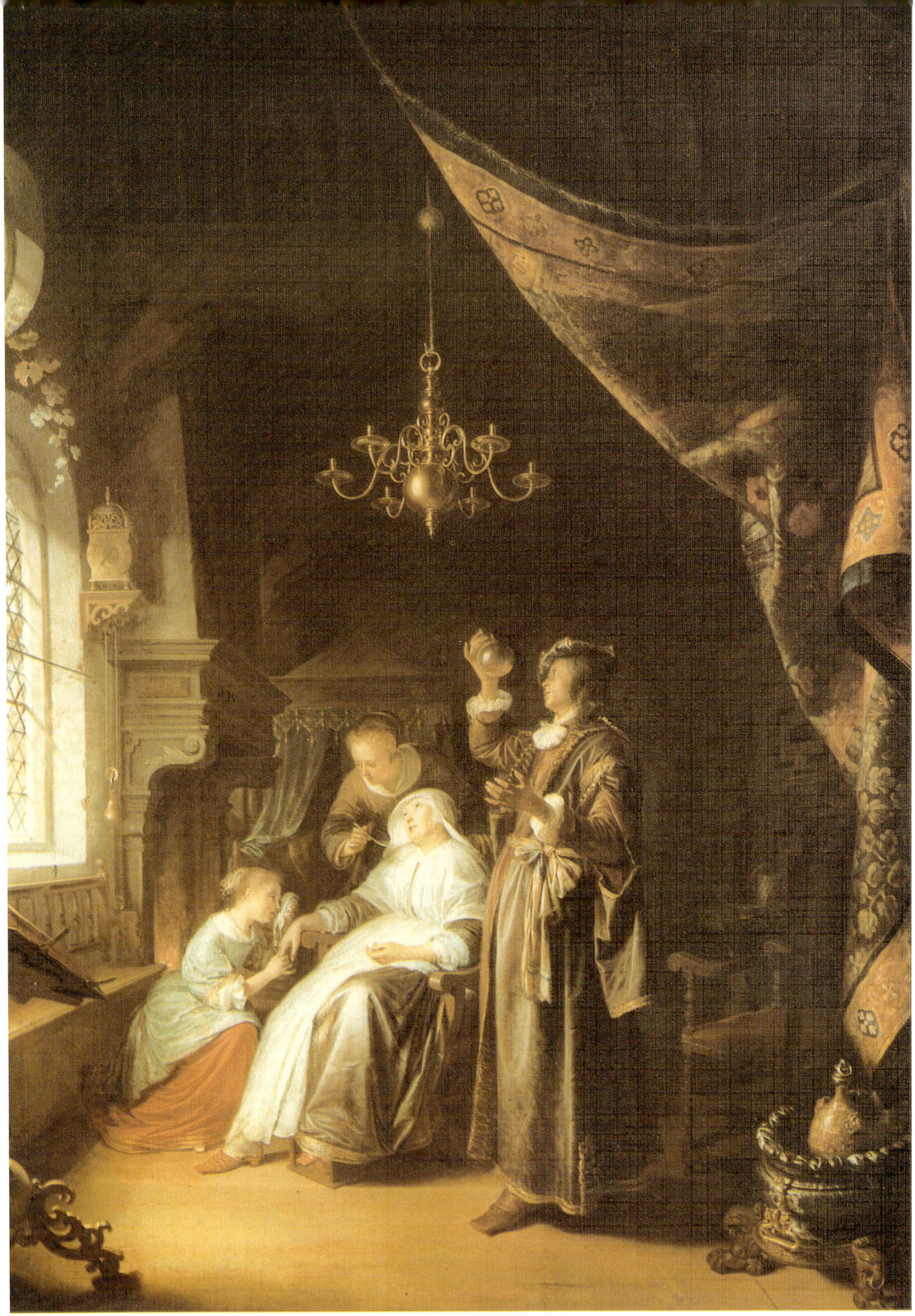

LAS SOMATIZACIONES

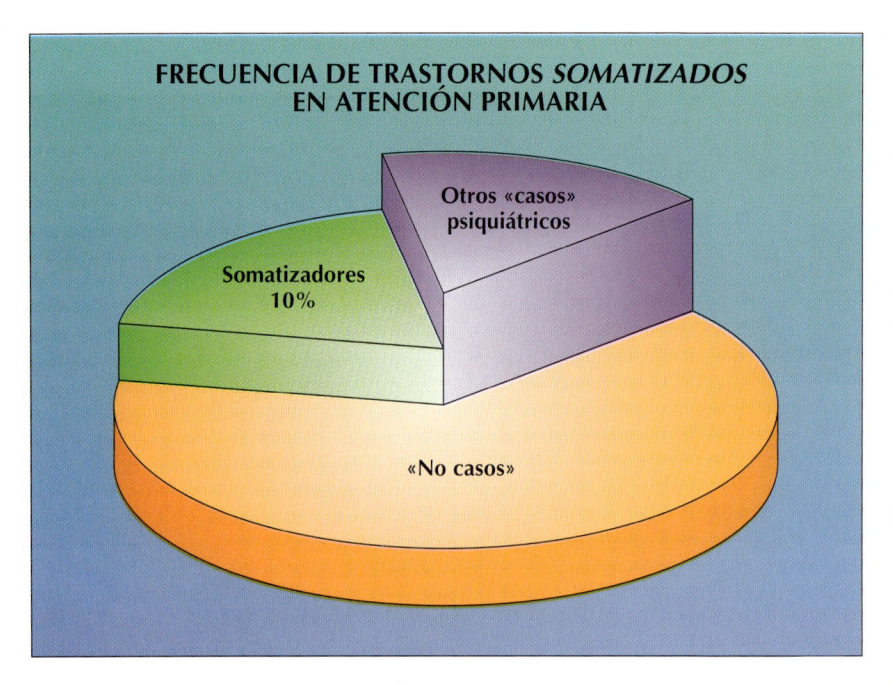

FRECUENCIA DE TRASTORNOS *SOMATIZADOS* EN ATENCIÓN PRIMARIA

- Otros «casos» psiquiátricos
- Somatizadores 10%
- «No casos»

Si bien los trastornos de somatización en muchos casos no se diagnostican como tales, estudios realizados en este campo señalan que un tercio de los pacientes que acuden al médico de familia presentan trastornos psicológicos o psiquiátricos y que, de éstos, el 10 por ciento sufren enfermedades imaginarias.

Después de la visita al especialista, muchos se tranquilizan y dejan de preocuparse, pero otros continúan con molestias y siguen intranquilos por ellas. Y así realizan nuevas consultas, nuevas exploraciones, nuevos tratamientos, durante años y sin éxito. Los americanos han acuñado el término *doctor shopping* para referirse a este hábito de ir al médico como quien va de compras. Y no solamente van de médico en médico, sino que además disponen de un surtidísimo botiquín con una amplia variedad de fármacos. A medida que transcurre el tiempo, estos pacientes van aumentando y diversificando sus quejas y pueden llegar a ser considerados por los médicos y por ellos mismos como intratables, «sin remedio».

Este «peregrinaje» puede tener unos costes personales y económicos muy elevados para el paciente: procedimientos diagnósticos invasivos (colonoscopia, arteriografía), intervenciones quirúrgicas con fines diagnósticos (laparoscopia, artroscopia) o como tratamientos (histerectomía, apendicectomía). Las intervenciones quirúrgicas a las que son sometidos abarcan un amplio rango, pero las más comunes son las ginecológicas y las gastrointestinales. En su gran mayoría son de cirugía menor aunque también se realizan algunas intervenciones mayores, tan peligrosas como mutilantes (histerectomía total).

Problemas asociados

Estos enfermos imaginarios suelen ser diagnosticados y tratados por trastornos vagos y difusos, en vez de recibir el tratamiento para su verdadero problema, que es el trastorno por somatización. Esto quiere decir que la persona es sometida a un «sobretratamiento» somático, con los consiguientes riesgos, y se aplaza la evaluación y el tratamiento psicológico-psiquiátrico. Por todo ello, las somatizaciones tienden a hacerse crónicas, lo que a menudo genera un abuso o dependencia de determinados fármacos, habitualmente sedantes y analgésicos. Una complicación que frecuentemente se presenta asociada es la depresión y la ansiedad (el 75 por ciento de los casos). En ocasiones, las somatizaciones no son más que síntomas fisiológicos, como los dolores musculares, los trastornos del sueño, las parestesias o las taquicardias, correspondientes a un estado depresivo y/o ansioso, pero que son identificados por la persona que las sufre no como un problema psicológico sino como una señal de enfermedad. Por otro lado, es fácil imaginar que la cronificación, por tanto, el sufrimiento de las somatizaciones, acaba provocando una alteración del estado de ánimo, es decir, una depresión y/o un estado de ansiedad. Este estado afectivo comporta la presencia de síntomas fisiológicos que son percibidos como enfermedad y esto a su vez genera más ansiedad y depresión, y así sucesivamente. En la ansiedad son característicos los síntomas neurovegetativos: la taquicardia, las palpitaciones, la hiperventilación y, consecuentemente, el mareo, los calambres, la tensión muscular y la tendencia a la diarrea. En cambio, son más características de la depresión la astenia, la anorexia, la pérdida de peso y la disminución de la libido; también el estreñimiento, las cefaleas, las algias y los vértigos. Tras estos síntomas, pero también tras otros muchos posibles, tendrá el médico que diagnosticar al somatizador. Las frecuentes consultas médicas, los desplazamientos a centros hospitalarios o las medicinas alternativas lejos de la propia ciudad, el malestar provocado por los síntomas, la de-

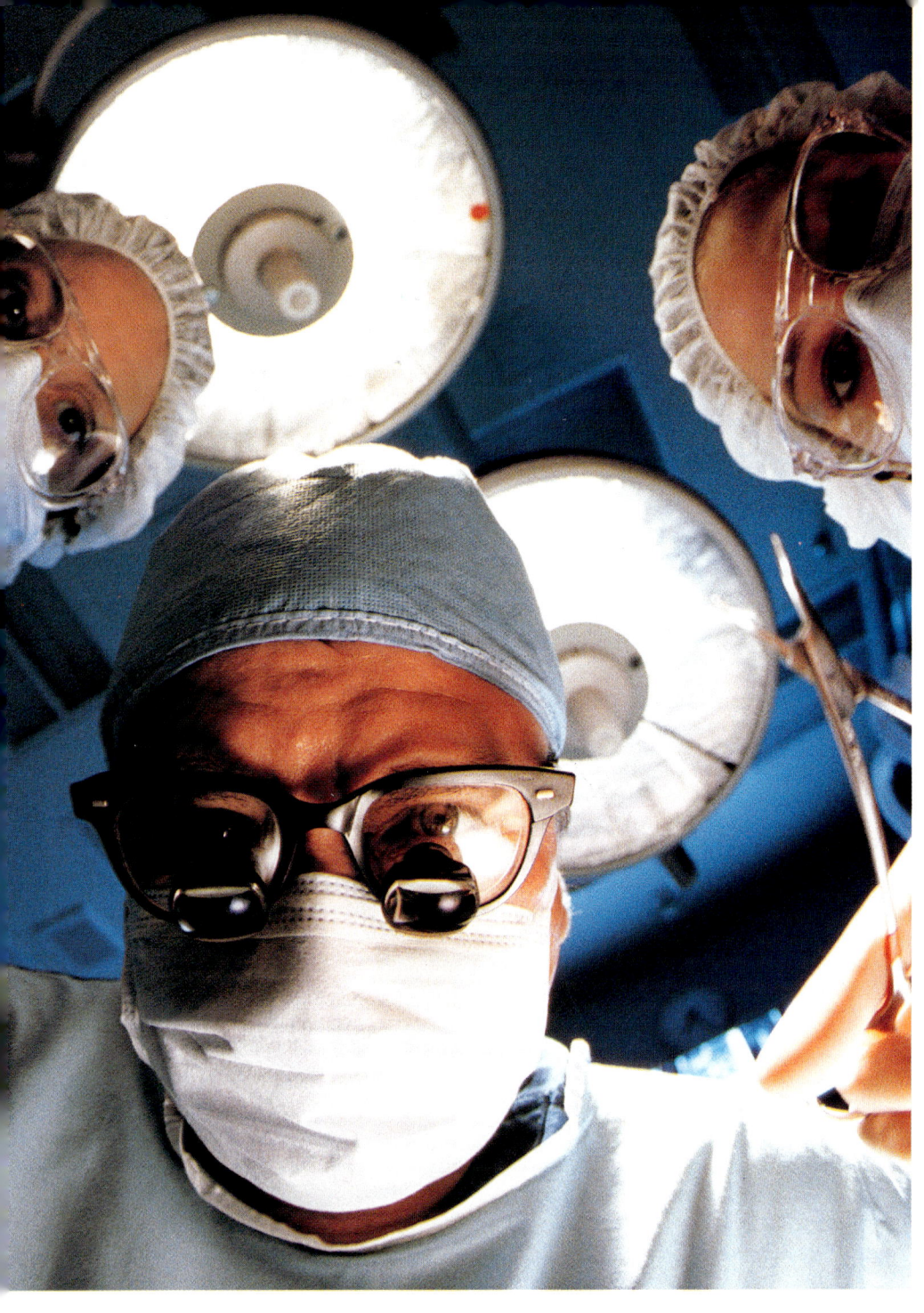

El carácter difuso de los trastornos que manifiestan algunas personas sin que se encuentre una causa orgánica de su sufrimiento suele desembocar en procedimientos de diagnóstico invasivos, como son la colonoscopia o la arterioscopia, o en intervenciones quirúrgicas de amplio espectro, algunas tan peligrosas como mutilantes.

❔ He llevado a un familiar a ver a muchos médicos por ciertas molestias que siente y si bien ninguno le encuentra nada, él insiste y me obliga a llevarlo a otro. ¿Qué debo hacer?

▶ Convencidos de sufrir alguna enfermedad, estos pacientes tienen por costumbre peregrinar por las consultas y someterse a distintas pruebas. En estos casos, lo mejor es no seguirles el juego y confiarlos a un psicólogo o a un psiquiatra a fin de que éste decida la conveniencia o no de realizar una visita médica. Al mismo tiempo, es conveniente erradicar de las conversaciones habituales el tema de las enfermedades.

presión, la ansiedad, todo ello puede acarrear problemas laborales (absentismo), económicos (numerosas visitas y exploraciones), familiares (discusiones, incomprensión del problema) y socioeconómicos, con los consiguientes costes para la sanidad pública. Existen estudios en los que se refleja que el 10 por ciento de los gastos sanitarios totales de un país desarrollado está destinado a sufragar las complicaciones y tratamientos de las somatizaciones (medicaciones, intervenciones quirúrgicas, pruebas complementarias, etc.).

¿Qué factores predisponen a somatizar?

Cuando hablamos de la etiología de las somatizaciones debemos pensar en aquellos factores que pueden predisponer a la persona a expresar sus dificultades psicosociales a través de síntomas somáticos, como también en aquellos que las precipitan y las mantienen.

Estudios recientes apoyan la existencia de una vulnerabilidad psicobiológica. A nivel psicológico, se sabe que los somatizadores son personas en las que

LAS SOMATIZACIONES

EL MANTENIMIENTO DE LA ANSIEDAD

Desencadenantes (información, suceso, enfermedad)

- Amenaza percibida
- Interpretación de las sensaciones corporales y/o signos indicadores de una enfermedad severa.
- Aprensión
- Mayor atención corporal
- Activación fisiológica
- Comportamiento de chequeo médico y búsqueda de tranquilizarse.
- Preocupación por alteraciones percibidas/anormalidad de sensaciones corporales/estado general.

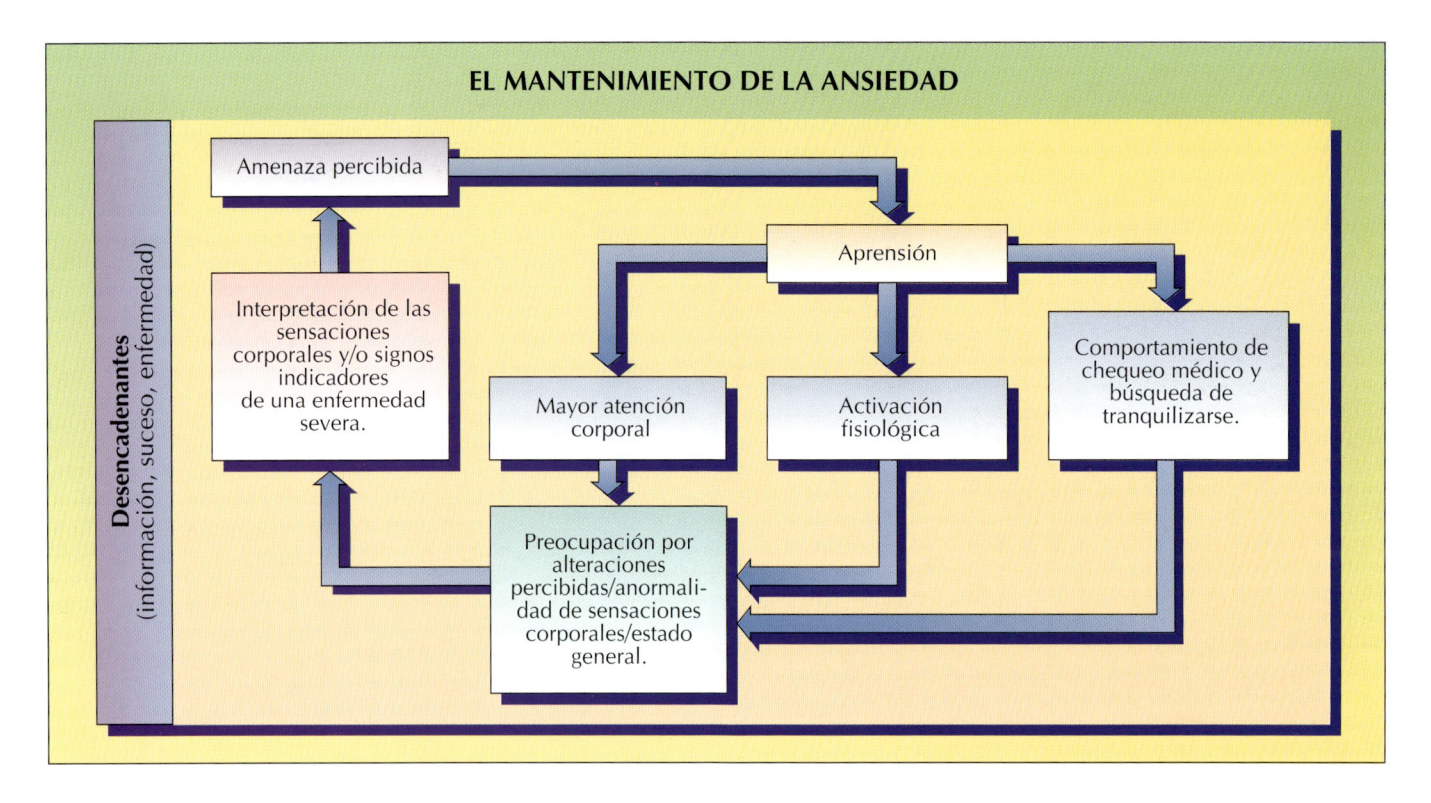

Las investigaciones más recientes indican que existe una vulnerabilidad en las personas que somatizan, lo que las hace propensas a interpretar sus malestares como señales de enfermedad. Esta percepción de la amenaza las vuelve aprensivas con respecto a su cuerpo, les hace acudir al médico en busca de chequeos y termina por agravar la preocupación por las sensaciones corporales y su estado general, lo que genera a su vez más ansiedad... y así se mantiene el círculo.

se percibe una excesiva aprensión y una gran sensibilidad para detectar en su organismo anomalías sin significación clínica, las que convierten en el centro de su atención al interpretarlas de forma amenazante o nociva. Los somatizadores presentan en grado elevado el rasgo de personalidad denominado afectividad negativa, que se caracteriza por la propensión a experimentar fácilmente ansiedad e insatisfacción personal, por la tendencia a la introversión, y la autoobservación, y también al catastrofismo y negativismo. Con toda probabilidad, se trata de personas especialmente vulnerables a situaciones de estrés.

La actitud de los padres con respecto a la salud y a las enfermedades del hijo puede ser un factor muy importante para éste a la hora de aprender a focalizar la atención en las sensaciones corporales, ya que los síntomas pueden generar ganancias tales como el cuidado de los padres, los regalos por estar enfermo y otros beneficios añadidos por el estilo.

El somatizador adulto, de forma inconsciente, puede continuar obteniendo ventajas, ya que socialmente es tenido por un enfermo, y como tal puede verse exento de una serie de responsabilidades y beneficiarse con un trato especial.

En muchas ocasiones se hace referencia a los síntomas como una forma socialmente aceptada de expresar el malestar psíquico, sobre todo en aquellas personas que tienen dificultades para manifestar sus emociones y sentimientos —trastorno denominado alexitimia— y en las que creen que el trastorno psíquico es un estigma.

El somatizador percibe las sensaciones y los signos corporales como una amenaza a su salud. Estas sensaciones pueden proceder de un proceso normal (cambios fisiológicos asociados con la respiración, la digestión, la menstruación...), de una situación de estrés (aumento de la frecuencia cardíaca, aumento de la transpiración, digestión lenta...), una enfermedad menor (resfriado, gripe, dispepsia...), una alteración emocional (pesimismo, fatiga, insomnio...), un déficit nutricional (hipertensión, debilidad muscular, cansancio...), etc. Cuando percibe una «anomalía» en su organismo, automáticamente se despierta su tendencia aprensiva y toda su atención la focaliza en su cuerpo, dando lugar a una serie de comportamientos de «chequeo» con el fin de reasegurarse de que «hay algo en él que no funciona». Esta capacidad de centrarse en sí mismo per-

Cuando una persona interpreta las reacciones de su cuerpo como una amenaza para su salud, es habitual que consulte a los médicos y especialistas para realizarse chequeos con la idea de que los mismos le confirmarán que los trastornos que experimenta corresponden a una enfermedad grave.

mite al somatizador detectar señales corporales que para la mayoría pasarían inadvertidas, y que refuerzan su sospecha de que los síntomas se deben a una enfermedad grave, que tiene que ser explorada y tratada.

La perpetuación de los síntomas

El comportamiento del propio paciente frente a las sensaciones y signos físicos que detecta puede conducir a que éstos se perpetúen, ya que su conducta no hace más que aumentar su ansiedad, síntoma que a su vez genera más síntomas (boca seca, alteraciones intestinales...), interpretados por él como señales evidentes de mal funcionamiento físico.

De este modo, se establece un círculo vicioso en el cual los síntomas corporales, los pensamientos catastrofistas sobre estos síntomas y las conductas de «chequeo» para corraborar estos pensamientos se potencian el uno al otro.

Dejar de hacer las actividades que se hacían antes de la aparición de los síntomas por miedo a provocar un mayor malestar, no hace más que empeorar el problema ya que favorece la autoobservación y priva al individuo de mecanismos de distracción, de relajación y de afrontamiento de la causa que ha desencadenado las somatizaciones. Al disminuir la actividad, disminuye el dolor, así como los síntomas de ansiedad y de estrés, y ello refuerza en el paciente la creencia de que está en una situación de riesgo y que debe cuidarse. Pero, a la vez, la persistente evitación de la actividad puede comportar cambios fisiológicos (debilitación muscular, dificultades respiratorias, estreñimiento...) que aumentan la preocupación del somatizador y lo embarcan, por lo tanto, en la búsqueda de nuevas reaseguraciones médicas y tratamientos.

El somatizador se aísla cada vez más y su conciencia de incapacidad laboral, física y social no hace más que acrecentar la preocupación por su supuesta enfermedad. Con frecuencia nos encontramos con familias que durante años intentan comprender y afrontar los múltiples y variables síntomas que va presentando el somatizador. La forma en que se realizan estos intentos (escuchar repetitivamente las quejas, facilitar que no se hagan determinadas actividades, buscar más y más «opiniones» médicas, etc.), muchas veces no hace más que ayudar a mantener el problema ya que

Mi padre suele sentirse enfermo, a veces tiene acidez o la visión borrosa, y el médico le dice que está somatizando. ¿Acaso se está inventando lo que le pasa?

Ni mucho menos; no hay que confundir la somatización con la simulación. Si una persona que somatiza dice que tiene la visión borrosa, realmente es así; si dice que tiene acidez es porque la tiene. Lo cual no indica que deba existir una razón médica o una disfunción orgánica que la produzca. Nuestro cerebro es el encargado de regular las funciones vitales, las percepciones y las emociones, por tanto, no es de extrañar que si estamos ansiosos, nuestro organismo responda de una forma determinada (por ejemplo, con acidez o visión borrosa), y percibamos ese síntoma de manera aumentada, dándole la importancia que probablemente no tiene.

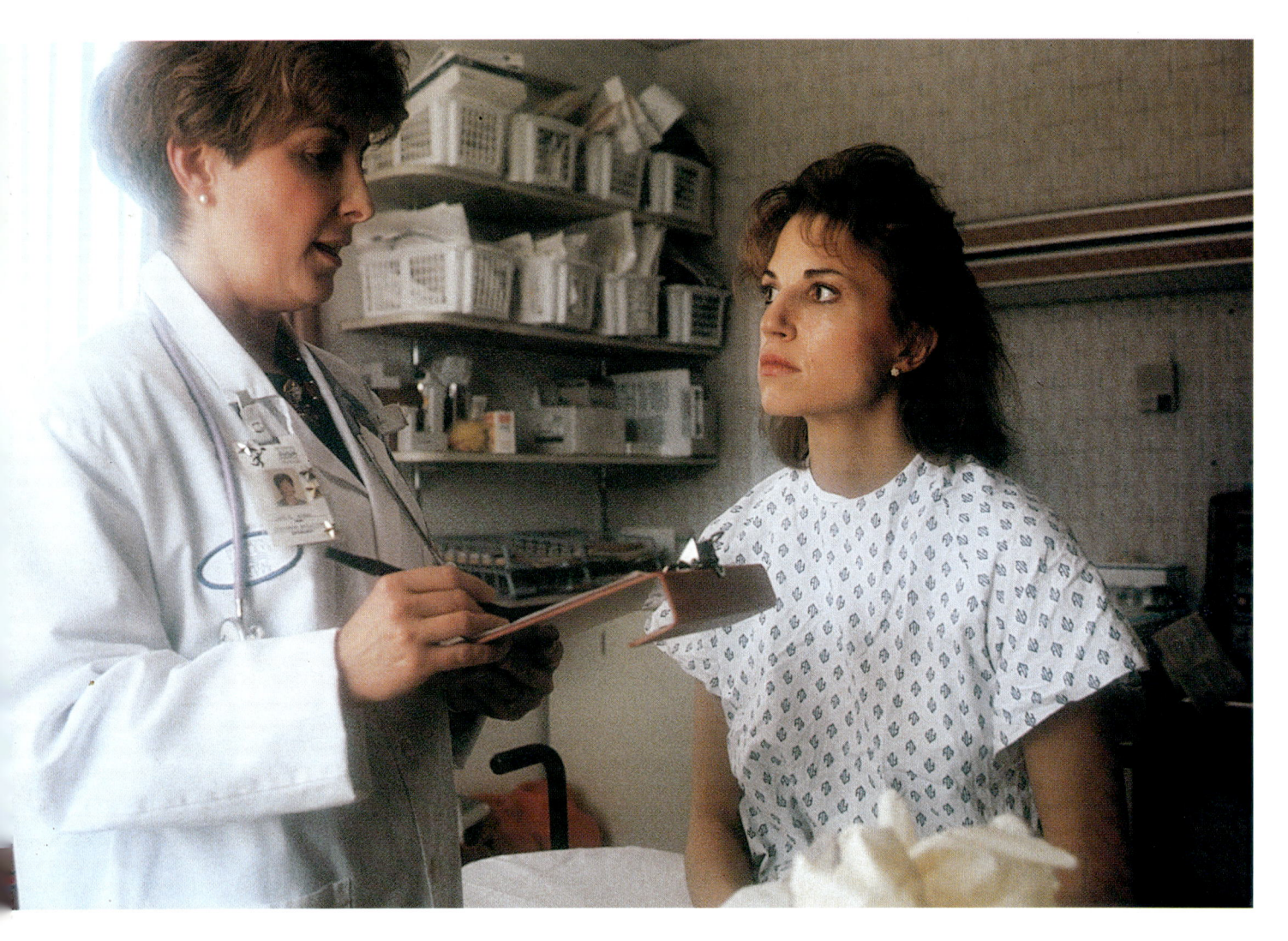

El anuncio del médico a su paciente de que no existe ningún trastorno orgánico suele provocar una reacción de enfado, decepción o angustia. En estos casos, el profesional debe explicar con claridad que las molestias pueden deberse a un estado de tensión emocional y recomendar un tratamiento psicológico.

estas actitudes sólo disminuyen la ansiedad del paciente durante un período de tiempo relativamente corto.

La actitud del médico

Los profesionales de la salud pueden cumplir un papel muy importante en la perpetuación de la visión distorsionada que el paciente tiene de sus síntomas, como por ejemplo, al darle una información ambigua o contradictoria («Estoy seguro de que no es nada pero, le pediré otro análisis»), que él interpretará como signo de que «algo no marcha bien», o al pasar por alto la preocupación por la que el paciente consulta («Me dijo que los síntomas no tenían ninguna relación con una demencia, pero yo estaba preocupado por si tenía un tumor cerebral»), o favoreciendo que el paciente deje a un lado sus responsabilidades y deje de hacer una vida normal («Váyase a casa y descanse»).

Un momento conflictivo entre el médico y el paciente somatizador se produce cuando el primero tiene que comunicar que no ha encontrado ninguna causa orgánica a las molestias que el otro manifiesta y que, con toda probabilidad, se trata de un trastorno psicológico. El paciente, por lo general, responde con cierto enfado y puede llegar a desmoralizarse y perder la confianza en la capacidad de los médicos en detectar su enfermedad. En estas situaciones el profesional debe explicar que el origen de las molestias puede estar en una situación de estrés, en un factor emocional, en la forma como el paciente vive sus problemas, etc., y que existe un profesional de la salud especializado en evaluar y tratar las manifestaciones físicas con una base psicológica. No será fácil convencerlo, ya que, normalmente, son pacientes difíciles de manejar y que tienden de forma sistemática a negar la implicación de factores psicológicos en su sintomatología.

Síntomas y evolución

Las quejas somáticas pueden referirse a cualquier parte del cuerpo y el dolor puede estar localizado en más de un lugar y relacionado con más de una función. Los dolores más frecuentes son los ligados a las funciones ginecológicas y gastrointestinales. Las somatizaciones suelen iniciarse antes de los 25 años, frecuentemente en la adolescencia, y suelen presentarse de forma bastante crónica, aunque pueden cambiar su localización. En general, parece ser que las mujeres presentan más tendencia a somatizar que los hombres, pero esto depende de las sociedades, ya que las diferencias culturales son muy importantes. Se ha observado, por ejemplo, que las somatizaciones son más frecuentes entre los hombres griegos que entre los estadounidenses.

El diagnóstico de somatización lo realiza habitualmente el médico de familia o el especialista, y se efectúa a partir de la historia clínica del paciente. Ésta se caracteriza por la presencia de una extensa lista de síntomas inespecíficos de larga duración, que pueden implicar a diversos órganos y funciones, y por los cuales el paciente ha recibido múltiples diagnósticos y tratamientos, también inespecíficos, sin que haya experimentado una mejora importante.

La recogida de información sobre los síntomas y su evolución se amplía con la exploración somática y las pruebas complementarias que se estimen oportunas, ya que los somatizadores no están exentos de padecer una enfermedad orgánica. Se puede padecer un trastorno orgánico determinado y además ser un somatizador; de hecho, con cierta frecuencia las somatizaciones se desencadenan después de haber padecido una enfermedad. En la elaboración de la historia clínica, el médico también tiene en cuenta los aspectos de personalidad, la presencia de síntomas de ansiedad y/o depresión, la exposición a una situación de estrés y acontecimientos vitales para el paciente, así como su posible vinculación temporal con el inicio o intensificación de sus síntomas. Otros aspectos que se valoran son las repercusiones que tienen los síntomas en el paciente y en su entorno familiar, social y laboral, así como el grado de incapacidad que le provocan.

Los dolores de cabeza, gastrointestinales y ginecológicos suelen ser los síntomas más habituales relacionados con las somatizaciones. Al parecer, éstas son más frecuentes a partir de la adolescencia entre la población femenina, aunque la mayor o menor incidencia en uno u otro sexo depende también del entorno cultural.

LAS SOMATIZACIONES

Cómo enfrentarse a este tratorno

En el tratamiento de estos pacientes es especialmente importante la colaboración interdisciplinaria, es decir, entre el médico de familia, el especialista, el psicólogo, el psiquiatra e incluso el asistente social. Es importante que todos los profesionales de la salud con los que el somatizador se relacione actúen en la misma dirección: los síntomas físicos son el reflejo de un malestar psicológico o psicosocial que hay que aprender a resolver. Estos pacientes suelen ser personas que controlan la expresión de sus emociones y que tienden a estar preocupados por mostrarse de una forma favorable y socialmente aprobada.

El objetivo principal del tratamiento es ayudar al paciente a cambiar la percepción que tiene de sus síntomas, esto quiere decir aprender a interpretarlos desde una perspectiva psicológica más que orgánica.

Para alcanzar este objetivo es imprescindible que el paciente tenga confianza en su médico o terapeuta. Esto se consigue fácilmente si el paciente se siente comprendido y escuchado, y puede constatar que quien le está atendiendo tiene en cuenta sus molestias y su malestar físico, además de preocuparse por su estado emocional y su problemática sociofamiliar.

La confianza se favorece cuando el terapeuta no pone en duda la presencia de los síntomas físicos que molestan al paciente, ya que son reales. La diferencia sólo está en la atribución que cada uno les da: el paciente los atribuye a un problema orgánico y el médico les da una explicación psicológica o psicosocial. En este proceso de reatribución de los síntomas el terapeuta propone al paciente trabajar en esta pespectiva alternativa, en la que se tienen en cuenta aspectos psicológicos, durante un tiempo concreto que puede oscilar entre los tres o cuatro meses. Para que el paciente pueda entenderlo mejor, se le explica el vínculo existente entre la ansiedad, la depresión, los acontecimientos vitales, la ira contenida, etc. y los síntomas somáticos. Existen ejemplos de este vínculo que todos hemos podido observar, como la diarrea el día de un examen, la boca seca el día de la boda, las palpitaciones durante una discusión o la pérdida del apetito después de la muerte de un ser querido.

El tratamiento exige una serie de cambios en el comportamiento del paciente. Si se le ayuda a cambiar su conducta ante los síntomas, puede ocurrir que éstos tengan una menor intensidad así como un cambio en la forma de interpretarlos; el paciente debe experimentar por sí mismo de qué manera la distracción disminuye los síntomas y el aburrimiento los aumenta.

Los cambios de comportamiento se centran principalmente en no realizar más exploraciones ni pruebas médicas que las que el terapeuta considere oportunas, así como en aumentar de manera progresiva la actividad hasta restablecer una conducta normal, en reducir las conductas de enfermedad (como por ejemplo estar en cama, hablar la mayor parte del tiempo de los síntomas, etc.) y en evitar las autoexploraciones, la atención constante sobre los síntomas y la búsqueda de información sobre ellos.

La colaboración de la familia es vital para ayudar a modificar el comportamiento del paciente frente a sus dolencias y a tomar conciencia de sus mecanismos de somatización. El terapeuta debe explicar a los familiares el problema.

El gráfico muestra cómo se desarrolla la ansiedad a partir de una experiencia previa hasta llegar a las distintas formas en que se manifiesta la ansiedad por la salud: conductual, afectiva, cognitiva y fisiológica.

DESARROLLO DE LA ANSIEDAD

Experiencia previa
La experiencia y percepción de
(I) Enfermedad en uno mismo, la familia, mala práctica médica
(II) Interpretaciones de los síntomas y reacciones apropiadas
«Mi padre murió de un tumor cerebral.»
«Siempre que yo tenía algún síntoma, me llevaban al doctor por si era algo serio.»

⬇

Formación de suposiciones disfuncionales
*«Los síntomas corporales siempre son una indicación de algo malo;
siempre debería ser capaz de encontrar una explicación para mis síntomas.»*

⬇

Incidente crítico
Un incidente o síntoma que sugiere una enfermedad
*«Uno de mis amigos murió de cancer hace unos meses:
yo he tenido más dolores de cabeza recientemente.»*

⬇

Activación de suposiciones

⬇

Pensamientos automáticos negativos/imaginería
*«Podría tener un tumor cerebral, no le dije al doctor que he perdido algo de peso.
Puede ser demasiado tarde.
Esto va a empeorar.
Necesitaré una cirugía cerebral.»*

⬇

Ansiedad por la salud, hipocondriasis

Conductual	Afectiva	Cognitiva	Fisiológica
Rechazo y restricciones auto-impuestos. Repetida autoinspección. Repetida manipulación del área afectada. Consulta, búsqueda de tranquilización. Búsqueda de información. Medidas preventivas.	Ansiedad. Depresión. Cólera.	Interés en el cuerpo y alta percepción corporal. Percepción de los cambios corporales. Atención a la información negativa. Indefensión. Preocupación, rumiación. Descartar la información positiva.	Mayor activación. Cambios en la función corporal. Alteración del sueño.

LAS SOMATIZACIONES

¿ Suelo tener alergia en la piel, pero cuando estoy nervioso siento mucha más picazón. ¿Tendré alguna afección dermatológica especial?

➡ El sistema nervioso ejerce un papel decisivo en nuestro cuerpo y la piel no escapa a ese control e incluso su conexión es más estrecha. Se sabe que numerosas enfermedades dermatológicas empeoran en función del estado anímico o que una depresión, por sí sola, es capaz de ocasionar síntomas en la piel. Por eso, no es extraño que si está nervioso tenga mucha más picazón de la habitual.

Modificar los hábitos

En todos estos cambios de conducta es importante que el paciente observe la gran importancia que tiene la focalización de la atención en su organismo, así como en un síntoma concreto. La persona tiene que llegar a ser consciente de sus mecanismos de somatización. Una vez que lo logra, es mucho más fácil que pueda poner en práctica las pautas para afrontar de forma más positiva la presencia de cambios o alteraciones en su organismo. El terapeuta debe ayudar también a la familia a que entienda en qué consiste el problema del paciente y aprenda a atribuir los síntomas a los aspectos psicológicos y psicosociales. Ello ayudará a que el comportamiento frente al paciente sea el adecuado (no reforzar las conductas de enfermedad del paciente y alentarlo a que realice actividades). La participación activa de la familia puede relajar el ambiente general. A nivel cognitivo, el terapeuta deberá ayudar al paciente a buscar y considerar interpretaciones alternativas para los síntomas, a reevaluarlos en función de sus emociones, de las circunstancias a las que está expuesto, a su forma de reaccionar delante de determinados acontecimientos, etc., en lugar de atribuirlos a un proceso orgánico como única posibilidad. En ocasiones es necesario cambiar las creencias generales que el paciente tiene sobre la salud, las enfermedades y las sensaciones corporales. Hay que modificar la idea de que todas las sensaciones corporales indican una enfermedad. Paralelamente al abordaje cognitivo-conductual de las somatizaciones, se debe incidir en los factores que puedan estar implicados en el inicio o mantenimiento de los síntomas. Así, y en función de cada paciente, habrá que trabajar con él para que vaya aprendiendo a expresar de una manera adecuada sus emociones, buscar maneras más adaptativas de relacionarse con su entorno, de solucionar de manera efectiva sus problemas, etc. La información que los somatizadores reciben de los profesionales de la salud respecto a los resultados de las pruebas realizadas, diagnóstico, etc., debe ser lo más clara posible, sin ambigüedades. Para un adecuado control de estos pacientes, es necesario que sea el médico de familia quien centralice el historial clínico y controle el tratamiento. Se debe tener en cuenta que es contraproducente darles fármacos para trastornos que no existen, y que por lo tanto no alivian sus síntomas. En diferentes estudios se ha puesto en evidencia que un 40 por ciento de los pacientes con dolor mejoran cuando abandonan la medicación de una forma gradual y bajo supervisión médica. Otro aspecto a considerar son las mejoras físicas que se pueden producir si se cambian algunos hábitos, como por ejemplo la disminución del consumo de cafeína, que incide de forma significativa en la calidad de sueño, o la

Las personas que somatizan tienden a aislarse cada vez más, pues entran en una dinámica negativa y aumenta su sensación de incapacidad laboral, física y social.
Su preocupación por una supuesta enfermedad resulta difícil de comprender para el entorno familiar y social, lo que contribuye a su aislamiento.

de tabaco, que repercute en una mejora de la circulación sanguínea y de la capacidad respiratoria. Muchas personas con somatizaciones sufren síntomas depresivos o ansiosos, que pueden aliviarse con un tratamiento psicofarmacológico. Los antidepresivos estabilizan el estado de ánimo y permiten a la persona que los toma relativizar y no convertir en catástrofe los síntomas físicos que puede presentar. En el tratamiento se utilizan los ansiolíticos para mejorar síntomas concretos, durante un espacio de tiempo limitado y dentro de un contexto terapéutico. También se emplean otros fármacos, aunque con menor frecuencia, entre los que cabe señalar los bloqueantes beta adrenérgicos. La colaboración entre el equipo médico y el psicólogo o psiquiatra es la única forma de que estos pacientes puedan experimentar mejoras significativas en sus síntomas, en su forma de interpretarlos y en su comportamiento. Esta colaboración es la que permitirá que los pacientes no se conviertan en crónicos.

La hipocondría

Las descripciones de la hipocondría son tan antiguas como la propia historia de la medicina. En la antigua era hipocrática, se consideraba que los síntomas surgían de alteraciones en las funciones corporales, y los griegos asociaban los cambios mentales con variaciones orgánicas en la región situada debajo del hueso xifoides (hipocondrio). En el siglo XVII, se acuñó el término tal como nos ha llegado hasta hoy; lo debemos a un médico inglés, el doctor Burton, quien habla de la «hipocondriasis» como de un «miedo aprensivo a padecer enfermedades que se escuchan o leen, aplicándolas a uno mismo, lo cual agrava e incrementa el cuadro...».

¿Qué es un hipocondríaco? Los hipocondríacos se distinguen por la preocupación, el miedo o la creencia de sufrir una enfermedad grave, a partir de la interpretación no realista de signos o sensaciones físicas que se consideran pruebas de la enfermedad temida.

El enfermo imaginario, *dibujo realista y a la vez alegórico de Honoré Daumier, recrea una escena de la pieza de teatro homónima de Molière, quien describió con gran agudeza la hipocondría. Pero, a diferencia del personaje teatral, los hipocondríacos no son enfermos imaginarios sino que sufren verdaderos cuadros de angustia.*

LAS SOMATIZACIONES

A las consultas médicas suele acudir un gran número de enfermos hipocondríacos, es decir, de personas que presentan síntomas que su mente sobrevalora y perfila como una grave enfermedad. Esta permanente sensación de amenaza les resulta tan angustiante, que terminan por crear cuadros depresivos difíciles de tratar.

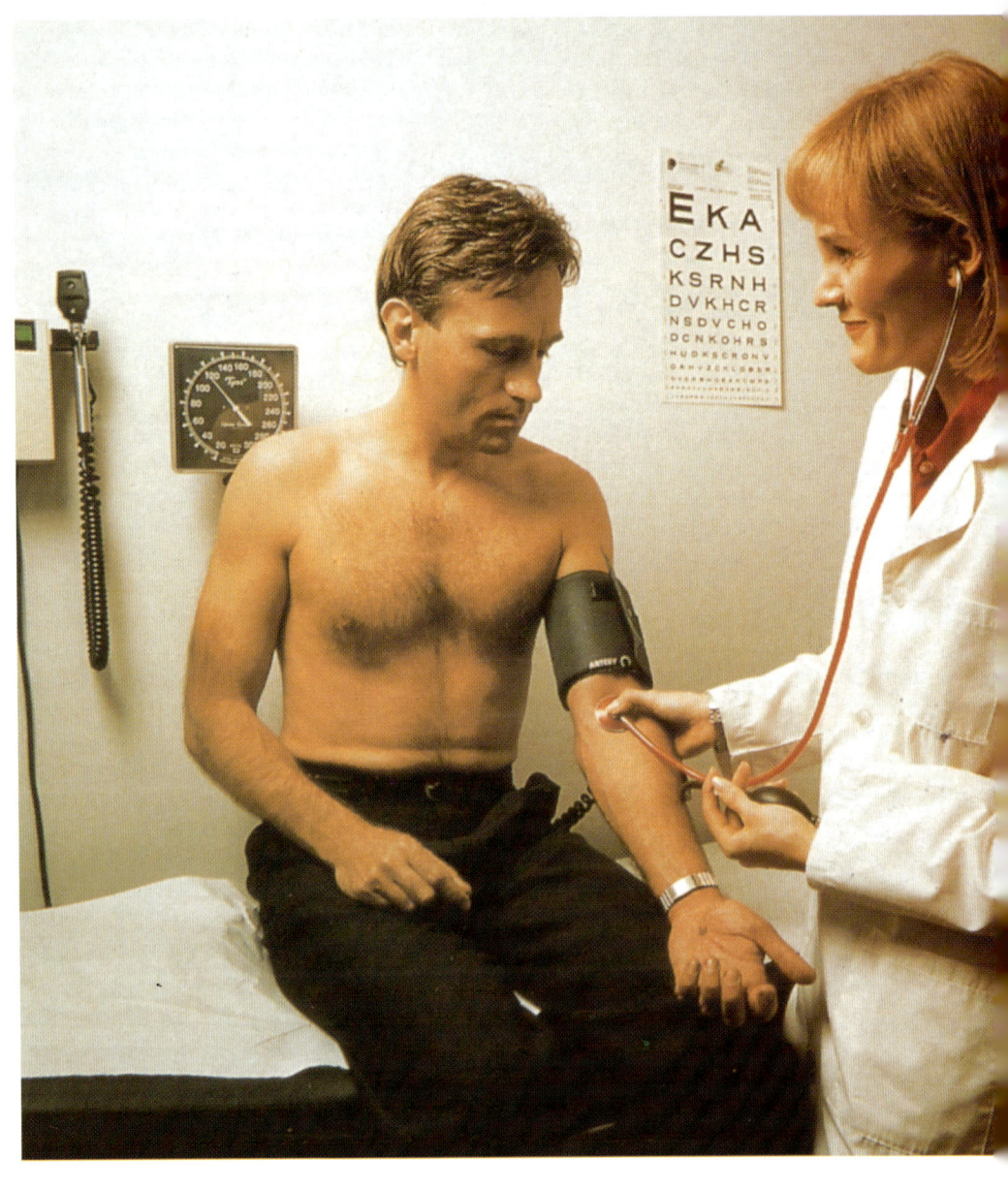

¿Todos los hipocondríacos acuden al médico para tratar sus dolencias?

➡ No. Muchos hipocondríacos prefieren evitar la consulta al médico, el examen y los análisis, porque les resulta más angustiante el temor a recibir la noticia que confirme «lo que ellos ya saben». Lo peligroso en este caso es que no sólo evitan los necesarios exámenes médicos, sino que recurren a la automedicación.

Perceptores exagerados de las sensaciones corporales, los hipocondríacos las amplifican en su mente, interpretándolas inadecuadamente, con lo que desencadenan torturantes rumiaciones obsesivas de tipo catastrófico, que les provocan una sensación de amenaza y temor constante. Si bien el hipocondríaco llega a comprender que sus temores no son del todo fundados, no puede dejar de estar pendiente de cualquier cambio corporal y del convencimiento de que sobre él van a caer los avernos de una enfermedad que le conducirá inexorablemente a la muerte.

Todo ello le lleva a vivir centrado en esta fobia a las enfermedades, que además se desencadena con facilidad ante cualquier información que recibe. En los tiempos que corren, en los que los canales de información son tan vívidos y existe una preocupación extrema por la salud, el hipocondríaco se ve sometido a tal *boom* de estímulos, que no es raro que los médicos se vean agobiados por las constantes consultas de pacientes «imaginarios», dicho a la manera de Molière. Pero no se vaya a creer que son enfermos tan imaginarios como el personaje literario. Todo lo contrario: los hipocondríacos sufren verdadera y permanente angustia, e incluso no es nada raro que sufran de verdaderos cuadros depresivos.

«USTED NO TIENE NADA...»

Sufrir para nada

Los hipocondríacos conforman del 15 al 20 por ciento de los pacientes que consultan a los médicos. Sin embargo, se considera que en la población general las cifras pueden incluso llegar al 34 por ciento de la población global, lo cual es pavoroso si se piensa en los costes tanto personales como familiares y somáticos que ello produce. No hay diferencias importantes entre sexos, pues la hipocondría se esparce en todas las edades y condiciones.

Los hipocondríacos son enfermos y la hipocondría en sí es un trastorno nada «imaginario», es una enfermedad reconocida en todas las clasificaciones internacionales. Su «estilo de sufrimiento» les coloca en dos grandes vías de comportamiento: por una parte evitan la consulta médica ante el terror de «recibir la mala noticia», lo cual es muy peligroso porque se «saltarán» análisis, pruebas o revisiones necesarias y además recurrirán a la automedicación. Puede citarse el caso de una señora de 48 años que hacía diez que no se sometía a una revisión ginecológica, por su miedo angustioso a sufrir un cáncer. Esta misma paciente, enviaba a sus hijos o a su marido a recoger el informe de la citología, por el temor a enterarse de los resultados.

La otra forma de comportarse es radicalmente diferente: el hipocondríaco hace constantes visitas a uno y otro facultativo, exige pruebas sofisticadas y carísimas de todo pelaje y condición, de las que se muestra «enterado» por sus escuchas radiofónicas, sus lecturas de divulgación médica o los programas de televisión. Al principio, el médico puede mostrarse condescendiente y aceptar el juego, solicitando exploraciones, la mayoría de las veces innecesarias, lo cual no hará más que «premiar» la conducta del paciente, quien la repetirá en próximas ocasiones, en temidas enfer-

El hipocondríaco, *de Thomas Rowlandson, muestra satíricamente los fantasmas que asustan a estas personas, ante la actitud incrédula de sus allegados. Suelen ser personalidades muy obsesivas y vulnerables al estrés, que acostumbran a comunicar su inquietud a quienes les rodean.*

Los hipocondríacos focalizan la atención constantemente sobre el propio organismo, intentado detectar posibles indicios de enfermedad, lo que les lleva a someterse a numerosos controles y pruebas.

medades largamente anunciadas por su hipocondría. Le sirve de poco la tranquilización diagnóstica de su médico («Usted no tiene nada»); en el primer momento parece calmarse, pero persiste la duda, a pesar de las explicaciones médicas, y bastará una imperceptible señal para que se vuelvan a desencadenar sus conductas de reaseguración y sus consultas repetidas. Y si el médico se muestra firme en negarle nuevas comprobaciones diagnósticas, el paciente —según sea su personalidad— se mostrará indignado e intentará cambiar de galeno, o bien suplicará e insistirá hasta llegar, en algunos casos, a una verdadera crisis de angustia o de agitación.

El resultado es el agotamiento o la aversión de muchos médicos hacia estos pacientes, con lo cual o los «peloteán» de especialista en especialista o bien se inventan mil excusas para no visitarlos, los exploran de forma desabrida, o incluso les anulan, con cualquier excusa, la cita programada (rara «esperanza», ya que no hay nadie más hábil y tozudo que el hipocondríaco tendiéndole el lazo a un médico). Y así puede pasarse «al otro lado»: las instancias sanitarias —en un ejercicio de «pastor-falso lobo-ovejas»— no le hacen caso al hipocondríaco y pueden desoír una queja que oculta un trastorno somático real.

A nivel familiar, el hipocondríaco puede «sufrir en silencio» sus lancinantes pensamientos y ejercer sus comprobaciones en el anonimato, hasta que su estado de ánimo —irritable, distraído, depresivo o ansioso— llame la atención de su entorno. Pero por lo general, hace partícipe de su inquietud al ambiente familiar, buscando constantemente la seguridad, haciendo permanentes preguntas de las cuales espera recibir la respuesta relajante de que no está enfermo, contaminado o intoxicado. Relajación que dura poco, ya que la ansiedad volverá a surgir con mayor fuerza y con ella, las demandas persistentes, impacientes y angustiosas. La familia pasará de la comprensión, la paciencia y el cariño a la desazón y, en ocasiones, al deterioro de la relación de pareja o de toda la familia. Con muy buena intención, la familia se presta al juego, al extremo incluso de participar, en algunos casos, de los miedos que el hipocondríaco generaliza a su núcleo básico, obligando a exploraciones y comprobaciones del propio cónyuge o de los hijos.

Causas de la hipocondría

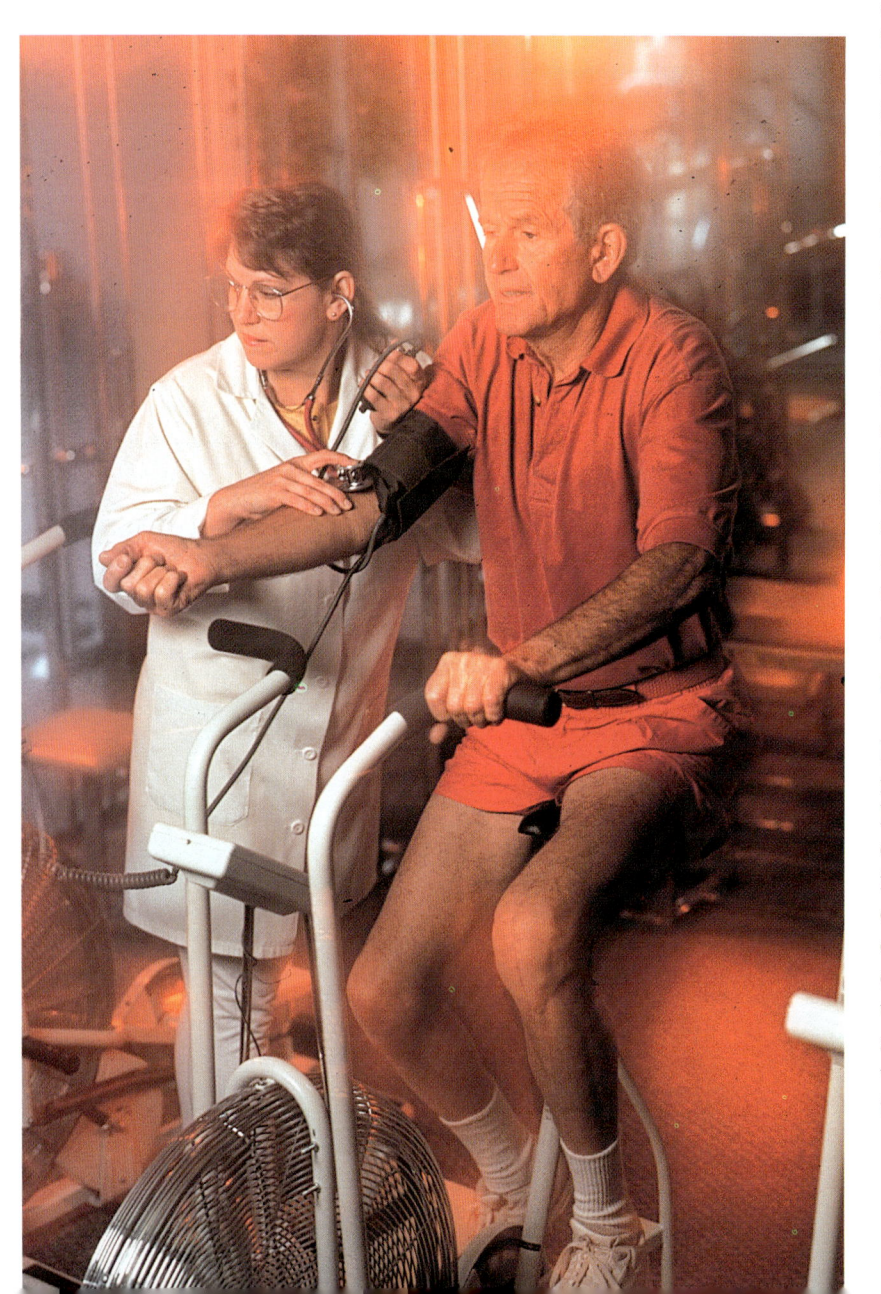

Es probable que intervengan factores genéticos y bioquímicos en la eclosión de la hipocondría. De hecho, la mejoría parcial del trastorno con antidepresivos que incrementan la acción de una sustancia cerebral denominada serotonina, ha disparado las hipótesis sobre un posible déficit de la misma en el sistema nervioso de otros pacientes. Por otra parte, se trata de personalidades más obsesivas de lo normal, muy vulnerables a situaciones de estrés y tendentes a experimentar con facilidad ansiedad, reacciones depresivas y hostiles. Muchos hipocondríacos ya lo son en la infancia, en ocasiones modelados por unos padres también hipocondríacos, que los sobreprotegen ante cualquier enfermedad, por banal que sea.

El modelo conceptual explicativo del comportamiento hipocondríaco contempla tres componentes. En primer lugar, estos pacientes amplifican cualquier estímulo y sensación percibida en su cuerpo, desde una peca a un dolor de cabeza. En segundo término, valoran incorrectamente y malinterpretan síntomas corporales, que son más propios de su ansiedad que de una realidad orgánica. En efecto, ya es típico que la ansiedad se manifieste por síntomas somáticos (sequedad de boca, manos frías, opresión en el pecho, palpitaciones, mareos, sensación de ahogo, temblores, dolor...) que no hacen más que empeorar el pensamiento ya alterado del hipocondríaco, pensamiento que por su propia naturaleza provoca ansiedad, con lo que se entra en un círculo vicioso difícil de romper. Por último, se trata de personas predispuestas innatamente a expresarse emocionalmente mal, con lo cual «derivan sus emociones hacia el cuerpo».

Las sensaciones corporales benignas se modifican por un grado de atención excesivo que incita al sujeto a incrementar la ansiedad asociada a esta percepción. Todo lo cual a su vez magnifica la sensibilidad y los síntomas somáticos. Ello se ve potenciado por pensamientos negativos que comportan una «atribución de enfermedad» totalmente incorrecta y no coherente con la sintomatología que se percibe, lo cual encaja con unos presupuestos cerebrales: el temor o la creencia de padecer una enfermedad grave.

Hay además un subgrupo de hipocondríacos que encuentran en este comportamiento poderosos refuerzos familiares, con la correspondiente «llamada» de atención y búsqueda de cuidados, expresándose la emoción y la búsqueda de afecto a través de la hipocondría. Estos pacientes son los que más se cronifican en un «rol» de enfermo permanente y angustioso.

Bases para el tratamiento de la hipocondría

No es nada fácil tratar a estos enfermos, ya que son resistentes a los fármacos habituales utilizados en otros trastornos mentales. A pesar de ello, sobre todo cuando están deprimidos, responden parcialmente a fármacos antidepresivos de nueva generación, como la fluoxetina o la paroxetina. De todas maneras, se puede seguir un programa que resumimos a continuación.

Además de los probables factores genéticos que pueden estar en el origen de la hipocondría, este comportamiento suele forjarse ya desde la infancia, modelado por padres sobreprotectores y temerosos.

> *En su búsqueda constante de seguridad, la persona hipocondríaca suele plantear reiteradas preguntas a sus familiares y amigos, con la esperanza de recibir la respuesta tranquilizadora de que no está enfermo ni infectado.*

Como principios generales inespecíficos del tratamiento se recomienda identificar a los pacientes apropiadamente por parte de los médicos, lo cual reducirá los gastos sanitarios; limitar la utilización de recursos médicos y evitar el uso innecesario de exploraciones, cirugía y medicación; efectuar una alianza terapéutica entre un médico de cabecera y un psicólogo o psiquiatra, los cuales centralizarán todas las consultas, evitando una «dispersión sanitaria» del todo desaconsejable. Los médicos deben mostrarse especialmente afectivos y comprensivos con el tormento de los hipocondríacos, pero deben también adoptar actitudes de firmeza, una vez han demostrado ser conocedores del problema, incrementando, en lo que sea posible, el sentido del humor del paciente y provocando una adherencia a los terapeutas que es condición *sine qua non* de cualquier médico-paciente, adherencia que no debe confundirse con dependencia, a la que tienden los hipocondríacos. Se deben programar visitas regulares, independientemente de la exacerbación de los síntomas, en los cuales podrán o no —dependiendo de la situación sintomática objetiva del paciente, o de condicionamientos orgánicos según su edad— efectuarse pruebas diagnósticas. En estas visitas el médico escuchará al paciente, y le dará las explicaciones pertinentes pero nunca caerá en la «trampa de la reaseguración» que el hipocondríaco —al menos al comienzo— le tenderá.

Los principios básicos específicos consisten en identificar los síntomas reales de la hipocondría (ansiedad, depresión, pensamientos y creencias negativas, conductas de comprobación, como pesarse constantemente, mirarse al espejo para observar la piel o «palideces», comprobar defecaciones, automedicarse, tomarse la temperatura, etc.).

Explicar al hipocondríaco los mecanismos que controlan la enfermedad. Enseñarle a diferenciar la información relevante y oponerla a la reaseguración repetitiva y obsesiva de la información irrelevante. Las sesiones terapéuticas no deben convertirse en un «combate» con el paciente, que al principio intentará llevar al médico y/o al psicólogo o psiquiatra (que a regañadientes habrá aceptado) al «terreno orgánico», transformándolos en una nueva figura de reaseguración. De entrada, deben aceptarse los «cuestionamientos» del paciente que tienen un alto nivel de convencimiento debido a la «evidencia de sus descubrimientos somáticos». El próximo paso será descubrirle que la mayoría de sus observaciones no son tan «evidentes». Por último, asegurarse la colaboración de la familia.

Las técnicas de extinción de quejas

Las técnicas específicas incluyen en las técnicas de extinción de quejas y las de exposición a los síntomas. En cuanto a las primeras, es necesario tener en cuenta que las enfermedades que los hipocondríacos temen son aquellas que todos hemos temido alguna vez, puesto que podrían llevarnos a la muerte. Sin embargo, el hipocondríaco actúa como un fóbico, o sea, que en lugar de enfrentarse a la idea de una manera realista, la evita. Esto conduce al principio de la técnica de extinción de quejas, que consiste en retirar cualquier tipo de seguridad, de tal forma que la idea de la enfermedad sostenida por el hipocondríaco no desaparezca inmediatamente, sino que aprenda a tolerarla, igual que hacemos la mayoría de nosotros. De alguna manera, las peticiones constantes de seguridad por parte de estos pacientes recuerda a la de los alcohólicos que se levantan por la mañana con temblores. Estos pacientes descubren que una copa a aquella hora les mejora durante un rato, cuando lo que ocurre es que poco después vuelven a temblar, vuelven a necesitar más alcohol, estableciéndose así un círculo vicioso. Sólo el rechazo del alcohol ayuda a superar esta adicción. De manera semejante, la adicción a la seguridad del hipocondríaco puede desaparecer si de una manera constante suspendemos cualquier tipo de tranquilización.

Cuando un hipocondríaco tiene el hábito de preguntarle a su mujer «¿Estoy pálido, parezco enfermo?», debe enseñársele a la esposa a dejar de responder: «No, parece que estás muy bien», y a decir en cambio: «Las instrucciones que me han dado en el hospital me impiden responder a este tipo de preguntas». El terapeuta puede ensayar esta escena diversas veces: el hipocondríaco le pide seguridad a su mujer, y ésta responde que no puede hacerlo. Esta maniobra se repite hasta que la pareja sabe exactamente lo que ha de hacer, esta transacción tan simple puede ser sorprendentemente difícil de aprender y la pareja puede tener que ensayar la escena hasta diez veces delante del terapeuta, antes de aprenderla del todo.

El principio de suspender la seguridad o la tranquilización es a menudo más fácil de enunciar que de llevar a cabo en la práctica. Después de todo, los parientes han estado entrenados durante años a responder: «Estás muy bien, querido». Sin embargo, el ensayo repetido es capaz, por lo general, de ayudarles a cambiar el curso de las cosas. Incluso el médico del paciente puede necesitar una cierta ayuda para aprender a no practicar más exámenes

Las conductas de comprobación, como tomarse el pulso y la temperatura, o pesarse continuamente, son típicas de los hipocondríacos y sobre ellas inciden las terapias a fin de que vayan desapareciendo junto con los síntomas que asustan al enfermo.

El ejercicio físico, junto a las técnicas de relajación y la colaboración familiar, son los recursos más eficaces para el tratamiento de la hipocondría. Además es indispensable enfrentar al hipocondríaco a su propia angustia y dejar que ésta siga su curso hasta que la evidencia lo convenza de que no pasa nada y de que puede disfrutar de su salud.

ni análisis si considera que son innecesarios. La seguridad y la tranquilización deben ser suspendidas porque el hipocondríaco debe llegar a ser capaz de tolerar la inquietud de no estar seguro de si está enfermo o no. En alguna ocasión, todos nosotros podemos preguntarnos si una mancha o un grano de nuestra mano puede llegar a ser canceroso, pero por lo general somos capaces de apartar la idea de nuestra mente. Un hipocondríaco necesita desarrollar esta misma facilidad, pero no será capaz de hacerlo hasta que se interrumpa la tranquilización. Al principio del tratamiento, cuando no se le tranquiliza, las conductas hipocondríacas pueden incluso aumentar durante horas o días; sin embargo, si la esposa interpreta de manera razonable su papel y no cede, las preocupaciones disminuirán gradualmente. Por lo general, las parejas necesitan estar en contacto regular con el terapeuta para recibir ayuda, puesto que va contra nuestros instintos naturales retirar el consuelo a nuestros seres queridos, aunque esto sea por su propio interés a largo plazo. Esto se generaliza, si es posible, con el resto del núcleo familiar, advirtiéndoles que el terapeuta tiene «teléfono abierto» para las consultas pertinentes, lo que aprovechará el facultativo para enseñarle al paciente un uso adecuado y sabio de esta posibilidad tan golosa.

Técnicas de exposición a los síntomas

Una de las formas que tenemos de tratar una fobia es exponer al sujeto en la situación temida. Esto requiere programación, habilidades terapéuticas, gran experiencia y capacidad de comprensión de la técnica por parte del sujeto. Compresión que le cuesta el triple al hipocondríaco ya que la propuesta no puede ser desechable, al menos de entrada: debe «exponerse» a los síntomas, evitando «huir» de los mismos mediante la reaseguración o los fármacos tomados sin medida. Debe dejar que la ansiedad siga su camino, nadar literalmente en ella y reflotar, agotado pero con la angustia vencida, manteniéndose ante el estímulo, hasta habituarse. Se trata de «dejar pasar el tiempo» y comprobar que «no pasa nada» y que ha valido la pena afrontar el síntoma.

Sorprendentemente, ésta es una técnica que da excelentes resultados, sobre todo si se cuenta con el apoyo inicial del médico y la colaboración familiar.

Ello va unido a otras técnicas muy específicas de afrontamiento como la relajación, habilidades de expresión emocional, técnicas de control y parada de pensamientos «catastrofistas». Sin olvidar que el paciente puede presentar otras problemáticas específicas (de pareja, laborales, de autoimagen, etc.) que cualquier psiquiatra/psicólogo —pero también un médico que sepa escuchar y tenga sagacidad diagnóstica y curiosidad psicológica— sabrá deslindar y deberá procurar tratar.

Capítulo 23
ESTAR Y SER ENFERMO

ESTAR Y SER ENFERMO

Reacciones ante el sufrimiento humano

La medicina científica se ha desarrollado velozmente, aún más desde que el eminente biólogo francés, Louis Pasteur, descubriera que las enfermedades infecciosas eran provocadas por una serie de microorganismos: los agentes infecciosos. Desde ese momento, las universidades más prestigiosas del mundo se fueron llenando poco a poco de insignes científicos que, vestidos con impecables batas blancas y rodeados de tubos de ensayo, dedicaban largas horas a la búsqueda y captura de agentes causantes de aquellas enfermedades que más preocuparan a la humanidad en su momento. Mientras tanto, los médicos observaban a los pacientes en las consultas con miradas penetrantes y atentas a la presencia de síntomas que dieran fe de una lesión. Después sólo quedaba ser diestro y afinar en el uso de un fármaco o proceder a la intervención más adecuada para acabar con la enfermedad.

¿Enfermedades o personas enfermas?

En los cimientos más clásicos de la medicina moderna se esconde un modelo simple y lineal, en que un agente físico externo, ya sea un traumatismo, una quemadura o un virus, actúa sobre un organismo provocándole una lesión. Este proceso único, siempre del exterior al interior del organismo, constituye la enfermedad desde un punto de vista biológico puro. Así, las personas seríamos elementos más bien pasivos, meros receptores del impacto de un agente agresivo que justificaría todo lo que ocurre durante la enfermedad, sin prestar ninguna atención a aspectos fisiológicos, psicológicos y sociales. Obviamente, en el transcurso de toda enfermedad existe alguna alteración orgánica, una lesión o la desregulación de un proceso interno, pero ello no constituye toda la enfermedad.

Enfermar es una compleja concatenación de fenómenos que implica tanto aspectos biológicos como sociales y psicológicos. Sin ánimo de ponerse excesivamente pulcros y meticulosos, debe entenderse que la enfermedad como tal no existe, es un concepto, una abstracción. Lo único que podemos observar y tratar son seres enfermos, hombres y mujeres enfermas, o en su lugar animales. Nunca hubiéramos podido hablar de tuberculosis sin tuberculosos. De hecho, cuando el equipo de oncología, por poner un ejemplo, se dispone a tratar un cáncer de ovario lo hace sobre una paciente concreta, con nombres y apellidos, con toda una experiencia anterior de enfermedades, frente a manifestaciones específicas, a quejas muy particulares y a un entorno social y cultural determinado. Ante un mismo agente causal, como puede ser el bacilo de Koch, se establecen distintas formas de presentación de la tuberculosis. Aunque exista una clara similitud en el cuadro, los síntomas serán distintos entre una persona y otra, también su manera de expresarlos será diferente, así como el curso que sigan. Es más, podemos ase-

PREGUNTAS Y RESPUESTAS

Cada vez que experimentamos síntomas fuera de lo normal, ¿significa acaso que estamos enfermos?

No necesariamente. Los síntomas o señales más o menos ambiguas que manifiesta nuestro organismo son ecos de la lucha que mantiene contra ciertas agresiones o disfunciones, de cuyo éxito o fracaso depende que estemos o no enfermos.

gurar que se dan tantas formas de tuberculosis como pacientes la han sufrido. Cada enfermo es un mundo, con su propia fisiología, su capacidad para aguantar el dolor, sus miedos particulares, su forma de entender la enfermedad y demás.

Francamente, se está haciendo muy difícil transferir esta visión global a una medicina de larga tradición científica que parece encontrarse cómoda en este planteamiento simple y se resiste enérgicamente a apostar por un modelo biopsicosocial. Un modelo propuesto en los años setenta, donde tienen tanto peso los factores biológicos como los psicológicos o sociales cuando se trata de entender y atender a un enfermo.

Ser vulnerables a la enfermedad

Supongamos, por un momento, que un científico poco ortodoxo decide realizar un experimento con personas. Para disponerlo todo se requiere únicamente una habitación hermética que el investigador se encargará de preparar con una concentración fija de uno de los tres tipos de virus de la gripe (virus influenza). Ahora sólo necesitamos la indispensable colaboración de una serie de personas que se sientan en deuda con la ciencia y quieran participar como voluntarios en la investigación, para lo que tendrán que responder a un sinfín de preguntas y formularios. Una vez que

La visita a los enfermos, fresco de la iglesia de San Martín, Florencia. El cuerpo, «caja de dolores y placeres», sometido al infortunio de la enfermedad ha sido uno de los temas preferidos de los artistas. Y junto al hombre que sufre se ha plasmado al hombre que cura, ya sea mago, hechicero o médico.

ESTAR Y SER ENFERMO

Se ha comprobado que el desarrollo de una dolencia no depende única y exclusivamente de la acción de un agente patógeno (virus, bacterias, etc.) sobre el organismo, sino de su asociación con otros factores, como son los genéticos, los psicológicos, los conductuales...

todo esté dispuesto el procedimiento es muy simple, se trata de que cada persona permanezca durante un período de tiempo predeterminado en dicha habitación respirando una atmósfera cargada con el virus influenza. Primero entrará un individuo, posteriormente se comprobará que la concentración del virus es de nuevo la establecida para el experimento y se dará paso al siguiente voluntario, y así sucesivamente hasta el final. Luego sólo queda esperar y observar cuáles de los colaboradores empiezan a manifestar síntomas de fiebre, dolores generalizados y catarro, lo que se conoce como gripe. Evidentemente se trata de una investigación muy discutible desde el punto de vista ético y dudamos de que algún científico sensato la lleve a cabo con personas, pero lo que aquí nos interesa es pensar en los posibles resultados de dicho experimento. Se conoce por otros estudios que únicamente un tanto por ciento de las personas expuestas al virus desarrollarán la gripe. Evidentemente, este tanto por ciento variará en función de la concentración del virus, pero será realmente difícil conseguir que el 100 por ciento de los sujetos experimentales desarrollen la enfermedad. Este hecho nos demuestra que el padecimiento de un trastorno no depende única y exclusivamente de la exposición a un agente patógeno. Dicho de otro modo, tal exposición es una condición necesaria pero no única para generar una enfermedad. Otros factores que no dependen directamente del agente patógeno, también contribuyen en el proceso de enfermar.

Los genes y la historia

La vulnerabilidad de cada persona a una enfermedad concreta puede estar preestablecida genéticamente, como sería el caso de la esquizofrenia, que tiene una carga hereditaria importante, o de la migraña (el hecho de haber nacido en una familia con antecedentes importantes de crisis migrañosas aumentará la probabilidad de que en el futuro una persona presente migrañas). Un aspecto aun más claro se refiere al sexo. Por ejemplo, ser hombre es un factor de riesgo en las enfermedades cardiovasculares.

Sin embargo, la vulnerabilidad también viene regida por la historia anterior de la persona. Así, haber llevado a cabo de forma repetida las denominadas conductas de riesgo (relaciones sexuales promiscuas sin preservativo o compartir con otras personas agujas para inyectar sustancias en vena) aumenta la posibilidad de padecer diversidad de infecciones, entre ellas la del virus de inmunodeficiencia humana (VIH), que a su vez predispone para el contagio de cualquier tipo de enfermedad, dado que actúa disminuyendo las defensas del propio organismo. Una historia previa de abuso de alcohol u otras sustancias

REACCIONES ANTE EL SUFRIMIENTO HUMANO

tóxicas también será un punto de partida para ciertas alteraciones orgánicas.

Vivencia de situaciones estresantes

El estrés se ha citado en innumerables ocasiones como un factor que facilita múltiples trastornos. Por tanto, el hecho de vivir en condiciones estresantes, ya sean de carácter laboral o familiar, o el haber padecido un acontecimiento catastrófico, por ejemplo ser víctima de una violación o haber sobrevivido a una guerra, son aspectos a tener en cuenta. El estrés actúa provocando una sobreactivación orgánica que altera los mecanismos normales de regulación y facilita trastornos diversos, los denominados trastornos psicofisiológicos. Hay que tener presente que no todos nos estresamos ante las mismas circunstancias, dado que el estrés depende en gran medida de la interpretación que hacemos de los acontecimientos.

La capacidad de afrontamiento

La posibilidad de padecer situaciones estresantes o la propensión a sufrir ciertas enfermedades depende en gran medida de la capacidad de afrontamiento de cada persona. Un buen nivel cultural

El abuso del alcohol o el exceso de tabaco pueden afectar el organismo y predisponerlo a la adquisición de ciertas enfermedades. La vulnerabilidad de cada persona ante la enfermedad depende en parte de su carga genética, pero también de su historia anterior.

561

El bienestar económico puede permitir ciertas actividades, como concurrir a los balnearios, que favorecen la salud. Pero la propensión a padecer ciertas enfermedades se relaciona también con otros factores dependientes de la personalidad.

La pobreza, las situaciones estresantes y la falta de recursos no sólo condicionan el estilo de vida sino que provocan un mayor deterioro en la salud en general, especialmente en la infantil, así como el riesgo de padecer ciertos trastornos mentales.

y económico propicia el uso adecuado de los servicios sanitarios y aumenta la calidad de los tratamientos utilizados. A la vecina de un barrio poco afortunado de la periferia de una ciudad, una señora que anda todo el día ajetreada con la crianza de cuatro infatigables hijos fuera de su horario habitual de trabajo en una fábrica de montaje, le resultará francamente difícil costearse unos días agradables en un balneario para desconectarse de la rutina diaria. Sin embargo, ésta es una práctica habitual para los actores y actrices de cine que vemos en las carteleras de los cines. Pero la capacidad de afrontamiento no se basa sólo en el factor económico, ya que un nivel de inteligencia apropiado, un estado físico envidiable, ser una persona optimista y muchas otras cualidades forman parte de nuestros estilos de afrontamiento que pueden potenciar o reducir la probabilidad de enfermar.

Estudios sobre el proceso de enfermar

A partir de los años setenta la Organización Mundial de la Salud toma conciencia de la trascendencia de los factores psicológicos y sociales para la salud y aporta una serie de datos muy interesantes sobre el tema. La conclusión más notable de estas investigaciones sugiere que los factores psicosociales permiten mayor capacidad de predicción sobre el curso de las enfermedades que la propia sintomatología:

La clase social. Pertenecer a una clase social determinada implica la disposición de mayores o menores recursos, fa-

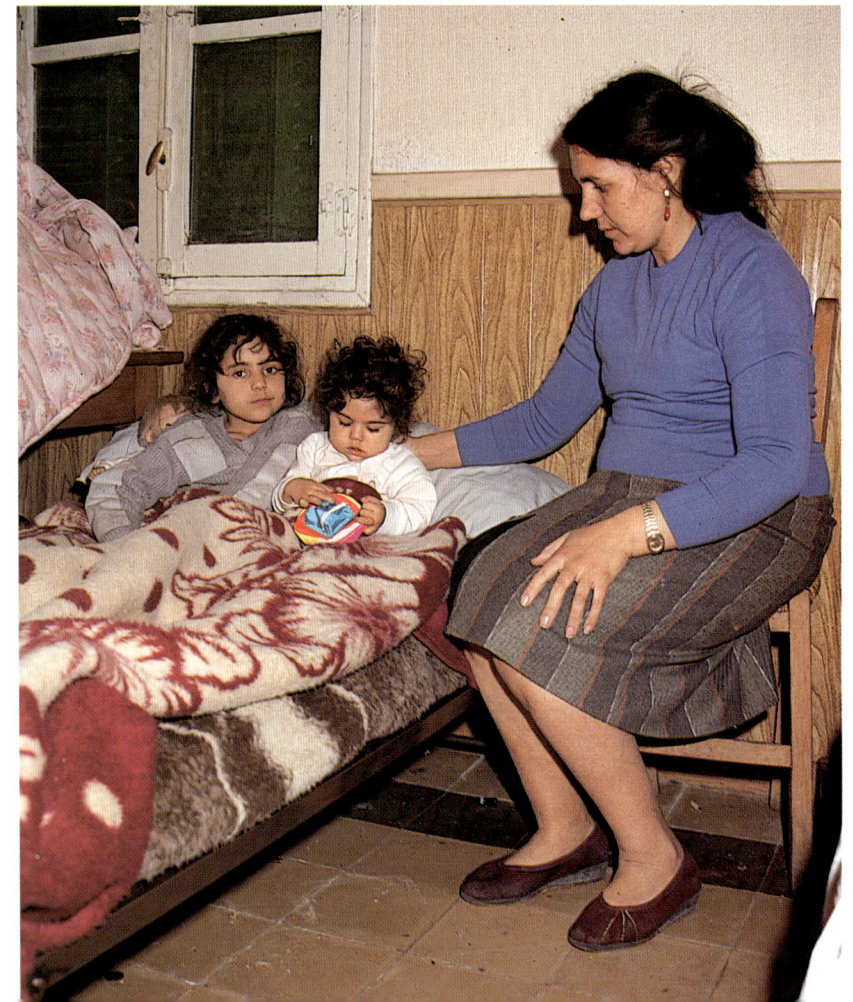

cilita la aparición de ciertos estresores y no otros y condiciona, en definitiva, el estilo de vida. Los grupos de un nivel socioeconómico bajo presentan:
• Menor esperanza de vida.
• Mayor riesgo de padecer ciertos trastornos mentales.
• Mayor deterioro en la salud infantil.
• Menores índices de crecimiento.
• Mayor mortalidad infantil.
• Menor peso en el nacimiento y mayor número de partos prematuros.

La situación laboral. Pasamos gran parte de nuestras vidas en el ámbito de trabajo, por tanto, podemos intuir que las características de éste son de vital importancia para la salud. Algunos datos apuntan en este sentido, dado que la incidencia de enfermedades se ha visto asociada a:
• Insatisfacción en el trabajo.
• Incertidumbre sobre el futuro laboral.
• Aburrimiento ocupacional.
• Escasa participación en las decisiones laborales.
• Apoyo social reducido por parte de compañeros y mandos.

El enfermo ante la sociedad

La actitud que la sociedad y el propio enfermo tengan acerca de la enfermedad son especialmente relevantes para comprender cómo el paciente va a vivir su trastorno. Cualquier sociedad presenta un conjunto de enfermedades que podríamos llamar estigmatizantes. Algunas de ellas no pueden tan siquiera nombrarse y deben emplearse eufemismos en su lugar: recuérdese aquello de «el mal feo» para referirse a un proceso canceroso. Afortunadamente, una mayor información acerca del cáncer en particular ha hecho suavizar esta visión negativa que poco ayuda a los verdaderos afectados, los enfermos. Sin embargo, así como en el pasado las enfermedades tabú fueron encabezadas por el cáncer, la tuberculosis, el mongolismo o la lepra, en la actualidad la drogodependencia y el SIDA son las más afectadas por esta visión peyorativa. Sufrir a escondidas, ocultando la enfermedad, o ser víctima de miradas despectivas y conductas confusas que oscilan entre el miedo, el desprecio y el rechazo, tiene repercusiones negativas sobre la gravedad del cuadro clínico.

El estilo de vida

El grupo social guarda una importante relación con el estilo de vida, aunque es evidente una gran variabilidad individual. A la vista de los estudios recientes, resulta difícil negar la influencia que

Todas las sociedades han tenido a lo largo de la historia enfermedades estigmatizadas. La lepra, aquí representada en un exvoto del siglo XV, fue una enfermedad tabú, como más tarde lo sería la sífilis.

ESTAR Y SER ENFERMO

La drogodependencia y el SIDA son enfermedades que la sociedad moderna suele aceptar con repugnancia, haciendo a sus pacientes víctimas de la marginación y el maltrato. El clima así creado repercute negativamente en la evolución del mal.

tienen sobre la salud aspectos como la dieta, el consumo de tóxicos, los horarios establecidos, la práctica deportiva o el sedentarismo.

Sentirse enfermo

Para cualquiera de nosotros la enfermedad empieza justo a partir del momento en que nos damos cuenta de ella, con independencia del proceso de incubación de la misma. «¿Desde cuándo se encuentra así?», le pregunta el médico a un paciente que descansa su enfermedad sobre la camilla dispuesta para tales ocasiones en la consulta. «Estaba tranquilamente sentado en casa cuando mi mujer vio unas manchas rojizas en mi cara. Empecé a preocuparme intentando adivinar cuál podía ser el motivo, quizá las frutillas que había desayunado esa mañana; la verdad es que sentía algo raro en mi estómago. Después comenzaron los mareos y nos acercamos a su consulta pensando que podía ser algo grave», respondió el enfermo. En el momento en que el personaje de nuestro ejemplo advierte unos signos de enfermedad en su cara, empieza a sentirse enfermo. Eso genera ciertos cambios en la percepción de su estado actual, en sus pensamientos y en la forma de comportarse que, si hubiera llegado su esposa más tarde a casa, se habrían retrasado.

Sentirse enfermo es un proceso complejo en el que intervienen diversidad de factores: perceptivos, cognitivos, emocionales y conductuales. Son pocas las conductas motivadas directamente por la propia lesión. El resto de acciones no pueden entenderse sin prestar atención a otros aspectos psicológicos y sociales. Por un lado, la experiencia del propio individuo (alguien a quien le extirparon un tumor en el pasado, probablemente responda con mayor temor cuando perciba de nuevo sensaciones similares); por otro, la atribución que se hace de los síntomas y signos que se sufren, que pueden ser muy catastróficas y amenazantes dependiendo, entre otras cosas, de lo aprensivo que sea el sujeto. También el estado emocional resulta decisivo, así como la reacción que tengan los demás ante la enfermedad. Todo este sinfín de aspectos, que no dependen únicamente de la lesión experimentada, conforman la conducta del enfermo.

Aprender a ser enfermo: la conducta de enfermo

Comportarse como enfermo no es una pauta estereotipada, muy al contrario, existe una gran variabilidad entre distintos enfermos, y eso lo saben muy bien las enfermeras de cualquier hospital. Veamos algunas de las conductas más comunes:

Las quejas. Hay «enfermos quisquillosos» que expresan infinidad de quejas a lo largo de todo día. En las enfermedades de larga evolución las lamentaciones llegan a ser la única forma de relación posible con estos enfermos. Podríamos decir que se tornan monotemáticos. No nos referimos exclusivamente a las quejas verbales; hay otras conductas que persiguen el mismo interés, como las expresiones de dolor frecuentes, un habla entrecortada, ciertas posturas y la demanda de atención.

Búsqueda de ayuda. Parece sencillo entender que cuando nos sentimos enfermos debemos acudir al médico en busca de ayuda. Sin embargo, y puesto que sentirse enfermo depende de diversos factores, hay personas que abusan de los servicios hospitalarios reclamando la atención del especialista a la mínima expresión de un síntoma, mientras otras se resisten a tal conducta y sólo la hacen efectiva en ocasiones extremas, a veces demasiado tarde. La cuestión no se centra simplemente en la premura con la que se realiza la búsqueda sino que también hace referencia al tipo de ayuda perseguida. Los curanderos, los amigos, los grupos de ayuda, los sacerdotes y otras figuras de referencia también colaboran en el proceso. Hay quien confía plenamente en la medicina científica, mientras otros son habituales consumidores de medicinas alternativas.

Cooperar con el tratamiento

Los deberes del enfermo no terminan acudiendo al médico, después habrán de seguirse sus consejos correctamente durante el tiempo que se estime necesario. Sería lógico pensar que quien pide ayuda a un especialista luego utili-

Entre los factores que contribuyen al éxito del tratamiento de las enfermedades, es decisiva la confianza que se tenga en el terapeuta. Así como hay pacientes que confían en la medicina científica, otros tienen fe en la homeopatía, cuyos remedios se basan en sustancias activas del reino vegetal y mineral.

ESTAR Y SER ENFERMO

La búsqueda de atención médica y la aplicación del tratamiento recomendado cuando una persona se siente enferma es la actitud más lógica y fácil de entender. Sin embargo, así como muchas personas acuden al médico de manera constante y abusiva, otras se resisten y sólo lo hacen en situaciones extremas.

zará la información recibida y atenderá al tratamiento. Sin embargo, la práctica no parece confirmar esta hipótesis, puesto que es común encontrar pacientes que no siguen las pautas médicas como cabría esperar. Adivinar el porqué de esta actitud no es nada fácil, sin embargo en ciertas ocasiones parece que el interés por negar la enfermedad por parte del paciente favorece esta conducta.

Cambiar las actividades

El enfermo, casi por definición, queda excluido de realizar ciertas actividades. Por ello son tan habituales las bajas laborales por enfermedad. Aquí también encontraremos diferencias importantes entre los pacientes: unos guardarán cama por un simple resfriado común, mientras que otros acudirán al trabajo con 40 grados de fiebre. Los motivos que explicarían la variabilidad individual ante éstos y otros comportamientos en los enfermos son muy extensos y no dependen de forma exclusiva de la lesión orgánica existente. Algunas de estas razones sí han podido ser precisadas con suficiente fidelidad. Así, algunas personas utilizan la enfermedad para librarse de ciertos compromisos sociales o laborales, para justificar algún fracaso o error, para hacerse con posibles ventajas económicas, o para conseguir atención social y afecto.

El «rol del enfermo»

La sociología también ha querido manifestar su opinión acerca del comportamiento del enfermo. En este sentido debe citarse al eminente sociólogo Talcott Parsons, que ya por los años cincuenta definía las características del «rol del enfermo», entendido éste como el papel asignado por una sociedad a una persona por el hecho de estar enferma. Ello comporta un conjunto de funciones, obligaciones y derechos, equiparables por ejemplo al «rol masculino», al «rol de médico», o a cualquier otro. En definitiva, son los comportamientos que los demás tienden a esperar de nosotros como miembros de un colectivo determinado. Así, Parsons considera la enfermedad como una desviación social caracterizada por el fracaso o la incapacidad de una persona para desempeñar su rol habitual (como trabajador, como padre, etc.) y responder a las expectativas que los demás y él mismo tienen acerca de su conducta, cayendo en una situación de dependencia. Vista de esta manera, la persona enferma presenta ciertas características:

* No es responsable de su estado. En ningún sentido puede considerarse enferma aquella persona que de una forma voluntaria y premeditada finge la presencia de determinados síntomas para cubrir intereses personales.
* Es eximido de sus responsabilidades habituales. Las personas enfermas son dispensadas de realizar actividades en función de las características del cuadro que presentan. Ninguno de nosotros forzaría a una persona con fiebre a realizar tareas domésticas, por ejemplo.
* Debe buscar tratamiento y contribuir al proceso terapéutico. Esto forma parte de las obligaciones del enfermo, quien ha de contribuir a su curación comportándose de manera adecuada y siguiendo los consejos médicos recomendados.

El papel del enfermo, o aquel que la sociedad le ha asignado por el hecho de padecer alguna enfermedad, comporta una serie de pautas de conducta que todos respetamos. A una persona enferma no se le exige que cumpla con sus responsabilidades habituales y sí en cambio se le pide que contribuya a su curación.

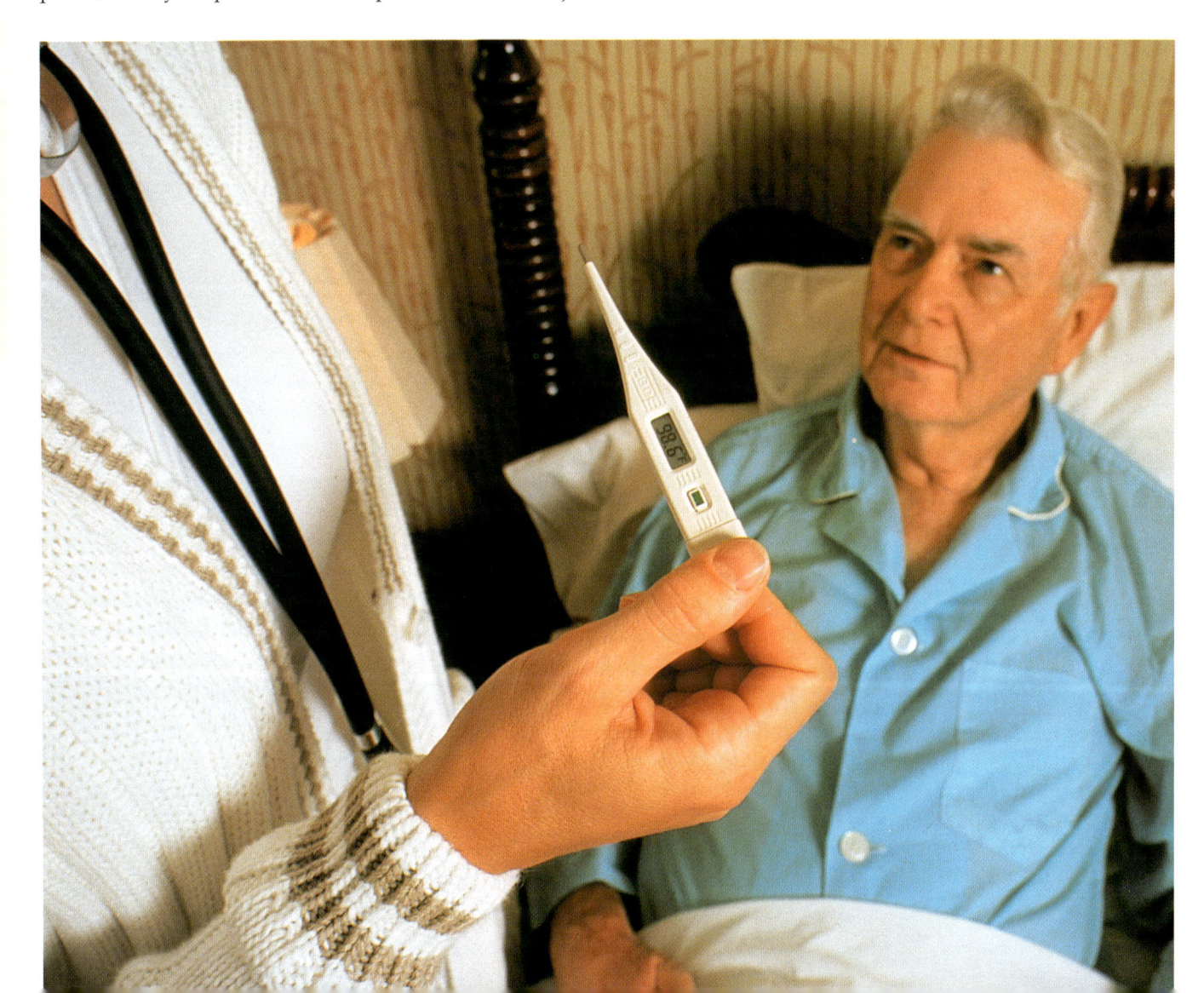

ESTAR Y SER ENFERMO

El modelo de rol de enfermo propuesto ha recibido muchas críticas a lo largo de la historia y se ha ido adaptando a los cambios. Quizás el más significativo fue el que llevó a la definición de la «conducta de enfermedad», que pretendía la ampliación del concepto. La propuesta surgió ante la necesidad de explicar las conductas individuales que permiten distinguir entre dos personas enfermas, una cuestión que el rol de enfermo no explicaba. Así, la conducta de enfermedad se entiende como el modo en el que las personas perciben, evalúan e interpretan sus síntomas y emprenden acciones para remediarlos.

Si algo queda patente en estas definiciones es la elevada implicación social, tanto del propio enfermo como de su entorno, en el proceso patológico. Ciertamente, el rol de enfermo se constituye por un conjunto de normas sociales que todos respetamos en esencia. Es interesante ver aquí el papel del médico, la autoridad legal, que dispondrá a partir de su diagnóstico las directrices de la conducta de enfermedad a seguir.

Dado el enorme peso que la cultura tiene en la enfermedad, es lógico advertir las diferencias que existen en función de las diferentes sociedades. Los condicionantes socioculturales son tan diversos que han estimulado la creación de una rama de la ciencia que dedica su quehacer a estudiar y comparar las formas distintas en que los pueblos abordan la enfermedad y el sentirse enfermo, la etnomedicina.

La familia también sufre

Es fácil comprender la existencia de repercusiones y cambios en el entorno relacional del enfermo, producidos por el propio proceso patológico. En este sentido, la familia es la más afectada cuando enferma uno de sus miembros; pero, a la vez, tiene una serie de responsabilidades respecto al comportamiento que practica el propio enfermo, ya que la conducta de éste se aprende a través de los mismos procedimientos que cualquier otra. Por tanto, la familia tiene un peso importantísimo en la adquisición de este aprendizaje que se desarrollará desde la temprana infancia.

La familia y el niño enfermo

Una de las primeras experiencias adversas que vive cualquier niño es la enfermedad. Cuando un niño se enferma, los padres ponen en marcha todo un conjunto de creencias, actitudes y comportamientos, que dependerán en gran parte de su experiencia, su nivel cultu-

Pintura china del siglo XVIII que retrata a un niño con erupciones. Los pueblos afrontan la enfermedad de muy distintas formas, según sus creencias y culturas.

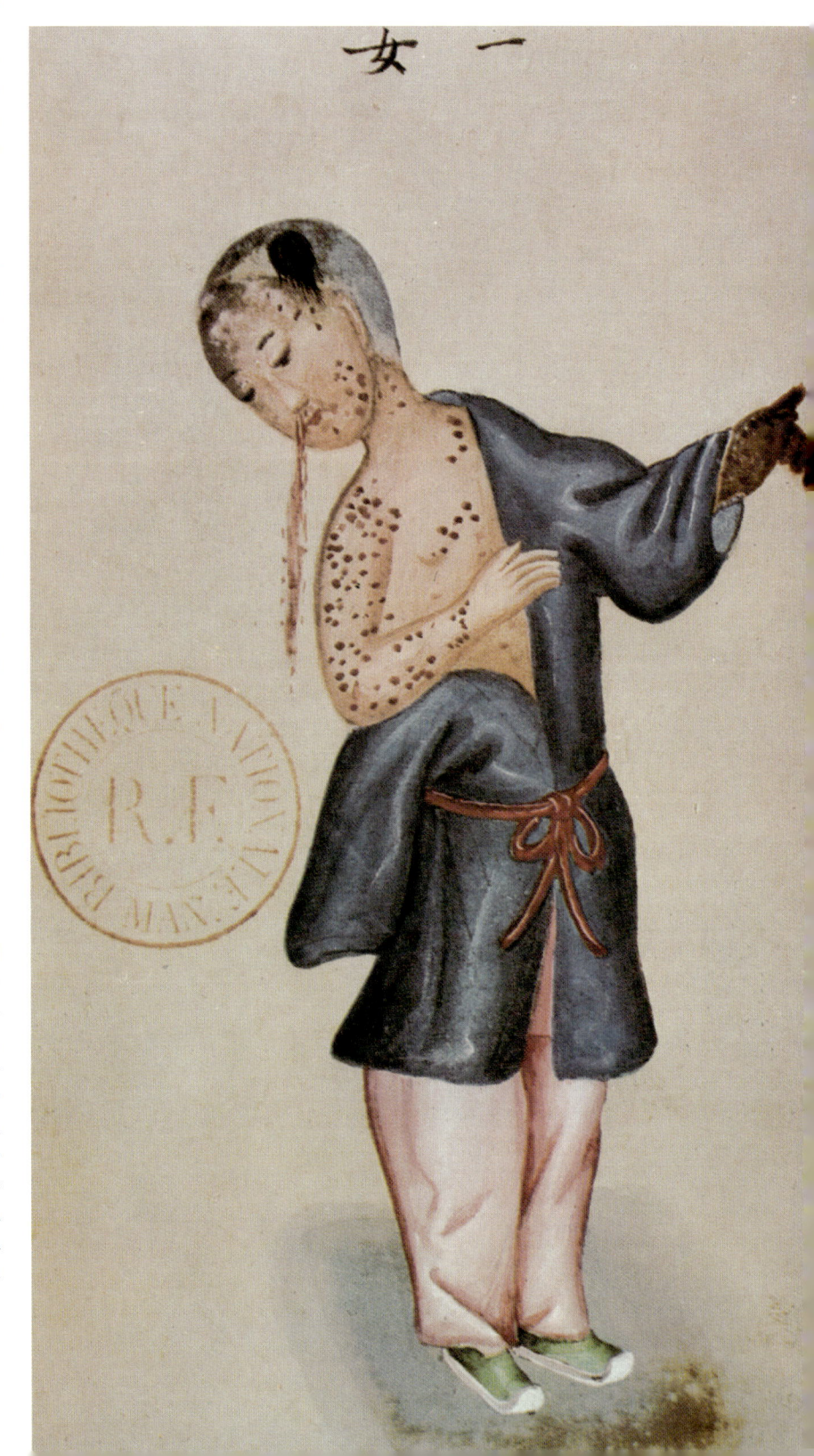

ral, la información que posean y lo aprensivos que sean, así como, claro está, de la gravedad real del cuadro. Aun en los casos más afortunados aparecerá inevitablemente una respuesta de ansiedad que va a alterar el ambiente familiar en menor o mayor grado. Al niño se le transmite mucha información a través de estos cambios. En definitiva, podríamos decir que percibe la gravedad de la situación mediante la desorganización familiar y las reacciones emotivas transmitidas por los padres.

Durante la primera experiencia, el niño posee poca información acerca de las repercusiones negativas de la enfermedad. Veamos un ejemplo: cuando Juan fue consciente de su primera enfermedad contaba algo más de dos años de edad. La única información real que poseía era un malestar generalizado, sensación de calor y molestias en el estómago. Aquel día mamá se quedó en casa y no dejó que él saliera de la cama bajo ningún pretexto, mientras ella preparaba comidas distintas, le tomaba la temperatura constantemente y se pasaba el día acariciándolo, preguntándole cómo se encontraba y mirándole el fondo de los ojos. Fue después de observar el termómetro por cuarta vez cuando vio a su madre agarrar el teléfono apresurada (como cuando algo se quemaba en la cocina) y hacer una serie de llamadas. Al poco rato Juan se hallaba frente a un señor con bata blanca que no dejaba de atosigarle. Pronto mejoró su estado y las cosas volvieron a la normalidad, aun así permaneció tres días en cama al agradecido cuidado de su abuela.

Ésta es una historia que se repite cada día un sinfín de ocasiones y por la cual muchos niños aprenden a responder ante la enfermedad. La respuesta de los padres variará de una familia a otra, puede ir desde la sobreprotección y la alarma hasta la indiferencia, aunque estemos hablando de la misma patología. Los niños que vivan en un entorno familiar donde las respuestas de ansiedad frente a la enfermedad son alarmantes;

La enfermedad de un niño produce en los padres, por lo general, un estado de ansiedad que altera el ambiente familiar. Las conductas pueden ir desde la sobreprotección o la alarma exagerada a la indiferencia, pero, en todo caso, a través de ellas el niño aprende a responder a la enfermedad.

ESTAR Y SER ENFERMO

donde los mismos padres viven sus propias patologías con miedo y aprensión, manifestando quejas constantes y conductas excesivas, tenderán a reaccionar con un nivel más elevado de ansiedad frente a la presencia de síntomas, y es fácil que imiten la misma respuesta que han observado en sus padres. Una de las funciones que todos los pediatras deberían llevar a cabo con la mayor cautela es la de tranquilizar e informar a los padres correctamente sobre el tema, dada la repercusión que puede tener en la vida adulta del niño.

La familia ante el enfermo crónico

Cuando la enfermedad se cronifica las relaciones con la familia adquieren mayor relevancia y, por tanto, la influencia mutua entre la persona enferma y su entorno social se exacerba. Las quejas constantes estimulan conductas de ayuda y atención en los familiares que responden a sus deseos reforzando y promoviendo la conducta de enfermedad. En muchos casos, la familia llega a agotar sus energías y se incomoda ante una

Un entorno familiar ansioso, con padres que se angustian ante las enfermedades, acaba por generar en el niño el mismo comportamiento. Una de las tareas del pediatra es, por lo tanto, calmar a los progenitores e informarles claramente sobre el alcance de la enfermedad de su hijo.

persona que sólo sabe relacionarse a través de la enfermedad. En este instante suele atenderse al enfermo exclusivamente ante los momentos de dolor extremo, con lo cual se está facilitando o animando al paciente a aumentar sus quejas para conseguir cuidados.

Otra conducta habitual entre los familiares de enfermos crónicos es tratar de evitarles cualquier conducta que piensen que puede ser negativa para su estado. No se les deja cargar con ningún peso, ni moverse en exceso, con lo que se refuerza una postura de reposo e inactividad. En aquellos casos en los que la persona ha abandonado el trabajo, la enfermedad puede verse acrecentada con el fin de retardar el regreso al trabajo. De hecho, las personas que se encuentran en litigios a la espera de una licencia laboral indefinida tienen peor pronóstico que otros pacientes crónicos con la misma evolución. No es nada fácil el trato con personas afectadas por enfermedades crónicas, dado que todo el ambiente familiar se ve alterado por reclamos constantes que influyen en el funcionamiento habitual en todo su espectro.

Las enfermedades crónicas tienden en algunos casos a crear relaciones entre la familia y el enfermo basadas en el amparo y la protección. Pero las actitudes excesivamente protectoras terminan volviéndose en contra de la persona afectada.

ESTAR Y SER ENFERMO

Aspectos psicológicos de la hospitalización

Conforme avanzan los años, el número de hospitalizaciones aumenta progresivamente, en su mayoría para proceder a una intervención quirúrgica. La causa principal es el progreso tecnológico que ha permitido intervenciones menos agresivas, más rápidas y con mayor efectividad, reduciéndose así el tiempo de recuperación postquirúrgica. Aunque podamos enorgullecernos de los adelantos mencionados, no debemos olvidar que someterse a una intervención quirúrgica sigue siendo un acontecimiento estresante para muchas personas. De hecho, la hospitalización como tal también lo es.

Sin embargo, ha sido hasta fechas muy recientes cuando el personal hospitalario ha empezado a preocuparse por los aspectos psicológicos del enfermo. El significado que tiene el ingreso para el propio paciente y el cambio de hábitos a todos los niveles suele provocar una mezcla de sentimientos que incluyen la irritabilidad, sentimientos de tristeza y miedo. Todo lo que se haga para mitigar esta reacción aumentará la calidad de vida del enfermo y su pronóstico mejorará.

¿ **Por qué muchos pacientes no cumplen las órdenes de su médico?**

➥ Muchas veces los pacientes, a pesar de comprender cuáles son las pautas de conducta que benefician la salud, no siguen las órdenes del médico. Podemos saber que el tabaco es dañino y sin embargo continuar fumando. Para ser eficaces, las estrategias destinadas a promover el acatamiento de los pacientes deben poner énfasis en las recompensas inmediatas del comportamiento saludable.

Una información realista acerca de los procedimientos médicos a que será sometido ayuda al paciente a soportar más eficazmente ciertas situaciones estresantes e incluso le preparan para afrontar el sufrimiento.

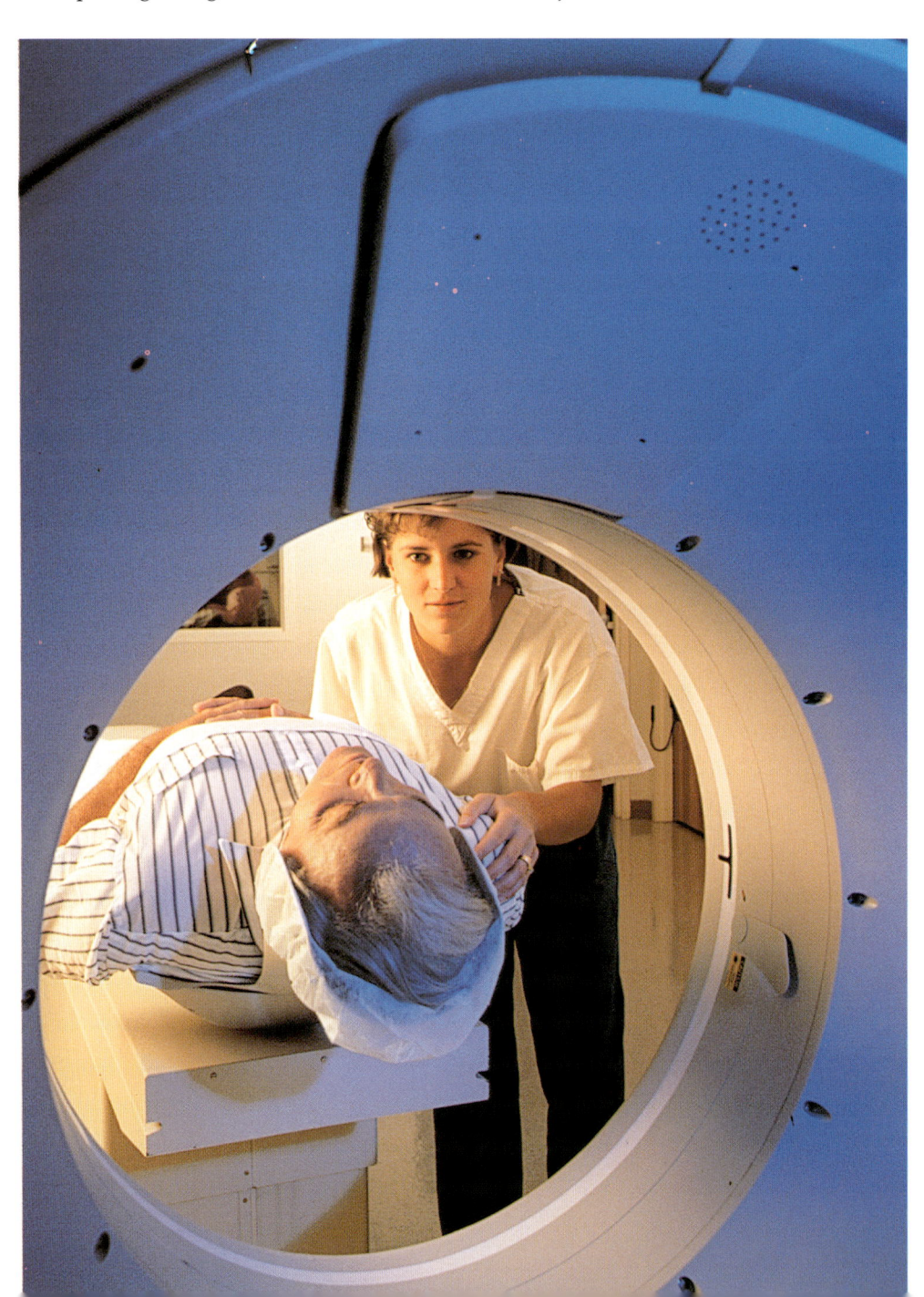

A las puertas del quirófano

El objetivo de la intervención psicológica en el preoperatorio se centra en la reducción del nivel de ansiedad que suelen experimentar los pacientes antes de la intervención. Algunos estudios han relacionado un menor índice de ansiedad preoperatoria con la necesidad de utilizar dosis inferiores de fármacos anestésicos y analgésicos, y con un ritmo más rápido de recuperación postquirúrgica. Pero, ¿cómo se puede llegar a reducir la ansiedad de una persona antes de que entre en el quirófano? El nivel de estrés experimentado ante una intervención quirúrgica depende, en primer lugar, del nivel de peligrosidad que le atribuimos a la operación como tal. La ambigüedad y el desconocimiento de los procedimientos a seguir hacen de la intervención una situación novedosa y amenazante. Por tanto, una de las estrategias para tranquilizar al paciente será darle información.

Información referente al procedimiento a seguir...

Se le explica al paciente todo lo que acontecerá desde el momento en que pasen a recogerlo por la habitación para llevarlo al quirófano hasta el final de la intervención. Cuestiones referentes a la duración, el método de intervención, y la presentación del personal que va a tomar parte en la operación y sus funciones. Es adecuado que el equipo de médicos y enfermeras se presenten personalmente, ello da al paciente una mayor sensación de proximidad y confianza. En definitiva, debe hacerse referencia al porqué y al cómo de todo lo que va a suceder. Merece recordarse una desafortunada anécdota referente a la realización de una Tomografía Axial Computerizada (TAC), un estudio en el que el paciente es introducido en un aparato de dimensiones extremadamente reducidas mientras se practica la prueba, lo cual facilita un aumento de la ansiedad causada por una sensación de claustrofobia. En el caso que nos ocupa, una mujer de 45 años de edad se mostró muy angustiada porque había escuchado unos ruidos durante la prueba que interpretó como una avería del aparato. En realidad se trataba de los sonidos normales que producía la maquinaria durante el examen, pero nadie la había alertado sobre ello.

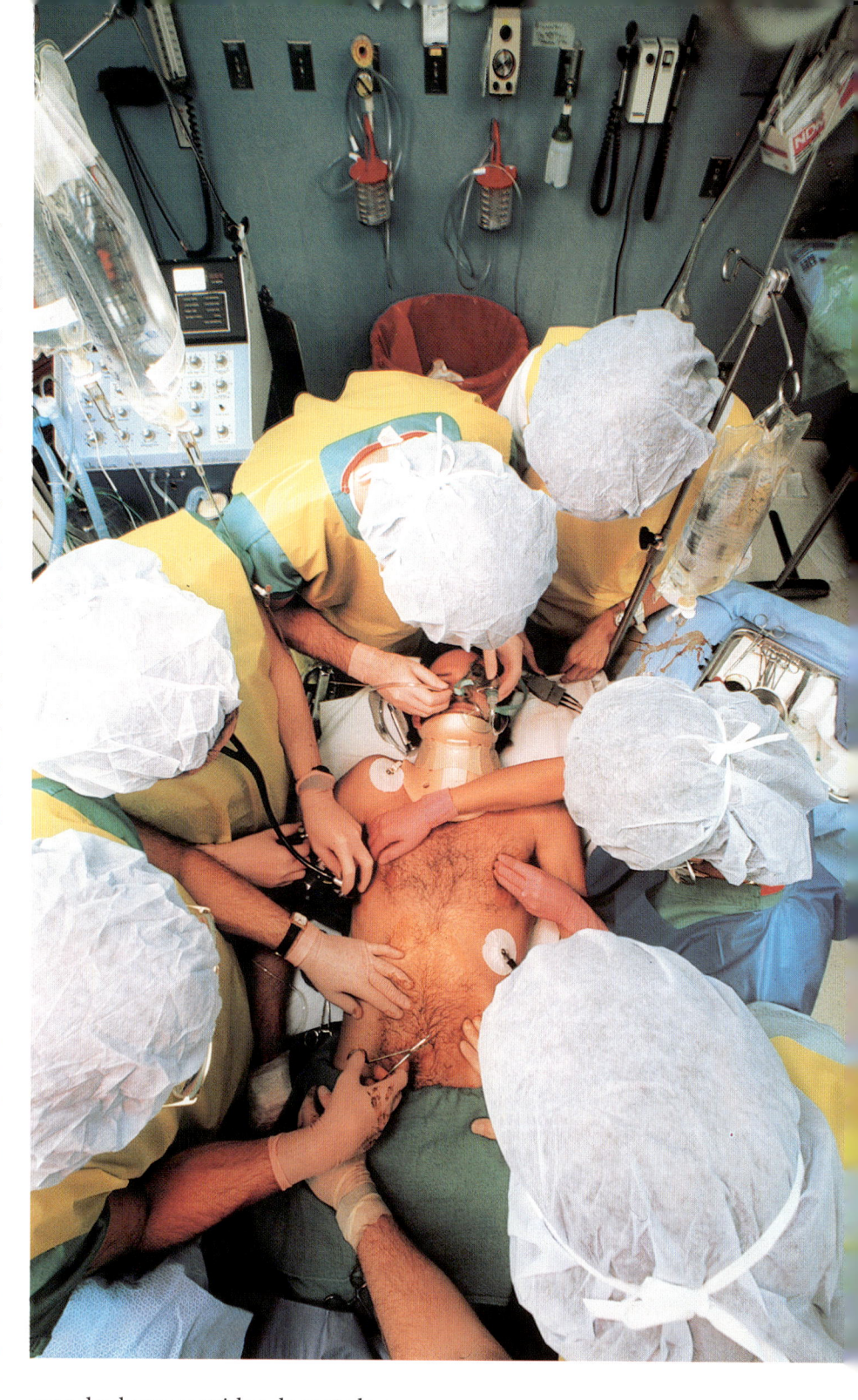

...y sobre las sensaciones

En este caso la información se centrará en las sensaciones que va a experimen-

El nivel del estrés que provoca una intervención quirúrgica depende del grado de peligrosidad que se le atribuya. De ahí que la información brindada por el médico ayude a disminuir la ansiedad preoperatoria del paciente.

ESTAR Y SER ENFERMO

Sólo en los últimos tiempos el personal médico ha comenzado a preocuparse por los aspectos psicológicos de los enfermos. Muchas veces los adelantos de la tecnología y la ciencia médicas no han ido acompañados de avances paralelos en la comprensión global de la persona enferma.

tar el paciente durante las distintas acciones que acontezcan a lo largo de la intervención. Estas indicaciones contribuyen a que las personas interpreten las sensaciones experimentadas como normales y no se alarmen ante ciertas reacciones fisiológicas usuales. Por tanto, será el especialista el que con mayor especificidad otorgará esta información. Sin embargo, se ha podido comprobar que el mejor informador es otra persona que haya pasado por el mismo tipo de tratamiento quirúrgico, por lo que en ocasiones se han utilizado vídeos donde los pacientes exponen su experiencia.

Pero no todas las personas requieren el mismo nivel de información. En algunos casos puede suceder que se potencie la respuesta de ansiedad si se suministra más información de la necesaria.

Sensación de control

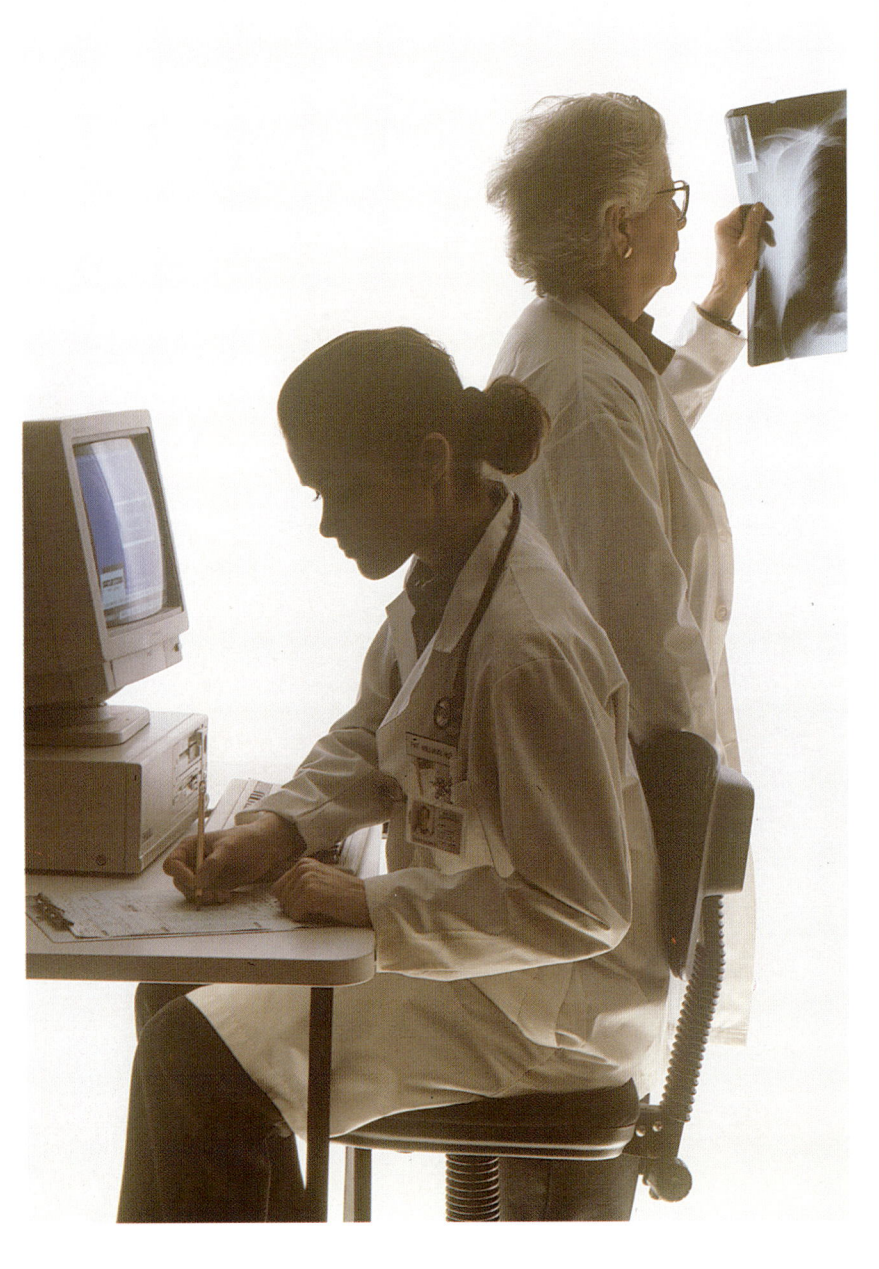

Los logros alcanzados con esta simple estrategia se han puesto de manifiesto en un sinfín de estudios y se basan en algo que la psicología conoce desde hace tiempo: cuando una situación amenazante es esperada se reduce la respuesta de estrés, dado que el aviso permite concretar y mejorar las estrategias de afrontamiento. Sólo una larga y fructífera experiencia hará que un médico se dirija al paciente antes de una intervención diciendo: «Usted no se preocupe, la intervención no es muy dolorosa. Manténgase lo más tranquilo y relajado posible. Yo le avisaré en aquellos momentos en los que pueda sentir molestias.»

Por otro lado, el nivel de ansiedad también es propiciado por la sensación que tiene el paciente de falta de control sobre los acontecimientos. Éste deposita toda su confianza en los médicos y se pone en sus manos esperando que todo vaya bien. Para aumentar la sensación de control es conveniente darle una serie de pautas que pueda seguir con facilidad, de manera que sienta que toma parte en la intervención de forma activa y no se convierta en un mero sujeto pasivo a lo largo del procedimiento. Unas instrucciones simples: «Beba mucha agua después de la intervención; le ayudará a mejorar con rapidez» o «Camine un poco por los pasillos y podrá mantener los músculos más distendidos durante la operación», bastarán para cubrir este objetivo.

Una de las labores del médico ante un paciente que debe afrontar una operación quirúrgica es prepararlo psicológicamente a través de la estrategia que crea más conveniente según la personalidad del enfermo, pero siempre procurando tener toda su confianza.

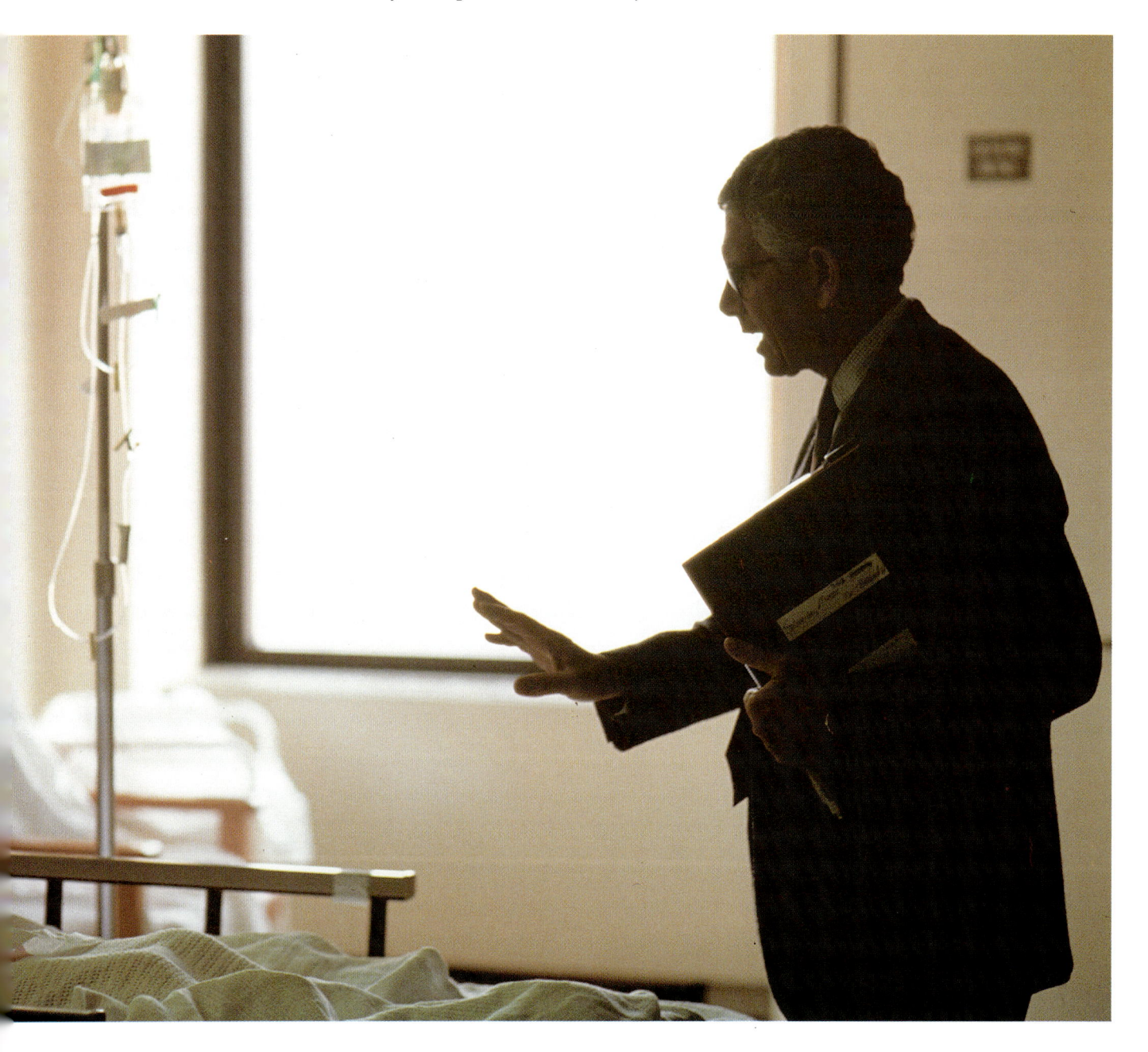

ESTRÉS Y CÁNCER

Hay una pregunta que no es nueva y que nos gustaría plantear: ¿Hasta qué punto las situaciones nuevas o amenazadoras que provocan estrés pueden producir o contribuir a la evolución de un cáncer? A lo largo de la historia son muchos los autores que han tratado de darle respuesta a este interrogante. Hace más de dos mil años, en su tratado sobre los tumores, Galeno señaló que las mujeres melancólicas son mucho más propensas al cáncer que las otras mujeres. En el transcurso de los siglos, otros personajes eminentes han postulado esta misma relación.

En una de las primeras definiciones del cáncer en lengua inglesa, que data de principios del siglo XVII, se especifica que el cáncer «es una hinchazón o llaga que tiene su origen en la sangre melancólica, alrededor de la cual las venas aparecen de color negro u oscuro, extendiéndose como las patas de un cangrejo». A finales del XIX, Paget sugirió que «son tan frecuentes los casos en los que la profunda ansiedad, la pérdida de la esperanza y la desilusión son rápidamente seguidas por el crecimiento y difusión del cáncer, que es difícil poner en duda que la depresión mental constituye una contribución importante a las demás influencias que favorecen su desarrollo». Pocos años más tarde, en un estudio epidemiológico pionero llevado a cabo en el Hospital Oncológico de Londres, con doscientas cincuenta enfermas de cáncer de mama o útero, se llegó a la conclusión de que la neurosis es la principal causa del cáncer.

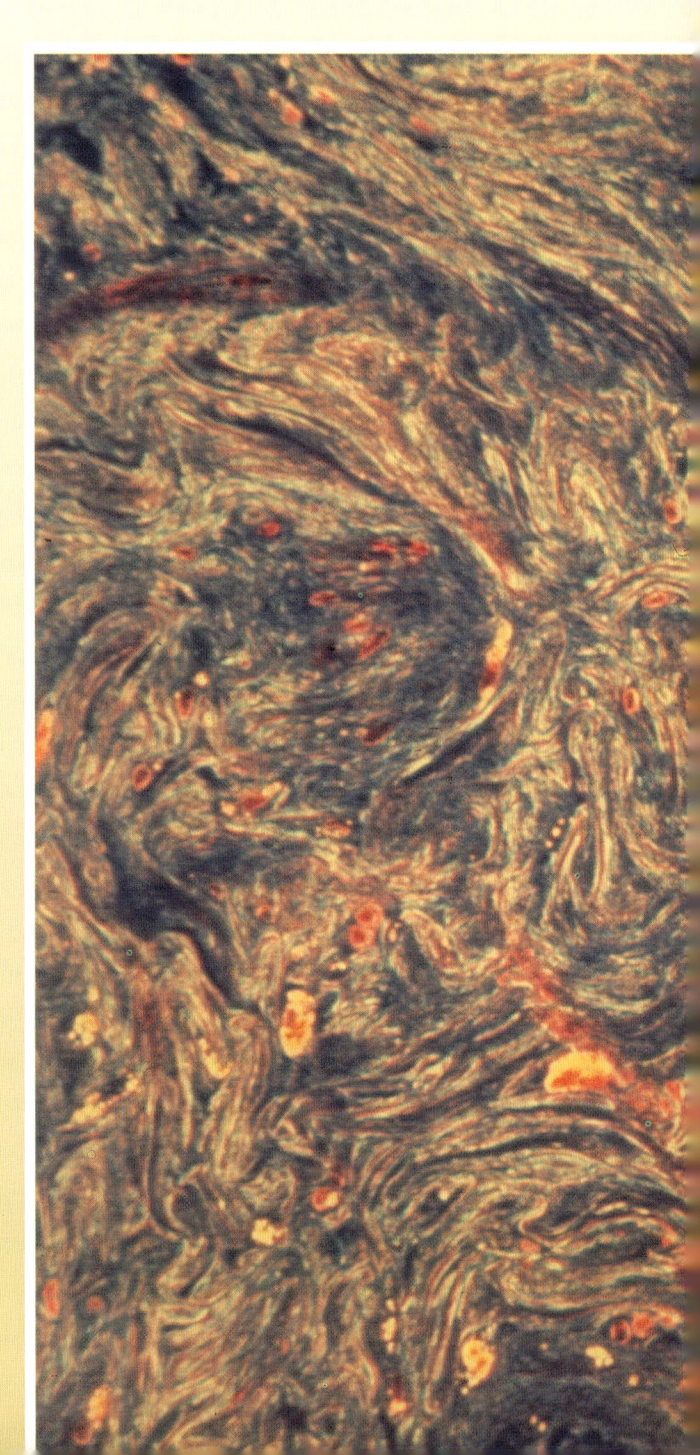

En época mucho más cercana, en pleno siglo XX, a finales de la década de los setenta, Miller, notable cirujano del *Memorial Cancer Center* de Nueva York, señaló que los pacientes oncológicos que se muestran aprensivos con respecto a su enfermedad muchas veces empeoran y mueren en poco tiempo, aun cuando su cáncer se diagnostique precozmente y el tratamiento que reciban sea adecuado; en cambio, «los pacientes que rechazan las consecuencias del cáncer, por lo general, mejoran». Podemos preguntarnos: ¿Hasta qué punto estas afirmaciones, sugerencias y opiniones poseen una base científica sólida? La duda es razonable ya que, por una parte, la mayoría se basa en observaciones clínicas que no revisten un carácter sistemático o en trabajos insuficientes desde el punto de vista metodológico. Por otra, una revista médica de prestigio, *The New England Journal of Medicine,* en un editorial de junio de 1985, redactado con motivo de la publicación de un discutido trabajo sobre enfermos de cáncer, llegó a afirmar: «Es hora ya de que admitamos que la creencia en la existencia de una relación directa entre enfermedad y estado mental es puro folklore».

Apresurémonos a señalar, aun antes de empezar a aportar algunas de las pruebas sólidas existentes en favor de la hipótesis de la influencia de los factores psicológicos en la evolución del cáncer, que ciertos estímulos estresantes, por vía psicológica, son capaces de alterar la capacidad de respuesta inmunológica del organismo humano ante una situación patógena.

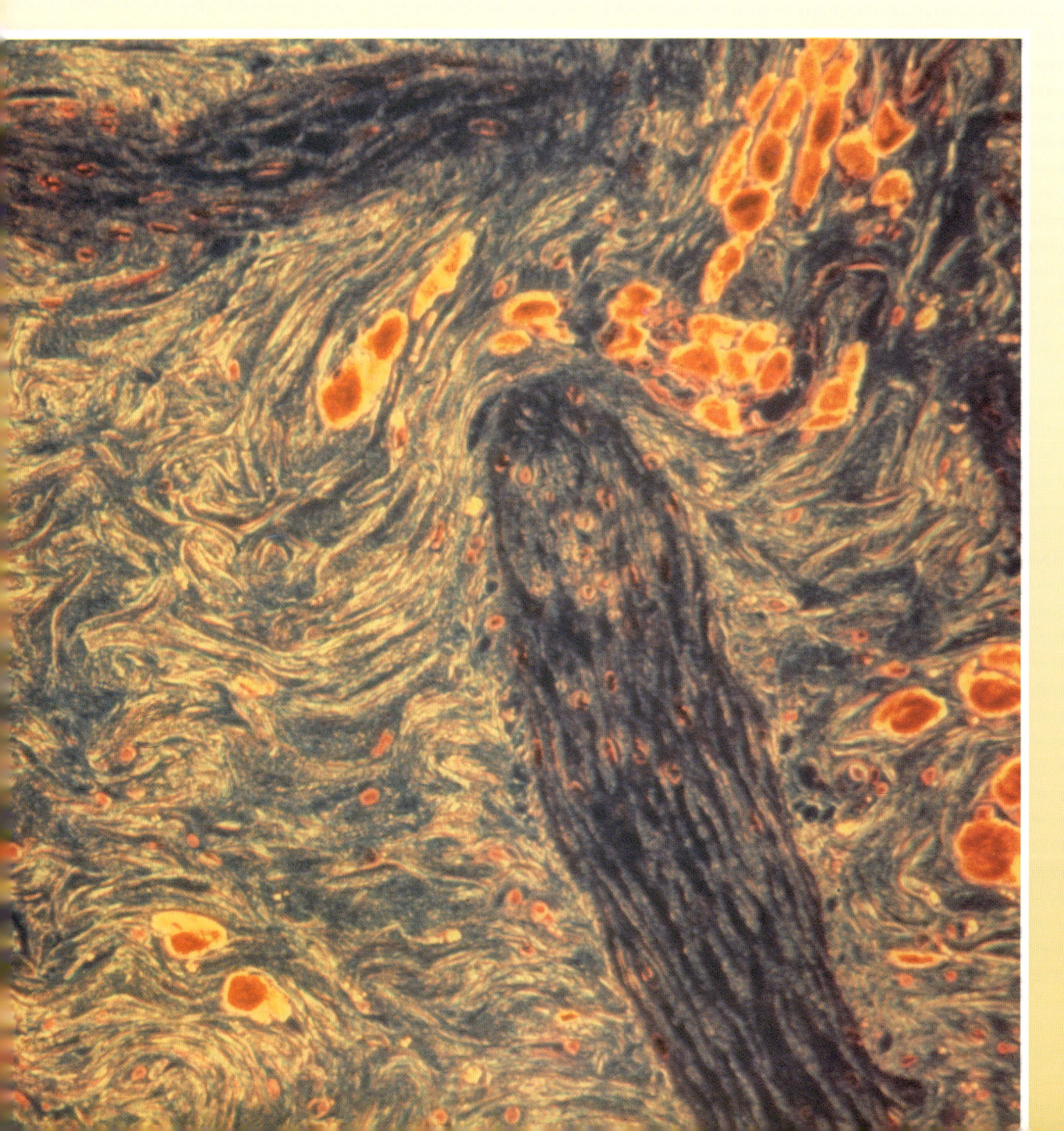

En la actualidad, existe un campo de investigación básica denominado *psiconeuroinmunología,* el cual tiene por misión el estudio de las relaciones entre el sistema nervioso central, el sistema inmunológico y el sistema endocrino, y puede ya presentar gran cantidad de datos experimentales en apoyo de la estrecha interacción entre los tres sistemas. Se plantea así la posibilidad de que los tratamientos psicológicos puedan usarse como terapias de apoyo para modificar la respuesta inmunológica, tanto en enfermedades amenazadoras para la vida, como en otras menos graves.

En el ámbito de la investigación humana existen una serie de trabajos de especial importancia relacionados con el tema del cáncer. En primer lugar merece destacarse el trabajo del equipo de Spiegel, publicado en *The Lancet*, en 1989, el cual, utilizando una metodología científicamente estricta, pone de relieve que una intervención psicológica sencilla, consistente en una psicoterapia de apoyo administrada a grupos numerosos, en sesiones semanales de noventa minutos de duración, a lo largo de un año, es capaz, no sólo de mejorar la calidad de vida de las enfermas de cáncer avanzado, sino también de incrementar de forma significativa su supervivencia.

También hay que resaltar el trabajo del equipo de Fawcy, publicado en *Archives of General Psychiatry*, en 1993, el cual muestra que una intervención psicológica sencilla de seis semanas de duración, proporcionada en grupo a enfermos recién operados de melanoma, es capaz, como en el caso anterior, de mejorar su supervivencia. El tratamiento consiste en informar a los pacientes sobre su enfermedad; en entrenarlos en técnicas de relajación y manejo del estrés; en adiestrarlos en habilidades de afrontamiento y soporte emocional. Al cabo de seis años de la intervención, los resultados muestran que en el grupo sometido a intervención psicológica, de los 34 enfermos iniciales, tres habían muerto y a cuatro se les había reproducido el melanoma, mientras que en un grupo de control sin tratamiento, de los 34 enfermos iniciales, diez habían muerto y a otros tres se les había reproducido el melanoma.

Cabe mencionar además el trabajo del equipo de Greer, publicado en *The Lancet*, el cual, en una investigación longitudinal de más de quince años de duración, con 62 pacientes con cáncer de mama no metastático, encuentra que las mujeres que se enfrentan abiertamente a su enfermedad o la niegan en los primeros meses que siguen al diagnóstico, poseen unas tasas de reaparición de la enfermedad muy inferiores a las que la afrontan con actitudes fatalistas o depresivas.

Finalmente, merece destacarse el trabajo del equipo de Phillips, aparecido en la misma publicación en 1994, que adopta como punto de partida el hecho de que en la cultura china existe la creencia de que, si las personas han nacido en un año terminado en 8 o 9, son más propensas a morir de cáncer. El estudio demuestra cómo tales expectativas reducen la longitud de vida de las personas de estas características que desarrollan un tumor.

En resumen, aun cuando los efectos,

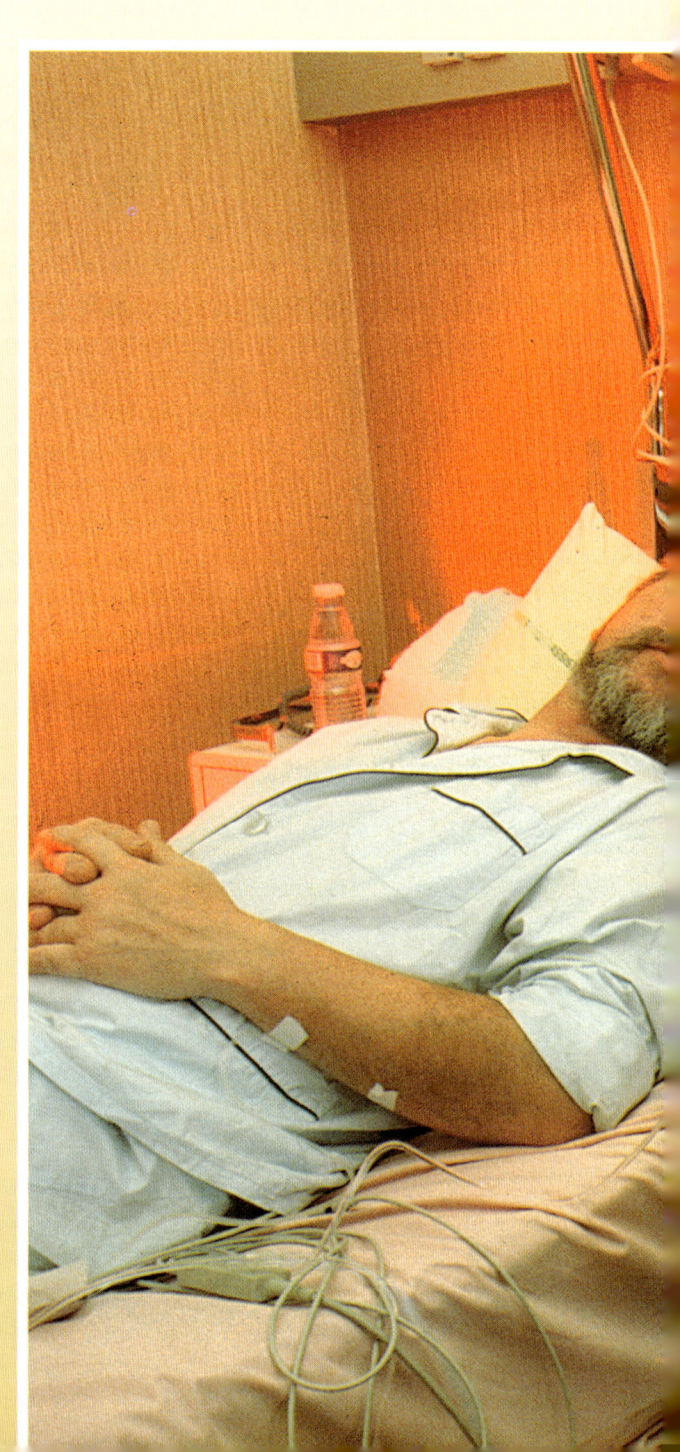

beneficiosos o perjudiciales, de las variables psicológicas sobre la evolución del cáncer no se encuentran todavía inequívocamente demostrados, es muy probable la hipótesis de que, al mejorar la calidad de vida de los pacientes oncológicos y su forma de afrontar la enfermedad, mediante la adopción de unas buenas estrategias de comunicación y soporte emocional por parte del personal sanitario, se facilita la mejora biológica del organismo enfermo. No ocurre lo mismo con la postura que concibe el cuerpo y la mente como entidades separadas y sostiene que la misión del personal sanitario debe limitarse a resolver, reparar o compensar con todos los medios quirúrgicos, tecnológicos y medicamentosos a su alcance, los problemas de los tejidos y los funcionales. En la actualidad, a la vista de los datos existentes, esta última postura es, a nuestro juicio, no solo anticientífica sino, posiblemente, poco ética.

Ramón Bayés Sopena
Catedrático de Psicología Básica

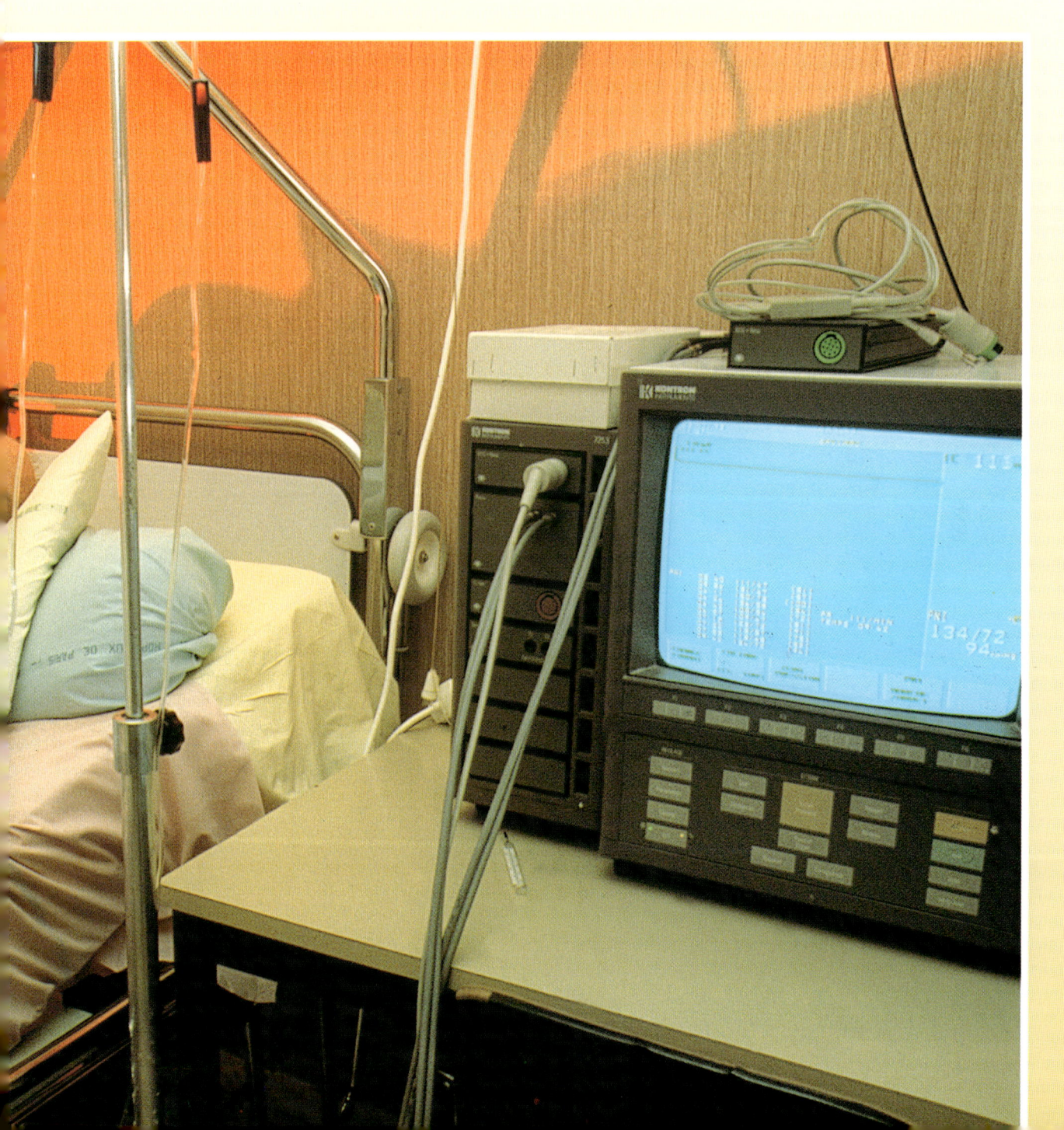

ESTAR Y SER ENFERMO

La carga de ansiedad que experimenta el enfermo está motivada también por la falta de control sobre los acontecimientos. De ahí la importancia de propiciar una participación activa en los tratamientos.

La acción directa sobre la respuesta de ansiedad tiene lugar en la mayoría de los procesos preoperatorios a través de la administración de sedantes.

Sin embargo, y sólo en aquellos casos en los que la previsión de la intervención lo permita, se deberá entrenar al enfermo en técnicas de relajación con la intención de evitar o disminuir el uso de medicación.

En este caso particular todavía queda por recorrer un largo camino antes de cubrir las necesidades existentes.

De todas formas, en los últimos tiempos se ha dado un avance considerable en el paso de una medicina plenamente biologicista a una postura más amplia e inteligente, que tiene en cuenta los aspectos sociales y psicológicos de la persona enferma.

¿Cómo es posible que un amigo, a quien visité horas antes de entrar en el quirófano, estuviera muy tranquilo y me dijera que el médico le había dicho que la operación iba a ser muy dolorosa?

➡ Varios estudios indican que la información realista acerca de lo que se puede esperar antes, durante y después de la intervención quirúrgica, y algunos buenos consejos tienen la virtud de reducir la ansiedad, pues el paciente ya sabe con lo qué se va a encontrar y se siente más capaz de afrontar los hechos.

Capítulo 24

MEDICINA PSICOSOMÁTICA

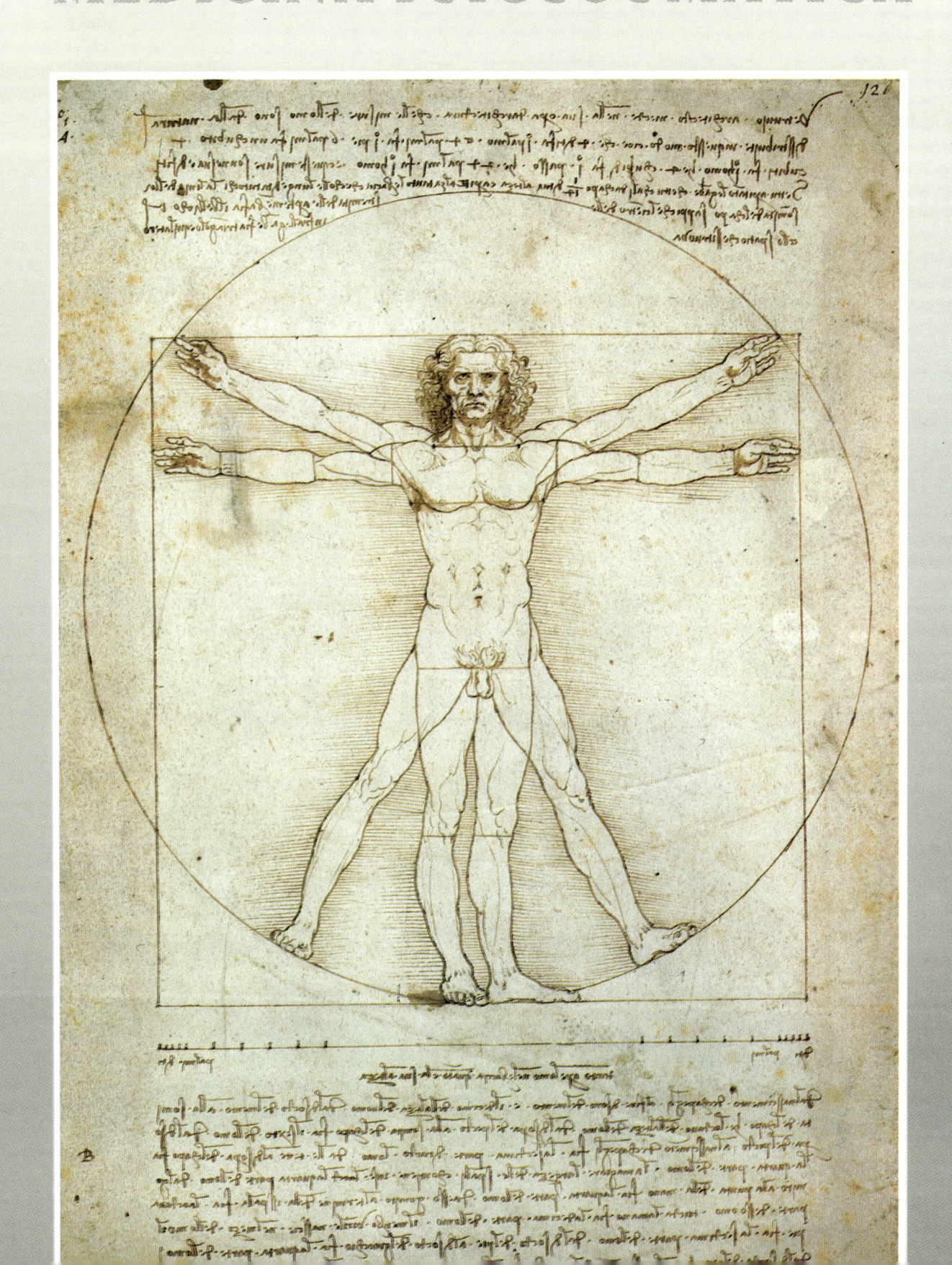

MEDICINA PSICOSOMÁTICA

La mente agobiada y el cuerpo sufriente

Que las emociones que experimentamos cotidianamente provocan cambios pasajeros en nuestro organismo es un hecho demostrado sobre el que no existe controversia. Una emoción común, como es el miedo, no sólo se aprecia en la expresión de la cara, sino que también genera cambios fisiológicos internos, como pueden ser la taquicardia, las palpitaciones, la sudoración, la piloración (piel de gallina), la sequedad en la boca o el aumento de la tensión muscular. Pero las emociones, además de estos cambios de los que nos podemos dar cuenta más fácilmente, también causan modificaciones en la estructura o en el funcionamiento de los órganos internos de nuestro cuerpo. Ciertamente, ha costado mucho más tiempo y esfuerzo descubrir esos cambios internos a los que hacemos referencia pero, al final, han sido muy bien descritos por los investigadores y científicos.

Uno de los primeros en explicar cómo reacciona internamente nuestro organismo ante las emociones fue un médico llamado William Beaumont. Hace ahora algo más de noventa años, Beaumont tuvo que tratar a un paciente que, a raíz de un accidente, tenía parte de su mucosa gástrica al aire. De este modo tan casual pudo ver con sus propios ojos cómo, cuando el paciente sentía miedo, las secreciones normales en el aparato gastrointestinal disminuían, haciendo que el aspecto y el color del intestino lo hicieran desagradable a la vista. Hoy en día nadie se permite dudar de que hay aspectos psicofisiológicos que acompañan a las emociones, y que éstas, a su vez, modifican nuestra respuesta fisiológica. Dicho de otra forma, la mente que se agobia hace sufrir a su cuerpo y viceversa.

Un tipo especial de enfermedad

Muchas de las personas que acuden a diario en busca de ayuda a las consultas médicas se quejan, sobre todo, de problemas de salud en los que los aspectos somáticos y psíquicos se combinan, dando origen a un tipo especial de enfermedad. Estas personas sufren, por lo general, de una dolencia somática en particular, que afecta a su aparato respiratorio (como por ejemplo, las reacciones asmáticas), o gastrointestinal (como las úlceras gástricas), o cardíaco (como en el caso de la hipertensión). La esencia fundamental de estas dolencias es que están mediatizadas por factores psicológicos que las agravan o, en ocasiones, incluso las llegan a provocar. En este caso se dice que la persona sufre una enfermedad psicosomática.

Hay que resaltar que, aunque se habla de que algunos factores psicológicos están detrás de los síntomas físicos, estos síntomas son lo más importante, lo más llamativo y el motivo de la consulta al médico. Lo psicosomático no puede ser entendido como «algo» somático originado por «algo» psicológico, sino como una enfermedad resultado de la interacción de condiciones somáticas y psicológicas que coinciden en una per-

PREGUNTAS Y RESPUESTAS

¿Por qué un problema psicológico puede llegar a ocasionar un problema médico?

El cerebro, como centro de control del pensamiento, la conducta y el funcionamiento orgánico, constituye el vínculo esencial entre los factores psicológicos y las reacciones fisiológicas, lo cual explica la íntima relación entre los problemas psicológicos y el funcionamiento de nuestro cuerpo.

sona en concreto. Las quejas de esta persona son reales, severas y requieren de un tratamiento médico para obtener la curación o el control de la sintomatología. En caso de no recibir el tratamiento médico correcto, la enfermedad psicosomática podría llegar a poner en peligro la vida del paciente. No obstante, los conocimientos actuales aconsejan que para obtener una completa desaparición de los síntomas no basta sólo el tratamiento médico de la enfermedad física, sino que es necesaria la colaboración terapéutica de otros profesionales, como psiquiatras o psicólogos, que complementan el tratamiento, brindando atención a los posibles factores psicológicos que intervienen.

En la enfermedad psicosomática se ve cómo una enfermedad física (por ejemplo, la colitis ulcerosa, el síndrome de Raynaud o la propia enfermedad de Crohn) es causada, mantenida o modificada por ciertos rasgos personales de la persona afectada, por circunstancias estresantes de su vida cotidiana, o por su propio estilo de vida, siendo muy común que vaya acompañada por otras quejas físicas o psicológicas más o menos confusas, como pueden ser malestar general, dolor o depresión. Los enfermos bajo estas condiciones llegan a quejarse de «tener los nervios a flor de piel», están convencidos de poseer una «salud endeble» o, lo que es más común, de «no poder disfrutar de la vida». Pro-

La angustia, el aislamiento afectivo, las situaciones vividas como una amenaza, los largos períodos de tensión, las dificultades para expresar los sentimientos o para comunicarse pueden derivar en un tipo especial de enfermedad, la enfermedad psicosomática.

MEDICINA PSICOSOMÁTICA

Cuando es demasiado tarde...

Por lo general, la persona que padece un trastorno psicosomático no se da cuenta del estado emocional en que vive hasta que ya es demasiado tarde.

Día a día, durante períodos de tiempo prolongados ha estado bajo tensión, demasiado irritada o demasiado angustiada.

Lentamente, sin que ella se diera cuenta, se han ido produciendo cambios fisiológicos en su organismo que obedecían a ese estado de ánimo más o menos alterado en que vive. En realidad, esas alteraciones en el organismo son moderadamente intensas al principio pero, como se mantienen durante mucho tiempo, logran dañar tejidos, órganos e incluso sistemas del organismo, lo que da origen a la enfermedad psicosomática.

Pudiera ser que la persona no acepte las explicaciones que su médico le proporciona y, como consecuencia, desconfíe de la eficacia de los tratamientos sugeridos. En otras ocasiones, puede sentirse incluso molesta de que le sugieran que en su dolencia, las condiciones de su trabajo, o las dificultades por las que atraviesa su familia, influyen en lo que está sintiendo. En estos casos, la persona suele ser reacia a considerar que los síntomas físicos que experimenta tengan que ver con alguna causa no orgánica.

Muchas veces esta dificultad se debe a que resulta difícil entender cómo se originan estas enfermedades y cómo algo enteramente orgánico, por ejemplo una úlcera de estómago o el aumento de la tensión arterial, puede ser modificado por factores psicológicos.

Es más que probable que esa dificultad que tenemos en la actualidad para asociar lo físico y lo psíquico se deba a que, tradicionalmente se ha considerado que las alteraciones orgánicas, propias de nuestro cuerpo, y las alteraciones psíquicas, propias de nuestra mente, pertenecen a mundos distintos y han sido separadas debido, sobre todo, a la influencia del llamado «dualismo cartesiano» por el que se establece una dicotomía entre mente y cuerpo.

La mente que se agobia hace padecer al cuerpo y viceversa. La fatiga prolongada y las situaciones estresantes pueden provocar reacciones fisiológicas en el organismo, que responden al estado de ánimo alterado en que vive la persona.

bablemente hayan cambiado su dieta, sus quehaceres cotidianos o sus relaciones sociales para adaptarse a los síntomas o, al menos, para no agravarlos más. Esos factores psicológicos, además de agravar los síntomas, pueden precipitarlos en los momentos más inoportunos o, incluso, afectar a otras patologías somáticas que pudiera estar sufriendo la persona a la vez que el trastorno psicosomático, confundiendo y enmascarando con ello esta otra enfermedad física.

LA MENTE AGOBIADA Y EL CUERPO SUFRIENTE

*Grabado del **Tratado del hombre**, obra de Descartes, cuyo pensamiento ha influido profundamente en la idea de que el cuerpo y la mente constituyen mundos autónomos. La polémica acerca de si lo psíquico y lo somático pertenecen a mundos diferentes o se relacionan íntimamente, aún pervive en la actualidad si bien hoy prima el concepto de salud global.*

La dualidad mente-cuerpo

El antecedente más reciente de una visión dicotomizada del ser humano se encuentra en la filosofía cartesiana. En el siglo XVII René Descartes (1596-1650) creyó que la mente (alma) y el cuerpo (soma) provenían de naturalezas completamente distintas, lo que dio origen al llamado «dualismo cartesiano». Decir que la mente y el cuerpo son entidades separadas no es, sin embargo, una idea original de Descartes. Para Platón (427-348 a.C.) la dualidad entre alma y soma representaba la relación entre dos mundos: el mundo de la realidad —de las ideas—, un mundo eterno y racional; y el mundo del cambio —de las sombras—, un mundo material y efímero. La psique era la vida racional y tenía la misión de animar biológicamente al cuerpo. La psique era para Platón independiente del cuerpo y disfrutaba de una existencia propia. Esta visión acerca del cuerpo y de la mente inspiró en gran parte la filosofía de la Edad Media,

¿Es válido considerar que un disgusto puede causar una enfermedad psicosomática?

➤ No, un mal trago difícilmente puede desencadenar una enfermedad psicosomática. Un trastorno de este tipo no es consecuencia de uno o más disgustos por importantes que sean, sino de una prolongada situación estresante o de ciertos modos de comportamiento, hábitos, rasgos de personalidad, etc.

585

MEDICINA PSICOSOMÁTICA

época durante la cual incluso el estudio de las funciones de la psique quedó por completo olvidado hasta la aparición de la filosofía cartesiana.

El pensamiento cartesiano

Descartes, a diferencia de Platón, creyó desde el primer momento que la psique debía estudiarse científicamente para poder ser comprendida.

En su pensamiento filosófico se afirmaba que la mente y el cuerpo provenían de naturalezas diferentes. Sin embargo, se reconocía al mismo tiempo que la mente y el cuerpo se influían mutuamente, sugiriendo que esa influencia se transmitía a través de la que denominó «glándula pineal». De este modo, lo espiritual influía en lo material, pero también lo psíquico podía llegar a ser alterado por el cuerpo. Con Descartes se inició el estudio científico de la mente y debido a su enorme influencia, su pensamiento abrió las puertas, por aquel entonces cerradas, a la psicofisiología. La filosofía cartesiana comparte el punto de vista de Platón de que mente y cuerpo son aspectos independientes (dualismo cartesiano) pero, a diferencia de éste, Descartes creía que ambos influían uno en el otro. El pensamiento cartesiano es hoy en día reconocido por haber sugerido la mutua influencia de lo somático y lo psíquico a través de una glándula especial. Pero también es criticado por haber mantenido la dualidad entre cuerpo y mente. La doctrina defendida por Descartes trajo como consecuencia que el estudio del soma se diferenciara del estudio sobre la psiquis pero, paradójicamente, también representó un punto de partida para la futura investigación psicofisiológica.

En realidad, la polémica acerca de si lo psíquico y lo somático interactúan entre sí o si pertenecen a naturalezas completamente diferentes ha estado presente de una u otra forma a lo largo de más de dos mil años. La defensa del dualismo cartesiano ha calado muy hondo en la cultura y la medicina occidental, hasta el punto de haber condicionado el avance del conocimiento científico, lo que trajo consigo que durante muchos años se hayan estudiado mente y cuerpo como dominios separados. Aún en la actualidad, cuando el concepto de salud es global y se entiende como un estado de completo bienestar físico, mental y social, todavía se hace la distinción entre salud y salud mental, como si la segunda no formara parte de la primera.

Hipócrates consideró al cuerpo y la mente como un todo indivisible, e intuyó que los aspectos biológicos estaban vinculados a los psíquicos.

Medicina psicosomática: en busca de las raíces

Que los aspectos somáticos y psíquicos interactúan entre sí dando origen a los trastornos psicofisiológicos es una idea tan antigua como la propia humanidad. Algunos pensadores antiguos, adelantándose muchos años a los descubrimientos científicos, llegaron a afirmar que era posible localizar en el cerebro determinadas funciones psíquicas, como por ejemplo, las emociones. En la Antigüedad se pensaba que para entender las enfermedades era preciso comprender cómo interactuaban el cuerpo y la mente, lo que constituiría el primer antecedente de la medicina psicosomática. Casi 2500 años antes de Cristo, en la antigua Babilonia, se sugirió que la mente podía hacer enfermar al cuerpo; y muchos años antes, el emperador y estudioso Huang-Ti (2697-2597 a.C.) dejó descritas algunas de las que hoy denominaríamos enfermedades psicosomáticas.

Pero sin duda, uno de los pilares de una visión naturalista del individuo, opuesta al dualismo mente y cuerpo de Platón, tiene en Hipócrates (460-375 a.C.) su más eminente representante. Aunque sin negar la existencia de un alma racional y de otra irracional, Hipócrates entendió que mente y cuerpo eran un todo indivisible, y que las alteraciones de la conducta, o las enfermedades mentales, eran sólo atribuibles a algún defecto orgánico.

Hipócrates intuyó que los aspectos biológicos estaban estrechamente ligados a los psíquicos y prueba de ello es su teoría acerca del carácter. Según esta teoría existían en el organismo, como elementos fundamentales, cuatro humores: sangre, linfa, bilis negra y bilis amarilla, y afirmaba que de su correcta proporción en el organismo dependía la salud. Mediante esta «teoría de los humores» Hipócrates llegó a definir cuatro temperamentos que dependían del predominio de uno de los humores sobre los otros tres. De este modo, sugirió por ejemplo que un predominio de la bilis amarilla determinaba una conducta colérica o irascible; mientras que la melancolía, la tristeza y la apatía estaban asociadas a un

Perspectivas sobre la enfermedad psicosomática

Escuela psicoanalítica
Las ideas de Sigmund Freud sobre el psiquismo humano constituyen el punto de partida de esta orientación teórica a la que se debe el haber despertado el interés de científicos de diferentes disciplinas sobre las enfermedades psicosomáticas. No obstante, lo que se llama el «paradigma psicosomático» no fue impulsado por Freud sino por otros investigadores como F. Alexander y F. H. Dunbar, quienes ampliaron muchos de los conceptos psicoanalíticos propuestos por el fundador de esta escuela al campo de los trastornos psicosomáticos.

Su método de estudio de las relaciones entre cuerpo y mente dio lugar a los conceptos de «neurosis de los órganos» y «lenguaje de los órganos». Ambos conceptos representan que el cuerpo manifiesta mediante síntomas somáticos concretos los conflictos psíquicos que vive el individuo. Desde esta perspectiva teórica se considera que cada una de las alteraciones psicosomáticas está relacionada con un tipo concreto de conflicto psíquico, las más de las veces a nivel inconsciente. Posteriormente, dentro de esta misma escuela se pensó que, además de ciertos conflictos psíquicos, era posible que la aparición de los trastornos psicosomáticos estuviera directamente relacionada con ciertas características de personalidad. Así se describió la personalidad asmática, la personalidad hipertensa o la que provocaba trastornos gastrointestinales.

Escuela fisiológica
Aunque el precursor inicial de esta escuela es Walter B. Cannon, las investigaciones que más han contribuido al desarrollo de este modelo teórico acerca de las relaciones entre ambiente y fisiología se deben a Hans Selye y, en concreto, a la descripción del Síndrome General de Adaptación, proceso mediante el cual los individuos reaccionan ante las amenazas que perciben de su entorno.

Según los propulsores de esta escuela, los trastornos psicosomáticos son producto de reacciones fisiológicas que se dan cita en un organismo que vive durante un tiempo prolongado bajo una situación que considera de amenaza.

Escuela reflexológica
Nace en Rusia de la mano sobre todo de Ivan Pavlov, quien demostró experimentalmente que las alteraciones psicofisiológicas, las cuales pueden dar lugar a la aparición de un trastorno psicosomático, podían generarse al asociarse la reacción fisiológica normal con la aparición de algún estímulo ambiental, merced a un procedimiento que se conoce como «condicionamiento clásico». De este modo, se sugería que cambios internos del organismo del individuo podían asociarse a ciertas condiciones de su ambiente externo.

Escuela conductual
Relacionada con la escuela reflexológica, puso de manifiesto que era posible aprender a controlar las respuestas viscerales del propio cuerpo. De este modo, el ritmo del corazón, la presión arterial o las contracciones intestinales podían alterarse a voluntad. Las investigaciones llevadas a cabo en Estados Unidos por Neal E. Miller abrieron un vasto campo de aplicación de nuevas técnicas terapéuticas englobadas bajo la denominación de *biofeedback*.

Escuela sociológica
Según esta escuela, en la aparición de un trastorno psicosomático desempeñan un papel determinante los denominados «acontecimientos vitales» que un individuo ha vivido en el último año. De tal modo que se llega afirmar que determinados cambios en la vida (ya sean positivos o negativos) aumentan la probabilidad de desarrollar una enfermedad en el futuro. La práctica clínica ha demostrado que este planteamiento es cierto en muchos casos.

En las personas que dicen «tener los nervios a flor de piel», que están convencidas de su mala salud y de no poder disfrutar de la vida, los rasgos personales pueden causar, mantener o precipitar una enfermedad física.

exceso de bilis negra. Para Hipócrates, por tanto, no había duda alguna de que lo somático y lo psíquico se asociaban estrechamente dando origen al carácter.

Otros pensadores clásicos como Aristóteles (384-322 a.C.), o científicos como Galeno (129-199 d.C.), postularon también una visión más naturalista de las facultades psíquicas e insinuaron que éstas podían estar involucradas en las enfermedades físicas. En realidad, estos pensadores se adelantaron a nuestra época y llegaron a afirmar que la salud depende no sólo de lo que «tenemos» sino también de lo que hacemos o dejamos de hacer y, cómo no, de lo que pensamos y, especialmente, de cómo lo pensamos.

Freud y la histeria

La actual visión de cómo interactúan los procesos biológicos y psicológicos en un individuo y provocan la aparición de algún tipo de enfermedad tuvo sus precursores más inmediatos en los trabajos de Sigmund Freud, Ivan Pavlov y Walter Bradford Cannon.

A principios de este siglo Freud (1856-1939) dedicó sus afanes a explicar una curiosa enfermedad mental. Había enfermas (en esta enfermedad la mayoría eran mujeres) que afirmaban que no podían ver o que no podían andar, cuando en realidad sus ojos y sus músculos se hallaban completamente sanos y no estaban impedidos para ver y andar. Freud se preguntó cómo era posible que esas mujeres, aún cuando estuvieran sometidas a un estado de tensión emocional muy severo, pudieran actuar como si realmente se hubieran quedado ciegas o inválidas. La ceguera y la parálisis constituían síntomas histéricos muy característicos y Freud pensó que determinados procesos psíquicos (que atribuyó a fuerzas inconscientes en el individuo), de los que el paciente no era plenamente consciente, debían ser los responsables de esa enfermedad. En un principio se creyó que la histeria era una enfermedad en la

Enfermedad psicosomática y psicoanálisis

Asma
Se ha sugerido una gran similitud entre el llanto infantil y los sonidos emitidos en las crisis asmáticas, lo que ha hecho que sean consideradas como crisis de llanto inhibidas. Las crisis asmáticas han sido interpretadas como un temor infantil a perder el amor materno.

Úlcera duodenal
Los enfermos con una úlcera duodenal se ha visto que están sometidos a un conflicto interno entre un deseo de pasividad y de ser protegidos de los demás (dependencia) y las expresiones de independencia que realiza el individuo para autoafirmarse.

Colon irritable
La interiorización de conflictos que no son «ventilados» adecuadamente por el paciente ha sido considerada tradicionalmente como uno de los factores que puede precipitar esta enfermedad psicosomática.

Enfermedad coronaria
En muchos enfermos se ha descrito un deseo latente de dependencia junto a una cierta rivalidad, a nivel inconsciente, con la figura del padre.

---

que auténticos síntomas físicos eran causados por fuerzas psíquicas inconscientes. Por esta razón, a principios de este siglo se llegó a pensar también que los síntomas psicosomáticos podían ser explicados a partir de esas mismas fuerzas psíquicas y, por tanto, que ambos tipos de enfermedades podrían tener una explicación parecida. De este modo, las enfermedades psicosomáticas fueron inicialmente estudiadas por los investigadores de la escuela psicoanalítica que continuaron la labor iniciada por Freud. La mayoría de estos investigadores se inclinaban a pensar que esos conflictos inconscientes a los que Freud aludía podrían explicar cómo se producían las enfermedades psicosomáticas.

Hoy se sabe que la histeria y las enfermedades psicosomáticas nada tienen que ver. Mientras que los síntomas histéricos están siempre relacionados con síntomas fisiológicos que dependen del llamado control voluntario del sistema nervioso, los síntomas psicosomáticos se encuentran relacionados con la actividad del sistema nervioso autónomo. Pero, paradojas de la historia, podemos afirmar que lo que más impulsó el estudio de las enfermedades psicosomáticas fueron, curiosamente, los avances de la escuela psicoanalítica en el tratamiento de la histeria. La mayor aportación de Freud a la medicina psicosomática fue, precisamente, ese impulso que dio a la psicoterapia.

Pavlov, un precursor

Prácticamente a la vez que Freud desarrollaba su teoría, tuvieron lugar las investigaciones sobre la fisiología del sistema digestivo en perros, realizadas en Rusia por Pavlov (1849-1936). Sus resultados obtuvieron una gran difusión merced a la obtención del premio Nobel en 1904, lo que impulsó decididamente la denominada «escuela reflexológica». Pavlov se percató de que los perros con los que experimentaba producían secreciones de jugos gástricos cuando aparecía alimento en su estómago, pero también, y esto era lo sorprendente, en otros momentos. Identificó que ciertos estímulos del entorno del animal (a los que llamó estímulos «condicionados»), que no tenían inicialmente ninguna relación con la comida (a la que consideró como estímulo «incondicionado»), eran asociados por el perro con el momento en que era alimentado. De este modo, estímulos neutros adquirían un significado especial para el animal, significado que explicó en términos de asociación de una serie de estímulos con el

---

¿La agresividad puede causar una enfermedad psicosomática?

Cada vez que nos enojamos, nuestro cuerpo se prepara para «luchar». Sucede entonces que los vasos sanguíneos se estrechan (alta tensión) para facilitar la rápida circulación de la sangre hacia aquellas partes del organismo que más lo necesitan en ese momento (los músculos y el cerebro). De esta forma, las personas que se irritan con facilidad por cualquier cosa son muy propensas a padecer hipertensión.

MEDICINA PSICOSOMÁTICA

El estrés está considerado el primer causante de las diferentes enfermedades psicosomáticas, especialmente en aquellas personas que poseen temperamentos reactivos. Un violento choque afectivo, una tensión emocional persistente tienen los mismos efectos somáticos que una larga exposición al frío o al calor intensos: modificaciones del pulso, de la tensión arterial, etc.

alimento. Pavlov se dio cuenta de que los estímulos neutros, presentados varias veces junto a un estímulo incondicionado, se asociaban, convirtiéndose el estímulo neutro en estímulo condicionado, merced a lo que se conoce como «condicionamiento clásico». En experimentos posteriores, Pavlov demostró la relación entre estímulos ambientales, el sistema nervioso vegetativo y la aparición de determinadas lesiones físicas.

La escuela fisiológica

Por su parte, Cannon (1871-1945) se interesó por los efectos patógenos del estrés y, particularmente, por el grado de estrés que un individuo podía llegar a neutralizar por sí mismo. Sus trabajos de investigación y sus observaciones han dado lugar a la llamada escuela fisiológica de las enfermedades psicosomáticas. Cannon introdujo el concepto de estrés en fisiología y lo hizo para referirse a aquel estímulo que provocaba una reacción de lucha o de huida en el organismo. Para él cada individuo poseía capacidades distintas para tolerar o superar el estrés. Por esta razón, se preocupó de desarrollar un método que le permitiera determinar ese nivel máximo de estrés que cada organismo podía tolerar.

Otro de los conceptos claves en la medicina psicosomática, el de «homeostasis», también fue introducido por Cannon. Ante una amenaza, el organismo se activa y prepara para la acción, merced al sistema nervioso simpático que le procura energía, tensa los músculos, activa el corazón, etcétera, cumpliendo así, según Cannon, una función primordial, la de preservar la vida en situaciones de alarma. Por esta razón, se interesó por la manera en que determinadas emociones, como el dolor, el miedo, la sed, el hambre y la ira, podían llegar a afectar a los sistemas fisiológicos inervados por el sistema nervioso simpático. Cannon pensaba que los mecanismos fisiológicos del organismo se coordinan de una forma extremadamente compleja que busca el equilibrio, y de ahí su idea de la homeostasis. Este planteamiento impulsó un punto de vista alternativo a la escuela psicoanalítica, mucho más mecanicista, y más próximo a lo somático.

¿Cómo surge la enfermedad psicosomática?

¿Por qué hay personas que fracasan al adaptarse a ciertas reacciones estresantes y desarrollan una enfermedad psicosomática mientras que a otras no les sucede lo mismo? ¿Por qué hay personas más propensas que otras a padecer una enfermedad psicosomática? ¿Por qué ciertas personas que manifiestan síntomas psicosomáticos desarrollan asma, mientras que otros desarrollan úlceras o hipertensión?

Estas preguntas han representado, desde principios de este siglo, los más importantes interrogantes para la medicina psicosomática. En un primer momento, desde finales de la década de los veinte y hasta prácticamente el inicio de la década de los sesenta, la influencia de la escuela psicoanalítica hizo que se interpretaran los trastornos psicosomáticos como la expresión física de frustraciones y conflictos inconscientes de la persona.

Desde esta perspectiva teórica se explicaban los síntomas psicosomáticos a partir de los denominados «mecanismos de defensa», de «conversión» y «represión», que Freud había descrito. Según este punto de vista, un conflicto, o mejor, la incapacidad del individuo para resolver ese conflicto, provocaba un aumento de la tensión psíquica que experimentaba el individuo lo que, a su vez, le provocaba una intensa ansiedad, sentimientos depresivos y una cierta hostilidad. En ese momento hacían aparición los mecanismos de conversión y de represión.

El mecanismo de conversión es clave para entender la visión psicoanalítica de cómo se producen los síntomas psicosomáticos. Conversión significa que un conflicto psíquico muy importante para el sujeto, y que él no puede solucionar, es resuelto de manera inconsciente canalizando la energía personal hacia el propio cuerpo, manifestándose esta energía a través de los síntomas físicos. Mediante el mecanismo de defensa de represión, el individuo, en forma involuntaria, encierra en su inconsciente aquellas ideas o impulsos que le resultan insoportables o dolorosos, evitando así la vergüenza, la culpa o la pérdida de la estima personal. Al interiorizar el conflicto se supone que esa energía llega a provocar el síntoma psicosomático.

Teoría de la personalidad específica

Es probable que los pacientes psicosomáticos muestren ciertos rasgos de personalidad que los hacen muy característicos, como una gran dificultad para fantasear, o que tienden a expresar sus

> *Desde el punto de vista psicoanalítico, la incapacidad de resolver un conflicto psíquico, que se da la mayoría de las veces a nivel inconsciente, es la causa desencadenante del aumento de la tensión psíquica, la cual a su vez deriva en ansiedad, agresividad y sentimientos depresivos.*

MEDICINA PSICOSOMÁTICA

La artritis reumatoide, afección del aparato locomotor caracterizada por la inflamación de las articulaciones, es a veces un trastorno psicosomático que se produce como respuesta del organismo a estados emocionalmente alterados, al hecho de vivir bajo constante conflicto.
Desde la teoría del «conflicto específico» la enfermedad psicosomática no sería otra cosa que una respuesta del cuerpo sometido a una tensión insoportable y permanente.

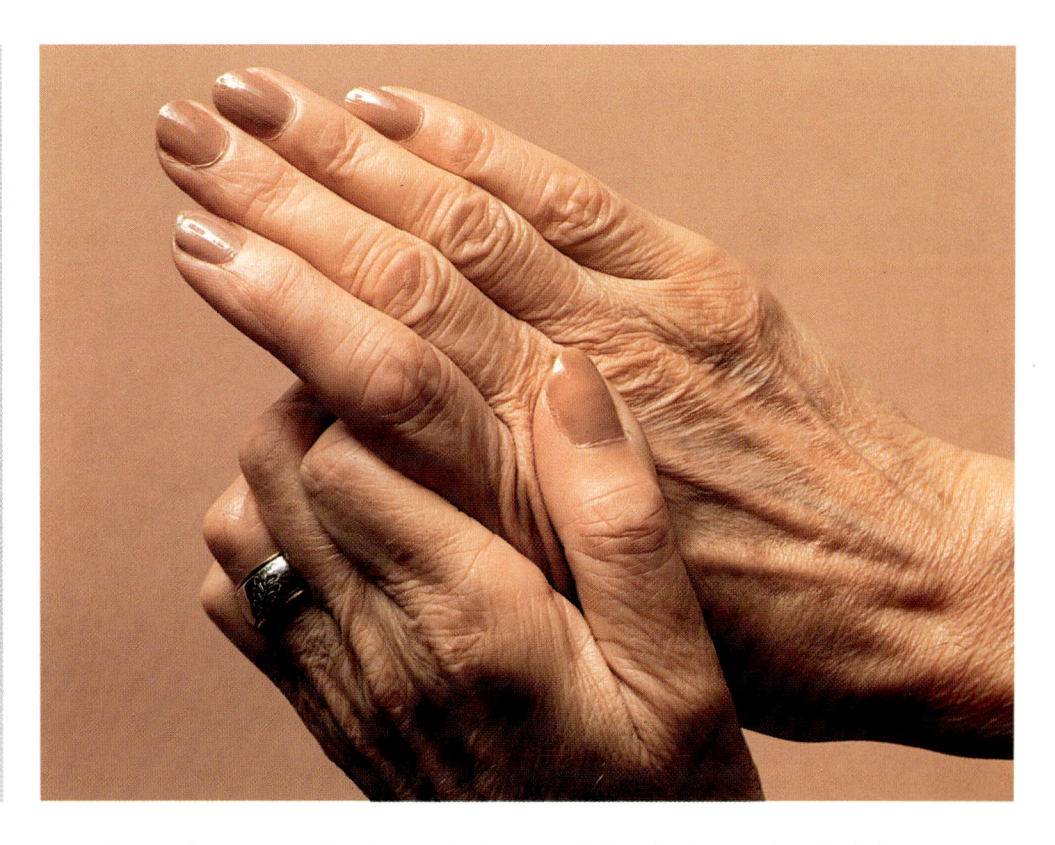

¿ Dos personas psicológicamente parecidas y sometidas a la misma situación de estrés, ¿han de sufrir la misma enfermedad psicosomática?

➡ No todas las personas que comparten una misma característica psicológica compartirán una misma enfermedad física. Por ejemplo, la respuesta ante el estrés afecta a muchos sistemas, desde el digestivo al circulatorio, y por tanto, responder de determinada manera ante el estrés nos hará vulnerables a una amplia gama de enfermedades, y no únicamente a la cardiopatía.

emociones de manera inadecuada, lo que les provoca un estado de tensión crónica. Es por esta razón que H. Flanders Dunbar, en la década de los treinta, acuñó la frase «...con frecuencia es más importante saber qué clase de paciente tiene la enfermedad, que saber qué enfermedad tiene el paciente...». Él, a la hora del pronóstico, atribuía más importancia a cómo era el paciente que a la propia enfermedad que padecía.

Años más tarde, dos cardiólogos hallaron casualmente cómo muchos de los pacientes con enfermedades coronarias, especialmente quienes sufrían un infarto, mostraban ciertas características en su forma de actuar y de ser, que denominaron Patrón tipo A. Estas características eran más comunes entre los hombres, entre quienes vivían en grandes zonas urbanas y entre quienes tenían una profesión liberal. Numerosas investigaciones posteriores han permitido llegar a la conclusión de que este Patrón tipo A es un claro factor de riesgo de la enfermedad coronaria. Este tipo de teorías que intentan aislar una característica específica como factor mediador o responsable de la enfermedad psicosomática se denominan «teorías específicas».

Además de esta teoría de la personalidad específica propuesta por Dunbar, se han sugerido otras, como la teoría del «conflicto específico». Los síntomas psicosomáticos podrían ser entendidos como la respuesta de adaptación del organismo a estados emocionalmente alterados, que serían persistentes y de alta intensidad. Una persona irritada durante mucho tiempo, con independencia de su personalidad o de lo que provoque su enojo, provoca en sí misma ciertos síntomas somáticos (por ejemplo, una tensión arterial más alta de lo normal) y, al cabo de un cierto tiempo, esos mismos síntomas terminan convirtiéndose en un trastorno psicosomático concreto. La enfermedad psicosomática no sería más que la respuesta del organismo al hecho de vivir bajo constante conflicto. Esta noción pudo ser aplicada con relativo acierto en algunos trastornos psicosomáticos como por ejemplo la úlcera péptica, el asma bronquial, la artritis reumatoide, la colitis ulcerosa, la hipertensión esencial y la neurodermatitis.

El porqué un sujeto bajo tensión padecía de hipertensión y en cambio otro desarrollaba una úlcera duodenal fue explicado por el psicólogo estadounidense Franz Alexander sobre la base de la que ahora se conoce como «hipótesis de la debilidad somática». Según esta idea, el desarrollo de un síntoma psicosomático, en vez de otro, dependería de la propia vulnerabilidad somática del individuo. Una especie de aplicación moderna del talón de Aquiles.

La «debilidad somática»

Estas teorías específicas han recibido el apoyo de ciertas evidencias clínicas, pero en realidad ninguna ha llegado a explicar con certeza por qué se produce la enfermedad psicosomática. Por esta razón, las teorías específicas se han ido abandonando, con clara excepción de la teoría de Friedman y Roseman sobre la enfermedad coronaria y el patrón de conducta tipo A, y se ha pasado de buscar tipos de personalidad o de reacciones emocionales concretas, a considerar que la exposición prolongada a una situación estresante, del tipo que sea, puede ocasionar un cambio físico irreversible. En la actualidad, las llamadas «teorías inespecíficas» han tomado el relevo a las teorías específicas. Estas teorías inespecíficas sostienen que la aparición de un trastorno psicosomático u otro está determinado por la vulnerabilidad personal o por la debilidad somática. Así, habrá individuos que verán afectada su mucosa gástrica (úlcera) o que reaccionarán activando en exceso su sistema cardiovascular (hipertensión). Al final estos cambios se convertirán en crónicos y perennes. Según estas teorías, los factores psicológicos están en la base de los trastornos psicosomáticos pero, dada la enorme variabilidad entre los individuos, no es posible determinar la aparición en una persona de un síntoma físico concreto. La selección del órgano que es afectado se explica basándose en el concepto de «debilidad orgánica», que predice una relativa debilidad de un sistema orgánico concreto, pero también se aclara tomando en cuenta que determinadas respuestas autónomas de un individuo son su manera característica de responder a todas las situaciones de estrés.

Dos sistemas en busca de equilibrio

Existen una serie de funciones corporales que son reguladas por nuestro propio cuerpo, sin que nosotros tomemos una parte activa en ese control. El latido del corazón, la temperatura del cuerpo, la respiración, los jugos gástricos, la dilatación de las pupilas, la cantidad de saliva, etcétera, son todas funciones neurovegetativas que se regulan automáticamente por el sistema nervioso autónomo.

El sistema nervioso autónomo actúa para que nuestro cuerpo pueda funcionar bajo cualquier condición. Para ello, está dividido en dos subsistemas, «simpático» y «parasimpático», que realizan funciones opuestas. Mientras que el sistema nervioso simpático nos prepara para la acción (aumenta nuestra fuerza y nuestra capacidad de rendimiento), el sistema nervioso parasimpático fomenta la relajación, el descanso y el sueño. Ambos sistemas buscan siempre el equilibrio. Cuando el simpático activa el corazón, aumenta la presión sanguínea, o la secreción de adrenalina, el organismo está dispuesto para el trabajo. Cuando el parasimpático reduce la presión sanguínea, retarda la actividad respiratoria y relaja la musculatura, sentimos sopor. Cuando sobrepasamos la capacidad de nuestro organismo el cansancio y el agotamiento hacen su aparición, y si la actividad continúa, pueden aparecer trastornos funcionales y, posteriormente, trastornos psicosomáticos.

Alarma, adaptación y agotamiento

Las teorías inespecíficas de las enfermedades psicosomáticas recibieron un gran espaldarazo en los trabajos de Hans Selye quien describió, en 1936, el llamado Síndrome de Adaptación General (SGA) y sentó las bases para el estudio de las relaciones entre los estímulos ambientales y las respuestas fisiológicas frente a ellos.

El estrés era entendido por Selye como la respuesta inespecífica del organismo a toda exigencia hecha sobre él. En el laboratorio, Selye, administrando ciertas sustancias tóxicas a cobayas, pudo comprobar que, ante cualquier fuente de estrés, las cobayas siempre reaccionaban igual. Cuando la estimulación nociva persistía, entonces aparecía el Síndrome de Adaptación General caracterizado por tres fases, que se sucedían la una a la otra si la amenaza continuaba. En la primera, que denominó de «alarma», se producía ante la identificación de una amenaza una respuesta general de defensa del organismo, en la que éste movilizaba todos sus recursos defensivos. En la segunda, que aparecía

¿Qué importancia pueden llegar a tener las características psicológicas en la salud?

▶ Más de la que nos podemos imaginar, hasta el punto de demorar la evolución de procesos infecciosos tan graves como el SIDA. Por esta razón, uno de los campos de investigación abiertos en torno al virus de inmunodeficiencia humana (causante del SIDA) se ha orientado hacia las características de personalidad y las reacciones emocionales de las personas infectadas, si bien hasta ahora no se han obtenido resultados decisivos.

MEDICINA PSICOSOMÁTICA

si continuaba la amenaza, se producía una plena adaptación al estresor y, por esta razón, fue calificada como fase de «resistencia». En la tercera y última fase, la de «agotamiento», reaparecían con gran intensidad los síntomas característicos de la primera fase de lucha contra el estrés, pero con la particularidad de que ahora el sujeto no era capaz de controlar la situación.

En esencia, un estímulo amenazante, explicaba Selye, hace funcionar la formación reticular, que actúa como centro de control en el organismo en caso de alarma. La formación reticular tiene, entre otras, la misión de regular la preparación de nuestro organismo para nuestra propia defensa. Manda información, codificada en forma de impulsos, hacia la corteza cerebral, provocando una reacción de alarma cortical. Al mismo tiempo, en cuestión de milisegundos, actúa sobre el sistema límbico y provoca emociones como el miedo, la ira o la vergüenza. Al estimular el hipotálamo actúa sobre la hipófisis, glándula que dirige el equilibrio endocrino (hormonal) en nuestro cuerpo, ejerciendo una clara influencia sobre el equilibrio en el sistema nervioso autónomo entre los haces simpáticos y parasimpáticos. De este modo, provoca un aumento de la tensión muscular, hace que se dilaten las pupilas, se incremente la presión sanguínea o se produzca la sudoración. En resumen, todo lo que constituyen las respuestas físicas del miedo, la ira o la vergüenza.

Sugería Selye que si el estímulo amenazante era de gran duración, o si el sistema nervioso resultaba vulnerable en exceso a la amenaza, todo el cortejo de síntomas físicos y psicológicos podía tornarse crónico y, en ese caso, provocar auténticas lesiones estructurales en el órgano más vulnerable. La reacción de nuestro cuerpo ante cualquier amenaza es casi siempre la misma, la gran diferencia entre una y otra es, precisamente, durante cuánto tiempo nos afecta. Cuando se realiza una maratón popular, tanto los atletas entrenados como los que acuden sin una gran preparación terminan muy cansados. La gran diferencia es que el atleta, al cabo de unas horas, puede volver a correr y hacer una buena marca, mientras que la persona no entrenada muy probablemente tardará varios días en recuperarse. Del mismo modo, hay personas menos capacitadas que, ante un conflicto, tardan semanas e incluso meses en sobreponerse y durante ese tiempo hemos visto ya cómo su organismo se ve afectado.

El control sobre los órganos internos

Los trabajos que Selye había realizado partían de la base de que el organismo respondía ante las amenazas de forma autónoma. Se sabía que, mediante conductas interpuestas, como la relajación muscular, el control pausado de la respiración o el ejercicio físico, provocamos cambios en nuestro sistema fisiológico, pero nadie se había planteado que se pudiera ejercer un control directo sobre esos procesos internos de autorregulación. Las investigaciones sobre este asunto iban a aportar un nuevo punto de vista

La «muerte por Vudú»

Uno de los temas más curiosos que sin duda se han investigado en relación a la aparición y desarrollo de las enfermedades psicosomáticas es la llamada «muerte por Vudú». W. B. Cannon en 1942 se interesó especialmente por este fenómeno, ya que pensó que le podría ayudar en sus investigaciones sobre el nivel de estrés que las personas son capaces de llegar a tolerar sin resentirse demasiado.

La «muerte por Vudú» es descrita como los casos de muertes repentinas, envueltas en cierto halo de misterio, que parecen obedecer a que el individuo ha experimentado una emoción particularmente intensa. Entre los pueblos primitivos de América, Oceanía y África se sabía que existían ciertos fenómenos de muertes repentinas asociadas a maldiciones, a la profanación de mitos sagrados o a conductas muy inapropiadas en relación al grupo social. En la mayoría de los casos, un hechicero, brujo o sacerdote sentencia al profanador. Entonces éste tiembla, cree que ya nada puede salvarlo, un escalofrío de pánico recorre todo su cuerpo y se prepara para morir.

Después de investigar estos fenómenos, Cannon llegó a la conclusión no sólo de que la muerte por Vudú era real sino que, además, aventuró una explicación natural para este fenómeno. Según él, la muerte por Vudú era posible cuando una reacción de pánico se apoderaba por completo de un sujeto, siempre que esa reacción persistiera un tiempo prolongado. El estado de choque que causa la constante descarga de adrenalina en el cuerpo, como respuesta al miedo que experimenta el condenado, hace aumentar su respiración en exceso, la frecuencia del latido de su corazón y provoca, al final, una insuficiencia cardíaca.

Investigaciones posteriores a las de Cannon, desarrolladas principalmente durante la Segunda Guerra Mundial, pusieron de manifiesto que estos fenómenos de muerte repentina no sólo ocurrían en sociedades primitivas. Algunos soldados estadounidenses, con buena salud, fallecieron al parecer como consecuencia del estrés en el combate y su convencimiento de que necesariamente iban a morir.

Como muestra el gráfico, el organismo responde de forma autónoma ante las amenazas, preparándonos para nuestra propia defensa. El equilibrio entre los haces simpático y parasimpático del sistema nervioso autónomo se ve alterado provocando la dilatación de las pupilas, mayor sudoración, etc.

LA MENTE AGOBIADA Y EL CUERPO SUFRIENTE

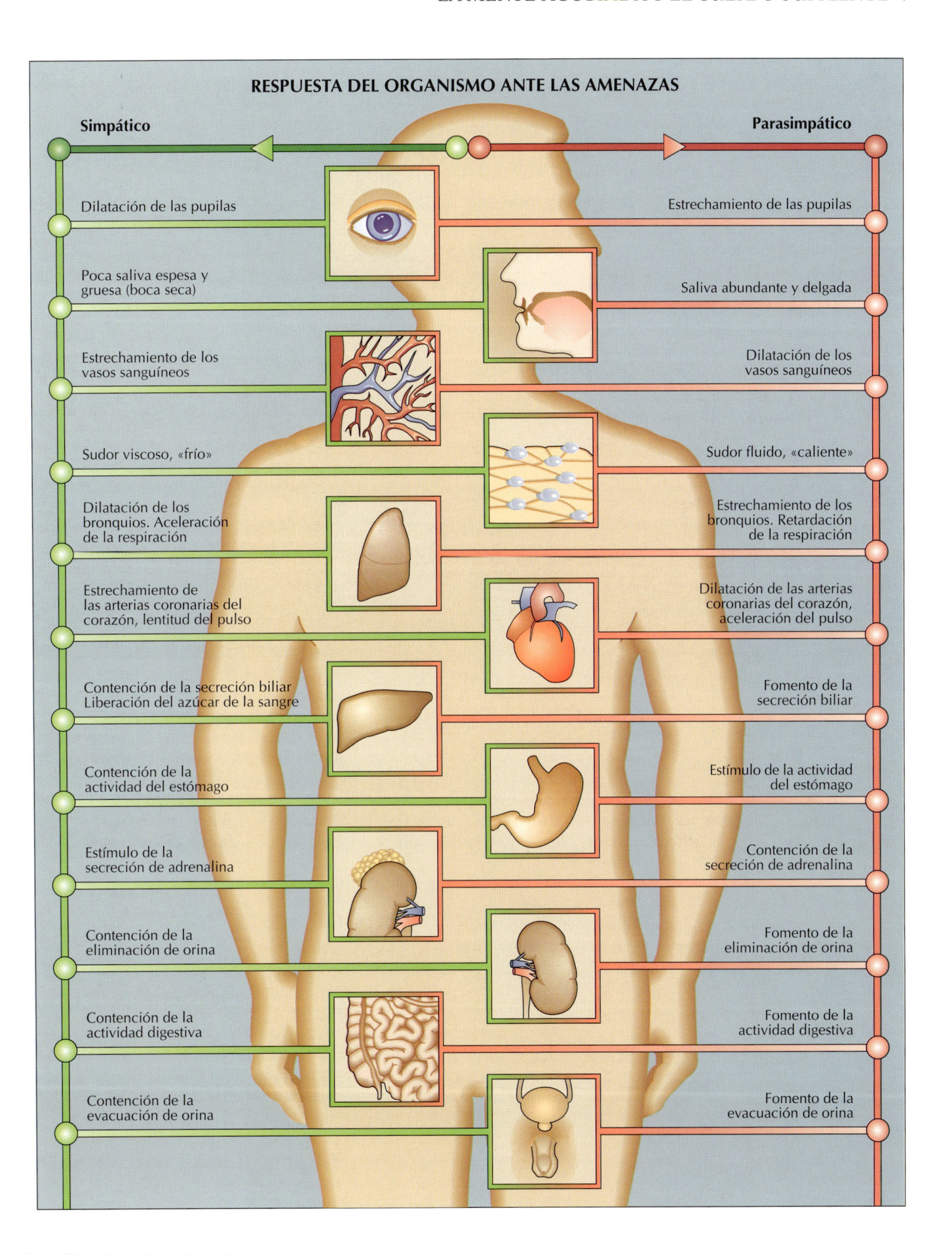

RESPUESTA DEL ORGANISMO ANTE LAS AMENAZAS

Simpático	Parasimpático
Dilatación de las pupilas	Estrechamiento de las pupilas
Poca saliva espesa y gruesa (boca seca)	Saliva abundante y delgada
Estrechamiento de los vasos sanguíneos	Dilatación de los vasos sanguíneos
Sudor viscoso, «frío»	Sudor fluido, «caliente»
Dilatación de los bronquios. Aceleración de la respiración	Estrechamiento de los bronquios. Retardación de la respiración
Estrechamiento de las arterias coronarias del corazón, lentitud del pulso	Dilatación de las arterias coronarias del corazón, aceleración del pulso
Contención de la secreción biliar. Liberación del azúcar de la sangre	Fomento de la secreción biliar
Contención de la actividad del estómago	Estímulo de la actividad del estómago
Estímulo de la secreción de adrenalina	Contención de la secreción de adrenalina
Contención de la eliminación de orina	Fomento de la eliminación de orina
Contención de la actividad digestiva	Fomento de la actividad digestiva
Contención de la evacuación de orina	Fomento de la evacuación de orina

MEDICINA PSICOSOMÁTICA

El biofeedback

La serie de experimentos realizados por Neal E. Miller demostraron no sólo que las respuestas viscerales de nuestro organismo podían aprenderse, sino el modo concreto en que se facilitaba ese aprendizaje. Miller, en contra de lo que hasta ese momento se creía, demostró que un organismo podía, bajo las condiciones adecuadas, aprender a controlar voluntariamente sus funciones corporales, siempre que dispusiera de información sobre su situación concreta en cada momento. El método ideado basaba su eficacia en devolverle al instante al individuo la información fisiológica que su propio cuerpo estaba produciendo.

Las técnicas de *biofeedback* nacieron en 1969 en Santa Mónica (California) y basan su eficacia en este principio, siendo aplicadas con éxito en una amplia variedad de trastornos: arritmias cardíacas, hipertensión, epilepsia, migrañas, colon irritable, colitis ulcerosa y miopía. Pero, donde mejor se ha demostrado su eficacia es en la rehabilitación muscular.

El *biofeedback* emplea de una serie de aparatos (con sensores, filtros de señal y computadores) que detectan y amplifican determinados procesos fisiológicos internos del organismo, con objeto de poner a disposición del sujeto toda esta información (que de otro modo estaría fuera de su alcance), en el mismo momento en que se produce, haciendo posible de este modo que el individuo pueda intentar su control o modificación. Normalmente, consiste en los siguientes pasos:
1. Detección y transformación de la señal fisiológica (presión sanguínea, ritmo cardíaco, etc.) mediante electrodos. 2. Amplificación y filtrado de la señal (mediante instrumentos especiales). 3. Conversión de la señal fisiológica en otra que pueda ser entendida facilmente por el individuo (luminosa o acústica).

¿Podemos cambiar los factores psicológicos que nos predisponen a la enfermedad o llegar a controlar nuestro cuerpo?

En efecto, los patrones de comportamiento y las reacciones emocionales perjudiciales para el organismo se pueden modificar. Mediante técnicas de respiración, ejercicios de relajación o aparatos de *biofeedback*, se puede alcanzar el control de las respuestas fisiológicas.

sobre las enfermedades psicosomáticas que a finales de los años sesenta se iba a abrir camino en Estados Unidos.

En algunos experimentos se había visto que ciertas respuestas viscerales del organismo (como la respuesta psicogalvánica de la piel, la presión sanguínea, las contracciones del intestino o la secreción de jugos gástricos), que se creía que estaban fuera del control voluntario de la mente, era posible modificarlas a voluntad. Siempre se había creído que las respuestas viscerales de nuestro organismo eran incontrolables para nosotros mismos. Se pensaba, con buena lógica, que nuestro organismo se autorregula merced a mecanismos complejos que, en esencia, se hallaban bajo el control del sistema nervioso autónomo. De hecho, nadie se preocupa de la cantidad de oxígeno que debe aspirar cuando respira, del ritmo del latido cardíaco cuando sube unas escaleras, o de cuándo y cómo hacer la digestión de una comida. Ésa es la misión principal del sistema nervioso autónomo o neurovegetativo: regular los procesos básicos. Sin embargo, a finales de los años setenta, se completaron una serie de experimentos dirigidos por Neal E. Miller, que pusieron de manifiesto definitivamente que las respuestas viscerales del organismo podían aprenderse. Miller y su equipo demostraron que era posible hacer aumentar a voluntad el ritmo cardíaco, o disminuir la presión arterial, o influir en las contracciones del intestino. Miller, que se encontraba trabajando sobre procesos de aprendizaje en el laboratorio, pensó que se podía lograr ejercer un cierto control sobre los órganos internos, si contábamos con información sobre qué estaba sucediendo en nuestro interior en cada momento. Miller pensó que nadie lo había intentado antes debido a la poca necesidad que tenemos por aprender a autorregularnos.

Aprender las respuestas viscerales

Trabajando en el laboratorio, primero con ratas y luego con perros y monos, demostró que el control de las respuestas viscerales del cuerpo podía ser aprendido merced a un procedimiento de aprendizaje denominado «operante». Para poner a prueba sus ideas, inyectó a sus cobayas una droga que paralizaba por completo los músculos del organismo, aunque no afectaba al funcionamiento de sus órganos internos (respiración, corazón, etc.) y podían seguir viviendo. Al hacer esto quería asegurarse de que el corazón o la respiración no serían influidos por un aumento del ejercicio físico o de la tensión muscular a la que iba a someter a sus cobayas. En ese estado, Miller, junto a Leo DiCara, proporcionaron a las cobayas información sobre su ritmo cardíaco, mediante señales luminosas que podían ver. Cuando el ritmo del corazón aumentaba la cobaya recibía una recompensa (en este caso que el animal estaba inmóvil, se estimulaba una zona concreta de su cerebro que se sabía estaba asociada a sensaciones placenteras). Las cobayas, en sucesivos experimentos, pudieron aumentar su ritmo cardíaco, sus contracciones intestinales, la cantidad de sangre en las paredes estomacales, y otras respuestas neurovegetativas, quedando demostrado que podemos aprender a controlar es-

MÉTODO DE CONTROL DE LAS FUNCIONES CORPORALES

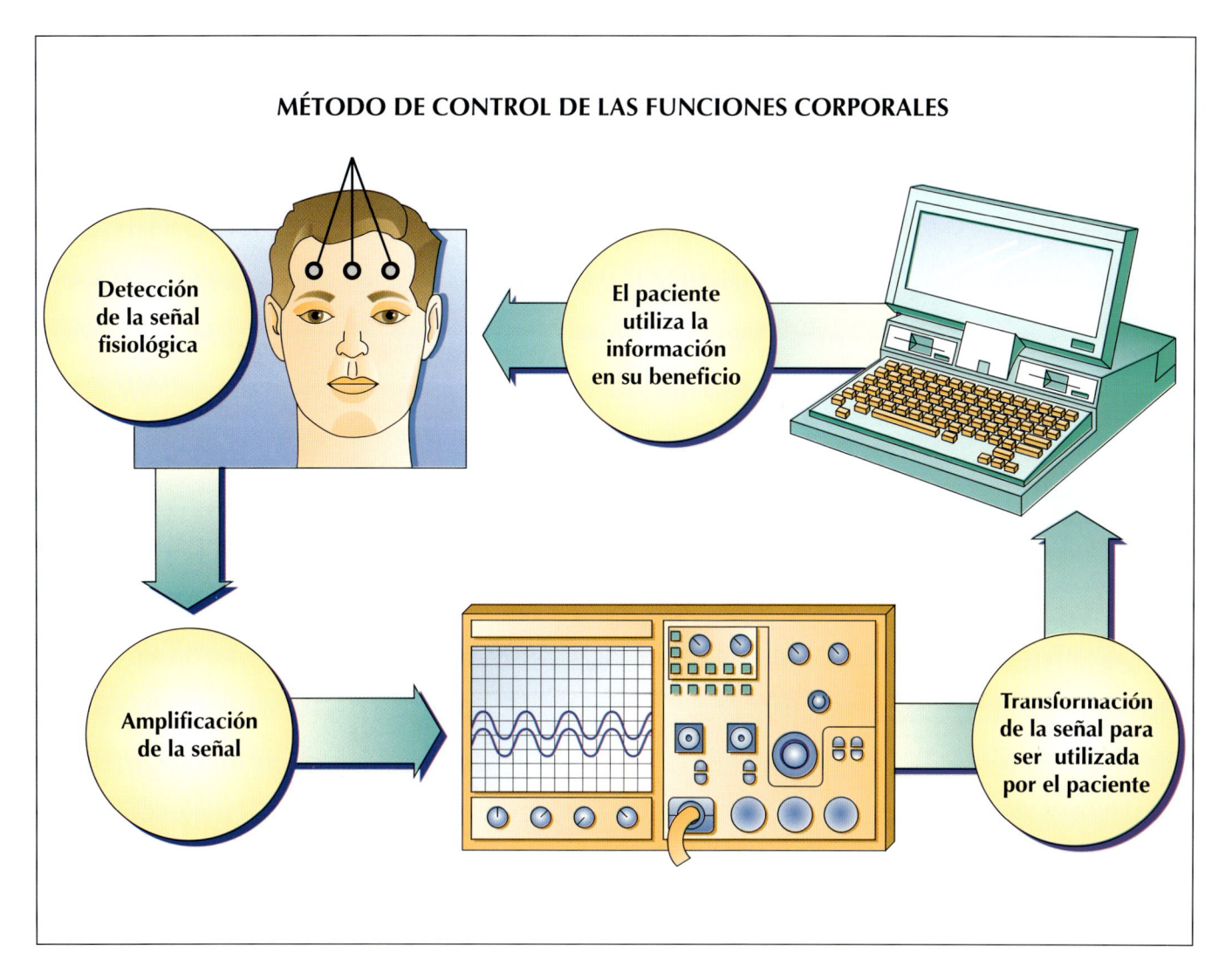

- Detección de la señal fisiológica
- Amplificación de la señal
- Transformación de la señal para ser utilizada por el paciente
- El paciente utiliza la información en su beneficio

tas reacciones internas. Sus investigaciones mostraron cómo se puede ejercer un efecto sobre las respuestas viscerales del cuerpo pero, al mismo tiempo, dieron lugar a un enfoque terapéutico concreto que se denomina *biofeedback*.

La alexitimia

Dentro de las teorías inespecíficas otras dos corrientes se han desarrollado desde una perspectiva bien diferente. Una de ellas ha intentado describir patrones comunes de personalidad en todos los enfermos psicosomáticos y la otra ha buscado asociar la enfermedad a las situaciones sociales estresantes.

Retomando las teorías sobre ciertos rasgos característicos de los enfermos psicosomáticos se ha sugerido que hay ciertos patrones que, aunque ciertamente no exclusivos, sí que se suelen dar cita en los enfermos psicosomáticos. El más popular de todos ellos es la «alexitimia», concepto propuesto por P. E. Sifneos en 1973, para describir a la persona que tiene una enorme dificultad para hablar y describir sus sentimientos y sus emociones. Esta característica ha sido descrita en muchos enfermos psicosomáticos y, aunque no puede ser interpretada como un factor causal, ha sido incorporada a la investigación sobre las enfermedades psicosomáticas.

La salud y los acontecimientos de vida

Por su parte, T. H. Holmes y R. H. Rahe en 1967, publicaron los resultados de sus investigaciones sobre los acontecimientos vitales. Se referían a sucesos impor-

*Las técnicas de **biofeedback** se valen de sensores que detectan las señales de determinados procesos fisiológicos internos, un amplificador y una computadora que las descodifica y permite al paciente leerlas para intentar su control. De esta forma se pueden modificar las respuestas viscerales del organismo.*

MEDICINA PSICOSOMÁTICA

Frente a las conductas saludables, como no fumar o practicar ejercicio, están las conductas nocivas que aumentan el riesgo de enfermar, como la obesidad, la vida sedentaria, etc.

¿Practica usted conductas que aumentan el riesgo de enfermar?

Conductas nocivas	Conductas saludables
Patrón A	Siete a nueve horas de sueño
Dieta desequilibrada	Desayunar todos los días
Consumo de drogas	Comer raramente entre comidas
Obesidad	Mantener un peso ajustado
Fumar	No fumar en absoluto
Consumo excesivo de alcohol	Consumo muy moderado de alcohol
Sedentarismo	Ejercicio físico regular

¿Nuestra personalidad o las reacciones emocionales ante lo que sucede a nuestro alrededor pueden afectar el sistema inmunológico?

➡ Según han demostrado numerosos experimentos, el sistema inmunológico, encargado de detectar, aislar y destruir bacterias, virus y otras sustancias extrañas nocivas para el organismo, es influido por los sistemas nervioso y endocrino. Esto supone que una grave alteración en el funcionamiento de dichos sistemas puede motivar fallos que permitan o activen el desarrollo de diversas enfermedades infecciosas, alergias o cáncer.

tantes de la vida que tienen la característica de que marcan, en alguna medida, nuestro futuro. Ejemplos de estas situaciones pueden ser una operación quirúrgica, perder el empleo, tener un accidente de tráfico, pero también un ascenso en el trabajo, mudarse de casa o casarse. Según estos resultados, determinados acontecimientos de nuestra vida, que resultan ser especialmente impactantes a nivel emocional, guardan una estrecha relación con el estado de salud del individuo en un futuro inmediato.

Quedaba claro que las consecuencias estresantes de nuestro entorno afectan a nuestro organismo. Ante una amenaza se activa el hipotálamo y se ponen en marcha inmediatamente mecanismos de protección y de defensa del organismo. Si la amenaza continuaba, había explicado Selye, la misma respuesta fisiológica de adaptación ante aquélla terminaba por ocasionar una lesión interna en nuestro organismo. Ante una situación amenazante reaccionaríamos casi siempre de la misma forma.

El estilo de vida de cada cual explicaba cómo se generaban las lesiones psicosomáticas. Miller había descrito que nosotros mismos, incluso sin quererlo, podíamos estar alterando nuestra respuesta neurovegetativa. Holmes y Rahe, por último, habían demostrado que la enfermedad física no acontecía en el vacío. Ciertos acontecimientos influían en nuestra salud. ¿Podía ser que nuestro sistema de defensa (el sistema inmunológico) pudiera verse afectado también por lo que pasa a nuestro alrededor o por nuestra forma de ser?

La última frontera: el sistema inmunológico

Una vez demostrado que el sistema neurovegetativo podía ser controlado al menos parcialmente por el propio sujeto, sólo el sistema de defensa del organismo, el sistema inmunológico, quedaba excluido de la posibilidad de influencias externas. Nuestras defensas ante enfermedades infecciosas, alergias, cáncer o SIDA, dependen del sistema inmune que se regula a sí mismo. Si este sistema es incapaz de hacer frente a la invasión de agentes extraños a nuestro cuerpo, nos resentimos y nuestra vida puede correr serio peligro. El sistema inmunológico siempre se había creído que era autónomo en el desarrollo de sus funciones y quedaba libre, por tanto, de la influencia de factores emocionales. Sin embargo, hoy en día se sabe que no es así, sino que interactúa con el sistema nervioso y el sistema endocrino. Al igual que se demostró que el sistema neurovegetativo podía ser afectado por circunstancias ambientales, también se ha podido comprobar que el sistema inmunológico es afectado por los acontecimientos que vive el individuo. Diversos estudios han puesto de manifiesto que, cuando experimentamos miedo intenso o cuando no dormimos lo suficiente, el número de linfocitos T (que son las células del sistema inmunológico) disminuye.

Una de las investigaciones más curiosas sobre el sistema inmunológico fue realizada, casualmente, por científicos de la NASA. Los controles exhaustivos a los que los astronautas de la misión

LA MENTE AGOBIADA Y EL CUERPO SUFRIENTE

Apolo eran sometidos, demostraron sorprendentemente que el número de linfocitos T variaba como consecuencia de los acontecimientos y las tareas que realizaban los astronautas. Los momentos de máxima tensión solían provocar una reducción de estas células, mientras que durante las tareas rutinarias se normalizaban. Otras investigaciones han explicado por qué, tras el fallecimiento de la esposa, muchos viudos contraen una severa enfermedad que, incluso, les conduce a la muerte en el año siguiente. La explicación que han hallado es, precisamente, que su sistema inmunológico se resiente del estado anímico en el que vive la persona. Otros ejemplos provienen de las personas que van a ser sometidas a cirugía, al ser más propensas a las infecciones de lo que resultaría normal por efecto de su estado emocional; o en las personas que pierden su empleo y que son más proclives a caer enfermas en los meses siguientes a quedarse sin trabajo. En todos estos casos, es más que probable que el sistema inmunológico se haya debilitado y que no pueda cumplir con su misión adecuadamente.

Distintos tipos de trastornos

En la práctica médica cotidiana se emplean términos como somatización, funcional o psicosomático para referirse a situaciones que, siendo semejantes, representan realidades diferentes. El término somatización se emplea para referirse a una persona que constantemente se está quejando de dolencias físicas

La falta de orgasmo, la impotencia, el vaginismo o la eyaculación precoz, así como otras disfunciones sexuales, forman parte del grupo de trastornos psicosomáticos, o con manifestaciones físicas, cuyo origen y tratamiento son fundamentalmente psicológicos.

MEDICINA PSICOSOMÁTICA

Diversas investigaciones han explicado por qué, después de la pérdida de la esposa, muchos viudos son proclives a contraer una severa enfermedad. La causa reside en que el sistema inmunológico se ha debilitado por el estado anímico que vive la persona y no puede cumplir cabalmente con su función.

muy variadas y busca ayuda médica con insistencia, convencida de que lo que le ocurre es el resultado de una enfermedad somática. Por ejemplo, es el caso de una persona que, al menor disgusto, ya dice que le duele la cabeza. Una persona cuyo principal tema de conversación es hablar de sus dolencias. Una persona, en resumen, que manifiesta sus tensiones, preocupaciones o insatisfacciones mediante quejas somáticas.

Se suele decir que alguien tiene un trastorno funcional cuando muestra una alteración física pasajera que aún no ha llegado a ocasionar una lesión hística (en los tejidos de su organismo) o alguna alteración estructural de su organismo. En realidad, decir que un trastorno es funcional supone haber descartado que esos síntomas puedan ser debidos a alguna enfermedad física conocida. El término funcional no debe confundirse con «psicógeno». Cuando se dice de un trastorno que es psicógeno, nos estamos refiriendo a las probables causas del trastorno que, en esa dolencia, se supone que son de origen psicológico.

Los trastornos psicosomáticos

Estos trastornos se caracterizan por la aparición de determinadas alteraciones en los tejidos corporales que son mediatizados (causados o agravados) por factores emocionales o psicológicos. Esas alteraciones estructurales o del funcionamiento corporal tienen una explicación biológica clara, pero para comprender por completo su aparición debemos recurrir a las complejas interconexiones entre psicología y biología.

Estas alteraciones físicas afectan, por lo general, a un solo sistema orgánico (gastrointestinal, respiratorio, cardiovascular, etc.), que suele estar bajo el control del sistema nervioso autónomo. El término psicosomático, por tanto, se debe utilizar para llamar la atención de que, en determinadas enfermedades, existen ciertos factores psicológicos (aún cuando éstos no puedan identificarse con absoluta certeza) que influyen en la forma como se manifiesta la enfermedad.

Dentro de los trastornos psicosomáticos podemos identificar dos grandes grupos: los trastornos con manifestaciones físicas en los que las causas y la cura son básicamente psicológicas, como muchas de las disfunciones sexuales (impotencia, eyaculación precoz, anorgasmia o vaginismo), y las enfermedades enteramente físicas que se ven alteradas o modificadas por la presencia de síntomas psicológicos (por ejemplo, la hipertensión o la colitis ulcerosa).

Este tipo de trastornos psicosomáticos debe ser diferenciado de aquellos otros cuya característica esencial es que son síntomas físicos que recuerdan a una enfermedad orgánica, sin que haya datos o evidencias que sugieran o demuestren el daño orgánico o sin que se hallen los mecanismos fisiopatológicos que expliquen la aparición de ese trastorno orgánico. Al mismo tiempo, en este tipo de casos, llamados genéricamente trastornos somatoformes, hay evidencias de que los síntomas obedecen exclusivamente a factores psicológicos.

Actualmente, la medicina psicosomática no pretende demostrar el origen psicológico de algunas enfermedades físicas, sino que se dedica a estudiar la compleja interacción de los factores psicosociales y biológicos en el mantenimiento de la salud y en el desarrollo, curso y pronóstico de las enfermedades. Las teorías específicas sobre cómo se generan las enfermedades psicosomáticas han sido deshechadas. La combinación de las distintas teorías inespecíficas ha dado paso a la teoría «multifactorial», la cual considera que diferentes circunstancias físicas, sociales y psicológicas se combinan y producen la alteración psicosomática.

¿Cuál es su estrategia para hacer frente a la adversidad?

Si quiere conocer cómo reacciona usted cuando se enfrenta a una dificultad o cómo hace para manejar las demandas de su entorno que desbordan sus posibilidades cotidianas, escoja de la lista las que mejor reflejen su forma particular de actuar.

Pensamientos positivos
1. Me supero a mí mismo e intento aprovechar al máximo la experiencia para el futuro.
2. Intento ver el lado positivo de las cosas.

Búsqueda de soluciones alternativas
3. Me concentro y pienso qué es lo mejor que puedo hacer para superar la situación.
4. Pido consejo a algún experto sobre qué es lo mejor.
5. Hago un plan sobre cómo actuar más correctamente.
6. Intento resolver el problema paso a paso y poco a poco.

Búsqueda de apoyo social
7. Discuto mis sentimientos con alguien.
8. Hablo con amigos sobre lo que me ocurre.
9. Le cuento lo que pasa a alguien que creo pueda ayudarme.

Negación del problema
10. Me concentro en mi trabajo para quitar de mi cabeza las preocupaciones.
11. Me levanto por la mañana y me olvido de todo lo malo.
12. Me digo a mí mismo que esto que me pasa no es real.
13. Actúo como si nada hubiera pasado.

Resignación
14. Admito que por mí mismo no puedo superar el problema.
15. Me río de mí mismo.
16. Acepto que me ha sucedido y que nada lo cambiará.
17. Creo que ha sido cuestión de mala suerte.

Religiosidad
18. Pido a Dios que me ayude y me dé fuerzas.
19. Rezo algo más de lo habitual.
20. Voy a misa con más frecuencia.

Evasión
21. Recurro al alcohol para sentirme mejor.
22. Me distraigo pensando en otra cosa, haciendo crucigramas, viendo televisión o escuchando la radio.
23. Duermo más de lo habitual.
24. Como más de lo habitual.

Medicina psicosomática *versus* conductual

Nuestra salud no sólo depende del estado físico de nuestro organismo, sino de lo que hacemos o dejamos de hacer. Si comemos en exceso y dejamos de practicar ejercicio con regularidad, estamos practicando conductas que atentan contra nuestro bienestar físico. Los psicólogos de la salud han desarrollado tratamientos eficaces para ciertos problemas físicos, como la obesidad.

En la práctica clínica no siempre es posible determinar hasta qué punto los factores psicológicos intervienen en la génesis de las enfermedades psicosomáticas. En otras ocasiones, en cambio, nos hallamos ante enfermedades eminentemente físicas (por ejemplo infecciosas o graves traumatismos) en las que los factores psicológicos juegan un papel decisivo en el pronóstico del paciente. En realidad, se podría afirmar que existe un continuo entre dolencias predominantemente físicas (con escasa o nula implicación de factores psíquicos y sociales) y dolencias exclusivamente psicológicas (con escasas o nulas implicaciones somáticas). Entre estos dos extremos podría teóricamente incluirse un espacio para hablar de cualquier tipo de enfermedad, puesto que lo somático y lo psíquico no son más que aspectos que de manera constante se influyen mutuamente. El enfermo que está esperando el resultado de una exploración médica, el que tiene consulta con su médico para saber si debe someterse a una intervención quirúrgica, el paciente que ha sido operado recientemente y todavía no experimenta una clara mejoría, o el que se encuentra ingresado en un hospital, la mujer que sufre de un cáncer y está siendo tratada con quimioterapia, los niños diabéticos que precisan conocer y saber enfrentarse a su enfermedad crónica, o los pacientes en hemodiálisis que ven afectada poderosamente su vida y su conducta por las condiciones de su tratamiento, son todos ejemplos en los que es fácil apreciar cómo, sin tratarse propiamente de una enfermedad psicosomática, los factores sociales, psicológicos y biológicos interactúan constantemente entre sí para definir el estado de salud real de cualquier persona. Actualmente, en vez de hablar de enfermedades psicosomáticas, muchos profesionales prefieren hablar de factores psicológicos asociados a enfermedades físicas. En este entorno, y por la influencia sobre todo de las teorías conductuales (especialmente por el interés inicial en la aplicación de las técnicas terapéuticas del *biofeedback*), surgió la medicina conductual. Este término fue utilizado por vez primera, en 1973, por Lee Birk, para referirse a un campo de integración de las ciencias biomédicas y comportamentales. De este modo, los conocimientos y técnicas relevantes para la salud y la lucha contra la enfermedad, de muy distintas disciplinas como la medicina, sociología, epidemiología, biología, farmacia o psicología, se combinarían para ayudar a superar la enfermedad en todos sus aspectos. La medicina conductual reconoce la presencia de factores psicológicos en la salud y en la enfermedad; y los efectos de la enfermedad física sobre la conducta del enfermo.

Psicología de la salud

Refiriéndose concretamente a las aportaciones de la psicología al campo de la salud, desde finales de la década de los setenta, se utiliza el término de psicología de la salud para referirse a las contribuciones, científicas y profesionales, que desde la psicología se pueden realizar, tanto para la promoción y mantenimiento de la salud, como para la prevención y el tratamiento de la enfermedad. Es evidente que nuestra salud depende del estado físico de nuestro organismo pero, sin duda, se ve también influida, en gran medida, por lo que hacemos y por lo que dejamos de hacer. Si fumamos o bebemos en exceso, si dejamos de hacer ejercicio físico con regularidad, si consumimos drogas, si conducimos arriesgadamente o si eliminamos de nuestra dieta legumbres y frutas, estamos tomando decisiones que afectan a nuestra salud.

Los programas de prevención de la caries, del SIDA, de promoción de las dietas equilibradas y otros muchos, intentan modificar nuestros comportamientos y, en definitiva, nuestros «estilos de vida». Los psicólogos de la salud intervienen en estos programas preventivos y han descrito algunos de los factores de riesgo más importantes, denominándolos «patógenos comportamentales». Al mismo tiempo, han concretado algunos de los «inmunógenos comportamentales» (conductas que realizamos y que nos ayudan a prevenir las enfermedades) más relevantes para mantenernos sanos. Desde la psicología de la salud se han desarrollado procedimientos eficaces en el tratamiento de muchos problemas físicos de salud como, por ejemplo, obesidad, hipertensión y ciertas enfermedades cardíacas. En otras áreas de intervención, la psicología ayuda y favorece los tratamientos médicos: en la preparación de los pacientes quirúrgicos, logrando reducir las complicaciones posquirúrgicas; en el desarrollo de programas de educación sanitaria y de prevención de la enfermedad, modificando conductas poco saludables, aumentando el cumplimiento de las recomendaciones médicas, ayudando a cambiar las dietas alimenticias (disminución de sodio y colesterol) o ayudando a mejorar las relaciones entre el médico y el paciente.

Muchas de las aportaciones de la psicología de la salud se han dirigido a mejorar las condiciones de vida de las personas que padecen una enfermedad crónica. En este sentido, son muy características las investigaciones sobre las estrategias de afrontamiento que los enfermos crónicos ponen en práctica para superar los inconvenientes de su enfermedad, y los estudios que, centrados en las condiciones de vida de los enfermos, intentan mejorar su calidad de vida.

La psicología de la salud intenta mejorar nuestro estilo de vida a través de programas de educación sanitaria y de prevención de enfermedades. También contribuye a la modificación de las conductas poco saludables, intentando, por ejemplo, cambiar ciertos hábitos alimenticios y promoviendo una dieta equilibrada.

ALEXITIMIA: CUANDO LAS EMOCIONES CASTIGAN EL CUERPO

El significado literal de la palabra alexitimia es «sin palabras para las emociones» y ésta es, precisamente, una de las características más evidentes de las personas alexitímicas, su incapacidad para expresarse emocionalmente tanto a nivel verbal como a nivel expresivo, es decir, mediante palabras, gestos, expresión facial, llanto, etc. Sifneos, quien definió esta tipología de personas, vinculó la falta de expresividad a la incapacidad para reconocer las propias emociones, y planteó la imposibilidad para los alexitímicos de diferenciar entre sus sentimientos y sus sensaciones corporales. Por si fuera poco, a los alexitímicos también se les han atribuido déficit en imaginería y fantasía, así como un pensamiento «concretista», desprovisto de símbolos y de contenido afectivo.

Para entendernos, una persona alexitímica será aquella a la que no recordamos radiante de alegría ni abatida por la tristeza, que nunca ha explicado a nadie sus emociones y que como mucho, ante un suceso importante en su vida, ha dicho sentir «un vacío en el estómago», «un dolor en el pecho», etc. Será aquel al que siempre hemos considerado la antítesis del soñador, extraordinariamente realista, que nunca entiende el trasfondo de una película (por ejemplo) aunque sea capaz de recordar hasta el más pequeño detalle, con el que hay que medir las palabras ya que «se lo toma todo al pie de la letra», etc.

En la última década, y después de que los clínicos observaran que muchos de los pacientes con quejas psicosomáticas mostraban un perfil alexitímico, diversos grupos de investigación han estudiado la posible implicación de estos déficit sobre el organismo, llegando a la conclusión de que la alexitimia es uno de los factores de riesgo más claros y relevantes en los trastornos psicosomáticos. Una de las hipótesis más barajadas en los últimos años explicaría esta relación partiendo de cómo la persona alexitímica reacciona ante situaciones estresantes o de alto contenido emocional. Por un lado, su incapacidad para reconocer las emociones no le permite aprender de la experiencia y por tanto, continúa exponiéndose repetidamente a situaciones de alta implicación emocional; así, por ejemplo, un alexitímico en pleno proceso de separación matrimonial insistía en citarse repetidamente con su esposa para charlar, aunque estos encuentros pudieran resultar altamente angustiantes para ambos. Finalmente abandonó su empeño, no después de reconocer lo mucho que estas citas pudieran atormentarle, sino porque «mi esposa sufre mucho cuando nos vemos».

Por otra parte, el pensamiento «concretista» de los alexitímicos les impide adaptarse a las situaciones regulando su respuesta emocional, por lo que su único recurso será generar una elevada capacidad de acción dirigida a la resolución de problemas concretos que resulta en sí misma generadora de más ansiedad. Siguiendo con el ejemplo anterior, la persona asumió todo el peso de los trámites legales (reuniones con los abogados, redacción de documentos, planificación de la separación de bienes, etc.) sin llegar a mostrar, en ningún momento, emoción alguna; eso sí, durante todo el proceso de separación y aún meses después, estuvo aquejado de mareos, ahogos, palpitaciones y acidez de estómago persistente. Independientemente de hipótesis y explicaciones teóricas, lo que actualmente está claro es que las personas que reúnen características alexitímicas padecen con frecuencia problemas coronarios, trastornos digestivos y dificultades respiratorias. Por todo ello, no debe extrañar que cada vez más la medicina psicosomática esté ocupando un espacio importante en los centros de asistencia sanitaria. En los últimos tiempos ha quedado claro que las emociones, sin lugar a dudas, tienen una implicación capital en muchos trastornos de manifestación exclusivamente orgánica.

Xavier Caseras
Psicólogo

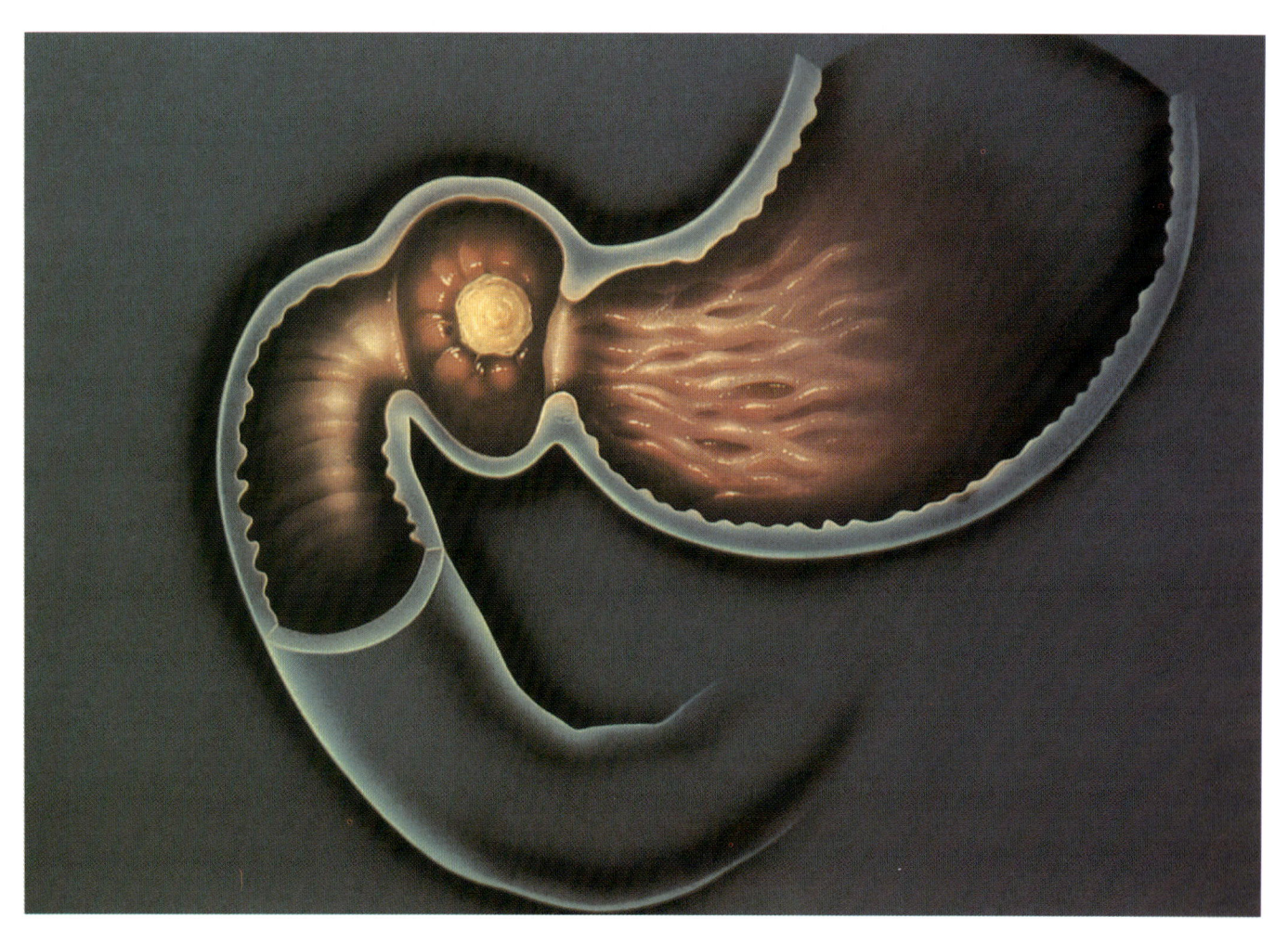

MEDICINA PSICOSOMÁTICA

Enfermedades físicas

Aparato digestivo

La enfermedad inflamatoria crónica intestinal es un buen ejemplo de cómo los factores fisiológicos, genéticos, psicológicos y comportamentales interactúan entre sí en el organismo, provocando procesos inflamatorios como la colitis ulcerosa y la enfermedad de Crohn. En ambos casos se trata de procesos crónicos comunes entre gente joven que afectan gravemente al intestino grueso y que se manifiestan en brotes.

Colitis ulcerosa. Es una reacción inflamatoria que ataca a la mucosa del colon y del recto. Tiene como consecuencia un aumento en la frecuencia de deposiciones con escasas heces, acompañadas de sangre o de mucosidad. Se cree que es más frecuente entre personas muy susceptibles a las opiniones de los demás, especialmente ante el rechazo, con dificultades para expresar los propios sentimientos, con una baja autoestima, tímidos en la relación social y con gran dependencia.

Enfermedad de Crohn. Es una inflamación crónica de todo el tubo intestinal, con diarrea no sangrante constante, fiebre, pérdida de peso y fístulas perianales. El paciente suele presentar un estado de ánimo depresivo. También se ha sugerido que es más común entre personas con rasgos obsesivo-compulsivos.

Síndrome de colon irritable. Se trata de una de las dolencias más comunes del aparato digestivo que afecta sobre todo a la mujer. Las tensiones de la vida cotidiana se ha demostrado que agravan esta patología. Básicamente consiste en una serie de cambios en los hábitos intestinales acompañados de dolor y flatulencia. Se ha sugerido que los pacientes con colon irritable tendrían un bajo umbral de tolerancia al dolor vinculado a los cambios en la motilidad intestinal. También

---

La úlcera gastroduodenal, uno de los trastornos psicosomáticos más estudiados, se caracteriza por la aparición de una lesión ulcerosa localizada en la mucosa del estómago o del duodeno. Esta lesión se debe a la acción corrosiva de los jugos gástricos, como consecuencia de la excesiva secreción de ácidos. Las tensiones de la vida cotidiana precipitan y agravan las crisis.

se ha asociado a la presencia de sintomatología ansiosa y depresiva. Aunque se ha pretendido relacionar la diarrea con la agresividad y la ira, y al estreñimiento con la contención de la agresividad, tacañería y meticulosidad, no se ha podido demostrar nunca esta asociación.

Úlcera gastroduodenal. Es con el asma la enfermedad psicosomática más estudiada. Desde hace mucho tiempo se sabe que los factores psicológicos llegan a afectar a la función gástrica, alterando el equilibrio de la mucosa gastroduodenal por un exceso en la secreción de ácido clorhídrico y pepsina. Aparece normalmente en brotes con períodos sucesivos de reagudización y de remisión. Es frecuente un fuerte dolor que se alivia con la ingesta de alimentos o sustancias alcalinas como la leche. Además son comunes la pérdida del apetito, la pirosis (sensación de ardor o quemazón esofágica) y, en ocasiones, los vómitos.

La úlcera gástrica se produce en la parte inferior del estómago, mientras que la duodenal en el inicio del duodeno. Aunque en ambos casos se dice que las tensiones de la vida diaria precipitan las crisis o las agravan, este hecho sólo ha podido ser demostrado fehacientemente en el caso de la úlcera duodenal. Investigaciones posteriores han señalado que en la úlcera duodenal se produce un claro aumento de la secreción gástrica, se transmite de padres a hijos, y es de dos a tres veces más frecuente en los hombres. La úlcera gástrica, en cambio, no se transmite genéticamente, la secreción de ácido tiende a ser más normal, es igual de frecuente actualmente en hombres que en mujeres y no le influyen tanto los factores psicosociales.

Aparato cardiovascular

Hipertensión esencial. La tensión arterial varía durante el día en función de los acontecimientos que vivimos. La hipertensión es una de las enfermedades más prevalentes y uno de los motivos más frecuentes de consulta al médico. Los factores que la causan son muy variados: la obesidad, la falta de ejercicio físico, el abuso del alcohol, las dietas ricas en sodio, el estrés y otros. Sin embargo, casi en un 90 por ciento de los casos la causa concreta se desconoce. La importancia de la hipertensión reside en que si los niveles de presión arterial se mantienen elevados, se incrementa notoriamente el riesgo de padecer otras enfermedades cardíacas, cerebrovasculares o renales. Como medidas preventivas se aconseja dejar de fumar, procurar mantener un peso ajustado y seguir una dieta baja en colesterol y sodio.

Cardiopatía isquémica. Se ha demostrado que es posible que se produzca una oclusión arterial en personas sometidas durante períodos prolongados de tiempo a un intenso estrés laboral. Del mismo modo, la personalidad tipo A, el abuso del alcohol, el sedentarismo y las dietas ricas en grasas, han sido identificados como los factores de riesgo más peligrosos. Los factores psicológicos son también importantes tras una primera crisis cardíaca, ya que es muy posible que el enfermo y su familia vivan con el temor a la repetición de las crisis.

Una alimentación con exceso de grasas y sodio, el abuso del alcohol, el tabaco, el sedentarismo y el estrés son factores desencadenantes de las cardiopatías. Una crisis coronaria suele presentarse con un dolor opresivo en el centro del pecho y frecuentemente irradiado hacia el hombro y extremidad superior del lado izquierdo.

MEDICINA PSICOSOMÁTICA

Los factores psicosociales inciden en la respuesta fisiológica al asma, trastorno de componente psicosomático que se manifiesta por la obstrucción del flujo del aire en las vías respiratorias intrapulmonares. Los niños suelen ser los más afectados por este trastorno, cuyas crisis suelen aliviarse mediante el uso de aparatos pulverizadores por compresión.

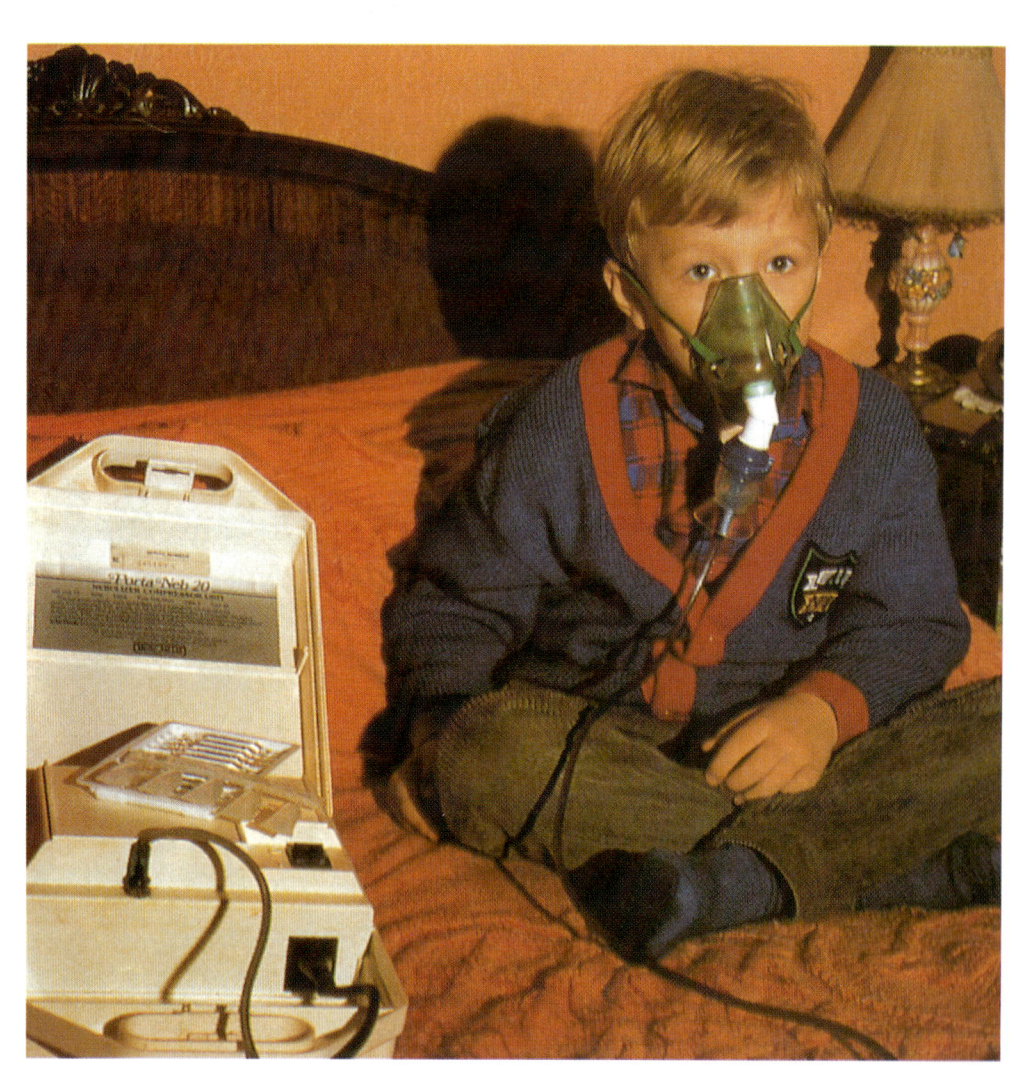

¿Cuáles son las enfermedades psicosomáticas más comunes?

▶ Prácticamente todos los órganos pueden ser sede de trastornos psicosomáticos: en gastroenterología, la úlcera, la colitis ulcerosa y el colon irritable son los más habituales; entre las enfermedades de las vías respiratorias, la más conocida es el asma; entre las afecciones cardiovasculares, la hipertensión arterial y la cardiopatía isquémica; entre las enfermedades cutáneas, las más corrientes son el eczema, la psoriasis y el acné juvenil; entre los problemas endocrinos, la diabetes, la obesidad y el hipertiroidismo.

Aparato respiratorio

Síndrome de hiperventilación. La hiperventilación es un síndrome fisiológicamente asociado a situaciones de miedo, ira o angustia. El paciente siente que le falta el aire y que se ahoga. Lo que más llama la atención son los profundos suspiros unidos a la sensación de no poder llenar los pulmones. La persona se siente aturdida, con hormigueos, las manos frías, frecuentes espasmos, opresión torácica, repetidos bostezos, temblor, palpitaciones, temor, cansancio y sequedad de boca. Otras posibles manifestaciones son la pérdida de conciencia, sensación de «vacío» en la cabeza, vértigo, náuseas, zumbido en los oídos, parestesias y visión borrosa. Cuando la persona intenta solucionar su situación, respira con más intensidad y rapidez y agrava la crisis. Normalmente la hiperventilación está asociada a estados de ansiedad o de angustia.

Asma. Se trata de un proceso bronquial obstructivo como consecuencia, la mayoría de las veces, de una alergia, pero en el que factores psicosociales claramente agravan o modifican la respuesta fisiológica. Es una enfermedad que puede variar en cuanto a las condiciones de presentación, pero que siempre se produce por la resistencia al flujo aéreo en las vías respiratorias intrapulmonares. Suele afectar más a los niños que a los adultos, y, como factores asociados, aparecen en la infancia la necesidad de protección y una fuerte dependencia psicológica de los padres. Durante mucho tiempo se han lanzado hipótesis sobre la existencia de una personalidad específica del paciente asmático. No obstante, no se ha demostrado ningún rasgo especial que caracterice a estos pacientes.

Capítulo 25
LOS TRASTORNOS MENTALES

LOS TRASTORNOS MENTALES

Cuando la mente sufre

A lo largo de la vida, entre un 16 y un 30 por ciento de la población presenta algún trastorno mental. Actualmente se acepta que éstos tienen a la vez una base orgánica y un fuerte componente psicosocial. La base biológica es más relevante en casos como la esquizofrenia o el trastorno de angustia, pero también está presente en cuadros considerados en el pasado puramente «psicológicos», como los trastornos de personalidad o de adaptación.

Los trastornos de ansiedad

El *trastorno por ansiedad* generalizada se caracteriza por un sentimiento de ansiedad de carácter persistente y generalizado. Por lo general, la ansiedad va acompañada de una sensación de tensión interna y de dificultades para relajarse. Las personas afectadas por este trastorno comúnmente se quejan de padecer cefaleas. Otras quejas frecuentes son la visión borrosa, la sequedad de boca, la excesiva sudoración, las náuseas, los retortijones abdominales, las palpitaciones y una mayor frecuencia de las micciones. Esta «condición ansiosa» envuelve de forma crónica al sujeto, lo hace flotar en un mar de dudas e inseguridades y dificulta su capacidad de adaptación a la vida cotidiana. La creencia de que cualquier situación más o menos contradictoria (aunque sea irrelevante) le provocará problemas, le hace anticipar «desgracias» con facilidad (son sufridores natos), lo cual no hace más que incrementar sus síntomas somáticos de alerta y entrar en un círculo vicioso: problemas/retos->creencia ansiosa ->síntomas corporales->aturdimiento y conductas inadecuadas ante el problema->vuelta a empezar.

Sólo cuando la angustia es lo suficientemente intensa como para desbordar la capacidad del sujeto para reaccionar de forma adaptativa e interfiere de modo sustancial en su actividad cotidiana, debe considerarse la conveniencia de un tratamiento. Las diversas modalidades de relajación se utilizan para el alivio temporal de la sintomatología ansiosa: relajación muscular, hipnosis, *biofeedback*, etc. En otros casos, se utilizan técnicas de afrontamiento para controlar los pensamientos y las conductas distorsionantes.

La introducción de las benzodiacepinas para el tratamiento de los trastornos de ansiedad constituyó un avance significativo dado su bajo riesgo de adicción y su elevado margen de seguridad.

En el *trastorno de pánico* el síntoma básico es el ataque de angustia. Se trata de un episodio de angustia intolerable, de comienzo brusco, de breve duración y carácter espontáneo, no ligado a sucesos claramente identificables. Los síntomas característicos están constituidos por combinaciones variadas de sentimientos de aprensión, miedo o terror, junto a manifestaciones físicas que van desde síntomas cardiovasculares y respiratorios hasta molestias abdominales, pasando por sensación de mareo, sudoración, temblor, hormigueos y de incluso escalofríos.

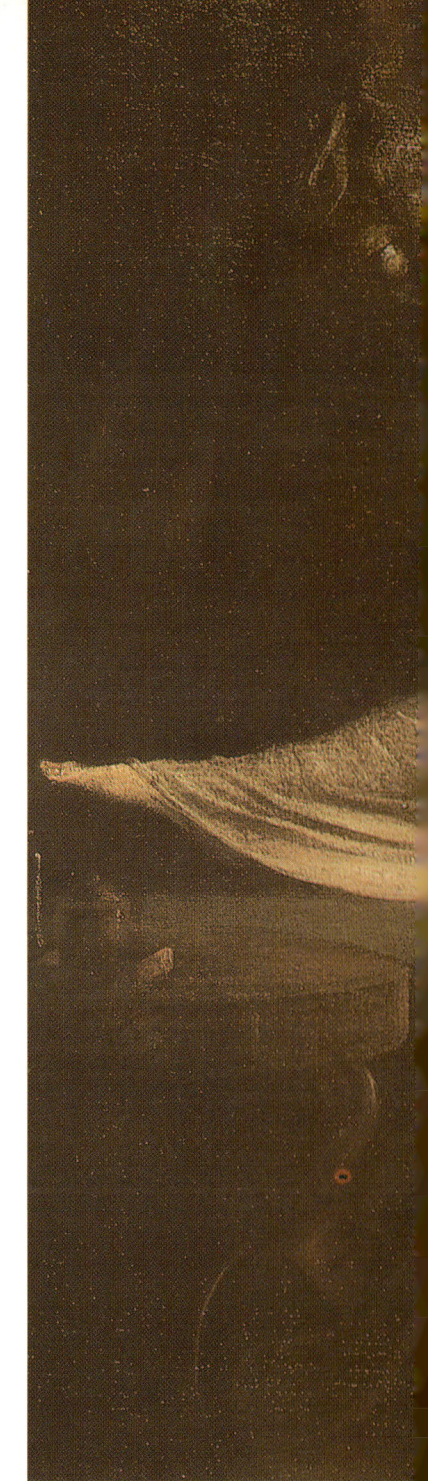

El enfermo interpreta los síntomas que le agobian como manifestaciones de una enfermedad física grave, y acude con frecuencia a los servicios médicos de urgencia o a diversos especialistas, según el síntoma dominante en el cuadro clínico. Solamente tras una larga peregrinación por los centros de asistencia y por otras especialidades médicas, suele acudir a la consulta del psiquiatra o del psicólogo.

La duración del episodio de pánico oscila entre unos minutos y varias horas, para finalizar gradualmente con un estado de cansancio y dificultad de concentración. Progresivamente o de forma aguda, el cuadro se asocia a agorafobia y aumento del apego a personas cercanas al paciente, y en los casos más graves puede llegar a la reclusión en el domicilio y a la depresión.

Se cuenta con tres modalidades de tratamiento farmacológico que han demostrado su eficacia: antidepresivos tricíclicos, inhibidores de la monoaminooxidasa y alprazolam.

La pesadilla, *de Henri Füssli, recrea gráficamente los temores atávicos que acosan a una mente angustiada. Un monstruo diabólico se sienta sobre el pecho de la mujer dormida, mientras que un caballo ciego sale de la sombra.*

LOS TRASTORNOS MENTALES

El ataque de pánico se produce cuando la angustia se hace insoportable. En ese momento se combinan sentimientos de aprensión, miedo o terror y síntomas físicos, que se traducen en arritmia cardíaca, dificultades respiratorias, dolores abdominales, mareos, temblores, sudoraciones, escalofríos, etc.

En los casos en los que la farmacoterapia no logra extinguir un nivel residual de ansiedad anticipatoria y una conducta evitativa suficientemente perturbadora deberá utilizarse el tratamiento conductual, especialmente la exposición *in vivo* y las técnicas cognitivo-conductuales específicas para el trastorno. Los tratamientos farmacológico y conductual constituyen la estrategia más eficaz para el control del trastorno de angustia.

Los trastornos fóbicos

Se entiende por fobia un miedo excesivo, irracional y persistente ante un objeto, actividad o situación que determina un deseo imperioso de evitar aquello que se teme. Para que la fobia tenga consideración clínica, el miedo debe ser reconocido por el propio sujeto como desproporcionado e injustificado.

El síndrome fóbico consta de tres componentes: el miedo central que se desarrolla en la confrontación con el objeto fóbico y consiste en una hiperactividad vegetativa y una valoración cognitiva catastrófica centrada en el miedo; la ansiedad anticipadora que supone temor a la confrontación con el objeto fóbico; y la conducta de evitación, originada por la ansiedad anticipadora y que condiciona la intensidad de ésta.

La terapia de conducta que se emplea para estos trastornos consta de dos modalidades fundamentales: la desensibilización sistemática y la exposición gradual al estímulo temido. Ambas se basan en el principio de que las respuestas fóbicas son aprendidas o condicionadas y, por lo tanto, el objetivo del tratamiento es la inversión del proceso o el descondicionamiento.

Agorafobia, fobia social y fobia simple

Los trastornos fóbicos se dividen en tres categorías: agorafobia, fobia social y fobia simple. Hay individuos que sienten miedo a estar solos o a sentirse atrapados en ciertos lugares públicos, donde puede resultar problemático en algún momento el rápido acceso a una salida o a un lugar de seguridad. A este trastorno se le conoce con el nombre de agorafobia y va unido con frecuencia al sufrimiento y a una importante limitación; representa el 60 por ciento de todos los estados fóbicos que requieren tratamiento. Suele comenzar en la mitad o al final de la tercera década de la vida. Si bien el curso del trastorno agorafóbico ofrece grandes variaciones, la mitad de los pacientes siguen una evolución crónica e incapacitante. Frecuentemente aparecen episodios depresivos de diversa intensidad, previos al comienzo de la fobia o como reacción a la desesperanza y desamparo que supone la drástica reducción de la calidad de vida que la agarofobia suele ocasionar. Con respecto a sus causas, numerosos investigadores han destacado la asociación de la misma con el trastorno de pánico y con la ansiedad de separación en la infancia.

En la agorafobia con crisis espontánea de angustia, los mejores resultados se logran asociando a la medicación antipánico (antidepresivos o alprazolam) la terapéutica conductual de exposición en vivo (o sea en el medio natural donde ocurre la fobia).

Cuando se dice que una persona padece *fobia social*, se está indicando que teme y evita las situaciones en que puede verse expuesta a la mirada de los otros. El miedo a ser observado por la gente puede implicar, según los casos, el temor a hacer el ridículo y llamar la atención, a fracasar en la tarea, a perder el dominio de sí mismo, a caerse o tambalearse, y a mostrarse avergonzado o ruborizado. La fobia social rara vez se presenta antes de la pubertad o después de los treinta años, y puede ser insidiosa, sin que sea posible identificar un claro desencadenante, o bien repentina, tras una experiencia traumática. Tiende a estabilizarse a lo largo del tiempo y su gravedad va disminuyendo en la etapa media de la vida. Dos hipótesis compiten para explicar la etiología de este trastorno. Desde el punto de vista biológico se afirma que los síntomas podrían deberse a una excesiva liberación de adrenalina cuando la persona se ve expuesta a determinadas situaciones sociales. La teoría conductual explica que los temores fóbicos se forman por asociación de los mismos a aspectos del medio social que se relacionan con peligro para el individuo, especialmente las experiencias sociales precoces traumáticas. Para el tratamiento de la fobia social, los estudios comparativos han verificado la eficacia, tanto de la terapéutica farmacológica (inhibidores de la monoaminooxidasa y betabloqueantes) como de la terapia conductual (exposición al estímulo fóbico) y de técnicas de grupo.

Otras personas que padecen trastornos fóbicos sienten un miedo irracional a un único objeto o situación, por lo que tratan de evitarlo. En estos casos se habla de *fobia simple*. Se puede sentir fobia a determinados animales, a las alturas, los espacios cerrados, los grandes espacios abiertos, las tormentas, la sangre, etc. Aunque las fobias simples son muy comunes, y tal vez por este motivo, las personas afectadas acuden con menor frecuencia que los fóbicos de otras categorías a los servicios de salud mental.

La presencia de un alto porcentaje de acontecimientos traumáticos previos al desarrollo de estas fobias ha sido utilizada por autores de orientación conductual como prueba confirmatoria de sus tesis. El tratamiento que se elige para las fobias simples es la exposición mantenida sistemática, y no existen fármacos de eficacia demostrada.

Los trastornos obsesivo-compulsivos

Todos podemos sentirnos obsesionados alguna vez en la vida por determinados pensamientos o conductas que no podemos rechazar ni evitar. Pero cuando estos pensamientos se transforman en ideas no deseadas, que asedian la conciencia y producen en la persona una angustia patológica a pesar de los esfuerzos desplegados para evitarlas, estamos en presencia de una obsesión. Así mismo, cuando determinadas conductas, su planificación y realización, pasan a ser actos irrefrenables que se ejecutan en

> *Cuando la causa de la angustia se concentra en un objeto determinado se habla de fobia simple. Este terror irracional es un trastorno psicológico, como la fobia a las serpientes y otros animales. El tratamiento se basa en enfrentar al paciente a la exposición gradual y sistemática del objeto de su terror.*

LOS TRASTORNOS MENTALES

contra del deseo del propio individuo, puede decirse que estamos ante una compulsión, como lavarse constantemente las manos, comprobar las llaves del gas, etc. El trastorno obsesivo-compulsivo es una enfermedad de curso crónico o recurrente caracterizada por la presencia de obsesiones y de compulsiones. Constituye una fuente importante de sufrimiento y, con frecuencia, acarrea una seria incapacidad personal y social.

Entre los fenómenos obsesivos se incluyen los pensamientos, los actos y los temores obsesivos. Sus rasgos característicos son la imposibilidad de controlarlos eficazmente, la tendencia a la repetición incesante, lo absurdo del contenido y la vivencia angustiosa que provocan. Los pensamientos obsesivos son ideas que, de forma reiterada, se introducen en la conciencia del sujeto e interfieren en el flujo normal de su pensamiento, causándole malestar o sufrimiento. Puede tratarse de palabras, frases, imágenes o representaciones obsesivas. Los temas más universales de las obsesiones son los escrúpulos físicos o morales: el temor

La fobia a las alturas es bastante frecuente. Aunque no exista ningún peligro real, algunas personas experimentan terror cuando se acercan a un mirador o se asoman a la ventana de un rascacielos. El temor a caerse implica una pérdida del soporte visual que sirve de protección. Así, hay fóbicos que no pueden bajar una larga escalera si ven todos los escalones.

ALGUNOS MIEDOS Y FOBIAS COMUNES

Alturas	Acrofobia
Espacios abiertos	Agorafobia
Gatos	Ailurofobia
Truenos	Asterofobia
Rayos	Ceraunofobia
Perros	Cinofobia
Espacios cerrados	Claustrofobia
Caballos	Equinofobia
Suciedad, gérmenes, contagio	Misofobia
Serpientes	Ofidofobia
Oscuridad	Nictofobia
Agua corriente	Potamofobia
Fuego	Pirofobia
Miedo al público	Topofobia
Animales	Zoofobia

a la contaminación, a las enfermedades, a lesionar a alguien, a las armas potenciales, a la suciedad, o el miedo a lo impuro o lo descompuesto. También se incluyen las rumiaciones obsesivas, bajo la forma de cavilaciones interminables y agobiantes sobre un determinado tema. Las compulsiones o rituales representan en el plano de la acción lo que las ideas obsesivas en el plano del pensamiento. Cuando estos actos tienen lugar desprovistos de la lucha interna que caracteriza la compulsión, se habla de impulsión. Son muy comunes los rituales de limpieza, el contar y verificar, así como el ceremonial de lentitud.

En la mayoría de los casos, las personas afectadas por un trastorno obsesivo-compulsivo son incapaces de identificar un acontecimiento de su vida como desencadenante, pero una vez que el cuadro está establecido muchos sujetos experimentan un incremento de la sintomatología en ocasión de circunstancias ambientales estresantes. En cuanto a la posible implicación de factores genéticos en la etiología del trastorno, los datos sugieren que los familiares de primer grado de los pacientes afectados tienen una incidencia más alta de la enfermedad en relación a la población normal.

A diferencia de los fóbicos, que tienen miedo a que les ocurra algo, los obsesivos temen fundamentalmente perjudicar a los demás.

El tratamiento combinado farmacológico y conductual resulta más eficaz que cualquier estrategia aislada. La medicación reduce las obsesiones, los rituales y los síntomas depresivos, posibilitando la instauración de una terapéutica conductual. Por otra parte, los resultados positivos de dicha terapéutica, son más duraderos y pueden permitir la eventual supresión de la medicación.

La depresión

Todos hemos oído hablar más de una vez de la depresión. Y, posiblemente, todos hemos experimentado en alguna ocasión sus síntomas. La soledad, el temor al futuro, los contratiempos de la vida, incluso los cambios de estación, pueden habernos hecho sentir faltos de energía, sin fuerzas para levantarnos, con dificultades para concentrar nuestra atención... Las depresiones representan el área más importante de los trastornos afectivos y suponen, junto con los trastornos de ansiedad, las alteraciones mentales más frecuentes. Además, por las importantes repercusiones personales, sociales y asistenciales que acarrean, constituyen uno de los principales problemas de la salud mental.

La depresión mayor

El término *trastorno depresivo mayor* indica un típico episodio depresivo que persiste durante al menos dos semanas y que se caracteriza por un descenso diario del humor o de la capacidad para experimentar placer. También se reduce el interés en las actividades de la vida diaria, hay cambios en el apetito y en el peso, se presentan trastornos del sueño, agitación o enlentecimiento psicomotor, hay síntomas de fatiga o pérdida de energía, disminuye la concentración, aparecen pensamientos recurrentes de muerte o

La ansiedad persistente está en el origen de los trastornos obsesivo-compulsivos, es decir aquellos en que ciertos pensamientos o comportamientos reiterativos perturban a una persona interfiriendo en su modo de vida. Entre estos trastornos se halla la obsesión por la suciedad que lleva al sujeto, por ejemplo, a lavarse las manos continuamente.

LOS TRASTORNOS MENTALES

suicidio, etc. El diagnóstico de la depresión sigue siendo fundamentalmente clínico y se basa en la exploración del paciente para identificar los síntomas depresivos. Éstos son muy variados: tristeza vital, proyectada tanto en la vertiente somática como en la psíquica; incapacidad para disfrutar de las actividades que anteriormente eran placenteras; irritabilidad frecuente; insomnio bajo cualquiera de sus modalidades; disminución del apetito; pérdida de vitalidad; falta de energía y del impulso sexual; inhibición psicomotora y del curso del pensamiento. Las depresiones suelen manifestarse también en una inquietud motora, lo que es más común en la tercera edad, o en una conducta agresiva, que puede oscilar desde el simple deseo de morir a las tentativas suicidas. Aparecen así mismo pensamientos obsesivos acerca de sucesos banales cotidianos o de problemas concretos. Son habituales en estos casos las ideas delirantes en torno a los miedos primordiales del hombre (preocupación por la salud del alma, por la integridad del cuerpo y por la posibilidad material de la existencia), así como toda una serie de trastornos físicos que son colocados a veces por el enfermo en un primer plano enmascarando así la depresión de fondo.

Se ha establecido la distinción entre cuadros que presentan el *tipo melancólico* (acompañado de síntomas como variación a lo largo del día de la sintomatología, con agravamiento matutino e insomnio tardío, pérdida de peso, despertar en la madrugada, pérdida de interés sexual y cansancio) y los que no. La *depresión mayor con síntomas psicóticos* se asocia con delirios congruentes con el estado de ánimo, alucinaciones y estupor depresivo. El *trastorno afectivo estacional* es un cuadro en el que el ánimo deprimido, acompañado por letargia, exceso de sueño, mayor apetito e irritabilidad, sigue un patrón estacional apareciendo en invierno. Este cuadro está relacionado con la intensidad luminosa; en su tratamiento se incluye la exposición a la luz artificial y la deprivación de sueño.

La *distimia* comprende las depresiones de dos o más años de evolución, de comienzo insidioso, de escasa gravedad y de curso crónico. Es importante la presencia frecuente de un trastorno de la personalidad que persiste tras la remisión de la sintomatología distímica.

La mayoría de los individuos recuperan la normalidad y vuelven a sus niveles previos de funcionamiento; el 80 por ciento de los pacientes se recupera antes de dos años. A diferencia de la depresión mayor, la distimia no tiene un comienzo claro, el paciente muchas veces refiere que siempre la ha tenido.

Causas de la depresión

Se han propuesto muchas teorías para explicar la etiología de la depresión. La mayoría de los estudios constatan que los pacientes deprimidos experimentan más acontecimientos vitales estresantes en los meses que preceden a la aparición de los síntomas, que los grupos controles de población general y que otros enfermos psiquiátricos no deprimidos.

Según las diversas orientaciones se proponen diferentes modelos psicológicos: la teoría cognitiva de Beck considera que las alteraciones cognitivas en forma de pensamientos distorsionados del propio sujeto sobre sí mismo y su entorno constituyen un factor etiológico de la depresión; Seligman desarrolla la teoría de la indefensión aprendida, planteando que la enfermedad depresiva está condicionada por el establecimiento de un patrón estable de conducta, que se caracteriza por la incapacidad para interrumpir el estímulo que se considera nocivo y escapar del evento traumático. Por otro lado, se ha indicado también que ciertos rasgos de la personalidad como la escrupulosidad, el sentido del deber, el perfeccionismo, la falta de espontaneidad y el afán de orden pueden predisponer al desarrollo de los trastornos depresivos unipolares.

Los avances de la genética han permitido establecer que los familiares de sujetos con depresión son más propensos a padecerla que la población en general. Los estudios bioquímicos aportan también algunas hipótesis etiológicas relacionadas con desequilibrios en las transmisiones químico-cerebrales (dopamina, noradrenalina y serotonina).

PREGUNTAS Y RESPUESTAS

¿ ¿Por qué una de las representaciones más comunes de la locura es la del individuo que se cree Napoleón?

➡ Creerse Napoleón, Richard Gere, Greta Garbo o cualquier otro personaje más o menos célebre forma parte del cuadro de ideas delirantes de los esquizofrénicos, cuyo pensamiento se presenta extraño, fragmentado y deformado por falsas creencias.

En la historia de la depresión, antiguamente se usó el término melancolía para designar las sensaciones de tristeza, temor, cansancio de la vida y suspicacia, a menudo acompañadas de actitudes misantrópicas. La pena, el desaliento y la desesperanza aparecen poéticamente evocados en el cuadro **Melancolía** *de Giorgio de Chirico.*

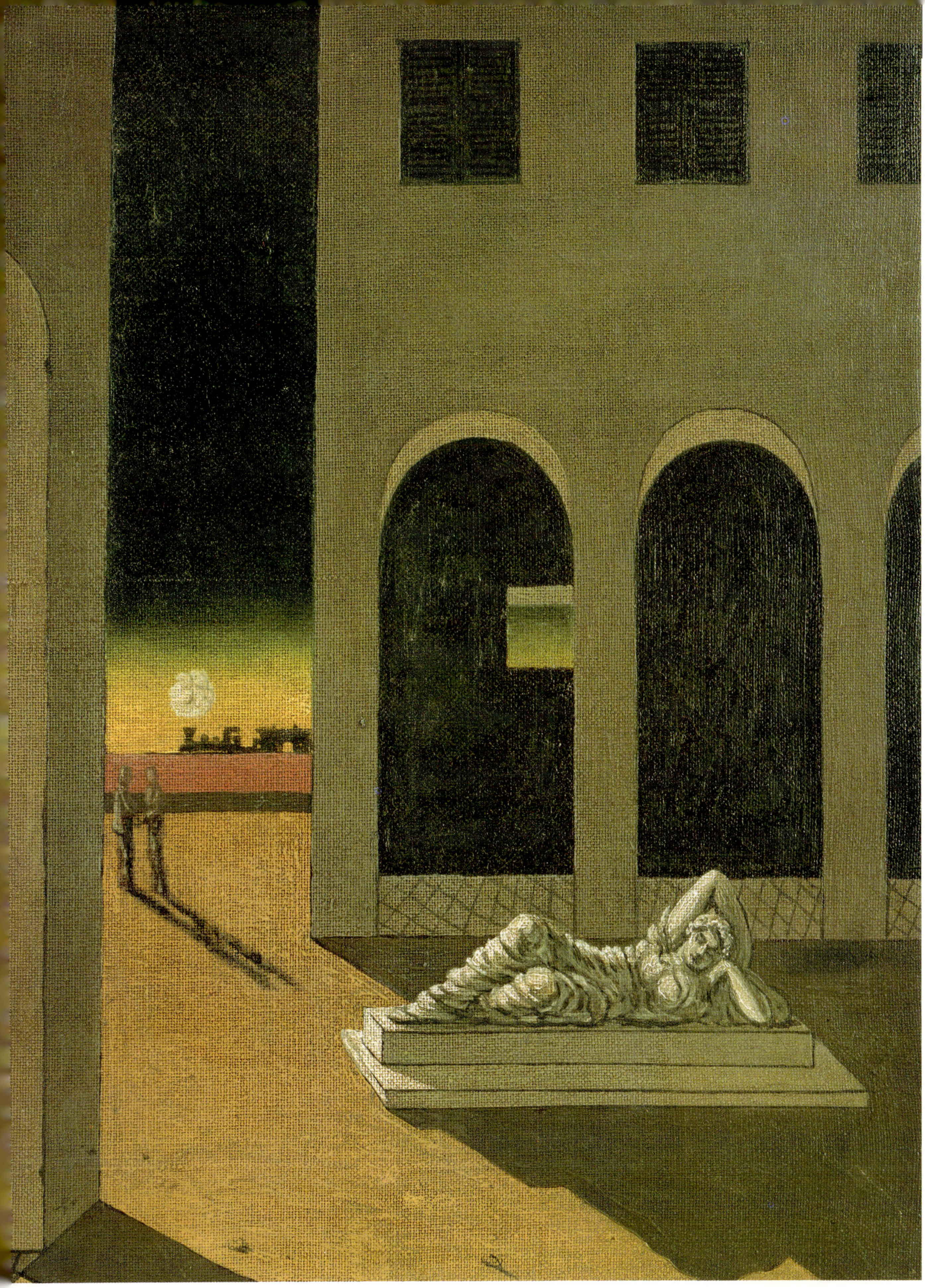

Con extraordinaria sensibilidad y dramatismo Goya recreó la esquizofrenia en el sórdido ambiente de un manicomio de su época, en su cuadro **La casa de locos.** *La esquizofrenia es una enfermedad, o acaso la confluencia de varias enfermedades, que se caracteriza por el deterioro de las facultades mentales acompañado de delirios y comportamiento extravagante.*

Así, la hipótesis serotoninérgica sugiere la intervención del sistema serotoninérgico central en la regulación anormal del humor en los pacientes con trastorno depresivo mayor. Además, muchas enfermedades, medicamentos y drogas como el alcohol y la cocaína pueden producir depresión, indistinguible del trastorno psiquiátrico primario.

En el tratamiento de la depresión lo más efectivo es la combinación entre psicoterapia y farmacoterapia. El tratamiento farmacológico debe efectuarse con antidepresivos. Desde la psicoterapia, las técnicas más empleadas en el tratamiento de los síndromes depresivos son las psicoterapias dinámicas breves, que se basan en el presupuesto de que los conflictos intrapsíquicos están en la raíz del cuadro depresivo; las terapias cognitivas, que sostienen que las distorsiones que supuestamente originan y mantienen el estado depresivo deben ser identificadas y confrontadas para deshacer las convicciones negativas que el paciente presenta; y la psicoterapia de apoyo, cuyo objetivo fundamental es aliviar los síntomas y recuperar el equilibrio del paciente.

Trastornos del ánimo bipolares

La sintomatología del trastorno bipolar (antes denominado psicosis maníaco-depresiva) se caracteriza por la alternancia de episodios de depresión y manía, con períodos de estado de ánimo normal entre los intervalos. El trastorno básico de la manía está constituido por la exaltación vital que puede expresarse en una euforia franca, predominando en otros muchos casos la iracundia sobre la alegría festiva. Otros síntomas nucleares son la excitación psicomotriz, el curso del pensamiento extraordinariamente acelerado y la atención muy dispersa, así como una serie de síntomas físicos como el insomnio o la anorexia, la taquicardia y el aumento del impulso sexual.

CUANDO LA MENTE SUFRE

La frecuencia de trastorno bipolar a lo largo de toda la vida se estima entre el 0,6 y el 1,1 por ciento de la población. La morbilidad del trastorno bipolar es similar en ambos sexos y la edad de comienzo es menor que en la depresión unipolar. Con respecto a la evolución, los pacientes bipolares tienen fases más breves, presentan mayor número de episodios y la duración media de los intervalos es significativamente más corta que en los pacientes unipolares.

Las investigaciones genéticas permiten afirmar, a partir de los datos obtenidos en estudios familiares y en gemelos, que existe un importante determinismo de los genes. Por otro lado, el papel de los acontecimientos vitales y del estrés crónico es menos relevante que en las depresiones unipolares, pero hay que destacar que se estima que un 20 por ciento de las mujeres que padecen este trastorno han sufrido un episodio maníaco en el período que sigue inmediatamente al parto. Los estudios neuroquímicos de los sujetos bipolares han permitido formular determinadas hipótesis explicativas, como la noradrenérgica, la dopaminérgica y la serotonina.

La ciclotimia

El temperamento ciclotímico ha sido considerado como una forma «frustrada» de la enfermedad maníaco-depresiva. Se trata de una enfermedad crónica del ánimo que no alcanza la gravedad de una depresión mayor o una manía. El estado de ánimo alterna entre períodos depresivos y de euforia, mientras que en los intervalos el paciente puede experimentar un ánimo normal.

El litio es el fármaco indicado tanto para el tratamiento como para la profilaxis del trastorno bipolar; muchos pacientes ciclotímicos experimentan una estabilización de su estado de ánimo cuando se les mantiene con dosis adecuadas de este fármaco. La alternativa al litio más prometedora es un grupo de agentes anticonvulsivantes con demostrada eficacia aguda y profiláctica, de los cuales la carbamacepina es el más extensamente estudiado.

El electrochoque se reservará para el tratamiento de manías graves, especialmente los estados mixtos, y episodios depresivos con elevado riesgo suicida.

Especial atención merece el problema asistencial de los pacientes *cicladores rápidos* (pacientes bipolares con alta frecuencia de episodios afectivos, al parecer en estrecha asociación con alteraciones clínicas o subclínicas del tiroides y con la administración prolongada de fármacos antidepresivos), que muestran habitualmente resistencia a las sales de litio: en primer lugar se debe suspender la medicación antidepresiva, manteniendo sólo el litio, ya que algunos pacientes vuelven a mostrar una respuesta favorable y, en caso contrario, se procederá al uso de los anticonvulsivos.

La esquizofrenia

Aún no está claro si la esquizofrenia es una sola enfermedad o un grupo de enfermedades. Se caracteriza por la aparición brusca o tras un período de síntomas inespecíficos, de un deterioro predominante del pensamiento, el lenguaje, el afecto y las habiliades sociales. En la mayoría de los casos aparece en el contexto de un síndrome psicótico caracterizado por alucinaciones (percepciones sin objeto), delirios (creencias falsas que no pueden ser explicadas sobre la base del fondo religioso o cultural del paciente) y comportamiento extravagante (por ejemplo, pintarse el cuerpo de diferentes colores, vestirse como Napoleón u orinar en un azucarero).

Esta temida enfermedad se manifiesta especialmente en la adolescencia o en la juventud —el inicio suele acontecer entre los 15 y los 35 años, siendo más precoz en los varones—, y en su curso se presentan brotes psicóticos, acompañados de un deterioro afectivo y social más estable en el tiempo.

A raíz de la esquizofrenia aparecen alteradas una serie de áreas. Entre las alteraciones de la percepción destacan las alucinaciones auditivas. El pensamiento y el lenguaje se ven deformados por ideas sobrevaloradas y delirios, así como por trastornos en la organización, la forma y el curso del pensamiento. Es frecuente el

---

¿ A veces, ante determinadas circunstancias, me siento muy triste. ¿Será esto una señal de que estoy deprimido?

➡ La gente suele identificar los términos depresión y tristeza como si fueran sinónimos, pero no es así. Podemos sentirnos tristes por una causa determinada y no por ello padecer una depresión. La tristeza que surge en ciertos tipos de depresión no tiene relación alguna con ningún motivo concreto.

LOS TRASTORNOS MENTALES

descarrilamiento, o la idea que se sale de su curso, pasando a otra relacionada con la primera, aunque de forma lateral u oblicua, o a otra con la que no tiene ninguna relación. Las alteraciones del afecto, uno de los síntomas centrales de la esquizofrenia, dependen del subtipo de la enfermedad y del curso evolutivo; entre ellas abundan la indiferencia afectiva, la incongruencia afectiva (por ejemplo, sonreír mientras se habla de un tema serio o triste) y el aplanamiento (empobrecimiento característico de la expresión emocional, de la reactividad y de sentimiento). La víctima de la esquizofrenia se comporta de manera extravagante, lo que guarda relación con las ideas delirantes. Son características también las alteraciones motoras (desde la agitación psicomotora hasta el estupor catatónico), neurológicas y neuropsicológicas, así como otras manifestaciones entre las que

En su **Autorretrato con la oreja cortada** *Van Gogh, sobre quien se han hecho incontables estudios psicológicos, plasmó uno de los momentos más críticos de su trastorno mental cuando sintió el impulso de automutilarse, unido a ideas delirantes y persecutorias, a alucinaciones y pérdida del sentido de los compromisos sociales.*

sobresale el deterioro considerable del funcionamiento social, laboral, familiar y académico del individuo.

Actualmente, los síntomas de la enfermedad se dividen en tres grupos. El síndrome positivo agrupa una serie de síntomas «positivos», como las alucinaciones y los delirios. El síndrome desorganizado abarca las alteraciones formales del pensamiento y el afecto incongruente. El síndrome negativo/deficitario agrupa el aplanamiento afectivo, la alogia, la apatía, la asociabilidad y el déficit de atención.

Distintos tipos de esquizofrenia

La esquizofrenia paranoide es la forma más frecuente de la enfermedad y se caracteriza por el predominio de síntomas positivos de tipo alucinatorio y delirante, generalmente con carácter estructurado. *La esquizofrenia catatónica* se caracteriza por alteraciones motoras acompañadas de excitación, estupor, negativismo, obediencia automática, manierismos y posturas mantenidas durante largos períodos de tiempo; hoy día casi no se observa gracias a los avances farmacológicos. *La esquizofrenia indiferenciada* es una categoría residual para aquellos cuadros que no cumplen los criterios vigentes para los subtipos anteriores. *La esquizofrenia residual* constituye un cuadro en estadio avanzado (al menos un año de evolución), en el que han remitido los síntomas psicóticos pero persiste el aplanamiento afectivo y otros síntomas negativos, así como el deterioro del funcionamiento. *La esquizofrenia simple* es un tipo infrecuente que se caracteriza por un predominio de síntomas negativos desde el inicio de la enfermedad, sin que aparezcan los síntomas positivos de la fase activa.

La evolución de la enfermedad es muy variable. Diversos factores se consideran indicadores de un buen pronóstico; entre ellos el inicio tardío, el sexo femenino, los individuos casados y con situación laboral estable, además de la ausencia de antecedentes familiares y personales de esquizofrenia, el inicio agudo, el predominio de síntomas positivos y la presencia de síntomas depresivos o de confusión. Un factor crucial es la respuesta al tratamiento farmacológico durante la fase activa de la enfermedad.

Hoy en día se dispone de numerosos estudios que aportan datos a la etiología de la esquizofrenia. Existen factores genéticos, pues el riesgo de padecer esquizofrenia es de cuatro a seis veces mayor cuando hay antecedentes en un familiar de primer grado; y del 46 por ciento si los dos padres están afectados. También existen factores individuales (personalidad suspicaz, introvertida, retraída, excéntrica o impulsiva); factores neurobiológicos que constatan un desequilibrio en la actividad de sustancias cerebrales, así como alteraciones neuroanatómicas y funcionales. Apelando a los factores ambientales, se ha postulado que los pacientes esquizofrénicos con familias con una alta *emoción expresada* tenían mayor frecuencia de recaídas. El modelo de vulnerabilidad al estrés integra aspectos biológicos y psicosociales, postulando que las alteraciones genéticas y los factores biológicos determinan una fragilidad que facilita la descompensación.

Este cuadro pertenece a un enfermo mental de 26 años y fue pintado en un estado de alucinaciones visuales y auditivas muy intensas. Más allá de la fuerza de la pintura, somos sensibles a la extrañeza y la fuerza de las tres figuras, la madre, el padre y el hijo, que son al mismo tiempo una misma persona.

Este óleo titulado **Los celos** *fue pintado por un enfermo en un profundo estado de deterioro mental. Constituye la representación gráfica elemental de su obsesión y objeto de su sufrimiento, en la cual aparecen así mismo manchas blancas de carácter mágico, aunque de oscura significación.*

¿Las enfermedades esquizo-afectivas son hereditarias?

Si bien las investigaciones genéticas han demostrado que los parientes de personas que han sufrido este tipo de trastornos constituyen un grupo de riesgo, es decir que son propensas a padecerlos, existen otros factores, como las influencias bioquímicas y sociocognitivas que están en su origen.

Como norma general puede decirse que es necesario efectuar un tratamiento con fármacos antipsicóticos, en la fase activa, y se aconseja continuar después una pauta de mantenimiento que debe combinarse con un amplio conjunto de medidas de psicoterapia y apoyo social.

Para el abordaje de la esquizofrenia se han desarrollado diversas técnicas de psicoterapias específicas. Algunas proceden del modelo del condicionamiento operante, como la *economía de fichas* (refuerzo de conductas positivas en pacientes hospitalizados). La terapia de apoyo se centra en el consejo, la reafirmación, la educación, el modelamiento de conductas sociales, el establecimiento de objetivos y la mejora de la conciencia de enfermedad, de juicio de realidad y de la autoestima. Las terapias de grupo son muy útiles también para mejorar las habilidades sociales y como técnica de apoyo. Así mismo son útiles los grupos informativos dirigidos a la familia o al propio paciente. La terapia familiar se aplica principalmente para disminuir la emoción expresada en la familia del paciente.

Trastornos esquizoafectivos

El cuadro clínico correspondiente al trastorno esquizoafectivo se caracteriza por una mezcla de síntomas afectivos, depresivos o maníacos, y por alucinaciones o delirios que se consideran propios de la esquizofrenia o que, por no tener relación aparente con la alteración del humor, no suelen darse en los trastornos afectivos comunes.

La evolución del trastorno esquizoafectivo por lo común ocurre a través de episodios que una vez superados desembocan en la recuperación total. También se han descrito casos de evolución crónica y otros que presentan un deterioro similar al producido por la esquizofrenia. En general, el pronóstico es intermedio, más favorable que en la esquizofrenia pero peor que en los trastornos afectivos.

En cuanto a su origen, los estudios genéticos parecen demostrar que los familiares de enfermos esquizoafectivos tienen un mayor riesgo de padecerla.

Los tratamientos utilizados son los antipsicóticos, los antidepresivos, el litio y el tratamiento electroconvulsivo (cuando la respuesta a la farmacoterapia es pobre o muy lenta). La elección del fármaco o la combinación de ellos suele depender de la naturaleza y gravedad de los síntomas clínicos.

Trastorno delirante

El pensamiento de las personas que padecen un trastorno delirante está bien ordenado, sin signos relevantes de pérdida de la capacidad asociativa, ni de incoherencia o empobrecimiento, por lo que se debe diferenciar de la esquizofrenia. Este trastorno se conoce también como *paranoia*. La conducta varía extremadamente de unos casos a otros: algunos enfermos pueden parecer absolutamente normales siempre que sus creencias delirantes no sean cuestionadas, mientras que otros pueden tener comportamientos inadecuados o extravagantes.

El delirio constituye la manifestación clínica central. Los temas delirantes más habituales son: el perjuicio, que se presenta preferentemente en personas con rasgos de desconfianza, suspicacia y rigidez, que pueden manifestar reacciones hostiles cuando tienen el convencimiento de que alguien les está perjudicando o se pone en duda la autenticidad de sus delirios; los celos, donde un hecho banal origina una acusación de infidelidad que se trata de probar mediante datos retrospectivos distorsionados; la erotomanía, en la que el paciente, más frecuentemente una mujer, tiene la idea de ser amado por alguien, generalmente una personalidad de renombre o perteneciente a un nivel cultural o socioeconómico superior; la grandiosidad o megalomanía, cuando el paciente está convencido de que es una persona importante; el delirio somático, correspondiente a ideas delirantes como el convencimiento de tener una enfermedad, sufrir una deformidad aislada o que el cuerpo despide un olor repugnante. Entre otros temas delirantes merecen especial mención el síndrome de Capgras, donde el enfermo tiene el convencimiento de que una persona de su entorno ha sido sustituida por un doble, y el síndrome de Fregoli, en que el paciente cree que una o más personas de su ambiente han adquirido el aspecto de individuos desconocidos.

Los estudios de seguimiento muestran que en un 53 por ciento de los casos las manifestaciones clínicas remiten de manera satisfactoria. Parecen existir algunos indicadores que predicen una evolución favorable, entre ellos un comienzo brusco, la presencia de factores desencadenantes y la temática delirante de contenido persecutorio; por el contrario, la evolución es más desfavorable en delirios de celos y megalomaníacos.

Para el tratamiento de este trastorno se recurre preferentemente a los antipsicóticos. Por otra parte, no hay datos que demuestren la eficacia de ninguna modalidad de psicoterapia. En principio, lo más recomendable es iniciar una relación terapéutica, con el objetivo de conseguir la confianza y la colaboración del enfermo.

Trastorno psicótico inducido

El trastorno psicótico inducido hace referencia a la «transmisión» de una o más ideas delirantes de una persona a otra. Esta transmisión es consecuencia de una relación interpersonal estrecha y prolongada. Según los criterios expuestos por la Sociedad Americana de Psiquiatría, el diagnóstico sólo puede ser establecido cuando «la persona a la que se induce el delirio no presenta un trastorno psicótico de otra índole, ni una enfermedad orgánica que pudiera justificar el cuadro».

El individuo que induce en el otro la idea delirante es el que ejerce un papel dominante en la relación y suele presentar un trastorno psicótico crónico, por lo general una esquizofrenia paranoide o un trastorno delirante. La persona que es inducida suele ser por lo general pasiva, sumisa e influible; con relativa frecuencia tiene un bajo nivel de inteligencia. Cuando la relación con la persona inductora se interrumpe, las ideas delirantes pueden disminuir o desaparecer, aunque esto no sucede en todas las ocasiones.

Trastornos disociativos y trastornos facticios

Existen dos grupos de alteraciones psicopatológicas emparentadas en el pasado con la histeria y la simulación respectivamente: los trastornos disociativos y los trastornos facticios. Los primeros, an-

La loca celosa, óleo de Théodore Géricault, artista que plasmó con detallado realismo y extraordinaria sensibilidad los rasgos y expresión propios de distintos tipos de enfermos mentales en una soberbia serie de elocuentes retratos.

El tema pintado por El Bosco en **La nave de los locos** *fue comentado por Michel Foucault en su* **Historia de la locura en la época clásica**: *«Encerrado en la nave, de donde no se escapa, el loco es confiado al río de los mil brazos, al mar de los mil caminos, a esta gran incertidumbre exterior a todo».*

tes denominados neurosis histérica de tipo disociativo, son aquellos trastornos caracterizados por una alteración de las funciones integradoras (el sentido de identidad, la memoria y la conciencia), que pueden dar lugar a una fuga, a amnesia y despersonalización. Respecto a los trastornos facticios, la Asociación Psiquiátrica Americana los definen considerando la actitud del sujeto de producir intencional o voluntariamente síntomas (físicos, psicológicos, o ambos), con la finalidad de asumir un papel de enfermo, y los diferencia de la mera simulación, que implica la posibilidad de reconocer un beneficio material demostrable. Se ha descrito una amplia variedad de conductas caracterizadas por la autoinducción de daño físico, realizadas con el objetivo de prolongar las exploraciones médicas (las propias e, incluso, las de otras personas como hijos o cónyuges).

Se manifiestan mecanismos disociativos en las siguientes áreas:

a) *Disociación de la personalidad*. El cuadro típico es el trastorno disociativo de la identidad. Se caracteriza porque el sujeto refiere o se comporta como si tuviera dos o más personalidades, hasta el punto de que alguna de ellas, en algún momento, dirige su conducta. Para la mayoría de expertos en este campo, las técnicas psicológicas de *role-playing* parecen ser las que auguran un mayor éxito terapéutico.

b) *Disociación de conductas complejas*. El sujeto con antecedentes de fuga disociativa se caracteriza por desaparición (durante horas o días) de su domicilio y del trabajo; en el cuadro hay factores estresantes psicosociales temporalmente relacionados con la conducta de fuga; el sujeto presenta amnesia masiva del período de fuga y, ocasionalmente, asume una «identidad» distinta a la suya.

c) *Disociación de la conducta motora*. En el estupor histérico el paciente puede sumirse en un letargo que se asemeja al coma, del que sale espontáneamente. En casos dudosos, la utilización de amital sódico («suero de la verdad») intravenoso lento puede ayudar, en ocasiones, a establecer el diagnóstico

d) *Disociación de las funciones cognitivas*. El cuadro clínico típico es el síndrome de Ganser (o síndrome de las preguntas aproximativas) que consiste en la aparente incapacidad de ciertos pacientes para contestar de forma correcta preguntas muy simples y dar respuestas falsas pero «coherentes» (por ejemplo, ¿cuántas patas tiene una vaca?: cinco).

La mayoría de los casos de trastorno disociativo de la identidad suceden en la adolescencia. Desde que el cuadro se inicia hasta que se diagnostica correctamente pueden transcurrir de siete a diez años.

Respecto a los trastornos facticios, el cuadro prototípico y completo es, sin duda, el síndrome de Munchausen (caracterizado por la demanda constante de intervención médica sin existencia de enfermedad), del que algunos autores sostienen que es muy infrecuente, mientras que otros consideran superior su incidencia debido a la tendencia a confundir estos pacientes con histéricos, simuladores o hipocondríacos.

Respecto a estos trastornos, las hipótesis etiopatogénicas (estudio de las causas de las enfermedades y del mecanismo con que actúan) son aún inciertas debido a la complejidad en sus manifestaciones clínicas.

Es importante realizar un diagnóstico diferencial entre los episodios de disociación histéricos y los estados confusionales (pérdida de coherencia, paramnesia, propagación de error, falta de atención a estímulos sensoriales y disgrafía), estados crepusculares (automatismos e impulsión motriz), epilepsia del lóbulo frontal (electroencefalograma alterado), estados psicóticos agudos (alucinaciones auditivas, «voces» con carácter verbal auténtico e inexistencia de la clara tendencia del histérico a explicar el fenómeno) y despersonalización (desrrealización, extrañeza, percepción de pérdida de la espontaneidad, conservación de la capacidad de introspección y de experiencia desagradable).

El tratamiento de los trastornos disociativos y los trastornos facticios es complicado y en muchas ocasiones infructuoso. Debe basarse en la combinación de fármacos con diversas psicoterapias dinámicas y conductuales.

Trastornos mentales orgánicos

Los trastornos mentales orgánicos integran un grupo heterogéneo, y por este motivo es difícil describirlos de forma simple. La clasificación en la presentación clínica refleja diferencias en la localización, el modo de inicio, el curso, la duración y la naturaleza de los procesos fisiopatológicos subyacentes.

La causa orgánica responsable de un trastorno mental orgánico puede ser una enfermedad primaria del cerebro o bien una enfermedad general que afecte secundariamente al cerebro. También el consumo de una sustancia psicoactiva o su abstinencia, así como un agente tóxico, pueden afectar la actividad cerebral y dejar efectos persistentes.

Entre los trastornos mentales orgánicos más representativos se encuentra el *delirium*, que es un estado pasajero, que provoca en la mayoría de los casos un notable deterioro de la atención, y que se manifiesta en una reducción de la capacidad para mantener la atención en los estímulos externos y en un pensamiento desorganizado expresado a través de un lenguaje vago, irrelevante o incoherente. También incluye reducción del nivel de conciencia, percepciones sensoriales falsas, alteraciones en el ciclo sueño-vigilia y en el nivel de actividad psicomotora, desorientación en el espacio y respecto de las personas, y deterioro de la memoria.

Normalmente, el estado confusional comienza de repente y es seguido de un nivel de alerta fluctuante. El *delirium* puede presentarse a cualquier edad, aunque es más frecuente en niños y después de los sesenta años. Puede deberse a trastornos metabólicos, endocrinos, enfer-

Si bien la demencia siempre ha existido, éste es uno de los mayores problemas de salud a los que nos enfrentamos en esta época. El número de personas afectadas ha sufrido un notable incremento debido en parte al aumento de la esperanza de vida y la incidencia de la enfermedad entre la gente mayor.

LOS TRASTORNOS MENTALES

PRINCIPALES TRASTORNOS PSICOPATOLÓGICOS

TRASTORNOS DEL ESTADO DE ÁNIMO

* Trastorno Depresivo Mayor: presencia de uno o más episodios depresivos graves.
* Trastorno Distímico: estado de ánimo depresivo moderado en la mayoría de días durante un período de dos años.
* Trastorno Bipolar: sucesión de episodios maníacos y depresivos.
* Trastorno Ciclotímico: al menos dos años de fluctuación del estado de ánimo, con síntomas maníacos y depresivos.

TRASTORNOS DE ANSIEDAD

* Crisis de Angustia: aparición súbita de síntomas de aprensión, miedo pavoroso o terror acompañado de sensación de muerte inminente y síntomas físicos de ansiedad.
* Agorafobia: aparición de ansiedad o comportamientos de ansidad en lugares donde escapar puede resultar difícil, o bien donde sea imposible encontrar ayuda en caso de aparición de una crisis.
* Fobia Específica: presencia de ansiedad clínicamente significativa como respuesta a la exposición a objetos o situaciones temidas.
* Fobia Social: presencia de ansiedad clínica significativa como respuesta a ciertas situaciones sociales o actuaciones en público.
* Trastorno Obsesivo-Compulsivo: presencia de obsesiones, que causan ansiedad, y compulsiones, cuyo propósito es neutralizar dicha ansiedad.
* Ttastorno por Estrés Postraumático: se caracteriza por la reexperimentación de acontecimientos altamente traumáticos y comportamientos de evitación a los estímulos relacionados con el trauma.
* Trastorno por Estrés Agudo: los síntomas son similares al trastorno por estrés postraumático pero aparecen inmediatamente después del acontecimiento traumático.

TRASTORNOS SOMATOMORFOS

* Trastorno de Somatización: se caracteriza por la presencia de una combinación de síntomas gastrointestinales, sexuales, seudoneurológicos y de dolor sin etiología orgánica clara.
* Trastorno de Conversión: alteración de las funciones motoras voluntarias o sensoriales que sugieren un trastorno neurológico o médico, pero no presentan etiología orgánica clara.
* Trastorno por dolor: pesencia de dolor en el que los factores psicológicos tienen relevancia.
* Hipocondría: preocupación y miedo a padecer una enfermedad grave, a partir de la mala interpretación de los síntomas o funciones corporales.
* Trastorno Dismórfico Corporal: preocupación por algún defecto imaginario o exagerado en el aspecto físico.

TRASTORNOS FACTICIOS

Producción intencionada de síntomas y signos físicos y psicológicos.

TRASTORNOS DISOCIATIVOS

Consisten en una alteración de las funciones integradoras de la conciencia, la identidad, la memoria y la percepción del entorno. Incluyen: La amnesia disociativa, la fuga disociativa y la despersonalización entre otros.

PRINCIPALES TRASTORNOS PSICOPATOLÓGICOS

TRASTORNOS SEXUALES Y DE LA IDENTIDAD SEXUAL

* Disfunciones Sexuales: comprenden alteraciones en el deseo sexual, la excitación sexual, el orgasmo y los trastornos sexuales por dolor.
* Parafilias: se caracterizan por impulsos sexuales intensos y repetidos, fantasías o comportamientos que implican objetos, actividades o situaciones poco habituales.
* Trastorno de la Identidad Sexual: identificación intensa y persistente con el otro sexo, acompañada de malestar persistente por el propio sexo.

TRASTORNOS DE LA CONDUCTA ALIMENTARIA

* Anorexia Nerviosa: rechazo a mantener el peso corporal en los valores mínimos normales.
* Bulimia Nerviosa: episodios repetidos de voracidad seguidos por conductas inapropiadas de vómitos provocados, abuso de laxantes y diuréticos u otros medicamentos, ayuno o ejercicio excesivo.

TRASTORNOS DEL SUEÑO

* Disomnias: alteraciones en la calidad, cantidad u horarios del sueño.
* Parasomnias: caracterizado por acontecimientos o conductas anormales asociadas al sueño, a sus fases específicas o a los momentos de transición sueño-vigilia.

TRASTORNOS ADAPTATIVOS

Se caracterizan por el desarrollo de síntomas emocionales o de comportamientos en respuesta a una situación estresante.

TRASTORNOS DE LA PERSONALIDAD

Trastorno Paranoide: patrón de desconfianza y suspicacia que hace que se interpreten maliciosamente las intenciones de los demás.
Trastorno Esquizoide: patrón de desconexión de las relaciones sociales y de restricción de la expresión emocional.
Trastorno Esquizotípico: patrón de malestar intenso en las relaciones personales, distorsiones perceptivas o cognitivas y excentricidades del comportamiento.
Trastorno Antisocial: patrón de desprecio y violación de los derechos de los demás.
Trastorno Límite: patrón de inestabilidad en las relaciones personales, la autoimagen y los afectos, y de una notable impulsividad.
Trastorno Histriónico: patrón de emotividad excesiva y demanda de atención.
Trastorno Narcisista: patrón de grandiosidad, necesidad de admiración y falta de empatía.
Trastorno por Evitación: patrón de inhibición social, sentimientos de incompetencia e hipersiensibilidad a la evaluación negativa.
Trastorno por Dependencia: patrón de comportamiento sumiso y pegajoso relacionado con una excesiva necesidad de ser cuidado.
Trastorno Obsesivo-Compulsivo: patrón de preocupación por el orden, el perfeccionismo y el control.

La demencia induce al individuo a refugiarse en su propio mundo interior, como consecuencia de una progresiva degradación de las facultades mentales que afectan entre otras funciones al lenguaje y la memoria.

medad hepática y renal, deficiencia de vitamina B_{12}, estados postoperatorios, e intoxicación y abstinencia de sustancias psicoactivas. En su mayor parte, los estados confusionales remiten cuando se trata la causa que los provoca.

La demencia

Las *demencias* son cada vez más objeto de la atención de las investigaciones debido al gran incremento de sujetos afectados por este síndrome, como consecuencia del aumento de la población mayor de edad y la incidencia de la demencia en este sector. La demencia se define como el déficit persistente y adquirido de la función intelectual que compromete por lo menos tres de las siguientes áreas de funcionamiento mental: lenguaje, memoria, habilidad visuoespacial, vida afectiva, personalidad y aspectos cognitivos (abstracción, cálculo, juicio, etc).

Es importante considerar que la demencia, a diferencia del *delirium*, es de instauración gradual y no se altera la conciencia hasta las fases avanzadas de enfermedad, aunque ambos cuadros presentan deterioro de la memoria.

Si se tiene en cuenta la edad de comienzo, la demencia se puede clasificar en *senil* (a partir de los 65 años) y *presenil* (antes de los 65). El curso de esta última es más rápido y devastador, y en pocos años el sujeto pierde múltiples habilidades, que lo incapacitan para realizar las más elementales actividades de la vida diaria. En la demencia senil, el curso es progresivo, crónico e insidioso.

Otra clasificación ha estudiado la demencia según las distintas condiciones (enfermedades) en las que aparece:

La enfermedad de Alzheimer. Ya tratada en capítulos anteriores.

La enfermedad de Creutzfeldt-Jakob. Se manifiesta a partir de los cincuenta años y sigue un curso subagudo que lleva al sujeto a la muerte en uno o dos años. Se han observado casos en los que los signos neurológicos preceden a la demencia, y, una vez que ésta empieza a manifestarse, sus efectos son progresivos y rápidos. (Es la enfermedad que hoy se conoce como de las «vacas locas».)

En algunos casos de síndrome de inmunodeficiencia adquirida (SIDA) se da un patrón de demencia subcortical, cuya manifestación incluye lentitud del pensamiento y otras funciones, deterioro progresivo de la memoria y déficit en procesos de atención, concentración y resolución de tareas.

Capítulo 26

LA MODIFICACIÓN TERAPÉUTICA DE LA CONDUCTA

LA MODIFICACIÓN TERAPÉUTICA DE LA CONDUCTA

Terapias psicológicas y cognitivas

La ansiedad, los problemas en las relaciones personales, la incomunicación, la timidez las alteraciones de personalidad, las fobias y muchos males físicos que son somatizaciones de conflictos psíquicos suelen «sentarse» cada día en las salas de espera de los profesionales de la psicoterapia, sean estos psicólogos o psiquiatras.

Las psicoterapias

El ser humano se «mueve» en un espacio triangular en el que determinadas características (la personalidad, los aspectos biológicos y el medio ambiente) se interrelacionan e interactivan constantemente. Es por ello que, cuando se expresa algún tipo de alteración, el psicoterapeuta tiene o debería tener en mente este hipotético triángulo, y debe considerar cuáles son las estrategias más adecuadas para enfrentarse al problema, sean estas farmacológicas, psicoterapéuticas o de rehabilitación psicosocial. En algunas ocasiones son terapias únicas y en otros casos pueden y deben asociarse. En este apartado nos ocuparemos de las terapias psicológicas o *psicoterapias*, entendidas como una interacción, planeada y confidencial, entre un paciente y un terapeuta entrenado y socialmente aprobado, que se unen para combatir los grandes y pequeños males de la mente.

La psicoterapia puede utilizarse de diferentes modos, con diversos objetivos y desde puntos de vista distintos. Se pueden buscar cambios rápidos, modificaciones de comportamiento después de sucesos que han afectado gravemente al sujeto, replanteamientos totales o sólo de la manera de conducirse ante una situación concreta, giros en el rumbo de las relaciones interpersonales, un pequeño reajuste y cierto apoyo, o una reestructuración de la personalidad. De ahí surgen las numerosas variantes (se calcula que más de doscientas cincuenta) y el auge de las mismas, lo que da como resultado un amplio abanico en el que es fácil perderse. Por ello, en este libro consideraremos solamente las técnicas más experimentadas y difundidas. Pero, antes de entrar en su descripción, conviene considerar los principios generales de todas las psicoterapias para tener una mejor visión de conjunto.

Los principios generales

La psicoterapia no determina *per se* el cambio, sino que el sujeto paciente es la *parte activa* y el que de verdad lo produce apoyado en la psicoterapia y en el psicoterapeuta. Los riesgos más graves radican en que el terapeuta quiera hacer del paciente una copia de sí mismo o que éste espere demasiado o todo de

El tratamiento de los trastornos psicológicos a través de las psicoterapias es el resultado de la participación activa del paciente en un tratamiento diseñado por un terapeuta entrenado.

PREGUNTAS Y RESPUESTAS

¿ Para tratar los problemas psicológicos, ¿es mejor buscar un psiquiatra que medique o un psicólogo que use otras técnicas?

➡ El trabajo de psiquiatras y psicólogos es complementario. Determinados trastornos responden mejor o precisan de la administración de fármacos; por el contrario, en otros se han demostrado mejores resultados cuando la terapia es psicológica. Ambos especialistas son necesarios y deben trabajar conjuntamente.

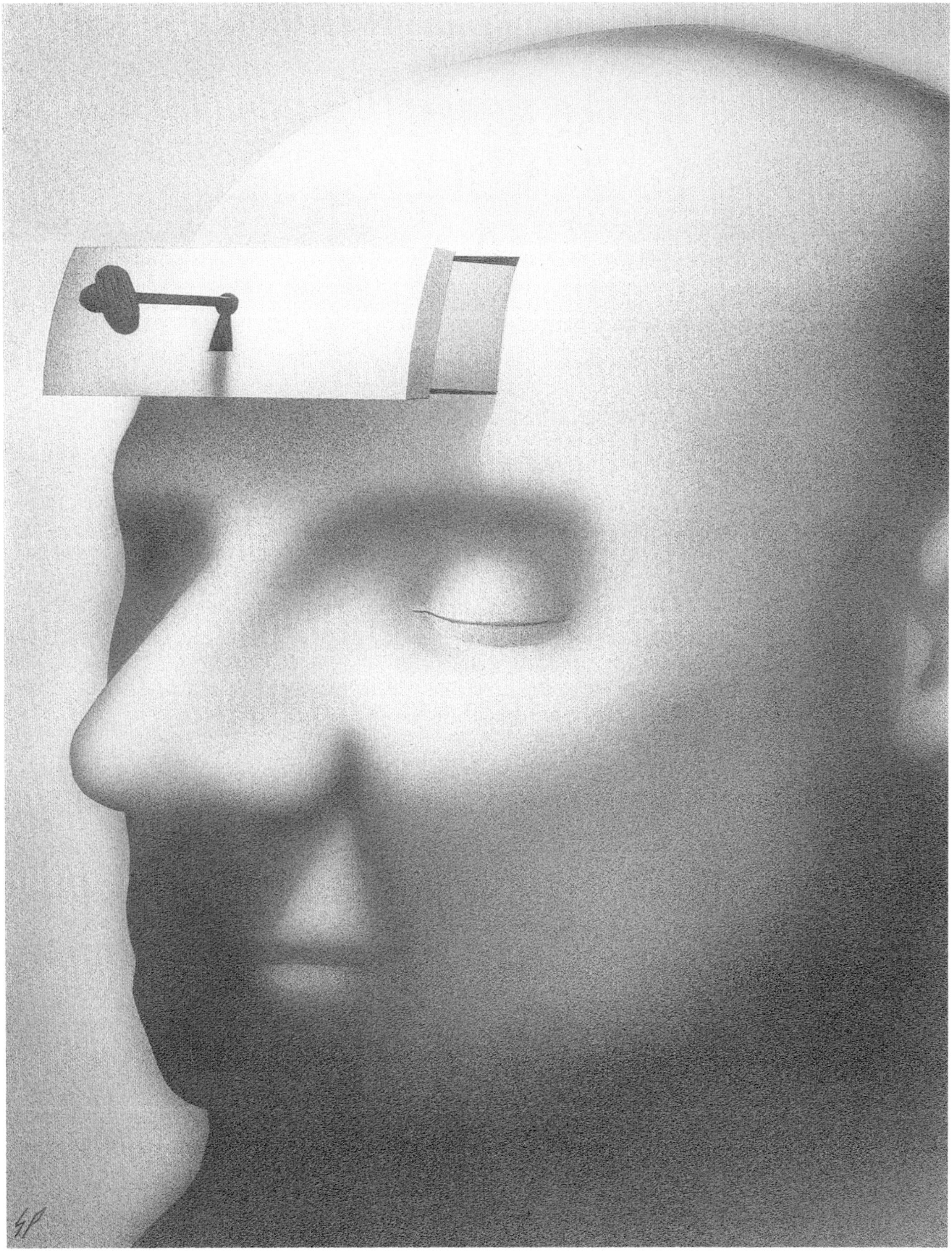

la acción del psicoterapeuta, sin poner apenas nada a cambio.

Puede haber psicoterapias con más fundamentos en la ciencia experimental que otras (por ejemplo, las terapias de conducta), y por lo tanto probablemente más eficaces, pero cualquier psicoterapia se convierte en deficitaria si el psicoterapeuta es inexperto.

La psicoterapia tiene un alto riego de iatrogenia (perjuicios producidos en el paciente debido a la actuación médica). Es muy fuerte el daño que pueden hacer las interpretaciones ligeras, las proyecciones de los propios problemas, los comentarios fuera de contexto, las órdenes, los imperativos y las expresiones retorcidas.

La psicoterapia supone una importante implicación, tanto para el paciente como para el psicoterapeuta. Éste ayuda a la mejoría por sí mismo y no por mecanismos interpuestos, como pueden ser los fármacos (aunque en ocasiones pueden y deben asociarse psicofármacos y psicoterapia), la intervención quirúrgica (aunque una buena relación e información cirujano-paciente es de por sí psicoterapéutica) o diferentes medios físicos, lo que supone una acción directa y una actitud de permanente alerta, atenta a cualquier demanda del paciente, el cual debe exigirse a su vez mucha sinceridad, confianza y espíritu de cambio.

Los ingredientes

En toda psicoterapia los ingredientes esenciales son:
Por parte del terapeuta
a) Interés auténtico por el paciente como persona.
b) Respeto por el paciente.
c) Contacto cálido.
d) Tolerancia y aceptación del paciente procurando huir de los prejuicios.
e) Receptividad y capacidad de escucha.
f) Empatía, o sea capacidad para comprender las emociones del paciente.
g) Especificación real de las propias limitaciones y recursos.
Por parte del paciente
a) Confianza en el terapeuta.
b) Cooperación en el trabajo terapéutico.

c) Comprensión del objetivo y método del tratamiento.
d) Motivación para efectuar el cambio.
En la propia relación terapéutica
a) Delimitación del cómo y cuándo de las sesiones.
b) «Contrato» que delimite los objetivos, los medios para conseguirlos y las expectativas que cada uno tiene del otro.

La sombra de Freud es alargada: el psicoanálisis

A más de cincuenta años de la muerte del padre del psicoanáisis, los terapeutas modernos parecen haberse alejado de esta teoría, pero la sombra de Freud sigue proyectándose en algunos de ellos, que continúan utilizando el método creado por el célebre médico vienés. De hecho, el psicoanálisis freudiano puede considerarse como la primera de las escuelas de psicoterapia, una psicoterapia que pretendía iluminar los rincones más oscuros de la mente. Aunque parece ser

ESPACIO TRIANGULAR DE LA CONDICIÓN HUMANA

B
BIOLOGÍA

A
AMBIENTE

P
PERSONALIDAD

Los seres humanos se mueven entre una serie de vectores interrelacionados que conforman un triángulo en cuyo espacio se desarrolla su comportamiento, sus emociones, sus placeres y sus sufrimientos: el ambiente, la biología y la personalidad.

Diván utilizado por Sigmund Freud en su consulta de Londres. El psicoanálisis freudiano, en su empeño por curar los conflictos haciéndolos aflorar a la superficie, abrió un amplio campo para el estudio de la mente y de los más recónditos mecanismos del comportamiento humano.

¿Cuál es la diferencia básica entre el psicoanálisis y las terapias conductuales y cognitivas?

El psicoanálisis fue una de las primeras corrientes de la psicología y a ella hay que reconocerle la expansión y la divulgación de esta disciplina. De todas formas, el psicoanálisis adolece de que sus principios no pueden estudiarse ni constatarse mediante el método científico, y por tanto no se considera una ciencia. Por contra, el conductismo y el cognitivismo pueden contrastar sus principios científicamente, y de ahí que, no sólo hagan de la psicología una ciencia, sino que sus terapias demuestran utilidad y eficacia.

que hoy día, con las nuevas tecnologías, se ilumina cada vez mejor lo desconocido y pierde fuerza el método psicoanalítico.

El psicoanálisis presupone que muchos problemas psicológicos están alimentados por el residuo de impulsos y conflictos reprimidos en la niñez. Los psicoanalistas tratan de llevar estos sentimientos reprimidos al plano del conocimiento consciente, donde el paciente en teoría podría resolverlos.

Al adquirir gradualmente una percepción consciente de los orígenes del trastorno, la persona sometida al análisis «elabora» los sentimientos sumergidos.

El paciente, tumbado en un diván, empieza a hablar de lo que se le va ocurriendo de forma franca y sincera, mientras el analista, situado fuera de su campo visual, va tomando notas y apenas interviene y sólo de vez en cuando interpreta el material que aporta el psicoanalizado. El diván y una cierta distancia entre el psicoanalista y el paciente permiten la relajación de este último y la concentración en la manifestación de sus ideas más íntimas.

LA MODIFICACIÓN TERAPÉUTICA DE LA CONDUCTA

El psicoanálisis se basa en la exploración del subconsciente a fin de hallar las causas que provocan el trastorno psicológico del paciente. Para ello, éste debe relajarse y asociar libremente a partir de recuerdos, sueños y fantasías, y a ello contribuye el estar tendido en el diván. Tanto el relato en sí del paciente, como los silencios, desviaciones u omisiones constituyen indicadores para el psicoanalista.

¿Los pensamientos y conductas que un paciente debe cambiar son anteriores al trastorno o frutos de él?

La aparición de un trastorno a nivel psicológico implica una alteración en la forma de comportarnos y de pensar. Cuando alguien, por ejemplo, genera una fobia a enfermar, su pensamiento y conducta se verán alterados (irá frecuentemente al médico, pensará que cualquier sensación es una señal de enfermedad grave, cambiará su relación con los demás, se sentirá más cansado). También es muy posible que antes del trastorno, es decir, antes de que el miedo resulte limitante, el paciente ya interpretara sus sensaciones corporales y se comportara de forma un tanto peculiar. En lo que no hay duda es en que, llegados este momento, la relación entre el trastorno, la conducta y el pensamiento del paciente es circular: el primero influye en los otros dos, y éstos en el primero; y que lo que hay que hacer es romper este círculo.

La asociación libre

La charla del paciente no está sometida a reglas y se le incita a utilizar la asociación libre. A partir de un recuerdo de la niñez, un sueño o una experiencia reciente, expone todo lo que se le va ocurriendo, sea agradable o incómodo, sin temor a molestar, a parecer irrelevante o a desagradar al analista. El paciente debe prescindir de convencionalismos, normas o reglas, y nada ha de perturbar la libertad de expresión, dejando fluir su imaginación, los sueños, los recuerdos y los pensamientos morbosos, y todo lo que está aprisionado por los denominados *mecanismos de defensa*.

A lo largo de este proceso, el sujeto analizado puede corregir sus pensamientos, omitir material que parece trivial o impertinente, cambiar de tema o quedarse en blanco. Para el psicoanalista esos obstáculos que impiden el movimiento fluido de la libre asociación son *resistencias*. Sugieren que la ansiedad acecha y que el paciente está reprimiendo el material delicado. Al analista le compete, pues, escuchar este fluir de ideas, encontrar el sentido de los indicios que le proporcionan, explorar las áreas «difíciles» infundiendo conciencia al paciente de sus propias resistencias y señalando los significados e interdependencias que no capta de inmediato.

Esto lo hace mediante las *interpretaciones*, sugerencias acerca de los deseos, los sentimientos y los conflictos de lo que escucha, apuntando hacia una cierta *visión interior* de las personas sujetas al análisis.

Algo parecido efectúa con lo que Freud consideró una clave de los impulsos reprimidos, lo que denominó el «contenido latente» de los sueños, sugiriéndole el significado de los mismos. Las emociones intensas que se desencadenan en el transcurso de la sesión, a veces dan origen a profundos sentimientos y actitudes hacia el terapeuta, identificado con la dependencia, el amor o la cólera que se sintió en el pasado respecto a otras personas, pero que a la vez son referencia de algo nuevo que está ocurriendo. Es la denominada *transferencia*, que puede ser positiva (atracción o enamoramiento hacia el psicoanalista) o negativa (rencor hacia el mismo). Identificar estas percepciones, discutirlas con entera franqueza e integrarlas finalmente en la conciencia del paciente forma parte de la reeducación emocional que el analista efectúa. En ocasiones, la transferencia actúa en sentido contrario y el terapeuta experimenta fuertes reacciones emocionales frente al paciente; es la *contratransferencia* que, sobra decirlo, afecta la relación profesional.

Las sesiones pueden ser de dos a cuatro por semana y se prolongan a lo largo de unos cinco o seis años como media; el psicoanálisis tradicional es un proceso lento y caro. De ahí arrancan los intentos por impulsar el acortamiento del tratamiento psicoanalítico, mediante las denominadas «psicoterapias dinámicas breves», que hacen hincapié especial en algunos puntos, como la transferencia que suele ser temprana y se interpreta activamente; a su vez, el terapeuta adopta una posición más activa en la búsqueda de material y no espera lo que vaya viniendo de la asociación libre.

Hechos y resultados

Si bien el psicoanálisis es una psicoterapia que tiene una larga vida y resultados en algunas ocasiones positivos, éstos no parecen superar el azar del propio tiempo de duración del tratamiento (extremadamente largo). En efecto, actualmente hay un acuerdo bastante general sobre que aproximadamente dos terceras partes de pacientes «neuróticos» (que son los que nutren los despachos de los psicoanalistas) mejoran por su propia cuenta después de dos años, siendo además superiores los resultados de una psicoterapia no específica y ecléctica (que no se inclina por ninguno de los aspectos singulares de las diversas psicoterapias, cogiendo motivos de casi todas).

Los esfuerzos de investigación que se han hecho hasta la fecha en el vasto campo abierto por Freud no han logrado aportar ninguna prueba inequívoca ni datos sólidos que apoyen los principales postulados de la teoría psicoanalítica. El gran estudioso de la ciencia Karl Popper lo indicó en su momento de manera muy clara: «...personalmente no dudo de que lo que dicen (se refiere a Freud y colaboradores) es de considerable importancia (...). Pero eso no significa que esas "observaciones clínicas" que los analistas ingenuamente creen que confirman su teoría, la ratifiquen más que la diaria acreditación que los astrólogos en-

Edipo y la esfinge, *de Gustave Moreau. El mito de Edipo sirvió a Freud para explicar una de las causas de la neurosis.*

LA MODIFICACIÓN TERAPÉUTICA DE LA CONDUCTA

La terapia conductual es una de las técnicas más directas y claras que se aplican, ya que sus recursos curativos son el resultado de un adiestramiento que tiene en el sentido común y la fuerza de voluntad sus principales armas para modificar los trastornos de conducta.

cuentran en su práctica. Y en cuanto a la épica freudina del Yo, el Superyó y el Ello, no puede exhibir ningún título sustancialmente más sólido que las historias recogidas por Homero del Olimpo».

A lo largo de los años, el psicoanálisis no ha logrado dar pruebas positivas de sus poderes predictivos; por tanto está en una posición altamente vulnerable.

Y cuando una teoría o un método no dan señales de ser científicamente útiles durante un período de tiempo bastante largo (¡más de setenta años!), entonces con mucha razón podemos empezar a preguntarnos si no sería mejor orientar nuestra atención hacia otras teorías más prometedoras, como las derivadas de la investigación de laboratorio, que en el campo clínico han dado origen a diversas técnicas que se han demostrado eficaces para eliminar síntomas y restaurar la salud mental de los pacientes, sin recaídas ni sustituciones de síntomas. Nos referimos, claro está, al aprendizaje y a sus consecuencias prácticas, entre las cuales nos interesa destacar la terapia de modificación de la conducta, que al menos lleva en sí la semilla de la renovación y del progreso, de la erradicación del error y la posibilidad del éxito final.

Terapias de conducta: metas definidas

Se ha dicho que la terapia de conducta no es más que el sentido común y la fuerza de voluntad adiestrados por el laboratorio experimental para modificar conductas alteradas. Con esta afirmación, en el fondo tan simple pero también tan rotunda, lo único que se pretende es llamar la atención sobre la claridad de conceptos sobre los que se apoya esta psicoterapia, en contraposición con los vericuetos teóricos de otras. Ésta aplica principios del aprendizaje bien definidos para eliminar el comportamiento inadecuado. Para tratar las fobias, las obsesiones, las adicciones o las disfunciones sexuales, los terapeutas de conducta no profundizan especialmente sino que tratan de reemplazar los pensamientos problemáticos y las formas de comportamiento desadaptadas por cogniciones y conductas más constructivas. La finalidad de esta terapia suele ser muy específica y sus metas están particularmente definidas.

Las características destacables pueden ser resumidas en los siguientes puntos:

a) Énfasis en los *determinantes actuales* de la conducta. Interesa lo observable en el momento de la consulta, no lo referido al pasado; aunque éste pueda tenerse en cuenta para «explicar» parte de las causas que subyacen en el trastorno no es de interés para la terapia.

b) El principal criterio terapéutico es el cambio de la conducta *manifiesta*. Se

TERAPIAS PSICOLÓGICAS Y COGNITIVAS

El tratamiento de la terapia de conducta se estructura sobre la base de estrategias singulares en las que el paciente y su entorno familiar tienen una participación tan activa como decisiva en el proceso curativo, aunque siempre bajo la guía atenta y el soporte del terapeuta, quien debe evaluar cuidadosamente la conducta del paciente.

trata de evaluar los *excesos* (por ejemplo, jugar compulsivamente) o los *déficit* (la anorexia o la imposibilidad de salir de casa por una fobia) en el comportamiento, e intentar volver al equilibrio.

c) El terapeuta debe hilar lo más fino posible sobre las contingencias de la conducta alterada. Esto se consigue con un *análisis funcional de la conducta* que comprende tanto los *estímulos* discriminativos, (que la provocan o bloquean un comportamiento normal) como las formas que adopta la *respuesta* a modificar. Para ello se sirve de los llamados *autorregistros*, que el propio paciente o su familia efectúan, o de cuestionarios específicos del trastorno a modificar. Estos análisis son altamente específicos y limitados al comportamiento que se pretende variar. Los términos «meta» u «objetivo» son una constante de las evaluaciones conductuales.

d) El tratamiento debe ser estructurado en estrategias *singulares*, fácilmente observables y con participación activa del paciente y de su medio familiar, a los que se implica activamente en el proceso terapéutico.

Fórmulas para casi todo

Si observamos la tabla donde se especifican las *técnicas* más importantes de la terapia de conducta, podremos ver que nos movemos en los tres grandes tipos de condicionamientos (el clásico, el instrumental y el social), pero también que hay un bloque de terapias que siguen el llamado «modelo cognitivo», un constructo que pretende recordarnos que los pensamientos tiñen nuestras emociones.

La desensibilización sistemática imaginada

Esta técnica, desarrollada en 1958, es una de las más antiguas y emblemáticas dentro del almacén lleno de sorpresas que constituye el conjunto de la terapia de modificación de la conducta. Basada en el condicionamiento clásico, contiene así mismo elementos cognitivos, ya que utiliza pensamientos e imágenes. Se usó durante años para tratar las *fobias* o miedos irracionales hacia objetos o situaciones. Actualmente ha quedado casi arrumbada en el baúl de los recuerdos al ser sus-

¿Si los psiquiatras te dan fármacos, ¿qué te dan los psicólogos?

➡ El trabajo del psicólogo consiste en detectar las conductas y los pensamientos que están manteniendo el problema y proponer una serie de técnicas y aplicaciones, para que el paciente realice, con la intención de aprender nuevos modos operativos de interpretar y comportarse en las situaciones de conflicto. Consecuentemente, el papel del paciente deberá ser totalmente activo, es decir, deberá poner en práctica, día a día, las técnicas propuestas por el psicólogo, del mismo modo que debería tomarse la medicación según hubiera pautado el psiquiatra.

637

LA MODIFICACIÓN TERAPÉUTICA DE LA CONDUCTA

1 ▷ TERAPIAS BASADAS EN EL CONDICIONAMIENTO CLÁSICO

1. Desensibilización sistemática
2. Exposición
3. Intención paradójica
4. Técnicas aversivas

2 ▷ TÉCNICAS BASADAS EN EL CONDICIONAMIENTO OPERANTE

1. Economía de fichas
2. *Biofeedback*

3 ▷ TERAPIAS BASADAS EN EL APRENDIZAJE SOCIAL

Asertividad y habilidades sociales

4 ▷ TERAPIAS COGNITIVO CONDUCTUALES

Proceso	*Terapia*
1. Condicionamiento encubierto	a) Desensibilización sistemática imaginada b) Relajación aplicada c) Detención del pensamiento d) Exposición al pensamiento e) Sensibilización encubierta
2. Ideas irracionales	Terapia racional emotiva
3. Falsas atribuciones y percepciones negativas	Terapia cognitiva para la depresión
4. Autocontrol	a) Terapia de autocontrol para la depresión b) Autocontrol de estímulos (en parte puede ser considerada como derivada de teorías de aprendizaje social: autorregulación y autoeficacia)
5. Problemas	Entrenamiento en solución de problemas
6. Autoinstrucciones	a) Entrenamiento en autoinstrucciones b) Inoculación de estrés c) Manejo de la ansiedad

TERAPIAS PSICOLÓGICAS Y COGNITIVAS

Una de las fórmulas terapéuticas para tratar las fobias, como el miedo a viajar en trenes, aviones, etc., consiste en establecer una estrategia que permita desmontarlas siguiendo un proceso que induce a imaginar desde las circunstancias menos angustiantes hasta llegar a las más críticas.

En el gráfico pueden verse los cuatro grupos de las terapias de modificación de la conducta y sus diferentes técnicas. Ellas parten de los tres grandes tipos de condicionamiento (clásico, operante y social) y del modelo cognitivo.

tituida en el tratamiento de las fobias por otras técnicas menos farragosas y más efectivas, si bien sigue utilizándose con otras variables en cuadros muy concretos. En sí contiene muchos elementos originales que han sido aprovechados por otras estrategias más modernas.

Se basa en un fenómeno típico del funcionamiento del sistema nervioso, la «inhibición recíproca». Un objeto o situación (por ejemplo, un perro o viajar en avión) provocan altas respuestas de ansiedad que inducen el comportamiento de evitación del estímulo fóbico por parte del sujeto, a fin de esquivar la reacción ansiosa. En esta técnica se recurre a la inhibición recíproca entre la ansiedad y una respuesta contrapuesta, en este caso la relajación. Para conseguirlo el terapeuta le propone una astucia al paciente: que consiga el mayor grado de relajación posible ante una situación que provoque un mínimo de ansiedad y que esté relativamente alejada de la situación que dispara la angustia al máximo. Se juega así con «ventaja» y el paciente supera con facilidad la prueba inicial, lo cual le anima para proseguir con los pasos posteriores hasta ponerse en contacto directo con el estímulo fóbico.

Desmenuzar la fobia

Terapeuta y paciente construyen lo que se denomina «jerarquía», que no es más que el desmenuzamiento de la fobia desde las circunstancias menos ansiógenas («me imagino que salgo de mi casa y quizá tenga que subir al tren») y, en general, más alejados de los avatares más comprometidos, hasta los de mayor poder de respuesta de angustia («voy en el tren y éste aminora la marcha entre dos estaciones, amén de atenuarse la intensidad de la luz, hasta casi oscurecerse...»). A cambio, la relajación es la máxima que se puede conseguir desde la primera imagen, escasamente asiógena.

Veamos el procedimiento:

1) Se coloca al sujeto en relajación muscular, permaneciendo en esta situación durante toda la sesión.

2) Se introduce utilizando la imaginación el primer ítem de la jerarquía (el menos ansioso); el paciente lo visualiza durante unos segundos; período de descanso; vuelta el ítem y así sucesivamente incrementando gradualmente el tiempo de aparición de la escena hasta que ésta, por sí sola, evoca relajación, provocándose el fenómeno de *contracondicionamiento* o sustitución de la respuesta

LA MODIFICACIÓN TERAPÉUTICA DE LA CONDUCTA

El miedo a hablar en público, temor irracional al ridículo que experimentan ciertas personas al sentirse observadas, puede superarse utilizando la técnica de autocontrol, un tipo de terapia cognitivo-conductual en la que se pide al paciente que se imagine al frente de la situación que le angustia y, mediante la relajación y verbalización, consiga vencer la ansiedad.

de ansiedad por otra positiva de serenidad y adaptación. En caso de que en algún momento de las diversas sesiones o en la misma sesión el paciente pierda la relajación y caiga en un estado emocional de ansiedad, al imaginarse algunos de los pasos, se le alienta a que interrumpa la imagen y siga en relajación «neutra».

3) Se anima al sujeto a que compruebe en la vida real los avances (habrá también practicado esta técnica en su casa), exponiéndose al ítem superado, y así se sigue con toda la escala, hasta controlar la situación.

La desensibilización sistemática puede utilizarse «en vivo», en aquellos casos de imaginación mediocre por parte del paciente o en los que la evocación imaginativa no produce ansiedad. Es el caso del vaginismo (o fobia a la penetración sexual), en el cual la mujer va superando sus miedos mediante la asociación relajación-situaciones en jerarquía de menos a más.

Otra variante es un modelo mixto «en vivo», en el que el paciente evoca imágenes agradables, se relaja y al mismo tiempo contacta con la situación temida. Esta estrategia se utiliza en los casos de ansiedad generalizada o en los de náuseas o vómitos anticipatorios, tan frecuentes en los pacientes que toman fármacos para el tratamiento del cáncer (el sujeto tiene una reacción de náusea incluso antes de serle suministrado el fármaco, que anteriormente le ha provocado vómitos). Y, por último, la desensibilización sistemática como *técnica de autocontrol*, planteada como un método de aprendizaje de una habilidad: la visualización de las escenas ansiógenas *no se termina cuando el paciente experimenta ansiedad*, sino que se le recomienda que siga imaginándose al frente de la situación y consiga así alejar la ansiedad mediante relajación y verbalización tranquilizadoras. Ha sido utilizada con éxito en fobias a los exámenes escolares e incluso en las fobias sociales (temor irracional al ridículo en una circunstancia en la que el sujeto se siente observado, como hablar en público).

La relajación aplicada

Este método es una variante moderna de la relajación clásica y es de amplia aplicación en multitud de situaciones en las que la ansiedad está presente. Es por tanto una técnica inespecífica que se cumple en el contexto de otras terapias y de varios trastornos.

Su procedimiento se desarrolla en diferentes sesiones:

a) Relajación progresiva.
b) Relajación de simple liberación muscular y control respiratorio.
c) Relajación con autoinstrucciones verbales («relax», «ya», «calma»).
d) Relajación diferencial (acostado, sentado, caminando).
e) Relajación rápida, en pocos segundos.
f) Aplicación en situaciones específicas de la ansiedad.

La moda actual: «la exposición»

Es quizás el método más utilizado en terapia de la conducta. Se trata de que el sujeto se enfrente a una situación o estímulo que le provoca altos niveles de ansiedad, sin acudir a la relajación y sin escapar de ella y sufriendo la ansiedad hasta que ésta se apaga. De esta manera se habituará a los estímulos desencadenantes del miedo. Al paciente se le habrá explicado que cuando la ansiedad es muy fuerte y no se huye de ella soportándola lo máximo posible funciona en el cerebro lo que se denomina «efecto termostato»: hay un instante en que la «luz de la ansiedad» se apaga, como es el caso de los aparatos de aire acondicionado, o de calor regulado.

El problema está en que el sujeto se horroriza sólo con la idea de enfrentarse con estímulos o situaciones que teme sobradamente y que hace tiempo que evita, o ante los que busca señales de seguridad (por ejemplo, salir acompañado, si tiene miedo de alejarse de casa, por temor a perder el control sobre las propias reacciones o sufrir una crisis de angustia).

Por todo ello se le incita en la mayoría de las ocasiones a construir una jerarquía desde la situación menos ansiógena (como salir de la casa e ir hasta la esquina a comprar a una tienda muy conocida, en momentos en los que se presupone que hay poco o nulo movimiento de gente) hasta los más temidos

Una de las técnicas terapéuticas más modernas es la exposición, por la cual se busca que el paciente se enfrente directamente a la situación ante la cual se desencadena su miedo. También se emplea el recurso de representar imaginariamente el estímulo ansiógeno, como atravesar un túnel, hasta que la persona consigue habituarse a la escena temida.

LA MODIFICACIÓN TERAPÉUTICA DE LA CONDUCTA

(acudir solo a unos grandes almacenes atestados de público, o atravesar un túnel conduciendo un vehículo). A partir de ahí, y de forma diaria, se le irá exponiendo a los diversos estímulos de la jerarquía durante un tiempo que oscila entre los 45 minutos y las 2 horas hasta habituarse progresivamente y alcanzar el objetivo deseado: la pérdida del miedo. Se trata pues de un proceso muy elemental: evitar el evitar.

La exposición es un método ampliamente utilizado en muy diversos cuadros (fobias, trastornos obsesivos, etc.) con éxitos demostrados y, en ocasiones, espectaculares y sorprendentes para los propios pacientes. En algunos casos, se acude a la *representación imaginada* de los estímulos ansiógenos, de manera que el sujeto «viva la escena» de forma ansiosa, hasta habituarse a ella, comprobándolo luego en la vida real.

Las terapias cognitivas

La terapia cognitiva tiene una vida relativamente corta, de apenas dos décadas de evolución. Fue a partir de la publicación del libro *La terapia cognitiva y los trastornos emocionales,* del psicólogo Aaron Beck, que esta teoría comenzó a propagarse con celeridad. Siempre que en psicología se utiliza el término «cogniciones» es para referirse a las ideas, pensamientos o creencias que las personas tienen de los acontecimientos reales. Es fácil entender la relación existente entre nuestro modo de apreciar un evento determinado y la emoción que éste nos produce. Las cogniciones que elaboramos sobre un acontecimiento son las responsables del tipo de emoción que experimentamos.

Cuando los pensamientos duelen

El filósofo griego Epicteto ya era conocedor de esta realidad cuando sostenía: «Las personas no se trastornan por las cosas, sino por la visión que tienen de ellas». Hacer interpretaciones negativas y poco realistas de las situaciones que se viven es suficiente para experimentar estados de ansiedad o depresión.

Exagerando los síntomas, uno se cura

Un paciente consulta a un psiquiatra o psicólogo; padece de un tic muy molesto en los ojos que provoca una abertura y cierre constante de los mismos. Una vez explorado, el facultativo lo sorprende con un tratamiento inusitado: a partir de ese día se pondrá ante un espejo y «practicará» su tic durante un tiempo determinado, varias veces al día. Acepta a regañadientes la terapia y al cabo del tiempo, prácticamente desaparece su tic. ¿Qué ha pasado? El terapeuta ha recomendado la denominada «intención paradójica», considerando que el propio problema que se padece es la solución intentada. El profesional recomienda, de forma inesperada para el paciente, que éste mantenga e incluso exagere, con toda la fuerza que le sea posible, el síntoma por el cual consulta. Con este método se rompe el circuito ansiedad =>síntoma=>ansiedad, ya que el paciente, al tener «permiso» para abandonarse a sus síntomas, neutraliza la ansiedad que los anticipa y la resultante.

El miedo a las multitudes, entre otras fobias, puede ser tratado mediante el método de la exposición, que ha obtenido grandes éxitos en cuadros muy diferentes. El paciente es expuesto diariamente a las situaciones que teme o evita, hasta poder enfrentarse a la más temida, como puede ser el hecho de acudir solo a sitios atestados de público

La forma como interpretamos lo que acontece a nuestro alrededor repercute en nuestras emociones y actitudes, y en no pocas ocasiones es la causa directa de los estados de ansiedad o depresión. Las interpretaciones negativas y poco acordes con la realidad, se presentan automáticamente, de manera casi refleja y al margen de cualquier razonamiento.

Consideremos, por ejemplo, un suceso en el que un trabajador es amenazado de despido por el jefe de la empresa, mientras los demás empleados observan atónitos la expresión desenfrenada y hostil del director.

Cada uno de los presentes experimentará una sensación que puede ser muy distinta a la de sus compañeros. La persona que se sienta temerosa ante tal situación quizás piense que eso mismo puede sucederle algún día; habrá quienes se muestren satisfechos creyendo que el sujeto en cuestión se lo tenía merecido y otros que se sientan enfadados porque consideren que el director se está aprovechando de su situación de poder. En cada uno de los ejemplos las emociones de los espectadores son una consecuencia de sus pensamientos. Todos estamos constantemente juzgando y etiquetando los acontecimientos cotidianos como buenos o malos, agradables o desagradables, peligrosos o inocuos.

Estas valoraciones aparecen de forma ininterrumpida en nuestra mente y, aunque muchas veces no somos conscientes de ellas, son capaces de generar las emociones más intensas. A los juicios de este tipo se los conoce como «pensamientos automáticos», precisamente por su modo de actuar rápido, casi reflejo, fuera de un proceso de razonamiento. Por este motivo, no hablamos de nuestros pensamientos automáticos cuando contamos nuestras experiencias a otras personas, sino que nos referimos directamente a los hechos. Podemos decir que estamos angustiados por un examen, o que nos sentimos tristes ante la pérdida de un ser querido, pero no comentamos nada acerca de nuestro diálogo interno. Sin embargo, es precisamente la interpretación de lo ocurrido lo que nos conduce a sentirnos de una manera o de otra.

Los pensamientos automáticos poseen ciertas características que es preciso conocer si se quiere trabajar con ellos, como pretende la terapia cognitiva:

No son evaluados. Los pensamientos automáticos son directamente creídos, puesto que en muchas ocasiones no se tiene conciencia de ellos. Por tanto, tienen un nivel de veracidad total, igual que lo que se ve. Imaginemos lo difícil que sería convencer a una persona de que lo que está viendo es totalmente falso, como ocurre en los casos de alucinaciones. Pues la misma dificultad entrañan los pensamientos automáticos, dado su valor de credibilidad.

Son dramáticos. Tienden a ser muy poco discriminativos, de manera que las valoraciones son totalmente buenas y extraordinarias o absolutamente dramáticas y peligrosas.

Son aprendidos. Desde la más tierna infancia vamos elaborando una serie de creencias e ideas sobre las cosas a tra-

LA MODIFICACIÓN TERAPÉUTICA DE LA CONDUCTA

> *Los pensamientos automáticos son capaces de generar las emociones más intensas. Además de ofrecer un nivel de veracidad total, fuera de toda conciencia, se caracterizan por su dramatismo. Sus valoraciones son extremas, muy buenas o muy malas.*

vés de lo que aprendemos de nuestro entorno, gracias a familiares, amigos o maestros. Estas creencias son la base de los pensamientos automáticos que posteriormente aparecen ante un evento singular.

Son relativamente idiosincrásicos. Los pensamientos automáticos son distintos en cada persona y se puede decir que, en cierta manera, la describen. Sin embargo, cada cultura, cada grupo social o nivel socioeconómico define una serie de normas y valores de los que se nutren las creencias. Así, a un árabe le resultará francamente difícil sostener opiniones negativas en torno a la poligamia, en cambio sucederá lo contrario con una persona de cultura occidental y cristiana.

La reestructuracion cognitiva

La reestructuración cognitiva es la terapia cognitiva por excelencia. Tiene como objetivo final producir un cambio en la manera de interpretar los acontecimientos que producen malestar a una persona. La idea central es que si se consigue que los pensamientos negativos, que afloran a la mente ante ciertas situaciones, se conviertan en positivos y adaptativos, se logrará que el nivel de padecimiento disminuya. El proceso terapéutico no es nada sencillo y se encuentra muy ligado al nivel cultural de la persona a tratar, puesto que requiere una capacidad de abstracción importante.

La reestructuración cognitiva es una terapia que se ha utilizado de forma un tanto anárquica, sin estar dirigida por unos cánones prefijados, quizá teniendo sólo como guía la propia naturaleza compleja de los pensamientos. Sin embargo, sus promotores más destacados establecieron una serie de pasos bien delimitados que son imprescindibles para una terapéutica adecuada. En primer lugar será necesario *identificar los pensamientos automáticos* asociados a aquellas situaciones que el paciente manifieste como problemáticas.

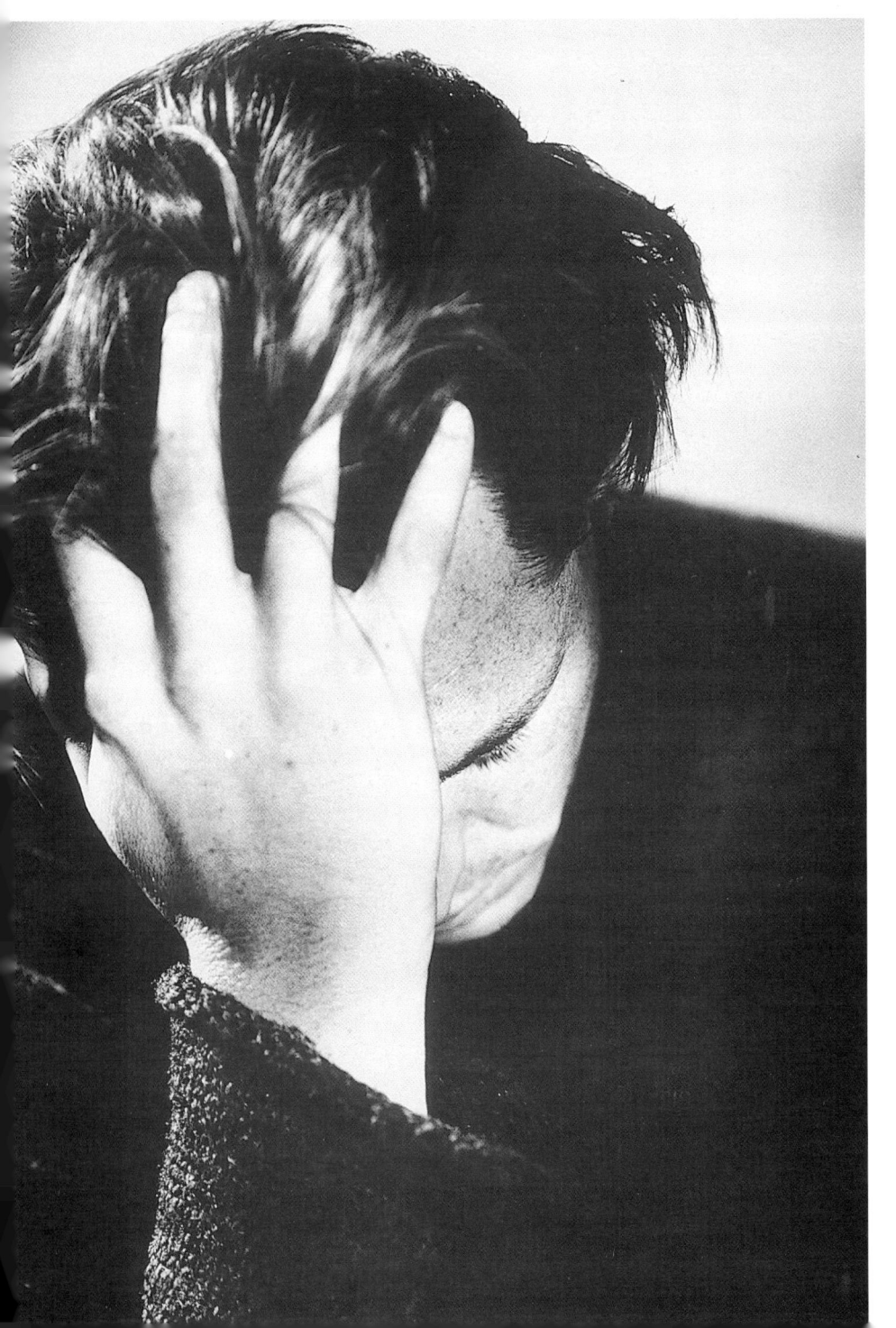

Precisamente por las características enumeradas no va a ser una labor sencilla, ya que estos pensamientos son muy rápidos y en ocasiones el sujeto no es consciente de ellos. Posteriormente se valorará el tipo de error cognitivo que presentan los pensamientos automáticos identificados. Seguidamente habrá que extraer un pensamiento alternativo válido y, en caso de ser posible, se verificará la veracidad del pensamiento automático. Vista así, la terapia cognitiva es similar a la labor de un grupo de investigadores científicos. Los pensamientos automáticos del paciente son tratados como hipótesis que deben contrastarse. El paciente y el terapeuta trabajan juntos para recoger evidencias y verificar si esos pensamientos son acertados o no. Por tanto, el papel del terapeuta será desarrollar un conjunto de preguntas y asignar tareas con el objetivo de ayudar a la persona afectada a encontrar sus propias respuestas a los pensamientos.

Identificación de los pensamientos automáticos

El primer paso obligado para reestructurar las cogniciones negativas es identificar los pensamientos automáticos. Evidentemente, no tendremos que prestar atención a todos nuestros pensamientos sino sólo a aquellos que preceden a un sentimiento desagradable o negativo. A algunas personas les resulta extraordinariamente fácil identificar sus pensamientos, en cambio otras requieren algún entrenamiento para poder llegar hasta ellos. Se han desarrollado diversas técnicas para identificar los pensamientos negativos. Entre ellas la más utilizada es discutir acerca de una experiencia emocional reciente.

Usar la imaginación. Se incita al paciente a recordar vívidamente una situación real desagradable, mientras mantiene los ojos cerrados. El terapeuta aprovecha la explicación pormenorizada del acontecimiento para realizar preguntas acerca de los pensamientos del paciente relacionados con el inicio y el mantenimiento de esa reacción emocional («¿Qué está pasando por tu mente en este momento?»; ¿«Tienes alguna imagen desagradable?», o «¿Qué piensas que es lo peor que puede pasar?»). Si estas preguntas se formulan en un momento de calma, lejos de la situación provocadora de ansiedad, probablemente se obtendrán unos pensamientos muy racionales. Para provocar los pensamientos automáticos es necesario evocar las sensaciones experimentadas en la circunstancia que se trata de recordar.

Usar el juego de roles. Consiste en representar con la mayor fidelidad posible la escena real provocadora de ansiedad. Generalmente se utiliza esta técnica cuando se trata de la aparición de ansiedad relacionada con situaciones sociales, que permiten representar con cierta facilidad la asignación de papeles. El paciente dará una definición detallada de cómo transcurre la situación real, por ejemplo una discusión con un miembro de la familia; en este caso el terapeuta personificará a ese familiar.

Cambios de humor durante la sesión. Los propios cambios de humor que se producen durante la sesión pueden ser aprovechados para explicitar pensamientos negativos. La entrevista psicológica obliga a recordar detalles de vivencias desagradables que en ciertos momentos pueden poner al paciente en un estado de ansiedad o tensión; el terapeuta deberá sacar partido de estas re-

> *No es fácil identificar los pensamientos automáticos, que distorsionan la realidad, por lo que a veces se hace imprescindible un entrenamiento para llegar hasta ellos y hacerlos conscientes evitando así el malestar y padecimiento que pueden generar en nosotros.*

LA MODIFICACIÓN TERAPÉUTICA DE LA CONDUCTA

Pensamientos, emociones y conducta guardan estrecha relación. Un ruido escuchado a solas, durante la noche, puede generar temor y llevarnos a buscar protección, si es interpretado como la entrada de un intruso.

acciones preguntando: ¿Qué está pasando por su mente justo en este instante? A pesar de estas interesantes técnicas, utilizables durante la terapia, la mejor estrategia para capturar los pensamientos automáticos es utilizar un registro de pensamientos que obligue a anotar dichas cogniciones justo en el momento en que transcurren, o lo más cerca posible. Las características de los propios pensamientos hacen que sea más difícil recordarlos con fidelidad cuanto más nos alejamos de ellos. Habitualmente se utiliza un registro de tres columnas donde se toma nota de la situación, la emoción que se experimenta y el pensamiento que antecede a dicha emoción. El terapeuta deberá instruir al paciente adecuadamente mostrando algunos ejemplos claros de la mecánica de dicho registro.

Los errores cognitivos

Antes de iniciar cualquier intento por modificar los pensamientos automáticos identificados, el paciente debe entender perfectamente la relación entre las cogniciones, las emociones y la conducta, para adentrarse posteriormente en la evaluación del tipo de pensamientos que manifiesta con mayor frecuencia. Es muy útil exponer un ejemplo empleado por Aaron Beck, que ayudará a entender esta relación. Imaginemos que estamos solos en una habitación de nuestra casa durante una calurosa noche veraniega. De repente oímos un ruido que procede de la habitación adyacente. Podríamos pensar que se trata de un intruso; en ese caso la emoción experimentada sería de temor y nuestra conducta la de protegernos llamando a la policía y tomando un objeto contundente con el que defendernos mientras intentamos inspeccionar dicha habitación. Sin embargo, si nuestras cogniciones nos llevan a pensar que se trata del ruido de una ventana abierta movida por la brisa de la noche, la emoción experimentada va a ser de absoluta tranquilidad y sosiego, mientras la conducta será la de acercarnos a cerrar la ventana. Éste es un buen ejemplo para entender las relaciones existentes entre los pensamientos, las emociones y la conducta.

El siguiente paso se centra en la comprobación del tipo de errores cognitivos más frecuentemente producidos por el sujeto. Los errores o distorsiones cognitivas se cometen al interpretar la realidad a través de los pensamientos automáticos. Así, cada persona tiende a producir un tipo de error más que otro, es lo que se ha dado en llamar el estilo

AUTORREGISTRO

Emoción	Situación	Pensamiento automático	Pensamiento alternativo	Error cognitivo	Porcentaje
Rabia	En casa esperando a mi marido.	«Si me quisiera llegaría temprano a casa.»	«Me gustaría que llegara temprano. Que no lo haga no implica que no me quiera. Es probable que tenga trabajo.»	Debería	70%

cognitivo. Por ejemplo, las personas que acostumbran a entristecerse ante los acontecimientos son propensas a interpretar los sucesos como pérdidas, mientras que las personas ansiosas suelen manifestar pensamientos de amenaza y peligro.

Se han descrito diversos tipos de distorsiones cognitivas, y es bueno conocerlos y aprender a trabajar con ellos. Éstos son los más característicos:

Filtraje. Esta distorsión puede representarse como una visión de túnel; se presta una atención especial a los factores negativos de la situación sin tomar en consideración el resto. Un arquitecto que mostraba un proyecto a su mejor amigo recibió elogios de éste por la funcionalidad del mismo y por su capacidad para contrastar los volúmenes; pero el comentario final del amigo, que le sugirió unos planos adicionales con mayor definición, hizo que el arquitecto se sintiera deprimido, dado que, por su baja tolerancia a las críticas, su primer pensamiento fue que su amigo creía que él no era un buen arquitecto, sin prestar atención al elogio que éste le había hecho.

Pensamiento polarizado. Se caracteriza por la insistencia en valorar las cosas desde un punto de vista extremo, sin términos medios. Los sucesos son buenos o malos, maravillosos u horribles. Esto genera un mundo en blanco y negro, sin tonalidades de grises. El mayor peligro de este estilo de pensamiento es el impacto sobre cómo se juzga una persona a sí misma. Si no es perfecta o brillante entonces sólo podrá ser fracasada o estúpida. Estos pensamientos se manifiestan en afirmaciones como: «Nadie me quiere... Nunca podré confiar en nadie... Siempre seré un fracasado... Nunca podré conseguir un trabajo... Jamás confiarán en mí».

Interpretación del pensamiento. A partir de una información muy vaga, una mirada, un gesto o un comentario indirecto, se extraen conclusiones acerca de lo que piensan los demás: «Debe pensar que no soy un buen profesional... está molesto por mi actuación».

Visión catastrofista. Cuando una persona tiene tendencia a tener pensamientos catastróficos está adelantándose a posibles desastres. Un estudiante que augura un suspenso ve un futuro desastroso, sin carrera y con un trabajo que no le gusta. Los pensamientos catastróficos a menudo empiezan con las palabras *y si*: «Y si tengo un accidente conduciendo... Y si tengo una enfermedad grave... Y si mi hijo empieza a drogarse».

Falacia de control. La persona que experimenta esta distorsión se cree responsable de todo lo que ocurre a su alrededor. Los amigos y familiares dependen de ella, es la responsable de la felicidad de la mayoría de la gente y cualquier negligencia de su parte sería desastrosa. Se siente culpable incluso cuando una fiesta no ha tenido éxito, pensando que la alegría de los demás es responsabilidad suya.

Una de las técnicas psicoterapéuticas eficaces para detectar los pensamientos automáticos consiste en llevar un autorregistro de los mismos, incluyendo la situación en que se producen y la emoción que generan. Al pensamiento automático se le opondrá un pensamiento alternativo y se identificará el error cognitivo al que corresponde.

LA MODIFICACIÓN TERAPÉUTICA DE LA CONDUCTA

Los errores cognitivos también están en el origen del razonamiento emocional, según el cual el sujeto tiende a creer todos sus sentimientos como verdaderos. La falacia de control lleva a la persona a sentirse responsable de lo que sucede en su entorno y a caer en sentimientos de culpa ante cualquier contratiempo.

¿ **Un compañero de trabajo se enfada porque nadie se queda después de hora como él, para revisar lo que ya está concluido. ¿Por qué tiene esta actitud?**

➡ Un tipo de pensamiento automático es precisamente el del «debería», sujeto a normas estrictas e inflexibles que ciertas personas creen que han de regir la conducta de los demás. En este caso, su compañero de trabajo piensa que todo buen trabajador debería quedarse después de hora para comprobar que realmente su tarea está bien hecha.

Razonamiento emocional. Se basa en la creencia de que lo que uno siente tiene que ser verdadero. Si alguien se siente perdedor tiene que serlo; si se siente culpable, tiene que haber hecho algo. El problema es que las emociones por sí solas no tienen validez, es necesario conocer los pensamientos que las provocan. No podemos creernos todos nuestros sentimientos.

Los debería. La persona se comporta de acuerdo con unas normas inflexibles que, considera, son las que deberían regir la relación de todas las personas. Las normas son correctas e indiscutibles, por tanto, el resto de los mortales tiene que seguirlas con la misma fidelidad con que las acata este sujeto. Un hombre que ama «debería» estar más tiempo con su pareja; una persona responsable tiene que llegar siempre a tiempo. Son comunes los inicios de frases como: «debería, tendría que, habría que...»

Recompensa divina. La persona se comporta «correctamente» en espera de una recompensa. Se sacrifica y trabaja hasta quedar extenuada y, mientras, imagina que va sumando puntos angelicales que podrá cobrar algún día. Es muy típico de algunas madres respecto a sus hijos: «Con todo lo que he hecho por ellos y me lo pagan de esta manera».

Modificar los pensamientos automáticos

Esta etapa de la reestructuración cognitiva pretende cambiar los pensamientos automáticos por otros más realistas. Terapeuta y paciente deberán trabajar juntos durante las sesiones para encontrar pensamientos alternativos adecuados. Fuera de las sesiones será el paciente quien usará las habilidades adquiridas para cuestionarse sus propias cogniciones con la ayuda del registro diario.

Éstas son algunas de las preguntas más utilizadas para inducir a los pacientes a cuestionarse sus pensamientos negativos y buscar otras alternativas más realistas:

1. ¿Qué evidencias objetivas tiene para pensar de esa manera?, ¿Existe la posibilidad de pensar de otra forma?

Ejemplo: Una persona que trabaja en una empresa constructora presenta un proyecto para la construcción de unos nuevos edificios. A la mañana siguiente el director de la empresa lo saluda poco efusivamente y no le comenta nada

TERAPIAS PSICOLÓGICAS Y COGNITIVAS

acerca del nuevo proyecto. La persona en cuestión piensa: «No le gusta mi forma de trabajar. Todo el trabajo realizado para nada. Mi puesto está en peligro». Las evidencias en contra de ese pensamiento eran diversas; le habían aumentado el sueldo hacía tan sólo cinco meses; repasando la asignación de tareas se dio cuenta de que era uno de los tres empleados a quien encomendaban los mejores proyectos disponibles y sabía que el director estaba pasando por unos momentos personales críticos, lo cual podía explicar su estado de ánimo. No encontró ninguna prueba a favor del pensamiento negativo.

2. ¿Cómo pensaría otra persona en la misma situación?

Por lo general, las personas tienden a exagerar las percepciones de amenaza cuando son las suyas propias, pero las subestiman cuando conciernen a otros.

3. ¿Está pensando en términos de todo o nada?

Con respecto a la tendencia a pensar de forma polarizada, resulta interesante intentar que las personas con esta inclinación evalúen los acontecimientos mediante una valoración porcentual: «Si la gente no te demuestra que le gustas, entonces le disgustas».

Ante pensamientos como éste se puede establecer un puntaje en tantos por ciento, por ejemplo del nivel de amistad que pensamos que tienen para nosotros las personas con quienes nos vinculamos.

4. ¿Qué pasaría si esto que piensa ocurre?, ¿Qué sería lo peor que podría suceder?

Las personas que muestran un grado elevado de ansiedad tienden a sobrevalorar las consecuencias desastrosas de los acontecimientos mediante pensamientos catastróficos. Cuando centran su atención de forma racional sobre los efectos reales se dan cuenta de que la situación no es tan grave.

Las personas ansiosas tienden a tener pensamientos catastrofistas, como resultado de darle mayor importancia a las amenazas y las consecuencias desastrosas de los acontecimientos. Así, cualquier viaje en coche, sobre todo si se trata de amigos y familiares, puede convertirse en una fuente de angustia por temor a un accidente.

Ejercicios para identificar pensamientos automáticos

Este sencillo ejercicio suele utilizarse para familiarizar a las personas con los distintos tipos de errores cognitivos. Se trata de identificar dichas distorsiones en una serie de frases, excusando la dificultad que implica transcribir un pensamiento.

1. Siempre está sonriendo pero sé que no me quiere.
2. Si no estás conmigo, estás contra mí.
3. Pude haber disfrutado de la excursión a no ser por la maldita avispa.
4. No deberías preguntar nunca a la gente sobre cuestiones personales.
5. Me siento deprimido, la vida no tiene sentido.
6. He trabajado mucho para criar a estos niños y mira cómo me lo agradecen.
7. Si no consigo este trabajo, es que soy tonto.
8. No nos hemos visto en dos días, creo que nuestra relación se está desmoronando.
9. No sé como saldrá la fiesta, hoy estoy algo cansado.
10. Si me tuviera en consideración, no se habría marchado de la fiesta.

Una vez comprendidos los distintos tipos de errores cognitivos es necesario que cada persona intente investigar sus propias distorsiones. Para ello se amplía el registro diario de pensamientos con una columna destinada a valorar el tipo de error. Este procedimiento, que suele llevarse a cabo durante un par de semanas, tiene el claro objetivo de identificar el tipo de alteraciones cognitivas más común en el sujeto, lo que expresará mucho acerca de sus creencias y valores generales, su estilo cognitivo. En general, existen algunos tipos standar: las personas con patrones conductuales tipo A suelen presentar distorsiones referentes a los «debería» o «falacias de control»; los fóbicos sociales o simplemente las personas tímidas se caracterizan por la «interpretación del pensamiento» y aquellos con trastornos de ansiedad generalizada por los llamados pensamientos «catastróficos».

5. ¿Cómo estarán las cosas dentro de algunos meses o años?

Con esta pregunta se cambia el punto de vista de aquellas personas preocupadas por las consecuencias inmediatas de un acontecimiento. El caso de la ruptura de una situación es un buen ejemplo para utilizar este tipo de preguntas; centra al paciente en la posibilidad de rehacer su vida.

Los experimentos conductuales

Además de la utilización de preguntas como éstas, en muchos casos resultará útil recurrir a lo que se conoce como «experimentos conductuales» para verificar con mayor certeza y convencimiento el valor de las cogniciones negativas. Los experimentos conductuales son conductas que el terapeuta propone al paciente con el fin de extraer evidencias claras a favor o en contra del pensamiento automático negativo. Como ejemplo podemos retomar la distorsión cognitiva basada en la interpretación del pensamiento que hacía el empleado de la empresa constructora. Una simple llamada para preguntar al director acerca de su opinión sobre el proyecto presentado, aprovechando para interesarse por su estado general, puede ser un buen experimento conductual. Así lo hizo el personaje real de nuestro ejemplo; la respuesta del responsable de la empresa fue que no había tenido tiempo para estudiar el proyecto, disculpándose por ello y pidiendo excusas por su actitud anterior, en aquel momento estaba realizando una mudanza que le tenía absolutamente alterado. No siempre podremos emplear esta técnica para contrastar la veracidad de los pensamientos negativos, pero se trata de una buena estrategia.

Accediendo a las creencias

Con la terapia de reestructuración cognitiva, a través de un proceso minucioso de valoración de pensamientos automáticos, se pueden identificar, evaluar y modificar creencias de tipo más general que gobiernan la forma de actuar de cada persona. Es precisamente en el momento en que el paciente empieza a cuestionar ciertos valores generales cuando la terapia cognitiva llega a ser eficaz. Todas estas modificaciones, como es obvio, también van a alterar las emociones experimentadas y las conductas llevadas a cabo, lo cual va a ser un buen índice de mejora en el curso del tratamiento.

Otras técnicas cognitivas

No es fácil discernir entre terapias cognitivas y conductuales de una forma diáfana, puesto que cualquier intervención de tipo psicológico actúa tanto sobre las conductas como sobre las emociones de un individuo. Incluso en la reestructu-

> En casos de estrés laboral, cuando la persona no puede tomar distancia de su trabajo y de sus obligaciones, se ha aplicado con éxito la técnica de parada de pensamientos, cuyo propósito es neutralizar las emociones negativas generadas por los pensamientos desagradables y recurrentes.

¿ Antes de cualquier examen, por bien preparado que esté, mi hijo se siente muy nervioso y dice que le será imposible aprobar, que todos los demás están en mejores condiciones que él. ¿Es posible ayudarlo?

➥ En efecto. Si su hijo modifica lo que él mismo se dice, terminará por modificar su pensamiento. Para transformar las pautas negativas es necesario reestructurar el modo de pensar en situaciones que generan angustia o estrés. A veces, es suficiente con decirse uno mismo cosas más positivas: «Tranquilidad. El examen puede ser difícil, pero yo estudié lo suficiente y estoy preparado para afrontarlo con éxito».

ración, que es una técnica eminentemente cognitiva, se utilizan los llamados «experimentos conductuales». Por tanto, lo que aquí incluimos como terapias cognitivas puede hallarse en otros textos bajo el rótulo de técnicas conductuales. Haremos una síntesis de las más empleadas en psicología clínica.

Stop a los pensamientos

La *Técnica de parada de pensamiento* fue elaborada con la intención de reducir emociones negativas debidas a la intrusión de pensamientos desagradables, de los que es difícil liberarse. Se basa en el entrenamiento de dos procesos, por un lado la interrupción de pensamientos y por otro la sustitución de pensamientos desagradables por otros más positivos. En general, se trata de una técnica utilizada en la reducción de pensamientos de carácter obsesivo; en casos de estrés laboral, cuando las personas no pueden «desconectarse» con facilidad de sus tareas empresariales; en trastornos depresivos y ansiosos, cuando la sintomatología es más cognitiva que conductual.

LA MODIFICACIÓN TERAPÉUTICA DE LA CONDUCTA

La visualización es una técnica psicoterapéutica basada en la sugestión y que induce al sujeto a elaborar una serie de imágenes que tendrán un efecto positivo sobre el organismo. La eficacia de esta técnica, también aplicada para aliviar el dolor, depende en gran parte de la capacidad de cada sujeto para generar imágenes.

En primer lugar, se realiza una exploración de aquellos pensamientos que serán más positivos para el paciente, puesto que éstos se usarán posteriormente para llenar el vacío dejado por la interrupción del pensamiento negativo. Una vez valorados estos contenidos, el paciente debe adentrarse en los pensamientos negativos que pretende eliminar hasta que le produzcan ansiedad. Cuando la vivencia sea lo más clara posible debe gritar en voz alta la palabra «basta» mientras golpea sobre la mesa. Tanto el golpe como el grito sirven como un estímulo que dispara una respuesta de orientación en el cerebro. Lo mismo sucede cuando se está en una habitación y suena un ruido potente o abren la puerta de forma repentina. Este vacío dejado por la respuesta de orientación se aprovecha para introducir un pensamiento agradable. Si se logra mantener las imágenes agradables durante más de medio minuto, se puede pasar a la siguiente etapa, pero si, por el contrario, el pensamiento negativo vuelve a irrumpir, deberá repetirse la acción.

En las etapas siguientes se irá reduciendo la contundencia tanto del grito como del golpe sobre la mesa hasta llegar a la detención del pensamiento desagradable con un simple «basta» interior. Cuando se logre este objetivo con todos aquellos pensamientos molestos, desde el más suave al más intenso, se estará en disposición de usar la técnica en situaciones reales.

El poder de la imaginacion: la visualización

La *visualización* es una técnica que ha sido utilizada fundamentalmente para reducir el dolor, facilitar la relajación y acelerar la recuperación de dolencias físicas. Se trata de una técnica basada en la sugestión y, por tanto, en la propia capacidad del cerebro para producir sustancias o enviar informaciones apropiadas para reducir el dolor o relajar un músculo concreto. Su procedimiento es el siguiente: primero se relaja al paciente hasta conseguir un estado favorable para la imaginación. Posteriormente, la persona afectada elaborará una serie de imágenes dirigidas a producir el efecto deseado sobre el organismo.

Si el objetivo de la visualización es aliviar un dolor físico en alguna zona del cuerpo, los procedimientos pueden ser variados. El más usual es imaginar que un elemento prodigioso se introduce en el torrente sanguíneo y anestesia el área afectada. Son muchos y muy potentes los usos de una técnica como la visualización; sin embargo, su eficacia depende en gran medida de la facilidad que tengan las personas para producir imágenes.

Un paciente, con los ojos cerrados, imaginaba su cuerpo con una tonalidad rojiza, que simbolizaba el estado de ansiedad en el que se encontraba; su estrategia consistía en imaginar que le inyectaban una sustancia azulada que le proporcionaba una relajación placentera a la que sucumbía rápidamente.

Cuando la realidad se resiste: técnicas encubiertas

Las técnicas encubiertas son las que se llevan a cabo mediante la imaginación, sirviéndose de la capacidad que tienen las imágenes para provocar las mismas emociones que se experimentarían si se estuviera en una situación real similar. Así, cuando los acontecimientos que angustian a una persona no son fácilmente manipulables en la realidad, se opta por una técnica encubierta. Hay situaciones muy difíciles de generar de forma artificial como, por ejemplo, una tormenta, para el caso de una persona que siente temor ante los truenos y relámpagos. En casos como éste se utilizarán imágenes creadas por el mismo paciente para provocar la respuesta de temor que se espera controlar. Probablemente en un futuro nada lejano se podrá contar con las ventajas de la «realidad virtual» para mejorar estas terapias.

La visualización utiliza el poder de la mente para crear imágenes, como un elemento prodigioso que se introduce en nuestro cuerpo para aliviarnos.

LA MODIFICACIÓN TERAPÉUTICA DE LA CONDUCTA

Los psicofármacos

En los últimos 45 años la importancia de la psicofarmacología, como método biológico para el tratamiento de las alteraciones comportamentales, es evidente. Tanto es así, que al socaire de la investigación psicofarmacológica, se ha reordenado la psicopatología descriptiva, han disminuido muy significativamente los ingresos psiquiátricos, y lo que es más importante, se ha podido aliviar en muchos casos y curar en otros a pacientes que anteriormente estaban deshauciados. A efectos prácticos, dividiremos a los psicofármacos en tres grupos: los antipsicóticos, los antidepresivos y los ansiolíticos.

Los antidepresivos

La historia de los antidepresivos tiene ya largos años. El iminodibencilo, compuesto del que deriva la imipramina (el mismo antidepresivo), fue sintetizado a finales del siglo XIX. En la década de los cuarenta se ensayaron diversos derivados del iminodibencilo por su acción antihistamínica o antialérgica, pero como ésta se mostró insuficiente, los compuestos fueron abandonados. En 1957 fue confirmada en más de cien pacientes la efectividad de uno de aquellos compuestos, al cual se denominó imipramina. En 1958 fue introducida en la farmacopea europea y, al año siguiente, en la americana. Los estudios controla-

Los grandes avances logrados en el campo de la investigación psicofarmacológica, o estudio de los efectos de los fármacos sobre la mente y la conducta, revolucionaron el tratamiento de las personas que padecían trastornos graves.

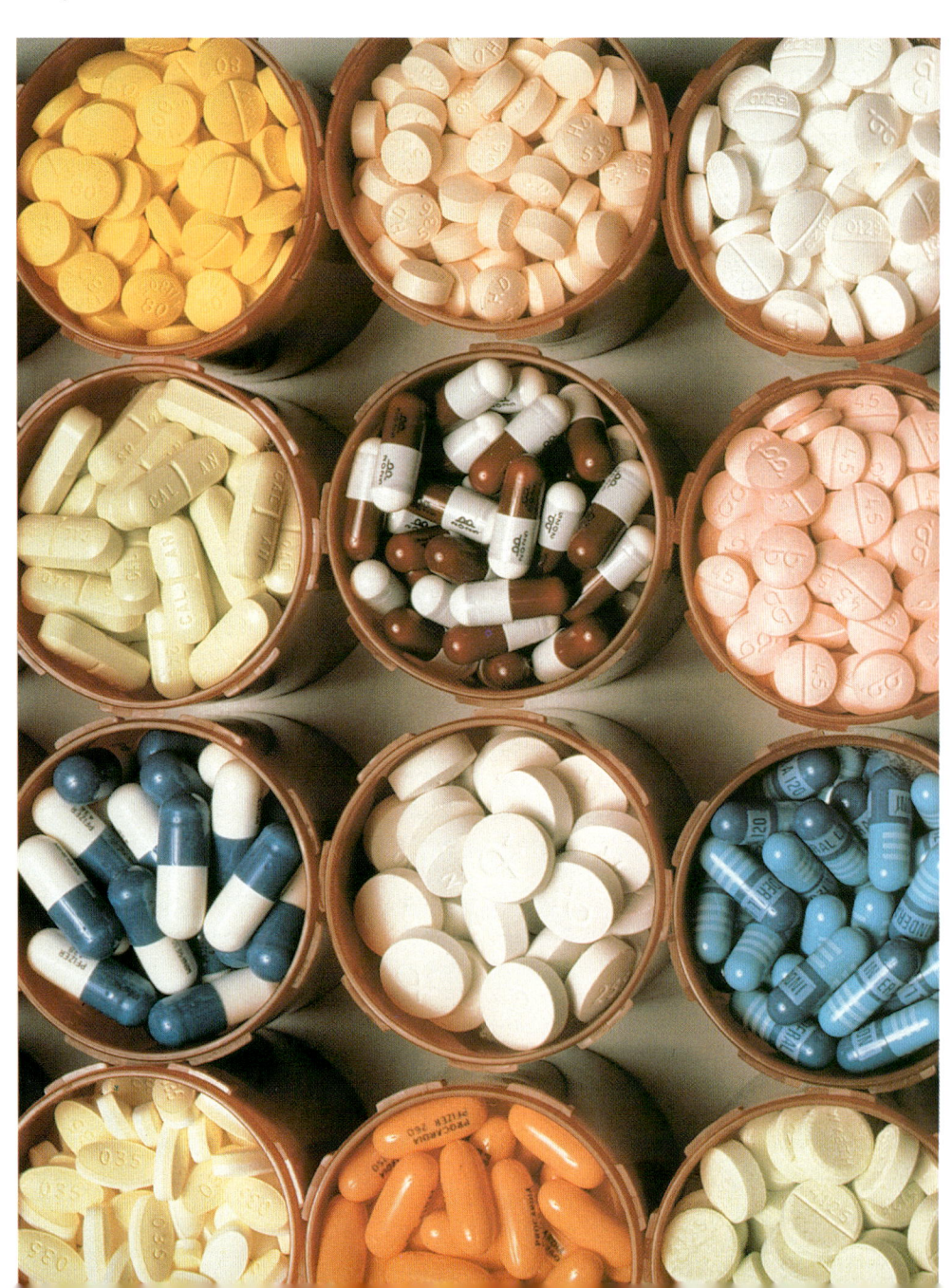

TERAPIAS PSICOLÓGICAS Y COGNITIVAS

dos posteriores corroboraron unos sorprendentes efectos antidepresivos.

En cuanto a los antidepresivos inhibidores de la monoaminooxidasa (IMAOs) las primeras observaciones sobre los efectos de los fármacos inhibidores de la enzima monoaminooxidasa o IMAO, se refieren al estado de euforia, aumento del apetito y mayor iniciativa observada en pacientes tuberculosos tratados con isoniacida, y especialmente con iproniacida. Posteriormente, estos fármacos fueron valorados en pacientes depresivos y se hizo evidente su eficaz efecto energizante. A finales de los ochenta empezaron a ensayarse los inhibidores selectivos de la recaptación de serotonina, con el ánimo de obtener sustancias con buen efecto antidepresivo y libres de los efectos adversos típicos de los demás antidepresivos. De este grupo, los que han llegado a mayor puesto son la Fluoxetina, el celebérrimo Prozac, la Paroxetina, la Sertralina y el Citacorram, que en muchos países ya han desbancado a los antidepresivos tradicionales como fármacos de primera elección en el tratamiento de los trastornos depresivos.

Uso de los antidepresivos

En pacientes adultos sin enfermedad orgánica concomitante, se inicia el tratamiento con 25 a 75 mg/día de Imipramina —o dosis equivalente de otros antidepresivos semejantes— incrementándose 25 mg cada 24 o 48 horas hasta alcanzar 150 mg por día en un plazo de cinco a siete días. Si en un plazo de unas dos a cuatro semanas no se ha obtenido respuesta terapéutica alguna y no aparecen efectos adversos graves, está justificado seguir aumentando la dosificación hasta alrededor de 300 mg por día.

Algunos pacientes, especialmente ancianos o personas con poco peso, responden a dosis menores de 150 mg por día y en algunos casos de 75 a 125 mg por día son suficientes. Sin embargo, no debemos olvidar que la utilización de dosis inadecuadamente bajas y durante períodos de tiempo muy cortos, son la causa más frecuente de fracasos en el tratamiento de los trastornos depresivos.

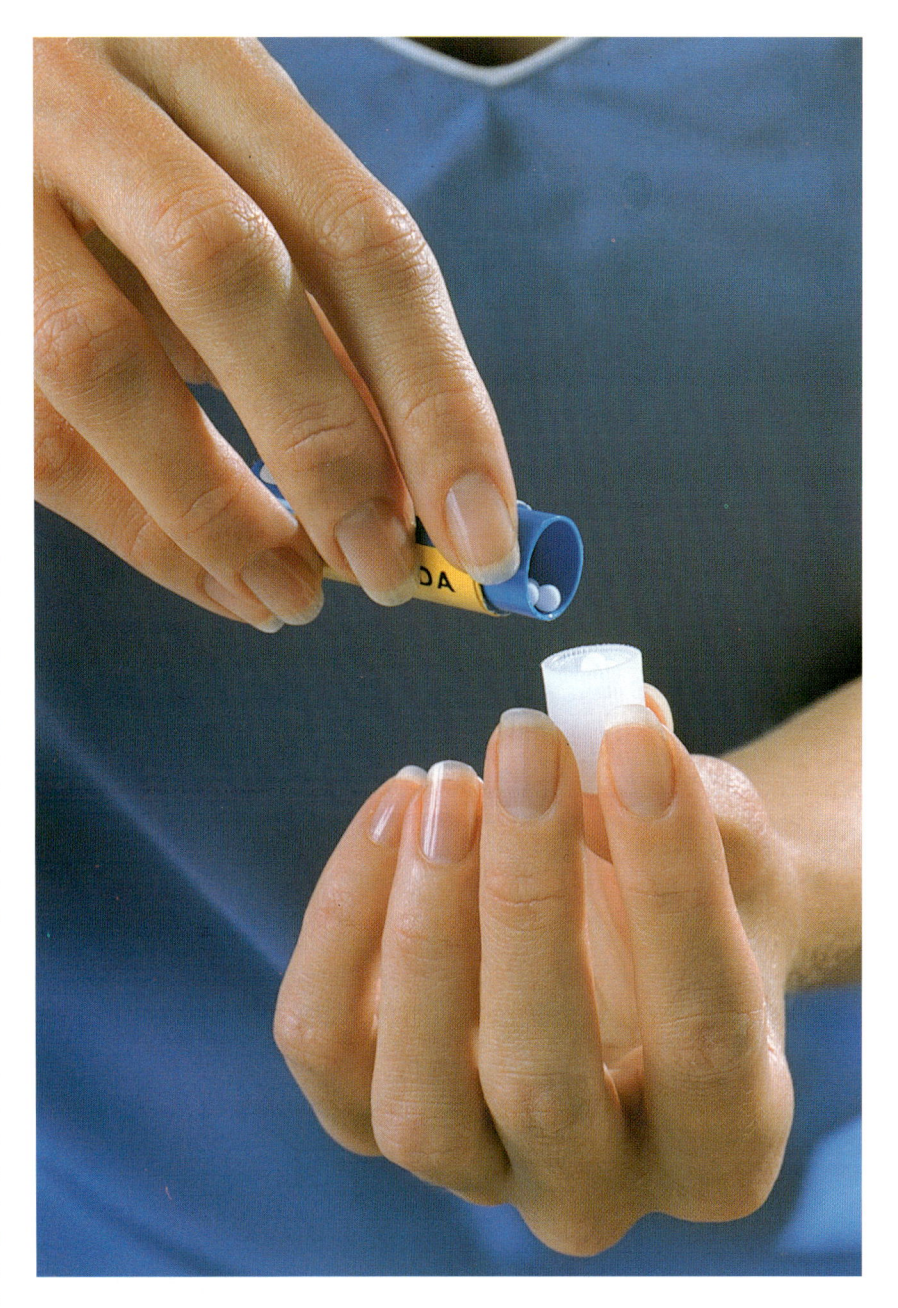

En todo caso, si al cabo de seis u ocho semanas de tratamiento, con las dosis adecuadas no aparece ningún tipo de mejoría, habrá que pensar en que el paciente es resistente a este tipo de antidepresivo. En tal caso es aconsejable plantearse las siguientes preguntas: ¿Es correcto el diagnóstico? ¿Cumple el paciente las órdenes médicas? ¿Es aconsejable pensar en añadir al antidepresivo que estamos utilizando otras sustancias potenciadoras como el mineral litio?

En pacientes con primer episodio depresivo, sin antecedentes personales previos, al desaparecer los síntomas, el tra-

Los antidepresivos se usan desde hace ya muchos años. Estos fármacos aumentan la energía vital, reducen la agitación y devuelven la tranquilidad.

tamiento con antidepresivos clásicos debe mantenerse de dos a seis meses a la misma dosis; luego puede reducirse 25 mg de Imipramina o equivalente cada quince días hasta suprimir la medicación.

Utilización en el trastorno obsesivo compulsivo

La eficacia de los antidepresivos clásicos en el trastorno obsesivo-compulsivo es hoy en día incuestionable. Al parecer, la Clomipramina es la sustancia con mayor poder «antiobsesivo» de las que hoy en día podemos contar. Se aconseja iniciar el tratamiento con 25 a 75 mg por día de Clomipramina incrementándose hasta 300 mg por día.

Utilización en la ansiedad fóbica

Varias publicaciones han constatado la superioridad de la Imipramina sobre la terapia de apoyo o el placebo, en pacientes agorafóbicos.

Como en el caso de los IMAOs, se supone que la Imipramina ejerce su efecto terapéutico bloqueando las crisis de pánico, con lo cual se impide que progrese el típico circuito de que tras la crisis de pánico aparezca el temor de que éstas se repitan (ansiedad anticipatoria) y se limite por conductas de evitación la actividad normal del sujeto (agorafobia).

Aunque tradicionalmente las dosis a administrar han sido las mismas que las utilizadas en los trastornos depresivos, están apareciendo estudios (sobre todo con la Clomipramina) en los que la reducción de la sintomatología se obtiene a dosis bajas, de alrededor de 30 mg por día.

Uso clínico de los IMAOs

Aunque son antidepresivos cada vez menos utilizados, siguen siendo fármacos muy interesantes en el tratamiento de ciertos subgrupos de pacientes.
- Depresiones atípicas: aquellas depresiones con hipersomnia e hiperfagia.
- Crisis de pánico con o sin agorafobia.
- Trastornos obsesivo compulsivos resistentes a otros antidepresivos.
- Trastornos depresivos que aunque típicos son resistentes a otros fármacos.

Al margen de algunos efectos secundarios, han sido las potenciales interacciones con ciertos alimentos y con otros fármacos, lo que los convierten en sustancias incómodas de utilizar.

Los alimentos y fármacos contraindicados con los IMAOs son los siguientes:
• El alcohol (en especial la cerveza y el vino Chianti)

> *Los IMAOs, antidepresivos inhibidores de la monoaminooxidasa, continúan siendo particularmente eficaces para el tratamiento de la depresión debido a su eficaz efecto energizante, que se traduce en una mayor iniciativa y aumento del apetito.*

PERFIL CLÍNICO DE LOS PACIENTES QUE RESPONDEN AL TRATAMIENTO CON IMAOs

Síntomas psicopatológicos	Reacciones interpersonales
Reactividad del humor	Autocompasión
Irritabilidad	Reproches y culpas hacia los demás
Ataques de pánico	Verbalización de maniobras autolíticas (amenazas)
Agorafobia	Sensibilidad al rechazo o desdén
Fobias sociales	Búsqueda de reconocimiento y aplauso
Hipocondría	Vanidad
Rasgos obsesivos	Personalidad histriónica

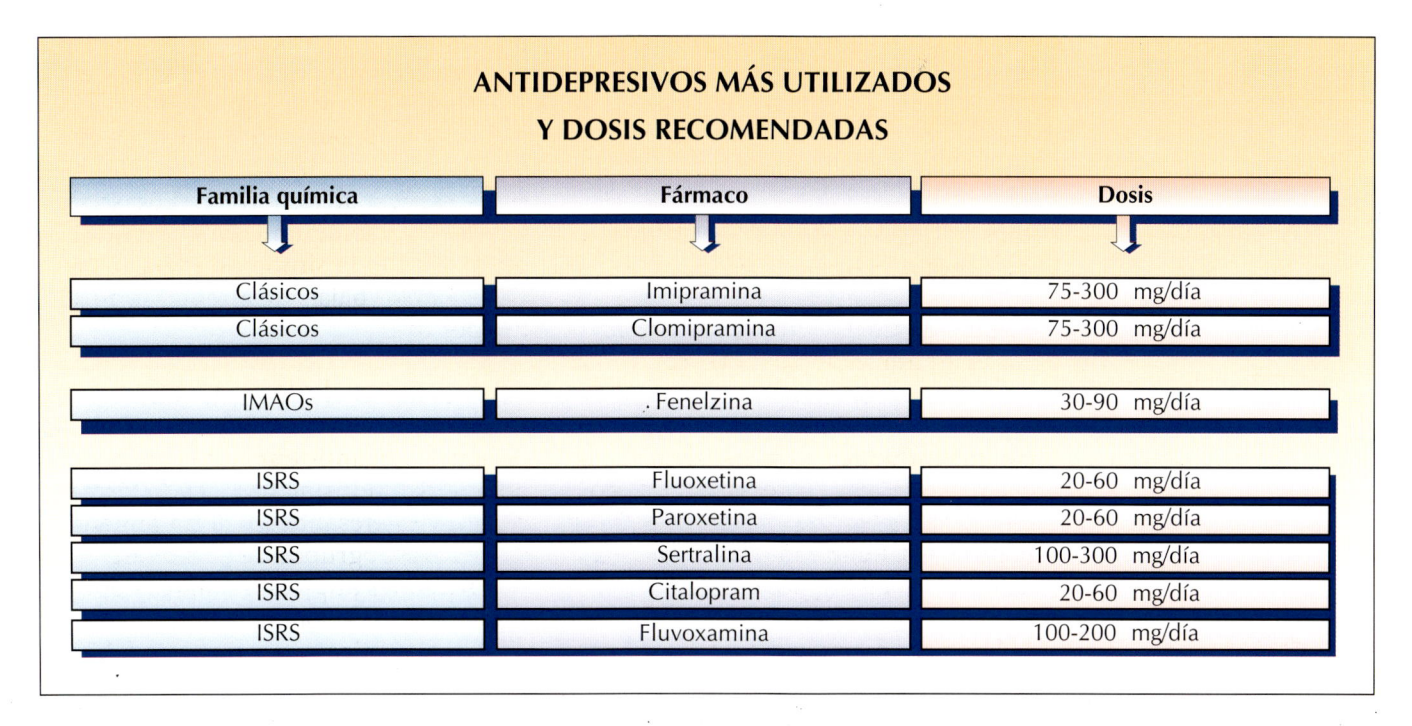

ANTIDEPRESIVOS MÁS UTILIZADOS Y DOSIS RECOMENDADAS

Familia química	Fármaco	Dosis
Clásicos	Imipramina	75-300 mg/día
Clásicos	Clomipramina	75-300 mg/día
IMAOs	Fenelzina	30-90 mg/día
ISRS	Fluoxetina	20-60 mg/día
ISRS	Paroxetina	20-60 mg/día
ISRS	Sertralina	100-300 mg/día
ISRS	Citalopram	20-60 mg/día
ISRS	Fluvoxamina	100-200 mg/día

- Los quesos
- Las habas
- Los arenques
- Los concentrados de carne
- Los ahumados
- Las conservas de pescado
- Los anestésicos locales
- Algunos antigripales
- Los descongestionantes nasales
- Los psicoestimulantes
- Los antidepresivos

Uso clínico de los inhibidores selectivos de la recaptación de la serotonina

A este grupo pertenecen los antidepresivos de última generación y al parecer consiguen su efecto terapéutico mejorando la disponibilidad de la serotonina.

Sus indicaciones son verdaderamente amplias y son efectivos en trastornos depresivos mayores, distimias, bulimia, trastornos obsesivo-compulsivos y crisis de pánico con o sin agorafobia.

Los ansiolíticos

Hasta 1960 las sustancias empleadas para el tratamiento de los trastornos de ansiedad ejercían su acción farmacológica con un claro predominio de su efecto sedante sobre el efecto ansiolítico. La aparición de las bienzodiacepinas permitió un ansiolisis a dosis terapéuticas con un bajo efecto sedante y además con amplias dosis de seguridad. La popularidad y difusión alcanzadas por las bienzodiacepinas desde su descubrimiento han sido enormes. Aun cuando la prescripción de las mismas, y concretamente el diacepam, ha disminuido en los últimos años, siguen siendo los psicofármacos más vendidos en el mundo.

En 1966 un segundo grupo de sustancias previamente conocido, los bloqueantes beta-adrenérgicos, mostraron un claro efecto ansiolítico en el hombre. Casi dos décadas más tarde, y de la mano del espectacular avance experimental en el conocimiento de las bases biológicas de la ansiedad, diversos compuestos pueden constituir una segunda generación de ansiolíticos, entre los que destaca el denominado alprazolam, uno de los fármacos más efectivos en las crisis de pánico.

Uso clínico de los ansiolíticos

No hay dudas de que un cierto grado de ansiedad está siempre presente en nuestras vidas cotidianas y juega un papel evidente en la respuesta general de adaptación ante el estrés. Este umbral

Aparte de los IMAOs, los antidepresivos de uso más frecuente a partir de los años ochenta son los denominados inhibidores selectivos de la recaptación de serotonina (ISRS). Este grupo ha logrado las preferencias de los psicoterapeutas merced a su eficacia antidepresiva y, especialmente, por carecer de los efectos adversos típicos de los otros antidepresivos.

FORMAS DE ANSIEDAD

ANSIEDAD PRIMARIA

Localizada	Difusa	Formas infantiles
Trastornos fóbicos (con y sin crisis de pánico). Fobia simple, fobia social, fobia mixta, agorafobia.	Trastornos de Ansiedad (crisis o estado) Trastornos de pánico Trastornos de ansiedad generalizada	Ansiedad de separación

ANSIEDAD SECUNDARIA

| Relacionada con factores ambientales, estrés y acontecimientos vitales preferentemente de riesgo | Relacionada con sustancias de acción central: Fármacos hipoglucemiantes insulina (por mal ajuste de la dosis) / Tóxicos Cafeína cocaína derivados del cannabis (el clásico «porro») | Enfermedades orgánicas (que presentan la ansiedad como un síntoma bien caracterizado de las mismas), por ejemplo los trastornos tiroideos | Enfermedades psiquiátricas (en general todos los trastornos psiquiátricos pueden presentar ansiedad como síntoma) |

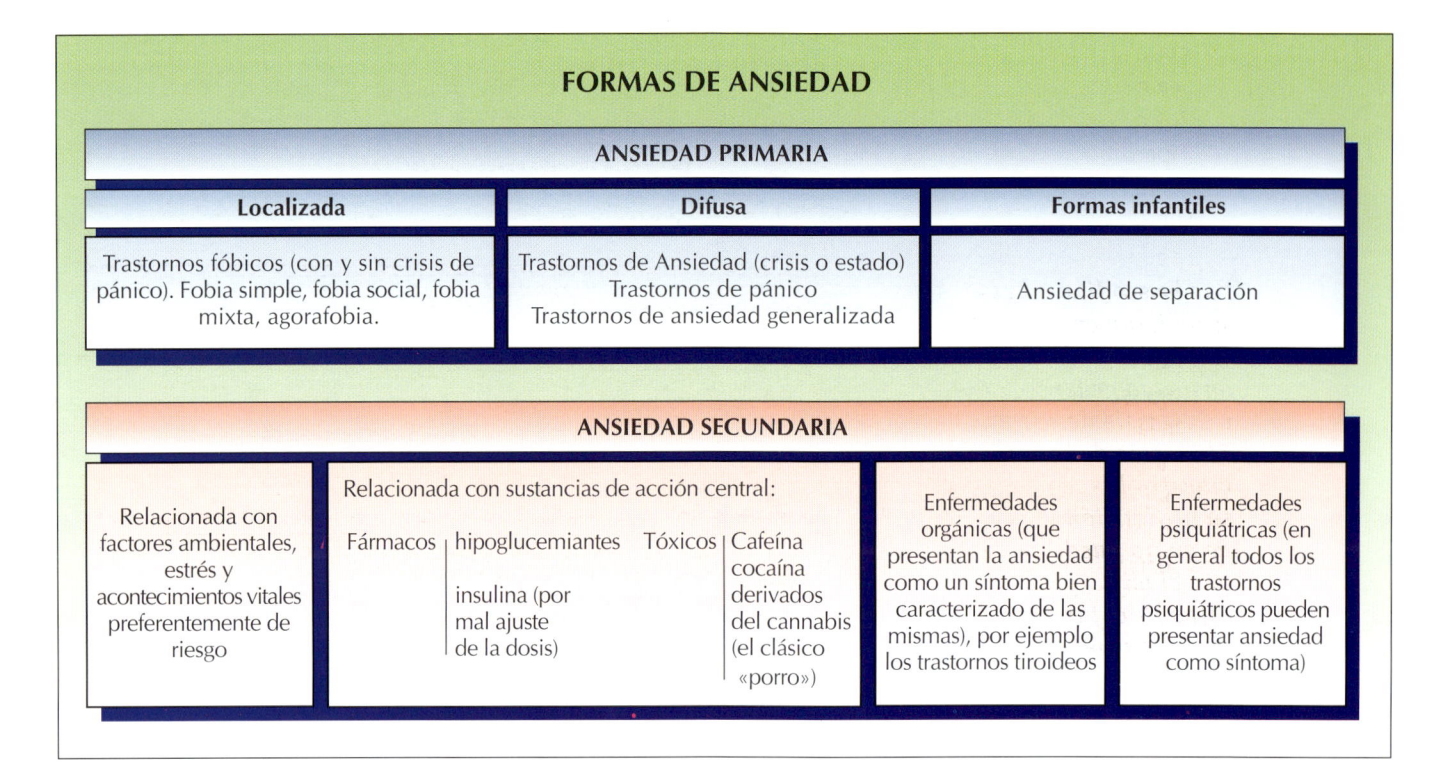

emocional, o «nivel normal de ansiedad», permite mejorar nuestro rendimiento y actividad. Sin embargo, cuando rebasa cierto límite, acarrea una notoria sensación de malestar y un deterioro del rendimiento. Pese a que los límites de la ansiedad normal y la ansiedad patológica no están claramente establecidos, sería inexacto cifrar la diferencia entre ambas en términos puramente cuantitativos. En líneas generales podemos considerar la existencia de una ansiedad primaria, que englobaría los trastornos de ansiedad propiamente dichos, y una ansiedad secundaria que se corresponde con las diversas formas de ansiedad primaria, y que está directamente relacionada con factores ambientales, con la administración de sustancias, con enfermedades orgánicas o bien con otros trastornos psiquiátricos.

Desde el punto de vista farmacológico la actividad ansiolítica de las benzodiacepinas es claramente superior al placebo y ligeramente superior al resto de ansiolíticos; así mismo tienen menos efectos adversos y mayor margen de seguridad. Estos fármacos se han mostrado efectivos en el tratamiento a corto plazo de la ansiedad generalizada, las crisis de pánico y en la ansiedad secundaria a enfermedades orgánicas en las que la enfermedad actúa como acontecimiento vital desencadenante, como las neoplasias, la úlcera gastroduodenal o el infarto de miocardio. Se ha postulado también su utilidad en los trastornos de adaptación al estrés.

La administración en el anciano de las benzodiacepinas debe ser más cautelosa que en el adulto, y se debe prestar una especial atención a la aparición de efectos secundarios. El efecto tóxico es más frecuente en las personas mayores, sobre todo debido a dosis inadecuadas, lo cual puede decirse de cualquier psicofármaco.

En lo que respecta a los bloqueadores beta-adrenérgicos el propanolol sigue siendo el más indicado, con un rango terapéutico entre los 60 y los 160 mg/día. Su utilización en situaciones de estrés, generadoras de ansiedad no patológica (por ejemplo, músicos profesionales o personas sometidas a fuertes bloqueos, como los estudiantes ante un examen) está muy extendida.

Fármacos antipsicóticos

El éxito de la clorpromacina en la sedación de animales de experimentación se

El gráfico muestra las distintas formas de ansiedad primaria y secundaria, estas últimas relacionadas con el ambiente, con el consumo de sustancias, con enfermedades orgánicas o bien con trastornos psiquiátricos.

TERAPIAS PSICOLÓGICAS Y COGNITIVAS

REGLAS PARA LA UTILIZACIÓN DE LAS BENZODIACEPINAS

1. Deben utilizarse para el alivio de síntomas graves, no para enfermedades secundarias.
2. Evitar cuando el paciente tenga una historia clínica de abuso de las mismas.
3. No prescribir dosis mayores de las necesarias para evitar el deterioro de las funciones del paciente.
4. Controlar las posibilidades de dependencia sobre todo en los pacientes que hagan un uso crónico.
5. Aconsejar a los pacientes sobre las interacciones con alcohol.
6. Aconsejar a los pacientes que las reserven para su uso personal, manteniéndolas alejadas de los niños.
7. Tener en cuenta que los fármacos son sólo parte de un plan global de dirección y tratamiento y que serán necesarias psicoterapias para el control definitivo del cuadro.

Las benzodiacepinas se utilizan en el tratamiento de la ansiedad generalizada y las crisis de pánico. El gráfico de la derecha muestra las reglas para su utilización y en el de abajo puede verse una clasificación de estos psicofármacos, los más vendidos del mundo, y las dosis promedio.

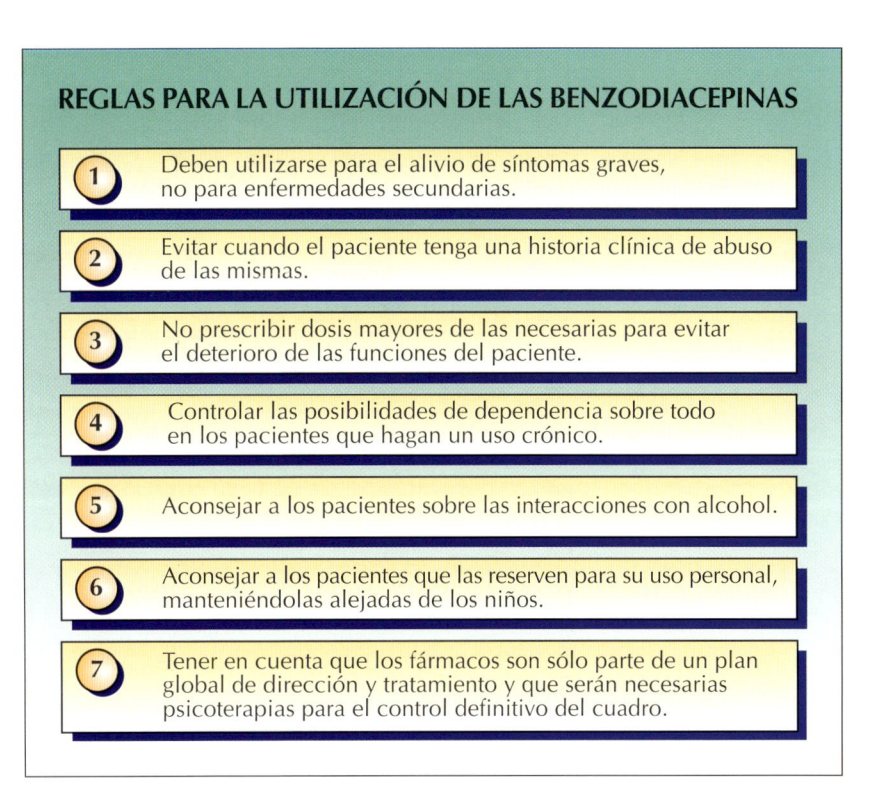

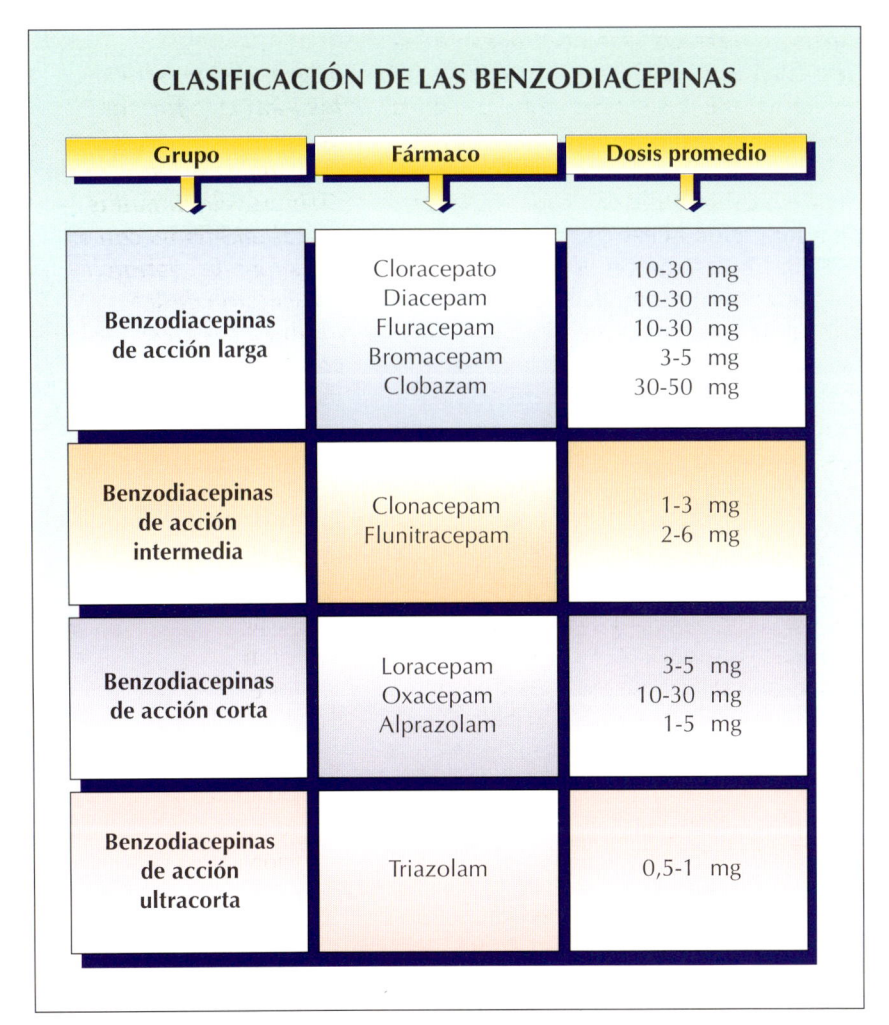

CLASIFICACIÓN DE LAS BENZODIACEPINAS

Grupo	Fármaco	Dosis promedio
Benzodiacepinas de acción larga	Cloracepato	10-30 mg
	Diacepam	10-30 mg
	Fluracepam	10-30 mg
	Bromacepam	3-5 mg
	Clobazam	30-50 mg
Benzodiacepinas de acción intermedia	Clonacepam	1-3 mg
	Flunitracepam	2-6 mg
Benzodiacepinas de acción corta	Loracepam	3-5 mg
	Oxacepam	10-30 mg
	Alprazolam	1-5 mg
Benzodiacepinas de acción ultracorta	Triazolam	0,5-1 mg

demostró en 1951. Al año siguiente, se trataba con esta sustancia el primer caso de psicosis, y así mismo fue utilizada como antipsicótico en un hospital psiquiátrico, mostrándose desde su inicio eficaz que en el tratamiento de pacientes esquizofrénicos.

Las butirofenonas y los tioxantenos se introdujeron a partir del año 1959. Posteriormente se han sintetizado un gran número de fenotiacinas y otros compuestos antipsicóticos, con el deseo de mantener los mismos efectos reduciendo la toxicidad.

Uso clínico

La indicación principal de estas sustancias son los trastornos esquizofrénicos. Desde su descubrimiento, se han mostrado eficaces en el control de la sintomatología (especialmente la positiva) y en la prevención de recaídas.

Hasta el momento, no podemos decir que haya ningún antipsicótico más eficaz que otro y los criterios de selección deben realizarse teniendo en cuenta los efectos secundarios potenciales de la sustancia, el estado físico del paciente y la preponderancia de cada síntoma psicótico en cada caso particular.

LA MODIFICACIÓN TERAPÉUTICA DE LA CONDUCTA

DOSIS INICIALES Y DE MANTENIMIENTO DE LOS ANTIPSICÓTICOS POR VÍA ORAL

Antipsicótico	Fase aguda (mg/día)	Mantenimiento (mg/día)
Clorpromacina	300-2.000	50-400
Levopromacina	300-2.000	50-400
Clotiapina	120-320	20-60
Tioridacina	300-800	50-400
Perfenacina	16-72	8-240
Trifluoperacina	15-50	4-15
Haloperidol	10-80	3-8
Risperidona	6-9	3-6

El uso clínico de los antipsicóticos, especialmente utilizados en el tratamiento de los trastornos esquizofrénicos o accesos maníacos, exige una especial atención sobre los efectos secundarios de las sustancias antipsicóticas, el estado físico del paciente y la preponderancia de determinados síntomas en cada caso.

La importancia de los psicofármacos se traduce en la incidencia que su uso terapéutico ha tenido en la reducción de los ingresos psiquiátricos y en el notable número de pacientes, anteriormente deshauciados, que han experimentado mejoría o se han curado de sus trastornos mentales.

La vía intramuscular se recomienda en esquizofrénicos agitados para los que se precisa una rápida sedación, y en aquellos que se niegan a ingerir sustancias por vía oral.

Una vez remitido el cuadro inicial, los pacientes no tratados con fármacos antipsicóticos recaen con más frecuencia que los que reciben dichos fármacos.

Los antipsicóticos también están indicados en los accesos maníacos a dosis parecidas a las utilizadas en la esquizofrenia. En estos casos se recomienda tratar a los pacientes de forma concomitante con carbonato de litio o carbamazepina y una vez remitido el cuadro agudo, ir disminuyendo progresivamente los antipsicóticos y seguir un tratamiento de mantenimiento con Litio o Carbamazepina.

El mineral litio parece tener efectos de prevención en los excesos maníacos y potencia la acción de los antidepresivos. La carbamazepina es un antiepiléptico (anticonvulsivante) que tiene efectos semejantes.

Índice onomástico

A

acetilcolina, 94, 240
acontecimiento vital, 587, 598
actitud, 417, 418, 419, 470
actividad cortical, 368
acupuntura, 50, 499, 514
Ad Hoc Committee, 532
adicciones, 422, 424, 430, 484, 636
Adler, A., 8
adolescencia, 128, 348, 349, 353, 362, 368-394, 411
adrenalina, 48, 55, 94, 126, 160, 478
adultez, 396, 408
afasia, 62, 65, 269, 372
afectividad, 122, 172, 384, 542
afrontamiento del estrés, 24, 482, 483, 487, 491, 494, 501, 556
agarofobia, 169, 172, 190, 611, 612, 656
agresividad, 12, 148, 192, 341, 356, 358, 361, 424, 450-457, 591
Alexander, F., 587, 593
alexitimia, 542, 597, 604
alimentación, trastornos de la, 17, 72, 73, 74, 81-84, 86, 87
Allport, G., 416
alopecia, 351
Alper, A., 442
alprazolam, 611, 612, 658
altruismo, 450, 457, 458, 459, 460, 461, 468
alucinación, 237, 333, 404, 430, 619, 622, 643
alucinógeno(s), 430
Alzheimer, enfermedad de, 36, 50, 232, 403, 406, 628
ambientalista, escuela, 288, 289, 290, 293,
amina biógena, 47, 48
aminoácido (s), 50
amígdala cerebral, 165, 225, 228
amnesia, 223, 225, 228, 229, 231, 232, 235, 239, 240, 243, 333, 399
amor, 128, 131, 461, 465, 466, 468, 469, anabolizante, 86
analgésico, 51, 511, 513, 529, 532, 540, 573
análisis factorial, 284, 344, 346, 347
andropausia, 400
androsterona, 93
andrógeno, 93, 94, 372, 375
anestesia, 508, 514, 573
anfetamina, 126, 431
angustia, 169, 172, 176, 190, 355, 484, 552, 611, 612
anomia, 272
anopsia, 534
anorexia nerviosa, 74, 78-82, 84, 86-88, 350, 540, 619
anorgasmia, 117, 601
anoxia, 236

ansiedad, 36, 82, 83, 100, 142, 144, 148, 154, 172, 180, 182, 200, 255, 265-267, 350-356, 361, 365, 373, 374, 394, 426, 540, 544, 546, 580, 610, 641, 650, 658
ansiolítico, 36, 320, 536, 549, 654, 657, 658
ansiolítico, uso clínico, 657
anticolinérgico(s), 240
anticonvulsivo(s), 619
antidepresivo(s), 36, 48, 49, 536, 549, 553, 611, 654, 655, 657, 658
antimentalista, 195
antipsicótico(s), 36, 622, 654, 658
apnea, 312, 317, 318, 321, 334,
apoyo social, 16, 17, 489, 495, 563, 622
aprender a aprender, 207, 208
aprendizaje, 7, 25, 51, 54, 64, 91, 92, 142, 145, 174-178, 181-183, 187, 190-216, 218, 237, 250, 280, 338, 339, 362, 390, 391, 421, 445, 453
Aristóteles, 2, 243, 300, 506, 588
Aronson E., 32
arterioscopia, 541
artrosis, 318
Asch, S., 441, 442
asertividad, 426, 501, 530
asma, 318, 582, 608
asociacionismo, 2, 21
Asociación Americana de Psiquiatría, 430
Asociación Internacional del Dolor, 515
asociación libre, 634
atracción, 99, 461-466
audiometría, 268
audiomudez, 265
autismo, 269
autoestima, 133, 147, 354, 377, 410, 416, 426
autoestimulación, 104
autoexploración, 23
autoimagen, 174, 410, 420
autorrealización, 149, 151
axón, 44, 45, 46, 48, 60
Azrin, N., 455, 456

B

Babbage, 300
Baldung, H., *131, 407*
Bandura, A., 193, 203, 453, 454
Beaumont, W., 582
bebé, 378, 379, 386, 393
Beck, A., 642, 646
Beck, teoría cognitiva, 616
benzodiacepina(s), 610, 657, 658
Bernard, C., 147
beso sináptico, 46
betabloqueantes, 613
bilingüismo, 261
Binding, 299
Binet, A., 19, 202, 276, 277, 279, 288, 290

Binet-Simon, escala de, 276
bio-retroalimentación, 24, 267
biofeedback, 501, 527, 587, 596, 597, 602, 610
bioquímica, 144, 145
Birk, L., 602
bisexualidad, 384
bloqueantes beta adrenérgicos, 549, 657
Boring, E., 282
Botero, F., 75
Brahe, T., 152
Braid, J., 332
Brancusi, C., 8
Brann, W. H., 506
Broca, área de, 65
Broca, P., 65, 274, 276
Bruner, J. S., 257
bruxismo, 328
bucofonatorio, aparato, 246
bulbo raquídeo, 52, 54
bulimia nerviosa, 79, 80-84, 86-88, 144, 335, 657
Buñuel, L., 110
Burt, C., 289
Burton, 549
butirofenona(s), 658

C

Caballo, V., 425
Callas, Maria, *124*
Cannabis Sativa, 430
Cannon, W. B., 147, 163, 164, 587, 588, 590, 593
Cannon-Bard, teoría de, 163, 164
carácter, 339, 341
caracter(es) sexual(es) secundario(s), 93
carbamacepina(s), 619, 658
cardiopatía isquémica, 607, 608
Casals, P., 396
Casparov, G., 302
castigo, 136, 188, 190, 192, 198, 453
catecolamina, 48, 49, 478
Cattell, R. B., 18, 344, 345, 347
cáncer, 576
cefalea, 532, 540, 610
celo(s) patológico(s), 139, 468
célula(s) A–Beta, 514
centro glucorregulador cerebral, 147
cerebelo, 52, 53, 54
cerebro, 36, 40, 43, 46-54, 57-65, 71, 72, 93, 95, 147, 164, 165, 229, 236, 255, 372
cerebro basal, 229
Charcot, J. M., 334
Chikatilo, A., *359*
Chirico, G. de, *616*
Chomsky, N., 242, 243, 256
ciclador(es) rápido(s), 619
ciclo menstrual, 94, 376, 382, 396, 398

ciclo vigilia-sueño, 313, 331
circunvolución angular del lenguaje, 65
circunvolución dentada, 226
circunvolución parahipocámpica, 226
Citacorram, 655
climaterio, 396, 400,
clismafilia, 109
clínica del dolor, 515, 536
clítoris, 117, 119,
clomipramina, 656
clorpromacina, 658
cocaína, 430
cociente de inteligencia, 204, 303, 304, 357, 372
codificación de información, 218, 219, 227
cogniciones negativas, 645
coito, 102, 109, 113
colecistoquinina, 50
colitis ulcerosa, 606
colonoscopia, 541
competitividad, 132, 150
comportamiento, 15, 158, 188, 192, 195, 338, 339, 445
compuerta del dolor, 508, 511, 526, 530, 536
comunicación, 18, 132, 136, 161, 163, 193, 242, 244-246, 250-252, 259, 260, 472
condicionamiento, 7, 18, 145, 174, 175, 176, 178, 179, 182, 184, 185, 188, 193, 587, 590
condiciones ambientales, 351
conducta, 13, 22, 136, 142, 158, 159, 160, 187, 190, 193-194, 355, 356, 361, 415-432, 434, 445, 503, 522, 536, 612, 636, 639
conducta de dolor, 509, 520
conducta de enfermo, 522, 565, 568
conducta sexual, 58, 90, 92, 93, 99, 100-113, 139, 174, 195, 378, 380
conductismo, 3, 4, 6, 7, 10, 17, 18, 22, 242
conductual, escuela, 187
conflicto, 471, 472
contracondicionamiento, 639
Copérnico, 152
coprofilia, 109
corea de Huntington, 233
corteza cerebral, 58-62, 64, 65, 92, 93, 225, 228, 246, 272, 594
cóctel de dolor, 529
cólera, 142, 159
córtex adyacente parahipocámpico, 227
córtex prefrontal, 225
craneometría, 274, 276
Creutzfeldt-Jakob, enfermedad de, 628
crisis, 15, 137, 139, 172, 656, 657
crisis de pareja, 137
crisis de pánico, 656, 657
Crohn, enfermedad de, 583, 606
cromosomas, 374, 375

ÍNDICE ONOMÁSTICO

cuerpo calloso, 66
cuerpo mamilar, 225, 228
culpa, 159, 460
curiosidad, 142
Cutten, C. G., 294

D

Dalí, S., 360
Darley, J. M., 458, 459
Darwin, Ch., 5, 18, 20, 152, 168, 243, 291
Daumier, H., 549
David, J. L., 11
debilidad somática, 593
deficiencia mental, 287
Degas, E., 247
déjà vu, efecto, 235
delgadez, 88
Delgado, J., 166
delirio somático, 622, 623
delirium, 625
demencia, 232, 403, 406, 628
demencia senil, 403, 628
dendrita, 44, 45
depresión, 16, 36, 82, 111, 124, 189, 240, 350, 404, 414, 519, 540, 550, 583, 611, 616
depresión, etiología, 616
Descartes, R., 2, 3, *585*, 586
destreza motora, 174
determinismo, 145, 146,
diabetes, 608
diacepam, 657
diagnóstico, 19, 29, 214-216, 353, 356, 516, 541
Di Cara, L., 596
diencéfalo, 54, 93, 226, 227
difeniletilamina, 126
disfasia, 264, 265
disfemia, 266, 267
disfunción sexual, 90, 111, 114, 115, 120, 601, 636
dislalia, 265, 267, 268
disociación, 624
disonancia cognitiva, 419, 420
dispareunia, 119, 120
disposición(es) innata(s), 351
distimia, 616, 657
distorsión cognitiva, 647, 648
Dix, O., *106*
Dollard, J., 450, 452
dolor, 190, 456, 468, 505-536
dolor agudo, 513
dopamina, 48, 50, 55, 94, 124, 126, 340, 399, 618
Dou, G., *538*
drogodependencia, 430, 564, 584-586
dualismo cartesiano, 584, 585, 586
Dunbar, F., 587, 592
Durero, A., 94

E

eclecticismo, 18
ectomorfo, biotipo, 343, 344
eczema, 608
endomorfo, biotipo, 343, 344
Edison, T. A. 309
educación, 206, 208, 414, 455
educación sanitaria, 17
educación sexual, 104, 384, 385
egocentrismo, 388
Eimas, 259
Einstein, A., 296, 309
ejercicio físico, 556, 594, 603
El Bosco, *19, 624*
electrochoque, 231, 240, 619, 622
electroencefalograma, 236
Elliot, 32
embarazo, fisiología, 94
emoción, 48, 51, 122, 124, 130, 153, 158-165, 173, 195, 203, 340, 362, 393, 543

enamoramiento, 124, 125, 129, 130, 468
encefalitis herpética, 229
encéfalo, 58, 93
endorfina, 50, 51, 498, 511
enfermedad, 167, 237, 558-580, 602, 608
enfermedad bipolar, 124
enfermedades mentales, 587
enfermedad psicológica, 237
ensueño, 330
entrevista, 21, 25, 26, 28, 29, 35, 645
envejecimiento, 234, 284
enzimas, 46, 362
epidídimo, 95
epilepsia, 226, 231, 236, 237, 318, 625
erección, 95, 113, 114, 378, 379, 401
ergonomía, 27
Ernst, M., *191*
erotofobia, 385
erotomanía, 623
escala Holmes-Rahe, 486
Escalas Analógicas Visuales, 517
Escalas de Descriptores Diferenciales, 519
esclerosis múltiple, 233
escroto, 95
esfingomanómetro, 497
espermatozoide, 94
esquizofrenia, 16, 36, 237, 238, 350, 360, 610, 616, 619-623, 658-660
esquizoide, 358, 360, 361
esquizotípico, 358, 359, 360
estado psicótico, 625
estereotipo, 471
estimulación parasimpática, 151
estímulo, 150, 151, 176-179, 196, 180, 181, 183, 589, 590
estímulo-respuesta, 7, 195
estrategia(s) de afrontamiento, 603
estrategia(s) de defensa asertiva, 426
estresor(es), 534, 621
estrés, 36, 111, 159, 167, 316, 319, 322, 396, 411, 447, 474-504, 561
estrés, componentes, 486
estrés, concepto transaccional, 474, 475, 476
estrógeno, 94, 96, 396, 398, 493
estructuralismo, 3, 4, 5, 7, 8, 17
etnomedicina, 568
etología, 12
eugenesia, 298, 299
evocación, 218, 219, 222, 231, 233, 235
evolución cognitiva, 370
excitación sexual, 94, 95, 100
exhibicionismo, 109
experimento(s) conductual(es), 650, 651
experimentos de campo, 13, 17, 31, 32, 33, 34, 177, 178
extraversión, 342, 346, 347, 355, 364, 368
eyaculación, 94, 95, 115, 116, 117, 376, 601
Eysenck, H. J., 338, 344, 345, 346

F

fabulación, 229, 234
factores ambientales, 16, 376
familia, 421, 568, 569, 570, 571
fantasía(s) erótica(s), 381, 384
Faraday, 283
farmacología, 508
farmacoterapia, 612
Fawcy, 778
fecundación, 96
feed-back, 429
felicidad, 409
feminismo, 133, 162
fenilcetonuria, 287
fenotiacinas, 658
fenotipo, 347, 348, 362, 363
Ferenczi, S., 8
feromona(s), 127
fetichismo, 109
feto, 375, 378

fibras A-Delta, 514
fibromialgia, 536
física cuántica, 36
fisioterapia, 528
fluoxetina, 553
fobia, 113, 167-169, 176, 177, 181, 190, 267, 350, 550, 612, 614, 634, 639, 641, 650
fobia simple, 612, 613
fobia social, 612, 613, 641, 650
fobia, tratamiento, 556, 614
fonema, 245, 246, 247
fonética, 247
Fordyce, W., 520, 522
formación reticular, 594
fotofobia, 534
fotopsia, 534
Foucault, M., 624
fracaso escolar, 213, 390, 391
Freed Bales, R., 442, 443
Freud, S., 8, 9, 18, 30, 240, 243, 451, 461, 587, 588, 591, 634, 636
Friedman, 502, 593
froteurismo, 109
frustración, 358, 447, 452, 453
funcionalismo, 3, 4, 5, 6
función(es) cognoscitiva(s), 51, 226, 232
función(es) motora(s), 53
función(es) neurovegetativa(s), 594
funciones superiores, 53, 55
funciones verbales, 372
función cerebral, trastorno, 236
Füssli, H., *611*

G

Galeno, 343, 576
Gall, F., 274
Galton, A., 18, 283, 288, 298
Galton, F., 274, 462
Gandhi, M., 193, 194
ganglio basal, 226, 227, 237, 240
gemelos monocigóticos, 288, 289
genetista, 291
genética, 35, 77
genitales, malformaciones, 119
genotipo, 347, 362
Géricault, T., *623*
gerontofilia, 109
Gestalt, psicología, 3, 7, 8, 17
gesto, 427
glándula(s) de Cowper, 95, 98
glándula(s) endocrina(s), 56, 93
glándula paratiroides, 56
glándula pineal, 49
glándula(s) seminal(es), 94, 95
glándula(s) suprarrenal(es), 56, 160, 478
glándula tiroides, 56, 619
gonadotropinas, 94
Goodall, J., 171
Goya, F., *618*
Gray, J. A., 347
Gräfenberg, E., 118
Greer, 578

H

habilidades, 25, 403, 404, 425, 426, 432, 501, 556, 622
habla, 62, 161, 242, 246, 255
hambre, 70, 71, 147
Hawking, S., 297
hábitos, 420-424
Hebb, D. H., 226
herencia genética, 349
heterosexualidad, 376, 384
Heussenstamm, 33
hidrocefalia, 233
himen, 383
hiperfagia, 656
hipersomnia, 656
hipertensión, 592, 607, 608
hipertiroidismo, 318, 608

hipnosis, 18, 19, 332-336, 310, 335, 610
hipnoterapia, 335
hipnótico(s), 320, 321
hipoacusia, 267
hipoapnea, 322, 323, 334
hipocampo, 165, 225, 226, 227, 229, 236
hipocondría, 549, 550, 551, 552, 553
hipoestrogenismo, 399
hiposedante, 431
hipotálamo, 51-58, 65, 71, 93, 94, 165, 480, 594, 598
hipotonía de la faringe, 323
hipoxia, 323, 324
Hipócrates, 343, 346, 586, 587, 588
hipófisis, 51, 55-58, 93, 94, 165, 594
histamina, 48
histeria, 588, 589
Hitler, A., *298*
Hoche, 299
Holmes, T. H., 485, 486, 597, 598
holofrase, 260
homeopatía, 565
homeostasis, 70, 148, 590
hominización, 255
homosexualidad, 87, 105, 106, 107, 376, 381, 384
hormona(s), 51, 56-58, 93, 94375, 376
hueco sináptico, 45, 46
Hugo, V., 346
humor, 122, 240

I

identidad de género, 374, 376, 377
ilusión óptica, 17
imaginación, 66
IMAOs, 655-658
iminodibencilo, 654
imipramina, 654, 656, 658
imitación diferida, 271
impotencia, 601
impulso(s), 142 147, 148, 149 148
incompatibilidad, 132
indefensión, 188, 190, 192, 198, 616
infancia, 249, 250, 327, 349, 362, 364, 368-394
infidelidad, 138, 140
influencia ambiental, 151
influencia de grupo, 340, 434, 435, 441, 448,
influencia social, 434
información, almacenaje, 227
información, procesamiento, 362
ingeniería genética, 362
Ingres, J. A., *93*
inhalante(s), 430
inhibición conductual, 347
inhibición recíproca, 639
inhibidor(es) de la monoamino-oxidasa, 611
inmunogénesis conductual, 15
inmunógenos comportamentales, 603
innatista, teoría, 255, 256
inoculación de Estrés, 499
insomnio, 310, 316-320,
insomnio psicofisiológico, 319
instinto, 451
intelecto, 340
inteligencia, 274-309, 355, 357, 401, 403, 404, 562
inteligencia, cociente de, 276-279, 280, 281, 282, 283
inteligencia artificial, 300
interneuronas, 43, 45, 46
interpretación cognitiva, 497
intervención ambiental, 16
intraversión, 355, 364, 368
introspección, 4, 5, 17
inventario de actividad de Jenkins, 493
involución, 232
iones, 46
iproniacida, 655
isoniacida, 655

ÍNDICE ONOMÁSTICO

isquemia cerebral, 406
ISRS, 658

J
James, W., 5
James-Lange, teoría de, 163, 164
Jenkins, 493
Jensen, A., 291, 294
jet-lag, 313, 314
jubilación, 138, 408, 410,
juego de roles, 645
juegos simbólicos, 271
Jung, C. G., 8

K
Kamin, L., 289
Kanim, E. J., 467, 468
Keefe, 201
Kellogg, 295
King, M. L., 194
Kinsey, A. 104, 107
Koch, bacilo de, 558
Kock, J., 304
Korsakoff, amnesia de, 229
Kretschmer, E., 343, 344

L
L'Aveyron, V. de, 294
Lacan, J., 243
Ladas, 118
Lashley, K. S., 225
Latané, B., 458, 459
Lazarus, R., 480
Lee, J., 131
lenguaje, 65-67, 175, 242-272, 294, 370, 392, 393
lenguaje, trastornos, 269, 272
lepra, 563
leptosómico, biotipo, 343, 344
leucoaraiosis, 235
Lewis, M., 173
Leyens, J., 455
liderazgo, 156, 449
life events, 587, 598
Likert, escala de, 418, 419
Lincoln, A., 291
linfocitos T, 598, 599
lingüística, 255
litio, 619, 655, 659
líquido prostático, 95
llanto, 393
Llull, R., 300
locus de control, 189
logopeda, 265
Lorenz, K., 451, 452
lóbulo frontal, 60, 62, 65, 237
lóbulo occipital, 61, 62, 227
lóbulo parietal, 61, 62
lóbulo temporal, 60, 61, 62, 65, 227, 237
ludopatía, 423, 424484
Luria, A. R., 230

M
madurez biológica, 370, 371, 373
magnetismo animal, 18, 19
Magrite, R. *249*
Malinowsky, B., 102
manía, 124
Maquiavelo, N., 346
Maslow, A., 149
Maslow, jerarquía de, 149
masoquismo, 109-111
Masters y Johnson, 96, 97
masturbación, 103, 104, 105, 380, 381, 383, 384
matemática del caos, 36
matrimonio, 129
Mc Gill, cuestionario de, 516
McCarthy, J., 300

mecanicismo, 144, 145, 146
mecanismo de defensa, 591, 634
mecanismo de represión, 591
mecanismo estímulo-respuesta, 195
medicina conductual, 22, 23, 24, 422, 602, 603
medicina psicosomática, 582-608
megalomanía, 623
Meichenbaum, D., 497
Melzack, R., 508, 511
memoria, 54, 64, 218-242
memoria, evolución, 220
memoria, trastornos, 218, 240
menarquía, 382
menopausia, 57, 120, 396, 398, 399
mente, 36, 52
mescalina, 431
mesomorfo, biotipo, 343, 344
metabolismo, 78
Médicos sin Fronteras, 194
médula espinal, 50, 52, 93, 95, 511
método científico, 10
método clínico, 12, 28, 30
método de aproximaciones sucesivas, 184
método experimental, 12, 28, 30-34, 507
método fenomenológico, 8
método introspectivo, 7
microcefalia, 287
miedo, 176, 181, 200, 355, 364, 393, 394, 559, 582
mielina, 44
migraña, 523, 529, 532, 560
Miller, N. E., 576, 587, 596, 598
Milner, B., 225
miorrelajantes, 320, 531
misofobia, 168
mnemotecnias, 239, 243
modelos de aprendizaje, 192
Modigliani, A., *92*
monoaminoxidasa, 613
Moore, A., *307*
Moreau, G., *635*
morfina, 50
mortalidad infantil, 563
Morton, R., 84
Morton, S. G., 274, 276
motivación, 55, 134, 142, 144-150, 152-156, 174, 278, 287, 390
motivación de logro, 145
motivación extrínseca, 156
motivación fisiológica, 142, 145, 148
motivación intrínseca, 153, 155, 156
motivación primaria, 55
motivación secundaria, 148
motricidad, 370, 371, 385, 386
muerte, 138, 407, 408, 412, 414, 563
Munchausen, síndrome de, 624
mutismo, 268
Mycin, sistema, 302
Myers, F. W., 467, 469

N
narcolepsia, 336
nativista, teoría de, 288, 289, 290.297
Nebrija, A., 245, 257
necrofilia, 109
necrosis cerebral, 406
neoconductismo, 7
neocorteza, 227
nervio(s) periférico(s), 94
neurofisiología, 508
neuroimagen, 36, 226
neuroléptico(s), 536
neurona, 40-47, 50-52, 58, 60, 235, 362, 478, 511
neuropsicología, 226, 230, 244
neuroquímica, 36, 340
neurosis de los órganos, 587
neurosis experimental, 180
neurotensina, 50

neuroticismo, 346, 347, 355
neurotransmisor(es), 46-48, 50, 51, 55, 93, 94, 124, 144, 237, 350, 362, 534, 536
Newcomb, M., 462, 463
Newton, I., *283*, 284
Nietzsche, F., 2
niño, 152, 273, 386-394, 568-570
niño, desarrollo evolutivo, 373
niño, estadio perceptivo, 389
niño, estadio preconceptual, 389
niño, etapa preoperacional, 389
niño, evolución cognitiva, 386
niño, período operacional, 389, 390
niño, período sensorio-motriz, 387, 388
nociceptores, 510
noradrenalina, 124, 478, 618, 619
núcleo supraquiasmático del hipotálamo, 313
núcleos hipotalámicos, 55

O
obesidad, 74, 76-78, 82, 335, 422, 607, 608
observación, 18, 21, 22, 25, 28, 29, 30, 31, 35
obsesión(es), 636
onanismo, 103
onicofagia, 422
opiáceo(s), 126, 240, 430, 511
Organización Mundial de la Salud (OMS), 350, 430, 562
orgasmo, 100, 115, 117
orientación académica, 213
orientación profesional, 209, 212
orientación sexual, 374
Osgood, Ch., 242
osteoporosis, 399
ovario(s), 93, 96
ovulación, 398
órgano(s) sexual(es), 56, 93-96, 374, 375

P
paciente crónico, 523, 571
paciente hipocondríaco, 551, 552, 553, 554, 555
paciente oncológico, 779
paciente somatizador, 542, 544
paidofilia, 109
paradigma psicosomático, 587
parafilia(s), 109, 111
paranoia(s), 358, 404, 622
parasomnia, 328
pareja, 130, 131, 135, 136, 138, 140, 408, 552
parestesia, 534
Parke, R., 455
Parkinson, enfermedad de, 48, 233, 350
paroxetina, 553, 655
Parsons, T., 567
Pascal, B., 122
pasión(es), 122, 124
pasividad, 426
Pasteur, L., 558
patología(s) física(s), 119, 351, 353
patología(s) ginecológica(s), 119
patógeno(s) comportamental(es), 603
patrón de conducta Tipo A, 351, 502, 592, 593, 650
patrón(es) de comportamiento, 351, 502, 592, 593, 596, 650
Pavlov, I., 6, 7, 18, 176, 177, 587, 588, 589, 590
pediatra, 258, 264
pene, 95, 376
pensamiento, 64, 66, 195, 242, 255, 370-372, 386, 556, 643-648, 650
pensamiento automático, 643-646, 648, 650
pensamiento catastrofista, 556
pensamiento polarizado, 647
Pepys, S., *254*

percepción, 7, 8, 225, 271, 332, 350, 480, 543
percepción, alteraciones, 332
Perry, C., 118
personalidad, 151, 175, 278, 287, 337-368, 491, 492, 522, 562, 587
personalidad, trastornos de la, 15, 132, 174, 356, 357, 363
Pert, C., 50
pesadillas, 328
Peyronie, enfermedad de, 120
péptidos, 50, 51
Phillips, 578
Piaget, J., 270, 271, 272, 386, 387, 388,
pica, 74
Picasso, P., 396
pícnico, biotipo, 343, 344
placebo, 656
plataforma orgásmica, 98
Platón, 2, 144, 348, 506, 585, 586, 587
Plinio, 382
podómetros, 520
polisomnografía, 323, 324
polígrafo, 172
Ponte Bassano, J., *460*
Popper, K., 635
postura, 427
potomanía, 74
pragmatismo, 5
prelingüística, etapa, 259, 260
prejuicio, 470
progesterona, 94, 96398
programas de intervalo fijo, 187, 188
programas de intervalo variable, 187, 188
programas de prevención, 603
programas educativos, 290
propanolol, 658
Prozac, 655
próstata, 95
pseudodemencia depresiva, 240
psicoanálisis, 3, 8, 9, 17, 21, 30, 461, 589, 634, 635, 636
psicoanalítica, escuela, 587, 590, 591
psicodrama, 436, 437
psicofarmacología, 654
psicofármaco(s), 36, 48, 235, 237, 358, 362, 536
psicolingüística, 242, 247, 248
psicología aplicada, 6, 12, 26
psicología científica, 2, 4, 13, 17
psicología clínica, 10, 12, 14, 18, 19, 20, 172, 250, 474, 495
psicología cognitiva, 8, 189
psicología comparada, 12
psicología comunitaria, 13-15
psicología de la personalidad, 20
psicología de la salud, 24, 603
psicología del consumo, 27
psicología del desarrollo, 20
psicología diferencial, 5, 12, 18
psicología educativa, 20, 25
psicología, evolución, 396
psicología experimental, 2, 4-6, 12, 18, 20, 32, 191
psicología fisiológica, 20
psicología funcional, 243
psicología humanista, 8
psicología infantil, 12
psicología interpersonal,135
psicología orientativa, 25
psicología social, 8, 12, 20, 32, 414, 417, 426, 448, 449, 460, 465, 469
psicología y biología, 601
psicometría, 20, 277
psiconeuroinmunología, 577
psicopatología, 243, 265, 350, 654
psicosis, 431, 659
psicosis esquizofrénica, 431
psicosomática, enfermedad, 167, 237, 582-608
psicoterapeuta, 18, 255
psicoterapia, 18, 36, 255, 362, 618, 625, 635

663

ÍNDICE ONOMÁSTICO

psicoterapia de apoyo, 618
psicoterapia dinámica breve, 618, 635
psicoterapia ecléctica, 635
psicoterapia dinámica, 625
psicoticismo, 346, 347, 355
psicólogo clínico, 28
psicólogo cognitivo, 206
psicólogo escolar, 25
psicólogo experimental, 31
psicólogo industrial, 26
psicólogo social, 434, 454, 455, 472
psicópata, 358
psiquiatra, 36
psiquismo animal, 35
psoriasis, 608
pubertad, 376, 377, 411
Punto G, 118

R

racionalismo, 144, 145, 146
racismo, 178, 298, 299, 471
Rahe, R. H., 485, 486, 597, 598
Ramón y Cajal, S., 45
Ramsey, 104
Rank, O. 8
Raymond, 344
razonamiento abstracto, 403
razón y emoción, 144
receptor(es) muscarínico(s), 47
recompensa de control, 156
recompensa informativa, 153, 156
reconocimiento social, 460
reeducación logopédica, 268
reestructuración cognitiva, 24, 78, 501, 644, 648
reflexología, 499
reflexológica, escuela, 587
refocalización de la atención, 530, 536
reforzador, 148, 184-193
registro(s) psicofisiológico(s), 496
rehabilitación, 513
Reik, T., 466
relajación, 24, 113, 319, 320, 503, 578, 580, 594,
rendimiento personal, 443, 445
resonancia magnética, 226
respuesta condicionada, 176, 180
respuesta de estrés, 477, 478, 479, 592
respuesta inmunológica, 577, 578
respuesta instrumental, 188
respuesta operante, 183, 184
respuesta psicogalvánica, 596
Rey, A., 237
Ribot, ley de, 223
Rigiscan, prueba de, 114
risa, 393, 394
ritmo circadiano, 306, 314, 315
ritmo metabólico, 78
robot, 302
Rodin, J., 448
rol(es), 376, 377, 402, 434, 436, 437, 493
rol de enfermo, 522, 553, 567
rol playing, 427
rol sexual, 376, 377
rol social, 377, 493
Rorschach, test de, 21
Rosenman, R., 502, 593
Rousseau, J. J.,, 206
Rowlandson, T., *551*
Rubin, Z., 467
rumiación, 74

S

saciedad, 71
sadismo, 109-111
Saint-Exupéry, A., *466*
salud infantil, 562, 563
salud, factores psicosociales, 599
San Agustín, 243
Santo Tomás, 2
Schlesinger, A., 270
Schiele, E., 97
Schlichter, R., *111*
Scoville, W., 225, 228
Sebeok, 242
seborrea, 351
secreción hormonal, 56
sedante, 431, 513
Segal, G., *100*
Seligman, M., 189, 616
Selye, H., 476, 477, 587, 594
semántica, 248, 249
semiótica, 250
senilidad, 401
sentimiento(s), 122, 124, 132, 134, 591
serotonina, 48-50, 94, 124, 144, 314, 340, 399, 536, 552, 618, 619, 657
sertralina, 655
sexo biológico, 374, 376
sexualidad, 87, 90-93, 96, 100, 126 134, 135, 370, 375, 468
Shakespeare, W., 140
Sheldon, W. H., 343, 344
Sherif, M., 440, 441
Sherrington, Ch., 59
SIDA, 17, 23, 24, 87, 229, 430, 480, 564, 593, 603, 628
Sifneos, P. H., 597, 604
símbolo lingüístico, 270, 271, 272
Simon, T., 276
Simpson, G. G., 243
sinapsis, 45, 48
síndrome de abstinencia, 424, 430
síndrome de Capgras, 623
síndrome de cólon irritable, 606
síndrome de Down, 269, 287
síndrome de estrés postraumático, 485
síndrome de Fregoli, 623
síndrome de Ganser, 624
síndrome de hiperventilación, 608
síndrome de Munchausen, 624
síndrome de Raynaud, 583
Síndrome General de Adaptación, 476, 587
sintomatología ansioso-depresiva, 129
síntomas neurológicos, 534
síntomas neurovegetativos, 173, 540
síntomas prodrómicos, 534
síntomas psicosomáticos, 591
sistema auditivo, 246
sistema endocrino, 56, 58, 94, 478, 479
sistema fonológico, 262, 263
sistema inmunológico, 480, 598, 599, 600
sistema límbico, 54, 65, 93, 594
sistema nervioso central, 40, 42, 47, 144, 375
sistema nervioso parasimpático, 42, 43, 55, 594
sistema nervioso periférico, 40, 47, 164
sistema nervioso simpático, 42, 43, 55, 594
sistema nervioso somático, 42
sistema neuroendocrino, 478
sistema regulador de la temperatura, 147
sistema reticular ascendente, 52, 53, 349
sistemas fisiológicos, 362, 540
Skinner, B. F., 6, 7, 183, 186, 192, 242, 243
Snyder, M., 50
socialización, 420
sociológica, escuela, 587
soledad, 410, 425
solidaridad, 457
somatización, 538-556
somatización, tratamiento, 546
somatostatina, 50, 51
somniloquia, 328, 329
somnolencia, 306, 311, 312, 315, 319, 322
Somnolencia Excesiva Diurna (SED), 311
sonambulismo, 328
Spearman, Ch., 283, 285
Spiegel, D., 778
Stanford, 290
Steen, J., *519*
Stern, W., 276
sueño, 306-336
sueño, fases, 306
sueño, trastornos, 310, 313, 315, 327
sustancias psicoactivas, 430
Sylvius, F., 60

T

tabaquismo, 368, 561, 572
talasoterapia, 499
tartamudez, 265, 266
tálamo, 52, 54, 65, 225, 226
técnica cognitivo-conductual, 612
técnica de autocontrol, 640
técnica de parada del pensamiento, 651
técnica de visualización, 530, 536, 652, 653
técnicas conductuales, 325, 326
técnicas de afrontamiento, 610
técnicas electrodérmicas, 495
técnicas electromiográficas, 495
técnicas encubiertas, 653
temperamento, 371
temperamento ciclotímico, 619
teoría evolucionista, 5
teoría cognitivo-evolutiva, 377
teoría conductual, 602
teoría de la atribución, 195
teoría de la interacción biosocial, 378
teoría de los humores, 587
teoría del aprendizaje, 377, 449
teoría del conflicto específico, 592
teoría del gesto, 249
teoría del punto fijo, 77
teoría específica, 601
teoría evolucionista, 5
teoría general de los impulsos, 146
teoría inespecífica, 593, 601
teoría multifactorial, 601
teoría socio-interactiva, 257
teóricos del Curriculum, 206
terapeuta, 546
terapéutica de exposición, 641, 642, 643
terapia, 9, 21, 22, 78, 92, 130, 432, 613, 642, 643, 656
terapia cognitiva, 9, 641, 644, 645, 651
terapia conductual, 613
terapia de apoyo, 656
terapia de grupo, 78, 432, 613
terapia de intención paradójica, 642
terapia de pareja, 92, 130
tercera edad, 396
Terencio, 243
Terman, L., 274, 276, 277, 283, 287, 295, 298
testículos, 93, 94, 375, 376
testosterona, 109, 340, 401
test, 21, 26, 30, 33, 76, 247, 278, 279, 282, 292, 293, 297-299
Thorndike, E., 6, 183, 274
Thurstone, L. L., 274
tiamina, 229
timidez, 354, 426, 427
tioxantenos, 658
Tissot, 103
Titchener, E., 4, 5
Tolstoi, L., 409
Tomografía Axial Computarizada (TAC), 573
toxicomanía, 422
trabajo, 409, 448
transexualismo, 108
transmisión genética, 356
transplantes, 238, 242
trastorno afectivo estacional, 616
trastorno bipolar, 619
trastorno de angustia, 612
trastorno de pánico, 610, 611, 612
trastorno depresivo y/o ansioso, 16, 36, 88, 520, 615, 651
trastorno disociativo, 623
trastorno esquizoafectivo, 622
trastorno facticio, 623, 624
trastorno funcional, 600
trastorno obsesivo-compulsivo, 49, 237, 238, 358, 365, 613, 614, 657
trastorno por ansiedad, 610
trastorno por evitación, 358, 364, 365,
trastorno psicológico, 540, 544
trastorno psicógeno, 600
trastorno psicótico inducido, 623
trastorno somático, 552
trastornos mentales, 8, 16, 18, 36, 49, 88, 132, 350, 553, 563, 610-628
trastornos neuróticos, 8
trastornos psicofisiológicos, 561, 587
trastornos psiquiátricos, 318, 354, 540
trastornos somatoformes, 601
tratamiento cognitivo-conductual, 78, 524
tratamiento conductual, 612
tratamiento psicofarmacológico, 536, 549
trasvestismo, 109
Triplett, N., 443
triptófano, 50
tristeza, 255
tronco cerebral, 52, 54
trompas de Falopio, 96
Truffaut, F., *293*
Turing, A., 300

U

universales lingüísticos, 256
uretra, 95
urofilia, 109
úlcera gastroduodenal, 607
útero, 96

V

vagina, 94, 98
vaginismo, 601, 640
Van Gogh, V., *620*
Vaucanson, J., 300
vejez, 401-404, 408, 411, 414
vesículas seminales, 95
Vigotsky, L., 242, 271
violencia, 197
Virgilio, 152, 156
virus de inmunodeficiencia humana (VIH), 560, 563
visión catastrófica, 647
visión mecanicista, 590
vínculo afectivo, 408, 410
voyeurismo, 109, 111
vulnerabilidad genética, 598

W

WAIS, 274, 279
Wall, P., 508, 511
Warhol, A., *164*
Watson, J. W., 6, 7, 177, 178
Wechsler, D., 278, 282, 295
Wernicke, área de, 65
Wertheimer, M., 7
Wheeler, D. R., 280
Williams, R. L., 293
Wipple, 118
Witmer, L., 18
Wood, G., *112*
Wundt, W., 2, 4, 17, 18

X

xenofobia, 178, 298, 299

Y

Yerkes, R. M., 294
yoga, 319, 320

Z

Zimbardo, P., 436

ENCICLOPEDIA DE LA PSICOLOGÍA

ENCICLOPEDIA DE LA PSICOLOGÍA

4

DICCIONARIO

OCEANO

Es una obra de
OCEANO
GRUPO EDITORIAL

EQUIPO EDITORIAL

Dirección:
Carlos Gispert

**Subdirección
y Dirección de Producción:**
José Gay

Dirección de Edición:
José A. Vidal

* * *

Dirección de la obra:
Graciela d'Angelo

Edición:
Isabel Germán

Ilustración:
Laura Manzanera

Diagramación:
José Mª Sánchez Ocaña

Diseño de sobrecubiertas:
Andreu Gustá

Producción:
Antonio Aguirre
Antonio Corpas
Alex Llimona
Ramón Reñé
Antonio Surís

Sistemas de cómputo:
Mª Teresa Jané
Gonzalo Ruiz

EQUIPO DE REDACCIÓN

Dirección Científica
JOSEP Mª FARRÉ MARTÍ
Jefe del Servicio de Psiquiatría y Medicina
Psicosomática. Departamento de Neurociencias.
Instituto Universitario Dexeus.
Profesor de Psicología Médica. Departamento
de Psiquiatría. Facultad de Medicina.
Universidad de Barcelona.

Autores
JOSEP Mª FARRÉ MARTÍ
Psiquiatra
Departamento de Neurociencias.
Instituto Universitario Dexeus.

Mª GRACIA LASHERAS PÉREZ
Psiquiatra
Adjunto del Servicio de Psiquiatría y Medicina
Psicosomática. Departamento de Neurociencias.
Instituto Universitario Dexeus.

Colaborador
JUAN MIGUEL CASAS HILARI
Psicólogo
Jefe de la Unidad de Estrés y de la Sección
de Psicología del Servicio de Psiquiatría y Medicina
Psicosomática. Departamento de Neurociencias.
Instituto Universitario Dexeus.

© MMI OCEANO GRUPO EDITORIAL, S.A.
Milanesat, 21-23
EDIFICIO OCEANO
08017 Barcelona (España)
Teléfono: 932 802 020*
Fax: 932 041 073
www.oceano.com

Reservados todos los derechos. Quedan rigurosamente prohibidas, sin la autorización escrita de los titulares del copyright, bajo las sanciones establecidas en las leyes, la reproducción total o parcial de esta obra por cualquier medio o procedimiento, comprendidos la reprografía y el tratamiento informático, y la distribución de ejemplares de ella mediante alquiler o préstamo públicos.

IMPRESO EN ESPAÑA - PRINTED IN SPAIN

ISBN: 84-494-0864-4 (Obra completa)
ISBN: 84-494-0868-7 (Volumen 4)
Depósito legal: B-33936-XLI
902560090701

PROCEDENCIA DE
LAS ILUSTRACIONES DE LA OBRA

AGE FOTOSTOCK	IMAGE BANK
AISA	INCOLOR
AKG BERLÍN	INDEX
ARCHIVE PHOTOS	KOBAL COLLECTION
BEITIA, MIGUEL	NOÉ, ALICIA
BRIDGEMAN	ORONOZ
CD GALLERY	PHOTOTRANS
CONTIFOTO-SYGMA	PORTNOY, ANA
CORDON PRESS	RIVAROLA, CRISTINA
EFE	ROYAL COLLEGE OF PHYSICIANS
EUROPA PRESS	SCALA
FIRO-FOTO	STOCK PHOTOS
FOTOSÍNTESIS	SUPER STOCK
FOTOTECA STONE	TERMES LA GARRIGA
GIRAUDON	VILLARRAZO, PILAR
GODO FOTO	VISION
ILLUSTRATION STOCK	ZARDOYA

Presentación

En sus tres primeros volúmenes la ENCICLOPEDIA DE LA PSICOLOGÍA plantea y da respuesta a los interrogantes más significativos de esta disciplina, que no son otros que los de la vida misma. La amplitud de la tarea emprendida, dada la la multiplicidad de escuelas y doctrinas psicológicas, así como la rápida evolución de sus conceptos, nos ha llevado a crear un cuarto volumen en el que se definen los términos fundamentales de la psicología. El resultado de este esfuerzo de síntesis y claridad es el presente DICCIONARIO DE PSICOLOGÍA, pensado para facilitar un mayor entendimiento de la Enciclopedia y como instrumento de consulta en general.

Si bien la psicología es una ciencia joven, cuyas raíces se adentran en otras disciplinas, muchos de sus términos forman ya parte del lenguaje corriente, el que usa la gente para conversar y comunicarse. De ahí que el DICCIONARIO DE PSICOLOGÍA haya sido concebido para brindar al gran público los principales conceptos psicológicos, cuyo conocimiento puede ayudarnos a todos a alcanzar una mayor comprensión del hombre y su conducta.

Pero también ha sido preparado como una fuente de consulta para estudiantes y conocedores de los distintos dominios de la psicología: psicólogos, psiquiatras, psicopedagogos, educadores y todos aquellos que se enfrentan diariamente a los delicados problemas planteados por la conducta humana. Por ello, esta obra no sólo incluye los términos que constituyen un elemento importante del conocimiento psicológico, sino que abarca conceptos de disciplinas afines con las que la psicología comparte el estudio de fenómenos comunes, como la biología, la genética, la lingüística, etcétera.

Por la concisión, el rigor científico y la transparencia con que están expuestos y definidos cada uno de sus términos, creemos haber cumplido ampliamente con los objetivos propuestos.

LOS EDITORES

A Miguel padre, gran lector y consultor bibliográfico inagotable, que hubiera sido feliz con esta obra. In Memoriam.

Y a los otros tres, Montserrat, Gracia y Luis, por tantas cosas.

AL LECTOR

Alguien dijo que todos los hombres son rompecabezas, mientras no encontremos por fin en una palabra o en un acto suyo la clave del hombre y de la mujer; si la hallamos, puede que iniciemos un camino adecuado para comprenderlos. La psicología ha recorrido este camino en su ya larga y dilatada historia a fin de explicarnos el porqué de estas palabras y estas conductas. Ciencia al fin y al cabo, basada en un cuerpo sistematizado de conocimientos, ha sufrido todos los debates que puedan derivarse del complicado entramado que conforma la mente humana, triangulada alrededor de una biología extremadamente compleja y sometida a correlaciones diversas con los distintos tipos de personalidad y los estímulos que proceden del medio ambiental. Las doctrinas científicas y los investigadores debieron luchar no solamente con las dificultades propias del campo de estudio, sino también con siglos de oscurantismo que marcaron dolorosamente las posibilidades de proyectar el método experimental en el análisis del comportamiento humano. Y, a pesar de que todavía hoy las hipótesis especulativas y sin fundamento científico siguen infectando el lenguaje psicológico, podemos asegurar que en la actualidad la psicología se ha instalado en el edificio científico y puede dar respuestas adecuadas a cuestiones que a todos nos interesan y preocupan: las motivaciones, el aprendizaje, la memoria, el lenguaje, el pensamiento, las emociones, la inteligencia, las dimensiones y factores de la personalidad y otros elementos que estructuran la raíz de nuestros procesos mentales. Son tantos los conceptos que no es tarea fácil comprenderlos ni hacer entendible esta comprensión con definiciones precisas y clarificadoras. Esto es los que pretende el DICCIONARIO DE PSICOLOGÍA, en el cual se aúnan la objetividad y el rigor con una transparencia de lenguaje que permite acercar al lector los términos que configuran no solamente lo fundamental en Psicología, sino sus diversas especializaciones, amén de las imparables novedades surgidas en los últimos años en las diferentes áreas de conocimiento, en las soluciones preventivas y terapéuticas que se proponen en el área de la salud mental y en las formas diversas de evaluarla.

No hemos sido piadosos con todo lo que es obsoleto, caduco y acientífico, porque consideramos que ya es hora de que las intimidades del cerebro humano dejen de ser divulgadas sobre la base de errores de concepto, de lenguaje y de método. Puede siempre reivindicarse la duda en la ciencia, pero nunca debe propalarse el error, por más que se base en una literatura brillante pero escasamente creíble cuando se la somete al reconocimiento científico. Hemos querido también expresar los términos y conceptos que explican el sufrimiento psicológico; por lo que este diccionario no solamente habla de psicología sino también de psiquiatría; no solamente habla del amor sino de los sufrimientos del desamor; no solamente explicita la adaptación sino el estrés de la desadaptación; difunde las bondades de la ansiedad normal y el pánico de la angustia patológica, la alegría de vivir y la desesperanza de la depresión, las psicoterapias «serias» y los fármacos que nos liberan de la opresión, liquidan los delirios o permiten salir de las sombras obsesivas. Y rendimos homenaje a los hombres y mujeres que hicieron posible el avance científico de estas disciplinas, mediante el recuerdo biográfico de los mismos.

Ésta es una obra para saber, comentar, criticar, discutir y compartir. Está pensada no sólo para toda persona curiosa de la psicología o de la psiquiatría, sino también para estudiantes o profesores, que pueden recurrir a ella en sus consultas académicas o profesionales. Por encima de todo, pretende comunicar al lector que, a pesar de la aparente crudeza del rigor experimental aplicado al conocimiento de la conducta humana, la psicología que hoy conocemos es mucho más diáfana y operativa que otrora. Porque no se trata únicamente de conocer el miedo sino también de poder matarlo. Y esto se consigue desarmando los tópicos que cubren de equívocos el conocimiento y liberando del secuestro de las medias verdades lo que en rigor es cierto. Y la psicología de hoy, afortunadamente, lo está consiguiendo.

Los que hemos trabajado en esta obra queremos agradecer los esfuerzos y dedicación de recogida de datos y labores de redacción de los psicólogos Mª Teresa Gargallo y Sergi Carmona. Borja Farré y Jonathan Vidal, estudiantes de psicología, se sumergieron en los áridos preámbulos de búsquedas bibliográficas, y a pesar de ello, les sigue entusiasmando la psicología. Les ayudó con voluntad, acierto e ingenio Martí Farré, estudiante de historia y músico, que puso al servicio de sus compañeros una inagotable curiosidad intelectual y una ironía que nos hizo mucho más grata la tarea. A los tres, nuestra gratitud y cariño.

Josep Mª Farré Martí
Director científico

A

ABANDONO Alejamiento físico, ausencia o ruptura afectiva respecto a una persona. Si bien puede ir ligado a una situación de duelo* complicado, acostumbra a ocurrir en niños que lo sufren parcial o totalmente por parte de las personas más allegadas a su entorno, por ejemplo, los padres. Suele conllevar sentimientos de inseguridad, frustración, abatimiento e incluso provoca cuadros depresivos. Sus efectos pueden perdurar y manifestarse en situaciones conflictivas de la vida adulta. ■

ABORTO Interrupción del embarazo. Hay diferentes tipos: el terapéutico, que requiere exploraciones psicológicas o psiquiátricas; el abierto, que es una decisión libre y sin trabas; el traumático, que acontece asociado a condiciones estresantes (violación, dificultades económicas, etc.); y el espontáneo. Las secuelas psicológicas inmediatas, como sentimientos de culpa o depresión, son más evidentes en los casos traumáticos y terapéuticos. Los efectos positivos acostumbran a superar a los negativos en la mayoría de las mujeres que han abortado: de un 60 a un 70 por ciento se muestran satisfechas. A largo plazo, los sentimientos de culpa se presentan en un 14 por ciento de los casos. Los factores de riesgo de consecuencias psicológicas son los siguientes: abortos terapéuticos, falta de soporte afectivo, una decisión tardía, presión del entorno social (por ejemplo, las adolescentes por parte de sus padres), baja autoestima, dependencia y escaso conocimiento de los métodos anticonceptivos*.

ABSENTISMO **1.** Falta sistemática de comparecencia a un lugar o tarea; por ejemplo, absentismo escolar. Sus raíces pueden ser de naturaleza socioeconómica (pobreza absoluta), familiar (abandono*), o psicológica. En este caso, es la manifestación de una fobia* que oculta un trastorno del niño o adolescente, al tomar la escuela como objeto propicio para manifestarse. **2.** Estado de quien padece ausencias. Véase AUSENCIA.

ABSTINENCIA, SÍNDROME DE Conjunto de síntomas físicos y psicológicos que se desencadena tras disminuir o cesar el consumo de una droga* a la que una persona era previamente dependiente. Su comienzo y evolución están limitados en el tiempo y dependen del tipo de sustancia y de la última dosis consumida.

ABULIA Deterioro de la voluntad de actuar que se traduce en indecisión y en sentimiento de impotencia. Es una perturbación propia de la depresión* y de la melancolía*. Está presente también en ciertos tipos de esquizofrenia*. ■

ABUSO DE SUSTANCIAS Patrón desadaptativo de consumo de sustancias que se manifiesta por las consecuencias adversas, significativas y recurrentes, relacionadas con dicho consumo. Puede implicar el incumplimiento de obligaciones importantes, el consumo repetido en situaciones en que hacerlo es físicamente peligroso, además de comportar múltiples problemas legales y dificultades sociales e interpersonales recurrentes. A pesar de las sucesivas consecuencias indeseables que conlleva, tanto sociales como interpersonales (por ejemplo, dificultades conyugales, divorcio o violencia verbal o física), el sujeto continúa consumiendo la sustancia. Las sustancias de abuso más comunes son: alcohol, alucinógenos, anfetaminas, cannabis, cocaína, inhalantes, opiáceos (heroína) y ansiolíticos, sedantes o hipnóticos.

ABUSO SEXUAL Forma de presión o violencia sexual que se ejerce fundamentalmente

■ *La sensación de* **abandono** *que experimentaba la escultora Camille Claudel quedó plasmada en su obra* La edad madura *(fragmento).*

■ *La* **abulia**, *una perturbación propia de la depresión y la melancolía, en un grabado de Alberto Durero.*

*La **acalculia** designa la pérdida de la facultad de ejecución de las operaciones aritméticas básicas.*

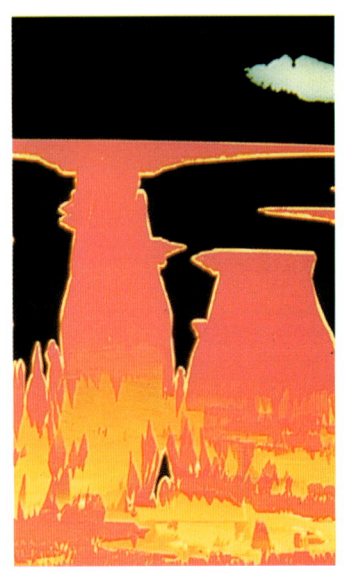

*La **acetilcolina** es un neurotransmisor que ejerce una acción de mediación entre las neuronas y los músculos a los que contrae.*

sobre menores. Consiste en la serie de contactos que establece un adulto con un niño, al que utiliza para su propia estimulación sexual. El abuso puede ser cometido también por una persona menor de 18 años cuando es netamente mayor que la víctima (el agresor debe tener 5 años más si la víctima es menor de 12 años), o cuando tiene poder sobre la misma o capacidad para controlarla. En la mayoría de los casos el criterio usado para identificar el abuso sexual es la edad de la víctima, cuyo máximo se establece entre los 15-17 años. En edades superiores ya no se habla de abuso sexual a menores, sino de violación* o acoso sexual*. Las conductas abusivas pueden implicar o no contacto físico. En el primer caso, el ejemplo más claro sería el exhibicionismo*; en el segundo se incluye tanto la violación coital como otras actividades en las cuales el agresor toca zonas corporales de la víctima con intenciones eróticas. El abuso sexual no tiene por qué ser realizado por una persona con algún tipo de enfermedad física o mental: sólo el 5 por ciento presenta evidencia clínica de cuadros psicopatológicos. La mayoría de las veces se trata de un familiar o de alguna persona cercana a la familia o conocida por ella. Los agresores suelen responder a dos tipos: al primero corresponderían los que utilizan el engaño, la persuasión o la presión psicológica para obtener sus fines. Este tipo, a su vez, se subdivide en pedófilos o sujetos que, en determinadas circunstancias (soledad, alcoholismo), cometen el abuso. El segundo tipo es el de los que utilizan la violencia (3-6 por ciento de los casos de abuso). El impacto a corto y largo plazo del abuso sexual sobre el ajuste psicológico del menor varía mucho y depende, entre otras cosas, de las circunstancias que lo rodean. Los factores que ocasionan secuelas más graves al niño son el abuso frecuente, la penetración, la participación en algún tipo de pornografía infantil y el abuso acompañado de violencia física. Se pueden identificar tres tipos de efectos adversos a lo largo del tiempo, a veces incluso a largo plazo: cuadros psicopatológicos (trastornos de ansiedad y depresión con baja autoestima, toxicomanías), problemas sexuales (disfunciones sexuales, parafilias) y conflictos interpersonales (aislamiento social, trastornos de pareja, en la relación familiar). Un 20 por ciento de las niñas frente a un 10 por ciento de los niños resultan víctimas de abusos sexuales; el de origen heterosexual ocupa el 41 por ciento de los casos, el homosexual el 30 por ciento y el incesto* el 14 por ciento.

ACALCULIA Tipo de afasia* caracterizada por la imposibilidad de ejecutar operaciones aritméticas. Puede darse a causa de alguna alteración en el sistema nervioso central o, más comúnmente, en las lesiones del lóbulo parietal. Una de sus variantes es la discalculia*, en la cual el trastorno predominante es la dificultad para organizar números en una serie espacial. ■

ACATISIA Síntoma extrapiramidal caracterizado por una urgencia de movimiento que impide al sujeto afectado permanecer quieto. Se observa en personas que consumen neurolépticos, en enfermos de Parkinson* y en algunas polineuropatías (por ejemplo, en el síndrome de las piernas inquietas).

ACETATO DE CIPROTERONA Antiandrógeno* utilizado en el tratamiento de las parafilias*. Su acción, debida al antagonismo con la testosterona*, reduce el impulso sexual. Por sus efectos secundarios se reserva para casos muy resistentes a otro tipo de intervenciones terapéuticas. Requiere la información previa y el consentimiento de la persona a tratar y, en ciertos países, una orden judicial.

ACETILCOLINA Neurotransmisor* que actúa como mensajero de todas las uniones entre una neurona* motora y el músculo correspondiente en el que produce una contracción. Si se bloquea la acción de la acetilcolina, los músculos no se contraen y se paralizan. El exceso de acción, por el contrario, provoca convulsiones musculares. ■

ÁCIDO LISÉRGICO Alucinógeno* que produce alteraciones caracterizadas por alucinaciones visuales, ensueños, ansiedad y liberación de tendencias agresivas o paranoides, conocido como LSD (dietilamida del ácido lisérgico). Puede desencadenar sintomatología en enfermos esquizofrénicos.

ACINESIA Falta, pérdida o cesación de movimientos. Es propia de los trastornos motores (parálisis, paresia, temblor) que no permiten los movimientos necesarios para la realización de actos.

ACOMODACIÓN Proceso estudiado por J. Piaget, mediante el cual las estructuras cognoscitivas previamente desarrolladas se modifican en base a nuevas experiencias. La acomodación es esencial en la evolución de la inteligencia del niño y se presenta siempre como complemento de la asimilación en las etapas del desarrollo mental.

ACONTECIMIENTO VITAL Suceso cotidiano o fuertemente traumatizante, que acostumbra a preceder a las situaciones de estrés*. De entre los acontecimientos vitales destacan la muerte de un familiar cercano, el divorcio, el desempleo, el abandono de la casa por un miembro de la familia y las enfermedades crónicas; pero también otras circunstancias que, a pesar de ser positivas (matrimonio, embarazo, ascenso laboral, etc.), pueden ser fuente de estrés. La incidencia que en una persona pueda tener un acontecimiento vital depende de la evaluación que haga del mismo, evaluación que suele estar influida por la novedad del suceso, la duración del mismo, la incertidumbre o la excesiva ambigüedad del evento. ■

ACOSO SEXUAL Cualquier clase de presión de naturaleza sexual que se ejerce en contra de los deseos de otra persona. Incluye la repetición deliberada de comentarios no deseados, las ofensas verbales de naturaleza sexual, los gestos obscenos, el contacto físico, etc. Se produce de manera más habitual en el centro de trabajo, aunque también se han denunciado casos en ámbitos académicos. ■

ACROFOBIA Fobia* simple que se caracteriza por el temor irracional a permanecer en las alturas.

ACTH Hormona secretada por la hipófisis cuya acción más importante es mantener la función suprarrenal, estimulando la secreción de cortisol* y de glucocorticoides. Su secreción, esporádica a lo largo del día, viene determinada por la liberación pulsátil de un factor hipotalámico denominado CRH, produciéndose el punto máximo 3-4 horas antes del despertar. El estrés*, así como otros estímulos (frío, hipoglucemia, hemorragia o infecciones importantes), producen aumento de ACTH, con la consecuente secreción de cortisol, que permite al organismo aumentar su metabolismo para defenderse de esas situaciones.

ACTING OUT Véase ACTUACIÓN.

ACTITUD Creencia o sentimiento de una persona que determina su predisposición a valorar favorable o desfavorablemente los objetos y sujetos que la rodean y que, por lo tanto, influye en su comportamiento. La integran las opiniones o creencias, los sentimientos y las conductas, factores que a su vez se interrelacionan entre sí. Las opiniones son ideas que uno posee sobre un tema y no tienen por qué sustentarse en una información objetiva. Por su parte, los sentimientos son reacciones emocionales que se presentan ante un objeto, sujeto o grupo social. Finalmente, las conductas son tendencias a comportarse según opiniones y/o sentimientos propios. Las actitudes orientan los actos si las influencias externas sobre lo que se dice o se hace tienen una mínima incidencia. También los orientan si la actitud tiene una relación específica con la conducta, a pesar de lo cual la evidencia confirma que, a veces, el proceso acostumbra a ser inverso y son las actitudes las que siguen a la conducta. Si los pensamientos y los actos no se corresponden, se experimenta una tensión a la que se denomina disonancia cognitiva.*

ACTO FALLIDO Denominación que designa el conjunto de errores y lapsus orales, escritos, etc., determinados por el funcionamiento psíquico. La teoría del acto fallido fue descrita por S. Freud en 1901 para explicar la paradoja de que se pretenda alcanzar un resultado conscientemente buscado y se alcance otro de naturaleza aparentemente inconsciente.

ACTUACIÓN Término que corresponde a la traducción al castellano de la expresión inglesa *acting out*, o de la alemana *Agieren*, con el que S. Freud describió un fenómeno observado en el tratamiento psicoanalítico, y por el cual el sujeto, en lugar de recordar sucesos olvidados y reprimidos, los repite en forma de acción dentro del campo de la transferencia* y en su relación con el médico o el psicólogo.

ACULTURACIÓN En sociología y etología, conjunto de fenómenos resultantes del contacto directo y continuado de grupos de individuos de culturas diferentes, y de los cambios o modificaciones culturales que

■ Un *acontecimiento vital*, por ejemplo la muerte de los seres queridos, puede desencadenar situaciones de estrés.

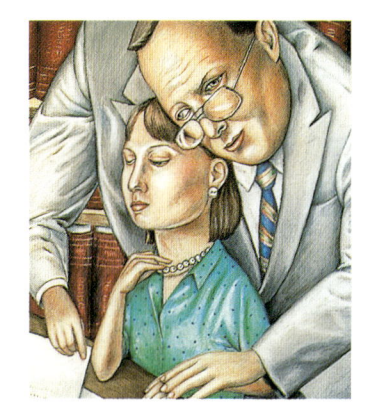

■ Los casos de *acoso sexual* más frecuentes tienen lugar en el medio laboral.

■ La *aculturación* designa el fenómeno de adaptación a un nuevo entorno cultural. Estas jóvenes expulsadas del liceo de Lille por llevar la cabeza cubierta según la tradición musulmana evidencian el choque de culturas.

*El **síndrome general de adaptación** o reacción al estrés fue descrito por Hans Selye.*

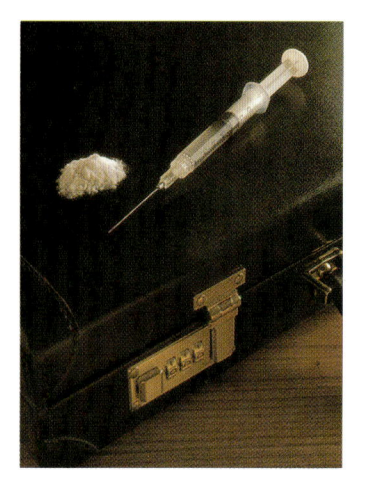

*La **adicción** implica una dependencia psíquica y, en ocasiones, físicas al consumo de drogas.*

*Alfred **Adler**, médico y psicólogo austríaco, introdujo en la psicología el concepto de «complejo de inferioridad».*

pueden producirse en uno u otro grupo, o en ambos a la vez. Designa también la incorporación de un individuo perteneciente a un grupo cultural a otra cultura en cuyo seno se ha formado. La aculturación designa asimismo el fenómeno de adaptación a un medio nuevo, tal como otro estrato social, otra cultura, etc. Como objeto de estudio, forma parte de la historia cultural, que analiza la cultura en su dimensión histórica, funcionalmente considerada. Los elementos que integran la aculturación son la cultura emisora y la cultura receptora. Esta última es la que sufre cambios que pueden afectar a las formas de vida o incluso al idioma. Es un concepto dinámico, que se deriva de la adaptabilidad humana, y uno de los ejemplos que demuestran que el comportamiento y los hábitos culturales son susceptibles de modificación. ∎

ADAPTACIÓN Ajuste de la conducta a los requerimientos del medio ambiente. Se realiza por medio de: a) adaptación sensorial: acomodación de los órganos sensoriales a estímulos duraderos, con lo cual una fuerte excitación inicial se regula hasta llegar a alcanzar un nivel menos intenso (habituación). La sensibilidad decrece ante un estímulo invariable, por ejemplo, la adaptación a la ropa que vestimos, al agua de una piscina o al sonido de un reloj de pulsera. Esto permite concentrar la atención en los cambios del ambiente que proporcionan información nueva o de interés, sin distracciones debidas a estímulos constantes (por ejemplo, los ruidos de la calle); b) cambio de determinadas formas en algunos seres vivos o alteración del modo de conducta en función de las influencias del medio ambiente (por ejemplo, el clima, los alimentos, etc.); y c) adaptación funcional: acomodación de órganos a una determinada actividad modificadora (por ejemplo, los músculos). / *Adaptación, síndrome general de*, reacción al estrés* descrita por H. Selye. Consta de una primera etapa (fase de alarma), en la que el organismo responde de forma hiperactiva, desencadenando respuestas hormonales destinadas a la adaptación a un consumo energético suplementario, y una fase de resistencia, en la que la adaptación a la situación de estrés es óptima. Si no se responde a esta adaptación por fallo de los mecanismos compensadores, o por exceso de presión ambiental, se llega a una fase de agotamiento. ∎

ADAPTATIVO, TRASTORNO Alteración caracterizada por el desarrollo de emociones o comportamientos específicos en respuesta a un estresante identificable. Los síntomas deben presentarse durante los tres meses siguientes al inicio del estresante. La expresión clínica de la reacción consiste en un acusado malestar, superior al esperable dada la naturaleza del estresante, o en un deterioro significativo de la actividad social, profesional o académica. Una vez ha cesado el estresante o sus consecuencias, los síntomas no acostumbran a persistir más de seis meses. Sin embargo, el proceso puede proseguir si aparece en respuesta a un estresante crónico, como una enfermedad médica incapacitante, o a un estresante con repercusiones importantes (por ejemplo, dificultades económicas y emocionales ocasionadas por un divorcio). En el primer caso se trataría de un trastorno adaptativo agudo; en el segundo el trastorno es crónico. Según los síntomas predominantes, se consideran varios subtipos de este trastorno: a) con estado de ánimo deprimido; b) con ansiedad; c) mixto; y d) con alteraciones del comportamiento. Este tipo de trastorno es bastante frecuente, afectando del 5 al 20 por ciento de la población tratada clínicamente.

ADICCIÓN Tendencia imperiosa de la persona que pierde su capacidad de dominio en relación al consumo de drogas, al uso de objetos (ordenador, televisión) o a la repetición de actividades (juego compulsivo), hasta el punto de dañarse a sí misma o a la sociedad. Según la Organización Mundial de la Salud (OMS), la adicción a las drogas se caracteriza por la compulsión a seguir tomándolas, la tendencia a obtenerlas por cualquier medio y a aumentar la dosis, y por la dependencia psíquica, en ocasiones también física, a sus efectos. ∎

ADLER, ALFRED Médico y psicólogo austríaco (Viena, 1870-Aberdeen, 1937). Discípulo crítico de S. Freud. Admitió la noción de inconsciente, pero minimizó el papel de la sexualidad en la génesis de los trastornos psicológicos. Introdujo en psicología una serie de conceptos, algunos de ellos muy populares, como el llamado «complejo de inferioridad». En su opinión, los instintos agresivos y la tendencia al poder predominan siempre sobre los demás instintos; el sujeto posee un deseo de superación y tiene conciencia de su debilidad tratando de compensarla. Introdujo los elementos sociales como determinantes en el desarrollo de la personalidad. ■

ADN (Ácido desoxirribonucleico). Molécula compleja que contiene información genética y que forma los cromosomas*. ■

ADOLESCENCIA Etapa de la vida que se extiende desde la niñez hasta la edad adulta. Se prolonga desde que comienza a producirse la madurez sexual hasta que el sujeto alcanza la condición social de adulto e independiente. Dada la vaguedad y arbitrariedad del término, la Organización Mundial de la Salud propone los 20 años como final de la adolescencia. Su comienzo coincide con la pubertad, caracterizada por los cambios biológicos marcados por la maduración sexual. La pubertad empieza con la secreción de hormonas, responsables de las diferentes modificaciones físicas propias de la adolescencia. En las niñas su inicio se produce alrededor de los 11 años y en los niños alrededor de los 13. Se desarrollan los caracteres sexuales primarios (órganos reproductores) y secundarios (por ejemplo, pechos y caderas más grandes en las mujeres, vello facial y voz más grave en los varones) y se produce la primera eyaculación y el primer período menstrual o menarquía*. La secuencia de estos cambios físicos es mucho más previsible que el momento de su presentación, que puede variar individualmente o incluso geográficamente. Desde el punto de vista del desarrollo cognoscitivo, culmina en este período lo que se ha dado en llamar la «etapa de las operaciones formales»; los adolescentes son capaces de practicar el pensamiento abstracto y lógico. El pensamiento moral evoluciona hacia un nivel más convencional, que se atiene a las leyes de las normas sociales, al iniciarse la adolescencia. A lo largo de la misma se llega a un nivel posconvencional o moral de los principios abstractos, de afirmación de los derechos y de los principios éticos personales. El desarrollo social del adolescente está marcado por la consolidación del sentido de la identidad. Éste trata de perfeccionar el sentido de sí mismo probando experiencias que va integrando para formar una sola identidad, que se va definiendo tanto por la aceptación de los valores tradicionales como por la oposición a los mismos. Desde el punto de vista de la conducta sexual, se inicia la autoestimulación y se producen los primeros escarceos sexuales, con los correspondientes riesgos de enfermedades de transmisión sexual y embarazos no deseados, por lo que se impone en esta época una información sexual adecuada. También es el momento del descubrimiento de los problemas de identidad sexual (por ejemplo, la homosexualidad), que, en ocasiones, provoca un proceso evolutivo más complejo. Se inician asimismo los primeros enamoramientos. Es ésta una época de riesgos psicopatológicos específicos, entre los cuales destacan la anorexia* y la bulimia* nerviosas y el inicio de algunas enfermedades como la esquizofrenia*. También es una edad de riesgo para el inicio de las toxicomanías. ■

ADQUISICIÓN Etapa inicial del aprendizaje durante la cual se define una respuesta. En el condicionamiento clásico*, fase en que el estímulo evoca una respuesta condicionada. En el condicionamiento instrumental*, consolidación de una respuesta reforzada.

ADRENALINA Sustancia química segregada por las glándulas suprarrenales y el sistema nervioso. Pertenece a la familia de las catecolaminas.* Pone en alerta al individuo y es responsable del incremento de la presión arterial y la taquicardia. Se asocia a las manifestaciones físicas propias del miedo, la ansiedad y el estrés. Sus efectos son fugaces puesto que es rápidamente inactivada por la monoaminooxidasa (MAO*) y por la recaptación neuronal. También se denomina epinefrina.

ADRENOCEPTORES Receptores adrenérgicos situados en las células del organismo, que reciben selectivamente la señal de la adrenalina* y la noradrenalina*, y responden transformándola en una respuesta celular específica. Se dividen en adrenoceptores localizados primordialmente en el músculo liso de las arterias (efecto hipertensivo), de los bronquios (constricción bronquial), de la

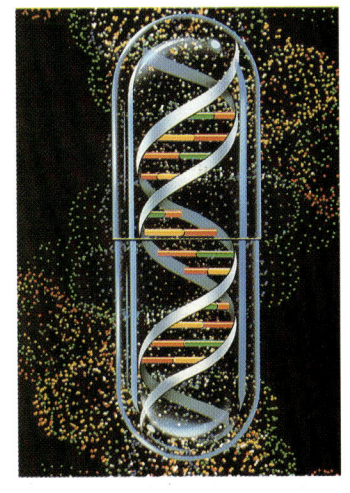

■ *El ADN presenta una estructura espacial en forma de doble hélice, con las dos hebras unidas por medio de enlaces químicos.*

■ *La adolescencia, etapa vital que abarca desde el final de la niñez hasta la edad adulta, aquí representada en la escultura el Espinario.*

ADULTEZ

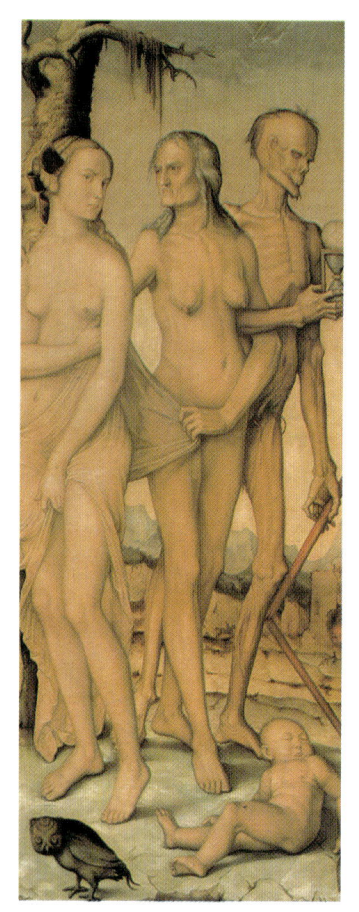

*La **adultez**, etapa de la vida que abarca desde el final de la adolescencia hasta la vejez, en* Las edades y la muerte *de Hans Baldung.*

*La **afasia** es un trastorno complejo que altera tanto la expresión verbal del lenguaje como su representación gráfica.*

pupila (dilatación pupilar), etc., y en adrenoceptores predominantes en el corazón (taquicardia) y en el tejido graso (lipolisis).

ADULTEZ Etapa del desarrollo que corresponde a la edad adulta. Se inicia normalmente a partir de los 20 años, momento en que ya se ha alcanzado la plena madurez física. Se trata de la etapa temprana de la edad adulta, que se extiende hasta los 40 años, cuando comienza la etapa media. Los 65 años marcan el inicio de lo que se ha llamado la «tercera edad», que dura aproximadamente hasta los 75 años, a partir de los cuales se entra ya en la edad adulta tardía. En cualquier caso, estas subdivisiones son arbitrarias y poco uniformes, puesto que dependen de diferencias individuales. El cambio físico que más afecta a la adaptación psicosocial de las mujeres es la menopausia*, mientras que en los varones no se observa una modificación tan clara y señalada, si bien algunas opiniones defienden la presencia en los mismos de un proceso equivalente (andropausia) que evidentemente no afecta a la fertilidad. Desde el punto de vista de las habilidades cognoscitivas, la memoria sufre una serie de variaciones que se manifiestan fundamentalmente en la vejez*. En cuanto a la inteligencia, los procesos cristalizados (vocabulario y conocimiento mecánico) no solamente se mantienen sino que se incrementan con la edad. En cambio, las habilidades fluidas (razonamiento lógico o inductivo y velocidad intelectual) dependen mucho más de las capacidades fisiológicas, por lo que tienden a decrecer a medida que se avanza en el tiempo vital. Lo más relevante de la adultez es el desarrollo social o secuencia de acontecimientos relacionados con el trabajo, los afectos o la familia. El «reloj social» está determinado no tanto por la edad cronológica como por la secuencia de los diversos acontecimientos vitales (cambios en el trabajo, la pareja, abandono del hogar paterno, jubilación).

AFASIA Trastorno del lenguaje que puede afectar tanto a la expresión como a la comprensión verbal, así como a la representación gráfica de dicho lenguaje (lectura y escritura). En su acepción más amplia, la afasia incluye diversas alteraciones del habla, como la agrafia* o imposibilidad de comunicación por escrito, y la alexia o incapacidad de leer. Véase AGNOSIA.

AFECTIVIDAD Estado de la conciencia o de la cognición que da a la vida psíquica una tonalidad de agrado o desagrado, de alegría o tristeza, de apacibilidad o angustia. Si bien no existe una absoluta unanimidad terminológica para señalar los conceptos referentes a la afectividad, se considera equivalente a «estado afectivo», que engloba tanto las emociones y los afectos o sentimientos como las pasiones y los estados de ánimo o humor. Entre las características generales de la afectividad o de las experiencias afectivas destacan: a) universalidad y subjetividad: las experiencias afectivas tienen un carácter universal, pero a la vez son únicas e intransferibles en cada sujeto. Conceptos como amor o afecto son inmediatamente comprendidos, pero resulta muy difícil describirlos. Sin embargo, el carácter universal de las experiencias afectivas permite su comunicabilidad a pesar de las dificultades que existen para verbalizarlas. Así, un individuo puede reconocer su propia tristeza o la de otra persona por su apariencia y su tono de voz; b) polaridad: existe una tendencia natural a agrupar las experiencias afectivas en parejas opuestas dentro de un modelo unidimensional, al que se puede asignar un polo positivo (placentero) y un polo negativo (displacentero), por ejemplo, amor-odio, alegría-tristeza; y c) características diferenciales: las experiencias afectivas pueden diferenciarse según matices diversos. Algunas de ellas se dirigen al sujeto desde un estímulo interno o externo, manifestándose como «reacciones» ante acontecimientos u objetos (por ejemplo, el miedo como reacción emocional). Otras se dirigen desde el sujeto al exterior, manifestándose como «expresiones» hacia estos acontecimientos u objetos (por ejemplo, afectos como el amor o el odio).

AFECTIVOS, TRASTORNOS También denominados trastornos del humor o del estado de ánimo. Incluyen los episodios afectivos (episodio depresivo mayor, episodio maníaco, episodio mixto, episodio hipomaníaco), que sirven como fundamento a los trastornos del estado de ánimo (trastorno depresivo mayor, trastorno distímico, trastorno bipolar, trastorno ciclotímico, trastornos debidos a enfermedad médica o inducidos por sustancias).

Afecto Sensación subjetiva o tono emocional que se acompaña a menudo por expresiones corporales observables por los demás (por ejemplo, erizamiento del vello, tono de voz, etc.). Los afectos específicos son sentimientos negativos o positivos expresados hacia un objeto, que acompañan a una idea o representan sentimientos de amor, odio, celos, etc. / *Afecto aplanado*, el característico de algunos estados esquizofrénicos en los que las emociones se embotan, se apagan o no se expresan. / *Afecto frío* o *frialdad afectiva*, ausencia de respuesta afectiva ante temas fundamentales (por ejemplo, muerte de los hijos), con una preservación relativa de la capacidad de contacto y de sintonía del individuo, que se manifiesta en la conversación banal y en las expresiones afectivas hacia animales u objetos. Este síntoma aparece en algunos enfermos psicóticos o en trastornos graves de la personalidad antisocial. / *Afecto inapropiado*, *afecto incongruente* o *paratimia*, falta de correspondencia entre el contenido verbal y la expresión no verbal del sujeto (por ejemplo, sonríe al hablar de la muerte de su madre). Esta forma de afecto aparece en la esquizofrenia*. / *Afecto lábil* o *labilidad emocional*, respuesta emocional excesiva, inestable y fluctuante ante los estímulos. Por su carácter incontrolado se asocia frecuentemente a incontinencia emocional (el sujeto llora y, a la vez, manifiesta no sentir tristeza). Aparece en cuadros orgánicos cerebrales, en las fases iniciales de la esquizofrenia y en algunos trastornos de la personalidad. / *Afecto pueril*, expresión emocional vacía y desprovista de contenido. Se constata en la hebefrenia* y en el retraso mental* leve o moderado. ■

Aferente Nombre que reciben los nervios que acarrean información sensorial de la periferia al centro del sistema nervioso. Por extensión, proceso dinámico que funciona de la periferia al centro, o sea, de fuera adentro, para la transmisión de emociones, impulsos y mensajes.

Aflicción Sentimiento de tristeza. Véase Duelo.

Afrodisíaco Término que deriva del nombre de la diosa griega del amor, Afrodita. Los afrodisíacos son drogas o sustancias que producen, acrecientan o mantienen el impulso o la excitación sexual. A lo largo de la historia, la lista de sustancias afrodisíacas ha incluido plantas, insectos, cualquier clase de alimentos y hasta testículos o cuernos de animales. La cantaridina, obtenida de las alas disecadas de la denominada mosca española o cantárida, es un producto frecuentemente citado como afrodisíaco. Su efecto consiste en una irritación del sistema digestivo y urinario que puede provocar sensaciones parecidas a la excitación sexual. Sin embargo, puede llegar a ser altamente tóxica, dando lugar a alteraciones y hemorragias de las vías urinarias, dificultades paradójicas en la erección, diarreas y, en caso de sobredosis, incluso la muerte. El nitrito de amilo, que es un potente vasodilatador, parece mejorar la experiencia del orgasmo tanto en hombres como en mujeres. En determinado momento alcanzó un gran prestigio entre la comunidad homosexual. Se consume mediante inhalación en el momento de máxima excitación (dado que sus efectos son inmediatos pero poco duraderos, entre 1-3 minutos) para aumentar la respuesta vascular de los órganos genitales y provocar un orgasmo más intenso y prolongado. Su uso es potencialmente peligroso porque puede provocar trastornos cardiovasculares y cefaleas. La yohimbina, droga obtenida de la corteza del yohimbé, árbol del Camerún, es una sustancia vasodilatadora periférica utilizada en medicina para mejorar la erección; sus efectos declinan a lo largo del tiempo. La nicergolina es una sustancia sintética de efectos parecidos a la anterior. Hoy día se emplean inyecciones directas en los cuerpos cavernosos del pene (véase Prostaglandinas), con resultados esperanzadores. En determinadas circunstancias, los andrógenos pueden ser utilizados para mejorar el deseo y la excitación sexuales, aunque su uso se limita a aquellos casos en los que está demostrado un decremento de dicha hormona sexual, lo cual es relativamente raro. No está demostrado su efecto en la mujer. Desde el punto de vista de la mejora del deseo sexual, el afrodisíaco ideal sería el que incrementara específicamente los niveles de dopamina* en las es-

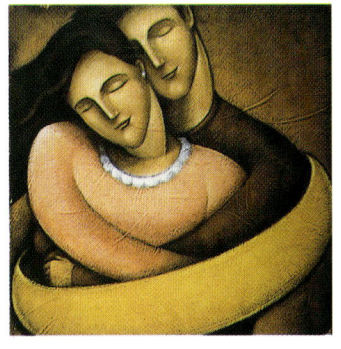

■ *El **afecto** determina casi todas nuestras emociones, nuestro humor y nuestras pasiones.*

■ *Desde tiempos remotos se atribuye un poder **afrodisíaco** a determinadas sustancias.*

Afrontamiento

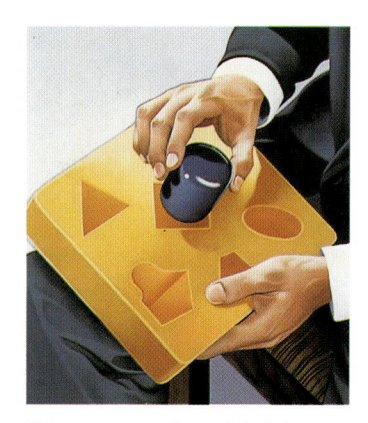

*La **agnosia** es la pérdida de la capacidad de reconocer cualquier estímulo sensorial.*

tructuras cerebrales encargadas del impulso erótico básico. El único producto que cumple estas premisas es el quinelorane, pero las investigaciones sobre esta sustancia han sido suspendidas a causa de los efectos secundarios que produce. Curiosamente, uno de los mejores afrodisíacos es el enamoramiento, quizá por el incremento secundario de dopamina cerebral que se produce en ese estado afectivo. ■

Afrontamiento Estrategia escogida por una persona para resolver una situación estresante. El afrontamiento dirigido al problema tiene como objetivo la fuente provocadora de estrés, ya sea para modificar las condiciones ambientales, ya sea para variar la forma de comportarse, a fin de controlar el estímulo estresante. El afrontamiento dirigido a las emociones busca formas de reaccionar que permitan sentirse mejor al sujeto en los momentos de peligro o amenaza. Algunos ejemplos de este tipo de afrontamiento son la utilización de estrategias de relajación, distracción, minimización o incluso de negación.

Agente Persona, estímulo o sustancia que obran y tienen poder para producir un determinado efecto.

Agitación psicomotora Exceso de actividad motora que se asocia a una inquietud psíquica acusada. Los movimientos pueden ser más o menos automáticos o intencionados y suelen presentarse como desorganizados. Puede aparecer de forma reactiva a determinados acontecimientos externos con fuerte carga emocional en individuos normales, pero también es un síntoma característico de todos los trastornos que cursan con ánimo expansivo, diversos síndromes orgánico-cerebrales (sobre todo relacionados con el consumo de tóxicos), psicosis y depresión agitada. A veces presenta irritabilidad o agresividad manifiesta y constituye una de las causas principales de urgencia psiquiátrica.

Agnosia Incapacidad para reconocer sensorialmente cualquier objeto, aunque los sentidos funcionen con normalidad. El sujeto ve, oye y toca las cosas, pero es incapaz de emitir un juicio acerca de la forma, el sonido o la consistencia del objeto en cuestión. La agnosia puede ser visual, auditiva, táctil (estereoagnosia), o total, cuando afecta a todas las esferas de la sensibilidad. En el caso de la agnosia táctil, existe la imposibilidad de reconocer un objeto con la palpación del mismo, como consecuencia de una lesión localizada en la circunvolución parietal izquierda. Las lesiones del lóbulo occipital provocan la agnosia visual, en tanto que la agnosia auditiva resulta de daños en el lóbulo temporal del cerebro. Las causas principales que producen agnosia son las hemorragias cerebrales. ■

Agonista En farmacología, sustancia que promueve una respuesta biológica al conectar con un receptor. Así, un agonista de un receptor de la adrenalina*, promueve una reacción adrenérgica.

Agorafobia Fobia* que se distingue por un miedo irracional a los lugares con aglomeraciones y a los espacios abiertos. El enfermo también manifiesta otros temores, como a los transportes públicos u otros lugares cerrados (túneles, puentes, ascensores, centros comerciales, etc.), a quedarse solo en casa, alejarse del hogar, hacer cola, etc. En algunos casos aparece este amplio repertorio de lugares y de situaciones, mientras que en otros el número de temores es más reducido. El sujeto elabora estrategias para reducir el temor, como ir siempre acompañado, situarse cerca de un pasillo o de una puerta de salida, disponer de un teléfono cerca, etc. En gran número de ocasiones la agorafobia va precedida de una crisis de angustia, a partir de la cual el sujeto desarrolla conductas de evitación de estímulos que considera que no domina y piensa que pueden ser evocadores de nuevas crisis de angustia. Se ha sugerido también una relación entre la agorafobia en la edad adulta y la ansiedad de separación en la infancia. Se considera que un 3 por ciento de la población en general padece agorafobia. Dos tercios de los casos identificados pertenecen al sexo femenino y casi nunca se observa antes de los 18 años o después de los 35. Las restricciones en el funcionamiento social son evidentes hasta en los casos ligeros. Muchos sujetos presentan episodios depresivos probablemente reactivos a la desesperanza y al desamparo impuestos por la drástica reducción de la calidad de vida. Un 30 por ciento de los enfermos puede desarrollar dependencia al alcohol o a otras drogas, probablemente a causa de la búsqueda de la actividad ansiolítica que producen estas sustancias. El tratamiento farmacológico asocia medicación antidepresiva o ansiolítica a la terapéutica conductual de exposición *in vivo*.

AGOTAMIENTO 1. Privación de energía con incapacidad para responder a los estímulos, laxitud. 2. Reacción presente en un estrés* persistente, sobre todo de origen laboral. El agotamiento afecta tanto al rendimiento físico y mental como a la capacidad de respuesta emocional. ■

AGRAFIA Afasia* motriz caracterizada por la imposibilidad de expresar los pensamientos por escrito debido a una lesión cerebral localizada. Se produce al margen de la capacidad intelectual del individuo afectado.

AGRAMATISMO Forma de afasia* que designa la incapacidad para pronunciar palabras en forma y sucesión correctas como resultado de la omisión de una o más letras de una palabra.

AGRESIÓN Cualquier comportamiento físico o verbal destinado a dañar o destruir, al margen de que se manifieste con hostilidad o como acto frío y calculado para alcanzar un fin. Los estímulos que desencadenan la conducta agresiva operan a través del sistema biológico en tres planos: genético, nervioso y bioquímico. Los estudios con gemelos sugieren que los genes influyen sobre la agresión humana. Desde el punto de vista nervioso, se ha comprobado que determinados núcleos del hipotálamo* desencadenan una conducta agresiva; algo parecido ocurre en núcleos de la amígdala cerebral*. Es probable que ciertas conductas altamente violentas lo sean por dificultades en la inhibición de los impulsos agresivos por parte de áreas de la corteza cerebral*, cuya misión debe ser la de controlar estos impulsos. En cuanto a la bioquímica, sin llegar a conclusiones definitivas, se han correlacionado algunos casos de niveles altos de testosterona* con reacciones agresivas y violentas. Tanto por razones biológicas como psicológicas, el alcohol desencadena respuestas agresivas a la provocación. Si bien los factores biológicos pueden influir en la facilidad con que se desencadena la agresión, los elementos psicológicos suelen ser determinantes. Así, las experiencias ingratas y aversivas acentúan la disposición a comportarse agresivamente. Se trata del denominado principio de frustración y agresión: la frustración produce cólera y ésta puede originar la agresión. Ciertos episodios aversivos, como el sufrimiento físico, y los insultos personales pueden eclosionar este principio, pero también otras circunstancias aversivas como los malos olores, las temperaturas elevadas o el humo de los cigarrillos, dependiendo de aprendizajes previos y de diferencias individuales. Las reacciones agresivas son más probables cuando se han vivido experiencias en que la agresión ha sido beneficiosa. El comportamiento agresivo puede aprenderse a través de recompensas directas, observación de modelos (por ejemplo, padres violentos que modelan el empleo de la agresión como método para resolver los problemas) no solamente del entorno familiar, sino también de los medios de comunicación de masas (sobre todo la televisión). Las características de la personalidad del sujeto intervienen como variables; las personalidades antisociales o las límite acostumbran a presentar más elementos agresivos. También se incrementa la capacidad agresiva en casos de agitación psicomotriz o bajo el efecto de consumo de tóxicos. Una serie de factores ambientales y sociales pueden desencadenar o incrementar la agresión siguiendo el principio de frustración ya nombrado. / *Agresión sexual*, conducta violenta con fines sexuales o que utiliza la sexualidad para ejercer daño físico o psicológico. El ejemplo más característico es la violación. Entre las causas de este comportamiento se han propuesto: a) variables situacionales o inmediatas, como podrían ser los estímulos desencadenantes (medios de comunicación, ciertos tipos de pornografía, etc.), la oportunidad de acceso, las situaciones desinhibidoras (consumo de alcohol, presión del grupo) y la excitación aguda; b) variables intermedias, constituidas por sistemas de creencias, excitación sexual mediante la agresión, motivos relacionados con el dominio, hostilidad hacia la víctima (mujeres, homosexuales), trastornos

■ *El **agotamiento** es una reacción presente en numerosos cuadros físicos y psíquicos y que afecta incluso a la capacidad de respuesta emocional.*

AGRESIVIDAD

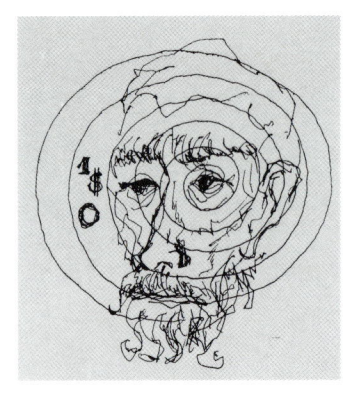

*Dibujo realizado por un **alcohólico** crónico en fase postalcohólica aguda.*

*Logotipo de **Alcohólicos Anónimos**, organización de alcance mundial cuya meta es la superación de la dependencia del alcohol.*

*El **alcoholismo** es una enfermedad que se distingue por la pérdida de control respecto al consumo de alcohol.*

psicopatológicos o de personalidad, o red social o compañeros que apoyan la agresión; y c) variables lejanas o iniciadoras, entre las que se cuentan el medio cultural o socioeconómico y las experiencias individuales (abusos sexuales en la infancia, hogares violentos, episodios traumáticos).

AGRESIVIDAD 1. Denominación dada a la aparición creciente de un tipo de conducta hostil que se manifiesta en agresiones de diverso tipo. **2.** Conjunto de actitudes hostiles y negativas de una persona. Véase AGRESIÓN.

AJURIAGUERRA, JULIÁN DE Psiquiatra español (Bilbao, 1911-Villefranque, Hautes Pyrénées, 1993). Residió en Suiza hasta su jubilación, momento en que fue reclamado por la universidad francesa para dar clase en la Sorbona. Anteriormente fue profesor de la facultad de Medicina de Ginebra. Abordó la problemática biológica, psicológica y sociológica del niño dentro de una visión global cuyo método es un planteamiento de estudio y una solución práctica al eclecticismo conformista. Es autor de un *Manual de psicología infantil*, tratado erudito sobre la psiquiatría infantil, realizado en base a los cursos que impartió en París y en Ginebra.

AJUSTE Proceso mediante el cual un sujeto desarrolla un conjunto de respuestas (adquisición*, aptitud*, defensa*) para satisfacer las exigencias de su mundo material, social y psicológico. El ajuste social es la aceptación y asunción de las exigencias normativas de un medio determinado para mantener con él un equilibrio armónico e idealmente estático.

ALCOHOL, EFECTOS DEL En pequeñas cantidades, el alcohol es una sustancia desinhibidora tanto de las tendencias perjudiciales (por ejemplo, conducir imprudentemente) como positivas (por ejemplo, desinhibición social o incremento de la euforia). La clase de efectos que provoca depende en gran medida de las características individuales. Así, una persona agresiva puede incrementar sus rasgos violentos, si bien en algunos casos «neutraliza» esas características, como ocurre con las personas tímidas, que logran mejorar, en algunas ocasiones, su contacto social. A dosis más elevadas provoca un déficit de la actividad del sistema nervioso, tanto central como periférico, con los consiguientes efectos negativos sobre la motricidad, la memoria (se desorganiza el procesamiento de las experiencias vividas en el momento de la embriaguez: el sujeto no suele recordar gran parte del episodio) y la estructuración del sueño (decremento o anulación de la fase REM*). Disminuye también la autoconciencia, razón por la cual utilizan el alcohol las personas que desean eliminar de su conciencia los fracasos sufridos o los defectos propios. Como en el caso de otras drogas psicoactivas, los efectos del alcohol sobre la conducta provienen no sólo de la modificación de la química cerebral, sino también de las expectativas del sujeto, que se comporta en concordancia con las creencias que poseía previamente sobre los efectos de la sustancia.

ALCOHÓLICO, ALCOHÓLICA Persona que sufre de alcoholismo*. Para la OMS es «aquel bebedor excesivo cuya dependencia del alcohol hubiese alcanzado tal nivel que diera lugar a claros trastornos mentales y somáticos, o a conflictos en sus relaciones interpersonales, sus funciones sociales y laborales». ■

ALCOHÓLICOS ANÓNIMOS Organización no profesional de personas que sufren dependencia del alcohol. Fue fundada en 1935 por un físico y un corredor de bolsa de Nueva York con objeto de conseguir y mantener la sobriedad de sus miembros a través de la autoayuda y del soporte mutuo. Desde su fundación, Alcohólicos Anónimos se ha expandido por todo el mundo. Sus principios incluyen: a) la creencia en Dios o en las leyes naturales; b) la autovaloración sincera; c) el compromiso de admitir y corregir errores cometidos por los demás; d) la confianza o fe en la labor que se realiza; y e) la dedicación a rescatar a todos aquellos que sinceramente desean superar el alcoholismo* y se hacen miembros de la organización como abstinentes. ■

ALCOHOLISMO Estado en el que un sujeto ha perdido el control respecto a su consumo de alcohol, bien sea en el sentido de no poder parar de beber hasta alcanzar un estado de total embriaguez*, o bien en el de no ser capaz de prescindir por completo de la bebida, con consecuencias somáticas, mentales, sociales y laborales. Se considera su prevalencia entre el 4 y el 12 por ciento, según la población y zona en estudio, dándose una proporción mucho mayor en el sexo masculino. El alcoholismo se puede clasificar en cinco tipos: a) alcoholismo a: corresponde a los individuos afectos de otra patología psiquiátrica, de la cual su alcoholismo representa una consecuencia; b) alcoholismo b: el sujeto sufre las consecuencias somáticas del hábito, pero no existe dependencia del alcohol, por lo que la suspensión del tóxico no da lugar a síndrome de abstinencia; c) alcoholismo c: su característica principal es la pérdida de control, el individuo no es capaz de «parar». Va apareciendo la tolerancia, dependencia física y posibilidad de presentación de síndrome de abstinencia; d) alcoholismo d: existe tolerancia, dependencia física y síndrome de abstinencia; y e) alcoholismo e: forma de alcoholismo periódico en que el individuo es capaz de resistir largas épocas de abstinencia, hasta que, inesperadamente, se entrega a la bebida de forma masiva y compulsiva. Como consecuencia del consumo de alcohol a lo largo de los años, se produce una intoxicación alcohólica crónica que comporta complicaciones de orden: Psíquico: embriaguez patológica, trastornos caracteriales (irritabilidad, explosividad, distimia*, depresión*), estados confusionales, alucinosis*, estados demenciales, síndrome de Kórsakov*, encefalopatía minor, encefalopatía de Wernicke*, delirios paranoides y celotípicos*, etc. Somático: cirrosis e insuficiencia hepática, polineuritis, gastritis y úlceras gastroduodenales, convulsiones, temblor, pituitas matutinas, impotencia sexual, etc. Social: a) en el entorno familiar: abandono de las responsabilidades, discusiones, malos tratos, separaciones; b) en el ámbito laboral: abandono de responsabilidades, accidentes, bajas; c) en general: aislamiento, retraimiento social. Para llevar a cabo el tratamiento es necesario que el paciente tome la decisión de dejar de beber. Éste se inicia con la supresión brusca y total del alcohol, asociando tratamiento farmacológico para prevenir el síndrome de abstinencia: preferentemente clormetiazol a dosis decrecientes, junto a vitaminas del complejo B. Para la deshabituación puede administrarse durante un tiempo un fármaco interdictor del alcohol (disulfiram, cianamida), capaz de producir una reacción desagradable o incluso grave cuando la persona que está bajo sus efectos ingiere alcohol etílico. La terapia de conducta tiene como objetivo extinguir la conducta de beber, así como modificar los factores que puedan estar implicados en el hábito (déficits de asertividad y autocontrol) y problemas emocionales o dificultades derivadas del alcoholismo (determinadas alteraciones de la conducta y deterioro de las relaciones personales). / *Alcoholismo femenino*, forma de alcoholismo que suele caracterizarse por el hábito de bebida solitario y clandestino, cargado de sentimientos de culpabilidad, por parte de las mujeres. Su inicio es, en general, algo tardío y suele desarrollarse como consecuencia de un acontecimiento psicológico traumático. La absorción del alcohol es más rápida durante el período premenstrual y reduce la tensión de éste, por lo que su consumo durante estos períodos puede verse incrementado de forma importante. Las consecuencias del alcoholismo son más graves en la mujer, debido a una mayor vulnerabilidad fisiológica (mayor propensión a desarrollar una cirrosis hepática) y psicológica (mayor número de tentativas de suicidio y suicidios consumados, cuadros paranoides crónicos, etc.). ∎

ALDOSTERONA Hormona sintetizada en la corteza de las glándulas suprarrenales cuya acción primordial se produce en el riñón, facilitando la absorción de sodio y la eliminación de potasio, amonio, magnesio y calcio. Su producción excesiva (hiperaldosteronismo) ocasiona hipertensión arterial y acúmulo de líquido en diversas zonas corporales (edema).

ALEXITIMIA Incapacidad para describir los afectos a través del lenguaje verbal y para elaborar fantasías. Los sujetos alexitímicos presentan una gran dificultad para reconocer y describir sus propias emociones y afectos, así como para discriminar entre estados emocionales y sensaciones corporales. Se ha descrito en enfermedades psicosomáticas, dolor psicógeno, depresión enmascarada, abuso de tóxicos, anorexia mental y trastorno por estrés postraumático. ∎

ALIENACIÓN Estado de quien se encuentra exento de comunicación consigo mismo, con el producto o resultado de sus propias acciones, con los demás, o con el medio so-

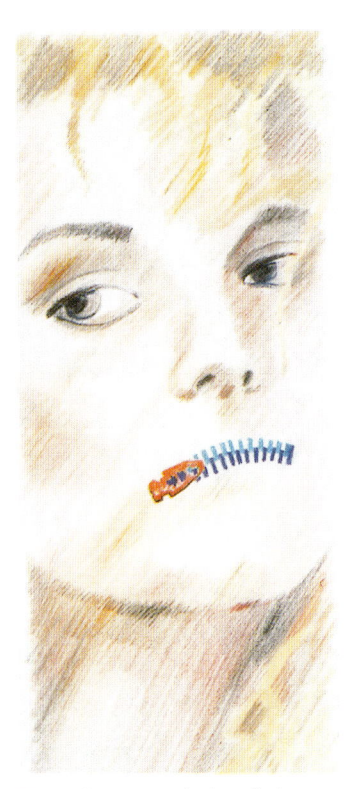

■ La *alexitimia* designa la incapacidad para describir los propios afectos y emociones.

Alimentación

*La **alimentación** no sólo constituye un aporte energético para el organismo, también posee un significado social y cultural.*

*El **altruismo**, en oposición al egoísmo, expresa una entrega desinteresada al prójimo.*

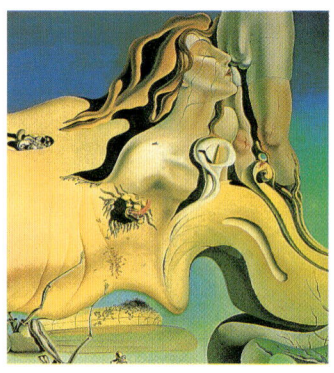

*La **alucinación**, o percepción sensorial desvinculada de la realidad, puede alimentar la creación artística en obras como* El gran masturbador *de Salvador Dalí (fragmento).*

cial en que se desenvuelve. / *Alienación mental*, término psiquiátrico que se utilizó para caracterizar los estados de falta de comunicación del sujeto con el mundo exterior (autismo esquizofrénico) y de deterioro de las relaciones sociales (paranoia). El término fue sustituido por el de enfermedad mental.

Alimentación Intercambio constante con el medio ambiente que todo ser vivo precisa para el mantenimiento de la existencia y del equilibrio vital. Las conductas alimentarias (comida y bebida) son, para el hombre y muchos otros seres vivos, una de las formas más importantes en que se realiza este intercambio. Mediante la comida se aportan al organismo aquellos alimentos necesarios para el mantenimiento de sus necesidades energéticas; mediante la bebida, se regula el equilibrio hidroelectrolítico del medio interno. Sin embargo, en el hombre, los actos de comer y beber no sólo representan una conducta biológica destinada a la supervivencia, sino que son actos que tienen, en conjunto, un gran significado social y cultural. Las formas de alimentación difieren según los tipos de vida colectiva, pues constituyen una de sus manifestaciones. Los mecanismos neurofisiológicos del hambre y la sed son, además, recursos expresivos para el individuo de un determinado grupo. ■

Almacenamiento Registro y mantenimiento de la información en el curso del tiempo. / *Almacenamiento sensorial*, sistema de memoria que retiene la información sensorial durante un breve período, que de ordinario es menor de medio segundo.

Alogia Trastorno del lenguaje. Se refiere a la dificultad para generar temas y dotarlos de una información adecuada, por lo que el discurso del paciente aparece empobrecido y vacío de contenido. Se distingue entre pobreza del habla y del contenido. En la pobreza del habla se observa una restricción en la cantidad del lenguaje espontáneo, por lo que las respuestas tienden a ser poco fluidas, vacías, breves, fragmentarias, vagas y no elaboradas. A veces las contestaciones son monosilábicas, y algunas preguntas se quedan sin respuesta. En la alogia por pobreza del contenido, la fluidez verbal se halla preservada, pero aunque las respuestas sean suficientemente largas y el habla sea adecuada en cantidad, contiene poca información. El lenguaje tiende a ser muy abstracto. El sujeto acostumbra a obviar la información adecuada y a no especificar. La alogia es uno de los síntomas negativos característicos de la esquizofrenia, si bien es posible observarla en otros grupos de pacientes crónicos, sobre todo en régimen de institucionalización. Otra alteración alógica es el bloqueo del habla*.

Altruismo Entrega desinteresada a los demás. Se opone al egoísmo, dada la generosidad y capacidad de sacrificio que lo caracterizan. Es una particularidad común a ciertos tipos de amor (amor altruista) y forma parte de los rasgos esenciales de ciertas personalidades. ■

Alucinación Percepción sensorial en ausencia de estímulo externo apropiado, que tiene el sentido de realidad inmediato propio de la verdadera percepción. Las alucinaciones pueden afectar a cualquiera de los sistemas sensoriales. Las alucinaciones auditivas son el tipo más frecuente de alucinación en las enfermedades psiquiátricas, y pueden percibirse como sonidos simples, ruidos o voces. El contenido de la experiencia alucinatoria tiene un fuerte componente cultural. En la esquizofrenia*, el enfermo oye voces que hablan o dialogan entre sí sobre sus pensamientos y sus actividades, y con frecuencia son vividas como desagradables y negativas. En los trastornos afectivos que cursan con síntomas psicóticos, las alucinaciones suelen ser congruentes con el estado de ánimo (por ejemplo, voces que culpan y recriminan al sujeto). En las alucinaciones visuales, el sujeto ve formas que en realidad no están presentes. Normalmente, se trata de figuras de personas u objetos con forma humana. Su aparición es más frecuente en los trastornos orgánico-cerebrales y cuando existe consumo de tóxicos. Las alucinaciones de contenido antropomórfico y zoomórfico (insectos, reptiles), con alteración del tamaño (micro o macrozoopsias), son propias del delirium tremens* y de otros trastornos del sistema nervioso central. Las alucinaciones olfativo-gustativas se caracterizan por la percepción de olores o sabores generalmente desagradables. Se dan de forma aislada en la epilepsia del lóbulo temporal. En la esquizofrenia, suelen acompañar al delirio (por ejemplo, el enfermo está convencido de que el olor o el sabor de la comida oculta algún veneno). Las alucinaciones táctiles suelen ser sensaciones de animales pequeños que circulan por debajo de la piel (formicación). Se producen en las psicosis tóxicas y en algunas patologías orgánicas. Las alucinaciones somáticas, también denominadas cinestésicas o somestésicas, son extrañas sensaciones corporales que el enfermo explica de forma abigarrada. Se deduce su carácter perceptivo por la identificación que el sujeto hace de alguna zona somática (por ejemplo, en el síndrome de Cotard, el enfermo percibe sus órganos como si estuviesen muertos o en descomposición). Cuando el sujeto percibe cambios en su movimiento o posición, se denominan alucinaciones motrices o cinestésicas. ■

ALUCINÓGENOS Sustancias que producen un abigarrado conjunto de efectos sobre las funciones psíquicas básicas y los procesos de sensopercepción, produciendo fenómenos de desorientación, distorsión del espacio y tiempo, alteraciones psíquicas transitorias y alucinaciones. Incluyen los derivados de las indolalquilaminas como la dietilamida del ácido lisérgico o LSD*, conocida como tripi o ácido, y la psilocibina. Un segundo grupo, derivado de la feniletilamina, comprende la mescalina y algunos derivados anfetamínicos como la metil-dioxi-metanfetamina MDMA o éxtasis) y la metil-dioxi-etanfetamina (MNEA o eva), que poseen acciones estimulantes y alucinógenas. El uso de estas sustancias suele ser esporádico, siendo por lo tanto más común el abuso que la dependencia. Una utilización más frecuente provoca un rápido desarrollo de tolerancia y la aparición de graves cuadros tóxicos que limitan automáticamente su consumo.

ALUCINOSIS Alteración de la percepción muy vívida y claramente externa, generalmente de carácter amenazante, con oscilaciones a causa de estímulos externos (más frecuentes por la noche), y en la que el juicio de realidad está preservado. Así, aunque las percepciones tengan una viveza real, el individuo las puede considerar irreales. Se describió en primer lugar en enfermos alcohólicos, y es característica de los trastornos orgánico-cerebrales.

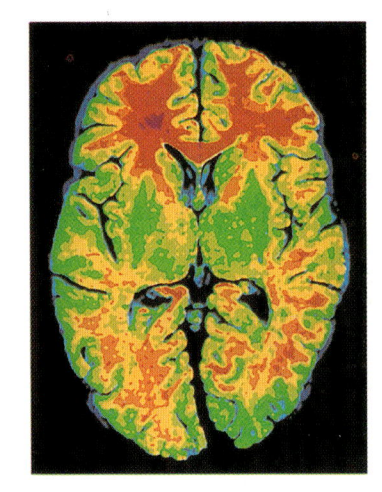

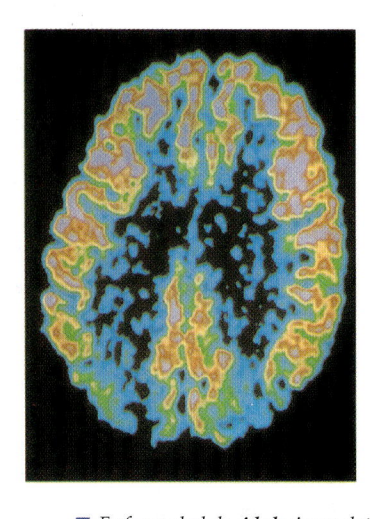

ALZHEIMER, ENFERMEDAD DE Forma común de demencia en las personas de edad avanzada (60 por ciento de todos los casos de demencia). Según la edad de comienzo se clasifica en enfermedad de Alzheimer de inicio precoz (menor de 65 años) o tardío (mayor de 65 años). Tiene un comienzo insidioso y cursa con un deterioro progresivo. La alteración de la memoria suele ser el síntoma inicial, perturbándose en principio la memoria para los acontecimientos recientes (el individuo afectado se vuelve repetitivo en las conversaciones, se pierde en entornos nuevos para él, etc.) y, más tardíamente, la memoria para los acontecimientos lejanos. Habitualmente, el enfermo parece no preocuparse por estas disfunciones. Aparece también insomnio e irritabilidad; la personalidad se hace más rígida y el sujeto se torna más desinhibido e impulsivo, con un posterior deterioro del cuidado y la higiene personales. La enfermedad progresa con un promedio de siete años de supervivencia y su desenlace se reconoce por el colapso total de las funciones mentales y de la capacidad de funcionamiento básico. La muerte ocurre habitualmente por infecciones intercurrentes. Aunque no se conoce su etiología, se le presume un patrón hereditario. Véase DEMENCIA. ■

■ *Enfermedad de **Alzheimer** detectada en una tomografía por emisión de positrones: a la izquierda cerebro normal y a la derecha cerebro afectado por la enfermedad.*

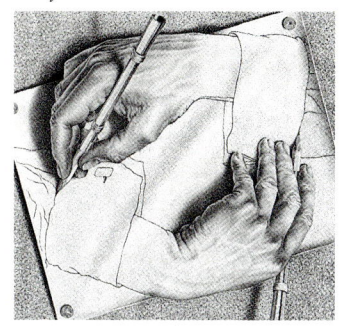

■ *La **ambidextria** es la capacidad de un individuo para servirse indistintamente de ambas manos.*

AMBIDEXTRIA Capacidad de un sujeto para servirse indistintamente de ambas manos. La ambidextria puede causar dificultades suplementarias en el aprendizaje de la lec-

*La **amnesia** es una incapacidad total o parcial de la facultad de la memoria que, generalmente, se halla asociada a trastornos somáticos o psiquiátricos.*

tura, la escritura y el cálculo cuando persiste hasta la edad escolar.

Ambiente Conjunto de acontecimientos y estímulos que afectan a la conducta de una persona. Incluye tanto acontecimientos internos, (por ejemplo, los pensamientos, las variaciones bioquímicas, los cambios hormonales, las emociones, etc.), como situaciones o elementos procedentes del exterior.

Ambitendencia Véase Ambivalencia volitiva.

Ambivalencia Coexistencia de afectos, ideas o voluntades contradictorias sobre una misma persona, objeto o situación. Se distinguen, respectivamente, la ambivalencia afectiva, la cognitiva y la volitiva. El sujeto puede sentir a la vez amor y odio, sensación de pecado y de redención por una idea, o deseo de abrazar y de pegar a una persona. Es un síntoma que puede presentarse en la esquizofrenia, en el trastorno obsesivo-compulsivo* y, ocasionalmente, en la fase depresiva del trastorno bipolar*. / *Ambivalencia volitiva,* coexistencia de acciones incompletas de signo contrario (por ejemplo, el paciente se da la vuelta y acto seguido vuelve a tomar la dirección original). Una de sus posibles manifestaciones es la ambitendencia, que se refiere a la incapacidad para escoger una acción determinada a causa de deseos contrapuestos, y que en ocasiones determina un bloqueo motor. Este síntoma puede aparecer en la esquizofrenia y en el trastorno obsesivo-compulsivo grave. Véase Manierismo.

Amenaza, percepción de Conjunto de mecanismos y procesos a través de los cuales un organismo entra en un estado de alerta e hipervigilancia ante un posible peligro o acontecimiento desconocido que compromete su seguridad, basándose en informaciones elaboradas por sus sentidos y en la interpretación de las mismas.

Amígdala cerebral Cada una de las dos estructuras nerviosas de forma almendrada pertenecientes al sistema límbico* y vinculadas a la emoción y la motivación.

Aminas biógenas Véase Monoaminas.

Amnesia Incapacidad total o parcial para registrar, retener y evocar la información. La amnesia a corto plazo, o de retención, se relaciona con diversos trastornos orgánicos como las demencias y lesiones cerebrales. También puede aparecer en trastornos psiquiátricos con predominio de sintomatología afectiva o disociativa. La amnesia anterógrada afecta a la información procesada después de un trastorno, y se da tanto en patología orgánica como a causa del consumo de alguna sustancia (benzodiacepinas). La amnesia lacunar describe una pérdida parcial de información que atañe a un período concreto. Es un término que se utiliza para referirse a la falta de memoria de períodos de enturbiamiento de la conciencia (delirium, coma). En ese caso se produce un déficit específico del almacenamiento sensorial y de la memoria de trabajo, por lo que no hay pérdida de recuerdos sino ausencia de los mismos. La amnesia retrógrada afecta a la información adquirida con anterioridad a un trastorno. Debe distinguirse entre amnesia de la memoria reciente, en la que se altera la información inmediatamente anterior a un traumatismo, y la amnesia de la memoria persistente, en la que se olvidan los acontecimientos previos en el tiempo. La amnesia psicógena es una forma de amnesia retrógrada súbita en ausencia de patología orgánica. Generalmente es localizada (período de tiempo breve) o selectiva (episodios concretos como una discusión), aunque también puede ser generalizada. El síntoma amnésico describe un trastorno de la memoria reciente, una alteración variable de la memoria declarativa* y una preservación del almacenamiento sensorial y otras funciones cognitivas. Una forma del cuadro es la amnesia global transitoria que se da predominantemente en varones de cualquier edad, de instauración brusca, duración breve (horas) y egodistónica*, que se asocia a desorientación de predominio espacial. Otra forma es el síndrome de Kórsakov*.

Amok Episodio disociativo* que se presenta entre los nativos de Malaysia. Consiste en un acceso de violencia indiscriminada, no motivado por ningún acontecimiento, en el cual el individuo destruye todo tipo de objetos, mata animales y llega, incluso, a asesinar a otras personas. Al concluir el episodio se produce una amnesia de todo lo ocurrido. Con relativa frecuencia termina en el suicidio. El amok constituye uno de los ejemplos más característicos de las psicosis culturales*.

Amor Conjunto de sentimientos, emociones, pasiones, humor* y estado de ánimo* que se distingue por la atracción* y dependencia que se produce entre dos o más personas, aunque algunos autores lo han ampliado al sentimiento hacia los animales. El amor pasa por varias fases, siendo la inicial la del enamoramiento*, a la que siguen otras etapas que se distinguen por la aparición de diversas emociones y sentimientos como son la confianza, la admiración, la armonía y el bienestar en la convivencia. Se considera que un amor es estable cuando se mantiene un equilibrio equitativo entre lo que se da y lo que se recibe. El segundo requisito es que el intercambio de conductas entre la pareja sea primordialmente positivo, y el tercero es que lo positivo que cada uno da al otro se adapte a sus gustos y necesidades personales. Se han diferenciado seis tipos de amor: a) erótico: se basa principalmente en el componente erótico, sexual, y acostumbra a iniciarse de forma rápida, pero también se desvanece con la misma facilidad si no se acompaña de otros tipos de amor; b) de compañeros: lo desencadenan principalmente el afecto, la simpatía y la amistad; c) lúdico: se caracteriza por el juego y la búsqueda de estímulos; d) maníaco: equivalente al amor pasional, es un tipo de relación intensa y apremiante con absoluta exigencia de entrega mutua; e) pragmático: forma de amor controlada y práctica; y f) altruista: se distingue por la entrega, el sacrificio, la paciencia y la comprensión. Se considera que un amor es sólido cuando combina los aspectos positivos de cada tipo de amor a través del tiempo. Todos los conceptos anteriores se han referido al amor de pareja, siendo el de padres a hijos, entre hermanos o el relacionado con la amistad, variantes de estas tipologías en las cuales el enamoramiento y el erotismo no acostumbran a tener cabida. ■

Anafrodisia Término hoy día poco usado y que equivale a ausencia o disminución del deseo sexual.

Anafrodisíaco Sustancia o situación que disminuye o anula el deseo sexual.

Anal o Anal sádica, etapa Segundo estadio de la teoría freudiana del desarrollo libidinal en el cual la descarga de la energía instintiva acumulada se relaciona con el acto de la defecación y las sensaciones orgánicas placenteras. Aproximadamente desde el segundo al tercer año de vida, el niño demuestra un enorme y prioritario interés por la defecación, retención y expulsión de los excrementos, que adquieren un carácter valioso, como una riqueza personal a la cual se habrá de renunciar poco a poco. En condiciones favorables, el niño rechaza sus deseos anales, y la energía es entonces sublimada en actividades lúdicas con arena, pinturas, plastilina, y también mediante la limpieza y el orden. El niño puede experimentar una presión traumática en caso de que no le sea permitido el abandono progresivo de sus juegos de carácter anal; en tal caso, puede utilizar el mecanismo de la represión*, intentando eliminar el interés por ello de un modo consciente. Esto puede dar lugar, más adelante, a conflictos que originen variados mecanismos de defensa*. Según la primera teoría freudiana del instinto*, sólo la libido (no los instintos del yo) atraviesan la etapa anal; en consecuencia, S. Freud utilizaba el término de etapa anal sádica para indicar la presencia de deseos agresivos.

Análisis 1. Uno de los principios racionales y lógicos para el estudio de los fenómenos. Mediante el análisis se divide el objeto de estudio en partes más pequeñas, sea por partición física o separando mentalmente sus elementos o cualidades distinguibles. **2.** Psicoanálisis*. / *Análisis conductual*, empleo de los principios y métodos conductuales para resolver problemas prácticos. Consiste básicamente en la integración de toda la información obtenida, incluyendo los materiales de la entrevista médico-paciente desde la primera sesión, con el objetivo de clarificar la definición del problema del paciente. Se presta atención preferente a diferentes cuestiones : a) las quejas que presenta el paciente; b) sus habilidades de afrontamiento; c) las variables que mantienen el problema y sus posibles consecuencias; d) el análisis de la motivación del paciente para el cambio; e) los cambios bio-

■ *El amor*, conjunto de sentimientos, emociones, pasiones y estados de ánimo, en la obra El beso *de Gustav Klimt*.

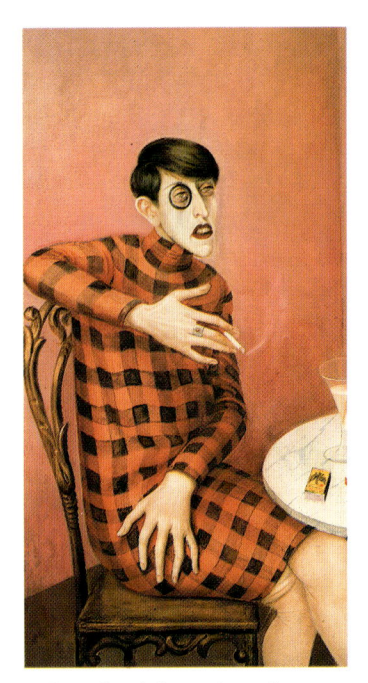

*La **androginia**, conjunto de rasgos, capacidades e intereses que participan a la vez de la naturaleza femenina y masculina, puede verse en este retrato de Otto Dix*, Sylvia von Harden.

lógicos, sociales o conductuales en la historia del paciente que sean relevantes para el problema presente y para el plan de tratamiento; y f) la evaluación de los recursos sociales y familiares del entorno. / *Análisis de contenido*, desvelamiento sistemático y reglamentado del sentido de las ideas, sentimientos, creencias, valores, intenciones y referencias implícitas que prestan sustentación a cualquier acto. / *Análisis de la regresión*, análisis estadístico de la dependencia funcional de una variable dependiente de una o más variables independientes. / *Análisis didáctico*, de acuerdo con la técnica psicoanalítica, tratamiento exigido a todo sujeto que, a su vez, desea analizar a un tercero. / *Análisis discriminante, método del*, método estadístico para ordenar valores individuales en una o varias poblaciones, o bien para separar los de diversas poblaciones. Para ello es fundamental que la ordenación se realice basándose en determinadas características. / *Análisis existencial*, método de investigación empleado en filosofía existencial con el cual se pretenden analizar los datos y las relaciones del curso de una vida. Hoy en día se considera un método obsoleto. / *Análisis factorial*, técnica estadística utilizada para identificar y medir la importancia relativa de las variables o factores fundamentales que conforman una capacidad, rasgo o forma de conducta compleja. Es un método introducido sobre todo para la realización de tests* psicotécnicos. La finalidad de este tipo de análisis es la búsqueda de factores básicos que sinteticen un gran número de variables. / *Análisis funcional*, estrategia utilizada por el análisis conductual que consiste en seguir el acrónimo E-O-R-C, siendo E los estímulos antecedentes (afectivos, somáticos, conductuales, cognitivos) que preceden a la conducta y que pueden desencadenar respuestas emocionales; O el estado biológico del organismo; R la respuesta del sujeto se descompone en un componente afectivo (sentimientos, estados de ánimo), somático (sensaciones fisiológicas), conductual (lo que hace el sujeto) y cognitivo (pensamientos, imágenes); y C las consecuencias de la respuesta, que suelen ser refuerzos (incrementando la conducta a la que siguen) o castigos (disminuyendo dicha conducta). Un aspecto importante es la contingencia, que se refiere a la relación entre las conductas y sus consecuencias. ■

Analista Véase Psicoanalista.

Analítico Relativo o perteneciente al psicoanálisis*.

Analizador Término introducido por I. P. Pavlov para designar al órgano o conjunto de órganos que descomponen los diferentes elementos de las excitaciones procedentes del mundo exterior y los convierten posteriormente en sensaciones. Representa en realidad la unidad funcional del sistema nervioso* y comprende el sistema periférico de los órganos sensoriales y las vías neurales que van al sistema nervioso central, así como las neuronas de la corteza cerebral*. Los impulsos correspondientes son enviados desde los órganos sensoriales y las vías neurales hasta el sistema nervioso, de donde pasan a las neuronas de la corteza cerebral, lugar en que se transforman en sensaciones.

Anamnesis 1. Volver a traer a la mente, recordar. 2. Proceso de recogida de información sobre una enfermedad, transmitida por el propio paciente. Es un elemento primordial en la construcción de la historia clínica.

Anancástico Término que define determinados rasgos de la personalidad obsesivo-compulsiva.

Andrógenos Hormonas sexuales masculinas originadas en los testículos y en las glándulas suprarrenales, si bien, en pequeñas cantidades, también se encuentran en las mujeres. Intervienen en numerosas funciones, originando e impulsando el desarrollo de los caracteres sexuales propios del varón. El andrógeno más conocido es la testosterona.

Androginia Combinación de las características psicológicas convencionales masculinas y femeninas que se da en una misma persona. ■

Anergia Estado de retraso psicomotor* caracterizado por una falta de motivación para la acción y una sensación de cansancio ante mínimos esfuerzos. Está presente en diversos estados psicopatológicos, fundamentalmente en la depresión*.

Anfetamina Sustancia sintética de carácter estimulante del grupo de las feniletilaminas. A dosis bajas producen sensación de relajación, energía y autoconfianza, disminuyen la fatiga, el sueño y el hambre, y facilitan a la vez el aprendizaje. Estos efectos van aumentando de intensidad con la dosis, hasta un máximo a partir del cual, dentro de una gran variabilidad individual, provocan cambios conductuales desadaptativos y sintomatología psiquiátrica. / *Anfetaminas, abuso de,* consumo crónico de anfetaminas, con un aumento progresivo de las dosis, que da lugar a la aparición de alteraciones de la atención* y la memoria*, y cuadros de depresión*, irritabilidad*, anhedonia* y falta de energía. A dosis elevadas puede producir ideación paranoide y autorreferencial, con alteraciones perceptivas y alteraciones auto y heteroagresivas. En los cuadros de intoxicación grave aparecen síntomas físicos como dilatación pupilar, taquicardia, aumento de la tensión arterial, sudoración o escalofríos, náuseas y vómitos, y cambios conductuales desadaptativos, consistentes en un estado de alerta y agitación psicomotora, sentimientos de omnipotencia y prepotencia, agresividad* y violencia. Se ha descrito un síndrome de abstinencia por anfetaminas que comprende un estado de ánimo disfórico (depresión, irritabilidad, ansiedad) junto a fatiga, insomnio o hipersomnia, y, en ocasiones, conductas violentas tendentes a la obtención del tóxico. Algunos productos adelgazantes del mercado incorporan derivados anfetamínicos con una supuesta menor capacidad adictiva, a pesar de lo cual no están libres del riesgo de generar abuso y dependencia.

Angustia Alteración emocional caracterizada por la tensión psíquica y el predominio de síntomas físicos, sobre todo del área motora (temblor, incapacidad para relajarse e inquietud), e hiperactividad autónoma, como sudoración, palpitaciones, síntomas gastrointestinales o mareo. Cuando esta alteración aparece de forma brusca se denomina crisis de angustia* o ataque de pánico*. ■

Anhedonia Pérdida de la capacidad para experimentar placer e interés. Es uno de los síntomas cardinales del síndrome depresivo.

Animal, psicología del comportamiento Rama de la psicología que estudia el comportamiento de los seres vivos no humanos a través de sus pautas de conducta (memoria, inteligencia, emotividad) y de sus relaciones interindividuales (cazador-presa, huésped-parásito, etc.) y gregarias (comunicación, subordinación, etc.). A diferencia de la etología*, la psicología del comportamiento animal pretende hallar modelos de conducta aptos para la experimentación (aprendizaje, comunicación, afectividad) y su ulterior extrapolación al ser humano. ■

Animismo Creencia de que ciertos objetos naturales o creados por el hombre están temporal o permanentemente dotados de determinados poderes actuantes. El animismo constituye una concepción trascendente propia de todas las sociedades primitivas e incluso de concepciones teístas avanzadas. En el proceso de desarrollo del pensamiento infantil, J. Piaget considera el animismo propio de la etapa de la inteligencia* operatoria concreta, como resultado de la confusión entre el mundo interior o subjetivo y el universo físico.

Ánimo Sentimiento que domina en un momento determinado y que puede aparecer de forma autónoma (alegría, tristeza, irritabilidad), aunque no implica, necesariamente, que sea independiente de los acontecimientos externos. De hecho, el ánimo muestra una reactividad frente a estos acontecimientos, pero se diferencia de las emociones en que éstas dependen siempre de estímulos bien definidos. Véanse Estado de ánimo y humor.

Anorexia Pérdida del apetito, inapetencia. Puede ser secundaria a una enfermedad psíquica, por ejemplo, a causa de una depresión*. También se da en niños con patrón irregular de alimentación. / *Anorexia nerviosa*, trastorno de la conducta alimentaria caracterizado por el rechazo a mantener un peso corporal mínimo normal (peso corporal inferior al 85 por ciento del peso considerado normal para la edad y la talla), miedo intenso a ganar peso, alteración significativa de la percepción de la forma o tamaño del cuerpo y, en las mujeres postpuberales, cese de los ciclos menstruales (amenorrea). El término anorexia, del griego inapetencia, es equívoco para definir esta enfermedad, ya que en ella rara vez se da la pérdida de apetito. Generalmente, la pérdida de peso

■ *La angustia constituye una alteración emocional que se manifiesta a nivel de alta tensión física y psíquica.*

■ *La psicología del comportamiento animal estudia la conducta de los animales aptos para la extrapolación al ser humano.*

■ *En los casos de anorexia nerviosa, si no son tratados de forma apropiada, la pérdida de peso puede llevar incluso a la muerte.*

Anorgasmia

*La **anorgasmia**, o ausencia del orgasmo, es más frecuente en las mujeres.*

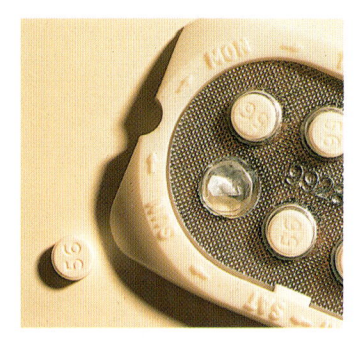

*El **anovulatorio**, también llamado píldora anticonceptiva, inhibe el proceso de ovulación normal.*

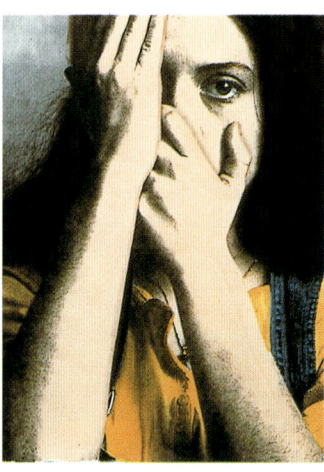

*La **ansiedad** es un estado de miedo y aprensión que puede aparecer como síntoma en los trastornos psiquiátricos y otras patologías, pero también puede constituir un cuadro singular.*

se consigue mediante una disminución de la ingesta total, que suele comenzar por la exclusión en la dieta de alimentos con alto contenido calórico, para llegar finalmente a una dieta muy restringida, limitada a unos pocos alimentos. Se distinguen dos subtipos de anorexia nerviosa: de tipo compulsivo/purgativo y de tipo restrictivo. En el primer tipo, el individuo recurre regularmente a atracones* tras períodos de restricción, o a purgas (o a ambos). La mayoría de los enfermos que tienen episodios de atracones, recurren a métodos purgativos como el vómito, uso de diuréticos, laxantes o enemas. Existen algunos casos en los que no se producen los atracones, pero el individuo afectado suele recurrir a purgas, incluso después de ingerir pequeñas cantidades de comida. Estos enfermos presentan con más frecuencia problemas de control de los impulsos, abuso de alcohol o de otras drogas y labilidad emocional. En el segundo tipo, la anorexia nerviosa restrictiva, la pérdida de peso se consigue haciendo dieta, ayunando o realizando ejercicio intenso. ■

Anorgasmia Ausencia o retraso excesivo del orgasmo tras una fase de excitación normal. Si bien puede estar presente en los hombres, la más frecuente es la anorgasmia femenina, que puede ser primaria, cuando se ha experimentado desde el inicio de la actividad sexual, o secundaria, cuando aparece después de un funcionamiento sexual satisfactorio. La anorgasmia coital es una variación de la normalidad en gran número de mujeres y sólo puede considerarse disfunción si va asociada con la alteración en otras formas de excitación que no sea la coital. Las causas de la anorgasmia femenina son mayoritariamente de origen psicógeno. La autoobservación, el autocontrol y la ansiedad son los factores que más se relacionan con el cuadro. También deben considerarse los sentimientos de culpa ante la sexualidad, los problemas de pareja, una insuficiente estimulación previa y la asociación con otras disfunciones sexuales. El pronóstico con terapias adecuadas es muy favorable. Véase Disfunción sexual. ■

Anormal En sentido amplio, lo que no se ajusta a la regla. Si lo normal se establece mediante el promedio de la conducta de un grupo de individuos semejantes observados en una misma situación ambiental, lo anormal se definiría como la conducta de aquellos que se encuentran muy por debajo o muy por encima de dicho promedio. Una conducta anormal es la que no se ajusta a unas específicas condiciones personales ni a las del medio ambiente. En términos psicológicos, anormal equivale a patológico, y por ello incluye los trastornos mentales.

Anormalidad Condición de anormal.

Anosognosia Falta de consciencia de un déficit funcional patológico, estando relativamente preservadas las funciones intelectuales (por ejemplo, un individuo con ceguera por lesión hemorrágica del lóbulo occipital del cerebro, que afirma poder ver). Se da en lesiones cerebrales corticales extensas.

Anovulatorio Método anticonceptivo* basado en la intercepción de la ovulación. También se denomina contracepción hormonal y píldora anticonceptiva. ■

Ansiedad Estado emocional displacentero de miedo o aprensión, bien en ausencia de un peligro o amenaza identificable, o bien cuando dicha alteración emocional es claramente desproporcionada en relación a la intensidad real del peligro. Se caracteriza por una gran variedad de síntomas somáticos como temblor, hipertonía muscular, inquietud, hiperventilación, sudoraciones, palpitaciones, etc. Aparecen también síntomas cognitivos como aprensión e inquietud psíquica, hipervigilancia y otros síntomas relacionados con la alteración de la alerta (distraibilidad, pérdida de concentración, insomnio). Se distingue entre la ansiedad situacional, debida a una etiología específica, y la generalizada, sin evidencia de un factor desencadenante asociado. La ansiedad rasgo se refiere a una característica permanente de la personalidad del sujeto y la ansiedad estado a una alteración temporal. La ansiedad de separación es una forma infantil en la que el cuadro aparece cuando existe una amenaza o una separación real de las personas por las que el niño siente apego*. Debe efectuarse una clara distinción entre la ansiedad primaria y la secundaria a otros cuadros. De hecho, la ansiedad puede aparecer como síntoma en cualquier trastorno psiquiátrico y en muchas otras patologías médicas, por lo que se considera el síntoma psicopatológico más frecuente y ubicuo. En ocasiones se asocia a la depresión de una forma tan estrecha que resulta difícil establecer una jerarquización entre ambas (trastorno mixto de ansiedad-depresión). Entre los trastornos por ansiedad destacan las fobias*, los trastornos de pánico*, el de ansiedad generalizada, el mixto ansioso-depresivo y el obsesivo-compulsivo*. / *Ansiedad generalizada, trastorno de*, perturbación emocional caracterizada por un sentimiento de ansiedad y preocupación excesivas (expectación aprensiva), de carácter persistente y generalizado, que se centra en una amplia gama de acontecimientos y situaciones. Por lo general, la ansiedad va acompañada de una sensación de tensión interna y de dificultades para relajarse. Las personas afectadas por este trastorno comúnmente se quejan de padecer cefaleas. Otras quejas frecuentes son la dificultad para concentrarse, irritabilidad, tensión muscular, visión borrosa, sequedad de boca, excesiva sudoración, náuseas, retortijones abdominales, palpitaciones, mayor frecuencia de las micciones y trastornos del sueño. La «condición ansiosa» envuelve de forma crónica al sujeto, lo hace flotar en un mar de dudas e inseguridades y dificulta su capacidad de adaptación a la vida cotidiana. La creencia de la persona afectada de que cualquier situación más o menos contradictoria (aunque sea irrelevante) provocará problemas, le hace anticipar «desgracias» con facilidad (son sufridores natos), lo cual no hace más que incrementar sus síntomas somáticos de alerta. Aunque los individuos con este trastorno no siempre reconocen que sus preocupaciones resultan excesivas, manifiestan una evidente dificultad para controlarlas y les provocan malestar subjetivo o deterioro social, laboral o de otras áreas importantes de su actividad. Suele iniciarse a partir de los 20 años de edad, siguiendo un curso crónico pero fluctuante, con frecuentes agravamientos coincidiendo con períodos de estrés*. Se asocia con frecuencia a trastornos del estado de ánimo* (depresión mayor o distimia*), con otros trastornos de ansiedad (trastorno por angustia, fobia social, fobia específica) y con dependencia o abuso de alcohol, sedantes, hipnóticos o ansiolíticos. Se da con más frecuencia en las mujeres, con una prevalencia global en la población del 5 por ciento. El tratamiento cognitivo-conductual del trastorno de ansiedad generalizada incluye los siguientes componentes: a) explicación común, basada en el modelo de «habilidades de afrontamiento», por medio del cual se enseña al paciente estrategias para controlar su ansiedad; b) terapia cognitiva, mediante la cual se abordan las creencias, actitudes y expectativas que mantienen la ansiedad; c) entrenamiento en relajación, con el fin de controlar los síntomas somáticos de ansiedad; y d) exposición *in vivo*, de forma graduada, para reducir la posible conducta de evitación. Con frecuencia, es necesario asociar tratamiento psicofarmacológico de tipo ansiolítico, preferentemente benzodiacepinas de vida media intermedia o larga (alprazolam, bromacepam, ketazolam, cloracepato, diazepam). ■

Ansiolítico Fármaco capaz de disminuir o eliminar la ansiedad. Los ansiolíticos son de utilidad en el trastorno por angustia, trastorno de ansiedad generalizada, fobia social, fobia simple, estrés postraumático, trastorno obsesivo-compulsivo y en el insomnio, entre otros. Los más conocidos y utilizados son las benzodiacepinas*. Otros fármacos ansiolíticos son los carbamatos (meprobamato, tetrabamato), apenas utilizados en la actualidad, y los betabloqueantes (por ejemplo, el propanolol). Estos últimos actúan fundamentalmente sobre las manifestaciones somáticas de ansiedad (taquicardia, sudoración, etc.) y tienen la ventaja de producir menos sedación. Se emplean sobre todo en la fobia social (miedo a los escenarios, reuniones de trabajo o actos públicos).

Antagonista 1. Se dice principalmente de los músculos y nervios de acción contraria que tienden a neutralizarse en sus efectos. **2.** Nombre con el que se designan las drogas que actúan interfiriendo con un metabolito esencial (por ejemplo, los fármacos antagonistas de la dopamina* utilizados como antipsicóticos). Uno de los más conocidos es el haloperidol*. ■

Antiandrógenos Fármacos que actúan como antagonistas de la acción de los andrógenos*, las hormonas sexuales masculinas.

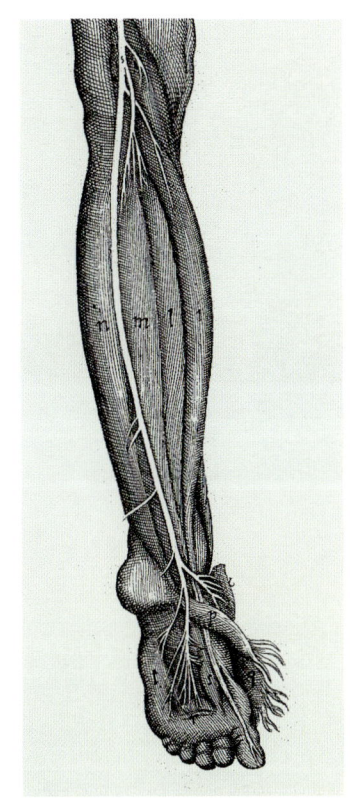

■ *Los músculos flexor y extensor ejercen una acción **antagonista** o contraria. En la lámina de Pietro da Cortona, músculos y nervios de la pierna izquierda (fragmento).*

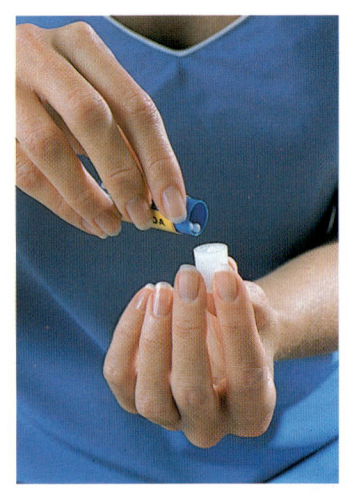

■ Los **antidepresivos** son psicofármacos utilizados para el tratamiento de la depresión.

Las más conocidas y utilizadas son el acetato de ciproterona* y la medroxiprogesterona.

ANTICIPACIÓN Acción mental intencionada por la que el ser humano es capaz de prever lo que tiene que suceder en oposición a sus reacciones instintivas. / *Anticipación, reacción de,* aquella que, en situaciones de condicionamiento, o en la medición de los tiempos de reacción, suministra una respuesta que se adelanta al estímulo propuesto.

ANTICOLINÉRGICOS Grupo de medicamentos que se oponen a la acción fisiológica de la acetilcolina*. Tienen utilidad en el tratamiento de las afecciones en las que existe hiperactividad del sistema colinérgico, particularmente en la enfermedad de Parkinson*. También son útiles para contrarrestar los efectos extrapiramidales de algunos psicofármacos. / *Anticolinérgicos, efectos,* efectos secundarios de algunos fármacos, entre los que destacan algunos antidepresivos* y neurolépticos*. Incluyen sequedad de piel y mucosas (boca seca), estreñimiento, visión borrosa, hipotensión postural (riesgo de caídas y fracturas, especialmente en ancianos), midriasis y aumento de la presión ocular (riesgo para los enfermos de glaucoma). En casos graves puede aparecer confusión mental y alucinaciones.

ANTICONCEPTIVOS, MÉTODOS Véase CONTRACEPCIÓN.

ANTIDEPRESIVOS Grupo de psicofármacos indicados principalmente para el tratamiento de la depresión*. También son eficaces en el tratamiento del trastorno por crisis de pánico, trastorno obsesivo-compulsivo, síndromes dolorosos crónicos, somatizaciones, trastornos de la conducta alimentaria, enuresis y en los síndromes hipercinéticos. Su clasificación es la siguiente: Tricíclicos: inhiben la recaptación de noradrenalina y dopamina* en la hendidura sináptica. Sus principales efectos secundarios son sequedad de boca, estreñimiento, somnolencia, inestabilidad (hipotensión postural), taquicardia, arritmias y disfunciones sexuales. Se incluyen en este grupo: clorimipramina, imipramina, amitriptilina, desimipramina y nortriptilina, principalmente. Tetracíclicos: inhiben de forma prioritaria la recaptación de noradrenalina*. El efecto secundario más destacable es la sedación. Incluyen: maprotilina y mianserina. Inhibidores selectivos de la recaptación de serotonina (ISRS): sus efectos secundarios más frecuentes son la sensación de náuseas, diarrea, nerviosismo y anorgasmia*. Se incluyen en este grupo: fluoxetina, paroxetina, fluvoxamina, trazodona, sertralina y citalopram. Inhibidores de la monoaminooxidasa (IMAOS*): inhiben la acción del enzima que degrada las monoaminas*. Son de elección en la depresión con síntomas atípicos*, en la depresión crónica o distimia* y en el trastorno de pánico*. Sus principales efectos secundarios son: hipotensión, insomnio, inquietud, aumento de peso y disfunciones sexuales (impotencia y anorgasmia). Interaccionan con alimentos ricos en tiramina lo que provoca un cuadro grave de hipertensión, cefalea intensa, palpitaciones, náuseas y vómitos, sudoración y arritmias cardíacas. Por ello es necesario asociar durante el tratamiento una dieta exenta de dichos alimentos (quesos curados, cerveza, vinos, habas, hígado, alimentos fermentados, extractos de carne, sopas de sobre, etc.). También interaccionan con diversos medicamentos como aminas simpaticomométicas (anfetaminas), anestésicos, buspirona, barbitúricos, sedantes, alcohol, L-Dopa, narcóticos, miorrelajantes, hipoglucemiantes orales, antihipertensivos, TEC, antidepresivos tricíclicos e ISRS. Lo integran: fenelcina, iproniacida, isocarboxacida y tanilcipromina. Inhibidores reversibles de la monoaminooxidasa (RIMA): su mecanismo de acción es similar al de los anteriores (IMAOS), pero inhiben la monoaminooxidasa de forma reversible, por lo que no interaccionan con alimentos ni con fármacos. Incluye la moclobemida. Inhibidores de la recaptación de noradrenalina y serotonina: es un grupo de antidepresivos de aparición reciente que incluye la venlafaxina y la mirtanzapina. ■

ANTIPSICÓTICOS Véase NEUROLÉPTICOS.

ANTIPSIQUIATRÍA Término inespecífico que se refiere a opiniones diversas y negativas acerca de la teoría y la práctica de la psiquiatría. Como movimiento político-cultural cobró auge en Europa y Estados Unidos en la década de 1960. Sus teóricos (F. Basaglia, D. Cooper y R. D. Laing) se oponían tanto a la organización asistencial psiquiátrica tradicional como al uso de la farmacología u otros agentes físicos en el tratamiento psiquiátrico. Si bien significó un revulsivo que tuvo ciertos efectos positivos para la humanización de las instituciones psiquiátricas, la base teórica de sus postulados carece de cualquier valor científico y ha sido en parte la responsable de la divulgación de falseamientos sobre los orígenes de la enfermedad mental y su tratamiento responsable.

Antisocial 1. Contrario a las normas que rigen en un momento dado. 2. Manifestación presente en diversos trastornos de la personalidad, entre los que destaca el de la personalidad antisocial. Véase PERSONALIDAD, TRASTORNOS DE LA. ■

Antropomorfismo Atribución de características humanas a objetos inanimados, animales y entes de ficción. ■

Apatía Pérdida de sentimientos y falta de actividad, con incapacidad para actuar y retraso psicomotor*. Puede presentarse en múltiples cuadros psicopatológicos y como consecuencia de efectos farmacológicos. En términos más leves, la apatía puede ser un rasgo de personalidad.

Apego Conjunto de comportamientos que suscitan y mantienen la proximidad entre dos personas y vínculo social y emocional que surge de tal contacto íntimo.

Apercepción Capacidad para percatarse de las propias experiencias psíquicas, es decir, capacidad para entender las percepciones en su contexto, interpretarlas adecuadamente, y relacionarlas para formar asociaciones. La apercepción es un proceso involuntario que se relaciona íntimamente con la introspección*. Es, a su vez, una de las capacidades psíquicas ligadas a la lucidez de conciencia.

Aplanamiento afectivo Véase AFECTO APLANADO.

Aplicada, relajación Véase RELAJACIÓN APLICADA.

Apnea Ausencia de respiración. Médicamente se emplea para definir la falta de entrada o salida de aire de los pulmones durante diez o más segundos. Su consecuencia es la falta de oxígeno en el organismo, con las consiguientes repercusiones para la circulación, el cerebro y el corazón. / *Apnea del sueño*, alteración que consiste en el cese de la respiración durante el sueño. Para que sea considerada patológica, debe tener una duración de diez segundos y presentarse con una frecuencia de unas diez por hora de sueño. Es un síndrome que provoca numerosos síntomas, entre los cuales destaca un ronquido ruidoso y persistente. La apnea repetida puede tener efectos indeseables sobre el corazón, la memoria o el impulso sexual, así como colaborar en el desencadenamiento de una hipertensión arterial, además de provocar somnolencia diurna debida a los despertares nocturnos repetidos.

Apoyo social Soporte que recibe un sujeto de su entorno ambiental. Reduce los efectos perjudiciales del estrés* y permite soportar mejor la amenaza del mismo.

Apraxia Alteración en la capacidad para concebir, formular y ejecutar algunos actos volitivos complejos, intencionales y adiestrados. Aparece en lesiones del lóbulo parietal cerebral, debido en general a accidentes cerebrovasculares, tumores y traumatismos. / *Apraxia de construcción*, incapacidad para configurar dibujos de dos o tres dimensiones (por ejemplo, dibujar una casa, un hombre, etc.). / *Apraxia en el vestir*, incapacidad para vestirse, abrocharse botones, etc. / *Apraxia ideatoria*, carencia de un plan básico para realizar actos complejos (por ejemplo, atar un nudo) sin alteración de la capacidad para realizar movimientos automáticos sencillos. / *Apraxia ideomotora*, apraxia mixta, motora e ideatoria, por lo que están alterados ambos componentes. Existe una desconexión entre la región cerebral de la que surge la idea del movimiento y la región encargada de su ejecución. La persona afectada puede realizar movimientos automáticos (por ejemplo, rascarse la nariz), pero cuando se le pide que haga estos mismos movimientos sencillos, es incapaz. Es el tipo de apraxia más frecuente. / *Apraxia motora*, dificultad para realizar actos complejos, que habitualmente se acompaña de pérdida de fuerza. Al intentar utilizar la extremidad afectada, el individuo sufre alteraciones en la ejecución del movimiento que van más allá del simple déficit motor.

Aprendizaje Cambio permanente del comportamiento de un organismo animal o hu-

■ *La personalidad **antisocial** manifiesta una incapacidad de adaptación a las normas de convivencia establecidas.*

■ *El **antropomorfismo**, atribución de características humanas a objetos inanimados, está presente en numerosas obras de la antigüedad, como este vaso cinerario de Dolciano.*

■ *El **aprendizaje** designa el proceso de adquisición de conocimientos y experiencias.*

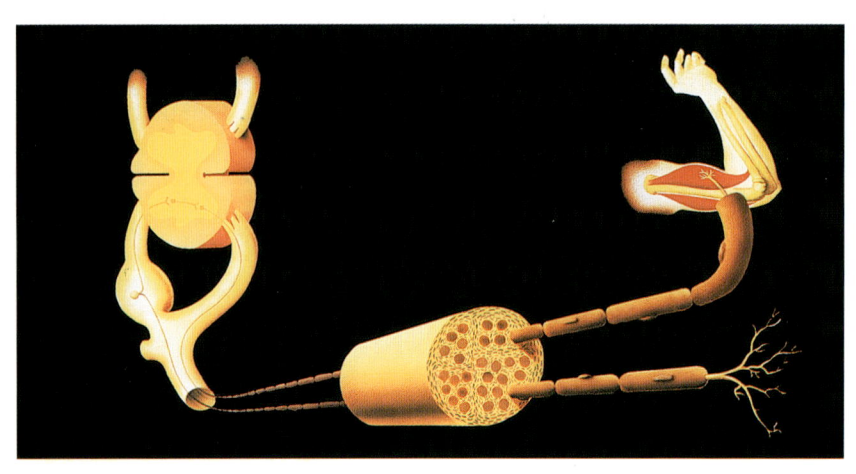

Arco reflejo, transmisión de un estímulo nervioso desde una neurona sensorial hasta una neurona motora.

mano provocado por la experiencia. Determina las destrezas motoras, las ideas morales, la autoimagen, parte de las motivaciones y del lenguaje, interviniendo de forma singular incluso en la conducta sexual y afectiva. En psicología el aprendizaje recibe también el nombre de condicionamiento*, si bien la observación de modelos ha dado en llamarse aprendizaje por imitación*. Una tercera forma de aprendizaje es el lenguaje, por medio del cual se aprenden cosas no experimentadas ni observadas: se trata del aprendizaje cognitivo, causa y consecuencia de estas experiencias, con las que se entrelaza multiplicando sus posibilidades. Las técnicas de modificación de conducta se basan en las leyes que rigen el condicionamiento y en otras formas de aprendizaje. ■

APROSEXIA Incapacidad para fijar la atención. Por contraposición, el aumento normal de la atención se denomina hiperprosexia, y el déficit atencional hipoprosexia. Estos fenómenos pueden deberse a muy diversas causas tanto orgánicas como psiquiátricas.

APROSODIA Trastorno del lenguaje afectivo (comprensión, asociación o expresión) que aparece en las lesiones de los hemisferios cerebrales y en otras enfermedades neurológicas, como la enfermedad de Parkinson*.

APTITUD Conjunto de condiciones positivas existentes en el individuo para un óptimo desarrollo del rendimiento académico y de la vida profesional. Se relaciona estrechamente con la complejidad de la vida real y se orienta hacia determinados valores. El concepto de aptitud no incluye el origen de las correspondientes características individuales (adquiridas o congénitas) ni los condicionamientos que pueden influir entre competencia y capacidad, por un lado, y motivaciones e impulsos, por otro. La aptitud la componen las características del comportamiento relativamente duraderas del individuo, aquellas que se mantendrán en un futuro más o menos próximo, y que se suponen fundamentales e incluso «primarias». Respecto a la aptitud profesional, se ha de tener en cuenta la diversificación real de las actividades en relación con las características de los sujetos, así como la correspondiente «multipotencialidad» de los sujetos respecto a dichas profesiones. / *Aptitud social*, capacidad de un individuo para desenvolverse en la vida social y establecer relaciones interpersonales. Implica responsabilidad hacia uno mismo y hacia los demás.

ARCO REFLEJO Vía de la transmisión de los reflejos. Está formado por una sola neurona sensorial y una sola neurona motora, comunicadas por la interneurona correspondiente. Por ejemplo, al producirse el pinchazo de una aguja en la mano, la actividad nerviosa que genera el pinchazo viaja por las neuronas sensoriales y llega a las interneuronas de la médula espinal, provocando la respuesta refleja de retirada. ■

ÁREAS DE ASOCIACIÓN Áreas de la corteza cerebral* implicadas en funciones mentales superiores, como el aprendizaje, el recuerdo, el pensamiento y el lenguaje.

ARQUETIPO **1.** Tipo o forma ideal original o principal, prototipo. **2.** Formación fundamental del llamado «inconsciente colectivo», constituido por las fuentes primigenias como fábulas, mitos, leyendas o arte popular. Los arquetipos son los esquemas básicos que conforman las actitudes y creencias de alcance universal. Para C. G. Jung, su origen es primitivo y en ellos se sustentan los productos de la fantasía colectiva, así como también muchas de las creencias individuales. Arquetipos como el del padre (autoridad, protección), la madre (amor, reproducción), el hijo (continuidad, abandono) y el héroe (superación, caída-retorno), se consideran universalmente enraizados.

ARTE, TERAPIA POR EL Conjunto de intentos

terapéuticos para mejorar el equilibrio psicológico y la integración social en ciertos trastornos mentales. Comprende la utilización de diversas artes creativas (danza, música, teatro, etc.). Si bien puede ser de cierta utilidad integrado en el conjunto de los procesos de rehabilitación psicosocial, no existen suficientes estudios científicos controlados que corroboren su eficacia terapéutica.

Ascetismo Modo de vida estricto y alejado de cualquier placer de los sentidos. Es probable que condicione tanto el desarrollo intelectual como el de la personalidad.

Asertividad Característica de una persona que expresa con fluidez y sin ansiedad sus opiniones, intereses y emociones de una forma correcta y empática, sin negar los de los demás. Las técnicas de entrenamiento en habilidades sociales incluyen también la de la asertividad. Su objetivo es ayudar al individuo que se queja de ser inhibido en sus relaciones interpersonales y de tener dificultades en la comunicación*, tanto para expresar como para mantener sus puntos de vista. El entrenamiento se basa en la disminución de su ansiedad social, enseñándole recursos para solucionar problemas, como pueden ser el lenguaje no verbal, el gestual o la expresión facial, así como trabajando la autoestima o bien el control o moderación de la agresividad*. Se trata de integrar todos estos recursos en el repertorio conductual del individuo, de forma que pueda adaptarlos a su entorno. Las técnicas asertivas trabajan con factores cognitivos, y se utilizan en terapia de conducta cuando la ansiedad producida por determinadas situaciones sociales se mantiene a un nivel muy elevado y llega a crear un malestar en el individuo que puede conducir a un trastorno mental. También se han utilizado con objetivos conductuales más limitados, por ejemplo, en enfermos mentales gravemente afectados, o para integrar a un individuo en un medio profesional determinado. En estos casos el objetivo es que utilicen las habilidades aprendidas en el contexto donde se desenvuelven.

Asimilación Proceso mediante el cual nuevos elementos cognoscitivos son modificados a fin de hacerlos más parecidos a otros ya experimentados y más familiares al sujeto, con el objeto de adecuarlos con mayor facilidad a las estructuras cognoscitivas ya existentes.

■ *La **astrología** es una pseudociencia que estudia la posible influencia del cielo geocéntrico en el acontecer humano.*

Asociación libre Técnica psicoanalítica que consiste en expresar sin ningún tipo de discriminación todos los pensamientos que acuden a la mente, bien a partir de un elemento dado (palabra, número, representación cualquiera, imagen de un sueño, etc.), bien de forma espontánea. El término libre significa que el desarrollo de las asociaciones no está orientado ni controlado por una intención selectiva y que la libertad se acentúa cuando no se proporciona ningún punto de partida. A partir de un recuerdo de la niñez, un sueño o una experiencia reciente, la persona expone todo lo que se le va ocurriendo, sea agradable o incómodo, dejando fluir la imaginación, los sueños, los recuerdos y todo lo que esté aprisionado por los mecanismos de defensa*.

Astenia Sensación de fatigabilidad neuromuscular general, acompañada a veces de un debilitamiento de la memoria*, dificultad para mantener la atención y la concentración. Se da en numerosas enfermedades médicas (hipertiroidismo, hiperparatiroidismo, gripe, etc.) y en algunas psiquiátricas, sobre todo en la depresión.

Astrología Estudio de la influencia del sistema planetario en el destino humano. Es considerada una de tantas pseudociencias con pretensiones explicativas del comportamiento psicológico, sin suficientes bases científicas que la avalen. ■

*La **atracción** expresa una tendencia de simpatía, afinidad y afecto entre las personas.*

*Durante un **atracón** el individuo experimenta una sensación de pérdida de control sobre la ingesta de alimento.*

ATAQUE 1. Aparición brusca de un trastorno, que suele tener un comienzo muy exacerbado, por ejemplo, una crisis cardíaca o una crisis epiléptica. Este episodio puede caracterizarse por una actividad motora o psíquica inadecuada e involuntaria. **2.** Ataque de pánico. Véase TRASTORNO DE PÁNICO.

ATENCIÓN Acto pasivo-activo de focalizar el consciente en un objeto o en una experiencia. Puede distinguirse entre atención voluntaria (intencional) e involuntaria, que se da cuando un acontecimiento atrae la atención del sujeto sin esfuerzo consciente. Entre los trastornos de la atención cabe mencionar los siguientes: aprosexia*, hipoprosexia*, hiperprosexia*, inatención*, distraibilidad*, negligencia*, fatigabilidad*.

ATLÉTICO Biotipo* de personalidad caracterizado por una estructura corporal vigorosa, de complexión robusta y carente de adiposidad. Las características psicológicas correspondientes serían una cierta lentitud de pensamiento y una gran tenacidad. Equivale al biotipo mesomorfo*. Hoy día es un concepto superado por otros de mayor entidad científica.

ATRACCIÓN Actitud de simpatía, afinidad y afecto hacia una persona. El término se utiliza tanto para definir las relaciones con amigos como las derivadas de los sentimientos amorosos. Entre los factores que influyen en la atracción y su consolidación se encuentran: a) la proximidad: es el factor de mayor influencia en la amistad; si bien ofrece oportunidades para manifestar hostilidad y ataque, es mucho más frecuente que incite a la simpatía. La condición de proximidad se da, evidentemente, entre aquellas personas que resultan accesibles. La frecuencia de los contactos debida a esta proximidad acentúa las posibilidades de atracción; b) la atracción física: si la proximidad facilita el contacto, la atracción física de las personas permite predecir sus posibilidades de suscitar una impresión favorable y contribuir a su potencial de seducción. Cuando el potencial de atracción de los miembros de la pareja es visiblemente desigual, la persona físicamente menos atractiva a menudo tiene cualidades compensatorias, como por ejemplo una mayor jerarquía o aptitud social. Al parecer, la gente se siente más atraída por los rasgos físicos intermedios, ni grandes ni pequeños; las caras «promedio», que son la combinación de diferentes rasgos, ejercen más atracción que el 95 por ciento de las caras individuales. Ajustarse al promedio significa ser hermoso. Al margen de las diferencias y las semejanzas culturales, la atracción también depende de los sentimientos que se alberguen hacia determinada persona. Este hecho explica que dos personas, a medida que descubren similitudes entre sí, y después de constatarlas mediante nuevas observaciones, acaben por sentirse atraídas y les resulten gratas incluso sus imperfecciones físicas; c) la semejanza: la satisfacción en una relación se debe principalmente a este factor. Cuanto mayor sea la semejanza entre dos personas, más durará la simpatía que se profesan. Las personas con opiniones análogas se recompensan mutuamente confirmando la respectiva manera de pensar y de actuar; y d) la recompensa: se simpatiza con aquellas personas cuya conducta aparece como reforzante y se perpetúan las relaciones que aportan más recompensas que costos. Los efectos de la atracción pueden contribuir al origen de los sentimientos y las sensaciones que estructuran los diversos tipos de amor*. ■

ATRACÓN Ingesta de alimento en un corto espacio de tiempo, generalmente inferior a dos horas, en cantidad superior a la que la mayoría de las personas ingerirían en un período de tiempo similar y en las mismas circunstancias. Se produce durante el mismo una sensación de pérdida de control sobre la ingesta del alimento (por ejemplo, impresión de no poder parar de comer o no poder controlar el tipo o la cantidad de comida que se está ingiriendo). A pesar de que el tipo de comida que se consume en los atracones puede ser variada, generalmente se trata de dulces y alimentos de alto contenido calórico, como helados o pasteles. Los atracones son característicos de la bulimia nerviosa* y de la anorexia nerviosa* de tipo compulsivo/purgativo. ■

ATRIBUCIÓN Término que se refiere a las explicaciones que da una persona sobre su comportamiento. / *Atribución, teoría de la,* teoría procedente de la psicología social a través de la cual se pretende definir el modo en que las personas explican la conducta de los demás. La gente suele atribuir la conducta de otros a sus predisposiciones (causas internas como, por ejemplo, su personalidad) o a situaciones (causas externas, por ejemplo, el ambiente). Los efectos de la atribución son muy importantes para explicar la razón que determina que otros actúen de cierto modo, pero también para razonar las causas de ciertas situaciones psicosociales. Desde el punto de vista cognitivo, el supuesto implícito en la teoría de la atribución es que las causas que percibe un sujeto pueden influir en su conducta. Las falsas atribuciones son frecuentes en estados depresivos, en los cuales los sujetos tienden a atribuir sus fracasos a causas internas de tipo personal («soy un desastre») y muy globalmente, lo cual reduce su autoestima, incrementando la sintomatología depresiva. También aparecen falsas atribuciones en sujetos con dificultades sociales (fobia social, falta de asertividad*), en trastornos psicosomáticos (somatizaciones, hipocondría) y en trastornos de ansiedad.

Aura Manifestación o síntoma premonitorio de un acceso convulsivo, generalmente epiléptico. Por lo común, es un síntoma consciente o semiconsciente, que a veces evita la caída y sus posibles consecuencias. Las auras pueden ser sensitivas (parestesias, cefalalgias), sensoriales (silbidos, olores raros), motrices (estornudos, bostezos), vasomotoras (sudores, palidez o rubicundez) y psíquicas (alucinaciones, sobre todo olfativas).

Ausencia Interrupción brusca de la conciencia, de breve duración, que se observa en un tipo de epilepsia (epilepsia menor o pequeño mal), y se da con más frecuencia en niños. Tiene un trazado electroencefalográfico característico en forma de descargas punta-onda. La ausencia puede ir acompañada de movimientos automáticos, como andar, hablar o hacer gestos incomprensibles para los demás.

Autismo Trastorno del desarrollo caracterizado por una alteración cualitativa de la interacción social, con un uso marcado de múltiples comportamientos no verbales, incapacidad para desarrollar relaciones con compañeros y falta de reciprocidad emocional (ausencia de la tendencia espontánea para compartir intereses con otras personas). Asimismo se observan alteraciones cualitativas de la comunicación (retraso o ausencia del desarrollo del lenguaje, lenguaje repetitivo, ausencia de juego espontáneo, etc.) junto con patrones de comportamiento estereotipados, caracterizados por manierismos motores repetitivos y rituales. Se inicia antes de los 3 años, existiendo un riesgo significativo de trastorno autista en los hermanos de los sujetos afectados por el mismo. En el 75 por ciento de los casos existe un diagnóstico asociado de retraso mental moderado. Su curso es continuo, de forma que sólo un pequeño porcentaje de individuos autistas llegan a vivir y trabajar autónomamente en su vida adulta. El tratamiento es muy complejo e incluye aproximaciones conductuales y neurolépticos*.

Autoanálisis Exploración de la personalidad a cargo del propio sujeto, de forma más o menos sistemática, mediante variados procesos de introspección.

Autocastigo Punición que el sujeto se inflige a sí mismo impelido por un sentimiento de culpa.

Autoconcepto Conjunto de pensamientos y sentimientos que cada individuo tiene acerca de sí mismo y que lo ayudan a definirse como persona.

Autoconfianza Estimación adecuada por parte del sujeto de sus conocimientos y juicios sobre las personas y las cosas. Cuando el sujeto sobrestima la exactitud de su autoconfianza, puede caer en el «exceso de confianza», lo cual, si bien es fuente de errores, predispone a adoptar decisiones difíciles y a la autosatisfacción.

Autocontrol Capacidad del individuo para controlar su conducta mediante el autoesfuerzo y el dominio de las emociones con objeto de lograr un fin.

Autoeficacia Convencimiento que tiene el individuo de contar con la habilidad propia para enfrentarse a las exigencias del medio. Constituye uno de los factores más decisivos en la determinación de la conducta. Si no se tiene un sentido de la autoeficacia, aunque se tenga la habilidad y el deseo de realizar una acción, nunca se emprenderá dicha acción, y si se emprende, nunca se terminará con éxito.

■ El *autismo* es un trastorno mental caracterizado por la alteración cualitativa de la interacción social.

■ El *autocastigo*, punición que el sujeto se inflige a sí mismo en un acto de expiación, representado en la obra Procesión de disciplinantes de Francisco de Goya.

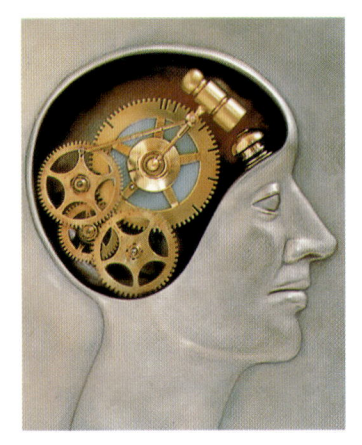

*El término **autómata** designa al enfermo que se conduce de forma irreflexiva, repitiendo estereotipos.*

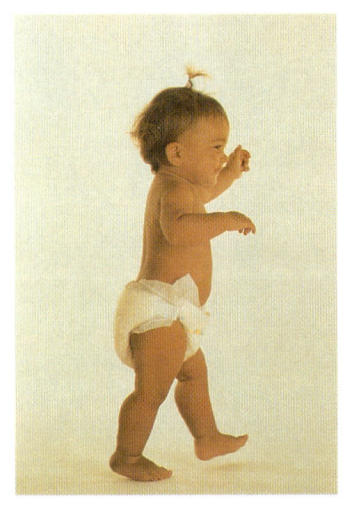

*La adquisición de un **hábito de autonomía** se produce cuando el niño ha alcanzado cierto grado de desarrollo perceptivo o cognitivo.*

AUTOEROTISMO Tendencia a buscar satisfacción sexual recurriendo al propio cuerpo. El acto autoerótico por antonomasia es la masturbación*.

AUTOESTIMA Conjunto de sentimientos que uno tiene acerca del mayor o menor valor de su propia persona. La autoestima elevada aporta equilibrio personal, mientras que la escasa autoestima provoca mayor vulnerabilidad emocional.

AUTOESTIMULACIÓN Término creado por H. H. Ellis para denominar a la masturbación*.

AUTOEXPOSICIÓN Estrategia de exposición* consistente en el empleo de la terapia por parte del propio sujeto sin ayudas exteriores. Se utiliza especialmente en la agorafobia* y en los trastornos obsesivo-compulsivos.

AUTOINFORME Información verbal que un individuo proporciona sobre sí mismo o sobre su comportamiento. Puede considerarse como una derivación de la autoobservación. El método de autoinforme posibilita recabar información sobre las situaciones en que tiene lugar la conducta. La calidad del autoinforme aumenta cuanto más contrastable y accesible es la información solicitada. También influye en la calidad el que haya transcurrido poco tiempo respecto a lo que se informa, el que requiera pocas transformaciones u operaciones cognitivas, y el que las inferencias realizadas sobre esta información también sean las mínimas. No existe un acuerdo general sobre la forma de clasificar los autoinformes. Así, mientras gran parte de los autores incluyen bajo esta denominación todas aquellas técnicas e instrumentos mediante los cuales el sujeto proporciona información sobre sí mismo, es decir, la entrevista, el autorregistro*, los cuestionarios*, los inventarios de personalidad* y las escalas*, así como los pensamientos en voz alta, otros excluyen el autorregistro como categoría específica, y algunos autores, por motivos prácticos, utilizan el término para referirse únicamente a cuestionarios, inventarios y escalas, diferenciándolo así de la entrevista y del autorregistro.

AUTOINVENTARIO Conjunto de ítems agrupados en forma de escala destinado a medir determinados parámetros del individuo, que éste mismo extrae de su propia autoobservación y plasma posteriormente para su cuantificación o cualificación.

AUTÓMATA Término que designa a la persona cuya conducta irreflexiva, similar a la de una máquina, hace que repita estereotipos y manifieste una incapacidad de autocrítica o de modificación de su comportamiento. La conducta automática es sintomática de varios trastornos mentales. Véase AUTOMATISMO. ■

AUTOMATISMO Actividad motora involuntaria que guarda un cierto grado de coordinación. Los automatismos se dan de forma típica en los estados crepusculares*, donde se acompañan siempre de una disminución o enturbiamiento de la conciencia, y en los que el individuo adopta la misma actividad previa a la crisis de forma autónoma e incontrolada. También pueden aparecer en pacientes esquizofrénicos y en histéricos; en estos casos la conducta adoptada es extravagante, extraña o incomprensible. Se distinguen cinco tipos: masticatorios, faciales o mímicos (de perplejidad o terror), gestuales (abruptos o elaborados), ambulatorios y verbales.

AUTONOMÍA, HÁBITO DE Disposición intelectual o cognitiva, puramente interna y estable. Los hábitos se adquieren durante el aprendizaje, sobre todo, por repetición. Se consolidan a lo largo del desarrollo del individuo y se constituyen en la unidad funcional que ajusta la capacidad de reacción a las necesidades de la persona. Para que un individuo adquiera un hábito o habilidad motora, es necesario que éste la repita de forma regular hasta que la secuencia de movimientos se vuelva automática. El acto habitual, una vez desencadenado, actúa solo, sin control voluntario. La función del hábito es económica porque permite ejecutar automáticamente y con precisión actos complejos que, durante su adquisición, exigían mucho esfuerzo. El peligro de los hábitos es que constriñen al individuo a conductas rígidas, limitando la variedad de sus comportamientos y sus posibilidades de creación. En el niño, la adquisición de hábitos (aprender a caminar, a escribir, a vestirse, desnudarse, etc.) se produce en la medida en que ha alcanzado cierto grado de madurez y/o de desarrollo perceptivo o cognitivo. ■

Autoobservación Registro objetivo de la conducta que realiza una persona consigo misma mediante autosensibilización. Tal registro le suministra un conocimiento tanto con respecto a su conducta como a las situaciones en que ésta se presenta. El registro preciso de ciertas clases de conducta es a menudo suficiente para modificar de modo notorio el comportamiento.

Autoridad Estatus social de una persona o institución que le ofrece la posibilidad de dirigir a otros individuos o de influir en sus opiniones y decisiones. ■

Autorrealización Impulso individual hacia el crecimiento, la autoconservación y la comunicación con el exterior que incluye asimismo capacidades de socialización. Esta última capacidad sirve de fundamento para negar que la instancia primitiva del hombre sea de naturaleza asocial o antisocial.

Autorregistro Registro basado en la autoobservación* de la persona sobre la frecuencia, severidad y circunstancias del problema a tratar. Los autorregistros son de gran utilidad para la formalización de objetivos terapéuticos y estrategias a llevar a cabo. Suponen también unos datos valiosos para evaluar los progresos efectuados y dan a la persona una indicación diaria de la repercusión de sus propios esfuerzos, lo que suele significar un reforzamiento positivo. Se recomiendan en gran cantidad de trastornos y deben adaptarse con exactitud a la idiosincrasia de cada uno de los sujetos afectados. En general, son elaborados conjuntamente por el paciente y el terapeuta. Los aspectos estudiados con mayor frecuencia mediante este procedimiento son: a) pautas o hábitos de comportamiento: estudio, sueño, conducta sexual, ingesta y ejercicio físico; b) hechos fisiológicos: temperatura corporal, micciones o enuresis, tensión arterial y peso; y c) evolución de un síntoma que aparece como un fenómeno permanente: cansancio, dolor, somnolencia y estados de ánimo*. Los autorregistros deben diferenciarse de los autoinformes* en que: 1) Un autoinforme relata un conjunto de conductas, mientras que los autorregistros se refieren a una instancia concreta de la conducta que hay que estudiar. 2) En los autoinformes se tiende a proporcionar datos globalizadores, indicando lo que sucede «en general» o «por término medio». Este hecho los hace depender de factores de interpretación por parte del sujeto: lo «general» puede no ser lo más frecuente, sino lo que más llama la atención al individuo. En los autorregistros, la información suele ser mucho más específica y, por lo tanto, son menores las oportunidades de que se introduzcan factores interpretativos por parte de la persona que los realiza.

Autorregulación Control personal, propio del aprendizaje social, sobre tres elementos claves de la conducta aprendida: autoobservación, planeamiento ambiental y programación conductual.

Autorrevelación Revelación a otros de aspectos íntimos de uno mismo. Es un ingrediente esencial para potenciar la intimidad en las relaciones afectivas.

Autoscopia Visión alucinatoria de uno mismo en el espacio exterior, sinónimo de imagen en espejo. Es un trastorno de la percepción sensorial, que puede encontrarse en la esquizofrenia.

Autosugestión Sugestión nacida espontáneamente en una persona, fuera de toda influencia extraña apreciable.

Autotratamiento Conjunto de estrategias que se proponen a una persona, bien sea a lo largo de un tratamiento o bien al final del mismo, a fin de intensificar los hábitos de autonomía y las capacidades de afrontamiento* personal. Entre las más conocidas están la autoexposición a las fobias o las decisiones sobre la utilización de técnicas diversas (por ejemplo, relajación) en situaciones puntuales que el propio sujeto aprende a identificar.

Aversión Repulsión violenta, repugnancia respecto de alguna cosa o de alguien. En terapia de conducta, *terapéutica por aversión*, método terapéutico que intenta conseguir la eliminación de un hábito patológico, mediante la presentación de un estímulo, físico o farmacológico, desagradable, junto con el hábito que se desea eliminar. Esta presentación conjunta de forma contingente produce un condicionamiento o asociación entre el estímulo desagradable (aversivo) y el citado hábito. Véase Conducta, modificación de la, y Terapia de.

■ *El concepto de **autoridad** denota un estatus social que permite dirigir a los demás e influir sobre ellos.*

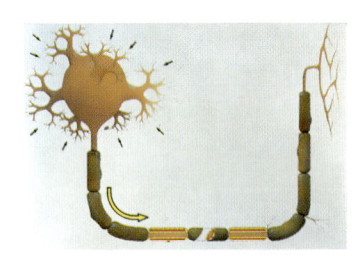

■ *El **axón** es una fibra nerviosa que interviene en la transmisión de los impulsos nerviosos.*

AVERSIÓN SEXUAL Miedo intenso e irracional hacia el sexo, con evitación de todas o casi todas las actividades sexuales con una pareja. Las causas pueden ser diversas, si bien afecta en general a sujetos con una tendencia a las fobias* y a la ansiedad* generalizada. Se solapa con el término fobia sexual.

AXÓN Fibra nerviosa que surge del cuerpo neuronal de forma única y transmite información a otras neuronas situadas a lo largo de todo el sistema nervioso*. A diferencia de las dendritas*, siempre cortas, los axones pueden proyectarse a lo largo del cuerpo hasta alcanzar longitudes muy apreciables. Así, los axones de las neuronas musculares (motoras) se proyectan desde la médula espinal hacia músculos muy alejados, por ejemplo, los de los pies. Algunos de ellos están aislados por la vaina de mielina*. El axón, al igual que las dendritas, interviene en la transmisión de los impulsos nerviosos. ■

B

BANDA Grupo de adolescentes autoorganizados. Según algunos autores, las bandas constituyen para el adolescente el instrumento sustitutivo a través del cual pueden realizar aquello que ha sido negado a su clase social y, al mismo tiempo, rechazar los valores de las clases medias, a las que se considera responsables de la marginación del muchacho. Según otros autores, la aparición de bandas puede derivar de los conflictos personales sufridos por el adolescente en el paso de la infancia a la edad adulta. Dentro de la banda, el joven marginado se integra en el grupo y afirma su personalidad a través de las acciones de éste. Por otra parte, la banda le sirve al joven como marco de la autoafirmación personal en que se desenvuelve. Otros autores opinan que el motivo fundamental que impulsa a los jóvenes a organizarse en bandas es la búsqueda de seguridad, pues en el grupo-refugio se encuentra el apoyo recíproco que disuelve o hace tolerable la ansiedad*. De la misma manera, la banda puede constituir una compensación a la carencia de autoestima y a los sentimientos de inferioridad. Véanse ADOLESCENCIA y DELINCUENTE.

BANDURA, ALBERT Psicólogo canadiense (Mundara, Alberta, 1925). Sus trabajos han constituido la vanguardia en la investigación del aprendizaje basado en la imitación y observación de modelos. Para Bandura, lo que determina a las personas a imitar modelos son los reforzadores y los castigos (tanto los recibidos por el modelo como por el imitador). Las investigaciones que se han realizado con posterioridad acerca de los modelos sociales que generan el hogar, la televisión o los grupos de amigos fueron estimuladas por sus experimentos. Fue el impulsor del denominado enfoque sociocognitivo de la personalidad, según el cual el ambiente tiene una influencia trascendental sobre factores personales como el autocontrol* y el concepto del yo*. A este proceso de interacción entre la conducta, pensamientos y sentimientos del individuo, Bandura lo denominó «determinismo recíproco». También se le debe la estructuración de técnicas terapéuticas basadas en la observación de un modelo para curar fobias. ■

BARBITÚRICOS Grupo de sustancias derivadas del ácido barbitúrico que actúan como depresores del sistema nervioso central*. Se han utilizado ampliamente en medicina como hipnóticos, anestésicos, anticonvulsivos, etc. Pueden clasificarse en cuatro grupos según el tiempo que dura su acción: a) lenta: fenobarbital y veronal; b) intermedia: amobarbital y ciclobarbital; c) rápida: pentobarbital, hexobarbital; y d) ultrarrápida: pentotal sódico. En la actualidad, en el ámbito de la psiquiatría, su uso está muy restringido por tratarse de sustancias que originan dependencia y tolerancia.

BARRERA HEMATOENCEFÁLICA Barrera de membranas entre los vasos sanguíneos y el líquido cefalorraquídeo que filtra el paso de ciertas moléculas al cerebro.

BATERÍA DE TESTS Grupo o conjunto de tests utilizados al mismo tiempo para valorar diferentes aspectos de las aptitudes o de la personalidad de los individuos y obtener un diagnóstico certero.

BECK, AARON Profesor de psiquiatría de la Universidad de Pennsylvania. Es uno de los personajes más relevantes en el estudio y tratamiento de la depresión y el desarrollo de las técnicas de intervención psicológicas cognitivas. Respecto a la evaluación del estado anímico destaca la elaboración del Inventario de Depresión de Beck (BDI), un

■ *Albert **Bandura**, psicólogo canadiense que impulsó el enfoque sociocognoscitivo de la personalidad.*

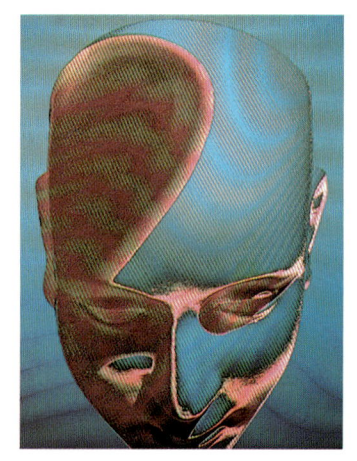

Bilateralidad cerebral, división de la corteza cerebral en dos hemisferios, cada uno de los cuales posee el control de diversas habilidades o comportamientos.

Alfred Binet, creador del método de los tests para medir la inteligencia.

Entre las aplicaciones clínicas del biofeedback se encuentra el tratamiento de las cefaleas de tensión.

inventario autoaplicado que ofrece unos resultados altamente contrastados acerca del estado anímico actual del paciente. Su uso clínico ha sido muy aceptado internacionalmente. En relación al desarrollo de técnicas de intervención, sus esfuerzos se centraron en la consagración de la reestructuración cognitiva, una metodología de tratamiento que pretende como objetivos la identificación de los pensamientos automáticos, la clasificación de errores cognitivos y la adopción de pensamientos alternativos. De forma general, se trata de un intento de influir en el diálogo interno de las personas para cambiar sus interpretaciones negativas de los acontecimientos, en la misma línea en que lo hiciera A. Ellis.

BEHAVIORISMO Conductismo*.

BELLA INDIFERENCIA Comportamiento característico de la histeria, en la que el paciente acude con una grave discapacidad pero sin ninguna implicación emocional o afectiva respecto a la misma.

BENZODIACEPINAS Psicofármacos* extensamente empleados como ansiolíticos y/o hipnóticos. Sus acciones más destacables son: a) ansiolítica: indicados en síndromes ansiosos primarios y secundarios. Para estos casos se emplean benzodiacepinas de vida media intermedia (alprazolam, bromacepam, ketazolam) y larga (diazepam, clordiacepato, clobazam, medacepam); b) hipnótica: de utilidad en el insomnio. Si el insomnio es inicial, estarán indicadas las benzodiacepinas de vida media ultracorta (triazolam, midazolam) y corta (loracepam, oxacepam, lormetacepam, brotizolam); estas últimas también están indicadas en el insomne con desvelos repetidos a media noche (insomnio medio); c) relajante muscular: útiles en contracturas musculares y reacciones distónicas. Para esta función se ha demostrado la eficacia del diazepam; d) anticonvulsivante: se emplean en la epilepsia y el estatus epiléptico, en especial el clonacepam y el diazepam; e) amnésica: utilizadas para inducir la anestesia; f) depresión del sistema nervioso central*: se administran en síndromes de abstinencia del alcohol, barbitúricos, etc., sobre todo el diazepam. Las benzodiacepinas deben utilizarse siempre a dosis correctas y durante el tiempo estrictamente necesario para evitar el desarrollo de una dependencia al fármaco. La retirada debe ser siempre progresiva, debido a que la interrupción brusca de su administración puede provocar la aparición de un síndrome de abstinencia caracterizado por ansiedad, náuseas, palpitaciones, temblor acusado, insomnio, confusión y convulsiones. Su administración está contraindicada en pacientes con miastenia, glaucoma, durante la lactancia y el primer trimestre del embarazo, cuando se consume alcohol y cuando se realizan actividades de riesgo (incluida la conducción). Los efectos secundarios que pueden producir son sedación, alteraciones de la memoria y, si no se utilizan correctamente, dependencia/abstinencia.

BILATERALIDAD CEREBRAL División longitudinal de la corteza cerebral en dos hemisferios aproximadamente iguales: el izquierdo y el derecho, que constituyen dos mitades comunicadas entre sí por medio del cuerpo calloso. Cada uno de los hemisferios posee el control sobre una serie de habilidades o comportamientos. Así, el hemisferio izquierdo regula fundamentalmente las tareas verbales, lógicas y matemáticas, mientras que el derecho se ocupa de las habilidades motoras, espaciales, artísticas y musicales. Las funciones complejas son fruto de la actividad integrada de ambos hemisferios. En los individuos diestros existe una predominancia del hemisferio izquierdo y en los zurdos del derecho. ■

BINET, ALFRED Psicólogo francés (Niza, 1857-París, 1911). Uno de los principales representantes de la psicología experimental francesa (*Estudios de psicología experimental*, 1888), estudió derecho, medicina y biología y fue el fundador del primer laboratorio de psicología de Francia en la Universidad de la Sorbona. Su principal campo de investigación fueron los procesos mentales superiores en niños y adultos (*Estudio experimental de la inteligencia*, 1903). En colaboración con T. Simon, elaboró el primer test para detectar a los niños deficientes en la escuela primaria. ■

BIOFEEDBACK Véase BIORRETROALIMENTACIÓN. ■

BIORRETROALIMENTACIÓN O **BIOFEEDBACK** Técnica de terapia de la conducta encaminada a establecer el autocontrol* sobre ciertas funciones fisiológicas involuntarias. Este concepto proviene de la palabra inglesa *feedback*, que suele traducirse en castellano como retroalimentación, retroacción o realimentación. Esta técnica se sirve de un aparato electrónico que traduce en una señal sensorial, normalmente luminosa o sonora, ciertos ritmos y reacciones fisiológicas que son detectados, amplificados e inmediatamente retransmitidos al individuo. Gracias a la información que le aporta el biorretroalimentador o *biofeedback*, el individuo puede ser más consciente de su funcionamiento biológico y aprende a ejercer gradualmente un cierto control sobre sí mismo. El *biofeedback* basa su funcionamiento en el condicionamiento operante. Como la simple percepción de un parámetro biológico no es suficiente para que el individuo ejerza su control, es necesario que el sujeto practique viendo aumentar y disminuir su ritmo cardíaco, por ejemplo, o la tensión de algunos de sus músculos. Toda modificación observada, aunque sea ínfima, debe ser detectable por el dispositivo de integración del aparato electrónico y transmitida al sujeto con una demora mínima. La transmisión de esta información se hace a través de una señal sensorial que actúa, en términos de condicionamiento operante, como un reforzador positivo. Esto provoca que el sujeto, modificando su organismo, haga aparecer el reforzador lo más rápidamente y durante el mayor tiempo posible. La diversidad de los resultados obtenidos mediante este procedimiento aún están mal explorados. El método de *biofeedback* comenzó a utilizarse aprovechando los medios electrónicos existentes para el registro de procesos autónomos. Inicialmente apareció el *biofeedback* del electroencefalograma, seguidamente el *biofeedback* del electromiograma, el de la reacción cutáneo-galvánica, de la frecuencia cardíaca, de la presión arterial, de la temperatura cutánea y de otros sistemas como el del flujo salival o los de la secreción gástrica, excitación sexual, contingencia fecal y actividad respiratoria. Las aplicaciones clínicas del *biofeedback* son muy diversas: hipertensión esencial, reeducación neuromuscular, trastornos cardiovasculares, cefaleas de tensión, etc. Sus aplicaciones se extienden también a los problemas gastrointestinales, como el estreñimiento o la diarrea, y el insomnio, de forma que el sujeto tome conciencia de los ritmos de reposo y de los ritmos alfa de sus ondas cerebrales. Esta técnica ejerce una acción sedativa sobre la ansiedad, muy interesante en el ámbito terapéutico, además de enseñar al sujeto a controlar los ritmos de su cuerpo.

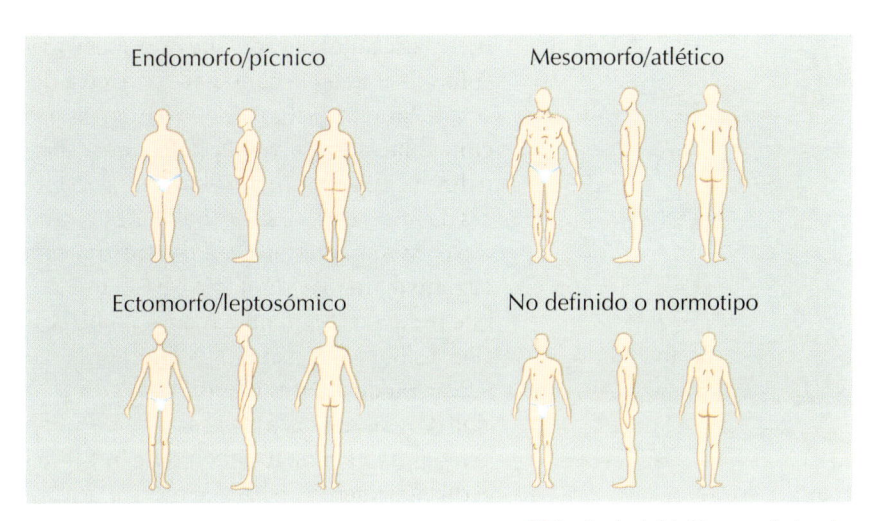

■ *Conjunto de biotipos según las clasificaciones de Ernst Kretschmer y William H. Sheldon.*

Biotipo 1. Conjunto de sujetos que tienen el mismo genotipo, es decir, la misma constitución genética. 2. Tipo de personalidad basado en la constitución corporal. El modelo más sobresaliente fue propuesto por E. Kretschmer, que distinguía entre biotipos leptosómicos, pícnicos y atléticos (delgados, gruesos y fornidos, respectivamente). Más tarde, W. H. Sheldon llegó a una clasificación paralela, si bien llamó a sus tres grupos ectomorfo (análogo al leptosómico), endomorfo (correspondiente al pícnico) y mesomorfo (correspondiente al atlético). Debido a sus limitaciones, estos modelos de personalidad poseen hoy en día poca aceptación en la psicología científica. ■

Biotipología Conjunto de biotipos.

Bipolar, trastorno Trastorno del humor* de curso intermitente, caracterizado por la alternancia de episodios de depresión* y de manía*, con períodos de estado de ánimo normal entre los intervalos. También se denomina psicosis maníaco-depresiva. En los

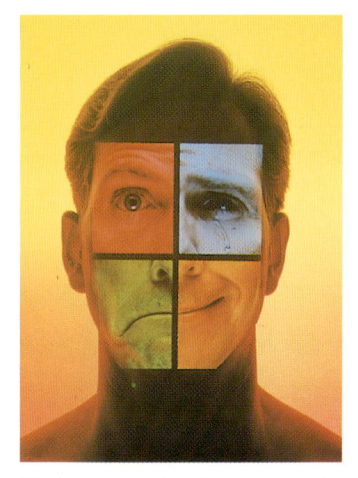

*El **trastorno bipolar** es una enfermedad de curso intermitente caracterizada por la alternancia de episodios de depresión y períodos de euforia, con intervalos de normalidad.*

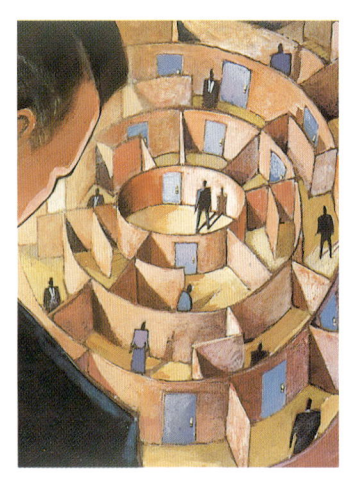

*La **bradipsiquia** o lentitud en las reacciones psíquicas plantea al individuo dificultades en la elaboración y expresión de su pensamiento.*

últimos años se han ampliado las fronteras de este trastorno, describiéndose seis subtipos: 1) Bipolar I: corresponde a la clásica enfermedad maníaco-depresiva circular, con alternancia de fases depresivas y maníacas, que conlleva una grave perturbación en las relaciones con los demás, lo que suele justificar la hospitalización psiquiátrica. 2) Bipolar II: se caracteriza por períodos de depresión y episodios de hipomanía durante los cuales la persona afectada experimenta exaltación del ánimo, verborrea y contenidos del pensamiento de corte expansivo, pero conserva intacto el contacto con la realidad y no precisa hospitalización psiquiátrica. 3) Bipolar III: episodio maníaco desencadenado por la medicación antidepresiva que, en la mayoría de los casos, se sustenta sobre una historia de trastorno bipolar. 4) Bipolar IV, véase Ciclotimia. 5) Bipolar V: corresponde a sujetos que sufren episodios de depresión mayor recurrente, con antecedentes familiares de trastorno bipolar. La frecuencia de esta enfermedad es similar en ambos sexos, apareciendo mayoritariamente hacia el final de la adolescencia o en la segunda década de la vida. En su génesis están involucrados factores genéticos (más riesgo si existen antecedentes familiares de trastorno bipolar o de depresión recurrente), psicosociales (acontecimientos vitales, especialmente el paro, estrés crónico, etc., y factores bioquímicos (neurotransmisión). Se ha podido comprobar una disminución de los metabolitos de la noradrenalina durante la fase depresiva, con tasas más elevadas en los episodios maníacos; también se ha observado una disminución de la serotonina, y se cree que los episodios maníacos resultarían de un aumento de dopamina cerebral. El litio* es el fármaco aconsejable tanto para el tratamiento de los episodios maníacos (asociando un neuroléptico para controlar más rápidamente la agitación maníaca) como para la profilaxis del trastorno bipolar. Siempre que sea posible, los episodios de ligera o moderada intensidad deben ser tratados con litio, añadiendo antidepresivos* solamente si la respuesta no es adecuada. Como tratamientos alternativos o complementarios figuran la carbamacepina, el clonazepam y las hormonas tiroideas (T_4). ■

Bisexualidad Atracción que una persona siente por otras de ambos sexos y relación sexual que establece.

Bloqueo Término tanto psicológico como fisiológico que se usa frecuentemente como sinónimo de impedimento, obstrucción o interrupción de la acción. En fisiología indica una interrupción de los impulsos eléctricos en fibras y células nerviosas. En psicología y psicopatología tiene diversas variantes: a) bloqueo afectivo o emocional: inhibición de la capacidad emocional presente en cuadros de ansiedad y miedo (véase Disociación afectiva); b) bloqueo del pensamiento: interrupción del pensamiento relacionada con trastornos psicológicos que afectan no sólo a la cognición, sino también a la atención y la motivación. Es un hallazgo sintomático en la esquizofrenia* y en otros trastornos psicopatológicos; c) bloqueo del habla: forma de alogia* caracterizada por la pérdida brusca del marco de referencia, que determina una parada en el discurso del sujeto y la imposibilidad de retomar el tema anterior tras algunos segundos o minutos de silencio; d) bloqueo motor: incapacidad motriz momentánea, usual en estados de extrema ansiedad* o fatiga, en la esquizofrenia* y en el trastorno obsesivo-compulsivo grave (véase Manierismo). También se presenta en alteraciones neurológicas. / *Bloqueo, efecto de,* interferencia con el condicionamiento de un estímulo nuevo debido a la presencia de un estímulo previamente condicionado.

Borderline Término inglés que significa limítrofe o fronterizo. / *Borderline, inteligencia,* la que corresponde a un cociente intelectual comprendido entre 70-79. / *Borderline, personalidad,* trastorno límite de la personalidad. Véase Personalidad, trastornos de la.

Bradipsiquia Lentitud en las reacciones psíquicas o mentales. El individuo presenta dificultad para elaborar su pensamiento, con predominio de la indecisión y la confusión. El lenguaje se vuelve pobre y hay un retardo en la emisión de respuestas. La presencia de ideas repetitivas, monótonas y a veces extrañas caracteriza esta disminución de la capacidad cognoscitiva, generalmente asociada a trastornos psicomotores que afectan al gesto y la palabra. Se da en algunos tipos de encefalitis, así como en trastornos depresivos severos. ■

Brainstorming Término inglés que puede traducirse como «torbellino de ideas». Es la denominación de una técnica de grupo que consiste en que los participantes emitan ideas de forma espontánea y relativamente rápida, sin censura ni orden. En fases posteriores se profundiza sobre las propuestas, se eliminan las irrelevantes y se selecciona el material más adecuado al tema que se quiere tratar. ■

Bruxismo Parasomnia consistente en movimientos laterales de la mandíbula que determinan una intensa fricción entre las arcadas dentarias superior e inferior. Se denomina popularmente rechinar de dientes. Se produce de forma episódica y es de corta duración (pocos segundos), pero puede originar lesiones dentales y dolor facial. Su origen es desconocido y no se asocia a alteraciones psicopatológicas específicas. Para su tratamiento se han propuesto técnicas de relajación.

Bulimia nerviosa Trastorno de la conducta alimentaria caracterizado por los atracones* recurrentes y las conductas inapropiadas que adopta el individuo afectado, encaminadas a no ganar peso (por ejemplo, vómitos, ejercicio físico, etc.), con una excesiva preocupación por la silueta y el peso corporales. El peso, a diferencia de lo que ocurre en la anorexia nerviosa*, suele mantenerse igual o por encima de un nivel normal mínimo. Los atracones se realizan con frecuencia a escondidas y, aunque inicialmente suelen disminuir la ansiedad, a continuación provocan sentimientos de autodesprecio y estado de ánimo depresivo. El trastorno afecta mayoritariamente a las mujeres, hacia el final de la adolescencia y al principio de la vida adulta, con una prevalencia aproximada del 1 al 3 por ciento. En ocasiones sigue un curso alternante con episodios de anorexia nerviosa. Existen dos subtipos: la bulimia nerviosa tipo no purgativo y la bulimia nerviosa tipo purgativo. En la de tipo no purgativo el enfermo utiliza otras técnicas compensatorias inapropiadas, como ayunar o practicar ejercicio intenso. En la de tipo purgativo los métodos habituales de purga para no aumentar de peso suelen ser la provocación del vómito o la utilización de laxantes, diuréticos o enemas. Los vómitos pueden originar alteraciones electrolíticas graves. La bulimia nerviosa se asocia con frecuencia a alteraciones del estado de ánimo (distimia*, depresión mayor), trastornos de ansiedad* y entre un 30 a un 50 por ciento a trastornos de la personalidad (la mayoría, a trastorno límite). El tratamiento de la bulimia tiene como propósito conseguir la restauración de unos patrones regulares de comidas, además del control de los atracones y los vómitos. Se asocian técnicas cognitivo-conductuales, de manejo de ansiedad y estrategias de grupo. Entre los fármacos empleados, fundamentalmente recaptadores de la serotonina*, destaca la fluoxetina. ■

Butirofenonas Familia de neurolépticos* de elevada potencia antipsicótica, si bien, a dosis elevadas, causan diversos efectos extrapiramidales que son controlables médicamente. Prácticamente carecen de poder sedante. La butirofenona más conocida es el haloperidol*.

Bykov, K. M. Fisiólogo ruso, fallecido en 1939. Fue alumno directo de I. P. Pavlov y creó el concepto de «patología córtico-visceral» con el cual pretendió encontrar un término que se adaptara mejor a los conocimientos científicos sobre el funcionamiento cerebral y los procesos de aprendizaje en contraposición al de medicina psicosomática. Sus estudios se basaron en la aplicación de los procesos propios de la actividad nerviosa superior y la regulación del medio interno para explicar el modo de enfermar humano siguiendo las teorías pavlovianas del condicionamiento clásico*. Es considerado el padre de las concepciones actuales relativas a los trastornos psicosomáticos, en las que tuvo en cuenta el principio de la unidad del organismo y del entorno, y la facultad de la corteza cerebral* de analizar y sintetizar continuamente los estímulos ambientales, confrontándolos con los procedentes del medio interno, asociado con la acción conjunta de los reflejos condicionados tanto por estímulos procedentes del exterior (exteroceptivos) como del interior del organismo (interoceptivos). Sus conceptos fueron más allá de explicar lo que se conoce como somatizaciones al referir las interrelaciones entre enfermedades somáticas y repercusiones psicológicas de las mismas. Se adelantó también a las teorías del estrés* al demostrar la repercusión en diversos sistemas (hemático, digestivo, inmunológico) de situaciones de tensión emocional.

C

CAFEÍNA Sustancia estimulante contenida en el café, el té y las bebidas con cola. Si se toma en gran cantidad puede provocar trastornos de ansiedad y del sueño, fundamentalmente insomnio*. Las personas ansiosas o muy sensibles a esta sustancia pueden experimentar los mismos efectos incluso tomándola en pequeñas cantidades. ■

CAJA DE SKINNER Véase SKINNER, CAJA DE.

CÁLCULO, TRASTORNOS DEL Alteración de la capacidad aritmética. Se determina cuando esta capacidad es menor a la esperada según la edad cronológica, coeficiente de inteligencia y escolaridad del individuo. Puede ser debida a enfermedades neurológicas, factores culturales, enseñanza deficiente, visión o audición alteradas, retraso mental* o trastornos de la comunicación. En general, los trastornos se inician ya en la infancia* o la adolescencia*, pudiendo persistir en la edad adulta. Si se descartan enfermedades médicas, pueden considerarse como una alteración primaria del aprendizaje*.

CÁNCER, EFECTOS PSICOLÓGICOS DEL Reacciones psicológicas ante el padecimiento de la enfermedad, entre las que se incluyen el miedo a la muerte, a la desfiguración, a la incapacidad, al abandono y a la pérdida de la independencia. Desde que el enfermo conoce el diagnóstico pasa por diversas fases en las que manifiesta ira, ansiedad y culpa, reaccionando, o bien con el afrontamiento, o bien con la negación de la enfermedad. Aproximadamente la mitad de estos enfermos desarrollan algún trastorno mental. La mayoría sufre trastorno adaptativo, alrededor del 15 por ciento un trastorno depresivo y el resto padece ansiedad o problemas psicológicos relacionados con el tratamiento. Un 50 por ciento aproximadamente padece efectos secundarios de tipo anticipatorio a la quimioterapia, como náuseas y vómitos. Los pacientes que ocultan sus emociones negativas quizá tengan menos posibilidades de supervivencia que quienes las expresan. Un enfoque positivo del desafío de la enfermedad y una firme voluntad de vivir son factores importantes para el alargamiento de la vida.

CÁNCER Y ESTRÉS Conjunto de investigaciones encaminadas a determinar la relación entre los estados de estrés* y el riesgo de padecer cáncer. Estas investigaciones se realizan debido a la probabilidad que existe de que el cáncer pueda deberse al déficit de respuestas inmunitarias provocadas por el estrés.

CANCEROFOBIA Fobia* que se distingue por el miedo irracional a padecer cáncer. Acostumbra a estar presente en la hipocondría*.

CANNABIS Género de plantas urticáceas, algunas de las cuales, como el *Cannabis sativa* y el cáñamo indio o *Cannabis índica*, se incluyen entre los narcóticos*. El principio activo más importante del cannabis es el tetrahidrocannabinol, conocido igualmente con los nombres de marihuana* y hachís (resina extraída de las hojas de la planta). Este tipo de sustancias producen relajación, euforia, risa inapropiada, aumento del apetito, intensificación de las percepciones y pasividad. También pueden producir apatía y somnolencia, irritación conjuntival y sequedad de boca. La intoxicación aguda produce labilidad emocional, despersonalización y síntomas psicóticos que acostumbran a remitir en pocas horas. En consumidores poco habituales pueden presentarse crisis de angustia* y, en sujetos con historia de esquizofrenia*, el cannabis puede precipitar la aparición de nuevos brotes. Tras su uso crónico se han descrito algunos casos de sín-

■ La **cafeína** es una sustancia estimulante que se encuentra en el café.

■ El **cannabis**, perteneciente a la familia de plantas urticáceas, posee como principios activos la marihuana y el hachís.

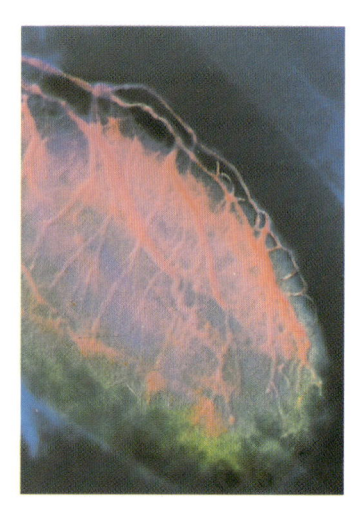

*Los factores psicológicos de riesgo en la **cardiopatía coronaria** incluyen el estrés y el sedentarismo.*

*El **castigo**, como estímulo aversivo, aquí representado en una obra surrealista de Max Ernst.*

drome amotivacional, reducción del impulso y ánimo depresivo. Véase MARIHUANA. ■

CAPACIDAD Posibilidad de lograr el éxito en la ejecución de una tarea. El éxito expresa la capacidad del individuo y, en determinadas condiciones, permite estimar su aptitud. La capacidad de tratamiento y la capacidad mnésica sería la máxima cantidad de información que puede procesar y almacenar un sistema cognitivo.

CAQUEXIA Deterioro general del conjunto de las funciones orgánicas del individuo, destacando la pérdida intensa de peso y diversas alteraciones bioquímicas y metabólicas. Es característica de las enfermedades terminales, pero puede encontrarse también en casos muy graves de anorexia nerviosa*.

CARÁCTER Conjunto de características personales establecidas mediante el aprendizaje y por influencia del ambiente. Las reglas sociales y las tradiciones culturales desempeñan un papel fundamental, hasta el extremo de que el carácter está marcado por los hábitos que se ajustan a las tradiciones, ética y costumbres de la sociedad en la que el individuo se ha desarrollado. El carácter se forma, pues, tanto a causa de la interiorización de las normas sociales, como por el ajuste de la conducta a las mismas que el individuo hace voluntariamente.

CARACTERÍSTICAS Estudio psicológico de los rasgos individuales para elaborar clasificaciones en función de tipos, temperamentos y causas que se supone determinan la formación de los caracteres.

CARACTERÍSTICAS SEXUALES Conjunto de órganos reproductores y de rasgos físicos propios de la diferenciación sexual. Se dividen en: a) primarias: conjunto de los órganos reproductores que se desarrollan de una forma evidente en la pubertad; b) secundarias: rasgos físicos que diferencian a los hombres y las mujeres como, por ejemplo, las caderas más grandes en las adolescentes, el vello facial y la voz más grave en los varones púberes, aunque no intervengan en la reproducción.

CARBAMACEPINA Véase EUTIMIZANTE.

CARDIOPATÍA CORONARIA, FACTORES PSICOLÓGICOS DE LA Factores psicológicos de riesgo que, junto a otras características físicas, intervienen en la aparición de las cardiopatías coronarias, en especial en el infarto de miocardio. Entre estos factores de riesgo destacan el patrón A de comportamiento*, el estrés* y el sedentarismo. ■

CASAMIENTO Acontecimiento vital* desencadenante de estrés, tanto en el sentido positivo como en el negativo.

CASTIGO En la teoría del aprendizaje, introducción de un estímulo no agradable o aversivo, o bien retirada de uno placentero, con la pretensión de que disminuya la probabilidad de que se produzca una conducta concreta. Se diferencia del reforzamiento negativo* en que éste consiste en la retirada de un evento aversivo, tratándose de una forma de conducta compensatoria y no punitiva, que fortalece la respuesta al eliminar un estímulo contrario. Así, la imposición de una «multa» a un niño después de una respuesta no deseable sería un castigo; suspender este tipo de estímulos negativos si el niño se porta bien sería un refuerzo negativo. El castigo puede presentar inconvenientes, como el desplazamiento* del comportamiento castigado, que puede reaparecer en ambientes seguros. También es probable que el castigo prolongado y excesivo pueda desencadenar agresividad*. Existen otros peligros a tener en cuenta, como la tendencia a evitar un ambiente que podría ser positivo por asociarse al castigo (la escuela), o que aparezca un estado de indefensión aprendida*, debido a castigos imprevisibles e inexorables, que provocan en el sujeto castigado la sensación de no controlar la situación. Lo más conveniente es combinar el castigo con una promesa de reforzamiento positivo*. ■

CASTRACIÓN Intervención quirúrgica destinada a extirpar los ovarios o los testículos. Su efecto inmediato es la esterilidad del sujeto. Efectuada antes de la pubertad provoca la inhibición de los caracteres sexuales secundarios (voz infantil, ausencia de vello, amenorrea, etc.). Realizada en la edad adulta, por ejemplo, por razones médicas, sus consecuencias no son tan importantes. / *Castración, complejo de,* según las hipótesis psicoanalíticas, mezcla de temor y deseo por parte del niño de ser privado del pene.

CATALEPSIA Interrupción brusca del movimiento voluntario y de la sensibilidad. El cuerpo y las extremidades pueden presentar una flexibilidad cérea y las posturas pueden mantenerse durante largos períodos de tiempo. En la «forma flexible» las posturas pueden ser modificadas desde el exterior. En la «forma rígida», por el contrario, se produce una oposición al cambio. El cuadro se asocia a una caída de la temperatura corporal y a un descenso de la respiración. Conjuntamente con la obediencia automática*, la catalepsia puede aparecer en la catatonía, en la esquizofrenia catatónica* y en otros cuadros psicopatológicos como la histeria*, aunque también se ha observado en algunas afecciones del sistema nervioso* central, en la enfermedad de Parkinson* y en trances hipnóticos. Véase MANIERISMO.

CATAPLEJÍA Véase NARCOLEPSIA.

CATARSIS 1. Término empleado por primera vez por Aristóteles para definir el efecto bienhechor de una representación teatral dramática sobre el espectador, el cual desahogaría a través del espectáculo sus sentimientos y pasiones. 2. Concepto recuperado por S. Freud para definir el proceso por el cual un sujeto descarga aspectos negativos mediante el retorno a la conciencia de recuerdos de fuerte impacto emocional hasta entonces reprimidos. ■

CATASTRÓFICO, PENSAMIENTO Forma de interpretar la realidad que busca las consecuencias extremas, perjudiciales y negativas, sin contrastarlas con los hechos.

CATATONÍA Conjunto de alteraciones motoras que pueden aparecer en diversos trastornos psiquiátricos, fundamentalmente en la esquizofrenia (esquizofrenia catatónica*, los trastornos afectivos muy graves, el retraso mental y diversos trastornos orgánicos cerebrales. Aparece en el contexto de una marcada inhibición motora (estupor catatónico) o, de forma más infrecuente, con agitación (agitación catatónica) que puede asociarse a comportamiento impulsivo o agresivo. También se denomina síndrome catatónico.

CATECOLAMINAS Grupo de aminas simpaticomiméticas que comprenden la dopamina*, la adrenalina* y la noradrenalina*, entre otras. Están presentes en la médula suprarrenal, sintetizándose tanto en el sistema nervioso* central como en el periférico. Tienen efectos activadores y moduladores. Véase MONOAMINAS.

CATEGORÍA En psicología, especie, grupo o clase de individuos o de comportamientos. / *Categoría diagnóstica,* modelo utilizado en psicopatología para discernir con claridad la presencia de un grupo de síntomas que conforman un cuadro clínico.

CATTEL, JAMES MCKEEN Profesor de psicología y doctor en filosofía (Easton, 1860-Lancaster, 1944). Fue discípulo de W. Wundt en Leipzig y uno de los impulsores de la psicología experimental. Se doctoró en Leipzig en 1886 y posteriormente fue instructor de psicología de la Universidad de Pennsylvania. A él se debe la fundación del laboratorio de psicología de Columbia, así como su participación en la creación de diversas publicaciones, *Psychological review*, *Popular Science Monthly*, *American Men of Science* y *American Naturalist*, entre otras. Dirigió la Psychological Corporation y presidió el IX Congreso Internacional de Psicología. Sus trabajos de investigación se encuentran publicados en numerosos libros y versan sobre muy distintos ámbitos de la psicología. Durante su estancia en Leipzig trabajó con los tiempos de reacción. También se interesó por aspectos relacionados con los umbrales perceptivos y las medidas psicofísicas, llegando a construir ingeniosos aparatos de medida. Realizó distintas investigaciones sobre cuestiones relacionadas con la rapidez de lectura. Su más valiosa contribución a la psicología fueron los resultados de sus estudios sobre la asociación, precursores de la psicología conductista actual y básicos para el inicio de la elaboración de tests mentales que luego proseguiría E. L. Thorndike. La psicología de Cattel está guiada por el deseo de conocer el nivel de ejecución de los seres humanos en distintas situaciones y las diferencias individuales que se establecen. La suya es una psicología de las capacidades humanas, a la que se ha denominado psicología funcional.

CELOS Sentimiento doloroso cuyo principio organizador es el resentimiento provocado por el temor a ser desposeído del afecto del ser amado por la presencia de una tercera persona. Este estado produce con frecuencia actitudes de rivalidad, es decir, tentativas para

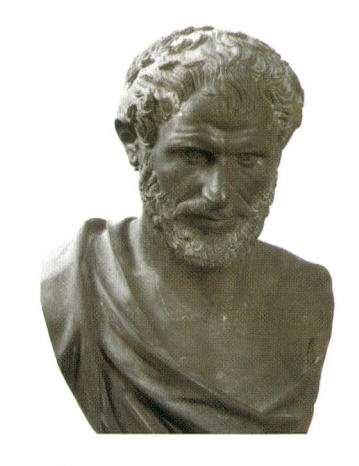

■ *El término* **catarsis**, *utilizado por Aristóteles para describir el efecto purificador de la tragedia, fue redefinido por Sigmund Freud.*

■ *Los* **celos** *son un sentimiento fundado en el miedo a perder el afecto de la persona amada por la presencia de una tercera persona, real o figurada.*

Celotípico, delirio

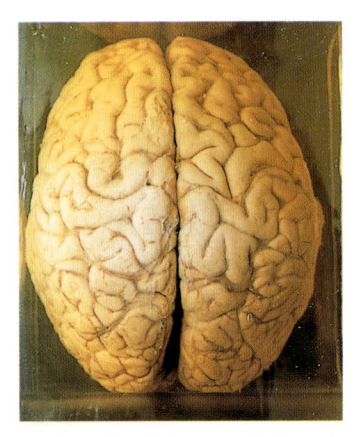

*El **cerebro** humano está formado por dos hemisferios unidos por un cuerpo calloso.*

*El **ceremonial** adopta múltiples manifestaciones en la sociedad actual.*

igualar o sobrepasar a la persona que despierta este sentimiento, motivadas por el miedo a perder el afecto o respeto de la persona amada. / *Celos patológicos*, sentimiento de celos excesivos que, a pesar de su persistencia, pueden ser aceptados como anormales por el sujeto y, en algunos casos, corregidos. Deben diferenciarse de la celotipia o delirio celotípico*. ■

CELOTÍPICO, DELIRIO Véase DELIRIO CELOTÍPICO.

CENESTESIA Conjunto de percepciones internas, difusas e indiferenciadas, que constituyen la base de las sensaciones de nuestro propio cuerpo, como fatiga, bienestar, comodidad, etc.

CENTRO DE PLACER Denominación de ciertas áreas cerebrales del sistema límbico* que corresponden a los sistemas de control de la recompensa, liberando dopamina* cuando dicha recompensa es reconocida por el organismo. Estos circuitos cerebrales específicos han sido descritos sobre todo en animales; en las personas tienen menos intensidad.

CEREBELO Estructura nerviosa situada en la parte posterior del bulbo y del tronco cerebral*. Regula las funciones motoras, coordinando los movimientos voluntarios, pero también interviene en el aprendizaje* y la memoria*. Cuando sufre algún daño por lesión o enfermedad, se producen síntomas como la pérdida del tono muscular, constantes caídas, andar vacilante y movimientos bruscos y exagerados.

CEREBRO Porción principal del encéfalo* que ocupa la parte superior del cráneo. Está formado por dos mitades o hemisferios cerebrales* unidos por una masa denominada cuerpo calloso*. Dos de sus partes son el tronco cerebral*, que comienza donde termina la médula, y el bulbo raquídeo, centro de control de los latidos del corazón y de la frecuencia respiratoria, y punto de cruce donde la mayoría de los nervios de cada lado del cerebro se conecta con el lado opuesto del cuerpo. Estas dos estructuras tienen una red de neuronas, extendida como una malla por parte del cerebro, y denominada sistema reticular ascendente, que desempeña un papel decisivo en el despertar y en la activación general de la mente. En la parte posterior del bulbo y del tronco se asienta el cerebelo*. Prácticamente encima del tronco cerebral y aproximadamente en el centro del encéfalo se sitúa el tálamo*, una estación de relevo sensorial formada por un par de estructuras unidas en forma de huevo. En el límite entre el tronco y los hemisferios cerebrales se encuentra un sistema nervioso de forma circular, llamado sistema límbico*, responsable de las emociones y motivaciones básicas. Entre sus estructuras destacan el hipotálamo*, regulador de una gran cantidad de funciones cerebrales (reacciones emocionales, motivaciones, respuestas somáticas, recompensa, aversión, secreciones hormonales). Al lado del hipotálamo se encuentra la hipófisis*, glándula que regula todo el sistema endocrino. Otras estructuras del sistema límbico son la amígdala cerebral*, el uncus y el hipocampo*. El conjunto del tálamo y el sistema límbico se denomina diencéfalo*. Cubriendo y rodeando todas estas formaciones anatómicas se encuentra la corteza cerebral*, una estructura rugosa formada por millones de neuronas, que constituye el órgano central de la percepción, el pensamiento, la conciencia, la planificación y la decisión. Las rugosidades del córtex son llamadas también circunvoluciones. Los hemisferios corticales son atravesados por una serie de fisuras (rolándica, central y silviana) que permiten subdividirlos en cuatro regiones o lóbulos* (frontal, occipital, temporal y parietal), los cuales ejercen sus funciones merced a unas áreas denominadas de proyección. La elaboración definitiva de las funciones superiores del cerebro es efectuada por las áreas de asociación*, que juegan un papel muy importante en procesos complejos como el aprendizaje*, la memoria*, la solución de problemas o el pensamiento*. ■

CEREMONIAL 1. Sistema de ritos y prácticas de carácter simbólico y consagrado por la costumbre. 2. Serie o secuencia de conductas, determinadas por las normas, que tiene una significación emocional que sobrepasa los actos en sí. Los ceremoniales son sistemas morbosos frecuentes en el trastorno obsesivo-compulsivo. La persona se siente forzada a realizar actos en forma estereotipada, como meros impulsos, o con la idea de que, si no los realiza, acaecerá alguna desgracia sobre ella misma o sobre los demás. ■

Chantaje afectivo Acto intencionado para conseguir un determinado beneficio manipulando el estado emocional de otra persona. Es una conducta frecuente de las personalidades histriónicas.

Charcot, Jean Martin Neurólogo francés (París, 1825-Lac des Settons, Nièvre, 1893). Profesor de anatomía patológica en La Salpêtrière, describió la sintomatología de la mayoría de las enfermedades orgánicas del sistema nervioso*. Otorgó particular importancia a la neurosis*, que definió como un «estado morboso que radica evidentemente en el sistema nervioso y que no deja en el cadáver ningún rastro material...». Fue un pionero en la utilización de la hipnosis* y la sugestión* en el tratamiento de la histeria*, en cuanto que las crisis de los histéricos, en su opinión, se deben al recuerdo enterrado de un violento choque emocional. S. Freud fue uno de sus discípulos. ■

Chupeteo Acción de lamerse los labios y succionarlos de forma sonora. Puede presentarse en el transcurso de algunas enfermedades mentales graves (por ejemplo, demencias, esquizofrenia* residual o enfermedad de Gilles de la Tourette).

Ciclador rápido Característica de los enfermos con trastorno bipolar*, generalmente del sexo femenino, que presentan una alta frecuencia de episodios afectivos, al parecer provocados por alteraciones del tiroides y a causa de la administración prolongada de fármacos antidepresivos*. Para el tratamiento de estas personas, que muestran habitualmente una resistencia a las sales de litio, se han mostrado de utilidad los fármacos anticonvulsivos (carbamacepina*) y las hormonas tiroideas (T_4) a dosis elevadas. Otras opciones aconsejables son el triptófano y la privación de una noche de sueño a la semana.

Ciclo de respuesta sexual Secuencia en que se divide la respuesta sexual humana*. Se subdivide en excitación*, meseta, orgasmo* y resolución.

Ciclotimia Enfermedad crónica del estado de ánimo* que no alcanza la gravedad de una depresión* mayor o una manía*, y no se acompaña de síntomas psicóticos. El estado de ánimo es alternante entre períodos depresivos e hipomaníacos, pudiendo el paciente experimentar un ánimo normal en los intervalos. Los rasgos característicos de los ciclotímicos comprenden los siguientes aspectos: a) marcada irregularidad en la cantidad y calidad de la productividad laboral; b) períodos de contacto social desinhibido, alternando con aislamiento extremo; c) intermitentes extravagancias financieras; d) deficiente autoestima, alternando con actitudes de prepotencia ingenua; e) promiscuidad episódica; y f) frecuente abuso de alcohol y drogas. Aunque todavía no se ha determinado del todo si se trata o no de una forma ligera de enfermedad bipolar (trastorno bipolar IV*), varios datos avalan esta interpretación: frecuencia de la personalidad previa ciclotímica en sujetos maníaco-depresivos, mayor incidencia en sujetos con antecedentes familiares de trastorno afectivo mayor y, generalmente, buena respuesta al litio*.

CIE-10 Décima revisión de la *Clasificación Internacional de las Enfermedades y Problemas Relacionados con la Salud*. Contiene 21 secciones, una de las cuales corresponde a la de los trastornos mentales y su clasificación diagnóstica. Incluye un código alfanumérico significativo para cada nivel, compuesto por una letra y varios dígitos. La sección correspondiente a la letra F contiene tres capítulos. El primero es el destinado a los trastornos mentales; el segundo, que tiene asignado un número, indica uno de los diez grandes grupos de síndromes psiquiátricos: F0: Trastornos mentales orgánicos; F1: Trastornos debidos a consumo de sustancias psicotropas; F2: Esquizofrenia y trastornos esquizotípicos y delirantes; F3: Trastornos del ánimo o afectivos; F4: Trastornos neuróticos relacionados con el estrés y somatoformes; F5: Síndromes de comportamiento asociados con disfunciones fisiológicas y factores físicos; F6: Trastornos de la personalidad y del comportamiento de la edad adulta; F7: Retraso mental; F8: Trastornos del desarrollo psicológico; F9: Trastornos del comportamiento y de las emociones (de comienzo en la infancia y la adolescencia). El tercer capítulo, también numérico, sirve para identificar hasta un total de cien categorías psicopatológicas. Por lo que respecta a la clasificación multiaxial, comprende los siguientes ejes: Eje A:

■ *Jean Martin **Charcot** describió la sintomatología de numerosas enfermedades orgánicas del sistema nervioso.*

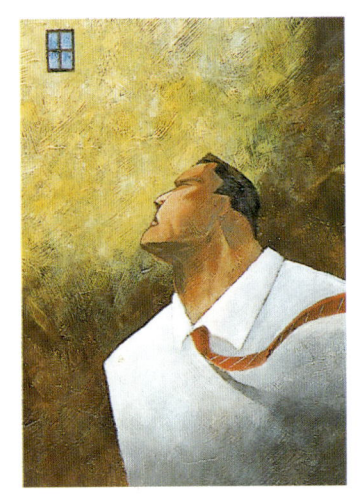

*La **claustrofobia** se caracteriza por un miedo extremo a los lugares cerrados y no poder obtener ayuda.*

*La **cleptomanía** es una patología de origen compulsivo que induce a quien la padece al hurto.*

*La **cocaína** es un alcaloide que se extrae de las hojas de la coca y tiene un gran poder adictivo.*

Diagnósticos clínicos (trastornos mentales y no mentales); Eje B: Incapacidades; y Eje C: Situaciones psicosociales anormales, problemas ambientales y transitorios.

CLAUSTROFOBIA Fobia* que se caracteriza por el temor irracional a encontrarse en un lugar cerrado y no poder obtener ayuda. Este miedo es extremo y comporta un importante malestar al individuo que lo sufre, quien puede quedar incapacitado incluso para su vida cotidiana. La claustrofobia es un trastorno ansioso que, en su forma benigna, se encuentra frecuentemente en sujetos de todas las edades. En sus manifestaciones más graves, el enfermo no puede quedarse solo en su casa. Este temor no sólo se basa en circunstancias externas que motiven la necesidad de salir lo antes posible del lugar, sino también en sensaciones internas (por ejemplo, impresión de ahogo) que induzcan al individuo a buscar rápidamente ayuda. ■

CLEPTOMANÍA Trastorno de origen compulsivo que induce al robo, independientemente de la necesidad que la persona pueda tener del objeto sustraído o de su valor económico. La persona afectada manifiesta una sensación de tensión creciente antes de cometer el robo, seguida de gratificación o liberación en el momento de realizar el acto, y puede experimentar o no sentimientos de culpa o de presión durante su comportamiento anómalo. El cleptómano no suele planear sus robos ni actuar en colaboración con otras personas. Tampoco tiene siempre en cuenta la posibilidad de ser arrestado, por lo cual se producen situaciones humillantes y dolorosas. Entre un 4 y un 24 por ciento aproximadamente de las personas detenidas por robar en las tiendas sufren cleptomanía, la mayoría de las cuales son mujeres. Esta patología está relacionada con problemas del control de los impulsos, debiendo diferenciarse de otros trastornos de la personalidad o de otra índole psicopatológica que también induzcan al robo. ■

CLIMATERIO Conjunto de fenómenos hormonales, circulatorios, óseos y psíquicos que acompañan a la menopausia*.

CLÍNICA, HISTORIA Colección de toda clase de datos disponibles (sociales, psicológicos, fisiológicos, biográficos, ambientales, vocacionales, etc.) que permiten descifrar y explicar el curso de la vida de un paciente en relación con la enfermedad que padece. La historia clínica proporciona datos e indicaciones útiles para el diagnóstico de orientación, que se completa posteriormente con la observación de los síntomas y otros exámenes (datos de entrevistas, tests, etc.). Se usa especialmente en psicopatología, orientación y servicio social, así como para la investigación y la realización de estudios y generalizaciones estadísticas.

CLÍNICA, PSICOLOGÍA Rama de la psicología que abarca el conocimiento y la práctica psicológica y que se emplea para ayudar al paciente con algún trastorno mental o de conducta a encontrar la mejor adaptación y expresión propia. Se incluye en la psicología clínica la ejercitación y práctica efectiva en el diagnóstico, tratamiento y prevención, así como la investigación para la promoción de los conocimientos. Se trata, igualmente, de una rama de la psicología práctica que se ocupa de las relaciones psíquicas del paciente con el médico, de su actitud frente a la enfermedad y del aspecto psicológico de la misión del médico. En el ámbito anglosajón comprende también la aplicación de los tests.

CLINOFILIA Hábito de permanecer en posición de decúbito. Es un síntoma frecuente del trastorno depresivo.

CLÍTORIS Órgano genital externo femenino situado en la unión superior de los labios menores y que constituye la estructura más exquisitamente sensible a la estimulación erótica. De un tamaño de 4 mm, sólo es visible en su parte externa, el glande.

CLONACEPÁN Véanse BENZODIACEPINAS y EUTIMIZANTE.

CLORMETIAZOL Fármaco con propiedades sedantes e hipnóticas, especialmente indicado en el delirium tremens*. También se emplea en la deshabituación alcohólica y como hipnótico en ancianos.

CLOZAPINA Véase NEUROLÉPTICOS.

COCAÍNA Sustancia que se extrae de las hojas de una planta denominada coca y que actúa como estimulante del sistema nervioso* central, determinando un exceso de euforia que dura entre quince y treinta minutos. Tiene un gran poder adictivo y puede llegar a provocar un deterioro rápido de la salud.

Actúa como un agente simpaticomimético, provocando una avalancha de dopamina* y noradrenalina* en el cerebro*. En algunos casos produce un estado de confusión que conduce a la aparición de alucinaciones y a la alteración de las sensaciones táctiles. Debido a su acción local de tipo vasoconstrictor, es la causante de la destrucción de la mucosa nasal que se observa en los cocainómanos. El consumo de la cocaína por sus efectos euforizantes comienza de forma intermitente, pero evoluciona en breve hacia episodios compulsivos que provocan la aparición de cuadros tóxicos, además de ansiedad, suspicacia, cefaleas, ideaciones delirantes, alucinaciones, y en algunos casos convulsiones y trastornos cardiovasculares. El síndrome de abstinencia por cocaína se caracteriza por disforia, fatiga, depresión, insomnio, hipersomnia y trastornos alimentarios. El tratamiento de la dependencia a la cocaína consiste en la administración de fármacos y en la aplicación de estrategias conductuales con participación de los familiares y terapias grupales. ■

Cociente Coeficiente*. / *Cociente intelectual*, cifra indicadora del nivel de inteligencia que posee el individuo en relación con otros sujetos de una muestra estandarizada. Se obtiene de dividir la edad mental entre la edad cronológica y se multiplica por 100. Generalmente se abrevia con las letras CI. Así, la persona media, cuya edad mental coincide con la cronológica, tendrá un cociente de inteligencia de 100. Actualmente el cociente de inteligencia ya no se usa en su forma original, pues así como puede tener cierto sentido que un niño inteligente de 8 años rinda como un niño de grado intelectual mediano de 11, no lo tiene que un adulto inteligente de 50 rinda como el adulto medio de 60 años. Por inercia, se sigue utilizando el término cociente de inteligencia, pero en éste la cifra 100 representa únicamente la puntuación media de la población de la misma edad. Para D. Wechsler «el comportamiento inteligente debe suponer algo más que la pura aptitud intelectual». En su opinión, los individuos con cocientes de inteligencia idénticos pueden diferir considerablemente en su capacidad para enfrentarse al entorno, lo que pone de manifiesto el error que supone separar la inteligencia de características tales como la motivación, las oportunidades educativas, la personalidad y otros factores no intelectivos que influyen en el rendimiento intelectual. En 1939 publicó la escala Wechsler-Bellevue y en 1955 la Escala Wechsler de Inteligencia para Adultos (WAIS*). Esta última, formada por once pruebas que evalúan diferentes capacidades verbales y manipulativas, es probablemente el cuestionario más utilizado actualmente para medir las capacidades intelectuales. El WISC* es una versión para niños en edad escolar con la misma estructura que la escala anterior. ■

Codificación Proceso por el cual la información se convierte en una representación mental almacenada. Es una parte del sistema de organización de la memoria*. Las otras dos son el almacenamiento y la evocación. ■

Coeficiente En estadística, número que caracteriza cantidades de datos al compararlos con otras cantidades de datos. Véase Cociente.

Cognición Conjunto de las actividades mentales asociadas con el pensamiento*, el saber y la rememoración.

Cognitiva, reestructuración Véase Reestructuración cognitiva.

Cognitivas, terapias Conjunto de estrategias terapéuticas basadas en la utilización de elementos cognitivos para el tratamiento de diversos cuadros clínicos y alteraciones emocionales. Entre estas técnicas destacan las siguientes: a) desensibilización sistemática* imaginada; b) tratamiento de los pensamientos automáticos o distorsionados (reestructuración cognitiva*, detención del pensamiento –utilizada en trastornos obsesivos–, terapia racional emotiva*); c) solución de problemas*; d) implosión*; e) técnicas de visualización*; y f) técnicas encubiertas*. Al ser utilizadas conjuntamente con modificaciones de la conducta, las terapias cognitivas se engloban dentro del bloque conocido como terapias cognitivo-conductuales*.

Cognitivo, esquema Modelo complejo del que dispone la mente para aprehender un estímulo determinado. Se encuentra determinado por la experiencia, al imprimir ésta unos determinados rasgos en el modo en que

■ *Se denomina **cociente** intelectual a la relación entre la edad mental y la edad cronológica de la persona.*

■ *El proceso de **codificación** comporta la representación mental de la información almacenada.*

Cognitivo, proceso

*La **cólera** es una excitación emocional que a veces resulta incontrolable.*

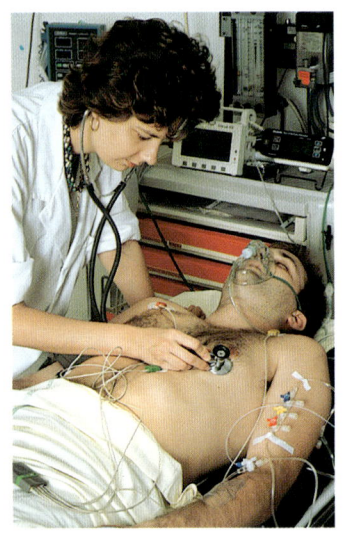

*El estado de **coma** o enturbiamiento de la conciencia se caracteriza por la pérdida de las funciones de relación.*

funciona el conocimiento. El estímulo que representa el objeto, idea o cualquier otro evento presentado al sujeto combina sus propiedades con la estructura cognitiva previa, determinando así la manera en que será percibido o conceptualizado. El término, por otra parte, es amplio y puede aplicarse a un modelo muy pequeño, como el que determina que cierto objeto sea percibido como tal o, por el contrario, como esquema o modelo general. Un ejemplo de ello es el prejuicio etnográfico, que hace percibir al individuo de forma desfavorable la conducta de personas pertenecientes a otro grupo social. E. C. Tolman hace uso de este concepto para designar «el conjunto de suposiciones y expectativas que una persona hace sobre el mundo exterior, que debe suponerse afectivo, a fin de dar razón de la naturaleza específica de la conducta individual».

Cognitivo, proceso Utilización de la cognición. Entre los fenómenos cognitivos destacan el condicionamiento semántico o utilización de palabras como estímulos condicionados por su significado semántico (por ejemplo, reacción fóbica ante palabras semejantes como metro, túnel). Una condición típica del proceso cognitivo es el término encubierto*, que incluye los pensamientos y los sentimientos referidos a procesos de aprendizaje*. Los modelos individuales de tipo cognitivo han tenido una importancia decisiva para el desarrollo de las teorías sobre el origen y el mantenimiento de diversos cuadros clínicos (por ejemplo, la depresión*), así como para diseñar estrategias terapéuticas. Destacan la teoría de la indefensión aprendida*, la de la atribución* y la de los pensamientos automáticos negativos*. Véase Aprendizaje cognitivo.

Cognitivo-conductuales, terapias Término por el que se conoce la asociación entre las terapias de conducta y las cognitivas. El hecho de que son en muchas ocasiones utilizadas conjuntamente, ha consolidado el término como paradigma de las terapias basadas en la modificación de la conducta.

Coito Relación sexual a través de la unión genital; por extensión, también se considera el coito anal como una variante. / *Coito anteportas,* el que se realiza sólo a nivel vulvar, sin penetración completa del pene. / *Coito interrumpido,* el que se interrumpe antes de la eyaculación para que ésta se produzca fuera de la vagina. También se le denomina «marcha atrás». Ha sido utilizado como método anticonceptivo, si bien no es recomendable por su falta de seguridad y por el riesgo de provocar disfunciones sexuales.

Cólera Excitación emocional en forma de viva animación gestual y verbal, de apariencia agresiva, que, en ocasiones, se torna incontrolable. ■

Colérico Uno de los cuatro temperamentos según la antigua clasificación de Hipócrates, que se caracteriza por una voluntad fuerte y una fácil irritabilidad.

Coma Estado de enturbiamiento de la conciencia en el que el sujeto no puede ser despertado ni con estímulos intensos. Existen varios niveles de profundidad del coma. Nivel I: reacción con movimientos espontáneos a los estímulos dolorosos. Nivel II: los estímulos dolorosos producen movimientos no dirigidos de los brazos, extensión de piernas, hiperreflexia y movimientos oculares anormales. Niveles finales: rigidez de descerebración, flacidez muscular, abolición del control autonómico e inminente muerte cerebral. ■

Comilona Véanse Atracón y Bulimia nerviosa.

Competitividad Tendencia a competir en el trabajo o en otras actividades vitales. Forma parte de los componentes de la motivación intrínseca*. Debe interactuar con el interés por el dominio sobre un tema y con el impulso hacia el trabajo para que tenga resultados positivos. Un exceso de competitividad, sin embargo, afecta negativamente a los resultados. La competitividad es una motivación más frecuente en culturas con valores individualistas y que fomentan la independencia del sujeto.

Complejo Término introducido en psicología por C. G. Jung en 1906. Para este psicólogo suizo los complejos son «grupos de representaciones cargadas de afectos que determinan un modelo estereotipado personal de relaciones interpersonales y de vivencias subjetivas». Las teorías psicoanalíticas los definen como «representaciones reprimidas» susceptibles de resurgir durante las curas psicoanalíticas. Hoy en día se ha popularizado este concepto asociándose a los defectos percibidos por el sujeto y que afectan a su autoestima* (por ejemplo, el «complejo de inferioridad»), si bien el término no siempre es aceptado con este significado por la psicología científica. / *Complejo de castración,* véase CASTRACIÓN, COMPLEJO DE. / *Complejo de Edipo,* expresión introducida por S. Freud para designar el período que denominó «etapa fálica» (3-6 años de edad) en que, de acuerdo con su descripción, los varones buscan estimulación genital y desarrollan deseos sexuales inconscientes en relación con la madre y celos y odio hacia el padre, a quien consideran un rival. Según Freud, los varones se sienten culpables, temerosos de que el padre los castigue, por ejemplo, mediante la castración. De esta forma aludía a la leyenda griega de Edipo, que sin saber lo que hacía mató a su padre y se casó con su madre. Aunque algunos psicoanalistas creyeron que las muchachas tienen un sentimiento análogo, el *complejo de Electra*, Freud no lo consideró así. A pesar de los esfuerzos hechos por la psicología experimental, el complejo de Edipo nunca ha podido ser demostrado. ■

COMPONENTES PSICÓGENOS Elementos que se utilizan para definir o referirse, principalmente, a trastornos corporales y variaciones de comportamiento debidos a diversas causas psíquicas.

COMPORTAMIENTO Conjunto de respuestas sensiblemente complejas de un organismo a los estímulos recibidos de su entorno. Véase CONDUCTA.

COMPROMISO Acto social, material, etc., a través del cual un sujeto asume los valores que le son propios, expresando, de esta forma, su manera de ser. En el concepto de la disonancia cognitiva*, el compromiso es una idea de resistencia al cambio, con el fin de poder distinguir entre dos cogniciones en desacuerdo. Se considera comprometido a un individuo cuando ha decidido hacer o no hacer alguna cosa, si ha hecho una elección irrevocable entre los términos de una alternativa, o si se ha comportado de una manera u otra.

COMPULSIÓN Alteración de la voluntad de acción caracterizada por un impulso irrefrenable de efectuar conductas reiterativas en respuesta a una obsesión o a determinadas reglas. La conducta no persigue un fin en sí misma, sino que está destinada a producir o prevenir un determinado estado de cosas. En el primer momento, la sensación subjetiva de compulsión se asocia al deseo de resistirse a actuar o a comportarse de una forma que el sujeto reconoce como irracional y sin propósito. La realización del acto no es placentera, pero permite un cierto alivio de la ansiedad*. El ejemplo más claro de compulsión son los rituales obsesivos, a menudo de carácter complejo. Este tipo de rituales se observa también en sujetos normales que siguen un patrón cultural, en la esquizofrenia* y en el autismo*. Véase TRASTORNO OBSESIVO-COMPULSIVO.

COMUNICACIÓN 1. Proceso mediante el cual un estímulo físico actúa sobre un órgano receptor que transmite la información al organismo. **2.** Proceso por el cual los individuos condicionan recíprocamente su conducta en la relación interpersonal. En su acepción más amplia, la comunicación incluye todo intercambio de mensajes, transmisión de significaciones entre personas o grupos, e incluye un emisor, un receptor y un mensaje. La comunicación no opera como agente estimulador en una sola dirección, sino como un circuito completo que conlleva un proceso de retroacción, en el que el receptor, a su vez, se torna emisor. / *Comunicación médico-paciente,* sistema de comunicación que se establece entre médicos y pacientes, y que puede influir en la adhesión o rechazo del tratamiento. Depende tanto de las actitudes de los médicos como de las de los pacientes y comprende factores como los déficits de la información, las actitudes ante la salud de los pacientes, la empatía en la relación, el grado de comprensión del paciente, la capacidad de clarificar dudas del médico, el grado de conocimiento de términos médicos de los pacientes, la utilización de términos comprensibles y el tiempo empleado por el médico en la comunicación. Implica también elementos de comunicación no verbal. / *Comunicación no verbal,* la que expresa emociones a través de gestos o actitudes como, por ejemplo, tensión del cuerpo, presión de los labios, gestos con las cejas, desvío de la mirada, etc. Es sabido que algunas personas detectan los sentimientos a través de la co-

■ Edipo y la esfinge *de Gustave Moreau. El personaje del mito griego fue utilizado por Freud para desarrollar el* **complejo** *de Edipo.*

Concentración

*El **concepto** es una construcción simbólica que incluye varios objetos con caracteres comunes.*

*El **condicionamiento clásico** explica la adquisición de las conductas automáticas. En la figura se aprecia la asociación del estímulo natural y el estímulo condicionado, la luz. Iván Petróvich Pavlov, utilizando una campanilla, obtuvo idénticos resultados.*

municación no verbal mejor que otras, y que, en general, las mujeres lo hacen con mucha mayor facilidad que los hombres. Diferentes sentimientos encuentran su vehículo de expresión en músculos faciales específicos: la elevación de la parte inferior del ceño revela turbación o inquietud, el ceño enmarcado y unido es señal de miedo, una sonrisa fingida aparece y desaparece más bruscamente que una sonrisa auténtica, etc. A pesar de la evidencia de estos significados, no es conveniente hacer interpretaciones muy concretas de posturas y gestos, pues diferentes expresiones pueden comunicar el mismo sentimiento.

Concentración Acción y efecto de concentrar o concentrarse. Propiedad de la mente que permite polarizar la atención sobre un determinado objeto, sujeto o situación, en un momento concreto, y mantenerla sobre él. Al igual que la atención*, se halla íntimamente ligada a la conciencia y es imposible efectuarla sin un nivel mínimo de vigilia. La dificultad en mantener el foco de atención (pérdida de concentración), así como el establecer nuevos focos de atención, recibe el nombre de fatigabilidad*. Se trata de un síntoma muy inespecífico que se atribuye a multitud de causas normales y patológicas.

Concepto Construcción simbólica de la mente que, más allá de los datos sensoriales, tiende a alcanzar la esencia de los objetos y los agrupa en un mismo conjunto. Así, la manzana, la uva y la ciruela son frutos. El concepto de fruto, pues, es un producto de nuestra experiencia, que el lenguaje permite expresar de modo simbólico. La formación de los conceptos, particularmente bien estudiada por J. Piaget, es función de la maduración intelectual y del desarrollo del lenguaje. Véase Inteligencia. ■

Conceptual, pensamiento Véase Pensamiento.

Conciencia Estado de vigilia que permite al individuo procesar la información con lucidez, de acuerdo con una serie de capacidades (focalización, organización, orientación, apercepción, introspección y control intencional). La conciencia depende de la integridad de tres unidades fundamentales: la unidad para regular el tono (vigilia*); la unidad para obtener y procesar la información; y la unidad para programar, regular y verificar la actividad mental (véanse Lucidez de conciencia y Consciente) / *Conciencia de enfermedad,* entendimiento por parte de quien la padece de la naturaleza, la causa de la enfermedad y los efectos de la misma sobre el propio individuo y los demás. El fallo de esta capacidad acontece de forma patente en las psicosis. Véase Insight.

Condicionamiento Término equivalente a aprendizaje* que se utiliza para explicar los procesos fundamentales por los que se rige el proceso de aprendizaje (véanse Adquisición e Impronta). / *Condicionamiento clásico,* el que se produce por la combinación entre un estímulo no condicionado o primario (comida) que se asocia a un estímulo neutro (luz), el cual se convierte en estímulo condicionado, dando lugar a la llamada respuesta condicionada (salivación ante la luz). Investigado por primera vez por I. P. Pavlov, el condicionamiento clásico explica la adquisición de muchas conductas automáticas a lo largo de la vida, desde los miedos hasta los prejuicios sociales. Está sujeto a la generalización de estímulos, según la cual cuando un sujeto ha quedado condicionado a un estímulo, a menudo tiende a dar las mismas respuestas a otros estímulos análogos al primero. Gracias a este fenómeno las personas no tienen que aprender a responder por separado a todos los estímulos nuevos. También depende de la discriminación, una habilidad que se adquiere cuando el estímulo se acompaña constantemente de otro no condicionado. En tales circunstancias, la tendencia a reaccionar frente al primero (tic-tac del despertador) se fortalece, y en cambio se debilita la inclinación a reaccionar frente al segundo (ruido de un refrigerador). Otro mecanismo que lo controla es el de la extinción*, por el cual se eliminan conductas que no han sido reforzadas convenientemente. El condicionamiento clásico tiende a la «recuperación espontánea», por lo que si se quiere eliminar una conducta aprendida mediante este método deben repetirse adecuadamente los procesos de extinción y contracondicionamiento. También se denomina condicionamiento por asociación y conducta respondiente (véanse Ensayo y Estímulo). / *Condicionamiento cognitivo,* véanse Cognitivo y Aprendizaje

COGNITIVO. / *Condicionamiento encubierto,* expresión utilizada en las teorías cognitivas para definir los condicionamientos efectuados mediante la imaginación* y con ello los pensamientos y los sentimientos que se incluyen en los procesos encubiertos. En psicología se emplean las llamadas técnicas encubiertas, que pretenden explicar al individuo la importancia de imaginar vívidamente escenas llevando a cabo un entrenamiento previo, si es necesario, para poner en marcha una determinada experiencia. Se trata de un modelo teórico referido al conjunto de técnicas que utilizan la imaginación para intentar alterar la frecuencia de la respuesta a través de la manipulación de las consecuencias. El modelo postula que existe homogeneidad, es decir, continuidad y semejanza entre las conductas manifiestas y encubiertas; interacción entre los procesos encubiertos y los observables; y aprendizaje*, ya que los procesos encubiertos y los observables se rigen de forma similar por las leyes del aprendizaje. En consecuencia, los procedimientos que han demostrado su efectividad en la modificación de la conducta manifiesta pueden ser igualmente efectivos sobre ésta aplicados a la imaginación. / *Condicionamiento operante* o *Condicionamiento instrumental,* tipo de condicionamiento dependiente de las consecuencias, que no requiere la presencia de un estímulo no condicionado. Atiende a respuestas más variadas y voluntarias que el condicionamiento clásico y requiere la siguiente secuencia: un estímulo discriminativo (examen), una respuesta operante (estudio) y un estímulo reforzador (aprobar). Depende de la combinación de una serie de reforzadores*, positivos y negativos, y de los llamados programas de reforzamiento intermitente*. Un tipo especial de condicionamiento instrumental es el aversivo, que depende de la presentación de reforzadores negativos ante los cuales el sujeto reacciona evitándolos (condicionamiento de evitación) o bien escapando al posible castigo* (condicionamiento de escape). Véanse BIORRETROALIMENTACIÓN, CAJA DE SKINNER y LEY DEL EFECTO. / *Condicionamiento por observación de modelos,* aprendizaje por imitación*. ■

CONDUCTA Conjunto de actividades externas observables en el individuo y de fenómenos internos no observables concomitantes, como metas, motivaciones, emociones, etc. Los términos conducta y comportamiento* son intercambiables. / *Conducta, extinción de la,* véase EXTINCIÓN DE LA CONDUCTA. / *Conducta, modificación de la, y terapia de,* términos por los que se reconoce al conjunto de estrategias terapéuticas basadas en los modelos de condicionamiento*. Aplica principios del aprendizaje bien definidos para eliminar el comportamiento inadecuado. Para tratar las fobias, las obsesiones, las adicciones o las disfunciones sexuales, los terapeutas de conducta no profundizan especialmente, sino que tratan de reemplazar los pensamientos problemáticos y las formas de comportamiento desadaptadas por cogniciones y conductas más constructivas. La finalidad de esta terapia suele ser muy específica y sus metas están particularmente definidas. Las características más destacables pueden ser resumidas en los siguientes puntos: a) énfasis en los determinantes actuales de la conducta: interesa lo observable en el momento de la consulta, no lo referido al pasado; aunque éste pueda tenerse en cuenta para algunas de las causas que subyacen en el trastorno, no es de interés para la terapia; b) el principal criterio terapéutico es el cambio de la conducta manifiesta: se trata de evaluar los excesos (por ejemplo, jugar compulsivamente) o los déficits (la anorexia* o la imposibilidad de salir de casa por una fobia*) en el comportamiento, e intentar recobrar el equilibrio; c) el terapeuta debe hilar lo más fino posible sobre las contingencias de la conducta alterada: esto se consigue con un análisis funcional de la conducta, que comprende tanto los estímulos discriminativos (que la provocan o bloquean un comportamiento normal) como las formas que adopta la respuesta a modificar. Para ello se sirve de los autorregistros*, que el propio paciente o su familia efectúan, o de cuestionarios* específicos del trastorno a modificar. Estos análisis son altamente específicos y limitados al comportamiento que se pretende variar. Los términos «meta» u «objetivo» son una constante de las evaluaciones conductuales; d) el trata-

■ *La terapia de **conducta** es una estrategia terapéutica basada en los modelos de condicionamiento.*

miento debe ser estructurado en estrategias singulares, fácilmente observables y con participación activa del individuo y de su medio familiar, a los que se implica activamente en el proceso terapéutico. Las técnicas más importantes de la terapia de conducta se basan en los tres grandes tipos de condicionamientos (el clásico*, el instrumental* y el social*), pero también hay un bloque de terapias que siguen el llamado «modelo cognitivo», un constructo que pretende recordarnos que los pensamientos tiñen nuestras emociones. Las más importantes son: a) la desensibilización sistemática imaginada; b) la relajación aplicada; c) la exposición; d) la intención paradójica; e) las técnicas aversivas, que, basadas en la aversión química o la aplicación de estímulos dolorosos, prácticamente no se utilizan, excepto en el caso del alcoholismo*; f) el entrenamiento en habilidades sociales y la terapia asertiva (véase ASERTIVIDAD); g) la economía de fichas*; h) la biorretroalimentación*; e i) las terapias cognitivas (véanse COGNITIVAS, TERAPIAS, y COGNITIVO-CONDUCTUALES, TERAPIAS. / *Conducta negativa*, en psicología social, hostilidad del sujeto hacia su realidad ambiental, incluyendo las instituciones y las leyes. Se manifiesta tanto en forma de desobediencia frente a normas menores, como en el rechazo de los modos de socialización elegidos por un grupo. Puede conllevar la marginación social y es característica de la personalidad antisocial. / *Conducta operante*, la que opera sobre el ambiente y determina consecuencias. Es un concepto propio del aprendizaje instrumental*. / *Conducta respondiente*, la que aparece como respuesta automática a cierto estímulo*. Es un concepto propio del condicionamiento clásico*. / *Conducta prosocial*, la que resulta positiva, útil y constructiva, por contraposición a la conducta antisocial*. / *Conducta tipo A, patrón de*, serie de características del comportamiento de determinados sujetos que se relaciona con la propensión a padecer alteraciones coronarias y, en especial, infarto de miocardio. Este patrón de conducta implica factores de riesgo, como hipertensión arterial, índices altos de colesterol, tabaquismo y obesidad*. Los primeros autores que introdujeron el patrón A en el mundo científico fueron dos cardiólogos estadounidenses, Rosenman y Friedman, interesados por las peculiaridades conductuales de sus enfermos coronarios. Una de las características de este patrón de conducta es el perpetuo estado de vigilancia del entorno en que se encuentra el individuo. Estas personas parecen aspirar al control total, y están siempre alerta para actuar ante cualquier contingencia que estimen negativa. Este control representa un reto cotidiano y su objetivo primordial. Con frecuencia la desconfianza acompaña a sus actuaciones y son reacios a delegar funciones. Poseen una altísima implicación laboral y están marcados por la urgencia y la impaciencia. El rendimiento y la productividad son sus únicos objetivos y soportan difícilmente los períodos de inactividad. Los plazos fijos, las metas y los objetivos son elementos nucleares de este patrón de comportamiento. Algunos sujetos con patrón A presentan un elemento que incide claramente en el riesgo de infarto y otro efecto negativo: la hostilidad. Esta hostilidad deriva muy a menudo de la impaciencia, que constituye un elemento negativo y genera malestar en el organismo, ya sea contenida y encubierta, ya sea expresada en forma de ira verbal o de conducta violenta. La continua valoración que los sujetos A hacen de un entorno que perciben como amenazador y que deben controlar, somete a estas personas a un estrés* objetivamente innecesario y desencadena respuestas nocivas para la salud. Además de la predisposición biológica, el medio social moldea al sujeto, en especial en el terreno laboral, perfilando las características descritas, muy específicas de la competitividad propia de las sociedades industrializadas. Actualmente se considera que el modelo patrón A se distribuye tanto entre los hombres como entre las mujeres. / *Conducta tipo B, patrón de*, conjunto de características del comportamiento de los individuos no competitivos, relajados, tolerantes y no sometidos a la tiranía del trabajo ni a la urgencia-impaciencia. Es la antítesis de la conducta del patrón tipo A.

■ *La **conducta** sistemáticamente negativa es característica de la personalidad antisocial.*

/ *Conducta tipo C, patrón de,* modelo de comportamiento recientemente establecido en el que se incluyen a las personas poco asertivas* y con exceso de control sobre sus emociones. Se considera que este patrón podría constituir una tipología de riesgo en la aparición de enfermedades inmunitarias y cáncer. ■

Conductismo Escuela psicológica que se basa en el estudio objetivo y experimental de la conducta. El término se debe a J. B. Watson. En general, los primeros conductistas pensaban que la tarea de la psicología era estudiar la conducta manifiesta, siendo el medio ambiente el principal factor determinante de la conducta simple o compleja, de las aptitudes y de los rasgos de personalidad. De ahí que el aprendizaje se convirtiera en el tema de estudio más importante. Los métodos introspectivos fueron abandonados a favor de métodos objetivos como la experimentación, la observación y los tests. Los psicólogos se propusieron la descripción, la explicación, la predicción y el control de la conducta. No obstante, conservaron el punto de vista metodológico, la visión mecanicista de la conducta, el ambientalismo y el aprendizaje. Ello fue obra de un nuevo movimiento conocido como neoconductismo. A la psicología cultivada por estos psicólogos se le ha puesto muchas veces la etiqueta de (S-R o E-R), en contraposición a la psicología mentalista y a causa de su visión asociacionista de la conducta. Entre los psicólogos neoconductistas sobresale B. F. Skinner. Para él, la tarea de la psicología consiste en describir lo que se ve y en buscar las relaciones funcionales entre un comportamiento observado y los fenómenos que ocurren inmediatamente antes y después del mismo. De hecho, su nombre va indisolublemente unido al condicionamiento operante*, una de las teorías básicas del aprendizaje junto al condicionamiento clásico pavloviano. ■

Conductos de Müller Conductos que aparecen a partir de la sexta semana de la vida fetal y que se convertirán en vías genitales femeninas (trompas, útero y porción alta de la vagina) a partir del tercer mes de vida intrauterina.

Conductos de Wolff Conductos que aparecen durante las primeras semanas de la vida fetal y que se convierten durante el período intrauterino en los canales deferentes y vesículas seminales del varón. Equivalen a los conductos de Müller de la mujer.

Confabulación Serie de falsos recuerdos que rellenan las lagunas de memoria en algunos tipos de síndromes amnésicos, como el síndrome de Kórsakov*, y que en algunas ocasiones adquieren un carácter marcadamente fantástico.

Confianza Actitud de tranquilidad derivada del convencimiento que se posee de que algo o alguien, o incluso uno mismo, se portará o funcionará como se espera. / *Confianza, exceso de,* tendencia a sobrestimar la exactitud de los conocimientos y juicios propios. En muchas ocasiones se produce como una combinación entre la ansiedad por confirmar las experiencias que se tienen y la facilidad con que se justifican los fracasos. / *Confianza fundamental,* sensación de que el mundo es previsible y fidedigno. Se establece durante la infancia mediante experiencias adecuadas con personas sensibles que cuidan al pequeño. Los niños sometidos a una intervención temprana positiva poseen una actitud vital de confianza más que de miedo.

Conflictivo Se dice de la circunstancia social o material que da lugar a una percepción diferente y opuesta del resultado esperado, provocando una respuesta inestable. ■

Conflicto 1. En psicología social, incompatibilidad que se percibe entre actos, metas e ideas. 2. Choque u oposición que puede existir entre tendencias instintivas o afectivas contradictorias. A diferencia de la evolución natural de un ser vivo, la historia personal hace de cada acontecimiento un momento dialéctico del individuo: el conflicto es, sin duda, una dificultad interna que el sujeto encuentra y que lo vuelve a colocar en el centro de sus tensiones, pero es también la condición de un cambio en la búsqueda de un nuevo equilibrio.

Conformismo Estrategia individual o colectiva encaminada a mantener la cohesión del grupo. Implica tanto valores y normas como ideales, en general impuestos por el grupo, en aras de su integridad. En general, el conformismo se acentúa cuanto mayor es el grado de sugestionabilidad de los sujetos, cuando la actitud del grupo es relativamente

■ *Burrhus Frederic Skinner inició un nuevo movimiento en el campo del* **conductismo**.

■ *Un* **conflicto** *expresa una contradicción entre actos, metas e ideas.*

Confusión

*La tarea del **consejero** es proponer alternativas a sus interlocutores para que éstos puedan adoptar decisiones apropiadas.*

*El diafragma es un método adecuado de **contracepción** o control de la reproducción.*

unánime, cuando no se han establecido compromisos previos con una respuesta determinada y cuando otros miembros del grupo observan el comportamiento de uno de sus integrantes. El valor que se atribuye a la independencia contrapuesta al excesivo conformismo varía según las culturas. En determinadas ocasiones, la actitud abierta e incluso rebelde recibe un mayor refuerzo que el conformismo sumiso.

Confusión Pensamiento desorganizado, falto de claridad y coherencia, propio del enturbiamiento de la conciencia.

Confusional agudo, síndrome Véase Delirium.

Consciente 1. Conocimiento simple o percatación de un objeto. Este término se extendió hasta incluir no solamente el conocimiento de un objeto, sino también sentimientos, actitudes, emociones, impulsos, voliciones y los aspectos activos de la conducta (véase Conciencia). **2.** En el psicoanálisis, por analogía con el inconsciente y el preconsciente, es el lugar del aparato psíquico al que se refiere el funcionamiento del sistema percepción-conciencia.

Consejero Sujeto que trata de ofrecer varias alternativas, a través de sus opiniones, para que su interlocutor o interlocutores puedan tomar decisiones lo más adaptadas posible. ■

Consejo Véase Consejero.

Consentimiento En medicina, manifestación de la voluntad de un enfermo, en el ejercicio de su libertad, para aceptar o rechazar un plan de tratamiento propuesto por un médico o un psicólogo. En aquellos casos en que la patología mental supone una limitación o pérdida transitoria o permanente de la capacidad de decidir o elegir libremente, o en una urgencia, el consentimiento debe ser dado por los familiares o allegados.

Consumo de sedantes, hipnóticos y ansiolíticos, trastornos relacionados con el Véase Trastornos relacionados con el consumo de sedantes, hipnóticos y ansiolíticos.

Contenido, análisis de Véase Análisis.

Contingencia Correlación positiva entre estímulos condicionados e incondicionados que tiene lugar en el proceso del condicionamiento clásico*. / *Contingencia de reforzamiento*, relación entre estímulo, reforzamiento y consecuencias de esta asociación. Es característico del condicionamiento operante*.

Contracepción Conjunto de métodos utilizados para el control de la reproducción. Entre los más conocidos se encuentran los naturales (calendario, temperatura), los de barrera (diafragma y preservativo), la contracepción hormonal (anticonceptivos orales), los espermicidas y el dispositivo intrauterino (DIU). Se considera también como método contraceptivo la esterilización quirúrgica, tanto femenina (ligadura de trompas) como masculina (vasectomía). Si el método contraceptivo es eficaz, adecuado para cada caso individual y aceptado por el sujeto, no debe provocar trastornos psicológicos ni sexuales importantes. ■

Contracondicionamiento Procedimiento de la terapia de conducta que condiciona las reacciones nuevas a los estímulos que desencadenan formas indeseadas de la conducta; se basa en el condicionamiento clásico*. Así, si un estímulo desencadena temor, el contracondicionamiento consistiría en asociar una respuesta nueva (relajación) que sea incompatible con el miedo. Véase Desensibilización Sistemática.

Contratransferencia Transferencia* que actúa en sentido contrario, siendo el terapeuta quien experimenta fuertes reacciones emocionales frente al paciente.

Control, percepción de Cualidad de percibir la capacidad de control sobre los estímulos ambientales. Si se percibe una pérdida de control, se es más vulnerable a las consecuencias del estrés* o al deterioro de la salud.

Control de los impulsos, trastorno del Incapacidad para resistir la puesta en práctica de un impulso peligroso para otros o para el propio individuo, y que se suele caracterizar por desencadenar una sensación de placer cuando es gratificado. Entre los distintos trastornos del control de los impulsos cabe destacar: a) trastorno explosivo e intermitente: consiste en la aparición de episodios de agresión hacia otras personas, que pueden provocarles daños; b) cleptomanía*: realización de hurtos o robos reiterados; c) ludopatía o juego patológico*: inclinación a efectuar apuestas reiteradas que determinan una alteración socioeconómica, deudas, actividades ilegales, etc.; d) piromanía*: provocación deliberada de incendios; e) tricotilomanía*: arrancarse compulsivamente el pelo; y f) otros (sexualidad compulsiva, impulsión a comprar, a comer, etc.). El diagnóstico diferencial debe hacerse con: epilepsia, traumatismos craneales, episodios maníacos, toxicomanías, esquizofrenia, trastornos de la personalidad o síndromes orgánicos cerebrales. La etiología es habitualmente desconocida. El tratamiento combina técnicas cognitivo-conductuales* con psicofármacos*.

Control intencional Capacidad para dirigir algunas funciones psíquicas en el sentido determinado por el sujeto. El control voluntario determina que un amplio abanico de funciones mentales (desde la atención* a la actividad motora), puedan acontecer de forma automática o intencional.

Control personal Aspecto esencial de la personalidad que consiste en la percepción del control del ambiente o de ser controlado por él. Equivale a locus de control*. Véase Autocontrol.

Control social Poder de la influencia social sobre los sujetos.

Conversión, trastornos de Véase Disociativos, trastornos.

Conyugales, problemas Patrón de interacción entre cónyuges o compañeros caracterizado por una comunicación negativa (por ejemplo, críticas) o distorsionada (por ejemplo, expectativas poco realistas) o una ausencia de comunicación. Puede dar lugar a situaciones caracterizadas por la pérdida de capacidad para intimar, ser fuente de estrés* y problemas sexuales y, en casos graves, al deterioro en la actividad individual o familiar o a la aparición de síntomas clínicos en uno o ambos cónyuges. En casos en los que existe motivación por ambas partes y el deterioro de la pareja no es muy acusado, puede intentarse una terapia de pareja mediante estrategias cognitivo-conductuales. ■

Cooperación Comportamiento o acto que se caracteriza principalmente por la voluntad de los sujetos implicados de llegar a un resultado satisfactorio y beneficioso para cada uno de ellos. La cooperación está determinada, por un lado, por la imagen que el sujeto se hace de su interlocutor (por ejemplo, de su reactividad o de su estatus); también está determinada por la representación de la tarea misma y del contexto-representación, que indican la finalidad subjetiva y, por consiguiente, el comportamiento estratégico adoptado por el sujeto. ■

Coprofagia Tendencia a la ingestión de materias fecales. Puede observarse en procesos psicóticos con grave deterioro y en retraso mental* severo.

Coprofilia Excitación y satisfacción sexual mediante el contacto con heces, orina, etc., a menudo vertidas en la cara, la boca o los genitales. Véase Parafilia.

Coprolalia Utilización compulsiva y sistemática de palabras obscenas. Es un síntoma frecuente en el trastorno de Gilles de la Tourette*.

Corporal Propio del cuerpo, o relativo a él, como integrante de la estructura de la personalidad*. / *Corporal, esquema*, representación y autopercepción más o menos consciente de nuestro cuerpo en inmovilidad, de la postura respectiva de sus diferentes partes, de su posición en el espacio, y del revestimiento cutáneo por el que está en contacto con el mundo circundante. El esquema corporal no es innato, sino que se construye a través de una larga experiencia en la que el dolor, la motricidad y las sensaciones esteroceptivas desempeñan un papel importantísimo. Esto resulta de la síntesis de las impresiones visuales, cinestésicas, táctiles y vestibulares de nuestras experiencias pasadas y actuales. / *Corporal, imagen*, retrato o representación mental que se tiene en cualquier momento del propio cuerpo en situación de descanso o en movimiento. Es la forma característica en que una persona es consciente de su propio cuerpo en base a las experiencias espaciales del mismo. Aunque la cenestesia* es básica para este conocimiento, las otras experiencias referidas al cuerpo también influyen en su formación. Deriva de sensaciones internas, cambios de postura, contacto con objetos exteriores y personas, experiencias emocionales y fantasías. Inicialmente, el niño identifica el mundo exterior y el propio cuerpo, va conociendo el cuerpo por partes (aquellas con las que experimenta) y llega a diferenciar el cuerpo y el objeto entre los seis y los siete meses. El paso de la fase en que se percibe el cuerpo por partes a la del cuerpo considerado como

■ Los **problemas conyugales** aparecen como consecuencia de una comunicación negativa, o responden a una ausencia de comunicación.

■ Se denomina **cooperación** a un acto de participación colectivo cuya finalidad es la obtención de resultados también satisfactorios a nivel individual.

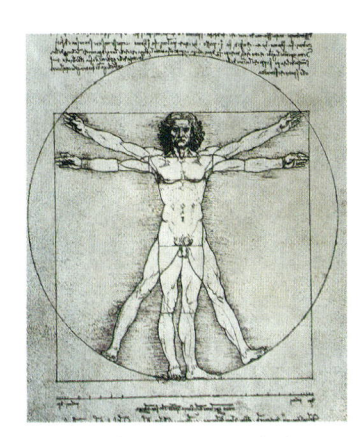

■ Tanto el esquema como la imagen **corporal** son representaciones mentales del propio cuerpo.

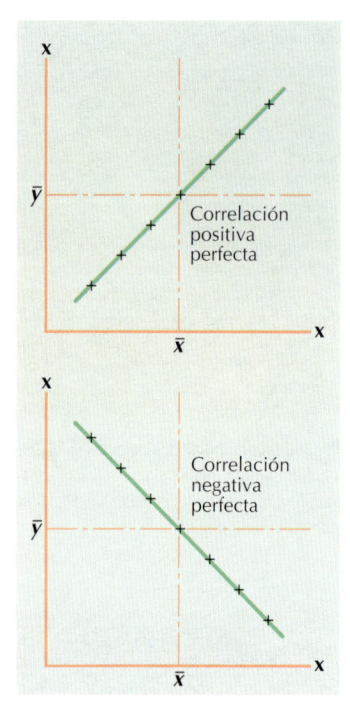

*Modelos de **correlación** lineal positiva y negativa.*

*Pablo Picasso, uno de los más prolíficos representantes de la **creatividad** artística.*

un todo organizado es un momento crucial en la evolución infantil. La identificación se hace posible, igual que la imitación, en cuanto se separan el sujeto y el objeto. Para el niño, la referencia al cuerpo únicamente existe en la medida en que lo posee, ya que la imagen corporal, la referencia de sí misma, no es un dato, sino una práctica que evoluciona con la exploración y la imitación. / *Corporal, lenguaje,* comunicación por medio de gestos, movimientos y expresiones faciales, sin usar palabras se usa algunas veces como recurso en la terapia de los trastornos psicopatológicos que afectan a la comunicación*). ∎

Correlación Medida estadística de la relación entre un dato u otro, entre un rasgo y una conducta, etc. Revela en qué medida la variación de una cosa acompaña a la de otra y, por lo tanto, cómo la una predice a la otra. Una correlación positiva indica una relación directa, lo cual significa que dos cosas aumentan o disminuyen al mismo tiempo. Por ejemplo, si la medida de la violencia emitida en la televisión se correlaciona positivamente con el comportamiento social agresivo, los hábitos en relación con la televisión permitirían pronosticar la agresividad* de los espectadores. Una correlación negativa indica una relación inversa: cuando uno de los factores aumenta, el otro disminuye. Un ejemplo de ello sería el de la persona que tiene un nivel bajo de autoestima*, que podría tender a exhibir un nivel alto de depresión*. Aunque la correlación posibilita la predicción, no aporta explicaciones acerca de la relación de causalidad entre dos hechos correlacionados. La correlación no implica causalidad. Debe recordarse este principio a fin de tener una actitud más precavida cuando se leen o escuchan informes de estudios científicos en los que sólo se habla de correlación. Así, por ejemplo, la baja autoestima quizás provoque la depresión, pero también la depresión podría provocar baja autoestima. O tal vez carezcan totalmente de relación causal, a pesar de que se correlacionen, por lo cual la depresión puede estar provocada por situaciones estresantes, o por existir una predisposición biológica. El coeficiente de correlación es la medida estadística de la intensidad de relación de dos conjuntos dados de puntuaciones. Puede variar entre +1, lo cual significa que un conjunto de puntuaciones aumenta en proporción directa con el otro (correlación positiva), hasta -1, lo cual significa que un conjunto de puntuaciones aumenta exactamente cuando la otra disminuye (correlación negativa). Una correlación percibida que en realidad no existe es un correlación ilusoria. Cuando se cree que hay una relación entre dos cosas, es posible que se adviertan y recuerden ejemplos que confirman esa creencia. La correlación múltiple es la correlación de una variable con la combinación óptima de otras variables. ∎

Corteza cerebral Véase Cerebro.

Corteza suprarrenal Véase Glándulas suprarrenales.

Corticoides Grupo de hormonas que se producen fundamentalmente en la corteza de las glándulas suprarrenales. Se dividen en mineralcorticoides, glucocorticoides y andrógenos*. El mineral corticoide más conocido es la aldosterona*, que mantiene el tono vascular (acción hipertensora). De los andrógenos suprarrenales, el más importante es la testosterona*, que, en la mujer, representa la única fuente de andrógenos, y origina la aparición de pelo púbico en las adolescentes. Entre los glucocorticoides, el más destacado es el cortisol*, que tiene multitud de efectos biológicos: participa en el control del metabolismo de los hidratos de carbono, grasas y proteínas (facilita su movilización y utilización), favorece la retención de agua y electrolitos (acción hipertensiva) y disminuye la respuesta inmunitaria e inflamatoria. Su secreción es pulsátil y viene determinada, a su vez, por la liberación de una hormona hipofisaria: la ACTH*. Las situaciones de estrés* conducen a un aumento de ACTH, con la consecuente secreción de cortisol, que prepara el organismo para defenderse.

Córtico-visceral, patología Término equivalente a «medicina psicosomática», utilizado por el fisiólogo ruso K. M. Bykov.

Cortisol Véase Corticoides.

Cotard, síndrome de Véase Delirio hipocondríaco.

Creatividad Capacidad para producir ideas u objetos que sean al mismo tiempo novedosas y válidas. Las expresiones de la creatividad varían según la cultura. Los resultados de los tests de inteligencia y creatividad sugieren que para poseer creatividad es necesario cierto nivel de aptitud, aunque no sea la única característica que se requiere. Las personas inteligentes que poseen una excepcional capacidad creativa, generalmente no tienen un CI más elevado que sus colegas menos creativos. Los componentes de la creatividad son: a) el conocimiento experto; b) las cualidades del pensamiento imaginativo: la capacidad para ver las cosas desde diferentes ópticas, de reconocer pautas y de establecer relaciones. Para tener capacidad creativa, la persona debe dominar los elementos fundamentales del problema para poderlo definir después de diferente manera; c) personalidad audaz: la que soporta la ambigüedad y el riesgo, persevera para superar los obstáculos y busca experiencias nuevas; y d) motivación intrínseca: las personas creativas concentran los esfuerzos no tanto en los reforzadores* ambientales como en el placer intrínseco y el desafío del trabajo; si se libera la gente de la preocupación por la aprobación social, se realza la capacidad creativa. ■

CRECIMIENTO Proceso normal de incremento del tamaño de un organismo, de sus diferentes partes constituyentes y órganos, que puede ser representado por un valor global de longitud. El crecimiento está limitado temporalmente, y en la especie humana se determina entre los 18 y 20 años de edad promedio en el hombre y entre los 16 y 17 años en la mujer. No obstante, las condiciones de hábitat y de vida, en especial de nutrición y parece que también las condiciones sociales, ocasionan diferencias cuantitativas y variaciones rítmicas entre los grupos y los individuos.

CREPUSCULAR, ESTADO Perturbación transitoria de la conciencia, descrita en la epilepsia*, que se manifiesta por el estado de confusión del individuo que la padece, quien se muestra, además, perseverativo, lento y con expresión de perplejidad en su rostro. El enfermo no está somnoliento, pero tampoco da la impresión de estar del todo despierto. Es frecuente que el individuo realice muchos actos (por ejemplo, automatismos*), a veces muy complicados, sin la participación de la voluntad consciente y sin recuerdos posteriores de los mismos. El estado crepuscular puede observarse en sujetos epilépticos, a continuación de las crisis, o como equivalente de las mismas ausencias*.

CREUTZFELDT-JACOB, ENFERMEDAD DE Demencia que se manifiesta a partir de los 50 años y sigue un curso subagudo que lleva al sujeto a la muerte en uno o dos años. Se han observado casos en los que los signos neurológicos preceden a la demencia, y una vez que ésta empieza a manifestarse, sus efectos son progresivos y rápidos. En cuanto a su etiología, se sabe que está provocada por agentes transmisibles conocidos como «virus lentos». Hoy se conoce como enfermedad de las «vacas locas». Véase DEMENCIA. ■

CRIANZA DE NIÑOS Conducta destinada al cuidado y desarrollo de los niños. Se ha comprobado que las madres sensibles y reactivas suelen tener niños que muestran una vinculación segura; en caso contrario, los hijos manifiestan angustia e inseguridad. Los padres participativos son igual de importantes en la protección y crianza de los niños; sin embargo, acostumbran a dedicar mayor parte de su interacción con el niño al juego que a dispensar cuidados. Si ambos progenitores se apoyan mutuamente la eficacia de la crianza se incrementa. Las vinculaciones de la niñez temprana se debilitan con el tiempo; la ansiedad provocada por la separación del contacto con los padres culmina alrededor de los trece meses y después se debilita gradualmente. Con el tiempo, los niños se familiarizan con la gama más amplia de situaciones y se comunican más libremente con los extraños. Se ha identificado que los niños que mantienen un vínculo seguro entre los doce y los dieciocho meses, actúan con más confianza (véase CONFIANZA FUNDAMENTAL). Los padres responden a cuatro modelos de actitud en cuanto a la crianza. 1) Autoritarios (imponen reglas y esperan obediencia). 2) Autorizadores (exigen y al mismo tiempo se muestran sensibles y razonables). 3) Permisivos (se someten a los deseos de sus hijos, formulan escasas reclamaciones y utilizan pocos castigos). 4) Rechazantes y/o descuidados (distantes). Los niños que poseen más elevada autoestima, confianza en sí mismos y competencia social, generalmente tienen padres cálidos, preocupados y autorizadores, que suministran a los niños un sentido del control más firme y una mayor vinculación. Las diferencias culturales demuestran que en las sociedades occidentales se educa a los hi-

■ *La **enfermedad de Creutzfeldt-Jacob**, también denominada de las «vacas locas», es una demencia de extrema gravedad.*

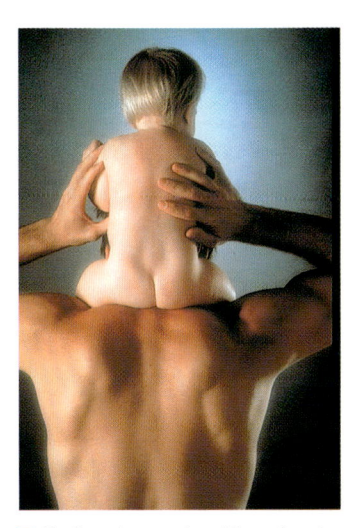

■ *En la **crianza de niños** el padre suele basar su interacción en el juego.*

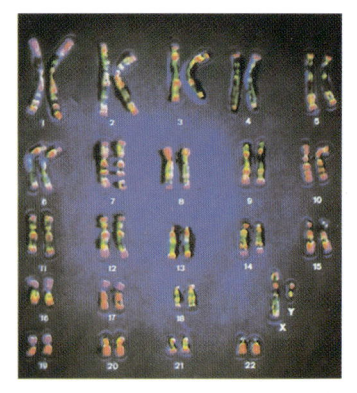

*Un **cromosoma** es un cuerpo filamentoso que pertenece al núcleo celular: en la fotografía, cromosomas de una célula masculina.*

*La **curiosidad** nos lleva a averiguar, explorar y experimentar con lo nuevo y desconocido.*

jos en los valores de la independencia, mientras que las asiáticas y africanas se centran en el cultivo de la proximidad emocional, con un sentimiento más sólido de la «personalidad de la familia». No se debe soslayar el efecto de la genética en los rudimentos de la personalidad del niño, ajenos en parte a la influencia ambiental. *Crianza cruzada*, es un método de investigación por medio del cual se comparan los efectos relativos de la herencia y del ambiente. Siguiendo este método, los investigadores estudian a los individuos que han sido adoptados por padres con trastornos psicológicos y, si es posible, los comparan con los padres biológicos. ■

CRIMINAL Véase DELINCUENTE.

CRISIS Momento y situación en que se produce un cambio brusco y decisivo tanto en el orden físico como psicológico. / *Crisis de angustia*, véase ANGUSTIA. / *Crisis de pánico*, véase PÁNICO, TRASTORNO DE.

CRITERIO Señal, característica diferenciadora, o medida con las que son comparadas otras características. / *Criterio de un test*, medida independiente de las que el test se propone evaluar, con la cual se miden otros tests por referencia a la eficacia con que coinciden con dicho criterio (por ejemplo, criterios de rendimiento). / *Criterios diagnósticos*, características estandarizadas que definen un cuadro clínico y que permiten identificarlo y diferenciarlo.

CROMOSOMA Cuerpo filamentoso independiente contenido dentro del núcleo celular de los seres vivos. Los cromosomas que están constituidos por nucleoproteínas (DNA*, RNA) son los transmisores de los caracteres hereditarios (genes). Los cromosomas sexuales tienen como función determinar el sexo; se les denomina X e Y. ■

CUBOS DE KOSH Prueba de inteligencia práctica en la que el sujeto ha de reproducir el dibujo de un cuadro que está subdividido en casilleros de colores, utilizando cubos cuyas caras también están coloreadas. Ya que no se necesita el lenguaje, esta prueba puede aplicarse a los enfermos mentales graves, a niños que todavía no han adquirido el lenguaje, a personas pertenecientes a grupos socioculturales no escolarizados, e incluso a personas que no hablan nuestra lengua. Es fundamentalmente una evaluación de rendimiento.

CUERPO CALLOSO Amplia banda de fibras nerviosas que conecta los dos hemisferios cerebrales.

CUESTIONARIO Instrumento y técnica de evaluación psicológica y psiquiátrica constituido por inventarios de preguntas en forma de autoinformes*. Los contenidos de la información recogida suelen coincidir con los de la entrevista* oral, presentando como ventajas la comodidad, la sistematización y la estandarización de las preguntas, lo que permite mejores comparaciones entre diferentes individuos o entre las distintas fases de la evolución de una misma persona (por ejemplo, comparación entre la situación del diagnóstico inicial y la que se presenta al cabo de un tiempo de haber finalizado el tratamiento). En función de sus contenidos, los cuestionarios más utilizados son los que recogen información sobre los siguientes aspectos: a) componentes generales de la evaluación clínica (por ejemplo, cuestionario de salud general de Goldberg); b) características de la personalidad (MMPI); y c) aspectos específicos: estados afectivos (cuestionario de depresión de Beck o de ansiedad de Hamilton), habilidades sociales (cuestionarios de asertividad) y estilos de vida. / *Cuestionario de Salud General*, véase GHQ.

CULPA Estado afectivo consecutivo a un acto que el sujeto considera reprensible. La razón invocada puede ser más o menos adecuada (remordimientos después de un acto delictivo o autorreproches después de un comportamiento inadecuado), o también un sentimiento difuso de indignidad personal relacionado con estados depresivos, en los que el sujeto presenta ideaciones pesimistas que tienden a la autoinculpación del propio individuo por su sensación de desesperanza.

CULPABILIDAD Juicio acerca de la responsabilidad delictiva de un individuo formulado por otro o por el grupo social. Hay que distinguirla de la responsabilidad legal, que es el proceso judicial que se lleva a cabo contra la persona que ha violado una disposición legal.

CURIOSIDAD Característica o tendencia derivada de la conducta de orientación que consiste en explorar, experimentar y averiguar aquello que el sujeto supone como algo nuevo o no conocido. ■

D

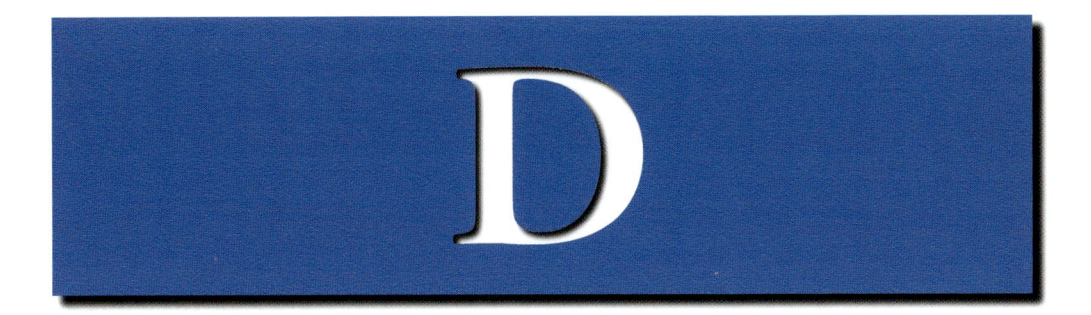

Dato Resultado, a menudo numérico, que puede interpretarse para dar información sobre una investigación.

Decisión 1. Última parte del acto de voluntad, al que sucede directamente la voluntad de obrar. 2. Hecho de escoger una posibilidad de acción o reacción ante una situación que ofrece diversidad de opciones. Se ha definido la teoría de la decisión como un modelo matemático para la elección racional, mediante la valoración de varias probabilidades.

Defensa 1. Conjunto de medios por los cuales el organismo resiste la acción nociva de los agentes que le rodean. 2. En psicología, conjunto de operaciones y mecanismos cuya finalidad consiste en reducir y suprimir toda modificación susceptible de poner en peligro la constancia y la integridad psicológica del individuo. Los mecanismos de defensa son muy utilizados para afrontar el estrés* y los conflictos emocionales. Entre ellos destacan: a) actuación: el individuo maneja el conflicto emocional mediante acciones más que con reflexiones o sentimientos; b) agresión pasiva: expresa hostilidad indirecta y no afirmativa hacia los demás; puede ser adaptativa en sujetos con posiciones subordinadas que no tienen otra manera de expresar abiertamente su afirmación; c) aislamiento afectivo: separa las ideas de los sentimientos originalmente asociados con ellas; la persona pierde contacto con los sentimientos asociados con una idea dada (por ejemplo, un episodio traumático), pero sigue siendo consciente de los elementos cognitivos (por ejemplo, detalles descriptivos); d) altruismo: se dedica a satisfacer las necesidades de los demás; e) anticipación: presenta reacciones emocionales por adelantado, en las que anticipa las consecuencias de posibles hechos futuros y considera las respuestas o soluciones alternativas; f) asociación: recurre a otros para pedir ayuda o apoyo, lo que implica compartir problemas, pero sin tratar de responsabilizar de ellos a los demás; g) autoafirmación: expresa pensamientos y sentimientos de forma no coercitiva ni manipuladora; h) desplazamiento: transfiere un sentimiento o una respuesta ante un objeto hacia otro sustitutivo menos amenazante; i) desvalorización: atribuye cualidades negativas a sí mismo o a otros; j) humor: destaca los aspectos divertidos o irónicos del conflicto o el factor de estrés; k) idealización: atribuye cualidades positivas exageradas a otros; l) intelectualización: recurre excesivamente al pensamiento abstracto para controlar o minimizar sentimientos perturbadores; m) negación: desconoce algún aspecto doloroso de la realidad que es evidente para otros; n) omnipotencia: actúa como si tuviese aptitudes especiales y fuese superior a los demás; o) polarización: las imágenes de sí mismo y de los estímulos tienden a alternar entre extremos polares: bueno-malo; p) proyección: atribuye falsamente a otros sus propios sentimientos, impulsos o pensamientos inaceptables; q) racionalización: elabora explicaciones tranquilizadoras pero incorrectas; y r) supresión: evita deliberadamente pensar acerca de problemas, sentimientos o experiencias perturbadoras. ■

Déficit de atención con hiperactividad, trastorno por Dificultad para prestar atención a las tareas escolares, así como a las actividades lúdicas o a la conversación. Es propio de niños y adolescentes, presentándose en un porcentaje comprendido entre el 3 y el 5 por ciento, con una relación masculino-femenino de 4 a 1. Las tareas o actividades resultan particularmente afectadas cuan-

■ *El término defensa designa un conjunto de operaciones y mecanismos destinados a preservar la integridad psicológica del sujeto.*

DÉJÀ VU

*Un acto **delictivo** es una infracción de la norma legal que a su vez puede revelar una inadaptación social.*

*La persona que sufre **delirio** persecutorio está convencida de que alguien la controla y acosa.*

do exigen un esfuerzo mental sostenido, pero también se extravían con facilidad los elementos necesarios para ellas y se producen frecuentes olvidos en la vida cotidiana. El trastorno se asocia a problemas de hiperactividad-impulsividad, entre los cuales destacan el movimiento continuo, que impide a estos niños permanecer sentados mucho tiempo. A menudo corren o trepan de manera excesiva en situaciones en las que es inapropiado, actúan como «impulsados por un motor» y suelen hablar en exceso. Es un trastorno que puede provocar deterioro en el funcionamiento social, familiar y académico. Se cree que refleja alteraciones neurológicas sutiles, aún no definidas claramente. Aunque no siempre, se relaciona con el trauma perinatal y la desnutrición temprana, pero influyen también factores genéticos. El trastorno persiste en la adolescencia en un 20 a 25 por ciento de los casos, y en algunos continúa hasta la edad adulta, sobre todo si el problema no ha sido tratado. En estos casos se presentan fundamentalmente trastornos de la atención y sentimientos subjetivos de inquietud, si bien los individuos que tuvieron un trastorno de conducta asociado en la infancia (riñas, crueldad, fraudes, fugas del hogar) o un trastorno desafiante y oposicionista (estallidos temperamentales, rechazo de las normas, atribuir a los demás errores propios, susceptibilidad y resentimiento), pueden desembocar en personalidades antisociales o claramente delictivas. El tratamiento farmacológico tiene éxito en el 75 por ciento de los casos, efectuándose con sustancias estimulantes como el metilfenidato*, a las que se unen, en ocasiones, técnicas conductuales.

DÉJÀ VU Impresión que tiene una persona de haber visto o vivido con anterioridad una situación que es nueva para ella. Se produce una sensación simultánea de reconocimiento y novedad, que dura unos segundos, y puede dejar al sujeto perplejo o dudoso. Se da en personas normales. Si ocurre con mucha frecuencia y se acompaña de ansiedad* y/o síntomas vegetativos, debe descartarse una posible crisis de angustia*.

DELICTIVO Se dice del acto que infringe la normativa legal, expresando al mismo tiempo la inadaptación de un individuo al medio social.

DELINCUENTE Sujeto cuya conducta antisocial se expresa mediante el acto delictivo. El comportamiento del delincuente acostumbra a reflejar perturbaciones de distintas clases, desde las de índole socioeconómica, hasta las que incluyen trastornos de la personalidad, entre los cuales el antisocial* es el más frecuente.

DELIRANTE, TRASTORNO Enfermedad mental caracterizada por la aparición de un único tema delirante, o de un grupo de ideas delirantes relacionadas entre sí, que normalmente son muy persistentes, y que incluso pueden durar hasta el final de la vida del individuo. El contenido del tema o conjunto de ideas delirantes es muy variable. Se distinguen cinco subtipos fundamentales de trastorno delirante en función del tema predominante al que se refieran: erotomaníaco, de grandeza, celotípico, persecutorio y somático (véase DELIRIO). El contenido de las ideas delirantes y el momento en que aparecen suele tener relación con situaciones biográficas significativas (por ejemplo, ideas de persecución en sujetos que pertenecen a minorías sociales). Al margen del comportamiento directamente relacionado con las ideas delirantes, son normales la afectividad*, el lenguaje y el resto de la conducta. Lo más característico de este trastorno es que no presenta otra psicopatología, pero pueden aparecer de modo intermitente síntomas depresivos y, en algunos casos, alucinaciones* olfatorias y táctiles. No se presentan, sin embargo, síntomas propios de la esquizofrenia*, como las voces alucinatorias, el embotamiento afectivo, el lenguaje incoherente, etc. El trastorno suele comenzar hacia la edad mediana o avanzada de la vida y sigue un curso crónico. El tratamiento de elección son los antipsicóticos (neurolépticos*). Otras denominaciones «clásicas» de este trastorno son paranoia* y parafrenia*.

DELIRIO Creencia falsa e inamovible concerniente al propio individuo y/o a su medio externo, ajena a la realidad, y no compartida por otras personas del mismo medio sociocultural. Esta creencia es mantenida con convicción, a pesar de las evidencias en contra. / *Delirio celotípico*, convencimiento de la persona de ser víctima de una infidelidad conyugal en base a errores de juicio o a interpretaciones tendenciosas de supuestos indicios. Es característico de los individuos que sufren alcoholismo* crónico, aunque puede presentarse en otros casos. / *Delirio de culpa,* sentimiento de culpabilidad e indignidad. La persona se acusa ante sí misma y ante los demás de faltas que cree haber cometido, e insiste en obtener un castigo por sus grandes pecados. Es otro tipo de delirio depresivo. / *Delirio de ruina,* convencimiento carente de realidad de quien se cree en un estado de máxima pobreza, sin los bienes indispensables para poder vivir. Normalmente, la persona piensa que toda su familia tendrá el mismo destino que ella. Es típico de la depresión* grave. / *Delirio erotomaníaco,* creencia errónea de la persona que está convencida de ser amada por otra de alto rango, o bien de tener que protegerse desde un punto de vista amoroso del resto del mundo. Se produce con mayor frecuencia en las mujeres y suele darse en el trastorno delirante*. / *Delirio hipocondríaco,* convencimiento de hallarse enfermo de grandes y terribles males: cáncer, tuberculosis, sida, etc., de los que el sujeto refiere síntomas subjetivos que surgen de una interpretación morbosa de las sensaciones corporales. Una forma especial de este delirio, cada vez menos frecuente, es el delirio de negación o síndrome de Cotard. Se trata de un delirio de contenido nihilista en el que el sujeto dice estar muerto; no tiene ojos, ni corazón, ni pulmones; su cuerpo ha desaparecido. Se observa en la depresión grave. / *Delirio megalomaníaco* o *de grandeza,* el que se caracteriza por un falso aumento de los valores subjetivos: la persona se siente poseedora de fortunas inmensas, de puestos militares o políticos de máxima categoría y, en general, dotada del grado superior de todos los valores positivos. Se observa en los episodios maníacos, en el trastorno delirante y como síntoma típico en la PGP o parálisis general progresiva*. / *Delirio místico y de posesión,* aquel cuya temática incide particularmente en Dios o bien en otros personajes religiosos. El sujeto se siente poseído, o él mismo se transforma para asumir las responsabilidades, misiones y poderes de dicho personaje. Se da en la esquizofrenia* y en otros cuadros psicóticos agudos. / *Delirio persecutorio,* forma más frecuente de delirio. Se distinguen dos variedades: a) de persecución física: el enfermo se siente acorralado, controlado por un individuo o grupo de sujetos que quieren matarle, a veces no sólo a él sino a toda su familia; y b) de persecución psíquica: el daño infligido al enfermo es moral, por difamación o desprestigio. A veces se queda detenido en un período de delirio de alusión: los enfermos se sienten observados, blanco de las miradas de la gente, objeto de comentarios indirectos, sin que lleguen a considerarse propiamente perseguidos. Se da típicamente en la esquizofrenia de tipo paranoide y en otros cuadros psicóticos agudos y crónicos. / *Delirio somático,* aquel cuyo tema central son las funciones corporales. El sujeto dice emitir un olor insoportable por la piel, boca, recto o vagina, o bien que tiene un parásito interno, o que algunas partes de su cuerpo tienen evidentes malformaciones, son feas (en contra de lo observable) o no funcionan (por ejemplo, el intestino). Se da en el trastorno delirante. ■

Delirium Trastorno mental, también denominado síndrome confusional agudo, que se caracteriza por una disfunción cognoscitiva global a la que acompaña una alteración de la conciencia, que se manifiesta por una disminución de la capacidad para mantener la atención y percibir de forma precisa el medio ambiente. Constituye el trastorno psiquiátrico más frecuente en la práctica hospitalaria. El enfermo está confuso, generalmente desorientado, con trastornos mnésicos y dificultad para mantener la atención y concentrarse sobre estímulos externos. El lenguaje es incoherente y la actividad motora está exaltada (agitación psicomotriz) o bien bloqueada. Con frecuencia aparecen trastornos perceptivos con falsas interpretaciones del entorno, ilusiones y alucinaciones de predominio visual. La alteración comienza de forma brusca, se desarrolla en un breve espacio de tiempo y tiende a fluctuar a lo largo del día, pudiendo permanecer el sujeto coherente y cooperador durante el día, y agitado y confuso por la noche. A menudo se acompaña de una alteración del ciclo sueño-vigilia. Su prevalencia en sujetos mayores de 65

■ *El **delirium** es un síndrome confusional por el que la persona deja de percibir de forma apropiada lo que la rodea, con desorientación, agitación y falsas percepciones.*

Demencia

*La **demencia** constituye un déficit de la función intelectual que afecta a la actividad mental en muy diversas áreas.*

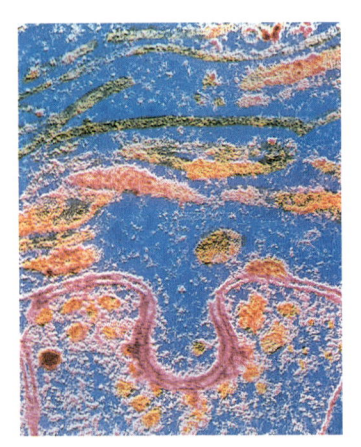

*La **dendrita** es una ramificación que se desprende del cuerpo neuronal.*

años hospitalizados es de un 20 a un 25 por ciento, circunstancia que agrava notablemente el pronóstico del paciente. Se trata de un cuadro de origen orgánico, cuyas causas más frecuentes son: a) la enfermedad física (infecciones generalizadas, alteraciones metabólicas, enfermedades hepáticas o renales, estados postoperatorios, traumatismos craneales, etc.); b) la ingestión o carencia de sustancias: intoxicación por alcohol*, alucinógenos*, anfetaminas*, cannabis*, cocaína*, opiáceos*, ansiolíticos*, etc., o abstinencia de alcohol, hipnóticos, sedantes, etc. El tratamiento debe ir precedido de una evaluación exhaustiva de la causa originaria, a fin de corregir cualquier trastorno contribuyente (alteración metabólica, infección, etc.). Las técnicas farmacológicas son útiles para reducir o eliminar la mayoría de los síntomas, siendo el haloperidol* el fármaco utilizado habitualmente. / *Delirium tremens,* delirium inducido por la abstinencia absoluta o relativa de alcohol en personas con una grave dependencia y con largos antecedentes de consumo del mismo. Comienza después de interrumpir el consumo de alcohol, aunque también puede ser provocado por otros factores, como traumatismos, infecciones, etc. Los síntomas preliminares típicos son insomnio*, temblores* y miedo, y más raramente convulsiones. La tríada clásica de síntomas consiste en obnubilación de la conciencia y estado de confusión, inquietud e incluso agitación y alucinaciones*, siendo las más típicas las visuales de contenido zoomórfico: insectos y reptiles de pequeño tamaño (microzoopsias). El estado físico general se halla gravemente perturbado, con temblor intenso, fiebre, sudoraciones profusas y deshidratación. El episodio dura aproximadamente una semana y, aunque en la actualidad ha disminuido mucho la mortalidad por este problema, no debe descartarse un desenlace fatal. El tratamiento incluye el ingreso hospitalario para asegurar el control de las constantes vitales y una correcta hidratación. El tratamiento farmacológico indicado es el de clormetiazol* y vitaminas del complejo B. ∎

Demencia Déficit persistente y adquirido de la función intelectual que afecta por lo menos a tres de las siguientes áreas de funcionamiento mental: lenguaje*, memoria*, habilidad visioespacial, vida afectiva, personalidad y aspectos cognitivos (abstracción, cálculo, juicio, etc.). La demencia, aunque presenta alteraciones de la memoria como el delirium*, se diferencia de éste en que es de instauración gradual y la conciencia no se altera hasta fases avanzadas de la enfermedad. Según las áreas neuroanatómicas afectadas, se divide en: a) demencia cortical, en la que están involucradas fundamentalmente las estructuras corticales. El prototipo es la enfermedad de Alzheimer*; b) demencia subcortical, en la que el área afectada son los ganglios basales, y que engloba los trastornos extrapiramidales, la hidrocefalia y las encefalopatías tóxicas y metabólicas; c) demencia córtico-subcortical, que incluye las demencias de origen vascular por infarto múltiple y las infecciosas. Entre las demencias más habituales destacan la enfermedad de Alzheimer*, la de Pick*, la de Creutzfeldt-Jacob* y la de Huntington*. / *Demencia asociada al síndrome de inmunodeficiencia adquirida (sida),* la que se presenta en más del 50 por ciento de los enfermos de sida y puede aparecer en las primeras etapas de la enfermedad. / *Demencia vascular,* la de origen vascular, en la que las características clínicas dependen de la localización y el tamaño de la zona infartada. Es común la presencia de amnesia*, afasia*, dificultad en la orientación visioespacial y trastorno cognitivo; la mayoría de los enfermos presentan anormalidades en el examen neurológico, así como rigidez y dificultades en la locomoción. En los antecedentes médicos de estos enfermos se encuentran la hipertensión y los accidentes cerebrovasculares recurrentes. El deterioro sigue un curso lento y fluctuante, con cambios rápidos. ∎

Dendrita Ramificación que se desprende del cuerpo de las neuronas, de forma cónica y relativamente corta. Las dendritas reciben información de los sentidos, en concreto de los receptores sensoriales de otras neuronas. ∎

Dependencia, síndrome de Conjunto de manifestaciones fisiológicas, cognoscitivas y del comportamiento que sufre el individuo para el cual el consumo de una droga* adquiere la máxima prioridad. La manifestación más característica es el deseo intenso y compulsivo de consumir esa sustancia, con disminución de la capacidad para controlar dicho consumo. El sujeto desarrolla un mecanismo de tolerancia a la droga, que le obliga a aumentar progresivamente la dosis para conseguir el mismo efecto. Se produce un abandono progresivo de otras fuentes de placer, persistiendo el consumo pese a sus evidentes consecuencias perjudiciales (físicas, sociales, etc.). Cuando se disminuye o cesa el consumo de la sustancia adictiva, aparecen los síntomas somáticos que constituyen el síndrome de abstinencia*.

DEPRESIÓN Trastorno del humor* caracterizado por una alteración significativa del estado de ánimo*, primordialmente compuesta de tristeza y ansiedad*, que suele asociarse a síntomas físicos (cansancio, pérdida del apetito, insomnio, disminución del deseo sexual) y a una reducción de la actividad social. Constituye, junto con los trastornos de angustia*, la disfunción mental más frecuente en la población general. / *Depresión con síntomas atípicos,* depresión cuyas características principales son la reactividad del estado de ánimo (capacidad para alegrarse en situaciones positivas), el aumento del apetito y del peso, la hipersomnia, el abatimiento (sensación de pesadez, inercia o hundimiento, sobre todo en brazos y piernas) y un patrón muy prolongado de extrema sensibilidad a la percepción de rechazo interpersonal. Puede formar parte de la depresión mayor, la distimia*, etc., y es de dos a tres veces más frecuente en mujeres, iniciándose en edad temprana. Cursa de forma más crónica y menos episódica que otros tipos de depresión y tiene una recuperación interepisódica parcial. / *Depresión crónica o Distimia,* la que se caracteriza por tener una duración de dos o más años, ser de comienzo temprano e insidioso, de escasa gravedad y de curso persistente o intermitente. En los adultos, las mujeres son dos o tres veces más propensas a sufrirla. Es frecuente la coexistencia de un trastorno de la personalidad, que persiste tras la remisión del cuadro. / *Depresión mayor,* depresión cuyos síntomas predominantes son tristeza la mayor parte del día, disminución acusada del interés o de la capacidad para el placer* en todas o casi todas las actividades (anhedonia*), trastornos del sueño (insomnio*/hipersomnia) y del apetito (disminución/aumento), alteraciones psicomotoras (agitación/enlentecimiento), pérdida de energía, sentimientos de culpa, disminución de la capacidad de concentración*, pensamientos de muerte e ideas suicidas. Estos síntomas provocan deterioro social, laboral o de otras áreas de la actividad del individuo. En casos graves están descritas manifestaciones de tipo psicótico (delirios*, alucinaciones*). Existe la variante tipo melancólico (véase MELANCOLÍA), caracterizada por el cambio a lo largo del día de la sintomatología, con agravamiento matutino, despertar precoz, pérdida de peso, disminución del interés sexual y cansancio. Puede presentarse como un episodio único, o bien en episodios recidivantes (depresión mayor recurrente o depresión unipolar) de varios meses de duración, tras los cuales la recuperación habitualmente es completa. Cuando alterna con algún episodio maníaco se incluye dentro del trastorno bipolar*. Los estudios realizados indican que los episodios depresivos aparecen con el doble de frecuencia en mujeres que en varones. En su etiopatogenia interaccionan factores genéticos, de personalidad (perfeccionismo, gran sentido del deber, escrupulosidad, etc.), de conducta (indefensión aprendida), de estrés psicosocial (acontecimientos vitales) y bioquímicos (déficit funcional de noradrenalina* en las sinapsis* cerebrales, hipofunción serotoninérgica central y aumento de la actividad colinérgica). ■

DESARROLLO Conjunto de procesos de cambio que experimenta el ser humano desde que nace hasta que alcanza la madurez o edad adulta. Deriva de la interacción entre la maduración del sistema nervioso* central, el sistema neuromuscular y el sistema endocrino. El potencial de desarrollo es específico de cada individuo, pues depende de las disposiciones genéticas, el nivel intelectual, la salud mental, el temperamento y, probablemente, de ciertos rasgos de personalidad. La adaptabilidad permite al niño desarrollarse según el ambiente en el que ha sido educado, ambiente que determina el que pueda llegar a convertirse en un indi-

■ *La **depresión**, junto con los trastornos de angustia, constituye la disfunción mental más frecuente.*

■ *En la etapa de **desarrollo** sensoriomotriz del niño aparecen las primeras manifestaciones de la inteligencia, la percepción sensorial y la actividad motriz.*

Desarrollo

*En la etapa de **desarrollo** operacional, entre los 7 y los 11 años, el niño comienza a asimilar los conceptos matemáticos.*

viduo socialmente adaptado. Es esta capacidad de adaptación la que hace del niño un ser educable y adaptable a todos los ambientes y culturas, cosa que no ocurre en ninguna otra especie animal. El hecho de nacer inacabado, inmaduro, permite que la persona adquiera esta cualidad. El desarrollo se produce de forma continua y dura toda la vida, pero alcanza su máxima rapidez en las primeras etapas de la vida. El cerebro neonatal pesa 250 gr, prácticamente triplica el peso hacia los dieciocho meses, y a los 7 años se acerca al 90 por ciento del peso adulto (1350 gr). La falta de conexiones nerviosas ayuda a explicar por qué los recuerdos más tempranos no son anteriores al tercer o cuarto cumpleaños. De todos modos, el aprendizaje temprano puede preparar el cerebro para las experiencias ulteriores que sí se recuerdan. Así, los dos primeros años son decisivos para el aprendizaje del lenguaje. La experiencia, junto a la maduración biológica, impulsa el desarrollo de las conexiones nerviosas del cerebro, preparándolo para el pensamiento y el lenguaje, y también para las experiencias ulteriores. Cuando más se estimula a un niño, más rápidamente aumenta de peso y su desarrollo neurológico es más rápido. El desarrollo de la sexualidad y, sobre todo, el del concepto de identidad genérica, recibe el nombre de dimorfismo sexual*. El desarrollo motor está ordenado por etapas cuyos hitos son universales, como el permanecer sosteniéndose en pie (once meses) hasta el caminar prácticamente solo (quince meses). Después de un período de progreso rápido durante los dos primeros años, el crecimiento se realiza a un ritmo más lento, entre 50 y 75 mm anuales durante la niñez. El desarrollo cognitivo va íntimamente unido al de las áreas asociativas de la corteza cerebral*, lo que permite el progreso de las cualidades mentales del niño. Debido a sus limitadas experiencias, que le impiden tener una estructura de pensamiento completa, el niño razona sobre las cosas y los acontecimientos de forma distinta a la del adulto, no siendo capaz de prever situaciones ni de pensar más allá de lo que ve. Gracias a la capacidad de observación, socialización y movimiento, el niño desarrolla su pensamiento.

Uno de los investigadores que más ha trabajado sobre el desarrollo cognitivo del niño fue J. Piaget, que definió el concepto de adaptación como la capacidad de modificar el medio ambiente según los fines de la persona; es decir, de organizar en las estructuras mentales todas las experiencias y sensaciones para adaptarse al medio. La adaptación comprende dos aspectos, la asimilación, que es el proceso de incorporación de sensaciones, y la acomodación, o proceso de ajuste al medio ambiente. Asimilación y acomodación están en constante equilibrio, ya que en la medida que el niño asimila nuevas sensaciones, modifica sus formas de respuesta. Cada estadio surge del precedente y se construye sobre una estructura más amplia y compleja. Estos estadios se pueden dividir en los siguientes: a) la etapa sensorio-motriz: comprende desde que el niño nace hasta los 2 años. Las primeras manifestaciones de la inteligencia del niño aparecen a partir de sus percepciones sensoriales y de su actividad motriz. Poco a poco, a lo largo de este período del desarrollo, el niño será capaz de repetir algunos movimientos cuando se da cuenta de que éstos le proporcionan nuevos estímulos (repetirá los golpes a un sonajero porque le resulta gratificante su sonido). Dentro de esta etapa, Piaget distingue otros períodos. En el primero, que corresponde al primer mes de vida, el niño se halla «encerrado en el egocentrismo», es decir, no se da cuenta de nada que se encuentre fuera de él. Responde únicamente mediante reflejos como succionar y agarrar. Su contacto con el mundo exterior se realiza exclusivamente a través de estos reflejos. En el segundo período, aproximadamente entre el segundo y el cuarto mes, el niño, que lleva accidentalmente su mano a la boca, empieza a succionar, y esta actividad le resulta placentera. En el tercer período aprende a dar respuesta a algo que pertenece al mundo exterior y su actividad deja de estar centrada en sí mismo. En el cuarto período de desarrollo, aproximadamente entre los ocho y los doce meses, aparece la intencionalidad, como apartar un obstáculo para alcanzar un objeto o utilizar la mano de los padres para coger alguna cosa, aunque en este momento aún es incapaz de comprender que un objeto oculto sigue estando presente. Más tarde podrá prever la aparición de su madre sólo con oírle la voz o descubrir una cajita de música, aunque ésta permanezca tapada por un pañuelo, («permanencia de objeto»). El quinto período, comprendido entre los doce y los dieciocho meses, es el de la «búsqueda dirigida». El niño empieza entonces a experimentar para poder observar la manera en que sus actos hacen cambiar los resultados y aprende a utilizar nuevas estrategias para conseguir alguna cosa (por ejemplo, apartar obstáculos con un palo). En el sexto período, que llega hasta el final de esta etapa sensorio-motriz, el niño puede pensar la estrategia de actuación, puede prever no sólo lo que pasará (aparición de un objeto), sino lo que hará para conseguirlo; b) la etapa preoperacional: abarca de los 2 a los 7 años. Se divide en dos estadios: el preconceptual (de 2 a 4-5 años) y el perceptivo o intuitivo (de 4 a 5-7 años). El primero se caracteriza por ser la etapa en que el niño empieza el «juego simbólico» (se dirige a sus muñecos como si fuera la maestra o la mamá). Es capaz de hacerse representaciones de la realidad, lo que significa que retiene en su imaginación algo que está fuera del campo de su percepción inmediata. Empiezan a aparecer los miedos y es el momento en que comienza el registro de conceptos como los colores o tamaños de las cosas. En el estadio perceptivo o intuitivo aparece el razonamiento prelógico. En esta etapa, los argumentos del niño no tienen en cuenta los aspectos fundamentales o los atributos de un concepto; por ejemplo, puede pensar que todavía no ha llegado la tarde porque él no ha hecho la siesta; c) el período operacional concreto: comprende de los 7 a los 12 años de edad y se caracteriza por el pensamiento lógico, en que el niño es ya capaz de iniciarse en conceptos matemáticos; y d) el período formal operacional: abarca desde los 11 años hasta la edad adulta. Se caracteriza porque el individuo puede realizar razonamientos abstractos y prever posibles consecuencias. Esta capacidad se hace particularmente evidente durante la adolescencia. El desarrollo social viene marcado por el establecimiento de vínculos afectivos que comienzan en los primeros meses de vida con las personas que tiene más cerca, por lo que suelen ser aquellas que lo cuidan, lo cambian o alimentan. La presencia de una persona objeto de vínculo reduce su ansiedad, le hace adquirir seguridad y lo impulsa a establecer nuevos vínculos, por lo que aumentará progresivamente su ámbito de relaciones sociales (escuela o guardería). La permanencia de la madre durante un tiempo, hasta que el niño conozca el lugar y a los adultos que le atienden, facilitará su proceso de adaptación. Los niños que han crecido en un ambiente familiar seguro serán los que tendrán mayor facilidad para establecer relaciones sociales, tanto en la infancia como en la edad adulta. El estrecho círculo de personas más allegadas se amplía en los años preescolares, en que comienzan a establecerse entre los niños las relaciones de grupo, a lo que contribuye decisivamente el inicio del lenguaje, puesto que el niño puede expresar sus deseos y su interés por compartir alguna actividad. En definitiva, las diversas etapas del desarrollo del niño podrían resumirse en las siguientes: de confianza, autonomía, iniciativa y competencia. El desarrollo continúa en la adolescencia*, etapa en que se consigue la formación de una identidad, mientras que el adulto joven desarrolla la intimidad y el adulto busca el sentido de la aportación a la sociedad. Véase CRIANZA DE NIÑOS. ■

DESCARGA En la terminología psicoanalítica, evacuación hacia el exterior de la energía aportada al aparato psíquico por las excitaciones, ya sean éstas de origen externo o interno. El proceso de descarga opera de acuerdo con el principio de constancia para efectuar una reducción o eliminación inmediata de cualquier aumento de la tensión psíquica. / *Descarga afectiva* o *emocional*, proceso que tiene lugar en el área de la afectividad, con manifestaciones tales como la cólera, la tristeza, el llanto, etc. / *Descarga convulsiva*, conjunto de contracciones mioclónicas y tónicas que el aparato muscular presenta por efecto de la epilepsia* o la histeria*. / *Descarga motora*, conjunto de manifestaciones del área motora con efecto excitativo (agitación, golpes, tics, etc.). ■

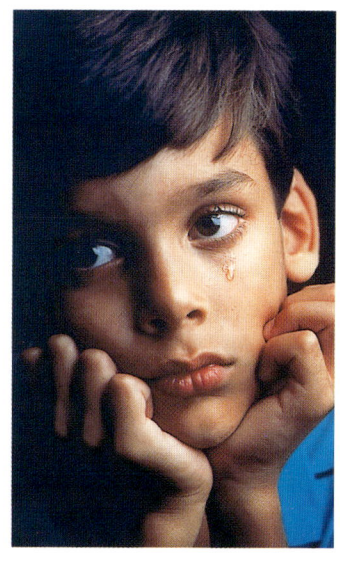

■ *El llanto es una manifestación, entre otras, del proceso de **descarga** afectiva o emocional.*

*La **desorientación** es una alteración de la comprensión en los ámbitos de las relaciones temporales, espaciales y personales. A veces afecta al sentido de la identidad personal.*

DESCARRILAMIENTO Trastorno del lenguaje caracterizado por un constante deslizamiento de un tema a otro, permaneciendo las frases claras y en absoluto vagas o faltas de contenido. Puede aparecer en la esquizofrenia*.

DESDOBLAMIENTO DE LA PERSONALIDAD Personalidad múltiple. Véase DISOCIATIVOS, TRASTORNOS.

DESENSIBILIZACIÓN SISTEMÁTICA Técnica terapéutica de tipo cognitivo-conductual, basada en la inhibición recíproca entre la ansiedad* y una respuesta contrapuesta, en este caso, la relajación*. Se utiliza fundamentalmente para el tratamiento de las fobias* simples, aunque hoy en día ha sido sustituida por otras técnicas menos farragosas y más efectivas. Consiste en la construcción de una jerarquía de estímulos, desde el que provoca menos ansiedad hasta la circunstancia con mayor poder de respuesta ansiosa. El sujeto visualiza imaginativamente (desensibilización sistemática imaginada) la escala jerárquica, asociándola a un estado de máxima relajación muscular, hasta que la imagen, por sí sola, evoca relajación, lo que provoca el fenómeno de contracondicionamiento* o sustitución de la respuesta de ansiedad por otra positiva de serenidad y adaptación. En la vida real, el sujeto comprueba los avances que le proporciona la técnica, exponiéndose al ítem superado, para seguir a continuación con toda la escala, hasta conseguir el control de la situación. La desensibilización sistemática puede utilizarse *in vivo* en aquellos casos en que la evocación imaginativa no produce ansiedad y/o cuando el cuadro clínico se adecua más a este subtipo de la terapia, como es el caso del vaginismo*.

DESEO SEXUAL INHIBIDO Falta de interés por la actividad sexual, unida generalmente a una carencia o disminución de pensamientos y fantasías sexuales. Es una de las disfunciones sexuales más comunes.

DESORIENTACIÓN Alteración de la comprensión de las relaciones temporales, topográficas o personales. El individuo afectado puede ser incapaz de identificar la hora, el día, el lugar y las personas (desorientación temporal-espacial o alopsíquica). En los casos severos, se puede también perder el sentido de la identidad personal (desorientación autopsíquica). Se da en cuadros de demencia*, delirium* y otros trastornos mentales de tipo orgánico. ■

DESPERSONALIZACIÓN Alteración de la percepción o experiencia de la identidad, hasta el punto de perder temporalmente el sentido de la realidad. Se manifiesta como sensación de extrañeza e irrealidad en referencia a uno mismo. Aparece de forma característica en la esquizofrenia*, pero también de forma menos intensa en las crisis de pánico*, aunque puede acontecer con una frecuencia elevada en la población normal, sobre todo en estados de intenso estrés* o fatiga.

DESPLAZAMIENTO Véase DEFENSA.

DESREALIZACIÓN Experiencia de despersonalización* que afecta exclusivamente al mundo externo.

DESVIACIÓN Conducta percibida por el resto de la sociedad como anormal o aberrante, sin que ello implique necesariamente la consideración de trastorno o patología con relación al hecho observado. / *Desviación estándar* o *típica*, medida estadística de desviación utilizada para estudiar la variación promedio con respecto a las puntuaciones de las medias de un grupo. Se obtiene extrayendo la raíz cuadrada de la media aritmética del cuadrado de la desviación de cada una de las puntuaciones del conjunto. (La desviación estándar se representa por la letra griega sigma. Es una de las medidas de desviación más útiles, puesto que se utiliza en otros cálculos estadísticos). / *Desviación media*, medida estadística de variación que se determina dividiendo la suma de las desviaciones del conjunto de variables por el número de casos. / *Desviación sexual*, expresión hoy día poco aceptada por la psicología y la psiquiatría y que equivale a parafilia*. / *Desviación social*, divergencia de un individuo o colectivo de personas con respecto a los valores aceptados por una comunidad social en un momento histórico determinado.

DETECTOR DE MENTIRAS Término con el que se ha popularizado el polígrafo*, instrumento de registro utilizado para detectar, a través de cambios fisiológicos del sujeto, la veracidad o falsedad de sus respuestas ante las acusaciones implícitas en algunas preguntas. Sin embargo, como la excitación fisiológica que pueden producir distintos sentimientos es aproximadamente la misma, el polígrafo no puede distinguir entre la ansiedad*, la irritación o la culpa*, que aparecen siempre en forma de excitación. Hoy en día se tienen grandes reservas acerca de este test utilizado como detector de mentiras.

Deterioro Daño de las funciones cognitivas que afecta a las capacidades intelectuales, debido a la edad o al comienzo de un proceso demencial, generalmente irreversible. El deterioro se manifiesta en las tareas que ponen a prueba la adaptabilidad del sujeto a situaciones que no forman parte de su vida cotidiana, o en la imposibilidad de realizar nuevos aprendizajes. La persona deteriorada mentalmente puede dominar ciertos aspectos de su vida intelectual, como los automatismos sociales o la expresión verbal, y mantiene un nivel de relación bastante bueno.

Diagnóstico Fase final de una serie de procedimientos evaluadores que permite fundamentar un juicio acerca de la existencia de un trastorno. En medicina, consiste en asignar a los sujetos unas categorías determinadas (síndrome, enfermedad) a partir de unos síntomas. En psicología se habla de psicodiagnóstico* para distinguirla del diagnóstico médico. La evaluación psicológica se ocupa del análisis del comportamiento humano mediante la aplicación de diversos instrumentos de medida, entre los que destacan el registro de variables psicofisiológicas, la entrevista*, los autoinformes*, los autorregistros*, las escalas* y los cuestionarios*. Los denominados tests*, en la mayoría de los casos no son otra cosa que cuestionarios o autoinformes. El principal objetivo es detectar los déficits o disfunciones existentes en un sujeto o grupo a fin de proponer una intervención para subsanarlos. ■

Diencéfalo Véase Límbico, sistema.

Diferencial semántico Técnica que se utiliza para caracterizar el sentido de una palabra mediante el uso de escalas bipolares y la atribución de una determinada puntuación o grado a una palabra en cada escala. En la década de 1950, esta técnica fue propuesta por C. Osgood, y consistía en un cierto número de escalas dimensionales (frío-caliente, grande-pequeño) que en general tenían siete grados de evaluación (de -3 a +3). Un conjunto de juicios atribuía a cada palabra un determinado grado sobre cada dimensión, y el promedio de esas atribuciones constituía una especie de perfil semántico de la palabra. Actualmente, el análisis semántico casi ha abandonado por completo esta técnica, así como sus ideas básicas, aunque se utiliza todavía para la determinación de las connotaciones afectivas de una palabra.

Diferencias individuales Conjunto de rasgos y características distintas de cada individuo en particular que constituyen la base de su comportamiento. La expresión de dichas características es constante en cada individuo. ■

Difusión del pensamiento Pérdida de los límites de la percepción del pensamiento en la que el paciente tiene la impresión de que éste le irradia fuera de la cabeza. Es una alteración formal del pensamiento característica de la esquizofrenia*.

Dimensión 1. Variable hipotética observable que diferencia y mide a los sujetos de forma unívoca. Al elaborar tests* se intenta que cada uno evalúe sólo una dimensión. También se requiere que las preguntas planteadas durante el transcurso de un sondeo o de una encuesta de actitudes se hagan en una única dimensión. 2. Conjunto de rasgos* de personalidad llamados también factores. Existen tantas dimensiones como agrupaciones de rasgos se consignan. J. M. Cattel formuló 16 factores o dimensiones de personalidad, pero su trabajo incluyó definiciones incorrectas y adolecía de una gran dificultad de comprensión. H. J. Eysenck redujo las dimensiones a tres (extraversión*, neuroticismo* y psicoticismo), e investigó las bases neurofisiológicas y bioquímicas para cada uno de estos factores. Los representó como tres ejes independientes unos de otros. Así, una persona puede poseer una alta carga de extraversión sin que esto implique mayor o menor neuroticismo o psicoticismo. Las combinaciones entre estas dimensiones son infinitas, y de ahí la gran variabilidad que puede observarse en la población. En la actualidad ha adquirido importancia otro modelo de personalidad en el que el número de dimensiones se amplía

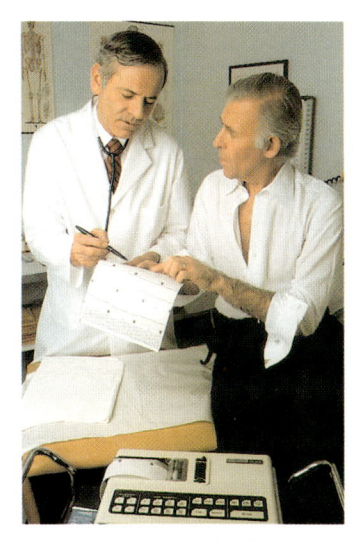

■ El *diagnóstico* o fase final de los procedimientos de evaluación permite fundamentar un juicio sobre la existencia de un trastorno.

■ Las *diferencias individuales* son el conjunto de rasgos y características de cada persona.

*Se denomina acto **directivo** a la presión que se ejerce sobre una persona con el fin de orientar sus percepciones, evaluaciones y elecciones.*

*La **disartria** es una alteración de la articulación de la palabra.*

a cinco: neuroticismo, extraversión, confianza*, competencia y apertura a la experiencia. Es un modelo puramente descriptivo, a diferencia del de Eysenck, que no sólo describe la personalidad, sino que busca las bases biológicas que permiten la razón de ser de esas dimensiones. Hoy en día se postula la existencia de dos mecanismos nerviosos independientes (inhibición-activación). Uno de ellos está relacionado con la sensibilidad a las señales de castigo-daño (inhibición conductual) y con el mecanismo nervioso encargado de la detención de la acción. El otro se relaciona con la sensibilidad a las señales de recompensa o premio (activación conductual) y con el mecanismo nervioso encargado de facilitar la acción. Para el autor de esta teoría, el investigador británico J. A. Gray, con estos dos ejes no puede explicarse totalmente la personalidad, pero probablemente éstas sean sus dimensiones más importantes.

DIMENSIONAL, ANÁLISIS Teoría basada en las dimensiones de la personalidad.

DIMORFISMO SEXUAL Estudio de las diferencias entre individuos de la misma especie según sean machos o hembras. En el ser humano, el concepto más importante es el de identidad sexual, que engloba cuatro aspectos: a) sexo biológico, determinado por la información genética, de acuerdo con el cual el bebé nace con genitales masculinos o femeninos (pene y escroto o vulva); b) identidad de género o convicción que tiene el individuo de pertenecer a uno u otro sexo; c) papel sexual social, según el comportamiento femenino o masculino que la sociedad espera para cada sexo; y d) orientación sexual, que indica hacia quién se dirige el deseo sexual. Las alteraciones en el dimorfismo sexual pueden afectar a la identidad del género (transexualismo*).

DINÁMICA, PSICOLOGÍA Rama de la psicología consagrada al estudio de las fuerzas que actúan sobre el ser humano y a sus consecuencias en la organización de la personalidad. La psicología dinámica contempla al hombre actuando en su medio, sometido a tensiones internas y externas, integrado en una red de relaciones humanas. Afirma que la conducta de una persona depende tanto de los procesos biológicos como de las condiciones económicas y culturales en las que vive. Hoy en día se confunde el concepto de psicología dinámica con el psicoanálisis*, si bien la definición anterior no se corresponde a las hipótesis psicoanalíticas.

DIPSOMANÍA Tendencia irresistible al abuso de bebidas (no siempre alcohólicas), que aparece en forma de accesos transitorios.

DIRECTIVO Presión que se ejerce sobre el sujeto para aconsejarle o sugerirle una dirección en cuanto a sus percepciones, sus evaluaciones o sus elecciones. ■

DISARTRIA Alteración de la articulación de la palabra, estando preservados el entendimiento, la lectura y la escritura. Se da en accidentes cerebrales vasculares, esclerosis múltiple, parálisis de la musculatura lingual y faríngea y en el alcoholismo*, entre otros. ■

DISCALCULIA Véase ACALCULIA.

DISCINESIA TARDÍA Alteración de la motilidad voluntaria caracterizada por movimientos anormales que afectan en especial a la cara, boca, lengua y cuello. La sufren entre el 10 y el 20 por ciento de las personas que toman medicación antipsicótica durante largo tiempo. Su origen se ha atribuido a una reducción funcional de la actividad dopaminérgica. Los primeros signos son los movimientos de la lengua dentro de la cavidad bucal, de tipo rotatorio y lateral, así como de retracción de la lengua sobre su eje longitudinal. También pueden observarse movimientos automáticos de las manos y pies, además de respiración irregular y a veces ruidosa. No existe tratamiento específico, pero cuando aparece esta alteración, y con objeto de evitar su progresión, se recomienda utilizar la dosis mínima de neurolépticos* y suprimir los fármacos antiparkinsonianos. En algunos casos llegan a desaparecer los síntomas. No hay pruebas de que algún antipsicótico tenga menos probabilidades de producir discinesia tardía que cualquier otro.

DISCORDANCIA Falta de acuerdo entre los signos y las funciones de un lenguaje, una conducta o cualquier otra función de comunicación*.

DISCRIMINACIÓN En el condicionamiento clásico*, capacidad para distinguir entre un estímulo condicionado* y estímulos análogos que no anuncian la presencia de un estímulo condicionado. En el condicionamiento instrumental u operante*, es la diferente respuesta a estímulos que indican si se reforzará o no se reforzará la conducta. / *Discriminación de género,* capacidad por la cual los individuos distinguen su categoría ante estímulos similares, según pertenezcan a uno u otro sexo.

DISCRIMINATIVO, ESTÍMULO Estímulo que implica una reacción condicionada o aprendida. Normalmente, en el condicionamiento de tipo operante*, no hay un estímulo particular que dé lugar a la reacción, es decir, no existe un estímulo condicionado*. Si sólo se refuerza la respuesta en presencia de un estímulo determinado, puede ocurrir que la respuesta sólo aparezca si está presente ese estímulo, que controla la respuesta y pasa entonces a denominarse «estímulo discriminativo».

DISFORIA Término de origen griego que significa «malestar». Hace referencia a un estado de ánimo* displacentero en el que aparecen entremezclados síntomas de depresión*, ansiedad* e irritabilidad*. / *Disforia de género,* profunda insatisfacción con el propio género anatómico. Es uno de los criterios diagnósticos para los trastornos de la identidad de género.

DISFUNCIÓN Deterioro o perturbación del funcionamiento de un órgano, sistema de órganos, conducta o cognición. / *Disfunción cerebral mínima,* síndrome caracterizado por disminución de la atención, hipercinesia, impulsividad, labilidad emocional, trastornos de la percepción* y alteraciones en el desarrollo del lenguaje*, observado en niños y adolescentes que no presentan signos de un trastorno neurológico o psiquiátrico importante. / *Disfunción sexual,* perturbación del deseo sexual y de los cambios psicofisiológicos que caracterizan el ciclo de la respuesta sexual. Se trata de una dificultad más o menos permanente para experimentar alguna de las fases de la respuesta sexual (deseo, excitación* y orgasmo*) o para realizar algún acto sexual, en especial el coito*. Las disfunciones sexuales pueden ser primarias o secundarias, según se presenten al inicio de la vida sexual o tras un período previo de buen funcionamiento; totales o parciales, cuando afectan a la totalidad o a parte de la respuesta implicada; continuas, episódicas o recurrentes, si se mantienen durante todo el tiempo, aparecen muy aisladamente o lo hacen con cierta regularidad; y globales o situacionales, según se produzcan en todas las situaciones sexuales o en algunas determinadas. Se clasifican en: a) inhibición o incremento del deseo sexual; b) trastornos de la excitación en el hombre (disfunción eréctil o impotencia*) o en la mujer (trastornos de la lubricación); c) disfunción orgásmica (anorgasmia* femenina y masculina, y trastornos de la eyaculación*); y d) trastornos por dolor (dispareunia* y vaginismo*). Las causas pueden ser tanto psicógenas como orgánicas o mixtas. Los trastornos más frecuentes de la población en general son la eyaculación precoz (36 %) y las dificultades para mantener la excitación en las mujeres (33 %). Causan importantes perturbaciones psíquicas y de adaptación interpersonal y son una de las causas de consulta más importante en atención primaria y salud mental. ■

DISGRAFÍA Incapacidad para la expresión de ideas por medio de la escritura o de símbolos escritos, debida a una lesión cerebral.

DISLALIA 1. Perturbación del habla debida a un defecto o a una lesión en los órganos periféricos de la fonación. **2.** Defecto del habla debido a causas funcionales desconocidas. Hay que distinguir entre dislalias labiales, laríngeas, linguales, dentales, palatinas y rinolalias. A consecuencia de ello, el sujeto no puede articular correctamente una palabra o emitir un determinado fonema. Una adecuada reeducación, a cargo de un ortofonista, permite conseguir la corrección de este trastorno funcional simple. Según determinados autores, la dislalia puede ser indicio de un bajo cociente intelectual o de una falta de maduración afectiva. También puede acompañar déficits sensoriales o déficits motrices.

DISLEXIA Perturbación de la capacidad de leer o de comprender lo que uno lee en silencio o en voz alta, independiente de cualquier defecto del habla. La dislexia se da en niños de inteligencia normal que no presentan trastornos psicomotrices ni deficiencia sensorial alguna, y que no consiguen aprender a leer a pesar de estar sujetos a

■ *La existencia de una **disfunción sexual** expresa una perturbación del deseo sexual, la excitación o el orgasmo.*

■ *La **dislexia** es un trastorno que afecta a la capacidad de lectura y comprensión de un texto.*

Dismorfia

*El término **dismorfia** designa una alteración significativa de la percepción del propio cuerpo.*

El cuadro Las dos Fridas, *de F. Kahlo, puede interpretarse como obra de una personalidad aquejada de **trastornos disociativos**.*

una escolarización normal. El disléxico confunde letras gráficamente parecidas (p y q, b y d, etc.), no discrimina fonemas próximos, invierte letras y sílabas, omite o añade letras, sustituye una palabra por otra, y mutila frases de forma que resultan irreconocibles. Con suma frecuencia suele achacarse a errores en el aprendizaje de la lectura, ya que determinadas dificultades léxicas que presentan estos niños son claramente de índole pedagógica, y más bien plantean problemas de educación que de reeducación. Por sus consecuencias psicológicas y sociales, la dislexia constituye uno de los problemas psicopedagógicos más importantes y que hay que conocer a fondo. Sin embargo, a pesar de los numerosos estudios realizados sobre el tema, todavía no se han llegado a clarificar sus causas. Los múltiples puntos de vista respecto a estas causas demuestran la complejidad de este problema. Los cambios afectivos son muy frecuentes en los disléxicos e inciden en el aprendizaje en general. ■

Dismorfia Alteración significativa de la percepción del propio cuerpo o de partes del mismo. Se denomina también dismorfofobia*. Se da típicamente en la anorexia nerviosa*, en la que se produce una percepción crítica y distorsionada respecto a la forma o el tamaño del cuerpo (los enfermos se ven «gordos» incluso con un peso muy inferior al normal). Constituye el síntoma principal del trastorno dismórfico corporal*. ■

Dismórfico corporal, trastorno Preocupación excesiva por un defecto en el aspecto físico, ya sea imaginario o real. Los síntomas más usuales son la preocupación extrema por la delgadez del cabello, arrugas, cicatrices, asimetría o desproporción facial (por ejemplo, nariz torcida o prominente, pene pequeño, etc.), aunque la inquietud puede referirse a cualquier otra parte del cuerpo. La mayoría de los afectados experimentan un malestar intenso en relación con su supuesto defecto, desarrollan comportamientos de comprobación (pasan muchas horas ante el espejo) e intentan «esconder» el defecto (barba para ocultar cicatrices, uso de sombreros, etc.). La evitación de las actividades habituales puede conducir a un gran aislamiento social. Los sujetos buscan y reciben tratamientos médicos y quirúrgicos de manera repetitiva, con lo que pueden llegar a tener narices, oídos, pechos, etc. «sintéticos», que siguen sin ser de su agrado. Este trastorno comienza generalmente en la adolescencia*, pero puede pasar desapercibido durante muchos años porque el individuo tiende a ocultar los síntomas.

Dismorfofobia Véase Dismorfia.

Disociación afectiva Falta de respuesta ante estímulos cuya carga emocional es evidente para el sujeto. El bloqueo de la respuesta emocional puede aparecer como mecanismo de defensa en situaciones específicas, como el combate o un trauma. El sujeto vive el trauma como si le aconteciera a otro, sin miedo*, ansiedad* o dolor, aunque sea plenamente consciente de la gravedad del mismo. Un caso particular es el de la bella indiferencia*, característica de la histeria de conversión, en la que el sujeto padece una grave discapacidad, pero sin ninguna implicación emocional o afectiva respecto a la misma. También se conoce con el nombre de disociación emocional.

Disociativos, trastornos Grupo de enfermedades que se caracterizan por una alteración de las funciones integradoras de la conciencia, la identidad, la memoria y la percepción del entorno. Esta alteración puede ser repentina o gradual, transitoria o crónica. En su evaluación debe tenerse en cuenta la perspectiva intercultural, ya que estos trastornos son una expresión frecuente y aceptada de las actividades culturales y de las costumbres religiosas de muchas sociedades. Incluye: a) la amnesia disociativa, caracterizada por la incapacidad para recordar información personal importante, generalmente de naturaleza traumática o estresante, que no puede achacarse al olvido ordinario. Suele aparecer tras haber sufrido acontecimientos traumáticos o situaciones muy estresantes (automutilación, intentos autolíticos, explosión de violencia, acontecimientos bélicos, catástrofes naturales, etc.), remitiendo a veces el cuadro de forma espontánea si se aparta al individuo de la situación que ha originado el trastorno. Puede ser localizada (no se recuerdan los acontecimientos que se han presentado en un período de tiempo circunscrito) o selectiva (se recuerdan algunos acontecimientos que se han presentado en ese período de tiempo). La duración de los episodios de amnesia puede comprender desde minutos hasta años; b) la fuga disociativa, que se identifica por la desaparición del sujeto de su domicilio o trabajo durante horas o días, a continuación de la cual se produce una amnesia masiva del período de fuga. Ocasionalmente el individuo afectado refiere haber sentido una «identidad» distinta a la suya (por ejemplo, «era otra persona», «era como si yo fuera otra persona», etc.). La mayoría de las veces existen factores estresantes psicosociales, temporalmente relacionados con la conducta de fuga. En la fuga disociativa se incluyen algunos síndromes definidos culturalmente como «síndromes de huida», por ejemplo, algunas formas de amok*; c) el trastorno de identidad disociativo (o personalidad múltiple), caracterizado porque el sujeto habla o se comporta como si tuviera dos o más personalidades, hasta el punto de que alguna de ellas, en algún momento, dirige su conducta. Cada personalidad se vive como una historia personal con una imagen, una identidad e incluso un nombre distintos. Generalmente hay una identidad primaria que responde al nombre del individuo y se manifiesta pasiva, dependiente, culpable y depresiva. Las identidades alternantes poseen habitualmente diferentes nombres y rasgos que contrastan con la identidad primaria (por ejemplo, son hostiles, dominantes y autodestructivas). El tiempo que se requiere para pasar de una identidad a otra es normalmente de unos segundos, pero a veces esta transición se realiza gradualmente. El número de identidades que se han podido registrar oscila entre dos y más de cien. A menudo, el estrés psicosocial produce la transición de una identidad a otra. Los individuos con este trastorno presentan frecuentemente lapsus de memoria que afectan a su historia personal. No resulta fácil descartar un poderoso factor de simulación o de dramatización en estos sujetos; y d) el trastorno de despersonalización, que se manifiesta por la presencia de episodios persistentes o recurrentes de despersonalización, caracterizados por la sensación de extrañeza o distanciamiento de uno mismo. El individuo se siente como si fuera un autómata* o estuviera viviendo en un sueño o en una película. Se mantiene intacto el sentido de la realidad (por ejemplo, es consciente de que se trata sólo de una sensación y de que no es un autómata). Esta sintomatología provoca malestar y deterioro de la actividad normal de la persona. ■

Disonancia cognitiva Reacción frecuente en las actitudes personales, que se caracteriza por la discrepancia en que entran los sentimientos sobre un tema, o lo que se piensa sobre el mismo, y la conducta. Si se siente de un modo pero se actúa de otro, y se es consciente de esta paradoja, entonces tiene lugar la disonancia cognitiva. En ocasiones, para no sufrir esta disonancia, se inicia un cambio de actitud.

Dispareunia Disfunción sexual distinguida por un dolor genital recurrente o persistente que se produce antes, durante o después del coito*. Corresponde descartar etiologías orgánicas (endometriosis, vaginitis y otros trastornos pelvianos). El dolor pelviano crónico es un síntoma frecuente en mujeres con antecedentes de violación* o abuso sexual* infantil. Otras causas corresponden a factores educativos de relación o psicopatológicos (ansiedad*, depresión*, trastornos de la personalidad*). Junto con el vaginismo*, se considera que afecta a un 8 por ciento de las mujeres. Descartadas las causas orgánicas, el tratamiento es fundamentalmente psicológico, con ejercicios del músculo pubococcígeo y desensibilización sistemática. El pronóstico es excelente. La dispareunia es infrecuente en hombres y se suele vincular a una causa orgánica.

Distimia Véase Depresión.

Distonía Alteración de la tonicidad de un tejido o un órgano. / *Distonía aguda*, cuadro de brusca aparición, consistente en contracciones musculares sostenidas que inducen posturas anómalas, afectando con más frecuencia a la musculatura ocular (crisis oculógiras), del cuello (tortícolis) y de la mano. Suelen ser benignas, aunque en raras ocasiones la marcha y el lenguaje pueden resultar seriamente impedidos. Aparece en el 5 por ciento de los enfermos tratados con antipsicóticos*, al margen de la dosis tomada, y suele presentarse durante la primera

■ *La **distonía** es una alteración de la tonicidad de un tejido o un órgano que afecta fundamentalmente a la musculatura ocular, del cuello y de la mano.*

*En la **distorsión cognitiva** sólo cuentan los factores negativos.*

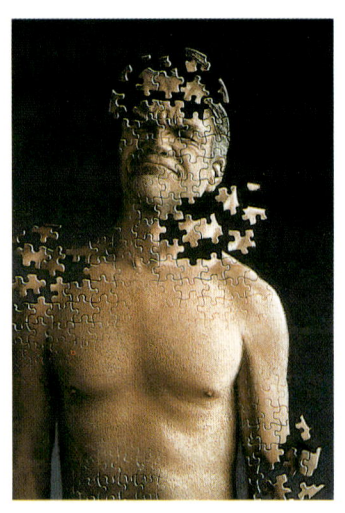

*El **dolor crónico** es una sensación de malestar local y prolongada.*

*La **dopamina** es el neurotransmisor de las actividades positivas.*

hora y los dos días siguientes a la administración del fármaco. La administración de antiparkinsonianos por vía intramuscular hace desaparecer la sintomatología a los 10-15 minutos. ■

DISTORSIÓN COGNITIVA Disfunción del pensamiento a la hora de extraer conclusiones de la propia experiencia, denominada también pensamiento automático negativo. Se da especialmente en las personas deprimidas. Las distorsiones más características son: a) filtraje: puede representarse como una visión de túnel; se presta una atención especial a los factores negativos de la situación, sin tomar en consideración el resto; b) pensamiento polarizado: se caracteriza por la insistencia en valorar las cosas desde un punto de vista extremo, sin términos medios. Los sucesos son buenos o malos, maravillosos u horribles; esto genera un mundo en blanco y negro, sin tonalidades de grises; c) interpretación del pensamiento: a partir de una información muy vaga, una mirada, un gesto o un comentario indirecto, se extraen conclusiones acerca de lo que sienten los demás; d) visión catastrofista: anticipación de posibles desastres que, evidentemente, no tienen por qué ocurrir; e) falacia de control: la persona que experimenta esta distorsión se cree responsable de todo lo que ocurre a su alrededor; f) razonamiento emocional: se basa en la creencia de que lo que uno siente tiene que ser verdadero; si alguien se siente perdedor, por ejemplo, tiene que serlo; g) normativa inflexible: comportamiento acorde con unas normas extremadamente rígidas que la persona considera que deberían regir la relación de todas las personas; y h) recompensa divina: comportamiento «correcto» en espera de una recompensa. ■

DISTORSIÓN SENSORIAL Alteración de la percepción sensorial caracterizada por los cambios en la intensidad de las sensaciones (hiperestesia o hipoestesia), calidad (coloraciones monocromas, gustos metálicos), peso (dismegalopsias) o forma espacial de los objetos (metamorfopsias). Estos trastornos son especialmente frecuentes en el consumo de sustancias tóxicas.

DISTRAIBILIDAD Cambio brusco y frecuente del foco de atención de un sujeto. Se asocia frecuentemente a la hipercinesia y es característico de numerosos cuadros orgánicos, estados de intoxicación con alcohol y drogas, de los cuadros psiquiátricos de tipo expansivo (manía*), y de situaciones ansiosas, amén de estar presentes en los niños que sufren de dificultades de la atención*. Es un rasgo muy frecuente de personas altamente extrovertidas.

DISTRÉS PSÍQUICO Cuadro propio del estrés*, de tipo autolimitado en el tiempo y sin deterioro del funcionamiento. Se manifiesta por una tensión psíquica relacionada con un acontecimiento estresante claramente identificable, y se diferencia de los trastornos depresivos menores por su duración breve y por la ausencia de deterioro en el funcionamiento social, familiar y laboral del sujeto. El distrés psíquico no es un trastorno ni requiere una intervención específica, pero es importante considerarlo en el diagnóstico diferencial de los trastornos afectivos. Se presenta en alrededor del 40 por ciento de los pacientes médicos, relacionándose con la gravedad de la enfermedad y con el grado de minusvalía causado por el mismo. Debe considerarse independiente a la morbilidad psiquiátrica.

DNA Véase ADN.

DOBLE VÍNCULO Fenómeno por el cual dos comunicaciones conflictivas, y en apariencia contradictorias, son emitidas de una persona hacia otra. Con frecuencia, uno de los mensajes es verbal, y el otro no verbal: por ejemplo, los padres pueden decirle al niño que las personas deben debatir apaciblemente y, sin embargo, ellos se pelean constantemente entre sí.

DOLOR CRÓNICO Sensación de malestar en alguna parte del cuerpo, de duración superior a seis meses, que no responde a los tratamientos convencionales. Conlleva alteraciones conductuales, afectivas y cognitivas, por lo que la intervención psicológica juega un papel relevante en su tratamiento. ■

DOPAMINA Sustancia de la familia de las catecolaminas* que actúa como neurotransmisor* a nivel del sistema nervioso*. Su papel es esencial en la actividad positiva y, por lo tanto, en la motivación. Es necesaria para el equilibrio nervioso y muscular y su destrucción o inactivación origina la enfermedad de Parkinson*. ■

Dormir Hallarse en el estado de reposo caracterizado por la supresión de ciertas funciones de la actividad vital, es decir, en estado de sueño*.

Down, síndrome de Síndrome caracterizado por una alteración en la constitución cromosómica con presencia de la trisomía 21 (3 en lugar de 2 cromosomas 21); es decir, 47 cromosomas en lugar de 46, con un cromosoma 21 de más. La etiología responsable del trastorno es desconocida, si bien influyen posibles elementos hereditarios y la edad avanzada de la madre y, en menor medida, del padre. Estas circunstancias ponen de manifiesto la extraordinaria importancia que tiene el consejo genético en estos casos. La característica fundamental del síndrome de Down es el retraso mental grave y moderado. Sólo una minoría de afectados tienen un CI superior a 50. Las personas afectadas son plácidas, cariñosas y cooperadoras, lo que facilita su ajuste a la vida familiar. Este cuadro puede cambiar en la adolescencia*, cuando es posible que se manifiesten distintas dificultades emocionales y trastornos de conducta disocial. Los signos físicos más importantes son hipotonía general, fisuras palpebrales oblicuas (de ahí el nombre popular de mongolismo), piel abundante en el cuello, cráneo pequeño y achatado, mejillas y lengua prominentes. Las manos son anchas y gruesas, con un pliegue palmar único, y los dedos son cortos y curvados hacia dentro. Hacia los 30 años puede presentarse un deterioro del lenguaje*, de la memoria*, de las destrezas propias del cuidado personal y de la resolución de problemas. La presencia en el cerebro postmortem de placas seniles típicas de la enfermedad de Alzheimer* sugiere que ambas enfermedades comparten un cierto grado de fisiopatología. El tratamiento es psicosocial, con técnicas que incluyen programas de rehabilitación física, educación especial*, modificación de la conducta, amén de los tratamientos farmacológicos y quirúrgicos que requieren las posibles complicaciones. ■

Droga Sustancia farmacológicamente activa sobre el sistema nervioso* central que, administrada a un organismo vivo, puede llegar a producir alteraciones del comportamiento. Incluye no sólo las sustancias ilegales que se consumen por sus efectos alucinógenos, estimulantes o sedantes y que habitualmente se conocen como «drogas», sino también determinados medicamentos capaces de producir estados de abuso o dependencia, sustancias de uso legal como el tabaco o las bebidas alcohólicas y sustancias de uso doméstico o laboral, por ejemplo, los disolventes volátiles. El término se utiliza como sinónimo de sustancia psicoactiva capaz de generar adicción*, abuso* o dependencia*. En este sentido, se clasifican en: a) opiáceos*: pertenecen a este grupo el opio, la morfina* y la heroína; b) depresores: grupo de sustancias que tienen en común el hecho de disminuir la actividad cerebral y, por lo tanto, inducir sedación y somnolencia. Pertenece a este grupo el alcohol* y los barbitúricos*; c) estimulantes*: elevan el estado de ánimo, la tensión y la vigilia*. Incluyen: cafeína*, cocaína* y anfetaminas*; d) tranquilizantes*: incluyen las benzodiacepinas*; y e) alucinógenos*: alteran los procesos de sensopercepción. Incluyen, entre otros, el LSD*. ■

Drogodependencia Estado caracterizado por un conjunto de fenómenos cognitivos, comportamentales y fisiológicos producidos como consecuencia del consumo inmoderado de una sustancia o droga*, con fenómenos de dependencia, tolerancia y abstinencia, y alteración del control sobre el uso de estas sustancias, reducción o abandono de actividades sociales, laborales y recreativas. También se denomina toxicomanía*.

DSM IV Cuarta edición del *Manual Diagnóstico y Estadístico de Trastornos Mentales*, publicada por la Asociación Americana de Psiquiatría (APA) en 1994. En él se encuentran sistematizados los siguientes temas: a) utilización de criterios diagnósticos específicos; b) clasificación de los grandes trastornos de acuerdo con criterios diagnósticos descriptivos; c) establecimiento de jerarquías diagnósticas; y d) evaluación multiaxial, de la que existen 5 ejes diferentes: Eje I (trastornos clínicos y otros problemas que pueden ser foco de la atención clínica), Eje II (trastornos de la personalidad y retraso mental), Eje III (enfermedades médicas), Eje IV (problemas psicosociales y ambientales) y Eje V (evaluación de la actividad global).

■ *El **síndrome de Down** se produce a causa de una alteración en la constitución cromosómica.*

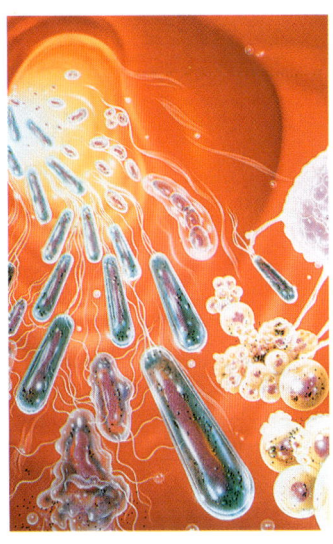

■ *Se denomina **droga** a cualquier sustancia farmacológicamente activa sobre el sistema nervioso central que altera el comportamiento.*

*El **duelo** es una reacción emocional ante la muerte de un ser querido. El término se ha ampliado a otras pérdidas irreversibles.*

La evaluación multiaxial promueve la aplicación del modelo biopsicosocial en clínica, enseñanza e investigación.

DUALISMO Doctrina filosófica o religiosa que tiene como base la existencia de dos principios fundamentales irreductibles. Es claramente acientífica. En psicología, el dualismo postula la dualidad de fenómenos físicos y psíquicos.

DUELO Reacción emocional ante la muerte de un ser querido. Los síntomas de tristeza pueden ser considerados como normales, a excepción de los casos en que la reacción depresiva sea excesiva (de 2 a 6 meses después del acontecimiento) y muy intensa. En estas situaciones lo que se produce en una reacción de duelo patológica, que incluye algunos síntomas diferenciales como son: a) sentirse culpable por la herencia obtenida; b) pensamientos de muerte; c) sentimientos de inutilidad; d) experiencias alucinatorias distintas de las de escuchar la voz o ver la imagen fugaz de la persona fallecida; y e) no aceptación de la realidad de la muerte del ser querido en forma permanente y resistente. En líneas generales, el duelo se considera una reacción de adaptación al estrés*, pero en los casos más extremos puede presentarse un verdadero síndrome depresivo. ∎

E

Eco del pensamiento Fenómeno por el cual el pensamiento se hace audible o sonoro. Se trata de una de las alteraciones más frecuentes en la esquizofrenia*.

Ecolalia Repetición en eco, de forma automática, de las palabras o frases de otra persona. Aparece en la esquizofrenia*. Véanse Manierismo y Ecosíntoma.

Econimia Copia automática de los gestos faciales de otra persona que aparece en la esquizofrenia*. Véanse Manierismo y Ecosíntoma.

Economía de fichas Terapia de conducta consistente en el establecimiento o reorganización de contingencias muy alteradas en la relación enfermo-ambiente. Se lleva a cabo mediante la aplicación de estímulos reforzadores con una dimensión física (fichas, puntos, pegatinas, etc.), que son intercambiados por una variedad de actividades agradables o bienes de consumo cuando el sujeto ha conseguido la modificación exigida de su conducta. Se utiliza en enfermos crónicos hospitalizados, en rehabilitación de esquizofrénicos, cuando existe un bajo rendimiento escolar o existe una alteración de la conducta de niños y adolescentes, y en algunos casos de trastorno obsesivo-compulsivo. Sigue el esquema teórico del condicionamiento operante*.

Ecopraxia Copia automática de los movimientos de otra persona que aparece en la esquizofrenia*. Véanse Manierismo y Ecosíntoma.

Ecosíntoma Repetición o copia de gestos, palabras o movimientos, que aparece en la esquizofrenia*. Incluye fenómenos como la ecopraxia* (copia de movimientos), la econimia* (copia de gestos faciales) y la ecolalia* (repetición automática de las palabras o frases del entrevistador). Véase Manierismo.

Ectomorfo Sujeto clasificable dentro de la categoría de ectomorfia. La ectomorfia es uno de los tres componentes primarios de la clasificación tipológica propuesta por W. H. Sheldon. Se caracteriza por la fragilidad, el pecho aplanado, poco desarrollo de las estructuras somáticas (huesos, músculos y tejido conectivo) y viscerales. Equivale a leptosómico* y es un concepto superado por las investigaciones actuales, si bien sigue utilizándose en el lenguaje clínico coloquial. Véase Biotipo.

Edad mental Medida de rendimiento en un test* de inteligencia o edad cronológica, que corresponde habitualmente a un nivel dado de rendimiento. Del niño que rinde como el que tiene 8 años, se dice que tiene una edad mental de 8. Esta fórmula es de utilidad en el caso de los niños, pero no en el de los adultos. Por consiguiente, los actuales tests de inteligencia determinan una puntuación de capacidad mental basada en el rendimiento de la persona que recibe el test en comparación con el rendimiento medio de otras personas de la misma edad.

Educación especial Educación que se destina a las personas que no logran alcanzar, en el marco de la enseñanza ordinaria, los niveles educativos, de interrelación social y otros, que corresponderían a su edad. La ley dispone que la educación especial reúna acciones pedagógicas, médicas, paramédicas y sociales, así como que esté asegurada en los establecimientos ordinarios y en las diversas especialidades. La educación especial puede iniciarse antes de la edad escolar obligatoria y continuar con posterioridad a ésta. ■

EEG Siglas que corresponden a electroencefalograma*.

Efecto Consecuencia observable de una variable sobre otra. / *Efecto de espaciamien-*

■ *La **educación especial** comprende diversas acciones pedagógicas, médicas, paramédicas y sociales.*

■ *Según la **ley del efecto** definida por Edward Lee Thorndike las conductas son susceptibles de aprendizaje cuando son recompensadas. La figura ilustra el más conocido de sus experimentos.*

El ejercicio físico puede ayudar a aliviar el estrés y la ansiedad.

to, tendencia que se manifiesta en el estudio o en la práctica por la cual se obtiene una mayor retención a largo plazo si cualquiera de las dos tareas se realiza de forma espaciada (distribución del estudio en varias etapas según el tema a estudiar) en lugar de hacerla de forma masiva y en un breve lapso de tiempo. / *Efecto de información errónea,* olvido involuntario de una situación después de haberla presenciado y de recibir información errónea acerca de ella. El individuo se ve prácticamente imposibilitado para discriminar entre sus recuerdos de los hechos reales y los que se le han sugerido. / *Efecto de interacción,* resultado en que el efecto de un factor depende del nivel de otro. / *Efecto de la justificación excesiva,* el que se produce prometiendo una recompensa para hacer lo que a la persona le agrada hacer, con lo que puede perder el interés intrínseco por ella. / *Efecto de la mera exposición,* fenómeno por el cual la exposición repetida a nuevos estímulos aumenta la simpatía que éstos despiertan. / *Efecto de la posición serial,* tendencia a recordar mejor los ítems primero y último de una lista. / *Efecto del espectador,* tendencia que determina que sea menos probable que un espectador preste su auxilio a alguien si hay otros espectadores presentes. / *Efecto halo,* tendencia de los individuos, al evaluar una determinada característica de otro individuo conocido, de verse influidos por la opinión que tiene el evaluador sobre éste, o por la impresión general que la misma les produce. / *Efecto, ley del,* ley definida por E. L. Thorndike, según la cual una conducta recompensada tiene tendencia a repetirse. La ley del efecto fue utilizada por B. F. Skinner para desarrollar los experimentos en los que se basa el condicionamiento operante*. ∎

EGO En la teoría psicoanalítica, yo*.

EGOCÉNTRICO Se dice de quien está dispuesto a ocuparse demasiado de sí mismo y lo enfoca todo desde su punto de vista personal, con dificultad para ser objetivo, es decir, para escapar de sí mismo. El egocéntrico tiene una gran dificultad para compartir las experiencias de los demás.

EGOCENTRISMO Exagerada exaltación de la propia personalidad como centro de la atención y actividad generales.

EGODISTÓNICO, EGODISTÓNICA Dícese de cualquier idea, impulso o sensación, incompatible con la percepción que tiene el individuo de sí mismo, y que es repugnante para él. Son normalmente egodistónicas las ideas obsesivas. / *Egodistónica, homosexualidad,* deseo de adquirir o aumentar la excitación heterosexual con el fin de poder iniciar o consumar relaciones heterosexuales, junto con una pauta sostenida de homosexualidad manifiesta explícitamente no deseada y que constituye una fuente de malestar.

EGOSINTÓNICO Dícese de cualquier idea, impulso o sensación, que está en armonía o es compatible con la percepción que tiene el individuo de sí mismo.

EJERCICIO FÍSICO Ejercicio sostenido que aumenta la aptitud cardíaca y pulmonar y se puede utilizar para aliviar el estrés* y la ansiedad*. Se ha demostrado que las personas que hacen ejercicio regularmente afrontan mejor los episodios estresantes y dan muestras de mayor seguridad en sí mismas, aparte del beneficio que obtienen sobre su salud general. Los efectos positivos del ejercicio sobre el estrés son debidos también al incremento de producción de endorfinas*, a la relajación muscular y a la mejora global del estado físico. ∎

ELECTROCHOQUE Véase ELECTROCONVULSIVA, TERAPIA.

ELECTROCONVULSIVA, TERAPIA Técnica terapéutica consistente en aplicar un paso de corriente entre ambas regiones frontotemporales del cráneo, que da pie a un episodio convulsivo generalizado. La anestesia, ventilación con oxígeno y relajación muscular se practican en la actualidad de forma regular antes del tratamiento. La principal indicación de la terapia electroconvulsiva es la depresión* endógena que cumple algunas de las siguientes características: a) fracaso de los antidepresivos*; b) cuadro clínico depresivo con gran inhibición o agitación; c) presencia de ideas deliroides o delirantes; d) situaciones somáticas críticas que requieren actuación rápida; e) riesgo grave de suicidio; f) trastornos somáticos que desaconsejan la utilización de antidepresivos (hepatopatías, nefropatías, etc.); g) historia previa de fracaso de los antidepresivos y buena respuesta a la terapia electroconvulsiva; y h) melancolía involutiva. En los trastornos esquizofrénicos, la utilización de los antipsicóticos* ha desplazado notablemente este tipo de tratamiento; tan sólo estaría indicada en algunos cuadros catatónicos de especial gravedad. Los efectos adversos más frecuentes son las alteraciones de la memoria*, aunque varían su intensidad en función de la técnica (posición de los electrodos, medicación preanestésica, número de tratamientos, etc.), así como de la predisposición individual. El índice de mortalidad es muy bajo (0,002 %) y casi siempre debido al riesgo anestésico. Las contraindicaciones absolutas son muy escasas y se deben más a la anestesia que al propio tratamiento. En resumen, este tipo de terapia está contraindicada en procesos que cursan con hipertensión intracraneal, así como con accidentes cerebrovasculares e infartos de miocardio en las 6-8 primeras semanas.

ELECTROENCEFALOGRAMA Registro ampliado de las ondas de actividad eléctrica de la corteza cerebral* que se realiza mediante la colocación de 16 electrodos en posiciones estandarizadas del cráneo. El registro puede resultar normal aun en presencia de patología orgánica cerebral si la lesión es profunda, pequeña o antigua. Es de gran valor en el diagnóstico de la epilepsia*, de la que se obtienen registros claramente alterados (anormalidades puntiagudas, paroxísticas, etc.), que suelen normalizarse tras instaurar un tratamiento eficaz. Constituye una prueba de utilidad muy relativa en la evaluación de la enfermedad psicológica, ya que las anomalías específicas en el electroencefalograma no se correlacionan con enfermedades emocionales concretas. Resulta especialmente útil en aquellas patologías psíquicas debidas a trastornos orgánicos cerebrales como, por ejemplo, la enfermedad de Alzheimer* y otras demencias degenerativas, en las que aparece un enlentecimiento de la frecuencia cuya gravedad se correlaciona con la rapidez de la progresión de la enfermedad. También se emplea de forma seriada para hacer el seguimiento de la evolución de un cuadro de delirium. Esta prueba permite diferenciar el delirium orgánico de la conducta paranoide agitada (en la que el registro electroencefalográfico es normal), así como la demencia grave del retraso psicomotor* asociado a los estados de retraimiento y mutismo de la depresión* y la esquizofrenia* (en estos últimos también se obtiene un registro normal). ■

ELLIS, HENRI HAVELOCK Médico y profesor británico (Croydon, Surrey, 1859-Hintlesham, Suffolk, 1939). Enemigo acérrimo de la moral victoriana, está considerado el «padre» de la investigación sexológica moderna. Contemporáneo de S. Freud, ejerció una durísima crítica al exceso de pansexualismo de las hipótesis psicoanalíticas. En su obra *Studies in the Psychology of Sex*, que consta de siete volúmenes, estableció las claves de todos los estudios contemporáneos de sexología de forma sorprendentemente moderna. Así, denominó «variante» a la homosexualidad, concepto que más tarde retomó A. C. Kinsey; creó el término autoestimulación* para definir la masturbación*; cuarenta años antes de que fuera comprobado por Masters y Johnson, señaló que el orgasmo* múltiple de la mujer era un fenómeno corriente; defendió la capacidad sexual en la senectud y consideró que la sexualidad femenina es más difusa y masiva que la masculina. Como era de suponer, no pudo ver publicado su libro en Gran Bretaña hasta 1934, treinta y siete años después de la publicación de su primer volumen, que se vio obligado a editar en alemán, si bien Estados Unidos acogió la edición en inglés en 1901. ■

ELLO En la hipótesis psicoanalítica, parte del aparato psíquico que expresa los estímulos instintivos. Según S. Freud, su actividad se realiza en el inconsciente, y nada puede hacer la voluntad para controlarla. El ello aspiraría a la satisfacción imperiosa de las demandas instintivas sometidas al «principio del placer».

EMBARAZO, ASPECTOS PSICOLÓGICOS Las experiencias previas, la personalidad, el estado psicopatológico y el nivel de estrés* son elementos primordiales para la estabilidad psicológica durante el embarazo. Muchas embarazadas se sienten perfectamente bien desde el punto de vista emocional; otras se estresan durante el primer trimestre, presentando labilidad emocional*; a menudo la ansiedad está centrada en el parto y en la salud del niño. El primer embarazo puede

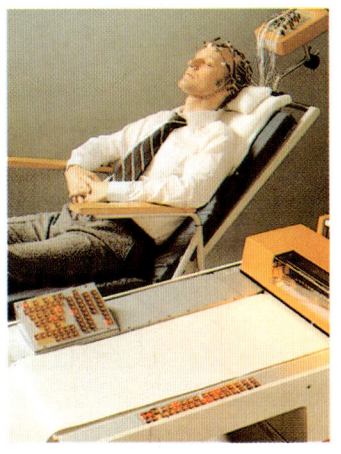

■ *El electroencefalograma es un método de registro sobre papel de la actividad bioeléctrica cerebral.*

■ *Henri Havelock Ellis sentó las bases de los estudios contemporáneos de sexología.*

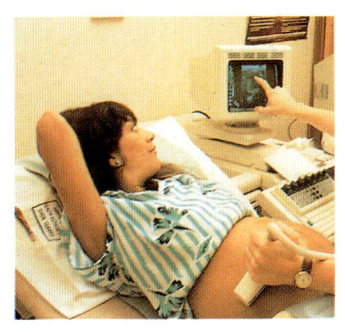

■ *En los aspectos psicológicos del embarazo se incluyen las experiencias previas, la personalidad y el nivel de estrés.*

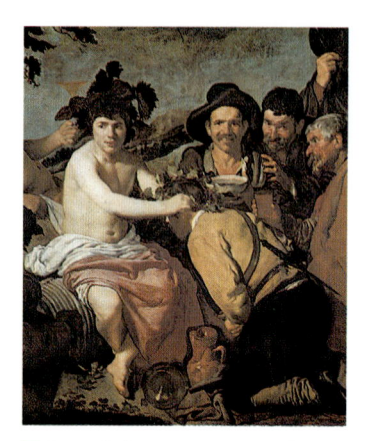

*La **embriaguez** es un estado producido por la ingestión excesiva de alcohol. En la imagen,* Los borrachos *de Diego Velázquez (fragmento).*

*La **emoción** es una reacción que aparece como respuesta a los acontecimientos externos o internos.*

conllevar una mayor ansiedad, así como el embarazo no deseado, sobre todo en jóvenes adolescentes. Existen casos más específicos, en los que se da una patología psiquiátrica previa, y que deben ser particularmente controlados. Un caso aparte lo constituyen las drogodependencias, que precisan una atención específica, incluida la prevención del síndrome de abstinencia tanto para la madre como para el feto o el recién nacido.

Embarazo y comportamiento sexual Los efectos que el embarazo produce en la vida sexual varían considerablemente de unas mujeres a otras. Algunas experimentan un mayor deseo sexual, debido a la vasocongestión de la zona pélvica o bien por la disminución del temor a quedarse embarazadas. En otros casos el deseo disminuye, e incluso se pierde, ya sea a causa de las molestias físicas o bien porque los esquemas psicológicos impidan asociar la maternidad con la actividad sexual. En general no se prohíben las relaciones sexuales, excepto si existe el peligro de aborto espontáneo, en cuyo caso se aconseja una interrupción temporal. Con la excepción de casos muy específicos, el coito* es perfectamente aceptable.

Embotamiento afectivo Falta de intensidad en la expresión afectiva.

Embriaguez Estado producido por la ingestión de cierta cantidad de bebidas alcohólicas. El primer efecto alcohólico es la disminución del sentido autocrítico, que se manifiesta en forma de extroversión y desinhibición social; el estado de ánimo acompañante suele ser más bien eufórico. Un aumento de la cantidad de alcohol ingerida provoca trastornos de la conciencia y la atención, y disminuye la capacidad de concentración; el individuo da muestras de torpeza y pesadez en el desempeño de cualquier tarea y su estado de ánimo es, con frecuencia, de irascibilidad y cólera, o bien de tristeza y abatimiento. Intoxicaciones más graves implican la aparición de manifestaciones neurológicas como alteraciones del equilibrio, la marcha y el habla, que pueden llegar incluso hasta el coma y el paro respiratorio. / *Embriaguez patológica*, intolerancia o sensibilidad especial al alcohol, de manera que pequeñas cantidades de bebidas alcohólicas desencadenan en el individuo importantes alteraciones de conducta, con agresividad hacia sí mismo y hacia los demás, desorientación y confusión. El episodio suele durar algunas horas, hasta que el sujeto entra en una fase prolongada de sueño, después de la cual sufre amnesia respecto a lo ocurrido. Esta intolerancia suele estar asociada a lesiones cerebrales, epilepsia* o trastornos de la personalidad*.

Emoción Reacción negativa o positiva de carácter brusco y de duración breve que aparece como respuesta ante objetos o acontecimientos externos o internos. Por lo general, las reacciones emocionales tienen una influencia directa sobre la conducta del individuo (por ejemplo, pánico*, miedo*, cólera*) y se asocian a manifestaciones somáticas diversas. Los componentes de las emociones son tres: experiencia consciente, respuesta fisiológica (enrojecimiento facial, aumento del ritmo cardíaco, tensión muscular, etc.) y conducta expresiva (cejas fruncidas, escasa comunicación con los demás, etc.). La experiencia consciente es la experiencia subjetiva que acompaña a la emoción. Se trata de lo que el individuo siente y, por lo tanto, solamente se puede conocer a través de la descripción que haga la persona. Los avances de la investigación en este campo están en gran medida dificultados por la propia subjetividad de la vivencia, así como también por las diferencias culturales e idiomáticas en la definición y descripción de los estados emocionales. A pesar de ello, se ha determinado la existencia de emociones fundamentales: alegría, interés, excitación, sorpresa, tristeza, cólera, disgusto, desprecio, miedo, vergüenza y culpa. La respuesta fisiológica del organismo ante una experiencia emocional es ineludible y viene determinada por el sistema nervioso autónomo*, siendo los perfiles de respuesta distintos según los individuos. Ante las emociones, unas personas reaccionan con patrones cardíacos (taquicardia*) en lugar de respiratorios (hiperventilación), o segregan más adrenalina* que otras. La expresión de las emociones se realiza a través del lenguaje* y la comunicación no verbal* (expresión facial, movimientos corporales). En el origen de las emociones se han propuesto diversas teorías que pueden resumirse en dos: la periférica y la central. Según la teoría periférica, también conocida como de James & Lange*, las emociones se inician con una percepción del estado del organismo. Al percibir un estímulo peligroso, el organismo se pone alerta y la persona comienza a correr. De acuerdo con la teoría periférica, se tiene miedo porque se corre; o sea, los cambios fisiológicos y las posibles respuestas motoras a los mismos son los que inducen a la persona a asumir que está asustada. En otras palabras, las emociones son fruto de la percepción sobre los cambios corporales producidos por un estímulo externo. La teoría central propugna que no es la percepción de la periferia, sino el control del cerebro el que origina las emociones. Así, serían las experiencias previas, los pensamientos o las creencias, los que marcarían la génesis de una emoción (se corre porque se tiene miedo). Probablemente, las dos teorías se cumplen de forma parecida en el devenir emocional, y hoy en día se piensa que existe un equilibrio entre los factores periféricos y los centrales. ■

EMPATÍA Acercamiento emocional o conocimiento instintivo de otra persona, suscitado por su conducta o estado, que da lugar a una actitud de comprensión y aceptación, hasta el punto de compartir o incluso experimentar sus sentimientos. Diferentes individuos tienden a presentar de manera habitual reacciones empáticas de intensidades diversas.

ENAMORAMIENTO Atracción irresistible hacia una persona, que llega a absorber casi por completo. Emoción*, pasión y sentimiento se entremezclan entre sí, provocando entusiasmo erótico y necesidad de una relación interpersonal. Con el deseo y la afinidad se asocia un estado de «encantamiento» por una persona concreta, que es percibida como única e insustituible, promoviendo impulsos de unión, entrega, posesión y gozo con el otro. Los sentimientos de ternura y de reciprocidad se unen a las fantasías y las actitudes de proximidad, contacto y compromiso. Es un estado temporal que va íntimamente unido al grado de conocimiento mutuo. El sujeto enamorado está dominado por una emoción que coincide con una serie de circunstancias, como el alto nivel de novedad, el compartir constantemente actividades de ocio, lo cual actúa como reforzante, el bajo nivel de responsabilidades y obligaciones, el alto nivel de refuerzo mutuo y las expectativas respecto a compartir la vida con la persona objeto del enamoramiento. Va acompañado de un estado fisiológico de exaltación que sobreviene con taquicardia*, respiraciones más rápidas, oleadas de calor y euforia, todo ello provocado por la presencia de la persona o por el simple hecho de pensar en ella. Se alteran la conciencia y las percepciones, se exacerba la sensibilidad y, a veces, la preocupación constante por los pensamientos y los deseos de la persona amada cobra tintes obsesivos. Se trata de una conducta muy parecida a la adicción. Estas reacciones fisiológicas son desencadenadas por sustancias como la difeniletilamina (una especie de anfetamina* natural), la dopamina* o la adrenalina*, que se liberan produciendo la euforia y el encantamiento. El propio cerebro se defiende de tal estado de alerta, por lo que alterna la segregación de estas sustancias con la de «opiáceos endógenos» (las endorfinas*), que proporcionan sensación de relajación, lo cual incrementa aún más su propiedad adictiva. Algunos aspectos psicosociales propios del enamoramiento son: la reciprocidad; la proximidad espacial y la accesibilidad; la similitud en las actitudes; la expectación; las excitaciones emocionales previas, incluidas las negativas (peligros, temores, ansiedades, dolores y situaciones de estrés compartidas), y la comunicación. ■

ENCEFALINAS Véase ENDORFINAS.

ENCÉFALO Parte del sistema nervioso* central incluido en el cráneo. Es sinónimo de cerebro.

ENCEFALOPATÍA DE WERNICKE Véase WERNICKE, ENCEFALOPATÍA DE.

ENCOPRESIS Incontinencia del esfínter anal, con emisión involuntaria de las heces. Se da en niños que sufren retraso en la adquisición de la capacidad del control esfinteriano, en demencias avanzadas y en determinadas enfermedades neurológicas.

ENCUBIERTO, CONDICIONAMIENTO Véase CONDICIONAMIENTO ENCUBIERTO.

ENCUESTA Método de investigación que se utiliza en psicología, economía y sociología para estudiar grandes variables, normal-

■ *El **enamoramiento**, atracción amorosa hacia otra persona, ha inspirado innumerables obras de arte, como esta escultura de Rodin.*

ENDÓGENO

El término ensayo designa los intentos que se efectúan para alcanzar un fin.

El ensueño es una representación fantástica percibida durante el sueño.

La entrevista clínica entre el médico y el paciente constituye el primer requisito para la diagnosis.

mente relacionadas entre sí, en un contexto no modificable por el investigador.

ENDÓGENO Que surge del interior del sujeto. En psicopatología, término tradicional que indica un origen orgánico establecido.

ENDOMORFO Biotipo de personalidad que equivale a pícnico*.

ENDORFINAS Neurotransmisores* de la familia de los péptidos*, también denominadas encefalinas. Se distribuyen ampliamente en todo el sistema nervioso*. Son potentes analgésicos y se liberan como respuesta al dolor y al ejercicio intenso, provocando sensaciones agradables y de placidez. El carácter «adictivo» de estas sensaciones puede explicar en parte la reincidencia que se produce en la práctica de ciertos deportes o en la sexualidad. Precisamente por este aspecto adictivo y por sus peculiaridades bioquímicas, se las conoce también como morfinas opiáceas endógenas.

ENERGÍA Capacidad de un sistema para realizar un trabajo mediante un proceso de conversión. Se aplica a las personas significando poder o virtualidad para realizar actividades.

ENFERMEDAD 1. Alteración o desviación del estado fisiológico en una o varias partes del cuerpo. 2. Conjunto de fenómenos que se producen en un organismo que sufre la acción de una causa morbosa y reacciona contra ella. / *Enfermedades psiquiátricas*, las que se manifiestan por alteraciones psicopatológicas. Véanse DSM-IV y CIE-10.

ENFOQUE Manera de plantear determinadas tendencias, líneas de investigación, orientaciones y formas de trabajo.

ENSAYO Cada uno de los intentos que se realizan para conseguir un objetivo. El número de ensayos que se necesitan para alcanzar un fin en el aprendizaje es un parámetro importante para determinar las capacidades del individuo que aprende, así como la dificultad de la tarea. En el aprendizaje selectivo el ensayo aborda los siguientes campos de estudio del individuo: a) la situación en la cual se encuentra; b) la respuesta que da o no da; y c) la consecuencia de la respuesta (reforzamiento*), que puede ser positiva o negativa para él. Tras el hecho-consecuencia comienza, por definición, el ensayo siguiente. En los aprendizajes asociativos (condicionamiento clásico*) el ensayo presenta dos estímulos contiguos y observa la respuesta que da el individuo o su falta de ella. ■

ENSEÑANZA Método de aprendizaje que permite a un individuo desarrollar aquellas capacidades que son valoradas por el grupo social en el cual participa. En general, equivale a aprendizaje.

ENSUEÑO Sueño o representación fantástica del que duerme. ■

ENTRENAMIENTO Acciones llevadas a cabo de una forma programada para aumentar determinadas habilidades en una persona o animal. / *Entrenamiento en relajación*, conjunto de prácticas programadas para mejorar la capacidad de relajación en las personas.

ENTREVISTA CLÍNICA Entrevista entre el médico y el paciente en la que se recogen los datos sociodemográficos, la queja principal del paciente y la fuente de referencia. En el caso de los trastornos psicopatológicos la entrevista clínica se estructura de la siguiente forma: a) antecedentes familiares; b) antecedentes personales de tipo médico; c) antecedentes psicosociales; d) personalidad previa; e) antecedentes psicopatológicos previos; f) episodio actual; g) estado mental (apariencia y actitud; percepción, pensamiento y lenguaje; afectividad; actividad motora; conductas instintivas; examen cognoscitivo); h) exploración general, física y neurológica; i) exploraciones específicas (psicometría, escalas de evaluación); j) impresión diagnóstica; y k) plan de tratamiento. ■

ENURESIS Emisión repetida de orina durante el día o la noche en la cama o en los vestidos. En la mayor parte de los casos este hecho suele ser involuntario, pero en ocasiones es intencionado. Habitualmente la enuresis produce malestar significativo y deterioro social, académico/laboral y de otras áreas importantes de la actividad del individuo. El sujeto debe haber alcanzado una edad en la que es habitual el haber conseguido la continencia (edad mínima de 5 años). Según la situación en la que ocurre, pueden distinguirse tres subtipos: a) enuresis nocturna: es la forma más frecuente y en ella la emisión de orina sólo se produce durante el sueño nocturno. Ocurre generalmente durante el primer tercio de la noche. Ocasionalmente, la emisión ocurre durante la fase REM* del sueño y, en este caso, el niño puede recordar un sueño que implicaba el acto de orinar; b) enuresis diurna: la emisión de orina sólo sucede durante las horas de vigilia. Es más frecuente en mujeres y no suele darse a partir de los 9 años de edad. El episodio enurético suele sobrevenir a primeras horas de la tarde en los días de escuela. Se debe a veces a una resistencia a utilizar el váter por ansiedad social o por una preocupación relacionada con la actividad escolar o lúdica; y c) enuresis nocturna y diurna: combinación de los dos tipos anteriores. La enuresis también puede clasificarse según las etapas en que se desarrolla y que son las siguientes: primaria, cuando el sujeto nunca ha establecido continencia urinaria previa, que por definición, se inicia a los 5 años; y secundaria, si el trastorno se desarrolla después de un período de continencia urinaria establecida. La edad más frecuente de aparición es de los 5 a los 8 años, aunque puede iniciarse en cualquier momento. Se han sugerido como factores predisponentes para este trastorno el retraso en el adiestramiento del control de esfínteres, el estrés psicosocial, la disfunción de la capacidad para concentrar la orina y un umbral de volumen vesical para la emisión voluntaria más bajo de lo normal. Aproximadamente el 75 por ciento de estos pacientes tienen un familiar biológico en primer grado que también ha sufrido el trastorno. Después de los 5 años de edad, la tasa de remisión espontánea es de un 5 a un 10 por ciento anual. La mayor parte de los niños con este trastorno se hacen continentes durante la adolescencia*; solamente en un 1 por ciento de ellos se prolonga hasta la edad adulta. Ha de descartarse siempre la existencia de patología orgánica subyacente (diabetes, espina bífida, trastorno convulsivo, vejiga neurogénica, infección del tracto urinario) que pudiera originar el cuadro. Se dispone de gran cantidad de opciones terapéuticas para controlar el problema. Destacan las técnicas conductuales, en las que se acostumbra a utilizar un instrumento condicionante que despierta al paciente con un timbre de alarma o zumbador tan pronto como una gota de orina toca la colchoneta eléctrica sobre la que duerme. También se precisa un entrenamiento de la vejiga urinaria, a fin de que se adapte a cantidades de orina cada vez mayores. Se ha sugerido la interrupción del sueño a fin de que el niño evacue durante la noche. Entre los fármacos que se emplean, los de elección son la vasopresina (hormona antidiurética) y la imipramina (antidepresivo tricíclico), que no se utiliza por su efecto antidepresivo, sino porque favorece la retención de orina.

ENVEJECIMIENTO Conjunto de las transformaciones físicas y psíquicas que tienen lugar en el último período de la vida y que forma parte de un proceso caracterizado por el decaimiento de la vitalidad, debido a las modificaciones orgánicas propias de la senectud, lo que puede limitar de forma progresiva la capacidad de adaptación del individuo al medio. Hay una gran arbitrariedad en esta denominación. De hecho, la evolución y la decadencia se dan de manera poco uniforme. Por ejemplo, mientras que la velocidad de los impulsos nerviosos disminuye sólo un 10 por ciento de los 30 a los 70 años, la capacidad pulmonar puede llegar a mermar más del 50 por ciento en ese mismo lapso. Por otra parte, siempre hay que considerar las diferencias individuales. En cualquier caso, la agudeza visual se reduce y la adaptación a los cambios de luz se enlentece, lo que da como resultado un mayor número de accidentes, sobre todo al pasar de una zona iluminada a otra más oscura. Pero no solamente esto, la fuerza muscular declina y disminuyen también las habilidades perceptivas, mientras que el tiempo de reacción se hace más lento. Las cualidades de aprendizaje* y memoria* de los ancianos, si bien sufren el declive propio de la edad, pueden ser mantenidas y recobradas mediante la práctica, la motivación y la instrucción. Es más, en muchas ocasiones la declinación se debe a un error en el empleo de estrategias y no a una falta de capacidad o habilidad. Es evidente que deben excluirse aquellas personas que sufren cualquier tipo de deterioro patológico (por ejemplo, demencias). En cuanto a la inteligencia, todo lo que sea cristalizado* no solamente se mantiene, sino que se incrementa con la edad. En cambio, las habilidades fluidas dependen mucho más de las capacidades fisiológicas, por lo que tenderán a decrecer a medida que se avanza en el tiempo

■ *El envejecimiento, conjunto de transformaciones físicas y psíquicas que caracterizan el declive vital.*

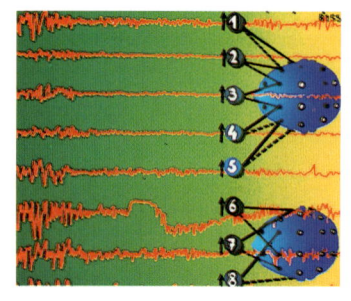

La epilepsia es una afección crónica de etiología diversa que, en el 85 por ciento de los casos, presenta un encefalograma alterado.

La ergoterapia se utiliza en un amplio sector de la medicina, la ortopedia, la pediatría y la geriatría.

vital. Los investigadores actuales están creando tests de «sabiduría» que evalúan rasgos como el conocimiento experto y el criterio adecuado para planificar la propia vida. Las personas mayores que continúan física y mentalmente activas tienen un mejor desempeño que los que se vuelven inactivos. ■

ENVIDIA DEL PENE Según el psicoanálisis*, sentimiento que aparecería en las niñas tras el descubrimiento de la diferencia sexual anatómica con el niño. Las teorías evolutivas actuales no avalan esta hipótesis.

EPIDEMIOLOGÍA PSIQUIÁTRICA Conjunto de investigaciones que se ocupan del estudio de la distribución de las enfermedades mentales en el tiempo y en el espacio y de los factores que influyen en dicha distribución, partiendo de la hipótesis básica de la interacción entre el ser humano y su medio. Las aplicaciones del método epidemiológico en psiquiatría consisten en: a) estudios históricos, entendiendo por tales los estudios retrospectivos sobre la influencia de determinados factores en la evolución de las enfermedades mentales; b) diagnósticos comunitarios destinados a conocer los niveles de morbilidad psiquiátrica en una población determinada; c) evaluación de los servicios asistenciales; d) estudios de riesgo; e) identificación de nuevas enfermedades; y f) estudios de causalidad.

EPILEPSIA Según la definición de la Organización Mundial de la Salud (OMS), afección crónica de etiología diversa, caracterizada por crisis recurrentes debidas a una descarga excesiva de las neuronas cerebrales, asociada eventualmente con diversas manifestaciones clínicas. El síntoma más destacable consiste en las repetidas y repentinas pérdidas de conciencia o disfunciones psíquicas, que se acompañan con frecuencia de movimientos convulsivos. El electroencefalograma se encuentra alterado en el 85 por ciento de los casos, pudiendo ser normal ocasionalmente cuando no se producen los ataques. Se diferencian tres tipos fundamentales: a) epilepsia tipo gran mal: se caracteriza por la existencia de episodios recurrentes de pérdida brusca del conocimiento precedida de un aura* sensorial, a la que siguen convulsiones generalizadas, siendo frecuentes la mordedura de lengua y la emisión espontánea de orina. La duración es de 2-5 minutos y el paciente queda confuso y con amnesia de lo ocurrido; b) pequeño mal o epilepsia minor: pérdida momentánea del conocimiento que dura unos segundos, con pausa súbita en la conversación o el movimiento; y c) epilepsia del lóbulo temporal: es la que provoca más síntomas psiquiátricos, como actividades extrañas de tipo automático, experiencias afectivas intensas (miedo y ansiedad*), experiencias perceptivas alteradas (distorsiones, despersonalización, alucinaciones* gustativas y olfativas frecuentes) y trastornos subjetivos del pensamiento y la memoria*. La obnubilación de la conciencia es prácticamente constante durante los accesos. A menudo se dan episodios de psicosis de tipo esquizofreniforme. El tratamiento de la epilepsia comprende el uso de fármacos anticonvulsivantes y sedantes (fenihidantoína, fenobarbital, carbamacepina*, etc.). ■

EPISTEMOLOGÍA Ciencia que estudia los principios, los postulados, las leyes y las hipótesis científicas. Es también conocida como teoría del conocimiento.

ERECCIÓN Enderezamiento de órganos como los pezones, el clítoris o el pene, a consecuencia de una estimulación excitante. / *Erección peneana*, la del pene*, desencadenada por un reflejo nervioso, que puede provenir del cerebro o directamente de la médula espinal. La consecuencia, en cualquier caso, es la dilatación de las arterias que irrigan los cuerpos cavernosos y la entrada masiva de sangre en éstos, produciéndose la tumescencia, que consiste en un aumento de volumen del pene. Para que exista rigidez, además de tumescencia, es preciso que la sangre quede «atrapada» en el interior de los cuerpos cavernosos y aumente de presión. Esto es posible gracias a la existencia de un mecanismo valvular que impide la salida de sangre mientras continúa el estímulo sexual. Cuando éste desaparece o se produce la eyaculación, la sangre se libera rápidamente, produciéndose la detumescencia del pene.

ERGOTERAPIA Método de tratamiento y readaptación de enfermos mentales o de discapacitados motrices que se lleva a cabo mediante el aprendizaje y la práctica de técnicas artesanales o de trabajos adaptados a sus capacidades funcionales. Su finalidad es conseguir la reinserción socioprofesional para favorecer la aparición de actitudes nuevas y estables. Al elegir el tipo de ergoterapia, es preciso tener en cuenta las necesidades, aptitudes y preferencias del enfermo. Comprende la laborterapia (trabajo manual) y la ludoterapia (juegos). En algunos países se ha utilizado la ergoterapia como una forma especial de terapia de activación y ocupación y no se emplea sólo en psiquiatría, sino en un amplio sector de la medicina (ortopedia, geriatría, pediatría). Estas terapias activas (ergoterapia, terapia ocupacional, laborterapia) deben estructurarse y articularse de acuerdo con las necesidades de rehabilitación. ■

Erógena, zona Cualquiera de las zonas del organismo que producen o estimulan el impulso sexual. Aunque se considera que todo el organismo tiene capacidad erógena, se identifican propiamente como zonas erógenas los labios, las mamas, la cara interna del cuello, el clítoris, el canal vaginal, las zonas escrotales y el glande del pene*. Se considera que la visión, el lenguaje y la fantasía son fuertes estimuladores sexuales. ■

Eros Para S. Freud, término que designaba el conjunto de los impulsos de vida en oposición a los de muerte. Como todos los conceptos freudianos debe ser tomado con mucha precaución, debido a su escaso soporte científico.

Erotismo Capacidad de excitación sexual. Entre los elementos y circunstancias que contribuyen a la excitación sexual se pueden citar, además de las zonas erógenas, la atracción visual, auditiva o táctil, la imaginación, o materiales como libros, prendas, filmes, fármacos o drogas. ■

Erotofilia Conjunto de actitudes y comportamientos que conforman una reacción positiva hacia los estímulos y pensamientos sexuales, aceptándolos con facilidad. Los erotofílicos experimentan una conducta sexual más activa y en ellos son menos frecuentes las disfunciones sexuales, no tanto por su actitud abierta y experimental, sino por el mayor placer con el que viven el sexo, que no acostumbra a estar ligado a emociones negativas (ansiedad*).

Erotofobia Conjunto de actitudes y comportamientos que conforman una reacción negativa ante el sexo marcada por el miedo y la ansiedad* a los estímulos y creencias sexuales. Es probable que las personas erotofóbicas sufran más problemas sexuales, presenten menos fantasías eróticas y que su actividad sexual sea menos frecuente y su comportamiento más problemático.

Escala En psicología expresa una sucesión que ordena una cualidad de un rasgo. Son series de valoraciones ordenadas en intensidad que se usan en distintos instrumentos de medición. Los tests psicológicos utilizan las escalas para definir una cualidad psíquica individual, como es el caso del nivel de coeficiente intelectual o el grado de neuroticismo. / *Escala nominal*, en realidad es simplemente una forma preliminar de escala dado que no establece ninguna ordenación, simplemente cataloga en una serie de categorías nominales. Sirve de ejemplo una categorización por profesiones en un grupo de personas. / *Escala ordinal*, en estas escalas la sucesión de menor a mayor intensidad se establece a través de categorías ordenadas. Un ejemplo de esta forma de escala sería cualquier valoración que distinguiera una conducta predeterminada en: siempre - a menudo - algunas veces - nunca. Este tipo de escalas son las que aportan menos información y su mayor dificultad es que no se puede garantizar que la distancia entre las distintas categorías sea equivalente. / *Escala de intervalos*, estas escalas definen una sucesión de intervalos equivalentes entre sí. El ejemplo más claro es el de las escalas numéricas en las que se da una serie de números consecutivos para valorar un hecho, donde el 1 puede representar la menor intensidad y el 10 la máxima. Las sucesiones más usadas son las de 0 a 10, o las de 0 a 100. Las principales dificultades al ser utilizadas en la medición de cualidades psicológicas es la de no poseer un valor absoluto, puesto que no hay un cero verdadero. / *Escalas de relación o absolutas*, estas escalas son las que aportan mayor información, puesto que poseen un cero absoluto y las distancias son proporcionales. Un ejemplo son las escalas de longitud.

Escala de Likert Método ideado por R. A. Likert para medir actitudes. Se basan en la presentación a un sujeto de una serie de frases relativas a una cuestión concreta, pidiéndole a qué tipo de afirmación se aproxi-

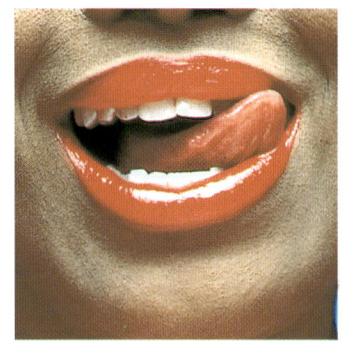

■ *Aunque todo el organismo posee capacidad de estimulación, los labios son una **zona erógena** específica.*

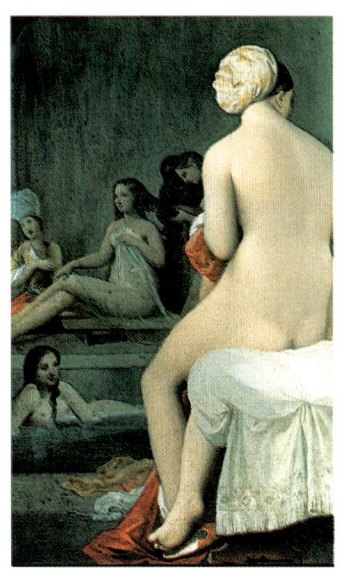

■ *El **erotismo** y la exaltación carnal, simbolizados en el desnudo de la obra* Interior de un harén *de Jean Dominique Ingres.*

ESPACIO

■ *La percepción del **espacio** aquí representada en la obra* Concepto espacial *de Lucio Fontana*

■ *El **signo del espejo** es un síntoma característico de la esquizofrenia.*

ma más su actitud. Normalmente consta de seis alternativas, tres favorables y tres desfavorables. En ocasiones se agrega una séptima afirmación neutral.

ESPACIO En psicología observacionista, síntesis entre las sensaciones periféricas ópticas y/o táctiles y las de inervación central. / *Espacio, estructuración del*, organización conforme a las percepciones (sobre todo visuales) y experiencias que determinan el desarrollo del ser humano. Todas las percepciones se refieren a nociones espaciales y temporales. Las percepciones le llegan al niño como un todo, como una Gestalt*. Es sabido que el sentido de la vista se refiere, como el tacto, fundamentalmente al espacio, mientras que el sentido de la audición se refiere sobre todo al tiempo. Espacio y tiempo son dos nociones que se adquieren casi simultáneamente, aunque los conceptos acerca del espacio y del tiempo se ignoren hasta una edad más avanzada. Así pues, la noción de espacio se va construyendo paulatinamente y parece formarse en base a las impresiones previas que van confirmando el esquema corporal. / *Espacio, noción del*, representación mental del medio en que el sujeto sitúa todos los cuerpos (incluido el propio) y todos los movimientos. ■

ESPACIO-TEMPORALES, ALTERACIONES Véase DESORIENTACIÓN.

ESPEJO, SIGNO DEL Síntoma característico de la esquizofrenia*, consistente en que el sujeto mira una y otra vez, y de forma insistente, su cara en el espejo. Como si tratara de descubrir en su rostro aquello que su mente le dice que está cambiando en su interior, el esquizofrénico lo busca desesperadamente en la imagen que le devuelve el espejo de sí mismo ■.

ESPÍRITU DE LUCHA Estilo de afrontamiento* ante el diagnóstico de una enfermedad grave. Es contrario a la «aceptación estoica».

ESQUEMA Denominación creada por J. Piaget para explicar la maduración mental de los niños y, en general, la progresión intelectual de cualquier individuo. Los esquemas son modos de observar el mundo que organizan las experiencias anteriores y suministran un marco para comprender las experiencias futuras. Se comienza con esquemas simples (por ejemplo, chupar) y se acaban construyendo y adquiriendo otros hasta formar una amplia gama de conocimientos. Se trata de un proceso de asimilación de nuevas experiencias a esquemas anteriores y de acomodación de los existentes, de modo que se ajusten a las experiencias nuevas. Cuando no se pueden asimilar experiencias nuevas porque no se ajustan a los viejos esquemas, es posible que éstos cambien para acomodarse a la nueva situación.

ESQUIZOAFECTIVO, TRASTORNO Alteración que se caracteriza por la coexistencia de síntomas afectivos (depresivos o maníacos) y alucinaciones o delirios que se consideran propios de la esquizofrenia*, o que, por no tener relación aparente con la alteración del humor*, no suele darse en los trastornos afectivos comunes. Por lo general, en la evolución de este trastorno se producen episodios que una vez superados permiten la recuperación total. También se han descrito casos de evolución crónica y otros que presentan un deterioro similar al producido por la esquizofrenia. El pronóstico suele ser intermedio, más favorable que el de la esquizofrenia, pero peor que el de los trastornos afectivos. En su tratamiento se utilizan antipsicóticos*, antidepresivos*, litio* y terapia electroconvulsiva* cuando la respuesta a la farmacoterapia es pobre o muy lenta.

ESQUIZOFRENIA Enfermedad o grupo de enfermedades que se caracteriza por la aparición brusca o, en ocasiones, insidiosa, de una alteración predominante del pensamiento, el lenguaje, el afecto, la sensopercepción y las habilidades sociales, y que se expresa conformando el síndrome psicótico. Este síndrome se identifica por la presencia de síntomas positivos: delirios*, alucinaciones*, comportamiento extravagante e insomnio*, y de síntomas negativos: afectividad inapropiada (aplanamiento afectivo*, anhedonia*, etc.), retraimiento social y deterioro de las actividades habituales del individuo. La conciencia y las capacidades intelectuales generalmente se hallan preservadas al comienzo de la enfermedad. Suele iniciarse en la adolescencia o en la juventud, y cursa con brotes o recaídas, que dejan como secuela un deterioro cognitivo, afectivo y social. Se consideran cuatro subtipos de la enfermedad: la esquizofrenia paranoide, la hebefrénica, la catatónica y la simple. En la esquizofrenia paranoide, que es el subtipo más frecuente, de mejor pronóstico (menos deteriorante) y de inicio más tardío, predominan los delirios y las alucinaciones. La esquizofrenia hebefrénica, de mal pronóstico e inicio precoz, se caracteriza por cursar con ideas delirantes poco elaboradas, afecto pueril o inapropiado, y pérdida marcada de objetivos. En la esquizofrenia catatónica, subtipo muy infrecuente en los países industrializados, lo más destacable es la alteración motora, con excitación, estupor, negativismo, obediencia automática, manierismos y posturas mantenidas durante largos períodos de tiempo. La esquizofrenia simple es un subtipo infrecuente y de mal pronóstico por el grave deterioro social y del funcionamiento en todas las áreas que provoca. Dominan los síntomas negativos desde el inicio de la enfermedad y no hay evidencia de síntomas positivos. Se distinguen, además, la esquizofrenia indiferenciada, categoría que engloba aquellos cuadros que no cumplen los criterios definidos para los subtipos anteriores, y la esquizofrenia residual. Esta última presenta un cuadro en estadio avanzado, al menos un año de evolución de la enfermedad, en el que han remitido los síntomas positivos, pero persisten los negativos. En el tratamiento de la esquizofrenia, fundamentalmente farmacológico, se emplean neurolépticos*. Sólo excepcionalmente (extrema agitación, refractariedad al tratamiento farmacológico) y, en especial, en las formas catatónicas, se emplea la terapia electroconvulsiva*. En la mayoría de las ocasiones se precisa una rehabilitación psicosocial.

ESQUIZOFRENIFORME, TRASTORNO Trastorno cuyas características esenciales son idénticas a la esquizofrenia*, con la excepción de las dos diferencias siguientes: la duración total de la enfermedad es, como mínimo, de un mes, pero de menos de seis meses, sin que se produzca necesariamente la existencia de deterioro social o laboral. Dos tercios de los afectados evolucionan hacia la esquizofrenia.

ESQUIZOIDE, PERSONALIDAD Véase PERSONALIDAD, TRASTORNOS DE LA.

ESQUIZOTÍPICO, TRASTORNO Véase PERSONALIDAD, TRASTORNOS DE LA.

ESTACIONAL Término utilizado para designar las fluctuaciones del estado de ánimo* asociadas a los ciclos climáticos.

ESTADIO Período de desarrollo de un sujeto en crecimiento. El crecimiento global del ser humano pasa por ciertos estadios que implican cada vez un progreso y una nueva organización del conjunto de la persona. Estos diferentes estadios no son rígidos, sino que se superponen y no se presentan en todos los sujetos en fechas precisas. Entre un individuo y otro se observan diferencias debidas a las condiciones hereditarias y a las del medio. Según J. Piaget, el desarrollo intelectual pasa por cinco estadios: estadio sensorio-motriz, estadio preoperatorio, estadio intuitivo, estadio de las operaciones concretas y estadio de las operaciones formales. Véase DESARROLLO.

ESTADÍSTICA Ciencia que extrae información de conjuntos de datos para aplicarla a problemas sociales, psicológicos, económicos, médicos o técnicos. Tras una definición clara de las unidades de las que se van a extraer los datos (población, muestras), tiene lugar la preparación de los mismos (por ejemplo, en diagramas), así como su evaluación. Los datos obtenidos se distribuyen en clases o grupos cuya composición se compara con las distribuciones normales, a su vez medidas por la media aritmética o el valor más frecuente (moda). La relación entre varias características se conoce mediante el cálculo de correlaciones (por ejemplo, peso-edad) y la intensidad de la relación entre ellas, por el coeficiente de correlación*.

ESTADO DE ÁNIMO Ánimo profundo que prevalece en la vida afectiva del sujeto de forma duradera (más de una o dos semanas) y que puede seguir un patrón cíclico. Su alteración se asocia a síntomas somáticos, como las alteraciones del apetito, el sueño o el impulso sexual. Además del ánimo normal (eutimia), dos tipos de ánimo transitorio pueden adquirir el rango de estado de ánimo o humor: alegría (hipertimia*) y tristeza (hipotimia*). / *Estado de ánimo, trastornos del*, véase AFECTIVOS, TRASTORNOS.

ESTEREOTÁCTICA, CIRUGÍA Técnica quirúrgica que actúa sobre zonas cerebrales diversas (cíngulo y otras) y que ha sido utilizada en trastornos obsesivos resistentes a cualquier otra terapia convencional, con éxitos que superan el 50 por ciento de los casos.

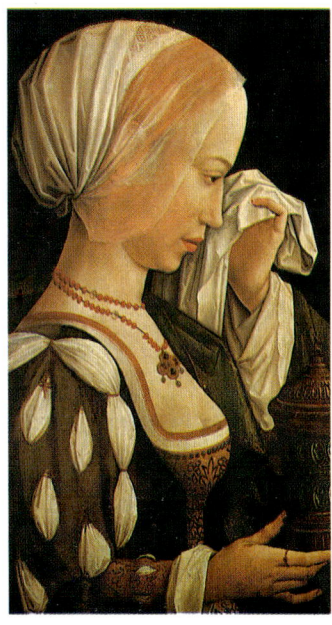

■ *La tristeza, un **estado de ánimo**, presente en la obra la* Magdalena penitente *de Roger van der Weyden.*

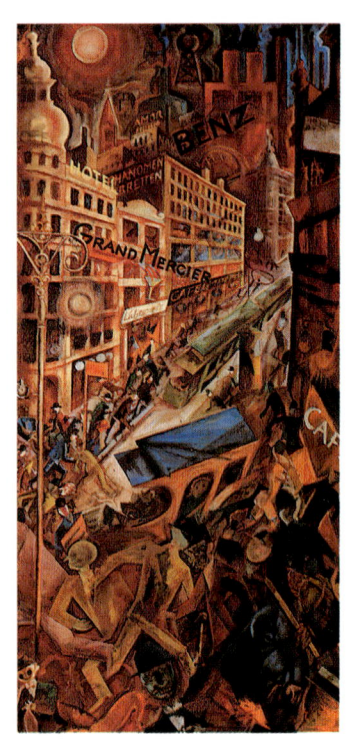

El estrés puede ser consecuencia de un entorno evaluado como amenazante. En la imagen, Metrópoli *de George Grosz (fragmento).*

ESTEREOTIPIA Movimiento reiterativo, no dirigido, que se realiza de forma constante. Incluye acciones como el frotar, rascar, tocar y dar palmadas en varias partes del cuerpo, sobre todo en la cara, desviar la cabeza cuando se le habla al sujeto, levantarse y sentarse repetidamente de la silla, etc. Las estereotipias simples son consecuencia de una alteración de las funciones superiores y aparecen en los cuadros demenciales y en el retraso mental*. Las estereotipias complejas combinan diversos movimientos en secuencias rítmicas y son propias de la esquizofrenia*.

ESTEREOTIPO Conducta motriz que difiere de los movimientos espontáneos por su carácter repetitivo e idéntico. Cabe destacar, entre los estereotipos infantiles, los bucales, los de exploración del propio cuerpo, los rítmicos y los autoagresivos. Ciertos teóricos del aprendizaje admiten que, durante el desarrollo condicionado, se forman paulatinamente estereotipos dinámicos (creación de nuevos lazos y estructuras sobre la base de estructuras nerviosas adquiridas en anteriores interacciones) que se organizan en la vida animal o humana en forma de agrupamientos funcionales. Los estereotipos están en constante mutación.

ESTILO Manera característica de hacer las cosas, modo, forma. La psicología se interesa por el estilo cognitivo (o estilo de pensamiento) y por el estilo educacional (modo, forma de educar), entre otros muchos. Se entiende por estilo cognitivo la manera particular o característica con la que cada individuo elabora la información. El estudio del estilo cognitivo enlaza necesariamente varias disciplinas dentro de la psicología como son la psicología de la percepción, la psicología del pensamiento y la psicología de la personalidad. Por otro lado, el estilo educacional es la forma más o menos unitaria de conducta educativa configurada por características pedagógicamente relevantes. Este estilo depende principalmente de dos factores: de las ideas normativas más o menos dominantes y conscientes del educador, y de la situación educativa vigente. Podemos entender el estilo educativo de dos formas diferentes: estilo educacional, como estilo particular, individual (de un determinado profesor), y estilo educacional, como estilo colectivo (modo de comportamiento educativo de diferentes sociedades o estamentos).

ESTIMULANTES Conjunto de sustancias que elevan el estado de ánimo*, aumentan el grado de atención y vigilia y producen una sensación subjetiva de mayor rendimiento físico y mental. Se incluyen en este grupo sustancias de origen natural como la cocaína* y la cafeína*, y otras sintéticas como las anfetaminas* o algunas recientes drogas de diseño.

ESTÍMULO Forma de energía física interna o externa al organismo de suficiente intensidad (umbral absoluto) para excitar un repertorio sensorial. El entorno de un individuo contiene gran cantidad de estímulos potenciales de naturaleza e intensidad variadas (temperatura, luminosidad, ruidos, olores diversos). Los receptores sensoriales del sujeto efectúan una filtración de estos estímulos que contribuye a que sólo un número restringido de ellos sea eficaz en relación con las variaciones del estado psicofisiológico del sujeto y de la intensidad de cada uno de esos estímulos. / *Estímulo condicionado*, en el condicionamiento clásico, estímulo originalmente neutro que, después de asociarse con un estímulo no condicionado, viene a desencadenar una respuesta condicionada. / *Estímulo no condicionado*, en el condicionamiento clásico*, estímulo que desencadena incondicionalmente, es decir, de manera automática y natural, una respuesta no aprendida. / *Estímulo discriminativo*, véase DISCRIMINATIVO, ESTÍMULO.

ESTRÉS Término proveniente de la física, que hace referencia a la fuerza generada en el interior de un cuerpo como consecuencia de la acción de otra fuerza externa (*load*). En este sentido lo encontramos citado a finales del siglo XVIII por Hocke. Fue W. Canon el primero en utilizarlo en el contexto de la salud en 1932, aunque lo hizo de forma casual y poco sistemática. Así, el estudio y uso del estrés con carácter técnico lo debemos a H. Selye que en 1936 lo definió como un «conjunto coordinado de reacciones fisiológicas ante cualquier forma de estímulo nocivo». La curva trazada por esta reacción de estrés acabó tomando el nombre de síndrome general de adaptación. Esta definición representa al estrés como una alteración de la homeostasis del organismo dado que se debe al estudio con animales de laboratorio a los que se les aplicaba un estímulo físico nocivo como estresor: frío, descenso de oxígeno o desnutrición. El estudio del estrés en humanos y, por lo tanto, con estresores de tipo psicológico fue tratado posteriormente. R. S. Lazarus de la Universidad de California ha sido la figura principal, tanto en la investigación, como en la teoría del estrés, con la elaboración del modelo transaccional del estrés en 1984. Este modelo es el punto de partida de cualquier estudio actual sobre el tema. Para Lazarus: «el estrés psicológico es una relación particular entre el individuo y el entorno que es evaluado por éste como amenazante o desbordante de sus recursos y que pone en peligro su bienestar». Definiciones de trabajos posteriores que intentan ser más específicas, como en el caso de J. Carrobles, explican el estrés como un «estado de sobreactivación sostenido experimentado por una persona ante distintas situaciones consideradas o evaluadas como excesivas o amenazantes y que ocurren bajo condiciones de escaso apoyo social y de recursos de solución o control por parte del sujeto». ■

ESTRÓGENOS Hormonas sexuales femeninas segregadas fundamentalmente por los ovarios, si bien, en pequeñas cantidades, también están presentes en los hombres. Su secreción se produce de forma variable en las mujeres a lo largo del ciclo menstrual, bajo el control de las hormonas hipofisarias (LH, FSH), alcanzando su pico máximo en la mitad del ciclo, lo que desencadena la ovulación. Durante la pubertad, los estrógenos son los responsables de la aparición de los caracteres sexuales secundarios. Intervienen en la lubricación vaginal. ■

ESTRUCTURA Organización básica de los elementos que forman un todo. / *Estructura de la inteligencia*, sistema de factores que condicionan los rendimientos intelectuales (véase ANÁLISIS FACTORIAL). / *Estructura social*, creación y división de la sociedad en capas sociales según determinadas características (grados de formación, posición dentro de la profesión, cuantía de los ingresos, etc.). Equivale a orden social.

ESTUDIO Acción y efecto de estudiar, hecho con la finalidad de profundizar sobre un punto o tema concreto. En psicología los estudios más comunes son el estudio de casos (propio de la psicología clínica y de la psicología de la personalidad) y el estudio de campo (más utilizado en la psicología social). Es importante entender la distinción que existe entre estudio psicológico y experimento psicológico. En este último el experimentador introduce condiciones controladas en el espacio o en el individuo, modificándolas en función de sus intereses e introduciendo también un grupo de control. En el estudio, en cambio, el investigador se limita a describir mediante la observación, los procesos que se producen en el individuo o individuos. El estudio de casos es un método de investigación que pretende detectar la peculiaridad psicológica de un individuo o analizar ciertos problemas o complicaciones. Esto implica el estudio a fondo de la persona, recogiendo todos los datos necesarios mediante anamnesis, tests psicológicos y la observación entre otros. La valoración e interpretación de los resultados obtenidos ayuda a responder total, o al menos parcialmente, la cuestión que motivó el estudio. El estudio de campo busca describir los procesos sociales que se dan en los grupos o comunidades, e intenta descubrir las dependencias causales.

ESTUPEFACIENTE Nombre con el que se designan diversas sustancias narcóticas y analgésicas que producen hábito y alteran las condiciones fisiológicas y psíquicas del paciente. Hoy en día el término se identifica con drogas que provocan estados de excitación asociados con otros de estupor, confusión y alucinaciones. Ejemplos de estupefacientes serían los opiáceos* o la mescalina. La popularización literaria que se ha hecho del término ha hecho que se le identifique con el de drogas* en general.

ESTUPOR Disminución de la actividad motora que se caracteriza por la presencia de mutismo e inhibición profunda o completa del movimiento voluntario y falta de respuesta psicomotora. Es la forma más grave de disminución motora. / *Estupor orgánico*, el que está producido por una enfermedad física (enfermedad neurológica, intoxicaciones, alteraciones metabólicas, etc.). En esta situación, es característica la alteración del nivel de conciencia. / *Estupor psicógeno*, el que aparece en cuadros psicóticos y afecti-

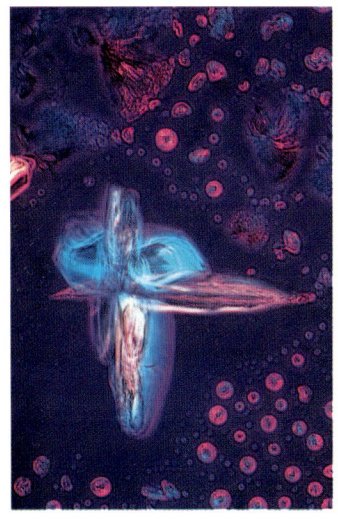

■ Los **estrógenos** son hormonas sexuales femeninas segregadas por los ovarios.

*La **etología** estudia el comportamiento de las especies animales en su ambiente natural.*

vos muy graves (depresión, manía), en reacciones de tipo conversivo y como reacción aguda ante un traumatismo. El nivel de conciencia es normal. Con frecuencia, el enfermo mantiene una actitud de oposición (por ejemplo, cierra los ojos activamente cuando se le intentan abrir los párpados).

ETAPA FÁLICA Véase FÁLICA, ETAPA.

ETNOPSICOLOGÍA Parte de la psicología que investiga el comportamiento, las emociones y los aspectos intelectuales de las diversas unidades étnicas, raciales y culturales con la ayuda de métodos comparativos surgidos de la relación entre la psicología y la antropología.

ETNOPSIQUIATRÍA Parte de la etnopsicología* que estudia y compara los trastornos mentales de diversas etnias y culturas.

ETOLOGÍA Ciencia de las costumbres. La etología es una rama de la psicología animal que estudia el comportamiento de los animales en su medio natural o en condiciones muy parecidas a las de este medio. Cada especie tiene su mundo propio, que es necesario conocer para comprender las distintas conductas animales. El campo de la etología se ha extendido a las costumbres humanas. La psicología moderna no tiene ya como objeto el estudio del hombre aislado, sino que lo resitúa en su medio y considera todos los hechos psicológicos (percepción, aprendizaje, etc.) desde el punto de vista psicosocial. Los trabajos de K. Lorenz, N. Tinbergen y K. von Frisch (premios Nobel de Medicina en 1973), sistematizaron la etología como ciencia. Los estudios etológicos tienen como base la confección de un repertorio de conductas observables en todas las situaciones funcionales posibles, lo que permite investigar la relación entre el ambiente, las condiciones internas del organismo (bioquímicas, fisiológicas, etc.) y su influencia en los comportamientos animales que contribuyen a la supervivencia y conservación de la especie. ■

ETÓLOGO, ETÓLOGA Científico que se dedica al estudio de la etología*.

EUFORIA PATOLÓGICA Estado de ánimo caracterizado por sentimientos de bienestar y alegría desproporcionados con la situación del sujeto y que se asocian a grandiosidad (evaluación desmesurada del valor, el poder, el conocimiento, la importancia y la identidad personales). Forma parte de la hipertimia*.

EUTIMIA Estado de ánimo* normal.

EUTIMIZANTE Fármaco utilizado para suprimir la tendencia a las recidivas en los trastornos afectivos. Existen varios eutimizantes. El carbonato de litio: sustancia mineral derivada del litio* cuya principal indicación es prevenir las recaídas (tanto maníacas como depresivas) en los trastornos afectivos recidivantes (por ejemplo, el trastorno bipolar*). Esta indicación de tratamiento evidentemente crónico, requiere la inclusión del enfermo en una Unidad Clínica del Litio, de manera que se controlen periódicamente los niveles en plasma o litemia (rango terapéutico deseable: 0,6-1,2 mEq/l), así como las funciones renal y tiroidea, que podrían alterarse con este tratamiento. Los enfermos que responden peor al litio son los denominados cicladores rápidos*. Está indicado también en el episodio maníaco, para el que se utilizan dosis más altas, con litemias de hasta un máximo de 1,4. Su actividad terapéutica se inicia de forma algo demorada, entre 10 y 15 días después de iniciado el tratamiento, lo cual limita la indicación de litio sólo a pacientes manejables (estados hipertímicos o hipomaníacos). Se usa asimismo para combatir las depresiones resistentes a los antidepresivos*. El litio asociado al antidepresivo consigue una mejoría muy rápida (24-48 horas), con litemias no superiores a 0,6. En la discinesia tardía inducida por antipsicóticos* puede resultar útil a dosis y litemias bajas, produciéndose la mejoría con relativa rapidez. Los efectos secundarios del carbonato de litio son: 1) Gastrointestinales: náuseas, vómitos y diarreas. Estos síntomas están relacionados con la dosis y la rapidez de su incremento. 2) Neuromusculares: cansancio muscular y temblor fino distal. Es también dosis-dependiente y responde a beta-bloqueantes (propanol). 3) Renales: aumento de la diuresis (poliuria) por disminuir el efecto de la hormona antidiurética. No se ha demostrado que el litio produzca cambios peligrosos en la función renal, aunque es uno de los parámetros a vigilar durante el tratamiento. 4) Tiroideos: disminución de la función tiroidea, que suele normalizarse por sí misma sin llegar a presentar un cuadro de hipotiroidismo. 5) Cardiovasculares: alteraciones en el electrocardiograma, que se normalizan al suspender el tratamiento y no se han relacionado con el desarrollo de un trastorno de la conducción cardíaca. 6) Otros: aumento de peso, dermatitis, alopecia y empeoramiento de enfermos con psoriasis. La intoxicación por litio desencadena un cuadro de neurotoxicidad caracterizado por temblor intenso, apatía, dificultad de concentración, sacudidas musculares, visión borrosa, confusión mental, convulsiones y coma; si el paciente no es tratado precoz y correctamente, pueden producirse daños neurológicos irreversibles o incluso la muerte. El tratamiento con litio requiere la realización de controles mensuales o bimensuales de litemia (para mantener el rango terapéutico referido), peso, tensión arterial y pulso, y controles anuales o semestrales de parámetros renales (urea, creatinina, electrolitos, diuresis), pruebas hepáticas, hemograma y función tiroidea. La carbamacepina*: fármaco indicado en el tratamiento y prevención de recaídas en el trastorno bipolar y en el esquizoafectivo, cuando el litio ha sido parcial o totalmente ineficaz; a veces se da en asociación con el litio cuando éste no ha sido eficaz por sí solo. Se considera de primera elección para prevenir las recaídas en cicladores rápidos. En el ámbito no psiquiátrico se utiliza en la epilepsia (antiepiléptico) y en la neuralgia del trigémino. Los efectos secundarios más frecuentes son la sedación, las alteraciones hematológicas (anemia y agranulocitosis en casos graves), alteraciones dermatológicas y aumento de enzimas hepáticos. Requiere, por ello, controles analíticos periódicos. El clonacepán: benzodiacepina con gran actividad anticonvulsiva, cuya principal indicación son las crisis epilépticas. Se ha descrito su utilidad en el tratamiento de los episodios maníacos, tanto por su efecto sedante como antimaníaco, puesto que no provoca los efectos secundarios propios de los neurolépticos. Combinado con el litio o la carbamacepina, mejora la eficacia de los mismos para prevenir las recaídas en enfermos bipolares. También resulta útil en el tratamiento de las crisis de pánico. Sus efectos secundarios son los propios de las benzodiacepinas: sedación, incoordinación, hipotonía y alteraciones de la memoria. El ácido valproico: se ha comprobado su utilidad en el tratamiento de los episodios maníacos, así como en la prevención de las recaídas. Constituye la alternativa a la carbamacepina en el tratamiento combinado con litio en pacientes resistentes que no la toleran. Los efectos indeseables más frecuentes son molestias gastrointestinales (anorexia, náuseas, vómitos), temblor, aumento de peso, obesidad, alopecia y reacciones cutáneas.

EVALUACIÓN Acción y efecto de evaluar. Apreciación, estimación de una determinada característica. Se distinguen la evaluación de la medición ya que esta última implica la utilización de instrumentos de medida precisos, y los datos que proporcionan no necesitan interpretación. En la evaluación no se utilizan estos instrumentos de medida. La evaluación psicológica es la valoración de las características psicológicas del individuo. Se utiliza el término evaluación psicológica y no medición psicológica, ya que los instrumentos utilizados para valorar los aspectos psicológicos (test*, entrevista*) son normalmente poco precisos y poco objetivos y necesitan de una interpretación que es más o menos subjetiva. No hay que olvidar no obstante el intento de objetivar estas pruebas, encontrando su máximo exponente en los llamados tests objetivos.

EVITACIÓN Conducta que consiste en eludir una situación que el sujeto considera aversiva, a fin de evitar reacciones desagradables. La evitación es un comportamiento típico del aprendizaje*. Se basa en la aversión* y se manifiesta por la adopción de una estrategia que tanto puede ser útil y adaptativa (se evita salir la tarde del domingo a fin de estudiar para no suspender) como cronificadora de trastornos psicológicos diversos (se evita el enfrentamiento a los espacios cerrados a causa de una fobia a los mismos, con lo cual se perpetúa la fobia* al no enfrentar adecuadamente el estímulo).

EVOLUCIÓN Mecanismo del desarrollo por el que, con ayuda de la selección (elección de los individuos más idóneos para un determinado medio) y de la mutación (cambios espontáneos en la base hereditaria), a partir de organismos simples y durante el transcurso de muchas generaciones, surgen nuevos seres vivos de estructura cada vez más compleja. La psicología evolutiva atribuye la

■ *La evolución es el resultado de la selección y la mutación.*

Examen cognoscitivo

*La **experiencia** se adquiere mediante la observación y la práctica.*

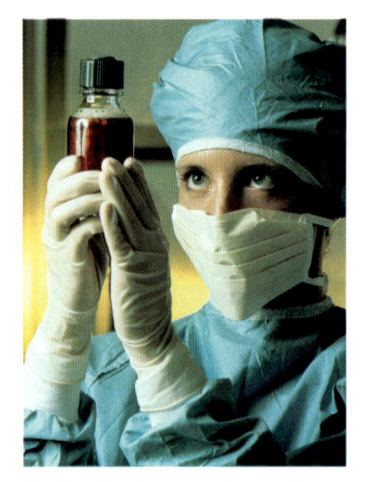

*El **método experimental** es el procedimiento científico que se utiliza para establecer la naturaleza de un fenómeno determinado.*

diversidad entre los sexos a las diferentes estrategias reproductivas de los hombres y las mujeres, que contribuirían a la selección natural y a la herencia evolutiva. Hoy en día se considera que en el ser humano la evolución no sólo está marcada por estrategias reproductivas, sino por factores relacionados con el aprendizaje*, la adaptación* y la cultura. ■

Examen cognoscitivo Por examen se entiende indagación o estudio de una cosa o de un hecho. Cognoscitivo es un término relativo a cognición. Este último concepto se utiliza para designar tanto procesos como estructuras que están relacionados con el conocimiento y con la conciencia, como por ejemplo el pensamiento, la percepción, la memoria, etc. Cognición es un concepto relativamente poco específico. Habría que distinguir sin duda el examen cognoscitivo relativo a procesos cognoscitivos del relativo a estructuras cognoscitivas.

Excitabilidad Propiedad de los seres vivos de reaccionar a estímulos. La psicología entiende por excitabilidad la capacidad de responder afectivamente. Se entiende, por lo tanto, que una persona es excitable cuando responde afectivamente con facilidad a determinadas situaciones o acontecimientos, y no es excitable cuando no tiene esa facilidad.

Excitación Acción y efecto de excitar. Dícese del estado emocional alterado a consecuencia de un estímulo interno o externo que produce o puede producir una modificación en la conducta normal, provocando un estado de tensión, irritabilidad, y aumento en la frecuencia de movimientos corporales. La sexología describe la excitación sexual a traves de cuatro fases: a) la fase de excitación propiamente dicha; b) la fase de meseta; c) la fase de orgasmo; y d) la fase de resolución.

Excitación, fase de Primera etapa de la respuesta sexual en las personas*.

Exhibicionismo En sentido sexual, tendencia a exponer los genitales en lugares públicos o ante desconocidos. Véase Parafilia.

Exógeno Que es de origen externo. Dícese de las enfermedades o trastornos provocados por factores morbígenos de origen externo a nuestro organismo.

Experiencia Proceso de adaptación que sufre el sujeto por estar en contacto con la realidad. Globalmente se refiere a todos los conocimientos adquiridos mediante la práctica o la acción. Cada cambio o nuevas situaciones significativas se llaman también «experiencias». Cabe distinguir entre experiencia interna y experiencia externa: la primera aparece en la conciencia del sujeto; la segunda se adquiere mediante la observación. Así, la entendemos de forma general como conocimientos que se adquieren, prueban y evalúan a lo largo de la vida. En la psicología asociativa y en el empirismo la experiencia es la base científica que explica los procesos psicológicos. ■

Experimental, método Por experimento se entiende la determinación de un fenómeno u observación del mismo como medio de investigación científica. Por método se entiende un procedimiento científico que se utiliza con el fin de hallar la verdad y la enseñanza. Dicho esto, se puede entender por método experimental el procedimiento científico que se utiliza cuando se realiza un experimento; es decir, cuando estamos intentando establecer la naturaleza de un fenómeno determinado. En todos los experimentos psicológicos, mediante estímulos o situaciones de estímulos, se intentan provocar procesos que conducen a un cambio observable en la conducta. En el experimento se modifica una variable independiente, y se observan los efectos de esta modificación en una variable dependiente (intentando que el resto de variables queden bajo control). Hay que tener en cuenta que el método experimental puede ser muy sofisticado o muy sencillo; únicamente es necesario que cumpla los requisitos de todo método experimental.

Explosivo intermitente Trastorno caracterizado por la aparición de varios episodios aislados de dificultad para controlar los impulsos agresivos, que dan lugar a explosiones de violencia. Debe diferenciarse de los trastornos de personalidad o psicóticos, efectos fisiológicos de algunas sustancias o enfermedades médicas (traumatismo craneal, enfermedad de Alzheimer*). ■

Exposición Método utilizado en la terapia de conducta. Consiste en que el sujeto se enfrente a una situación o estímulo* que le provoque altos niveles de ansiedad, sin acudir a la relajación y sin escapar de la tensión, soportando la ansiedad* hasta que ésta se apague. La persona afectada se habitúa de esta manera a los estímulos que le desencadenan el miedo*. Se le incita a construir una jerarquía desde la situación menos ansiógena hasta la más temida. A partir de ahí, y de forma diaria y programada, se le va exponiendo a los diversos estímulos de la jerarquía durante un tiempo que oscila entre cuarenta y cinco minutos y dos horas, con objeto de que se acostumbre progresivamente. Se trata de «evitar la evitación», proceso que es el responsable del mantenimiento de los miedos del paciente. Es quizá el método más utilizado en la terapia de conducta* y se emplea fundamentalmente en las fobias* y en el trastorno obsesivo-compulsivo*. ∎

Expresión afectiva Gesto o aspecto del rostro que comunica un sentimiento. Pueden distinguirse múltiples canales no verbales para la expresión de la afectividad: expresión facial, movimientos oculares y dirección de la mirada, posturas, inflexiones del tono de voz, contacto físico, etc. La expresión facial permite diferenciar una serie de experiencias afectivas como alegría, tristeza, miedo, sorpresa, enfado, etc. Éstas coinciden en gran medida con las expresiones primitivas básicas, que probablemente dependen de patrones genéticos (alegría, tristeza, rabia, miedo, sorpresa y repugnancia).

Expresión facial Conjunto de rasgos externos del rostro de un individuo a través de los cuales se revela una emoción. Los más importantes son la sonrisa, el llanto, las mímicas faciales y las posturas. Es una forma de lenguaje no verbal.

Expresividad emocional Capacidad individual de expresar externamente el estado anímico a través de manifestaciones corporales y gesticulares. Dichas manifestaciones comportan información subjetiva y, por lo tanto, no disponen de suficiente fiabilidad. ∎

Éxtasis 1. Alteración de la lucidez de conciencia caracterizada por un incremento de la viveza perceptiva, pérdida absoluta de la conciencia del mundo circundante y disminución del control intencionado. El éxtasis puede estar presente en diversos trastornos mentales y ser provocado por drogas del tipo estupefaciente. 2. Sustancia estimulante derivada de la anfetamina*. Se ingiere por vía oral, siendo la duración de su efecto de cuatro horas. Reduce la capacidad para realizar movimientos finos y provoca sudoración, taquicardia*, insomnio*, incremento de la tensión arterial, modificación del humor* y un supuesto efecto afrodisíaco*, así como, excepcionalmente, alucinaciones*. Su uso continuado comporta complicaciones diversas, tanto a nivel orgánico como psíquico, que pueden resultar muy graves. ∎

Extinción de la conducta Proceso típico del condicionamiento* por el cual se debilita un comportamiento hasta anularse por completo si deja de ser reforzado. En el famoso experimento de I. P. Pavlov, cuando al perro no se le proporcionaba alimento (reforzador) durante un tiempo, se extinguía la emisión de saliva al sonido de la campanilla, reacción que había sido previamente condicionada. La extinción es un mecanismo destinado a suprimir las reacciones que ya no son útiles o resultan superfluas para el individuo. Por ejemplo, si a un amigo que nos invita constantemente no lo reforzamos alguna vez con nuestra aceptación, dejará de invitarnos; si a un niño que antes se le «premiaba» permitiéndole jugar con la consola de videojuegos en cada ocasión que se enfadaba, se le deja de hacer caso, probablemente acabará por no enfadarse. La extinción es un elemento importantísimo en la adquisición y pérdida de aprendizajes, además de constituir un factor esencial en las estrategias de la terapia de la modificación de conducta*.

Extraversión Popularmente se entiende por extraversión la propensión a comunicar a los de alrededor los problemas y sentimientos, o a interesarse por lo exterior; relacionarse con facilidad con la gente. En psicología este concepto como factor de personalidad ha sido muy estudiado por los diferentes teóricos de la misma. Por ejemplo H. J. Eysenck estructura su teoría de la personalidad en torno a tres factores dimensionales: psicoticismo-control, neuroticismo-estabilidad y extraversión-introversión. Según este autor, el sujeto extravertido se caracteriza por ser sociable, tener muchos amigos, necesitar personas con las que hablar y no sentirse solo. Busca la animación, actúa a menudo espontáneamente y, en general, es impulsivo.

∎ *La **expresividad emocional**, una forma de comunicar el estado anímico, aquí representada en la* Virgen de las angustias *de Juan de Juni.*

∎ *El **éxtasis** místico de santa Teresa en la obra de Gian Lorenzo Bernini.*

*Hans Jürgen **Eysenck**, impulsor de la terapia de la conducta para el tratamiento de los trastornos mentales y estudioso de las múltiples dimensiones de la personalidad.*

Tiende a moverse y hacer cosas, a ser agresivo y a perder la paciencia, no siempre domina sus sentimientos y tampoco se muestra siempre como una persona de confianza. Eysenck buscó una explicación neurofisiológica para explicar este factor de personalidad, y a través de la experimentación llegó a la conclusión de que las características neurofisiológicas de los extravertidos les hacía en general preferir una mayor dosis de estimulación que los sujetos introvertidos, lo que les llevaría a buscar constantemente animación, amigos con los que hablar, no sentirse a gusto solos, la tendencia a estar moviéndose constantemente para contrarrestar ese desequilibrio neurofisiológico con respecto a los introvertidos. Este autor, para explicarnos su modelo de forma muy general, divide el cerebro anatómicamente en dos grandes bloques: la corteza cerebral* (zona cortical) y la zona que se encuentra por debajo de la misma (zona subcortical), y en función de la cantidad de estimulación que hay en una u otra zona determina al individuo como intravertido y como extravertido. Según Eysenck los sujetos extravertidos tienen «poca actividad» en la corteza cerebral y una «elevada actividad» en la zona subcortical. Por el contrario, el introvertido se caracteriza por una alta actividad cortical y baja actividad subcortical. Si tenemos en cuenta que en la regulación de la conducta la corteza cerebral es muy importante, entenderemos la fundamentación de Eysenck cuya teoría muestra cómo la baja actividad en la corteza cerebral del extravertido le lleva a buscar estimulación, para aumentar su actividad.

EYACULACIÓN Emisión violenta de semen por el varón, en forma de espasmos durante el orgasmo*, que es experimentada por el sujeto con una sensación subjetiva de expulsión inevitable. Se produce por espasmos rítmicos de la próstata, vesículas seminales, conductos deferentes y uretra. / *Eyaculación prematura*, la que tiene lugar cuando se alcanza el orgasmo prematuramente y de forma recurrente, antes, durante o inmediatamente después de la penetración, en respuesta a una estimulación mínima, y antes de que el sujeto lo desee. Un bajo umbral* determina que la eyaculación se presente con mayor rapidez y de forma más imprevista, dificultando el proceso por el que el hombre aprende a ejercer un cierto control sobre su reflejo eyaculatorio.

EYSENCK, HANS JÜRGEN Psicólogo británico de origen alemán (Berlín, 1916-Londres, 1997). El verse obligado a afiliarse al partido nacionalsocialista para poder ingresar en la Universidad de Berlín le hizo marcharse de Alemania. Al finalizar sus estudios en la Universidad de Dijon se estableció en Inglaterra, donde ingresó en el University College de Exeter. Trabajó como psicólogo durante la Segunda Guerra Mundial en el Mill Hill Emergency Hospital de Londres, encargándose del tratamiento psiquiátrico del personal militar. Posteriormente a la reapertura de este centro en 1946, le nombraron director del departamento de psicología (1947). Fundó el Instituto de Psicología del Maudsley Hospital (1950), del que fue director, y que se convirtió en uno de los más importantes de Gran Bretaña. Profesor de psicología en la Universidad de Londres desde 1948, en 1955 fue nombrado catedrático. Es autor de numerosos cuestionarios y tests, entre los que destaca el Eysenck Personality Inventory, que intenta medir tres constructos dimensionales en el ser humano: extroversión *versus* introversión, neuroticismo *versus* control, y psicoticismo *versus* normalidad, que representan la estructuración de la personalidad en el más alto nivel de generalización. Escéptico respecto del valor de la psicoterapia y del psicoanálisis*, defendió la terapia de conducta como tratamiento de los trastornos mentales, inspirándose en las teorías de I. P. Pavlov y de J. B. Watson. Una de sus tesis más polémicas es la de que el nivel de inteligencia está condicionado por factores raciales. Esta idea queda manifiesta en su obra *Raza, inteligencia y educación* (1971), basada en estudios estadísticos. Otras de sus obras son: *Usos y abusos de la psicología* (1953), *Psicología: hechos y palabrería* (1956), *Cómo conocer su propio cociente de inteligencia* (1966), *Sexo y personalidad* (1966), *El estudio experimental de las teorías freudianas* (1973), *La rata o el diván* (1980), *Astrología: ciencia o superstición* (1982), *El declinar del imperio freudiano* (1985), *Personalidad y diferencias individuales* (1986), *Enigmas de la psicología* (1982) y *Experimentos en terapia de conducta* (1964). ■

F

Fabulación Relato fantástico y extraordinario contado por el individuo que lo inventa como si se tratara de un hecho exacto que hubiera vivido. Cuando la fabulación prosigue a merced del discurso y del diálogo, hay que diferenciarla de la patológica, que se debe a un déficit de la memoria anterógrada, con olvido a medida, lo que conduce al enfermo a confabular para cubrir sus lagunas mnésicas, como puede verse en la psicosis de Kórsakov*.

Facticio, trastorno Producción intencionada de síntomas físicos o psicológicos, que pueden ser inventados (por ejemplo, quejas de dolor abdominal sin que se padezcan), autoinfligidos (como infecciones dérmicas producidas por la inyección de saliva debajo de la piel) o fruto de la exageración de un trastorno físico preexistente (por ejemplo, enfermo epiléptico que simula una crisis). El sujeto asume totalmente el papel de enfermo, sin que exista ningún incentivo o beneficio externo que justifique su conducta, como podría ser una ganancia económica, evitar alguna responsabilidad legal, etc. Esto es lo que diferencia el trastorno facticio de los actos de simulación, en los que existe siempre un beneficio evidente. A menudo, estas personas tienen un amplio conocimiento de la terminología médica, han sido objeto de múltiples exploraciones e intervenciones quirúrgicas, e intentan persistentemente ingresar o permanecer en los hospitales (síndrome de Munchausen*). Cuando se les confronta con la evidencia de sus síntomas facticios, o bien los niegan, o abandonan rápidamente el hospital, incluso en contra de la prescripción médica. Cuando predominan los síntomas psicológicos, el enfermo suele quejarse de depresión*, ideación suicida, pérdida de memoria* o alucinaciones*.

Factor Término equivalente a dimensión* o a tipo de personalidad. / *Factorial, análisis*, véase Análisis factorial.

Fálica, etapa En la hipótesis psicoanalítica, etapa comprendida entre los 2 a los 6 años de edad aproximadamente. En ella, el interés, la curiosidad y la «experiencia placentera de tipo sexual» se centran sobre el pene* o el clítoris*. Como ocurre con la mayoría de las hipótesis psicoanalíticas, no ha podido ser demostrada la existencia de esta etapa.

Fallido, acto Véase Acto fallido.

Falo Sinónimo de pene*. Simbólicamente representaba la fuerza, la fecundidad y a veces el culto a ciertos dioses. ■

Familia Conjunto de relaciones de interdependencia entre personas en cuanto a la vida en sí misma y a sus ámbitos temporal y espacial. En biología se denomina familia a la vida común de dos sujetos de sexo opuesto para la reproducción y conservación de la especie. En psicología se valora a la familia como una institución social que permite un correcto desarrollo personal. En sociología se trata de una comunidad interhumana con un mínimo de tres miembros. / *Familia nuclear*, es la constituida por los padres de ambos sexos y sus descendientes directos. ■

Fantasía Capacidad de imaginar argumentos, personajes o cosas inexistentes. / *Fantasía sexual*, representación imaginada, propia de la estimulación erótica. Las fantasías sexuales cumplen un papel importante como potenciadoras o inductoras de la excitación sexual, estando estrechamente relacionadas con el impulso sexual. El tipo de fantasías puede ser muy variado, relacionándose tanto con lo vivido, visto o leído, como con la curiosidad o la novedad. Entre

■ *El falo, sinónimo de pene, en una figurilla de bronce del siglo I.*

■ *La familia, institución que interviene en el desarrollo personal, en una escultura de Henry Moore.*

FASE

*La **fenciclidina** o polvo de ángel crea dependencia psíquica y física.*

*El **fetichismo** designa la tendencia a utilizar atuendos y objetos para la consecución del placer sexual.*

las diversas clases de fantasías pueden mencionarse las de experimentar sensaciones de poder, sometimiento o dominio; el cambio de pareja; la práctica de sexualidad en grupo; las relaciones sadomasoquistas; las románticas; la violación, etc. En términos generales, las fantasías sexuales parecen tener efectos mucho más positivos que negativos, excepto en aquellos casos en que no aparecen de forma voluntaria sino a modo de obsesiones, escapando al control de la persona, o bien cuando se convierten en un recurso exclusivo. Las fantasías sexuales son incluso utilizadas en métodos terapéuticos.

FASE Episodio propio del trastorno bipolar*. / *Fases del sueño*, véase SUEÑO, FASES DEL.

FATIGA CRÓNICA, SÍNDROME DE Fatiga persistente de al menos seis meses de duración, acompañada por sensación de debilidad y sintomatología depresiva. En ocasiones puede asociarse a fiebre, disminución de peso, cefaleas, náuseas, dolores musculares y disminución del impulso sexual. Si bien en su origen se ha considerado la presencia del llamado virus de Epstein Barr, en un porcentaje alto de los casos es imposible detectar la etiología, considerándose como un trastorno de causas diversas, con posibles elementos psicosomáticos.

FATIGABILIDAD Estado que comporta una facilidad para entrar en fatiga. Se caracteriza también por la dificultad en mantener el foco de atención (pérdida de concentración), así como de establecer otros nuevos. Se trata de un síntoma muy inespecífico que suele atribuirse a multitud de causas normales y patológicas.

FEEDBACK Información específica que produce una conducta de forma inmediata y precisa. En una gran parte el aprendizaje depende del conocimiento de los efectos o de los resultados de la conducta, por lo cual es más fácil aprender a emitir y controlar conductas para las que se dispone de un *feedback* abundante (por ejemplo, respuestas motoras implicadas en la interacción con el medio), y es más difícil hacerlo cuando el *feedback* es menos importante, al menos en el plano consciente, como es el caso de las respuestas autonómicas. Quizá las diferencias en la rapidez para aprender unas conductas y otras provengan de la calidad del *feedback* de que se dispone (canales de información, precisión, pertinencia, claridad de ésta, etc.). Equivale a reaferencia.

FEMENINO Entendido globalmente significa propio de la mujer. En psicología diferencial se atribuyen a la condición de femenino determinadas características: pasividad, sumisión, labilidad emocional, inhibición e intuición, entre otras. Hoy día, estas atribuciones han sido superadas con el nuevo concepto de androginia *.

FENCICLIDINA Sustancia de tipo sintético que provoca dependencia psíquica y física. Produce sedación, alucinaciones, agitación, agresividad, gran tolerancia al esfuerzo y al dolor, rigidez muscular y somnolencia. Su uso crónico puede provocar trastornos depresivos, psicóticos y estado de confusión. Se conoce vulgarmente como polvo de ángel. ■

FERENCZI, SÁNDOR Médico y psicoanalista húngaro (Miskolc, 1873-Budapest, 1933) Fue uno de los primeros seguidores de S. Freud, con quien mantuvo una extensa correspondencia (1908-1933) y a quien acompañó en diferentes viajes por el mundo. Fue uno de los forjadores de la Asociación Internacional de Psicoanálisis (1910) y presidente de la misma en dos ocasiones (1919, 1924-1927).

FETICHE 1. Objeto natural al que se atribuyen poderes sobrenaturales o mágicos. 2. Objeto inanimado que provoca estimulación erótica en el fetichismo*.

FETICHISMO Tendencia al uso de un objeto inanimado (fetiche*) para la consecución del placer sexual (véase PARAFILIA). / *Fetichismo travestista*, subtipo de fetichismo en el que las fantasías y los comportamientos sexuales implican fundamentalmente el acto de vestirse con ropa del sexo opuesto. ■

FIABILIDAD DE LOS TESTS Grado de precisión o coherencia que ofrece un test*. Se calcula midiendo la coherencia de los resultados observados en dos fechas diferentes, o en dos mitades del test, y en dos tests paralelos. Cuando se da un cambio de ítem, de examinador o de momento pueden producirse variaciones que son consideradas como errores, cuyo margen debe ser relativamente bajo en relación a las diferencias observadas entre las personas consultadas. A partir de la coherencia de los resultados obtenidos, se puede distinguir la constancia de las respuestas, ya sea aplicando la misma prueba a los mismos sujetos después de un cierto intervalo de tiempo, o bien aplicando formas equivalentes de un mismo test a las mismas personas. En este caso se debe tener constancia de que las diferentes formas del test puedan medir exactamente igual la misma dimensión. La fiabilidad de un test determina el grado de confianza que ofrece la generalización de un resultado respecto a los obtenidos por otros examinadores, con otros ítems o en otros momentos.

FIGURA Y FONDO Estos conceptos adquirieron relevancia en la psicología de la percepción en 1921 con los estudios de E. Rubin, quien, por primera vez, puso de manifiesto que el campo visual es divisible en dos grandes segmentos diferenciables: el fondo y la figura. Desde entonces, numerosos trabajos se han centrado en el estudio de las figuras de reversión, las ilusiones ópticas y las condiciones necesarias para diferenciar la figura del fondo. Actualmente los conceptos de figura y fondo han traspasado el campo de la óptica y se aplican a la acústica, la actividad motora y también al ámbito de los sentimientos. ■

*Los conceptos de **figura y fondo** son esenciales en la psicología de la percepción.*

FIJACIÓN Acción y efecto de fijar. En psicoanálisis* es la persistencia anormal en la vida adulta de un fuerte lazo afectivo hacia alguien o algo que se sufrió durante la niñez. S. Freud decía que hay fijación de la libido cuando por causa de una asociación entre tendencias libidinosas parciales, queda detenido el desarrollo de la libido en una edad que no corresponde a la del sujeto. Por lo tanto, desde este punto de vista, existen diferentes tipos de fijación en función del objeto o sujeto que es causa de ésta. / *Fijación emocional*, sería la formación en la niñez de un fuerte lazo afectivo hacia algo o alguien bajo su forma infantil en la vida adulta. Dentro de la fijación emocional destacan como sus formas más características: 1) Fijación a la madre: apego emocional a la madre en las etapas infantiles. En algunos casos puede llegar a dificultar las relaciones interpersonales del sujeto, de forma usual con la esposa. 2) Fijación al padre: apego emocional al padre propio de las etapas infantiles (tanto de la hija como del hijo), produciendo igualmente problemas en las relaciones interpersonales en la vida adulta. En las modernas teorías de la psicología evolutiva, no se han podido demostrar científicamente estos conceptos freudianos.

FLASHBACK Recurrencia espontánea de los fenómenos psíquicos producidos por alucinógenos* (alteración del humor, alucinaciones múltiples, despersonalización, etc.), sin nueva ingesta de sustancia activa y después de transcurrido mucho tiempo desde el último consumo. Dura unos segundos y se produce en más del 20 por ciento de los consumidores de alucinógenos, pudiendo perturbar seriamente el equilibrio psíquico del individuo.

FLEXIBILIDAD CÉREA Rasgo característico de la catatonía*.

FOBIA Miedo excesivo o irracional que se manifiesta de forma persistente ante una actividad, objeto o situación concretos e identificados. Implica la evitación sistemática de los estímulos que la incitan. El miedo no es proporcional al peligro real del estímulo y escapa al control voluntario del sujeto. El síndrome fóbico consta de tres componentes: el miedo central, la ansiedad anticipatoria y la conducta de evitación. El miedo central es aquel que se desarrolla en la confrontación con el objeto fóbico. Consiste en una reacción intensa de ansiedad* y en una valoración catastrófica del evento que puede conducir a temores sobreañadidos como el miedo a la muerte, a la locura o a la pérdida del control.

*Una **fobia** se caracteriza por un miedo irracional que se manifiesta de forma recurrente ante diversos objetos, situaciones y actividades, como por ejemplo viajar en tren.*

*La expresión **fracaso escolar** se aplica a los alumnos que incumplen las demandas escolares establecidas.*

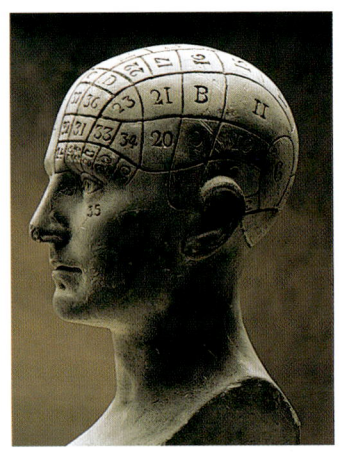

*La **frenología** pretendía analizar las emociones y las capacidades intelectivas del hombre en base a la conformación del cráneo.*

La ansiedad anticipatoria es el temor al enfrentamiento con el estímulo fóbico y origina la conducta de evitación, en la que el sujeto rehuye sistemáticamente aquellas situaciones que le resultan insoportables. Hay diversos subtipos de fobias, entre las que destaca la agorafobia*, que es un conjunto de síntomas fóbicos; la fobia simple, que se centra en un objeto específico, o la fobia social, limitada a actividades tales como hablar, escribir, comer o beber, en presencia de otras personas. / *Fobia social*, miedo persistente y acusado a situaciones sociales o actuaciones en público por temor a que resulten embarazosas. La exposición a estos estímulos produce casi invariablemente la respuesta inmediata de ansiedad. En la mayoría de las ocasiones, las situaciones sociales o actuaciones en público acaban convirtiéndose en motivo de evitación. Los individuos que la padecen pueden tener miedo de hablar en público porque creen que los demás se darán cuenta de que su voz o sus manos están temblando; algo semejante les puede ocurrir en otras situaciones, como comer, beber o escribir en público. En los niños, las fobias sociales pueden tomar forma de llanto, tartamudez y aferramiento a familiares cercanos. Los niños mayores pueden mostrarse excesivamente tímidos, eludiendo los contactos con los demás y rehusando participar en juegos de equipo. Es una fobia relativamente frecuente, que afecta de un 3 a un 13 por ciento de la población general. El tratamiento es doble: farmacológico y conductual. ∎

FOCALIZACIÓN Capacidad de dirigir las funciones psíquicas (percepción*, pensamiento) sobre un objeto determinado. El resultado de esta capacidad psíquica ligada a la conciencia es la atención. / *Focalización sensorial*, técnica utilizada en terapia sexual. Se divide en no genital y genital. En la no genital se aconseja a los pacientes que incrementen su capacidad de sensualidad corporal, inicialmente no genital, avanzando progresivamente sin provocar demandas que superen la ansiedad del sujeto disfuncional. Posteriormente se pasa a la focalización genital seguida de coito*, en general utilizando la posición supina de la mujer.

FONEMA Unidad básica de la lengua oral. Los fonemas pueden combinarse para formar palabras y éstas, a su vez, se organizan en frases.

FORMACIÓN RETICULAR Red de neuronas situadas en el tronco cerebral que se extiende como una malla por parte del cerebro*, desde la médula hasta el tálamo*. Desempeña un papel decisivo en el despertar y en la activación general de la mente.

FORMAL Científicamente, relativo a la forma, en oposición al contenido. Así, la lógica o las matemáticas son llamadas ciencias formales puesto que se ocupan de las formas del pensamiento y utilizan fórmulas o signos analógicos para su expresión.

FRACASO ESCOLAR Se aplica a aquellos alumnos que no cumplen satisfactoriamente las demandas académicas o escolares propuestas para el nivel educacional que ocupan. Generalmente se ven obligados a repetir cursos o cambian a centros especiales. Los motivos que pueden llevar a un fracaso escolar son muy diversos y no responden únicamente al nivel intelectual del alumno. En la mayoría de ocasiones las capacidades intelectuales son adecuadas. ∎

FRENOLOGÍA Hipótesis histórica que consideraba al cerebro* como una agregación de órganos, correspondiendo a cada uno de ellos diversas facultades intelectivas o emocionales. ∎

FREUD, ANNA Psicoanalista británica de origen austríaco (Viena, 1895-Londres, 1982). Hija menor de S. Freud, siguió los pasos de su padre dedicándose al psicoanálisis de niños. En 1938 acompañó a su padre en su exilio en Londres y, desde entonces, pasó a residir en Gran Bretaña. Es autora de *El Yo y los mecanismos de defensa* (1939) y *El tratamiento psicoanalítico de los niños* (1946), que constituyen sus obras fundamentales.

FREUD, SIGMUND Psiquiatra austríaco, fundador del psicoanálisis* (Freiberg, 1856-Londres, 1939). Concluyó sus estudios de enseñanza media en Viena, superando las dificultades derivadas de su condición de judío. Estudió medicina en la misma ciudad y realizó importantes trabajos sobre anatomía comparada del sistema nervioso* y sobre encefalopatías infantiles; igualmente descubrió las propiedades anestésicas de la cocaína*. En 1896 publicó su libro *Estudios sobre la histeria*. A los 41 años describió el famoso complejo de Edipo* y dos años más tarde publicó la que se considera su obra fundamental, *La interpretación de los sueños*, considerados como el camino real del psicoanálisis hacia la exploración del «inconsciente». En 1901 apareció *Psicopatología de la vida cotidiana*, obra que explica fenómenos menores de la emergencia del inconsciente, reflejo de la pugna entre lo que se desea expresar u omitir y lo que se ejecuta. Expuso sus teorías antropológicas y de las religiones primitivas en *Tótem y tabú*. En 1920, en *Más allá del principio del placer*, introdujo el concepto de la existencia de dos instintos primarios: Eros como principio de vida y Tánatos, principio de muerte. En 1921 apareció *Psicopatología de las masas y análisis del yo*. En 1923, en *El yo y el ello*, creó las tres instancias conocidas como el ello, el yo y el superyó. En 1929 salió a la luz *El malestar en la cultura*, una reflexión sobre las condiciones que la civilización moderna impone a los sujetos. En 1938 huyó de Viena y emigró a Londres después de haber visto cómo los nazis quemaban públicamente sus obras. A pesar de que sus hipótesis hoy día son muy discutidas, nadie le puede negar un papel fundamental en la historia de la psicología y la psiquiatría. ■

FRIGIDEZ Término hoy en día obsoleto, que se utilizaba para definir tanto la anorgasmia* femenina como la disminución del deseo sexual en la mujer.

FROMM, ERICH Psicoanalista norteamericano de origen alemán. (Frankfurt del Main, 1900-Muralto, Suiza, 1980). Ejerció su magisterio en el Instituto de Psicoanálisis de Frankfurt y participó en las investigaciones de la escuela de Frankfurt. En 1934 emigró a Estados Unidos y fue lector en la Universidad de Columbia de 1935 a 1939, profesor en la Universidad del estado de Michigan (1958-1962). Asimismo dirigió el Departamento de Psicoanálisis de la Escuela de México desde 1958. Sus obras más conocidas son: *El miedo a la libertad* (1941), *Psicoanálisis y religión* (1950), *La sociedad sana* (1955), *El arte de amar* (1956), *Budismo, zen y psicoanálisis* (1960), *El dogma de Cristo y otros ensayos* (1963), *El corazón del hombre* (1964) y *Anatomía de la destructividad humana* (1973). ■

FRONTERIZO, TRASTORNO Véanse BORDERLINE, PERSONALIDAD, y PERSONALIDAD, TRASTORNOS DE LA.

FROTTEURISMO Parafilia* consistente en tocar a una persona que no consiente en ello, o en rozarse con ella, intentando lograr así el placer sexual.

FRUSTRACIÓN Acción y efecto de frustrar. Es un estado que padece el que está privado de una satisfacción que entiende que le corresponde, lo que hace que se sienta defraudado en sus esperanzas. Se puede hablar de frustración tanto por la falta del objeto deseado como por el encuentro inesperado de un obstáculo en el camino de la satisfacción de los deseos. Las respuestas a la frustración son diversas y dependen del sujeto frustrado, de su personalidad y de los determinantes situacionales. La respuesta es generalmente agresiva (no necesariamente física; sino que también puede ser agresividad verbal o incluso de otro tipo), y esta hostilidad puede dirigirse tanto al obstáculo como a un sustituto de éste (en algunas ocasiones incluso contra el mismo sujeto que padece la frustración). En el modelo psicoanalítico este concepto es muy importante, entendiéndose como una vivencia producida por un obstáculo exterior que impide la satisfacción de los obstáculos instintivos. Según este modelo, la frustración puede tener su origen en el inconsciente del propio individuo. Desde el modelo psicodi-

■ *Sigmund Freud, fundador del psicoanálisis, cuya obra más importante es* La interpretación de los sueños.

■ *Erich Fromm, representante de la tendencia culturalista del psicoanálisis.*

námico, el destete es la primera causa de frustración en el ser humano. Si tenemos en cuenta que la vida está llena de pequeñas y grandes frustraciones, la madurez de la personalidad estará en función de una tolerancia razonable a la frustración y acorde con su magnitud. En el estudio de la motivación, también se ha dado importancia a la frustración: según estos estudios, a consecuencia de tendencias reactivas inconciliables, o de una falta de refuerzo de acciones instrumentales, se produce incremento de la impulsividad en general.

FUGA Huida o evasión. / *Fuga de ideas*, exageración de la aceleración del pensamiento o taquipsiquia*. Se define por cuatro características: a) desorden y falta aparente de finalidad en las operaciones intelectuales; b) predominio del mecanismo de asociación de ideas, que se muestra notoriamente por la asonancia de palabras y la abundancia de conceptos disparatados; c) facilidad para desviarse del curso central del pensamiento por estímulos externos (distraibilidad*); y d) aceleración del ritmo de la expresión verbal. Es característico de la fase maníaca. / *Fuga disociativa*, véase DISOCIATIVOS, TRASTORNOS.

FUNCIÓN MOTORA Conjunto de los efectos que resultan de la acción de la corteza motora cerebral cuya misión es controlar los diversos movimientos corporales.

FUNCIONAL Relativo a las funciones biológicas o psíquicas. En medicina conductual, y en medicina en general, se entiende por trastorno funcional el que no va acompañado de alteraciones anatómicas (por ejemplo, el dolor de espalda de causa postural).

G

GABA Siglas que corresponden al ácido gama amino butírico. Aminoácido que ejerce una acción de neurotransmisión en el sistema nervioso central*. Su función es básicamente inhibidora. La disfunción del sistema GABA está relacionada con varias enfermedades neurológicas y psiquiátricas como la epilepsia*, la ansiedad* o la depresión*.

GALTON, FRANCIS Psicólogo experimental británico (Sparkbrook, Birmingham,1822-cerca de Londres, 1911). Fue el pionero de la psicología experimental centrada en las diferencias individuales. Su interés científico estuvo motivado por los estudios sobre la evolución que publicó C. Darwin cuando Galton contaba 47 años de edad. Inició entonces innumerables intentos por medir de forma fiable las facultades mentales. Todo su esfuerzo se halla en *Inquiries into human faculty and its development*, obra donde encuentran su fundamento la psicología científica individual y los tests mentales. Es fácil de entender que la psicología de Galton y el desarrollo de la estadística corran paralelos. Así, la creación más brillante, perdurable y funcional de Galton fue el test* mental, un método de medición experimental que contrastaba con los análisis subjetivos de la psicología alemana de la época. No obstante, Galton también dio un gran valor al método introspectivo. La contribución de Galton a la psicología introspeccionista la realizó a través de sus estudios acerca de la imaginación. Junto a Frechner, en Alemania, y J. M. Charcot, en Francia, fue uno de los iniciadores de la concepción de los tipos ideativos. Otras aportaciones realizadas por él fueron la invención de un sinfín de aparatos, incluso hizo interesantes aportaciones al mundo de la fotografía, para los tests mentales: un silbato para determinar umbrales (silbato de Galton), la barra de Galton para estimar la extensión visual, un péndulo para medir los tiempos de reacción.

GANSER, SÍNDROME DE Cuadro complejo incluido dentro de los trastornos disociativos*, descrito por Ganser y caracterizado por pararrespuestas (respuestas absurdas a preguntas sencillas, por ejemplo, a la pregunta «¿cuántas patas tiene un perro?» el enfermo responde «tres», por lo general acompañadas de otros síntomas disociativos. Suele presentarse en circunstancias que sugieren una etiología psicógena.

GEN Unidad bioquímica de la herencia formada por los cromosomas.

GENERALIZACIÓN Acción y efecto de generalizar. En general, es la tendencia a aplicar lo que es cierto en algunos casos a todos los casos del mismo género. También condición respecto al todo a partir de una parte, o respecto a una clase a partir de dos o más cosas pertenecientes a ella. En términos pavlovianos designa la fase inicial en la formación de un reflejo condicionado*, cuando aún no está bien determinado, es decir, cuando aún no requiere para su producción un estímulo* de características netamente definidas. Esta fase está sucedida por la de diferenciación donde la reacción condicionada se da con un estímulo determinado, sin reaccionar delante de otros estímulos aunque sean parecidos. Dentro de la terapia de conducta se habla de generalización cuando se asocia una respuesta a una determinada situación, y esta asociación se extiende (o generaliza) también, de manera más o menos completa a las distintas variaciones de esta situación, tanto más cuanto más similares sean a la situación inicial. Por ejemplo, en el tratamiento por exposición de la fobia* a los ascensores, no es necesario que el sujeto se exponga a todos

■ *Francis **Galton**, pionero de la psicología experimental.*

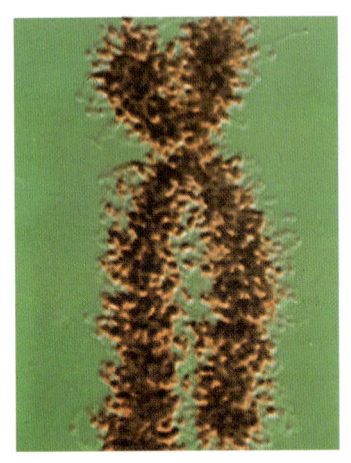

*Cromosoma X. La información genética que determina el **género** masculino o femenino se encuentra en unos segmentos del ADN presentes en el núcleo de los cromosomas sexuales.*

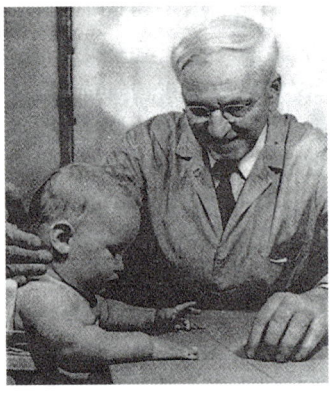

*Arnold **Gesell**, creador de los tests para bebés.*

*El término **Gestalt** significa forma y expresa, al igual que El beso de Brancusi, la síntesis global, la intuición total.*

los ascensores de su ciudad; basta con que este entrenamiento recoja dos o tres ascensores de características variadas para que desaparezca el miedo a todos los ascensores.

GÉNERO Equivalente o relativo a especie. Se refiere a un grupo de poblaciones cuyos miembros, en condiciones normales, se aparean y se multiplican. Se consideran dos géneros: el masculino y el femenino. / *Género, identidad de,* conciencia que un individuo tiene sobre su propio género. Es lo que se denomina la «experiencia privada» del género. Se relaciona con los papeles masculino y femenino, que están más o menos estereotipados y contienen una fuerte connotación cultural y social. También se denomina «rol del género»*, que equivaldría a la «expresión pública» de la identidad del género. ∎

GENÉTICO, GENÉTICA Relativo o perteneciente a la herencia. Las características mentales y físicas formadas durante el proceso de individualización de un ser vivo están primordialmente condicionadas por factores heredados en las células sexuales, aunque puede darse una modificación secundaria de estas características a través de las influencias del medio dentro del marco de modificaciones determinado por los citados factores heredados. / *Genética, epistemología,* ciencia que trata o estudia la teoría del conocimiento genético, esto es, los orígenes del desarrollo, y fundamenta la teoría del método empleado en genética. / *Genética, psicología,* la que estudia el desarrollo del psiquismo*.

GENITAL, ETAPA Según el psicoanálisis*, momento del desarrollo psicosexual del sujeto caracterizado por la organización de las llamadas pulsiones bajo la primacía de las zonas genitales. Se dividiría en dos períodos: a) etapa fálica, correspondiente a la infancia*; y b) etapa propiamente genital, que correspondería a la adolescencia*. La psicología evolutiva actual no reconoce validez científica a esta hipótesis.

GESELL, ARNOLD Psicólogo estadounidense (Alma, Wisconsin, 1880-New Haven, Conneticut, 1961). Trabajó como maestro de escuela, siguiendo los pasos de su madre, antes de convertirse en director de la institución. Estudió luego psicología a través de la filosofía (doctor en 1906), para dedicarse después a la medicina (doctor en 1915). Interesado en el desarrollo de la infancia en sus etapas formativas (fundó en 1911 la Clinic of Child Development), estudió a un grupo de niños durante años, sometiéndolos a diferentes tests. Fue el creador de los tests para bebés (*baby tests*) para ver si seguían o no un correcto desarrollo mediante el método transversal y el método longitudinal. También desarrolló el método de los cogemelos y el análisis cinematográfico, llegando a realizar 110 kilómetros de película en fichas. De su obra, desarrollada básicamente en su célebre *Yale clinic of child development*, cabe destacar *Diagnóstico del desarrollo* (en colaboración con C. Amatruda, 1941) y numerosísimos trabajos que prolongan las líneas maestras de su contribución capital a la normativa del desarrollo, aunque con menor impacto (*Youth, the years from ten to sixteen*, 1956). ∎

GESTALT El término proviene del alemán y significa forma. En psicología se utiliza para expresar un todo. Su importancia surgió a raíz de las investigaciones sobre las cualidades de la forma. La idea fundamental que se encuentra en la base de la psicología gestaltista manifiesta que el todo es más que la suma de sus partes. ∎

GHQ Siglas de *General Health Questionnaire*, o cuestionario de salud general, del británico J. Goldberg. Instrumento útil para detectar casos psiquiátricos, sobre todo «menores», entre los enfermos que acuden al médico de cabecera o incluso entre la población general. Se trata de un cuestionario autoadministrado. La forma original consta de 60 ítems, mientras que la versión adaptada y validada para la población española se compone de 28 ítems y está provista, además de una valoración global, de cuatro escalas que proporcionan información adicional: Escala A, síntomas somáticos de origen psicológico; Escala B, ansiedad/angustia; Escala C, disfunción social en las actividades diarias; y Escala D, depresión. Una puntuación global por encima del punto de corte (situado en 5/6) significaría que el individuo que la obtiene padece un malestar psíquico significativo, por lo que será necesario aplicarle después un instrumento de evaluación (cuestionario*, entrevista*, etc.)

para poder diagnosticarle una psicopatología determinada.

Glande Extremidad del pene* formada por la expansión de la parte esponjosa de la uretra y cubierta por un pliegue de la piel denominado prepucio. Es también la parte externa visible del clítoris*.

Glándula Formación celular productora, en su mayor parte, de secreciones líquidas. En los seres humanos, los órganos que elaboran sus desechos, conduciéndolos a la superficie cutánea por medio de canales de secreción (sebáceas, sudoríparas, mamarias), o a las mucosas (lacrimal, salivar). Un segundo tipo, las glándulas de secreción interna, vierten sus productos directamente a la sangre o a los vasos linfáticos. Llamadas también glándulas endocrinas, son fundamentalmente productoras de hormonas (hipófisis*, tiroides*, etc.). / *Glándulas genitales*, lugares donde se forman las células sexuales (espermatozoides y óvulos), así como las hormonas sexuales (andrógenos*, estrógenos* y progesterona*). En el sexo masculino son los testículos y en el femenino los ovarios. También se denominan glándulas sexuales y gónadas. / *Glándulas suprarrenales*, dos glándulas de secreción interna, sobrepuestas a modo de yelmo a los dos riñones. Cada una de ellas se compone de una corteza y de una sustancia medular. La primera es productora de hormonas de importancia vital (cortisona y corticosterona); la segunda segrega catecolaminas*. ■

Glosolalia Alteración semántica del lenguaje en la que se cambia el sentido de las palabras o figuras, basándose en la emisión de sonidos imprecisos con la apariencia de un discurso fabricado en una lengua extraña o desconocida. Ciertos autores incluyen en este término las alteraciones del lenguaje de tipo sintáctico. Estas alteraciones se encuentran ocasionalmente en determinados cuadros psicopatológicos, en trastornos neurofisiológicos y en estados psíquicos excepcionales.

Gónada Término equivalente a glándula sexual*.

Gonadotrofinas Hormonas segregadas por la hipófisis* con acción directa sobre las funciones ováricas y testiculares. La denominada folículo estimulante (FSH) controla la producción de los denominados folículos de las gónadas respectivas, de los que surgirá la célula reproductora (óvulo* y espermatozoide*). La lúteo estimulante (LH), es la responsable de la ovulación. Las gonadotrofinas están directamente relacionadas con la producción de hormonas sexuales.

Grafología Disciplina que se ocupa de las relaciones existentes entre los rasgos de la escritura y los rasgos de la personalidad, con fines diagnósticos. Los grafólogos consideran la escritura manual como una forma de lenguaje gráfico de un alto grado de individualidad, y expresión esencial de la persona. Dentro de esta disciplina existen diferentes modelos y métodos: a) el método empírico-inductivo (desarrollado por la escuela francesa) basado en la observación y comparación, que tiende al estudio global de la escritura manual y a la sistematización; b) enfoques experimentales y de los psiquiatras alemanes de finales del siglo XIX, y del grupo de los seguidores de E. Kraepelin; c) la metodología biocéntrica de Klages, grafólogo alemán quien se basa en el principio de expresión y representación; d) la grafología eidética que entiende como psicología de la forma, a la escritura y sus elementos simbólicos, o interpreta la escritura como elementos del inconsciente. Es el caso, por ejemplo, del grafólogo Eolff; y e) la grafología cinética que estudia la parte expresiva de las huellas gráficas como un movimiento arbitrario automatizado. La grafología estudia entre otras cosas los caracteres más expresivos, las cualidades emotivas de la escritura, la distribución del espacio, la forma, el predominio o no del movimiento, la armonía, y proporciona el marco psicológico-individual de la escritura. A este análisis global se le añade después un análisis más específico en el que se evalúa la rapidez, el tamaño, las formas de enlace, la posición, las diferencias de longitud, las acentuaciones iniciales y finales, interpretándose en función de su contenido expresivo. Finalmente se obtendrá un perfil de personalidad del sujeto teniendo en cuenta también sus peculiaridades gráficas y elementos perturbadores que puedan influir en el análisis. No obstante, de ningún modo puede utilizarse como elemento único de evaluación. La grafología ha de ser considerada como un elemento más dentro del proceso evaluati-

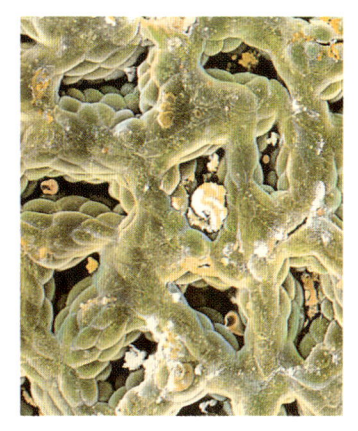

■ *Visión a través del microscopio electrónico de diversos tipos de **glándulas** y células de la mucosa del estómago.*

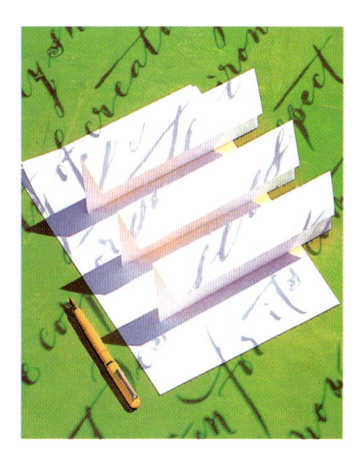

■ *La **grafología** es una técnica de interpretación de la escritura considerada como una expresión de la personalidad.*

GRAMÁTICA

*Cubierta de la **Gramática** de la lengua castellana de Antonio de Nebrija.*

vo, que junto con otras pruebas como los tests o la entrevista nos ayudará a establecer una conclusión. El campo en el que más se utiliza la grafología es la psicología industrial, sobre todo en el ámbito de la selección de personal, pero es también utilizada por algunos psicólogos y psiquiatras dentro del campo de la psicología clínica, la psicología juvenil y la orientación profesional. ■

GRAMÁTICA Sistema de normas en el lenguaje que permite la comunicación y comprensión entre las personas. Los aspectos más importantes de la gramática son la semántica y la sintaxis. La semántica se refiere a las normas utilizadas para deducir significado de las palabras e incluso las frases. La sintaxis se refiere a las normas para ordenar las palabras en oraciones. ■

GRASA, ALMACENAMIENTO DE Almacenamiento de grasa en las células adiposas. En los individuos obesos, las células adiposas pueden hasta duplicar y triplicar su tamaño normal.

GRUPO Conjunto de dos o más personas que se relacionan y se influyen entre sí por un tiempo determinado, normalmente de amplia duración. Los componentes del grupo señalan una serie de normas que limitan las relaciones y actividades que realizan todos sus integrantes. Estas actividades son dinamizadas por el reparto de papeles (roles) que se establece entre los miembros. Durante el desarrollo de la actividad grupal surgen siempre atracciones y/o rechazos entre sus componentes, que marcan diferentes niveles de funcionamiento, de comunicación y de influencia.

H

Habilidad social Capacidad o disposición para el éxito personal en las interacciones que tienen lugar en la esfera social, es decir, en cualquier situación que incluya a otros, independientemente del ambiente, de los objetivos o de los participantes.

Habilidades cognitivas Conjunto de cualidades que conforman diversas cogniciones entre las que se encuentran la capacidad verbal, aritmética, la resolución de problemas o la capacidad para generar pensamientos lógicos. ■

Hábito Comportamiento vinculado a situaciones y actividades significativas, necesario para la adaptación social o que constituye su expresión. Los hábitos más representativos, también denominados «estilos de vida», son los de la ingesta, el sueño, los sexuales, los de conducción, los de relación social, los de trabajo, los de ocio y los destinados al tiempo libre. ■

Hábitos nerviosos Acción manifiesta o latente que reaparece en situaciones muy estresantes, en las que determinados sujetos tienden a reaccionar con una serie de acciones o conductas que son consecuencia directa de dicha situación. En otras palabras, son las conductas que determinadas personas realizan cuando están nerviosas, por lo general semiautomáticas: el sujeto no las realiza por propia voluntad, sino que las hace prácticamente sin pensarlas. Ejemplos de hábitos nerviosos son: los tics, la acción de morderse las uñas o tirarse del cabello, la tos y el carraspeo nerviosos, ciertas formas de tartamudez, etc. La epidemiología de los hábitos nerviosos muestra una gran frecuencia de los mismos; así, la onicofagia o acción de morderse las uñas, está presente en el 45 por ciento de los adolescentes y en el 10 por ciento de los adultos mayores de 35 años, el tartamudeo oscila entre el 2 y el 5 por ciento de la población, la tricotilomanía o hábito de tirar del pelo la padecen el 4 por ciento de la población y se considera que los tics nerviosos afectan al 1 por ciento de la población general. La terapia de los hábitos nerviosos se basa en psicofármacos (neurolépticos* como el haloperidol* o el pimozide) y terapia de conducta* mediante estrategias aversivas, práctica negativa (practicar el hábito deliberadamente), técnicas de ventilación (tartamudeo) o relajación, asociado con reacciones de competencia en las cuales el sujeto interrumpe el hábito mediante una conducta incompatible con el mismo.

Habla, alteraciones del Alteraciones fundamentales del lenguaje. Se distinguen las de contenido y las formales. La valoración del contenido del habla requiere que se dé, en primer lugar, una adecuada fluidez y forma del lenguaje (planificación y edición). Un caso extremo de estas alteraciones es el mutismo, distinguido por la ausencia de habla, voluntaria o no, total o selectiva, a pesar de la integridad de los centros cerebrales del lenguaje y de los órganos de fonación. En este caso, el sujeto está «imposibilitado» para articular una palabra en voz alta o baja, e incluso para emitir un sonido laríngeo; en general, la mímica y la escritura están conservadas. Es un trastorno que se presenta en estados avanzados de la demencia*, en la hebefrenia*, la rigidez catatónica y en síndromes disociativos. La fluidez verbal puede estar disminuida (bradiplalia) o acelerada (taquiplalia), términos que equivalen a la expresión verbal de dos estados del pensamiento denominados bradipsiquia* y taquipsiquia*. Un caso extremo de taquiplalia es el que sufre el sujeto que experimenta

■ *Entre las **habilidades cognitivas** se encuentra la capacidad verbal.*

■ *El **hábito** es necesario para la adaptación al entorno social.*

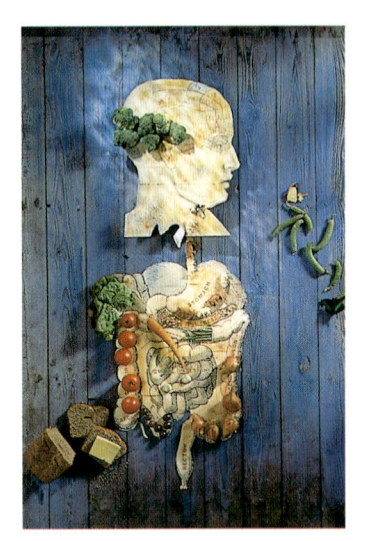

*El **hambre** y la sed son objeto de estudio de la psicología para analizar diversos aspectos relacionados con la motivación.*

una presión del habla, mostrando un aumento de la cantidad del habla espontánea en comparación con lo que se considera normal o lo que es usual en su medio social. El individuo habla de forma acelerada y resulta bastante difícil interrumpirle. Se trata de una manifestación de la denominada fuga de ideas, y es característico de los estados de ánimo* de tipo expansivo, como la manía*. También se pueden apreciar alteraciones en la intensidad y el tono de la voz. La intensidad aparece disminuida en algunos sujetos deprimidos y elevada en los agitados, así como en los que sufren manía o intoxicación alcohólica. Las alteraciones en el tono se relacionan con la enfermedad de Parkinson* y la esquizofrenia*, o bien con la administración de algunos psicofármacos, por ejemplo, los antipsicóticos*. Se han descrito también múltiples formas de verbigeración (repetición de frases o palabras), entre las que destacan la palilalia o repetición constante de la última palabra de la frase, y la ecolalia*, que es a su vez una forma de manierismo*. Las alteraciones formales del habla son también consideradas como perturbaciones del curso del pensamiento. Se describen como disfunciones de la organización del lenguaje a sus diferentes niveles, afectando tanto a la estructura gramatical como a los aspectos semánticos del discurso, lo que determina una dificultad o imposibilidad de seguir el discurso del sujeto afectado. Entre las alteraciones formales de tipo negativo, destacan la alogia* y la perseveración*. Esta última se distingue por la incapacidad para cambiar de marco de referencia, lo que determina una repetición persistente que puede afectar a los diferentes niveles de organización del lenguaje. En las positivas, el habla es fluida y la información es rica, pero la comunicación no resulta eficaz por problemas en la planificación y edición del lenguaje. El paciente tiende a saltar de un tema a otro, a distraerse con lo que sucede en el entorno cercano y a unir palabras a causa de su semejanza semántica o fonológica, aunque ello no tenga ningún sentido. Entre las alteraciones formales de tipo positivo destacan: a) el descarrilamiento*, en el que se produce un constante deslizamiento de un tema a otro, pero las frases son claras y en absoluto vagas o carentes de contenido. El resultado es que la parte final del discurso no está relacionada con la pregunta formulada al inicio por el entrevistador. Es un síntoma fundamental de la esquizofrenia*; b) la tangencialidad*, que consiste en una falta de relación entre la pregunta y la respuesta dada por el sujeto. Desde el principio, la contestación tiene poco o nada que ver con la pregunta hecha por el entrevistador. La paralogía es una forma de tangencialidad caracterizada por respuestas provocativamente erróneas (o pararrespuestas) que, no obstante, guardan alguna relación con el sentido de la pregunta y muestran que la esfera de conceptos apropiados ha sido captada por el sujeto (por ejemplo: «¿cuántas patas tiene una vaca?». Respuesta: «cinco»). Es un síntoma característico del síndrome de Ganser; c) la circunstancialidad, en la que la información dada es excesiva y gran parte de la misma tiene poco o nada que ver con la pregunta realizada; el sujeto da un largo rodeo, proporcionando gran riqueza de detalles. Si bien puede ser una característica relativamente normal, es sintomática de ciertos trastornos de la personalidad; y d) la incoherencia*, que consiste en una alteración de la construcción de las oraciones o frases, que hacen el lenguaje especialmente incomprensible. Es el trastorno formal más grave y caracteriza ciertas formas de esquizofrenia y de demencia.

HALOPERIDOL Neuroléptico* de la familia de las butirofenonas* cuya utilización está muy extendida en el tratamiento de los trastornos psicóticos*.

HAMBRE Estado que se relaciona con la necesidad de nutrientes por parte del organismo y que se encuentra regulada por mecanismos biológicos de retroalimentación. La definición operativa de hambre sería el tiempo que dura la sustracción de alimento, descontando el coeficiente de debilidad creciente que se presenta con la prolongación de tal estado. La psicología utiliza el hambre, al igual que la sed, para estudiar aspectos relacionados con la motivación. ■

HAMILTON, ESCALA DE DEPRESIÓN DE Entrevista estructurada que también se puede usar para autoinforme, que se construyó para evaluar los distintos niveles de depresión* en pacientes depresivos. Es quizá la escala más utilizada para la depresión en el mundo psiquiátrico. Hamilton elaboró otro instrumento muy utilizado para evaluar la ansiedad*.

HÁNDICAP Deficiencia que no depende exclusivamente de unas lesiones, sino que incluye las alteraciones funcionales en conjunto, el equilibrio y la adaptación biológica y social.

HEBEFRENIA Véase ESQUIZOFRENIA.

HEDONISMO En psicología, principio según el cual el placer de los sentidos es el fin de las cosas y de la conducta humana.

HEMISFERIOS CEREBRALES División longitudinal de la corteza cerebral en dos partes aproximadamente iguales, el izquierdo y el derecho. Los hemisferios representan el 80 por ciento del peso del cerebro y contienen los axones*, que interconectan las neuronas de la corteza con las otras regiones del cerebro. La fisura central atraviesa lateralmente cada hemisferio y baja hacia un lado del cerebro, de forma que si continuase llegaría al lado opuesto del oído; es conocida también como fisura rolándica. La fisura silviana emerge del fondo de cada hemisferio. Las dos fisuras permiten subdividir los hemisferios en sus cuatro regiones o lóbulos: frontal, parietal, temporal y occipital. La comunicación entre los dos hemisferios se efectúa mediante el cuerpo calloso, lo que permite una cierta especificidad general de cada uno de ellos. Así, el hemisferio izquierdo tiene la capacidad de regular el habla y actividades afines, mientras que el derecho se especializa en funciones espaciovisuales y motoras. No obstante, se ha comprobado que el hemisferio derecho tiene numerosas capacidades verbales a las que se puede recurrir en caso de necesidad.

HENDIDURA SINÁPTICA Espacio entre un axón y la membrana del cuerpo neuronal con el que conecta. Conforma el entramado denominado sinapsis*.

HEREDABILIDAD Concepto que indica la posibilidad de heredar diversas características de los progenitores (inteligencia, emotividad o patologías).

HERENCIA Transmisión de información de una generación a la siguiente. Dirige la actividad específica de las células y, con ello, la formación de determinadas características del individuo-hijo. En la reproducción sexual la transmisión de la información se realiza mediante células germinales o gametos y se rige, en gran parte, por las reglas descubiertas y formuladas por J. G. Mendel. ■

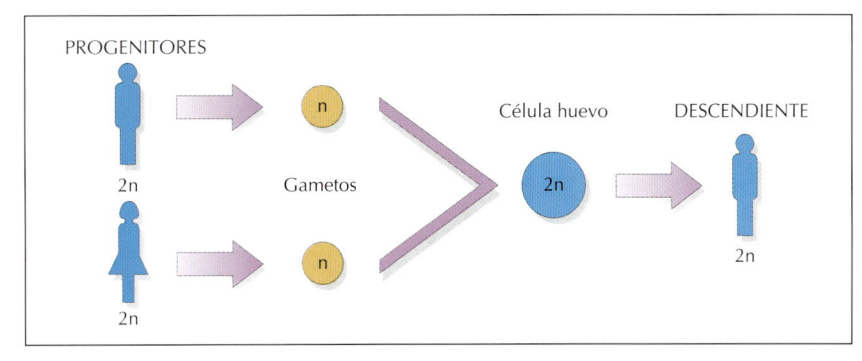

■ *La* **herencia** *designa la transmisión de información genética de una generación a la siguiente.*

HERMAFRODITA Se dice del sujeto que podría presentar la misma proporción de glándulas genitales masculinas y femeninas. Esta condición no es posible en el ser humano, si bien algunas enfermedades, como el pseudohermafroditismo masculino, pueden recordar la condición de hermafrodita. Diversas carencias en el transcurso de la vida fetal provocan que estos sujetos nazcan con genitales aparentemente femeninos, pero con el sexo genérico masculino. ■

HETEROSEXUALIDAD Tendencia al establecimiento de relaciones con un individuo del sexo opuesto.

HIDROCEFALIA Aumento del volumen del líquido cefalorraquídeo en la cavidad craneal. Su tratamiento es quirúrgico y se realiza colocando una derivación extracraneal del líquido cefalorraquídeo. / *Hidrocefalia congénita*, malformación en el sistema de circulación o de absorción del líquido cefalorraquídeo. Se manifiesta en el período neonatal y primera infancia por un crecimiento desmesurado de la cabeza durante los primeros meses de vida. Las suturas craneales se encuentran excesivamente separadas, las venas superficiales del cuero cabelludo se engrosan y los globos oculares se impulsan hacia afuera y abajo, quedando parte del ojo cubierto por el párpado (signo del sol na-

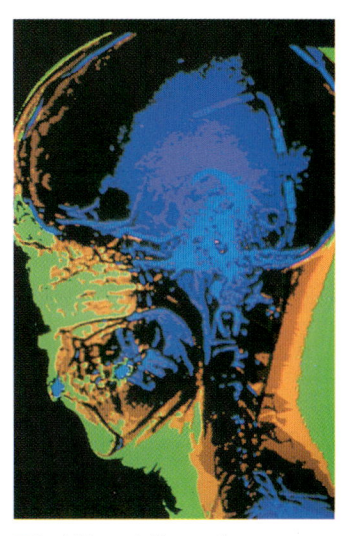

■ *La* **hidrocefalia** *consiste en un aumento del volumen del líquido cefalorraquídeo en la cavidad craneal.*

Higiene mental

La Extracción de la piedra de la locura de El Bosco ilustra el enorme cambio experimentado por el concepto de higiene mental.

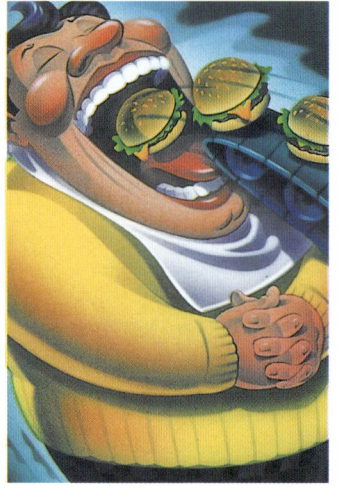

La hiperfagia es el deseo desmesurado de ingerir alimentos y, en la mayoría de ocasiones, el paso a la acción (atracones).

ciente). Aparecen a la vez manifestaciones neurológicas como atrofia del nervio óptico, sordera, rigidez muscular y alteraciones del equilibrio. El desarrollo intelectual está disminuido en la mayoría de los casos. Si se trata, el índice de supervivencia es del 80 por ciento. / *Hidrocefalia postraumática*, obstrucción de los lugares de absorción del líquido cefalorraquídeo que tiene lugar al producirse una hemorragia intracraneal durante un traumatismo. Presenta en su fase inicial un cuadro de cefaleas intermitentes, además de somnolencia. Más tarde se produce un deterioro intelectual progresivo, apatía y dificultad en la marcha.

Higiene mental Ciencia y arte de conservar y aumentar la salud mental que incluye todas las medidas concebidas para prevenir el trastorno mental y para mejorar el ajuste psicológico de los individuos, así como su capacidad para mantener una armoniosa relación de grupo. Considerada en otro tiempo una ciencia secundaria, la higiene mental ha pasado a ser una disciplina científica muy importante que, conjuntamente con la psiquiatría, la medicina social, la pedagogía, la sociología y la asistencia pública, trata de contrarrestar los múltiples peligros que amenazan a la salud mental. Dado que gran parte del cuadro clínico tradicional de cronicidad y regresión se debe al hospitalismo*, la creación de centros de higiene mental responde a la necesidad de crear vínculos más estrechos con la comunidad a fin de evitar que los pacientes queden aislados en su entorno social. Estos centros han actuado como el foco de donde han surgido técnicas tales como la consulta de higiene psiquiátrica y la intervención preventiva.

Himen Repliegue membranoso de la mucosa de la vagina que obstruye parcialmente la entrada de ésta.

Hiperactividad Incremento de la intensidad en la actividad motora. Se puede distinguir entre la inquietud y la agitación psicomotora*.

Hipercinético, trastorno Alteración que se inicia en la infancia* y la adolescencia*, siendo mucho más frecuente en varones. Los rasgos cardinales son el déficit de atención y la hiperactividad*. El trastorno de la atención se pone de manifiesto en la interrupción prematura de la ejecución de tareas y en dejar actividades sin terminar. La hiperactividad implica una inquietud excesiva, en especial en situaciones que requieren una relativa calma, y puede acompañarse de verborrea y gesticulaciones o contorsiones. En algunos casos se asocian desinhibición en la relación social, falta de precaución en las situaciones de peligro y quebrantamiento impulsivo de algunas normas sociales (por ejemplo, interrumpir la actividad de otras personas o no poder esperar un turno). Provoca trastornos del aprendizaje* y torpeza de movimientos, y si no es tratado convenientemente puede durar hasta la edad adulta con consecuencias diversas (trastornos emotivos, disminución de la atención*, personalidad antisocial*). El tratamiento es tanto farmacológico (sustancias estimulantes a fin de potenciar la actividad de la corteza cerebral* y el control inhibitorio de la misma), como conductual.

Hiperestesia Incremento o exageración patológica de la sensibilidad, tanto general como específica.

Hiperfagia Ingesta o deseo excesivo de ingesta alimentaria, que no se corresponde a las necesidades metabólicas. Es un síntoma que puede acompañar a gran cantidad de trastornos, entre los que destacan la diabetes, la bulimia nerviosa y las lesiones hipotalámicas.

Hipermenorrea Aumento exagerado del

volumen de la menstruacción. También se denomina menorragia.

HIPERMNESIA Exaltación de la función reproductiva de la memoria, caracterizada por la aceleración y automatización de las asociaciones de recuerdos. Es un síntoma común en la manía* y en ciertos delirios.

HIPERPROSEXIA Aumento anormal de la atención.

HIPERSOMNIA Sueño excesivo que se manifiesta por episodios de somnolencia inapropiada e indeseada durante las fases de vigilia. / *Hipersomnia asociada a trastornos psiquiátricos,* la que se da en las llamadas depresiones atípicas, en algunas distimias, en períodos de abstinencia en drogodependientes de sustancias estimulantes y en la narcolepsia*. / *Hipersomnia intermitente,* proceso característico del síndrome de Kleine-Levin. Se produce raras veces, afectando a adolescentes del sexo masculino. Los episodios de hipersomnia, de hasta 18 horas diarias, permanecen durante varios días, o incluso semanas, alternando con períodos de sueño normal. Se acompaña de hiperfagia* y conductas anormales con desinhibición sexual. Evoluciona espontáneamente hacia la curación. La que está ligada a la menstruación, se produce en mujeres adolescentes debido a una disfunción hormonal. La somnolencia diurna se manifiesta mensualmente durante algunos días y desaparece bruscamente horas antes de la menstruación. A veces se asocian otros síntomas, como hiperfagia y alteraciones del humor*. Responde bien al tratamiento con estrógenos*. / *Hipersomnia primaria* o *idiopática,* la que se caracteriza por somnolencia diurna no imperativa, pero difícilmente resistible, que toma la forma de siestas intencionadas (en general de larga duración) y episodios de sueño inadvertidos que tienen lugar en situaciones de baja estimulación y baja actividad (durante conferencias, leyendo, mirando la televisión o conduciendo). El sueño nocturno puede durar de 12 a 20 horas, y el despertar es habitualmente difícil. El nivel de alerta disminuido que se observa cuando el individuo intenta combatir la somnolencia puede comportar un bajo rendimiento, pérdida de la concentración y déficit de memoria durante las actividades diurnas. En casos graves puede tratarse con estimulantes* (derivados anfetamínicos, antidepresivos*, etc.). Tiene un componente hereditario. / *Hipersomnia sintomática,* la que aparece como consecuencia de un proceso patológico o enfermedad, como tumores, infecciones y traumatismos cerebrales, alteraciones endocrinológicas y procesos respiratorios. También se ha descrito en personas obesas que padecen paradas respiratorias breves (apneas) durante la noche, con dolor de cabeza, embotamiento e hipersomnia durante el día. Se denomina también síndrome de apnea-sueño.

HIPERTIMIA Estado de ánimo* exaltado.

HIPNAGÓGICA, ALUCINACIÓN Véase NARCOLEPSIA.

HIPNOSIS La hipnosis, como la conocemos actualmente, fue iniciada por el médico escocés J. Braid en 1843. Utilizó este término puesto que asociaba el estado de trance producido en la hipnosis con el sueño. Es un estado de trance de la conciencia provocada mediante sugestión en la que se altera la concentración y se focaliza. Durante la hipnosis se mantiene la voluntad y siempre requiere la aceptación del propio sujeto. La persona hipnotizada no realizará ninguna actividad que no crea oportuna, puesto que mantiene la conciencia sobre sus actos. En psicología se utiliza como un técnica para desarrollar una terapia, pero no es una terapia en sí misma. ∎

HIPNÓTICOS Sustancias utilizadas para inducir y mantener el sueño. Incluyen las benzodiacepinas* y los barbitúricos*. Otras sustancias son el meprobamato (relajante muscular), clometiazol (utilizado en ancianos y en la abstinencia alcohólica), hidroxicina (antihistamínico) e inductores del sueño (zolpidem, zoplicona). En algunos casos se pueden emplear como hipnóticos algunos antidepresivos* y neurolépticos*.

HIPOACTIVIDAD MOTORA Inhibición de la actividad motora, también llamada retraso psicomotor. Se trata de una disminución generalizada y claramente observable de las reacciones físicas, del movimiento y el lenguaje. Es característica de algunos tipos de depresión* y de la esquizofrenia*. La forma más grave de hipoactividad motora la constituye el estupor*.

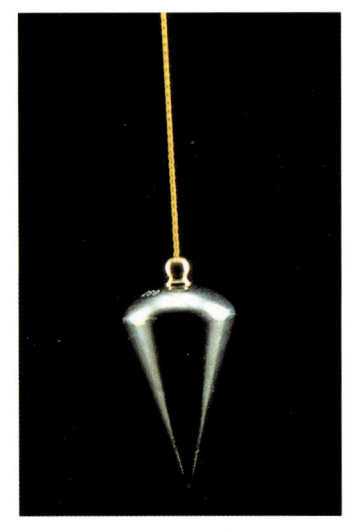

∎ *La **hipnosis** es un estado de trance de la conciencia provocado mediante sugestión.*

HIPOCAMPO

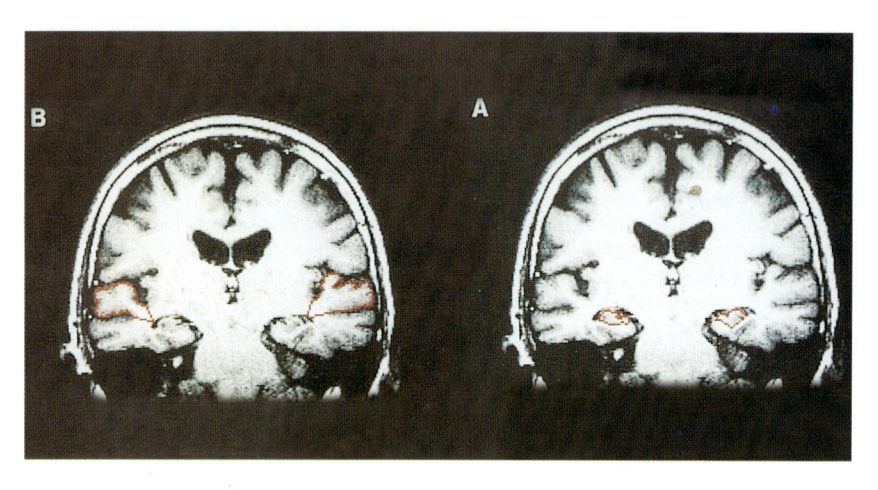

*El **hipocampo** es una estructura del sistema límbico que desempeña un papel fundamental en la organización de la memoria.*

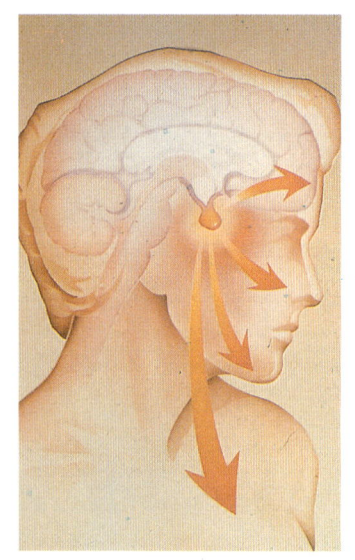

*La **hipófisis** es una glándula del sistema endocrino que desempeña una importante función en la regulación de los fenómenos fisiológicos.*

HIPOCAMPO Estructura del sistema límbico* que representa un papel fundamental en la organización de la memoria*. Interviene en el procesamiento gradual del recuerdo explícito de los nombres, las imágenes y los hechos incorporados en la memoria a largo plazo. No es un depósito permanente, sino una estación de paso que suministra información nueva a los circuitos cerebrales donde se almacena la memoria de manera definitiva. Al ser una de las últimas estructuras cerebrales en madurar totalmente, su funcionamiento podría explicar la amnesia de los dos primeros años de vida, de los que nada se recuerda en la vida adulta. ∎

HIPOCONDRÍA Preocupación, miedo o convencimiento de sufrir una enfermedad grave a partir de la interpretación no realista de signos o sensaciones físicas que se consideran pruebas de la enfermedad temida. Perceptores exagerados de las sensaciones corporales, los hipocondríacos las amplifican en su mente, interpretándolas inadecuadamente, con lo que desencadenan torturantes rumiaciones obsesivas de tipo catastrófico, que les provocan una sensación de amenaza y temor constante. Este tipo de sufrimiento los hace adoptar dos formas opuestas de comportamiento: por una parte, evitan las consultas médicas, y por otra, radicalmente diferente, hacen visitas a uno y otro facultativo en un intento desesperado de reaseguración. El tratamiento es muy complicado y requiere la habilidad específica de un especialista, el cual asociará terapias farmacológicas a otras de tipo cognitivo-conductual con el apoyo familiar.

HIPOESTROGENISMO Estado derivado de un déficit de estrógenos*. Es un cambio hormonal que caracteriza a la menopausia*.

HIPÓFISIS Glándula principal del sistema endocrino que se encuentra situada en la base del cerebro*. Segrega varias hormonas* complejas que viajan a través del torrente sanguíneo hasta llegar a otras glándulas como la tiroides, las gónadas sexuales y las suprarrenales. En estos lugares las hormonas hipofisarias estimulan la secreción en la sangre de las hormonas tiroideas, de las sexuales y varias de las suprarrenales, como la cortisona. La hipófisis también tiene sus propias hormonas, que controlan la secreción de leche de las glándulas mamarias en la lactancia (la prolactina), influyen sobre las contracciones del útero durante el parto (la oxitocina) o regulan la reabsorción de agua desde el riñón a la corriente sanguínea (hormona antidiurética o vasopresina). Íntimamente relacionada con el hipotálamo*, configuran el denominado eje hipotalámico-hipofisario, dotado del control de múltiples funciones orgánicas, emocionales y conductuales. ∎

HIPOMANÍA Estado caracterizado por una exaltación leve y persistente del ánimo* (durante varios días seguidos), un aumento de la vitalidad y de la actividad y, por lo general, sentimientos marcados de bienestar y elevado rendimiento físico y mental. El individuo se vuelve más sociable, hablador, se comporta con una familiaridad excesiva, pudiendo mostrar un excesivo vigor sexual y una disminución de la necesidad de sueño*, pero sin una intensidad suficiente como para interferir con la actividad laboral o provocar rechazo social. Puede estar inducido por los antidepresivos* o bien ser el preludio de una fase maníaca.

HIPOTÁLAMO Estructura nerviosa del sistema límbico*, llamado así porque se encuentra inmediatamente debajo del tálamo*. Regula las reacciones emocionales, inicia y controla parte de la conducta y de la respuesta sexual, así como el hambre* y la sed, y controla la temperatura. Además, es responsable de las reacciones de excitación general del organismo. Estimulando algunos de sus núcleos posteriores, se ha comprobado que promueve respuestas mediatizadas por la adrenalina*, como la taquicardia, la mayor frecuencia respiratoria y los índices de actividad somática de tipo simpático. También es responsable de las reacciones de relajación, puesto que, activando sus núcleos anteriores, el organismo entra en situación de relajación muscular, o sea, en tono parasimpático. Es también el centro cerebral de la recompensa (se ha comprobado en animales, que al ser estimulados con electrodos en ciertas zonas, se muestran felices y desean más estimulación), pero también del asco y la aversión. Por su estrecho contacto con la hipófisis*, interviene en la regulación de las secreciones hormonales (eje hipotálamo-hipofisario).

HIPÓTESIS En psicología experimental, proposición teórica sometida a la prueba de los hechos. Si se trabaja con una metodología poco sofisticada, a veces se confunde «hipótesis» y «predicción», en cuyo caso la hipótesis es lo que se espera observar en una situación determinada. Cuando la metodología utilizada es más refinada, la hipótesis tiene la forma de una proposición, o de un conjunto de proposiciones, de carácter teórico, general y explicativo. En consecuencia, se razona deductivamente: la hipótesis H es verdadera, al crear la situación S se debería observar el comportamiento C, siendo esta última frase la predicción, que se distingue así de la hipótesis. Comparando la predicción con las observaciones se llega a la conclusión. En psicología, la hipótesis se considera una entidad que rige el modo de procesar la información y el comportamiento tanto de las personas como de los animales. El proceso de resolución de problemas en las personas se estudia analizando dos etapas principales: la de elaboración de hipótesis y la de puesta a prueba de las mismas. Por este motivo, estas etapas se han denominado de «comprobación de hipótesis». / *Hipótesis nula,* forma que se da a una hipótesis sometida a una prueba (contraste) estadística para saber si se puede rechazar o admitir de acuerdo con un margen de error determinado.

HIPOTIMIA Estado de ánimo* decaído.

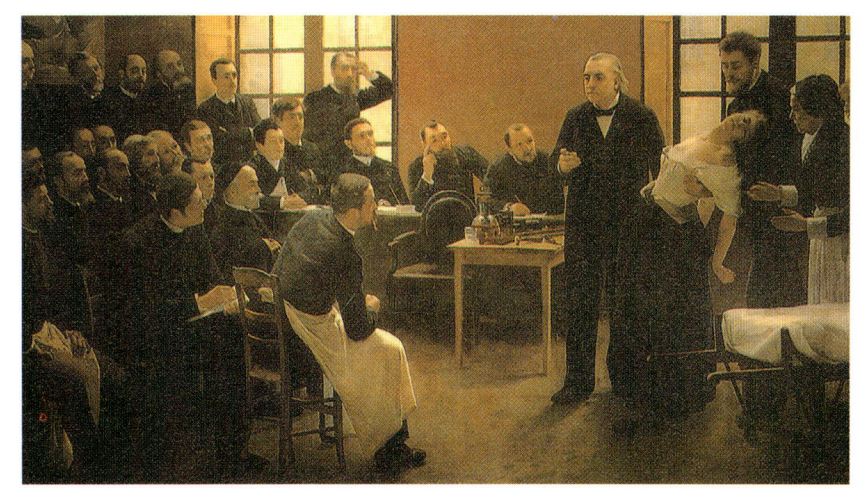

■ *Lección de tratamiento de la **histeria** por hipnosis a cargo del doctor Charcot.*

HIPOPROSEXIA Déficit de la atención debido a muy diversas causas tanto orgánicas como psicopatológicas (depresiones graves, trastorno hipercinético en niños, demencias, esquizofrenia, etc.).

HISTAMINA Amina biógena distribuida en el sistema nervioso*. Estimula la secreción gástrica (el bloqueo de los receptores histamínicos es una de las estrategias farmacológicas para luchar contra la úlcera gastroduodenal) e interviene en las reacciones alérgicas (tratadas precisamente con antihistamínicos) y en el control de la tensión arterial, sobre la que actúa disminuyéndola.

HISTERIA Según la psiquiatría tradicional, enfermedad con manifestaciones múltiples en la que se produce una estrechez del campo de la conciencia y una alteración de la función motriz o sensorial que se caracterizan por fenómenos de conversión* o disociativos*. El término se deriva del griego *hystera*, que significa matriz y se remonta hasta Hipócrates, que se refirió a las migraciones uterinas como base del trastorno. A finales del siglo XIX, J. M. Charcot puso de relieve el problema de la histeria como enfermedad, destacando su interés médico. Desde entonces la histeria ha sido objeto de múltiples interpretaciones y explicaciones causales. En la actualidad, las clasificaciones internacionales tienden a atomizar el concepto clásico de histeria subdividiéndola en: a) trastorno de conversión; b) trastornos por somatización múltiple (síndrome de

Historia clínica

*En la antigua Grecia la **homosexualidad** era práctica común y los jóvenes efebos gozaban de cierto prestigio social.*

Briquet), incluidos en el grupo de los trastornos somatoformes; y c) trastornos disociativos. Se reconoce como una forma de ser o prototipo especial de personalidad que recibe el nombre de trastorno de personalidad histriónico*. Si bien se ha considerado que la histeria es más frecuente en las mujeres, no ha sido probado científicamente, y es probable que se manifieste de forma diferente en los dos sexos. ∎

Historia clínica Término común en medicina que equivale a entrevista clínica.

Histórica, psicología Escuela fundada por J. H. van der Berg que considera que el objeto de la investigación psicológica solamente puede ser determinado históricamente, es decir, a partir de su desarrollo en el curso del tiempo. Esta concepción singular de la psicología encuentra también su aplicación particularmente en los procesos mentales superiores (pensamiento, memoria, lenguaje, percepción, atención, personalidad etc.).

Histriónico, trastorno Véase Personalidad, trastornos de la.

Holismo Consideración del objeto como una totalidad. El holismo fue teorizado, en 1926, por J. C. Smuts para designar la tendencia del universo a construir unidades de complicación creciente.

Holístico, a. Propio del holismo*, perteneciente o ligado a él. La teoría holística de la inteligencia hace de todo el cerebro una función global.

Homeostasis Término introducido por el fisiólogo W. B. Cannon para definir las constantes biológicas dentro de cuyos límites se mantiene vivo el organismo. Un ejemplo de homeostasis es el control del azúcar en el cuerpo; si sus niveles descienden, una estructura de control situada en el cerebro (centro gluco-regulador), lo detecta y lo activa para ir en busca de comida; algo parecido pasa con la temperatura corporal u otras funciones básicas. Cuando se alcanza la meta apropiada, se equilibra la homeostasis y se atenúa el impulso-motivación*.

Homosexualidad Tendencia a establecer relaciones sexuales con individuos del mismo sexo. Se aplica tanto a hombres como mujeres, aunque en el caso de estas últimas, en recuerdo de la poetisa Safo y su isla Lesbos, esta tendencia se conoce también como lesbianismo. Desde que A. C. Kinsey diera a conocer sus teorías, se considera que la conducta sexual humana no está dividida en categorías claramente separadas y contrarias; homosexualidad y heterosexualidad no son compartimentos estancos sino dos extremos de un continuo que va desde la tendencia o conducta exclusivamente heterosexual hasta la exclusivamente homosexual, situándose los diversos individuos en los diferentes grados del escalamiento entre un extremo y el otro. También debe diferenciarse a las personas cuya orientación y actividad son homosexuales de aquellas que tienen una conducta homosexual accidental (adolescencia, situaciones de aislamiento). Si bien pueden tenerse ciertas inclinaciones hacia personas del mismo sexo ya en la infancia, el proceso de la homosexualidad suele iniciarse en la adolescencia, siendo más intenso cuando más exclusivo es el comportamiento homosexual. Desde el punto de vista estadístico, la homosexualidad exclusiva y permanente a lo largo de la vida se da en un porcentaje de entre un 5-10 por ciento de los hombres y un 2-3 por ciento de las mujeres. La homosexualidad accidental se calcula sobre un 37 por ciento de los hombres y un 6-13 por ciento de las mujeres. Se debe insistir, sin embargo, en que pueden manifestarse conductas exclusivamente homosexuales en sujetos con tendencias heterosexuales relativamente débiles, y viceversa, si bien ciertas circunstancias ambientales o personales pueden provocar cambios en la ubicación de la escala de Kinsey, cambios que son más improbables cuanto más en el extremo de la escala se encuentra el sujeto. La homosexualidad ha sido considerada de diversas formas a lo largo de la historia, dependiendo del momento social o religioso, así como de las diferentes culturas. Hasta el siglo XIX, como consecuencia de las teorías del médico húngaro Benkert, la medicina no consideró la homosexualidad como un posible fenómeno patológico. Desde entonces, numerosas hipótesis que van desde las endocrinológicas hasta las psiquiátricas han intentado explicar el origen de la homosexualidad. Si bien ciertos estudios han pretendido encontrar diferencias en el hipotálamo de los homosexuales, que probablemente serían de origen prenatal, no hay una corroboración clara de un origen tan marcadamente biológico. Lo más probable es que la homosexualidad sea consecuencia de diferentes causas interrelacionadas entre sí. Es difícil con los datos actuales asignar un valor predominante a factores biológicos o a otros derivados de las teorías del aprendizaje*. Por el contrario, es más plausible considerar diversas tipologías de homosexuales según la mayor fuerza de unos orígenes u otros. La homosexualidad ya no se considera ni una enfermedad psiquiátrica ni un trastorno de personalidad, ni puede ubicarse en ninguna patología médica claramente identificable. El homosexual pasa por las siguientes etapas en la toma de conciencia de su orientación: a) darse cuenta y sentirse diferente; b) negación y rechazo de los sentimientos y deseos sexuales; c) aceptación y autodefinición; y d) descubrimiento de la orientación en su entorno próximo y consolidación de su identidad. Algunos homosexuales, no obstante, quedan trabados en alguna de estas etapas, lo que supone no aceptar su orientación y sufrir fuertes emociones negativas. En estas condiciones la homosexualidad se denomina egodistónica. El trastorno emocional de los homosexuales, tanto en las etapas iniciales como en los casos egodistónicos, es coherente con la presión familiar o social que soporten o con unos rasgos de personalidad marcadamente frágiles y emotivos. Las mujeres acostumbran a aceptar mejor su homosexualidad y parecen soportar menor presión social. Un 56 por ciento de los varones considera que la homosexualidad tiene una influencia negativa en su vida, frente a sólo un 25 por ciento de las lesbianas. ■

HORMONAS Sustancias biológicas sintetizadas y segregadas por las glándulas endocrinas y algunos tejidos con secreción interna. Son enviadas a la sangre, al líquido linfático y, en parte, también a los tejidos, regulando todos los procesos del crecimiento, del desarrollo sexual, de la reproducción y del metabolismo. El funcionamiento psíquico también está influido por ellas. El órgano regulador superior de todas las glándulas de secreción interna es la hipófisis.* ■

HORNEY, KAREN Psiquiatra y psicoanalista (Hamburgo,1885-Nueva York,1952), desarrolló una teoría que lleva su nombre, que constituye una elaboración teórica alternativa a los postulados freudianos. Destaca también por su teoría de la personalidad, en la que considera al individuo de forma holística, como una unidad dentro de un marco social, influyendo y siendo influido por su ambiente. Así, según esta autora la personalidad consiste en atributos que caracterizan a la organización constantemente cambiante del individuo. Cada atributo es creado por el individuo y actúa simultáneamente sobre él, exigiendo satisfacción, produciendo esfuerzo o presionando a la actuación. En opinión de Horney, estos atributos son aprendidos en la familia. Según esta teoría los factores motivacionales derivan de los atributos de la personalidad más que de los esfuerzos libidinales infantiles conservados desde la infancia por compulsión a la repetición. Destaca también su teoría psicopatológica y dentro de ésta la génesis del conflicto y la ansiedad, las defensas caracteriales contra las defensas neuróticas y la formación de síntomas. ■

HOSPICIO Casa destinada a albergar peregrinos y pobres. Asilo en el que se da mantenimiento y educación a niños pobres, abandonados o huérfanos. En los inicios de la historia de la psiquiatría los hospicios fueron utilizados para recoger a los enfermos mentales, al principio con el único objetivo de mantenerlos aislados, y más adelante como centros terapéuticos (orientación iniciada por el médico francés P. Pinel en el siglo XVIII). ■

HOSPITALISMO Conjunto de perturbaciones de la conducta, fundamentalmente en forma de comportamiento dependiente, provocadas por una larga estancia en un centro hospitalario.

HOSTILIDAD Actitud duradera y penetrante caracterizada por el cinismo, la desconfianza hacia los otros y la evaluación negativa de las personas y las cosas. Es el aspecto cognitivo de la agresividad*, que queda completada por el componente emocional con la ira y el comportamental con la agre-

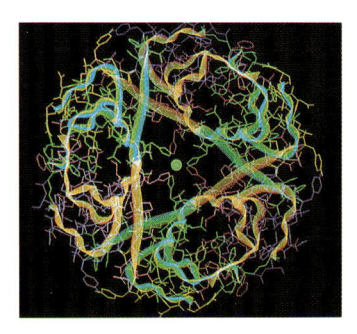

■ *Representación tridimensional por ordenador de una **hormona**.*

■ *Karen **Horney** elaboró una teoría alternativa al psicoanálisis freudiano.*

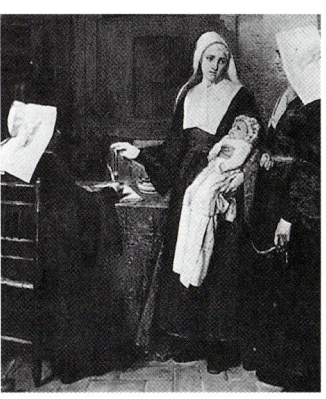

■ *El **hospicio**, institución creada para el mantenimiento y la educación de niños pobres, abandonados o huérfanos, en Casa de maternidad de Benito Mercadé.*

*Clark Leonard **Hull** destacó por sus aportaciones al neoconductismo en las áreas del aprendizaje y la motivación.*

sión*. La hostilidad es uno de los factores que componen el patrón de conducta tipo A, concretamente el que ha mostrado una asociación más destacada con los trastornos cardiovasculares.

Hull, Clark Leonard Psicólogo estadounidense (Akron, Nueva York 1884-New Haven, Connecticut,1952). Profesor de psicología en las universidades de Wisconsin y de Yale, se dedicó al estudio e investigación de las habilidades y aptitudes y de los tests y su valoración estadística. También estudió hipnosis y sugestión. Sin embargo, es más conocido por sus aportaciones al neoconductismo, gracias a sus trabajos sobre el aprendizaje* y la motivación*. Su teoría conductual sistemática le convierte en el representante más destacado del neoconductismo estadounidense (véase Conductismo). Es autor de *Principios del comportamiento* (1943) y de *Un sistema de comportamiento* (1952). ∎

Humor Disposición afectiva, relativamente estable y persistente, equivalente a estado de ánimo*. / *Humor, trastornos del*, véase Afectivos, trastornos.

Huntington, enfermedad de Demencia de comienzo precoz (en torno a los 30 años). Se asocia a movimientos coreiformes y conlleva un alto riesgo de suicidio*. La demencia tiene lugar en la fase terminal de la enfermedad. Véase Demencia.

I

Iatrogenia Efecto indeseable sobre el sujeto causado por la intervención directa del médico o a través del empleo de medidas diagnósticas, terapéuticas o medicamentosas.

Idea Objeto del pensamiento. / *Idea fija*, objeto de obsesión al que el sujeto es incapaz de sustraerse pese a sus esfuerzos por conseguirlo. / *Ideas delirantes*, véase Delirio.

Identidad Conjunto de actitudes, pautas de conducta y atributos físicos determinados por el sujeto, condicionados por la sociedad en la que se desarrolla, y a menudo relacionados con los conceptos de masculinidad* y feminidad. / *Identidad, búsqueda de*, actividad más o menos consciente que aparecería al final de la adolescencia*, caracterizada por un afán de consecución de la propia identidad. / *Identidad de género*, coherencia entre el sexo biológico y la conciencia de pertenencia a un sexo*. Así como el rol o papel de género es la expresión pública de la conciencia genérica («me comporto como una mujer o como un hombre»), la identidad de género debería considerarse como la experiencia privada del papel del género.

Identificación Concepto según el cual cuando dos hechos se funden en una unidad se produce un contenido psíquico nuevo. Así, por ejemplo, las observaciones distintas que captan el ojo derecho y el izquierdo de un mismo campo visual que se funde en una única percepción*.

Ilusión Percepción errónea de un estímulo externo real. En general, el juicio de realidad está preservado, y las ilusiones son, por lo tanto, corregibles. Pueden ser experimentadas por cualquier individuo y por sí solas no son indicativas de patología. La imagen ilusoria puede provenir de: a) deficiencias en la capacidad de atención. Por ejemplo, en personas somnolientas, obnubiladas o confusas, o que sufran fatiga extrema, ansiedad masiva, etc.; b) estados afectivos o emocionales, o ilusiones catatímicas. La emoción participa en el mecanismo de deformación de lo percibido, aunque también interviene la sugestionabilidad de la persona. Un ejemplo de esta relación lo constituyen los enfermos histéricos graves, que refieren visiones de caras terroríficas o de otras figuras extravagantes en el marco de intensa angustia y agitación, con ilusiones que aparecen y desaparecen según su estado emocional; y c) inducción voluntaria. Estas ilusiones se denominan pareidolias o imágenes desiderativas, y surgen al dejar vía libre a la fantasía (por ejemplo, «veo una nube con forma humana»).

Imagen Representación mental que evoca cualidades sensoriales de un objeto que no está presente en el campo perceptivo. La imagen es un acontecimiento psicológico que tiene la capacidad de restituir la apariencia figurativa de los objetos o de los acontecimientos al margen de las condiciones materiales de realización de un campo perceptivo. Las imágenes visuales son las que más se han estudiado en psicología, pero también hay otros campos, como el de las imágenes olfativas, auditivas, gustativas y cinestésicas. ■

Imaginación Facultad de reproducir imágenes mentales de objetos o situaciones no presentes. La imaginación es muy utilizada en psicología para afrontar a las personas a situaciones temidas de difícil acceso real, a través de las denominadas «técnicas encubiertas».

IMAOS Siglas que corresponden a inhibidores de la monoaminooxidasa*. Véase Antidepresivos.

Imitación, aprendizaje por Aprendizaje mediante la observación de modelos. Se ini-

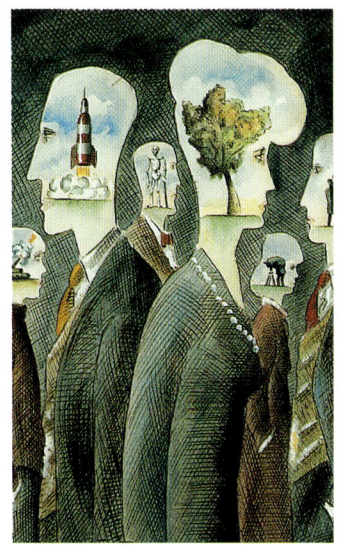

■ *La **imagen** es una representación mental de un objeto o acontecimiento que sobreviene en ausencia de ese objeto o acontecimiento.*

■ *El **aprendizaje por imitación** se inicia en la infancia a través de la observación de las normas de conducta familiar.*

*La **impotencia** suele presentarse como episodio aislado en prácticamente la totalidad de la población masculina.*

cia en la infancia* con la observación-imitación de las formas de conducta familiar. Recibe también el nombre de modelado o aprendizaje vicario. Es un proceso muy eficaz, pues permite evitar los tediosos procedimientos de tanteo y ensayo-error que acompañan al condicionamiento instrumental*. Gracias al condicionamiento vicario los individuos pueden abreviar este proceso y realizar un aprendizaje «sin intentos previos», simplemente observando con atención lo que hacen los demás. Desempeña un papel decisivo en la socialización; al observar e imitar modelos se aprende un amplio repertorio de conducta social, como son las actitudes, los valores, el autodominio, la agresividad* y los hábitos. Las controversias en torno a los efectos que pueden producir en los niños y adultos los medios de comunicación social y, en especial, la televisión*, han estimulado el interés del aprendizaje de imitación de modelos. Este tipo de aprendizaje puede facilitar elementos de autorregulación que inciden en la autoeficacia y en las habilidades autónomas de dominio personal para enfrentarse a las exigencias del medio. Si bien el modelado permite también explicar las conductas psicosociales que provocan efectos positivos y solidarios, es también el responsable, en gran medida, del condicionamiento de modelos antisociales que evocan comportamientos agresivos, competitivos e insolidarios. De ahí la importancia, tanto individual como para las relaciones interpersonales y las costumbres sociales, del aprendizaje por imitación. ■

IMPLOSIÓN Técnica de exposición en la que se recurre a la imaginación.

IMPOTENCIA Expresión popular por la que se identifica la disfunción eréctil. Dificultad persistente o incapacidad para lograr mantener la erección peneana. Puede darse una erección* parcial, pero que permite el coito*, o una falta completa de erección que no permita el coito. El problema puede presentarse de forma recurrente, a temporadas o bien persistir en el tiempo. También puede ocurrir que aparezca sólo en unas situaciones concretas y no en otras. Si el problema es global, en cambio, afecta tanto a las erecciones matutinas como a las propias de cualquier actividad sexual. Se distingue, por lo tanto, la disfunción eréctil parcial o total, recurrente o persistente y situacional o global. Otros calificativos son los de primaria, cuando el trastorno erectivo se da desde siempre, y secundaria, cuando aparece tras un período previo de buen funcionamiento sexual. Este segundo caso es mucho más frecuente. Puede afirmarse que entre un 5 a un 10 por ciento de la población total masculina presenta un problema de erección más o menos permanente, mientras que todos o casi todos los hombres han padecido, en alguna ocasión, algún episodio aislado de dificultad erectiva. Aunque se suele hablar de disfunción erectiva orgánica o psicógena, debe tenerse en cuenta que, con frecuencia, ambos tipos de factores actúan conjuntamente o, al menos, cuando existe un problema orgánico siempre acaba superponiéndose una cierta afectación psicógena. Entre las causas orgánicas figura cualquier enfermedad, lesión o droga que afecte al sistema hormonal, al sistema nervioso* central o periférico, a los vasos que llevan la sangre al pene, a los cuerpos cavernosos o al sistema de cierre venoso. Por su frecuencia, son importantes la arterioesclerosis y la diabetes. Entre los fármacos, pueden producir este efecto algunos antihipertensivos, diuréticos, antiulcerosos, antidepresivos* y antipsicóticos*. Las causas psicógenas pueden dividirse en dos grandes grupos: las mediatas, que se hallan en la base de la disfunción y están representadas por problemas de índole muy diversa (información sexual inadecuada, pareja sexualmente exigente, reacciones de miedo ante enfermedades o cirugía, fallos erectivos ocasionales, etc.), y las inmediatas, que son las verdaderas responsables del problema erectivo. Las causas mediatas, de alguna forma, dan lugar a la existencia de dudas sobre la propia capacidad erectiva y, a partir de estas dudas, las causas inmediatas, en forma de exceso de autoobservación del reflejo erectivo, de pensamientos negativos y de pérdida de atención sobre los estímulos eróticos comportarían una inhibición de la erección. Para determinar hasta qué punto un problema erectivo responde a causas orgánicas o psicógenas se dispone de diversas pruebas, entre las que destaca el llamado Rigiscan, un aparato que mide los cambios de volumen y de rigidez peneana. Esta exploración sólo se utiliza en caso de dudas razonables. El tratamiento de estos problemas se basa en la focalización sensorial*, con la que se pretende un cambio de actitud hacia una mayor opcionalidad y una menor obligatoriedad del coito, de modo que exista una menor presión sobre la respuesta erectiva. Los problemas orgánicos se tratan fundamentalmente corrigiendo la alteración de base, pero en la actualidad existen otras posibilidades terapéuticas, como los aparatos de vacío, que producen una erección por un mecanismo de succión, suministro oral de sustancias vasodilatadoras, la autoinyección intracavernosa de sustancias vasodilatadoras y, en último término, la intervención quirúrgica y colocación de una prótesis, procedimiento que es irreversible. ∎

IMPRONTA Huella indeleble que se adquiere en épocas muy tempranas y que permanece de forma estable, conformando una serie de hábitos y conductas para el resto de la vida. Aunque conocida con anterioridad, y aplicada a los animales, fue K. Lorenz quien la estudió, analizó y explicó a través de la observación de la conducta animal. Actualmente es un concepto fundamental de la psicología moderna, puesto que designa un mecanismo que se supone se encuentra en la base de todos los procesos psicológicos dirigidos al aprendizaje social, psicobiológico y de los procesos primordiales. Numerosos estudios efectuados con posterioridad a los de Lorenz provocaron la revisión de algunas de sus conclusiones, por ejemplo, el período «crítico» parece ser un período «sensible» privilegiado, pues en él las improntas son irreversibles, en especial las de corta duración.

IMPULSIVIDAD Puede considerarse como parte del mecanismo de ejecución y control de la voluntad de acción. Es una dimensión de la personalidad caracterizada por un paso a la acción demasiado rápido sin la debida reflexión previa. La impulsividad patológica se caracteriza por una inadecuada planificación de la misma sin valorar las consecuencias de los actos. Aparece en trastornos de la personalidad*, psicosis*, manía* y en algunas formas de epilepsia.

IMPULSO NERVIOSO Forma de actividad del sistema nervioso* desencadenada cuando la presión, el calor, la luz o los mensajes químicos de las neuronas adyacentes estimulan la neurona. El impulso, denominado potencial de acción, es un breve cambio eléctrico que avanza por la neurona de manera similar a como lo hace una chispa que corre por una mecha. Las señales combinadas que recibe una neurona desencadenan un impulso si su suma excede una intensidad mínima denominada umbral*. Si se alcanza el umbral, la neurona transmite un impulso eléctrico que recorre el axón*, el cual se ramifica en empalmes con centenares o millares de otras neuronas y con los músculos y las glándulas del cuerpo. El aumento del estímulo más allá del umbral no aumentará la intensidad del impulso (respuesta todo o nada).

IMPULSO SEXUAL Capacidad de excitación sexual de un sujeto. Se le considera ligado a factores biológicos y es el antecedente del deseo sexual asociado fundamentalmente a factores cognitivos, conductuales, emocionales y aprendidos.

IMPUTABILIDAD Concepto jurídico que equivale a capacidad de culpa o capacidad para cometer un delito de una persona a la que se pueda hacer responsable del mismo; en definitiva, es la capacidad penal que tiene una persona. Es requisito fundamental que el sujeto reúna las cualidades psicobiológicas mínimas que le permitan conocer, comprender y actuar libre y voluntariamente, y dirigir su conducta conforme a esa madurez psicofísica e intelectual. Algunas personas con trastornos psíquicos no alcanzan nunca estos niveles de capacidad y otras personas, habiéndolos alcanzado, pueden perderlos sólo durante un período o permanentemente.

INADAPTACIÓN Se refiere a la persona que no consigue integrarse en el medio en que vive. Puede utilizarse de forma específica para hablar de un entorno concreto, laboral, familiar, social u otros. ∎

INATENCIÓN Lentitud marcada o dificultad para cambiar el foco de atención*.

INCENTIVO Estímulo que posee un valor positivo y motiva de manera externa un comportamiento*. A los estímulos incentivadores se les denomina refuerzos positivos cuando se utilizan para mantener un com-

■ *La timidez puede llegar a ser causa de **inadaptación**.*

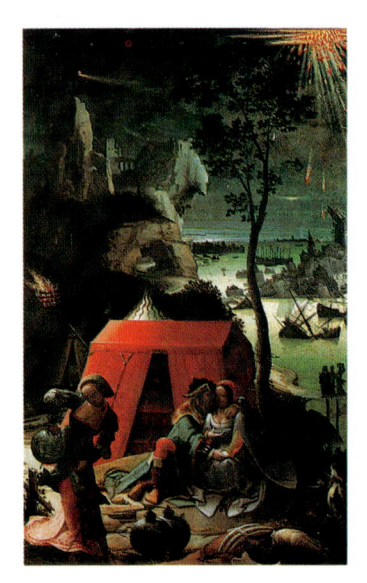

Loth y sus hijas *de Lucas de Leiden*. Se denomina **incesto** a la relación sexual practicada entre miembros de una misma familia.

portamiento después de finalizar un aprendizaje. Una característica del valor incentivador de los estímulos es que son transferibles mediante condicionamiento* o asociación. Objetos o estímulos neutros pueden adquirir por asociación un valor afectivo, por ejemplo, una tarjeta postal que evoca recuerdos agradables o un objeto que perteneció a un ser querido. En su vertiente negativa también pueden asociarse a valores que provocan emociones adversas (tristeza, ira, etc.). El incentivo más utilizado en la vida social, asociado al trabajo, es el dinero.

INCESTO Relación sexual prohibida entre miembros de la misma familia, y que constituye un tabú* virtual en todas las sociedades y religiones. El incesto está ligado íntimamente al concepto de abuso sexual*. ■

INCOHERENCIA Patrón del habla caracterizado por una alteración en la construcción de las oraciones o frases que hacen el lenguaje* esencialmente incomprensible. Consiste en un tipo de lenguaje en el que las frases no muestran ninguna forma. Tanto el lenguaje espontáneo como el dirigido contienen palabras o frases unidas de forma incoherente. La incoherencia puede deberse a varios mecanismos diferentes, pudiendo en ocasiones ocurrir todos ellos simultáneamente: a veces se eliminan las palabras de enlace (tales como , «aunque»), otras los artículos («el», «un»), etc. Se considera el más grave de los trastornos formales o del curso del pensamiento*.

INCONDICIONADO En general, no sometido a ninguna condición. En psicología, término que califica a un tipo de estímulos básicos en la teoría del aprendizaje* animal y posteriormente también en la terapia de conducta*, son los estímulos incondicionados (EI). El estímulo incondicionado se define como un estímulo biológicamente potente que evoca una reacción masiva de tipo reflejo. Imaginemos que alguien nos echa unas gotas de limón en la lengua. Dado que sería imposible intentar evitar salivar ante este estímulo, lo consideraríamos un estímulo incondicionado. En la investigación sobre el aprendizaje animal se han utilizado diferentes estímulos incondicionados, como la comida cuando el animal está hambriento (produciendo en determinados animales de forma inevitable la salivación), descargas eléctricas, drogas, etc. Véanse CONDICIONAMIENTO y ESTÍMULO INCONDICIONADO.

INCONSCIENTE 1. Actividad psíquica que tiene lugar sin que el individuo que la lleva a cabo se dé cuenta de ella. Según S. Freud, el inconsciente era el receptáculo de aquellos procesos mentales que no se pueden conocer por un simple esfuerzo de la voluntad. **2.** Se dice de la persona que obra sin tener consciencia de sus actos o que ha perdido momentáneamente el conocimiento.

INDEFENSIÓN APRENDIDA Falta de defensa, o situación del que está indefenso en un contexto conceptual de la psicología del aprendizaje* y del estrés*. El modelo de indefensión aprendida está ligado al nombre del psicólogo experimental M. E. P. Seligman. El descubrimiento del proceso se hizo en la experimentación con perros que habían estado expuestos a estímulos aversivos incontrolables. Cuando se les colocaba posteriormente en una situación similar, pero en la que podía controlarse la estimulación aversiva, no hacían nada para neutralizar dicha estimulación. Este estado psicológico se caracteriza, en los seres humanos, principalmente por déficits en tres campos: motivacional, cognitivo y emocional. Se propuso el fenómeno de la indefensión aprendida como un análogo de la depresión reactiva humana, y se explicaron los dos fenómenos mediante una teoría cuyo concepto central era el de expectativa de incontrolabilidad.

INDIFERENCIA AFECTIVA Estado de ánimo* en el que no se siente inclinación ni repugnancia por un objeto, sujeto o situación. Se presenta en la depresión*, en mayor medida cuanto más grave es ésta. Puede también encontrarse en ciertas manifestaciones de la histeria*.

INDIVIDUALISMO 1. Estilo de ideales y de conducta que subordina los intereses de la comunidad a los del individuo, concediendo a este último un interés primordial. **2.** Tendencia filosófico-social que propugna la concesión al individuo de oportunidades para dirigir su vida de acuerdo con sus propios ideales y gustos. El individualismo no es una doctrina, es una característica o una tendencia común a varias instituciones y a diferentes campos de actividad, y es uno de los impulsos básicos de la civilización moderna.

INFANCIA Período de la vida que comprende desde el nacimiento hasta la adolescencia* y que generalmente se divide entre la primera y segunda infancia, separadas por la aparición de los segundos dientes. La psicología ha ido precisando la especificidad de esta fase en relación con la adolescencia y la adultez*. Los diferentes autores han dividido la infancia en subperíodos. En este sentido, hay que destacar las aportaciones de J. Piaget sobre la génesis de la inteligencia y la formación del pensamiento infantil, en su opinión muy ligado al entorno social. Establece cuatro estadios en el desarrollo de la inteligencia. El primero corresponde al estadio sensorio-motriz (hasta los 2 años, aproximadamente) anterior al lenguaje y caracterizado básicamente por expresiones emocionales básicas (sonrisas, llantos, gritos, quejas, exclamaciones, etc.) reacciones neurovegetativas, reacciones neurorreflejas, reacciones neuromotoras, respuestas conductuales no planificadas y expresiones verbales muy confusas que aluden a la incapacidad de representarse cognitivamente lo que sucede. El segundo corresponde al estadio preoperacional, caracterizado básicamente por el egocentrismo, en el que el niño sólo busca la satisfacción de sus necesidades. Durante este período se desarrolla completamente el lenguaje como medio de expresión y comunicación. El niño tiene una visión mágica y absolutista de la realidad. El tercero corresponde al estadio operatorio de desarrollo heterocentrado en el que el niño de entre 7 a 12 años es capaz de considerar los objetos en sí mismos, más allá de su experiencia subjetiva inmediata. El cuarto estadio, denominado por Piaget formal, corresponde al estado evolutivo del pensamiento formal en el paso de la niñez a la adolescencia, en el que se alcanza el razonamiento hipotético-deductivo que es una forma ya plenamente descentrada. Otros autores como J. Gesell, siguiendo también el criterio evolutivo, analizan el comportamiento infantil en función de cuatro aspectos diferenciales: la conducta motora, la adaptación, el aspecto lingüístico y el personal-social. ■

INFERENCIA ARBITRARIA Es, según A. Beck, una de las distorsiones cognitivas* más frecuentes en los sujetos afectos de depresión*. En general, las distorsiones cognitivas son esquemas negativos, activados en los individuos depresivos, que les llevan a cometer una serie de errores en el procesamiento de la información. Estas distorsiones facilitan los sesgos que se producen en la percepción e interpretación de las situaciones por parte de los depresivos. También ayudan a mantener la validez de sus creencias negativas. Por lo tanto, la inferencia arbitraria como distorsión cognitiva, se refiere al proceso mediante el cual el individuo extrae conclusiones sin evidencia empírica suficiente, e incluso con evidencia contraria.

INFERIORIDAD, COMPLEJO DE Vivencia de una insuficiencia psíquica o corporal, sentida de una forma intensa y continua por el sujeto. Hoy día ha sido sustituido por el concepto de «baja autoestima». ■

INFLUENCIA Conjunto de impresiones y cambios que las relaciones con los demás producen sobre los individuos o los grupos, sean o no conscientes de ello. La influencia nunca se desarrolla en el vacío social, sino que se integra en una historia, en rituales, en informes sociales y en redes simbólicas. Debido a la uniformidad que genera, crea una «realidad social» ligada a las significaciones y a las representaciones sociales. La realidad social se halla inscrita, así, en cada uno de los individuos que componen un grupo, en sus modos de pensamiento y en sus prácticas. Las representaciones que la sostienen son, a su vez, las que canalizan la influencia social, que se muestra más eficaz cuando se encuentra en conformidad con las normas y los códigos en los cuales se integra.

INHALANTES Grupo heterogéneo de sustancias volátiles, como los pegamentos, pinturas, gasolinas, quitaesmaltes, etc. También son drogas inhalantes los gases anestésicos (óxido nitroso, cloroformo) y el nitrito de amilo utilizado como potenciador sexual. Tras una primera sensación de flotación e incluso de euforia, aparecen diversas alteraciones del estado mental como falta de coordinación motora, incoherencia verbal, alu-

■ *La infancia es la etapa de la vida que abarca desde el nacimiento hasta la adolescencia.*

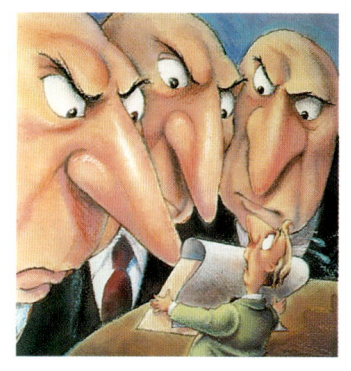

■ *El complejo de inferioridad expresa una desvalorización del individuo frente a los demás.*

*El **insomnio**, crónico y transitorio o situacional, es un trastorno que se caracteriza por la dificultad para conciliar o mantener el sueño.*

cinaciones, alteraciones visuales y temblor. El consumo frecuente puede provocar alteraciones cognitivo-intelectuales a largo plazo. La inhalación de disolventes suele ser una forma de drogodependencia* practicada en grupo.

INHIBICIÓN Acción de inhibir. El término inhibición es importante en diversos campos de la psicología: dentro del campo del aprendizaje* animal, en el estudio de las diversas formas de conducta o comportamiento, y en la psicología de la personalidad. **1.** En el campo del aprendizaje animal, el fisiólogo I. P. Pavlov demostró el proceso mediante el cual un reflejo puede quedar inhibido por la acción de centros nerviosos más elevados y también por la aparición de otros estímulos (inhibición interna y externa). **2.** La inhibición como forma de conducta es la supresión parcial o completa de la actividad espontánea debida a una causa física o mental (miedo, sentimiento de inferioridad, sentimiento de culpabilidad o sentimiento de referencia). **3.** En la psicología de la personalidad, H. J. Eysenck introdujo el postulado de la inhibición como constructo para la explicación de la dimensión extraversión-introversión. Según este autor las personas diferimos en la mayor o menor rapidez con que se produce en nosotros la inhibición reactiva, en la fuerza de la misma y en la rapidez con que ésta desaparece. Los individuos en los que la inhibición reactiva aumenta rápidamente, con fuerte reacción y lenta desaparición, tienden a desarrollar comportamientos de tipo extravertido y, en el caso de que sufran un brote neurótico, tenderán a desarrollar trastornos histéricos. En cambio, en los individuos en los que la inhibición reactiva es leve, de desarrollo lento y disminución rápida, tenderán al desarrollo de comportamientos introvertidos.

INHIBIDORES DE LA MONOAMINOOXIDASA Grupo de antidepresivos, equivalente a IMAOS. Véase ANTIDEPRESIVOS.

INQUIETUD Estado de hiperactividad motora de intensidad moderada. En su matiz más extremo, se convierte en agitación psicomotora*.

INSIGHT Término inglés que significa literalmente «mirar hacia dentro» y se usa en psicología para designar la conciencia y la comprensión de la propia dinámica y de los síntomas de conducta inadaptada. El *insight* es necesario para realizar cambios de la personalidad y la conducta de una persona. Se distinguen dos tipos: *insight* intelectual, que es el conocimiento a través de lecturas, o incluso durante una terapia, pero que no comporta la necesaria y profunda participación emocional de cara al cambio de la estructura personal, y el *insight* emocional o visceral, que es aquel que aporta una clara conciencia, comprensión y sentimiento en lo más profundo del ser respecto al significado de las conductas personales, y gracias al cual podrían darse las modificaciones positivas de la personalidad.

INSOMNIO Dificultad para conciliar o mantener el sueño. Es el trastorno más prevalente encontrado en la práctica médica. Se distingue por síntomas diurnos (fatiga, irritabilidad, falta de concentración, somnolencia y ansiedad) y síntomas nocturnos: insomnio de conciliación (dificultad de conciliar el sueño), de mantenimiento (dificultad para mantenerlo, con despertares frecuentes) y tardío (despertar prematuro). / *Insomnio crónico,* el que tiene como causa fundamental la existencia de una psicopatología. Se presenta en la depresión*, trastornos de ansiedad*, esquizofrenia*, manía*, trastornos de la personalidad, etc. En el anciano insomne se deben descartar trastornos orgánicos. También las apneas* y los movimientos periódicos de las piernas durante el sueño son causas de insomnio que aumentan considerablemente con la edad, fragmentando el sueño. Para tratar el insomnio se utilizan diversas estrategias atendiendo a la etiología: medidas generales higiénicas (ejercicio físico moderado, horarios regulares de sueño, alimentación adecuada), técnicas de relajación y terapias de conducta, administración de fármacos antidepresivos*, ansiolíticos*, neurolépticos* y/o hipnóticos. / *Insomnio transitorio* o *situacional,* también denominado psicofisiológico, se debe a circunstancias que provocan en el individuo una situación de estrés*, a irregularidades en los horarios de sueño, a desfases horarios (*jet-lag* o turnos de trabajo cambiantes). Se distingue del insomnio crónico por su duración limitada. En todos los casos se comprueba una historia anterior de sueño normal. ■

Instinto Concepto atribuido al ámbito animal, como una conducta congénita. Se ha considerado siempre como una acción situada entre las reacciones basadas en el tropismo y la conducta guiada por el sujeto. Los trabajos de la biología moderna llegan a la concepción del instinto como una conducta determinada por estímulos clave, estímulos señal o mecanismos desencadenantes congénitos. El instinto presupone una acción de búsqueda del estímulo*. La apetencia sería la función a través de la cual el sujeto se conduce hacia el desencadenante del estímulo. El etólogo N.Tinbergen (1956) definió el instinto como un mecanismo nervioso jerárquicamente organizado, que se dirige a determinados impulsos advertidores, interiores o exteriores, y responden a ellos con movimientos plenamente coordinados, conservadores del individuo y de la especie. Los instintos son comunes a miembros de la misma especie y se inhiben mutuamente. En el hombre las conductas claramente instintivas únicamente se observan en el lactante. Durante el desarrollo los instintos pierden importancia y se confunden con otras acciones. ■

Institucional, terapia Terapia de rehabilitación psicosocial efectuada en el marco de una institución sanitaria.

Intelectual Se refiere a todo lo relacionado con las funciones cognitivas. En las personas se aplica a aquellas que su labor requiere especialmente el empleo de la inteligencia y el saber.

Inteligencia Capacidad del sujeto para adaptarse a un ambiente o a varios, para realizar abstracciones, pensar racionalmente, solucionar problemas, aprender nuevas estrategias por medio de la experiencia o llevar a cabo comportamientos dirigidos a metas. Nos referimos a un conjunto de aptitudes, relacionadas con el procesamiento de la información, que nos permiten desenvolvernos con éxito en un determinado ambiente. Es una facultad que comprende varios tipos de capacidades y aptitudes, y que puede tomar diversas formas en diferentes culturas. Grupos diferentes valoran distintas habilidades adecuadas a sus propios contextos ecológicos, y desarrollan su propia «inteligencia»; por lo tanto, no puede separarse del medio en el cual se evalúa. La conducta inteligente tiene en cualquier cultura algunos factores en común. Refleja la capacidad para adaptarse aprendiendo de la experiencia, resolviendo problemas y razonando con claridad. La inteligencia anticipa (adelanta las consecuencias de la situación actual), construye (manipula y ordena los datos de la experiencia), utiliza símbolos (cifras, palabras y códigos sustituyen a los objetos) y relaciona (establece conexiones entre informaciones diversas y alejadas en el espacio y en el tiempo). Es muy posible que estas cualidades favorezcan el éxito de cualquier organismo, sea cual sea el medio donde le ha sido dado vivir. Es un rasgo del comportamiento que está inextricablemente entrelazado con todos los comportamientos de interés para los psicólogos (personalidad, intereses, valores, motivación). La adquisición de la inteligencia, depende tanto de factores genéticos como ambientales. Los datos reunidos sobre la influencia del ambiente parecen indicar sin lugar a dudas que un medio empobrecido ocasiona déficits notables en el rendimiento intelectual. A igualdad de oportunidades educativas, no se ha informado de ninguna diferencia en inteligencia general entre los sexos. Hay pruebas de que los niños obtienen puntuaciones más altas que las niñas en capacidad espacial y matemáticas, mientras que las niñas superan a los niños en aptitudes verbales y en memoria, sin que se haya determinado si las diferencias son biológicas o producidas por el ambiente. Probablemente los diferentes papeles que la sociedad depara a hombres y mujeres son causa de la mayor parte de las diferencias observadas, sin obviar las diferentes capacidades genéricas del cerebro masculino y femenino (véase **Cociente intelectual**). / *Inteligencia artificial*, ciencia de diseñar y programar sistemas de computación (ordenadores) para llevar a cabo proyectos inteligentes y simular los procesos del pensamiento humano, por ejemplo el razonamiento intuitivo, el aprendizaje y la comprensión del lenguaje. Incluye ciertas aplicaciones prácticas (los juegos de ajedrez,

■ *El instinto es un concepto que designa un conjunto de reacciones determinadas genéticamente.*

■ *La inteligencia artificial, disciplina que diseña y programa sistemas de computación, incluye ciertas aplicaciones prácticas, como el ajedrez.*

INTENCIÓN PARADÓJICA

*La **interacción** expresa la influencia recíproca de los individuos en sus relaciones interpersonales.*

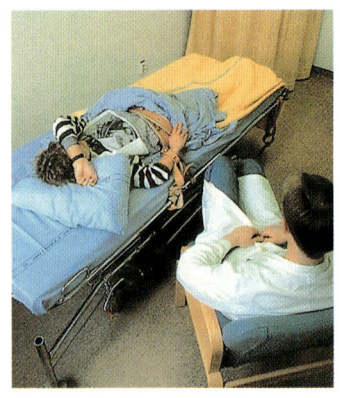

*El **internamiento psiquiátrico** se aplica en los casos de fracaso del tratamiento ambulatorio o por urgencia debida a la gravedad del cuadro mental.*

los robots industriales, los sistemas expertos) y los esfuerzos para modelar el pensamiento humano inspirados en nuestra comprensión actual del modo del funcionamiento del cerebro. / *Inteligencia cristalizada*, el saber acumulado y las cualidades verbales. Tiende a aumentar con la edad. / *Inteligencia emocional*, término creado por el psicólogo estadounidense D. Goleman (1995). Se refiere a una forma de interactuar con el mundo, que tiene en cuenta las emociones y engloba habilidades tales como el control de los impulsos, la autoconciencia, la motivación*, el entusiasmo, la perseverancia*, la empatía*, etc. Configura rasgos de carácter como la autodisciplina o el altruismo*, que resultan indispensables para la adaptación social. Se trata de una puesta al día de los conceptos clásicos de armonización entre emoción y razón, y no aporta más que una actualización de la relación entre capacidad emocional, psicopatología, personalidad equilibrada y factores de inteligencia global. / *Inteligencia fluida*, capacidad para razonar abstractamente; tiende a disminuir al final de la edad adulta. ■

INTENCIÓN PARADÓJICA Estrategia terapéutica de origen conductual según la cual el profesional recomienda, de forma inesperada para el paciente, que éste mantenga o incluso exagere, con toda la fuerza que le sea posible, el síntoma por el cual consulta. Con este método se rompe el círculo ansiedad-síntoma-ansiedad, ya que el paciente, al tener «permiso» para abandonarse a sus síntomas, neutraliza tanto la ansiedad* que los anticipa, como la subsiguiente. Se utiliza fundamentalmente en tics y en ciertas disfunciones sexuales, por ejemplo, en la disfunción eréctil.

INTERACCIÓN Relación interpersonal entre individuos a través de la cual sus comportamientos están sometidos a una influencia recíproca, por lo cual cada individuo modifica su forma de actuar en relación a las reacciones del otro. En el campo de la interacción social, a finales del siglo XIX, hubo un mayor interés por las interacciones de masa; actualmente el interés se centra en el estudio de la interacción en pequeños grupos. La interacción social abarca todo lo que los individuos hacen juntos o en oposición. Está formada por diferentes comportamientos, que van desde dar la mano, hasta los que implican la formación o la disolución de una relación social. ■

INTERCONSULTA PSIQUIÁTRICA Parte de la psiquiatría que se ocupa de la atención psiquiátrica generada por las consultas solicitadas por otros servicios médicos en el contexto del hospital general.

INTERDEPENDENCIA 1. Dependencia recíproca, influencia mutua. **2.** En estadística, situación de mutua dependencia de dos variables independientes. Se observa después de que una de las variables independientes haya producido un cambio en una variable dependiente, si ésta puede ser modificada también por la segunda variable independiente. El análisis de la interdependencia es la técnica empleada para hallar la existencia de relaciones de dependencia entre variables. En el estudio experimental de la personalidad, este método se utiliza para encontrar relaciones recíprocas de personalidad. **3.** En psicología social, influencia mutua que ejercen los individuos dentro de un grupo o entre grupos, lo que supone cambios en las actitudes, opiniones, conducta, etc., de los sujetos.

INTERFERENCIA 1. Perturbación mutua que ejercen estímulos o procesos sensoriales o perceptivos, a consecuencia de la cual se dificulta la diferenciación entre ellos. En estas situaciones se define (en general, previamente) un estímulo como señal y otro como perturbador. En función del grado de intensidad de los estímulos existirá mayor o menor perturbación del estímulo. Así, la función que cumple el estímulo perturbador es la de elevar el umbral del estímulo señal. Este fenómeno ha sido estudiado en la transmisión acústica de los fenómenos lingüísticos, investigando en qué grado la interferencia auditiva puede afectar a la comprensión. **2.** En psicología del aprendizaje, facilidad o perturbación que plantea lo que se ha de aprender en función de elementos aprendidos con anterioridad.

INTERNAMIENTO PSIQUIÁTRICO Situación en la cual un enfermo psiquiátrico es ingresado en un centro hospitalario como medida terapéutica. El internamiento puede ser voluntario, efectuado con el consentimiento del enfermo, o involuntario, por decisión de otras personas. La necesidad del internamiento debe surgir tras constatar la existencia de una patología mental que requiera esa medida terapéutica, sea por fracaso del tratamiento ambulatorio, sea por imposibilidad del mismo debido al riesgo de auto o heteroagresividad, agitación psicomotora y otras circunstancias patológicas. ∎

INTERNEURONAS Tipo de neuronas del cerebro* y la médula espinal* que procesan la información recibida desde los tejidos y órganos sensoriales hacia el sistema nervioso* mediante las denominadas neuronas sensoriales o aferentes.

INTERPRETACIÓN Acción y efecto de interpretar. Conclusión resultante de una observación o un hecho a partir de una causa o fundamento. También puede entenderse como interpretación el proceso mediante el cual se llega a una conclusión que resulta de un supuesto, partiendo de otro supuesto, el cual por falta de conocimiento seguro y suficiente de las respectivas relaciones, no ofrece una segura fuerza probatoria. La interpretación es un instrumento utilizado en ocasiones por la psicología clínica*; el psicólogo* debe interpretar conjuntamente los datos obtenidos, de forma que tengan un significado coherente, con el objetivo de llegar a una conclusión, generalmente un diagnóstico*. Los diversos modelos psicológicos le dan más o menos importancia al uso de la interpretación, siendo el modelo psicoanalítico el que más la utiliza. Por el contrario, los modelos cognitivo-conductuales tienden a utilizarla lo mínimo necesario, por basarse en el método científico experimental, lo que hace peligroso, por subjetivo, el uso de la interpretación.

INTIMIDAD Capacidad de establecer relaciones emocionalmente estrechas. Se adquiere en la etapa de adulto joven, en la que se trata de establecer relaciones profundas y de adquirir la capacidad necesaria para el amor íntimo. Está relacionada con diversos aspectos psicológicos, como la capacidad de afiliación, de adhesión y de compromiso. Se considera un ingrediente vital en las relaciones de amor; la autorrevelación de detalles íntimos, acerca de nosotros mismos, nuestras simpatías y antipatías, nuestros sueños e inquietudes y nuestros momentos de orgullo o vergüenza, crece a medida que se profundiza una relación y, sumada a la igualdad que implica mutuo apoyo, favorece la prolongación del llamado «amor de compañero» en el que se establece un vínculo más cálido y estable, presente tanto en las relaciones amistosas como de pareja.

INTRAPSÍQUICO Que ocurre dentro de la mente. Tienen la calidad de intrapsíquico por ejemplo el pensamiento*, la imaginación*, la memoria* o la inteligencia*. ∎

INTROSPECCIÓN Capacidad de focalizar intencionadamente la atención sobre la misma conciencia y sobre las propias funciones psíquicas. Es un fenómeno voluntario y se relaciona con la apercepción*. En ocasiones el término introspección se equipara al de conciencia de enfermedad o *insight**. ∎

INTROVERSIÓN Tendencia de un individuo a replegarse sobre sí mismo, teniendo dificultad para expresar sentimientos, emociones y afectos, dada la incomodidad que le produce compartir lo que considera íntimo y personal. Frecuentemente se asocia a un déficit en la interacción con los demás y a una baja potencialidad de las habilidades sociales de interrelación. El autor H. J. Eysenck considera la introversión uno de los polos de la dimensión de la personalidad* (extroversión-introversión), que se caracteriza por la tendencia al dominio de la reflexión solitaria e interior.

INTUICIÓN Conocimiento inmediato de una cosa, idea o verdad, sin el concurso del razonamiento. Originariamente significaba observación, examen; después visión intelectiva por inspiración, no a partir de la experiencia o la reflexión, sino de una manera mística, con una percepción inmediata de lo básico de esa realidad. También se considera intuición un conocimiento adquirido a partir de la experiencia*, sin que sean conscientes las etapas intermedias de razonamiento, como sucede algunas veces con el diagnóstico* médico experimentado.

INUNDACIÓN Técnica de exposición en la que se pone en contacto al sujeto con los estímulos que más teme durante un tiempo muy prolongado.

INVENTARIOS DE PERSONALIDAD Conjunto de ítems que se agrupan en forma de esca-

■ *El término **intrapsíquico** designa los procesos internos de la mente.*

■ *La **introspección** es un método de observación de los estados de conciencia que realiza deliberadamente un sujeto sobre sí mismo.*

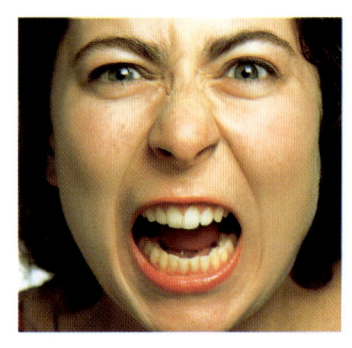

■ *La **irritabilidad** se caracteriza por una reacción exagerada a los estímulos externos.*

la, cuyo objetivo es medir la personalidad de un individuo. En la actualidad existen numerosos inventarios de personalidad. Su composición depende de la concepción que los autores tienen de los rasgos dominantes de la personalidad y de la forma en que los han establecido desde una perspectiva teórica. Estos inventarios pueden dar un perfil de la personalidad en términos de normalidad o de psicopatología*.

INVESTIGACIÓN Acciones organizadas y dirigidas a validar hipótesis. / *Investigación científica*, se refiere a aquellas investigaciones que se realizan de acuerdo con el método científico.

IRRITABILIDAD 1. Propiedad de la sustancia viva de reaccionar a los estímulos internos o externos. **2.** Característica presente en numerosos procesos psicopatológicos que se distingue por una reacción exagerada a las influencias exteriores. ■

ITERACIÓN Repetición de gestos o manierismos durante períodos de tiempo breves. Véase MANIERISMO.

J

James, William Filósofo estadounidense (Nueva York, 1842-Chocorua, New Hampshire, 1910). Doctor en medicina por la Universidad de Harvard en 1869 y profesor de ésta desde 1885. Realizó múltiples investigaciones fisiológicas para demostrar la relación de dependencia existente entre los fenómenos psíquicos y el sistema nervioso*. Postuló junto con su colaborador C. Lange la teoría periférica de las sensaciones, afirmando su origen fisiológico. Dedicó también parte de su vida a la filosofía, siendo uno de los principales representantes del pragmatismo. Postulaba una realidad pluralista y dinamista, afirmando que ésta sólo puede conocerse por métodos inductivos. Sus principales obras son: *Principios de psicología* (1890), *Compendio de psicología* (1892), *La voluntad de creer y otros ensayos* (1897), *Las variedades de la experiencia religiosa* (1902) y *La filosofía de la experiencia* (1910). ■

James-Lange, teoría de Teoría periférica de las emociones* debida a W. James y C. Lange, en la que se estudia la relación entre los cambios fisiológicos provocados por la emoción y las experiencias sensibles que los acompañan. A pesar de su antigüedad, (1884) sigue siendo vigente en parte.

Janet, Pierre Neurólogo y psicólogo francés (París, 1859-*id.*, 1947). Doctor en filosofía por la Universidad de París, su tesis versó sobre el automatismo psicológico. Discípulo de J. M. Charcot y profesor de la Sorbona y en el Liceo del Havre, fue director del Laboratorio de Psicología Patológica de la Salpêtrière (1890), y en 1902 accedió a la cátedra de Psicología Comparada del Colegio de Francia. Estuvo interesado por el estudio de la histeria y, aunque en sus inicios partió de una concepción organicista, posteriormente planteó la hipótesis de la existencia de una relación directa entre la aparición de la sintomatología y la presencia de un choque emocional. Este choque parecía haber sido olvidado por el sujeto y no ser accesible a la conciencia. La disociación entre una conciencia accesible y otra no, le llevó a formular su teoría general de las neurosis que tuvo gran repercusión en su momento. Fue también un gran impulsor de la psicología experimental, y autor de numerosos ensayos: *El automatismo psicológico* (1889), *Las obsesiones y la psicastenia* (1903), *Las neurosis* (1905), *Neurosis e ideas fijas* (1909), *De la angustia al éxtasis* (1927-1928), *La evolución psicológica de la personalidad* ((1929). Entre sus obras destaca su *Tratado de psicología* (1928), en colaboración con G. Dumas. Se interesó asimismo por los trastornos obsesivos y describió el fenómeno de la fatiga crónica de estos pacientes, lo que popularizó con el término de psicastenia. ■

Jaspers, Karl Filósofo y psiquiatra alemán (Oldenburg, 1883-Basilea, 1969). Aplicó su reflexión al drama humano y a sus problemas principales: la comunicación, el sufrimiento, la culpabilidad, la muerte. Es uno de los principales filósofos que conformaron el existencialismo y la fenomenología. En el campo de la psicología se alineó junto a W. Dilthey. Impulsó la aplicación de la fenomenología en psiquiatría, en la búsqueda de una explicación más subjetiva que genética de los fenómenos psicológicos. En su opinión, las relaciones humanas deben ser concebidas como formas de un «combate amoroso» que oscila sin cesar entre el amor y el odio. Entre sus obras destacan: *Psicología de las concepciones del mundo* (1919), *Filosofía* (1932), *Razón y existencia* (1935), *Filosofía de la existencia* (1938) y *Filosofía y mundo* (1958). En

■ *William **James** investigó la relación entre los fenómenos psíquicos y el sistema nervioso y postuló una teoría para explicar las reacciones emocionales.*

■ *Pierre **Janet** formuló la teoría general de las neurosis.*

■ *Karl **Jaspers**, filósofo y psiquiatra alemán, introdujo la fenomenología en el campo de la psiquiatría.*

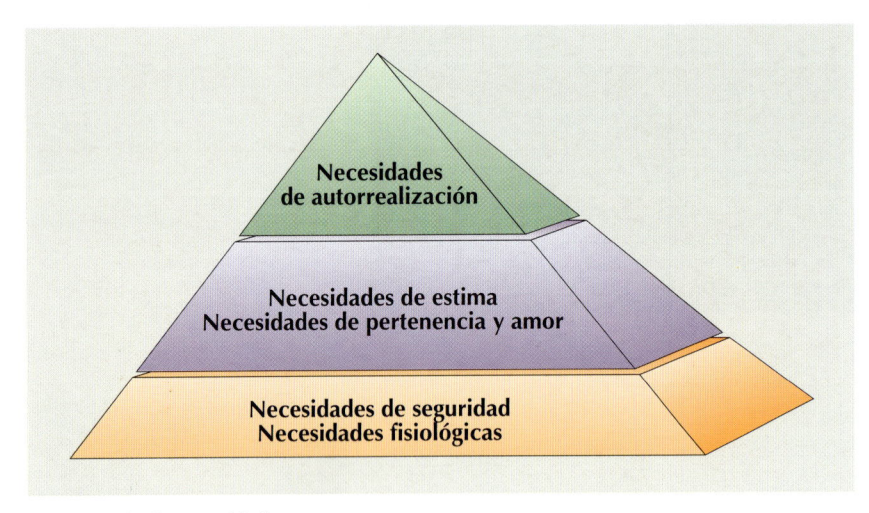

JERARQUÍA

Jerarquía de necesidades, representación gráfica de la pirámide de Maslow.

*Se denomina **Jet Lag** a la alteración del ciclo vigilia-sueño que se produce al viajar en avión cuando se atraviesan diversas zonas horarias.*

*La **jubilación** puede influir de diversas maneras sobre el estrés.*

Psicopatología general (1913) estudia al enfermo «en la totalidad viviente de su personalidad». ■

JERARQUÍA 1. Ordenación por rangos de forma que éstos se subordinen al inmediato superior, permaneciendo el criterio de ordenación idéntico dentro de una jerarquía. **2.** En psicología de la personalidad existen modelos jerárquicos de personalidad, por ejemplo el modelo de personalidad de Guilford, en el que existen diferentes niveles en la personalidad*; los superiores integran a los inferiores (nivel de las acciones específicas, nivel de hexis, nivel de los rasgos esenciales primarios, nivel tipo). Cada nivel determina directamente al nivel inferior: de esta forma el nivel tipo determina los elementos del nivel de los rasgos primarios, y así sucesivamente. Es también muy conocido el modelo de personalidad jerárquico de J. M. Cattell, base del conocido cuestionario de personalidad de dicho autor: 16 PF / *Jerarquía de necesidades*, ordenamiento jerárquico de las necesidades innatas del hombre según A. Maslow (1971). Este autor explica la forma en que van surgiendo las necesidades en el hombre, y lo explica de la siguiente forma: hay que satisfacer primero las necesidades de primer orden, como por ejemplo la comida, y cuando éstas están satisfechas surgen en el hombre las necesidades de orden inmediatamente superior; la expresión gráfica corresponde a la pirámide de Maslow. / *Jerarquía de situaciones*, en la modificacion de conducta, y concretamente en el tratamiento de las fobias*, primera fase del tratamiento que consiste en hacer una escala de las distintas variaciones de la situación (entre 10 y 15) desde la que apenas produce ansiedad* hasta la que produce máxima ansiedad. Por ejemplo, si tener un perro, enfrente, gruñendo produce una fuerte respuesta de ansiedad, podemos establecer diferentes variaciones de esta situación y jerarquizarlas en cuanto a su capacidad para producir ansiedad, además de organizar una jerarquía para el tratamiento de exposición. ■

JET LAG Alteración del ciclo vigilia-sueño como consecuencia de viajes en avión en los que se atraviesan con rapidez diversas zonas horarias. Entre los síntomas destacan las dificultades en conciliar o mantener el sueño, la somnolencia excesiva o el descenso de la alerta y el rendimiento durante el día. También aparecen síntomas relacionados con la función intestinal, como diarrea, estreñimiento o espasmos. Existen diversos factores que modifican la intensidad de este síndrome. En primer lugar, depende de la dirección en que se viaja (es peor viajar hacia el este, ya que el día biológico debe entonces hacerse más corto) y del número de husos horarios atravesados. Las alteraciones sólo aparecen si se atraviesan un número mínimo de tres husos horarios. Por lo general, los problemas de vigilia-sueño desaparecen a los tres días del vuelo, si bien en algunas circunstancias se precisa la administración de un hipnótico. ■

JUBILACIÓN Eximir de las funciones laborales a una persona en función de su edad. En algunos casos, se considera un acontecimiento vital* provocador de estrés*. Cuando sobreviene, lo que importa es cómo la juzgamos; puede aliviar el estrés de una persona y agravar el de otra, según las circunstancias económicas, afectivas y emocionales del sujeto. ■

JUEGO Actividad estructurada que consiste ya sea en el simple ejercicio de las funciones sensorio-motrices, intelectuales y sociales, ya en la reproducción ficticia de una situación vivida. La importancia social y cultural del juego es universalmente admitida. Según Piaget, el papel del juego es fundamental en el desarrollo cognitivo del niño, por lo que propone una clasificación, fundada en la estructura, que, al mismo tiempo, sirve de análisis y de evolución del juego al crecer el niño en edad: a) juegos de ejercicio, en los que se hace cualquier cosa por gusto; b) juegos simbólicos, que añaden al ejercicio un nuevo elemento estructural, el símbolo* y la ficción; c) juegos con unas reglas ya tradicionales, transmitidas de generación en generación y que son instituciones sociales propiamente dichas. Para M. Klein, el juego no es simplemente la satisfacción de un deseo, sino un triunfo y dominio sobre la realidad penosa mediante el proceso de proyección* en el mundo exterior de los peligros internos. / *Juego experimental*, situación lúdica utilizada en psicología social para el estudio experimental de las interacciones sociales tales como la competición, la cooperación y la toma de decisiones en un contexto conflictivo.

Juego patológico Comportamiento desadaptativo y persistente que se caracteriza sobre todo por la necesidad de jugar con cantidades crecientes de dinero, por el fracaso repetido de los esfuerzos para controlarlo y por la inquietud cuando se intenta interrumpir este comportamiento. Forma parte de las conductas adictivas y se conoce también por el nombre de ludopatía. ■

Juguete Objeto utilizado por los niños como diversión. Durante el primer semestre de vida, el bebé juega sobre todo con su cuerpo, que empieza a descubrir. A los siete meses comienza a interesarse por determinados objetos. Hacia los ocho-nueve meses es capaz de meter un objeto dentro de otro y, al año, se divierte lanzando objetos lejos de él. Todas estas actividades tienen una función: los juegos musculares son necesarios para conseguir una buena motricidad. El descubrimiento y el análisis de los objetos estimulan, por otra parte, el desarrollo intelectual. Los padres pueden favorecer las actividades lúdicas de sus hijos poniendo a su disposición juguetes adaptados a su edad y posibilidades, y que respondan a su interés. Pero no es suficiente ofrecer juguetes a un niño para asegurar un buen desarrollo de la psicomotricidad*. La participación del entorno es esencial ya que el juego constituye una forma de relación muy constructiva y, en este sentido, exige una participación activa. ■

■ *El juego patológico o ludopatía es un comportamiento desadaptativo caracterizado por un impulso incontrolable al juego.*

■ *El juguete favorece el desarrollo motriz e intelectual del niño.*

Jung, Carl Gustav Psicólogo y psiquiatra suizo (Kesswil, Turgovia, 1875 Küsnacht, cerca de Zurich, 1961). Estudió medicina en la Universidad de Basilea y completó sus estudios en París, en la Salpêtrière, con P. Janet. En 1907 entabló amistad con S. Freud, pero disgustado por el contenido de las ideas freudianas, fundó una nueva escuela psicoanalítica. Hasta 1946 Jung ocupó la cátedra de psicología médica de Basilea, y en 1948 fundó el Instituto Jung de Zurich, que dirigiría hasta su muerte. Jung desarrolló sus teorías en numerosas obras, la más importante de las cuales es la que trata del inconsciente colectivo* como fundamento de la imaginación común a todos los pueblos, y que se manifiesta en las religiones, los mitos, las doctrinas esotéricas, la alquimia, etc. Estudió las religiones primitivas, las obras artísticas (J. Joyce, P. Picasso) y, posteriormente, emprendió una vasta encuesta alrededor del mundo. Todo ello habría de llevarle a la creencia de la existencia de un fondo común universal productor de arquetipos*, imágenes* y símbolos*, independientemente del tiempo y del espacio. Entre sus obras más importantes se encuentran *Transformaciones y símbolos de la libido* (1912), *Teoría psicoanalítica* (1932), *Tipos psicológicos* (1933), *La metarmofosis del alma*

■ *Carl Gustav Jung formuló la teoría del «inconsciente colectivo».*

y sus símbolos (1953), *Introducción a la esencia de la mitología* (1953) y *Dialéctica entre el yo y el inconsciente* (1964). ∎

Juicio Proposición lógica en la que se dice algo (predicado) acerca de un sujeto. Evaluación crítica de la relación entre objetos, situaciones, conceptos o términos. El juicio de la realidad es un proceso mental voluntario que precisa de introspección, y se puede incluir junto a la viveza (sentido de la realidad descrita con detalle) dentro del sistema de contraste de la realidad. Este sistema desempeña un papel relevante en la clasificación de las percepciones y los pensamientos normales y patológicos. Se pone en funcionamiento ante las experiencias peculiares anormales (por ejemplo, ante la visión de un objeto brillante cayendo del cielo o ante una ocurrencia muy extravagante). Cuando el paciente es incapaz de someter esta sensación de realidad al nivel de juicio, o el resultado de este proceso es erróneo e incorregible, se dice que estas experiencias son psicóticas. Así, el sustrato en el que se produce la experiencia, las características intrínsecas de la misma y el sistema de contraste de realidad, nos permiten clasificar los fenómenos relacionados con la percepción en percepción real, imaginación*, alucinosis* y alucinación*; y los fenómenos relacionados con el pensamiento en pensamiento real, fantasía*, ideas patológicas no delirantes e ideas delirantes. / *Juicio de enfermedad*, denominado también conciencia de enfermedad, se refiere al entendimiento de la naturaleza y de la causa de la enfermedad, y de los efectos de la misma sobre el propio individuo y sobre los demás. El fallo de esta capacidad acontece de forma patente en las psicosis*. Equivale a *insight**.

K

Kinsey, Alfred C. Prestigioso entomólogo que dedicó gran parte de su vida al estudio de la sexualidad humana (Hoboken, Nueva Jersey,1894-Bloomington, Indiana, 1956). Durante la Segunda Guerra Mundial, entre 1938 y 1947 se dedicó a recoger información acerca de la sexualidad en un total de 12.000 personas. Datos que le sirvieron para publicar *Conducta sexual en el hombre* (1948) y, algo más tarde, cuando Estados Unidos ya estaba preparado para ello bajo el gobierno de Eisenhower, *Conducta sexual en la mujer* (1953). Los trabajos publicados tuvieron una influencia innegable en el cambio de actitudes sobre la sexualidad de la época. Sus principales campos de trabajo los dedicó al orgasmo*, a la masturbación* y a la homosexualidad*. Kinsey escandalizó a sus lectores en numerosas ocasiones con la presentación de sus datos de estudio. Una de las alarmas sociales más relevantes la impulsó su concepto de *continuum* donde establecía que existe una gradación de deseos frente a la orientación sexual entre la homosexualidad estricta y la heterosexualidad*. En este mismo informe hizo patente que una tercera parte de la población adulta había tenido algún tipo de conducta homosexual a lo largo de la vida. En su tiempo fue el impulsor de un cambio de actitud positivo frente a la homosexualidad, que se ha visto recompensado por la erradicación de la homosexualidad como desviación sexual. Se ha de considerar, sin duda, un gran innovador en el conocimiento de la sexualidad humana de nuestro tiempo. ■

Koro Psicosis cultural* descrita entre la población autóctona de Malaysia y la zona meridional de China. Se caracteriza por una intensa ansiedad derivada del convencimiento de que se está sufriendo una retracción de los genitales, de forma que van a terminar desapareciendo en el interior del abdomen. Los individuos que padecen esta enfermedad recurren a todo tipo de maniobras y utensilios para tratar de evitar la retracción.

Kórsakov, síndrome de Trastorno cerebral definido por S. Kórsakov y caracterizado por: a) amnesia de fijación: no es posible fijar el recuerdo de los hechos sucedidos después del inicio de la enfermedad; b) confabulaciones: las lagunas que aparecen en la memoria tienden a ser rellenadas con materiales falsos. Así, cuando se le pregunta al paciente por las actividades realizadas durante la mañana, puede explicar que ha salido de paseo y ofrecer, incluso, una descripción del itinerario seguido, cuando lo cierto es que no ha abandonado el recinto del hospital; c) falsos reconocimientos: el sujeto reconoce a personas a las que, en realidad, no conoce; y d) polineuritis asociada: afecta a las extremidades y es motivo de calambres y atrofia muscular. El síndrome está originado por un déficit constante de tiamina o vitamina B_1, por lo que aparece comúnmente en el alcoholismo* crónico, a veces precedido de una encefalopatía de Wernicke*. También se da en determinados traumatismos craneoencefálicos. Si bien en un principio el cuadro puede remitir mediante la simple abstinencia y la administración de complejo vitamínico B, a partir de un determinado momento se convierte en una enfermedad irreversible (en torno al 20 % de los casos). ■

Kraepelin, Emil Psiquiatra alemán (Neustrelitz, 1856-Munich, 1926). Trabajó en el Hospital Mental de Munich y, en 1882, se trasladó a Leipzig para trabajar con W. Wundt. Profesor en Heidelberg y más tar-

■ *Alfred **Kinsey** impulsó la investigación de las conductas sexuales.*

■ *El **síndrome de Kórsakov** es un trastorno cerebral de tipo amnésico que fue definido por S. Kórsakov.*

de en Munich, en esta ciudad fue director de la Clínica Psiquiátrica. Contribuyó a la nosología psiquiátrica y, en particular, a la clasificación de los desórdenes mentales. Partiendo de unos supuestos fundamentalmente somáticos, subdividió la psicosis* en dos grandes grupos: dementia praecox (la actual esquizofrenia) y psicosis maníaco-depresiva, división que aún subsiste. Es el padre de la psiquiatría psicológica.

KRAFFT-EBING, RICHARD VON Psiquiatra alemán (Mannheim, 1840-Graz, 1903). Se le considera el iniciador de la clasificación y sistematización de la patología sexual. En 1886 publicó *Psychopathia Sexualis*, obra en la cual analiza con extremo detalle las principales formas de lo que entonces se consideraban «desviaciones sexuales» y que ahora se conocen como parafilias*. Equiparaba masturbación* y homosexualidad* a sadismo* o masoquismo* al considerarlas también como perversiones. Si bien en la actualidad se sabe que los datos de este autor son pseudocientíficos, se le deben reconocer tres hallazgos. El primero es que parte de las parafilias son verdaderas patologías psiquiátricas, lo cual está comprobado. Su segunda aportación es haber establecido la necesidad de una clasificación clínica de la sexualidad, y la tercera, sus hipótesis mixtas para comprender la homosexualidad, camino por el cual aún se discurre.

KRETSCHMER, ERNST Psiquiatra alemán (Wüstenrot, cerca de Heilbronn, 1888-Tubinga, 1964). Creador de la teoría tipológica y del concepto de biotipo*.

L

LABILIDAD EMOCIONAL Véase AFECTO.

LABORAL, PROBLEMA Se dice de aquellas discrepancias que requieren una solución por parte del sujeto y que tienen su origen en acontecimientos pertenecientes al ámbito laboral. Los problemas pueden provenir del contenido del trabajo, las condiciones laborales, el ambiente físico donde se desempeña el trabajo o el rol que desempeña el sujeto.

LABORTERAPIA Terapia ocupacional. Con esta terapia se intenta, mediante la utilización del trabajo, producir efectos terapéuticos cuando existen enfermedades o trastornos psíquicos, o también para la recuperación de las capacidades de trabajo para los sujetos que han padecido daños físicos. Hay que señalar que la laborterapia no debe ser considerada un ocio que nos ocupe el tiempo; sino que debe caracterizarse por la seriedad y orientarse en función del límite superior de la capacidad de rendimiento. Sin embargo, hay que evitar la imposición de un esfuerzo laboral exagerado. Son también laborterapias: la ludoterapia*, la ergoterapia* y la gimnoterapia. ■

LACAN, JACQUES Médico y psicoanalista francés (París,1901-*id*.,1981). Elaboró una teoría psicoanalítica basándose en los hallazgos de la antropología estructural y de la lingüística, difícilmente comprensible para cualquier metodología de base científica.

LACTANCIA Alimentación del neonato por medio de la leche durante el período en que mama. / *Lactancia materna*, cuando se produce mediante la succión de la leche materna. / *Lactancia artificial*, cuando se utiliza el biberón u otro medio para dar la leche al neonato. / *Lactancia mixta*, empleo simultáneo de la lactancia artificial y la materna. En un desarrollo afectivo normal no se han observado diferencias en la evolución emocional del niño según sea el tipo de lactancia. ■

LAING, RONALD DAVID Psiquiatra y psicoanalista inglés (Glasgow, 1927-Saint Tropez, 1989). Sus teorías gozaron de cierta autoridad por estar muy próximas a las corrientes «antipsiquiátricas». Relacionó el origen de ciertas enfermedades mentales, especialmente la esquizofrenia, con factores sociales y políticos. Evidentemente sus teorías no tienen ninguna base científica.

LATERALIZACIÓN Referente a la predominancia lateral en cuanto a la estructura y función de los órganos duplicados. Especialmente evidente en las extremidades inferiores y superiores que distinguen entre personas zurdas (predominancia de los miembros izquierdos), diestras (predominancia de los miembros derechos) y ambidextras (no existe dominancia). La lateralidad se presenta en otras funciones como la vista, el oído o los órganos internos. Las funciones superiores también se ven afectadas por la lateralidad cerebral, como en el caso del lenguaje*.

LAZARUS, RICHARD Psicólogo estadounidense. Sus descubrimientos han permitido un amplio desarrollo de las teorías cognitivas y de la psicología del estrés*. Según Lazarus, la emoción* y la cognición* se alimentan mutuamente; si bien las emociones influyen sobre el pensamiento*, el juicio cognitivo de la situación siempre precede a la emoción. Incluso las emociones sentidas espontáneamente exigen un rápido juicio cognitivo de la situación; si no fuera así, no sabríamos por qué reaccionamos. El juicio* que uno formula puede realizarse sin esfuerzo, y quizá no se tenga conciencia del mismo, pero aun así es una función de la

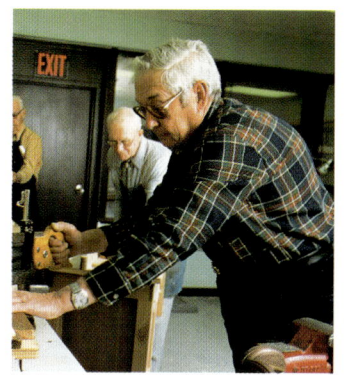

■ La **laborterapia** es una terapia basada en el trabajo que se aplica en el ámbito de la geriatría.

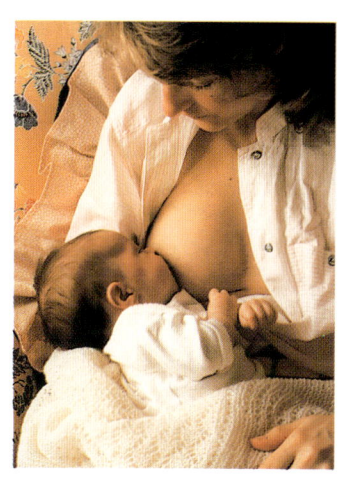

■ En la evolución emocional del niño no se observan diferencias debidas al tipo de **lactancia**.

*En el aprendizaje del **lenguaje** se utilizan «etiquetas verbales» que relacionan un objeto con la palabra que lo designa.*

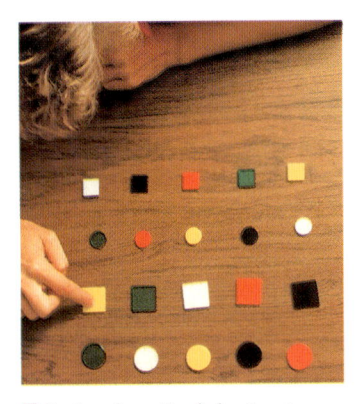

*En la valoración de los **trastornos del lenguaje** se utilizan tests de recepción y expresividad.*

mente. A él se debe la definición de estrés, un modelo cognitivo que fue dado a conocer en 1966 con la publicación de *Psychological stress and the coping process,* y que se define como un proceso dinámico en el que intervienen variables del propio organismo, que interactúan entre sí, ante la apreciación de la situación amenazante y la propia capacidad de afrontar tal situación. También acuñó el concepto de los procesos básicos de evaluación ante un suceso estresante. La evaluación primaria estaría dirigida a considerar si el acontecimiento es relevante o no y la secundaria examinaría las posibilidades de actuación y las expectativas de resultados.

Lectura, trastornos de Bajo rendimiento en la lectura por parte de un sujeto, si se compara en edad cronológica y nivel de escolaridad con niños similares. Por otra parte, estos niños tienen una inteligencia* normal. El bajo rendimiento se observa en una menor precisión, velocidad o comprensión de la lectura evaluados mediante pruebas normalizadas administradas individualmente. Este concepto engloba trastornos diversos y de diferente etiología, pero los trastornos más comunes y también más estudiados son la dislexia* y la alexia. La alexia se ha llamado también «ceguera de la palabra», ya que implica una pérdida total de la facultad de leer, supuestamente a causa de lesiones en la corteza cerebral*. La dislexia, en cambio, implica sólo una pérdida parcial de la capacidad de leer, producida, también supuestamente, por lesiones en la zona cortical del cerebro.

Lenguaje Capacidad lingüística que posibilita el uso de una lengua con la finalidad de la comunicación*. La psicología del lenguaje se encarga de analizar teórica y empíricamente el modo en que el usuario del lenguaje elabora y maneja las expresiones lingüísticas. En el caso del lenguaje hablado, existen tres elementos de construcción: los fonemas*; los morfemas*; y la gramática*. El desarrollo del lenguaje representa un paso de la sencillez a la complejidad. Hacia los cuatro meses de edad, el balbuceo discrimina los sonidos del lenguaje, no siendo una imitación del lenguaje de los adultos, pues incluye sonidos de distintos lenguajes, e incluso sonidos que no aparecen en el lenguaje utilizado en el hogar. No se trata de una imitación del habla (los niños sordos balbucean), sino del suministro por parte de la naturaleza, de una gama de posibles sonidos de fonemas. A los diez meses, el balbuceo revela el lenguaje del hogar. A los doce meses se inicia la etapa de una palabra, en general de una sola sílaba, que puede ser comprendida por el medio familiar. A los 2 años se comienza a formular oraciones de dos palabras en forma de lenguaje telegráfico. Después de esta etapa, el lenguaje se desarrolla rápidamente para formar oraciones completas. El lenguaje se adquiere gracias a la experiencia temprana y se integra biológicamente en las estructuras cerebrales pertinentes. ∎

Lenguaje, trastornos del Término global que incluye todas las formas de conducta lingüística anormal. Se incluyen gran número de trastornos de sintomatología y etiología muy diversa. Normalmente, se distingue entre: 1) Sintomatología: es el primer paso para estudiar cómo funciona y cuáles son las peculiaridades del trastorno. 2) Características funcionales: que se dividen en: a) defectos lingüísticos, como entender mal, equivocarse al leer, equivocarse al hablar, que cuando aparecen de forma aislada y se corrigen con facilidad no son patológicos; b) trastornos con el carácter de debilidad parcial, en el que sólo se alteran los subsistemas que intervienen en el lenguaje, quedando intactos otros sistemas funcionales dentro del sistema nervioso*, por ejemplo, trastornos en el plano de la recepción lingüística; es el caso de la sordera y de la agnosia auditiva (en la que hay una transformación defectuosa de los estímulos auditivos). En el plano de la producción lingüística se incluyen trastornos de la producción lingüística y fonética. 3) Etiología: puede ser muy diversa: genética, por lesión cerebral temprana, por un trastorno metabólico, por un proceso de degeneración, por una infección o lesión del sistema nervioso central, etc. 4) Edad de inicio del trastorno: es determinante para la evolución posterior del lenguaje. Así, no es lo mismo padecer una alteración en el lenguaje por sordera congénita, que padecerlo por una sordera tardía. Véase AFASIA. ■

LEPTOSÓMICO Biotipo de personalidad caracterizado por la delgadez de los miembros largos en la estructura corporal. Le correspondería un *carácter frío e hipersensible*, tendente a la astenia*. Equivale al biotipo ectomorfo*. En la actualidad es un concepto superado por otros de mayor entidad científica.

LESBIANISMO Término con el que se designa la homosexualidad femenina. Proviene de la isla griega de Lesbos, en donde en la época clásica existió un grupo de mujeres que vivían comunitariamente y practicaban el amor entre ellas, grupo que sirvió de inspiración a la poetisa Safo, originaria del mismo lugar. ■

LESIÓN CEREBRAL Destrucción de tejidos en áreas cerebrales específicas que provoca diversas consecuencias según las zonas lesionadas. Puede deberse a causas traumáticas, infecciosas, tumorales, etc.

LETARGIA Deterioro de la lucidez de conciencia* (enturbiamiento), caracterizado por una conciencia activa la mayor parte del tiempo que alterna con períodos de inconsciencia. El sujeto requiere estimulación constante para mantenerse despierto, aunque son suficientes los estímulos sencillos. La actividad general queda reducida con alteraciones en el habla (disartria*) y falta de coordinación motora; también disminuyen el tono muscular y los reflejos generales. Se da con frecuencia en trastornos psiquiátricos de causa orgánica (delirium*) y en numerosos procesos neurológicos.

LEWIN, KURT Psicosociólogo estadounidense de origen alemán (Mogilno, cerca de Bydgoszcz, 1890-Newtonville, Massachusetts, 1947). Su trabajo sobre la teoría de campo ha sido muy útil para el estudio experimental de la conducta humana en una situación social. El postulado fundamental de Lewin es el de que cada proceso psicológico debe considerarse a la luz del conjunto de factores que actúan en él. Lewin acuñó el concepto «dinámica de grupo» para designar el conjunto de interacciones personales que tienen lugar en el grupo. A partir de Lewin, el estudio de éste pasó de lo descriptivo a lo experimental. ■

LEY DEL EFECTO Véase EFECTO, LEY DEL.

LIBIDO Suma de todas las fuerzas instintivas que según el psicoanálisis* llevan a la búsqueda del placer*. Hoy día ha sido asimilado al concepto de deseo sexual.

LIBRE ASOCIACIÓN Véase ASOCIACIÓN LIBRE.

LIDERAZGO 1. Directivo: tarea distinguida por la fijación de normas, la organización del trabajo y la concentración en las metas; es muy eficaz para mantener a un grupo centrado en una misión. El líder directivo es aquel que tiene capacidad suficiente para impartir órdenes apropiadas. 2. Social: es el cooperador por excelencia: trabajo en equipo, mediación en los conflictos, delegación de tareas y, fundamentalmente, coordinación de las diversas fuerzas de trabajo. Es el más motivador y el que concita mayor satisfacción laboral. Promueve un mayor sentido de control y corresponsabilidad de los trabajadores, una relación más satisfactoria entre los miembros de una empresa común, una mejor participación en las decisiones comunes y una mayor libertad para la creatividad; los trabajadores tienen un mayor control sobre su propio destino y se sienten más apreciados si se aplica este liderazgo social, que implica una atomización en pequeñas unidades funcionales marcadas por diversas especialidades, cada una de las cuales tiene un líder, a su vez «social»; los jefes son coordinadores de otros co-jefes y todos en conjunto se sienten partícipes de las tareas comunes.

■ *El término **lesbianismo** procede de Lesbos, de donde era oriunda la poetisa Safo, que exaltó en sus poemas el amor entre mujeres.*

■ *Kurt **Lewin** formuló el concepto de «dinámica de grupo».*

*El **litio** es un metal alcalino, cuyo derivado, el carbonato de litio, se utiliza en el tratamiento del trastorno bipolar y para potenciar el efecto de otros psicofármacos.*

*El término **locura** designaba antiguamente los trastornos mentales graves. En la ilustración,* La nave de los locos *del Bosco (fragmento).*

LÍMBICO, SISTEMA Conjunto de órganos situado en el límite o «limbo» del tronco cerebral* y los hemisferios cerebrales*. Tiene forma semicircular y recibe también el nombre de diencéfalo*. Entre sus componentes destacan las amígdalas cerebrales*, el hipocampo* y el hipotálamo*. El sistema límbico tiene una influencia extrema en la regulación de las emociones y de las motivaciones básicas.

LÍMITE, TRASTORNO Véanse BORDERLINE, PERSONALIDAD, y PERSONALIDAD, TRASTORNOS DE LA.

LINGÜÍSTICA Ciencia que se ocupa del estudio del lenguaje, elaborando conceptos para la descripción de la estructura de los sistemas lingüísticos especiales. Parte del estudio de las diversas lenguas en relación con factores temporales, geográficos y humanos para llegar a determinar sus rasgos comunes. Se consolidó como ciencia en 1916, después de la publicación del *Curso de lingüística general* de F. de Saussure. La lingüística atiende fundamentalmente la actividad oral del lenguaje, describiendo sus leyes de funcionamiento. Tiene relación con muchas otras disciplinas, entre ellas la psicología*.

LITIO Elemento mineral cuyo derivado, el carbonato de litio, se emplea en el tratamiento del trastorno bipolar*. Se incluye en el tratamiento de la fase aguda, pero también se usa de manera profiláctica para evitar recaídas. Se ha descrito su utilidad en muchos estados ciclotímicos, ya que consigue estabilizar el estado de ánimo* de los individuos afectados. Véase EUTIMIZANTE. ■

LLANTO Expresión que acompaña una reacción emocional caracterizada por la secreción de lágrimas a través de los orificios lagrimales y que se acompaña de lamentos y sollozos. El llanto no siempre se asocia a un sentimiento de tristeza; de hecho, en los trastornos depresivos graves puede aparecer la imposibilidad de producir el llanto. En los trastornos de ansiedad*, también puede aparecer llanto provocado por la tensión emocional, que es aliviada momentáneamente.

LOBOTOMÍA Técnica introducida en los Estados Unidos que consistía en la sección de parte del lóbulo prefrontal del cerebro para corregir trastornos mentales de conducta. Por razones científicas y éticas en la actualidad está totalmente suprimida.

LÓBULO CEREBRAL Subdivisión de los hemisferios cerebrales*. Lo conforman regiones muy bien delimitadas por la fisura central, que atraviesa lateralmente cada hemisferio, y la fisura silviana, una especie de gran cañón cerebral que emerge del fondo de cada hemisferio y se curva hacia arriba y hacia atrás sobre el lateral. El lóbulo frontal está situado detrás de la frente, por delante de las dos fisuras, y controla el movimiento fino de varias partes del cuerpo mediante una zona denominada área motora primaria. El lóbulo parietal, que se encuentra inmediatamente detrás de la fisura central, contiene la llamada corteza sensorial, donde se reciben las sensaciones del tacto, la temperatura y la presión de todas las partes del cuerpo. Si se lesiona esta área se produce un embotamiento de todos los sentidos cutáneos. El lóbulo occipital, situado en la parte posterior de la cabeza, bajo el hueco occipital, se encarga de la información visual. Los lóbulos temporales, que se localizan exactamente encima de las orejas, contienen el área de percepción auditiva.

LOCURA Término popular con que antiguamente se designaban los trastornos mentales graves. En la actualidad se considera científicamente obsoleto, reservándose para el lenguaje anecdótico, coloquial o con cierto contenido peyorativo. ■

LOCUS DE CONTROL Expectativa sobre la instancia (*locus*) que debe ser responsable (control de las consecuencias de la propia conducta) de los actos personales. Si la causa de las correspondientes consecuencias de la conducta se atribuye a la responsabilidad (control del propio individuo), estamos ante un *locus* de control interno. Si se espera que la instancia para estos hechos esté fuera de las posibilidades de influencia, que estos hechos se produzcan (por ejemplo, por casualidad, por suerte, por personas con más poder, o por cualquier otra causa externa), ello corresponderá a la expectativa de un *locus* de control externo. Con los conceptos *locus* de control interno y locus de control externo, se designan los dos polos de una misma dimensión, a través de la cual se ubican los diferentes individuos. El *locus* de control debe considerarse como una característica de personalidad*. No son aconsejables los extremos del *locus* de control, ya que en el caso de ser excesivamente interno, el sujeto tiende a deprimirse con más facilidad, y en el caso contrario el sujeto no afronta de forma adecuada las situaciones de estrés*.

LOMBROSO, CESARE Psiquiatra y antropólogo italiano (Verona, 1835-Turín, 1909). Fue pionero en el estudio de la agresividad. Relacionó la morfología corporal y el comportamiento antisocial, estudiando la anatomía craneal de algunos famosos criminales de su tiempo. Se le debe la teoría del «atavismo» como origen de la condición criminal, según la cual el criminal padecería de una insuficiencia evolutiva (atávicos) que le impediría el proceso de socialización. El enfoque determinista de Lombroso presuponía la existencia de un determinante biológico que provocaría las desviaciones delictivas. Si bien los conceptos lombrosianos están periclitados en cuanto a la localización anatómica de la causa, no han perdido parte de su vigencia según los modernos estudios de los orígenes biológicos de los trastornos de la personalidad que estarían relacionados con las conductas antisociales, sin obviar otros factores interactuantes de tipo socioeconómico, familiar o educativo.

LORENZ, KONRAD Eminente científico austríaco, doctor en Medicina y Filosofía. (Viena, 1903-Altenberg, cerca de Viena, 1989). Sentó las bases de la etología moderna, o ciencia del comportamiento comparado. Lorenz sostuvo que la conducta animal puede estudiarse a través de los métodos de la biología y hay que considerarla en relación con su entorno y las posibilidades de supervivencia que proporciona. Sus trabajos más destacados giran en torno a la conducta innata de las aves y el establecimiento de los vínculos afectivos con la madre después del nacimiento: el fenómeno que denominó «troquelado». Lorenz arranca de los animales inferiores para llegar al hombre, al que no tiene el menor reparo en aplicar deducciones extraídas de su constante observación del reino animal. Darwinista por naturaleza, su vocabulario antropomorfista ha permitido comprender mejor la evolución de la psicología humana. Fue director del Instituto Max Planck, donde llevó a cabo sus estudios en torno a la psicología del comportamiento. En 1973 le fue concedido el premio Nobel de Medicina por su labor investigadora. Entre sus numerosas obras destacan: *El anillo del rey Salomón, Cuando el hombre encontró al perro, La otra cara del espejo, Decadencia de lo humano* y *Consideraciones sobre la conducta animal y humana.* ■

LSD Siglas de la dietilamida del ácido lisérgico. Véase ÁCIDO LISÉRGICO.

LUCIDEZ DE CONCIENCIA Claridad con la que acontecen las funciones psíquicas ligadas a la conciencia. Sus alteraciones reciben el nombre de enturbiamiento de conciencia.

LÚDICO 1. Relativo al juego. **2.** En terapias de rehabilitación psicosocial, aquellos elementos que utilizan el juego como integrante del tratamiento. / *Lúdico, amor,* modalidad festiva del amor; se trata de mantener la atracción por medio de juegos sexuales habilidosos y originales. El sentimiento de compromiso de la pareja es bajo, y los dos mantienen sus porciones de libertad, evitando una dependencia excesiva.

LUDOPATÍA Véase JUEGO PATOLÓGICO.

LUDOTERAPIA Tipo de terapéutica basada en el juego, utilizada por los niños en edad preescolar o al comienzo de la edad de latencia. Los pacientes revelan, en la ludoterapia, sus problemas a nivel de fantasía con muñecos, arcilla y otros juguetes. El terapeuta interviene oportunamente con explicaciones útiles acerca de las respuestas del paciente y su conducta. ■

LURIA, ALEXANDER ROMANOVICH Ilustre psicólogo de la escuela soviética (Kazán, 1902-Moscú, 1977). Realizó sus estudios en la Universidad de Kazán como psicólogo, desoyendo los consejos de su padre, que hubiera preferido los estudios de medicina. Sus primeros acercamientos a la psicología occidental fueron a través de S. Freud y el psicoanálisis*. Poco después abandonó la psicología dinámica atraído por los estudios experimentales de I. P. Pavlov, aunque nunca llegó a confiar plenamente en que la con-

■ Konrad **Lorenz** estableció los fundamentos de la etología contemporánea.

■ La **ludoterapia** es una técnica terapéutica basada en el juego.

ducta humana pudiera explicarse de forma exclusiva mediante procesos de estímulo respuesta y aprendizajes por condicionamiento. *The nature of human conflict*, una de sus obras principales, resume los resultados de sus trabajos experimentales. Posteriormente estudió al lado de L. S. Vigotski, iniciando así su interés por el desarrollo del lenguaje. Unos años más tarde volvió a la universidad para licenciarse en medicina y terminó por servir a las fuerzas armadas como médico. Entre los lesionados de guerra inició sus trabajos sobre neuropsicología y desarrolló algunos métodos sencillos para valorar deficiencias de las capacidades psicológicas superiores. Sus investigaciones tienen continuidad en el Instituto de Neurocirugía de Moscú.

M

MADURACIÓN Proceso por el cual modos de conducta, análisis y pensamiento existentes hasta el momento de forma potencial en el sujeto, se despliegan y pasan a formar parte de su modo de actuar, de vivir y de ser. Forma parte del proceso de desarrollo de la persona. Para la maduración de la psique* o maduración psicológica son fundamentales el desarrollo previo del sistema nervioso* y determinados cambios en el sistema endocrino. Los procesos de maduración son más bruscos e importantes en la primera infancia. / *Maduración corporal*, transformación del aspecto físico del sujeto producida por factores internos condicionados por el paso del tiempo. Existen dos momentos clave en la maduración corporal: el paso de las formas redondeadas y rechonchas del bebé a las formas más alargadas y angulosas del niño. Otro momento importante es el paso de niño a adolescente, etapa en la que se desarrollan las características sexuales primarias y secundarias. / *Maduración funcional*, proceso por el cual determinados sistemas del organismo adquieren capacidad para la ejecución de una determinada tarea, por ejemplo la maduración del sistema músculo-esquelético, que permite al niño ponerse en pie y empezar a caminar. ■

MAGIA Se refiere a determinadas prácticas y creencias que no pueden ser explicadas a través de las leyes naturales conocidas por medio de la ciencia.

MÁGICO, PENSAMIENTO Pensamiento que tiene un sujeto, según el cual se siente con fuerza para actuar sobre la realidad y modificarla, utilizando creencias de tipo mágico o supersticioso. Es muy típico en la edad infantil, siendo un síntoma frecuente en la esquizofrenia*.

MANÍA Episodio usualmente característico del trastorno bipolar*, aunque no se da necesariamente, que alterna con fases depresivas. Se caracteriza por la exaltación del estado de ánimo*, que puede expresarse como euforia, aunque en otros muchos casos predomina la iracundia, e incluso la agresividad, sobre la alegría festiva. Otros síntomas nucleares son la exaltación psicomotriz, la extrema prodigalidad (el sujeto afectado puede implicarse en gastos excesivos o mostrarse excesivamente generoso), el curso del pensamiento extraordinariamente acelerado (verborrea, fuga de ideas), la atención muy dispersa, así como una serie de síntomas físicos, como la disminución de la necesidad de dormir y el aumento del impulso sexual*.

MANÍACO, MANÍACA Persona que sufre de manía*.

MANIERISMO Exageración, extravagancia o idiosincrasia de la postura y el movimiento expresivo. Engloba una serie de comportamientos psicomotores inusuales, menos persistentes que las estereotipias y más acordes con las características de la personalidad. Entre los manierismos se incluyen manifestaciones tales como las poses peculiares, por ejemplo, mantener un brazo en alto en un gesto sin sentido o caminar de forma muy estudiada, meticulosa o extravagante. Algunos de los manierismos más destacados son la ambivalencia volitiva, los ecosíntomas, la catalepsia* y el negativismo*.

MAPA COGNOSCITIVO Representación de una parte más o menos extensa del espacio físico que permite a una persona situarse en el espacio y planificar un desplazamiento. Es un proceso compuesto por un conjunto de transformaciones psicológicas mediante las cuales una persona adquiere, codifica,

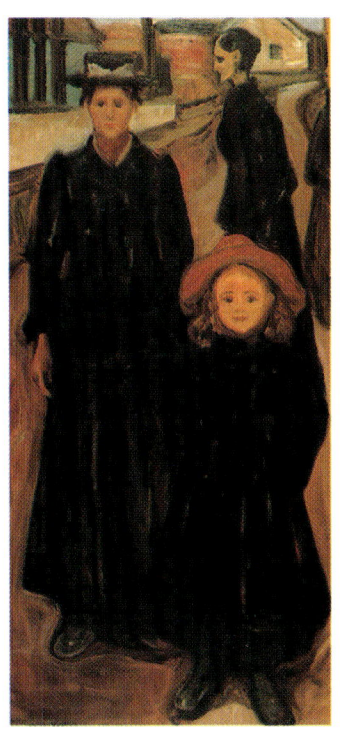

■ *La maduración, proceso de desarrollo físico y psíquico de la persona, puede verse reflejada en la obra de Edvard Munch,* Las cuatro edades.

Marginación

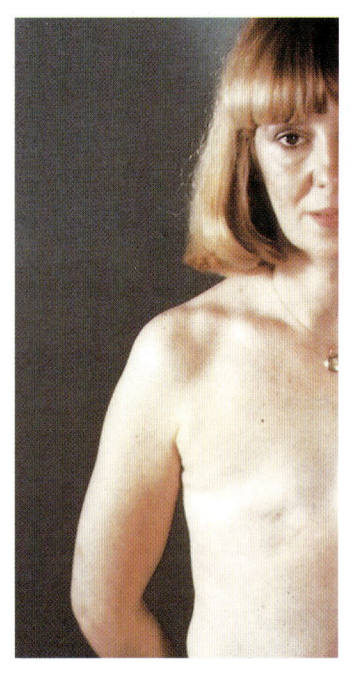

*La **mastectomía** puede provocar alteraciones psicológicas.*

*William **Masters** y Virginia **Johnson**, fundadores de la sexología científica moderna.*

almacena, recuerda y descodifica la información que concierne a los lugares y a las características relativas a su entorno espacial habitual.

Marginación Comportamientos o conductas que se desvían de la regla, de la norma, y no son aceptadas por el resto de los miembros de la comunidad, mostrando rechazo hacia esos individuos.

Marihuana Véase Cannabis.

Marks, Isaac Psiquiatra inglés caracterizado por ser una de las autoridades más relevantes en el estudio y tratamiento de los trastornos de ansiedad*. En su bibliografía destacan obras como *Tratamiento de las neurosis* y *Miedos, fobias y rituales*. En la actualidad, es profesor de psicopatología experimental en el Instituto de Psiquiatría de la Universidad de Londres.

Masculinidad-Femineidad Cada individuo, sea cual sea su sexo, puede situarse en un punto de una escala de masculinidad-femineidad, que se halla compuesta por ítems cuya frecuencia de elección o grado de rechazo son muy diferentes para las mujeres y para los hombres, sea cual sea el signo de la diferencia.

Maslow, A. H. Psicólogo estadounidense (1908-1970). Impulsor de la psicología humanista, basada en términos como la autorrealización, los niveles superiores de conciencia y la trascendencia. Entre sus obras destacan *Psicología del ser* (1962) y *La Psicología de la ciencia* (1966).

Masoquismo Véase Sadomasoquismo.

Mastectomía Extirpación quirúrgica de la mama efectuada en ciertos tipos de tumores. Pueden presentarse alteraciones psicológicas diversas, como reacción a la pérdida del o de los senos, entre los que destacan trastornos de la autoestima, disfunciones sexuales, trastornos de ansiedad-depresión, etc. La adaptación puede tardar un año en producirse, siendo en ocasiones necesario el soporte psicológico o psiquiátrico. ■

Masters, William, y Johnson, Virginia Ginecólogo y sexóloga estadounidenses. La pareja científica formada por Masters (1915) y Johnson (1925) va tan unida a la investigación científica del sexo, que es oportuno considerarlos asociadamente. *Respuesta sexual humana* (1966) fue fruto de nueve años de investigaciones, lo cual permitió conocer las fases fisiológicas de la respuesta sexual. En 1970 publicaron *Incompatibilidad sexual humana*, donde sistematizaron los trastornos sexuales, sus causas y las bases para el tratamiento. En *Perspectivas de la homosexualidad* (1979), ampliaron los trabajos anteriores, ofreciendo muestras del amplio espectro homosexual y bisexual. Han seguido trabajando en publicaciones sobre el SIDA, y han publicado importantes manuales de sexología. Son considerados los fundadores de la sexología científica moderna. ■

Masturbación Toda forma de autoestimulación* encaminada a obtener excitación sexual, independientemente de que se llegue a tener orgasmo* o no. Deriva del latín *manus* (mano) y *sturbare* (deshonrar, manchar). En la práctica, sin embargo, se utilizan diversas formas de estimulación de los genitales que incluyen otras prácticas distintas a la simple técnica manual (autoerotismo*). En 1958, el médico suizo Tissot tenía la creencia de que la masturbación era causa de múltiples patologías, lo que contribuyó a considerarla como una aberración. Si bien se ha demostrado que no presenta ningún peligro, en ciertos sujetos sigue creando sentimientos de culpabilidad o falsas hipótesis sobre el origen de sus problemas sexuales. Entre el 85 y el 96 por ciento de la población masculina se masturba a lo largo de su vida, así como el 82 por ciento de la población femenina. Es la forma más frecuente de conseguir satisfacción sexual por parte de los adolescentes, para quienes constituye un elemento de iniciación en el comportamiento sexual además de una forma de expresar las fantasías iniciales. Ocasionalmente, la masturbación puede incrementarse en ciertas circunstancias de la vida (viudez, soledad, insatisfacción sexual, técnica para mejorar el impulso sexual, etc.), siendo una estrategia utilizada en la pareja para la satisfacción mutua, tanto en circunstancias habituales como por uso terapéutico. Actualmente se considera que la masturbación constituye una importante ayuda para el aprendizaje sexual (es muy frecuente que entre las mujeres anorgásmicas no exista historia de masturbación) y para mantener el equilibrio psicológico de la persona, tanto durante la adolescencia* como cuando existen grandes diferencias de impulso sexual entre los dos miembros de una pareja (véase Heteroestimulación). / *Masturbación compulsiva,* forma de masturbación que puede presentarse en ciertas psicopatologías (trastorno obsesivo-compulsivo*) y en el retraso mental*. / *Masturbación programada,* estrategia terapéutica utilizada en el tratamiento de las parafilias y en la cual se programa una secuencia de fantasías alternativas a las propias de la parafilia* y que se pretende que acaben sustituyéndolas.

MEC Siglas de Mini Examen Cognoscitivo. Sencillo instrumento diseñado para detectar alteraciones en la función intelectiva. Es la adaptación española del Mini-Mental Status Examination. Se trata de un cuestionario heteroadministrado que explora una larga serie de funciones cognoscitivas: orientación, fijación, concentración y cálculo, memoria*, lenguaje* hablado y escrito, pensamiento* abstracto, coordinación visual motora y construcción. Permite valorar déficits parciales en ítems específicos, así como obtener una visión global con la puntuación final. Se han establecido dos puntos de corte: uno para los pacientes geriátricos (23/24) y otro para los no geriátricos (27/28). Hay circunstancias que tienden a aumentar los falsos positivos, como son la escolarización deficiente o el analfabetismo, la apatía producida por una enfermedad somática o por estados depresivos graves, la simulación y la falta de colaboración.

Mecanismos de defensa Véase Defensa.

Medicina conductual Denominación que se le otorga a una área de las ciencias de la salud que integra los conocimientos y las tecnologías biomédicas y la intervención psicológica de las conductas relevantes para la salud y la enfermedad, en un trabajo multidisciplinar que pretende prevenir, diagnosticar, tratar y rehabilitar. La medicina conductual responde a la visión de la enfermedad dentro de un modelo médico biopsicosocial. La primera referencia histórica de la medicina conductual se encuentra en una obra de L. Birk de 1973, *Biofeedback: Behavioral Medicine.* Posteriormente se crearon varios centros de medicina conductual en distintas universidades americanas. El término se estableció de una forma definitiva en 1978 en la Yale Conference of Behavioral Medicine.

Meditación Ejercicio reflexivo que consiste en pensar con atención en un objeto o una idea. Normalmente suele acompañarse de unas condiciones ambientales y personales determinadas, tales como un lugar silencioso y tranquilo y una especial relajación* o escucha interior. Con la meditación se quiere llegar a la verdad profunda de lo mentalmente cuestionado y/o al reconocimiento de uno mismo. La meditación es un fenómeno presente en todas las culturas y en todos los tiempos, por eso su concepto no es unívoco. Como fenómeno religioso tiene su origen en el hinduismo, en el que su objetivo es lograr la fusión con la divinidad, entendida ésta de modo impersonal. En el cristianismo la meditación adopta otro cariz, se basa en la idea del monoteísmo y procura, no ya la unión-fusión con la divinidad de un modo impersonal, sino el encuentro personal con Dios. Con este encuentro se quiere despertar el deseo de Dios y obtener fuerzas para creer y actuar desde la fe sobre el mundo real. Esta forma de meditación tiene elementos en común con la meditación islámica. ■

Médula espinal Parte del sistema nervioso* que conecta el cerebro* con el sistema nervioso periférico. Se encuentra alojada en el interior de la columna vertebral, desde el agujero occipital hasta la primera vértebra lumbar. De su estructura salen diversos nervios que controlan tanto los actos motores como sensoriales mediante el arco reflejo*. ■

Megalomanía Término ligado a ideas de grandeza y autosatisfacción y que equivale a las manifestaciones psicopatológicas de la manía*.

Meinchenbaum, Donald Actualmente profesor de psicología en la Universidad de Waterloo, en Canadá. Se trata de una de las personalidades más influyentes dentro de la psicología clínica del momento y el creador de la técnica de «inoculación de estrés». Sus trabajos quedan englobados dentro de la modificación cognitiva de la conducta* y pueden revisarse en diversas publicaciones del autor.

■ *La meditación es común a todas las culturas. En la imagen,* El pensador *de Rodin.*

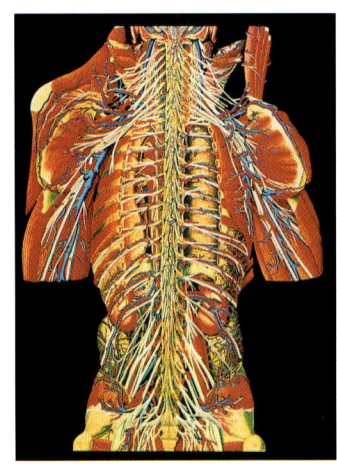

■ *La **médula espinal** conecta el cerebro con el sistema nervioso periférico.*

Melancolía

*La **melancolía**, antigua designación de un tipo de depresión mayor, da nombre a esta obra de Giorgio de Chirico.*

*La **memoria** fija las experiencias vividas y las informaciones recibidas, y las evoca.*

Melancolía Término con el que se ha conocido históricamente a la denominada en la actualidad depresión mayor* con síntomas melancólicos, caracterizados por la pérdida de placer* en todas o casi todas las actividades, falta de reactividad a los estímulos placenteros, cualidad distintiva del estado de ánimo depresivo (por ejemplo, el estado de ánimo deprimido se experimenta de forma distinta del tipo de sentimiento expresado tras la muerte de un ser querido), despertar precoz, sintomatología agudizada por la mañana, enlentecimiento/agitación psicomotora, anorexia* o pérdida de peso y culpabilidad excesiva o infundada. Los síntomas melancólicos se dan por igual en ambos sexos, pero son más frecuentes en las personas de edad avanzada. ■

Memoria Capacidad mental que permite fijar, conservar y evocar información de situaciones que el sujeto percibe como pertenecientes al pasado. En una clasificación general, los contenidos de la memoria pueden ser de reconocimiento o de percepción en forma de representaciones. En el estudio sistemático de la memoria, el reconocimiento se examina mediante la selección de elementos antiguos en el recuerdo en una serie de objetos nuevos y pasados. El recuerdo se estudia por asociación de pares, donde la presentación del primer elemento da pie al recuerdo del asociado. Además del proceso de fijación, conservación y evocación, la memoria tiene otra función que le es necesaria: el olvido*. El olvido es un factor esencial de la memoria que requiere de un proceso de selección y compresión de la información para ser funcional. El olvido se ve afectado por dos elementos: el paso del tiempo y los procesos de interferencia. Las interferencias son otra forma de producir olvido. Debemos distinguir entre interferencia retroactiva, olvido de la información conservada por la fijación de nueva información y la interferencia proactiva, en la que se da una dificultad de fijación por la influencia de información ya conservada. A finales de la década de 1960 proliferaron numerosas investigaciones acerca de los procesos de la memoria. Especial relevancia adquirió el modelo multialmacén, donde se distingue entre tres formas diferenciadas de memoria. La memoria inmediata, la memoria a corto plazo y la memoria a largo plazo. / *Memoria inmediata,* también denominada «almacén sensorial». Se trata de una reserva de información que permite conservar por un espacio corto de tiempo los datos procedentes de cualquier modalidad sensorial. La permanencia de esta información varía desde quinientas a doscientas milésimas de segundo para la modalidad sensorial visual, hasta ocho o nueve segundos para la auditiva. Este tipo de memoria parece almacenar de forma breve la gran mayoría de procesos existentes sin ningún tipo de elaboración. Esta memoria se ve muy afectada por variables atencionales y de nivel de conciencia. / *Memoria a corto plazo,* es un proceso posterior a la memoria inmediata que requiere cierta elaboración de la información. Esta memoria puede retener el recuerdo hasta unos treinta segundos antes de perderse. Pasado este tiempo, la información se almacena en una memoria más estable o se olvida. La capacidad de la memoria a corto plazo es limitada, sólo puede retener unos ocho ítems independientes entre sí. Cuando los elementos a recordar están organizados en forma de palabras, frases o mediante musicalidad se aumenta considerablemente la capacidad de almacén. La información se puede retener de forma ilimitada en esta memoria si la vamos repitiendo de forma sucesiva. Sería lo que hacemos cuando pretendemos recordar un número telefónico antes de anotarlo en la agenda. También se ha denominado «memoria de trabajo», puesto que es el almacén que más importancia tiene para contrastar información pasada con nuevas adquisiciones para proceder a la elaboración de pensamientos o ideas. / *Memoria a largo plazo,* es el almacén donde la información queda recogida de forma más permanente y estable. Los datos que se recuerdan pasados treinta segundos de su fijación provienen de esta memoria. El olvido es más lento y progresivo que en otras memorias más volátiles, pero no es inexistente. El almacenamiento en la memoria a largo plazo no es un proceso pasivo, la información tiende a simplificarse y distorsionarse con el paso del tiempo y la acción de nuestras emociones. Así, es común minimizar las experiencias aversivas y maximizar las positivas. Dentro de la memoria a largo plazo, se distinguen tres tipos de información básica: a) memoria episódica: se refiere al tipo de información almacenada en la memoria a largo plazo cuando ésta tiene que ver con nuestra propia experiencia personal. Se encuentra especialmente ligada al tiempo y al espacio. Recordar lo que comimos ayer forma parte de la memoria episódica; b) memoria de procedimiento: se refiere al tipo de información almacenada en la memoria a largo plazo cuando ésta tiene que ver con la memoria abstracta a la que no tenemos acceso consciente, por norma general. Recordar la forma en que se monta una bicicleta después de cierto tiempo depende de la memoria de procedimiento; c) memoria semántica: se refiere al tipo de información almacenada en la memoria a largo plazo cuando ésta tiene que ver con aspectos abstractos e intemporales. Recordar la definición de un concepto depende de la memoria semántica. Existe una estructura cerebral indispensable para la memorización de todos los estímulos sensoriales. Esta estructura básica está formada por la corteza temporal medial y, en especial, por el hipocampo* (denominado así porque tiene forma de caballito de mar) y el diencéfalo* (específicamente, el tálamo*). Las técnicas de neuroimagen funcional, como la tomografía por emisión de positrones (TEP), han contribuido a identificar las estructuras cerebrales que se activan durante el aprendizaje de determinadas tareas (palabras, melodías, etc.) y también a identificar las áreas cerebrales que intervienen en la memoria de trabajo. Las huellas mnésicas o huellas de memoria se localizan en la región de la neocorteza (corteza evolucionada que comprende la mayor parte de la corteza cerebral* del hombre), que está relacionada con las modalidades sensoriales de entrada de la información. Así, la neocorteza temporal izquierda contendría información sobre las palabras; la neocorteza parietal derecha, sobre las memorias referentes al espacio; la neocorteza temporal derecha, sobre la identidad de las caras, etc. La estructura alternativa para la codificación de la memoria motora y de procedimientos podría estar constituida por los ganglios basales, núcleos grises situados en la base del cerebro, que son estructuras que tienen un papel importante en la automatización de los actos motores (procedimientos automáticos). Juegan también un papel en la codificación de información procedimental compleja, tal como la resolución de situaciones sociales o ejecutivas. La amígdala cerebral* aporta el componente emocional de la memorización. Desde el punto de vista bioquímico, se ha implicado a la acetilcolina* como neurotransmisor* específico de la memoria. Los conceptos de aprendizaje y memoria están íntimamente relacionados: Aprendizaje es el proceso de adquisición de nueva información, mientras que memoria se refiere a la persistencia del aprendizaje en un estado relativamente permanente, que puede ser puesto de manifiesto en un tiempo posterior. ■

Menarquía Inicio de los ciclos menstruales o primera menstruación*. Suele aparecer entre los 12 y los 14 años, si bien, a medida que el nivel de vida mejora, se adelanta la edad en que se produce.

Menopausia Cesación de los ciclos menstruales. Suele presentarse en la mujer, en condiciones normales, entre los 48 y 50 años. Las manifestaciones más frecuentes son la atrofia y sequedad vaginales y las sofocaciones. Constituye una época de riesgo para la osteoporosis (disminución de la cantidad de tejido óseo calcificado) y las enfermedades cardiovasculares. Los síntomas emocionales que la acompañan están relacionados tanto con las variaciones hormonales como con factores socioculturales y de estructura de la personalidad. Los más frecuentes son el insomnio*, las fluctuaciones del estado de ánimo*, las alteraciones del apetito y la irritabilidad*. ■

Menstruación Eliminación mensual de sangre procedente del endometrio uterino por la expulsión del óvulo* no fecundado y de las mucosas del útero. En las mujeres sexualmente maduras y no embarazadas, se produce en intervalos comprendidos entre los 25 y los 32 días. Durante la menstruación son frecuentes la inestabilidad nervio-

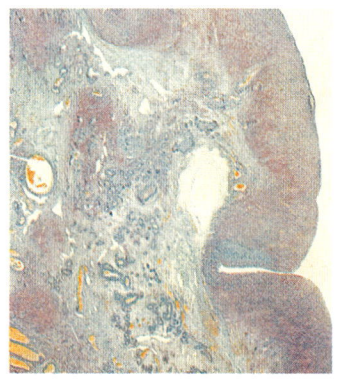

■ *Durante la **menopausia** se producen variaciones hormonales que pueden estimular diversos síntomas emocionales.*

*La **meta** es el objetivo que el sujeto quiere alcanzar.*

*La **metadona** tiene propiedades analgésicas y elimina la sintomatología de abstinencia de los opiáceos.*

*La pedagogía especial se encarga de la adaptación de las personas que sufren una **minusvalía**.*

sa y algunas molestias físicas, que no obstante, no deben dificultar la actividad normal de la mujer.

Mental, trastorno Cualquier alteración que comporta una disfunción de comportamiento, psicológica o biológica, que sea la expresión de un trastorno de tipo psicopatológico.

Mesomorfo Expresa una complexión física muscular del hombre. El término fue propuesto por W. H. Sheldon en su «teoría del tipo» en la que establece unas categorías en tres tipos distintos de físicos: el obeso (endomorfo*), el muscular (mesomorfo*) y el delgado (ectomorfo*) a los que les atribuye ciertos rasgos de personalidad. La personalidad que correspondería a una persona mesomorfa se ve caracterizada por tendencia a la agresividad, poca empatía, ruidoso, buscador de sensaciones y activo.

Meta Actividad intencional o voluntaria, el estado de cosas que el sujeto quiere alcanzar; su representación mental. La solución de todo problema, práctico o intelectual es la «meta» cuando el sujeto anticipa una representación mental determinada. La cadena de acciones que permite alcanzar la meta puede ser compuesta en etapas, cada una de las cuales se dirige para alcanzar una submeta. ∎

Metadona Opiáceo de síntesis cuyos efectos farmacológicos son similares a los de la morfina. Destacan su propiedad analgésica, su eficacia por vía oral y su capacidad para suprimir, de forma prolongada, la sintomatología de abstinencia de los opiáceos*, por lo que se ha introducido en el tratamiento de los heroinómanos. ∎

Metilfenidato Sustancia estimulante, de acción similar a las anfetaminas*. Se utiliza en el tratamiento del déficit atencional*, la narcolepsia* y la depresión*.

Método Procedimientos que emplea un investigador para descubrir y verificar conocimientos, o un técnico para resolver un determinado problema a partir de los conocimientos que ya existían. En su expresión más simple, dentro de la psicología general, los métodos se basan en la elaboración de hipótesis y en la verificación.

Miastenia Enfermedad muscular de origen autoinmune y predisposición genética, caracterizada por la existencia de debilidad muscular tras una actividad prolongada, con tendencia a la recuperación tras un período de inactividad. Se da en todas las edades, con una mayor incidencia a los 40 años, siendo más frecuente en el sexo femenino. Es debida a la presencia de anticuerpos en las estructuras funcionales (placa motora) de los músculos. Los grupos musculares más afectados son la musculatura ocular, músculos proximales de las extremidades (muslos y brazos) y la musculatura de la lengua. Es fácil constatar el cansancio y fatigabilidad* que produce hablar, abrir y cerrar los ojos, o masticar repetidamente, así como la consiguiente recuperación total o parcial tras el reposo. Con frecuencia se asocian alteraciones del timo (tumores), enfermedades tiroideas y otros procesos de origen inmunológico. El curso de la enfermedad es muy variable, existiendo desde formas muy leves con tendencia a la estabilización y buena respuesta al tratamiento, hasta otras de curso fulminante, con progresión rápida de la sintomatología y escasa respuesta a los fármacos. El tratamiento médico incluye, en primer lugar, los fármacos anticolinesterásicos, de primera elección por sus escasos efectos secundarios, y los corticoides*. El tratamiento quirúrgico al principio de la enfermedad está indicado en pacientes con tumor tímico, pero también se ha propuesto para intentar la curación definitiva.

Miedo Sensaciones normalmente desagradables que tienen lugar ante una amenaza externa identificable en el ambiente. La reacción emocional y fisiológica puede ser indistinguible de la que acontece en la angustia*, pero en el miedo, el temor se refiere a un objeto concreto.

Mielina Véase Vaina de mielina.

Miller, Neal Psicólogo estadounidense que junto a Hull en el Instituto de Relaciones Humanas de Yale dedicó gran parte de su labor al estudio de la motivación.

Minusvalía Se refiere a las personas que no pueden valerse por sí mismas en todas sus facultades debido a una incapacitación mental o física de tipo parcial. La «pedagogía especial» se encarga de la adaptación de las personas minusválidas. ∎

Mira y López, Emilio Psiquiatra español (Santiago de Cuba, 1896-Petrópolis, 1964). Ocupó la cátedra de psiquiatría de la Universidad de Barcelona. Su obra se adelantó a los tiempos actuales por tener en cuenta los factores biológicos que subyacen en la enfermedad mental. En 1935 publicó su manual de psiquiatría, considerado como una de las publicaciones más importantes en este ámbito en lengua castellana, con ideas novedosas sobre los tratamientos farmacológicos, la socioterapia* o el acercamiento a diversas técnicas psicológicas alternativas al psicoanálisis*. Por su implicación republicana se exilió en 1939, no sin antes darse a conocer internacionalmente por sus trabajos en psicodiagnóstico* y acerca de los efectos de la guerra sobre los soldados, anticipando el concepto de estrés postraumático. Siguió trabajando en el Maudsley Hospital de Londres, trasladándose posteriormente a Brasil, donde siguió ejerciendo su magisterio hasta su muerte. ■

Misantropía Reacción aversiva motivada por la relación con las personas, por la cual el sujeto se aparta del trato con la gente. Puede darse en cuadros depresivos y personalidades por evitación graves.

Misoginia Reacción aversiva al sexo femenino y a todo aquello que guarde una relación directa con las mujeres en general de forma indiscriminada.

Mitomanía Tendencia morbosa más o menos voluntaria y consciente a la mentira y a la creación de fábulas, frecuente en la histeria*. Puede entenderse también como la propensión bien a mentir o bien a inventar historias fantásticas con el fin de adquirir notoriedad. También se denomina fabulación*.

MMPI Siglas que corresponden a Inventario Multifásico Minnesota de la Personalidad. Se trata, probablemente, del inventario de personalidad más utilizado internacionalmente en la evaluación de los trastornos psicológicos. Fue creado en Estados Unidos en 1960 y ha sido objeto de posteriores remodelaciones. Está subdividido en numerosas subescalas, entre las que destacan los diversos cuadros psicopatológicos, además de los intereses genéricos o la introversión social.

Modelado Véase Imitación, aprendizaje por.

Modelo En general, se dice de aquellas acciones o estructuras que sirven de referentes. Sin embargo, se trata de un término con gran variedad de significados dentro de las distintas ciencias. En psicología, los modelos son teorías que se expresan en un lenguaje exacto y tecnificado, distinto al lenguaje común. Así hablamos de modelos de aprendizaje, modelos de personalidad o modelos de competencia en vez de utilizar el término teoría. En la teoría del aprendizaje social de A. Bandura el modelo sería la persona o animal a través del cual se aprenden una serie de comportamientos mediante la observación e imitación. ■

Modificación de conducta Expresión que fue utilizada para expresar el uso del condicionamiento operante* a fin de resolver problemas específicos de la conducta. En la actualidad se ha generalizado y equivale a terapia de conducta*.

Moldeamiento Aprendizaje* o adquisición de una habilidad compleja, por condicionamiento*, que utiliza aproximaciones sucesivas con una secuencia adecuada de reforzamiento. Se inicia reforzando de entre las conductas observadas en el sujeto aquellas que se parecen más al comportamiento que se persigue. Cuando se consigue que éste se produzca con mayor frecuencia, se crea un nuevo comportamiento. A continuación se refuerza un comportamiento más cercano que el precedente al comportamiento buscado, y se deja de reforzar el anterior. De forma progresiva, paso a paso, se hace evolucionar el comportamiento del sujeto hasta alcanzar el comportamiento complejo propuesto como objetivo. El moldeamiento es una técnica que sólo utiliza refuerzos positivos (recompensas*) combinados con el procedimiento de extinción. La técnica fue descubierta por B. F. Skinner.

Mongolismo Véase Down, síndrome de.

Monoaminas Conjunto de neurotransmisores* del sistema nervioso*, localizados fundamentalmente en el tronco encefálico y cuyas proyecciones axónicas alcanzan la práctica totalidad del sistema nervioso central. Regulan prácticamente todas las conductas humanas y su desregulación inter-

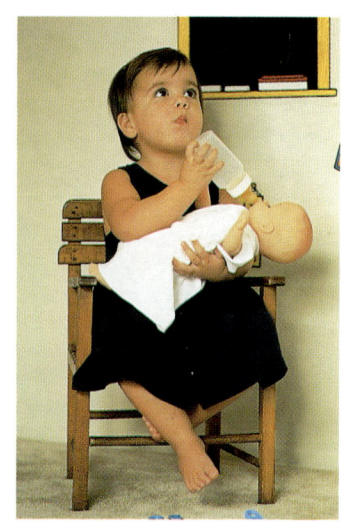

■ *El modelo observado en el ámbito familiar constituye una referencia para los niños.*

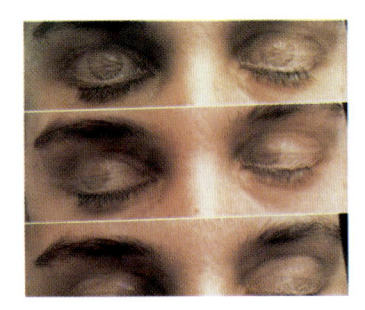

*La fase **MOR**, internacionalmente REM, corresponde a la etapa del sueño que se caracteriza por los movimientos oculares rápidos.*

*La **morfina**, sustancia de origen natural, es utilizada como analgésico.*

*La **motivación** expresa tanto una forma primaria de supervivencia como el impulso positivo hacia objetivos más complejos.*

viene en gran cantidad de trastornos psiquiátricos. Incluyen las catecolaminas* y las indolaminas, cuyo principal representante es la serotonina*.

MOR, FASE Fase de los movimientos oculares rápidos o fase REM. Véase SUEÑO, FASES DEL. ■

MORFEMA Lingüísticamente se considera como la unidad morfológica mínima.

MORFINA Sustancia opiácea de origen natural utilizada en medicina como analgésico. Varios de sus derivados, como la heroína, son conocidos por su gran capacidad adictiva. ■

MORIA Estado mental de euforia, con tendencia a la frivolidad superficial, en el contexto de una indiferencia general. Es un síntoma asociado a tumores y otras lesiones del lóbulo frontal del cerebro* y algunos tipos de demencia*.

MOTIVACIÓN Necesidad o deseo que dinamizan la conducta*, dirigiéndola hacia una meta. Procesos psicológicos y fisiológicos responsables del desencadenamiento, del mantenimiento y del cese de un comportamiento*, así como el valor atractivo o aversivo conferido a los elementos del entorno sobre los cuales se ejerce ese comportamiento. El valor de un estímulo*, positivo o negativo, estimado según una norma innata o adquirida (por aprendizaje o educación), provoca, cuando este estímulo es detectado, la puesta en marcha de mecanismos fisiológicos o de comportamientos que tienden a buscarlo o evitarlo. La fuerza de un estímulo depende de los programas de análisis y acción del organismo, programas que forman parte de su estructura innata o que son elaborados a través de las interacciones, sucesivamente las potencialidades genéticas de un individuo y su medio. De ahí que se introdujera el concepto de impulso (en sustitución del antiguo de instinto) como fuerza que empuja a motivarse al organismo para satisfacer una necesidad. Entendido como una forma básica de supervivencia, el impulso induce al organismo a comer, beber o dormir, por ejemplo. Si entendemos el impulso como una situación de necesidad (ya sea puramente biológica, como el hambre*, o más «psicológica», como la necesidad de autoestima*), esta circunstancia crea una activación, consecuente con la intensidad del motivo, que a su vez está encaminada a reducir el impulso. Desde este enfoque, el impulso ya no se plantea como algo puramente instintivo, espontáneo y automático, sino que parte de una situación previa de carencia o privación. Ésta es la secuencia de los impulsos básicos, los más dependientes de las necesidades fisiológicas; el resto de impulsos no tienen por qué estar marcados necesariamente por estados carenciales, sino que pueden ser estimulados desde el exterior a través de los incentivos ambientales, definidos como los factores externos al organismo capaces de activar una conducta. Los impulsos-motivaciones básicos o primarios serían aquellos de base puramente biológica, que también pueden ser disparados por factores externos, determinados genéticamente y que siguen un proceso aparentemente rígido, destinado al mantenimiento de un estado interno equilibrado o constante. Están regulados fundamentalmente por mecanismos que provienen del interior del organismo y ligados al concepto de homeostasis*, para referirse a las constantes biológicas dentro de cuyos límites se mantiene vivo el organismo. Cuando se alcanza la meta apropiada, se equilibra la homeostasis* y se atenúa el impulso. No obstante, algunos comportamientos tienden a presentarse espontáneamente en casi todos los sujetos de la especie, sin que ello obedezca a ninguna carencia o modificación en el medio interno. Impulsos como el sexual o el «instinto» de exploración (típico en muchos animales) no obedecen a una necesidad inmediata de mantener las constantes biológicas. Sin embargo, depende de ellos la preservación de la especie, por lo que podemos considerarlos como primarios e innatos, dado que están prefijados en el código genético de los seres vivos. Las motivaciones fisiológicas primarias son el hambre, la sed, el sueño*, la necesidad de oxígeno, la actividad sexual, el instinto maternal, la actividad exploratoria, la evitación del dolor y de las temperaturas extremas. Las motivaciones que no satisfacen una necesidad biológica evidente son las secundarias, también llamadas adquiridas porque en ellas intervienen mayoritariamente (aunque no únicamente) el aprendizaje, la cultura y las estimulaciones externas. Es posible motivarse si algo produce una recompensa* o un castigo* y si aprendemos a reconocer estas circunstancias, que cuando varían, cambian la intensidad de la motivación, y esto es tan válido para los impulsos básicos como para los secundarios. Algo semejante ocurre con nuestros estados de excitación ante el impulso. No es lo mismo una activación normal que estar agitados; no es igual que seamos reforzados o castigados; y tampoco es igual si estamos ansiosos o no. Al igual que las motivaciones primarias o de estirpe «biológica» podían estar muy condicionadas por los procesos de aprendizaje, también las motivaciones secundarias (de tipología más «social») pueden tener algún sustrato preestablecido en la base genética de la personalidad, como es el caso de conductas típicamente interactivas en la vida social, por ejemplo la agresividad*. Los impulsos secundarios incluyen casi todo el espectro del comportamiento humano: la vocación profesional, el afán de estatus social, las aficiones deportivas, las preferencias estéticas, etc. La adquisición de un motivo se ajusta a los principios generales del aprendizaje. Algunos deseos se adquieren en virtud del condicionamiento clásico* y otros por el aprendizaje instrumental*. También influye (sobre todo en la motivación para el logro) el aprendizaje por modelos familiares: los niños muy motivados a menudo tienen padres que alientan esa dependencia desde edad temprana y los elogian y recompensan por sus éxitos; los niños aprenden a atribuir sus resultados a su propia competencia y a su esfuerzo elevando el listón de sus expectativas. Es el aspecto cognitivo de la adquisición de motivaciones. Otras motivaciones típicas son las de afiliación y poder. La necesidad de afiliación se refiere a la preocupación por establecer, mantener y restaurar relaciones amistosas, y la de poder, a la preocupación por la reputación, la influencia y el «deslumbramiento» de los demás. Las motivaciones se clasifican también en intrínseca, expresada por el deseo de ser eficaz, de tener un tipo de conducta por la conducta misma, y apoyada en la propia fuerza que emana de la tarea para el sujeto implicado; se le contrapone la motivación extrínseca, que implica la búsqueda de recompensas externas e incentivada no solamente por refuerzos económicos, sino por aspectos como el afán competitivo o de poder. La motivación intrínseca determina un rendimiento más elevado que la extrínseca. Para incentivar la motivación, deben tenerse en cuenta tres factores: 1) Cultivar la motivación intrínseca. 2) Conocer los motivos de la gente. Las acciones para motivar deben estar en concordancia con los estilos de cada persona. 3) Determinar metas específicas. ■

Motores, trastornos Serie de trastornos de la motricidad, tanto de tipo neurológico como psiquiátrico. Se distinguen los de hiperactividad, hipoactividad o los movimientos anormales (tics, temblores, síntomas extrapiramidales, catatonía, estereotipias, manierismos, abulia, compulsiones o rituales motores). También se conoce como trastornos del movimiento.

Muestra Parte o porción extraída de un conjunto mediante métodos que permiten considerarla como representativa del mismo. Un grupo extraído al azar de otro grupo mayor (población) constituye la muestra, que ha de representar proporcionalmente las diferentes clases existentes en la población de la cual ha sido tomada. Existen diferentes métodos para obtener la muestra de una población: a) muestra simple: por elección al azar de los sujetos que la integran; b) muestra por cuotas: se divide la población en subgrupos, en función de diferentes variables como edad, sexo, etc. La elección de los individuos que forman la muestra se puede hacer de dos formas, bien mediante una proporción fija, eligiendo para la muestra un número de individuos proporcional al número de individuos componentes del subgrupo, o bien eligiendo a los individuos con diferentes proporciones en función de la homogeneidad de subgrupo; c) mediante el método de bloques: se divide la población por regiones, se toma al azar cierto número de estas regiones y se trabaja con todos los individuos que las componen; d) elección de la muestra en dos fases: se divide la muestra en varios subgrupos, se toman al azar algu-

■ Una *muestra* es un término utilizado en estadística para designar a la fracción extraída entre un grupo mayor o población objeto de estudio.

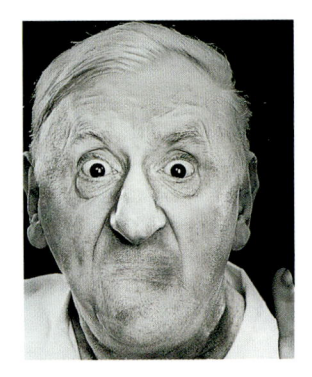

*El **mutismo** es un caso extremo de las alteraciones del habla.*

nos de ellos y se extrae la muestra del grupo total resultante; y e) muestra estratificada: consiste en representar proporcionalmente los subgrupos de la población. ■

MUNCHAUSEN, SÍNDROME DE Véase FACTICIO, TRASTORNO.

MÚSCULO PUBOCCÍGEO Conjunto de zonas musculares que van desde el hueso pubis al coxis. Su contracción se ha relacionado con la dinámica del orgasmo* y se utiliza terapéuticamente en tratamientos de disfunciones sexuales selectivas.

MUTISMO Imposibilidad de articular una palabra y hasta de emitir un sonido laríngeo, con persistencia de una mímica inteligente y de la escritura. Según algunos autores difiere de mudez, que significa falta del desarrollo de la función del lenguaje, generalmente asociada con la sordera, mientras que el mutismo está relacionado con diversos elementos psicopatológicos. Puede ser síntoma de ciertos tipos de esquizofrenia*, depresiones* graves, histeria* y demencia* frontal. ■

Narcisismo Forma de autoerotismo caracterizada por el amor a sí mismo. El término deriva del griego *narkissos*, joven hermoso que se enamoró de su propia imagen. ■

Narcisista, trastorno Véase Personalidad, trastornos de la.

Narcolepsia Síndrome de origen desconocido en el que son típicos cuatro síntomas, conocidos como tétrada narcoléptica: a) excesiva somnolencia diurna: aparece con episodios de sueño incoercible de relativa breve duración. Es el síntoma más frecuente; b) cataplejía*: súbita pérdida del tono muscular que impide al paciente moverse normalmente o, si está de pie, provoca su caída al suelo. Los episodios catapléjicos aparecen reactivamente a estímulos emocionales intensos (risa, cólera) o ante movimientos bruscos, y suelen durar pocos segundos (máximo dos minutos), manteniéndose un nivel de conciencia normal durante los mismos. Es el segundo síntoma más frecuente; c) parálisis del sueño: consiste en la imposibilidad de movimiento durante el adormecimiento o al despertar, de duración no mayor de pocos minutos, y que puede cesar ante estímulos externos; cuando se asocia a percepción alucinatoria constituye una experiencia intensamente ansiógena. Se da en el 10 al 50 por ciento de los casos de narcolepsia. También puede aparecer de forma aislada en sujetos sanos, sin ningún tipo de significación patológica; y d) alucinaciones hipnagógicas o hipnopómpicas: son seudopercepciones, generalmente auditivas o somatosensoriales, más rara vez visuales, que aparecen en el momento del adormecimiento o del despertar. Se asocian con frecuencia a la parálisis del sueño y se presentan en el 15 al 50 por ciento de los casos de narcolepsia. La enfermedad suele iniciarse antes de los 30 años y es muy poco frecuente. En el registro polisomnográfico del sueño nocturno es característico una entrada en fase REM casi inmediata tras empezar a dormir. Su curso es crónico y el tratamiento es sintomático, con fármacos anfetamínicos para mejorar la somnolencia, y con antidepresivos tricíclicos* (clorimipramina) en casos de cataplejía y parálisis del sueño.

Narcótico Sustancia que produce sopor o entorpecimiento y disminuye la actividad vital del organismo. Los narcóticos engloban, fundamentalmente, a los opiáceos* y sus derivados.

Náuseas y vómitos anticipatorios Sensación que se produce en un 20 por ciento de los pacientes oncológicos sometidos a quimioterapia. Se considera que su origen es debido a un proceso de condicionamiento clásico*, por asociación con los propios efectos adversos de los fármacos. El paciente anticipa la respuesta de náusea antes del inicio del tratamiento farmacológico. Se resuelve con terapia de conducta*.

Necesidades Estado del organismo determinado por un desequilibrio de las normas fisiológicas o culturales y por informaciones sobre la situación del medio interno o externo, o de sus representaciones. Estas normas fisiológicas o culturales pueden ser innatas o adquiridas, por ejemplo, los parámetros normales del funcionamiento de determinadas células como norma innata y ciertas normas culturales que son adquiridas por aprendizaje. La discordancia constatada entre los dos términos de la comparación (las normas ante las informaciones sobre las condiciones del medio o sobre el estado funcional del sistema nervioso), constituye la necesidad que activará, en el sistema nervioso central*, las poblaciones de

■ *El término* **narcisismo**, *que tiene su origen en la mitología griega, designa una forma de autoerotismo, así como un factor de personalidad.*

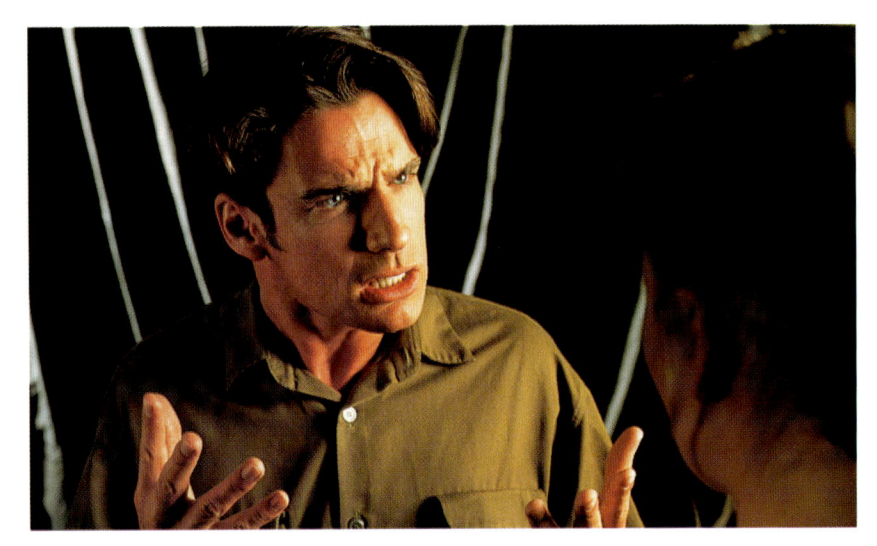

*El **nerviosismo** es un estado psicológico caracterizado por una excitación o estimulación excesiva.*

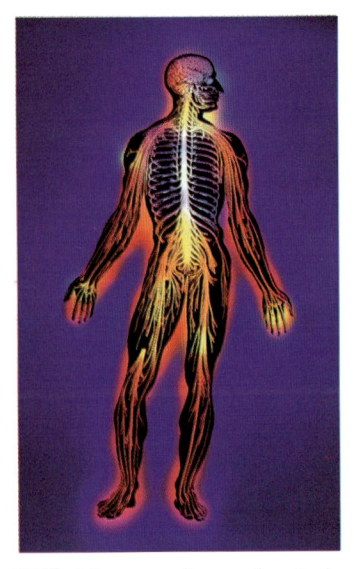

*El **sistema nervioso** es el conjunto de estructuras que conforman las neuronas y sus divisiones.*

neuronas que controlan los comportamientos compensatorios (motivación*). No es posible enumerar las necesidades, ni caracterizarlas de manera definitiva, pero se pueden agrupar en grandes categorías. Las necesidades orgánicas fundamentales, o necesidades primarias, conciernen a la supervivencia del individuo y de su especie, además de las ligadas al desarrollo y al funcionamiento físico y mental del individuo. A estas necesidades primarias se incorporan, por generalización, las necesidades secundarias, más extensas y variadas que el sistema nervioso y más complejas, como son las necesidades cognitivas, sociales y culturales.

NECROFILIA Parafilia* que consiste en la satisfacción sexual en contacto con cadáveres. No se conoce el porcentaje real de personas que la sufren, aunque se supone que no es numeroso.

NEGACIÓN Rechazo, reprobación, no reconocimiento del estado de cosas objetivo. / *Negación de enfermedad*, estrategia de afrontamiento* que puede definirse como la omisión de hechos o sentimientos que podrían ser dolorosos si se aceptan en conciencia. Aparte de presentarse en situaciones globales de estrés*, es una estrategia frecuente en enfermos oncológicos, neurológicos, cardiovasculares y hemodializados. Como patrón de afrontamiento* es inadecuado, ya que puede influir en el incumplimiento de órdenes médicas y en el descuido de medidas profilácticas e higiénicas. Una subcategoría de la negación de enfermedad es la minimización de síntomas.

NEGATIVA, CONDUCTA Véase CONDUCTA NEGATIVA.

NEGATIVISMO Trastorno común a alteraciones de la psicomotricidad* y el lenguaje* que consiste en una actitud de oposición a la motricidad general o a la expresión verbal. El negativismo activo implica la ejecución de acciones opuestas a las demandadas desde el exterior. El pasivo se refiere a la falta de respuesta a requerimientos externos, incluyendo la resistencia muscular. Es típica de este trastorno la reticencia (evitación activa de dar información en general o sobre temas específicos, aunque se conteste a todas las preguntas). El negativismo, cuando es fundamentalmente verbal, debe también ser considerado como un trastorno del lenguaje*. Aparece en la esquizofrenia catatónica*, en el retraso mental* y en la melancolía*. El llamado negativismo desafiante es un trastorno de conducta relativamente leve, característico del trastorno hipercinético*. Véase MANIERISMO.

NEGLIGENCIA Trastorno de la atención que consiste en la tendencia a ignorar una parte del espacio externo. Se relaciona con lesiones cerebrales que radican en el hemisferio no dominante.

NEOLOGISMO En psiquiatría, palabra o combinación de diferentes palabras nuevas, acuñada por enfermos esquizofrénicos para expresar una idea muy difícil de entender por otras personas. Es un síntoma excepcionalmente raro.

NERVIO Cada una de las estructuras formadas por las prolongaciones de las neuronas* (axones), y que ponen en comunicación las diferentes partes del cuerpo con el cerebro*, la médula espinal* y otros centros, y éstos entre sí, y se encargan de la transmisión de los impulsos motores y sensaciones.

NERVIOSISMO Estado psicológico de excitación o estimulación excesiva. ■

NERVIOSO, SISTEMA Conjunto de estructuras que conforman las neuronas y sus subdivisiones. El sistema nervioso se divide en sistema nervioso central, que incluye todas las neuronas del cerebro* y la médula espinal*, y sistema nervioso periférico, que une el sistema nervioso central con los receptores sensoriales, los músculos y las glándulas del cuerpo. El sistema nervioso periférico tiene dos componentes: somático y autónomo. El sistema nervioso somático transmite la entrada sensorial desde el exterior (tacto y gusto, por ejemplo) al sistema nervioso central y dirige la salida motora, es decir, los movimientos voluntarios de los músculos esqueléticos. El sistema nervioso autónomo influye sobre las glándulas y los músculos de los órganos internos. Como un piloto automático, puede ser dominado conscientemente, pero suele operar por su cuenta, de manera autónoma, para organizar el funcionamiento interno, desde el latido cardíaco a la digestión, pasando por la ventilación respiratoria. Se subdivide a su vez en sistema nervioso simpático, que prepara a la persona para la alerta ante estímulos que pueden alarmarla o irritarla; si así ocurre, el sistema simpático acelerará el ritmo cardíaco, determinará que la digestión sea más lenta, elevará el nivel de glucosa en la sangre, dilatará las pupilas y disminuirá el calor interno con la transpiración, preparando al organismo para la acción. Está mediatizado por la adrenalina. El sistema nervioso parasimpático produce los efectos contrarios. En las situaciones cotidianas estos dos sistemas cooperan para mantener el organismo en un estado interno de preparación. ■

Neurastenia Término empleado por G. Beard en 1879 para definir un estado caracterizado por la fatigabilidad* fácil, abatimiento, insomnio* y disminución general del tono corporal y mental. En la actualidad apenas se usa por ser extremadamente difuso.

Neurolépticos Grupo de fármacos también denominados tranquilizantes mayores, dada su acción sedante en contraposición a los tranquilizantes menores (benzodiacepinas), y antipsicóticos*, debido a su acción antidelirante y antialucinatoria. Los primeros neurolépticos, la clorpromacina y la reserpina, se descubrieron al principio de la década de 1950; en 1958 apareció otro producto de este grupo: el haloperidol*. A partir de entonces se han aislado multitud de productos de características similares. Según su composición química, se clasifican en los siguientes grupos: I. Fenotiacinas: Ia) Alifáticas: clorpromacina, levomepromacina, prometacina. Ib) Piperidínicas: properciacina, tioridacina. Ic) Piperacínicas: trifluoperacina, perfenacina, flufenacina. II. Tioxantenos: zuclopentixol. III. Dibenzooxacepinas: loxapina. IV. Dibenzotiacepinas: clotiapina. V. Butirofenonas: haloperidol. VI. Difenilbutilpiperidinas: pimocide. VII. Derivados indólicos: molindine. VIII. Benzamidas: sulpiride, tiapride. IX. Dibenzodiacepinas: clozapina. X. Tienobenzodiacepinas: olanzapina. XI. Otros: risperidona. Debido a que su acción más importante es la antipsicótica, están indicados en todos los cuadros psicóticos: esquizofrenia*, trastorno delirante* crónico (paranoia*, parafrenia*), psicosis afectivas (fase aguda de la manía, trastorno esquizoafectivo, depresiones delirantes), psicosis puerperales, psicosis tóxicas, etc. En la esquizofrenia muestran mayor eficacia sobre la sintomatología positiva (delirios, alucinaciones, agresividad, agitación) que sobre la negativa. Debido a su acción tranquilizante y antiagresiva, están indicados en el síndrome de Gilles de la Tourette (haloperidol), trastornos de la personalidad* (antisocial, límite), cuadros de excitación/agitación neurótica, delirium* (haloperidol), demencias con alteraciones de conducta, abstinencia a opiáceos* y compulsiones alimentarias (bulimia*). Los principales efectos secundarios son: 1) cuadros extrapiramidales: distonía aguda*, acatisia*, parkinsonismo* y discinesia tardía*. Se previenen y tratan fácilmente con fármacos antiparkinsonianos. 2) Sobre el sistema nervioso central: somnolencia, convulsiones. 3) Sobre el sistema nervioso autónomo: hipotensión ortostática, obstrucción nasal, sequedad de boca, visión borrosa. 4) Cardiovasculares: cardiotoxicidad (tioridacina). 5) Endocrinos y sexuales: alteraciones de la eyaculación, anorgasmia, alteraciones menstruales (sobre todo el sulpiride: amenorrea) y galactorrea (sobre todo el sulpiride). Todos remiten al disminuir la dosis o retirar el fármaco. 6) Oculares: clorpromacina (opacidad corneal reversible), tioridacina (retinitis pig-

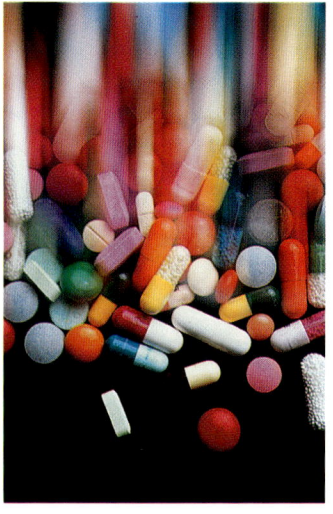

■ Los **neurolépticos** son un grupo de fármacos utilizados en el tratamiento de diversos trastornos psiquiátricos, fundamentalmente los de tipo psicótico.

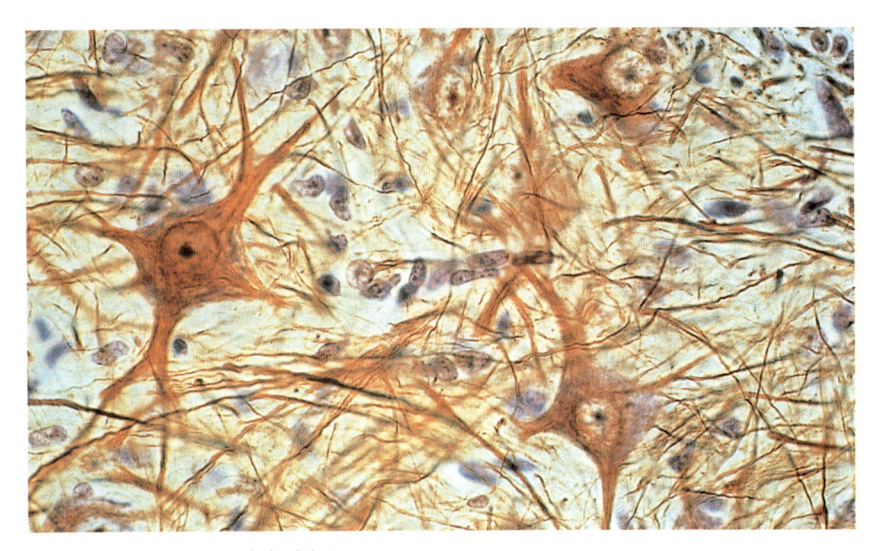

*La **neurona** es una célula del sistema nervioso que comprende un cuerpo celular y diversas prolongaciones denominadas axón y dendritas.*

mentaria, dosis dependiente). 7) Alteraciones hematológicas: Agranulocitosis (clorpromacina y clozapina). 8) Trastornos dermatológicos (sobre todo la clorpromacina). 9) Síndrome neuroléptico maligno*. ■

Neurona Célula nerviosa, unidad elemental y básica del sistema nervioso*. El cerebro humano contiene más de cincuenta billones de neuronas. Reciben diferentes nombres según el lugar en que se orientan y según su especialización. Las sensoriales, llamadas también aferentes («hacia adentro»), envían información desde los tejidos y órganos sensoriales del cuerpo hacia la médula espinal* y el cerebro*. Las motoras hacen el camino al revés, envían instrucciones a los tejidos y órganos, de ahí que reciban también el nombre de eferentes («hacia afuera»). De su cuerpo se desprenden el axón* y las dendritas*, elementos fundamentales en la transmisión nerviosa. ■

Neurosis Término acuñado por primera vez por el médico escocés W. Cullen en 1769 para identificar las enfermedades basadas en el sistema nervioso sin base anatómico-patológica. En esta categoría cabían enfermedades como la melancolía*, la manía*, la histeria* o las palpitaciones, pero también patologías como la corea, el asma, la diabetes o los dolores cólicos. A finales del siglo XIX la significación de las neurosis se limitaba a las alteraciones psiquiátricas que no tuvieran una base ni orgánica ni psicótica. Más tarde, la neurosis obtiene contenidos psicoanalíticos y es vista como una represión incompleta ejercida por el yo* sobre los impulsos del ello. En este marco S. Freud describe la tríada neurótica constituida por: la histeria de conversión, la neurosis obsesivo-compulsiva* y la neurosis de ansiedad*. En la evolución de las clasificaciones psiquiátricas la neurosis incluía aquellas enfermedades mentales sin base orgánica demostrable, en las cuales el paciente podía tener una considerable consciencia de su alteración y conservar adecuadamente su capacidad para contactar con la realidad, contrariamente a lo que acontece en las psicosis. En el término neurosis se englobaban la ansiedad, las obsesiones, la conducta histriónica y los síntomas depresivos entre otros. Hoy día, se ha eliminado la neurosis de las clasificaciones internacionales de las enfermedades mentales, por ser considerado un término demasiado difuso, adquiriendo categoría propia los trastornos que la conformaban.

Neuroticismo Rasgo de la personalidad* que se relaciona con el control y la intensidad de las reacciones emocionales. Existen diversos tests que intentan medir este rasgo de personalidad, como es el caso de las pruebas desarrolladas por J. M. Cattel y H. J. Eysenck. En ambas pruebas la relación del neuroticismo con la ansiedad es extraordinariamente elevada, en torno al 70 por ciento. Por este motivo, puede hablarse del neuroticismo como un rasgo de la personalidad que predispone a respuestas ansiosas.

Neurotransmisión Comunicación de órdenes y mensajes entre neuronas. Se efectúa mediante los neurotransmisores*.

Neurotransmisores Mensajeros químicos liberados por las terminales del axón* neuronal en el espacio sináptico*, donde se unen a los puntos de recepción de la neurona receptora, acoplándose al receptor, lo cual permite que los iones (átomos cargados eléctricamente) penetren en la neurona receptora, excitándola o inhibiéndola. Los neurotransmisores más conocidos son la acetilcolina*, las endorfinas* y las catecolaminas*.

Neutralización Dejar de producir el efecto esperado o aquel en que se está interesado. En el condicionamiento*, el estímulo que neutraliza (estímulo neutro) es aquel que no da lugar inicialmente a ningún efecto sobre el comportamiento que se debe condicionar, aunque posteriormente se convertirá en el estímulo condicionado. En otras situaciones el estímulo neutro es el que no produce efecto.

NICOTINA Sustancia psicoactiva del tabaco. En función del tipo de consumidor, puede reducir la ansiedad e irritabilidad, aumentar el rendimiento y la concentración y producir efectos estimulantes. Es una sustancia adictiva y su retirada da lugar a un síndrome de abstinencia con irritabilidad*, ansiedad*, dificultad de concentración*, disminución de las habilidades psicomotoras y ansia de nicotina, asociado, en algunas ocasiones, al aumento del apetito o aumento de peso y disminución de la frecuencia cardíaca. Es más intenso en los fumadores de cigarrillos que entre los que consumen otros productos que contienen este alcaloide. La abstinencia va acompañada de signos orgánicos, como la tos. El tratamiento de la dependencia por nicotina se efectúa con técnicas de modificación de conducta unidas a la administración de la sustancia en formas masticables o subcutáneas (chicle o parche de nicotina). ■

NINFOMANÍA Término tradicional por el que se definía un impulso sexual exagerado y compulsivo en la mujer. En la actualidad es obsoleto y ha sido sustituido por adicción sexual.

NORADRENALINA Neurotransmisor* del sistema nervioso* simpático, perteneciente a la familia de las catecolaminas*. Abunda en los nervios que contienen fibras adrenérgicas y en ciertas regiones del cerebro*, especialmente a nivel del hipotálamo* y el bulbo raquídeo*. Se transforma en adrenalina* por un proceso denominado metilación. Incrementa la tensión arterial y provoca taquicardia. Es un estimulador específico del sistema nervioso central. Se denomina también norepinefrina.

NORMAL-ANORMAL Ideas contrapuestas que se pueden estudiar sobre la base de una dialéctica de los contrarios. Se habla de lo «normal» como normalidad estadística. También se habla de una normalidad ideal y se podría considerar una normalidad dentro de la anormalidad. La normalidad en abstracto no existe: hasta cierto punto, es una creación dentro de las posibilidades dadas y de las adquisiciones conquistadas. Cuando se plantea el problema respecto a la salud y a la enfermedad, se tiene que concluir que la enfermedad es norma de vida. Será normal la persona que se asimila activamente con el mundo y se acomoda para utilizar sus posibilidades al máximo sin desorganizarse.

■ *La **nicotina**, un alcaloide del tabaco, es una sustancia adictiva.*

NORMALIDAD Característica de los datos que corresponde a los que frecuentemente o habitualmente se presentan, o que corresponden a una norma. En psicología diferencial, se conviene delimitar una zona, alrededor de la media, que agrupe las respuestas que se consideran «normales» en el sentido de habituales, aunque tal delimitación resulta exclusivamente convencional con respecto a la medida en sí.

NORMAS Reglas que estructuran las relaciones interpersonales y los comportamientos sociales de las personas. **1.** Determinan cómo hay que comportarse, a menudo en beneficio de más de una persona. A través de la socialización se aprende la «norma de la reciprocidad», es decir, que se debe retribuir con ayuda, no con perjuicio, el apoyo recibido. La «norma de responsabilidad social» se aplica a las personas que por su incapacitación o su fragilidad necesitan ayuda, incluso si los inconvenientes superan a las ventajas que puedan obtenerse con esta

Nucalgia

*La **nucalgia** es un dolor localizado en la nuca, que suele darse con frecuencia en la ansiedad.*

acción. **2.** Agrupación de datos característicos de una población, para una tarea y un material determinados, y que se utiliza en general para la elaboración de un material de experimentación. En psicología, se han determinado normas asociativas que indican, para un conjunto de palabras, cuál es la respuesta que es dada con mayor frecuencia, en una tarea de asociación libre. Se obtienen otras normas a partir de valores numéricos, definidos en un procedimiento bien delimitado, obteniéndose de esta manera normas de prototipicidad. Todos estos tipos de normas ayudan a concretar y caracterizar empíricamente un determinado número de propiedades cognitivas. Estas normas se establecen: a) *a priori*; b) fuera de contexto; y c) estadísticamente.

Nucalgia Dolor localizado en la nuca. Puede ser confundido con alteraciones cervicales, que también la provocan, pero en muchas ocasiones es un reflejo muscular ocasionado por tensión acumulada ya sea debida a fatiga o ansiedad*. ∎

O

OBEDIENCIA AUTOMÁTICA Fenómeno que consiste en que el sujeto obedece automáticamente las órdenes sin presentar reflexión. Aparece en la catatonía*, la histeria* y algunos estados hipnóticos.

OBESIDAD Exceso de sustancias adiposas en el cuerpo que determina un aumento del peso normal por encima del 20 por ciento. En los individuos obesos, las células adiposas duplican o triplican su tamaño normal y después se dividen. Este incremento puede ser consecuencia de la predisposición genética, los hábitos alimentarios de la niñez o la sobrealimentación en el adulto debido a múltiples factores: trastornos endocrinológicos, conducta alimentaria (bulimia*), hábitos malsanos, estrés*, etc. Si el individuo se somete a una dieta, las células adiposas pueden vaciarse pero no desaparecen. Los sujetos obesos acostumbran a ser extremadamente sensibles a los estímulos alimentarios externos; además, su peso está regulado por un «termostato» que trata de mantener un peso fijo superior al promedio. Cuando siguen un régimen hipocalórico y el peso desciende por debajo del punto de regulación, el hambre aumenta y el metabolismo disminuye, por lo que se queman menos calorías y el sujeto pierde peso cada vez más lentamente. Los trastornos psicológicos que puede provocar la obesidad se magnifican por la presión social hacia la imagen delgada y estilizada, constituyendo un factor de riesgo para los trastornos de conducta alimentaria. Aparte del tratamiento etiológico, se debe intentar llegar a dietas equilibradas que no supongan una excesiva presión psicológica, aceptar un cierto grado de obesidad no incompatible con la salud y acudir a estrategias de control de estímulos. En el caso de la obesidad mórbida, está indicado el tratamiento quirúrgico mediante técnicas de reducción gástrica (gastroplastia). ■

OBNUBILACIÓN Enturbiamiento leve de la conciencia caracterizado por la fatiga, el deterioro de la atención y de la concentración y el descenso de la reactividad ante los estímulos externos. Puede estar presente en trastornos cardiovasculares, neurológicos y psicopatológicos.

OBSERVACIÓN Examen atento de objetos, sucesos y procesos dirigido a través de una determinada metodología. La observación es un método fundamental para la obtención de datos en psicología y en el resto de las ciencias empíricas. En psicología se hace la diferenciación entre heteroobservación (observación de la conducta) y autoobservación (observación de las propias vivencias o introspección). La heteroobservación es la observación de la conducta tanto de personas como de animales. El método más utilizado para la observación de la conducta es la observación a intervalos. / *Observación, aprendizaje por,* véase IMITACIÓN, APRENDIZAJE POR.

OBSESIÓN Idea intrusiva que se impone a la mente, fuera del control consciente del sujeto, que no acostumbra a aceptarla. El sujeto no puede apartarla de su pensamiento, a pesar de reconocer su carácter absurdo. El contenido de la misma muchas veces es indeseable en el contexto cultural del que la padece, que la reconoce como propia y la asocia a sentimientos negativos (por ejemplo, culpa). Es característica del trastorno obsesivo-compulsivo*, aunque puede presentarse también en otras alteraciones (esquizofrenia*, depresión* o síndrome de Gilles de la Tourette). Las ideas obsesivas pueden aparecer también como imágenes intrusivas o en forma de impulsiones.

■ *La **obesidad**, exceso del peso normal, en la obra* Desnudo *de Fernando Botero.*

Obsesivo compulsivo, trastorno

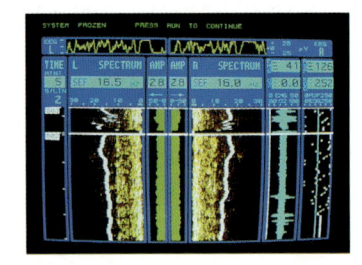

■ *Las **ondas cerebrales**, ondas regulares que corresponden a la actividad eléctrica de las neuronas del cerebro, son susceptibles de registro.*

■ *En la etapa de las **operaciones formales** el sujeto alcanza el razonamiento hipotético-deductivo.*

Obsesivo compulsivo, trastorno Enfermedad mental de curso crónico caracterizada por la presencia de obsesiones y de compulsiones. La padecen entre el uno y dos por ciento de la población general, afectando por igual a ambos sexos. El comienzo es precoz y en su etiología se han descrito factores psicosociales, genéticos y neuroquímicos (alteraciones en la transmisión de serotonina*). Los fenómenos obsesivos tienen como rasgos característicos: a) su carácter coercitivo con imposibilidad de control; b) la tendencia a la repetición incesante; c) lo absurdo de sus contenidos; y d) la vivencia angustiosa que provocan. Los pensamientos obsesivos u obsesiones pueden materializarse en forma de palabras, frases o rimas de contenido obsceno, blasfemo o absurdo. Otras veces el sujeto vive atormentado por imágenes obsesivas, comúnmente de naturaleza violenta o sexual, que reiteradamente asedian su mente. Los temas más universales de las obsesiones hacen referencia a la escrupulosidad física (contaminación) o moral (pecado) y a la duda o imposibilidad de inclinarse por una opción. Son también frecuentes las cavilaciones interminables sobre un tema concreto. Las ideas de contraste aparecen cuando un estímulo de matiz positivo despierta un significado opuesto, como la ocurrencia de pensamientos sacrílegos suscitados por la contemplación de una imagen sagrada, en el caso de un paciente religioso. En otros casos, el sujeto repite mentalmente un contenido concreto de significado ilógico o banal (melodía de una película, número de teléfono, etc.). Para neutralizar la ansiedad que producen las obsesiones o estímulos que puedan desencadenarlas (por ejemplo, el contacto con objetos considerados contaminantes), el paciente recurre a rituales o compulsiones, que pueden ser tanto motores (limpieza, verificaciones, extrema lentitud, exceso de orden, etc.) como cognitivos (contar, cantar, operaciones aritméticas, etc.). El tratamiento es farmacológico (antidepresivos específicos) y cognitivo-conductual (técnicas de exposición y prevención de la respuesta compulsiva, entre otras). En casos muy graves se recurre a la cirugía. ■

Oligofrenia Calificativo genérico aplicado al retraso mental*.

Olvido Experiencia de imposibilidad transitoria definitiva para recuperar de una forma consciente una información adquirida o circunstancia vivida en el pasado inmediato o lejano. Puede ocurrir que esta experiencia continúe produciendo manifestaciones del comportamiento sin que el individuo tenga conocimiento consciente de que se trata de la influencia de su pasado. Hay casos en que el olvido es la consecuencia patológica de un traumatismo que afecta al órgano mismo de la memoria*, o sea, al cerebro*, pero también hay muchas ocasiones en las que el olvido es una consecuencia del funcionamiento de la memoria del hombre.

Onanismo Coito interrumpido o suspensión de la eyaculación como práctica anticonceptiva. El término se deriva de Onán, hijo de Judá, quien, según el Génesis (38,9), «cuando llegaba a la mujer de su hermano, vertía el semen en tierra por no dar descendencia a su hermano muerto, siendo castigado por Jehová con la muerte». En ocasiones, el onanismo se considera erróneamente como equivalente a la masturbación*.

Ondas cerebrales Ondas regulares que se desplazan por la superficie del encéfalo* y corresponden a la actividad eléctrica de los billones de neuronas del cerebro*. El registro ampliado de estas ondas se consigue mediante el electroencefalograma*. Las ondas alfa, relativamente lentas, son las propias de un estado de vigilia relajado, mientras que las deltas, más amplias y muy lentas, están asociadas al sueño profundo. ■

Onicofagia Hábito morboso consistente en morderse las uñas de forma repetida y compulsiva. Es frecuente en estados de emotividad, sobre todo en los niños.

Onírico Referente al sueño.

Operaciones formales Denominación de la cuarta y última etapa del desarrollo cognitivo, según J. Piaget. Así, a partir de los 12 años aproximadamente, el sujeto alcanza el razonamiento hipotético-deductivo. La razón ya no opera exclusivamente sobre lo conocido o familiar, sino que puede llevarse al plano hipotético de lo que es desconocido o no familiar para el sujeto. Se pueden construir conceptos nuevos y abstractos que antes sólo se comprendían si estaban conectados a objetos concretos. Por ejemplo, mientras que antes de esta etapa el volumen sólo se podía comprender en relación a un objeto voluminoso, una vez alcanzada ésta se puede comprender como un concepto abstracto desligado de cualquier objeto particular. ■

OPERANTE Término propio de la teoría del condicionamiento* que define el aprendizaje* mediante la repetición de conductas fundamentalmente recompensadas, o el rechazo de las que determinan castigos. Ha dado lugar al condicionamiento operante* o instrumental.

OPERATORIO Acciones interiorizables, reversibles y organizadas en estructuras caracterizadas por leyes de totalidad (agrupaciones, grupos), relativas a las operaciones.

OPIÁCEOS Grupo de sustancias, tanto de origen natural, como el opio y la morfina, como semisintéticas (heroína) o totalmente sintéticas (metadona), que tienen como característica común la de acoplarse a unos receptores específicos del sistema nervioso* central, denominados receptores opiáceos. Forman parte de las sustancias adictivas. El opio, exudado de la *Papaver somniferum*, contiene más de veinte productos de entre los cuales el más representativo es la morfina*. La heroína, derivado semisintético de la morfina con mayor poder analgésico que ésta, es la sustancia que ha propiciado, a través de su consumo por vía inhalatoria o parenteral, la epidemia de adicción a los opiáceos en el mundo occidental. La metadona* es un opiáceo sintético utilizado en tratamientos de desintoxicación. La administración de heroína produce un cuadro de euforia que puede durar unos treinta minutos. Posteriormente aparece letargia, somnolencia y apatía, que pueden durar entre dos y seis horas. En la sobredosis se produce una depresión respiratoria que puede conducir a la muerte. Como toda sustancia adictiva, está sometida al abuso y dependencia, produciendo deterioro físico, psicológico y social progresivos, además de significar riesgo de contraer el SIDA, e incluso de muerte, si su consumo se acompaña de conductas marginales. El síndrome de abstinencia a la heroína se distingue por el deseo de seguir consumiéndola, llanto, agresividad, lagrimeo, bostezos, sudores, temblor, agitación, fiebre, pérdida de peso, etc. Para combatir la dependencia hacia los opiáceos se sigue un proceso de desintoxicación de tipo farmacológico, mediante fármacos como la metadona, utilizada para evitar el síndrome de abstinencia, o la clonidina. La clonidina es un fármaco antagónico contra el síndrome, ya que inhibe la hiperactividad del sistema noradrenérgico (noradrenalina*), responsable de los síntomas de abstinencia. La deshabituación se puede conseguir mediante la combinación de terapias farmacológicas y programas de rehabilitación especialmente diseñados para ello. ■

OPOSICIONISMO Conjunto de comportamientos que se inician a la edad de 3 años y que marcan el comienzo del estadio del personalismo. También se denomina negativismo. El niño responde sistemáticamente a toda petición por parte del adulto, rechaza, contradice y se enfrenta sin otro motivo que el de defender su nueva y frágil autonomía.

OPTIMISMO 1. Paradigma filosófico que consiste en atribuir al universo o a todo lo creado la mayor perfección posible gracias a la acción de un ser perfecto. Afirma también la bondad esencial del mundo. G. W. Leibniz fue el pensador más destacado dentro de este sistema filosófico. Según este autor el mundo está creado por Dios y es, por lo tanto, el mejor de los mundos posibles. 2. Propensión a apreciar el lado bueno de las cosas o a juzgarlas en su aspecto más favorable. Es una dimensión de la personalidad* caracterizada por el pensamiento positivo frente a la adversidad, si bien cuando el optimismo es exagerado, se distingue por una falta de realismo, a consecuencia del cual no se adoptan las precauciones razonables. El éxito exige optimismo suficiente para originar esperanza, pero también pesimismo suficiente para impedir la complacencia. El optimismo exacerbado es propio de la euforia o manía*.

ORAL, ETAPA Según el psicoanálisis*, período del desarrollo psicosexual comprendido entre el nacimiento y casi el primer año de vida de un niño. Las teorías actuales de la psicología evolutiva hacen muy difícil aceptar que esa etapa, tal como la entendió el psicoanálisis, exista en la realidad. ■

■ La *Papaver somniferum* es el origen del opio y sus derivados los **opiáceos**.

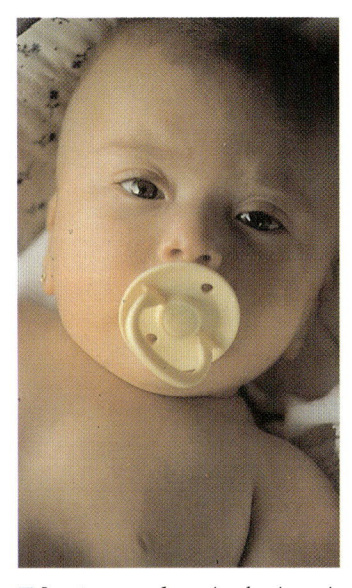

■ La **etapa oral**, según el psicoanálisis, corresponde al primer año de vida. No ha sido aceptada por la moderna psicología evolutiva.

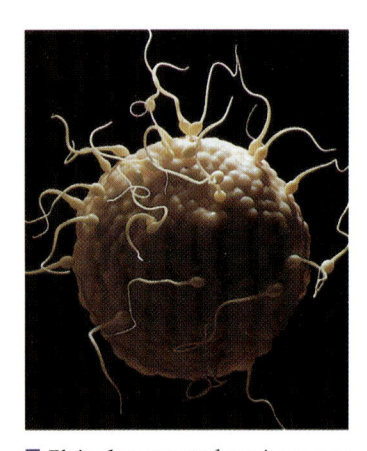

*El **óvulo** o gameto femenino es una célula procedente del ovario.*

ORGANICISMO En psicología* y psiquiatría*, conjunto de teorías que defienden que en el origen de las enfermedades mentales o en su mantenimiento, así como en la eclosión de la mayoría de las manifestaciones psíquicas, intervienen factores fundamentalmente biológicos, ya sea de forma directa o indirecta.

ORGANIZACIÓN COGNITIVA Toma de consciencia del individuo de sus diferentes dominios afectivos, tales como las motivaciones y las emociones, así como de la propia capacidad intelectual y de las creencias y pensamientos que las controlan y las definen.

ORGASMO Grado más elevado de placer sexual. En el hombre, tras la sensación de inminencia eyaculatoria, se produce la expulsión del semen al exterior, mediante la contracción de los músculos pélvicos y uretrales. En la mujer, sin existir una sensación previa, se desencadenan contracciones de la musculatura pélvica, del útero y del esfínter anal. El número de contracciones puede variar desde tres hasta quince aproximadamente. En ambos sexos suelen ir acompañadas de una sensación placentera, muy influida por factores subjetivos. La mujer tiene capacidad para conseguir varios orgasmos en una sola relación sexual (pluriorgasmo).

ORIENTACIÓN SEXUAL Tendencia mediante la cual un individuo busca adaptar un conjunto de fenómenos sexuales o actividades vinculadas con el sexo con el propósito de alcanzar la satisfacción sexual. Las variaciones de la orientación sexual son: a) la heterosexualidad; b) la homosexualidad; y c) la bisexualidad. Cuando la orientación sexual no se pone en duda, pero provoca ansiedad y rechazo en el individuo, estamos ante la orientación sexual egodistónica.

ÓVULO Célula reproductora femenina procedente del ovario que conserva su capacidad de ser fecundada durante un período comprendido entre las 24 a las 36 horas. El fenómeno por el cual se desprenden los óvulos, denominado ovulación, tiene lugar en el decimocuarto día del ciclo menstrual. ∎

P

Padres Progenitores biológicos o bien cuidadores de un determinado niño, que cumplen el rol de cuidado, protección, educación y afecto, para que alcance su plena madurez intelectual y personal, además de una completa adaptación a su entorno social. ■

Palilalia Alteración del lenguaje que consiste en la repetición constante de la última palabra de una frase.

Pánico Mecanismo de alarma adaptativo y apropiado (por ejemplo, respuesta de huida o de lucha) que tiene lugar en momentos inapropiados, en los que no existe un peligro real. Estas «falsas alarmas» pueden conducir al desarrollo de la ansiedad* ante la posibilidad de sufrir otro episodio de pánico (aprensión ansiosa), siendo éste el factor principal que mantiene el trastorno. / *Pánico, trastorno de,* alteración caracterizada por episodios repetitivos de angustia intolerable, de comienzo brusco, breve duración y carácter espontáneo, no ligado a sucesos claramente identificables. Los síntomas característicos están constituidos por combinaciones variadas de sentimientos de aprensión, miedo o terror, junto a manifestaciones físicas que van desde síntomas cardiovasculares (palpitaciones, dolor precordial) y respiratorios (sensación de ahogo o de falta de aire), hasta náuseas o molestias abdominales, pasando por sensación de mareo, inestabilidad, sudoración, temblor, hormigueos y escalofríos. Otro síntoma que se ha descrito es la despersonalización (estar separado de uno mismo) o la sensación de irrealidad que puede sentir el afectado. El enfermo interpreta los síntomas que le agobian como manifestaciones de una enfermedad física grave, asociadas al miedo a morir, a volverse loco o a perder el control. Acude con frecuencia a los servicios médicos de urgencia o a diversos especialistas, según el síntoma dominante en el cuadro clínico. Solamente tras una larga peregrinación por los centros de asistencia y por otras especialidades médicas, suele acudir a la consulta del psiquiatra* o del psicólogo*. La duración del episodio de pánico oscila entre unos minutos y varias horas, para finalizar de forma gradual, con un estado de cansancio y dificultad de concentración. Progresivamente, o de forma aguda, el cuadro puede asociarse, en un porcentaje elevado de casos, a una conducta de evitación fóbica, al rehuir el sujeto aquellas situaciones de las que le resultaría difícil salir si apareciese un nuevo ataque; se establece así la agorafobia*, que limita considerablemente la actividad social y laboral del enfermo, y que le provoca una dependencia de personas cercanas que le proporcionan seguridad. Es frecuente su asociación con trastornos depresivos. La prevalencia de este trastorno en la población general es del 2,3 por ciento, siendo de dos a tres veces más frecuente en el sexo femenino. En la etiología de las crisis de pánico se han argumentado causas biológicas y psicológicas. Se considera que los ataques de pánico son resultado de un proceso de retroalimentación positiva entre estímulos internos (las sensaciones corporales provocadas por mecanismos de excesiva liberación de adrenalina* o de otras sustancias), y elementos cognitivos derivados de la interpretación (amenaza, peligro) que los sujetos hacen de sus síntomas, los cuales son intensificados hasta tal punto que se provoca el ataque de pánico. Los planteamientos terapéuticos del trastorno de pánico son fundamentalmente farmacológicos, entre los que destacan las benzodiacepinas* (fundamentalmente el alprazolam) y algunos antidepresivos. También se ha estructurado una se-

■ *Los **padres** desempeñan un papel fundamental en el desarrollo de la madurez del niño.*

■ *Los episodios de **pánico** se distinguen por la angustia y el miedo.*

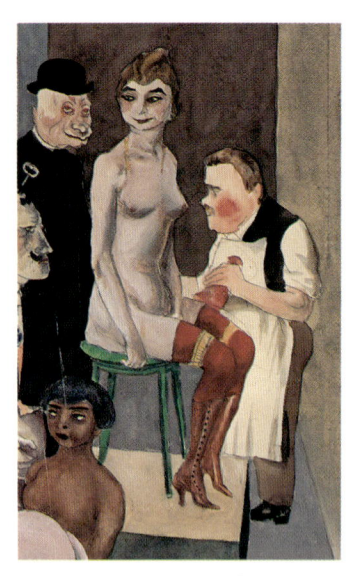

*La denominación **parafilia** designa el deseo o acto sexual considerado extraño o poco común. En la ilustración* Reunión de fetichistas y flagelantes *de Rudolph Schlichter (fragmento).*

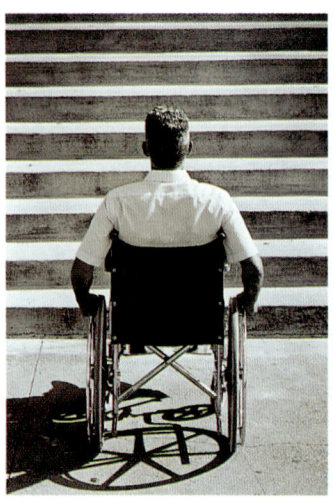

*La **paraplejia** es una parálisis muscular provocada por una lesión traumática en la médula espinal.*

rie de programas de tratamiento cognitivo-conductual, entre los que destacan la relajación aplicada, la exposición a sensaciones somáticas y las estrategias de control de la ventilación respiratoria. ■

Papaverina Sustancia vasodilatadora que fue utilizada en forma inyectable sobre los cuerpos cavernosos del pene* para el tratamiento de la disfunción eréctil. Hoy día ha sido sustituida por la prostaglandina*.

Paradójica, intención Véase Intención paradójica.

Paradójico, sueño Véase Sueño, fases del.

Parafilia Acto o deseo sexual no común o extraño, necesario para la excitación sexual, con tendencia a la repetición y con dependencia casi exclusiva para obtener estimulación y gratificación. La persona tiene la sensación de no poder controlar este comportamiento. Las parafilias se manifiestan de diferentes formas: pedofilia* (orientación sexual hacia los niños), sadomasoquismo (búsqueda del dolor-placer), exhibicionismo (tendencia a mostrar los órganos genitales), voyeurismo (observación de actos sexuales o de personas desnudándose), fetichismo (utilización de objetos o ropas para excitarse), y un largo etcétera. Las parafilias se dan en los hombres en un porcentaje mucho mayor que en las mujeres. En caso de ser necesario su tratamiento, se recurre a terapias cognitivo-conductuales*, o bien, en casos extremos, se utilizan fármacos que actúan suprimiendo el impulso sexual. Véase Antiandrógenos. ■

Parafrenia Véase Delirante, trastorno.

Parálisis del sueño Véase Narcolepsia.

Parálisis general progresiva Enfermedad poco frecuente hoy en día, consistente en una infección directa del parénquima cerebral por el microorganismo responsable de la sífilis (treponema pálido). Después de un largo período entre el primer contacto sexual responsable del contagio, se presenta un cuadro clínico que comprende ideas delirantes de grandeza, con ánimo expansivo y sentimientos de omnipotencia. Asimismo pueden aparecer cuadros depresivos graves con melancolía y las alteraciones cognitivas alcanzan una importancia considerable (demencia secundaria).

Paramnesia Distorsión de la memoria que produce errores en la evocación y el reconocimiento. Destacan las confabulaciones* y el reconocimiento de episodios nuevos *(déjà vu)*, de personas extrañas *(déjà conu)* o el fallo en la identificación de éstos cuando son familiares *(jamais vu, jamais conu)*, todo lo cual se ha relacionado con una reverberación en el mecanismo de almacenamiento de la memoria reciente, aunque la base exacta de estos fenómenos no es bien conocida, pudiendo aparecer en la epilepsia* pero también en sujetos normales.

Paranoia Véase Delirante, trastorno.

Paranoide, trastorno Véase Personalidad, trastornos de la.

Paranormal Se dice de aquellos fenómenos estudiados por la parapsicología*. Se trata de fenómenos extraños que no responden a las leyes científicas conocidas que rigen el universo. Un intento científico de estudio se inició en 1882 en Londres con la creación de la Society for Psychical Research que no consiguió obtener resultados fehacientes sobre el tema, al igual que otros intentos posteriores.

Paraplejia Parálisis de la musculatura de las extremidades inferiores y del torso que puede extenderse a otras partes del cuerpo, fundamentalmente a las extremidades superiores. Es debida a una degeneración progresiva o lesiones traumáticas de origen en la médula espinal. La condición de parapléjico puede originar trastornos de adaptación y disfunciones sexuales de origen orgánico. ■

Parapsicología Rama de la psicología* no científica que se dedica a los efectos y las experiencias de índole psíquica que parecen caer fuera del alcance de las leyes de la física, por ejemplo la telepatía y la clarividencia.

Parasomnia Trastorno que afecta al sueño y lo perturba. Las parasomnias forman un grupo heterogéneo de trastornos que se dan sobre todo en la edad pediátrica, pero pueden persistir en el adulto manifestando una psicopatología*. Las que afectan al sueño no REM son frecuentes en la infancia y se observan en la primera mitad de la noche. Incluyen el terror nocturno*, el sonambulismo* y la enuresis nocturna*. De las que afectan al sueño REM*, la más frecuente es la pesadilla*. Existen una serie de parasomnias consideradas menores debido a su menor repercusión sobre el sueño nocturno: el bruxismo*, las parálisis aisladas de sueño*, el reflujo gastroesofágico, las reacciones dolorosas, etc.

Paratimia Véase Afecto inapropiado.

Paresia Disminución de la fuerza muscular cuya expresión máxima es la parálisis.

Parkinson, enfermedad de Afección producida por una lesión en las masas grises del cerebro que manifiesta debilidad de movimientos voluntarios, rigidez y temblor de reposo. ■

Parkinsonismo por neurolépticos Conjunto de trastornos de tipo parkinsoniano (véase Parkinson) provocados por neurolépticos*. Son reversibles con tratamientos farmacológicos específicos. Destacan la acatisia*, las distonías* y la discinesia*.

Pasión Deseo, emoción o inclinación intensos y concentrados hacia una cosa, persona o actividad. Puede estar relacionada con actos impulsivos y es de efectos más duraderos que otras emociones de menor intensidad expresiva.

Pasividad Falta de acción, oposición, colaboración o intervención, dejando obrar a los demás sin hacer nada. En sexología se entiende como sumisión a la voluntad del compañero sexual, y se denomina también actitud masoquista.

Patrón A de conducta Tipo de comportamiento del individuo que intenta conseguir el mayor número de objetivos en el menor tiempo posible. Es un estilo de actuación típico de la sociedad industrial. Las personas con patrón A de conducta están sometidas a una lucha urgente contra el reloj y desarrollan una frenética actividad laboral como instrumento para alcanzar una rápida gratificación social y económica. De esta urgencia y permanente lucha contra el tiempo, se derivan otras características propias de este estilo de vida, como son la impaciencia, la hiperactividad motora, la rapidez en la actuación, la dificultad en delegar funciones (hipercontrol del medio) y la autoestima, dependiente sobre todo del sentimiento de eficacia. En algunos casos, este estado de emergencia y de alerta continuados provoca la entrada en situaciones de estrés*. Sin embargo, lo realmente peligroso en este tipo de comportamientos es la percepción de amenaza. Se trata de un factor sobreañadido, no siempre presente, que provoca no sólo un acaparamiento de control y responsabilidades («agendas rebosantes»), sino también un sentimiento de hostilidad que se ha correlacionado como un factor de riesgo de padecer trastornos cardiovasculares, sobre todo el infarto de miocardio. Patrones B y C de conducta. Véase Conducta.

Pavlov, Iván Petróvich Fisiólogo ruso (Riazán, 1849-Leningrado, 1936). Realizó gran parte de sus estudios en Leipzig junto a Ludwig. En 1888 descubrió los nervios secretores del páncreas y, con ello, inició la investigación que le convertiría en premio Nobel en 1904 gracias a su trabajo acerca de las secreciones digestivas. Fue así como descubrió que la actividad de los jugos salivares y gástricos en animales, podría producirse ante la anticipación de la comida. Este hecho significaba una medición fisiológica de un fenómeno que hasta el momento se consideraba de carácter psíquico. Al inicio habló de «secreciones psíquicas», más tarde de «procesos psíquicos» y finalmente pasaron a la historia como «reflejos condicionados». Es uno de los más famosos investigadores de la psicología moderna gracias a la descripción del denominado «condicionamiento clásico» en el que se basa gran parte de la psicología experimental posterior. ■

Pedofilia Véase Parafilia.

Pene Órgano sexual masculino eréctil con el que se realiza la cópula y que constituye la última parte del aparato urinario. Su interior está formado por tres cilindros unidos entre sí, dos de los cuales, los cuerpos cavernosos, son de una estructura esponjosa. Esta estructura interviene de forma directa en la erección, gracias a las múltiples arterias y venas de que está surcada y que son las que permiten la dilatación del pene. El tercer cilindro, situado por debajo de los anteriores, contiene la uretra y termina en un engrosamiento cónico, el glande.

Penfield, Wilder Graves Neurólogo estadounidense (Spokane, Washington,1891-Montreal, 1976). Se distinguió por sus estudios sobre la epilepsia y trastornos del lenguaje* y memoria*.

Pensamiento Actividad mental asociada con la comprensión, el procesamiento y la co-

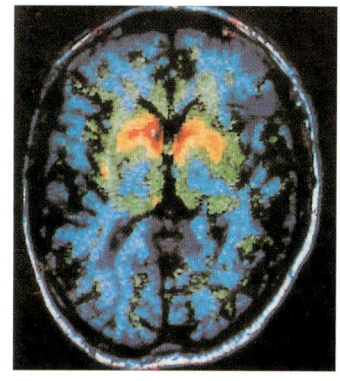

■ *La enfermedad de Parkinson es un trastorno asociado a un déficit neuroquímico en las masas grises de la base del cerebro.*

■ *Iván Petróvich Pavlov formuló el concepto de «reflejo condicionado» y fue el iniciador de las teorías modernas de la psicología.*

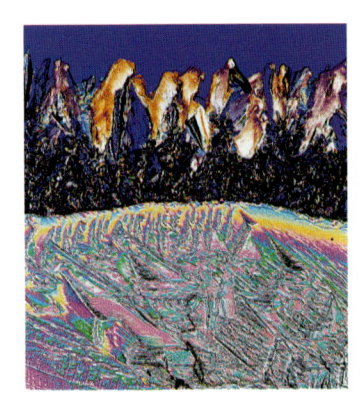

*Los **péptidos** son moléculas neurotransmisoras que desempeñan un papel esencial en diversas funciones psíquicas y físicas.*

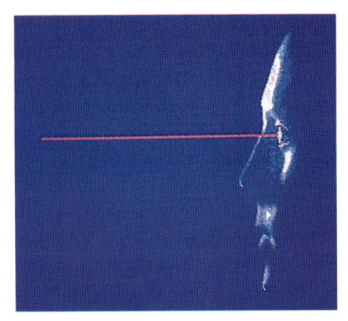

*La **percepción** es un proceso complejo por medio del cual el sujeto capta la información susceptible de ser recibida por los sentidos.*

municación del saber. Es equivalente a cognición. El pensamiento se conforma en agrupaciones mentales denominadas conceptos. La capacidad para elaborar y utilizar conceptos es propia del pensamiento racional. También lo es la habilidad para resolver problemas, para afrontar situaciones nuevas para las cuales no tenemos una respuesta bien elaborada. Algunos problemas los resolvemos mediante el sistema de ensayo y error; otros, mediante la comprensión de los mismos. El pensamiento también se nutre de la toma de decisiones y la formulación de juicios. / *Pensamiento grupal*, el modo de pensamiento que aparece cuando el deseo de armonía en un grupo de decisión se impone al enfoque realista de las alternativas. Con el fin de preservar una actitud grupal positiva, las opiniones discrepantes son eliminadas o autocensuradas, sobre todo después de que el líder o la mayoría social manifiesta una alta motivación o entusiasmo ante un plan. / *Pensamientos automáticos negativos*, véase Distorsión cognitiva.

Pensamiento, robo del Véase Robo del pensamiento.

Péptidos Moléculas neurotransmisoras, entre las que se incluyen las morfinas opiáceas endógenas, también llamadas endorfinas*, la somatostatina, localizada fundamentalmente en el hipotálamo*, factor muy importante en la generación de la hormona del crecimiento que secreta la vecina glándula hipófisis*. Además, facilita la transmisión de dopamina* entre las neuronas cerebrales. En la enfermedad de Alzheimer* se ha descrito una importante disminución de somatostatina en el cerebro*, por lo que se ha deducido que podría tener efectos positivos en la memoria y los conocimientos adquiridos. Otros péptidos son la sustancia P, que desempeña un importante papel en la percepción del dolor; la colecistoquinina, que interviene en la contracción de la vesícula biliar y regula la ingesta, inhibiendo la necesidad de hambre; y la neurotensina, que regula el exceso de dopamina en el cerebro. ■

Percepción Proceso psicológico complejo por medio del cual el individuo se hace consciente de sus impresiones sensoriales y adquiere conocimiento de la realidad. Es un mecanismo de adquisición de la información a través de la integración estructurada de los datos que proceden de los sentidos; en virtud de esta integración, el sujeto capta los objetos. Desde el punto de vista neurofisiológico, en el proceso de la percepción participan diferentes estructuras y funciones nerviosas que, de una forma compleja, posibilitan la llegada de una impresión sensorial al cerebro, su registro mnésico y el matiz afectivo-bioemocional que la acompaña, así como su modulación e integración en la corteza cerebral*. Las alteraciones de la percepción se producen cuando las impresiones recibidas no son verídicas. Hay dos clases principales de percepciones incorrectas: las falsas positivas, que tienen lugar cuando se asigna a un objeto una cualidad que objetivamente no está presente en él, y las falsas negativas, cuando no se asigna a un objeto una cualidad presente objetivamente en él. Un concepto importante es la percepción de la identidad y de la realidad o del mundo externo, el entorno (véase Vivencia del yo). / *Percepción, alteraciones de la*, conjunto de alteraciones que afectan al proceso de adquisición de la información, entre las que destacan la ilusión*, la alucinosis*, la alucinación*, las distorsiones sensoriales* y la despersonalización*. / *Percepción subliminal*, la que se produce cuando los estímulos ejercen influencia sobre la percepción, aunque la persona no sea consciente de ello. Se utiliza en publicidad encubierta. ■

Perfil psicológico Representación gráfica de los resultados obtenidos en determinadas mediciones. Consiste en trasladar las puntuaciones obtenidas en uno o más tests* o cuestionarios* a un gráfico, con la intención de que éste aporte información acerca del sujeto de una manera más o menos rápida. Cuando se habla de perfil psicológico se hace referencia a la representación gráfica de los resultados obtenidos en un solo cuestionario (por ejemplo, de personalidad), o a la representación gráfica de una batería de diferentes cuestionarios que evalúan diferentes áreas (por ejemplo, personalidad, inteligencia y psicopatología). El perfil ofrece como ventaja el dar una idea clara y rápida de los resultados, aunque no permite una interpretación profunda. La mayoría de los tests o cuestionarios psicológicos disponen de gráficos a los que se pueden trasladar las puntuaciones obtenidas por el sujeto. La elaboración del perfil psicológico es un método muy utilizado por la mayoría de psicólogos, pero hay que recordar que no es un fin en sí mismo sino sólo un primer paso para la interpretación. Además, los resultados de este tipo de instrumentos son importantes para el análisis psicológico de las personas, pero de ninguna manera determinantes.

PERIMENOPAUSIA Época de la vida en que se pierde la capacidad reproductiva, marcada por la transición desde el período fértil al no fértil, también conocida como climaterio*. Si bien se identifica con menopausia*, se trata de un concepto más amplio. ■

PERÍODO 1. Parámetro que define un determinado tiempo en que se desarrolla o aparece un determinado acontecimiento de diversa índole con un inicio y un término. 2. Período crítico. Término propio de la ecología que define un período óptimo después del nacimiento, en que deben sobrevenir ciertos hechos si se quiere obtener un desarrollo apropiado. Fue definido con el término inglés *imprinting* por el premio Nobel de Medicina K. Lorenz, que exploró este rígido proceso de vinculación en diversos animales. En los humanos se consideran períodos críticos el contacto corporal progenitor-hijo durante las primeras horas después del nacimiento, o la correlación entre adquisición del lenguaje y la comunicación del mismo por parte de los adultos. Sin embargo, el proceso en los humanos no es tan rígido como el que comunicó Lorenz en los animales. El período crítico está relacionado con la organización de las conexiones nerviosas del cerebro, preparadas para cada uno de los momentos evolutivos de adquisición de funciones (lenguaje, memoria, cogniciones, sistema motor, etc.). 3. Período refractario. Período que dura desde unos pocos minutos hasta un día o más, durante el cual un varón no puede tener otro orgasmo. Está relacionado con la fase de resolución de la respuesta sexual humana.

PERPLEJIDAD Trastorno del humor* en el que predomina el desconcierto, la sorpresa y la ansiedad. Se presenta en los trastornos orgánicos cerebrales, en trastornos depresivos graves y en la esquizofrenia*.

PERSECUTORIO, DELIRIO Véase DELIRIO.

PERSEVERACIÓN Trastorno del lenguaje caracterizado por una incapacidad para cambiar el marco de referencia, lo que determina una repetición persistente, tanto fonética como léxica (repetición de palabras, de frases o de temas del discurso). Así, un tema concreto puede aparecer intrusivamente en el discurso aunque no se relacione con el marco de referencia. Es síntoma de las demencias y de la esquizofrenia residual.

PERSONALIDAD Organización más o menos estable y duradera del carácter, temperamento, intelecto y físico de una persona, que determina su adaptación única al ambiente. Patrón de pensamiento, sentimiento y comportamiento profundamente incorporado y que persiste por largos períodos de tiempo. Nuestro comportamiento se muestra, en cierta manera, consistente en el tiempo. En esta idea se fundamenta el concepto de rasgo de personalidad, que es una forma consistente de comportarse, por lo que se diferencia de un estado, o sea, una situación acotada en el tiempo, que posee un desencadenante, un inicio y un final. Podríamos concebir los rasgos como agrupaciones de conductas específicas que se presentan habitualmente; el término tipo o dimensión que es la correlación entre los diferentes rasgos, lo cual hace posible su agrupación en entidades superiores que llamamos tipos o dimensiones. Así, por ejemplo, se postulan tipos como el de extraversión-introversión, que englobaría rasgos de sociabilidad, vitalidad, actividad, despreocupación, dominancia, búsqueda de emociones, etc. El precursor de estas teorías fue el filósofo griego Hipócrates quien definió cuatro temperamentos (tipos): melancólico, colérico, sanguíneo y flemático. Cada uno estaba conformado por una serie de características (rasgos), como por ejemplo el entusiasmo, la despreocupación, la sociabilidad y la alegría del tipo sanguíneo. Si bien esta teoría ha sido, hoy en día, totalmente desestimada, se la puede considerar el embrión de las teorías dimensionales modernas. En el siglo XX, E. Kretschmer diferenció entre leptosómicos, pícnicos y atléticos (delgados, gruesos y fornidos, respectivamente). Más tarde, W. H. Sheldon, partiendo de preceptos teóricos distintos llegó a una clasificación paralela, si bien llamó a sus tres grupos ectomorfo* (análogo al leptosómico), endomor-

■ *En la etapa de la **perimenopausia** la mujer pierde la capacidad reproductiva.*

■ *La **personalidad** es una forma consistente de comportamiento que caracteriza a cada individuo.*

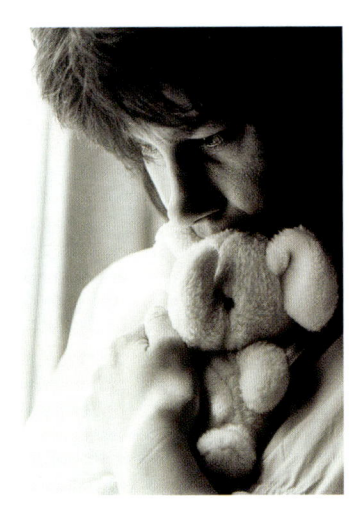

*Los **trastornos de la personalidad** se manifiestan en la adolescencia y pueden prevalecer en la etapa adulta.*

fo* (correspondiente al pícnico) y mesomorfo* (al atlético). Las modernas teorías de la personalidad se basan en los postulados de H. J. Eysenck. Se fundamentan básicamente en la reducción del número de factores a tres (extraversión, neuroticismo y psicoticismo) y en la búsqueda de bases neurológicas, fisiológicas y bioquímicas para cada uno de estos tipos o dimensiones. La personalidad está definida por la posición que se ocupa en cada uno de estos tres ejes; evidentemente, y pese a existir tan sólo tres tipos o dimensiones, el hecho de concebirlos como continuos hace que las combinaciones entre ellos sean infinitas, y de ahí la gran variabilidad que puede observarse en la población. Una persona con un gran peso en extraversión indicaría sociabilidad, vitalidad, alta actividad, dogmatismo, dominancia, despreocupación, etc. Los rasgos que constituirían la dimensión de neuroticismo serían, por citar algunos: ansioso, deprimido, con baja autoestima y sentimientos de culpa, triste, emotivo y tenso. Finalmente, los sujetos con un alto psicoticismo se caracterizarían, entre otros rasgos, por su agresividad, frialdad, egocentrismo, impulsividad, poca empatía y creatividad. En la actualidad, ha adquirido importancia un modelo de personalidad donde el número de tipos o dimensiones se amplía a cinco: neuroticismo, extraversión, confianza, competencia y apertura a la experiencia. J. A. Gray, postula la existencia de dos mecanismos nerviosos independientes que regulan, el primero, la inhibición de la conducta ante determinados estímulos y, el segundo, la activación de ésta frente a otro tipo de señales. La sensibilidad a las señales de castigo o daño está relacionada con la inhibición conductual, encargada de la detención de la acción; la sensibilidad a las señales de recompensa o premio, con la activación de la conducta encargada de facilitar la acción. Se pueden encontrar determinantes de la personalidad de un individuo incluso antes de que éste nazca. Los códigos genéticos del padre y de la madre establecerán ciertas potencialidades que más adelante serán modeladas por el desarrollo del sujeto y su interacción con el ambiente. Podemos encontrar múltiples vías de asociación entre la personalidad y la patología física. Así, los individuos que, por la configuración de su personalidad, interpretan múltiples situaciones como amenazantes tienden a mantener una activación nerviosa aumentada durante más tiempo. Son las personalidades ansiosas, aquellas que siempre nos sorprenden por su pesimismo, las que siempre encuentran algo por lo que preocuparse. Otros individuos se distinguen por mostrar una elevada irritabilidad, si bien no llegan a exteriorizarla, y exhiben un control excesivo sobre sus emociones y comportamientos. Son personalidades con una alta adaptación social, que constantemente deciden cómo deben mostrarse y reprimen lo que consideran que no debe manifestarse. Estos dos tipos de personalidad parecen estar relacionados con trastornos psicosomáticos*. Asimismo, no hay que olvidar el concepto de conducta de riesgo, es decir, los comportamientos que facilitan la ocurrencia o contagio de determinadas enfermedades. En muchos casos, estas conductas están también relacionadas con la personalidad. Los denominados «buscadores de sensaciones», aquellos individuos con una alta atracción por la aventura y las emociones fuertes, que fácilmente se aburren y que evitan cuanto pueden la monotonía, llevan asociado a su forma de ser y comportamiento un mayor riesgo de lesiones físicas e incluso de afecciones derivadas del consumo de drogas, alcohol y tabaco. ■

PERSONALIDAD, TRASTORNOS DE LA Conjunto de trastornos caracterizados por un patrón de conducta generalizado e inflexible que no permite una correcta adaptación del sujeto a las demandas ambientales, provocando malestar en la persona o en su entorno. Están presentes en un 14 por ciento de la población general, incrementándose hasta un 38 por ciento en el caso de consultas psiquiátricas. Si se asocian a enfermedades mentales, dificultan en gran medida el tratamiento e incrementan la posibilidad de recaída. Genéricamente se agrupan en tres categorías: los extraños (paranoide, esquizotípico y esquizoide), los dramáticos e impulsivos (antisocial, histriónico, límite y narcisista) y los ansiosos (evitación, dependencia y obsesivo-compulsivo). / *Personalidad, trastorno antisocial de la,* el que se distingue por un patrón general de conducta de desprecio y violación de los derechos de los demás, con fracaso para adaptarse a las normas sociales, lo cual puede provocar el infringimiento de la legalidad. Es la personalidad más habitual en el mundo de la delincuencia. Las personas con este trastorno engañan y manipulan con tal de obtener un provecho o placer personal. Son incapaces de planificar el futuro, probablemente por su gran impulsividad, y por su búsqueda constante de nuevas sensaciones. Se irritan con facilidad y pueden llegar a la agresión*, despreocupándose imprudentemente por su seguridad y la de los demás. En general, son irresponsables tanto en el trabajo como respecto a sus responsabilidades económicas y, en casos extremos, no acostumbran a mostrar remordimientos sino, por el contrario, indiferencia o justificaciones inadecuadas. Existen gradaciones dentro de este trastorno, que oscilan entre los que presentan sólo dificultades interpersonales o laborales, hasta los que caen en la delincuencia. La prevalencia es del 3 por ciento en los hombres y del 1 por ciento en las mujeres. Se denomina también personalidad psicopática o psicópata. / *Personalidad, trastorno de tipo límite de la,* el que se caracteriza por la inestabilidad en las relaciones personales, la autoimagen y la afectividad, y una notable impulsividad. Estas personas realizan frenéticos esfuerzos para evitar un abandono real o imaginado. En casos extremos expresan comportamientos de autoagresividad y amenazas suicidas; su inestabilidad efectiva les provoca episodios de ansiedad y disforia, que suelen durar poco tiempo. Invadidos por sentimientos crónicos de vacío, controlan la ira muy difícilmente. La prevalencia es de alrededor del 2 por ciento de la población general, afectando sobre todo a mujeres. El curso es crónico, con episodios de grave descontrol afectivo e impulsivo. / *Personalidad, trastorno esquizoide de la,* el que se caracteriza por distanciamiento en las relaciones sociales y la restricción de la expresión emocional en el plano interpersonal. Este tipo de personas no demuestran deseos de intimidad y parecen indiferentes a las relaciones interpersonales. Suelen ser solitarios y casi siempre escogen actividades que no requieran relación con otras personas. No tienen amigos íntimos o personas de confianza,

a excepción de algún familiar de primer grado. A menudo estos individuos no responden adecuadamente a las normas sociales, de forma que parecen socialmente ineptos o superficiales y enfrascados en sí mismos. Su reactividad emocional observable (gestos, expresión facial) es escasa, con una afectividad muy restringida, y se muestran fríos y distantes. Debido a su falta de habilidad social, los sujetos con este trastorno tienen pocas amistades y no suelen casarse. Esta alteración es poco frecuente en el entorno clínico y, en algunos casos, puede desembocar en la esquizofrenia. / *Personalidad, trastorno esquizotípico de la,* el que se distingue por la presencia de déficits sociales e interpersonales asociados a malestar agudo y una capacidad reducida para las relaciones con los demás, así como distorsiones del pensamiento (cognitivas) o de la percepción y excentricidades del comportamiento. Los sujetos con este trastorno suelen tener ideas de referencia como interpretaciones incorrectas de incidentes casuales a los que dan un significado especial, creencias raras y supersticiosas (telepatía, clarividencia), lenguaje raro y estereotipado, suspicacia excesiva, expresión afectiva inapropiada y restringida, comportamiento excéntrico, falta de amigos íntimos por su incomodidad en las relaciones personales e intensa ansiedad social relacionada con los rasgos anteriores. Se observa aproximadamente en el 3 por ciento de la población general, siendo algo más frecuente en los varones. / *Personalidad, trastorno histriónico de la,* alteración que forma parte del amplio espectro de la histeria*. El histriónico es un personaje extremada y excesivamente emotivo, con un comportamiento de búsqueda de atención constante. Se siente incómodo si no es el centro de la atención, lo que consigue de diversas formas, que van desde la adopción de actitudes de vivacidad hasta el dramatismo, pasando por la seducción o la provocación, en toda la variedad de sus relaciones sociales, laborales o personales, más allá de lo que sería adecuado en su contexto social. Utiliza permanentemente el aspecto físico para llamar la atención sobre sí mismo, empleando una cantidad excesiva de energías, tiempo y dinero en vestirse y acicalarse, buscando el constante reforzamiento tanto físico

■ *El **trastorno antisocial de la personalidad** se caracteriza por un patrón general de desprecio y violación de los derechos de las personas.*

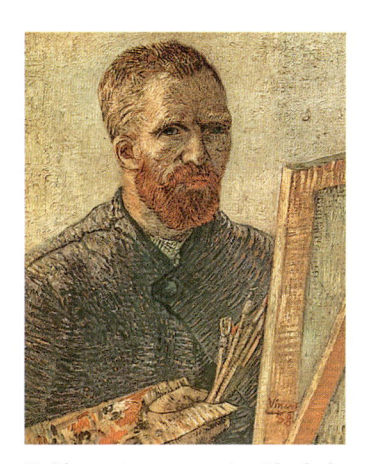

■ *El **trastorno esquizoide de la personalidad** afectó, según sus biógrafos, al pintor Vicent van Gogh. En la imagen, su Autorretrato.*

Personalidad, trastornos de la

*El **trastorno narcisista de la personalidad** se caracteriza por un desmesurado sentido de autoimportancia, con fantasías de éxito y exigencias de admiración ilimitadas.*

*The Subway de George Tooker. El **trastorno paranoide de la personalidad** corresponde a un patrón general de desconfianza hacia el prójimo.*

como psíquico y trastornándose fácilmente ante un comentario crítico sobre su apariencia, tanto si se le hace cara a cara como si es comentando una fotografía. Muestra una expresión emocional superficial y rápidamente cambiante, con un lenguaje excesivamente subjetivo y carente de matices, expresando opiniones contundentes de forma teatral pero sin base convincente (por ejemplo, se refiere constantemente a las personas como «encantadoras» o «maravillosas» sin concretar de forma más específica o argumentarlo). Autodramáticos, teatrales y exagerados, los histriónicos son conocidos por sus demostraciones emotivas públicas, que van desde el abrazo ardoroso hasta el sollozo descontrolado o la cólera*. Sus relaciones acostumbran a ser superficiales y muy variables, considerando sus interacciones en general mucho más íntimas de lo que son en realidad (expresar amistad apenas sin conocer al otro o tutear de forma fácil e inapropiada). Son sujetos altamente sugestionables, fácilmente influenciados en sus opiniones y sentimientos según las personas o las modas. Tienen tendencia a la extroversión y a aburrirse fácilmente con las actividades rutinarias, por lo que buscan la estimulación y la excitación. La prevalencia es parecida en varones y en mujeres, en torno al 2-3 por ciento de la población total. / *Personalidad, trastorno narcisista de la*, el de los sujetos que se caracterizan por tener un desmesurado sentido de autoimportancia, con fantasías de éxito ilimitado, poder o belleza, y exigencias de admiración excesiva. Pretenciosos hasta lo irrazonable, llegan a ser interpersonalmente explotadores, con tendencia a la envidia patológica y a los comportamientos arrogantes y soberbios. Curiosamente su autoestima es frágil, y de ahí la necesidad constante de atención y admiración, que llega a convertirse en una expectativa irracional de recibir un trato de favor especial, mostrándose furiosos si esto no sucede. Carecen de empatía, por lo que son reacios a identificarse con los sentimientos y necesidades de los demás. La prevalencia es del 1 por ciento de la población general, siendo más frecuente en los varones. / *Personalidad, trastorno obsesivo-compulsivo de la*, el de las personas que tienen una preocupación exagerada por el orden, el perfeccionamiento y el control mental e interpersonal. Detalles, normas, listas, horarios, centran su actividad marcada por el perfeccionismo que interfiere con la finalización de las tareas. Tercos, escrupulosos e inflexibles, son reacios a delegar tareas o trabajo en otros, dedicándose de forma obsesiva a la actividad laboral. Rígidos y obstinados, adoptan un estilo avaro en los gastos debido a la ansiedad excesiva que les producen las posibles necesidades futuras. Se diferencian del trastorno obsesivo-compulsivo por la presencia de obsesiones y compulsiones en este último, si bien pueden estar asociados. Más frecuente en los varones, la prevalencia es del 1 por ciento de la población general. / *Personalidad, trastorno paranoide de la*, el que se caracteriza esencialmente por una actitud permanente de suspicacia y desconfianza hacia el prójimo. El sujeto cuestiona constantemente los motivos y la lealtad de los amigos, compañeros e incluso de su familia; cree ser explotado, manipulado o engañado por los demás. Frecuentemente sufre de celos patológicos, que le hacen ser un individuo aislado y solitario. Las personas con esta patología rara vez buscan tratamiento. Se estima que se da en el 0,5-2,5 por ciento de la población general, siendo algo más frecuente en el sexo masculino. / *Personalidad, trastorno por dependencia de la*, el que se distingue por una necesidad general excesiva de que se ocupen de uno, lo que ocasiona un comportamiento de sumisión y adhesión, además de temor hacia la separación. Las personas con este trastorno tienen grandes dificultades para tomar decisiones cotidianas (por ejemplo, el color de la camisa que se tiene que poner) y esperan que otros asuman la responsabilidad en las principales parcelas de su vida. Su dependencia provoca dificultades para expresar el desacuerdo con los demás, debido al temor de la pérdida. Su falta de autoconfianza les dificulta la iniciación de proyectos o la toma de decisiones, sintiéndose desamparados cuando están solos y buscando urgentemente una nueva relación cuando termina otra importante, a fin de proseguir con el apoyo que necesitan. Las tasas de prevalencia son similares en los varones y en las mujeres. / *Personalidad, trastorno por evitación de la*, el que afecta a los sujetos inhibidos socialmente por sus sentimientos de inferioridad e hipersensibles a la evaluación negativa por parte de los demás. Evitan trabajos o actividades que impliquen contactos interpersonales, siendo reacios a relacionarse con la gente si no están seguros de que van a agradar, preocupados de antemano por la posibilidad de ser ridiculizados o avergonzados; pueden sentirse extremadamente ofendidos si alguien se muestra crítico o incluso levemente en contra. Se vuelven prácticamente «invisibles» por temor a que la atención vaya a comportar la humillación o el rechazo. Se ven a sí mismos socialmente ineptos, poco interesantes o inferiores a los demás, por lo que evitan asumir nuevas relaciones o actividades comprometedoras según creen. La prevalencia es del 1 por ciento entre la población general, siendo igual de frecuente tanto en varones como en mujeres. ■

Pesadilla Parasomnia* que afecta al sueño REM* y aparece, por lo tanto, en la segunda mitad de la noche. Se produce una activación vegetativa mucho menos intensa que en el terror nocturno y, si se despierta a la persona que la sufre, muestra una reacción leve de ansiedad-miedo. El recuerdo posterior suele ser vívido, pudiendo el sujeto relatar con detalle el contenido del sueño angustioso. El fenómeno es banal y frecuente, observándose en el 5 por ciento de la población, con mayor incidencia en la infancia. Los accesos repetidos manifiestan una psicopatología ansiosa o depresiva; también se han descrito como características del trastorno por estrés postraumático. En estos casos estaría indicado su tratamiento, para el que son eficaces los antidepresivos* y los ansiolíticos*. ■

Pesimismo 1. Paradigma filosófico que consiste en atribuir al mundo o a todo lo creado la mayor imperfección posible. Sostiene el predominio absoluto en la existencia humana del mal sobre el bien. El principal representante es A. Schopenhauer, que dicta como norma moral la compasión universal. **2.** Propensión a apreciar el lado negativo de las cosas, o a juzgarlas en su aspecto menos favorable; es una dimensión de la personalidad que, si no se manifiesta de forma excesiva, da un toque de realismo al comportamiento de los individuos y alimenta esfuerzos más enérgicos para evitar fracasos. El pesimismo exacerbado es propio de la depresión*.

PGE 1 Siglas que corresponden a un tipo de prostaglandina* utilizada con notable éxito en el tratamiento de la disfunción eréctil mediante inyecciones directas en los cuerpos cavernosos del pene*. Si bien es específica de impotencias orgánicas, se ha empleado asociadamente a abordajes cognitivo-conductuales, cuando el paciente está intensamente bloqueado por la ansiedad*, o en situaciones especiales (no disponibilidad de pareja estable). El paciente puede autoinyectarse el fármaco siguiendo un protocolo previamente establecido y con estricto control médico, en cuyo caso los efectos secundarios, de presentarse, se controlan perfectamente. La instauración de esta terapéutica debe ser precedida de un correcto estudio de cada caso con el fin de que sea realmente la adecuada.

Piaget, Jean Destacado psicólogo suizo (Neuchâtel, 1896-Ginebra, 1980). A lo largo de su trayectoria llegó a cubrir la cátedra de psicología infantil en la Universidad de Ginebra y dirigió el Centro de Epistemología Genética. A él debemos el estudio científico del desarrollo cognitivo durante la infancia y el inicio del conocimiento epistemológico mediante la metodología experimental. Piaget no inició su trabajo intelectual como psicólogo; su interés radicaba en la unión entre la biología y la lógica. Para ello inició el estudio de la evolución de los conceptos y el lenguaje en los niños, la conducta interactiva de los infantes con los objetos y sus manipulaciones, así como la interpretación simbólica. Fue de esta manera como fueron surgiendo las descripciones de las etapas del aprendizaje y el desarrollo infantil. Para algunas de estas etapas Piaget llega a apuntar edades concretas. Hoy se hace impensable hablar de psicología evolutiva sin nombrar los extensos trabajos de Piaget. ■

Pica Trastorno de la conducta alimentaria que consiste en la ingesta persistente de sustancias no nutritivas (tierra, cal, etc.). Se considera una conducta anormal a partir de los dieciocho meses. Puede presentarse en psicosis, retrasos mentales y síndromes demenciales. Las complicaciones médicas de la pica se relacionan con la naturaleza de lo ingerido, aunque suelen ser frecuentes la

■ *La pesadilla, un trastorno del sueño que afecta a la fase REM, representada en una obra de Heinrich Füssli.*

■ *Jean Piaget, pionero de la psicología evolutiva.*

*Philippe **Pinel** abogó por el respeto a la dignidad de los pacientes psiquiátricos.*

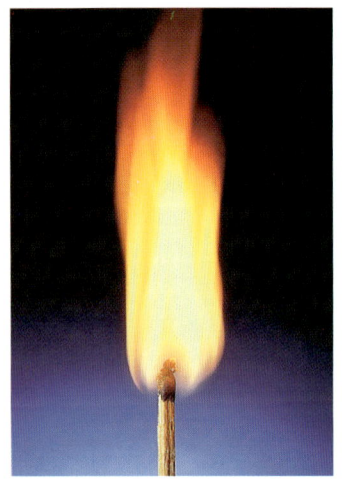

*El término **piromanía** designa una pérdida básica del control de los impulsos que empuja al individuo a provocar incendios.*

infección parasitaria y las obstrucciones intestinales.

Pick, enfermedad de Enfermedad degenerativa del cerebro que afecta, en particular, a los lóbulos frontales y temporales. Se caracteriza por iniciarse con cambios de personalidad, deterioro de las habilidades sociales, embotamiento emocional, desinhibición y anomalías del lenguaje. La edad de aparición es algo menor que en la demencia tipo Alzheimer*, en torno a los 50-60 años. Véase Demencia.

Pícnico Biotipo de personalidad caracterizado por una estructura corporal de corta estatura, esqueleto ancho, cráneo grande y redondo, musculatura fláccida y cierta obesidad. El estado de ánimo* correspondiente oscilaría entre la máxima alegría y una gran aflicción (ciclotimia). Equivale al biotipo endomorfo*. Hoy día es un concepto superado por otros de mayor entidad científica.

Pinel, Philippe (cerca de Gibrondes, act. Jonquières, 1745-París, 1826). Médico francés que fue director del hospital de La Salpêtrière en París. Célebre por ser el principal instigador de la llamada «liberación de las cadenas» en 1794; nombre con el que se conoce la acción de reclamar y reivindicar unos principios teóricos y terapéuticos dignos y un trato humano para los enfermos psiquiátricos ingresados en los sanatorios. Hasta entonces los enfermos mentales eran recluidos sin ninguna otra consideración o trato alguno. Es claramente el padre de la psiquiatría moderna. En su labor científica destacan grandes obras como la *Nosographie Philosophique* (1798) y el *Traité Médico-philosophique de la Manie*.∎

Piromanía Trastorno del control de los impulsos distinguido por la provocación de incendios de forma deliberada e intencionada, experimentándose tensión o activación emocional antes de la conducta impulsiva. Existe tal fascinación y atracción por el fuego que estas personas pueden refugiarse en profesiones relacionadas o colaborar con ellas. Experimentan bienestar cuando se inicia el fuego, al presenciar sus efectos devastadores y al participar en sus consecuencias. El incendio no se provoca por móviles económicos, ni sociopolíticos, ni como expresión de otros trastornos psicopatológicos.∎

Pituita matutina Vómito acuoso y mucoso que algunos enfermos y, en especial, los alcohólicos, tienen por la mañana en ayunas. Se debe a la gastritis alcohólica.

Placebo Término que procede etimológicamente del latín *placere* (placer). Designa la sustancia o la técnica psicoterápica sin acción específica sobre la enfermedad en la que actúa, y que es administrada por un terapeuta o bien autoadministrada por el paciente con efectos positivos sobre el proceso a tratar, pero que no acostumbra a tener la intensidad ni la duración suficiente como para ser considerados paliativos o curativos eficaces. Una tercera parte de las personas es sensible al efecto placebo, dependiendo del tipo de enfermedad, características de personalidad (extroversión, dependencia, labilidad emocional, vía de administración (inyectables más efecto), expectativas del paciente, habilidades de convicción del médico, etc. Los mecanismos de acción del efecto placebo pueden deberse tanto a factores de condicionamiento como bioquímicos (posible incremento de endorfinas*). Se ha utilizado el efecto placebo en casos de enfermedad crónica a fin de disminuir fármacos con cierto potencial peligroso, en programas de supresión de fármacos, en modificaciones de hábitos dietéticos, para «potenciar» fármacos específicos, etc. Las sustancias placebo, en general inertes y sin efectos especialmente negativos, se utilizan en la investigación de un fármaco nuevo, conocido como «doble ciego» (ni el médico ni el paciente conocen cuál de las dos sustancias, una de las cuales es administrada aleatoriamente, es la activa). Cuando una sustancia de tipo placebo provoca efectos secundarios negativos, la acción es conocida como efecto «nocebo».

Placer Sensación de goce al efectuar o desarrollar una actividad satisfactoria para el individuo.

Plasticidad del cerebro Característica propia del cerebro según la cual, cuando se daña un área cerebral, puede suceder con el tiempo que otras áreas se reorganicen y asuman las funciones de la primera, a merced de nuevas conexiones neuronales que reemplazan a las que se perdieron. Es el medio por el cual el cerebro se vale para recobrarse, aunque sea parcialmente, después de lesiones o traumatismos, pero también es un mecanismo fisiológico que compensa la pérdida gradual de neuronas que sobreviene con la edad. Aun así, la plasticidad del cerebro es relativa, dependiendo de la gravedad del daño y de la edad del sujeto (cuanto más joven, más plasticidad).

Pobreza del lenguaje Uso limitado del lenguaje que se observa en los trastornos autistas, la esquizofrenia* y la depresión* mayor.

Poder Relación de tipo asimétrico, entre un hombre o un grupo de individuos que pueden formar un conjunto o un aparato específico y que definen las orientaciones de la sociedad y sus fines, disponiendo del uso legítimo de la violencia, y un grupo más o menos vasto de individuos que dan su consentimiento a las normas dictadas obteniéndose este consentimiento por la aceptación de las orientaciones propuestas, por la interiorización de los valores de la sociedad, por la seducción o fascinación que ejercen los individuos dominantes, el castigo, el temor, etc.

Polarización grupal Reafirmación de las actitudes que predominan en un grupo a través de la discusión. Fortalece las tendencias dominantes de un grupo y se manifiesta cuando las personas pertenecientes a un mismo grupo discuten sobre actitudes que merecen el favor o la oposición de la mayoría. Puede tener resultados beneficiosos, por ejemplo, cuando fortalece la decisión de los miembros de un grupo de autoayuda. Los efectos perjudiciales de la polarización grupal se originan en personas que se han agrupado a causa de un motivo de queja, y que adoptan posturas cada vez más radicales al margen de las influencias moderadoras. El ejemplo más extremo es el del pensamiento terrorista.

Polarizado 1. Forma de actividad perceptiva que constituye la base de la exploración visual. Las fijaciones oculares tienen tendencia a acumularse sobre ciertas zonas del campo visual, también la exploración introduce la relación de elementos que pertenecen a diversos campos de enfoque, por lo que la polarización puede originar errores perceptivos llamados «ilusiones secundarias», que son resultado de dichas actividades perceptivas, y no de desigualdades dimensionales físicas. 2. Polarizado, pensamiento, véase Distorsión cognitiva.

Polígrafo Aparato de investigación y diagnóstico neurofisiológico que se compone de varios elementos destinados al registro de diferentes variables corporales (electroencefalografía, frecuencia cardíaca, tensión arterial, ventilación respiratoria, respuesta electrodermal, electromiografía o respuesta muscular, pletismografía peneana o respuesta vascular del pene, etc.).

Polisomnografía Registro combinado de las manifestaciones del sueño. En un polígrafo* se incluye la electroencefalografía, los cambios oculares, las variaciones del tono muscular (electromiografía), la frecuencia respiratoria, los cambios de la erección peneana y otros parámetros. Se utiliza como medio de diagnóstico en las alteraciones del sueño* y en la investigación de fármacos paliativos de estas alteraciones.

Pornografía Representación verbal o figurativa del acto sexual con exhibición acentuada de lo genital. La relación entre pornografía y violencia sexual es muy controvertida, si bien en algunos casos se ha observado que las actitudes sobre la agresión sexual devenían más neutras considerándolas menos graves de lo que realmente eran. Se sugiere que no es el erotismo sino las descripciones de la violencia sexual, las que afectan en mayor medida la aceptación del uso de la coacción en las relaciones sexuales por parte de los sujetos. Así, se considera que la pornografía violenta no es más que uno de los múltiples factores que podrían influir en el origen de la agresión sexual.

Potencial de acción Breve cambio eléctrico provocado por un impulso nervioso desencadenado por diversos estímulos que alcanzan las neuronas. Es el elemento necesario para que tenga lugar la transmisión interneuronal.

Potomanía Ingesta excesiva de líquidos, habitualmente agua, de forma deseada y placentera. Se asocia a una estructura de personalidad histriónica. También puede darse en enfermos crónicos graves. Debe descartarse siempre la existencia de enfermedades médicas que cursen con aumento de la sed o polidipsia (por ejemplo, diabetes).

Preconsciente Término utilizado por S. Freud en sus teorías tópicas y definido como un sistema diferente del inconsciente*, en

■ *El **polígrafo** se utiliza en la investigación neurofisiológica.*

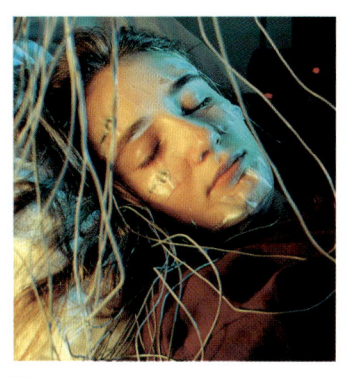

■ *La **polisomnografía** se utiliza para diagnosticar las alteraciones del sueño.*

*El **prejuicio** racial sustenta la ideología de los grupos neonazis.*

*Se denomina **síndrome premenstrual** al conjunto de alteraciones que preceden o acompañan a la aparición de la menstruación.*

tanto que se halla separado de él por la censura* y por los contenidos de representación, que son distintos y accesibles a la conciencia.

PREEDÍPICA, ETAPA Momento del desarrollo psicosexual* que, en la teoría freudiana, precede a la entrada en el complejo de Edipo* y en el que predomina, en ambos sexos, la relación dual con la madre. Como ocurre con el resto de hipótesis psicoanalíticas, el estado actual de las investigaciones científicas de la psicología evolutiva no permite considerar esta definición como comprobada experimentalmente.

PREJUICIO Es una actitud hacia un miembro de un grupo racial, étnico, mayoritario o minoritario, que es consecuencia de la pertenencia de dicha persona a ese grupo. El prejuicio siempre es un falso retrato, un estereotipo basado en generalizaciones e ideas subjetivas acerca de un grupo. ■

PREMENSTRUAL, SÍNDROME (SPM) Conjunto de alteraciones que surgen en la época previa a la aparición de la menstruación. Se han propuesto tres tipologías del síndrome: a) el síndrome premenstrual puro, que constituye el conjunto de síntomas que aparecen regularmente en la fase luteal (de uno a siete días antes de la regla); b) el síndrome perimenstrual, que acontece en la «periferia del menstruo» (días anteriores y días posteriores); y c) el síndrome intermenstrual: sintomatología que se presenta en la mitad del ciclo, pudiendo extenderse en algunos casos hasta terminar el mismo. La mayoría de los investigadores clínicos consideran sólo los dos primeros casos como posible SPM, calculándose en un 15 por ciento el porcentaje de mujeres que lo sufren, debiendo ser la intensidad de la sintomatología superior en más del 30 por ciento a lo que es normal en este período. Los síntomas se clasifican en: 1) Somáticos: algias diversas (cefaleas, dismenorreas, dolor en mamas), hemorragias demasiado duraderas o abundantes, síntomas de hinchazón en abdomen, mamas, manos, tobillos, etc. por retención de líquidos, síntomas vegetativos (sofocos, sudoración, náuseas, mareos, palpitaciones, diarreas y temblores) y síntomas dermatológicos como acné, manchas, erupciones o seborrea. 2) Emocionales y del comportamiento: constituyen una amalgama entre la que destacan la irritabilidad, suceptibilidad, labilidad emocional, disminución del rendimiento, incremento del apetito selectivo hacia los dulces, trastornos de la sexualidad, alteraciones del sueño y sintomatología depresiva. El subtipo más frecuente de SPM es el integrado por síntomas preferentemente psicológicos, asociados a algunos de los somáticos. La depresión severa acostumbra a aparecer en mujeres con vulnerabilidad especial hacia la misma o que ya la han padecido anteriormente. En líneas generales, los síntomas experimentan mejoría durante el período posmenstrual. Entre los factores de riesgo se encuentran la edad (más frecuente en jóvenes), el estrés* y los trastornos de la personalidad*. La etiología se considera que es de origen mixto, hormonal y por una disfunción de los neurotransmisores cerebrales, fundamentalmente la serotonina*. El tratamiento es una mezcla de información adecuada, dieta, terapia hormonal y psicofarmacológica y técnicas cognitivo-conductuales. ■

PREVENCIÓN PSIQUIÁTRICA Parte de la psiquiatría que tiene como meta la definición de la incidencia y prevalencia de los trastornos mentales, así como las incapacidades residuales que se infieren de los mismos. Entre las medidas de carácter preventivo destacan: a) la prevención primaria, que tiene por objeto disminuir los índices de enfermedad mediante un ataque directo a los factores etiológicos que afectan a grupos de población, reduciendo los factores de riesgo o interfiriendo en los mecanismos de transmisión de la enfermedad. Ejemplos de prevención primaria serían la orientada a los problemas perinatales (preparto y nacimiento), la educación de los padres en aspectos de salud mental y los programas diseñados para modificar condiciones sociales que estén relacionados con índices elevados de patología psiquiátrica (desempleo, pobreza, hacinamiento, carencia de vivienda, pérdida de un ser querido, cambios de domicilio, divorcio, etc.); b) la prevención secundaria o identificación temprana y tratamiento oportuno de una enfermedad con el propósito de reducir la prevalencia. También se pretende la reducción de la incapacidad crónica que pueda producir una alteración mental, mediante la administración temprana de tratamiento. Se recurre a técnicas como educación de la población e identificación de casos a fin de lograr una pronta localización de pacientes con padecimientos psiquiátricos. Se requiere la existencia y disponibilidad de tratamiento para todos los casos que se produzcan; y c) la prevención terciaria, cuya meta es reducir la prevalencia de incapacidades causadas por un enfermedad o un trastorno (aislamiento social, incapacidad para hallar o mantener un empleo, dependencia patológica, etc.). Se centra en técnicas de rehabilitación para conseguir reducir al máximo el período de hospitalización, sustituyéndolo por hospitales de día o de noche, pisos protegidos, clubes de expacientes, etc. También se pretende la resocialización del paciente y su rehabilitación profesional y vocacional. El término equivale a psiquiatría preventiva e higiene mental.

PRIAPISMO Erección peneana persistente, acompañada de dolor severo. Puede ser debida a efectos secundarios de ciertos fármacos y a fibrosis de los cuerpos cavernosos del pene.

PRINCIPIO 1. Ley de conducta, conjunto de hechos verificados que aportan una información que puede ser constatable con la realidad. 2. Principio de frustración/agresión. Principio de acuerdo con el cual la frustración provoca cólera, la cual puede generar agresión. 3. Principio de placer. Término psicoanalítico según el cual el ello* trata constantemente de satisfacer los impulsos básicos orientados hacia la gratificación inmediata. 4. Principio de Premack. Principio acuñado por el psicólogo estadounidense D. Premack, según el cual una actividad preferida, practicada con más frecuencia, puede servir como refuerzo de una actividad menos probable. Un ejemplo de su utilización es el de los padres que refuerzan el trabajo académico de sus hijos, permitiéndoles utilizar un automóvil.

PROCESAMIENTO Someter alguna cosa a elaboración o transformación con unos fines deseados. / *Procesamiento de la información*, elaboración y transformación de la información procedente de la memoria* para generar ideas, pensamientos o emociones. Según lo codificado, se habla de procesamiento de información visual, acústica o semántica. Si se codifica con esfuerzo escaso o nulo, el procesamiento es automático. En el caso de ser necesario el esfuerzo y la atención, hablamos de procesamiento esforzado. ■

PROGESTERONA Hormona* segregada por el cuerpo lúteo o amarillo del ovario en la fase final del ciclo menstrual. Si bien participa en el desarrollo de las mamas, su principal actividad es causar el desarrollo del endometrio uterino, preparándolo para la recepción del óvulo* fecundado. En caso de embarazo, la responsabilidad del suministro de progesterona* pasa a la placenta, pero si ésta fracasa, el endometrio se descama y podría provocar el aborto*. Reduce las contracciones rítmicas de la musculatura uterina, lo cual es importante para el mantenimiento de un útero tranquilo durante el embarazo. Su efecto sobre el sistema nervioso* central se considera sedativo. ■

PROGRAMA Organización y desarrollo de alternativas sobre un acontecimiento o actividad puntual, con una estructura que permite trabajar con cierto orden y eficacia. En el condicionamiento operante*, son esenciales los programas de reforzamiento*, conocidos como de intervalo fijo/variable o de razón fija/variable.

PROLACTINA Hormona* hipofisaria que estimula la secreción láctea. Normalmente es inhibida por la dopamina* hipotalámica. Su exceso (hiperprolactinemia), provocado por enfermedades del eje hipotalámico-hipofisario o bien por fármacos que bloquean la dopamina (por ejemplo, algunos neurolépticos*), puede elicitar excreción de leche, turgencia y dolor mamario, amenorrea y disminución del impulso sexual*. El tratamiento es farmacológico o quirúrgico (exéresis de un posible tumor hipofisario).

PROSTAGLANDINAS Conjunto de sustancias derivadas de los ácidos grasos. Están extendidas por todo el organismo en una gran variedad de células de diversos sistemas del organismo. Participan en la termorregulación (elevación de la temperatura), el incremento de la sensación de dolor, la vasodilatación, la regulación de la motilidad uterina (su incremento se ha determinado como causa de los dolores menstruales o dismenorreas) y la activación gastrointestinal, lo que podría provocar diarreas, e intervención en respuestas inflamatorias tanto agudas como crónicas. Terapéuticamente

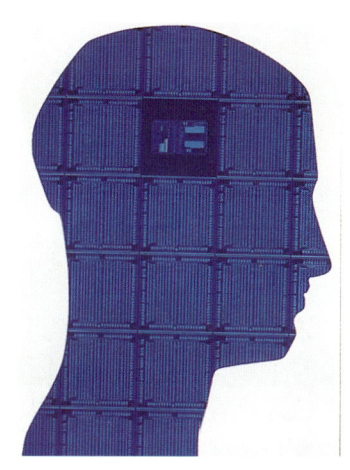

■ *El **procesamiento** es un mecanismo por el cual se elabora y transforma la información procedente de la memoria.*

■ *Microfotografía de **progesterona** sintética obtenida en un laboratorio.*

*El **psicoanálisis** abarca un método de investigación en la historia de la psicología, un proceso psicoterapéutico y un conjunto de teorías sistemáticas, sin datos sólidos científicos.*

han sido utilizadas para la inducción al parto y como vasodilatadores.

Proyección Según el psicoanálisis*, se trata del desplazamiento inconsciente de procesos internos de la persona, como impulsos, sentimientos de culpa u odios, hacia otras personas, situaciones u objetos. Según S. Freud, la proyección es usada como un mecanismo psicológico de defensa*.

Proyectivos, tests Técnicas de evaluación psicológica que se basan en la proyección del individuo.

Pseudoalucinación En el concepto clásico, alucinación* que no es percibida como externa al sujeto. También se ha utilizado este término para denominar a las alucinaciones sin sentido de la realidad.

Psicoanálisis Disciplina fundada por S. Freud que pretende la investigación de las causas de ciertos trastornos psicológicos y su tratamiento basándose en las hipótesis que conforman el cuerpo doctrinal de su autor. El psicoanálisis presupone que muchos problemas psicológicos están alimentados por el residuo de impulsos y conflictos reprimidos en la niñez. Los psicoanalistas tratan de llevar estos sentimientos reprimidos al plano del conocimiento consciente, donde el paciente, en teoría, podría resolverlos. Al adquirir gradualmente una percepción consciente de los orígenes del trastorno, la persona sometida al análisis «elabora» los sentimientos sumergidos. El paciente, tumbado en un diván, empieza a hablar de lo que se le va ocurriendo, mientras el analista, situado fuera de su campo visual, va tomando notas, apenas interviene y sólo de vez en cuando interpreta el material que aporta el psicoanalizado. El diván y una cierta distancia entre el psicoanalista* y el paciente permiten la relajación de este último y la concentración en la manifestación de sus ideas más íntimas. La charla del paciente no está sometida a reglas y se le incita a utilizar la asociación libre* a fin de liberarse de los denominados mecanismos de defensa*. Para el psicoanalista los obstáculos que impiden el movimiento fluido de la libre asociación son resistencias. El analista explora las áreas «difíciles», infundiendo conciencia al paciente de sus propias resistencias y señalando los significados e interdependencias que no capta de inmediato. Esto lo hace mediante las interpretaciones (sugerencias acerca de los deseos, los sentimientos y los conflictos) de lo que escucha, apuntando hacia una cierta visión interior de las personas sujetas al análisis. Realiza algo parecido a lo que S. Freud denominó el «contenido latente» de los sueños, sugiriéndole la limitación de los mismos. En el transcurso de este proceso, pueden ocurrir circunstancias de la relación terapeuta-paciente que reciben el nombre de transferencia* y contratransferencia*. Las sesiones, de dos a cuatro por semana, se prolongan a lo largo de unos cinco o seis años como media; el psicoanálisis tradicional es un proceso lento y caro. De ahí arrancan los intentos por impulsar la reducción del tratamiento psicoanalítico, mediante las denominadas «psicoterapias dinámicas breves», que hacen hincapié especial en algunos puntos, como la transferencia, que suele ser temprana y se interpreta activamente; a su vez, el terapeuta adopta una posición más activa en la búsqueda de material y no espera el resultado de la asociación libre. Si bien el psicoanálisis es una psicoterapia que tiene una larga vida y resultados en algunas ocasiones positivos, éstos no parecen superar el azar del propio tiempo de duración del tratamiento (extremadamente largo). Los esfuerzos de investigación que se han hecho hasta la fecha no han logrado aportar ninguna prueba inequívoca ni datos sólidos que apoyen los principales postulados de la teoría psicoanalítica. A lo largo de los años, el psicoanálisis no ha logrado dar pruebas positivas de sus poderes predictivos; por lo tanto, está en una posición altamente vulnerable frente a otras teorías más prometedoras, como las derivadas de la investigación de laboratorio, que en el campo clínico han dado origen a diversas técnicas basadas en el aprendizaje, entre las cuales destacan las terapias cognitivo-conductuales*. ■

Psicoanalista Profesional del psicoanálisis. Según la ortodoxia del método, precisa de una formación a través de su propio análisis personal efectuado por otro psicoanalista.

Psicocirugía Cirugía que interviene sobre el tejido cerebral a fin de controlar enfermedades mentales que no pueden ser paliadas con otros métodos terapéuticos. La más conocida es la cirugía estereotáctica*. Si bien históricamente fue utilizada para tratar pacientes incontrolables, se abandonó a partir de 1950, merced a la eficacia de los psicofármacos*. Actualmente se reserva prácticamente para el trastorno obsesivo-compulsivo*, muy resistente a las terapias habituales.

PSICODÉLICAS, SUSTANCIAS Término con el que se conoce a las drogas alucinógenas. Significa «expresiones de la mente».

PSICODIAGNÓSTICO Rama de la psicología* que consiste en averiguar desarreglos, enfermedades o disfunciones en la conducta humana. Los intentos no sistemáticos de psicodiagnóstico, y también en alguna ocasión los sistemáticos, se remontan a períodos antiguos de la cultura china, así como al cristianismo primitivo. Se perfiló definitivamente como psicodiagnóstico científico en el mundo occidental a partir de F. Galton, quien, basándose en la psicología experimental orientada en el experimento clásico, estudió sistemáticamente las diferentes reacciones individuales condicionadas por la personalidad. Para la averiguación de tales disfunciones se emplean básicamente la entrevista y los tests. La entrevista* consiste en el examen personal del paciente realizado por el psicólogo*, quien a través de preguntas que demandan determinadas explicaciones, observación de la conducta no verbal, comportamiento y reacciones, obtiene la información necesaria para realizar el psicodiagnóstico. Como a veces este método puede resultar incompleto o impreciso, son de gran utilidad los tests* y cuestionarios* psicológicos estandarizados. Existe una gran variedad: algunos son generales y otros son muy específicos sobre trastornos o disfunciones concretas. Una vez empleados estos dos métodos, el psicodiagnóstico suele llevarse a cabo de la siguiente manera: el psicólogo tiene una primera entrevista con el paciente en la que orienta el psicodiagnóstico hacia un trastorno determinado, el que considera que el paciente padece. Para cerciorarse, o para obtener más información, lo normal es servirse del test o los tests aplicables a ese caso concreto, cuyo resultado le será de gran utilidad. Con uno o ambos instrumentos, el psicólogo puede llegar al psicodiagnóstico acertado. Los diferentes trastornos mentales están clasificados en el denominado DSM-IV, manual de diagnóstico psicológico-psiquiátrico, que sirve para dar una uniformidad a la denominación de los diferentes trastornos entre los diferentes profesionales. El diagnóstico psicológico diferencial consiste en la determinación de un trastorno tras haber realizado el estudio comparativo de sus síntomas y signos con los de distintos trastornos de sintomatología similar; es decir, que por la existencia de determinados síntomas podría diagnosticarse más de un trastorno, por lo que hay que averiguar si el paciente tiene algún síntoma que sólo se presente en uno de ellos. El psicodiagnóstico orienta la terapia aplicable a cada caso en concreto. ■

PSICODRAMA Método terapéutico en grupo que utiliza la representación escénica para liberar los conflictos psicológicos de las personas. Se utiliza la asignación de roles, el intercambio de roles, la técnica del «sillón vacío», la técnica del espejo y otras formas de «teatro improvisado» para la representación de experiencias pasadas, fantasías o sueños. Este método pretende que las personas tomen conciencia de sus conflictos y les den una salida mediante la creatividad, la espontaneidad y la catarsis*. El psicodrama fue creado por J. L. Moreno a partir de su observación en 1914, en Viena, de unos niños que dirimían sus conflictos a través del juego de representación. Después de desarrollar este método, lo introdujo en las familias y en campos de refugiados, para perfeccionarlo posteriormente y darlo a conocer en Estados Unidos como psicodrama. ■

PSICOESTIMULANTES Término equivalente a estimulantes* del sistema nervioso*.

PSICOFARMACOLOGÍA Rama de la farmacología que estudia las características químicas y el comportamiento de determinados fármacos dentro del organismo, así como el mecanismo de acción y los cambios biopsíquicos que en él se producen. La psicofarmacología se subdivide en experimental (investigación de las características, mecanismos de acción y procesos del fármaco) y clínica (investigación y seguimiento de los efectos terapéuticos y secundarios o indeseables del fármaco sobre el organismo en el que se introduce). La psicofarmacología tiene una vertiente de investigación a través de la cual no

■ *Se denomina* **psicodiagnóstico** *a la rama de la psicología que analiza las disfunciones de la conducta humana a través de la entrevista y los tests.*

■ *El* **psicodrama** *fue formulado por Jacob Levi Moreno en 1914.*

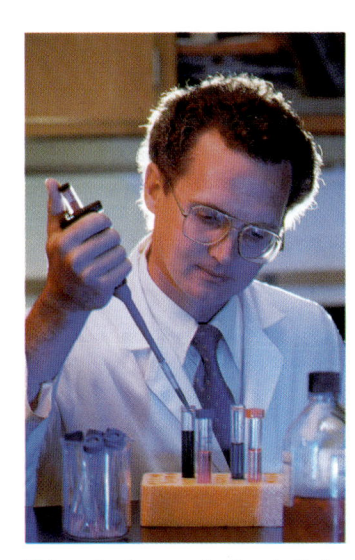

■ *La* **psicofarmacología** *estudia las características químicas y los efectos de determinados fármacos sobre el sistema nervioso.*

PSICOFÁRMACOS

*Los **psicofármacos** actúan sobre el metabolismo de los neurotransmisores y los receptores cerebrales.*

*Noam Chomsky, una de las figuras relevantes de la **psicolingüística**.*

sólo es útil el tratamiento, sino también a la neuro y psicofisiología. La psicofarmacología se introdujo en la década de 1950; el estudio de los efectos de los fármacos sobre la mente y la conducta revolucionó el tratamiento de los enfermos mentales, cambiando drásticamente su pronóstico y, en los casos graves, reduciendo las estancias hospitalarias, lo que contribuye a impedir el deterioro y a mejorar las posibilidades de rehabilitación. ∎

PSICOFÁRMACOS Conjunto de fármacos que conforman el arsenal propio de la psicofarmacología. Tradicionalmente se subdividen en antipsicóticos*, antidepresivos*, ansiolíticos*, hipnóticos* y eutimizantes*. Su mecanismo de acción se basa en la actuación sobre el metabolismo de los neurotransmisores cerebrales y de sus receptores, a fin de modificar sus posibles alteraciones. ∎

PSICOFISIOLOGÍA Ciencia que se propone esclarecer la conexión entre los procesos psíquicos y los procesos biológicos, apoyándose en la fisiología y, de forma especial, en la neurofisiología.

PSICÓGENO Desarrollo de naturaleza psíquica de un comportamiento, de una conducta*, de un trastorno mental e incluso de un trastorno orgánico. Equivale a funcional en medicina psicosomática.

PSICOLINGÜÍSTICA De forma general se utiliza el término psicolingüística para referirse a la psicología del lenguaje. Sin embargo, la psicolingüística fue iniciada en 1946 como una actividad de investigación multidisciplinar entre lingüistas, psicólogos y etnólogos. Una de las figuras más representativas de la psicolingüística es N. Chomsky, que estableció la «gramática generativa transformacional» como una teoría de la competencia lingüística que se vio reflejada, más tarde, desde un punto de vista empírico, en la psicología del desarrollo del lenguaje. ∎

PSICOLOGÍA Ciencia que se dedica al estudio de los procesos y fenómenos mentales o psicológicos, especialmente en relación con la conducta humana y animal. La psicología pretende lograr cuatro metas fundamentales: describir la conducta*, explicarla, predecirla y, en ciertas circunstancias, modificarla o controlarla. Para ello utiliza el método experimental y otros métodos no experimentales. El primero se caracteriza por el completo control de los factores que afectan al comportamiento de un individuo. Aunque el método experimental sigue siendo el ideal para manejar a voluntad las variables que causan un comportamiento*, existen ciertos ámbitos de la psicología en los que se ha de renunciar a ellos por razones éticas o prácticas. / *Psicología biológica*, rama de la psicología relacionada con los vínculos entre la biología y la conducta que estudia, básicamente, los factores psicofisiológicos (sistema nervioso* y bioquímica cerebral) que controlan la conducta. / *Psicología clínica*, rama de la psicología que implica la evaluación y el tratamiento de los individuos que padecen trastornos psicológicos. Incluye administrar e interpretar los tests, practicar la psicoterapia, aplicar programas conductuales para la prevención de la salud, efectuar intervenciones conductuales en enfermedades médicas y realizar investigaciones relacionadas con la salud mental y sus factores psicológicos. / *Psicología cognitiva*, campo de la psicología que estudia las representaciones mentales y el procesamiento de la información. Incluye las actividades mentales que son la base de la resolución de problemas, los juicios, las creencias, la adopción de decisiones y el lenguaje. / *Psicología del desarrollo oevolutiva*, rama de la psicología que estudia el cambio físico, cognitivo y social en el curso de la vida. Gran parte de su labor se desarrolla en tres ámbitos principales: a) naturaleza o cultura y su influencia mutua en el desarrollo evolutivo; b) secuencias en el desarrollo, sea de forma gradual y continua o en diferentes etapas (infancia*, pubertad*, adultez*, vejez*); y c) estabilidad de los rasgos individuales y cambios a medida que se evoluciona en edad. / *Psicología de la salud*, subcampo de la psicología que incluye el aporte de la misma a la medicina de la conducta. Los problemas fundamentales que aborda son: a) la relación entre emociones y respuestas del estrés* y el riesgo de enfermedad; b) las conductas de enfermedad y los efectos terapéuticos; c) las actitudes y formas de conducta que previenen la enfermedad y promueven la salud y el bienestar; y d) la atenuación y control del estrés. / *Psicología industrial o laboral*, estudia los factores que intervienen en las relaciones laborales y el comportamiento en el lugar de trabajo. Utiliza los conceptos y los métodos de la psicología para ayudar a las organizaciones a seleccionar e instruir a los empleados, elevar su autoestima y productividad, controlar los factores del estrés laboral, promover las conductas de prevención de la salud en el trabajo y evaluar las reacciones de la gente frente a ellas. / *Psicología social*, estudio científico del modo en que pensamos unos de otros, así como a propósito de las influencias y las relaciones mutuas. El campo de investigación e intervención de la psicología social abarca: el pensamiento social, que investiga la atribución que hacemos sobre el comportamiento de los sujetos, la formación de creencias y actitudes, y la relación entre lo que pensamos y lo que hacemos; la influencia social, que analiza la influencia social sobre nuestras actitudes, creencias, decisiones y comportamientos, y estudia factores como el conformismo, la obediencia o la rebelión contra las normas; las relaciones sociales, que se centra en las circunstancias que determinan las relaciones entre los individuos, amén de las conductas que conforman esta relación, por ejemplo, la agresión, el sentido de la colaboración o la atracción. / *Psicología escolar*, estudia el ámbito educativo escolar, y sus actividades suelen consistir en administrar pruebas de inteligencia o de aptitud, cuestionarios de orientación vocacional y pruebas de personalidad. Cuando se detectan dificultades de aprendizaje*, la psicología escolar elabora y aplica programas de reeducación; también asesora y entrevista a los padres cuando un alumno presenta problemas; colabora en la formación de los profesores para optimizar sus relaciones con los alumnos y con los compañeros; y trabaja en la solución de problemas prácticos para que la escuela funcione mejor. Además, suele intervenir en la investigación de métodos más eficaces de enseñanza, así como en la realización de seminarios para enseñar a los alumnos métodos eficaces de estudio y mejora del rendimiento. Asimismo, vela por la salud mental y la adaptación social del niño. Recientemente se está potenciando la intervención del psicólogo escolar en la elaboración de programas preventivos, principalmente del consumo de drogas. Parte de la labor tradicional de la psicología escolar ha sido asumida por la psicopedagogía*.

Psicología del comportamiento animal Véase Animal, psicología del comportamiento.

Psicólogo Profesional de la salud mental, cuya formación se basa en el ámbito de la psicología*. Los seres humanos aprenden conductas adecuadas que les facilitan la vida y conductas desadaptativas que la complican. El psicólogo, dentro de la clínica, enseña a la persona que le requiere a modificar las conductas inoperantes y a aprender otras que pueden mejorar su calidad de vida, poniendo énfasis en los procesos mentales y emocionales que intervienen. La especialización de los psicólogos está determinada por los diversos ámbitos profesionales en los que se subdivide la psicología (clínica, industrial, escolar, etc.). ■

Psicometría Medición de la duración e intensidad de las manifestaciones psíquicas en cualquiera de sus aspectos. También se refiere a la investigación que se ocupa de la medición de lo psíquico. La psicometría se ha desarrollado a partir de la psicofísica. Se ocupa de las relaciones funcionales entre manifestaciones psíquicas, o entre variables psíquicas y variables no psíquicas, e interviene en la construcción de escalas y tests, que posteriormente permiten evaluar la psique* de la persona. Comprende: a) la psicofísica o correspondencia entre los fenómenos psicológicos y los del sistema nervioso; b) la psicocronometría o estudio del tiempo de reacción; c) la psicodinámica o medida de los procesos psíquicos por sus efectos dinámicos; y d) la psicoestadística o método de medida de la proporción de individuos que presentan un fenómeno psíquico determinado. En la actualidad la investigación psicométrica constituye la base de las investigaciones psicológicas. Fue iniciada por J. M. Cattell, en 1926, y desarrollada posteriormente por Binet-Simon y L. Terman, entre otros. ■

Psicomotricidad Actividad motora (conducta efectora neuromuscular) relacionada causalmente con diversos procesos psíquicos. A pesar de que este término puede denotar implicaciones dualistas y crear confusión, se utiliza con frecuencia en psicología*, especialmente en psicología conductista y ex-

■ *El psicólogo enseña a modificar las conductas inoperantes para mejorar la calidad de vida.*

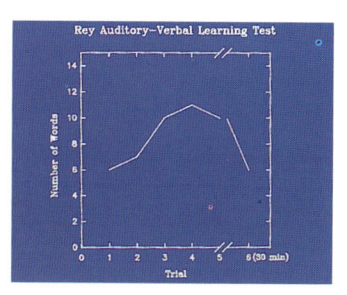

■ *La psicometría es una rama de la psicología que se ocupa de la medición de las manifestaciones psíquicas. En la figura, curva de aprendizaje de un paciente con epilepsia.*

PSICOPATÍA

*La **psicopedagogía** es la ciencia que estudia los procesos de cambio de la conducta en el contexto de la enseñanza y el aprendizaje.*

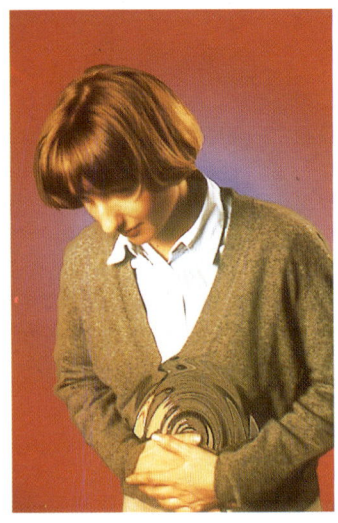

*Los **trastornos psicosomáticos** comprenden diversas enfermedades que se manifiestan a nivel orgánico y en cuyo origen se encuentran factores psicológicos.*

perimental, ramas que han desarrollado métodos de estudio y medición de las variables psicomotoras. También se utiliza en psicología clínica para referirse a la conducta* motriz que acompaña a un determinado estado psíquico.

PSICOPATÍA Término tradicional que indica un trastorno de personalidad distinguido por la impulsividad, la irresponsabilidad en las tareas cotidianas, la búsqueda constante de sensaciones, la frialdad emocional y el quebrantamiento de las normas sociales. Hoy en día ha sido sustituido por la expresión personalidad antisocial. Véase PERSONALIDAD, TRASTORNOS DE LA.

PSICOPATOLOGÍA Ciencia que estudia los trastornos de la vida psíquica (o, dicho de otro modo, de la conducta significante) de los individuos. La psicopatología constituye la base de la psiquiatría* y de la psicología clínica*. Así como, en medicina, la fisiología, la fisiopatología y la clínica médica mantienen un orden escalonado desde el punto de vista epistemológico y una relación precisa, en el caso de la psicología*, la psicopatología y la psicología clínica y psiquiatría no siempre ha sido así, pues, inicialmente, la psicología experimental y la psicopatología partieron de campos de estudio y epistemologías diferentes. Hoy en día se ha superado este divorcio debido al desarrollo de la investigación, tanto en las áreas clínicas como bioquímicas y de la teoría del aprendizaje. Ello ha permitido consolidar los estudios psicopatológicos y clasificar los trastornos mentales de forma adecuada, siguiendo los modelos propios de la medicina y la psicología clínica. Véanse CIE-10* y DSM-IV*.

PSICOPEDAGOGÍA Rama de las ciencias psicológicas que estudia los procesos de cambio de la conducta inducidos por las situaciones de enseñanza/aprendizaje. Comprende tanto el proceso de cambio, como los diversos factores que lo provocan. A través de diversas aproximaciones, se intenta explicar el fenómeno educativo y formular las intervenciones que deben llevarse a la práctica. La psicopedagogía implica el estudio de las conductas psicomotoras (destrezas motrices), cognitivas (adquisición de conocimientos) y afectivas (interiorización de valores y actitudes) que intervienen en los procesos de enseñanza, tanto en niveles escolares como en otros períodos evolutivos. También estudia la relación entre la personalidad y la capacidad de aprendizaje, las características del profesor y los factores sociales. La psicopedagogía ha ampliado los campos que la asociaban a la psicología* de la educación, ocupándose de los diversos estilos de aprendizaje, las dificultades relacionadas con situaciones emocionales y su rehabilitación, los hábitos de estudio y la orientación profesional, entre otros. ■

PSICOSIS Término equivalente a trastorno psicótico*. / *Psicosis cultural*, trastorno mental considerado específico de determinada cultura, caracterizado por cursar con manifestaciones psicóticas atípicas. Existe una amplia variedad de este tipo de psicosis, que se observan preferentemente en áreas no pertenecientes a la cultura occidental y son extremadamente infrecuentes en países industrializados. Las más conocidas y estudiadas son el amok* y el koro*.

PSICOSOMÁTICA, MEDICINA Conjunto de estudios y especialidades que se ocupan de los trastornos psicosomáticos*. El ámbito de estos trastornos, que abarca casi toda la medicina, ha convertido a la medicina psicosomática más en una forma de entender la importancia de la relación entre factores psicológicos y patología médica, que en una posible especialidad de la medicina. Hoy en día engloba entre sus principales disciplinas la medicina conductual*, la psicología de la salud y psiquiatría de enlace* o interconsulta psiquiátrica*.

PSICOSOMÁTICOS, TRASTORNOS Conjunto de enfermedades que cursan con manifestaciones somáticas sin aparente causa orgánica directa que explique dicha sintomatología (somatizaciones, trastorno de conversión) y en cuyo origen intervendrían factores de tipo psicopatológico o trastornos de la personalidad. En esta definición entrarían también las alteraciones de la percepción de la enfermedad como la hipocondría*. Se ha extendido a aquellas alteraciones orgánicas en cuyo origen se reconoce que participan importantes elementos de origen psicológico (colon irritable), pero también a los comportamientos y estilos cognitivos que puedan eclosionar, empeorar o cronificar enfermedades médicas, así como situaciones de adaptación que provocarían resultados semejantes (estrés*). También pueden adquirir esta consideración las disfunciones psíquicas provocadas por enfermedades médicas, fundamentalmente crónicas. ■

PSICOTÉCNICO, TEST O CUESTIONARIO Tipo de test o cuestionario cuyo objetivo es evaluar determinadas cualidades, aptitudes o capacidades de una persona. Estos tests son muy utilizados por los psicólogos industriales en la selección de personal. Fueron impulsados por la psicotecnia, una corriente teórica de la psicología* que adquirió relieve en España a principios del siglo XX. Los primeros laboratorios psicotécnicos pretendían medir las capacidades intelectuales y perceptivas, así como su posible proyección, con el objetivo de clasificar a las personas para una determinada labor y determinar su capacidad para un trabajo en concreto. Uno de los laboratorios más importantes de España fue el del doctor Emilio Mira, en Barcelona. Aunque hoy en día los medios que utilizaba esta corriente psicológica ya no se tienen en cuenta, la intención de evaluar al sujeto para averiguar su capacitación laboral sigue vigente.

PSICOTERAPEUTA Especialista en la aplicación de la psicoterapia*.

PSICOTERAPIA Término general que designa cualquier tratamiento de las enfermedades psíquicas a través de estrategias o técnicas psicológicas. La psicoterapia puede ser aplicada tanto a grupos de personas, como ocurre en la psicología familiar, como de forma individual. El término psicoterapia parte de una tradición psicoanalítica, de manera que en la psicología de corte conductista existe una tendencia a sustituirlo por otras acepciones, como tratamiento psicológico o intervención psicológica.

PSICÓTICO, TRASTORNO Enfermedad mental que produce alteraciones en los procesos de la percepción, el pensamiento*, el lenguaje*, la afectividad y el conocimiento, de tal manera que el sujeto no acostumbra a ser consciente de su enfermedad, con grave deterioro de la evaluación de la realidad. Los trastornos psicóticos se clasifican en: esquizofrenia*, trastorno esquizofreniforme*, trastorno esquizoafectivo*, trastorno delirante*, trastorno psicótico breve (alteración psicótica que dura más de un día y remite antes de un mes, que cursa con ideas delirantes, alucinaciones y lenguaje desorganizado. En algunos casos se trata de la respuesta a un acontecimiento estresante grave o puede deberse, también, a alteraciones puerperales), trastorno psicótico compartido (se desarrolla en un sujeto que está influido por alguien que presenta una idea delirante de contenido similar), trastorno psicótico debido a enfermedad médica y trastorno psicótico inducido por sustancias (alcohol*, cocaína*, anfetaminas*, alucinógenos*, opiáceos*, etc.).

PSICOTROPO Término que se aplica a las sustancias que modifican las funciones mentales. Hoy en día su significado se ha restringido hasta convertirse en sinónimo de psicofármaco*.

PSIQUE Conjunto de los procesos mentales y comportamientos provocados por estos procesos o relacionados con los mismos. ■

PSIQUIATRA Médico especializado en la rama de la psiquiatría.

PSIQUIATRÍA Rama de la medicina que estudia las enfermedades mentales pretendiendo conocer sus orígenes, prevenirlas y tratarlas convenientemente. Está íntimamente relacionada con la neurología y la psicología*, con la que establece constantes lazos de colaboración. Se inició a fines del siglo XIX y principios del XX con los estudios de E. Kraepelin, E. Bleuler, J. M. Charcot, S. Freud, I. P. Pavlov, entre otros, que pusieron los cimientos de la moderna psicopatología, describiendo enfermedades como la histeria*, la esquizofrenia* y la melancolía*, o bien iniciando las bases de lo que hoy en día se conoce como psiquiatría biológica (estudio de los factores biológicos que intervienen en el origen de las enfermedades mentales) o las teorías del aprendizaje*. A partir de 1950, con el descubrimiento de los primeros psicofármacos* y coincidiendo con la aparición de las técnicas de modificación de la conducta, la psiquiatría entró en su fase propiamente científica, un proceso que ha culminado con las teorías bioquímicas acerca del origen de muchas enfermedades mentales, las modernas clasificaciones psicopatológicas que han puesto orden en el

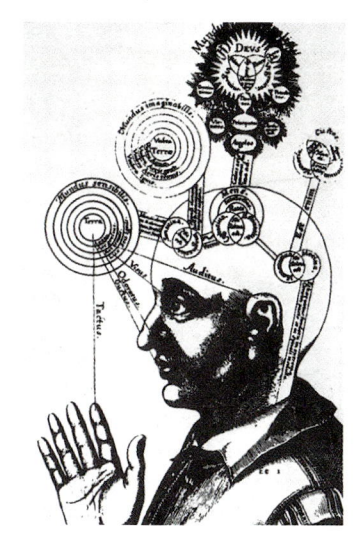

■ La **psique** designa al conjunto de procesos y comportamientos mentales.

Psíquico

*La **pubertad** es una etapa de desarrollo psicosexual y físico que señala el paso de la infancia a la adolescencia.*

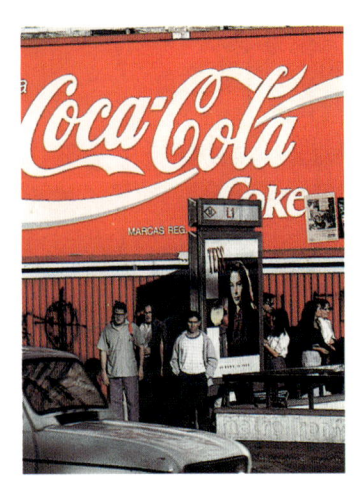

*La **publicidad** influye en los hábitos de consumo y puede generar cambios de actitudes.*

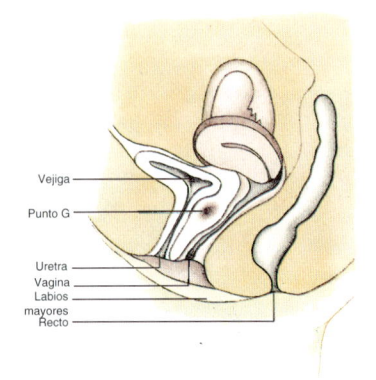

*El **punto G**, cuando es estimulado, potencia las sensaciones orgásmicas.*

entramado diagnóstico psiquiátrico y las técnicas de prevención y rehabilitación de los enfermos psíquicos. Este conjunto de innovaciones ha redundado en la disminución drástica de los tiempos de hospitalización y el deterioro que la enfermedad mental provocaba en épocas anteriores. A todo ello han contribuido los estudios epidemiológicos. Véase PREVENCIÓN PSIQUIÁTRICA.

PSÍQUICO Propio de la psique*.

PUBERTAD Conjunto de cambios y modificaciones que permiten a un individuo acceder a las funciones de reproducción. En la especie humana la pubertad constituye el paso de la infancia* a la adolescencia. Puede ser causa de malestares y de trastornos psicobiológicos. La edad de comienzo es variable según las sociedades y las condiciones de vida. En los países occidentales, alrededor de los 12 años en la mujer y de los 14 años en el hombre. Es un período durante el cual el ritmo de crecimiento se acelera, aparecen los caracteres secundarios (barba, cambio de voz, pilosidad púbica), se presenta la eyaculación en el hombre y la primera menstruación en la mujer. Véase ADOLESCENCIA. ■

PUBERTAD PRECOZ Aparición de los caracteres sexuales secundarios antes de los 9 años en los niños y de los 8 años en las niñas. Se opone a pubertad tardía, que es la falta de maduración sexual en edades superiores a 16 años en el varón y a los 14 años en la mujer. Las causas pueden ser diversas y deben ser estudiadas individualmente por el endocrinólogo. Las dos situaciones pueden provocar procesos de adaptación con trastornos de ansiedad* o del comportamiento*, amén de alteraciones de la autoimagen.

PUBLICIDAD Estudio y desarrollo de técnicas y métodos de comunicación social con el fin de dar a conocer un producto, una actividad o una actitud e incitar o motivar el uso del producto o el cambio de actitud. La psicología publicitaria basada en técnicas de persuasión y venta es el área de la psicología* que dedica su actividad al desarrollo de nuevas técnicas publicitarias y a la valoración de la repercusión del mensaje sobre la población. ■

PUERPERIO Período de la vida de la mujer que se inicia al finalizar el parto y termina a las seis semanas de producirse éste, cuando los órganos genitales femeninos regresan a su primitivo estado antes del embarazo. Si la madre amamanta a su hijo, la recuperación total no suele producirse hasta que concluye el período de lactancia. Desde el punto de vista psicológico, existen una serie de trastornos benignos y transitorios que se producen entre el cuarto y el quinto día del posparto («días azules») distinguidos por labilidad emocional* y, en ocasiones, trastornos del sueño*. La duración de este cuadro no suele superar los tres días y la remisión acostumbra a ser espontánea. La causa es multifactorial, tanto de origen hormonal como de adaptación a la nueva situación. Alrededor del 17 por ciento de las mujeres sufre una depresión puerperal, con sintomatología diversa que va desde la depresión menor, pasando por síntomas atípicos o cuadros más graves. El puerperio es un período de riesgo de descompensación de cuadros psiquiátricos presentes antes del embarazo o que aparecen por primera vez. Un trastorno poco frecuente es la psicosis puerperal, que cursa con manifestaciones propias de este tipo de trastornos (delirios*, alucinaciones*, etc.).

PULSIÓN Proceso dinámico consistente en un impulso que hace tender a un organismo hacia un fin. Según S. Freud, la pulsión tiene su origen en un estado de tensión producido por una excitación corporal. La pulsión tiene como meta suprimir el estado de tensión, utilizando al objeto* para ello.

PUNTAS DEL SUEÑO Fenómeno que aparece en la etapa 2 de la fase del sueño de ondas lentas, caracterizado por la aparición periódica de irrupciones de actividad de las ondas cerebrales, en forma de puntas o agujas que se observan en el electroencefalograma del sueño.

PUNTO G Zona de 1 cm de diámetro aproximadamente, situada en la pared anterior de la vagina, a unos 3 cm de la abertura. Es extremadamente sensible a la presión fuerte y sostenida. Se dilata cuando es estimulada y puede contribuir a potenciar las sensaciones orgásmicas. Parece ser un resto prostático que produce, al menos en algunas mujeres, una secreción especial, de consistencia y bioquímica similares al semen pero sin esperma. ■

R

Racionalización 1. Término utilizado en el psicoanálisis* para designar la justificación mediante procesos racionales que implican la activación del lóbulo frontal de una conducta que viene desencadenada por motivos inconscientes, más profundos. Sería la acción del yo* que razona las tendencias inconscientes del ello* sin que éstas sean reprimidas por el superyó*. 2. En el terreno laboral la racionalización sería el conjunto de medidas prácticas dirigidas a mejorar la eficacia y las condiciones de trabajo. ■

Ramón y Cajal, Santiago Médico y neuroanatomista español (Petilla de Aragón, 1852-Madrid, 1934). Desarrolló la mayoría de sus trabajos en la Universidad de Medicina de Barcelona, de donde fue catedrático. Fue reconocido mundialmente por proponer por primera vez la idea de que el sistema nervioso está compuesto por neuronas, cuya estructura y funcionamiento describió para la posteridad. Se le considera como uno de los fundadores de la histología moderna del sistema nervioso. En 1906 fue galardonado con el Premio Nobel de Medicina, que compartió con el histólogo italiano Camilo Golgi, por sus investigaciones sobre la estructura cerebral.

Rasgo En el estudio psicológico de la personalidad se refiere a una característica relativamente constante y estable del carácter propio de una persona. Se opone al término estado que define una cualidad personal que no perdura en el tiempo y se debe generalmente a la acción de un acontecimiento externo. Los rasgos se estudian a través de la teoría factorial de la personalidad.

Razonamiento Proceso mental que elabora la información de forma lógica con el fin de demostrar un hecho o rebatir ideas. La capacidad de razonamiento, desde el punto de vista cognitivo, se desarrolla en el curso del tiempo, pasando por diversas etapas descritas en su momento por J. Piaget.

Reacción Actuación* o comportamiento simple e identificable, provocado por un elemento constante o reiterativo del medio, que se denomina generalmente estímulo*. A nivel psicopatológico, un individuo puede presentar una respuesta original y específica ante un acontecimiento vital*, un traumatismo psicológico, arriesgando su equilibrio mental. / *Reacción de alarma*, primera fase del síndrome general de adaptación* en el estrés. El individuo experimenta una súbita activación de su sistema nervioso* simpático con diferentes reacciones psicofisiológicas (taquicardia) y movilización de recursos como preparación para el desafío.

Reactivo Sujeto de un experimento psicológico; aquel que reacciona a un estímulo, con un comportamiento o proceso psíquico de defensa*.

Reaferencia Término propuesto para traducir el inglés *feed-back**.

Reaprendizaje Proceso de aprendizaje reforzado por el aprendizaje anterior, por resultar este último inadecuado. En psicología experimental se investiga principalmente el reaprendizaje de distinción, también llamado reaprendizaje discriminatorio, para el que se emplean diferentes pruebas experimentales. Una de las más estudiadas es la del reaprendizaje extradimensional, que consiste en aprender a elaborar una clasificación de figuras en función de la forma, figuras que anteriormente habían sido clasificadas en función del tamaño. También es relevante el estudio del aprendizaje intra-

■ *En el terreno laboral, la **racionalización** es aquel conjunto de medidas que tiende a mejorar la eficiencia.*

Recaptación

En el ámbito del aprendizaje, la recompensa es un estímulo destinado a provocar una reacción positiva.

El recuerdo permite la recuperación de una vivencia almacenada en la memoria.

dimensional, consistente en la inversión de valores dentro de una misma dimensión (por ejemplo, el peso).

Recaptación Fenómeno propio de la transmisión sináptica, por el cual los neurotransmisores* retornan al interior de la terminación sináptica de la neurona emisora. Algunos fármacos antidepresivos* basan su acción en impedir esta recaptación incrementando la oferta de neurotransmisores.

Rechazo 1. Denegar o rehusar una petición. 2 Manifestar la no aceptación de otra persona, acción u objeto. En medicina se denomina rechazo a la reacción adversa del sistema inmune contra un cuerpo extraño implantado.

Receptor Complejo de proteínas situado en la membrana neuronal, encargado de reconocer, acoplar y transmitir señales procedentes de los neurotransmisores*.

Recompensa Premio, reconocimiento de un valor. En la psicología experimental del aprendizaje, la recompensa es el estímulo positivo que, en contingencia con una conducta, aumenta la probabilidad de que dicha conducta se repita en el futuro. De forma estricta, la recompensa se ciñe a un estímulo* biológicamente relevante que provoca una reacción positiva en el organismo, sin aprendizaje previo. Así, la recompensa es el estímulo incondicionado que puede usarse como base inicial para generar aprendizajes. En los animales las recompensas usadas habitualmente son el alimento o las sustancias azucaradas. Véanse Reforzamiento y Condicionamiento.

Reconocimiento Acción y efecto de apreciar y distinguir un valor, cualidad o forma en un objeto en otra persona o en uno mismo. Inspección o examen de las cualidades estructurales o funcionales de un sujeto o situación, especialmente la que se practica bajo un requerimiento legal.

Recuerdo Hacer consciente una vivencia pasada almacenada en la memoria, sabiendo que se trata de una rememoración de un acontecimiento pretérito. Cuando el recuerdo es voluntario o se hace consciente por medio de otra idea o por un factor externo recibe el nombre de evocación.

Recuperación Actividades frecuentemente no conscientes, que los individuos utilizan para restituir, en función de ciertos indicios proporcionados por el experimentador y el entorno, informaciones de diferentes órdenes presentadas con anterioridad. Para poder recuperar una información en la memoria no sólo debe estar disponible, sino que también sea accesible.

Redes nerviosas Sistema ligado a la inteligencia artificial, consistente en circuitos de computadoras que imitan las neuronas cerebrales y ejecutan tareas como aprender e identificar pautas visuales y olores. Suministran a los científicos nuevos modos de probar los modelos que utilizan los sistemas nerviosos vivos para procesar las sensaciones y los recuerdos imitando la capacidad pensante del cerebro.

Reeducación 1. En neuropsicología, conjunto de técnicas y medidas terapéuticas aplicadas a un individuo afectado por una lesión motora o psicomotora, con el objetivo de que éste pueda recuperarla, o pueda hacer un uso de ella más o menos normal. 2. En psicología infantil, aplicación de técnicas psicopedagógicas con el objetivo de solucionar diferentes problemas escolares (acalculia*, dislexia*, déficit de atención, etc.). Además, la reeducación forma parte de las actividades generales del campo de la psicología infantil.

Reestructuración cognitiva Terapia cognitiva* que tiene como objetivo final provocar un cambio en la manera de interpretar los acontecimientos que producen malestar a una persona. La idea central es que si se consigue que los pensamientos negativos, que afloran a la mente ante ciertas situaciones, se conviertan en positivos y adaptativos, se logrará que el nivel de padecimiento disminuya. Los pasos que se siguen son: a) identificación de pensamientos automáticos negativos*; b) comprobación de las distorsiones cognitivas*; c) modificación de los pensamientos automáticos*, cambiándolos por otros más realistas; y d) experimentos conductuales, que son roles concretos que el terapeuta propone al paciente con el fin de extraer evidencias claras a favor o en contra del pensamiento automático negativo.

REFLEJO Respuesta simple, automática e innata a un estímulo* sensorial. Una vía refleja simple está formada por una sola neurona sensorial y una sola neurona motora comunicadas mediante una interneurona. Un ejemplo significativo del funcionamiento de los reflejos es el reflejo del dolor. Así, cuando los dedos tocan una estufa caliente, la actividad nerviosa excitada por el calor viaja por las neuronas sensoriales y llega a las interneuronas* de la médula espinal*, las cuales responden activando las neuronas motoras de los músculos del brazo, de modo que uno retira bruscamente la mano antes de que el cerebro reciba la información que determina la sensación de dolor y responda a ella. Si las diversas secciones de la médula espinal son lesionadas irreversiblemente, pueden existir reflejos, pero el sujeto no percibe la sensación de dolor o placer. / *Reflejo condicionado*, el definido por el condicionamiento*, que se refiere a las respuestas condicionadas o aprendidas ante el estímulo condicionado. / *Reflejo no condicionado*, en el condicionamiento clásico, respuesta innata o no aprendida.

REFLEXOLOGÍA Concepto introducido por el psiquiatra y neurólogo V. M. Bechtererew para el estudio de todos los fenómenos psíquicos como resultado de procesos reflejos. El principal representante de la escuela de reflexología fundada por Bechtererew fue el fisiólogo J. P. Pavlov.

REFORZADOR En la psicología experimental designa cualquier estímulo contingente a una respuesta aplicado de forma que aumente la probabilidad de aparición de dicha respuesta. / *Reforzador positivo*, estímulo que presentado posteriormente a una respuesta aumenta la probabilidad de aparición futura de dicha respuesta. Sería el caso de la comida, el agua u otros estímulos que se consideran beneficiosos / *Reforzador negativo*, estímulo aversivo, como las descargas eléctricas o los ruidos fuertes, aplicado de forma que la conducta reforzada detenga o cese la presencia del estímulo aversivo. De esta manera, la conducta aumenta su capacidad de aparición futura. Cuando un animal de laboratorio deja de recibir descargas eléctricas al realizar una conducta determinada, las descargas eléctricas actúan como reforzador negativo. / *Reforzador incondicionado o primario*, estímulo que no requiere experiencia previa para actuar como reforzador, tanto en el caso de reforzadores positivos como negativos. La comida, el agua, el calor, la descarga eléctrica o un ruido molesto serían ejemplos de reforzador primario. / *Reforzadores condicionados o secundarios*, aquellos estímulos que llegan a convertirse en reforzadores gracias a su asociación anterior con estímulos que actúan como reforzadores primarios.

REFORZAMIENTO Acción de aplicar un reforzador después de una respuesta con la intención de aumentar la probabilidad de aparición de dicha respuesta en el futuro. / *Reforzamiento positivo*, reforzamiento que utiliza un refuerzo positivo para producir el refuerzo. / *Reforzamiento negativo*, reforzamiento que utiliza un refuerzo negativo para producir el refuerzo.

REFUERZO En psicología experimental designa el efecto fortalecedor que sobre la Respuesta Condicionada (RC) tiene la presencia del Estímulo Incondicionado (EI) contingente al Estímulo Condicionado (EC).

REGRESIÓN Mecanismo de defensa según el cual un individuo retrocede hacia una etapa anterior, actuando según pautas y conductas propias de aquella época, con objeto de adaptarse a un conflicto actual que no puede resolver. Es un término psicológico que no ha sido demostrado de modo fehaciente.

REHABILITACIÓN Proceso mediante el cual se restablecen y recuperan las capacidades funcionales físicas y psíquicas existentes antes de la aparición de un accidente, una enfermedad o un trauma. La rehabilitación comprende una visión biopsicosocial del individuo, donde importan tanto los aspectos biológicos como los psicológicos y sociales. La rehabilitación se encamina a la restitución de la calidad de vida premórbida del individuo. ■

REICH, WILHELM Psicoanalista y sexólogo austríaco (Dobrzcynica, Galitzia, 1897-penitenciaría de Lewisburg, Pennsylvania, 1957). Estudiante de medicina, teórico de formación marxista y militante comunista (1928), se apasionó por la psicología y profundizó en la obra freudiana de la que, no

■ *Se denomina **rehabilitación** al conjunto de terapias aplicadas con el fin de reintegrar en el individuo su anterior calidad de vida.*

■ *Wilhelm **Reich** vinculó la sexualidad a la política.*

Relación médico-paciente

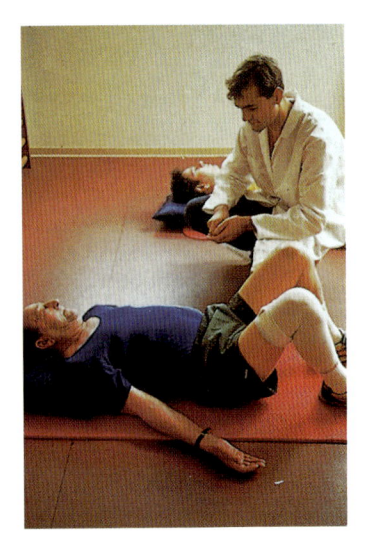

*El objeto de la **relajación** es disminuir la tensión muscular.*

*La **rememoración** es la acción de recordar un suceso acaecido en el pasado.*

obstante, se separó. Según él, el origen de todas las neurosis se encuentra en la imposibilidad de descargar la energía sexual acumulada, en particular porque la sociedad y sus instituciones lo impiden. En este sentido, Reich inició una práctica que le llevó a crear instituciones al servicio de los trabajadores (Viena) y un movimiento, el Sexpol, que ligaba la sexualidad (lucha en favor del reconocimiento de la homosexualidad, del derecho al aborto y a la educación sexual de los jóvenes) a la política en el marco de la lucha de clases (freudomarxismo). Excluido del Partido Comunista (1933) y de la Asociación Psicoanalítica Internacional (1934), se exilió bajo la persecución nazi en los países escandinavos y, posteriormente, en Estados Unidos. Allí se vio duramente atacado, acusado de estafa y encarcelado, encontrando la muerte en prisión a los pocos meses de su internamiento. En estudios posteriores se ha llegado a la conclusión de que Reich padecía un trastorno psicótico. ■

Relación médico-paciente Serie de componentes subjetivos y objetivos que constituyen los sistemas de relación entre médicos y pacientes en el proceso clínico. Aparte de los componentes formales propios de la información recogida en la historia clínica*, se deben considerar: a) los componentes subjetivos dependientes del paciente, que vienen determinados por factores sociológicos (edad, sexo, nivel educativo), el conocimiento previo sobre la enfermedad, el nivel cognoscitivo, los factores relacionados con la enfermedad (por ejemplo, reticencia en un paranoico) y los factores de personalidad*. El paciente puede dejar de suministrar información o no demandarla por deseo de no molestar, temor al ridículo o por una excesiva asunción del rol de enfermo, además de por temor a que la expresión de síntomas lleve al médico a efectuar nuevas pruebas o tratamientos; b) los que dependen del médico. Los médicos con una aproximación afectiva controlada y psicosocial muestran mayor preocupación por el paciente, efectúan historias más exhaustivas y proporcionan mejor información. En ocasiones por excesiva ansiedad ante ciertas situaciones clínicas, el médico bloquea las peticiones de información clínica por temor a desencadenar problemas psicológicos generándose conductas de evitación ante determinados pacientes conflictivos; y c) otros componentes: barreras de comunicación debidas al uso de tecnicismos por parte del médico o a problemas en el lenguaje del paciente; olvidos: entre un 40-60 por ciento de la información suministrada por el facultativo es olvidada por el paciente. La metodología adecuada para evitarlo incluye un orden de presentación adecuado (la información presentada al inicio se retiene mejor que al final), el énfasis que se da al enunciado (esquemas, información escrita, enunciados concretos y específicos) y la repetición periódica de la información; empatía: la capacidad de establecer un entendimiento al inicio de la entrevista (contacto) y de modular las expresiones verbales y no verbales para adecuarlas al contenido de la conversación (sintonía), son dos aspectos claves de la comunicación. La falta de empatía entre el médico y el paciente determina una ruptura de la comunicación y es elemento clave para entender el incumplimiento del tratamiento; preguntas abiertas-cerradas: deben combinarse adecuadamente según la capacidad verbal del paciente y la necesidad de recoger datos precisos.

Relajación Técnica que pretende conseguir el decremento de la tensión muscular y, a su vez, neutralizar las sensaciones de ansiedad mediante la reducción de los síntomas somáticos que la acompañan (cardíacos, respiratorios, etc.). El sujeto identifica una serie de músculos y se le entrena para que distinga entre las sensaciones de tensión y las de relajación profunda, promoviendo ensayos repetidos hasta conseguir los efectos deseados. Se han logrado buenos resultados en el tratamiento de la tensión muscular, la ansiedad* y los espasmos musculares. Es una estrategia muy usada para el control de las manifestaciones orgánicas del estrés*. Se asocia a diversas terapias de conducta. / *Relajación aplicada*, variante moderna de la relajación clásica, de amplia aplicación en situaciones específicas en las que está presente la ansiedad. A través de este método el individuo consigue una relajación relativamente rápida y en diferentes circunstancias (acostado, sentado, caminando). ■

REM, fase Siglas del inglés *Rapid Eyes Movements* (movimientos oculares rápidos). Es una de las fases del sueño*. También se denomina sueño paradójico y fase MOR*.

Rememoración Acción de recordar un acontecimiento pasado almacenado en la memoria. ■

Rendimiento Capacidad de un organismo determinado para ponerse en acción y resultado que se obtiene de ello. Este concepto debe distinguirse de la competencia en una tarea, así como del aprendizaje de ésta. Un individuo puede ser muy competente en una tarea, pero producir poco si su escasa motivación impide que ponga en acción todas sus capacidades para realizar dicha tarea. Por lo tanto, hay que tener en cuenta que el rendimiento no sólo depende de la capacidad que se tenga, sino que también influyen en él los incentivos.

Represión Concepto debido a S. Freud, según el cual los sistemas de la memoria* practican la autocensura con objeto de minimizar la ansiedad* que pueden provocar los recuerdos dolorosos. Es uno de los términos más aceptables del autor y ha sido retomado por los estudiosos del estrés* como un sistema de defensa ante situaciones muy traumáticas (tortura, guerra).

Reproducción de la observación Método de investigación científica según el cual los informes de una investigación deben ser expresados con suficiente precisión para permitir que otros los reproduzcan (repitan), a fin de obtener resultados análogos. Equivale a replicación.

Resistencia a la extinción Persistencia de un aprendizaje* merced a los reforzamientos intermitentes que evitan la extinción del mismo.

Resistencia psicoanalítica Serie de obstáculos que impide el movimiento fluido de la libre asociación por la represión de un material delicado que provoca ansiedad*.

Resistencia al estrés Segunda fase del síndrome general de adaptación al estrés*, consistente en la movilización de recursos para enfrentarse al desafío.

Resonancia magnética nuclear (RMN) Técnica que utiliza campos magnéticos y ondas radiales para obtener imágenes generadas por un ordenador, que distingue entre distintos tipos de tejidos blandos. Esta técnica permite observar las estructuras del interior del cerebro*. En la esquizofrenia*, las exploraciones mediante RMN han revelado áreas cerebrales ampliadas llenas de fluido. Se usa en diagnósticos de trastornos neurológicos diversos, tumores, demencias, infartos cerebrales y epilepsia*.

Respuesta Reacción o comportamiento suscitado por un estímulo. Se emplea también para actividades o fenómenos que no son conductas propiamente dichas: por ejemplo, respuesta de una neurona, de una formación nerviosa, etc.

Restricción sensorial Disminución de la capacidad de percibir de los órganos sensoriales. La restricción sensorial puede afectar a un solo sentido o a todos ellos a la vez. Si se trata de un único sentido, se habla de restricción cuando la capacidad de éste se ve disminuida parcialmente, pero no totalmente; es decir, no se pierde la función propia del órgano perceptor. Si la disminución sensorial es global (vista, oído, olfato, gusto y tacto), se habla de restricción sensorial cuando existe una disminución parcial o total de uno o más sentidos. Con la pérdida total de un sentido también se habla de restricción sensorial, puesto que a nivel global los otros sentidos perciben igualmente. La restricción sensorial no implica siempre una lesión crónica, sino que puede ser una disfunción transitoria provocada por múltiples causas. Existen experimentos en psicología social en los que se somete a los sujetos a una restricción sensorial total (sin tipo de percepción visual, auditiva, olfativa, gustativa y táctil-somestésica), observándose que a las pocas horas de estar en esta situación se sufren alucinaciones, al principio simples (ruiditos, lucecitas), y luego más complejas. ■

Retraso mental Funcionamiento intelectual inferior a la media de la población, asociado a déficit en la capacidad adaptativa, y que tiene su inicio durante el período de desarrollo (entre el nacimiento del individuo y los 18 años de edad). Si un sujeto se deteriora después de los 18 años, se habla de deterioro mental como consecuencia de daño cerebral, demencia y otro tipo de alteración

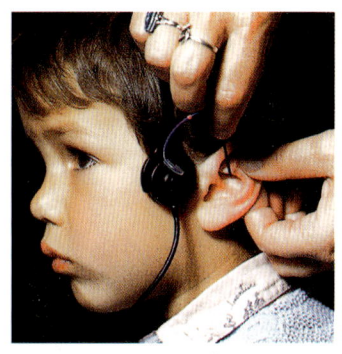

■ *La restricción sensorial puede afectar a uno o varios sentidos simultáneamente, pero no siempre implica una lesión crónica.*

Retraso Psicomotor

*Se denomina **ritmo circadiano** al reloj biológico que sincroniza el cuerpo a un ciclo de 24 horas.*

*Carl **Rogers** concibió la psicoterapia centrada en el enfermo.*

*Las normas adscritas al **rol de género sexual** comienzan a interiorizarse en la niñez.*

mental. La prevalencia es del 2 por ciento de la población general, siendo superior en el varón. Se clasifica en: a) retraso mental leve, con coeficiente intelectual (CI) de 50-69; b) retraso mental moderado, con CI de 35-49; c) grave, con CI de 20-34; y d) profundo, con CI menor de 20. El 80 por ciento de los retrasos mentales son leves, y en ellos influyen especialmente los factores socio-ambientales. En este caso, los afectados son capaces de adaptarse a ciertos niveles de orden laboral y social y presentan alteraciones del comportamiento asociadas (rabietas, retraimiento, distraibilidad, etc.). Al ser más conscientes de sus diferencias, se genera baja autoestima en estas personas, por lo que son frecuentes los episodios depresivos. El retraso mental moderado constituye un 12 por ciento del total de los casos. El sujeto presentan claras dificultades para conseguir un lenguaje estructurado, marcha tardía, dificultad en el mantenimiento de tronco y cabeza e incapacidad para comprender las normas sociales, fuente de frecuentes conflictos. El 4 por ciento de los retrasos mentales son graves, con edad mental entre los 3-5 años, elevada incidencia de alteraciones neurológicas, movimientos involuntarios (estereotipias), lenguaje pobre y escaso, y trastornos sensoriales (audición, visión). Si bien estas personas pueden llegar a realizar trabajos muy sencillos, requieren supervisión constante. El retraso mental profundo afecta al 1 por ciento del total y, al igual que el anterior, las causas son fundamentalmente orgánicas. La gravedad de alteraciones sensoriomotoras y neurológicas requiere asistencia médica continuado. Entre las causas de retraso mental se encuentran diversas alteraciones genéticas, cromosomopatías, alteraciones en el embarazo (infecciones como la rubeola, consumo de tóxicos, diabetes, malnutrición fetal) y en el parto (hipoxia), infecciones en la infancia (encefalitis, meningitis) o causas ambientales (carencias afectivas, alimentarias), coexistiendo en algunos casos varias de ellas. Aproximadamente a un 50 por ciento de los retrasos mentales se añaden trastornos psiquiátricos. El abordaje terapéutico es tanto preventivo como médico general, psicofarmacológico y de rehabilitación psicosocial.

Retraso psicomotor Lentitud de la actividad psíquica, motora, o de ambas, observada en la depresión* y en la esquizofrenia catatónica.

Ritmo circadiano Reloj biológico que sincroniza el cuerpo a un ciclo de 24 horas. Así, la temperatura aumenta cuando se aproxima la mañana y desciende al acostarnos. El *jet-lag** es una experiencia clásica de desorganización del ritmo circadiano. Las alteraciones del ritmo circadiano son características de la depresión*. El empeoramiento matutino con mejoría vespertina, es característico de la depresión melancólica. ■

Ritual Acción simbólica repetitiva, tanto a nivel motor como cognitivo, frecuentemente de carácter complejo, que se deriva de patrones culturales en sujetos normales. En su manifestación patológica, se dan en el trastorno obsesivo-compulsivo*, la esquizofrenia* y el autismo*.

Robo del pensamiento Sensación de que los propios pensamientos son robados o extraídos por una fuerza externa, de forma que el sujeto se queda sin pensamientos. El individuo está convencido del origen externo de la interferencia. Se da típicamente en la esquizofrenia*.

Rogers, Carl Psiquiatra estadounidense (Chicago, 1902-en California, 1987). Entre 1938 y 1950 concibió, junto con sus colaboradores, la psicoterapia centrada en el enfermo. Con esta designación, Rogers se proponía subrayar el hecho de que se centraba en el mundo fenomenológico del sujeto. Según su concepción del desarrollo de las neurosis, el hombre busca experiencias agradables a través de una tendencia a la autorrealización y un proceso de valoración que él considera innato. El conflicto surge porque la necesidad de apreciación positiva puede entrar en conflicto con la tendencia de autorrealización. Es autor de *Terapia centrada en el cliente: su práctica, implicaciones y teoría* (1951), *Psicoterapia y cambio personal* (1954), *Cómo llegar a ser una persona* (1961), *Libertad para aprender* (1969) y *Los grupos de encuentro* (1973). ■

Rol de género sexual Conjunto de los comportamientos asociados a uno u otro sexo (mujer, hombre). Las normas adscritas a estos roles, están vinculadas a un sistema de expectativas que apuntan a asegurar un ajuste de los interlocutores, aunque como consecuencia de conductas imprevistas, quedan expuestos a conflictos. El rol es un comportamiento coherente con el sexo que se ostenta, todo aquello que una persona dice o hace para indicar a los demás o a sí mismo el grado en que es varón o hembra. Es la expresión pública de la identidad del género (experiencia privada), que es la conciencia que se posee sobre el género al que se pertenece. Véase DIMORFISMO SEXUAL. ■

ROLPLAYING Técnica conductual que consiste en la representación de determinados papeles en distintas situaciones. Las situaciones no son escogidas al azar, sino que se eligen aquellas en las que el paciente no sabe desenvolverse o no sabe qué hacer. Consiste en una especie de ensayo de lo que se ha de hacer en esa situación determinada. Tales situaciones pueden ser de diversa índole. El objetivo principal es que el sujeto tenga la oportunidad de practicar y ensayar de forma reiterada las conductas apropiadas hasta conseguir un notable nivel de ejecución. Se pretende con ello que el sujeto adquiera determinadas conductas que no poseía, se afiance en ellas y perfeccione e incremente las conductas que ya poseía y conocía, de modo que pueda emplearlas como un comportamiento habitual. Existen dos modalidades fundamentales de *rolplaying*: el ensayo real, en el que el sujeto puede practicar las conductas con otros individuos en una situación social real o simulada; y el ensayo encubierto, en el que el sujeto debe imaginarse realizando dichas conductas, bien en un contexto de entrenamiento, bien en una situación real. Normalmente se utilizan de forma combinada: se le indica al sujeto que imagine primero cómo se ve ejercitando la conducta en una relación real, después que la ejecute de forma real en situación de laboratorio, para realizarla finalmente en una situación real. Para la efectividad de la técnica tienen gran importancia los siguientes factores: a) otorgarle al sujeto un papel activo de forma que éste descubra cómo son las situaciones y los sujetos con los que va a interaccionar; b) ordenar de menor a mayor dificultad las conductas que el sujeto ha de adquirir o perfeccionar; c) que al principio el sujeto desarrolle las conductas a partir de pautas estructuradas, y que a medida que las vaya adquiriendo se enfrente a situaciones más imprevisibles; d) que los ensayos se realicen en grupo, en compañía de sujetos con problemas similares, lo que permitirá que el sujeto actúe delante de otras personas. Esto facilita la similitud del ensayo de laboratorio con situaciones más reales; e) que los ensayos se repitan muchas veces hasta que el sujeto domine totalmente dicha conducta; y f) que los ensayos sean variados, buscando cada vez diferentes interventores y diferentes contextos. La técnica de *rolplaying* o ensayo conductual es muy utilizada en los entrenamientos de habilidades sociales.

RORSCHACH, HERMANN Psiquiatra y psicólogo suizo (1884-1922). Apasionado por la pintura, se interesó en la manera con que sus enfermos reaccionaban ante unas manchas de tinta y comparó sus respuestas con las de sujetos normales. De esta forma descubrió que la percepción visual se halla influida por la personalidad*. En 1921 elaboró el test que lleva su nombre.

RORSCHACH, TEST DE Test proyectivo elaborado en 1921 por el psiquiatra de Zurich H. Rorschach (1884-1922). Este test está formado por diez láminas, cada una de las cuales representa una mancha de tinta simétrica (obtenida por plegado). Cinco de las manchas son negras, dos negras y rojas y tres tienen un tinte pastel. Después de pasar las diez láminas, el examinador procede a

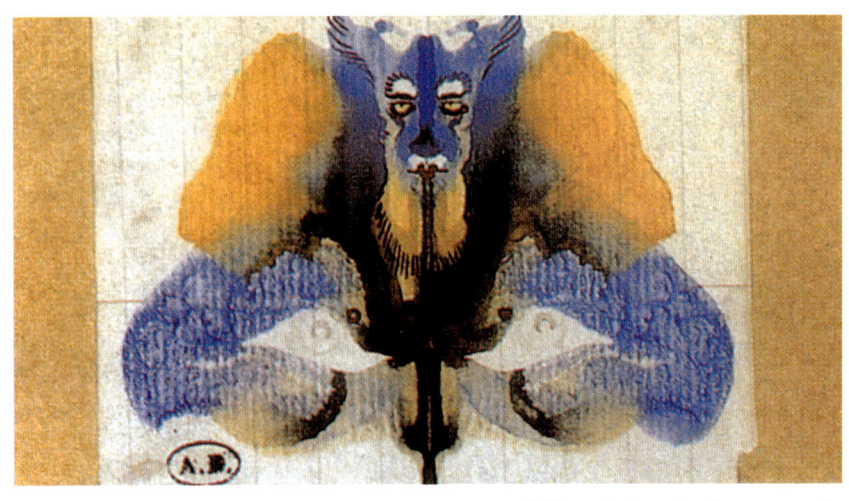

■ *El test de **Rorschach** es una prueba proyectiva que pretende descubrir componentes esenciales de la personalidad. A pesar de su atractivo pictórico, no es fiable.*

una investigación que le permitirá evaluar las respuestas, llevando a cabo un análisis cuantitativo en función del cual se ubica al sujeto en relación con una norma y se determina su tipo de resonancia íntima. A continuación, el discurso del sujeto es sometido a un análisis cualitativo o clínico. Este test provoca una oscilación de los niveles de conciencia entre un polo más arcaico, sometido al principio del placer, y un polo más adaptativo. ■

Rumiaciones patológicas Ideas fijas y adecuadas al contexto sociocultural, pero fuera del control del sujeto, que son experimentadas con una intensidad y frecuencia desmesurada, hasta el punto de alterar el funcionamiento general del individuo (por ejemplo, un sujeto que padece una enfermedad grave y que piensa constantemente en el futuro de sus hijos). Se asocian en ocasiones a trastornos depresivos, aunque también pueden aparecer de forma aislada.

S

SACIACIÓN Terapia de exposición a los pensamientos usada en el tratamiento de las obsesiones. Los pacientes deben exponerse entre treinta y cincuenta minutos a sus pensamientos grabados, a fin de conseguir la extinción de las obsesiones.

SADISMO SEXUAL. Parafilia* que implica actos reales en los que el sufrimiento físico o psicológico de la pareja es sexualmente excitante. Algunos individuos evocan sus fantasías sádicas durante la actividad sexual, pero no las llevan a cabo. Otros satisfacen las necesidades sádicas con una pareja que consiente, que puede ser masoquista, o bien con individuos que no consienten. Las fantasías o actos sádicos, pueden involucrar actividades de dominancia (obligar a arrastrarse, inmovilización física, golpes, palizas, pinchazos, quemaduras, descargas eléctricas, violación, torturas e incluso la muerte, lo cual se da o por equivocación, o porque el sadismo se encuentra asociado a un trastorno antisocial de la personalidad*). El sadismo sexual provoca en ocasiones malestar clínico, y casi siempre deterioro social, laboral e interpersonal. Puede ir asociado al masoquismo en el mismo individuo, recibiendo el nombre de sadomasoquismo*. ■

SADOMASOQUISMO Término utilizado en sexología para designar formas mixtas del sadismo* y del masoquismo*, recogido posteriormente por el psicoanálisis*, en especial por D. Lagache, para subrayar la interrelación de ambas posiciones tanto en el conflicto subjetivo como en la estructuración de la personalidad. Véase PARAFILIA.

SALUD MENTAL Capacidad de establecer relaciones armoniosas con los demás o vinculaciones afectivas adecuadas, de tolerar la frustración y de adaptarse a situaciones sociales e interpersonales. Equivale a ausencia de enfermedad mental. Véase PREVENCIÓN PSIQUIÁTRICA. ■

SATIRIASIS Término por el que se conocía antiguamente la adicción sexual o el impulso exacerbado en hombres. En mujeres equivale a ninfomanía*.

SATISFACCIÓN Término utilizado en las teorías de la motivación para expresar el cumplimiento de las necesidades desde el punto de vista psicológico.

SCHNEIDER, KURT (1887-1967). Psiquiatra alemán conocido por la descripción de síntomas muy significativos de la esquizofrenia*, como las alucinaciones. Estudió los llamados síntomas de primer rango (pensamiento audible, vivencias de influencia corporal, percepción delirante, alucinaciones y difusión y robo del pensamiento) y los de segundo rango (cambios afectivos, perplejidad, intuición delirante y empobrecimiento emocional).

SEDANTES Sustancias que atenúan la excitabilidad del sistema nervioso* central. Comprenden las benzodiacepinas*, los relajantes musculares y los neurolépticos*.

SEDUCCIÓN Habilidad de un individuo en su relación con otro para conseguir una finalidad predeterminada con anterioridad. Induce a la otra persona, sin utilizar la fuerza o amenaza, a un comportamiento deseado por el seductor, que utiliza una serie de conductas de atracción para conseguir su objetivo. Cuando la seducción se utiliza de forma exagerada y patológica, subyace un posible trastorno de personalidad* (histriónico) o un comportamiento maníaco.

SEGURIDAD Estado en el que se garantiza la satisfacción de necesidades y deseos. Algunas veces implica que la satisfacción llega sin esfuerzo, pero, a menudo, ésta se obtiene después de un esfuerzo razonable.

■ *En el* **sadismo sexual** *(término derivado del marqués de Sade) el sufrimiento físico y psíquico es sexualmente excitante.*

■ *Una de las manifestaciones de la* **salud mental** *es la capacidad de establecer relaciones.*

*El término **sensación** designa una vivencia producida por la acción de un estímulo sobre un órgano sensorial.*

/ *Necesidad de seguridad*, vivencia de pérdida de confianza en sí mismo experimentada a partir de fantasías persecutorias o de situaciones que pueden poner en peligro la integridad física o psíquica de una persona.

SELIGMAN, MARTIN Eminente psicólogo experimental contemporáneo a quien se debe la definición de la indefensión aprendida*, una de las más relevantes teorías conductuales que explican la depresión*. Seligman exponía a sus animales de laboratorio a descargas incontrolables para que éstos aprendieran que no existía ninguna relación entre su conducta y la aparición o desaparición del estímulo adverso. Los sujetos experimentales mostraban una conducta de no respuesta, falta de motivación y enlentecimiento que se prolongaba fuera de la situación de laboratorio y que Seligman equiparó a la depresión.

SEMÁNTICA Disciplina que estudia los contenidos del lenguaje. Se ocupa de las peculiares relaciones entre las formas lingüísticas y sus referentes; es decir, entre las palabras y aquello de lo que hablan o a lo que nos remiten.

SENILIDAD Etapa de entrada en la vejez*, si bien acostumbra a restringirse para expresar los deterioros y enfermedades propias del envejecimiento*.

SENSACIÓN Vivencia subjetiva producida por la acción de un estímulo sobre los órganos sensoriales. Puede entenderse también como sinónimo de sentimiento. Existen diferentes clases de sensaciones en función del órgano sensorial que interviene: sensación visual (cromática y acromática), sensación auditiva (de ruido y de tono), olfativa, gustativa y táctil (de dolor, presión o temperatura). Estas sensaciones responden a estímulos externos, pero también existen sensaciones que responden a estímulos internos: musculares, tendinosas, respiratorias, articulares, etc. En las sensaciones hay que distinguir su intensidad, duración y cualidad. El psicólogo alemán W. Wundt, considerado el padre de la psicología, distingue entre sensación y percepción de tal forma que, para él, la sensación es un elemento y la percepción un conjunto integrado por esos elementos. Posteriormente se abrió un debate entre diferentes psicólogos y escuelas psicológicas sobre qué se daba en primer lugar o qué englobaba a qué. Actualmente se estudia la sensación desde el punto de vista neurofisiológico, y se debate hasta qué punto las sensaciones son el reflejo de los estímulos que llegan al órgano receptor, puesto que todavía es desconocido el mecanismo por el cual las sensaciones se hacen conscientes. En cuanto a la duración de éstas, se sabe que no alcanzan su plenitud hasta después de un breve lapso de tiempo que dura de 1/4 a 1/80 partes de segundo, duración que depende del sentido del que se trate, y que la extinción de la sensación es gradual. ∎

SENSIBILIDAD Propiedad de sentir o percibir con los sentidos, y más específicamente, grado de receptividad para las impresiones sensoriales y los estímulos. Se distingue la sensibilidad superficial de la profunda. La primera se refiere principalmente a la percepción por contacto y la segunda a las sensaciones musculares o procedentes del medio interno. También puede clasificarse en esteroceptiva (por la que se conoce el mundo exterior), interoceptiva (procedente del medio interno; por ejemplo, sensación de hambre o fatiga) y propioceptiva (posición y esquema corporal, equilibrio, tono muscular). Desde el punto de vista cognitivo, se habla de epicrítica (cutánea, localizada y sutil) y protopática (relacionada con dolores fuertes, percepción de temperatura y menos localizada y difusa). La sensibilidad es susceptible de medición si se relaciona la cantidad de estímulo necesario para la respuesta sensorial (umbral de sensibilidad). En este caso hablamos de sensibilidad absoluta cuando medimos la menor cantidad de excitación necesaria para que exista una sensación; la sensibilidad relativa sería aquella que permite discriminar entre dos estímulos distintos. Desde el punto de vista psicológico, la sensibilidad se refiere también a la emotividad, la susceptibilidad, y es un término utilizado popularmente para aludir a la delicadeza de los sentimientos.

Sensibilización encubierta Terapia cognitivo-conductual basada en el condicionamiento encubierto*. Es la terapia aversiva más utilizada en el alcoholismo*, las conductas delictivas, la obesidad*, el tabaquismo* y las parafilias*. Pretende conseguir la disminución de la probabilidad de que ocurra una conducta por medio de la presentación de un estímulo aversivo, imaginado inmediatamente después de que suceda dicho comportamiento en la imaginación del sujeto. Así, las repeticiones imaginadas de una conducta problemática son emparejadas con eventos simbólicos aversivos (por ejemplo, escenas de náuseas, dolor, ridículo social). Esta técnica se ha mostrado relativamente útil en las parafilias.

Sensitivo Perteneciente o relativo a sensibilidad*. / *Sensitivo, carácter,* expresión empleada por Kretschmer para designar a un tipo de sujetos tímidos, sensibles, a menudo ansiosos y psicasténicos, que se sienten inclinados a las luchas de conciencia y son sensibles a las reacciones de los demás. El término sensitivo también se ha asimilado a paranoide y a los delirios de referencia propios de algunos trastornos psicóticos*.

Sensorio-motriz, inteligencia Según J. Piaget, el primer estadio del desarrollo cognitivo que tiene lugar durante los dos primeros años de vida aproximadamente. En ella tiene lugar el proceso de asimilación* y acomodación*. Al coordinarse diferentes movimientos y percepciones, se forman nuevos esquemas de mayor amplitud. Gracias a posteriores coordinaciones, se fundamentarán las principales categorías de todo conocimiento (objeto, espacio, tiempo y casualidad), lo que permitirá objetivar el mundo exterior con respecto al propio cuerpo.

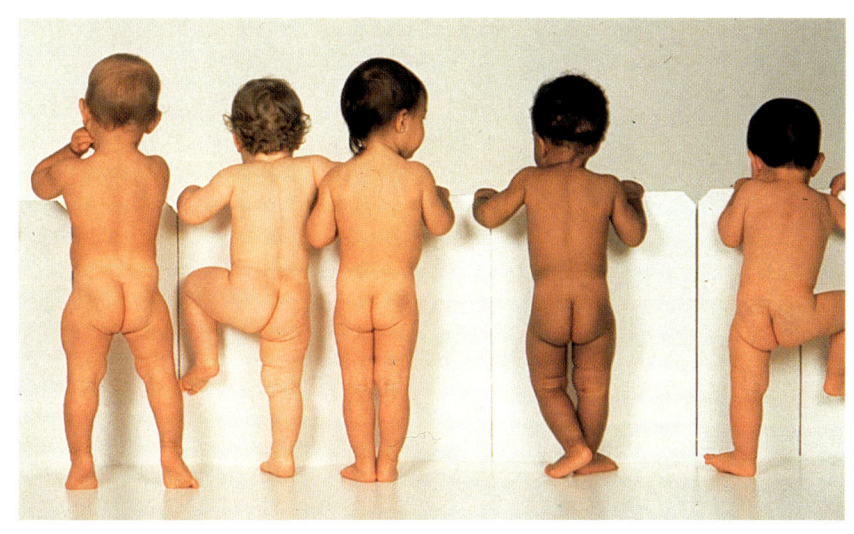

■ *La inteligencia **sensorio-motriz** corresponde al primer estadio del desarrollo cognitivo.*

Sentidos Funciones de los órganos sensoriales situados en diversas partes del cuerpo, que envían mensajes al sistema nervioso* central y que son recogidos por la corteza sensorial. Según la naturaleza del estímulo que perciben, se dividen en: oído, olfato, gusto, tacto y vista.

Sentimiento Estado emocional equivalente al término psicológico afecto*.

Señal Representación física o suceso que implica un significado aprendido distinto al de su propia entidad. Así, las señales de tráfico, por ejemplo, son distintas clases de objetos que contienen indicaciones para los conductores. I. P. Pavlov distingue entre lo que denomina «primer sistema de señales», representado por cualquier estímulo no lingüístico que influye en la conducta, y el «segundo sistema de señales», constituido por los signos lingüísticos y sus normas, con una función simbólica de la realidad. / *Señal analógica,* la que representa la información a través de una línea continua. Uno de sus ejemplos lo constituye la señal visual analógica, una forma de recogida de información muy utilizada en psicología. Se trata de presentar una línea continua, generalmente de unos 10 cm de longitud, que acompaña a una indicación como «marque el dolor que experimenta». Los extremos de la línea se refieren a la ausencia de dolor y

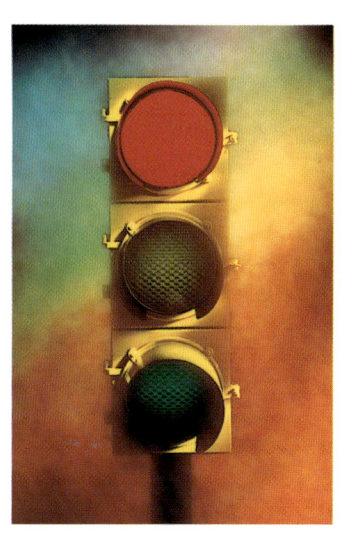

■ *Una **señal** es una representación que contiene un código distinto al de su propia entidad.*

*La **serotonina** es un neurotransmisor que interviene en numerosas funciones fundamentales, por ejemplo, dolor, sueño, estado de ánimo.*

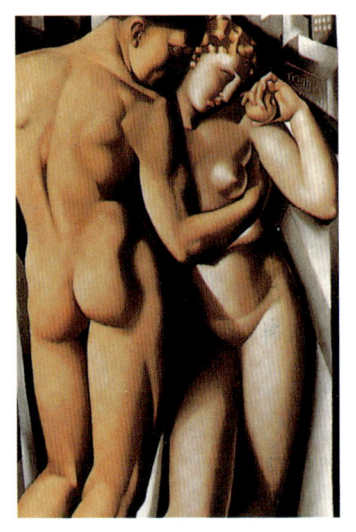

*Los **comportamientos sexuales** han alimentado la creación artística a través de los tiempos. En la imagen, Adán y Eva de Tamara de Lempicka.*

al dolor más intenso. El sujeto debe marcar el punto de la línea que mejor exprese su intensidad de dolor. / *Señal digital,* la que presenta la información de forma discontinua. Sería el caso del llamado reloj digital, que presenta los minutos una vez han sucedido, sin ofrecer una información continuada del paso del tiempo. ∎

SEPARACIÓN Interrupción temporal o definitiva de una relación entre dos o más individuos.

SEROTONINA Neurotransmisor* que interviene en el control del dolor, el sueño y el tono postural; en la inhibición del hambre*, el sexo o la impulsividad; y en la modulación del estado de ánimo*. Proviene fundamentalmente de la dieta habitual, en especial de los cereales y la leche, y se localiza sobre todo en el tronco cerebral*. Un pequeño porcentaje se sintetiza en la glándula pineal o epífisis, situada también en el cerebro*. ∎

SEXISMO Actitud discriminatoria que divide los roles de las personas según su sexo genérico, asignando a la mujer características como la dulzura, la sensibilidad o la ternura y al hombre la agresividad, la dureza o el liderazgo, todo lo cual ha determinado en parte la división económica, laboral y social entre los dos sexos. En la actualidad es un concepto superado en todos los sentidos.

SEXO Conjunto de caracteres que diferencian a los machos de las hembras entre las diferentes especies. Los factores que determinan el sexo son fundamentalmente biológicos (cromosoma sexual, presencia de ovarios o testículos, hormonas específicas y estructuras accesorias internas, como la próstata o el útero) y ambientales, marcados por la morfología genital externa y la educación. Véanse DIMORFISMO SEXUAL y ROL DE GÉNERO SEXUAL.

SEXOLOGÍA Estudio de los comportamientos sexuales y sus diversas dimensiones, además de las disfunciones clínicas y sus posibilidades terapéuticas. El término fue utilizado por primera vez en 1912 por el dermatólogo alemán I. Bloch, evolucionando posteriormente con las aportaciones de la psiquiatría*, la ginecología, la endocrinología, la psicología* y otras disciplinas afines, por lo que la sexología puede considerarse como una síntesis de investigaciones procedentes de varios campos más que como una especialidad médica.

SEXÓLOGO Término con el que se conoce al especialista médico o psicólogo* dedicado fundamentalmente al diagnóstico y tratamiento de las disfunciones sexuales y parafilias*. No es una especialidad reconocida oficialmente por la medicina ni la psicología, pero sí aceptada por estas ciencias para denominar a los profesionales que se dedican a la sexología*.

SEXUAL, ADICCIÓN Trastorno adictivo comportamental que se distingue por un fracaso recurrente en resistirse a los impulsos sexuales, llevándolos a cabo de forma compulsiva, sin que el sujeto pueda controlar el tiempo empleado en conductas sexuales, no sólo muy frecuentes, sino que interfieren en las obligaciones laborales, domésticas o sociales. El individuo afectado continúa su actividad sexual repetida, a pesar de los problemas que pueden manifestarse en su adaptación personal, social o profesional, presentándose inquietud e inestabilidad cuando no puede consumar su conducta, por la que vive obsesionado entre el impulso constante en realizarlo y los esfuerzo persistentes –y en general inútiles a medio y largo plazo– para reducirlo o controlarlo. Está relacionado con una hipersexualidad previa con trastornos de personalidad y un posible potencial adictivo. En ocasiones, pueden coexistir otras adicciones, tanto a sustancias como a comportamientos. No se conoce la epidemiología exacta del trastorno, cuyo tratamiento es multifactorial (farmacológico y psicoterapéutico).

SEXUALES, ACTITUDES Conjunto de actitudes* que conforman las opiniones, sentimientos y conductas relacionadas con el sexo. Se pueden sintetizar en dos: a) conservadora: visión de la sexualidad relativamente estática y moralista en el sentido tradicional. La actitud conservadora más rígida presupone la negación del sexo, la obsesión y la culpa; está muy ligada al concepto de erotofobia*, si bien no tienen por qué ser necesariamente equivalentes. Cuando se trata de educar o informar sobre el sexo, los conservadores más radicales se excusan para no hacerlo en el mal gusto que supone tratar de estos temas, mientras que los más progresistas de entre ellos suelen integrar la sexualidad en un sistema de valores positivos, pero dentro de unos límites propios de su pensamiento tradicional; son relativamente tolerantes con las creencias liberales; y b) liberal: visión de la sexualidad fundamentada en el placer* y asociada a la ternura, procreación, comunicación*, etc. Respecto a los temas polémicos del sexo (aborto*, homosexualidad*, relaciones prematrimoniales) la postura es abierta y partidaria de la educación sexual. Los liberales más extremistas son partidarios de la libertad total, sin fronteras ni regulación social o moral. Los liberales racionales son muy semejantes a los conservadores más progresistas; como éstos, son tolerantes y respetuosos con la libertad individual, diferenciándose de aquéllos por mantener una actitud más abierta ante los diversos matices de la sexualidad.

SEXUALES, COMPORTAMIENTOS Formas de conducta que conforman la motivación sexual. Comprende tanto la masturbación* como las relaciones sexuales, las variaciones de la orientación y la inclinación sexual, los diversos comportamientos según la edad y los elementos sociológicos e históricos que determinan las diversas actitudes ante el sexo. A lo largo del tiempo se han presentado numerosos informes basados en encuestas realizadas sobre comportamientos sexuales de la población general. El más conocido es el informe Kinsey, que ha tenido su réplica en otros países como Francia (informe Simon), Gran Bretaña (informe Cole), España (informes Serrano Vicens, Malo de Molina y Maideu). Sobre la relación entre la personalidad y el comportamiento sexual, el estudio más relevante es el que efectuó H. J. Eysenck.

SEXUALIDAD Conjunto de realidades que componen y definen el comportamiento sexual. Se reconocen tres dimensiones básicas: a) biológica (programa genético, sistema hormonal, órganos genitales y sistema nervioso)*; b) psicosocial (actitudes, cogniciones, conductas, personalidad)*; y c) clínica (disfunciones sexuales, parafilias*, trastornos de la identidad sexual). Véanse RESPUESTA SEXUAL HUMANA, DISFUNCIÓN SEXUAL y PARAFILIA. ■

SHELDON, WILLIAM H. (1899-1977). Psicólogo estadounidense conocido por sus teorías sobre la biotipología* y la descripción de los biotipos ectomorfo*, mesomorfo* y endomorfo*.

SHEPHERD, M. (1925-1995). Psiquiatra inglés que se distinguió por sus estudios de epidemiología en psicosomática y psiquiatría. Tuvo un papel crucial en las modernas clasificaciones de enfermedades mentales de la Organización Mundial de la Salud. Fundó una de las publicaciones de más prestigio en la especialidad: *Psychological Medicine*. Tuvo una actitud extremadamente crítica contra las hipótesis que no presentaban la suficiente base científica para explicar la psicología* y la psiquiatría*, contribuyendo a clarificar falsos conceptos, procedentes tanto del psicoanálisis* como de otras disciplinas. Fue profesor de Epidemiología Psiquiátrica en el Instituto de Psiquiatría de la Universidad de Londres. ■

SIDA Siglas de Síndrome de Inmunodeficiencia Adquirida, debido al virus VIH. Sus características principales son la aparición de infecciones, alteraciones neurológicas, neoplasias y otros graves trastornos, existiendo un período prolongado de tiempo (5-10 años) desde la infección hasta la aparición de la enfermedad; un porcentaje de sujetos son portadores asintomáticos. Desde el punto de vista psicopatológico, se distinguen cuadros depresivos y ansiosos, en muchos casos producto de la adaptación a la situación de estrés*, trastornos psicóticos y el complejo demencia-SIDA, que se presenta en un 38 por ciento de los enfermos y que puede manifestarse por cambios cognoscitivos sutiles (alteraciones de la memoria* reciente y de la atención*), apatía, retraso psicomotor o aplanamiento afectivo, hasta llegar a un síndrome ya claramente demencial, con impulsividad, pérdida de juicio, delirium*, alteraciones motoras, etc. ■

SIGNIFICACIÓN ESTADÍSTICA Valor estadístico que garantiza la fiabilidad de los datos obtenidos en un estudio.

SIGNIFICADO Idea, concepto o representación mental que se expresa mediante una palabra, un símbolo*, etc.

SIGNIFICANTE En lingüística constituye, junto al significado, el llamado signo lingüístico y se refiere a la representación gráfica o fonética de éste.

■ *M. Shepherd tuvo un papel crucial en la clasificación de las enfermedades mentales de la Organización Mundial de la Salud.*

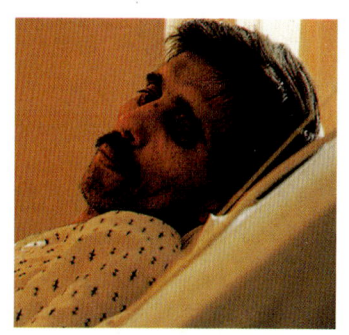

■ *El SIDA es una enfermedad que se caracteriza por la aparición de infecciones, alteraciones neurológicas y otros trastornos.*

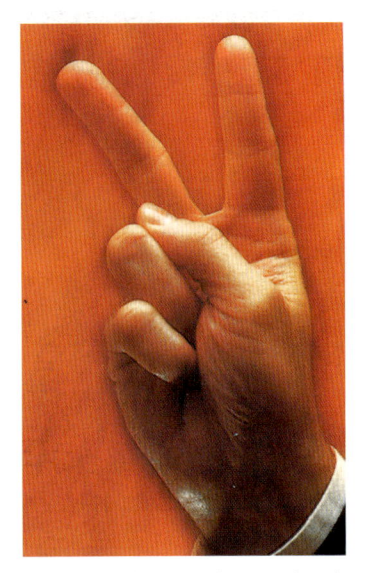

*Un **símbolo** es un signo que ha adquirido significado gracias a la aceptación social.*

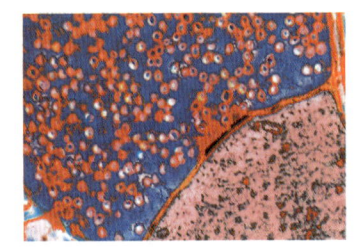

*La **sinapsis** es la zona que se encuentra entre el axón y la membrana de las neuronas vecinas.*

*La **caja de Skinner** es un instrumento diseñado para investigar el condicionamiento de la conducta animal.*

Signo 1. Manifestación objetiva o física de un estado patológico. 2. Apreciación crítica del síntoma, después de ser analizado o interpretado por el médico.

Símbolo Tipo de signo que guarda relación con un significado establecido a través de convenciones. No existe una relación natural entre el símbolo y aquello que designa. Las palabras son un conjunto de símbolos a los que se les ha adjudicado un significado determinado dentro de una lengua. Así, la palabra «casa» no tiene ninguna relación especial con una vivienda, más que la que por convención se ha establecido. Son ejemplos de símbolos utilizados en el ámbito social, variables en las diferentes culturas el apretón de manos para saludar a otra persona o la formación de una uve con los dedos índice y medio que popularizó el primer ministro británico Winston Churchill como símbolo de victoria. ■

Similitud 1. En la percepción* de la forma, supone la agrupación de figuras similares entre sí. 2. En la atracción*, equivale a los elementos de semejanza entre sujetos como factores de atracción.

Simulación Producción intencionada de síntomas físicos o psicológicos, desproporcionados o falsos, motivados por incentivos externos como no realizar el servicio militar, evitar un trabajo, obtener una compensación económica, escapar de una condena criminal u obtener drogas. Debe sospecharse si existe un contexto médico-legal, una discrepancia acusada entre el estrés y los datos de la exploración médica, falta de cooperación durante la valoración diagnóstica o presentación de un trastorno antisocial de la personalidad*.

Sinapsis Zona de contacto entre dos neuronas, desde el axón* hasta la siguiente célula. También denominado hueco sináptico, es el espacio que se encuentra entre el axón y la membrana neuronal, a través del cual se intercomunican las células nerviosas. ■

Síndrome Conjunto de síntomas y signos que, simultáneamente, se repiten en cierto número de enfermedades y son comunes a un grupo patológico determinado. Si bien se emplea como sinónimo de enfermedad, las diversas combinaciones que componen un síndrome pueden encontrarse presentes en varias patologías, o ser la consecuencia de varias etiologías. Así, el síndrome de abstinencia o el general de adaptación son comunes a varias enfermedades como producto de diferentes causas. / *Síndrome de abstinencia,* véase Abstinencia, síndrome de. / *Síndrome de dependencia,* véase Dependencia, síndrome de.

Sinestesia Percepción de un estímulo sensorial en un órgano distinto al que le corresponde. Es el caso de la persona que dice haber visto, oído y degustado el sonido de una trompeta. La sinestesia se produce frecuentemente con el consumo de sustancias tóxicas.

Sinkinesia Dícese, en general, de todo movimiento incontrolado. Existen sinkinesias no patológicas que sólo tienen valor sintomático en el síndrome de debilidad motora cuando su aparición es rápida. Desde el punto de vista clínico existen dos tipos de sinkinesias: a) de difusión tónica; y b) de difusión tónico-cinética.

Síntoma Manifestación física o mental, producto de una posible patología médica. Acostumbra a ser una respuesta ante un estímulo nocivo, sea éste físico o psicológico.

Sintonía En psicología, estado anímico adaptado al medio o coordinado y paralelo al de otras personas.

Sistema límbico Véase Límbico, sistema.

Sistema nervioso central y periférico Véase Nervioso, sistema.

Skinner, caja de Instrumento diseñado por B. F. Skinner, utilizado para investigar el condicionamiento operante* o instrumental en animales. Consiste en una cámara a prueba de sonidos, con una barra o una palanca que el animal acciona o picotea para obtener una recompensa de alimento o agua, y un artefacto que registra estas respuestas. ■

Skinner, Burrhus Frederic Psicólogo estadounidense (Susquehanna, Pennsylvania, 1904-Cambridge, Massachusetts, 1990). Realizó sus estudios en Harvard y trabajó como profesor en la Universidad de Minnessota (1937-1945) y en la de Indiana. Desde 1948 fue profesor en la Universidad de Harvard. Después de J. B. Watson es el principal divulgador del conductismo*. Su trabajo se centró en el estudio de los procesos de aprendizaje. Precisamente fue en este campo en el que descubrió un nuevo tipo de condicionamiento de la conducta animal*, denominada operante o instrumental, y aplicable en general en todos los campos prácticos de la psicología*. Su invento más conocido es la caja de Skinner, instrumento que consiste en una jaula para ratas provista de un mecanismo de palanca. Al accionar esta palanca cae una porción de alimento que puede comer el animal. La primera vez, el animal acierta por azar el movimiento conveniente, pero posteriormente su conducta se orienta a ese objetivo. Es decir, el animal relaciona el hecho de accionar la palanca con la obtención de alimento, o sea, que lo aprende a base de repetir ensayos, por lo que se demuestra que se ha producido un aprendizaje por condicionamiento instrumental. Este proceso de aprendizaje se define como reflejo condicionado. La caja de Skinner constituye un dispositivo esencial para el estudio de aprendizaje en animales. Skinner fue el más destacado promotor de la enseñanza programada y destacó que el refuerzo constituye el elemento principal de la misma. Sus obras principales son: *Walden Dos* (1948), en la que habla de la futura sociedad programada; *Análisis de la conducta* (1951); *Ciencia de la conducta humana* (1953), escrita con J. G. Holland; *La tecnología de la enseñanza* (1968), *Más allá de la libertad y la dignidad* (1971), *Sobre el conductismo* (1974) y *La conducta de los organismos* (1975). ■

Social Se dice de todo aquello que guarda relación con la sociedad, las clases sociales o las relaciones sociales.

Socialización Sistema de adaptación que realiza una persona mediante el aprendizaje y la interiorización de las normas sociales de una determinada cultura. La socialización es un proceso muy evidente en los niños que han de integrarse progresivamente en sociedad. Sin embargo, la adaptación social es una secuencia continuada que se lleva a cabo durante toda la vida. Algunos trastornos infantiles, como los trastornos de conducta o el trastorno por déficit de atención con hiperactividad, o de adultos, como los trastornos de personalidad o los trastornos psicóticos, dificultan extraordinariamente la socialización. ■

Sociobiología Estudio del modo en que la selección natural influye sobre el comportamiento social. Los sociobiólogos sugieren que los genes predisponen para actuar de modo que acrecienten la oportunidad de sobrevivir y extenderse. Algunas formas de altruismo contribuyen a perpetuar nuestros genes, como lo es la dedicación a nuestros hijos, los portadores de nuestros genes. La selección natural favorece a los padres que se preocupan profundamente por la supervivencia y el bienestar de sus hijos. La sociobiología también ha estudiado las formas diferenciales de hombres y mujeres en el aspecto evolutivo, al menos en los tiempos primitivos. Las diferencias entre los ciclos reproductivos de hombres y mujeres provocó la competencia entre varones para fertilizar el mayor número de mujeres y así prolongar sus genes, mientras que las mujeres tuvieron una actitud prudentemente selectiva en la elección del compañero por el número relativamente reducido de óvulos que poseen. Si bien las explicaciones sociobiológicas han sido interesantes para comprender muchos de los aspectos de la evolución del comportamiento humano, las investigaciones, tanto interculturales como de la historia más reciente, presuponen entender la importante capacidad de aprendizaje* y adaptación* de los sujetos por encima incluso de los factores biológicos y de la propia capacidad de la cultura para cambiar conceptos que se estimaban inamovibles en el devenir de la historia del hombre y de la mujer.

Sociograma Mapa o diagrama que muestra las interacciones reales, o ciertas clases deseables o aceptables de interacciones, entre los miembros de un grupo*. Originariamente, se refería a un diagrama que mostraba las relaciones reveladas por un test* sociométrico, pero se ha extendido para cubrir otros tipos de relaciones.

Sociopatía Término por el que también es conocido el trastorno antisocial de la personalidad*.

Socioterapia Participación cuidadosamente guiada, en actividades sociales adecuadas, como medio para mejorar la adaptación del sujeto y facilitar otras formas de terapia. Esta terapéutica utiliza las posibilidades dinámicas que ofrece el grupo. Un grupo presenta para la actuación terapéutica y diagnóstica perspectivas que no se encuentran en la situación terapéutica clásica.

■ *Burrhus Frederic Skinner, psicólogo estadounidense, formuló el concepto de «condicionamiento operante».*

■ *La socialización representa la adaptación personal a las normas de una determinada cultura.*

*Se denomina **soledad** a la carencia de compañía o al sentimiento de aislamiento que un individuo experimenta cuando está junto a otras personas.*

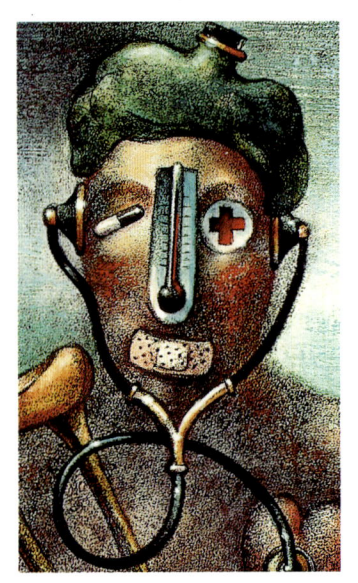

*El **trastorno de somatización** es una alteración somática provocada por un desplazamiento de origen psíquico.*

Soledad Estado en el que un sujeto carece de forma deseada o involuntaria de la compañía de alguien. La soledad también es el sentimiento peculiar de aislamiento que puede experimentar una persona aun en presencia de otras. ■

Solución de problemas Proceso metacognitivo por el que los individuos comprenden la naturaleza de los problemas de la vida y dirigen sus intentos hacia la modificación bien del carácter problemático de la solución misma, o bien de sus reacciones hacia ella, según la definición de Nezu (1987). En el campo de la psicología conductual, el entrenamiento de los individuos en habilidades de solución de problemas se denomina terapia de solución de problemas. Este tipo de entrenamiento comprende una serie de habilidades específicas en vez de una única capacidad. La solución de problemas abarca cinco procesos interactuantes, cada uno de los cuales aporta una determinada contribución. Estos procesos son: a) orientación hacia el problema: proceso motivacional que puede tener un efecto estimulador o inhibidor generalizado sobre las restantes cuatro áreas de solución de problemas. Un aspecto clave de esta fase implica el reconocimiento y clasificación adecuados de los problemas; b) definición y formulación del problema: busca la evaluación de la naturaleza de la situación problema y la identificación de un conjunto de objetivos o metas realistas. Se enseña al sujeto a hacerse cinco preguntas específicas: ¿quién? (*who*), ¿qué? (*what*), ¿dónde? (*where*), ¿cuándo? (*when*) y por qué (*why*), todas relacionadas con la situación problemática. Al definir y formular problemas se enseña a los individuos a plantear objetivos específicos que desearían alcanzar; c) generación de alternativas: se trata de que el sujeto busque el máximo de soluciones alternativas que pueda. Para ello se le dan tres reglas: principio de cantidad, principio de aplazamiento de juicio y principio de la variedad, con objeto de que disponga de la mayor cantidad y variedad de soluciones posibles, sin juzgar todavía su valor; d) toma de decisiones: se entrena al sujeto para que identifique un amplio número de consecuencias potenciales que podrían ocurrir si una alternativa particular se pone realmente en práctica. Se definen como soluciones eficaces aquellas que se caracterizan por una cantidad máxima de consecuencias positivas y una cantidad mínima de consecuencias negativas; y e) puesta en práctica de la solución y verificación. La primera parte implica la aplicación de las opciones escogidas, mientras que el segundo aspecto implica la vigilancia cuidadosa y la valoración de los resultados reales de la solución.

Somático Corporal, por oposición a psíquico; perteneciente al cuerpo como un todo en contraste con una parte determinada.

Somatización, trastorno de Alteración que produce una dolencia corporal debida al desplazamiento de un sufrimiento psíquico. La principal característica de este trastorno es la sucesión de quejas que realiza el individuo afectado, relativas a síntomas somáticos múltiples y variados, que no pueden ser explicados por trastornos orgánicos demostrables. Generalmente, el trastorno de somatización tiene varios años de evolución antes de que la persona sea remitida al psiquiatra*. La mayoría de los enfermos tiene una larga historia de peregrinación por distintos especialistas, a los que consulta en una continua búsqueda de ayuda, rechazando sin embargo las aclaraciones médicas de que no existe una causa objetivable para sus síntomas. El resultado de este peregrinaje es el sometimiento de los enfermos a infructuosas intervenciones sanitarias, ya sean farmacológicas o quirúrgicas, lo que a menudo se manifiesta en forma de abuso o dependencia de fármacos. La evolución del trastorno es crónica y fluctuante, con repercusión negativa en la vida social, familiar e interpersonal del sujeto. Las quejas somáticas pueden referirse a cualquier sistema corporal. Con frecuencia se encuentra asociado a síntomas depresivos y ansiosos. ■

Somatomorfos, trastornos Conjunto de enfermedades caracterizadas por la presencia de síntomas físicos que sugieren una enfermedad médica y que no pueden explicarse totalmente por la presencia de una enfermedad, por los efectos directos de una sustancia o por otro trastorno mental. Los síntomas no son intencionados y provocan malestar clínicamente significativo o deterioro social, laboral o de otras áreas importantes de la actividad del individuo. Se diferencian de los factores psicológicos que afectan el estado físico (estrés*) y debe excluirse una enfermedad médica que explique los síntomas somáticos. Se clasifican en: a) trastorno de somatización*; b) trastorno somatomorfo indiferenciado: conjunto de síntomas físicos no explicados y que son insuficientes para establecer el diagnóstico de trastorno de somatización; c) trastorno de conversión*; d) trastorno por dolor (véase Dolor crónico); e) hipocondría*; f) trastorno dismórfico corporal*; y g) trastorno somatomorfo no especificado: incluye aquellas alteraciones con síntomas somatomorfos que no cumplen los criterios de cualquiera de los trastornos somatomorfos anteriores.

Sonambulismo Deambulación nocturna inconsciente que conlleva una serie de riesgos de accidentes. Se calcula que un 15 por ciento de los niños tiene al menos un episodio de sonambulismo en su vida. Puede asociarse al terror nocturno*. El sonambulismo forma parte de las parasomnias* o trastornos paroxísticos del sueño.

Sonrisa Gesto facial que expresa alegría a través de un leve estiramiento de los labios que no suele acompañarse de ninguna sonoridad. Es un paso previo a la risa en la manifestación de la alegría. ■

Sopor Estado de enturbiamiento de la conciencia, caracterizado por períodos de inconsciencia, la mayor parte del tiempo, con otros de conciencia activa. La persona no da respuesta a los requerimientos verbales o estímulos dolorosos y precisa de estímulos enérgicos para despertarse. Aparece una disminución muy marcada del tono muscular y de los reflejos, con una respiración regular, profunda y retardada.

Subconsciente Término utilizado en psicología* para designar, bien lo que es débilmente consciente, bien lo que se halla debajo del umbral de conciencia actual, o que es incluso inaccesible a ésta. Supone un umbral* de vigilancia débil o un estado de pensamiento secundario a la conciencia. Usado por S. Freud, en sus primeros trabajos como sinónimo de inconsciente*, fue rápidamente rechazado a causa de los equívocos a que da lugar.

Subjetivo Dícese de aquello que existe solamente para el sujeto, para la conciencia del que lo experimenta. Es una característica esencial de los procesos psíquicos sólo conocidos directamente por el sujeto.

Sublimación En psicoanálisis*, proceso según el cual la energía sexual no satisfecha se canaliza en forma de actividad constructiva y creadora, desplazando el objeto del deseo y sustituyéndolo por un comportamiento de otra naturaleza.

Subliminal, percepción Véase Percepción subliminal.

Sueño Estado de reposo físico que se caracteriza por la sucesión rítmica de una serie de cambios metabólicos, imprescindibles para el buen funcionamiento del ser humano durante el día. Se estructura en fases* y ciclos*, y sus trastornos* pueden ser altamente distorsionantes para el sujeto que los sufre. / *Sueño, fases del*, etapas en las que se estructura el sueño. La fase 1, denominada somnolencia, se distingue por la relajación muscular, la respiración regular y pequeñas sacudidas en piernas y brazos (sensación de caerse). Después de unos minutos en esta fase, se entra en la fase 2, en la que apenas se producen movimientos corporales. En esta fase acostumbran a presentarse los denominados fenómenos paroxísticos del sueño como la enuresis*, el bruxismo*, el sonambulismo* o las pesadillas*. El siguiente estadio, denominado sueño profundo, corresponde a las fases 3 y 4, en las que el descanso físico y psíquico es máximo; en este período es muy difícil despertar a la persona, por lo que se precisan fuertes estímulos para conseguirlo. El conjunto de estas cuatro fases del sueño recibe el nombre de sueño de ondas lentas (SOL). Suele durar aproximadamente entre sesenta y setenta minutos y se plasma en el electroencefalograma (EEG)* mediante unas ondas progresivamente lentas (índice del descanso cerebral), denominadas sucesivamente alfa, zeta y delta. Las ondas delta, las más lentas, dominan a las demás y son omnipresentes en las fases 3 y 4. En plena fase 4, y de manera muy brusca, acontece un cambio que se denomina fase REM* (*Rapid Eyes Movement*, en inglés) o MOR* (movimientos oculares rápidos), caracterizada por movimien-

■ *La famosa* **sonrisa** *de* La Gioconda *de Leonardo da Vinci.*

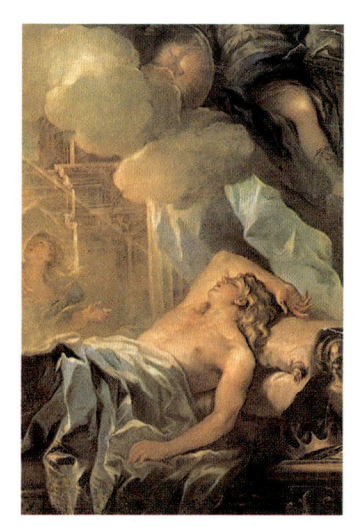

■ *El* **sueño**, *estado de reposo físico caracterizado por diversos cambios metabólicos, en la obra de Luca Giordano.*

SUGESTIÓN

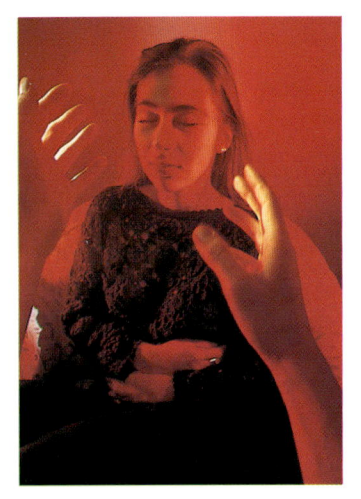

*La **sugestión** es una técnica psíquica a través de la cual se ejerce influencia sobre el pensamiento, la voluntad o los actos de una persona.*

*El **suicidio**, también denominado autolisis, se produce a menudo en conexión con una enfermedad psiquiátrica.*

tos oculares perceptibles bajo los párpados, pero además por una gran flaccidez (atonía) muscular, cambios metabólicos de tipo ondulatorio (por ejemplo, se pasa de la bradicardia a la taquicardia) y erección del pene* en los hombres. En el EEG aparecen unas ondas rápidas, semejantes a las de la vigilia, lo cual indica una significativa actividad cerebral. De ahí que esta fase reciba también el nombre de sueño paradójico (actividad cerebral asociada a alta relajación muscular). En la fase REM acontecen los sueños y se considera que en ella se consolidan en parte el aprendizaje* y la memoria* además de producirse la recuperación de los neurotransmisores cerebrales, sobre todo en el caso de fuertes emociones diurnas. El conjunto de SOL y REM se denomina ciclo y se repite unas cuatro o cinco veces en el transcurso del sueño de un adulto normal, siendo el porcentaje del SOL de un 80 por ciento y del REM, de un 20 por ciento, aunque este último es mucho mayor en el recién nacido (un 50 por ciento de REM), plausiblemente por la alta implicación de los procesos de maduración y aprendizaje a esta edad. / *Sueño paradójico*, véase SUEÑO, FASES DEL. / *Sueño, trastornos del*, trastornos del proceso de dormir que, según la intensidad, tiempo de duración y origen, pueden acarrear diversas repercusiones físicas o psíquicas. De entre ellas destaca el insomnio*, la apnea del sueño*, el *jet–lag**, los despertares nocturnos*, el sonambulismo*, los terrores nocturnos* y pesadillas* o la enuresis*. ■

SUGESTIÓN Proceso a través del cual se llega a influir en el pensamiento*, los sentimientos, la voluntad o los actos de otra persona sin pasar por la esfera racional de ésta. Esta definición no implica que la persona sugestionada no sea consciente de los actos, los pensamientos o las sensaciones que experimenta durante la sugestión. El uso terapéutico de la sugestión se lleva a cabo de forma predominante en la hipnosis*, pero también la técnica de relajación autógena de Schultz o la intención paradójica se basan en ésta. ■

SUGESTIONABILIDAD Capacidad de ser sugestionado. La sugestionabilidad depende de la personalidad del sujeto y de aspectos como la edad, el sexo y del estado emocional de la persona. Sin embargo, no se ha podido establecer ninguna relación entre sugestionabilidad e inteligencia*. Se distinguen cuatro niveles de sugestionalidad, que irían desde la incapacidad para sugestionarse, hasta la posibilidad de hacer vivir al sujeto experiencias pasadas de su infancia con gran vivacidad. Existen algunas pruebas breves y sencillas de aplicar para comprobar el grado de sugestionabilidad de una persona. Estas pruebas son utilizadas por los psicólogos para predecir la respuesta de los pacientes a las técnicas que utilizan la sugestión.

SUICIDIO Acto por el cual un sujeto se autoinflige la muerte, también denominado autolisis. Puede darse en individuos psíquicamente sanos a consecuencia de una situación límite, pero el suicidio se produce a menudo en conexión con un estado psicótico o psicopático. En estos casos no debe entenderse el suicidio como término de un cierto desarrollo interior, sino como expresión de un estado afectivo de angustia y desesperación. Debe diferenciarse entre los intentos de suicidio no consumados, las amenazas de suicidio y los suicidios consumados. Sin embargo, en todos los casos el psiquiatra debe estudiar en profundidad la situación y proceder a la resolución más rápida posible del trastorno, teniendo en cuenta los factores etiológicos (enfermedad psiquiátrica de alto riesgo, como puede ser la depresión* o la esquizofrenia*, trastornos de personalidad, situaciones límite o edad del sujeto; –los ancianos presentan mayor peligro de suicidio consumado–) y procediendo a las estrategias terapéuticas más idóneas: tratamientos psicofarmacológicos o terapia electroconvulsiva, ingresos de contención, control familiar, grupos de apoyo y técnicas psicoterápicas, según el caso y las circunstancias. Para determinar quiénes se suicidan, los investigadores han comparado los índices de suicidio según: a) zonas geográficas o países; las diferencias son asombrosas; las tasas anuales de suicidio (número de suicidas por cada 100.000 habitantes) alcanzan las cifras más altas, con tasas superiores al 15 por ciento, en Hungría (31,9 %), Finlandia (22,9%), Suiza, Francia y Surinam; con tasas medias: Australia, Estados Unidos,

Puerto Rico, Uruguay, Corea, Singapur, etc. Entre los países con menos suicidios se encuentran Argentina, Barbados, Ecuador, España, Israel, Kuwait y México; b) grupos raciales: en Estados Unidos, por ejemplo, se suicidan doble número de blancos que de negros; c) otros grupos: los índices de suicidio son más elevados en solteros, viudos, divorciados, médicos y abogados, influyendo en estos casos el aislamiento social, el desarrollo de una sociedad más tecnificada y deshumanizada y los desequilibrios económicos; d) grupos sexuales: es más frecuente el suicidio consumado en el hombre que en la mujer (proporción de 3 a 1), pero en cambio el número de tentativas es más elevado en las mujeres; y e) grupos de edad: a más edad, mayor riesgo de consumar el suicidio. Las tentativas de suicidio son más frecuentes en los jóvenes. Una serie de factores biológicos (genéticos o bioquímicos) destacan como responsables directos del suicidio, si bien son las enfermedades psiquiátricas y algunas toxicomanías los factores de mayor riesgo. Los métodos utilizados varían según los países, culturas y características demográficas, pero también dependen de la accesibilidad, la oportunidad y la aceptación sociocultural. En las tentativas de suicidio se utiliza preferentemente la intoxicación por medicamentos, lo cual no debe presuponer una relación causa-efecto con respecto al deseo de suicidarse. Aproximadamente un 21 por ciento de las personas que se suicidan dejan notas de despedida, rebajándose la cifra al 14 por ciento en caso de tentativas. Los suicidios colectivos acostumbran a llevarse a cabo por motivos políticos o religiosos (sectas). Un 0,28 por ciento de los suicidios se realizan por acuerdo mutuo de dos personas (suicidio doble). En ocasiones (por melancolía* o delirio* crónico) el suicida intenta matar o mata a los miembros más cercanos de su familia, suicidándose posteriormente («homicidio altruista»). También se ha considerado el suicidio por imitación, debido a la información sobre estos casos en los medios de comunicación o como consecuencia de una ola de suicidios en instituciones psiquiátricas; el factor imitación parece darse más en adolescentes. En cuanto a los factores climáticos (viento), los resultados de las investigaciones no son significativos, si bien no debe olvidarse la relación de algunas depresiones con los cambios estacionales (otoño), ni con los procesos de aprendizaje derivados de creencias populares. En cuanto al papel preventivo de la religión, actualmente no se considera un factor decisivo. El antecedente de una o varias tentativas de suicidio se considera un mayor riesgo de suicidio consumado en el curso del primer año en que se ha realizado el intento. Aparte de los tratamientos adecuados a cada caso, es también interesante la prevención del suicidio mediante diversas estrategias y experiencias asistenciales y asociaciones interdisciplinares. ■

■ *En la actualidad el concepto de* **superyó** *se sustituye por los términos racionalidad o socialización de normas.*

Sujeto El significado originario se refiere a aquello que está en la base de alguna cosa. Posteriormente pasó a significar el «yo» en oposición al que sería el objeto. En la ciencia el «sujeto de experimentacion» se refiere a la persona sobre la que se experimenta para validar ciertas hipótesis.

Sullivan, Harry Stack Psiquiatra y psicoanalista estadounidense (Norwich, Nueva York, 1892-París, 1949). Las escuelas neofreudianas de Sullivan y E. Fromm pueden ser consideradas como intento de aplicar los conceptos psicoanalíticos clásicos a los problemas urgentes actuales, sociales o culturales: alienación, falta de individualidad, urbanización, automatización, pobreza y búsqueda de valores.

Superyó Término procedente del psicoanálisis*, según el cual a partir de los 5 años, el

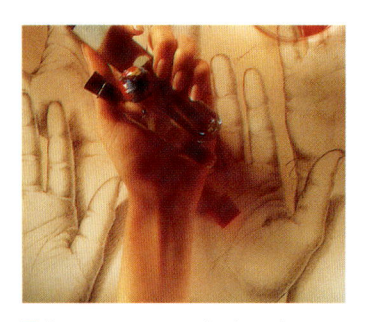

■ *Los **trastornos relacionados con sustancias** incluyen los causados por consumo y por intoxicación.*

yo de un niño reconoce las demandas de una «voz de la conciencia» que lo obliga a controlarse, mediante la interiorización de las normas morales y los valores de los padres y la cultura. Una persona dotada de un superyó fuerte gozaría de una conducta siempre recta, pero agobiada por la culpabilidad. En la actualidad se reconoce un cierto valor a este concepto de S. Freud, pero tiende a ser sustituido por términos como racionalidad, rigidez, socialización de normas, etc. ■

SUSTANCIAS, TRASTORNOS RELACIONADOS CON Incluyen los trastornos relacionados con la ingestión de una droga*, los efectos secundarios de medicamentos y la exposición a tóxicos (plomo, inhalantes, monóxido de carbono, etc.). Se distingue el trastorno por consumo de sustancias, que comprende la dependencia* y el abuso*, y el trastorno inducido por sustancias, que comprende la intoxicación*, la abstinencia* y los trastornos mentales. ■

T

T.A.T. Siglas de Test de Apercepción Temática. Test basado en los procedimientos de tipo proyectivo. Se presentan veinte láminas con escenas diversas a cuya vista el sujeto ha de exponer breves narraciones. Cada persona tiende a identificarse con ciertos personajes, exteriorizando así sus conflictos psicológicos.

Tabaquismo Conjunto de comportamientos y trastornos relacionados con el uso y abuso de la nicotina*.

Tabú Término de origen polinésico que evoca el carácter sagrado de lo que debe quedar en misterio, prohibido, y que posee cierto atractivo en función del peligro que representa, de tal forma que su evocación va unida a cierta reserva, al mismo tiempo que se manifiesta a través de prohibiciones y restricciones. S. Freud relacionó los conceptos de tabú y prohibición para intentar explicar el origen de las obsesiones presentes en el trastorno obsesivo-compulsivo* y lo que hoy se consideran pensamientos negativos presentes en la depresión* y en ciertos trastornos emocionales. Si bien no puede obviarse la importancia que tienen los elementos sociales que dan lugar a los sentimientos de rigidez y culpa, la hipótesis freudiana ha sido superada por las investigaciones procedentes del campo de la bioquímica y las teorías del aprendizaje.

Tacto Sentido con que se perciben las diferentes sensaciones de la piel: la presión, la calidez, el frío y el dolor. En la piel hay diferentes tipos de terminaciones nerviosas especializadas para cada una de estas sensaciones, aunque la presión es la más propia del sentido del tacto. Los estímulos táctiles son considerados los más primitivos con respecto a la eclosión de la excitación sexual humana. ■

Tálamo Estructura nerviosa situada sobre el tronco cerebral y casi en el centro del encéfalo. Está considerado como una «estación de relevo» por transmitir información sensorial desde las regiones inferiores del encéfalo hacia las superiores, que se relacionan con la visión, la audición, el gusto y el tacto. También recibe algunas de las respuestas del cerebro* superior y las dirige al cerebelo* y a la médula*. Rige varios movimientos y su afectación provoca trastornos de la sensibilidad* (hipo o hiperestesia) y temblores de tipo extrapiramidal*.

Tánatos (en griego *thanatos*, muerte). Término utilizado en el psicoanálisis* para designar la pulsión de muerte, en oposición a Eros*.

Tangencialidad Falta de relación entre la pregunta y la respuesta dada por el sujeto. Desde el principio, las contestaciones son oblicuas y tienen poco o nada que ver con las preguntas hechas por el entrevistador. Se trata de una alteración formal del pensamiento* y se da con frecuencia en la esquizofrenia*.

Taquicardia Incremento de la frecuencia cardíaca. Es una respuesta inespecífica de la alerta y la emoción*, mediatizada por el sistema nervioso* simpático. Lo contrario es bradicardia.

Taquipsiquia Alteración de la fluidez del pensamiento*, caracterizada por una aceleración del mismo, que da lugar a expresiones incongruentes. Es propia de los trastornos maníacos.

Tartamudeo Problema de falta de fluidez en la dicción, entendiendo la fluidez como el flujo suave y fácil de palabras al hablar. Los factores explicativos comprenden aspectos puramente fisiológicos del habla, como la tensión muscular o la respiración ina-

■ *La piel desempeña funciones esenciales en el sentido del **tacto**. En la ilustración superficie de la piel vista a través del microscopio electrónico de barrido.*

Telepatía

*Los **modelos** difundidos por la **televisión** son objeto de estudio para evaluar su impacto sobre los espectadores.*

*El **temperamento** constituye un rasgo biológicamente determinado de la personalidad.*

decuada, aspectos relacionados con la propia dicción y aspectos cognitivos, tales como las propias expectativas del tartamudo. Las alteraciones en la fluidez pueden aparecer a cuatro niveles: a) nivel fonético: errores que aparecen al pasar de una sílaba a otra, como repeticiones de sonidos y sílabas o prolongaciones de sonidos; b) nivel gramatical: alteración de la fluidez al pasar de una palabra a otra, como sucede con los bloqueos al inicio de una palabra; c) nivel prosódico: inadecuación al componer las unidades de entonación; y d) nivel léxico-semántico: cuando afecta a la secuencia lógica del discurso, debido al uso incorrecto de las pausas. Se han clasificado dos tipos fundamentales de tartamudez: la llamada tónica, que se da en sujetos con alta tensión muscular durante el habla, que generan espasmos diversos y alteraciones fijas en forma de bloqueos al inicio de las palabras o de ciertos fonemas; y la tartamudez clónica, en la que se producen repeticiones de fonemas, sílabas o palabras durante el habla. Esta clasificación resulta poco útil en la práctica, puesto que la mayoría de los tartamudos presentan ambos tipos de forma solapada y, además, no tienen demasiada relevancia terapéutica. La tartamudez se da preferentemente en niños varones y su incidencia en la población general es de entre el 1 y el 2 por ciento.

Telepatía Fenómeno parapsicológico que se produce cuando una persona capta los contenidos del pensamiento de otra sin que intervengan los órganos de los sentidos ni el lenguaje. No existe base científica que avale este concepto.

Televisión, modelos El impacto de los modelos televisivos ha sido estudiado en los efectos sobre la agresividad, comprobándose que la exposición a la violencia por parte de los espectadores conduce a un incremento de comportamientos agresivos en niños y adolescentes, si bien el efecto de la violencia proviene de una combinación de factores: de la excitación a causa del impulso violento, del desencadenamiento de ideas relacionadas con la violencia, del descenso de las inhibiciones personales, de la imitación y de la personalidad previa del espectador (a más agresivo o impulsivo, más tendencia a desencadenar violencia y a preferir programas violentos). A su vez se ha comprobado que la exposición prolongada a la violencia desensibiliza a los espectadores; se muestran más indiferentes a la brutalidad de la vida real. En la agresión sexual, los efectos de la pornografía violenta pueden ser una variable situacional (no única ni definitiva) para incrementar la violencia sexual. Evidentemente, la televisión puede ser utilizada de forma positiva para incitar movimientos altruistas o solidarios, si bien las leyes son semejantes en el caso de la violencia. ■

Temblor Movimiento oscilante, involuntario y rítmico, que viene determinado por la contracción alternante y sucesiva de grupos musculares y sus antagonistas. Se localiza en las extremidades, y más raramente en la cabeza, la cara y la lengua. El temblor postural aparece al iniciar algún movimiento o al intentar mantener una postura, como los brazos en extensión. El temblor postural rápido (8-12 oscilaciones/seg.) es propio de alteraciones psiquiátricas con ansiedad marcada, trastornos metabólicos, consumo de fármacos o sustancias tóxicas como el alcohol. El temblor postural lento (4-6 oscilaciones/min.) aparece en enfermedades neurológicas y en el temblor familiar benigno. El temblor intencional aparece durante el movimiento, aumentando su amplitud al aproximarse al objetivo; su frecuencia es baja y suele atribuirse a causas cerebelosas. El temblor de reposo puede atenuarse con el movimiento, y aparece en la enfermedad de Parkinson* y en otros síndromes extrapiramidales. Una presentación característica es la de «contar monedas».

Temperamento Parte biológicamente determinada de la personalidad*, dependiente de los sistemas endocrinológico (las hormonas), neurológico (la anatomía del sistema nervioso) y bioquímico (las sustancias químicas del organismo, incluidas las del sistema nervioso). Las cualidades afectivas que caracterizan a una persona en función de sus formas de reaccionar y de su sensibilidad a los afectos dependen de su temperamento. De forma más general, se puede entender como el modo de ser predominante de un individuo, o la manera habitual de funcionar en él los procesos de la psique*. Hipócrates (406-377 a.C.) agrupó todas las variantes individuales según el predominio de los cuatro humores corporales (sangre, linfa, bilis amarilla y bilis negra), extrayendo de esta premisa cuatro tipos de temperamento: sanguíneo, flemático, colérico y melancólico. El temperamento sanguíneo se caracteriza por un estado de ánimo variable y con poca constancia; el melancólico, por la tendencia a estar malhumorado y triste, el apasionamiento y la hipocondría; el colérico por la irritabilidad y la voluntariedad; y el flemático por su lentitud, indiferencia y apatía. El estudio del temperamento en la época moderna empezó con E. Kretchsmer, quien distinguió tres tipos fundamentales de temperamento: ciclotímico, esquizotímico y vicioso, que corresponden de una manera general a los tres tipos fundamentales de la constitución somática: pícnico*, leptosómico* y atlético*, respectivamente. El ciclotímico, según este autor, se caracteriza por la excitabilidad sentimental, sociabilidad, afabilidad, vivacidad e inteligencia realista. Son sujetos inestables que se irritan por sucesos poco importantes, y en los que el estado de ánimo varía cíclicamente de alegre a triste. El temperamento esquizotímico corresponde a los introvertidos delicados, idealistas, fanáticos, religiosos, etc. La tonalidad psíquica oscila entre la sensibilidad y la frialdad. El temperamento vicioso es característico de los sujetos de hábito atlético, con una tonalidad psíquica entre explosiva y flemática y una psicomotricidad lenta y mesurada. El temperamento puede también definirse como el modo y la forma en que alguien realiza algo, por ejemplo con alegría, con seguridad, impulsividad, etc. ∎

Tendencia 1. Curso seguido por un conjunto de medidas o datos por el que puede observarse una dirección de respuesta determinada. **2.** Inclinación o forma determinada de obrar por parte de una persona. En este sentido, también se usa como sinónimo de intención.

Teoría Sistema de hechos e ideas que se relacionan entre sí constituyendo un conjunto coherente de principios y consecuencias. La teoría es la base de muchos conocimientos, en especial de la ciencia, en la que conforma su propia estructura interna. A partir de la validación de hipótesis por medio de la experimentación, se suscitan explicaciones globales y coherentes que dan significado a estos hechos y los relacionan entre sí: el resultado final es la teoría, que se amplía y reestructura conforme aparecen nuevas manifestaciones empíricas. Por lo tanto, la teoría se elabora a partir de la experimentación, a la que se añade la deducción de los fenómenos. Por definición, una teoría debe ser coherente y estar avalada por demostraciones empíricas o lógicas. Así, se puede distinguir entre «teorías expositivas», que se construyen a partir de la consecución lógica de los hechos; y «teorías explicativas», basadas en la demostración experimental de ciertas hipótesis. Las distintas teorías mantienen objetivos muy dispares: las hay que pretenden explicar fenómenos individuales y específicos, como la teoría del movimiento aparente, y otras más generales, como las que se centran en los procesos de aprendizaje.

Teoría de James-Lange Véase James-Lange, teoría de.

Terapia Conjunto de tratamientos dirigidos a aliviar o curar una enfermedad, un síntoma o la sintomatología asociada. En psicología* y psiquiatría* se distinguen las terapias biológicas (psicofármacos, terapia electroconvulsiva y psicocirugía) y las psicológicas, entre las que se encuentran las cognitivo-conductuales* o terapia de la conducta, las psicoterapias de grupo, las de rehabilitación psicosocial, las derivadas del psicoanálisis, etc. ∎

Teratógenos, efectos y agentes Conjunto de efectos nocivos sobre el feto producidos por agentes diversos en la mujer embarazada.

Terror nocturno Parasomnia* que afecta al sueño no REM, caracterizada por un episodio nocturno de inquietud-agitación, de breve duración, en que el niño parece aterrado, grita, su mirada es confusa y sufre una gran cantidad de reacciones vegetativas (taquicardia, respiración rápida y superficial, sudoración profusa, etc.). Si se le despierta, el niño no suele recordar lo ocurrido de manera precisa. Se observa en la segun-

■ *La terapia de grupo es un tratamiento utilizado para aliviar o curar un síntoma, una enfermedad o una sintomatología asociada.*

TEST

*El **test** es una prueba que se utiliza en psicología o psicopedagogía para la medición de las aptitudes físicas o mentales de un individuo o un grupo.*

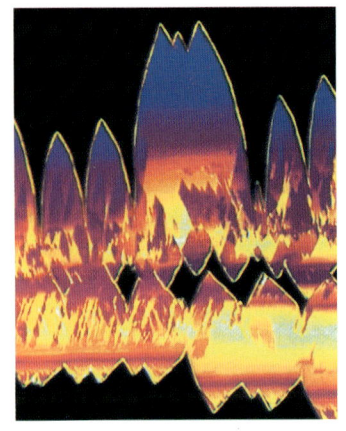

*La **testosterona** es una hormona esencialmente masculina de la que dependen la formación de esperma, el desarrollo de los órganos genitales y el de los caracteres sexuales secundarios.*

*Edward Lee **Thorndike**, psicólogo estadounidense, impulsor de la psicología experimental.*

da infancia (de 4 a 12 años) y desaparece con la pubertad. Los pacientes suelen responder favorablemente a dosis bajas de benzodiacepinas* y a antidepresivos* tricíclicos.

TEST En psicología* y pedagogía, prueba a que se somete a un individuo o a un grupo para medir sus aptitudes físicas o mentales y clasificarlo de acuerdo con ellas. La palabra test, de origen latino (testigo, tesis), ha sido traducida del inglés, ya que no existe un equivalente exacto en la lengua española. Su significado más aproximado es prueba. / *Test psicológico*, tipo de prueba que implica una tarea a cumplir idéntica para todos los individuos examinados, en la que se utiliza una técnica precisa para la asociación correcta de los resultados obtenidos (Asociación Internacional de Psicometría). También se entiende por test psicológico la prueba o batería de pruebas cuyo objeto es investigar el estado y desarrollo mental de un sujeto, su grado de madurez intelectual, cultural y social, sus conflictos psíquicos y tensiones emocionales. Existe un número muy elevado de tests que evalúan las diferentes facetas de la persona, como la personalidad*, la inteligencia*, la existencia de psicopatología* (tests de depresión, de ansiedad, de salud mental en general, etc.), tests de aptitudes o tests neuropsicológicos. También se pueden clasificar en tests de carácter objetivo, subjetivo y proyectivo. Los primeros, para los que se utilizan generalmente procedimientos de recogida de información, se llevan a cabo en una situación controlada y las tareas encomendadas no pueden ser controladas voluntariamente. La cuantificación del test es mecánica y hay una objetividad en la puntuación (taquistoscopio, polígrafo*, *biofeedback**, MMPI, WAIS*, etc.). En los tests subjetivos la cuantificación no es mecanizada y la interpretación es la del psicólogo* (por ejemplo, listas de adjetivos). En las técnicas proyectivas, por último, la recogida de información está basada en la teoría psicoanalítica y las tareas que hace el sujeto no están controladas y no existe cuantificación. Estos últimos se fundamentan en la creencia de que el sujeto proyecta de alguna forma en estas pruebas su inconsciente. La palabra test fue empleada por vez primera por F. Galton, en 1883, para designar una prueba sencilla de laboratorio destinada al estudio de la inteligencia humana. El término test mental fue utilizado por primera vez en 1890 por un discípulo de Galton, J. M. Cattell, pero fue A. Binet, a partir de 1905, quien inició la utilización de pruebas de inteligencia con fines pedagógicos (1905). ∎

TESTOSTERONA Hormona* sexual masculina que contribuye al desarrollo y formación de los caracteres sexuales secundarios, si bien también se encuentra, en pequeñas proporciones, en las mujeres. ∎

THORNDIKE, EDWARD LEE Psicólogo experimental (Williamsburg, Massachusetts, 1874-Montrose, Nueva York, 1949). Fue uno de los alumnos aventajados de J. M. Cattell en el laboratorio de Columbia. Se graduó en la Universidad de Wesleyan y, más tarde, realizó sus estudios de posgrado en Harvard con W. James, pionero de la psicología experimental en Estados Unidos. Desde sus inicios se interesó por el estudio de la inteligencia animal. De hecho, publicó su tesis en 1889 con el título *Inteligencia animal: Un estudio experimental de los procesos asociativos en animales*, un trabajo magnífico que popularizó la «caja de truco» con la que investigaba el aprendizaje animal, así como desveló el llamado condicionamiento operante*, estableciendo firmemente la ley del efecto. En 1899, animado por Cattell, dedicó sus estudios sobre inteligencia a niños y adolescentes. Inició entonces una etapa muy fructífera acerca de la psicología educacional y en favor de los denominados «tests mentales». ∎

TIC Movimiento motor o vocalización involuntaria, repentina, rápida, recurrente, arrítmica y estereotipada, que no tienen ninguna finalidad concreta. Se experimenta como irresistible, aunque puede ser reprimido voluntariamente durante períodos breves de tiempo. Se establece una distinción entre los tics simples y los complejos. Entre los tics motores simples más frecuentes se encuentran: el parpadeo, las sacudidas de cuello y las muecas faciales. Los tics vocales simples más comunes serían: tos, aclaramientos de garganta, gruñidos, olfateos y ladridos. Los tics complejos se refieren a conductas más elaboradas, pero que igualmente no persiguen ningún objetivo específico. Por ejemplo, gestos faciales, conductas de cuidado personal, golpearse a sí mismos, saltar, tocar objetos, repetir frases fuera de contexto, entre otros. En general, los tics se incrementan como consecuencia del estrés* y disminuyen durante el sueño* o durante actividades que requieren mucha atención.

Timia Sufijo griego derivado de *thymos*, alma, que indica relación con la mente o estado de la misma.

Tipo Término equivalente a dimensión de personalidad. Se utiliza también para definir las tipologías*.

Tipología En psicología*, clasificación de los individuos basada en los elementos comunes de sus caracteres somáticos o psíquicos. Dentro de una misma tipología existe variabilidad entre los individuos según su mayor o menor similitud con el tipo. Lo característico del tipo* es precisamente que los rasgos que lo describen pueden estar presentes con mayor o menor intensidad, e incluso pueden faltar, sin que ello impida la clasificación de los individuos en tipos. Se puede definir como tipo, o tipo puro, aquella persona que posee de modo inequívoco todas las características de su grupo. De este modo, según las características elegidas, los tipos pueden referirse, por ejemplo, a aspectos constitucionales (ser bajo, delgado, corpulento, etc.), aspectos psicológicos (introvertido o extravertido), socioculturales, etc. Como tipologías importantes dentro de la psicología se pueden destacar la tipológico-funcional de E. Kretschmer, o de W. H. Sheldon, y la de orientación filosófica o de cosmovisión de Sprenger. Kretschmer partió de la observación de que determinadas enfermedades mentales predominaban más en ciertos tipos corporales; así, la psicosis* maníaco-depresiva se daba de forma más habitual en el tipo pícnico* y la esquizofrenia* en el leptosómico*. A partir de esta observación y otras investigaciones, Kretschmer propuso una tipología sobre el temperamento incluyendo tres biotipos: ciclotímico, esquizotímico y baricinesio. La tipología de Spranger contempla seis tipos fundamentales: el hombre teórico, el económico, el estético, el social, el religioso y el de poder. En función de estos seis tipos básicos, este autor procedía a la clasificación de los individuos.

Tiroides Glándula endocrina bilobulada, situada en la región anterior del cuello, cuya función más importante es la secreción de las denominadas hormonas tiroideas. Éstas, a su vez, se encargan de estimular la actividad y el crecimiento celular, produciendo un incremento en el consumo de oxígeno en todas las células del organismo. El exceso de función de la glándula tiroides da lugar a un aumento de las hormonas tiroideas, lo que se conoce como hipertiroidismo, cuyos síntomas fundamentales son sofocación, pérdida de peso, cansancio, taquicardia, diarrea, alteraciones metabólicas y síntomas psíquicos (nerviosismo*, agitación, inquietud, hipercinesia, insomnio* y temblor fino). Por el contrario, una disminución del funcionalismo de la glándula, da lugar a una disminución de hormonas tiroideas, que conduce al hipotiroidismo, que se caracteriza por la sequedad de piel, palidez, aumento de peso, hinchazón, hipertensión, bradicardia, disminución de la memoria* y de los reflejos osteotendinosos, lenguaje lento e incongruente y, en grado extremo, demencia secundaria. La regulación de la secreción tiroidea se produce a través de la secreción hormonal de la hipófisis* (TSH) y ésta, a su vez, por la del hipotálamo* (TRH). ■

Tolerancia a la frustración Conjunto de pensamientos y conductas que permiten una aceptación de situaciones en las que no se consiguen ni los efectos ni las metas deseadas. Se considera que los sujetos con poca tolerancia a la frustración padecen más trastornos emocionales y son más proclives al estrés*.

Tolerancia a las drogas Proceso farmacocinético y farmacodinámico que aparece al consumir una misma cantidad de sustancia psicoactiva de forma continuada y que obliga a aumentar progresivamente la dosis de dicha sustancia con el fin de conseguir un determinado efecto psicoactivo. Constituye un criterio esencial en el diagnóstico del síndrome de dependencia*. Se considera que este fenómeno está asimismo determinado por fenómenos de acondicionamiento ambiental: un cambio en las condiciones

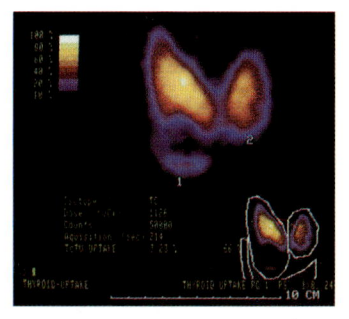

■ *La **tiroides** es una glándula endocrina que está situada en la región anterior del cuello.*

Tolerancia cruzada

*El término **tótem**, una entidad objeto de culto en algunas comunidades, fue introducido por Sigmund Freud en el campo del psicoanálisis.*

*El **trabajo** es la actividad humana que tiene por objeto la creación o la producción de un bien.*

ambientales en las que un drogodependiente se administra la sustancia, asociado a una situación ansiógena, puede hacer disminuir o desaparecer el fenómeno de tolerancia, con lo cual la cantidad de droga que el individuo consume pasa a ser excesivamente elevada, lo que puede traducirse en fenómenos de intoxicación o, incluso, muerte por sobredosis.

Tolerancia cruzada Disminución del efecto de una determinada dosis de sustancia psicoactiva como consecuencia del consumo continuado de otra distinta (por ejemplo, la que se produce entre el alcohol* y los barbitúricos*).

Tomografía axial computerizada cerebral (TAC) Sistema de exploración del cerebro que utiliza unas señales eléctricas, desde distintos ángulos, que se introducen en un ordenador, la cual, tras un complejo análisis, elabora una imagen tridimensional compuesta de un corte transversal del cerebro. Su indicación preferente es la sospecha de un tumor, lesiones, infartos y hemorragias cerebrales.

Tomografía de emisión de positrones (TEP) Sistema de exploración que describe la actividad de diferentes áreas cerebrales, mostrando su consumo de glucosa, mientras el cerebro ejecuta una determinada tarea. Cuando se suministra a una persona una forma provisionalmente radiactiva de glucosa, el TEP mide y localiza la radioactividad y, por lo tanto, detecta dónde va ese «alimento» del pensamiento. De este modo, los investigadores pueden ver qué áreas cerebrales desarrollan más actividad cuando la persona realiza cálculos matemáticos, escucha música o sueña despierta. En clínica experimental se ha utilizado para el diagnóstico del trastorno obsesivo-compulsivo*.

Tótem Término procedente de las lenguas autóctonas de América del Norte que designa a un objeto que sirve de patrón al clan. Generalmente se trata de un animal, pero también, a veces, de un vegetal, considerado como antepasado de la tribu. Según S. Freud, simboliza el patriarca, fundador del clan, cuya protección se espera, aunque se sigue temiéndole. El psicoanálisis* utiliza el sistema del totemismo para reconocer la universalidad de la ley de exogamia y, de este modo, la prohibición del incesto*. ∎

Toxicomanía Véase Drogodependencia.

Trabajadores sociales Profesionales que dedican su actividad a la asistencia y cuidado de ciertas deficiencias de determinados grupos sociales incapacitados en su relación con el entorno.

Trabajo Cualquier actividad mental o corporal orientada hacia un fin concreto, que se realiza de forma habitual, generalmente a cambio de dinero. El trabajo representa un beneficio individual y supraindividual significativo que lo distingue de las acciones con carácter afectivo. ∎

Trabajo, adicción al Impulso intenso que muestran algunos sujetos por dedicarse casi en exclusiva a tareas laborales y con evidentes señales de dependencia. Parece relacionarse con factores de modelos sociales, potencial adictivo y el patrón A de conducta. Puede provocar desajustes de adaptación tanto en el plano profesional como familiar, y ser fuente de estrés.

Tranquilizantes En el ámbito de la psicofarmacología, sustancias equivalentes a las benzodiacepinas*.

Transexualismo Trastorno de la identidad sexual que se manifiesta por el deseo del individuo de modificar todas las características propias de su sexo anatómico para parecerse al sexo contrario. El transexual siente un malestar, intenso y persistente, con respecto a su sexo fisiológico, dentro del cual se considera «atrapado». Para que exista un verdadero transexualismo, este malestar debe ir acompañado de una búsqueda imperiosa de parecerse al sexo opuesto, al que el individuo afectado siente «pertenecer psicológicamente» y, por lo tanto, de un deseo de cambiar las características, tanto externas (ropa, apariencia) como internas (voz, genitales), que puedan identificarlo con un sexo con el cual no se corresponde psíquicamente. Se considera que una de cada 108.000 mujeres es transexual frente a la proporción de uno de cada 37.000 varones. La razón de esta diferencia estadística habría que buscarla en las propias discrepancias para adquirir la identidad sexual. El origen del transexualismo no está comprobado, aunque probablemente tenga una causa microbiológica procedente de un error hormonal cerebral en las primeras semanas del desarrollo intrauterino. La solución terapéutica acostumbra a ser la intervención quirúrgica de cambio de sexo.

TRANSFERENCIA Término propuesto por el psicoanálisis* para identificar las emociones intensas que se desencadenan en el transcurso de una sesión y que, en ocasiones, dan origen a profundos sentimientos y actitudes hacia el terapeuta*, identificados por la dependencia, el amor o la cólera que se sintió en el pasado respecto a otras personas, pero que a la vez son referencia de algo nuevo que está ocurriendo. La transferencia puede ser «positiva» (atracción o enamoramiento hacia el psicoanalista*) o «negativa» (rencor hacia el mismo).

TRANSMISIÓN CEREBRAL Conjunto de actividades y modificaciones que componen la transmisión de la información interneuronal a través de la hendidura sináptica*. Los productos celulares responsables de transmitir la información pueden ser: a) neurotransmisores*; b) neuromoduladores, sustancias que modulan algunos de los procesos biológicos que sufren los neurotransmisores; destacan los neuropéptidos; y c) coneurotransmisores, que se caracterizan por actuar sobre receptores distintos a los neurotransmisores, tener efectos diferentes y facilitar o dificultar la acción del neurotransmisor. La transmisión cerebral depende de la emisión de órdenes a través del axón*, de cambios en el potencial de acción, de la recogida de la información en los receptores sinápticos, de la recaptación de los transmisores por la neurona* emisora y de la eliminación de estos transmisores por sistemas enzimáticos. Los psicofármacos actúan sobre diversos elementos de esta transmisión cerebral, que se considera afectada en los trastornos mentales.

TRANSMISIÓN DEL PENSAMIENTO Alteración formal del pensamiento que se observa en la esquizofrenia* y que consiste en la percepción del sujeto de que sus pensamientos están siendo divulgados al mundo exterior. También se conoce como difusión del pensamiento*.

TRASTORNO DE ANSIEDAD GENERALIZADA Véase ANSIEDAD GENERALIZADA, TRASTORNO DE.

TRASTORNO DE PÁNICO Véase PÁNICO, TRASTORNO DE.

TRASTORNO DELIRANTE Véase DELIRANTE, TRASTORNO.

TRASTORNO ESQUIZOAFECTIVO Véase ESQUIZOAFECTIVO, TRASTORNO.

TRASTORNO HIPERCINÉTICO Véase HIPERCINÉTICO, TRASTORNO.

TRASTORNO HISTRIÓNICO Véase PERSONALIDAD, TRASTORNOS DE LA.

TRASTORNO OBSESIVO COMPULSIVO Véase OBSESIVO COMPULSIVO, TRASTORNO.

TRASTORNOS DEL SUEÑO Véase SUEÑO, TRASTORNOS DEL.

TRASTORNOS RELACIONADOS CON EL CONSUMO DE SEDANTES, HIPNÓTICOS Y ANSIOLÍTICOS Conjunto de trastornos derivados de la intoxicación producida por estas sustancias. La intoxicación leve no es en sí misma peligrosa. En caso de sobredosis, puede aparecer conjuntamente depresión del sistema nervioso central y respiratoria. El abuso y dependencia afecta a un 1 por ciento de la población general, con grandes diferencias individuales. Entre los síntomas de intoxicación destacan el comportamiento* agresivo, la labilidad emocional*, la descoordinación, el lenguaje farfullante y la marcha inestable. En casos extremos puede desencadenarse estupor* y coma*. Véase BENZODIACEPINAS (SÍNDROME DE ABSTINENCIA).

TRASTORNOS RELACIONADOS CON LAS SUSTANCIAS Véase SUSTANCIAS, TRASTORNOS RELACIONADOS CON LAS.

TRATAMIENTO Véase TERAPIA.

TRAUMA En psicología, situación inusual de peligro para la integridad física o bienestar de una persona. Comúnmente se presenta de forma brusca y poco duradera, aunque también puede prolongarse. Las consecuencias a nivel psíquico pueden aparecer de inmediato (estrés agudo) o tardar un tiempo en mostrarse (estrés postraumático), y suelen limitar el posterior funcionamiento normal del sujeto. Ejemplos de traumas podrían ser la vivencia de un incendio, de agresiones físicas, abusos sexuales, accidentes de circulación, etc. ■

TRAVESTISMO Forma de comportamiento no fetichista que puede encontrarse en trastornos de la identidad del género (transexualismo) y en homosexuales de forma circunstancial. Véase FETICHISMO TRAVESTISTA. ■

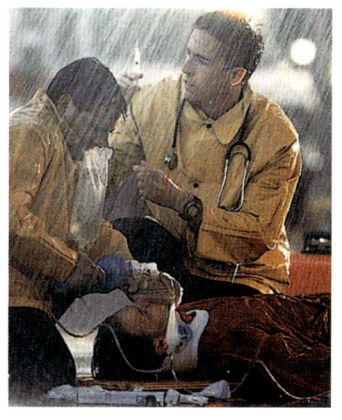

■ *En psicología, un **trauma** designa un acontecimiento que causa un fuerte impacto emocional en un sujeto.*

■ *El **travestismo** expresa la tendencia a adoptar las ropas y hábitos del sexo opuesto.*

Tricotilomanía

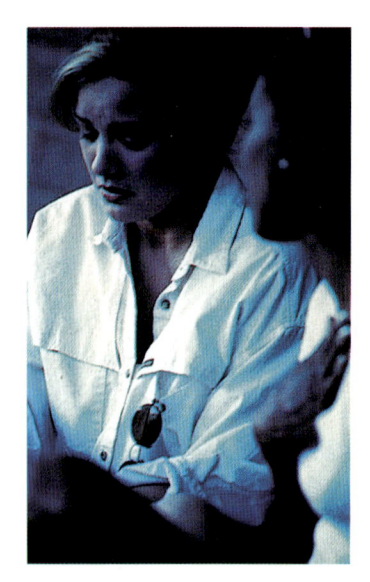

*La **tristeza**, cuando no guarda relación con un estímulo que la desencadena, es un fenómeno patológico.*

Tricotilomanía Arrancamiento repetido del cabello, predominantemente en la zona de la cabeza, las cejas y las pestañas, que da lugar a una pérdida perceptible de pelo. Inmediatamente antes de arrancarse el cabello, el individuo experimenta una sensación de tensión creciente, que se intensifica al intentar controlar esa necesidad. Una vez arrancado el cabello se produce una sensación de bienestar o liberación. Estudios recientes en poblaciones escolares sugieren que de un 1 a un 2 por ciento de los estudiantes sufren o han sufrido este tipo de comportamiento.

Triptófano Aminoácido (ácido orgánico integrante de las proteínas) precursor de la serotonina*, presente en alimentos con elevado componente de hidratos de carbono (pan, patatas, leche y pastas).

Tristeza La tristeza es un fenómeno afectivo negativo que aparece en las personas en sus relaciones normales con el entorno. Sin embargo, cuando la tristeza no guarda una relación cualitativa y cuantitativa con un estímulo interno o externo que la desencadena, se habla de tristeza patológica. La tristeza patológica es un estado emocional en el que la persona se siente afligida, desanimada y abatida. Se muestra apagada y con escasa reactividad emocional, aunque manifiesta tendencia al llanto*, tanto espontáneo como inducido. La persona parece estar ausente o centrada en su aflicción y expresa, frecuentemente, sentimientos de culpa. La baja autoestima es también una característica central de la tristeza. A nivel motor se describe una inhibición que se hace patente a través de la expresión facial y la lentitud de movimientos. Una persona sumida en la tristeza tiende al aislamiento, la soledad* y la reducción de la comunicación con los demás. ■

Troilismo Variante del voyeurismo* en la que el hombre observa a su mujer o a su compañera habitual –con el consentimiento de ésta– realizando la actividad sexual con otro hombre.

Tronco cerebral Núcleo central del cerebro*, que comienza donde la médula espinal* se ensancha (bulbo raquídeo) y se interna en el cráneo; es la parte más antigua del cerebro y la responsable de las funciones automáticas mediante centros de control del latido cardíaco y la respiración. En el tronco se encuentra también el punto donde se cruzan la mayoría de los nervios que conectan ambos lados del cerebro.

U

Umbral Valor límite a partir del cual empieza, termina o se distingue la percepción de estímulos. El umbral es variable en cada persona y depende del tipo de estímulo presentado. / *Umbral absoluto*, valor máximo de un estímulo con el que una persona reacciona de forma adecuada. Por ejemplo, el umbral absoluto de la altura de tono para las personas se encuentra alrededor de las 20.000 vibraciones por segundo. / *Umbral de dolor*, la menor intensidad necesaria de un estímulo para que se produzca la sensación de dolor. / *Umbral de estímulo*, valor de la intensidad de un estímulo por debajo del cual no se percibe ninguna sensación. / *Umbral de tiempo absoluto*, intervalo de tiempo mínimo que ha de transcurrir entre dos estímulos para que se perciban como hechos separados. Depende en gran medida del tipo de estímulo utilizado. / *Umbral de tiempo diferencial*, diferencia mínima necesaria entre dos intervalos de tiempo para que uno de ellos se perciba más prolongado. / *Umbral de sedación*, dosis mínima de una sustancia que se requiere para producir sedación en un sujeto. Este concepto fue introducido por Shagass, que trabajaba de forma habitual con amobarbital como sustancia sedante. El registro electroencefalográfico es la herramienta habitualmente utilizada para determinar el umbral de sedación. / *Umbral diferencial*, diferencia de valor mínima entre dos estímulos a partir de la cual un sujeto percibe los dos estímulos como distintos. La ley de Weber afirma que el umbral diferencial para una cualidad sensorial determinada es constante e independiente, por lo tanto, de la intensidad del estímulo. / *Umbral máximo*, valor máximo de la intensidad de un estímulo para el que todavía se produce una sensación adecuada a la cualidad sensorial y diferente al dolor.

Unidad funcional Expresión tradicional con la que se conocen las áreas cerebrales corticales específicas que cuidan de diversas funciones motoras y sensoriales.

Urgencias psiquiátricas Conjunto de intervenciones terapéuticas de urgencia en enfermos psiquiátricos, que tienen lugar en centros o unidades especializadas. Los objetivos prioritarios son: a) resolver la sintomatología aguda que ha provocado la urgencia, analizando la oportunidad de la misma; b) descartar posibles alteraciones somáticas como causa de la sintomatología y efectuar un diagnóstico preciso; c) evaluar la gravedad y los riesgos asociados al problema psiquiátrico; d) ingreso hospitalario en caso necesario o derivación hacia el dispositivo sanitario más adecuado; y e) conjuntamente con las terapias farmacológicas, aportar consejos psicoterápicos básicos cuando sea posible y necesario, y ofrecer asistencia social al paciente y a sus familiares en casos de necesidad. Los cuadros clínicos que más urgencia precisan son los que presentan riesgo suicida o conductas auto y heteroagresivas, agitaciones psicomotoras, fase aguda de la esquizofrenia y de los trastornos bipolares, crisis de angustia y conversivas. ■

Usos Formas determinadas de conducta que tienden a un fin determinado ya conocido. El uso da origen a regularidades en la conducta y se manifiesta en diferentes hábitos, por ejemplo, en la alimentación, el origen y el desarrollo de las fiestas y la indumentaria. En los usos aparecen los fenómenos relacionados con el desfase cultural (*cultural lag*), dentro del marco del cambio social, y de la aculturación*, dentro de la integración a un nuevo entorno cultural.

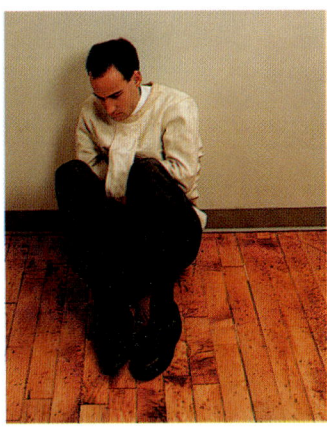

■ Las ***urgencias psiquiátricas*** *son aquellas intervenciones terapéuticas en enfermos psiquiátricos que tienen lugar en centros especializados.*

V

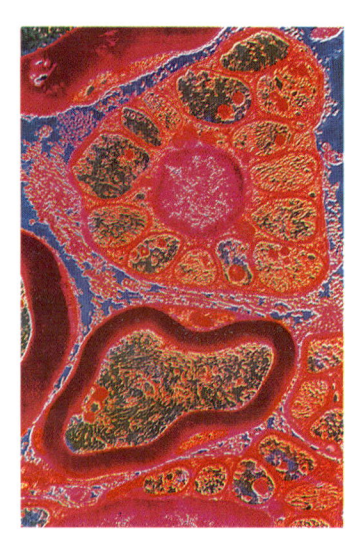

*La **vaina de mielina** es una estructura grasa que aísla a algunos axones. En la figura, axón mielinizado del sistema nervioso periférico.*

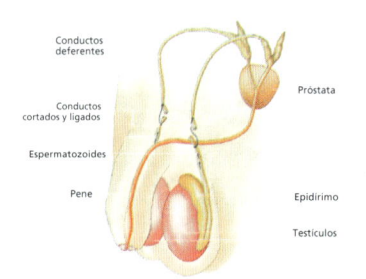

*La **vasectomía** es la sección quirúrgica de los conductos deferentes que provoca esterilidad. Actualmente se practican vasectomías reversibles mediante métodos microquirúrgicos.*

VAGINISMO Contracción espasmódica, dolorosa e involuntaria de la musculatura del tercio externo de la vagina, que se produce ante cualquier intento de penetración y que, de hecho, la impide. El vaginismo lo provoca el miedo excesivo e irracional al dolor en la penetración. El tratamiento se efectúa con desensibilización* *in vivo* en pasos progresivos hasta llegar al coito*. El pronóstico es muy favorable.

VAINA DE MIELINA Estructura grasa que aísla algunos axones*. Este aislamiento o «mielinización» de los axones permite un gran refinamiento en el transporte del impulso nervioso, facilitando la aceleración de la transmisión. Los axones delgados y sin mielina son, en cambio, muy lentos. ■

VALIDEZ Uno de los más importantes criterios de la certeza de un test, junto con la fiabilidad. La validez de un test indica la exactitud con que éste mide efectivamente aquello que se pretende. Así, por ejemplo, se dice que un test de inteligencia tiene una validez alta cuando mide inteligencia y sólo inteligencia, o un test que pretende medir personalidad mide sólo personalidad. Hay que distinguir entre validez de contenido, validez de criterio y validez de constructo. La validez de contenido se da cuando el test o las tareas a realizar contienen ya las cualidades a medir; la validez de criterio cuando el valor obtenido en un test se pone en relación con un valor de criterio (también se puede hablar de validez de criterio interna o externa); y la validez de constructo o conceptual cuando el grado en que mide un concepto o construcción determinada expresa la base teórica del test.

VARIABLE Magnitud que puede tener un valor cualquiera de los comprendidos en un conjunto. En psicología experimental cobran importancia dos tipos de variables: la variable dependiente y la variable independiente. La variable dependiente es la que se considera como función de una o más variables independientes y cuyos valores correspondientes pueden predecirse. Es, por lo tanto, un valor que varía (variable) dependiendo de determinados factores (variables independientes). La variable independiente, por su parte, es aquella que el experimentador hace cambiar a voluntad de acuerdo con el plan previsto en la experimentación. Recibe el nombre de independiente por cuanto sus valores pueden ser variados independientemente de los demás factores. Todo experimento examina el efecto de una o más variables independientes sobre alguna variable dependiente, así llamada porque puede variar de acuerdo con la propia experiencia en el curso del experimento. Las variables también se dividen en discretas y continuas: las discretas son las medidas sobre una escala discreta, no continua (se pueden tomar los valores establecidos, pero no un punto intermedio entre dos valores sucesivos); las continuas son las que se miden sobre escalas continuas (son escalas continuas aquellas en las que una variable puede tomar cualquier valor dentro de esa escala). Es también importante la distinción entre variable cualitativa y variable cuantitativa. Se entiende por variable cuantitativa la que toma diferentes valores de cantidad. Las variables cualitativas pueden tomar como valor diferentes cualidades. Por ejemplo, se produce un cambio cuantitativo cuando el niño va conociendo más letras del abecedario, y el cambio es cualitativo cuando el niño aprende a combinarlas y realiza la lectura.

VASECTOMÍA Sección quirúrgica de los conductos deferentes que provoca esterilidad.

Su efectividad es total y permanente, aunque actualmente se han propuesto vasectomías reversibles por métodos microquirúrgicos. La intervención se practica con anestesia local, dura unos quince minutos, es muy sencilla y no presenta riesgos. No produce ningún cambio en la sexualidad*. ■

Vejez Período de la vida humana que se ha situado por encima de los 70 años de edad y que se caracteriza por la pérdida de facultades físicas y mentales de forma progresiva. Véase ENVEJECIMIENTO. ■

Ventilación, técnicas de La ventilación pulmonar es el proceso respiratorio a través del cual se capta aire mediante los pulmones. Las técnicas de ventilación son aquellas destinadas a educar para una correcta captación del aire, en cuanto al volumen el tiempo y la mecánica adecuadas, en función de las necesidades del organismo. La aplicación de la técnica suele iniciarse con una aproximación a la fisiología de la respiración y prosigue con el aprendizaje de los pacientes en la llamada respiración abdominal o diafragmática. Esta respiración supone la captación lenta del aire y la producción de un movimiento externo y sincronizado del diafragma, que genera el espacio que será aprovechado por una correcta ventilación de la parte baja de los pulmones. Posteriormente se ventila la parte alta de los pulmones y, finalmente, se procede a la espiración a través del proceso inverso. Estas técnicas son especialmente útiles en el llamado «síndrome de hiperventilación», en el que se produce una respiración agitada y superficial como respuesta a la ansiedad* en la que se aporta un exceso de oxígeno al organismo. ■

Verbalización Expresión hablada de los sentimientos, pensamientos e ideas por parte de una persona.

Vértigo Alteración del sentido del equilibrio caracterizada por la sensación de movimiento, generalmente rotatorio, de los objetos alrededor del sujeto, o de él mismo, y la impresión o tendencia a la pérdida del equilibrio. El llamado «mareo» corresponde a una forma de vértigo atenuada y atípica. El vértigo puede ser debido a causas diversas: a) alteraciones del oído externo (tapón de cera), medio (otitis) o interno (vértigo de Menière); b) tumores cerebrales, hipertensión endocraneal, epilepsia*; c) lesiones oculares; d) trastornos circulatorios; y e) trastornos hematológicos (anemias). Las sensaciones vertiginosas están presentes en algunas formas de trastornos de ansiedad y en somatizaciones.

Vías nerviosas Circuitos del sistema nervioso por los que viaja la información. Están compuestas por las neuronas* y conformadas por los reflejos, el impulso nervioso y la neurotransmisión.

Vicario, aprendizaje Véase IMITACIÓN, APRENDIZAJE POR.

Vida media Tiempo requerido para completar el 50 por ciento del proceso que va desde la absorción de un fármaco hasta su excreción.

Vigilancia Disposición para percibir cualquier variación que se produce en el medio exterior y reaccionar ante dicho cambio. La psicología industrial, durante la década de 1930, centró su atención en el estudio de la curva de vigilancia y las condiciones que influyen en su variación: la iluminación, la magnitud, el tiempo, el movimiento y otros factores. Los estudios sobre la vigilancia se basan en la medición del número de señales presentadas y no observadas y en el tiempo de reacción a unas señales previstas.

Vigilia Estado del sujeto despierto, en oposición al sueño. Utilizada a menudo como sinónimo de vigilancia*, en la vigilia los procesos de adquisición de la información, de análisis y de integración tienen como resultado definitivo la elaboración de funciones complejas que permiten las conductas del individuo frente al mundo exterior y la organización de los diversos procesos intelectuales En los ciclos vigilia-sueño intervienen procesos neurológicos complejos. La variación del ciclo vigilia-sueño responde a causas biológicas y psíquicas. La vigilia depende de un umbral en el nivel de alerta y se relaciona directamente con la atención*. En un estado fisiológico, la disminución en la intensidad de la vigilia determina primero somnolencia y después sueño*. Diversas alteraciones médicas y psiquiátricas cursan con un descenso de la vigilia, con somnolencia o hipersomnia*. El aumento de la vigilia se relaciona con situaciones de peligro,

■ *La vejez se caracteriza por la pérdida progresiva de las facultades físicas y psíquicas.*

■ *Las técnicas de ventilación ayudan a efectuar una captación correcta del aire durante la respiración.*

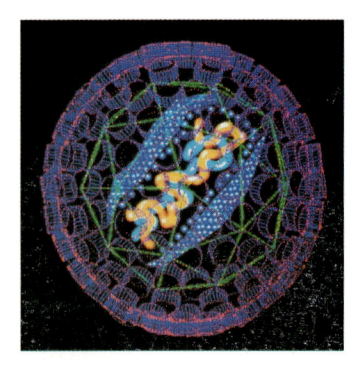

VIH, nomenclatura por la que se conoce el virus del SIDA.

*La **visión** es la facultad que permite traducir sensorialmente los estímulos recibidos por el ojo y convertirlos en imágenes.*

consumo de psicoestimulantes y algunos trastornos mentales como la ansiedad*.

VIGOTSKI, LEV SEMIÓNOVICH Psicólogo soviético (Orsha, 1896-Moscú, 1934). Desarrolló una de las teorías de la lengua más matizadas por influencias sociohistóricas. Estudió en Moscú, trabajando en el campo de la psicología* y de la psicopatología*. Concebía el pensamiento como derivado particularmente de la internalización del diálogo externo. El énfasis de Vigotski sobre la capacidad humana de sustituir y revivir las estructuras conceptuales primeras, es también un énfasis sobre la multiplicidad de los modos del desarrollo lingüístico y conceptual.

VIH Nomenclatura por la que se reconoce el virus del SIDA* (síndrome de inmunodeficiencia adquirida). ∎

VÍNCULO, VINCULACIÓN Relación que se establece entre las personas. Así, se habla de vínculos familiares entre personas de una misma familia, o vínculos afectivos entre personas que mantienen una relación basada en sus sentimientos positivos mutuos. Entre los orígenes del vínculo infantil, deben considerarse una serie de elementos: el contacto corporal, la familiaridad, el temperamento*, etc. La vinculación segura promueve la competencia social, la confianza y, en parte, la autoestima*. La ausencia de vinculación, el aislamiento, puede provocar trastornos del desarrollo, de la personalidad y ser el caldo de cultivo de posibles alteraciones psicopatológicas.

VIOLACIÓN SEXUAL Acto de violencia física o psíquica que coarta la libertad de la persona agredida, obligándola a realizar actos sexuales mediante la fuerza o la intimidación. Se incluyen aquellos casos en que la violación implica la consecución del contacto sexual por medio de fraude, uso de drogas o aprovechándose de un individuo mentalmente incompetente. Si bien la víctima más frecuente es la mujer, también sufren violaciones hombres y niños. El factor determinante de la violación es la violencia que se ejerce sobre la víctima, obligándola a realizar una conducta sexual que no desea, más que el hecho mismo de la penetración vaginal, anal o bucal, mediante el pene* o algún objeto. No debe confundirse con actos sádicos, ya que el motivo principal no es la relación dolor-placer, sino la humillación y el estupor de la víctima. En cualquier caso, entre los violadores, un 5 por ciento son sádicos. Estados Unidos es el país que presenta un mayor número de mujeres violadas por año, seguido de Turquía, correspondiendo a Noruega los porcentajes más bajos; en estos estudios estadísticos no constan las violaciones en el Tercer Mundo, que probablemente son también innumerables. Las cifras no indican la incidencia real en los lugares donde se han obtenido, ya que un 45 por ciento de mujeres no denuncia la violación. Las clases de violación son: a) violación por fuerza o intimidación, la más denunciada, con dos subgrupos (en solitario, un 77 por ciento de los casos, o en grupo); b) violación por pareja o amigos, en general no denunciados; c) violación no forzada (por drogas o chantaje); y d) violación en las prisiones. Según los datos estadísticos sobre la violación en cualquiera de sus clases, solamente un 15 por ciento de las víctimas no sufre lesión o coacción física, mientras que un 11 por ciento es violentada hasta el intento de homicidio. Los violadores son mayoritariamente jóvenes, pertenecen en un 60 por ciento a ambientes marginales y un 50 por ciento tienen personalidades antisociales*; el resto es heterogéneo e incluye a sujetos aparentemente normales. Desde el punto de vista psicológico las consecuencias de la violación son frecuentes; un 50 por ciento de las víctimas padecen disfunciones sexuales, un 41 por ciento desencadenan distintos tipos de reacciones depresivas, un 50 por ciento presentan fobias* específicas y, en líneas generales, la mayoría de víctimas padece las consecuencias de un estrés postraumático*. Una serie de estrategias terapéuticas de tipo psicológico, psicofarmacológico y de apoyo, tanto familiar como ginecológico, pueden paliar en parte los efectos psicopatológicos, sobre todo si la intervención se efectúa rápidamente.

VIOLENCIA Calidad de violento. Modo de actuar a través del cual se expresa la ira de forma impetuosa. Véase AGRESIÓN.

VISIÓN Facultad del organismo para transducir sensorialmente los estímulos recibidos por el ojo y convertirlos en imágenes visualizadas. La visión depende de la capacidad ocular y de la conducción de los impulsos nerviosos hacia el cerebro*. El procesamiento de la información visual empieza en la retina, que transmite los impulsos a la corteza cerebral* mediante el nervio óptico. Las células detectoras del cerebro (córtex occipital) son las que detectan rasgos específicos de una escena (bordes y líneas), y las células de nivel superior procesan a la vez todos los elementos visuales, descomponiéndolos en subdimensiones como el color, la profundidad, los movimientos y la forma, trabajando al mismo tiempo en todos ellos. Finalmente, el cerebro relaciona la imagen construida con las imágenes almacenadas y reconoce la escena visualizada. La visión también interviene en los procesos de memoria mediante los fenómenos de codificación visual de la información. ■

Visualización Terapia cognitiva* utilizada fundamentalmente para reducir el dolor, facilitar la relajación y acelerar la recuperación de dolencias físicas. La persona afectada, después de relajarse, elabora una serie de imágenes dirigidas a producir el efecto deseado sobre el organismo.

Vivencia del yo Término con el que se definió la apercepción de la propia identidad. Tiene cuatro dimensiones básicas: a) apercepción en la actividad: las funciones psíquicas llevan asociadas de forma inmediata la vivencia de la propia identidad. Así, todo lo que se hace y lo que se experimenta es vivido como propio. Una de las alteraciones relacionadas con esta dimensión es la pasividad del esquizofrénico, que puede explicar, por ejemplo, que su brazo se mueve por órdenes del exterior; b) unidad: la identidad es una vivencia integrada y no divisible. La unidad se ve alterada en la personalidad múltiple y en fenómenos perceptivos como la autoscopia*; c) continuidad: la identidad es estable a lo largo del tiempo. Un caso de la alteración de esta dimensión es el de la ruptura que se produce en algunos esquizofrénicos al inicio de la fase activa de su enfermedad, en la que el enfermo puede referir que se ha transformado en una persona diferente; y d) límites: la identidad tiene unos límites diáfanos con el exterior, que se alteran en una diversidad de síntomas psiquiátricos, como las alucinaciones auditivas extracorporales. Otras expresiones relacionadas con la vivencia del yo son la conciencia del yo (autopsíquica) y la conciencia del mundo (alopsíquica). El conjunto de los tres conceptos conforma la percepción de la identidad y de la realidad (entorno). Una afectación de esta percepción es la despersonalización*.

Viveza Rapidez en el tiempo de reacción a un estímulo o agilidad en la ejecución de una acción.

Vocabulario Conjunto de palabras que constituyen una lengua determinada. También puede referirse a la conjunción de palabras pertenecientes a una actividad específica, una región, etc.

Vocación Inclinación o motivación de una persona hacia un estado, profesión. ■

Voluntad Proceso cognitivo por el que uno mismo se decide a la realización de un acto por iniciativa propia. La psicología moderna prefiere la utilización de otros términos sinónimos, puesto que el concepto de voluntad se emplea en la psicología para explicar una facultad del alma. Desde el punto de vista empírico se han sugerido diversas teorías, tanto psicofisiológicas como psicológicas para explicar la voluntad. Ach es el autor más representativo en el estudio de la voluntad. La fuerza de voluntad, en definición de Lerch, es la capacidad para utilizar las energías disponibles y dirigirlas a un objetivo.

Voyeurismo Véase Parafilia.

Vulnerabilidad Se aplica a aquellas personas u objetos que pueden ser heridos o dañados con facilidad, ya sea física o psíquicamente.

■ *La vocación designa la motivación de las personas hacia una actividad profesional.*

W

*John Broadus **Watson**, fundador de la psicología del conductismo.*

WAIS Escala de inteligencia para adultos, profusamente utilizada, elaborada por D. Wechsler en 1939; posteriormente, en 1955, fue revisada bajo el título Wechsler Adult Intelligence Scale o WAIS. Esta escala incluye seis pruebas verbales y cinco pruebas de resultados (no verbales). Los resultados son puntuados teniendo en cuenta la edad de los sujetos (desde los 16 hasta los 60 o más años). Se obtienen tres CI (desviación en relación a la media sin referencia a una «edad mental»): el CI global, que se divide en CI verbal y CI manipulativo.

WATSON, JOHN BROADUS Psicólogo estadounidense (Greenville, 1878-Nueva York, 1958). En 1913 inició la psicología del conductismo* a través de un artículo intitulado: «Psychology as the behaviorist views it». Su trabajo plantea una oposición al introspeccionismo y una defensa tácita de la psicología objetiva. Obtuvo el doctorado en la Universidad de Chicago junto a J. Angell y pronto tomó la cátedra en la Universidad Johns Hopkins trabajando al lado de Baldwin; allí nació el conductismo. Después del artículo inicial, tradujo conceptos mentalistas, como la imaginación, el sentimiento y la asociación, en términos conductuales. Más tarde adoptó el reflejo condicionado de I. P. Pavlov como el sustituto conductista de la asociación. Dedicó gran parte de su tiempo a demostrar que a través del conductismo se puede estudiar la psicología humana. Así, aplicó técnicas de la psicología animal y el condicionamiento a niños. El final de su trabajo, fuera de la Hopkins, lo dedicó a la publicidad. Con Watson la psicología se convirtió en un estudio de estímulo-respuesta. Sin embargo, no rechazó totalmente el informe verbal en su experimentación humana, aunque sólo lo utilizaba de forma precisa para obtener una información discriminante, como por ejemplo en los estudios sobre observación de diferencias tonales. ■

WECHSLER, DAVID (1896-1981). Psicólogo estadounidense que estudió los alcances de la inteligencia y diseñó varias pruebas de diagnóstico intelectual: el WAIS* y el WISC*.

WERNICKE, CARL Neurólogo y psicólogo estadounidense de origen checo (Tarnowitz, Silesia, 1848-Thüringer Wald, 1905). Realizó importantes investigaciones sobre el sistema nervioso*, la neurología y la psiquiatría*, y describió la polioencefalitis que lleva su nombre.

WERNICKE, ENCEFALOPATÍA DE Trastorno cerebral grave originado por una carencia de vitamina B_1 (o tiamina), que se caracteriza por confusión, amnesia*, trastornos oculares típicos (parálisis de la musculatura ocular, disminución de la agudeza visual, fotofobia, etc.), a los que pueden asociarse polineuritis y rigidez de nuca. Se da con relativa frecuencia en alcohólicos* crónicos, por déficit de vitamina B_1. El tratamiento consiste en la administración de suplementos de vitamina B_1. Si no se trata, puede evolucionar hacia la demencia (síndrome de Kórsakov*) o a la muerte.

WISC Escala de Inteligencia para niños, profusamente utilizada, elaborada por D. Wechsler a partir de su primera escala de inteligencia WAIS* y la adaptó a sujetos más jóvenes, (Wechsler Intelligence Scale for Children o WISC) con edades comprendidas entre los 5 y los 16 años. Al igual que la escala para adultos (WAIS), incluye seis pruebas verbales y cinco pruebas de tipo manipulativo, cuyos resultados se transforman en tres CI (desviación en relación a la media sin referencia a una «edad mental»): el CI global, que se divide en CI verbal y el CI manipulativo.

WOLPE, J. Psicólogo al que debemos el desarrollo de la desensibilización sistemática (DS), una de las técnicas más utilizadas en la eliminación de los trastornos fóbicos y las conductas de evitación. Sus primeros trabajos se centraron en lo que denominaba neurosis experimental en animales. Mediante descargas eléctricas conseguía desarrollar síntomas de ansiedad permanentes en ratas de laboratorio. Posteriormente se dedicó al desarrollo de un tratamiento para eliminar la conducta de miedo condicionado, basándose en la inhibición recíproca elaborada por C. Sherrington en 1906. Más tarde se interesó en la reducción del miedo en los seres humanos y desarrolló la desensibilización sistemática*, una de las técnicas psicológicas más estudiadas en la actualidad.

WUNDT, WILHELM Psicólogo experimental (Neckarau, act. en Mannheim, 1832-Grossbothem, cerca de Leipzig, 1920). Fue el fundador de la psicología experimental y, por lo tanto, de la psicología moderna. Cursó sus estudios en Heidelberg, donde fue discípulo de un vicario amigo de la familia que se hizo cargo de su educación. En 1862 publicó su primer libro, *Beiträge*, que se convertiría en el primer tratado de psicología experimental. En 1874 obtuvo la cátedra de filosofía en Leipzig, donde creó el primer laboratorio de psicología experimental de la historia. La primera investigación hecha en este laboratorio, que fue publicada por M. Friedrich, analizaba los tiempos de apercepción*. Allí se formaría la primera generación de psicólogos experimentales que crearon escuela: E. Kraepelin, Lehmann, Külpe, Stanley Hall, J. M. Cattell, F. Angell y Titchener, entre otros. Entre sus primeras iniciativas estuvo la publicación de *Philosophische Studien*, la revista que sacaría a la luz los más prometedores trabajos del laboratorio. Unos años más tarde, en 1889, Wundt ejerció como rector de la Universidad de Leipzig. Fue un gran sistematizador e hizo de la introspección su principal método del laboratorio de psicología. Afirmó que la psicología es la ciencia de la experiencia y que ésta debe desarrollarse sin recurrir a la metafísica. Para Wundt no es posible distinguir entre la experiencia interna y la externa, puesto que ambas se producen de igual manera. La primera a través del sentimiento*, que es subjetivo, y la segunda por medio de la percepción*. Sólo llega a distinguir la psicología de la física por los distintos puntos de vista que adoptan, pero no por la experiencia que observan. La psicología, según Wundt, pretende el análisis de los elementos de los procesos conscientes, el estudio de la conexión entre dichos elementos y la determinación de las leyes de tales conexiones. A su espíritu científico se deben los más brillantes logros de la psicología moderna. ∎

■ *Wilhelm **Wundt**, pionero de la psicología moderna.*

YZ

*El **yoga** se ha introducido en la sociedad occidental en forma de técnicas de relajación con fines terapéuticos.*

*Un **zurdo** presenta dominancia funcional de las extremidades izquierdas.*

Yo Término utilizado por S. Freud en su teoría de la estructura mental. El yo correspondería a la mente consciente y, cuando se desarrolla, el niño aprende a enfrentarse al mundo real. El yo opera sobre la base del principio de realidad e intenta gratificar de manera realista los impulsos del ello* a fin de obtener un placer* a largo plazo en vez de sufrimiento o destrucción. El yo está conformado en parte por las percepciones conscientes, los pensamientos y los juicios, así como por los recuerdos; es el «ejecutivo» de la personalidad*. Decide acerca de nuestros actos cuando media entre las demandas impulsivas del ello, las exigencias restrictivas del superyó* y los reclamos de la vida real correspondientes al mundo exterior. Es un concepto de los más afortunados del creador del psicoanálisis* y uno de los que se han mantenido en el tiempo. Ha sido superado por las nuevas concepciones derivadas del estudio de la personalidad, pero sigue siendo interesante por la capacidad de síntesis explicativa que supone.

Yoga Doctrina filosófica del hinduismo que combina estrategias psicológicas y prácticas corporales para llegar al estado de suprema sabiduría. Para conseguir este fin propone la reducción de las funciones de la conciencia y los ejercicios ascéticos. El yoga ha ido penetrando en las sociedades occidentales en forma de técnicas de relajación con fines terapéuticos, perdiendo su base religiosa original. Los fundamentos del yoga se encuentran recogidos en el *Yoga-Sutras* de Pantanjali, manual del año 150 a. C. Se llama yogui a la persona que profesa el yoga. ∎

Zazzo, René Psicólogo francés (París, 1910). Realizó un estudio sobre los gemelos monocigóticos demostrando que los factores hereditarios y ambientales, tal como se les define habitualmente, no bastan para entender la génesis de una personalidad en función de hechos específicos de la situación gemelar. Admite una inferioridad relativa de los gemelos frente al nivel de los grupos sociales, explicada en parte por la desventaja física y también por el hecho de que la pareja aísla a cada uno de sus componentes de las influencias del medio.

Zoofilia Atracción erótica hacia los animales que se manifiesta a través de contactos, como mordiscos o caricias, y de fantasías de establecer relaciones sexuales con ellos. Véase Parafilia.

Zoofobia Miedo a los animales. En los niños, la zoofobia representa la proyección de temores internos, a pesar de que, en algunas ocasiones, se haya producido un ataque real.

Zoopsia Alucinación* visual de contenido animal o zoomórfico que se produce, sobre todo, con los insectos y reptiles. Si se acompaña de una alteración del tamaño, se denomina microzoopsia o macrozoopsia. Las zoopsias son propias del delirium tremens* y de otras alteraciones del sistema nervioso* central.

Zurdo, zurda Se dice de las personas que presentan una dominancia funcional de las extremidades izquierdas, de manera que la mayoría de acciones que requieren cierta precisión son llevadas a cabo con la mano o el pie izquierdos. ∎